헤겔

정신현상학

번역과 주해
2권

이병창 지음

번역을 위한 지침

1) Suhrkampf 판을 토대로 했다. 이 판이 헤겔이 1831년 재판을 위해 수정한 내용을 담고 있기 때문이다. 그러나 정서법 등에서는 Felix Meiner 판을 우선했다.

2) 목차는 Suhrkampf 판을 기초로 했다. 이는 Felix Meiner 판의 목차와 같다. 또한, 라슨 판에 나오는 일부 목차를 부가했다.

3) FM주는 1980년 Felix Meiner 판에 실린 주이며, SK주는 1970년 Suhrkampf 판에 실린 주다. Lasson 주는 1907년 라슨 판에 실린 것이다.

4) 헤겔의 독특한 개념은 항상 이중적 의미를 지니므로, 한편으로는 그때마다 문맥에 맞는 번역어를 사용하려 했으나, 다른 한편으로 감추어진 의미가 사라질까 우려했다. 그 때문에 그때마다 헤겔의 원어를 괄호 속에 넣어 두었다.

5) 지시어는 모두 찾아서 밝히려 했다. 이는 이미 일정한 해석을 전제로 하는 작업이지만, 이해를 위해서 불가피하다. 틀린 해석이 있으면 왜곡된 번역이 될 수 있어 걱정스럽다.

6) 필자는 주석과 해제를 덧붙였다. 주석은 주로 개념의 이해와 관련해서 제시했고 해제는 문맥 전체를 이해하는 데 주안점을 두었다. 또한, 각 장 앞에 전체 흐름을 보여주는 목차를 달았다.

참고 판본

J. Schulze 편, 『헤겔 저서Werke』, 2권, 불멸자의 친우 연맹, Berlin, 1832

G. Lasson 편. 『헤겔 전서Sämtliche Werke』, 2권, 정신현상학 발간 백주년 기념, Leipzig, 1907

J. Hoffmeister 편, 『헤겔 전서Sämtliche Werke』, 2권, Leipzig, 1937; 『헤겔 전서Sämtliche Werke 비판 신판』, Felix Meiner, 1952

Eva Moldenhauer & Karl Markus 편, 『헤겔 저서Werke』, 3권, Suhr Kampf, 1970

W. Bonspien & Reinhard Heede 편, 『헤겔 전집Gesammelte Werke』, 9권, Felix Meiner, 1980

2권 목차

C　(BB) 정신　　　　　　　　　　　　　　　　　　　9

Ⅵ 정신　　　　　　　　　　　　　　　　　　　　11

A 참다운 정신, 인륜성　　　　　　　　　　　　24

a 인륜의 세계; 인간의 법칙과 신의 법칙; 남성적 존재와 여성적 존재　　　　　　　　　　　　　　　　　　　28

b 인륜적 행동; 인간의 인식과 신의 인식; 죄와 운명　　62

c 법적 상태　　　　　　　　　　　　　　　　　　97

B 자기에게 소원화된 정신: 교양　　　　　　　　114

B-1 자기에게 소원화된 정신의 세계　　　　　　126

a 교양과 교양이 실현된 나라　　　　　　　　　129

b 신앙과 순수 통찰　　　　　　　　　　　　　203

B-2 계몽　　　　　　　　　　　　　　　　　　229

a 계몽과 신앙의 투쟁　　　　　　　　　　　　236

b 계몽의 진리　　　　　　　　　　　　　　　310

B-3 절대적 자유와 공포　　　　　　　　　　　336

C 자기를 확신하는 정신, 도덕성　　　　　　　368

a 도덕적 세계관　　　　　　　　　　　　　　376

b 전치　　　　　　　　　　　　　　　　　　409

c 양심, 아름다운 영혼, 악과 그 용서   443

C (CC) 종교   543

VII 종교   545

A 자연 종교   576

a 빛[Lichtwesen]   582

b 식물과 동물의 신   588

c 장인   593

B 예술 종교   604

a 추상적 예술작품   613

b 생동하는 예술작품   642

c 정신적인 예술작품   656

C 계시 종교   706

C (DD) 절대지   795

VIII 절대지   797

부록-1 정신현상학을 이해하기 위한 예비지식   851

1 『정신현상학』의 발간   851

2 판본에 관해   863

3 『정신현상학』의 구조, 방법, 개념과 목적   869

1권 목차

번역자 서문   3

서문[Vorrede]   17
서론[Einleitung]   175

A   의식   215
I 감각적 확신 또는 이것과 의도[meinen]   217
II 지각; 사물 그리고 속임   241
III 힘과 지성, 현상과 초감각적 세계   275

B   자기의식   343
IV 자기를 확신하는 진리   345
A 자기의식의 자립성과 비 자립성: 주인과 노예   367
B 자기의식의 자유: 스토아주의, 회의주의 및 불행한 의식   392

C   (AA) 이성   461
V 이성의 확신과 진리   463
A 관찰하는 이성   487

a 자연의 관찰 493

b 자기의식을 순수한 상태에서 외적 현실과 관계해 관찰 하는 것: 논리적 법칙과 심리학적 법칙 590

c 직접적인 [신체적] 현실과 자기의식의 관계에 관한 관찰, 관상학과 골상학 605

B 이성적인 자기의식의 자기 자신을 통한 실현 679

a 쾌락과 운명[필연성] 702

b 심정의 법칙과 자만의 광기 717

c 덕과 세속 740

C 그 자체로 자기에게 나타나면서 스스로 762

실재하는[reell] 개체성 762

a 정신적인 동물의 나라와 속임 또는 사태 자체 767

b 법칙을 발견하려는 이성 815

c 이성에 의한 법칙의 검증 829

C

(BB) 정신

폴리니케스 시체 앞에 선 안티고네, Nikiforos Lytras 그림(1865) 헤겔은 소포클레스의 작품 「안티고네」를 통해 그리스 시대 정신을 가족과 국가의 대립으로 서술한다.

VI 정신

[해제]

헤겔은 이성의 단계에서 인식의 문제를 다루었다. 여기서는 객관적 본질에 관한 인식이 문제였다. 이성의 단계에서 사회적 상호 작용 속에서 출현한 객관적 본질을 인식한 다음, 정신의 단계는 이런 객관적 본질을 자신의 의지로 받아들이는 자유의지의 출현 과정이 다루어진다.

헤겔은 의지의 발전단계도 확신, 의식, 자기의식과 같은 인식의 단계를 규정하는 범주로 규정한다. 여기서 확신의 단계는 외적 강제를 수동적으로 받아들이는 욕망의 단계다. 아직 자유로운 의지가 출현하지 않았다. 주로 정신의 첫 번째 단계인 인륜적 정신의 단계에서 발생한 의지다.

다음에 정신의 두 번째 단계인 법적 상태에 들어가면 자유롭게 선택하는 의지 즉 인격이 출현하지만, 이는 형식적인 자유의지에 그치고 실질적으로는 세계를 지배하는 주인 의지의 지배를 받아들일 수밖에 없다. 이런 상태를 헤겔은 의지에서 의식의 단계라고 한다.

정신의 세 번째 단계인 근대정신(소외된 정신)에 이르면 합리적 자유의지가 출현한다. 이것이 곧 자기 의식적 정신이다. 이 단계에서 출현한 자유의지는 처음에는 신앙(순수 의식) 속에서 출현한다. 이 순수 의식은 합리적 자유의지가 내면에서 출현한 것을 의미한다. 여기서 의식적 의지에 머무르는 개별 의지(계몽)와 내면에서 직접 출현한 순수 의식

(신앙)의 대립이 전개된다.

합리적 자유의지가 자각되면서 칸트의 자유의지가 출현한다. 칸트 자유이지는 낭만주의의 양심 개념을 거쳐 마침내 절대정신으로 이행한다. 이 절대정신은 합리적 자유의지의 최고단계 즉 사랑이다.

헤겔이 의지의 단계조차 이처럼 인식의 단계를 규정하던 확신, 의식, 자기의식이라는 범주를 쓰면서 여러 혼란이 발생한다. 특히 정신의 장에서 이런 표현이 나올 때는 인식적 의식이 아니고 의지의 단계에서 말한다는 것을 기억해야 한다.

[해제] 전체 흐름은 다음과 같다.
437) 이성에서 정신으로
438) 정신의 개념
439) 이전의 의식 형태와 정신의 관계
440~442) 정신의 전개 형태들

437) 〈SK 324:8~325:3〉〈FM 238:3~27〉

이제 이성은 정신으로 된다. 왜냐하면, 자신이 전면적으로 실재한다는 사실에 관한 확신이 마침내 진리로 끌어올려지고 이성이 자기 자신이 곧 자신의 세계고 자신의 세계가 곧 자기 자신이라는 것을 자각하기 때문이다. ─즉 바로 앞에서 행해졌던 운동 속에서 의식의 대상인 순수 범주가 곧 이성의 개념으로까지 끌어올려졌으니, 이 운동이 가리키는 것은 곧 정신이 생성하는 과정이다. **관찰하는** 이성에서 **나**[Ich]와 **존재, 대자** 존재와 **그 자체** 존재의 순수한 통일이 출현했지만, 그런 통일은 **잠재적인 것**[Ansich]이거나 **직접 존재하는** 통일로 규정된다. [관찰하는] 의식의 수준에 머무르는 이성은 자신을 다만 **발견**할 뿐이다. 그러나 관찰하는 이성이 도달하는 진리는 오히려 이처럼 자신을 직접 발견하는 데 지나지 않는 [이성의] 본능을 지양하는 데 있으며, 다시 말하면 이성이 현존할 뿐이며 자기인식 없이 존재하는 상태를 지양하는 데 있다. 따라서 **직관된 것**에 그친 범주 즉 **발견된 데 지나지 않는 사물은 나**[Ich]라는 **대자 존재**로 의식된다. 이 대자 존재는 자신을 대상적인 본질 속에서 대상적 본질을 움직이는 자아[Selbst][1]로 인식한다. 그러나 그 자체 존재에 대해 대립하는 대자 존재라는 범주 규정조차도 마찬가지로 일면적이어서 스스로 지양돼야만 할 계기다. 따라서 대자 존재라는 범주는 범주의 일반적 진리, 다시 말하면 **그 자체로 자기에게 나타난**[anundfürsichseiendes] 본질[2]로 의식에 대해[für] 규정돼야 할 것이다. 정신적 본질이란 **사태 자체**를 구성하는 여전히 **추상적** 규정이며 그러한 본질을 의식하는 수준에 머무르는 것[3]은 이 **정신적** 본질에 담겨 있는 다양한 내용에 종속해 이리저리 표류하는, 한낱 형식적인 인식에 그친다. 의식은 아직도 개별자의 성격을 띠고 있으므로 실체로부터 구별되는 것은 물론이려니와 더 나가서는 한낱 자의적인 법칙을 제시하거나 아니면 오직 자기의 인식 자체를 통해 그 자체로 자기에게 나타난[an und für sich] 법칙을 획득한다고 생각하고 그 자신을 이런 법칙을 평가[검증]하는 위력을 지닌 존재로 여긴다. ―그런데 이를 다시 실체의 측면에서 고찰한다면 실체란 곧 **그 자체로 자기에게 나타난** 정신적 본질이더라도 아직도 자기 자신을 의식하지 못한다. 그러나 **그 자체로 자기에게 나타난** 정신적 본질이 그와 동시에 의식으로서 자신을 참으로[wirklich] 표상하며[vorstellt] 자기에게 자기 자신을 표상하면서

---

1 '그 자체로 실재하는 개체성' 또는 활동하는 개체성을 말한다.

2 사회적 상호 작용을 통해 출현하는 사태 자체 즉 실체를 말한다.

3 앞에서 설명한 성실한 의식을 말한다.

[vorstellt] 정신으로 된다.

[해제] 1) 헤겔은 정신 장에 들어가면서 우선 이성에서 정신으로 발전하는 과정을 설명한다. 이성 장 끝에 이성이 실재한다는 확신 즉 이성의 개념은 진리로 변화한다. 이는 이성의 주관적 범주가 곧 세계 속에 나타나는 객관적 범주라는 사실을 자각하는 단계 즉 자기 의식적 이성의 단계로 이행하는 것을 말한다.

2) 이어서 헤겔은 이성에서 정신에 이르는 과정을 간략하게 서술한다. 이성의 개념은 곧 전면적 실재다. 이는 곧 사물의 객관적 본질, 필연적인 상호관계, 내외 합일 상태를 인식하는 것을 말한다. 처음 이성이 등장했을 때, 이성은 본능적으로 직접 존재하는 자연이나 사회 속에서 자신을 예감하고 이를 발견하려 했으나, 그 시도는 실패로 돌아갔다. 이어서 이성은 활동하는 개인의 사회적 상호 작용 속에서 마침내 그와 같은 이성을 발견한다. 이것이 곧 사태 자체다. 여기서 이성은 사태 자체 속에서 자신을 자각할 가능성이 열린다.

3) 그러나 이런 자각은 처음에는 아직 자각적인 자기의식의 방식이 아니라 직접적인 순수 의식으로 등장한다. 이 순수 의식에도 여러 단계가 있는데, 첫 번째로는 사태 자체가 다만 추상적 본질로서 내적 확신(예감)의 방식으로 인식될 뿐이니, 그것이 곧 성실한 의식이다. 이는 그 계기들의 유동성 속에 있으며 속이고 속는 동물 나라 속에 있다. 헤겔은 이를 "다양한 내용에 종속해 이리저리 표류하는 한낱 형식적인 인식"에 그친다고 한다.

4) 이성의 자기의식이 좀 더 발전하면서 순수 의식 속에서도 지각적인 방식이 출현한다. 그것이 곧 법칙 발견적 이성이다. 법칙 발견적 이성은 기존의 실체가 지닌 구체적 법칙을 직접 받아들인다. 그러나 법칙의 일반적 형식과 구체적 내용 사이의 모순에 부딪히면서 의식 내의 순수한 형식을 통해 구체적 내용을 구성하려는 법칙 검증적 이성이 출현

한다. 이 법칙 검증서 이성은 지성의 단계인데, 다만 내적 형식의 일반성을 척도로 삼는다. 그러나 이런 형식적 척도는 무기력하게 상반된 내용을 끌어내면서 자기모순에 빠진다.

5) 이 두 가지 방식의 한계에 부딪혀서 이성은 자기 내로 반성하면서 마침내 이성에 관한 자기의식 즉 "자신에 관한 참된 관념을 얻기에" 이른다. 사태 자체가 사회적 상호 작용을 통해 눈앞에 실재하면서 이성은 자기를 자각하는데, 그 방식을 헤겔은 두 가지로 설명한다. 하나는 사회적 상호 작용을 통해 실제로 사태 자체 즉 객관적 본질이 출현하는 것이다. 다른 하나는 구체적 현실 속에서 역사적으로 일어나는 사회적 합의다. 그리고 이런 합의를 통해 개인은 실체를 객관적으로 인식하면서 단순한 믿음의 방식으로 인식하던 순수 의식을 떠나 자기 의식적 이성인 인륜적 의식으로 발전한다. 여기서 이성의 운동은 끝나고 정신의 운동이 시작된다.

6) 이 인륜적 의식에서 "실체가 자신을 참으로[wirklich] 표상하며 [vorstellt] 자기에게 자기 자신을 표상하면서[vorstellt] 정신"으로 된다. 이 인륜적 의식은 정신적 본질과 직접 합일되므로 실체를 실현하는 직접적 의지가 된다. 이것이 정신의 운동에서 출발점으로 되는 인륜적 자아다.

438) 〈SK 325:4~27〉〈FM 238:28~239:14〉

정신적 **본질**은 이미 **인륜적인 실체**로 표시됐다. 그러나 [이제] 정신은 곧 **인륜적인 실체의 실현**을 뜻한다. 즉 정신은 실제로 존재하는 [wirklich] 의식이 지닌 **자아**[의 산물]이면서도 정신은 이 자아에 대립

4　여기서 헤겔이 사용하는 개념이 혼란스러워 정리할 필요가 있겠다. 실체 또는 정신적 본질은 개인의 사회적 상호 작용의 산물이다. 이런 실체는 말하자면 법과 같은 것이다. 이 실체가 자기를 실현하는 자아를 지닐 때 정신이 된다. 예를 들어

한다. 아니 오히려 자아는 대상적 현실 **세계**로서 자기 자신에게 대립해 등장한다고 말할 수 있다. 그러나 마찬가지로 이 대상적 현실 세계는 자아에 대해 낯선 것이라는 어떤 의미도 상실한다. 그것은 자아가 대상 세계에 의존하든 독립적이든 대상 세계에서 분리된 대자 존재라는 모든 의미를 상실하는 것과 마찬가지다.[5] **실체**며[6] 동시에 일반적인 자기 동일자로서 지속하는 것-즉 정신은 만인이 활동할 수 있게 하는 움직이지 않는, 해체되는 법이 없는 **근거**이고 **출발점**이며 더 나가서 만인의 **목적**이나 **목표** 즉 모든 자기의식이 사유 속에 간직하는 그 자체 존재[Ansich]이다. -그와 동시에 [정신적]실체는 만인이 각자의 **활동**을 통해 서로 통일을 이루고 동등하게 된 것으로 산출된 일반적 **산물**이다. 왜냐하면, 여기서 [정신적] 실체는 **대자 존재**, 자아, 활동을 의미하기 때문이다. 정신은 **실체**로서는 동요함이 없으며 **자기와 같음**을 유지하는 정의로운[gerecht] 것이다. 그러나 이 [정신적] 실체가 대자 존재인 한에서는 해체될 수밖에 없는, 스스로 희생을 감수하는, 베풀어 주는[gütige] 본성을 지니니, 각 대자 존재는 이런 본질에 의존해 자신의 산물을 완성하며 일반적인 존재를 잘라내서 그 가운데서 자기 몫을 차지한다. 만

국가와 같은 것이다.

5　이 정신은 개인적 자아의 산물이면서도 자아를 넘어선 고유한 자아를 가진다. 따라서 자아는 "대상적 현실로서 자기 자신"인 정신에 대립한다. 그러나 동시에 정신은 자아의 산물이므로 자아는 그 속에서 자기를 발견한다.

6　정신은 실체와 자아 두 측면으로 이루어진다. 정신적 실체는 개별적 자아와 관계하여 두 측면을 갖는다. 한편으로 개인적 자아는 실체를 목적으로 삼아 실체에 봉사한다. 다른 한편으로 이 정신은 개별적 자아 또는 대자 존재의 측면을 갖는다. 대자 존재의 측면에서 실체는 개인적 자아를 위해 봉사한다. 개별적 자아는 이 실체를 통해서 생존을 유지한다.

인의 활동과 만인의 자아라는 **계기**는 이처럼 일반적 본질을 해체하고 개별화한다. 이런 자아라는 계기가 곧 실체의 혼이 돼 실체를 운동하게 하면서 일반적인 본질을 발생하게 한다.[7] 이처럼 실체가 자신의 존재를 이런 자아 속에 해체한다는 것, **바로 그 속에서도** 실체는 죽어 있는 본질이 아니며 오히려 **실제로 존재하면서도 생동적으로** 된다.

[해제] 헤겔은 정신은 자아와 실체의 통일이라고 한다. 즉 사회적 상호 작용의 산물인 실체가 자기를 실현하는 고유한 자아 즉 일반적 자아를 지니면 정신이 된다.

이런 정신은 개별 자아를 넘어선 일반적 자아라는 점에서 자아에 대립하는 대상적 현실이며, 다른 한편으로는 정신은 개별적 자아의 산물로서 개별적 자아에 대해 "낯선 것이라는 어떤 의미도 상실한다."

정신은 실체로서 즉 일반적 자아로서 본다면 한편으로 "동요함이 없이 자기와 같음을 유지하는 정의로운 것"이다. 이 정신적 실체는 일반적 자아로서 개인은 그것을 위해 봉사하며, 개인적 삶의 토대가 된다. 인륜적 실체는 그 자체 존재라는 측면에서는 만인의 활동 토대가 된다. 그것은 "움직이지 않는, 해체되는 법이 없는 근거이자 출발점"이며, 만인의 목적이다.

그러나 다른 한편으로 정신적 실체는 개인의 상호 작용을 통해 생성된 것이므로 개별적 자아로 해체되며 개별적 자아를 위해 봉사한다. 정신적 실체는 이런 대자 존재라는 측면에서 본다면 "스스로 희생을 감수하는, 베풀어 주는 본성을 지닌 존재"이며 만인은 이로부터 자신의 것을

---

7   실체를 토대로 개인이 활동할 수 있으며 거꾸로 개인의 활동이 실체를 활동하게 한다. 전자의 측면에서 실체는 개인으로 해체되며 후자의 측면에서 개인은 실체의 혼이다. 이 두 측면은 상호 매개된다. 그러므로 실체가 "자아 속에 해체되면서" 오히려 "생동적으로 된다."

받아들임으로써 "자기의 몫을 차지한다."

　정신적 실체는 이런 이중적 측면 때문에 개별 자아 속으로 자기를 해체하면서도 이를 통해 사멸하기보다 오히려 생동적으로 자신을 유지한다. 그런 점에서 곧이어 말하듯이 헤겔은 정신은 "자기를 스스로 떠맡는" 본질이라고 말한다. 그것은 스스로 자기를 실재하게 하므로 절대적인 본질이다.

　439) 〈SK 325:28~326:24〉〈FM 239:15~39〉

　정신은 이를 통해 자기를 스스로 떠맡는[das sich selbst tragende], 절대적이면서 동시에 실재하는[real] 본질이다. 따라서 지금까지 나타난 의식의 모든 형태는 바로 이 정신의 한 면을 추상한 것에 지나지 않는다. 말하자면 그러한 형태란 오직 정신이 그 자신을 분해하고[analysiert] 자신의 계기를 서로 구별하는 가운데 이들 하나의 계기에 머무르는 것을 의미한다. 그런 계기는 고립적으로 파악되더라도 정신 자체를 **전제**로 삼고 이를 자신이 **존속**할 수 있는 바탕으로 삼는다. 달리 말하자면 그런 계기는 정신 속에서만 실존하며, 정신이야말로 그런 계기를 실존하게 하는 힘이다. 이들 계기가 그처럼 고립적으로 파악된다면, 마치 그 자체로서[als solche] **존재할 수 있는 듯한** 가상을 띤다. 그러나 어떻게 해서 이들 계기가 다만 계기에 그치는 것인지, 그리고 어떻게 해서 그 계기가 지닌 크기는 점차 소멸해 버리는 것인지 하는 사실은 그런 계기들이 자신의 근거인 정신적 본질을 향해 앞으로 나가면서 동시에 되돌아가는 운동을 통해 밝혀졌다. 바로 이런 정신적 본질이 이들 계기를 운동하게 하고 해소하게 하는 힘이다. 여기 우리의 논의에서는 정신이나 그런 계기들의 자기 내 반성이 이미 확립되고 있으니, 이들 계기에 관해서 우리가 했던 반성을 이런 측면에 따라서 간단하게 상기해 볼 수 있을 것이다. 그런 계기들은 곧 의식, 자기의식 및 이성이었다. 정신이란 처음에 의식 일반이었다. 즉 그것은 감각적 확신, 지각 및 지성을 자체 내에 포괄한다. 그러나 이런 의식의 단계에서 정신이 자기 자신을 분해하는 과정에서 확립한 각 계기는 정신이 자기에게 **대상적으로 존재하는** 현실[sich gegenständliche seiende Wirklichkeit]이며 이때 이런 현실이 정신이 지닌 고유한 대자 존재의 산물이라는 사실은 간과된다. 이와는 반대로 정신이 그러한 분해 과정에서 [간과됐던] 다른 계기 즉 자기가 대상으로 하는 것이 곧 자기의 **대자 존재**라고 하는 계기를 확립한다면 정신은 자기의식으로 된다. 그러나 정신이 **그 자체적이며 동시에 대자 존재**[Anundfürsichsein]에 관한 직접적 의식에 머무르는 한에서 즉 정신이 자기의식과 의식의 통일[8]인 한에서는 그런 정신은 곧 **이성을 간직한** 단계에 있는 의식이다. 이 [이성을 소유하는] 의식은 마치 **간직한다**[Haben]는 낱말이 표시하듯이 대상을 어디까지나 **잠재적**[ansich] 단계의 이성으로 아니면 범주의 가치를 지닌 것으로 규정하지만, 이 대상이 지닌 범주로서 가치는 아직 의식에 나타나지 않는다. 이런 단계의 정신이 우리가 지금 막 벗어났던 의식[이성]의 단계다. 정신이 **간직하는** 이성이 마침내 정신을 통해 이성과 같은 것으로서 직관된다면 다시 말해서 정신을 통해 **실현돼**[wirklich] 정신의 세계가 된 이성과 같은 것으로서 이성이 직관된다면,[9] 정신은 그 자신의 진리에 도달한다. 여기서 마침내

8 관찰하는 이성에서 이미 대상은 자기지만, 아직 대상 속에서 자기를 발견하지 못한다. 전자의 측면에서 자기의식이며 후자의 측면에서 의식이다.

9 '정신이 소유하는 이성'은 관찰하는 이성의 단계다. 이때 관찰은 대상 속에 잠재적으로(은폐된 채) 존재하는 이성을 발견하려 한다. 이성이 이성으로서 직관된다는 것은 이성이 사회적 상호 작용을 통해 눈앞에 실재하면서 그 자신으로 자각되는 것을 말하니, 이것이 곧 자기 의식적 이성이다. 실재하는 이성이 곧 실체 또

정신은 정신으로 될 뿐만 아니라 또한, **실현된 인륜적인** 본질로 된다.

[해제] 이 구절에서 헤겔은 정신과 지금까지 의식 형태 사이의 관계를 설명한다. 지금까지 의식 형태 즉 의식(감각적 확신, 지각, 지성)과 자기의식 그리고 이성인데, 정신은 이런 모든 계기의 토대이다. 모든 계기는 정신이 자기를 대상화한 것이다. 동시에 이 모든 계기는 그로부터 자기 내로 반성하여 다시 이 정신을 향해 나가니, 헤겔은 이런 계기의 운동에 관해 "앞으로 나가면서 뒤로 되돌아가는 운동"을 전개한다고 말한다. 정신은 의식 운동의 출발점이면서 의식 운동이 되돌아오는 근거다.

이 과정을 간략하게 서술하자면, 먼저 의식의 단계에서 정신은 대상으로 나타나며, 그것이 자기의 산물이라는 사실은 은폐된다. 이어서 자기의식에서 대상은 자기라는 것이 자각되지만, 여기서 대상과 자기의 일치는 형식적인 것일 뿐이기에 다만 사유 내에서만 일어나는 자각일 뿐이다.

정신이 이성에 이르러, 먼저 관찰하는 이성은 대상 속에서 자신의 객관적 본질 즉 이성적인 것을 발견하려 하지만, 아직 이런 이성적인 것은 자각되지 않는다. 이런 단계를 헤겔은 의식이 "이성을 소유하는" 단계라고 말한다.

마침내 이성의 끝에 이르러 이성은 사회적 상호 작용 속에서 실재하게 되며, 이를 통해 이성은 자기를 대상 속에서 자각하니, 확신에 머무르는 이성이 진리가 된다. 여기서 실체는 실재하며 의식은 이를 자기로 자각하니 실체와 의식이 통일되면서, 정신으로 된다.

이 전체 운동은 정신이 자신을 대상화해 그 속에서 자기 내로 복귀하는 순환 운동이라고 말할 수 있을 것이다.

는 정신적 본질이다.

440) 〈SK 326:25~33〉〈FM 240:1~7〉

정신이 이처럼 **직접성의 차원에 머무르는 진리**라는 모습을 띠고 나타나는 한에서 정신은 한 **민족**의 **인륜적인 삶**을 뜻한다. [인륜적] 정신은 개체화된 세계를 말한다. 그리하여 정신은 이제 그가 곧바로 [unmittelbar] 무엇인가에 관해 의식하는 단계로까지 전진해 나가면서 아름다운 인륜적 삶을 지양하는 가운데 일련의 다양한 형태를 거쳐서 자기 자신에 관한 인식의 단계에까지 도달한다. 이런 정신의 형태들이 앞서 제시된 정신의 형태와 구별되는 점이란 곧 여기서는 이 형태들이 곧 실재하는[real] 정신, 다시 말하면 본래적인 의미에서의 현실을 뜻할 뿐만 아니라 더 나가서는 의식의 형태가 아니라 세계의 형태[10]라는 데 있다.

441) 〈SK 326:34~327:15〉〈FM 240:8~21〉

생동하는 인륜적 세계란 곧 정신이 도달한 진리지만, 그 진리는 정신이 일단 자기 본질을 추상적으로 인식한 것에 그치는 것이다. 그러므로 인륜적 세계는 몰락하면서 형식상 일반적인 법의 세계가 된다. 그 결과 이제부터[소외된 정신에서부터] 정신은 자기 자신 내에 분열하기에 이른다. 정신은 냉혹한 현실이라고 할 그 자신의 대상적인 터전 속에서 자기의 한쪽 세계에 해당하는 **교양의 나라**를 서술해 나가며 이와 반대되는 사유의 터전에서는 **정신적 본질의 나라**라고도 할 **신앙의 세계**를 서술해 나간다. 그러나 정신이 이와 같은 두 세계[교양과 신앙]로 내적

---

10 정신 이전의 의식은 대상과 대립한다. 그 모순을 통해 의식이 발전한다. 반면 정신에서 의식과 대상은 이미 통일을 이룬다. 단순히 개인적 자아가 실현된 것이 아니라 일반적 자아가 실현된 것이니, '실재하는 정신'이며 '세계의 형태'다. 앞으로 정신의 발전은 정신이 두 대립하는 자립적 본질 즉 개별자의 세계와 일반자의 세계로 구별되면서 일어난다.

으로 분열함으로써 자기 상실을 거쳐서 다시 그 자신에게로 되돌아오면서 즉 정신이 **개념**을 통해서 포착되면서 이 두 세계는 **통찰**과 바로 이 통찰의 확산이라고 할 **계몽**을 통해 혼돈을 겪는다. 그런 혼돈 가운데 분열된 정신은 마침내 혁명[프랑스 혁명]을 유발하고야 만다. 이렇듯 **차안**과 **피안**의 두 영역으로 분화돼서 저마다 확산한 두 정신의 영역은 다시금 자기의식으로 되돌아간다. 자기의식은 이제는 **도덕성** 속에서 그 자신 속에 본질이 존재한다고 파악하며, 동시에 본질을 실제로 존재하는 자아로서 포착하기에 이른다. 여기서 자기의식은 자기의 **세계**와 그 자신의 **근거**를 더는 자기의 바깥에 설정하지 않고 오히려 모든 것이 자기 내로 소멸하게 하며 마침내 **양심**으로 출현하면서 **자기 자신을 확신하는** 정신으로 된다.

442) 〈SK 327:16~21〉〈FM 240:22~26〉

그러므로 인륜의 세계와 차안과 피안으로 분열된 세계 그리고 도덕적 세계관이라는 정신적 형태들의 운동을 거쳐 그리고 이런 형태들이 단순하면서 또한, 대자적으로 존재하는 정신적 자아로 복귀함으로써 절대정신이 발전한다. 절대정신은 그런 형태들이 운동하는 목표이며 결과로 등장하게 될 것이다.

[해제] 1) 앞에서 이전의 의식 형태와 정신의 관계를 다루었다면, 여기서는 정신이 앞으로 발전하는 형태를 개념적으로 제시한다.

첫 번째 단계에서 정신은 의지에 내적인 확신으로 머무른다. 이때 개인의 의지는 제공된 실체의 법칙을 맹목적으로 따른다. 헤겔은 이를 곧 민족의 인륜적 삶이라고 한다.

정신은 인륜의 세계를 벗어나 법의 세계로 들어간다. 여기서 법적 인격은 결정의 권리를 획득한 자유의지다. 그러나 이 자유의지는 형식적인 자유에 그치며 그 결과 인격들 사이의 충돌이 벌어진다.

법의 세계 끝에 사회적 상호 작용을 통해 근대정신이 출현한다. 이 근대정신에서는 정신의 소외가 일어나면서 정신은 두 세계로 분열된다. 한편으로 개별적 의지와 다른 한편으로 일반적인 실체를 따르는 의지가 대립한다. 양자의 대립은 계몽과 신앙의 투쟁을 거쳐 혁명으로 발전하며 마침내 도덕적 세계관으로 이행한다. 여기서 그 자체적인 정신적 본질과 대자적 자아가 합일하니, 자아는 자기 속에서 그 자체적인 것을 추구한다. 여기서 비로소 도덕적 자유의지 또는 합리적 자유의지가 출현하며 이는 양심을 거쳐 절대정신에 이른다.

2) 헤겔은 앞서 등장한 의식의 형태와 정신의 발전 과정에서 나타난 정신의 형태를 구별한다. 전자가 '의식의 형태'라면 후자는 '세계의 형태'라고 말한다. 이 차이는 정신 장의 구조와 전개 방식을 가르쳐 주므로 흥미로운 문제다.

우선 정신에 이르기까지 의식의 형태에서 정신은 의식과 대상으로 구분되면서 양자의 대립과 모순을 통해 이전의 의식이 새로운 의식으로 발전한다. 정신에 이르러 정신은 의식과 대상의 합일을 이루었다. 하나의 유적 정신은 자기를 서로 대립하는 두 자립적 종적 정신으로 분열하면서(예를 들어 가족과 국가, 계몽과 신앙 등) 이 두 자립적 정신은 모순적으로 결합한다. 각 자립적 종적 정신은 각기 서로 대립하는 두 계기 즉 자아와 실체의 합일이니, 전체적으로 본다면 정신의 세계는 마치 뫼비우스의 띠와 같이 운동한다. 이 뫼비우스의 띠는 구체적 형태는 달리하지만, 인륜적 세계나 법의 상태 그리고 소외된 정신세계에서 공통으로 나타나는 현상이다.

A 참다운 정신, 인륜성

[해제] 443~444) 인륜적 정신의 개념

443) 〈SK 327:26~328:2〉〈FM 240:30~241:5〉

정신이 [아직] 단순한 진리에 머무르고 있을 때[11] 그것을 [정신적] 의식이라 한다. 이런 의식의 단계에서 정신의 계기는 분리돼 나타난다. **행위**하는 가운데 정신은 실체와 이 실체에 관한 의식으로 분리되며 실체와 의식은 저마다 다시 분리된다. 실체는 자기 내에서 일반적인 **본질**이나 **목적**에 해당하는 것[민족국가]과 **개별화된** 현실에 해당하는 것[가족]으로 분리되면서 양자는 서로 대립한다. 양자를 매개하는 무한자는 자기의식[자아]이니, 이 자기의식은 **본래**[an sich] 실체와 통일을 이루는 것이지만, 이제 **자각**[für sich]적인 방식으로 그런 통일로 돼야 한다. 즉 자기의식은 일반적인 본질[민족국가]과 개별화된 현실[가족]을 통일함으로써 개별 현실을 일반적인 본질로 끌어올리는 가운데 그 자신은 곧 인륜적으로 행동하기에 이른다. ─그럼으로써 자기의식은 일반적인 본질을 이번에는 개별화된 현실로 끌어내림으로써 목적 즉 단지 사유 속에 머무르는 실체를 수행한다. 여기서 마침내 자기의식은 자아와 실체의 통일을 바로 **그 자신의 산물**로 따라서 **현실**로 산출한다.

---

11 인륜적 정신을 헤겔은 아름다운 정신이라고도 하며 참다운 정신으로도 부른다. 인륜적이라 불리는 것은 그 관계가 습속에 기초한 것이기 때문이다. 인륜적 정신이 아름답다는 것은 이 시대 예술의 형식미를 말하며 참답다고 하는 것은 민족을 위해 헌신하는 그리스인의 덕성을 지칭하는 말일 것이다. 모두 직접적 합일이라는 개념에서 나온 특성이다.

444) ⟨SK 328:3~22⟩⟨FM 241:6~20⟩

정신적 의식은 이처럼 각 계기를 분리함에 따라서 단순한 실체는 한 편으로 자기의식에 대립한다. 다른 한편에서는 단순한 실체는 그 자체에서[an ihr selbst] 의식의 본성을 지니면서[12] 자기 자신 내에서 자기를 구별해 세계가 자기 안에 서로 다른 집단으로 분절된다. 여기서 실체는 서로 구별되는 인륜[13]적 본질로 즉 인간의 법칙과 신의 법칙으로 분열한다. 이와 마찬가지로 또한, 단순한 실체에 대립하는 자기의식도 그 본성에 따라 분리되면서 각자 두 가지 위력[Mächte] 각각에 귀속한다. 이런 분리된 자기의식을 인식의 차원에서 본다면 그 가운데 하나의 측면은 자신이 행하는 것을 알지 못하는 무지며 다른 하나의 측면은 그가 행한 것에 관한 인식이다. 하지만 이런 그렇게 안다고 생각하므로 오히려 속는 인식이다. 그러므로 자기의식은 행위를 하는 가운데 두 분리된 실체 즉 **두 위력이 지닌** 모순을 경험하며 또한, 양자가 서로 적대적으로 파괴한다는 사실을 경험한다. 그에 못지않게 자기의식은 자기의 행동이 어떤 인륜적 성격을 지니는지에 관한 그 자신의 인식과 그 자체로 자기에게 나타난[an und für sich] 인륜적인 실체 사이에서 드러나는 모순을 경험하는 가운데 **자신에게 특유한** 몰락을 경험하고 만다, 그러나 사실 인륜적 실체는 이와 같은 운동을 거치는 과정에서 **자기를 실현한**[wirklichen] **자기의식**으로 될 뿐만 아니라 마침내 여기서 개별자로서

---

12 의식의 본성은 자기 내에서 자기를 구별한다는 것이다.

13 인륜[人倫]은 우리 말로는 도덕성이라는 의미에 가깝다. 하지만 독일어 'Sittlichkeit'는 'Sitte'에서 나온 것이니 의미상 관습, 습속에 가깝다. 헤겔은 후자의 의미에서 사용하기에 인륜이라는 번역은 적절하지 않지만, 이미 굳어 버린 표현이라 그대로 번역한다. 나중에 C 절에서 보듯이 의무나 양심 등은 도덕성[Moralität]으로 규정한다.

자아는 그 자체적이면서 동시에 대자적인[an und für sich] 자아로 된다. 바로 이런 운동 가운데 인륜의 세계도 끝내 몰락하고 만다.

[해제] 1) 앞에서 말했듯이 정신은 이미 인식에서는 객관적 본질을 인식하고 실체가 자신의 것으로 자각됐지만, 아직 의지에서는 이런 자각이 출현하지 않았다. 의지는 처음에 직접 실체와 합일하는데, 이런 직접적 의지를 헤겔은 의식의 단계에서 머무르는 의지라 한다. 이것이 곧 최초의 정신적 형태인 인륜적 정신이다.

직접적인 인륜적 본질은 일반적 본질과 개별화된 본질이라는 서로 대립하는 두 집단의 통일로 분열된다. 그러므로 헤겔은 "실체가 그 자체에서 의식의 본성을 지니면서 자기 자신 내에서 자기를 구별한다"라고 말한다. 그 가운데 일반적 본질을 구현하는 것이 국가(민족국가)이며 개별적 본질에 머무르는 것이 가족이다. 양자는 서로 대립하지만, 직접 통일돼서 각자는 존재하는 가운데 다른 것으로 이행하며 존재하기 위해서 다른 것이 필요하다.

2) 인륜적 실체가 두 집단으로 나누어지듯이 자아 역시 둘로 나누어져 각 집단에 귀속한다. 두 집단은 저마다 고유한 실체를 지니며 하나의 자아를 자신의 고유한 자아로 삼는다. 민족국가는 인간의 법칙(개인의 공동 목적)을 실체로 삼으며, 개별적 자아(남성)를 자신의 자아로 삼으며, 가족은 신의 법칙(혈연적 통일성)을 실체로 삼으며, 그 자아는 가족적 통일성을 추구하는 자아(여성)다.

각 자아는 자유로운 선택에 따라 자신의 실체를 추구하지 않고, 그가 지닌 자연적 성격에 따라 자신의 실체를 따른다. 각 집단에서 자아와 실체는 직접적인 통일을 이룬다. 다시 말해 자아는 실체를 의심함이 없이 주저하지 않고 실행한다.

3) 이상과 같이 개념적으로 인륜적 정신을 서술한 다음, 헤겔은 앞으

로 전개될 인륜적 정신의 몰락을 미리 간단하게 설명한다.

인륜적 정신의 특징은 직접성에 있다. 분화된 두 집단도 직접 통일되며, 두 집단 내 자아와 실체도 직접 통일된다. 그러나 직접적 통일과 분화된다는 사실은 서로 충돌한다. 처음에 상호 균형을 통해 팽팽한 긴장 속에서 균형을 이루고 있던 두 집단은 자아가 행동에 나서면서 균형이 깨어진다.

자아는 자신이 속한 집단의 법칙을 실행하는 가운데 자기에 대립하는 집단의 법칙을 위반하게 된다. 헤겔은 이런 위반이 무지에서 나온 것이라 한다. 즉 그는 그가 실행하는 집단의 법칙은 인식하지만, 그것에 대립하는 집단의 법칙은 알지 못한다. 서로 대립하는 두 집단은 직접 결합하므로 그가 속한 집단을 위해 행동하는 가운데 그는 그가 알지 못한 채로 그가 대립하는 집단을 파괴한다. 그런데 이런 무지는 그의 인식과 직접 결합하므로 헤겔은 이를 "안다고 생각하므로 오히려 속았다"라고 말한다.

무지든 속은 것이든, 이렇게 자아는 행위하는 가운데 자신과 대립하는 실체를 해치면서, 스스로 몰락한다. 이런 몰락을 통해 인륜적 자아 즉 직접적인 의지는 자각적인 의지로 발전하며, 분열된 두 집단은 하나의 정신으로 통일되니, 이런 점에서 행동하는 개인 즉 자기의식이 "매개하는 무한자"가 된다. 이제 정신의 두 계기 자아와 실체는 직접적인 통일에서 자각적인 통일로 이행한다. 그것이 곧 법과 인격이다.

4) 인륜적 정신이 민족국가와 가족이라는 두 집단으로 분화됐다는 사실은 그리스 시대의 역사적 현실을 반영하는 것으로 보인다. 그리스 시대는 씨족/부족 사회에서 도시/국가로 전환하는 시기였다. 이제 사회는 자연적인 통일체를 벗어나서 합목적적인 방식으로 재조직된다. 씨족은 해체되고 시민이 출현하고 부족은 재구성돼 폴리스가 된다. 이런 전환에 관한 상세한 설명은 엥겔스가 1884년에 작성한 『가족, 사유재산,

국가의 기원』에 나온다. 헤겔은 아직 그런 역사에 관한 이해는 없었다.

그런데도 헤겔이 그리스 사회를 대립의 통일로 파악했는데 헤겔이 여기서 참고한 것은 그리스 비극이다. 그가 참고한 대표적인 비극이 소포클레스의 비극 삼부작 중 하나인 『안티고네』다. 그는 이 『안티고네』에서 가족으로서 권리를 주장하는 안티고네와 국가의 의무를 강조하는 국왕 크레온의 대립을 보면서, 이것이 그리스 사회를 구성하는 두 가지 대립하는 원리로 보았다. 그 때문에 그는 이를 신의 법칙과 인간의 법칙으로 규정했다. 표현은 다르지만, 그리스 시대의 역사적 변화를 파악하는 기본적 관점에서는 놀랍게도 마르크스와 헤겔은 일치한다.

a 인륜의 세계; 인간의 법칙과 신의 법칙; 남성적 존재와 여성적 존재

[해제] 전체 흐름

445) 인륜적 정신의 분화와 통일

446) 민족의 개념

447~448) 민족과 개별자의 관계

449~450) 가족의 개념

451~452) 가족의 인륜적 역할

453–454) 민족의 모순

455) 가족의 운동

456~458) 가족의 세 관계

459~462) 가족과 민족의 상호 침투 관계

445) 〈SK 328:28~329:9〉〈FM 241:25~242:2〉

단순한 실체로서 정신은 아직 의식에 수준에 머무르는 한에서 자기를 분리한다. 달리 말하자면 추상적이며 감각적인 존재에 관한 의식이 지각의 단계로 이행하듯이 실재하는 인륜적 존재에 관한 직접적인 확신도 마찬가지며 더 나가서 감각적인 지각에서는 단순한 존재가 다양한 성질을 지닌 사물로 되듯이 인륜적인 지각에서는 행동을 통해 일어난 사건은 다양한 인륜적 맥락 속에서 실현된다. 그런데 전자[감각적 지각]의 경우에는 쓸데없이[unnütze] 많은 성질이 개별성과 일반성이라는 본질적 대립으로 요약된다면 실체에 관한 가장 순수한 의식이라고도 할 인륜적 지각에서도 다양한 인륜적 계기는 곧 개별 법칙과 일반 법칙이라고 하는 이원적인 대립으로 요약된다. 그러나 실체를 이루는 두 집단은 각기 여전히 전체적인 정신이다. 감각적인 지각에서는 사물이 다만 개별성과 일반성이라는 두 가지 규정 바깥의 다른 실체적인 것을 지니지 못한다면 여기서[인륜적 지각에서] 두 집단은 각기 단지 두 측면[일반성과 개별성] 사이의 다만 피상적인 대립[14]을 표현한다.

446) 〈SK 329:10~28〉〈FM 242:3~17〉

우리가 여기서 고찰하는 정신적 본질에서 개별성이란 무릇 **자기의식**이라는 의미를 지니지, 어떤 개별적인 우연적 의식이라는 의미를 지니지는 않는다. 따라서 인륜적 실체는 이런 [개별성이라는] 규정과 관계해서 오직 **실제로 존재하는** 실체며, 즉 여러 현존하는 의식을 통해 **실현된** 절대정신이다. 절대정신은 곧 **공동체**[Gemeinwesen]다.[15] 이 공동체는 우리가 이성이 실천적으로 실현된 형태['이성적 자기의식의 자

---

14 의식 장에서 지각은 개별성과 일반성을 통일하는 실체가 존재하지 않는다. 반면 인륜적 세계에서 개별성(자아)과 일반성(실체)은 직접 합일된다. 이런 측면에서 "피상적인 대립"이라고 한다.

15 이 구절은 헤겔이 절대정신이 무엇인가에 관해 개념으로 설명하지 않고 표상으로 지시한 유일한 구절로 보인다. 절대정신에 관한 해석은 『정신현상학』 전체 나아가 헤겔 철학 전체의 해석을 좌우한다.

기를 통한 실현' 절]로 들어섰던 당시에는 **우리에게** 절대적인 본질[16]로 나타났으나, 여기서는 자신의 진리에 도달하면서 **자기 자신에 대해**[für sich selbst] 의식된 인륜적 본질 즉 우리가 **대상으로 삼는** 본질로서 등장한다. 그런데 이 정신이 **대자적**이라면[für sich] 그것은 이 정신이 개인에게 비친 **거울상**을 통해 자신을 보존하기 때문이다. 반면 이 정신이 그 **자체 존재**[Ansich]거나 실체라면, 그것은 이 정신이 개인을 자기 속에서 보존하기 때문이다.[17] 정신은 **실제로 존재하는** 실체라는 측면에서는 **하나의 민족**[ein Volk]에[18] 해당하며 **실제로 존재하는 의식**이라는 점에서는 그 민족을 구성하는 **시민**[Bürger]에 해당한다. 또한, 이런 실제로 존재하는 의식은 자기의 **본질**을 단순한 정신 속에 지니므로 **실제로 존재하는** 정신 속에서 즉 전체 민족 속에서 자기 자신에 관한 확신을 얻는다. 정신의 **진리**는 직접 전체 민족 속에 있으니 다시 말하면 그 진리는 실제로 존재하지 않는 어떤 것[19]에 있는 것이 아니라 오직 **실존하며 유효한** 정신 속에 있다.

447) 〈SK 329:29~330:2〉〈FM 242:18~25〉

이런 정신은 인간의 법칙으로 불릴 수도 있으니, 왜냐하면, 이 정신

---

16 성실한 의식에서 등장한 추상적 본질을 말한다.

17 정신의 그 자체적 측면은 국가를 말하고 대자적 측면은 개인 또는 시민을 말한다. 국가는 공동 목적(실체)을 고유한 자아(대자)를 통해 구현하는 것이다. 동시에 국가는 개인을 자기 속에 보존한다. 그리스 시대 개인은 국가를 통해 전쟁에서 승리해 얻은 약탈물로 살아갔다.

18 여기서 민족이라고 하는 것은 혈연적 부족이 해체되고, 도시 국가가 세워지면서 출현한 공동체[Gemeinwesen]로서 민족을 의미한다. 그러므로 여기서 민족은 혈연적 민족을 의미하기보다 민족국가를 말한다.

19 플라톤의 이상 국가와 같은 것을 말한다.

은 본질상 **자기 자신을 의식하는**[ihrer selbst bewußten] **현실**[20]이기 때문이다. 이런 정신은 일반성의 형식으로 받아들여진다면 누구에게나 **이미 알려진 법칙** 즉 **눈앞에 있는** 관습을 의미하며, 이 정신이 개별성의 형식으로 받아들여진다면 자기 자신을 실제로 확신하는 **개체** 일반을 의미한다. 자신을 **단순한 개체**로 확신하는 이런 개체가 곧 정부다. 정부로서 정신의 진리는 자신의 **유효성**을 숨김없이 공공연하게 드러낸다는 데 있으며 그런 정신의 **실존**은 직접 확신 되는 가운데 소추불능[frei entlassenen]이라는 형식을 취한다.

448) 〈SK 330:3~10〉〈FM 242:26~31〉

그러나 이와 같은 공적인[Offenbarkeit] 인륜적 위력에 대립해 다른 또 하나의 위력이 등장하니, 이것이 곧 **신의 법칙**이다. 왜냐하면, 인륜적 국가권력은 **자각적인 활동**이 전개하는 운동이므로 **단순하고도 직접적인** 인륜적 본질과 대립하기 때문이다. 즉 인륜적인 **국가권력**은 **실제로 존재하는 일반적** 본질인 한에서 개인적인 대자 존재를 강제하는 힘[Gewalt]이지만, 이 국가권력은 [상호 작용을 통해 실현된] 현실 일반인 한에서는 그 **내면적인** 본질에는 강제력이라는 모습과 다른 어떤 모습[21]을 포함한다.

[해제] 1) 헤겔은 앞에서 인륜적 정신이 두 집단으로 분화된다고 말한 다음, 여기서 우선 그 가운데 일반성의 집단 즉 국가를 설명한다. 이는 "여러 현존하는 의식을 통해 실현된 것" 즉 개별자들이 공동의 목적을 위해 단결해 형성한 일반적 존재다. 이 일반자는 공동으로 형성한 것

---

20   실체가 실재하면서 자각된 것이 곧 정신이다.

21   개인은 국가와 내적으로 직접 합일하므로 국가의 명령은 강제더라도 개인에게 강제로 느껴지지 않는다.

이라는 점에서 실체며, 단순한 집합체가 아니라 스스로 결정하고 움직이는 자립적인 개별자다. 즉 법과 추상적인 실체가 아니라 실제로 존재하는 실체 즉 정부다. 헤겔은 실제로 존재하는 실체라는 측면에서 이 정신을 '민족' 또는 '공동체', '공적인 인륜적 위력'이라 하며 실제적 의식의 측면에서 정신을 "그 민족을 구성하는 시민"이라 한다.

2) 여기서 개인과 국가의 관계는 이중적이다. 국가는 한편으로 개인을 지배하며 다른 한편으로 개인을 위해 행동한다. 전자의 측면에서 본다면, 개인은 자기 속에 이 "정신이 개인에게 비친 거울상"을 지니고 있다. 후자의 측면에서 보면 "정신이 개인을 자기 속에서 보존한다." 그것은 마치 지각 장에서 사물이 한편으로 성질을 통일하는 사물이면서 다른 한편으로 성질이 공존하는 매체인 것과 마찬가지다. 여기서 국가는 한편으로 단일자로 개인을 강제하며 다른 한편으로 개인들로 이루어진 집합체다.

3) 마치 지각적 사물이 단일한 사물과 공존하는 매체 사이에서 끊임없이 요동하듯, 국가는 단일한 국가와 개인의 집합체 사이에서 끊임없이 요동한다. 이런 이중성 때문에 한편으로 개인은 국가를 자기에 대립하는 대상으로 여긴다. 다른 한편으로는 개인은 국가의 명령을 자기 자신의 것으로 받아들인다. 개별자는 "실제로 존재하는 정신 속에서 다름 아닌 전 민족이 곧 자기 자신이라는 것을 확신한다."

이런 이중성이 직접 결합해 나타난 것이 "누구에게나 이미 알려진 법칙"이며 동시에 " 눈앞에 있는 관습"이다. 여기서 관습은 개인에 대해 대상적인 것이지만, 개인이 이미 내면화하고 있어 습관적으로 실행한다는 의미다. 국가의 명령은 "자신의 유효성을 숨김없이 공공연하게 드러내며" 그 명령은 "직접 확신 되는 가운데 소추불능[frei entlassenen]이라는 형식을 취한다."

449) ⟨SK 330:11~28⟩⟨FM 242:32~243:5⟩

앞에서 상기된 것처럼 인륜적 실체의 서로 대립하는 방식 각각은 실존하기 위해서는 실체의 내용을 이루는 방식 전체와 모든 계기를 포함한다.[22] 그러므로 만약 이 공동체[Gemeinwesen]가 자각된 방식으로 일어나는 실제 행위라는 측면에서 본 인륜적 실체를 의미한다고 한다면 이와 다른 또 하나의 측면은 직접적이거나 [자연적으로] 존재하는 실체라는 형식을 취한다. 이 후자[직접적 실체]는 한편에서 일반적으로 인륜성을 이루게 하는 내적 개념이나 일반적 가능성[23]이며 또 다른 편에서 보면 그것은 자체에서 자기의식[자아]의 계기를 포함하는 것이기도 하다. 이와 같은 자기의식의 계기는 인륜성을 **직접적**[자연적] **존재**의 지반에서 표현하는 것이며, 또는 그 자신이 곧 인륜적 본질이라는 사실을 **직접** 의식하는 것이며 또한, 자신이 타자에 들어 있는 개별 자아[24]라는 사실을 직접 의식하는 것이니, 이것이 바로 **자연적인 인륜적** 공동체[Gemeinwesen] 즉 **가족**이다. 가족은 무의식적[bewußtlos]이면서 여전히 내적 개념이라는 점에서는 자각적인 현실에 대립하며, 민족[Volk]을 실현하기 위한 **지반**[혈연]이라는 점에서는 민족[Volk] 자체에 대립하며, **직접적인 인륜적** 존재라는 점에서는 만인[das Allgemeine]을 위한 **노동**을 통해서 자기를 육성하고 [sich bildend] 자기를 보존하는 인륜성에 대립하며 —즉 부뚜막의 신이라는 점에서는 일반적 정신에 대립한다.

22 실체를 이루는 두 방식 즉 민족국가와 가족은 각기 개별성의 측면과 일반성의 측면이라는 두 방식 또는 계기를 지닌다.

23 인륜성은 개별자의 통일을 통해 가능하다. 국가는 개별자의 추상적 통일이지만(공동의 목적이므로) 가족에서 그 통일은 혈연을 통한 통일이다. 그러므로 헤겔은 이를 내적 개념, 일반적 가능성이라 한다.

24 여기서 타자란 곧 인륜적 본질, 실체를 말한다.

[해제] 앞에서 말한 민족[국가] 밖에 인륜적 정신을 이루는 또 하나의 집단이 곧 가족이다. 이 두 가지 집단은 인륜적 정신을 이루는 양면 즉 일반성과 개별성이면서 동시에 각자가 자체 내에 일반성과 개별성을 포함한다. 그러면서 서로 대립하니, 가족에서는 개별성이 전면이며, 민족에서는 일반성이 전면이다.

민족이 개별자의 공동 목적에 기초하고 지각적인 방식으로 결합한 공동체라면 가족은 자연적으로 즉 핏줄에 기초하지만, 이미 인륜적으로 형성된 공동체 즉 "직접적이거나 자연적으로 존재하는 실체"이다. 헤겔은 가족을 통일하는 원리를 내적 개념, 일반적 가능성 또는 부뚜막의 신이라 말한다. 여기서 개별자는 아직 실체로부터 독립되지 않았으므로, 그는 그 자신 속에 실체가 들어 있으며 거꾸로 그 자신이 실체에 들어 있다고 생각한다. 양자 관계는 자연적, 무의식적 또는 감각적 확신의 관계다.

450) ⟨SK 330:29~332:17⟩ ⟨FM 243:6~244:13⟩

그러나 가족이라는 **인륜적 존재**가 **직접적인 인륜적 존재**로 규정된다 할지라도 내적으로 본다면 아직 **인륜적 본질**은 아니다. 그 이유는 가족은 그 구성원들의 **자연적 본성**에서 나온 관계거나 그 구성원의 관계가 **개별적으로 실제로 존재하는 개인**이 **직접 맺는 관계**기 때문이다. 차라리 [가족이라는] 인륜적인 존재는 잠재적으로[an sich] **일반적인 것**이다. 즉 가족은 자연적인 관계라고 하더라도 본질상 자연적인 것에 못지않게 정신이고 가족은 이처럼 다만 정신적인 본질이라는 점에서만 인륜적이다.[25] 그렇다면 가족의 본래적인 인륜적 성격이 과연 어디에 있

---

25 가족이 단순히 혈연적이라면, 이는 생명체의 단계고 인륜성의 단계에 이르지 못한 것으로 된다. 그런데도 헤겔은 가족을 직접적 인륜성으로 파악하는데, 그

는지 살펴보기로 하자. −우선 인륜적 본질은 그 자체에서[an sich] 일반성을 지닌 것이기에 가족의 인륜적인 관계는 결코 감정적인 관계나 사랑으로 맺어진 관계로 볼 수는 없다. 가족의 인륜성은 **개별** 가족 구성원이 **전체**로서 가족 즉 실체에 대해서 지니는 관계에 놓여 있어야 하는 것으로 보인다. 따라서 개별 구성원의 활동과 그 실현은 오직 전체로서 가족을 목적과 내용으로 삼는다. 그러나 이런 전체 가족의 **활동**이 의식의 목적으로 삼는 것은 이 목적이 전체 자체에 관련되는 한에서 그 자체가 하나의 개별적 목적이다.[26] 권력과 부의 획득 및 보존은 부분적으로는 욕구에 원인을 둔 것이므로 욕망에 속하는 것이긴 하지만, 부분적으로는 이런 권력이나 부의 획득이나 보존이란 것도 좀 더 높은 단계의 의미에서 보면 다만 어떤 매개적[수단적]인 성질을 띠는 데 지나지 않는다. 즉 이런 부와 권력의 획득과 보존이 지니는 의의[Bestimmung]는 가족 자신에게 있는 것이 아니라 오히려 참다운 일반자로서 공동체[민족국가]에 관련되는 것이다.

부와 권력의 획득과 보존이 지닌 이와 같은 의의는 오히려 가족에 대해서 부정적인 의미를 지니면서 개별자를 가족의 테두리 밖으로 끌어냄으로써 그의 단순한 자연성과 개별성을 제어해 마침내 그가 덕성

이유는 곧 나오겠지만, 가족은 자연적 산물이 아니라 핏줄을 지속하기 위한 의식적 활동 즉 죽은 자를 장사지내는 정신적 활동을 통해 유지되기 때문이다. 후일 레비스트로스는 가족은 친족 체계며 이는 핏줄이 아니라 여자의 교환을 통해 이루어지는 체계라 하였다. 설명은 다르지만, 가족을 사회관계 속에 집어넣는 것은 서로 같다.

26　여기서 개별적 목적은 이기적 목적이 아니라 가족을 내적으로 통일하는 개념으로서 개별적 목적을 의미한다. 뒤에 헤겔은 이 개념이 상징적으로 표현되면 조상의 영혼을 지키는 것으로 설명한다.

을 갖춘 상태로, 그리고 오직 일반자 속에서 일반자를 위해서 존재하는 삶으로 이끌어 주는 데 있다. 가족에 특유한 것으로 설정되는 **긍정적** [positive] 목적은 [가족 전체의] 개별 목적 자체다. 이제 이런 [가족] 관계가 인륜적인 것일 수 있으려면 이 개별 목적은, 그게 행동을 일으키는 목적이든 또는 행동이 관련되는 목적이든 어떤 도움을 건네거나 봉사를 할 때처럼 **우연히** 등장할 수는 없다. 행동이 인륜적으로 되기 위해서는 그 내용은 오직 실체적 성격을 지녀야만 하며 또한, 전체적이면서도 일반적이어야 한다. 따라서 그러한 행동은 오직 **전체로서** 개별자 또는 일반 존재로서 개별자에 대해서만 관계할 뿐이다. 전체로서 개별자에 관계한다는 말을 여기서 다시 생각해 보자. 단지 **생각으로만 본다면** 봉사가 개인의 전반적인 행복을 증진하는 것이라 하지만, 그런 것으로 될 수는 없다. 오히려 직접적이고 실제로 일어나는 봉사는 개인에게 어떤 개별적인 것만을 수행할 뿐이다. 또한, 양육과 같은 봉사는 실제로 전체로서 개인을 대상으로 삼아 **일련의** 노력을 통해 개인을 형성된 존재[Werke]로 산출하는 것이라 하지만, 그런 것도 될 수 없다. 그런 인간 형성의 일이란 오히려 가족을 부정하는 목적을 지니며[27] 그 밖에도 그런 양육에서 **실제로 일어나는** 행동은 한마디로 말해 제한된 내용을 지닌 것에 그친다. ―최종적으로 봉사는 어떤 개인 전체를 구원해 주는 구난 행위라고 하지만, 그런 뜻도 아니다. 왜냐하면, 그러한 구난 행위 자체는 전적으로 우연적인 행위기에 그런 일이 일어나는 기회는 있을 수도 있고 없을 수도 있는 일상적인 현실일 뿐이기 때문이다. 그러므로 인륜적 행위는 혈연관계에 있는 모든 실존에 펼쳐져야 한다. ―이때 혈연은 시민으로서 개인을 의미하지 않는다. 왜냐하면, 이런 시민은 가족의

---

27 개별자는 개별적 자아가 형성되면 가족을 떠나 사회로 뛰어든다.

영역에 속하는 것이 아니기 때문이다. 또한, 이 혈연은 시민으로 되면서 [가족의 영역에 속하는] **개별자로** 여겨지기를 **중단해야 하는** 자도 해당하지 않는다. 이 혈연은 가족에 속하는 **개별자**를 말한다. −오히려 인륜적 행위는 이런 혈연을 어떤 **일반 존재**로서 즉 감각적이며 동시에 개별자로서 현실성을 박탈당한 존재 즉 **존재했던 자**[Wesen][28]를 자신의 대상과 내용으로 삼는 것이다. 그러므로 인륜적 행위는 더는 **살아 있는 자**가 아닌 **죽은 자**를 다룰 뿐이니 이런 죽은 자는 이리저리 떠돌아다니던 삶의 현존[Dasein]을 벗어나서 마침내 자신의 삶을 끌어모아 **하나의** 완성된 형상을 빚어냈으며 또한, 우연한 삶의 불안을 벗어나서 마침내 단순한 일반 존재의 안식 속으로 끌어올려진 존재다. −개별자는 오직 시민인 한에서 **실제로나 실질적으로**[substantiell] 존재하는 까닭에 시민이 아니라 단지 가족에 속하는 한에서는 **실제로 존재하지 않으며** 형적[形跡] 없는[marklos] 그림자일 뿐이다.

[해제] 앞에서 민족 집단에 대립하는 가족 집단을 개념적으로 설명한 다음, 헤겔은 가족 집단을 단순히 자연적인 것이 아니라 인륜적인 것으로 볼 수 있다고 주장한다. 왜냐하면, 가족은 비록 직접적인 것이더라도 정신적 목적에서 결합한 것이기 때문이다.

우선 헤겔은 가족이 결합하는 목적으로 감정적 관계나 사랑의 관계를 배제한다. 왜냐하면, 감정이나 사랑은 개별자의 개별자에 대한 관계를 전제로 하기 때문이다. 가족은 개별자가 가족 전체에 대한 관계에서 성립하는 것이어야 한다.

또한, 헤겔은 가족의 목적으로 부나 권력을 획득하고 보존하는 것도

---

28 독일어 'wesen'은 'sein' 동사의 과거 분사형 'gewesen'에서 나왔다. 헤겔은 여기서 착안해서 본질은 곧 과거의 존재라고 말한다.

배제한다. 그런 것은 개별 개인을 위한 것이기 때문이다. 그것은 오히려 가족을 해치고 개인이 가족을 벗어나게 한다.

그렇다고 가족의 목직을 봉사나 구난 행위와 같은 것으로 볼 수도 없다고 한다. 그런 것은 개별적이고 우연적인 행위며, 지속적이고 필연적으로 일어나는 행위가 아니기 때문이다. 설혹 봉사를 장기간에 걸친 양육으로 확대하더라도 이런 양육은 오히려 개인의 독립성을 강화하는 것이니 가족을 해체하는 데 이바지할 뿐이다.

이런 비판 끝에 헤겔은 가족의 목적은 가족의 본질을 보존하는 데 있다고 한다. 이 본질은 곧 내적인 통일 즉 개별자가 소멸하고 전체만 존재하는 통일이다. 이런 내적 통일의 개념은 상징적으로 가족의 신 즉 부뚜막의 신이나 지하의 혼령으로 표현된다.

지하의 혼령은 종적 본질이 추상화된 존재다. 종적 본질 자체는 자연적인 것이지만, 이를 보존하는 활동은 정신적인 활동이므로 인륜적인 것에 속한다. 이런 활동을 통해 죽은 자의 본질은 감각적인 개별자로서 삶에서 벗어나 추상적인 본질[Wesen]로 전환하면서 "단순한 일반 존재"가 된다. 이 본질은 구체적 감각적 "형적 없는 그림자로서 존재"를 획득한다. 즉 영적인 존재다. 이런 본질은 이제 "우연한 삶의 불안"에서 벗어나면서 영원히 보존되는 존재다.

이런 추상적 본질로서 종적 본질은 내적 개념으로서 통일을 상징하는 표현이다. 그러므로 종적 본질을 보존하는 장사 지내는 활동은 곧 가족적 통일을 유지하는 정신적 활동이다.

451) ⟨SK 332:18~334:2⟩ ⟨FM 244:14~245:17⟩

이처럼 개별자 **자체**가 도달하게 될 일반 존재란 **순수한 존재**, 다시 말해서 **죽음**이다. 이런 존재란 다만 **직접적이며 자연적으로 생성된 결과**[Gewordensein]며, 결코 어떤 의식적 **활동**[의 산물]은 아니다. 그 때문에 가족 성원의 의무는 이런 측면[즉 의식의 활동]을 자연적인 결과에 부여해 이를 통해 개별자의 최후의 **모습**[Sein] 즉 **일반** 존재[allgemeine Sein]가 단지 자연에 속한 것일 뿐이어서 어떤 비이성적인 것으로 머무르지 않게 하는 것이다. 오히려 그 의무는 이 일반 존재[죽음]가 **활동**을 통해서 이루어진 것으로 되고 따라서 의식의 권리가 그 속에서 관철된 것으로 만드는 것이다. 또 달리 말하자면 자기 의식적 본질을 지닌 존재가 얻은 안식과 일반적 본질[Allgemeinheit]²⁹이 자연에 속하는 것은 아니므로, 인륜적 행동의 의미는 오히려 자연이 자기 것으로 삼는 활동이라는 겉모습[Schein]을 제거해 진리를 회복하는 것이다. ㅡ여기서 자연이 죽은 자에 대해 행하는 측면은 자기 의식적 존재가 일반적인 것[Allgemeinen]으로 변화하는[Werden] 운동이 **존재자**[seienden]의 운동으로 나타나게 만드는 측면이다. 인륜적 행동 자체는 인륜적 공동체 내에 귀속되며 이런 공동체를 목적으로 한다. 이런 점에서 죽음이야말로 개인 자체가 공동체를 위해 떠맡는 노동의 완성이며 정점에 해당한다. 그러나 개인이 본질상 **개별** 존재인 한, 그의 죽음이 일반적 공동체를 위한 그의 노동에 직접 어울릴 만한 것인지 또한, 그런 노동의 결과였는지는 우연적이다. 부분적으로 그의 죽음이 그러한 노동의 결과였더라도 죽음이란 것은 다만 개별자가 **존재자**로서 겪는 **자연적**인 부정성이며 운동이니, 이런 자연적 부정성의 운동에서 의식은 결코 자기 내로 복귀하지도 않으려니와 또한, 자기의식으로 될 수도 없을 것이다. 또는 **존재자**의 운동은 이와 같은 자연적 부정성이므로 존재자는 그 자신을 지

---

29 일반적 존재는 죽음을 의미하며, 일반적 본질은 지하의 혼령, 추상적 본질을 의미한다.

양하면서 **대자 존재**[Fürsichsein]³⁰에 도달해야 한다. 그런 한에서 죽음은 분열의 측면이다. 그래서 이런 해체 속에서 존재자가 자기를 지양해 도달하는 대자 존재[Fürsichsein]는 운동으로 들어갔던 존재자와는 어떤 다른 존재가 된다. ―인륜적 세계란 다만 정신의 **직접적**인 진리를 뜻하는 까닭에 이렇듯 정신에 관한 의식이 분리돼서 나타난 측면들³¹도 또한, 직접성의 형식을 띨 수밖에 없다. 여기서 개별자는 추상적인 부정성[죽음]에 빠져 들어간다. 이런 개별자는 이런 **추상적** 부정성 앞에서 **본래**[an sich selbst] 아무런 위안이나 화해를 얻지 못한 채 본질상 이런 추상적 부정성을 그런 부정성에 대해 외면적인, 실제로 존재하는 행동[장례]을 통해 받아들이지 않을 수 없다. ―그리하여 혈연 친척은 의식의 운동을 [죽은 자에] 추가하면서 죽음이 자연의 산물이라는 사실을 깨트리고 자신의 혈연을 파괴로부터 탈취해서 자연의 추상하는 운동을 보완한다. 또는 더 적절하게 말하자면 파괴 즉 순수한 존재로 변화하는 것은 불가피한 일이므로 혈연 친척은 차라리 파괴의 행위를 스스로 담당한다. ―이를 통하여 이제 여기서 성립하는 사실은 죽은 **존재**, 즉 일반적인 존재는 자기 내로 복귀해 하나의 **대자 존재**가 된다는 것이며 또한, 무기력한 존재였으며 순수한 **개별적**인 존재였던 개별자가 **일반적인 개체**[조상신]로 끌어올려진다는 것이다. 말하자면 죽은 자는 자신의 **존재**를 그 자신의 **활동** 즉 부정적인 통일[negativen Eins]³²로부터 유리하게 하니 한낱 텅 빈 개별자거나 아니면 단지 수동적인 **대타** 존재에 지나지

---

30 여기서 대자 존재란 다음 구절을 참조할 때 죽은 자의 영령을 의미한다.
31 측면들이란 곧 정신을 이루는 두 계기 즉 개별적 자아와 일반적 실체를 말한다. 직접적 정신인 인륜적 정신에서는 개별적 자아도 직접적 욕망에 머무르며, 실체 역시 추상적인 일반성에 머무른다.
32 '부정적 통일'이란 곧 생명 활동을 의미한다.

않으며 이성적인 것이라곤 아무것도 찾을 수 없는 하등[下等] 유기체나 추상적인 원소[Stoff]에서 발산되는 갖가지 힘 앞에 굴복한다. 왜냐하면, 이 가운데 전자[하등 유기체]는 그것이 지닌 생명 때문에, 후자[원소]는 그것에 속하는 파괴적인 자연력[Naturwillen] 때문에 오히려 그런 죽은 자보다 더 힘 있는 존재기 때문이다. 가족은 하등 유기체가 지닌 의식이 없는 욕망과 물질적 원소가 지닌 추상적 본성이 죽은 자를 모독하는 활동을 중단하게 해서 그 자신의 활동을 그 자리에 확립하며 혈연을 불멸의 개체에 해당하는 자연 요소[elementarischen unvergänglichen Individualität]³³인 흙의 품에 안장한다. 가족은 이렇게 해서 죽은 자를 공동체의 일원으로 되도록 하면서 이런 의미의 공동체는 개별 물질이 내뿜는 힘과 또한, 죽은 자와 비교해 자유로우면서 죽은 자를 파괴하는 하등 생물을 압도하며 또 이를 제약한다.

452)〈SK 334:3~20〉〈FM 245:18~30〉

[죽은 자에 대해] 가족이 행하는 이 마지막 의무야말로 완전한 **신의 법칙**을 이루는 것이니, 다시 말하면 이 의무야말로 개별자에 적극적인 의미를 지닌[positive] **인륜적 행동**을 의미한다. 따라서 개별자에 대한 나머지 모든 관계는 그것이 사랑에 머무르는 관계가 아니라 인륜적인 관계인 한에서 인간의 법칙에 속하며 **현실화한 존재**[wirklicher]로서 개별자가 그가 속한 자연적 공동체라는 감옥[Einschliessung]³⁴을 탈출하게 하는 부정적인 의미를 지닌 것이다. 이제 그러나 일단 인간의 권리[Recht]는 실제로 존재하면서 자각적인[wirkliche ihrer bewußte] 인륜적

33 흙, 물, 불, 공기는 헤겔이 자주 정신적 활동을 비유하는 의미에서 쓴다. 이 가운데 공기는 순수 일반성, 물은 자기 부정성, 불은 상호 작용적 통일, 흙은 이 모든 정신적 활동의 토대, 질료가 된다. 491 구절을 참조하라.

34 가족은 인륜적 국가가 발전하려면 벗어나야 하는 존재다.

실체 즉 전 민족을 자신의 내용으로 삼고 자기가 복종하는 위력으로 삼는 데 반해서 신의 권리와 그 법칙은 현실의 피안에 자리 잡은 개별자를 사기의 내용과 그가 복종하는 위력으로 삼는다고 본다면 이런 피안에 있는 개별자도 결코 아무런 위력을 지니고 있지 않은 것은 아니다. 피안에 있는 개별자의 위력은 그가 곧 **추상적이면서** 동시에 순수한 **일반자** 즉 **원초적인 개인**[das elementarische Individuum: 조상]이라고 하는 점에 있다. 그렇기에 이 위력은 이 개체가 자신의 지반[가족]에서 유리되면서 민족이라는 자각적인 현실[ihrer bewußte Wirklichkeit]을 이루자마자, 그 위력의 본질이라고 할 순수한 추상적 존재를[35] 통해서 이런 개체를 파괴하는 동시에 그런 개체의 근거가 된다. ―이제 민족에 나타나는 이와 같은 위력이 어떻게 자기를 드러내는지는 앞으로의 더 구체적으로 전개하는 가운데 드러날 것이다.

[해제] 1) 앞에서 헤겔은 가족의 목적은 내적 통일의 개념이며, 이는 죽은 자를 보존하는 정신적 활동으로 나타난다고 한다. 이 절에서 앞의 얘기를 이어서, 죽은 자를 보존하는 방식을 설명하며, 나아가서 가족이 지닌 인륜적 역할을 설명한다.

죽음은 원래 공동체를 위한 노동(예를 들어 전쟁에서의 조국을 위한 죽음)이지만, 외관상으로는 마치 자연의 것으로 보이게 된다. 그러므로 남아 있는 자는 죽은 자를 장사지내면서, "자신의 혈연을 파괴로부터 탈취해" 자연적 죽음이라는 외관을 제거해 그의 죽음을 공동체를 위한 죽음으로 끌어올린다. 이때 헤겔은 죽은 자가 자연으로 돌아가는 것은 필연적인 것이므로 이런 끌어올리기 위해서 장사 지내는 것은 차라리 자

---

35 복수의 여신은 지하의 신이다. 이 신은 가족을 벗어나 국가로 나가는 개별자를 파괴한다. 그리스 비극에서 국가를 건설한 영웅은 복수 여신의 추적을 받는다. 하지만 이 신이 가족의 본질인 한, 개별자를 재생산하는 근거가 된다.

연의 파괴행위를 스스로 담당하는 것에 해당한다고 한다. 이것을 통해 죽은 자는 이제 공동체의 조상신 즉 "자기 내로 복귀한 대자 존재," "일반적 개체성" 또는 "원초적 개인"으로 되돌아간다.

헤겔은 가족의 목적 즉 내적 통일의 개념을 신의 법칙으로 규정하면서, 이 의무야말로 "개별자에 적극적 의미를 지닌 인륜적 행동"이라 한다.

2) 헤겔은 앞에서 국가의 목적을 인간의 법칙으로 규정했다. 여기서 국가를 이루는 개인은 실제로 존재하는 자각적 개인이니, 그는 자연적 공동체 즉 가족을 벗어나야만, 즉 "자연적 공동체의 감옥을 탈출해야만" 국가의 성원으로 될 수 있다. 국가는 자각한 개인을 토대로 하면서 한편으로 개인을 복종하게 하는 일반적 존재지만, 다른 한편으로 개인들이 자기의 삶을 위해 이용하는 수단이 된다.

국가가 이처럼 이중성을 지니듯이, 가족 역시 이중성을 지닌다. 신의 법칙은 한편으로 가족을 벗어나려는 개별자를 억압하여 자연적으로 형성된 내적인 통일성 속에 머무르게 한다. 이를 위해 가족은 개체의 자립성을 배제하고 개체를 가족 속에 흡수해 버린다. 이런 점에서 헤겔은 가족을 구별됨이 없는 통일체 즉 "순수한 추상적 존재"라고 규정한다. 가족은 이 순수한 추상적 존재의 위력을 통해 개체를 파괴한다. 다른 한편으로 가족은 자기의 안에서 개별자를 재생산하면서 개체가 개별자로서 성장할 수 있는 지반 또는 근거가 된다.

453) 〈SK 334:21~28〉〈FM 245:31~37〉

하나의 법칙에서나 다른 법칙에서도 어떤 **구별**과 이에 따른 **단계**가 있다. 왜냐하면, 두 가지 인륜적 본질은 저마다 의식의 요소를 그 자체에서 지니고 있으므로 각자 자기 자신 안에서 구별을 전개하면서 그 때문에 각 본질은 자기의 운동과 독특한 삶을 이루기 때문이다. 이런 구별을 고찰해 보면 인륜적인 세계가 지니는 두 가지의 **일반적인 본질**이 **활동**하는 방식과 또한, 자신에 관한 자각뿐만 아니라 양자 사이의 **연관** 및 그들 상호 **이행**마저도 드러날 것이다.

454) 〈SK 334:29~335:29〉〈FM 245:38~246:26〉

공동체 즉 한낮의[offenbar an der Sonne geltende] 법칙은 자신이 실제로 활동하는 능력을 **정부**에서 갖는다. 따라서 공동체는 이런 정부인 한에서는 하나의 개체다. 정부란 실제로 존재하는 정신이 **자기 내로 반성한 것** 다시 말하자면 전체 인륜적 실체를 대표하는 단순한 **자아**다. 이런 단순한 힘을 통해서 인륜적 본질은 자신의 모든 조직에 자신의 힘을 펼치며 모든 부분을 지탱하고 각 부분에 고유한 대자 존재를 부여할 능력을 갖는다. 정신은 이 정부를 통해 **실재**[Realität]하며 또는 **현존**을 얻는다. 이때 가족은 정신이 이처럼 실재하게 만드는 **지반**에 해당하더라도 정신이 이 [가족] 전체를 지배하는 힘이므로 이를 통해 전체를 이루는 각 부분은 부정적인 하나[das negative Eins]로 집약되면서 각 부분은 자신이 비자립적이라는 느낌을 얻으며, 자신의 삶은 오직 전체 속에서만 가능하다는 의식을 획득한다. 그러므로 공동체는 한편으로는 유기적으로 조직되면서 인격적 자립성과 소유의 체계로 즉 인격적인 권리와 물적인 권리의 체계로 된다. 공동체는 이에 못지않게–영리와 향락과 같은–일견 개별적인 것으로 보이는 목적을 위해서 행해지는 갖가지 노동 행위[Arbeiten]를 고유한 복합체[Zusammenkünften]로 분절하면서 각 노동 행위에 자립적인 형태를 부여한다.[36] 이런 일반적인 복합체를 이끄는 정신은 **단순성**을 지니므로 그 본질은 서로 고립된 각 체계를 **부정적**으로 통일한다. 이런 체계가 고립 속에 뿌리내리고 고정돼서 그런 가운데

---

36   도시 국가는 내적으로는 신분상의 구별과 직업적 구별이 동시에 존재한다.

전체적으로 산산조각이 나면서 정신이 날아가 버리지 않게 하려면 정부는 전쟁을 통해 그런 체계를 때때로 그 깊숙한 내면에 이르기까지 흔들어놓아야 하며 각 체계가 지닌 나름대로 정돈된 질서와 자립적으로 존재할 권리를 전쟁을 통해 깨트려서 혼란에 빠지게 해야 한다. 개인은 고립화하는 가운데 점점 더 심하게 전체로부터 유리되면서 자신의 **대자 존재**가 손상당하지 않고 인격이 보장되도록 노력하기에 정부는 앞에서 부과했던 [공동체를 위한] 노동[Arbeit] 속에서 이런 개인이 자신의 주인인 죽음을 느낄 수 있게 해야 한다. 정신은 다만 개별적으로 존속하려는 것이 지닌 형식을 해체함으로써 개인이 인륜적인 실체를 벗어나 자연적인 현존으로 몰락하는 것을 방지하면서 동시에 그의 의식을 주재하는 자아[Selbst seines Bewußtseins]가 **자유롭게** 활동하고 자기의 **힘을 펼칠 수 있게** 유지하고 끌어올린다. ─그러므로 이제 부정적인 본질[37]은 공동체에 본래 속하는 **위력**이며 또한, 공동체가 자기를 유지하게 하는 힘으로 나타난다. 공동체는 **신의 법칙**이 지배하는 인륜적 본질에서 즉 **지하의 나라**에서 자신의 위력과 자기를 강화하는 힘을 얻는다.

[해제] 1) 헤겔은 이 구절에서 민족의 이중적 측면을 서술한다. 자립적 개체와 고유한 정부는 직접 결합할 뿐이기에 이처럼 이중적인 방식으로 나타난다. 이는 마치 지각에서 사물이 개별 성질의 배타적 통일이면서 동시에 개별 성질의 공존인 것과 같다.

2) 한 측면에서 민족은 개별자의 공동 목적을 추구하면서 민족이라는 집단을 실제로 활동하게 하는 것이 곧 정부다. 정부는 민족을 대표하는 개체, 단순한 자아다. 정부는 민족을 구성하는 신분이나 직업 집단의

---

37 민족[국가] 공동체는 부정적인 하나다. 개별적 요소를 억압해서 통일을 유지한다는 뜻이다.

"모든 부분을 존속하게 하고 각 부분에 고유한 대자 존재를 부여한다."

이런 측면에서 민족의 고유한 자아는 개별 자아를 지배하는 위력이니, 헤겔은 이를 "부정적인 하나"라고 하는데, 이 위력 앞에서 개별 자아는 자신의 자립성을 상실한다. 그는 "자신의 삶은 오직 전체 속에서만 가능하다"라는 것을 깨닫는다.

다른 측면에서 민족은 개별자로 이루어지면서 이런 측면에서 민족은 "자기의 의식을 주재하는 자아가 자유롭게 활동하고 자기의 힘을 펼칠 수 있도록" 한다. 민족은 모든 개별 자아의 삶을 실현하는 토대가 된다.

3) 두 번째 측면 때문에 민족은 개별 자아로 해체되는 경향성을 지니며, 이것을 방지하고자 정부는 두 가지 수단을 쓴다.

정부는 우선 전쟁 즉 공동체를 위한 노동을 통해 개체의 자립성을 파괴하며, 개인은 이를 통해 자신의 주인인 죽음을 느끼면서 민족적 통일로 복귀한다. 그러나 이것만으로는 한계가 있다. 전쟁은 개별 자아의 자립성을 오히려 강화할 수도 있기 때문이다. (페르시아 전쟁을 통해 민중이 힘을 얻으면서 도시 국가가 분열했다는 역사를 보라)

4) 그러므로 정부는 자신과 대립하면서도 자신과 통일된 집단인 가족에서 도움을 얻는다. 즉 정부는 가족적 단일성을 유지하는 하계의 힘에서 자신의 단결을 강화하는 힘을 얻으니, 이 때문에 도시 공동체로서 국가는 민족으로 된 것이다. 이처럼 국가의 통일성을 민족성에 의존하게 하기 때문이다. 그 결과 그리스는 통일된 제국으로 발전하지 못하고 민족적 특성을 지닌 개별 도시 국가로 분열됐다.

민족국가가 한편으로 가족과 대립하지만, 다른 한편으로 가족 원리의 지원을 받아야 한다는 사실은 민족국가가 지닌 자기모순이다.

455) ⟨SK 335:30~336:23⟩⟨FM 246:27~247:10⟩

가족을 지배하는 신의 법칙은 인간의 법칙과 마찬가지로 그 나름대로 자체 내 구별이 있으니, 가족이라는 현실은 구별된 계기들 사이의 관계 때문에 생동적으로 운동한다. 그런데 남편과 아내, 부모와 아이, 그리고 형제와 자매 즉 남매라는 세 가지 관계 가운데 첫 번째 **남편과 아내의 관계**는 하나의 의식이 또 다른 하나의 의식 속에서 자신을 **직접** 인식하는 것을 통해서 따라서 서로가 인정된 존재라는 사실을 인식하는 것을 통해 성립한다. 이런 인식은 **자연적**인 자기인식일 뿐 인륜적 기초 위에서 이루어지는 인식은 아니므로[38] 그런 인식은 다만 정신에 관한 **표상**[Vorstellung]이나 **심상**[Bild; 心像]에 머무를 뿐, 실제로 존재하는 정신 자체로 되지 않는다. ―그러나 본래 상징이나 심상에 머무르는 것은 그 자신과 다른 어떤 타자에서 자기를 실현한다. 마찬가지로 그와 같은 남편과 아내의 관계는 자체 내에 자기를 실현하지 못하며 그들 사이에서 태어난 아이 속에서 자기를 실현한다. ―즉 아이란 곧 남편과 아내의 관계가 형성하면서 그런 가운데 그 관계 자체는 사라지는 타자다. 이렇게 양성[兩性: Geschlechter]의 교환이 지속해서 발생하면서 민족[혈족][39]이 존속한다. ―따라서 남편과 아내의 상호 애정[Pietät][40]은 자연적인 관계나 감정이 함께 뒤섞인 것이므로 이런 관계의 자기 내 복귀는

---

38 부부 관계는 자연적 욕망에 기초한다는 점에서 인륜적 관계가 아니다. 그러나 가족 전체는 자연성을 인륜적으로 확대한 것이므로 직접적인 인륜성에 속한다. 그 인륜성은 형제자매에 이르러 분명하게 드러난다.

39 헤겔은 민족이라는 말을 이중적으로 쓴다. 앞에서 개별자의 결합체로서 민족[국가]과 구분되는 혈족으로서 민족을 말한다.

40 'Pietät'은 부부 관계, 부모 아이 관계, 형제자매의 관계에 따라 번역을 달리했다. 부부 관계에서는 애정, 부모 아이 관계에서는 자애, 형제자매 관계에서는 형제애다.

그 자체에서 일어나지 않는다. 두 번째 관계인 곧 **부모와 아이 관계에서 등장하는 자애**[Pietät] 역시 마찬가지다. 자기 아이에 대한 부모의 자애[Pietät]를 사극하는 것은 동정심[Rührung]이다. 이 동정심의 원천은 부모로서는 타자[아이]가 자신의 실현임을 의식하며 이 타자[아이] 속에서 대자 존재가 성장하는 것을 보면서도 그것을 억제하지 않는다는 데 있다. 그 대자 존재는 오히려 그[부모]에게 낯선 것이며, 고유한 현실을 갖는 것으로 된다. ―그러나 아이가 부모에 대해서 지니는 효심[Pietät]을 자극하는 것은 반대 방향의 동정심[[Rührung]이다. 그 동정심의 원천은 타자[부모]가 소멸하는 가운데 아이가 출생하거나 아이의 본원적 요소[Ansich]를 주며 오직 아이는 단지 이런 기원에서 분리되는 것을 통해서만 그의 대자 존재와 고유한 자기의식을 획득하지만, 그 기원은 이런 분리 속에서 고갈된다는 데 있다.

456) 〈SK 336:24~338:3〉〈FM 247:11~248:10〉

위에서 제시된 두 가지 관계는 이 관계에 할당된 양 측면이 서로 이행한다는 것 그리고 서로 같지 않은 상태에 머무른다. ―그러나 **형제와 자매** 사이에 이르면 자연적인 것과 뒤섞이지 않은[unvermischte] 관계가 발견된다. 즉 형제와 자매는 같은 핏줄을 타고나지만, 형제와 자매에서 핏줄은 서로 **마음을 편하게 하고**[ruhig] **서로 대등하게** 만든다. 따라서 이들은 서로 갈망하지 않으며 또한, 각자의 대자 존재를 상대방에게 양도하거나 아니면 상대방으로부터 받지 않으며 오히려 서로에 대해 무관심한[freie] 개체가 된다. 따라서 자매 즉 여성적인 존재[Das Weibliche]는 인륜적인 본질을 최고로 **예감**하면서도 이 인륜적 본질이 **의식**되거나 실제로 존재하는 수준에 이르지는 못한다. 왜냐하면, 가족의 법칙이란 **잠재적이고**[an sich] **내적인** 본질이므로 의식에 공공연하게 드러나지 않으며 오히려 내적인 감정과 현실성을 박탈당한 혼령[Göttliche]으로 머물러 있기 때문이다. 여성적인 존재는 부뚜막의 신과 결부되므로 여성적 존재는 그런 부뚜막의 신 속에서 한편으로는 자기의 일반적 실체를, 다른 한편으로는 자기의 개별성을 응시하지만,[41] 동시에 개별성의 일반적 실체에 대한 관계는 쾌락에 기초한 자연적인 관계는 아니다. —여성적 존재는 **딸**이라고 하는 처지에서는 본다면 부모가 자연적 운동을 거쳐서 인륜성의 응결[Ruhe]에 이르면서 사라져 가는 것을 바라볼 수밖에 없다. 왜냐하면, 딸은 이런 부모와의 관계를 희생하는 대가로 그 자신에게 허용된 **대자 존재**에 도달할 수 있기 때문이다. 그러나 어머니나 아내라는 관계는 개별성을 갖는다. 이 개별성은 일면에서는 쾌락에 속하는 어떤 자연적인 것이며 일면에서는 그런 자신이 이 관계에서 [자신이] 소멸한다는 사실에서 감지되는 것과 같은 어떤 부정적인 것이다. 그러므로 어떤 점에서 **어머니**나 **아내**라는 처지에서 여성의 개별성은 다른 개별성으로 대체될 수 있는 우연적인 것이다. 인륜적인 것으로서 가정[Haus]에서는 여성적 존재가 맺는 관계의 근거를 이루는 것은 **개별자로서** 남자나 **개별자로서** 아이가 아니고 오히려 **임의의** 남자[ein Mann]이나 아이 **일반**[Kinder überhaupt][42]이니—다시 말해서 그 근거는 결코 어떤 감정의 대상이 아니라 일반적인 존재다. 여성적 존재의 인륜적 삶이 남성적 존재의 인륜적 삶과 구별되는 점은 여성적 존재가 개별 존재를 위하는 것을 자신의 사명으로 하고 여기서 쾌

---

41 일반적 실체란 곧 가족의 본질을 말한다. 여성은 본질과 직접 합일한 상태에 있다. 이 관계는 본질을 영원히 보존하는 정신적 활동을 통한 인륜적 관계다.

42 여성은 남편이나 아이의 관점에서는 대체 가능한 우연적 존재다. 거꾸로 여성에게 남편이나 아이는 가족을 구성하는 남편이며, 가족의 자식이다. 가족이 유지된다면, 다른 남편과 다른 자식이라도 무방하다.

락을 누리더라도 직접 일반적인 것[가족]을 지향하면서 개별 욕망으로부터 지속해서 거리를 두는[fremd] 데 있다.[43] 그것에 반해서 남성적 존재의 경우에는 이 두 가지 측면이 서로 분리돼 나타난다. 즉 남성적 존재는 시민의 처지에서는 **일반 존재**[국가]를 추구하는 **자기 의식적**인 힘을 소유하므로 이를 대가로 **욕망**의 권리를 획득하며 동시에 일반 존재로부터 해방될 수 있는 자유를 누릴 수 있다. 그러므로 여성적 존재가 아내[Frau]로서 맺는 관계에 개별성이 뒤섞여 있는 한 이런 관계에서의 인륜성은 순수할 수가 없다. 그러나 이런 관계에서 인륜성이 순수하다면[44] 개별성은 **무관심**의 대상으로 된다. 아내에는 타자 속에서 자기를 **개별** 자아로 인식하는 계기가 없다. ─그런데 자매가 볼 때 형제는 마음이 편하고[ruhig] 자기와 같은 본성을 지닌 존재다. 자매가 형제를 인정하더라도 이는 순수한 것이며 자연적인 관계가 뒤섞인 것은 아니다. 따라서 형제자매의 관계에서는 서로 무차별한 개별 존재며 서로 인륜적으로 우연한 존재라는 사실은 이 관계에서 눈앞에 나타나지 않는다. 오히려 여기서는 개별 자아가 서로 인정하거나 서로 인정받는 계기가 그 권리를 주장한다. 왜냐하면, **개별 자아**가 대등한 핏줄이나 욕망이 없는 관계와 결부됐기 때문이다. 따라서 형제를 상실한다는 것이 자매로서

---

43 라캉은 여성을 거세가 불완전하다는 점에서 이중적 존재로 파악했다. 그런데 헤겔은 다른 맥락이지만, 여성을 일반성과 개별성이라는 이중성을 지닌 존재로 파악한다.

44 아내가 남편과 맺는 관계는 육체적 관계며 동시에 인륜적 관계다. 전자는 우연적 관계며, 후자에서 남편은 가족의 성원일 뿐이다. 여성은 남편과의 관계에서는 우연적 개별자지만, 가족과의 관계에서는 가족의 본질과 자신을 직접 합일하므로, 개별성이 출현하지 않는다. 여성이 자매로서 형제에 관계할 때는 같은 개별자로서 관계한다.

는 어떤 것으로도 대체할 수 없는 것이며 또한, 형제에 대해서 지니는 의무는 가장 고귀한 것이다.

457) ⟨SK 338:4~11⟩ ⟨FM 248:11~16⟩

그러나 동시에 자체 내에 폐쇄된 가족은 이런 [형제자매] 관계의 한계에 부딪혀 해체되며 자기를 벗어난다. 형제는 가족의 정신이 무너지고 개체성의 정신이 등장하는 지점이다. 이런 개체성은 타자에 대해 대립하면서 일반 존재가 필요하다는 의식으로 이행한다. 즉 형제는 가족이라는 **직접적**이고 **원초적**이므로 본래 **부정**될 수밖에 없는 인륜성을 떠나서 바로 자기를 자각하면서 실제로 존재하는 인륜성을 획득하고 또한, 이를 산출한다.

458) ⟨SK 338:12~33⟩ ⟨FM 248:17~32⟩

형제는 지금까지 그가 살았던 영역인 신의 법칙을 벗어나서 인간의 법칙으로 옮겨간다. 그러나 자매는 가정의 주재자[Vorstand]이며 신의 법칙을 보존하는 자로 성장하며 아내는 그런 자로 머무른다.[45] 이와 같은 방법으로 양성[兩性]은 다 같이 단순한 자연적 본성을 극복하면서 저마다 그 나름의 인륜적 의미를 획득하러 들어간다. 그 의미는 서로에게 다르지만, 이는 인륜적인 실체가 스스로 구별한 것을 서로 분담한 것이다. 인륜적 세계를 이루는 두 가지 **일반적인** 본질은 각각을 실행하는 특정한 **개체적** 자아를 **자연적으로** 구별된 자기의식 속에 마련한다. 왜냐하면, 인륜적 정신은 곧 실체와 자기의식의 **직접적인** 통일이기 때문이다. -여기서 실체와 자기의식의 통일은 **직접적**이므로 실재하는 구별

---

45 여성은 형제와 같은 개별성을 획득하지만, 결혼하고 아이를 낳으면서는 가족의 본질과 직접 합일한다. 반면 형제는 개별성을 추구하면서 가족에서 나와 국가로 들어간다.

의 측면에 따라서 볼 때 양자의 구별은 자연적으로 현존한다. −이런 측
면은 정신적 본질의 개념 속에서 자기 자신에게 실재하는[real] 개체성
의 형태를 다룰 때 **근원적으로 규정된 소질**[46]로 제시됐다. 이 근원적 소
질이라는 계기는 [여기서는] 앞에서 지녔던 모호성을 상실하면서 동시
에 소질과 능력상의 우연한 차이마저도 상실한다. 즉 여기서는 양성[兩
性]은 명확하게 대립하며 이들의 자연[소질]적 차이는 동시에 각자의
인륜적으로 규정된 것이라는 의미를 지닌다.

[해제] 456~458에서 헤겔은 가족 관계의 발전을 서술한다. 가족은
통일된 개체지만, 그 안에서 개별성이 출현하면서 해체된다. 이런 감추
어진 모순 때문에 가족의 운동이 일어난다. 이런 개별성이 출현하는 정
도에 따라서 가족 관계는 남편과 아내, 부모와 아이, 형제와 자매의 관
계로 발전한다.

1) 우선 남편과 아내는 통일을 이루지만, 이 통일은 자연적 욕망이나
감정에 기초한 것이다. 여기서 인륜적 관계는 상징적이거나 심상에 그
치며 실제로 존재하지 못한다. 이런 특성 즉 상징적 심상적 관계 때문에
이 관계는 자체 내에서 자기를 실현하지 못하고 타자 즉 아이 속에서 자
기를 실현한다. 이를 통해 혈족으로서 민족이 계속된다.

부모와 아이는 서로 동정심을 통해 애정으로 결합한다. 하지만 여기
서 서로 다른 관계가 출현한다. 부모는 아이 속에서 자기가 실현되는 것
을 본다. 부모는 아이에게서 측은함을 느끼며, 아이의 대자 존재가 성장
하는 것을 자신의 성장처럼 기꺼워한다. 아이는 부모가 자신의 본원적
요소이면서도 그것이 소멸한다는 것에서 슬픔을 느낀다.

마지막으로 형제와 자매는 같은 핏줄로서 서로 대등하다. 여기서 자
연적인 관계면서도 동시에 인륜적 관계가 출현한다. 형제와 자매는 서

---

46 398 구절 참조 근원적 소질은 구체적으로 재능, 능력, 성격으로 규정된다.

로 갈망하지 않으며, 각자의 개별성을 양도하지 않고, 받지도 않으며, 서로 자유롭고 무관심하다.

2) 헤겔은 형제와 자매에게서 인륜성이라는 의미에서 차이가 출현한 다고 본다. 우선 여성적 존재는 아직 자연적 가족의 법칙 즉 잠재적이고 내적인 통일성에서 벗어나지 않는다. 인륜적 개별성을 예감하기는 하지만, 자각하지 못한다. 그러나 여성적 존재와 가족과 관계는 이미 더는 자연적 관계가 아니라, 인륜적 의미를 지니는 관계다.

여성은 딸로서는 부모가 사라지면서 개별성을 획득한다. 아내로서 남편과 우연적 개별성으로서 관계하며 어머니로서는 아이 속에 자기의 개별성을 상실한다. 여성은 남편과 아이에게서는 우연한 존재며, 남편과 아이는 여성에게 가족의 일원일 뿐이다. 이들에게 여성의 개별성은 우연적이거나 대체될 수 있는 것 또는 부정적인 것에 한정된다. 여성은 이 과정을 통해 개별성을 상실하고 다시 가족의 본질과 자신을 합일시킨다. 여성은 "직접 일반적인 것을 지향하면서 개별 욕망을 지속해서 멀리한다." 여성적 존재가 남편과 아이를 통해 가족으로 복귀했을 때, 이는 직접적이기는 하지만, 인륜적 관계다. 왜냐하면, 가족은 내적 개념의 통일이며, 이는 가족의 혼령이라는 형태로 표현되기 때문이다.

3) 반면 남성의 경우, 그는 가족적 통일성을 벗어나 인륜적 본질 속으로 들어간다. 그는 개별자로서 한편으로 일반적 본질을 토대로 살아간다. 즉 그는 욕망의 권리를 획득한다. 그러나 다른 한편으로는 그는 자기를 희생하며 일반적 본질이 자기를 실현하게 한다. 그에게서 이런 통일은 아직 직접 일어난다. 그것은 관습적인 통일이다.

남성의 경우 결혼을 통해 남편으로 되고 아이의 아버지로 되더라도, 그 인륜성은 순수하지 못하다. 거기에는 개별성이 개입된다. 즉 남편과 아버지는 어디까지나 자기의 욕망을 실현하는 수단이라는 의미가 뒤섞여 있기 때문이다.

4) 가족이라는 통일체는 마침내 형제에 이르러 서로 개별화되면서 해체된다. 가족이라는 원초적이며 직접적인 인륜성은 부정될 수밖에 없는 것인데, 형제라는 계기에서 마침내 해체된다.

여성은 남편이나 아이의 관계에서는 대체 가능한 관계를 맺지만, 오히려 형제와의 관계에서는 자연적 토대를 벗어나 인륜적 관계를 맺는다. 즉 자매에게 형제는 핏줄을 통해 연결되면서도 서로 독립적이고 서로 욕망을 느끼지 않는 자유로운 관계를 통해서 통일된다. 그러므로 자매에게 "형제를 상실한다는 것은 어떤 것으로도 대체할 수 없는 것이며, 또한, 형제에 대해 지니는 의무는 가장 고귀한 것으로 된다."

5) 자매와 형제는 저마다 자연적 존재에서 인륜적 본질로 넘어오지만, 그들이 있게 된 자연성에 따라 양자의 운동 방향은 달라진다. 자매는 다시 가족적 통일성으로 복귀하며, 형제는 가족적 통일성을 벗어나 인륜적 국가 속으로 들어간다. 헤겔이 보기에 형제나 자매는 방향은 다르지만, 그들에게 나타난 결과는 자연성의 극복이며 인륜성의 출현이다.

인륜적 본질은 그 자체 두 대립하는 집단 즉 가족과 국가로 이루어지는데, 각 집단은 고유한 자아를 지닌다. 이 고유한 자아는 각 집단이 직접적인 인륜인 한에서 자연적인 자아로 되는데, 그것이 곧 여성과 남성이다.

헤겔은 앞['그 자체로 실재하는 개체성']에서 각 개인의 근원적 소질은 우연적 차이라고 말했다. 그러나 정신적 본질에서 남녀의 자연적[근원적 소질의] 차이는 인륜성의 자기 분화를 통해 이루어진 것이므로, 배타적인 통일성을 지닌다.

6) 남성과 여성의 관계는 정신분석학에서 남성과 여성의 관계와 비교될 수 있다. 정신분석학에서 남성은 거세되고, 여성은 거세를 겪지 않는다. 그 때문에 남성은 상징계로 이행하지만, 여성은 상징계로 이

행하지 못하는 중간 상태에 있다. 헤겔은 인륜적 세계에서 남성은 개별화되면서 가족에게서 벗어나고 여성은 개별화되면서 다시 가족으로 되돌아간다고 한다. 프로이트가 성적 욕망을 통해 설명한 것과 유사한 설명을 헤겔은 사회관계를 통해 설명한다는 점에서 흥미롭다. 남성에게 여성은 이기적 목적을 위한 수단일 뿐이며, 여성에게 남성은 가족의 성원이라는 일반적 의미를 지닌다는 헤겔의 주장도 주목할 만하다.

459) 〈SK 338:34~339:13〉〈FM 248:33~249:5〉

그러나 양성의 구별과 또한, 이들이 지닌 인륜적 내용의 구별은 인륜적인 실체의 통일 속에 머물러 있으며 그들이 전개하는 운동은 바로 실체의 통일을 지속해서 생성하는 것을 의미한다. 남성적 존재는 가족의 정신으로부터 공동체로 내보내짐으로써 이런 공동체는 그에게서 그가 자기 자신으로 의식하는 인륜적 본질로 된다. 이로써 가족은 공동체 내에서 자신의 일반적인 실체를 얻으며 공동체를 통해 존속하는 것과 마찬가지로, 거꾸로 공동체는 가족에게서 자기실현을 위한 형식적 지반[Element]을 획득하며, 신의 법칙에서 자신을 보장하는 힘을 얻기에 이른다. 따라서 이들 양자[가족과 공동체]는 그 어느 한쪽도 그 자체로 자기에게 나타난 것[an und für sich]이 아니다. 인간의 법칙이 전개하는 생동하는 운동은 신의 법칙에서 출발하며 또한, 지상에서 유효한 법칙은 지하의 법칙에서 출발하고 의식적인 것은 무의식적인 것에서 출발하며 매개된 것은 직접적인 것에서 출발한다. 마찬가지로 그 모든 것은 자신이 나온 곳으로 되돌아간다. 이와는 반대로 지하의 위력은 지상에 **실제로 영향**을 미치며 의식을 통해 현존하고 활동한다.

[해제] 인륜적 본질은 통일되지만, 두 대립하는 집단 즉 가족과 공동

체로 분리된다. 양자는 서로 대립하면서도 상호 침투한다. 공동체는 단결을 위해 가족의 정신을 요구하며 가족은 생존을 위해 공동체의 힘이 필요하다. 그러므로 가족과 공동체는 상호 침투의 운동 속에서 고요한 균형을 이루고 있다. 이런 대립과 통일의 팽팽한 균형을 통해 가족과 공동체는 지속해서 전체 인륜적 본질을 재생산한다.

460) ⟨SK 339:14~340:8⟩ ⟨FM 249:6~28⟩

일반적인 인륜적 본질은 한편으로는 일반적인 존재인 한에서의 실체며 다른 한편으로는 개별 의식인 한에서의 실체[47]이다. 즉, 각 실체는 민족[Volk]과 가족을 자신의 일반적 현실로 삼지만, 남성적 존재와 여성적 존재를 그 실체를 움직이는 자연 발생적인 자아 다시 말해 그 실체를 운동하게 하는 개체로 삼는다. 이런 인륜적 세계의 내용 속에서 우리는 앞서 실체를 바탕으로 하지 않았던[substanzlos] 갖가지 의식 형태가 지향한 목적이 마침내 실현됐음을 본다. 이제 관찰하는 이성이 한낱 대상으로 파악했던 것은 자기의식[의 산물]으로 발전했으며 또한, 자기의식이 단지 자기 자신 내에만 지니고 있던 것[주관적 범주]은 이제 참된 현실로서 눈앞에 나타나기에 이른다. ─관찰하는 이성이 자아가 전혀 참여하지 않고 다만 **눈앞에 발견되는 것**으로 알았던 것이 여기서는 눈앞에 발견되는 습속 즉 현실인 동시에 발견하는 자의 행위를 통해 이루어진 것으로 된다. ─**자신의 개별성에 속하는 쾌락과 향락을 추구했던** 개별자는 여기서는 가족을 통해 쾌락과 향락을 발견한다. 그런 쾌락을 사라지게 했던 필연적 운명이란 여기서는 개별자에 고유한 자기의식 즉 자기를 민족 속에서 살아가는 시민[Bürgers seines Volks]으로서 자

─────────

47 인륜적 정신은 실체와 자아라는 두 계기로 이루어진다. 여기서 일반 존재는 실체의 계기를 의미하며, 개별 의식은 자아의 계기다.

각하는 것[48]을 의미한다. -달리 말하자면 개별자의 고유한 자기의식은 곧 예전의 **심정 법칙**을 모든 심정이 느끼는 법칙으로 인식하며 예전 자아가 의식했던 것[현실의 법칙]은 인정된 일반적 질서로 인식한다. 덕성은 자기를 희생해 얻은 열매를 향락하는 것인데, [여기서] 덕성은 이런 덕성이 목표로 삼는 것 다시 말해서 본질을 눈앞의 현재에 실제로 드러내기에 성공한다. 즉 덕성이 수련을 통해 얻는 즐거움은 만인의 삶[dies allgemeine Leben]에 속한다. -마지막으로 **사태 자체**에 관한 의식은 [여기서는] 실재하는[real] 실체 속에서 충족되며 이런 실체는 내용이 없는 범주 즉 추상적 계기[49]를 실정적인[實定: positive] 방식으로 포함하고 또 보존하기에 이른다. 즉 [여기서는] 사태 자체는 자신의 참된 내용을 인륜적인 위력 속에서 획득하면서 이런 참된 내용이 [이전에] 인간 이성이 발견하거나 인식하고자 했던 바로 그와 같은 실체 없는 [substanzlosen] 명령[50]을 대신한다. 이와 동시에 이런 인륜적 위력을 통해 내용이 풍부한, 그 내용 자체에서 규정된 검증의 척도를 얻는다. 이 척도는 법칙을 검증하는 [형식적] 척도가 아니라 이미 행동으로 출현한 것을 검증하기 위한 척도[51]가 된다.

___[해제] 실체와 자아의 통일로서 또한, 일반적 본질과 개별적 본질의

---

48 자기를 시민으로서 자각한다는 것은 자신을 국가의 한 성원으로 자각한다는 의미다.

49 여기서 '내용이 없는 범주'란 곧 성실한 의식이 활동의 현재 계기에 내재하는 것으로 여기는 추상적인 사태 자체를 말한다.

50 법칙 발견적 이성은 현실 속에서 우연히 제공된 내용을 법칙으로 받아들인다. 우연한 내용이므로 '실체 없다'라고 한 것이다.

51 인륜적 세계에서 자아는 주저 없이 습속을 따른다. 그는 자신이 습속에 충실했는가만을 검증하며, 그 습속이 형식적으로 무모순적인가를 따지지 않는다.

통일로서 인륜성의 정신에서 그 이전의 의식의 형태들은 하나의 계기로 포함된다. 거꾸로 이전의 의식 형태는 비로소 인륜성의 세계에서 자기를 실현한다.

사회를 관찰하는 이성에서 직접적 대상(자연과 사회)은 행위를 통해 산출된 현실 즉 습속으로 되며 개별자의 쾌락은 가족 속에서 안정적으로 얻어지며 필연적 운명은 시민의 지반인 민족국가로 된다.

이제 실체와 자아의 통일인 습속은 개체를 통해 자기를 실현하는 이성에서 등장한 모든 이성을 포함한다. 심정의 법칙이 추구하던 "모든 심정이 자각하는 법칙" 마찬가지로 이 자의적인 현실의 법칙이 지향하던 "누구나 인정하는 일반적 질서"도 모두 습속으로 된다. 덕성 자신이 목표로 하던 도덕적 완성도 습속의 덕을 통해 "눈앞의 현재에 실제로 드러내며" "만인의 삶 속에서" 실현된다.

이성의 모든 계기가 실체와 자아의 통일인 습속을 통해 완성된다는 것은 사태 자체로 출현한 이성에서도 마찬가지다. 성실한 의식은 추상적 사태 자체를 버리고 인륜적 위력 속에 "실정적인 방식으로" 사태 자체를 발견한다. 법칙 발견적 이성은 자의적인 명령을 만인이 받아들이는 일반적 법칙 즉 인륜적 위력으로 대체하며, 순수한 형식을 통해 법칙을 검증하는 척도는 자신이 습속에 충실했는가를 검증하니 즉 "이미 행동으로 출현한 것을 검증하는 척도"가 된다.

461) 〈SK 340:9~341:9〉〈FM 249:29~250:19〉

이렇듯 전체란 모든 부분이 고요한 균형을 이루는 것이며 정신은 그 어느 부분에서도 고향을 느끼지 않는 법이 없다. 여기서 정신은 자신의 충족을 자기와 동떨어진 피안에서 찾는 것이 아니라 바로 자체 내에서 마련한다. 왜냐하면, 부분은 전체와 균형 속에 있기 때문이다. ─물론 이런 균형은 그 자체 내에서 서로 같지 않은 상태가 빚어지는 가운데 다시금 **정의**를 통해서 같음의 상태를 회복하는 것을 통해서만 생동하는 균형으로 될 수 있을 것이다. 그러나 이때 정의는 피안에 자리 잡은, 낯선 본성을 지닌 것이 아니며 또한, 서로 음모를 꾸미고 배반하고 배은망덕하는 것 등과 같이 인륜적 본질에는 어울리지 않는 현실도 아니다. 정의가 이런 것이라면 그것은 맥락을 이해할 수 없는 행위[ein unbegriffener Zusammenhang]나 맹목적[bewußtloses] 활동이든가 부작위[不作爲]의 범행과 같이 아무 생각 없이 일어나는[gedankenlos] 우연으로서 심판받을 것이다. 오히려 정의가 **인간**의 법에 속하는 정의라면 이런 정의는 대자 존재가 균형을 벗어나고 신분이나 개인이 자립화하자 이런 신분이나 개인을 다시 일반 존재 속으로 통합시킨다. 이때 정의를 수행하는 임무는 민족을 대표하는 정부에 속한다. 왜냐하면, 정부는 일반적 본질을 수행하는 개체성이 눈앞에 자기를 드러낸 것이며, 만인의 고유한 자기의식적인 의지기 때문이다. ―그러나 동시에 정의가 개별자를 지배하는 일반자를 마찬가지로 균형 상태로 되돌아가게 하는 정의라면 이 정의는 불법을 당한 개별자 자신이 지닌 단순한 정신이 수행한다. ―그런 정의는 불법을 당한 개별자 속에서 붕괴하지 않고 남아 있는 것 즉 지하 세계의[jenseitig] 본질이다. 이런 단순한 정신 자체는 곧 지하 세계의 위력을 말하니, 여기서 복수를 수행하는 것은 개별자를 위한 복수의 여신이다. 왜냐하면, 개별자의 개체성과 개별자의 핏줄은 그의 집안[Hause]에 내려온 것이기 때문이다. 개별자의 실체[가족의 본질]는 지속해서 실현된다. 인륜의 나라에서 개별자에 가해질 수 있는 불법은 오직 개별자에 그 자신과는 무관한[rein] 사건[52]이 **벌어진다**는 사실일 뿐이다. 이처럼 의식에 불법을 행사함으로써 바로 이 의식을 순수한 사물로 만드

---

52 자연적인 죽음을 말한다.

는 위력을 지닌 것은 곧 자연이니, 불법은 일반적인 **공동체**가 가하는 것이 아니라 **추상적인** 일반 존재[자연]가 가하는 것이다. 그러므로 개별자로서는 자기가 당했던 불법을 해소하기 위해 결코 그 공동체에 저항하지 않는다. 왜냐하면, 그는 결코 공동체로부터 불법을 당한 것이 아니기 때문이다. 따라서 그는 다만 추상적인 일반 존재[자연]에 대해 저항할 뿐이다. 우리가 보아 왔듯이 그와 같은 불법은 개인이 자신의 핏줄을 의식하는 것을 통해 해소된다. 그 결과 일어난 사건은 행위의 **산물**로 발전하면서 이를 통해 **최후로 남은 것** 즉 **존재**[자연적 죽음]는 스스로 **원했던 것**이므로 기쁘게 받아들여질 수 있는 것으로 될 것이다.

462) 〈SK 341:10~342:2〉〈FM 250~20~251:4〉

이와 같은 방식으로 마침내 인륜의 나라는 그 어떤 분열 때문에 불순하게 됨이 없는, 때 묻지 않은 세계로 **존속**한다. 마찬가지로 인륜의 나라가 전개하는 운동은 그 나라에 속한 어느 한쪽의 위력이 다른 또 하나의 위력으로 자연스럽게[ruhig] 이행[werden]하는 운동이니 이와 같은 이행을 통해 하나의 위력은 다른 위력 자체를 보존하며 산출한다. 사실 우리는 그러한 인륜의 세계가 두 개의 본질과 그것이 실현된 두 개의 현실로 분할됐음을 본다. 그러나 두 본질의 대립은 하나의 본질이 다른 또 하나의 본질을 통해 보장된다는[Bewährung] 것을 의미한다. 두 본질은 저마다 현실적으로 존재하면서 서로 대립하는 것을 통해서 서로 직접 접촉하는 까닭에 그런 본질을 매개하고 그 지반으로 되는 것은 이 본질들이 서로 직접 침투한다는 데 있다. 그 가운데 하나의 극단, 즉 자신을 자각하는 일반적 정신은 **개체화된 남성적 존재**를 통해 그런 정신의 힘과 지반으로 되는 또 하나의 극단과 다시 말해서 무의식적인 정신과 결합한다. 이에 반해서 **신의 법칙**은 여성적 존재를 통해 자신을 개별화한다. 다시 말하자면 개별자의 **무의식적** 정신은 여성적 존재로 현존한다. 무의식적 정신은 이 여성적 존재를 **매개**로 삼아서 실제로 존재하지 않는 것에서 실제로 존재하는 것으로 등장하며 무지한 상태며 [Unwissenden] 무의식적인 **나라**에서 의식의 영역으로 등장한다. 남성적 존재와 여성적 존재의 합일이 전체의 활동 중심이며 또한, 지반을 이룬다. 이런 지반이 신의 법칙과 인간의 법칙이라는 두 극단으로 분열하면서 동시에 그에 못지않게 그 두 개의 법칙을 직접 통일한다. 이런 통일의 결과 처음에는 두 가지 추론[Schlüsse]으로 분열됐던 것이 하나의 같은 추론으로 종합되는 가운데[53] 서로 반대 방향으로 움직이는 두 개의 운동도 하나로 합일된다. 한편으로 그 운동은-인간의 법칙은 자립적인 항[개인]으로 조직됐던 상태에서 죽음의 위협을 통해 [공동체를] 보장하는 것[Gefahr und Bewährung des Todes]으로 전락하면서-실현된 존재로부터 실제로 존재하지 않는 존재로 전락하는 운동이며 다른 한편으로는 그 운동은 지하의 법칙을 벗어나서 공공연한[des Tages] 현실과 의식되는 현존으로 이행하는 운동이니, 전자는 남성적 존재에 속하는 운동이며 후자는 여성적 존재에 속하는 운동이다.

[해제] 1) 461~462) 여기서 헤겔은 인륜적 정신의 운동을 전체적으로 설명한다. 여기서 부분은 서로 대립하면서 균형을 이루는데, 이 균형은 끊임없이 유동하는 운동 속에서 이루어지는 생동적 균형이다. 즉 서로 다른 상태가 빚어지면서 다시 같음의 상태가 회복되는 운동이다.

여기서 얻은 정의는 피안에 있는 것도 아니며, 개별적인 배신과 복수와 같이 우연한 정의도 아니다. 그것은 정신적 본질 자체가 현실 속에서 자기를 대립하는 것으로 분화하고 이를 다시 통일하는 것 가운데 이루

---

53 뫼비우스의 띠와 같은 모습을 설명하는 것으로 보인다.

어지는 정의이다.

이 가운데 개인이 자립화해 공동체가 분열될 위험에 처하면, 정부가 정의를 회복한다. 반면 공동체가 개인에게 불법을 저지르면 개인이 지닌 단순한 정신 즉 지하 세계의 본질, 복수의 여신이 이를 회복한다.

2) 이런 운동 속에서 두 위력은 상호 침투한다. 한쪽의 위력은 다른 쪽의 위력으로 이행하면서 다른 쪽의 위력을 산출하며 거꾸로 다른 쪽의 위력을 통해 자신의 위력을 보장받는다.

구체적으로 말하자면, 일반적 국가는 남성적 존재를 자아로 지니면서 이들이 자립화하려 하면, 가족적 정신의 도움을 받아, 공동체를 회복한다. 거꾸로 통일체로서 가족은 여성적 존재를 자아로 지니는데, 여성이 낳은 아이들을 통해 다시 해체되려 하지만, 여성적 존재를 통해 다시 지켜진다. 이런 운동은 마치 뫼비우스의 띠와 같은 모습으로 운동하니, 헤겔은 이를 "최초의 두 개 추론이 같은 추론으로 종합되는 것"과 같다고 말한다.

3) 이런 운동 속에서 한편으로 국가는 가족적 정신의 도움을 받아 "실제적 존재로부터 실제로 존재하지 않는 것으로 전락하며" 다른 한편으로는 가족은 "지하의 법칙을 벗어나 공공연한 현실과 자각적인 현존으로 이행"한다.

인륜의 세계에 대립하는 것은 곧 자연인데 자연은 죽음을 통해 인륜의 세계를 해체하려 한다. 인륜의 세계는 이런 자연적 죽음을 행위의 산물로 전환하면서 극복한다. 그 죽음은 공동체를 위한 죽음으로 또는 장사의 행위를 통해 지하 세계의 영령으로 보존한다. 그 결과 자연적 죽음은 기쁘게 받아들여지는 것으로 된다.

b 인륜적 행동; 인간의 인식과 신의 인식; 죄와 운명

[해제] 전체 흐름

463) 상호 파괴하는 운동의 개념

464~466) 인륜적 자아의 직접성

467~468) 행위하는 자아가 저지르는 범법

469) 행위하는 자아의 무지와 자각

470~471) 부정적 위력

472) 『안티고네』에 관한 설명

474) 개별 국가 사이의 전쟁

475) 법과 인격의 출현

463) 〈SK 342:8~21〉〈FM 251:9~23〉

그런데 인륜의 나라에서 두 본질이 대립하는 모습이 보여주듯이 자기의식은 아직도 그 권리상 **개별적인 개체**[Individualität][54]로 등장하지 못한다. 즉 인륜의 나라에서 개체적인 것[Individualität]은 한편으로는 다만 **일반 의지**로서만 여겨지며 다른 한편으로는 가족에 내재하는 핏줄로 여겨지면서 이 후자에서 **개별자**는 한낱 **실제로 존재하지 못하는 그림자**에 지나지 않는 것이다. ─이 인륜의 나라에서는 **아직** 아무런 **행위도** 시작하지 **않았다.** 그러나 행위가 발생한다는 것은 **자아가 실제로 출현한다**는 것을 의미한다. ─행위는 인륜적 세계의 안정된 조직과 그것의 운동을 뒤흔들어 놓는다. 인륜적 세계 내에서 두 가지 본질은 질서정연하게 서로 합일하는 가운데 서로 다른 본질의 존재를 보장하고 보완했으나, 이런 질서와 합일로 나타난 것은 행위를 통해서 **대립하는 결과**로 이행하고 만다. 대립하는 결과에서 각자는 서로 보장하기보다는 오히려 훨씬 더 자기 자신뿐만 아니라 상대방 역시 파괴하는 존재라는 것을 입증할 뿐이다. ─질서와 합일로 나타난 것은 가공할 **운명**이 펼치

---

54 자립적 개인, 법적 인격을 의미한다.

는 부정 운동 또는 영원한 필연성으로 발전한다. 이런 부정 운동은 신의 법칙과 인간의 법칙뿐만이 아니라 또한, 그런 위력을 현존하게 하는 두 가지 자기의식을 **단순한 운명**의 심연으로 삼켜 버린다. ―이런 운동은 우리가 보기에는 순수한 개별 자기의식이 **절대적인 대자 존재**로 이행하는 것을 의미한다.

[해제] a 절에서 헤겔은 인륜적 정신이 두 집단 즉 가족과 국가가 상호 침투하는 가운데 균형을 이루고 있다는 사실을 설명했다. b 절에서 헤겔은 이런 균형이 파괴되면서 서로 파괴하는 운동을 설명하려 한다.

인륜성의 세계를 파괴하는 힘은 인륜적 정신을 이루는 두 집단에 속한 자아가 행위로 나서면서 등장한다. 이런 행위의 출발점에서 각 자아는 아직 자각적 개인에 이르지 못한다. 국가 속에서 자아 즉 남성적 존재는 개별자지만, 일반 의지를 직접 실행할 뿐이다. 그는 국가라는 일반 의지에 관습적으로 종속한다. 반면 가족적 통일성 속에서 그 자아 즉 여성적 존재는 가족을 잇는 핏줄과 직접 합일 속에 있다. 전자가 지각적 상태라면 후자는 감각적 확신의 상태다.

팽팽한 긴장 속에서 상호 균형을 이루던 인륜성의 세계는 자아가 행위로 나서면서 깨어지고 만다. 각 자아가 행위로 나서면, 그 행위는 자기가 속한 집단의 법칙을 따른다. 그것은 동시에 자신과 대립하는 집단의 법칙을 해치게 된다. 왜냐하면, 인륜적 정신은 대립하는 두 세계가 상호 침투된 것이기 때문이다. 그는 두 법칙이 이처럼 상호 침투하고 있다는 것을 모르며, 이런 무지 때문에 자기도 모르는 사이에 자기에 대립하는 법칙을 손상한다. 그 결과 그는 자기에 대립하는 원리로부터 처벌받는다. 두 집단의 자아는 이전에는 "서로 합일하는 가운데 다른 본질의 존재를 보장했으나" 이제 "자기뿐만 아니라 상대방 역시 파괴하는 존재"가 된다.

상호 파괴하는 인륜성의 운동을 통해 인륜적 본질과 직접 결합한 두 자아는 독자적으로 결정하는 개별적 자아로 독립한다. 즉 순수한 개별 자기의식이 절대적 대자 존재로 이행하는 것이다. 이 절대적 대자 존재가 곧 법적 인격이다.

464) ⟨SK 342:22~343:22⟩ ⟨FM 251:24~252:14⟩

이런 운동의 출발점으로 되면서 또한, 그 운동이 일어나는 토대로 되는 **근거**는 인륜의 나라지만, 이런 운동을 불러일으키는 **행위**는 자기의식에서 나온다. 이런 자기의식은 인륜적인 의식이므로 인륜에 속하는 본질 규정[Wesenheit] 또는 의무를 **단순하고도** 또한, **순수하게 지향한다**. 자기의식 속에는 어떤 자의나 어떤 갈등도, 어떤 주저함도 없다. 왜냐하면, 자기의식은 이런 법칙을 발견하거나 검증하려는 시도를 포기했으며 오히려 인륜의 본질 규정을 직접 유효하고 흔들리지 않고 아무런 모순도 없는 것으로 인식하기 때문이다. 따라서 자기 의식적 개인이 열정과 의무의 충돌 속에 저지르는 악[schlecht]의 무대도 없으며 또한, 의무와 의무 사이에 충돌에 부닥쳐서 겪을 수 있는 희극적 상황도 없다.[55] —의무와 의무의 충돌은 내용상으로 보면 열정과 의무의 충돌과 매한가지다. 왜냐하면, 위에서도 밝혔듯이 인륜적 의식이 직접적이며 실체적인 본질 규정으로부터 자기 내로 물러날 때 의무는 어떤 내용이건 똑같이 탁월하게 수용될 수 있는 일반적 형식이어서 열정 역시 하나의 의무로 생각될 수 있기 때문이다. 그런데 의무와 의무의 충돌이 희극적이라 말하는 까닭은 이런 충돌은 모순 즉 **절대자가 자기에 대립한다는 것**, 다시 말하자면 어떤 절대적인 것으로서 의무가 절대적인 동시에

---

55 열정과 의무, 의무와 의무가 충돌하는 상황은 개인이 마음속에서 내적 갈등이 일어나는 상황이다. 이것은 자유의지가 출현한 근대적 개인에서 등장한다.

직접 무의미하다는 것을 표현하기 때문이다. −그러나 인륜적인 의식은 자기가 해야 하는 것이 신의 법칙이든 인간의 법칙이든 무엇을 해야 하는지를 알고 있으며 그것은 이미 결정된다. 그런 직접 결정된 것은 앞에서 보았듯이 그 자체로 존재하는 것[Ansich]이며 날 때부터[natürlichen] 존재하는 것이라는 의미를 지닌다. 즉 우연한 상황이나 우연적인 선택의 결과가 아니라 자연이 하나의 성별[Geschlecht]에는 하나의 법칙을 할당하고 다른 성별에는 다른 법칙을 할당한 결과다. −또는 이와 반대로 말하자면 두 가지 인륜적인 위력 자체가 두 성별을 자기를 실현하는 개체적 현존으로 삼은 결과다.

[해제] 자기의식의 행위는 자신이 속한 인륜적 본질의 법칙을 의무로 삼으며 여기에 어떤 갈등이나 주저함도 없다. 그 의무는 "직접 유효한 흔들리지 않고 아무런 모순도 없는 것"이다.

여기서는 근대적 개인에서 등장하는 것과 같은 내적 갈등 즉 의무와 의무의 갈등이나 의무와 열정의 갈등도 존재하지 않는다. 헤겔은 열정과 의무의 갈등은 '악의 무대'로 본다. 왜냐하면, 자기도 이해할 수 없는 내면의 열정이 곧 악이기 때문이다. 또한, 헤겔은 의무와 의무의 갈등은 곧 희극적인 것이라고 한다. 왜냐하면, 의무란 절대적인 것인데 절대적인 것이 자기 자신과 대립한다는 것을 말하니, 자기를 스스로 무의미하게 하기 때문이다.

반면 인륜적 정신에서 각 집단의 자아는 그가 해야 하는 의무를 알고 있으며 그런 의무는 이미 결정된다. 인륜적 본질과 자아 사이의 관계는 직접적인 것이므로, 헤겔은 각 인륜적 본질에는 자연적으로 정해진 성별에 따라 자아가 할당된다고 한다. 각 자아는 자신에게 고유한 의무를 지니며, 날 때부터 그런 법칙을 자기의 의무로 삼는다. 여기에는 어떤 개인적 선택, 우연히 일어나는 선택도 없다.

465) ⟨SK 343:23~344:13⟩⟨FM 252:15~34⟩

이제 한편으로 인륜성의 토대는 본질상 이처럼 [의무가] 직접 **결정된다**는 데 있으므로 인륜적 의식에서는 단지 **하나의** 법칙만이 본질적인 것으로 여겨진다. 다른 편에서 본다면 인륜적 위력은 인륜적 의식이 지닌 **자아**를 통해서 실현된다. 위에서 제시된 두 가지 이유로 인륜적인 위력은 서로 **배제**하며 서로 **대립**한다는 성격을 띨 수밖에 없다. ─인륜의 **나라**에서 다만 잠재적인[an sich] 두 인륜적인 위력은 자기의식을 통해서 **자기에 대해 존재하는 것**[für sich]으로 된다. 인륜적인 의식은 그 두 개의 위력 가운데서 어느 한쪽을 수행하기로 이미 **결정**되므로 본질상 **성격**[Charakter]에 해당하는 것이라 할 수 있다. 각 인륜적인 의식에서 이들 두 위력은 같은 정도로 **본질적인 것**은 아니다. 그러므로 그에게 양자 사이의 대립이란 다만 자신에게 의무적인 것이 아무런 권리도 없는 **현실**과 충돌하는 것일 뿐인 **불행한 사건**으로 나타난다. 인륜적인 의식은 자기의식인 한에서는[56] 대립 속에 빠진다. 동시에 인륜적 의식은 자기의식이므로 자기와 대립하는 현실을 자신이 속한 법칙에 강제적으로 굴복하게 하거나 자기에 대립하는 현실을 속이는 것을 목표로 삼는다. 인륜적인 의식에서는 오직 자기편에만 권리[Recht]가 있고 상대편에는 불법[Unrecht]만 있다. 그러므로 이들 양자 가운데서 신의 법칙에 속하는 의식은 인간의 우연적인 **폭력성**을 자기와 다른 편으로 여기고 이에 반해서 인간의 법칙에 속하는 의식은 내적인 대자 존재[Fürsichseins]에서 나오는 자만과 **불손**을 자기와 다른 편으로 여긴다.

---

56 정신 장에서는 자아 즉 실천적 의지의 발전이 중심을 이룬다. 헤겔은 자아를 자기의식이라고도 표현한다. 인륜적 정신에서 자아의 발전단계는 아직 직접적인 수준 즉 의식의 단계에 머무른다. 그래서 인륜적 의식이다.

왜냐하면, 정부가 내리는 명령이란 일반적이며 동시에 공공연하게 드러나 있는 공적인 의미를 지닌 것인데 반해 그와 반대되는 법칙을 수행하는 의지는 하계의 의미를 지닌 것이며 그 의미는 내면에 가두어진 [verschlossene] 것이기 때문이다. 이 후자의 의지는 하계의 의지로 현존하면서 첫 번째 의지[정부의 명령]와 모순을 빚고 이를 모독한다.

466) 〈SK 344:14~345:19〉〈FM 252:35~253:30〉

이를 통해 마치 앞에서 실체가 다루어졌을 때 **의식적인 것과 무의식적인 것**의 대립[57]이 발생했듯이 여기서는 **인식된 것과 인식되지 않은 것** 사이의 대립이 발생하게 됨으로써 인륜적인 **자기의식**이 누리는 절대적 **권리**[인간의 권리]는 인륜적 **본질**에 속하는 신의 **권리**와 갈등을 빚기에 이른다. 인륜적 자기의식이 의식에 머무르는 한에서 자기의 대상적 현실 자체가 본질이다. 그러나 이 자기의식이 실체로 삼는 본질은 곧 자신에 대립하는 것과 통일된다. 인륜적 자기의식이란 곧 실체를 의식한다. 그러므로 여기서는 자기의식에 대립하는 대상은 독자적으로는[für sich] 본질적인 것이라는 의미[58]를 전적으로 상실한다. 마치 대상이 단지 **사물**로 여겨지는 영역[의식]이 오래전에 사라졌듯이 의식이 자신에서 나온 어떤 것[etwas aus sich]을 고정함으로써 그렇게 고정된 개별 계기를 본질적인 것으로 삼는 영역[관찰하는 이성]도 사라진 지 오래됐다. [인륜적] 현실은 위에 언급한 일면적인 것들에 대립해서 고유한 힘을 지닌다. [

---

57 인륜적 정신은 두 개의 대립하는 실체 즉 가족과 국가로 이루어진다. 그 가운데 가족은 자아가 무의식적으로 받아들이는 실체며, 국가는 자아가 의식적으로 받아들이는 실체다. 여기서 행위하는 자아는 자기가 속한 실체는 정당하다고 인식하지만, 자기가 속하지 않은 실체는 그 정당성을 인식하지 못한다.

58 사물이나 자연은 의식과 무관하게 독립적으로 존재하지만, 인륜적 본질은 자기에 속한 의식에게만 정당한 것이다.

인륜적] 현실은 의식에 대항해서 진리와 연계되면서 의식에 무엇이 진리인가를 드러낸다. 그러나 인륜적인 의식은 이제 절대적 실체라고 하는 술잔을 마심으로써 대자 존재나 그 자신의 목적과 그에게 독특한 개념이 지닌 전적인 일면성을 망각하며 동시에 그 때문에 [이 의식에 대립하는] 대상적 현실이 고유하게 지닌 모든 본질적 규정과 자립적 의미조차도 망각의 강물 속으로 빠트린다. 따라서 인륜적인 의식이 절대적 권리를 지닌다면 그 권리의 근거는 그가 인륜적인 법칙에 따라서 행동한다는 점에서 그가 실현하는 행동이 곧 이런 법칙 자체를 수행한 것일 뿐이라는 데 있으며 또한, 그의 행위가 인륜적인 활동일 뿐이라는 사실에 있다. -인륜적인 본질은 절대적인 **본질**이자 동시에 절대적인 **위력**을 지닌 것이기에 그 내용 면에서 반대의 것으로 전도되는[Verkehrung] 것은 불가능하다. 만약 인륜적인 **본질**이 위력 없는 것에 지나지 않는다면 아마도 개체의 선택을 통해서 반대의 것으로 전도되는 것이 일어날 수도 있겠다. 그러나 개체가 인륜적인 의식인 한에서는 자기의 일면적인 대자 존재[59]를 포기한 것이니 이로써 그는 그러한 전도를 거부한 셈이다. 마찬가지로 또한, 설혹 단순한 위력이 그와 같은 대자 존재[Fürsich sein]라면[60] 거꾸로 그 본질이 지닌 힘으로 단순한 위력은 반대의 것으로 전도될[Verkehrung] 수도 있을 것이다. 본질과 인륜적 의식 사이의 이와 같

---

59 여기서 대자 존재는 독립한 주관을 의미한다. 이로부터 선택의 자유가 나온다. 인륜적 의식은 대상과 의식의 직접적인 통일이다.

60 앞의 경우는 인륜적 본질이 대자 존재의 위력이 없는 경우이고 이번 경우는 그 본질(단순한 위력)이 대자 존재를 갖는 경우다. 여기서 대자 존재란 자유롭게 선택하는 자아를 말한다. 전자라면, 대자 존재인 자아가 전도할 것이고 후자라면 인륜적 본질이 전도할 것이다. 그러나 자아는 본질에 직접 복종하며, 인륜적 본질은 그 자신이 대자 존재가 아니므로, 전도는 불가능하게 된다.

은 통일 때문에 개체성은 곧 순수 형식이고 그런 인륜적 의식의 내용은 실체가 된다. 개체가 활동한다는 것은 사상[der Gedanke]을 현실로 이전 [Übergehen]하게 하는 것이며, 이런 운동에서 사상과 현실의 대립은 비본질적인 것이어서, 그 대립을 이루는 계기는 서로 다른 특수한 내용과 본질적 규정을 지닌 것이 아니다. 이렇게 볼 때 인륜적 의식이 지닌 절대적 권리의 근거는 그러한 인륜적 의식이 **실현된 형태** 즉 **행위**가 다름 아닌 이 의식이 인식하고 있다는 것일 뿐이라는 데 있다.

[해제] 1) 여기서 헤겔은 인륜적 자아가 하나의 법칙만을 절대적으로 따르는 이유를 설명한다.

헤겔은 인륜적 자아는 자연적 성에 따라 자신의 법칙이 결정되므로 하나의 성격으로 된다고 한다. 이런 인륜적 자아에 자신의 것과 대립하는 법칙은 비본질적인 것, 아무런 권리도 없는 것 즉 불법이며, 그것에 부딪혀 자신이 파괴되더라도 이는 불행한 사건에 지나지 않는다.

그러므로 여성적 존재에게 국가의 법칙은 우연적 폭력에 그치며, 신의 법칙을 부정하는 인간의 법칙일 뿐이다. 남성적 존재에게 가족의 법칙은 자만과 불손에 그친다. 남성적 존재에게 정부의 명령은 공적인 것이며, 가족의 명령은 내면에 가두어진 것, 하계의 것에 그친다.

2) 자아가 실체로 삼는 것은 일면적인 것이 아니며 대립하는 것의 통일이지만, 각 자아에서 그 자신의 것과 대립하는 것은 비본질적이다. 이런 대립은 그 정당성이 인식된 것과 그 정당성이 인식되지 않은 것의 대립이다. 인륜적 자아는 "절대적 실체라는 술잔을 마심으로써" 그 자신의 법칙은 절대적 위력을 갖는다.

자아와 인륜적 본질이 이처럼 직접 관계를 맺고 있으므로, 인륜적 본질은 자아에 이미 존재하는 것으로서 유효하며 진리다. 만일 인륜적 본질이 위력이 없다면, "개체의 선택을 통해 반대의 것으로 전도될 수도 없다." 또한, 인륜적 본질이 그 자체 대자 존재라면 스스로 자기에 대립하는 본질을 선택하여 자기를 전도할 것이지만, 그것도 불가능하다. 왜냐하면, 인륜적 본질을 실행하는 것은 어디까지나 그것에 속한 자아기 때문이다.

3) 여기서 자아와 실체는 직접 통일을 이룬다. 실체를 실행하는 것은 자아다. 그러므로 헤겔은 이런 인륜적 자아는 순수 형식이며 그것의 내용은 실체라고 한다. 자아의 활동은 생각을 단순히 현실화하는 것이며, 즉 "행위는 오직 의식이 인식하는 사상 바깥의 것이 아니다."

그러므로 각 자아는 자신이 속한 집단의 법칙만을 실행하며 자신에 대립하는 집단을 강제로 굴복하게 하려 하거나 그것을 속이려 할 뿐이다. 그러나 그런 행위를 통해 자아는 인륜적 정신이 지닌 진리를 경험한다. 즉 인륜적 정신은 두 대립하는 실체가 상호 결합하며 자기가 대립하는 실체의 법칙도 마찬가지로 타당하다는 진리다.

467) 〈SK 345:20~347:9〉〈FM 253:31~254:37〉

그런데 인륜적인 본질 자체는 이처럼 두 개의 법칙으로 분열된다. 의식은 이런 법칙에 대해 아무 갈등 없이 관계하면서 다만 그 가운데 어느 **한쪽의** 법칙에만 귀속된다. 이런 **단순한** 의식은 인륜적인 의식인 한 그로서는 그가 속한 본질을 **본래적인 것**[an sich]으로 **보는** 것이 그의 절대적 권리라고 주장한다면, 마찬가지로 인륜적 본질로서는 자신이 **실재할**[Realität] 권리를 주장하니 다시 말하자면 자신을 이중화[gedoppeltes]할 권리를 주장한다. 그러나 인륜적 본질의 권리는 동시에 자기의식에 대립하지 않는다. 그런 본질의 권리는 자기의식과 다른 어디에 존재하는 것은 아니고 오히려 자기의식에 고유한 본질이다. 즉 인륜적 본질의 권리는 오직 자기의식을 통해서 현존할 수 있으며 위력을 행사할 수 있다. 그러므로 인륜적 본질에서 나타나는 대립을 일으키는 것은 후자 즉 **자기의식의 행위**다. 왜냐하면, 이런 자기의식은 자기에게 자아로서 존재하면서 행위로 다가가 **단순한 직접성**의 단계를 벗어나서 자신을 **분열**[Entzweiung][61]하기 때문이다. 이처럼 행위를 통해 자기의식은 인륜성의 규정 즉 직접적인 진리를 단순하게 확신한다는 규정성을 포기함으로써 한편으로 자기 자신을 활동하는 자로서 자신과 다른 한편으로 자기의식에 대립하면서 자기의식을 부정하는 현실로 분열하게 한다. 그러므로 자기의식은 행위를 통해 **죄**에 이른다. 왜냐하면, 이런 **행위**는 자기의식의 **활동**이며 더구나 이 활동은 자기의식의 가장 고유한, 그 본질에서 나오는 것이기 때문이다. 또한, 이런 **죄**는 **법을 범한다**는 것을 의미한다. 왜냐하면, 자기의식은 단순한 인륜적 의식인 한에서는 어느 한쪽의 법칙만을 받아들이고 다른 한쪽에 대해서는 거부하면서 자기 행위를 통해 후자에게 손상을 입히기 때문이다. ―죄라는 것은 서로 무차별한 이중적 본성을 지닌 것을 말하지 않는다. 이런 죄에서는 행위는 공공연하게 일어나는 **실제로 존재하는** 행위의 경우처럼 그의 자아가 일으킨 **활동**일 수도 있고 예로 들어 외적이고 우연적인 것이 그 활동과 결합할 때처럼 그의 자아가 일으킨 활동이 아닐 수도 있다. 이런 외적이고 우연적인 것은 활동에 속하는 것이 아니니 그런 측면에서 활동은 무죄가 될 것이다. 오히려 여기서 활동은 스스로 분열해 한편에는 자신을 대자 존재로 설정하고 이것에 대립하는 편에는 낯선 외적인 현실을 설정한다. 이때 낯선 외적 현실과 같은 것이 존재한다는 것은 <u>오직 활동 자체</u>의 결과며 오직 이런 활동을 통해서만 가능해진다.[62] 따

61 뒤에 나오듯이 대상이 자기 것이라고 확신하는 자아와 자기의 산물이면서 그에게 낯선 현실과의 분열을 말한다.

62 여기서 죄는 과실과 비슷하게 보이지만, 헤겔은 양자를 구별한다. 과실은 현실이 다른 우연적 사건과 연관되기 때문이지만, 그 우연적 사건은 그가 불러일으

라서 오직 하나의 돌이 존재하는 것과 같이 아무 활동이 개입하지 않은 것만이 무죄다. 심지어 어린아이의 존재조차도 무죄는 아니다. ─그러나 내용 면에서 인륜적인 **행동**이란 이미 그 자체에서[an ihr] 범법의 계기를 지니고 있다. 왜냐하면, 그러한 행동은 두 가지 법칙을 양성[兩性]에 **자연적인** 방식으로 할당하는 일을 중지하지 않으며 **자연적인 직접성**의 테두리 내에서 자신에 속한 법칙을 아무 **주저 없이** 지향하기를 멈추지 않으니 그의 행동은 활동으로 본다면 일면성을 저질러 인륜적 본질의 두 측면 가운데 다만 한쪽만 움켜쥐고 다른 한쪽에 대해서는 부정적인 태도를 보이면서 이 다른 쪽을 손상하니 이 일면성은 곧 죄기 때문이다. 일반적인 인륜적 삶 속에서 죄와 범법, 활동과 행동이 어떤 결과를 낳게 될 것인가 하는 데 대해서는 뒤에 가서 좀 더 분명하게 밝혀질 것이다. 이때 행동하며 죄를 짓는 자는 결코 어떤 개별자가 아니라는 사실 정도는 여기서 바로 밝혀진다. 왜냐하면, 이처럼 **개별자**는 개별적 자아이기는 하지만, 실제로 존재하는 것이 아닌 그림자일 뿐이기 때문이며 아니면 이 개별자는 다만 불특정한 자아[allgemeines Selbst]일 뿐이며 그는 개체적 존재라고 하더라도 **활동**을 이끌어가는 온전하게 **형식적** 계기기 때문이다. 오히려 행동의 내용을 이루는 것은 법률이나 관습이며, 개인에게 특정하더라도 그것은 그가 속한 신분에 속하는 것이다. 이런 내용은 유[類]적인 실체에 속한 것이다. 이런 유[類]적인 것은 세부적으로 규정되면서 사실 종[種]적인 것으로 되지만,[63] 이것은 종적인 것이

───────────

킨 것은 아니다. 인륜적 나라에서 하나의 본질은 다른 본질과 필연적으로 결합해 있다. 그의 행위는 필연적으로 자기에게 낯선 본질을 침해한다. 그가 행위하지 않았으면 낯선 본질이 출현하지 않으니 그의 범법은 그의 죄, 그의 책임이 된다.

63 인륜적 실체를 이루는 두 집단은 각기 자기 안에 세부 집단을 갖는다. 국가는 여러 신분이나 직업 집단으로 구분되며, 가족은 보호자와 피보호자로 구분된다.

라 하더라도 동시에 일반적인 것, 유적인 것에서 벗어나지 못하는 것이다. 자기의식은 민족 안에서 일반적인 것에서 단지 특수한 것[신분, 직업]으로 하강하기는 하지만, 개별 개체성으로까지 하강하지는 않는다. 왜냐하면, 그것이 개체적인 것으로 되려면 그것은 배타적인 자아, 자아의 활동을 통해 오히려 자아를 부정하는 현실[64]을 설정하는 것이[어야 하]기 때문이다. 오히려 자기의식의 행동은 전체에 대한 확고한 신뢰를 바탕으로 하며 이런 신뢰 때문에 그의 행동에는 어떤 낯선 것이나 어떤 공포도 또한, 어떤 적대감도 전혀 개입하지 않는다.

[해제] 헤겔은 여기서 행위하는 자아가 저지르는 범법, 죄를 설명하고자 한다.

1) 여기서 행위는 '이중적 본성을 지닌' 행위와 구분된다. 이는 예를 들자면 과실에 의한 범죄를 말한다. 이 행위는 우연히 또는 환경의 작용에 따라 범법의 행위를 일으키는데, 이 외적 환경이 일으킨 사건에 그는 책임이 없다. 여기서는 그가 일으킨 행위의 직접적인 결과에만 책임을 진다.

2) 이것과 비교하여 인륜적 본질에서 행위를 보자. 여기서 자아가 행위할 때 그는 개체로서 자유로운 선택을 통해 행위한 것은 아니다. 그는 그가 자연적으로 속한 인륜적 본질을 하나의 관습으로 받아들이면서 행위한다. 그는 인륜적 본질에 대한 확고한 신뢰를 바탕으로 행위하니, 여기에 어떤 낯선 것이나 공포, 적대감이 개입하지 않는다.

그는 실제로 존재하는 개인이 아닌 "자아의 그림자"나 "불특정한 자아"이며, 그 힘은 실체 자체의 위력에서 나오는 것이니, 개별 자아는

유적인 관습은 각자가 속한 집단에 맞는 종적인 관습으로 분화한다.
64 근대적 개체성을 의미한다. 여기서 개체성은 자기를 산출하지만, 그 결과는 자기에 소외된다.

"활동을 이끌어가는 형식적 계기"일 뿐이다. 그러므로 그의 행위는 앞에서 말한 이중적 본성을 지닌 행위처럼 자유로운 행위가 아니므로 그는 무죄가 될 수도 있을 것이다.

3) 그러나 헤겔은 인륜적 본질에서 나온 행위조차도 죄가 있다고 말한다. 헤겔은 그 이유를 이렇게 설명한다.

우선 그가 손상한 인륜적 본질을 그가 직접 해친 것은 아니지만, 그 손상은 그의 행위에서 나온 것은 사실이다. 인륜적 세계는 본질이 서로 대립하는 본질로 분화돼 양자가 상호 침투하고 있다. 여기서는 일단 행위에 들어가면 그 행위는 어떤 행위든 인륜적 본질의 두 측면 가운데 "다만 한쪽만 움켜쥐고 다른 한쪽에 대해서는 부정적인 태도를 보이면서 이 다른 쪽을 손상한다." 인륜적 세계에서는 행위 자체가 본질상 일면적이고 필연적으로 인륜적 본질을 해치게 된다. 그가 행위한 결과 출현하는 "낯선 외적 현실과 같은 것"은 "오직 활동 자체의 결과며 오직 이런 활동을 통해서만 가능해진다."

두 번째로 이때 그는 자기에 대립하는 본질을 알지 못하거나(오이디푸스의 경우) 그 본질을 알면서도 그 본질의 정당성을 인정하지 않는 가운데(안티고네의 경우) 행위하니, 이렇게 발생한 결과는 단순히 행위에 개입하는 우연적 사건에 관한 무지로 발생한 결과와는 다르다. 왜냐하면, 그런 행위는 법의 존재 또는 법의 정당성에 관한 무지에서 나오는 것이기 때문이다. 현재도 법을 무시하거나 무지하므로 일어난 범죄는 유죄로 인정된다.

4) 그 결과 인륜적 본질에서는 두 개의 본질이 서로 대립하며, 개인은 그 가운데 하나의 본질만을 직접 수행하니, 모든 행위가 자기에 대립하는 본질을 해치는 범법이며 죄가 될 수밖에 없다. 심지어 살아 있는 한 행위하지 않을 수 없으니 이 인륜적 세계에서는 살아 있는 것 자체가 죄가 된다. 그러므로 헤겔은 돌의 존재와 같이 아무런 행위도 하지 않을

때만 죄가 없으며, 비록 어린아이의 경우라도 행위에 나서는 순간 죄를 저지를 수밖에 없다고 한다.

468) 〈SK 347:10~348:5〉〈FM 255:1~24〉

이제 인륜적인 자기의식은 **실제로 일어난** 행동이 어떤 본성을 전개하는가를 행위의 결과에서 경험한다. 그것은 자기의식이 신의 법칙을 추종하거나 인간의 법칙을 추종하거나 마찬가지다. 자기의식에 공개된 [offenbar] 법칙은 이미 그 본성에서 자기와 반대되는 법칙과 결합한다. 양자의 통일은 본질적이다. 그러나 행위는 다른 또 하나의 법칙에 대립하면서 다만 하나의 법칙만을 수행했다. 그러나 본질상 다른 또 하나의 법칙과 결부된다는 점에서 하나의 법칙을 충족하는 것은 다른 또 하나의 법칙을 소환하며 그 행위가 그걸 소환한 이유야 무엇이든 이렇게 소환된 다른 법칙의 본질은 손상되고 따라서 적대적으로 되면서 복수를 요구하는 본질로 된다. 행동을 하는 데서 결단의 한 측면만이 밝게 드러난다. 그러나 이런 결단은 **그 자체로**[an sich] [드러난 측면을] 부정하는 것이니 즉 그와 다른 것이며 인식하는 자에 낯선 것과 대립한다. 따라서 현실은 자기와 다른, 인식을 거부하는[fremd] 측면을 자기 내면에 은폐함으로써 결코 그 자체로 자기에게 나타난 [an und für sich] 모습을 의식 앞에 드러내지 않는다. ─그러기에 아들은 모욕을 받자 살해한 자가 바로 자기의 아버지임이 알지 못했으며 또한, 자기 아내로 맞이한 여왕이 곧 자기의 친모임을 알지 못했다.* 인륜적인 자기의식에서는 빛을 꺼리는 어떤 힘이 뒤따르니, 이런 힘은 행위가 이루어지고 난 다음에야 비로소 자기를 드러내면서 행위에 나선 자기의식을 덮친다. 왜냐하면, 행위가 수행되는 순간 인식하는 자아와 자아에 마주 서 있는 현실 사이의 대립이 지양되기 때문이다. 행동하는 자기의식은 자신이 범법을 저질렀으므로 죄가 있다는 사실을 부인할 수 없다. 행위란 움직이지 않고 있던 것을 움직이게 하는 것이며 또한, 다만 가능성 속에 갇혀 있던 것을 출현시킴으로써 의식되지 않은 것은 의식된 것과 그리고 현존하지 않는 것은 현존하는 것과 연결하기 때문이다. 그러므로 행위는 이런 진리를 통해 빛에 다가가며 −행위는 그 속에서 의식적인 것과 무의식적인 것, 자기에게 고유한 것과 낯선 것을 결합하며 본질을 둘로 분열하니 여기서 의식은 본질의 두 측면 가운데 자신에 속한 측면을 경험하는 동시에 그것과 반대되는 측면도 경험한다. 그러나 이때 이 반대되는 측면은 행위하는 의식을 통해 침범당함으로써 이 의식에 대한 적대감으로 가득한 위력으로 된다.

*FM주 〈255:12~13〉 다음을 시사한다: 소포클레스Sophokles, 『오이디푸스 왕』, 『소포클레스 일곱 비극』, Vers 457~460, 791ff, 1478ff.

[해제] 이 구절에서 헤겔은 앞에서 설명한 행위가 저지르는 범법을 다시 한번 설명한다. 앞에서는 죄의 측면을 강조했다면, 여기서는 깨달음의 측면을 강조한다.

인륜적 본질에서 하나의 법칙은 다른 법칙과 결합한다. 자아가 하나의 법칙을 행위하면, 다른 법칙을 손상한다. 여기서 범법에 일어난다. 앞에서 말했듯이 이 범법은 단순한 과실이 아니며, 법 자체에 관한 무지 때문에 일어난 것이다. 왜냐하면, "현실은 인식을 거부하는 측면을 은폐하고" 있기 때문이다. 구체적으로 오이디푸스는 그의 행위가 법을 위반한다는 사실을 알지 못했다. 안티고네의 경우는 자기가 대립하는 법칙을 알고 있었지만, 그 법칙이 정당하다고 생각하지는 않는다는 점에서 마찬가지로 법에 관한 무지의 상태에서 행위한 것이다.

그러므로 헤겔은 이런 행위도 죄가 있다고 본다. 그런데 여기서 중요한 것은 죄를 인정하는 것을 통해 자기가 손상을 가한, 자기에 대립하는 법칙도 자기의 법칙만큼이나 정당하다는 것을 깨닫게 된다는 사실이다. 즉 행위와 죄의 인정을 통해서 감추어진 것이 공공연하게 드러난다는 것이다. "빛을 꺼리는 어떤 힘"이 행위가 이루어진 다음 공공연하게 "고 개를 든다." 이렇게 자기에 대립하는 법의 정당성을 인정하는 것을 통해 감추어진 것과 공공연한 것, 가능한 것과 현실적인 것, 의식되지 않은 것과 의식된 것, 자기에게 낯선 것과 자기에게 고유한 것 사이의 대립을 해소할 수 있다.

행위를 통해 인륜적 자아는 마침내 인륜적 본질의 진리를 깨닫고 자신의 무지와 자신의 책임을 자각하니, 헤겔은 이를 행위는 "이런 진리를 통해 빛에 다가간다"라고 한다. 실제로 오이디푸스는 자기의 눈을 찌르면서 책임을 다하고 마침내 내면의 눈을 얻게 된다.

469) 〈SK 348:6~24〉〈FM 255:25~256:1〉

그런데 어떤 때는 법이 이처럼 그 뒤에 가려서 행동하는 **의식**에 대해서 그 법에 본래적인 형태로 출현하지 않고 오히려 다만 **잠재적인 것**으로서[an sich] 남아 있다가 행동하는 의식이 내린 결단과 행동에 내적인 죄의식[inneren Schuld]을 통해서 눈앞에 나타날 수도 있다. 그러나 어떤 때는 인륜적인 의식이 자기가 대립했던 법칙과 위력이 무엇인지를 **미리 알면서**도 그런 법칙과 위력을 강제와 불법으로 여기고 인륜적으로 볼 때 우연한 것으로 여기며 마치 안티고네처럼 고의로 범법을 저지를 수도 있다.*¹ 이때 그런 인륜적 의식이 더 완전하고 그 죄는 더 순수하다. 행위가 일단 수행되고 나면 이 행위는 인륜적 의식이 자신의 관점을 뒤바꾸게 하다. 즉 행위는 **인륜적인** 것이 마땅히 **실현**돼야 한다고 주장한다[aussprechen]. 왜냐하면, 목적이 **실현되는 것**이 곧 행동의 목적이기 때문이다. 더 나가서 행동하는 의식은 양자의 통일성을 즉 **현실**

이 곧 **실체**라고 주장한다. 또한, 행동하는 의식은 인륜적 본질이 현실화하는 것은 결코 우연적인 것이 아니며 오히려 현실은 그런 본질과 연계돼서 참된 법이 아닌 것에는 현실이 부여되지 않는다고 주장한다.[65] 그러므로 인륜적인 의식은 자기에 대립하는 법을 그것이 현실인 한에서 인정하지 않을 수 없으며 또한, 그 현실이 그의 활동의 산물이므로 자기 것으로 인정하지 않을 수가 없다. 인륜적 의식은 그 자신의 죄를 인정하지 않을 수 없다.

"우리는 고통을 당하고 있으니 인정할 수밖에 없으리, 우리가 잘못을 저질렀다는 것을."[*2]

[*1] FM주 〈255:30〉 참조: 소포클레스Sophokles, 『안티고네』, Vers 446~448. (역주: 이 구절에서 왕인 크레온이 안티고네에게 "네가 한 짓을 금지하는 선포가 있다는 것을 몰랐느냐"라고 묻자, 안티고네는 "네 들었어요. 어찌 몰랐겠어요? 공공연한 것인데요"라고 답한다)

[*2] FM주 〈256:1〉 헤겔은 다음을 인용한다: 소포클레스Sophokles, 『안티고네』, 『소포클레스 일곱 비극』, Vers 926:

"제[안티고네]가 무슨 신성한 정의를 범했다는 거예요?

이런 비참함 속에 떨어져서도 저는 경배해야 하나요?

신을? 저는 누구를 붙잡고 도움을 청해야 하나요?

자신은 경건하게 살았어도 그들이 저를 불경이라 비난할 때?

정말, 이게

신들에게는 즐거운 것이라 한다면

---

65 자신의 무지를 깨닫게 되는 계기는 처벌의 고통에 있다. 자신의 행위가 그 자체로 정당한 법에서 나오듯 처벌이 주는 고통은 그 처벌이 참된 법에서 나온다는 것을 입증해 준다.

저는 잘못을 범했다는 것을 깨닫겠지요.
하지만, 그들이 부당한 일을 한 거라면,
이보다 더한 처벌을 겪게 될 거예요,
그들이 내게 가하는 부정의보다 더한 처벌을."
번역은 아마도 헤겔이 했을 것이다. 참조 FM주 〈236:10~11〉

[해제] 1) 우선 헤겔은 그리스 비극에서 나타나는 행위하는 의식이 지닌 무지의 두 가지 측면을 설명한다. 하나는 구체적 사실에 대한 무지다. 오이디푸스의 경우 자신의 행위가 법을 위반한다는 사실을 모를 뿐이다. 행위를 규정하는 원리 자체를 모르는 것은 아니다. 다른 하나는 안티고네처럼 자기가 해치는 것이 무엇인지를 알면서 다만 그것을 불법이고 우연한 것으로 생각한다. 헤겔은 전자의 경우보다 후자의 경우에서 "인륜적 의식이 더 완전하고 그의 죄가 더 순수하다"라고 말한다.

그런데 후자의 경우 인륜적 의식은 처음에는 자신에 대립하는 것을 정당한 것으로 인정하지 않았다. 인륜적 의식은 마침내 자신이 해친 것이 인륜적 본질에 해당한다는 것을 자각하는데, 이런 전환이 어떻게 일어나는가가 문제다.

2) 헤겔은 이런 문제와 관련해서 "참된 법이 아닌 것에는 현실이 부여되지 않기" 때문이라고 말한다. 다시 말하자면 인륜적 의식은 정당한 것이 아니라면 현실화되지 못한다고 생각하기에 거꾸로 이미 현실화된 것은 정당한 것으로 인식하게 된다는 것이다. 이런 현실은 행위하는 자아가 겪는 고통을 통해 입증된다. 그러면서 헤겔은 소포클레스의 『안티고네』에 나오는 한 구절을 인용한다. 즉 "우리는 고통을 당하고 있으니 인정할 수밖에 없으리, 우리가 잘못을 저질렀다는 것을"이라는 구절이다.

결국, 인륜적 의식은 자신이 받는 고통 속에서 자기가 해친 본질이 자신의 본질과 마찬가지로 정당한 것이라는 것을 자각하면서 마침내 자신의 죄를 인정한다는 것이다.

470) ⟨SK 348:25~349:7⟩⟨FM 256:2~14⟩

이처럼 [대립하는] 현실조차 자기 것으로 인정한다는 표현이 의미하는 것은 인륜적인 **목적**과 **현실**[행위의 결과] 사이의 분열이 지양됐다는 것이며, 정의로운 것밖에 그 어떤 것도 유효하지 않는다는 사실을 깨닫는 인륜성 세계의 **신념**[Gesinnung]으로 복귀한다는 것이다. 그러나 이런 깨달음을 통해 행동하는 자는 자기의 **성격**[Character]과 자기 자아의 **실현**을 포기함으로써 몰락한다. 행동하는 자의 [직접적] **존재**가 의미하는 것은 오직 자기의 실체에 해당하는 자기의 인륜적 법칙에 속한다는 것이다. 그러나 이제 자기에 반대되는 법칙을 인정함으로써 그의 인륜적 법칙은 그의 실체기를 중지한다. 행동하는 자는 자신을 실현하는 대신 그 자신을 실현하지 못하는 상태[Unwirklichkeit]에 도달했다. 이로써 행동하는 자는 신념[Gesinnung]⁶⁶을 성취하게 됐다. ─물론 실체는 개체**성에서** 그의 **격정**[Pathos]으로 나타나며, 실체에 생기를 불어넣어 주는 것은 결국, 개체성이니 개체성이 실체보다 우위에 있는 존재로 나타난다. 그러나 실체는 격정 즉 행동하는 자의 성격을 의미한다. 인륜적인 개체성은 직접 그리고 그 자체로[an sich] 이와 같은 행동하는 자에 내재하는 일반성[실체]과 합일하면서 오직 그 일반성을 통해서만 실존하니 이런 개체성은 자기의 인륜적 위력이 그와 대립하는 위력 때문에 겪게 되는 몰락을 견뎌낼 수 없다.

---

66 여기서 '신념'이란 앞에서 언급한 정의로운 것만이 유효하다는 인륜성 세계의 신념을 말한다. 인륜적 자아는 자신의 죄를 인정하면서 대립하는 것이 유효한 것은 그것이 정의로운 것이기 때문이라는 것을 받아들인다.

471) 〈SK 349:8~33〉〈FM 256:15~257:35〉

그러나 인륜적인 개체가 이때 확신하는 것은 개체는 두 가지 대립하는 위력 가운데 하나를 자기의 격정으로 삼는 가운데 **손상[Übel]을 가한 정도만큼 손상을 당했다**는 사실이다. 이런 위력의 상호 운동 또한, 이런 위력을 활성화하고 행동하게 하는 개체성의 운동이 경험하게 될 **참된 결과**는 이 두 측면이 다 같이 몰락하고 만다는 것이다. 왜냐하면, 이상의 두 위력 가운데 어느 쪽도 다른 쪽보다 우월해 실체를 이루는 **좀 더 본질적인** 계기로 되는 것은 아니기 때문이다. 두 위력이 똑같이 본질적[Wesentlichkeit]이면서 동시에 서로 무관하게 나란히 존재했으나 이제 두 위력은 자체성을 상실한[selbstloses] 존재[67]가 된다. 더욱이 사실상 이 두 가지 위력은 저마다 자체성을 지닌 본질적인 존재[Selbstwesen]이기는 하나 이런 본질적 존재는 역시 통일적인 자체성[der Einheit des Selbsts]이라는 개념에는 배치되니 모두 정당한 권리를 지니지 못해 필연적으로 몰락하는 존재다. 마찬가지로 두 **성격**은 한편으로는 그의 격정이나 실체의 측면에 비춰 본다면 다만 한쪽에만 귀속되며 다른 한편으로 인식의 측면에서 보자면 이들 두 성격은 의식된 것과 의식되지 않은 것으로 양분된다. 각 성격 자체가 그러한 대립을 불러내면서 이런 **행위**를 통해서 알지 못했던 측면[Unwissen]조차 그 자신의 산물로 되면서 죄를 짓는 가운데, 그의 죄는 그런 성격을 집어삼키고 만다. 따라서 이제 하나의 위력과 그것에 해당하는 성격이 승리를 거두면서 이와 다른 또 하나의 측면은 파멸한다고 할지라도 이것은 문제의 부

---

67 'selbstlos'란 뒤에 나온 '자체성을 지닌 본질[Selbstwesen]'과 대조된다는 점에서 '자체성[selbst]을 상실한[los]'이라고 풀어서 해석했다. 여기서 자체성은 독립적인 주체를 말한다.

분에만 국한된 미완의 산물이어서 끊임없이 양자 사이의 균형을 되찾는 방향으로 전진해 갈 것이다. 두 측면이 같이 패배당할 때 비로소 절대적인 법[Recht]이 성취되며 더 나가서 인륜적 실체는 부정적인 위력[Macht]이 돼 두 측면을 집어삼키니 또는 전능하고도 또한, 정의로운 **운명**이 등장한다.

[해제] 1) 앞에서 설명했듯이 인륜적 자아는 고통을 통해 자기와 반대되는 본질을 자기 것과 마찬가지로 정당한 본질로 인정한다. 헤겔은 여기서 이런 인정의 결과를 설명한다.

이를 통해 인륜적 세계에서 개념과 현실 사이의 대립이 사라진다. 개념에서 인륜적 위력은 자아와 직접 합일해 있었다. 그러나 그 현실에서 자아는 자기와 대립하지만, 그가 인식하지 못한 위력이 실현되는 것을 본다. 자기가 기대했던 것과 다른 결과가 출현한다.

그러나 자아가 이 대립하는 본질을 인식하고 자기의 것으로 책임지고 인수함에 따라서 인륜적 정신의 본래 개념 즉 두 대립하는 본질의 상호 균형이라는 개념이 회복된다. 양자의 상호 균형이 정의로운 것이며, 결국, "정의로운 것만이 유효하다는 신념"이 회복된다.

이 과정에서 어느 본질이 다른 본질보다 우위에 서 있는, 더 본질적인 계기가 아니므로, 자아의 특정 실체에 대한 종속성도 사라진다. 그의 자연적 성격 역시 "그의 죄 속에 삼켜지고 만다." 이때 각자 자기를 실현하는 자아가 사라지니 서로 대립하는 위력은 '자체성을 상실한 위력'으로 된다.

2) 그러나 새로이 등장하는 세계에서 인륜적 본질은 이제 가족이나 국가와 같은 구별된 구체적 내용을 상실한다. 인륜적 본질은 누구에게나 타당한 일반적 추상적인 법 즉 '절대적 법', "전능하고 정의로운 운명"으로 된다. 거꾸로 인륜적 본질을 실행하는 자아도 마찬가지로 실체

에 대한 종속성을 상실하면서 남성과 여성, 일반성을 추구하는 자아와 개별성을 추구하는 자아의 구별이 사라진다. 자아는 모두 같으면서도, 구체적 내용을 그 스스로 선택하고 결정할 수 있는 자유로운 존재 즉 인격으로 된다.

인륜성의 세계에서 본질과 자아는 직접 긍정적으로 합일했다. 자아는 자신의 본질을 실행하는 자아다. 이제 법과 인격은 마찬가지로 직접 결합하지만, 그 방식은 다르다. 인륜적 본질과 자아는 긍정적으로 결합했다면, 법과 인격은 상호 부정적으로 결합한다. 여기서 법은 인격을 파괴하는 '부정적 위력'으로 된다. 인격은 무엇이든 자유롭게 결정하지만, 법은 그것을 마찬가지로 자의적으로 부정하니, 인격은 다만 형식적인 자유에 머무를 뿐이다.

472) 〈SK 349:34~351:4〉〈FM 256:36~257:31〉

이들 두 위력을 각자의 내용이 무엇인지 그리고 각 내용을 어떤 개체가 실행하는가에 따라서 고찰한다면 그와 같은 위력이 어떤 형태로 갈등하는가 하는 모습이 드러난다. 그런 갈등의 모습은 형식적인 측면에서는 한편에서 인륜적인 세계[민족국가]와 자기의식, 다른 한편에서는 의식이 없는 자연[가족]과 이 자연으로부터 눈앞에 나타나는 우연성[68] 사이에서 빚어지는 갈등이다. (여기서 이 후자[즉 자연의 우연성]도 전자[인륜성의 자기의식]에 대립해 어떤 권리를 갖는다. 왜냐하면, 전자는 다만 **참된** 정신[69] 즉 오직 실체와 직접적인 통일 속에 있는 것일 뿐이기 때문이다) 또한, 이런 갈등의 모습은 내용의 측면에서는 곧 인간의

---

68 누가 서로 가족이라는 사실은 우연히 태어난 자연적 사실이다.

69 여기서 '참되다'는 것은 인륜적 정신이 자아와 실체의 합일이기 때문이다. 물론 이 합일은 아직은 직접적 합일이다. 인륜적 세계가 참된 정신인 것은 그 이후의 세계가 소외된 정신인 것과 대비된다.

법칙과 신의 법칙 사이에서 빚어지는 갈등이다. ―두 청년은 가족의 정신이라고 하는 무의식적인 본질에서 걸어 나와서 공동체 안에서 개체적인 존재로 된다.* 그러나 두 청년은 스스로 떠나온 자연[가족]의 테두리에 여전히 속해 있다는 사실로부터 두 청년이 여전히 서로 형제라는 우연성 안에 머무르고 있다는 사실이 밝혀진다. 그 때문에 두 청년은 서로 같은 권리를 내세우면서 공동체를 통치하고자 한다. 이때 앞뒤로 같지 않은 시간에 태어났다는 사실은 자연적인 구별이니 인륜적 본질로 들어선 **그들에게는** 아무런 의미가 없다. 그런데 정부란 민족정신을 대표하는 단순한 영혼이나 자아므로 개체가 이원화된다는 것과 양립하지 못한다. 양자가 통일돼야 하는 것은 인륜적 본질에서는 필연적인데 이런 필연성과 자연은 대립한다. 왜냐하면, 자연은 우연한 것 즉 여럿이 공존하는 것이기 때문이다. 따라서 두 청년은 불화를 빚게 된다. 그들이 국가권력에 대해 같은 권리를 갖는다는 사실 때문에 양자는 파멸한다. 왜냐하면, 양자는 같은 정도로 불법성을 갖기 때문이다. 인간의 권리라는 측면에서 본다면 **자리를 차지하지 못해** 다른 형제가 정점에 있는 공동체를 공격한 자가 범법을 행한 것이며 그에 반해 다른 형제를 다만 공동체로부터 유리된 **개별자**로서만 파악할 줄 알고 그 타자를 권력을 뺏긴 상태로 추방해 버린 자는 정당화된다. 여기서 그[형제를 추방한 자]는 한낱 개인 자체만을 공격한 것이지 전자[공동체] 즉 인간의 권리가 지닌 본질 자체를 공격한 것은 아니다. 그러므로 여기서 공동체는 내실이 없는[leer] 개별자의 공격을 방어해 자기를 유지하고 두 형제는 서로를 통해 교대로 몰락한다. 왜냐하면, 자기의 **독자적 존속**에만 연연해 전체를 위험의 구렁텅이로 몰아넣은 개체 역시 공동체로부터 축출당하면서 자체 내에서 자기를 해체하기 때문이다. 그러나 정부는 자기편에 가담했던 자에 대해서는 영예를 돌릴 것이지만, 이와 반대로 성벽에 다가와서 공동체[Gemeinwesen]를 황폐화할 것을 떠들어댄 자에 대해서는 그의 영예를 마지막 한 점까지 박탈할 것이다. 그렇게 해야 정부는 공동체를 대표하는 단순한 자아를 회복할 수 있기 때문이다. 이렇듯 의식이 성취될 수 있는 최고의 정신적 형태인 자치체[Gemeine]를 공격하러 왔던 자는 그를 전적으로 완성하는 본질 즉 사후의 정신이 지닌 영예마저도 박탈당하지 않을 수 없다.

*FM주 〈257:8~31〉 헤겔은 테베의 왕좌를 둘러싼 에테오클레스와 폴리네이케스의 갈등을 다룬다. 헤겔은 257:26~27에서 폴리네이케스의 테베 습격을 시사한다. 참조: 아이스킬로스Aischylos, 『테베를 공격한 일곱명Sieben gegen Theben』, Vers 631~652.

473) 〈SK 351:5~352:2〉〈FM 257:32~258:18〉

그러나 이렇듯 일반적 본질[민족국가]이 피라미드화 된 자기의 순수한 정점을 손쉽게 추방하고 또한, 고개를 드는 개별성의 원리 즉 가족을 제압하고 승리를 거둔다 할지라도 이를 통해 일반적 본질은 신의 법칙과 투쟁에 들어가며 다시 말하자면 자기를 의식하는 정신은 무의식적인 정신과 투쟁에 들어가게 됐다. 왜냐하면, 이런 무의식적인 정신은 또 하나의 본질적인 위력을 의미하므로 전자를 통해서 파괴되지 않은 채 다만 모욕당한 것일 뿐이기 때문이다. 그러나 이 무의식적 정신은 강제적이고 공적인 인간의 법칙에 대항해 자기를 **실제로** 실행하기 위해 다만 어떤 생명의 핏기도 돌지 않는 그림자[지하의 영혼]의 도움을 받는다. 따라서 무의식적인 정신은 연약하고 어두운 법칙이라는 점에서 처음에는 공적으로 유효한 법칙과 그 힘에 굴복당한다. 왜냐하면, 그러한 어두운 법칙의 강제력은 지하에서 통용될 뿐, 지상에 적용되지 않기 때문이다. 그러나 실제로 존재하는 위력은 여기서 내면의 위력으로부터 그의 명예와 권세를 빼앗았지만, 그것을 통해 오히려 자신의 본질마저 소진한다. 공적인 정신의 힘이 자라나는 뿌리는 하계에 있다. 민족[국가]의 확실성은 자명하며 스스로 **확신**하기에 그 모든 구성원을 하나로 통일하는 맹세가 **진리**로 되도록 세례를 주는 것은 오직 아무 의식도 없고 아무 말도 없으면서도 모든 것의 실체로 되는 것, 다시 말하면 망각의 강물뿐이다. 공적인 정신은 자신의 실행을 통해 오히려 그 반대로 역전한다. 공적인 정신은 그가 누리는 최고의 권리가 오히려 가장 혹심한 불법이며 그가 거둔 승리는 오히려 자기 자신의 몰락이라는 사실을 경험한다. 죽은 자는 자기의 권리를 침해당하자 바로 그 때문에 자신의 복수를 위해 그 자신을 해쳤던 위력과 같은 정도로 실제로 존재하는 힘을 지닌 도구를 발견할 줄 안다. 그가 복수를 위해 발견한 위력은 개나 새의 사체가 그 제단을 더럽히는 또 다른 공동체[죽은 자의 공동체]이다. 이 다른 공동체는 자신에게 응당 베풀어져야 하는 대로 시원적 개인[das elementarische Individuum]에게 되돌려 보내져서 무의식적인 일반 존재[영령]로 끌어올려지지 못한 채로 오히려 지상 현실의 영역에 머물러 있는 가운데 신의 법칙에 속하는 힘을 지닌 채로 이제는 자기의식을 지닌, 실제로 존재하는 일반적 존재[selbstbewußte wirkliche Allgemeinheit]를 획득한다[70]. 이런 복수의 위력은 적대적으로 되면서 자신의 힘인 가족 사이의 애정을 모독하고 파괴했던 공동체를 파괴한다.*

*FM주 〈258:9~18〉 다음을 시사한다; Sophokles, 『안티고네』. 『소포클레스 일곱 비극』, Vers 26ff: (역주: 안티고네 "그는 장례도 통곡도 받지

70 구체적으로 안티고네를 의미한다. 헤겔은 안티고네를 지하의 신을 대변하면서 가족의 일반성을 실행하는 자기 의식적 존재로 규정한다.

못한 채, 묻히지도 않고 닦지도 않은 채로 새들이 보고 즐겨 쪼아먹는 달콤한 보고가 됐어요" 1064ff: (역주: 관련 구절은 다음과 같다. 테레시아스 "그러면 이것도 잘 알겠군요-왕께서 당신의 몸에서 난 아이를 잃은 지 벌써 여러 날이 지난 것을 알지 못하시나요? 시체로 시체를 갚은 것을")

[해제] 472~473 구절에서 헤겔은 그리스 비극『안티고네의』예를 지금까지 설명한 두 본질과 두 자아의 상호 연관을 통해 설명한다. 그 핵심은 아래와 같이 정리할 수 있다.

① 두 형제는 왜 대립했는가?: 두 청년은 가족을 벗어나 개별자가 됐지만, 자연의 테두리에 여전히 남아 있어서, 형제라는 자연적 우연성을 지닌다. 그러므로 같은 권리로 왕위를 차지할 수 있다. 그러나 정부는 국가를 대표하며, 단일한 개체므로, 정부의 통일성은 필연이다. 정부의 통일성은 하나의 왕위를 두 사람이 교대로 차지하는 것을 인정할 수 없다.

② 두 형제는 왜 둘 다 몰락했는가?: 공동체의 관점에서 보자. 공동체를 공격한 자가 범법이며 추방한 자는 인륜적 본질에 속하는 개별 자아로서 자기에 대해 우연적인 존재인 형제를 추방한 것은 정당하다. 반면 형제를 추방한 자는 자기의 권력을 위해 공동체를 위험으로 내몰았다. 그러므로 양자는 모두 공동체에 대해 범죄를 저질렀다. 그 결과 공동체는 "내실이 없는 개별자" 즉 두 형제로부터 자기를 방어하면서 두 형제는 모두 몰락하게 됐다.

③ 왜 공동체는 형제에 대해 차별적인 조처를 했는가?: 공동체의 관점에서 보면, 공동체를 공격한 자는 범법이고, 공동체를 지키려 한 자는 영예로운 자다.

④ 공동체는 왜 보복을 당하는가?: 공동체가 가족의 본질에 대해 승

리하더라도, 손상을 당한 가족의 본질로부터 보복당한다. 이때 보복하는 자아는 지상의 실제로 존재하는 인간이 아닌 "어떤 생명의 핏기도 돌지 않는 그림자"이다. 그 힘은 "지하에서만 통용될 뿐 지상에 적용되지 않으므로" 처음에는 "공적으로 유효한 법칙과 그 힘"에 굴복당한다.

하지만, 공동체가 하나로 통일되는 힘의 뿌리는 곧 가족의 혈연적 힘에 있으니, 공동체의 승리는 결국, "자신의 본질마저 소진하게" 한다. 그 때문에 공동체 역시 보복당한다.

⑤ 하계가 공동체에 대해 복수하는 이유는?: 신의 권리는 죽은 자를 장사 지내서, 일반적인 핏줄을 연결하는 조상으로 되도록 하는 것이다. 공동체가 죽은 자를 장사지내지 못하게 하면서, "개나 새의 사체가 그 제단을 더럽히는 또 다른 공동체"가 복수에 나선다. 이 공동체는 "자신에게 응당 베풀어져야 하는 것"을 요구한다. 이런 요구를 실행하는 것은 가족의 본질을 실행하는 자아 곧 여성이다. 그녀는 "자각적이고도 실제로 존재하는 일반 존재"이다.

474) 〈SK 352:3~354:13〉〈FM 258:19~260:6〉

위에서 서술한 것과 같은 관념을 통해 인간의 법칙과 신의 법칙이 펼쳐나가는 운동은 그 자체의 필연성을 개인을 통해 표현한다. 따라서 이런 개인에게서 일반적인 본질은 **격정**[Pathos]으로 나타나며 그런 일반적 본질이 펼쳐나가는 운동은 개인의 활동으로 나타나므로 일반적 본질이 전개하는 운동의 필연성은 우연성이라는 가상을 얻게 된다. 그러나 개체와 그의 활동은 일반적으로 개별성[Einzelheit]의 원리를 이룬다. 이 개별성의 원리는 순수한 일반성으로 표현될 때는 내적인 신의 법칙으로 불렸던 것이지만, 이 개별성의 원리가 공적인 공동체의 한 계기가 될 때는 지하 세계의 효력을 또는 그 공동체의 현존에 외적인 효력을 발휘할 뿐만 아니라 마침내는 실제로 존재하는 민족에서 실제로 현존하고 운동한다.[71] 이런 형식에 비춰 볼 때 개인에 내재하는 격정이 펼치는 단순한 운동으로 생각됐던 것은 또 다른 모습을 지닌다. 또한, 범법과 이 범법에 근거한 공동체의 붕괴도 그것에 독특한 형식으로 현존한다. ─그러므로 인간의 법칙이 일반적으로 현존할 때 이것이 곧 공동체인데, 이 공동체를 활동하게 하는 것은 일반적으로 말하자면 남성적 존재며 실제로 존재하는 측면에서 말하자면 정부다. 이런 공동체가 자기를 운동하게 하고 유지하는 방식을 보자면 그 방식은 곧 인간의 법칙이며, 부뚜막 신이 전개하는 고립화하는 경향[Absonderung]을 자체 내에서 해소하는 것이며 또한, 여성을 관리자로 삼는 가족을 통해 일어나는, 자립적으로 개별화하려는 경향을 자체 내에서 해소하는 것이며 나아가 그런 해소된 상태에서 이런 부뚜막의 신이나 가족을 자신의 **유동적인 연속성 속에서 보존하는 것**이다. 그러나 가족이야말로 동시에 공동체의 지반이며 [가족의] 개별 의식은 공동체가 일반적으로 활동할 수 있게 하는 근거를 이룬다. 공동체는 오직 가족의 행복을 뒤흔들어 놓음을 통해서 즉 자기의식을 일반 존재 속으로 해소함을 통해서만 존속할 수 있으므로 공동체는 자기가 억압했던 것인 동시에 자기에 대해서 본질적인 의미가 있는 것[가족]에서 자신을 생산하는 동시에 여성적 존재에서 자기 자신에 대한 내적인 적[敵]을 만들어 낸다. 이런─공동체에서 가시지 않는 영원한 아이러니인─여성적 존재는 정부의 일반 목적

---

71 여기서 개별성이 세 가지를 의미한다. ① 가족(내적 신의 법칙)은 구별이 아직 출현하지 않은 일반적 통일성을 의미한다. 이 통일성 때문에 가족은 하나의 개별자로 나타난다. ② 가족의 개별성 원리가 국가의 통일성을 지탱하는 하나의 계기로 되면서 "지하 세계의 효력"을 지닌다. ③ 그러므로 도시 국가는 "실제로 존재하는 민족" 즉 민족국가로 됐다. 그 결과 도시 국가는 다른 도시 국가에 대립하는 개별적인 국가다.

을 사사로운 목적으로 변질하게 하며 또한, 정부의 일반적인 활동을 어떤 특정한 개인의 산물로 전환하게 하는 가운데 다시금 국가의 일반적인 재산을 가족의 소유나 가족을 치장하는 장식으로 전도한다. 사실 성숙한 노인이야말로 [여성적] 개별성—즉 쾌락과 향락이나 실제로 존재하는 목적을 지닌 행위—을 제거하면서 오직 일반적인 것만을 생각하고 걱정할 텐데도 여성적 존재는 미성숙한 어린아이의 방자함을 옹호하면서 나이든 노인에게서 보이는 성실한 지혜를 조롱하며 어린아이의 열광을 옹호하면서 노인의 성실한 지혜를 경멸한다. 또한, 여성적 존재는 어린아이의 힘을 숭상하는데 여성이 만일 아들의 힘을 숭상한다면 그것은 그 아들에서 어머니가 될 사람의 남편[Herrn]이 태어나기 때문이며 만일 형제의 힘을 숭상한다면 그것은 그 형제가 자매의 남편과 같은 남편으로 되기 때문이며 만일 청년의 힘을 숭상한다면 그것은 이 청년을 통해 딸이 자신의 비 자립성을 망각하고 자신이 여성이라는 것에 대해서 즐거움과 자부심을 획득하기 때문이다. —그러나 공동체는 이와 같은 [여성적인] 개별성의 정신을 억압함으로써만 유지될 수 있다. 또한, 개별성의 정신 자체는 공동체 자신에게서 본질적인 것이므로 공동체는 개별성의 정신을 그에 못지않게 생산한다. 게다가 공동체적 개별성의 생산은 공동체에 적대적인 원리로서 [여성적] 개별성의 정신을 억압하는 태도를 보이는 가운데서 이루어진다. 그러나 개별성의 원리가 일반 목적에서 분리돼 나타난다면 이런 개별성의 원리는 한낱 악한 것일 뿐이며 그 자체로서는 전혀 무의미한 것일 뿐이므로 이 개별성의 원리가 조금이라도 도움 될 수 있으려면 비록 어린아이의 힘 즉 남성성이 아직 성숙하지도 않았고 여전히 개별성 내에 머무른다고 하더라도 공동체는 이런 어린아이에 내재하는 남성적 힘을 전체의 뒷받침이 되는 **힘**으로 인정해야 한다. 그럴 수밖에 없는 것이 공동체는 하나의 민족이며 그 자체가 개체성을 지닌 것이며 본질상 **대자적인** 것이므로 다른 개체적인 공동체들이 **그 자신에 맞서**[für es] 있으며, 자신은 이 다른 개체적 공동체들을 자기로부터 **배제**하고 그런 개체적 공동체들로부터 독립적으로 존재한다는 사실을 인식한다. 이처럼 공동체는 부정적인 측면[72]을 갖는다. 이 부정적 측면은 **안으로는** 개인들이 개별화하는 것을 억제하지만, **밖으로는 자립적으로 활동**하면서 자신의 개체성을 무기로 삼는다. 이렇게 볼 때 전쟁이라는 정신의 형식이야말로 인륜적 실체의 본질적인 계기로 되는 터전이다. 즉 전쟁은 자체성을 지닌 인륜적 존재[sittlichen Selbstwesens]가 현존하는 온갖 것으로부터 절대적으로 벗어나는 일이 눈앞에 나타나서 참으로 되고 확인되는 터전이다. 즉 전쟁은 한편으로 개별적인 소유 체계와 인격적인 자립성뿐만 아니라 개별 인격성 자체조차도 부정적인 파괴의 힘을 느끼도록 만들며 또 다른 편으로는 이 전쟁에서는 개별성이라고 하는 부정적인 본질이 오히려 전체를 보존하는 힘으로 고무된다. 여성적 존재가 쾌락을 얻는 대상인 청년이 다시 말해서 억압돼야 할 타락[Verderben]의 원리가 공공연하게 등장하면서 유효한 것으로 된다.[73] 인륜적 본질의 현존 가능성이나 정신의 필연성을 결정하는 것은 이제[전쟁에서] 자연적인 힘이나 우연한 행운으로 나타나는 것이다. 그러나 이처럼 인륜적 본질의 현존이 힘의 크기나 행운에

---

72 공동체의 내적 통일성을 지니지만, 이 통일성이 자연적 민족에서 나오는 것인 한 개별적인 공동체에 머무르면서 다른 공동체에 대해 대립한다.

73 전쟁은 한편으로 개인을 국가에 복종하게 한다. 다른 한편으로 국가의 통일적 힘 즉 개별성이 전쟁에서 승리를 결정한다. 국가의 내적 통일성은 자연적 혈연에 기초하므로 헤겔은 전쟁에서 개별 국가의 승리는 우연적인 것으로 여긴다. 모든 개별 공동체는 전쟁에서 몰락하고 추상적 법이 지배하게 된다.

달렸으므로 이런 인륜적 본질이 몰락한다는 것은 **이미 결정된** 사실이다. ―마치 앞에서 단지 부뚜막의 신이 몰락하면서 민족정신이 됐듯이 이제는 **생동하는** 민족정신이 그 자신이 개체화하는 것[Individualität]을 통해서 몰락하면서 **일반적인** 공동체가 출현한다. 이 일반적 공동체에서 **단순한 일반성**은 정신적 토대가 없는[geistlos] 죽은 일반성[형식적 법]이며 그런 일반적 공동체를 움직이는 생동적 힘이란 **개별** 인격으로서 개별 개인이다. 인륜성이라는 정신의 형태가 사라지면서 그 자리에는 또 다른 형태가 들어서기에 이른다.

[해제] 1) 이 구절에서 헤겔은 인륜적 정신이 해체되고, 법이 출현하는 과정을 설명한다. 인륜적 정신이 해체되는 과정은 개별성의 원리가 매개된다.

가족은 자연적 개별성의 원리다. 이것은 가족의 자연적 통일성을 이루는 것인데, 그 가족 자체에서 본다면 "내적인 신의 법칙"이다. 이런 가족의 개별성 원리는 동시에 국가의 통일성을 위한 토대가 된다. 이때 국가는 민족국가가 된다. 이런 측면에서 본다면 그것은 국가의 공적인 원리에 대립하는 "지하 세계의 효력"을 지닌다.

2) 그러나 국가에서는 가족적 개별성을 억압해야 한다. 왜냐하면, 이는 국가의 일반성을 해체하고 가족적 개별성으로 해소하려 하기 때문이다. 가족을 대변하는 여성적 존재는 국가의 소유를 자신의 소유로 전환하며, 국가를 지탱하는 노인의 지혜를 경멸하고 "어린아이의 열광을 옹호하며" 아들에게서는 남편을, 형제에게서는 자매의 남편을, 청년에게서는 딸의 남편을 바라볼 뿐이다.

한편으로 가족적 개별성은 국가적 공동체의 지반이며 "공동체가 일반적으로 활동할 수 있게 하는 근거"가 된다. 그러나 다른 한편으로 국가는 가족적 개별성을 해소해야 한다. 국가는 "가족의 행복을 뒤흔들어

놓음을 통해 동시에 자기의식을 일반 존재 속으로 해소함을 통해" 존속할 수 있다. 국가에서 가족은 "자기에 대해 본질상 의미를 지닌 것이며" 동시에 "자기에 대한 내적인 적이다."

3) 국가는 가족적 개별성을 억압해야 유지할 수 있지만, 동시에 이런 개별성이 자기가 유지되는 데 필수적으로 요구되므로, 이런 개별성을 스스로 생산한다.

그런 가운데 가족의 개별성이 국가적 개별성 즉 자연적인 민족국가로 나타나면서, 여러 민족국가 사이의 대립이 출현한다. 여기서 각 민족국가는 내적으로는 가족적 개별성의 원리를 억압하면서 바깥으로는 다른 민족국가에 대해 자신의 개별성을 무기로 삼는다.

그 결과 민족국가 사이의 전쟁이 벌어진다. 예를 들자면 그리스에서 도시 국가 사이의 전쟁인 펠레폰네소스 전쟁과 같은 것이다. 헤겔은 이 전쟁은 국가적 개별성 때문에 출현하는 것이다. 전쟁은 한편으로는 "개별 소유," "인격적 자립성," "개별 인격성"을 파괴하며 다른 한편으로는 개인의 개별성을 "전체를 보존하는 힘으로 고무한다." 즉 "억압돼야 할 타락의 원리"인 청년이 이 전쟁에서 공공연하게 활성화한다.

그러나 개별성의 원리는 자연적 원리며, 이는 우연적이다. 즉 국가의 개별성이 전쟁에서 승리하는가는 힘의 강력함과 행운에 달렸을 뿐이니, 헤겔은 그것이 우연성에 의존하는 한, 필연적으로 스스로 몰락하게 된다고 한다.

4) 헤겔은 이런 전쟁을 통해 모든 민족국가가 몰락하면서 인륜적 정신의 새로운 발전이 일어난다고 한다. 이렇게 국가의 개별성이 몰락하면서 세계 국가 즉 "일반적 공동체"가 출현한다.

개별 국가에서 내용은 민족의 습속이 준다. 그것을 따르는 자아는 이 습속을 관습적으로 따르는 직접적 자아에 그친다. 그러나 새로운 일반적 공동체는 자연적 개별성을 상실하면서, 구체적 내용을 지니지 않는 텅 빈 존재다. 헤겔은 이런 일반적 공동체를 "활기 없는 죽은 일반성"이라 한다. 이것이 바로 법적 세계다. 이 일반적 공동체를 움직이는 자아는 마찬가지로 텅 빈, 그러나 모든 것을 자유롭게 결정하는 "개별 인격"이다.

법과 인격의 등장은 앞에서는 가족과 국가의 상호 몰락을 통해 설명했다. 여기서는 개별 민족국가 사이의 상호 투쟁을 통한 몰락으로 설명한다. 내적 갈등과 외적인 투쟁은 인륜적 정신을 몰락하게 하는 데 동시적으로 작용한다고 보겠다.

475) 〈SK 354:14~36〉〈FM 260:7~23〉

그리하여 이제 인륜적인 실체가 몰락하고 이로부터 또 다른 형태로 이행하는 원인은 인륜적인 의식이 본질상 법칙을 **직접** 지향한 데 있다. 이와 같은 직접성이란 규정 속에는 자연 일반이 인륜적 행동 속에 끼어든다는 의미가 들어 있다. 이런 인륜성의 현실은 다만 모순과 타락의 싹을 드러낸다. 즉 인륜적 정신이 지닌 아름다운 조화나 고요한 균형은 그 자체에서 그런 모순과 타락의 싹을 지닌다. 왜냐하면, 인륜성이 직접적인 것이기에 그런 인륜성에는 한편으로 자연적인 무의식에서 나오는 고요와 다른 한편에는 정신에서 나타나는 자기 의식적인 불안한 고요[unruhige Ruhe]라는 모순적인 의미[74]가 동시에 존재하기 때문이다. ─이렇듯 인륜적 민족은 그 자연성 때문에 일반적으로 자연을 통해서 규정된, 따라서 제약된 개체적 민족이며 그 결과 다른 개체성[민족]

---

74 무의식적 고요는 가족에서 자아가 지닌 감각적 확신을 말하며 자기 의식적 불안한 고요는 국가에서 개인이 지닌 지각적 의식을 말한다. 후자에서 개인은 한편으로 국가에 복종하며 다른 한편으로 국가를 이용하려 한다. 이런 이중성이 전전반측하는 모습을 헤겔은 불안하다고 한 것으로 보인다. 그것은 지각에서 사물이 성질의 배타적 통일체면서 동시에 공존하는 것과 같다.

을 통해서 그 자신을 지양한다는 사실을 발견한다. 이처럼 어떤 민족의 현존이 지닌 규정성은 제한적인 것이지만, 못지않게 [다른 민족에 대해서는] 부정성 일반이고 그[민족의] 자아는 하나의 개체다. 이런 현존하는 민족의 규정성이 사라지면서 이와 같은 정신의 삶과 이처럼 모든 개체성이 그 속에서 그 자신을 자각하는 실체[인륜적 실체]도 사라진다. 실체는 이제 모든 개체성에서 **형식적인 일반성**으로 등장하면서 그런 개체성에 더는 생동하는 정신으로 내재하지 않으며 오히려 그런 개체성이 지닌 단순하고 온전한 본질[실체]은 여러 점[인격]으로 흩어진다.

[해제] 1) 이 구절에서 헤겔은 지금까지 인륜적 정신에 관한 서술을 종합하면서 다음에 출현하는 법적 상태로의 이행을 준비한다. 인륜적 정신은 직접적인 인륜 즉 자연적으로 출현한 인륜적 공동체다. 인륜성에 내재하는 자연성이 곧 인륜성의 "모순과 타락의 싹"을 이룬다.

이 인륜적 정신은 자연성과 인륜성, 가족과 국가 사이의 직접적 통일이며 자아와 실체의 직접적 통일이다. 이런 통일은 자아가 행동하기 전에는 조화나 균형을 이루고 있었다. 가족에서는 "무의식에서 나오는 고요함"이 존재하며, 국가에서는 "자기 의식적인 불안정한 고요함"이 존재한다.

2) 그러나 자아가 행동에 나서는 순간 안으로는 균형은 결국, 깨어지고 만다. 가족과 국가는 상호 파괴한다. 외부적으로는 민족국가라는 자연성에 기초한 국가는 그 자연성 때문에 서로 대립하지 않을 수 없으며 그 결과 전쟁을 통해 민족국가는 모두 몰락하고 만다.

한편으로 내적 구별이 몰락하고 다른 한편으로 외적 대립이 제거되면서 인륜적 세계가 몰락한다. 한편으로 직접 인륜적 본질을 수행하는 자아도 사라지며, 다른 한편으로 "모든 개체성이 그 속에서 그 자신을 의식하는 실체"도 사라진다.

3) 인륜적 세계를 대신해서 등장하는 세계가 곧 법의 상태다. 한편으로 인륜적 본질은 형식상 일반적인 법 즉 "단순하고 온전한 본질"로 발전하며 다른 한편으로 인륜적 자아는 형식상 자유로운 인격, 개별 점과 같은 인격이 출현한다. 둘 다 내용이 없는 텅 빈 존재면서 모두에게 평등한 일반적 존재다. 인격과 법은 상호 동전의 이면을 이룬다. 인격은 법적으로 인정된 존재며 법은 인격과 마찬가지로 자의적으로 결정한다. 그러면서도 인격은 형식상 자유로운 결정권자며 법은 일반자로서 자의적으로 내용을 결정하는 자로 서로 대립한다.

c 법적 상태

[해제] 전체 흐름

476~477) 법적 인격의 출현 과정
478~479) 스토아주의, 회의주의와 법적 인격의 비교
480) 세계 주인의 출현
481~482) 법적 인격의 모순과 소외된 정신으로의 이행

476) 〈SK 355:3~26〉〈FM 260:26~261:11〉

[인륜의 세계에서] 개체성과 실체의 생동적이면서 직접적인 통일은 일반적인 통일[75]로 복귀하지만, 이런 일반적 통일은 정신적 토대가 없는[geistlose] 공동체다. 왜냐하면, 이런 공동체는 개체성이 무의식적으로 수용하는 실체이기를 중단하기 때문이다. 이런 정신적 토대가 없는 [geistlose] 공동체에서 존재하는 개체의 개별적인 대자 존재는 자체성을

---

75 개별 인격의 '일반적 통일'이 법이다. 동시에 법과 인격은 서로 닮았으면서도 서로 대립한다. 인격이 평등하고 형식적이듯 법 역시 평등하고 형식적이다. 인격이 법적으로 보장되듯, 법 역시 자의적인 개인인 황제에 의해 실행된다. 헤겔은 법을 "정신적 토대가 없는 공동체"라 하고, 인격을 "자체성을 지닌 존재"라고 한다.

지닌 존재[Selbstwesen] 즉 하나의 실체[76]로 여겨진다. 일반적 실체는 이처럼 다만 무수히 많은 원자와 같은 개인으로 분산되면서 여기서 정신은 사멸한 채 **동질적인 존재**[Gleichheit]여서, 이 속에서 **모든** 사람은 **각자** 하나의 **인격**으로서 여겨진다.[77] 인륜의 세계 내에서는 **개별자**는 실제로 다만 **가족**을 이어주는 일반적 **핏줄**로서만 의미 있는 존재였고[galt] 또한, 그렇게 존재했는데 이처럼 인륜의 세계에서 은폐된 신의 법칙으로 불렸던 것이 이제는 사실상 내면을 벗어나 현실 속으로 들어온다. 인륜의 세계에서 개별자는 개별자인 한에서는 **자체성을 상실한**[selbstlose] 죽은 정신이었다. 그러나 이제 개별자는 실제로 존재하지 않는 상태를 벗어난다. 인륜적인 실체는 다만 **참된** 정신[78]일 뿐이므로 그런[참된] 정신은 자기 자신에 관한 **확신**의 단계로 되돌아가 머무른다. 정신은 **긍정적** 일반성으로서는 인륜적 실체지만, 이 정신이 실현된 모습은 **부정적인** 일반적 **자아**[79]다. ─우리가 보았듯이 인륜적 세계에 존재하던 위력과 형태[가족과 국가권력]는 텅 빈 운명이 빚어내는 단순한 필연성 속에서 침몰했다. 이런 인륜적 세계의 위력은 오직 단순한 실체[80]로 복귀하

---

76 여기서 '자체성을 지닌 존재'이란 곧 자기를 자기가 결정하는 독립적인 자아를 말하며, 그런 점에서 자립적인 실체다.

77 법적 인격은 한편으로는 이처럼 인륜적 실체가 몰락하면서 자아가 실체에서 벗어나면서 출현했다. 그러나 인격은 다른 한편으로 자기의식 장에서는 불행한 의식에서 등장한 불변적 의식이 현실에 실현되면서 등장한다고 설명됐다. 이 두 과정은 종합적으로 이해돼야 한다.

78 자아와 실체가 직접 합일된 상태므로 참된 정신이라 일컫는다.

79 자아와 합일하였던 일반적 실체는 오히려 자아를 파괴하는 운명으로 닥쳐온다. 이를 헤겔은 '부정적 일반적 자아'로 규정한다.

80 구체적 내용이 없는 추상적인 일반성으로서 법적 상태를 말한다. 이것은 "텅

는 것을 의미한다. 그러나 절대적 본질이 자기 내로 반성한 것 즉 텅 빈 운명의 필연성은 오직 자기의식을 지닌 **나**[Ich][81]와 다른 것이 아니다.

477) 〈SK 355:27~30〉〈FM 261:12~15〉

따라서 이와 같은 나[Ich]는 이제부터 **그 자체적이며 동시에 대자적인**[an und für sich] 본질로 여겨진다. 이처럼 **인정받는다는 것**을 통해 자아는 실체성을 획득한다. 그러나 이런 실체성은 **추상적인 일반성**에 지나지 않는다. 왜냐하면, 그의 내용은 **부서지기 쉬운** 개별 자아일 뿐, 인륜의 경우에서와같이 실체 속에 용해된 자아는 아니기 때문이다.

[해제] 1) 476~477 구절에서 헤겔은 법적 인격 개념의 출현 과정을 설명한다. 앞에서 보듯이 인륜성의 세계에서 개별자와 실체는 직접적인 통일을 이룬다. 이런 직접적 통일은 두 가지 본질로 분화되면서 서로 침범하고 마침내 모두 몰락한다. 그 결과 직접적 생동적 통일로서 정신은 사라지고 인륜적 세계의 "절대적 본질이 자기 내로 반성하면서" 한편으로 자유로운 인격이 출현하며 다른 한편으로 인격의 상호관계를 통해 법의 세계(법적 상태)가 출현한다.

2) 인륜적 실체는 자아를 부정하는 위력으로 등장한다. 이 위력은 직접적인 내용은 사라지고 오직 파괴적인 힘으로만 존재하니, 헤겔은 이를 '텅 빈 운명의 필연성', '부정적 일반적 자아'라 한다. 이를 통해 곧 구체적 내용이 없이 모든 사람에게 평등하게 적용되는 형식적 일반성으로서 법의 세계가 출현한다.

이런 법의 세계는 가족을 통일하는 핏줄 즉 실제로 존재하지 못하고 지하 세계에 그림자로 존재하는 것이 외면적으로 실현된 것이다. 또한,

---

빈 운명의 필연성"으로 작용한다.

81 추상적인 법적 상태의 이면은 마찬가지로 내용이 없이 다만 형식상 자유로운 자아 즉 인격이다.

이 법은 개별적 자아의 통일성으로서 국가가 민족성에 의존함이 없이 독립적으로 출현한 것이다.

3) 인륜적 실체와 직접 합일을 이루었던 자아는 대립하는 실체와 충돌하면서 몰락한다. 이런 몰락을 통해 자아는 오히려 자유를 얻으니, 이제 자아는 지금까지 그를 지배한 실체적 본질에서 벗어나면서, 무엇이든 자유롭게 결정할 수 있는 자아가 된다. 모든 인격은 모두 평등하며 서로 인정하고 인정받는 법적 인격이 되며, 그러나 내용상 아무런 내용이 없는 형식적 자아 즉 자유롭게 결정하는 형식적 인격이 된다.

4) 인륜적 실체에서 실체와 자아의 관계는 이제 법과 인격의 관계로 전환한다. 여기서 개별적 인격은 형식적으로 결정하는 자아며, 자아의 직접적 관계가 인륜적 실체로 나타나듯 인격이 서로 추상적으로 관계를 맺는 것을 통해 법이 출현한다.

법은 일반적이지만, 스스로 결정하는 자아가 된다. 그런 가운데 법과 인격은 서로 닮는다. 인격과 법은 모두 결정하는 자아므로, 모두 실체다. 인격이 형식적 자유이듯 법의 결정도 추상적이다. 인격이 비어 있듯 법도 오직 부정적으로만 규정한다.

법과 인격의 이런 관계 때문에 법과 인격은 서로 대립하면서도 서로 지반이 된다. 모든 인격이 서로 같으며 서로 인정하고 인정받는다. 모든 인격은 법적 인격이며 법을 토대로 한다. 마찬가지로 법의 일반적 지배도 특정한 인격 즉 황제의 인격을 통해 통제된다.

5) 법과 인격은 스스로 전도된다. 인격의 결정은 자의적이고 그 결과 만인의 투쟁이 벌어지면서 결국 개별 인격은 어떤 승리한 개인의 외적인 힘에 복종하니 개별자는 "부서지기 쉬운" 존재일 뿐이다. 거꾸로 일반적 규칙으로서 법 역시 승리한 개인인 황제가 마음대로 정하는 자의에 종속하면서 특수한 법으로 전락한다.

478) 〈SK 355:31~356:19〉〈FM 261:16~33〉

여기서 인격으로서 개인은 인륜적 실체의 삶을 벗어난다. 인격이란 의식의 자립성이 **실제로 유효하다**는 것을 말한다. 이전에 출현한 스토아주의적 자기의식은 **현실을 단념함**으로써 생성되는 자립성 즉 **실제로 존재하지 못하는** 자립성에 관한 사상이다. 이런 **스토아주의**적 **자기의식**은 그 자신이 직접 현존하는 모습인 지배와 예속의 관계로부터 출현했듯이 여기서 인격성은 직접적인 **정신**[인륜적 정신]으로부터 출현한다. 그런 직접적 정신은 만인을 지배하는 일반 의지면서 동시에 만인에게 봉사하고 복종하는 것이다. 그리하여 스토아주의에서는 다만 **추상적인 본래적 존재**[Ansich]였던 것이 이제는 **현실화된 세계**로 된다. 스토아주의는 법적 상태[Rechtszu stand]를 규정하는 원리 즉 정신적 토대가 없는[geistlos] 자립성을 추상적인 형식으로 끌어올리는 의식밖에 그 어떤 것도 아니다. 말하자면 스토아주의에서 의식은 다만 **현실**로부터의 도피를 통해서 자립성에 관한 사상에 도달했을 뿐이다. 스토아주의에서 의식이 절대적으로 **대자적**으로 되는 방법은 자신의 본질을 어떤 현존과 결부하지 않고 모든 현존을 단념한 채 단지 순수 사유에서의 통일을 그의 본질로 삼는 것이다. 마찬가지 방식으로 법적 인격 역시 개인 자체가 얼마나 더 풍부하게 또는 더 힘있게 현존할 수 있는가에 달렸지 않으며 더욱이 일반적이며 생동하는 정신에 달린 것도 아니다. 오히려 법적 인격은 자신의 현실을 추상하고 남은 순수한 하나[Eins] 또는 자기의식 일반인 한에서 하나[Eins]에 달렸다.

479)〈SK 356:20~357:24〉〈FM 261:34~262:27〉

스토아주의에서 **추상적인** 자립성이 어떻게 실현되는지가 서술됐던 것과 마찬가지로 이제 이 후자[법적 인격]는 앞의 첫 번째 [스토아주의에서 제시된 추상적 자립성]의 운동을 되풀이할 것이다. 전자[추상적 자립성]는 회의주의적인 의식이 자아내는 혼란, 즉 부정만을 떠드는 허튼소리로 이행하면서 우연히 마주친 하나의 존재나 사상으로부터 그와 다른 존재나 사상으로 정처 없이 방황을 거듭하면서 더욱이[zwar] 그런 하나의 우연적인 존재와 사상을 [자아의] 절대적 자립성 속에서 해소하면서도 마찬가지로 다시 새로운 우연한 존재와 사상을 생산하니 사실상 의식의 자립성과 비 자립성 사이의 모순을 나타내는 데 그치고 만다. ―이와 꼭 마찬가지로 **법적** 인격의 자립성은 회의주의와 마찬가지의 전반적인 혼돈과 무차별한 해소에 빠질 뿐이다. 왜냐하면, 여기서 절대적인 본질로 받아들여지는 자기의식은 다만 인격이라는 순수한 **텅 빈 하나**[Eins]를 의미하기 때문이다. 이처럼 텅 빈 일반성으로서 인격과는 달리 인륜적인 실체는 텅 빈 하나를 **충족하는 내용**이라는 형식을 취한다. 이와 같은 내용은 이제 완전히 방종한 것이고 무질서한 것이다.[82] 왜냐하면, 그러한 내용을 억압함으로써 그런 내용을 통일성 속에서 장악하는 정신이 여기에는 더는 눈앞에 나타나지 않기 때문이다. ―따라서 인격이라는 텅 빈 하나[Eins]는 **실재하는 것**[Realität]으로 나타날 때는 어떤 우연적인 현존이거나 또한, 하등의 지속성[Bestand]도 지니지 못하는 것 즉 비본질적인 운동이나 활동이다. 그러므로 회의주의와 마찬가지로 법의 형식주의도 또한, 그 개념상 본래적인 내용을 갖지 못하는 것이며, 다양한 재산[Bestehen]이나 점유된 것[Besitz]을 주어진 것으로 발견하면서 이러한 것들을 추상적으로 일반적인 것[인정된 것이라는 규정]이라고 표현하니 이를 통해 이렇게 주어진 점유가 **소유**[83]로 불

82 인격과 법의 관계에 관해 헤겔은 홉스의 만인에 의한 만인의 투쟁이라는 개념을 참조하는 것으로 보인다. 자유로운 인격의 투쟁은 절대 군주의 지배를 낳는다.

83 법학에서 점유란 실제로 장악하고 있는 것을 말하며, 소유는 법을 통해 그의

린다. 이것은 회의주의가 [부정적인 방식으로] 그렇게 했던 것과 마찬가지다. 그런데 회의주의에서 그렇게 규정된 현실은 단순한 **가상**[허위]으로 불리며 한낱 부정적 가치를 지녔다면 여기[법적 인격]서는 그런 규정은 긍정적인 가치를 지닌다. 전자가 부정적인 가치를 지니는 이유는 현실적인 것의 의미를 결정하는 자아가 사유 또는 그 자체로[an sich] 일반적인 것이기 때문이다. 그러나 후자가 긍정적인 의미를 지니는 이유는 여기서는 현실적인 것이 나[Ich]의 것이지만, 이때 나[Ich]의 것은 범주[84]라는 의미로 받아들일 수 있는 것이므로 나의 것은 [타인으로부터] **인정되고 또한, 실제로** 유효한 것이기 때문이다. ─이처럼 양자[회의주의와 법적 인격]는 모두 같이 **추상적인 일반성**을 지닌 것이다. [회의주의에서] 현실적으로 제공되는 내용이나 [법적 인격에서] **나[Ich]의 것**이 지닌 **규정성**은─그런 것이 외적 점유된 것이라는 규정성이든 정신이나 성격에 속하는 내적으로 풍요거나 빈곤한 규정성이든─이와 같은 텅 빈 형식 속에 포함되지는 않을 뿐만 아니라 또한, 그러한 형식과는 아무런 관계도 지니지 않는다. 그러므로 이런 내용이란 형식적인 일반자와 다른 것인 **사적인 위력**에 속하니 곧 우연이나 자의의 위력에 속한다. ─법의 의식은 그 자신이 실제로 인정받는 가운데서도 오히려 자기의 실재성[Realität]을 상실하고 말며 그 자신이 완전히 비본질적인 존재라는 사실만을 경험한다. 그러므로 여기서 개인을 하나의 **인격**으로 호칭한다는 것은 경멸을 표현하는 것으로 된다.

것으로 인정하는 것을 말한다.

84 범주란 사유의 범주이면서 동시에 존재자의 범주다. 인격은 적어도 형식적인 측면에서는 사유에 속하며 동시에 존재에 속한다. 그런 점에서 헤겔은 인격을 범주로 규정한다. 다만 여기서 인격이라는 형식만이 그러하며 그 내용은 그렇지 못하다.

[해제] 1) 여기서 헤겔은 자기의식 장에서 설명한 스토아주의와 회의주의와 법적 인격을 비교한다.

우선 스토아주의에서 의식의 자립성 즉 자유는 오직 현실을 떠나 사유 속에서만 존재했다. 즉 "실제로 존재하지 못하는 자립성에 관한 사상"이었다. 그것은 "모든 현존을 단념한 채 단지 순수 사유에서의 통일을 그 본질로 삼는" 것이다.

법적 인격은 실제로 존재하는 자립성을 획득한다. 그러나 이런 자립성은 구체적 내용이 없는 다만 형식적인 것 즉 자유로운 결정의 권리일 뿐이다. 즉 법적 인격은 "자신의 현실을 추상하고 남은 순수한 하나"다.

스토아주의는 주인과 노예의 관계에 들어 있어서 실제로 존재하지는 않는 자유지만, 법적 인격 역시 정신적 토대를 상실한 채로 존재하기에 형식적 자유일 뿐, 실제로 아무 내용이 없는 자유에 지나지 않는다.

양자에서 실제로 자유가 없다는 점에서는 같지만, 스토아주의는 사유에 내적으로 머무르고 법적 인격은 적어도 형식적 측면에서는 현실적으로 존재하는 자유니, 헤겔은 스토아주의와 법적 인격은 서로의 이면이라고 한다. 그러므로 헤겔은 스토아주의는 인격의 "정신적 토대가 없는 자립성을 추상적 형식으로 끌어올린 의식"이라고 말한다.

2) 이어서 헤겔은 회의주의와 법적 인격도 비교한다. 회의주의는 우연히 얻은 내용을 "자아의 절대적 자립성 속에서 해소하면서" 다시 부정하고자 새로운 우연한 내용을 얻는다. 회의주의는 이렇게 "부정만을 떠드는 허튼소리"로 전락한다. 법적 인격 역시 겉으로는 자유롭게 결정하는 것처럼 보이지만, 사실은 어떤 내용을 바깥에서 받아들일 뿐이다. 법적 인격은 이 외적으로 발견되는 점유된 것에 "추상적 일반성이라는 표현" 즉 자기의 법적 소유라는 표현을 부여한다. 회의주의가 부정하기 위해 우연한 것을 받아들이듯이, 인격의 세계에서 제공되는 것은 마찬가지로 "완전히 방종하고 무질서한 것"이다. 왜냐하면, 여기서는 정신

적 토대가 전적으로 무너졌기 때문이다. 그러므로 인격은 전적으로 우연히 제공되는 것을 자신의 자유로 규정한다.

그러므로 회의주의와 인격은 구체적 내용을 우연한 바깥에서 얻는다는 점에서 서로 같다. 그런 내용은 자아라는 텅 빈 형식과는 무관한 것이다. 그것은 "형식적 일반자[자아]와 다른 위력에 속한" 것이다.

다만 차이가 있다면, 회의주의는 이를 부정하기 위해 받아들이며, 인격은 그것을 자신의 자유로 긍정하기 위해 받아들인다. 회의주의에서는 순수한 부정하는 자아만 남지만, 인격에서는 오직 순수하게 결정하는 자아의 자유만 남는다. 그런 점에서 헤겔은 이런 자아를 "형식적 일반자" 또는 "추상적 일반자"로 규정한다.

3) 여기서 법적 인격이 『정신현상학』에서 두 번 출현했음을 기억해야 한다. 헤겔은 자기의식 장에서는 노예의 노동을 통해 출현한 자유는 스토아주의, 회의주의, 불행한 의식을 거쳐서 마침내 구체적 현실에 실현되면서 인격으로 된다고 설명했다. 헤겔은 정신 장에서는 인륜적 세계가 내적으로나 외적으로 몰락하면서 자유롭게 결정하는 인격이 출현한다고 한다. 이 두 가지 과정은 법적 인격의 출현을 설명하는 다른 과정이지만, 사실 서로 보완적이다. 전자는 인격의 자유가 왜 자기 결정인지를 노동이라는 개념을 통해 설명하며 후자는 인격이 법적으로 인정되는 것을 설명한다. 『정신현상학』의 독특한 구조는 새로운 의식 형태가 과거 의식 형태를 논리적 계기로 포함하고 이를 되풀이한다는 것인데, 그런 구조 때문에 자기의식 장에서의 인격의 출현 과정이 정신 장에서 다시 한번 되풀이된 것으로 볼 수 있다.

480) 〈SK 357:25~358:17〉〈FM 262:28~263:12〉

내용이 이렇게 자유로운 위력을 갖는다는 사실 때문에 이로부터 규정되는 결과는 다음과 같은 것들이다. 즉 이런 **절대적인 여럿으로** 흩어진 원자적 인격은 동시에 이런 여럿임이라는 규정성의 본성을 통해 이런 인격에 낯설지만, 이런 인격과 마찬가지로 정신적 토대가 없는 **하나의** 점으로 대표된다.[85] 이런 하나의 점은 한편으로는 부서지기 쉬운 인격과 마찬가지로 순수하게 개별적인 현실이지만, 동시에 개별 인격이 텅 빈 개별성을 지닌 것과 달리 모든 내용을 결정하는 존재므로 개별 인격 앞에 실재하는 본질이라는 의미를 지닌다. 그뿐 아니라 이런 점으로서 존재는 개별자들이 이루는 현실 즉 가정 상으로는[vermeinte] 절대적이지만, 본래 어떤 본질도 없는 현실[개별 인격]에 대해 행사되는 일반적 위력이며 절대적인 현실로 된다. 이와 같은 방식으로 세계의 주인은 모든 현존을 장악하는 절대적 인격으로 되며 이런 인격의 의식 앞에서는 자기보다 더 고귀한 정신이란 그 어디에도 실존하지 않는다. 이런 세계의 주인은 그 자신 하나의 인격이기는 하지만, 어디까지나 **모든 다른 인격**에 대립하는 고독한 인격이다. 다른 모든 인격은 이 유일한 인격을 일반적으로 유효하게 만드는 수단으로 된다. 왜냐하면, 개별적인 것 자체는 오직 개별성이 자기를 일반적인[allgemeine: 수를 셀 수 없는] 여럿

---

85 이 '점'은 구체적으로는 로마 황제다. 헤겔은 로마 제국 시대를 한편으로 로마 법이 마련되고 인격이 출현하며 다른 한편으로 로마 황제가 출현하는 것으로 규정한다. 이 과정을 설명하는 논리는 홉스의 만인 투쟁에서 빌어왔다. 즉 이런 인격에서 의지는 자유로워졌지만, 그것은 형식적인 결정권에 그친다. 그는 모든 것을 자의적으로 결정하려 하며, 그 결과 만인의 만인에 의한 투쟁이 발생한다. 이 투쟁에서 승리한 최고의 힘을 지닌 인격 즉 황제에 모두가 복종한다. 인격의 자유는 실제로는 황제의 힘에 복종하는 상태로 전도된다. 이런 설명에서 헤겔은 로마 황제가 제일 시민으로서 하나의 인격이면서 동시에 황제였다는 사실에 주목하는 것으로 보인다.

으로[86] 전개할 때만 진리로 되기 때문이다. 따라서 고독한 자아는 이런 여러 인격에서 분리된 상태에 있을 때 사실상 무력하기 그지없는, 실제로 존재할 수 없는 자아에 지나지 않는다. ─동시에 고독한 자아가 의식하는 내용[자의적 충동]은 이 고독한 자아의 일반적 인격성에 대립한다. 그러나 이런 내용이 고독한 자아를 부정하는 위력에서 벗어나 자유롭게 방임되면 그것은 온갖 정신적인 힘이 빚어내는 혼돈으로 변한다.[87] 그 결과 갖가지 정신적 힘[geistigen Mächte]은 원초적인 본질로서 날것의 무절제성을 드러내면서 서로 적대하면서 광란적이며 파괴적으로 운동한다. 이런 정신적 힘이 지닌 자기의식[자아]은 무기력하므로 이런 자기의식은 정신적 힘이 펼치는 온갖 소동을 무기력하게 포용할 뿐이며 오히려 그런 소동의 지반으로 된다. 원래 세계의 주인은 자신을 모든 실제로 존재하는 위력을 장악하는 총체적 개념으로 인식하면서 그자신을 살아 있는 신으로 여기는 가공할 만한 자기의식이다. 그러나 세계의 주인은 다만 형식적인 자아일 뿐이어서 이런 실제로 존재하는 위력을 제압할 수 없으므로 그가 행하는 운동과 또한, 그 자신이 누리는 자기만족도 [개별 인격과] 마찬가지로 극단적인 방종에 지나지 않는다.

---

86 인격은 개별자므로 하나의 인격이 존재하는 동시에 무수한 여러 인격이 존재하게 된다는 것이다. 헤겔의 반성하는 사유를 통해서 보면, 하나가 존재하면 필연적으로 그와 비슷한 다른 하나도 존재하게 된다. 헤겔의 사유에서 보면, 서로 같은 여러 인격은 불가피하게 서로 대립하면서 서로 지양하여 통일을 이룬다. 이 통일은 여러 인격 가운데 한 인격으로 대표된다.

87 세계의 주인 역시 형식상 자유로운 인격이며 그를 실질적으로 지배하는 것은 자의적인 충동이다. 인륜적 세계에서 이 자의적 충동은 자아를 지배하는 부정적 위력으로 습속을 통해 억눌러진다. 이 충동이 해방되고, 세계의 주인이 지닌 폭력적 힘과 결합하면 네로 황제에서 보이는 것과 같은 광란이 일어난다.

[해제] 1) 이 구절에서 헤겔은 법적 상태에서 개별 인격을 지배하는 텅 빈 운명을 설명한다. 개별 인격에서 운명이 나오는 과정은 만인의 만인에 대한 투쟁이라는 홉스의 논리에 따른다. 개별자들은 자유롭게 보여 "가정 상으로는 절대적 현실을 갖지만," 실제로는 어떤 정신적 본질도 없는, 자의적 존재로서 서로 대립하기에 이런 세계의 주인이 출현한다. 그는 여럿을 지배하는 절대적 권력이지만, 동시에 이 여러 상호 작용을 통해 나온 결과일 뿐이다. 이 세계의 주인이 지닌 힘은 "일반적 위력이며 절대적 현실로 되지만," 사실은 그가 지배하는 개별자들이 서로 통일을 이루지 못하기 때문이다. 이 여럿이라는 수단이 뒷받침될 때 그는 세계를 지배하지만, 그런 수단의 뒷받침이 없이는 오히려 무기력할 뿐이며, 여러 힘에 좌우될 뿐이다.

2) 세계의 주인으로서 그는 개별 인격과 마찬가지로 하나의 인격이지만, 그 모든 개별 인격을 지배하는 주인이다. 그는 "모든 내용을 결정하는 존재"인데, 헤겔은 그를 "절대적 인격," "고독한 인격"으로 규정한다. 그는 개별 인격을 지배하는 외적인 운명으로 등장한다.

그러나 세계의 주인 역시 하나의 인격이므로 자유롭게 결정하는 것으로 보이지만, 그 역시 그를 지배하는 자의적인 충동(욕망)에 따를 뿐이니, 그 내용은 그의 충동에 따라 결정된, 우연적인 것에 그친다. 그는 "정신적 토대가 없는 하나의 점"이다. 이런 자아는 무기력하므로, 현실에서 "정신적 힘이 펼치는 온갖 소동을 무기력하게 포용할 뿐이고 오히려 그런 소동의 지반으로 된다."

3) 그의 형식과 내용 사이에 모순이 발생한다. 그 형식은 세계의 주인으로서 일반적인 존재며 그런 힘을 갖지만, 그 내용은 자의적으로 선택된 개별적인 충동에 따른 것이다. 이런 자의적 충동이 모든 인격의 내용을 결정하면 "극단적인 방종"과 광란의 세계가 펼쳐진다. 그것이 로마 황제가 보여준 극단적인 광란의 모습이다.

전체적으로 볼 때 마치 인륜적 세계가 가족과 민족국가의 뫼비우스 띠였듯이, 법과 인격도 마찬가지다. 인격은 형식상 자유롭고 법적으로 인정되지만, 그 내용은 외적인 힘을 통해 결정된다. 법은 인격 상호 작용의 산물이지만, 하나의 인격으로 대변된다. 그 인격은 개별 인격과 마찬가지로 형식적이며 자의적으로 법의 내용을 결정한다.

4) 세계의 주인이 지닌 절대적이며 자의적인 위력은 프로이트가 말한 원초적 아버지의 이미지를 닮았다. 그러나 헤겔은 이런 세계의 주인을 원초적 아버지라는 신화적 개념에 의존하지 않고, 법적 인격의 세계라는 사회 속에서 설명하려 한다는 점에서 차이가 있다. 또한, 헤겔은 세계의 주인이 지닌 위력과 함께 그가 지닌 무기력을 동시에 설명하는데, 그런 점에서 실제로 존재하는 현실의 아버지를 이해하는 데 더 큰 도움이 되지 않을까 한다.

481) 〈SK 358:18~359:4〉〈FM 263:13~29〉

세계의 주인은 그 자신이 무엇인가를 참으로 의식하면서 그에게 대립하는 신하의 자아에 대해 파괴적인 폭력을 저지름을 통해 현실을 지배하는 일반적 권력을 행사한다. 그의 권력이 기반으로 하는 근거는 정신의 **통일성**[Einigkeit]이 있었기에 이를 바탕으로 개별자가 자기의 고유한 자기의식을 인식했기 때문이 아니며 오히려 그들 인격이 인격인 한에서 절대적으로 부서지기 쉬운 하나의 점으로 존재하기에 타자와의 어떤 연합[Kontinuität]도 배제하기 때문이다. 그러므로 이들 인격은 서로에 대해서와 마찬가지로 또한, 그들을 연결하고 연합하게 만드는 세계의 주인에 대해서도 단지 부정적인 관계만을 지닐 뿐이다. 세계의 주인은 그런 인격을 연합하게 해주는 자므로 형식적인 인격을 지배하는 본질이며 형식적 인격을 채우는 내용이긴 하지만, 이런 내용은 개별 인격에는 낯선 것이며 그런 인격에 적대적인 본질이다. 이런 적대적 본질은 개별 인격이 자기의 본질로 여기는 것 즉 내용이 없는 텅 빈 대자 존재를 오히려 파괴하며-그러므로 그런 인격을 연합하게 해주는 존재면서도 동시에 그런 인격을 파괴한다. 그러므로 법적 인격은 그 자신에게 낯선 내용이 그 자신에게 유효한 것으로 만들어지는 가운데, -다시 말하자면 세계의 주인이 그런 인격 속에서 자신을 유효하게 만든다. 왜냐하면, 이 세계의 주인이 이런 인격의 실재성을 결정하기 때문이다. -오히려 그 자신이 실체성이 없는 존재라는 것을 경험한다. 그러나 반대로 세계의 주인은 이런 개별 인격이라는 비본질적인[wesenlose] 지반을 파괴적으로 파헤치는 가운데 자신이 전능하다는 의식을 획득한다. 그러나 이렇게 획득한 자아는 마찬가지로 황폐한 것이니 따라서 그는 자신을 상실할[außer sich] 뿐이며 오히려 자기의식을 내던지고 만다.

482)〈SK 359:5~21〉〈FM 263:30~264:6〉

이렇게 함으로써 마침내 절대적 본질로서 자기의식이 **실제로** 존재하게 되는 측면이 그 모습을 드러낸다. 그러나 이렇게 떠밀린 채로 현실을 벗어나서 **자기 내로 떠밀려 들어간** 의식[88]으로서는 그 자신이 비본질적인 존재라는 사실을 사유하기에 이른다. 우리는 앞에서 스토아주의가 주장하던 순수 사유 내에서의 자립성은 회의주의를 거쳐 불행한 의식에 이르러서 자신의 진리가 무엇인지를 발견한다는 것을 보았다. -그 진리란 곧 그 자체로 자기에게 나타난 존재[Anundfürsichsein]와 관련된 것이다. 이런 그 자체로 자기에게 나타난 존재에 관한 인식은 당시[불행한 의식]에는 의식 그 자체가 지닌 일면적인 관점으로 나타났지만, 이제 여기서는 그러한 일면적 견해에 내재하는 **참된** 진리가 등장한다. 이런

---

88 형식적 자아로서 인격이 자신의 비본질성을 경험하면서 자기 내로 반성한다는 것을 의미한다.

참된 진리는 **일반적으로 유효한**[Gelten] 자기의식이 [개별] 자기의식에 대해서는 소원화돼 실재한다는 데 있다. 이처럼 **유효한** 일반적 자기의식은 일반적으로 실현된 자아지만, 이런 실현은 바로 전도를 의미하는 것이니 여기서 자아는 자신의 본질을 상실하게 된다. ─자아의 실현은 인륜성의 세계 내에서는 눈앞에 나타나지 않았으나 **인격**으로 복귀하는 것을 통해 획득됐다. 전자[인륜의 세계]에서 [직접] 합일됐던 것[자아와 실체]은 이제 이처럼 전개되면서 서로 소원화되는 방식으로 등장한다.

[해제] 헤겔은 이 구절에서 세계의 주인이 개별 인격을 지배한 결과를 서술한다.

1) 세계 주인의 지배는 인륜적 세계에서처럼 개별 인격의 정신적인 지반이기 때문은 아니다. 오히려 이런 개별 인격이 개별 점으로 존재하면서 자의적으로 내용을 결정하면서, "타자와의 어떤 연합도 배제하면서 절대적으로 부서지기 쉬운 하나의 점으로 존재하기" 때문에 그로부터 생겨난 것이다.

세계의 주인은 개별 인격의 내용을 결정하고 그들을 서로 연합하게 해주지만, 그 힘은 개별 인격에는 낯선 것이며 적대적인 본질로 나타난다. 그러므로 개별 인격은 세계의 주인에 대해 다만 부정적 관계만 지닌다. 개별 인격 자신의 텅 빈 대자 존재를 파괴하면서 "자신이 실체성이 없는" 비본질적 존재임을 자각한다.

그것은 세계의 주인도 마찬가지다. 세계의 주인은 개별 인격과 마찬가지로 자기 바깥의 충동이 지배하는 황폐한 존재다. 그는 황폐한 힘을 행사함을 통해 오히려 거꾸로 그 자신이 개별 인격의 힘에 의존하고 있다는 사실을 경험하게 되면서 "자기 자신을 상실하고" "자기의식을 내던지고 만다."

3) 개별 인격도 자기의 비본질성을 자각하면서 자기 내로 떠밀려 들

어가며 세계의 주인 역시 자기가 의존적 존재라는 사실을 자각하면서 몰락한다. 이렇게 양자가 몰락하면서, 거꾸로 양자가 통일하게 된다.

세계의 주인에서 일반적 자아는 현실적 개인으로 대변되지만, 그 내용은 자의적인 것이니 그는 텅 빈 존재에 불과했다. 인격과 법의 통일을 통해 이제 일반적 자아는 구체적 현실 속에서 출현하게 된다. 그러나 아직은 현실에서 출현하는 것이 아니라 피안에서 출현하게 된다. 이것이 바로 소외된 정신이다.

이런 소외된 세계는 마치 불행한 의식의 단계에서 일어난 소외와 비슷하다. 다만 불행한 의식에서 피안에서 출현한 불변자는 노동을 통해서 출현한 형식적 자유가 실현된 것에 불과하다. 그러나 이제 소외된 정신으로 피안에 출현하는 것은 형식적 자유를 넘어서 실질적인 자유이다. 그 내용은 개별자의 객관적 본질이며 만인에게 부여된 정의의 실현이다.

3) 법의 세계에서도 사실 세계의 주인은 인격의 상호 작용이 낳은 산물이며 그 관계는 소외된 것이었다. 그러나 법의 세계에서 세계의 주인과 인격은 상호 적대적 관계가 지배적이었으며, 아직 그 관계가 서로 내재하고 있다는 측면은 드러나지 않았다.

그러나 소외된 정신의 세계에서 정신과 개별자의 관계는 단순히 적대적인 것만은 아니다. 다른 한편 일반적 정신은 이미 개별자에 내재하고 있으니 한편으로 내재하면서 다른 한편으로 피안에 존재하는 관계가 곧 소외다.

4) 법의 세계가 몰락하고 진정한 소외 관계가 출현한 것은 역사적으로 볼 때 중세를 거쳐 경제적 교환관계가 발전하고 이를 토대로 사회적 상호 작용이 확산하였기 때문이다.

이런 사회적 상호 작용을 통해 실체가 출현한다는 사실은 이미 이성 장 끝에서 설명됐다. 그런데 정신 장에서 다시 사회적 상호 작용이 거론된다. 다만 전자에서는 실체에 대한 인식이 문제 됐다. 후자에서는 실체에 관한 인식을 전제로 해서, 실천적 의지의 발전을 살펴보게 된다. 여기서 사회적 상호 작용의 결과로 나오는 실체를 인식하고 이를 자기의 의지의 본질로 삼는 일반적 자아와 자기의 직접적 산물 자체를 자기 것으로 여기는 실제로 존재하는 자아 사이의 대립이 발생하게 된다. 그런 대립을 해소하는 것이 근대정신 즉 소외된 정신이 목표로 하는 것이다.

B 자기에게 소원화된 정신: 교양

[해제] 전체 흐름

483) 인륜적 정신과 법의 세계

484) 실제적 의식과 순수 의식

485) 두 계기의 통일과 대립.

483) 〈SK 359:26~360:26〉〈FM 264:10~265:4〉

인륜적 실체가 지닌 대립은 단순한 의식 속에 감춰있었으니 단순한 의식은 자신의 본질과 직접 통일됐다. 그러므로 인륜적 본질은 의식에 대해 **존재한다**는 단순한 규정성을 지닌다. [단순한] 의식은 직접 그런 본질을 지향하고 그런 본질을 자신의 습속으로 삼는다. 따라서 의식은 자신을 [인륜적 실체를] **배제하는 자아**로 여기지 않으며 실체도 그런 자아로부터 배제된 현존이라는 의미를 지니지 않는다. 의식은 오직 자기 자신을 소원화하는 것을 통해서 그런 현존과 합일하는 동시에 그런 실체를 산출할 수밖에 없었을 것이다. 그러나 자아가 절대적으로 분산된 자아로 되는 단계[법의 상태]에서 정신의 내용을 이루는 것은 그런 자아만큼이나 딱딱하게 굳은 것이어서 자아에 대립하는 현실이다. 세계는 여기서 자아에 대해 타자적인 것 즉 자기의식을 부정하는 것이라는 규정을 갖는다. 그러나 이와 같은 세계는 [이미] 정신적인 본질이며 본래적으로 본다면[an sich] 존재와 개체성이 상호 침투한 것[89]을 의미한다. 이처럼 현존하는 세계는 자기의식의 **산물**이지만, 그와 마찬가지로 직접 눈앞에 있는 것이어서, 자기의식에 대해 낯선 현실로 된다.

---

89 인격의 상호 투쟁을 통해 절대 군주가 출현했다. 그러므로 법과 인격의 관계는 "존재와 개체성의 상호 침투한 것"이다.

이런 낯선 현실은 자기 나름의[eigentümliches] 현존을 지니는 것이므로 이런 현실 속에서는 자기의식이 그 자신을 인식하지 못한다. 이런 현실은 단지 외부에 존재하는 본질이며 자기의식에 대해 자유롭게 존재하는[frei] 법의 내용을 제공해 준다. 그러나 외적 현실은 법의 세계를 지배하는 주인이 틀어쥐고 있으므로 자아가 우연히 자기 앞에서 발견하는 기본적 본질[elementarische Wesen]일 뿐만 아니라 또한, 자아의 노동이 이루어낸 산물이며 다만 긍정적인 노동의 산물이 아니라 –부정적 노동의 산물[90]이다. 이와 같은 외적 현실 자신을 현존하게 하는 것은 자기의식 자신의 소외[Entäußerung]와 탈존[Entwesung: 脫存]이다. 그 결과 자기의식은 법의 세계에 만연한 황폐함 속에 빠지지만, 자기의식은 오히려 이런 소외와 탈존을 고삐 풀린 듯이 날뛰는[losgebundenen] 원소[Elemente]가 외적 폭력을 가하는 것으로 본다. 이런 원소는 그것만 떼어내어 본다면[für sich] 오직 순수하게 황폐화하는 작용이며 자기 자신을 해소하는 것이다. 그러나 여기서 일어나는 해소 작용 즉 그런 자기 해소의 부정적 본성은 다름 아닌 자아에서 나오는 것이며, 자아가 곧 그런 자기 해소의 주체며 자기 해소의 활동이자 그런 자기 해소를 생성하는 것이다. 이런 활동과 생성을 통해 실체가 실현되지만, 이를 통해 인격은 소원화된다. 왜냐하면, 직접, 다시 말하면 **소외되지 않고** 그 자체로 자기에게 나타난[an und für sich] 유효성을 지니는 **직접적인** 자아[91]는 실체적 토대 없이 존재하면서 앞에서 말한 것처럼 광란하는 원소[Elemente]이기 때문이다. 따라서 이런 자아의 실체로 되는 것은 오직 자아 자신에 대해 소외[Entäußerung]된 것이며 또한, 이렇게 소외하는

---

90 상호 작용의 결과지만, 대립하는 방식으로 출현한다는 의미다.

91 형식적인 자의적 인격을 말한다.

작용이 곧 그 실체다. 다시 말하자면 이런 소외를 통해서 정신세계의 위력들[geistigen Mächte]이 스스로 질서를 부여해 하나의 세계를 형성하며 이를 통해 자신을 보존한다.

[해제] 이 구절에서 헤겔은 근대정신에서 소외를 설명하기 위해 먼저 이미 서술한 것과 같은 서술한 인륜적 정신과 법의 세계를 다시 한번 간단히 소개한다.

인륜성의 세계에서 자아와 실체는 직접 통일됐다. 여기서 실체는 습속으로 나타나며, 자아는 관습적으로 이에 복종한다. 그러나 실체는 내적으로 분열되고 그 때문에 자아는 자기에 대립하는 다른 실체를 손상하면서 몰락하게 된다.

법의 세계로 들어오면서, 자유롭게 결정하는 인격이 출현했다. 이런 인격의 상호 작용을 통해 실체가 산출되지만, 자아가 형식적 인격으로서, 자의적이고 "절대적으로 분산된 자아"이므로 그 산물인 실체 역시 자의적이다. 즉 실체는 "그런 자아만큼이나 강고하면서 자아에 대립하는 현실"로 된다.

양자는 전적으로 외면적인 관계를 이룬다. 실체는 자아의 산물이면서도 자아가 이해하지 못하는 낯선 현실이다. 그 속에서 자아는 자기를 발견하지 못하므로 실체는 세계의 주인으로서 "대항할 수 없는 현실"로 된다. 그것은 황폐한 세계며, "고삐 풀린 듯이 날뛰는 원소가 가하는 외적인 폭력"이다. 헤겔은 이런 외면적 관계를 "부정적 노동의 산물"이라고 표현한다. 그러나 자아에 대해 가하는 실체의 외적 폭력은 사실 자아 자신이 산물이다. 자아가 자의적이어서 즉 "실체적 토대가 없이" "광란하는 원소"이므로 거꾸로 그 산물인 실체 역시 광란하는 원소로 등장한 것이다.

헤겔이 이처럼 법의 세계에서 소외 관계를 거듭 되풀이해서 서술하는 것은 근대정신 역시 이런 소외 관계를 토대로 출현하기 때문이다. 그러나 근대정신은 그 출발점으로 된 소외를 벗어나면서 마침내 일반적 자아와 개별적 자아가 합일에 이르는 도덕적 자유의지의 단계에 들어가게 된다.

484) 〈SK 360:27~361:5〉〈FM 265:5~15〉

실체는 이런 방식으로 [이미] **정신**, 즉 자아와 인륜적 본질 사이의 자기 의식적인 **통일**이지만, 양자 즉 자아와 인륜적 본질 양자는 서로 소원화[Entfremdung]된 것이라는 의미를 지닌다. 정신은 대상적 현실이 독자적으로 존재하면서[für sich] 자유롭게 활동하는[frei] 것이라는 사실을 의식한다. 그러나 이런 의식에 대해 자아와 인륜적 본질의 통일은 대립한다. 즉 **실제적** 의식에 대해 **순수** 의식이 대립한다.[92] 한편으로는 실제로 존재하는 자기의식은 자기를 소외[Entäußerung]해 현실 세계로 이행하며 현실 세계는 소외를 통해 자기의식으로 복귀한다. 다른 한편으로는 이런 현실 즉 인격적 개인과 대상적 현실이 다 같이 지양됨으로

92　여기서 '실제적 의식'이니 '순수 의식'이니 하는 것은 인식의 차원에서 일어나는 것이 아니라, 정신 즉 의지의 차원에서 일어나는 것이다. 앞에서도 말했지만, 『정신현상학』에서 의식이나 이성 장은 인식의 차원을 논하며, 자기의식이나 정신 장은 의지의 차원을 논한다. 헤겔은 의지의 차원에서도 확신, 의식, 자기의식이라는 개념을 쓰는데, 예를 들어 앞에서 인륜적 정신에서 출현한 직접적 의식은 확신으로 규정된다. 이것은 정신적 본질을 관습적으로 따르는 의지를 말한다. 의식의 단계에서 의지는 자유롭게 선택하는 의지다. 이런 의지는 표면적으로는 자유롭게 보이지만, 실제로는 대상적 본질을 통해 지배된다. 의지의 단계에서 자기의식은 합리적으로 행동하는 자유의지를 의미한다. 순수 의식은 의식에서 자기의식으로 넘어가는 매개, 또는 자기의식의 전 단계니, 내면에서 출현한 자기의식을 말한다. 구체적으로는 신뢰, 믿음과 같은 것이다.

써 마침내 순수한 일반자가 된다. 이처럼 양자 모두가 소원화되는 가운데 **순수 의식**이나 아니면 **순수한** 본질이 출현한다.[93] 현재는 이 현재에 내재하는 사유며 동시에 사유 된 **피안**에 직접 대립한다. 마찬가지로 피안은 피안에 소외된 현실인 차안에 직접 대립한다.

[해제] 1) 이제 헤겔은 근대정신의 출현을 서술한다. 그 핵심 개념은 실제적 의식과 순수 의식에 있다. 즉 법의 세계에서 개별 자아와 세계 주인의 관계는 소외된 관계고 서로 외면적으로만 관계할 뿐이었다. 앞에서 헤겔은 이를 부정적 노동의 산물로 서술한 바 있다.

법의 세계가 이미 소외의 관계지만, 근대 세계로 이행하면서 이 소외 관계가 더욱 발전한다. 전자의 경우는 외면적 관계만 있었다. 그러나 후자의 경우는 자아와 소외된 본질 사이에 외면적 대립과 내적 통일이 동시에 출현한다.

2) 이런 내적 통일이 출현하는 까닭은 역사적 발전에 있다. 근대로 이행하면서, 경제적으로는 시장이 발전하며, 이런 시장의 관계는 사회적 전반에 다양한 관계로 확산한다. 국가는 민주화되고 가족도 계약관계가 된다. 전반적으로 이를 사회적 상호 작용의 관계라 할 수 있다. 여기서 개별자와 일반자의 관계는 마치 상품 교환관계에서 시장 가격과 가치와의 관계와 같다. 가치는 장기적이고 전체적인 교환을 통해 이루어지는 가격 즉 자연 가격과 일치한다.

헤겔은 시장 가격과 같은 것을 사태라 하고 가치를 사태 자체라 하는데, 이런 사유 모델을 통해 충분하게 이해할 수 있듯이 사태 자체는

---

93 '실제적 의식'에서 자아와 현실은 대립한다. '순수 의식'에서 자아와 본질은 통일된다. 실제적 의식은 개별 자아이고 순수 의식은 일반 자아지만, 각기 이중적(개별/ 일반)이어서 자기 내에 타자를 포함하므로, 양자는 차안과 피안으로 또는 현실과 내적 사유로 분리돼 대립하면서도 서로 침투하여 내적으로 통일된다.

개별 사태가 장기적이며 전체적으로 서로 작용한 산물이다. 이 관계는 다시 말하자면 사태 자체는 사태에 내재적 초월자로서 존재한다. 헤겔은 이런 상호 작용 관계를 소외 관계라고 한다.

3) 이미 이성 장 '그 자체로 자기에게 나타난 개체성'의 절에서 보듯이 이런 상호 작용의 관계 속에 개인의 산물인 사태의 상호 작용을 통해 사태 자체가 출현한다. 이성 장에서는 이렇게 출현한 사태 자체를 인식하는 것이 문제였다.

정신 장에서는 이런 인식을 바탕으로 개인이 그가 인식한 사태 자체 즉 인식된 실체를 의지를 통해 따르느냐가 문제다. 여기서 두 자아가 출현한다. 하나의 자아는 주관적 개별적 자아다. 개별적 목적을 추구하는 이런 자아는 불가피하게 상호 작용의 결과인 현실과 대립한다. 헤겔은 이를 실제적 의식이라 한다. 반면 실체가 자각되면서 이를 따르는 자아도 출현한다. 이 자아는 일반적 목적을 추구하지만, 아직 자각된 방식으로 출현하지 않고 내재적 초월 즉 소외의 방식으로 출현한다. 이렇게 소외된 방식으로 출현한 실체적 자아가 곧 순수 의식이다. 여기서 한편으로는 자아와 대상이 일치하므로 자기의식이며 다른 한편으로 이런 대상은 자아에 대해 초월하므로 의식이니, 이런 이중성을 헤겔은 순수 의식이라는 개념으로 표현한다.

4) 그런데 마치 이성 장에서 사태에 대해 사태 자체가 내재하는 동시에 초월적으로 출현하듯이, 정신 장에서 실제적 의식에 대해서도 순수 의식은 내재하는 동시에 초월적으로 출현한다. 실제적 의식과 순수 의식, 각자는 두 측면을 갖는다. 실제적 의식은 개별 자아이지만, 내적으로 이미 일반 자아다. 반면 순수 의식은 일반 자아지만, 내적으로는 개별 자아다. 양자에서 두 측면이 결합하는 방식은 다르다.

실제적 의식에서 개별 자아는 교양을 통해 일반 자아로 이행하며 반면 순수 의식에서는 개별 자아의 내면에 숨어 있다. 실제적 의식에서는 개별 자아는 대상적 현실과 대립한다. 순수 의식에서는 일반 자아는 대상적 현실과 합일하며 이 합일은 다만 피안에서 일어난다. 그러므로 실제적 의식은 자기를 대상을 부정하는 자아로 자각하지만, 순수 의식은 자기를 피안의 대상으로 자각한다.

4) 이런 관계 때문에 실제적 의식과 순수 의식은 서로 대립하지만, 동시에 서로 침투하고 있다고 볼 수 있다. 양자는 마치 차안과 피안, 현실과 사유에 나누어 존재하는 것처럼 보이지만, 사실은 서로 같은 요소로 구성된 것이며 다만 그 결합 방식만 반대다. 앞에서 인륜적 세계의 두 본질이나, 법의 세계에서 법과 인격이 뫼비우스의 띠와 같이 연결된다고 했는데 소외된 정신에서도 실제적 의식과 순수 의식은 뫼비우스의 띠처럼 연결된다.

485) 〈SK 361:6~362:29〉〈FM 265:16~266:23〉

이렇게 볼 때 정신[소외된 정신]은 단지 **하나의** 세계를 이루는 것이 아니라 서로 분리되고 서로 대립하는 이중의 세계를 이룬다. ―인륜적인 정신에서 세계는 자기에 고유한 **현재**므로, 그러한 인륜 세계에서 내재하는 모든 위력은 이런 통일 속에 깃들어 있기에 양자[가족, 국가]가 구분되더라도 전체와의 균형을 상실하지 않는다. 여기 인륜적 정신에서는 그 어느 것도 자기의식을 부정하는 것이라는 의미를 지니지 않는다. 죽은 자의 정신은 그 친척의 핏줄 속에 또는 가족의 자아에 내재하며 정부가 일반적인 **권력**을 행사하더라도 그것은 어디까지나 민족의 **의지**며 민족의 자아다. 그러나 여기 소외된 정신에서는 눈앞에 있는 것은 다만 대상적인 현실만을 의미하며, 이 대상적 **현실**에 대한 의식은 저편[jenseits]에서 이루어진다. 소외된 정신의 개별 계기 즉 개별 **본질**[94]은

---

94 뒤에 설명되듯이 실제적 의식(개별 자아)과 순수 의식(일반적 자아)을 말한다.

타자[Anderen]에 근거해서 눈앞에 나타나고 실현된다. 각 계기가 실제로 존재하는 한에서 각 계기의 본질은 그 자신의 현실과 다른 것이다. 모든 것은 그 자신 속에서 근거를 갖고 자기에 내재하는 정신을 소유함이 없이 자기를 벗어나 타자[fremden]에[95] 근거를 둔다. 여기서는 전체의 균형은 결코 자기 자신에 머무르는[bei sich selbst bleibende] 통일로 되지 못하며 또한, 자기 내로 복귀해 안정된 존재가 아니고 오히려 대립하는 것들 사이의 소원화에 따른다. 따라서 전체는 모든 개별 계기와 마찬가지로 자신에 소원화돼 실재한다. 전체는 여기서 두 개의 나라로 분할된다. 그 하나의 나라는 **자기의식**이 **실제로 존재하는** 나라니, 여기서 **자기의식**과 동시에 그 대상은 모두 실제로 존재하는 것이다. 다른 하나의 나라는 즉 **순수** 의식의 나라니 이는 앞의 나라에 대립하면서 실제로 현재하는 것이 아니며 오히려 **신앙** 속에 자리 잡는다. 인륜의 세계가 한편으로 신의 법칙과 그 형태가 다른 한편으로 인간의 법칙과 그 형태와 서로 분리되는 것을 벗어나듯이 또한, 인륜의 세계에서의 의식이 인식과 무의식으로 분리되는 것에서 벗어나서 이런 의식 자신의 운명으로 복귀하고 또한, 이런 대립을 **부정하는 위력**을 의미하는 **자아**로 복귀하듯이[96] 여기서도 자기 소원화된 정신의 두 영역은 **자아**로 복귀할 것이다. 그러나 만약 첫 번째, 인륜적 의식이 복귀해 들어간 자아가 우선

---

95 독일어 'fremd'는 흔히 낯선 것으로 번역되지만, 자기의 타자를 의미하기도 한다. 헤겔은 근대정신의 두 계기 즉 일반적 자아(순수 의식)와 개별적 자아(실제적 의식)가 서로 의존한다는 점에서 "타자에 근거한다"라고 말한다.

96 헤겔은 인륜적 세계는 운명으로 복귀하고, 반면 인륜적 의식은 자아로 복귀한다고 말한다. 474 구절 참조. "이 일반적 공동체에서 단순한 일반성은 정신적 토대가 없는[geistlos] 죽은 일반성[형식적 법]이며 그런 일반적 공동체를 움직이는 생동적 힘이란 개별 인격으로서 개별 개인이다."

직접 권리를 지닌 **자아** 즉 개별 **인격**이었다고 한다면 이제[소외된 정신에서] 자기 소외[Entäußerung]로부터 자기 내로 복귀한 이 두 번째 자아는 **일반적인 자아** 또는 **개념**을 파악하는 의식[97]이다. 여기서 정신적 세계의 모든 계기[부와 권력]는 다 같이 하나의 고정된 현실이며 비 정신적인[ungeistiges] 방식으로 자신의 존립을 주장하기에 이제 이런 세계는 마침내 **순수 통찰** 속으로 자신을 해소하게 될 것이다. 순수 통찰은 자기 자신을 **파악**하는 자아므로 교양의 정신의 정점에 해당한다. 순수 통찰은 오직 자아만을 파악하며 모든 것을 곧 그의 자아로 파악한다. 즉 순수 통찰은 모든 것을 **개념적으로 파악하며** 모든 대상의 대상성을 제거해 마침내 모든 **그 자체 존재**를 **대자** 존재로 전환한다.[98] 신앙은 낯선 피안의 영역을 **본질**로 삼기에 순수 통찰은 이런 신앙에 대해 비판적으로 되면서 **계몽**으로 된다. 계몽은 소원화된 정신이 구원을 받는 신앙의 영역에서 소원화를 완성한다.[99] 왜냐하면, 이런 신앙의 영역은 곧 자기와 같음을 지닌 고요한 상태[Ruhe]에 관한 의식이기 때문이다. 계몽은 이 피안의 살림살이를 뒤죽박죽으로 만든다. 이때 그 방식은 곧 계몽이 차안의 세계에 속하는 집기[100]를 끌고 들어오는 것이다. 소원화된 정신은

---

97 개별 자아를 지양하여 일반적 자아에 이른 교양의 정신을 말한다.

98 교양의 정점에서 출현한 순수 통찰은 대상의 두 본질과 대상과 자아 모두를 지양하는 부정적 자아다. 그런 점에서 헤겔은 그 자체 존재를 대자 존재로 전환한다고 말한다. 이 순수 통찰이 신앙을 비판하게 되면 계몽으로 된다.

99 신앙은 개별자의 소원화를 통해 출현한 영역이다. 계몽은 신앙을 비판함으로써 소원화된 것을 다시 소원화한다.

100 계몽의 무기는 곧 부정하는 자아의 활동이다. 이때 계몽의 무기는 차안의 감각적 현실이다. 이 무기를 통해 계몽은 신앙의 대상이 피안에 있다는 사실이나 추상적 본질이 감각적 사물로 나타난다는 사실을 부정한다.

이런 집기가 그 자신의 재산임을 부인할 수 없으니 그 이유는 소원화된 정신이 지닌 의식 역시 마찬가지로 그런 현세에 속하기 때문이다. ―순수 통찰은 이처럼 신앙을 부정하는 과업을 통해서 동시에 자기 자신을 실현하며 순수 통찰 자신에게만 고유한 대상을 산출한다. 그 대상이 곧 인식할 수 없는 **절대적 본질**이면서 동시에 **유용한 것**이라는 대상이다. 대상이 유용한 존재로 되면서 현실은 모든 실체성을 상실할 뿐 아니라 또한, 이 현실 속에서 본래적인 존재라고는 아무것도 없으므로 마침내 신앙의 영역과 마찬가지로 경험적 실재[real]의 세계도 전복되고 만다. 이와 같은 혁명이 **절대적 자유**를 낳는다. 이로써 이전에 소원화됐던 정신은 전적으로 자신에게 복귀하며 정신은 교양의 나라를 뒤로 한 채 다른 또 하나의 나라 즉 **도덕적 의식**의 나라로 옮겨 간다.

[해제] 이 구절에서 헤겔은 앞으로 전개될 1절의 내용을 전체적으로 스케치해 보여준다. 이 1절은 전체적으로 자기 소외된 정신의 세계며, 교양의 세계로 규정된다.

1) 우선 인륜의 세계에서 두 본질은 상호 균형을 이루고 있었으며, 자아와 정신적 본질은 직접적 통일을 이루고 있었다. 반면 근대정신의 세계는 두 계기가 대립한다. 즉 실제적 의식의 세계와 순수한 의식의 세계다. 전자에서 개별 자아와 정신적 본질은 대립하며 후자에서 개별 자아와 정신적 본질은 통일을 이룬다. 전자는 자아의 편에 서 있으면서 일반적 자아는 개별 자아의 이면이며 후자는 대상의 편에 서 있으면서 정신적 본질은 감각적 현실 피안에 구체적으로 실현된다.

그런데 두 대립하는 계기 즉 실제적 의식과 순수 의식은 자립적으로 분리된 채 실재하지 못한다. 각 계기는 "자기를 벗어나 낯선 것 속에 근거를 두며" 동시에 "대립하는 것들 사이의 소원화에 따른다." 즉 실제적 의식은 잠재적으로는 이미 정신적 본질과 통일을 이루고 있으니 곧 순수 의식이다. 그러면서 실제적 의식은 순수 의식을 적대시하니, 그것은 곧 자기 자신의 본질을 부정한다. 순수 의식에서 차안과 피안은 상징적으로 직접 결합해 있다. 순수 의식은 차안의 실제적 의식에 대립하지만, 이미 내적으로 이를 긍정한다.

순수 의식과 실제적 의식은 통일되나, 동시에 대립한다. 전체를 이루는 구별된 계기들은 각기 내적으로 다시 대립한다. 여기서 양자가 뫼비우스의 띠와 같이 연결되니, 헤겔은 "전체의 균형은 자기 자신에 머무르는 통일로 되지 못하며" 오히려 "대립하는 것들 사이의 소원화에 따른다"라고 말한다.

2) 두 계기의 이런 관계를 통해, 자기 소외된 정신의 세계에서 두 계기는 자기를 지양하는 가운데 점차 통일을 지향해 나간다. 앞으로 이 과정은 상세하게 설명되겠지만, 여기서 전체의 윤곽을 간단하게 그려보자.

이 과정에서 처음에 실제적 의식에서 개별 자아가 자기를 지양하여 실체를 따르는 일반 자아에 이른다. 이것이 교양의 과정을 통해서 일어난다. 교양을 통해 자아가 자신의 개별성을 제거하면서 자신을 순화한다. 이 과정에서 실제적 의식은 한편으로 일반적 국가권력에 봉사하는 자아로 전환하며 다른 한편으로 개별적 부를 추구하는 자아로 전환하면서, 양자를 긍정하는 고귀한 자아에서 양자 모두를 부정하는 비천한 자아로 전락하면서 마침내 대상의 두 본질뿐만 아니라 자기 자신조차도 비판하는 분열된 의식에 이른다. 이 분열된 의식이 "모든 것을 개념적으로 파악하며" "그 자체 존재를 대자 존재로 전환하는" 순수 통찰이다.

3) 이어서 교양 세계에서 마지막으로 등장한 순수 통찰은 순수 의식에 토대를 둔 신앙과 대립한다. 부정적인 순수 통찰이 신앙의 대상에 대립하면 계몽으로 된다. 계몽은 부정적 순수 자아로 대상에 대립하는 부정적 활동 속에 있으며 반면 순수 의식 즉 신앙은 피안의 구체적 본질의

통일성 속에서 고요하게 머무른다.

계몽은 부정하는 자아라는 자신의 원리를 가지고 신앙의 대상을 비판하니, 이때 그 무기는 곧 차안의 감각적 현실만을 인정하는 것이다. 헤겔 말에 따르자면 이런 비판은 "차안에 속하는 집기를 끌고 들어오는" 것이다. 신앙은 계몽의 비판을 받아들일 수밖에 없다. 왜냐하면, 신앙이 역시 순수 의식이므로 피안의 본질은 감각적 현실과 통일된 것이라는 사실을 알고 있기 때문이다. 그 결과 계몽의 비판 앞에 신앙은 무너지고 만다.

4) 신앙이 무너진 그 자리에 감각적 사물이면서 그 뒤에 아무런 규정도 없는 대상 즉 그 본질이 텅 빈 감각적 사물이 등장한다. 그것은 곧 부정적 활동으로서 계몽의 자기실현 즉 부정적 자아의 대상화기도 하다. 그것이 곧 유용한 존재다. 모든 대상이 유용한 존재로 되면서 그 내면에 텅 빈 것이며 그 자체 부정성을 지니니, 계몽의 부정적 자아는 모든 대상에 관철된다. 그 결과 계몽은 절대적 자유를 획득한다.

계몽이 비판하는 대상은 곧 타자다. 타자 역시 모든 것을 파괴하는 부정적 계몽적 자아니, 여기서 자신과 타자의 상호 부정이 일어나면서 절대적 죽음의 공포가 발생한다. 헤겔에 따르면 이것이 곧 프랑스 혁명에서 발생한 공포정치의 모습이며, 이 절대적 죽음의 공포를 통해 계몽은 자신의 개별적 자아를 전적으로 포기하게 되니, 이로써 도덕적 자기의식이 출현하면서 자기 소외의 정신은 끝나게 된다.

B-1 자기에게 소원화된 정신의 세계

[해제] 전체 흐름

486) 교양 세계의 이중화

a 교양과 교양이 실현된 나라

487) 자기를 소원화하는 교양의 출현

488~489) 교양의 의미

490) 국가권력과 부의 계기

491) 순수 의식과 실제적 의식

492~495) 두 계기의 상호 이행에 관한 개념적 설명

496~500) 실제적 의식에서 고귀한 의식과 비천한 의식으로

501) 고귀한 의식과 비천한 의식의 운동에 관한 개념적 설명

502~506) 국가권력에 관한 고귀한 의식의 관계

507~508) 언어의 의미

509~510) 아첨의 언어를 통한 국가권력과 고귀한 의식의 변화

511) 국가권력의 부로의 전도

512~513) 고귀한 의식의 전환

514~515) 고귀한 의식의 비천한 의식으로의 전도

516~517) 분열된 의식

518) 오만한 군주

519) 분열의 언어

520) 자유로운 부정적 자아

521) 라모의 조카

522~523) 교양의 분열된 언어와 단순한 의식

524) 비천한 의식의 자기 내 복귀로서 부정적 자아와 순수 의식

525) 부정적 자아의 개념

486) 〈SK 362:34~363:15〉〈FM 266:26~267:5〉

소원화된 정신의 세계는 두 개의 세계로 분열된다. 그 하나는 현실 세계 또는 정신이 소원화된 세계며 다른 세계는 정신이 첫 번째 현실 세계를 넘어서 에테르와 같은 순수 의식 속에서 세워진[erbaut] 세계다. 두 번째 순수 의식의 세계는 첫 번째 소원화된 세계와 **대립**하지만, 그 렇다고 해서 이 첫 번째 세계와 무관한[frei] 것은 아니며 오히려 소원화 가 표현되는 또 다른 형식일 뿐이다.[101] 왜냐하면, 소원화는 의식이 두 가지 종류의 세계 모두에 존재한다는 데 근거하며 두 세계 모두에 걸쳐 있기 때문이다. 그러므로 여기에서 고찰되는 것[순수 의식]은 그 자체 로 **자기에게 나타난**[an und für sich] 절대적 본질[102]에 관한 자기의식 즉 종교가 아니며 오히려 신앙에 해당한다. 왜냐하면, 신앙은 현실 세계로 부터의 도피를 의미한다는 점에서 결코 그 자체로 **자기에게 나타난 것** [an und für sich]일 수 없기 때문이다. 현재의 영역으로부터 이처럼 도피 한다는 것은 자기 자신에서[an ihr selbst] 직접 이중성을 지닌다. 순수 의 식은 정신이 자신을 끌어올리는 지반이지만, 단순히 신앙의 지반일 뿐 만 아니라 그에 못지않게 개념이 출현하는 지반이기도 하다.[103] 따라서 **신앙**과 **개념**이라는 두 요소가 동시에 함께 등장하지만, 전자[신앙]는 어디까지나 후자[개념]와 대립한다는 점에서만 고찰 대상으로 된다.[104]

---

101 현실 세계는 일반적 자아가 소원화된 개별적 자아의 세계고, 순수 의식의 세 계는 일반적 자아가 소원화돼서 사물의 피안에 출현하는 세계다.

102 일반적 자아가 구체적 현실에 출현한 것 즉 공동체 또는 국가를 말한다.

103 여기서 개념은 순수 통찰을 의미한다. 헤겔은 순수 의식을 이중적 의미로 쓴다. 한편으로 신앙을 의미하며 다른 편으로 순수 통찰과 신앙의 공통적 지반 을 의미한다.

104 순수 의식에서 일반 자아가 피안의 대상으로 출현하면 그것이 신적 존재다.

[해제] 1) 소외된 정신의 세계는 실제적 의식과 순수 의식으로 이중화된다. 실제적 의식이 나중에 순수 통찰, 계몽으로 발전한다면 이 순수 의식이 나중에 신앙으로 발전한다.

실제적 의식에서 현실이 자아에 대해 대립하며 자아는 이를 대상으로 의식한다. 반면 순수 의식에서는 자아와 대상은 통일된다. 다만 이런 통일은 직접적인 것이어서 그 대상은 현실 속에서 나타나는 것이 아니라 피안의 대상으로 출현한다.

두 세계는 서로 대립하지만, 동시에 내적으로 통일된다. 즉 실제적 의식에서 실제적 자아 이면에는 일반적 자아가 있다. 거꾸로 순수 의식에서 피안의 구체적 본질은 차안의 감각적 현실과 직접 결합해 있다. 순수 의식과 실제적 의식은 표면적으로는 서로 대립하지만, 각자의 내면은 타자니, 마치 뫼비우스의 띠처럼 연결된다.

2) 여기서 헤겔은 이런 의미에서 순수 의식을 자기의식 장에 나오는 불행한 의식이나 절대정신에 속하는 종교와 구분해 신앙으로 규정한다. 불행한 의식은 자신의 자유 즉 자아와 대상의 통일이 피안에 존재하는 것이다. 이때 자유는 다만 형식적 자유에 지나지 않는다. 종교는 절대정신의 표현이다. 절대정신은 일반적 자아가 그 자체로 현실에 출현한 것이다. 그것이 곧 교회 공동체다. 여기서 절대정신은 자각되는데, 그런 자각의 직접적인(상징적인) 방식이 종교다.

반면 신앙은 불행한 의식처럼 자아와 대상의 통일이지만, 여기서 대상은 실체를 말하며 그것은 곧 각자의 본질이 실현되면서 사회적으로 정의가 구현되는 실질적 자유의 세계다. 이런 실질적 자유가 피안에서 실현되니, 그런 점에서는 불행한 의식과 같으며 아직 종교와 같이 구체적 현실 속에서 출현하지 못한다.

실제적 의식에서 일반 자아는 부정적으로 활동하는 자아로 등장한다.

a 교양과 교양이 실현된 나라

487) 〈SK 363:16~364:5〉〈FM 267:9~25〉

이 세계[교양의 세계]에 등장하는 정신은 자기의식이 그 속으로 침투하는 정신적 **본질**을 의미한다. 여기서 자기의식은 직접 이 현재의 삶에서 자신을 개별 **대자**[für sich] 존재로 인식하며 정신적 **본질**은 자기에 대립하는 현실로 인식한다. 그러나 이 현존하는 세계나 실제로 존재하는 자기의식은 모두 자기의식의 운동에 토대를 둔다. 그러므로 자기의식은 자신의 인격을 소외[entäußert]하며 이를 통해 그 자신의 세계를 산출하며 또한, 그런 세계가 낯선[소외된] 세계로 되는 한 자신을 이 세계에 대립시킨다. 자기의식은 이제부터 그런 세계를 장악해야 한다. 그러나 자기의식이 자신의 대자 존재를 포기하는 것이 곧 현실을 생산하는 것이니 자기의식은 이런 포기를 통해서 현실을 직접 장악[bemächtigt]한다.[105] ―달리 말하자면 자기의식은 오직 자기 자신을 소원화하는 한에서만 **그 무엇**으로 될 수 있으며 **실재성**을[Realität] 얻게 된다. 자기의식은 이런 소원화를 거쳐서 그 자신을 일반 존재로 확립하며 이런 일반 존재를 통해 자신의 권리를 인정받으며[Gelten] 자신을 실현할 힘[Wirklichkeit]을 획득한다. 따라서 여기서 자기의식이 다른 사람과 **같다**는 사실은 법적인 같음이 아니며 즉 자기의식 자신이 **존재**한다는 것 때문에 직접 인정되고 유효하게 여겨지는 것이 아니다. 오히려 자기의식이 여기서 권리를 인정받는다면 이는 자기를 소외하는 매개 운동을 통해서 자신을 일반적인 존재에 부합하게 만든 다음에야 비로소 가능

---

105 자기를 포기하는 것이 교양이다. 소외된 세계에서는 자기를 포기해 일반적인 것을 추구해야 그것을 실현할 수 있다.

해진다. 법의 세계에서 나타난, 정신을 토대로 하지 않는[geistlose] 일반성[인격]은 자연적 방식으로 제공되는 성격이나 생존[Dasein]을 내용으로 수용함으로써 이것에 권능을 부여한다. 그러나 여기서 유효하게 된 일반적인 것은 그런 일반적인 것은 **생성**된 것이며 그것이 생성됐으므로 **실제적**[Wirklichkeit]일 수 있다.[106]

[해제] 자기 소외된 정신의 세계를 이루는 두 계기 가운데 헤겔이 먼저 다루는 것은 실제적 의식이다. 이 실제적 의식은 대상적인 현실의 세계에 대립한다. 사회적 상호 작용의 결과 그는 이 현실 속에 자신을 실현하지 못하니, 현실은 그와 대립하는 세계다. 소외된 세계에서 실제적 의식은 자기를 실현하여 대상적 세계를 장악하려 한다. 이를 위해서는 실제적 의식은 자기의 개별적 자아 즉 대자 존재를 지양해야 한다. 이렇게 자기의 대자 존재를 지양하는 과정이 곧 자기를 소원화하는 과정 즉 교양의 과정이다. 다시 말해 교양은 "자기를 소외하는 매개 운동을 통해서 자신을 일반적 존재에 부합하게 만든다."

헤겔은 여기서 형식적 인격과 교양을 통해 생성된 일반적 자아를 비교한다. 법적 인격은 인정받은 존재지만, 다만 형식적인 자기 결정권일 뿐이다. 형식적 인격에서 그 내용은 그의 욕망 충동을 따르며, 그 결과 만인의 만인에 대한 투쟁이 벌어지고 그는 자기 외부의 강제적 폭력에 종속한다. 그러나 교양의 세계에서 일반적 자아는 현실 속에서 구체적으로 실현된다. 교양을 닦은 자의 산물은 그 자신의 본질로 모든 사람으로부터 인정된다. 여기서 인정받는 것은 구체적 내용과 관련된다.

488) 〈SK 364:6~365:7〉〈FM 267:26~268:17〉

---

106 형식적 인격의 자의적 산물은 인정받지 못한다. 인격의 산물 가운데 일반적인 산물만이 사회적으로 인정받을 수 있다. 이 일반적 산물은 교양을 통해 '생성된 것'이다.

그러므로 개인이 권리를 인정받고 자기를 실현할 수단은 곧 자기를 **도야**하는 것이다. 개인이 지닌 참된 **근원적 본성**이나 실체라는 것은 **자연적**으로 존재하는 것을 **소원화**하는 정신에 있다. 따라서 이런 소외[Entäußerung]는 개인이 **현존**을 얻기[Dasein] 위한 수단인 만큼이나 개인이 추구하는 **목적**이기도 하다. 그뿐만 아니라 이런 소외는 **사유 속에 머무르던 실체를 현실로 이행**하게 하는 **수단**인 동시에 거꾸로 말하자면 **특정한 개체성**이 자기의 **본질**로 이행하게 하는 수단이기도 하다. 개체는 자기를 **도야**함을 통해서 개체의 **본래**[an sich] 모습에 이르며 이와 같은 자기 도야의 과정을 거친 다음에야 비로소 **본래적**[an sich]으로 되며, 실제로[wirkliches] 현존한다. 그러므로 개체는 교양이 높은 만큼 더 실현된 존재로 되며 더 강한 힘도 갖는다. 여기서 **개체로서** 자아가 자기를 실제로 존재하는 것으로 알더라도 그가 실제성에 도달하는 것은 단지 자신의 자연적 자아를 지양하는 데 있다. 따라서 타고난 것으로 **규정된** 자연적 자아는 **중요하지 않은**[unwesentlichen] 크기의 차이로 다시 말해 의지가 지닌 활력이 좀 더 크거나 좀 더 작거나 하는 것으로 그 의미가 축소되고 만다. 그러나 이런 개체로서 자아가 추구하는 목적과 내용은 오직 일반적인 실체 자체에 있으며 다만 일반적인 것일 수밖에 없다. 자연적으로 제공된 특수한 것이 목적과 내용으로 되면 그런 특수한 것은 다만 **무기력한 것이고 자기를 실현하지 못하는** 것[Unwirkliches]이다. 말하자면 특수한 것은 어떤 것의 **일종**[Art]으로 여겨지는 것이어서 자기를 실현하려는 노력을 기울이더라도 그런 노력은 헛되며 심지어 우스꽝스럽다. 그런 특수한 것은 모순적인 것이다. 왜냐하면, 그것은 **특수한 것**에 실제성[Wirklichkeit]을 부여하려는 것이지만, 실제성을 지닌 것은 말할 것도 없이[unmittelbar] 일반적인 것이어야 하기 때문이다. 따라서 만약 자기의 개성[Individualität]이 자기의 특수한 소질과 성격에 깃들어 있는 것으로 오해된다면 실재[real] 세계 내에서는 그런 개성적 성격은 전혀 발견되지 않으며 오히려 모든 개인이 지닌 현존[소질, 성격]은 별 차이가 없다. 개성으로 추정된 것[vermeintliche]은 단지 **마음속**에만[gemeinte] 현존하는 것일 뿐이다. 실재[real] 세계에서는 오직 자기 자신을 소외Entäußerung]해 단지 일반화된 것만이 실현되므로 여기서는 마음속에만 현존하는 개성은 어떤 지속성도 갖지 않는다. -그러므로 **마음속**에만 현존하는 개성은 존재하는 것, 일종[eine Art]으로 여겨진다. 여기서 '일종'이라는 말[eine Art]은 '그따위의 것'이라는 말[Espèce]과 완전한 동의어는 아니다. 이 후자[[Espèce]는 "모든 별명 가운데서도 가장 가혹한 별명이다. 왜냐하면, 이 별명은 그저 그런 것이라는 뜻을 지니면서 동시에 최고 단계의 경멸을 표현하는 것이기 때문이다."* '**그러저러한 것**[Art]'이라거나 '**그런대로**[seiner Art] 잘 됐다'라는 독일어 표현은 자신이 지닌 의미에 더해 짐짓 별다르게 나쁜 뜻으로 한 말은 아니라는 듯한 표정을 달고 있다. 달리 말하자면 그런 표현은 사실상 아직도 일종[Art]이란 무엇이며 또한, 교양과 현실이란 무엇인가 하는 데 대해 의식하지 못한 표현이다.

*FM주 〈268:12~14〉 참조: 디드로Diderot, 『라모의 조카』. S. 310

489) 〈SK 365:8~31〉〈FM 268:18~35〉
개별 **개인**과 관련해서 그의 교양으로 나타나는 것은 **실체** 자체가 출현하기 위한 본질적 계기다. 즉 개체의 교양은 사유 속에 머무르는 일반 존재를 현실로 직접 이행하게 하는 계기거나 실체를 움직이는 단순한 영혼으로 되며 **본래적인 것**이 **인정받고 현존하게** 만드는 계기가 된다. 따라서 개체가 자기를 도야해 가는 운동은 바로 실체가 일반적인 대상적 본질로 생성하는 운동이며 즉 실제 세계[wirklichen Welt]가 생성하는 운동이다. 실제 세계는 비록 개체를 통해서 생성된 것이긴 하지만, 이런 [개체적] 자기의식에 대해서는 직접 소원화된 존재니 자기의식에서는 확고부동한 실제 세계라는 형식으로 나타난다. 그러나 자기의식은 이런 실제 세계[Wirklichkeit]107가 곧 자기의 실체임을 확신하는 까닭에 이 실제 세계를 장악하고자 한다. 자기의식은 교양을 통해 실제 세계를 지배하는 위력을 획득하려 한다. 이런 측면에서 교양이 나타나는 모습을 보자면 교양은 자기의식이 자기를 실제 세계에 적응하게 하는 것으로 나타나며 자신의 타고난 성격이나 재능이 지닌 활력이 그에게 허용해 주는 만큼 실제 세계에 적응하는 것으로 나타난다. 여기서 개인이 강제[Gewalt]로 실체를 굴복하게 하며 지양하는 것으로 나타나는 것은 후자 즉 실체가 자기를 실현하는 것과 같은 것이다. 왜냐하면, 개인의 위력[Macht]이라는 것은 자신을 실체에 적응하게 하는 데 있고 다시 말하면 개인이 자신의 자아를 소외[Entäußerung]해 그 자신을 대상적으로 현존하는 실체로 확립하는 데 있기 때문이다. 따라서 개인이 자기를 도야하고 자기를 고유한 방식으로 실현한다는 것은 실체 자체를 실현하는 것으로 된다.

[해제] 488~489 구절에 걸쳐 헤겔은 교양의 의미를 설명한다. 실제는 사실 개인들의 상호 작용을 통해 형성된 것이지만, 개인에게 낯선 소원화된 존재며, 사유 속의 실체로 나타난다. 개인은 이런 실제 세계를

---

107 교양이 자신을 도야하게 장악하려는 것은 경험 세계가 아니라 그 세계 배후의 본질이다. 헤겔은 전자를 '실재[Realität]'로 후자를 '실제[Wirklichkeit]'로 규정한다. 전자는 덧없는 것이며 후자야말로 지속하는 실체다.

자기가 산출한 자기의 실체임을 다만 예감하는 까닭에 이 실제 세계로 나가서 그 속에서 자기를 발견하고 그것을 장악하고자 한다.

실제적 의식의 세계에서는 교양은 한편으로 개인이 자신의 본질로 이행하는 수단이며, 거꾸로 "사유 속에 머무르던 실체가 현실로 이행하는 수단"이기도 하다. 그러므로 교양은 "실체를 움직이는 단순한 영혼"이며, "본래적인 것이 인정받고 현존하게 만드는 것"이다.

개인이 실제 세계를 장악하는 것은 개인이 힘을 통해 강제할 수 없다. 설혹 그렇게 보이더라도 사실 그런 장악은 실체가 자기를 실현하므로 가능한 것이다. 실체는 개인이 자신을 실체에 적응하는 것 즉 자기를 도야하는 것, 자기를 소원화하는 것을 통해 출현한다.

그러므로 헤겔은 교양을 통해, 개인은 본래적 존재가 된다고 한다. 교양의 정도에 따라서 그만큼 더 실제로 본래 존재가 된다. 반면 모든 개인이 지닌 현존은 소질이든 성격이든 별 차이가 없으며, 단순한 크기의 차이에 그친다. 개인적으로 특수한 것은 실현되지 않는다. 그것은 지속성을 지닌 채 실현될 수 없으니, 사람들은 그런 특수한 것이야말로 실제로 있는 것으로 생각하지만, 사실 그것은 그저 "마음속에 현존하는 것"일 뿐이다. 왜냐하면, 그것은 일시적이며 곧 사라지는 것 즉 이른바 일종의 것에 그치기 때문이다.

490) 〈SK 365:32~366:18〉〈FM 268:36~11〉

자아는 다만 자기를 **지양**할 때만 자신을 실현할 수 있다. 따라서 [지양되지 않은] 자아는 자기 자신에 관한 **의식**과 대상의 통일을 의식적으로[für es] 이루지 못하며 오히려 이 대상은 자아에는 자아를 부정하는 것으로 나타난다. ─실체는 자아를 영혼으로 삼아서 자신의 계기를 전개한다.[108] 여기서 실체의 계기는 서로 대립하면서 각 계기는 다른 계기

---

108 인륜적 세계에서 실체와 자아는 직접 통일됐다. 이 자아에서 실체는 자연적

를 활성화하며 자신을 소원화하면서 다른 계기를 존립하게 하며 이 다른 계기를 통해서 존속한다. 동시에 각 계기가 자신의 규정성으로 삼는 것은 넘어설 수 없는 유효성을 지닌 것[ein unüberwindliches Gelten]으로 따라서 다른 계기에 대립하는, 확고하게 실현된 것[Wirklichkeit]이다. 사유를 통해서 보면[109] 이런 구별된 계기는 가장 일반적인 방식으로 즉 **선**과 **악**이라는 절대적인 대립을 통해 고정된다. 여기서 서로 대립하는 선악은 서로 회피하면서 어떤 방식으로도 같은 것으로 될 수 없다. 그러나 고정된 계기도 그 영혼에서는 자기와 대립하는 계기로 곧바로 이행하는 것이다. 그러나 그 현존의 모습을 보면, 오히려 각 계기의 규정성은 대립하는 것의 규정으로 전도한다. 단지 이와 같은 [자기의] 소원화만이 각 계기의 본질이며 이를 통해 전체가 획득된다. 이제 그처럼 각 계기가 자신을 실현하면서 각자가 서로 활성화하는 운동을 살펴보자. 여기서 소외는 자기를 소외하며 전체는 각자의 자기 소외를 통해서 자기의 개념 속으로 복귀한다.[110]

으로 결정된다. 그러나 교양 세계에서 자아는 실체의 계기들을 자유롭게 선택할 수 있다. 실체의 한 계기는 자아의 매개를 통해 다른 계기로 이행한다. 그런 점에서 자아는 실체의 영혼이다.

109 여기서 헤겔은 사유에서 본 관점과 현존에서 본 관점을 구분한다. 사유의 관점이란 실체를 개념적으로 파악하는 추상적 사유를 말하며, 여기서 선악은 실체 자체가 지닌 선악의 규정이다. 반면 현존의 관점이란 이 실체가 자기의식에 드러난 모습을 말한다. 여기서 자기의식은 실체에 대해 자기의 관점에서 선악으로 판단한다. 그런데 이런 현존의 관점에서 자아의 개입을 통해 실체의 표면적 모습은 이면의 모습으로 전도된다. 따라서 처음의 선악이라는 판단은 다른 판단으로 전도된다.

110 자아는 실체의 계기 모두를 부정하면서, 그 자신이 순수한 부정적 자아임을 드러낸다. 이것이 곧 교양에서 자아의 개념이다.

[해제] 1) 교양의 세계에서 두 대립하는 계기가 실체를 이루고 있다. 그것은 마치 인륜성의 세계가 가족과 국가라는 대립하는 계기로 이루어진 것과 마찬가지로 여기서도 실체는 두 서로 대립하는 계기 즉 일반적 계기로서 국가와 개별 계기로서 부로 이루어진다.

그런데 두 계기가 결합하는 방식이 다르다. 인륜성의 세계에서 두 계기는 서로 대립하지만, 서로 침투하고 있어서 하나의 계기를 실행하면 반대 계기를 해치게 된다. 이 전환을 이루는 매개는 각 실체가 직접 결합하는 자아의 행위다. 자아는 행위를 통해 실체의 다른 계기를 해치면서 스스로 몰락하니, 이와 더불어 자기가 속한 계기도 몰락한다.

2) 반면 교양의 세계에서 서로 대립하는 두 계기의 관계를 헤겔은 이중적인 방식으로 바라본다. 여기서 실체에 두 계기 즉 일반적 계기인 국가권력과 개별적 계기인 부가 있으며, 자아에도 도야를 통해 얻은 일반적 자아와 자연적인 개별적 자아라는 두 자아가 있다. 헤겔은 실체를 사유의 측면과 현존의 측면이라는 두 측면에서 바라볼 수 있다고 본다. 전자는 실체의 계기를 그 자체의 규정을 통해 보는 관점이며 후자는 실체에 대해 자아가 관계하는 측면에서 살펴보는 관점이다.

3) 전자(사유)의 측면에서 본다면, 실체의 두 계기 가운데 일반적인 것 즉 자기 자신과 같은 것은 선이고 개별적인 것 즉 자기와 다른 것은 악이다. 예를 들어 국가권력은 그 자체로 선이고 반면 부는 그 자체로 악이다. 이 관점에서 선, 악의 규정은 절대적으로 대립하면서 고정된다.

그러나 후자(현존)의 측면에서 바라본다면, 자아가 보기에 자기와 같은 계기는 선이라 하고 자기와 다른 계기는 악으로 된다. 자아는 개별적 자아와 일반적 자아가 있으므로 개별적 자아에는 개별적인 부가 선이고 일반적 자아에는 악이며, 반면 일반적 자아에는 일반적 국가권력은 선이고, 개별적 부는 악으로 된다.

4) 실체는 원래 자기 이면에 자기와 대립하는 계기를 포함한다. 일

반적인 국가권력의 이면은 개별성이며, 개별적인 부의 이면은 일반성이다.

그런데 자아가 실체에 대해 관계하면서 실체는 고정적인 것으로 머무르지 않고 자기의 이면을 드러내게 된다. 즉 실체는 "자아를 자신의 영혼으로 삼는다." 자아의 관계 즉 평가를 통해 실체의 "각 계기의 규정은 대립하는 것의 규정으로 전도한다." 실체의 반성이 일어난 결과 실체에 대한 자아의 평가도 전도된다. 처음에 선으로 규정된 것은 이제 악으로 규정되고, 악으로 규정된 것은 선으로 된다.

5) 이렇게 실체의 각 계기는 자기의 이면으로 전도되면서 자기에 대립하는 다른 계기를 존립하게 한다." 즉 "실체의 각 계기는 자기를 실현하면서 각자가 서로 활성화한다."

이렇게 실체와 자아의 상호 작용을 통해 전도에 전도를 거듭하면서 소외가 다시 소외되고, 마침내 실체의 모든 계기가 부정되고 순수한 부정하는 자아만이 남는다. 이 순수한 부정적 자아가 교양의 진리이며 개념이다. 이를 통해 실제적 의식은 순수 통찰로 이행한다.

491) 〈SK 366:19~367:13〉〈FM 269:12~34〉

무엇보다도 먼저 단순한 실체는 유기적 조직 속에서 고찰돼야 한다. 이 조직이란 곧 실체가 현존하는 계기지만, 아직 영혼을 통해 활성화되지 않은 계기로 이루어진다.

-이를 자연이 분해된 일반적인 원소[Elemente]에 비춰 보자. -여기서 공기는 지속적이며 순수한 일반자로서 투명성을 지닌 본질을 의미하며 반면, 물은 언제나 자기를 **희생**하는 본질을 의미하고 **불**은 각 원소에 **영혼**을 **불어넣어** 통일하는 본질이니 원소 사이의 대립을 언제나 해소할 뿐 아니라 그에 못지않게 그 결과 얻은 단순성을 다시 대립하는 것으로 양분한다. 끝으로 **대지**는 이상과 같은 조직의 각 마디를 하나로 묶

는 **견고한 매듭**이며 또한, 각 본질과 그 과정의 **주체**일 뿐만 아니라 각 본질이 출발하고 귀환하는 지점이기도 하다. −이런 자연과 마찬가지로 자기 의식적 현실에 내재하는 내적 **본질** 또는 단순한 정신은 하나의 세계를 이루고 있지만, 그러면서도 여러 집단[Masse]으로 분해[auslegt]된다. 이 집단은 자연의 원소와 같이 일반적인 것이지만, 여기서는 정신의 지반에서 펼쳐지는 원소이다. −이렇게 분해되는 집단 가운데 **첫 번째** 집단은 그 자체로[an sich] **일반적**이며 **자기와 같음**의 상태로 머무르는 정신적 본질이며 두 번째 집단은 **대자적**[für sich]으로 존재하면서 자체 내에서 **자기와 같지 않아서** 자기를 **희생하고 포기하는** 정신적 본질이다. **세 번째** 집단은 자기의식이니 그것은 이 모든 과정의 주체여서 곧 불과 같은 힘을 직접 그 자신에서[an ihm selbst] 갖는 것이다. 최초의 본질에서는 자기의식은 그 자신을 **본래적 존재**[Ansichseins]로 의식하며 두 번째 본질에는 자기의식은 일반 존재를 희생하면서 **대자 존재**를 생성한다. 그러나 정신 자체는 이런 전체를 지배하는 그 자체 존재와 **대자 존재**의 통일체[das Anundfürsichsein]로 된다. 이런 통일체로서 정신은 그 자신을 지속적인 실체와 자기희생적인 실체로 **양분**하면서도 또한, 못지않게 그처럼 양분된 것을 자신의 통일 상태로 **복귀하게 한다.** 이 절대적 정신은 한편으로는 폭발적인 힘으로 이런 양분된 실체를 삼켜 버리는 불꽃이면서 다른 한편으로는 그러한 실체들이 상호 작용을 통해 자기를 지속하게 하는 불꽃의 형태라고 할 수가 있겠다. −이런 정신적 본질은 알다시피 인륜성의 세계에서 공동체와 가족에 상응한다. 그러나 여기에서의 정신적 본질은 인륜성의 세계에 간직된 친밀함의 정신을 지니지 못한다. 이런 친밀함의 정신에 운명이란 낯선 것이라면 그에 반해서 여기서 자기의식은 자신이 운명을 지배하는 참된[wirkliche] 위력이며 또한, 자신이 그렇다는 사실을 알고 있다.

[해제] 1) 헤겔은 교양의 세계를 실체로 본다면 두 개의 세계로 구분할 수 있다고 한다. 이 두 개의 세계를 매개하는 것이 곧 자기의식이다.

교양의 세계 전체와 두 구분된 세계, 그리고 이를 매개하는 자기의식의 이중성(분열과 통일)이라는 네 가지 원소를 헤겔은 자연의 네 가지 원소에 비교한다. 즉 공기와 물, 불과 대지다. 공기에 해당하는 것은 그 자체적 본질인 국가권력이며, 물에 해당하는 것은 대자 존재인 부이다. 양자를 매개하는 자기의식은 개별 자아와 일반 자아로 분열하는 가운데 다시 통일하는 운동을 전개하므로 곧 불의 원소에 해당한다. 마지막으로 대지에 해당하는 것을 헤겔이 구체적으로 밝히지는 않았는데, 정신적 본질은 분열과 통일의 운동 속에서 고요하게 자기 자신에 머무르는 것이므로 곧 대지에 해당할 것이다. 이렇게 고요하게 머무르는 정신적 본질은 직접 신앙으로 출현한다.

2) 인륜성의 세계에서 자기의식은 그 실체인 공동체와 가족과 직접 일치돼서 친밀함을 지닌다. 여기서 자기의식은 이런 친밀함 때문에 자기에 대립하는 실체는 낯선 운명으로 다가온다. 그러나 여기 교양의 세계서 자기의식은 자기를 지양하는 자기의 운동을 통해 실체의 각 계기를 그 이면에 있는 대립하는 계기로 이행하게 만드니, 그런 점에서 헤겔은 이 자기의식은 실체의 "운명을 지배하는 참된 위력"이라 말한다.

3) 헤겔은 정신 장에서 자주 문학과 작품을 의존해 설명한다. 이미 그리스 정신이 소포클레스의 비극 『안티고네』를 토대로 한다는 것을 보았다. 교양을 설명할 때 토대로 되는 것은 헤겔이 직접 밝힌 적은 없지만, 그 구조의 비슷함에서 볼 때 독일 바로크 시대 비애극이 아니었을까 짐작한다. 참고로 여기서 대표적인 비애극을 하나 소개한다. 이 작품은 안드레아스 그리피우스의 『레오 아르메니우스』라는 극이다. 그는 이 작품을 1646년 발표했다. 이 극은 AD 820년 살해된 동로마 황제 레오의

사건을 극으로 만든 것이다.

간단하게 그 내용을 소개하자면, 이 작품은 총 5막으로 이루어진다. 1막에서 군사령관인 미하엘 발부스는 황제 레오를 암살할 음모를 꾸민다. 레오는 절대적 폭군이었으며, 신하의 재산을 약탈하기를 주저하지 않았다. 미하엘은 자신의 전공에 대해 황제의 보답이 없다는 것에 대해 실망한다. 미하엘은 자신의 계획을 왕의 친위대장인 엑사볼리스에게 말한다. 엑사볼리스의 고변으로 미하엘은 감옥에 갇힌다. 2막에서 재판이 벌어지고 미하엘은 무죄를 청원하지만, 사형의 언도를 받는다. 왕비인 테오도시아의 청원으로 황제는 미하엘의 처형을 성탄절 이후로 미루었으나, 알 수 없는 운명 앞에서 불안에 떨게 된다. 3막에서는 꿈에 총 주교였던 타라시우스가 나타나 황제 레오에게 경고하자 황제는 더욱 불안에 빠져, 미하엘이 갇혀 있는 감옥을 방문한다. 감옥에는 미하엘이 태평하게 잠들어 있었다. 황제는 그의 행복과 자신의 불안을 비교하면서 자신의 처지를 한탄한다.

4막에서 잠에서 깬 미하엘은 황제가 그사이 다녀갔다는 것을 깨닫고 자신의 처형이 가까워졌음을 깨닫고 마침내 결단을 내린다. 그는 편지를 써서 그의 추종자들에게 보낸다. 자신의 처형을 예고하면서 그 후에는 추종자들의 목숨도 위태롭다고 경고한다. 5막에서는 왕비의 꿈에 왕비의 어머니가 등장해, 황제의 죽음을 예언한다. 왕비는 이 꿈을 그의 시종장인 프로네시스에게 고백하면서 불안에 떨게 된다. 그사이 전령이 와서 황제가 암살됐다는 것을 알려준다. 무대에서 추종자들이 미하엘을 찬양하는 동안 왕비는 정신이 나가서 레오가 살아 있다고 외치는 가운데 막이 내린다.

여기서 황제와 신하 사이의 대립은 헤겔이 서술한 권력과 부의 관계와 구조적으로 닮았다. 충성스러운 신하 발부스가 황제에 반역하는 과정이 교양의 세계에서 고귀한 의식이 비천한 의식으로 전도되고 마침내 분열적 의식에 이르는 과정과 비슷하다.

492) 〈SK 367:14~31〉〈FM 269:35~270:9〉

이제 전체를 구성하는 마디를 살펴보기로 하자. 그 마디는 순수 의식 [111] 안에서는 **사상**으로 또는 **그 자체 존재**[ansichseiende]로 표상[vorstellt]되며 반면 실제 의식에서는 **대상적** 본질로 생각된다. ―우선 단순성의 형식[그 자체 존재]에서는 첫 번째 마디 즉 **자기와 같으며** 모든 의식에 직접 존재하는 불변적인 **본질**이 곧 **선**이다. ―그것은 그 자체 존재가 지닌 독립적인 정신적 위력이니 여기서 대자적으로 존재하는 의식의 운동은 오직 이 위력을 추종하는 것일 뿐이다. 이와는 달리 두 번째 마디는 **수동적**으로 된 정신적 본질 또는 일반적인 존재다. 이런 본질 또는 일반자가 자기를 희생하므로 또는 개인이 자신의 개별성에 관한 의식을 이런 [자기희생적] 본질과 일반자에서 획득하므로 수동적이라 한다. 따라서 이 두 번째 마디는 자기 부정적인[nichtige] 본질 즉 악을 의미한다. ―그런데 이 두 번째 본질이 절대적으로 자기를 희생하는 것 자체는 지속해서 일어나는 일이다. 마치 첫 번째 본질이 개인의 토대이며 출발점이자 결과며 개인은 그런 가운데 순수하게 일반적으로 머무른다면 이와 달리 두 번째 마디는 한편으로 말하자면 자기를 희생할 수밖에 없는 **대타 존재**다. 다른 편에서 말하자면 이 두 번째 마디는 그처럼 자기를 희생하기에 오히려 개인을 **개별자**로서 자기 자신에게로 끊임없이 복귀하게 하며 개인을 지속해서 **대자 존재**로 만드는 것이다.

---

111 앞에서 사유의 관점과 현존의 관점을 구분했는데 그 가운데 사유의 관점은 실체의 계기를 그 자체로 개념적으로 파악하는 것이다. 이런 사유의 관점이 곧 순수 의식의 관점이다. 여기서 순수 의식은 나중에 신앙으로 나타나는 순수 의식과 구별된다.

493) 〈SK 367:32~368:29〉〈FM 270:10~35〉

그러나 위에서 본 바와 같은 선과 악이라고 하는 단순한 두 사상은 직접 서로 소원한 상태에 있다. 그러한 **사상**[112]은 **실제로 존재**할 때 즉 실제적 의식 내에서는 **대상적인** 계기로 존재한다. 이런 대상적 계기로 본다면 첫 번째에 해당하는 본질은 **국가권력**으로 될 것이며 두 번째 본질은 **부**에 해당한다. ─국가권력이란 단순한 정신적 **실체**와 마찬가지로 만인의 일반적인 **산물**이며 절대적인 **사태 자체**다. 개인은 이 속에서 자신의 **본질**을 표현하며 개인의 개별성은 바로 그 자신의 **일반적** 실체를 의식하는 것일 뿐이다. 이에 못지않게 국가권력은 산물이자 **결과**지만, 이런 결과는 단순화되면서 이 결과가 개인의 **활동**으로부터 나왔다는 사실이 사라져 버린다. 그 대신 이런 단순화된 결과는 개인이 행하는 모든 일의 절대적인 토대로 되며 또 개인의 모든 일을 존립하게 해주는 것으로 된다. ─개인적 삶의 토대로 되는 **단순하면서**도 에테르 같은 실체는 자기와 같음을 지닌, 불변적인 **존재**라는 자신의 규정을 통해서 외면적으로 존재하며 다만 **대타 존재**가 된다. 그러므로 국가권력이라는 단순한 정신적 실체는 본래[an sich] 직접 자기 자신에 대립하는 것으로 전환한다. 그것이 곧 **부**[富]다. 물론 부가 단지 수동적이며 자기 부정적인 것[Nichtige]이라 할지라도 부 역시 일반적인 정신적 실체며 마찬가지로 **만인의 노동과 활동**으로부터 끊임없이 **생성된 결과**며 동시에 부는 다시금 만인이 그것을 **향락**하는 가운데 스스로 해체되는 것이기도 하다. 그런데 비록 부를 향락하는 것을 통해 개체가 **대자 존재**로 되거나 **개별자**가 된다 할지라도 이런 향락 자체는 만인[allgemeinen]이 활동한 결과다. 이것은 이런 향락이 거꾸로 만인을 위한[allgemeinen] 노

---

112 순수 의식 또는 사유에서 본 그 자체 존재를 말한다.

동이며 만인의 향락을 산출하는 것과 마찬가지다. **실제로 존재하는** 부는 곧바로 직접 일반적인 것이라는 정신적 의미를 지닌다. 사실 생각해 보면 부를 향락하는 순간 개인은 누구나 **이기적**으로 행동한다. 왜냐하면, 개인은 향락의 순간에는 자기가 대자적으로 존재한다는 것을 의식하며 그런 이유로 그런 향락의 순간을 어떤 정신적인 것으로 여기지 않기 때문이다. 그러나 단지 겉으로 볼 때조차도 분명해지는 사실은 모든 개인은 부를 향락하는 것을 통해서 모두에게 향락하는 것을 제공한다는 사실이다. 또한, 분명한 사실은 자신이 노동하는 가운데 자신을 위해 노동하는 것과 마찬가지로 만인을 위해 노동하며 또한, 만인이 그를 위해 노동한다는 사실이다. 따라서 그의 **대자 존재**는 이미 그 자체에서 **일반적**인 의미를 지니며 이기적인 것은 다만 그의 생각 속에만 그렇다는 것이다. 그가 생각으로는 모든 사람에게 좋은 것이 아닐 수 있는 것을 수행한다고 하더라도 실제로 그런 것을 성취하기에 이를 수는 없다.

494)〈SK 368:30~369:24〉〈FM 270:36~271:22〉

그러므로 자기의식은 이상과 같은 두 가지 정신적인 위력 즉 국가 권력과 부 속에서 마침내 자기의 실체와 내용 그리고 목적을 인식한다. 자기의식은 이런 두 가지 정신적 위력 속에서 자신의 이중적 본성을 직시[直視]한다. 즉 그는 이런 정신적 위력 속에서 한편에서는 자기의 **그 자체 존재**[Ansichsein]를 다른 한편에서는 자기의 **대자 존재**를 본다.[113] ─그러나 동시에 자기의식은 정신인 한에서는 개체성과 일반 존재 또는 자아와 현실이라는 양자가 저마다 존립하면서 서로 분리된 상태를 넘어서 양자를 부정적으로 **통일**하는 힘이다. 따라서 지배와 부는

---

113 앞에서 사유의 관점과 구분되는 현존의 관점은 실제적 의식이 실체의 계기를 보는 관점을 말한다. 실체 계기와 자아 계기의 관계를 통해 선악이 판단된다.

개인에게 한낱 대상으로 눈앞에 나타난다. 즉 자기의식은 이런 지배와 부로부터 자기가 **자유롭다**는 것을 알며 또한, 그 양자 가운데 어느 한 쪽만을 택하거나 아니면 그 가운데 어느 것도 택하지 않을 수 있다고 생각한다. 자기의식은 이처럼 자유롭게 선택하는[frei] **순수한**[reine] 의 식에 머무르면서도 정신적 본질에 대립하면서 이런 본질을 다만 **자신을 위해** 존재할 뿐인 것으로 여긴다. 그런 다음 자기의식은 정신적 본질을 자신의 **본질**로 자기 내로 수용한다. ―순수한 의식에서 그에게 실체로 되는 계기는 국가권력이나 부가 아니라 오히려 선과 악이라는 사상이다. ―그러나 나아가서 자기의식은 그의 순수 의식을 그의 실제적 의식에 관계하게 하며 다시 말해서 사유 된 것을 대상적인 본질에 관계시킨다.[114] 이 때문에 자기의식은 본질상 **판단**하는 작용으로 된다. ―물론 그런 판단은 실제로 존재하는 정신적 본질의 두 가지 측면[국가권력과 부]에서 각 본질이 지닌 직접적인 규정을 통해서 이미 제시됐다. 즉 선한 쪽은 국가권력이었고 악한 쪽은 부였다. 그러나 이런 최초의 판단은 정신을 매개한 판단으로 여겨질 수는 없다. 왜냐하면, 이런 최초의 판단에서는 하나의 측면은 단지 **그 자체 존재**[Ansichsein] 또는 긍정적인 존재일 뿐인 것으로 규정됐으며 다른 측면은 단지 **대자 존재**며 부정적인 존재일 뿐인 것으로 규정됐기 때문이다. 그러나 이 두 가지 본질은 정신세계에 속하는 본질이니 각자 이미 두 계기의 상호 침투이므로 앞에서와같이 규정하는 것으로는 완전하게 드러나지 않는다. 또한, 자기의식은 자기 관계하는 것이므로 **그 자체 존재며 동시에 대자 존재**[an

---

114 이런 판단은 사유에서 일반적인 것이나 개별적인 것이라는 개념을 구체적 대상인 국가권력과 부에 적용한다는 의미다. 즉 국가권력은 그 자체로 일반적인 것으로 되며, 부는 개별적인 것으로 된다.

und für sich]이다. 따라서 자기의식은 이들 두 본질의 각자에 대해서 이중적인 방식으로 관계해야 한다. 왜냐하면, 이런 이중적 방식으로 관계하는 것을 통해서만 각 본성이 자기 자신에게 소원화된 규정이라는 사실이 드러나기 때문이다.

495) ⟨SK 369:25~370:15⟩ ⟨FM 271:23~272:3⟩

이제 자기의식에서 **선하고 그 자체적인**[an sich] 대상이란 곧 자기의식이 그 속에서 자신을 발견하는 것이며 악한 대상이란 이와 반대로 자기의식이 그 속에서 그 자신과 반대되는 것을 발견하는 것으로 된다. 다시 말하면 **선**은 자기의식과 대상적 본질이 서로 같은 것이며 반대로 악은 양자가 **서로 같지 않은 것**이다. 동시에 **자기의식이 보기에** 선하거나 악한 것은 **그 자체에서**[an sich] [직접] 선하거나 악한 것으로 된다. 왜냐하면, **그 자체에서**[Ansichsein] 선하고 악한 것과 **자기의식에 대해** 선하고 악한 것[Für-es-Seins]이라는 두 계기는 다름 아닌 자기의식 속에서 본다면 같은 것이기 때문이다. 자기의식이란 [국가권력과 부라는] 대상적 본질을 실현하는 실제 정신이며 자기의식의 판단 행위란 곧 자신의 힘을 이 두 계기에서 입증하는 것이니, 이런 힘을 **통해서** 두 계기는 자기의 **본래 상태**[an sich]에 이른다.[115] 이 두 가지 대상적 본질의 기준이며 진리로 되는 것은 저마다 직접 그 자체에서[an sich selbst] 같은 것인가 아니면 같지 않은 것인가가 아니며 다시 말해서 추상적인 그 자체 존

---

115 그 자체 존재[Ansichsein]를 그 표면만 볼 때 선악에 해당하는 것은 자기의식이 그 자체 존재와 관계해서 볼 때 선악에 해당하는 것과 같은 것이다. 그러나 자기의식의 판단을 통해 오히려 그 자체 존재가 지닌 내면적 측면 즉 본래적 측면 [an sich]이 드러나면서 이런 선악의 판단이 전도된다. 여기서 'an sich'가 두 번 나타나는데 맥락에 따라 구별해서 읽어야 한다.

재[Ansichsein] 또는 추상적인 대자 존재가 아니다. 오히려 그 기준과 진리로 되는 것은 정신이 이 두 가지 본질에 대해 관계할 때 이 두 가지 본질이 어떤 것인가 즉 그것이 정신과 같은 것인가 아니면 정신과 다른 것인가이다. 대상적 본질은 처음에 **대상**으로 설정됐다. 그러나 정신이 이런 대상적 본질에 대해 관계하면서 이 대상적 본질은 이런 **정신을 통해 본래적 존재**[Ansichsein]가 된다. 정신이 대상에 **관계**해 이런 결과에 이른다는 것은 동시에 이런 대상적 본질이 **자기 내로 반성**하면서 이를 통해 실제로 정신적 존재를 획득하고 **그런 대상적 본질의** [고유한] **정신**에 해당하는 것이 출현한다는 것을 의미한다.[116] 그러나 대상적 본질이 처음에 **직접 지닌 규정**은 정신이 이런 대상적 본질에 대해서 지니는 **관계**와 구별된다. 이와 마찬가지로 또한, 세 번째에 해당하는 계기 즉 대상적 본질 자체가 고유한 정신을 지니게 됐을 때 이런 정신은 또한, 이 두 번째 계기와 구별된다. —여기서 대상적 본질이 지닌 **두 번째 그 자체 존재**[Ansichsein][117] 즉 정신이 그런 대상적 본질에 관계하는 것을 통해서 등장한 그 자체 존재는 이미 **직접 출현한** 첫 번째 그 자체로 존재[Ansichsein]와 다르게 보일 수밖에 없다. 왜냐하면, 이처럼 정신이 **매개**하는 작용이 오히려 **직접적**인 규정성을 움직이면서 이 규정을 어떤 다른 것으로 만들기 때문이다.

---

116 실체의 계기는 상호 침투돼서 자기의 이면에 다른 계기를 갖는다. 이 이면의 계기는 자아의 행위가 개입하면서 드러나게 된다. 이렇게 드러난 것이 '대상적 본질의 정신에 해당하는 것'이다. 여기서 선악의 판단은 앞에서 직접적 계기에 대한 선악 판단과 달라진다.

117 첫 번째 그 자체 존재는 대상적 본질이 자아와 관계하기 이전에 가지고 있었던 규정이다. 두 번째 그 자체 존재는 대상적 본질에 대해 자아가 관계하면서 감추어진 본질이 등장한 것이다.

[해제] 492~495)에서 헤겔은 순수 의식의 측면과 실제적 의식의 측면에서 실체의 두 계기인 국가권력과 부와의 관계 및 운동을 설명한다. 이 설명은 여기서는 개념적으로 설명되며, 구체적인 역동적 과정은 다음 구절에 서술된다.

[해제] 1) 국가와 부는 세 가지 차원에서 규정된다. 먼저 실체 그 자체의 측면에서 규정된다. 국가권력은 모든 개인의 토대인 일반적 계기고 그 자신과 같은 것이므로 그 자체 선이다. 반면 두 번째 계기인 부는 개별적인 것으로서 향락을 위해 소모되니, 그 자신과 다른 것으로서 악이다. 이것이 첫 번째 등장한 실체의 규정이다.

첫 번째 실체가 그 자체로서 지니는 규정과 순수 의식에 드러난 실체 규정은 일치한다. 즉 "그 자체에서 선하고 악한 것과 자기의식에 대해 선하고 악한 것이라는 두 계기는 다름 아닌 자기의식 속에서 본다면 같게" 된다.

2) 교양 세계에서 실제적 의식은 두 가지 자아로 분화된다. 이 각 자아가 실체의 두 계기 즉 국가권력과 부에 관계한다.

실제적 의식의 대상적 본질에 대한 관계를 헤겔은 판단 행위라고 한다. 대상이 의식과 일치하면 선이고 대상이 의식과 대립하면 악이다. 개인이 어느 편과 자기를 같은 것으로 보는 것이냐는 자유롭다. 개인은 그 가운데 하나를 선택할 수도 있고, 어느 것도 선택하지 않을 수도 있다.

따라서 두 자아는 실체의 두 가지 본질에 대해 이중적인 방식으로 관계한다. 일반적 자아에서는 국가권력은 선으로, 부는 악으로 규정된다. 반면 개별 자아에서는 정반대이다. 여기서는 개별 자아는 부를 자신과 같은 것으로 보며, 그것이 선이고 반면 일반적 국가권력은 자신에 대립하는 악으로 규정된다.

처음에 이런 판단에서 선과 악, 그 자체 존재와 대자 존재는 서로 대립한다. 각 계기가 사실은 두 계기의 상호 침투로 이루어져 있어서 다른 계기로 이행한다는 사실은 이런 판단에서는 아직 드러나지 않는다.

　3) 실체의 일반성 계기와 개별성 계기는 상호 침투한다. 우선 국가권력은 만인의 상호 작용을 통해 생성된 것이지만, 이런 생성 과정이 잊힘으로써 개별 군주가 지배하는 것으로 존재한다. 그런 한 그것은 "그 자신과 같음을 지닌 존재라는 규정성을 통해서 외면적으로 존재하며, 다만 대타 존재로 된다." 따라서 국가권력은 자기 부정적 존재로 즉 부로 이행한다.

　마찬가지로 부는 그 자신과 다른 존재지만, 부의 향락은 곧 "만인의 활동 결과"이며 자기의 향락은 곧 "만인을 위한 노동"이며 "만인의 향락을 산출"한다. 그러므로 부는 이미 그 자체 일반적인 의미가 있다. 따라서 그것은 국가권력과 같은 일반적인 것으로 이행한다.

　4) 대상적 본질이 지닌 그 이면의 의미는 처음 두 가지 본질이 그 자체로 등장할 때는 드러나지 않는다. 자기의식이 대상적 본질에 대해 관계하면서 오히려 이 관계를 매개로 해서 대상적 본질이 지닌 이면적 측면이 드러나게 된다. 대상적 본질이 이렇게 전도되면서 실제적 의식에서 처음에 대상이 지닌 규정은 나중에 등장하는 규정과 달라진다. 헤겔은 이렇게 전도되는 것을 통해 드러난 대상적 본질을 두 번째 그 자체 존재라 한다. 이렇게 전도를 통해 나타나는 대상의 규정이 곧 두 번째 판단이다. 이 두 번째 판단을 통해 다시 처음의 본래적 규정으로 전도가 일어나면서, 대상적 본질을 부정하는 순수한 자아의 개념이 출현하면서 교양의 세계는 순수 통찰로 이행하게 된다.

　496) 〈SK 370:16~32〉〈FM 272:4~15〉

　그에 따라서 볼 때 **그 자체적인 동시에 대자적인**[an und für sich] 의식은 국가권력 속에서 그 자신의 토대로 되는 **단순한 본성**[Wesen]과 자기 삶의 기본적인 **존립**[Bestehen überhaupt]을 발견하지만, 자기의 **개체**

성 자체를 발견하지는 못한다. 다시 말하면 그러한 의식은 국가권력 속에서 자기의 **그 자체 존재**는 발견할 수는 있지만, 자신의 **대자 존재** 는 발견하지 못한다. 그런 의식은 이런 국가권력 속에서 오히려 자기 가 개별자로서 수행하는 활동은 부인되고 복종이 강요된다는 것을 발 견한다. 개인은 이와 같은 권력 앞에서 자기 자신 속으로 복귀한다. 국 가권력은 그에게서 다만 억압적인 본질[Wesen]로 되니 즉 악한 것으 로 나타날 뿐이다. 왜냐하면, 이런 권력은 개체와 같은 것으로 되는 대 신에 오히려 개체와 그야말로 같지 않은 것으로 되기 때문이다. ─이와 는 달리 부는 **선**한 것으로 된다. 즉 부라는 것은 만인[allgemeinen]의 향 락 대상으로 되는 가운데 그 자신을 희생하면서 만인이 자신의 자아를 의식하도록 마련한다. 이처럼 부는 **그 자체로서 볼 때는**[an sich] 만인 을 행복하게 한다. 만약 부가 누군가의 행복을 거부한다면 즉 모든 자 의 욕망을 시인하지 않는다면 이것은 다만 우연적인 사건이며 이런 우 연적 사건은 부의 일반적이고 필연적인 본성을 전혀 해치지 못한다. 즉 그런 우연성 때문에 모든 개별자에 자신을 나누어 주는 천수관음 [tausendhändiger]이라는 부의 본성이 부정되지 않는다.

497) 〈SK 370:33~371:16〉〈FM 272:16~31〉

위에서 제시된 두 가지 판단[118]은 선과 악이라는 사상에 어떤 특정한 내용을 부여하지만, 그 내용이란 것은 선악의 사상이 우리에게[그 자체 로] 나타났던 의미와는 반대되는 것이다. ─그러나 자기의식은 다만 처 음에는 그의 대상에 대해 불완전하게 관계한다. 다시 말하면 그런 관계 는 **대자 존재**의 척도에 따른 것이다. 그러나 의식은 대자 존재에 못지않

---

118 위에서 언급한 판단은 자기의식의 대자적 측면에서 이루어진 판단이다. 대 자적 측면에서 국가권력은 악이고, 부는 선이다.

게 그 자체로 존재하는 것[ansichseiendes]이므로 이 의식은 이런 그 자체의 측면을 마찬가지로 척도로 삼아서 이를 통해 정신적 판단을 완성한다. 따라서 이런 측면에서 본다면 **국가권력**은 의식의 **본질**을 이룬다. 국가권력이란 한편으로는 단순한 규범으로서 흔들리지 않는[ruhend] 법칙이며 다른 한편으로는 일반 법칙을 수행하는 개개의 운동을 규제하는 정부와 명령[Regierung und Befehl]이다. 여기서 전자는 단순한 실체 자체며 후자는 이 실체가 자기 자신과 또한, 만인에게 활기를 불어넣고 지탱하게 해 주는 활동을 의미한다. 그러므로 개인은 이런 국가권력 속에서 자기의 근거와 본질이 표현되고 조직되면서 활동한다는 것을 발견한다. ―이에 반해 개인이 **부**의 향락을 통해서 경험하는 것은 결코 자기의 일반적인 본질이 아니다. 오히려 그가 여기서 얻는 것은 **일시적인** [vergängliche] 의식일 뿐이며 그가 자신을 향락한다 하더라도 이때 그 자신이란 하나의 대자적으로 존재하는 **개별자**로서 자신이므로 그 자신의 본질과 **같지 않은 것**으로서 개별자 자신이다. ―그러므로 여기서[자기의식의 그 자체 측면에서] 선악의 개념은 앞의 경우[자기의식의 대자적 측면에서]와는 반대되는 내용을 획득한다.

498) 〈SK 371:17~372:3〉〈FM 272:32~273:10〉

이상과 같은 두 개의 판단방식은 저마다 하나씩의 **같음**과 **같지 않음**을 발견한다. 첫 번째 판단에서 의식은 국가권력을 의식 자신과 **같지 않은 것**으로 그리고 부의 향락은 의식 자신과 **같은 것**으로 받아들이는 데 반해서 두 번째 판단에서 의식은 전자가 의식 자신과 **같고** 후자는 의식 자신과 **같지 않은** 것으로 여긴다. 여기서 이중적인 **같음**과 이중적인 **같지 않음**이 눈앞에 나타나면서 두 가지 실재하는 본질 규정[국가권력과 부]에 대해 서로 대립하는 방식으로 관계한다. ―이제 우리는 서로 다른

[이 두 가지] 판단 자체를 평가해야 하겠다. 이때 우리는 앞에서 제시됐던 척도를 적용해야 한다. 이 척도에 따르자면 의식이 대상과 **같은** 관계는 **선**한 것이며 이와 반대로 의식이 대상과 **같지 않은** 관계는 **악**한 것이다. 여기서 명심해야 할 것은 이와 같은 관계가 지니는 두 가지 방식 자체가 앞으로는 서로 **다른 형태의 의식**으로 확립된다는 사실이다. 의식이 선과 악이라는 서로 다른 규정 아래 속하는 것은 의식이 서로 다른 방식으로 [국가권력과 부라는 본질에] 관계하는 것을 통해서이지 의식이 **대자 존재**[부]나 아니면 순수한 **그 자체 존재**[국가권력]를 자신의 원리로 삼는다는 점에 따른 것은 아니다. 왜냐하면, 대자 존재와 그 자체 존재라고 하는 이 두 측면은 다 같이 의식이 본질적인 계기로 삼는 것이기 때문이다. 앞에서 고찰된 이중적인 판단 작용은 이들 두 원리를 분리된 상태에 놓고 생각하는[vorstellte] 까닭에 한낱 **추상적인 판단방식**을 포함할 뿐이다. 실제적 의식으로서는 그 자체에서 두 개의 원리를 함께 지님으로써 이런 구별은 오직 의식의 **본질**에 해당하는 것 즉 의식 자신이 실재하는 것[das Reale]에 어떻게 **관계**하는가에서 찾아야 한다.

499) 〈SK 372:4~16〉〈FM 273:11~20〉

여기서 관계가 이루어지는 방식은 서로 대립하는 성격을 지닌다. 그 한 가지는 국가권력과 부를 모두 의식 자신과 **같은** 것으로 여기는 관계며 다른 하나는 국가권력과 부를 모두 의식 자신과 **같지 않은** 것으로 보는 관계다. ―여기서 둘 다와 같음의 관계를 맺는 의식은 **고귀한** 의식이다. **고귀**한 의식은 공적인 권력을 의식 자신과 같은 것으로 여기니 이런 고귀한 의식에 국가권력은 의식 자신의 단순한 본질로 되며 고귀한 의식 자신은 그런 본질을 운동하게 하는 것[Betätigung]으로 된다. 그러므로 고귀한 의식은 국가권력에 대해 봉사를 통해 실제로 이에 복종하며 이런 본질에 대해 내심으로 존경을 바친다. 이와 마찬가지로 고귀한 의식은 부 역시 의식 자신과 같은 것으로 여기니 고귀한 의식은 부를 바라보면서 그것이 의식 자신의 또 하나의 본질적인 측면 즉 **대자 존재**의 측면이라는 것을 의식한다. 따라서 고귀한 의식은 부도 마찬가지로 **본질**이라는 자격으로 그에게 관계하는 것으로 고찰하며 동시에 고귀한 의식은 부를 향락하면서 부를 시혜자로 인정하며 그에게 감사해야 마땅하다고 여긴다.

500) 〈SK 372:17~29〉〈FM 273:21~30〉

이에 반해서 또 다른 관계에 관한 의식이 **비천한** 의식이다. 이 비천한 의식은 두 가지 본질 규정이 의식 자신과 **같지 않은 것**이라고 보는 관계를 맺는다. 즉 비천한 의식은 지배자의 강제를 자신의 **대자 존재**를 억압하는 사슬로 보므로 지배자를 증오하며 다만 흑심을 품은 상태에서만 그에게 복종할 뿐이고 언제라도 반역을 위해 봉기할 준비가 되어 있다. ‒또한, 비천한 의식은 부에 대해서는 이를 통해 자신의 대자 존재를 향락하는 데 이르면서도 동시에 이 부는 자기와 다른 것이라는 사실을 즉 자기의 지속적인 **본질**과 같은 것이 아니라는 사실을 알아차릴 따름이다. 비천한 의식은 부를 통해서도 다만 부의 향락이 개별적이고 또 일시적이라는 사실을 의식하면서 부를 애지중지하면서도 동시에 경멸하며 본래 소멸하는 것에 지나지 않는 향락이 소멸하고 나면 그와 더불어 부에 대한 그의 관계조차도 소멸하는 것으로 여긴다.

[해제] 1) 실제적 의식은 교양을 통해 자신을 이원화한다. 하나는 교양을 통해서 얻은 일반적 자아며 다른 하나는 본래의 실제로 존재하는 개별 자아다. 이런 이중성 때문에 국가권력과 부에 대한 태도도 이중적으로 나타난다.

국가권력과 부는 그 자체 존재와 대자 존재다. 실제적 의식의 개별 자아와 일반 자아는 양자의 표면적인 측면과 각기 관계하면서 선과 악이라는 판단을 내린다. 하지만 양자는 이미 서로 침투하고 있다. 국가권력에는 부의 측면이 있어서 만인이 이 국가를 토대로 살아간다. 또한, 부의 측면에도 무상한 측면이 있어서 이것이 일반성을 이룬다. 이처럼 양자는 각기 자기의 이면을 드러내니, 이런 이면과 관계해서 실제적 의식의 두 측면은 각기 판단을 내리니 이 판단은 앞의 판단과 달라진다.

처음에 개별 자아는 부를 선으로 여겼고 일반 자아는 국가권력을 선으로 여겼다. 그러나 이제는 개별 자아에서 부는 악으로 되며, 일반 자아에서 국가권력은 악으로 된다. 개별 자아에서 국가권력은 앞에서는 악이었으나 이제는 선으로 되며, 일반 자아에서 부는 앞에서는 악이었으나 이제는 선으로 된다.

2) 헤겔은 이중적 의식의 이중적 본질에 대한 이중적 관계 때문에 새로운 의식이 출현한다고 한다. 그것이 곧 고귀한 의식과 비천한 의식이다.

고귀한 의식은 국가권력과 부에 대해 다 같이 자기와 같음을 지닌 것으로 여기는 의식이다. "국가권력은 그 자신의 단순한 본질로 되며" 이 국가권력을 위해 봉사하며, "부를 시혜자로 인정하며" 이 부를 향락한다. 반면 비천한 의식은 두 가지 본질에 대해 다 같이 자기와 다른 것으로 여긴다. 즉 비천한 의식은 "지배자의 강제를 자신의 대자 존재를 억압하는 사슬로 보며" 이를 증오하고, 언제라도 반역하며, 부에 대해서도 그것은 "자기의 지속적인 본질과 같은 것이 아니라면서" 허망한 것으로 여긴다.

그러나 실체의 두 계기 즉 국가권력과 부는 그 이면에서 표면적 측면과 대립하는 측면을 가진다. 이 대립하는 측면은 고귀한 의식과 비천한 의식이 내린 판단 자체를 통해 드러나게 되면서 고귀한 의식과 비천한 의식의 첫 번째 판단은 완전히 반대되는 판단으로 전환한다. 그럼으로써 고귀한 의식 자체가 비천한 의식으로 거꾸로 비천한 의식 자체가 고귀한 의식으로 전도된다.

501) 〈SK 372:30~373:19〉〈FM 273:31~274:11〉

그러나 이런 관계[고귀한 의식과 비천한 의식]가 표현하는 첫 번째 판단은 다만 두 가지 본질이 의식에 대해 대상으로 될 때 무엇을 의미하는가 하는 **판단**에 그치며 아직은 이 두 가지 본질이 **그 자체로 자기에게 나타날**[an und für sich] 때 무엇을 의미하는가에 관한 판단은 아니다. 이런 첫 번째 판단을 통해 표상되는[vorstellt] 반성은 한편으로는 다만 우리에 대해서[für uns] 어떤 규정이나 다른 규정[선 또는 악]을 설정하고 또한, 그 어느 규정이든 다 같이 지양하는 것이다. 이런 반성은 아직 그런 의식[고귀한 의식과 비천한 의식] 자체에 대해서[für das Bewußtsein selbst] 그런 규정을 반성하는 것은 아니다.[119] 그러나 다른 한편에서는 이 두 가지 본질은 겨우 **직접적**인 본질이기에 그 본질은 아직 **생성된** 것도 아니며 그 자체에서 자기의식을 지닌 것도 아니다. 즉 자기의식은 이와 같은 두 가지 본질을 대상으로 할 뿐이며 아직 그런 본질을 활성화하지 않는다. 이 두 가지 본질은 술어일 뿐 아직 그 자체 주어로 되지 않는다. 바로 이처럼 두 가지 본질이 분리되므로 전체 정신적 판단도 역시 두 가지 의식[고귀한 의식과 비천한 의식]에 분리되면서 각 판단은

---

119 앞에서 자아가 국가권력과 부에 관계할 때도 순수 의식과 실제적 의식의 판단을 구별했다. 그 가운데 실제적 의식에서도 직접적 판단과 매개적 판단이 있었다. 마찬가지로 고귀한 의식과 비천한 의식이 두 가지 본질에 대해 관계하는 가운데서도 우리가 내린 판단과 그런 의식 자체에서 내린 판단이 구분되며, 이 후자는 다시 직접적 판단과 매개적 판단으로 구분된다.

일면적인 규정 아래 놓여 있다. —여기서 처음에 서로 소원화된 두 가지 측면—즉 한편으로는 순수 의식에 속하는 **그 자체적인 것** 즉 선과 악이라는 특정한 **사상**과 다른 한편으로는 이 두 측면이 **현존**하는 모습 즉 국가권력과 부—사이의 **무차별한** 상태가 양자 사이의 관계로 즉 **판단**의 단계로까지 끌어올려졌듯이 이제 이런 외적 관계는 내적인 통일로 또는 현실에 대한 사유의 관계로 끌어올려져야 하므로 판단의 두 가지 형태를 포섭하는 정신이 등장해야 한다. 이와 같은 결과는 판단이 **추론**[120]에 이르면서 일어난다. 이런 추론은 매개하는 운동이니 이를 통해 판단의 양 측면을 필연적으로 매개하는 운동이 출현한다.

[해제] 1) 위에서 헤겔은 의식의 대상에 대한 관계의 이중적 측면을 서술하면서 고귀한 의식과 비천한 의식이 어떻게 두 가지 본질에 관계하는가를 설명했다. 이런 관계는 어디까지나 전체를 굽어보는 우리가 판단하는 것이지, 두 가지 의식 자체에서 일어나는 판단은 아니다.

두 가지 본질은 이미 타자를 자기의 이면에 포함한다. 그것은 고정된 것이 아니라 각 의식(고귀한 의식과 비천한 의식)을 매개로 운동하면서 자신의 타자로 이행한다. 이런 이행을 통해서 대상적 본질의 표면에 감추어진 이면이 드러난다. 그런 운동의 결과 표면적으로 서로 대립하는 것으로 보이는 두 가지 의식이 상호 전환하게 된다.

2) 헤겔은 앞에서 의식이 대상적 본질이 지닌 직접적 규정에 대한 관계를 판단에 해당하는 것으로 본다. 반면 본질과 의식의 상호 작용을 통해 드러나는 대상의 본래적 규정과 의식이 관계하는 것을 추론에 해당하는 것으로 여긴다. 판단이 추론으로 이행하면서 고귀한 의식은 그 자

---

120 예를 들어 국가권력은 의식에 대해 처음에 선이었다. 그러나 의식의 판단 작용을 통해 국가권력의 이면이 드러나면서 악으로 판단된다. 이렇게 의식을 매개로 판단이 전도되는 관계가 추론이다.

체에서 비천한 의식으로 전락하고 비천한 의식은 고귀한 의식으로 끌어
올려진다.

502) 〈SK 373:20~31〉〈FM 274:12~20〉

고귀한 의식은 판단 행위를 통해서 그 자신이 국가권력에 대립하는
것을 의식한다. 사실 이때 국가권력은 아직도 자아를 지니지 못하며 겨
우 일반적인 실체[법]에 지나지 않는 것이다. 그러나 고귀한 의식은 이
일반적 실체가 자기의 **본질**이며 목적 그리고 절대적 내용이라는 것을
자각한다. 고귀한 의식은 일반적 실체[국가권력]에 대해서 긍정적으로
관계하면서 자기의 사적인 목적과 특수한 내용이나 현존에 대해 부정
적으로 관계하면서 그런 사적 목적과 특수한 내용이나 현존을 제거한
다. 이것이 바로 **봉사**의 영웅주의-즉 개별 현존을 일반적 실체를 위해
희생하면서 이런 일반적 실체가 현존하게 하는 덕성-이며 또한, 자신
의 소유와 향락을 거부하면서 눈앞에 있는 권력을 위해서 행동하는 가
운데 실제로 존재하게 된 **인격**[121]이다.

503) 〈SK 373:32~374:11〉〈FM 274:21~32〉

일반적인 본질은 이와 같은 운동을 통해 현존 일반과 결합하며 반
면 현존하는 의식은 자기 소외[Entäußerung]를 통해서 본질적인 존재로
자기를 도야한다. 이와 같은 현존하는 의식이 봉사를 통해서 자기로부
터 소원화하는 것은 다름 아닌 생존에 급급한[in das Dasein versenktes]
의식이다. 그러나 **현존**[Sein]은 자기를 소외하면서 **그 자체 존재**에 이르
니 현존하는 의식은 이런 교양을 통해서 자기 자신에 대한 존경을 타인
에게서 얻는다. -국가권력은 처음에는 단지 **사유 된** 것에 머무르는 일
반 존재 즉 **잠재적 존재**[Ansich]였으나 이와 같은 운동을 통해 **현존하**

---

121 법적 인격과 구별된 도덕적 인격을 의미한다.

는[seiendes] 일반적 본질 즉 실제로 존재하는 권력으로 된다. 국가권력이 실제로 존재하는 권력으로 되기 위해서는 복종이 실제로 일어나야만 한다. 그런데 국가권력이 이런 복종을 획득하는 수단은 자기의식이 국가권력을 자기의 **본질**이라고 **판단**하는 것이며 다시 말해 자기의식이 자유롭게 자기를 희생하는 것이다. 국가권력이라는 본질을 고유한 자아와 연결해 주는 이런 자기의식의 활동[복종]은 이중적인 현실을 산출한다. 즉 한편으로 자기의식이 **참되게** 자기를 실현[Wirklichkeit]한 존재로 되며 다른 한편으로 국가권력이 **참된 존재로서 유효하게** 된다[gilt].

504) 〈SK 374:12~31〉〈FM 274:33~275:11〉

그러나 국가권력은 자기의식이 자기를 소원화하는 것을 통해서도 아직은 자신을 국가권력으로 인식하는 자기의식으로 된 것은 아니다. 여기서 그 권리를 인정받는 것은 다만 국가권력이 목적으로 삼는 **법률**이며 **잠재적인 것**[Ansich]일 뿐이다. 국가권력은 여전히 아무런 **특수한 의지**를 지니고 있지 않다. 왜냐하면, 봉사하는 자기의식은 아직도 자신의 순수한 자아만큼은 양도[entäußert]하지 않았으며 또 그가 국가권력을 활성화하는 것은 이런 자아의 양도를 통해서가 아니라 오히려 자기의 존재를 통해서기[122] 때문이다. 다시 말하면 그 이유는 자기의식은 한낱 자기의 [개별] **현존**을 국가권력에 바쳤을 뿐, 결코 그의 **본래적 존재**[Ansichsein]마저도 희생한 것은 아니기 때문이다. ―자기의식은 본질에 적합하게 된 존재로 여겨지며 또한, 자신의 **본래적 존재** 때문에 인정받는다. 타인이 이런 자기의식 속에서 활동하고 있음을 발견하는 것은 그 자신의 **본질**일 뿐, 그 자신의 대자 존재가 아니다. ―즉 타인은 자신의 사유나 순수한 의식은 충족되고 있음을 발견하지만, 그 자신의 개체

---

122 고귀한 의식의 본래적 존재를 뜻한다.

성이 충족되는 것은 발견하지 못한다. 따라서 자기의식은 타인의 생각 속에서 인정받으면서[gilt] 영예를 누린다. 자기의식은 **거만한** 가신[家臣]이다. 그가 국가권력을 위해 활동하는 것은 국가권력이 고유한 의지 거나 **본질적인** 의지기 때문이 아니며 단지 **영예**를 탐해서 즉 단지 세상 사람의 생각[allgemeinen Meinung] 속에 그가 **본질상** 어떻게 평가되는가[wesentlichen Vorstellen] 하는 것 때문에서지 군주 개인[Individualität] 에게 **감사**하기 때문이 아니다. 또한, 그 이유는 그가 이 군주 개인을 그 군주의 **대자 존재**를 위해서 도왔던 것은 아니기 때문이다. 이처럼 국가 권력의 고유한 의지가 아직 생성되지 않았으니 자기의식이 국가권력의 미성숙한 의지에 관계하는 한 이때 그의 언어는 일반적 선을 위해서 국 가권력에 **조언**하는 것에 지나지 않을 것이다.

505) 〈SK 374:32~375:17〉〈FM 275:12~26〉

따라서 국가권력은 아직도 그러한 조언에 대해서 저항할 의지가 없으며 일반적인 최선을 위한 서로 다른 조언 가운데서 어떤 것을 택할 지를 결정하지 못한다. 국가권력은 아직도 **정부**는 아니므로 아직도 참으로 실제로 존재하는 국가권력은 아니다. ―개별 자기의식이 지닌 **대자 존재** 즉 의지는 아직도 의지로서 자신을 희생하지 않았기에 그러한 개별자의 의지는 내적으로는 이미 사멸한[abgeschiedene] 신분의 정신 [Geist]에 그친다. 이런 정신은 말로는 **일반적으로 최선인 것**[allgemeinen Besten]을 떠들면서도 **특수한 사람에게 최선인 것**[besonderes Bestes]을 보유하면서 일반적 선에 관해 장황하게 떠들면서 이것을 자신의 행동에 관한 변명거리로 삼곤 한다. 자기의식이 자신의 현존을 희생하는 일은 봉사 속에서 일어나지만, 사실 이런 희생은 자기의 죽음에까지 이르러야만 비로소 완전하다. 그러나 자기의식이 끊임없이 닥쳐오는 죽음의 위험에서조차도 죽지 않고 살아남으면서 그의 특정한 현존이나 **특수한 대자 존재**가 여전히 남아 있다. 남아 있는 그의 현존과 대자 존재는 일반적인 최선에 관한 그의 조언을 애매하고 의심스러운 것으로 만들며 실상 그가 국가권력에 반하는 사적인 의견이나 특수한 의지를 품게 만든다. 따라서 이런 자기의식은 국가권력과 같지 않음의 관계를 맺는 가운데 비천한 의식이라는 규정 아래 속하며 언제라도 반역에 뛰어들 태세[態勢]다.

506) 〈SK 375:17~36〉〈FM 275:26~276:4〉

이제 자기의식은 **대자 존재**가 국가권력이라는 일반 존재와 같지 않다는 형식에 들어 있는 모순을 지양해야 한다. 그와 같은 형식에서 모순은 곧 현존을 소외[Entäußerung]하는 것이 이를테면 죽음의 경우에서와 같이 완전한 것으로 된다면 이런 소외[Entäußerung] 자체의 결과가 하나의 존재하는 소외[eine seiende][123]가 돼서 의식 내로 복귀하지 않는다는 데 있다. ─다시 말하자면 이런 형식에서 모순은 의식[dieses]이 그런 소외[Entäußerung]를 극복하지 못해서 그 자체로 **자기에게 나타나지 않고** 오히려 의식과는 화해할 수 없는 정반대의 것[죽음]으로 이행한다는 데 있다. 따라서 **대자 존재**가 참으로 자기를 희생한다면 이 속에서는 대자 존재가 죽음을 맞이할 때와 같은 정도로 완전하게 자신을 내던져야 하지만, 또한, 대자 존재는 이처럼 자기를 소외[Entäußerung]하는 가운데서도 못지않게 자신을 보존해야 한다. 대자 존재는 이런 [완전한 소외이면서도 자기를 보존하는] 희생을 통해서만 비로소 참으로 그 자신의 본래적 모습으로 존재할 수 있으며 자기 자신을 자기에 반대되는 것

---

123 죽어 물체가 됐다는 뜻이다.

[국가권력]과 통일할 수 있다. 사멸한[abgeschiedene] 내적 정신[124]이었던 자아 자체가 등장하면서 자기를 소원화[entfremdet]하는 것을 통해 국가권력은 자기를 끌어올려 고유한 자아를 갖추게 된다. 그것은 만일 이와 같은 자기 소외가 없었다면 고귀한 의식이 명예를 추구하는 행동이나 그의 통찰이 제시하는 조언도 모호한 것 즉 특수한 의도와 아집[我執] 속에 은밀한[abgeschiedenen] 속셈을 감추는 것에 지나지 않는 것과 마찬가지가 될 것이다.

[해제] 1) 여기서 헤겔은 국가권력과 고귀한 의식의 상호 작용을 설명한다. 우선 고귀한 의식은 자기를 희생해 일반 존재인 국가를 위해 봉사한다. 그의 봉사를 통해 처음에 사유 된 것, 본래적 목적, 법에 그친 국가권력은 유효하게 실행된다. 헤겔은 이를 '봉사의 영웅주의'라고 말한다. 그는 이것을 통해 덕이 높은 자로서 타인의 존경과 명예를 얻는다.

2) 그의 봉사는 "국가권력이 목적으로 삼는 법칙을 인정하는 것"일 뿐이며, 일반적 선을 위한 조언에 그칠 뿐 그의 자아를 양도한 것은 아니다. 그의 봉사는 오히려 자기의 존재를 통해서며 그는 "개별적 현존만을 희생했을 뿐 그의 본래적 존재를 희생한 것은 아니다." 헤겔은 이런 고귀한 의식을 '거만한 가신'이라 부른다. 그는 세상 사람들의 생각 속에 어떻게 평가되는가 하는 것 때문에 또는 국가의 본래적 목적을 위해 봉사한 것이지, 군주 개인에게 감사하거나 군주의 대자 존재를 위해 봉사한 것은 아니기 때문이다. 고귀한 의식은 "말로는 일반적 선을 떠들면서 최대의 사익을 보유하고" "일반적 선은 자신의 사적 행동을 위한 변명거리에 지나지 않는다." 그는 여전히 '사멸한 신분의 정신'을 소유하

---

124 앞에서 언급한 '신분의 정신'을 말한다. 이 특수한 현존인 신분적 자아가 교양을 통해 완전히 소원화돼야만 국가권력이 고유한 자아를 가질 수 있다.

고 있으며 "특수한 의도와 아집 속에 은밀한 속셈을 감추고 있다."

3) 그 때문에 국가는 아직 고유한 의지를 지닌 실제로 존재하는 정부가 아니며, 가신의 "조언에 대해 저항할 의지가 없으며" "일반적 선을 위한 서로 다른 조언 가운데서 어떤 것을 결정하지도 못한다." 고귀한 의식의 희생을 통해 현존한 국가권력 속에서 타인은 자기의 본질이 활동한다는 것을 발견할 뿐, "타인 자신의 대자 존재를 발견하지 못한다." 타인에게 국가권력은 그의 활동이 산출한 것이 아니기 때문이다.

4) 고귀한 의식의 봉사는 죽음에 이르러야 완전해질 것이다. 그러나 이는 모순적인 것이다. 그는 자기를 소외하면서도 동시에 자신을 보존해야 하기 때문이다. 그러므로 그는 그에게 가해지는 죽음의 위험으로부터 살아남으면서 그의 특수한 대자 존재는 사라지지 않는다. 죽음을 피하는 이런 조언은 "애매하고 의심스러운 것으로 되고" 사실 그는 "국가권력에 반하는 사적인 의견이나 특수한 의지를 품고 있다." 나아가 그는 "언제라도 반역에 뛰어들 태세다."

507) ⟨SK 376:1~29⟩⟨FM 276:5~30⟩

그런데 대자 존재의 자기 소원화[125]는 오직 **언어**를 통해서만 일어난다. 여기서 언어는 그 특유의 의미를 지니고 나타난다. ─인륜성의 세계에서 **법칙**과 **명령**의 언어 그리고 현실 세계[126]에서 처음에 등장하는 [일반적 선을 위한] **조언**이라는 언어는 모두 인륜적 **본질**을 내용으로 삼고 그 내용을 나타내는 형식이다. 그러나 여기[후자]에서 언어는 말로 한다는 형식을 그 내용으로 삼는 것이며 오직 **말**로만 효력을 지니는 것이다. 즉 마땅히 수행돼야만 할 것을 수행하는 것은 오직 말한다는 것 자

---

125 여기서 '소원화'는 문맥상 자기를 포기하면서도 자기를 보존할 수 있는 소원화를 말한다.

126 실제적 의식의 운동이 일어나는 교양 세계를 말한다.

체가 지닌 힘이다. 왜냐하면, 언어야말로 순수한 자아를 자아로 **실존**하게 하는 것이기 때문이다. 다시 말하면 **개별자의 대자적으로 존재하는** 자기의식 자체는 언어 속에 **타자에 대해서** 실존한다. 나[Ich]는 개별적인 **순수한** 나로서는 언어 바깥에 다른 어디에도 **현존**할 수가 없다. 나[Ich]는 이와 다른 표현[Äußerung] 방식에서는 어떤 [매체의] 현실에 매몰되면서 나는 내가 표현된 형태로부터 괴리될 수 있다. 그러나 언어는 **나[Ich]**를 그 순수성 속에서 포함하고 언어만이 나를 나 자신으로 표현한다. 나[Ich]의 [언어적] **현존**은 적어도 **현존**인 한에서는 하나의 대상성을 지니지만, 여기에서의 [언어라는] 대상성은 그 자체에서 나의 참된 본성을 나타내는 것이기도 하다. [언어를 통해] **나[Ich]**는 **개별적인** 나인 동시에 **일반적인** 나다. [언어를 통해] 나[Ich]는 현상하지만, 이와 동시에 이 **개별적인** 나는 바로 소외되고[Entäußerung] 소멸하면서 이를 통해 나는 일반적 나로 머무른다. 자기를 언표하는 나[Ich]를 타인이 **이해**할 수 있다. 나[Ich]의 언어는 마치 전염이 일어나는 것처럼 전달된다. 즉 나[Ich]는 말하는 가운데 그 말이 현존하는 언표 대상인 타자와 직접 통일 속에 있으면서 일반적인 자기의식으로 된다. ─그러나 나[Ich]의 말이 타자에게 이해되면서 나의 **현존**[언어] 자체는 직접 **메아리치며 사라진다.** 이렇게 그 의미가 이해되면서 현존하는 나[Ich] 즉 언어라는 대타 존재는 자기 내로 복귀한다. 이 대타 존재[언어]는 나[Ich]의 현존 즉 자기의식이 **지금 순간적으로** 실현된 것에 해당하는 것이니 즉 그것은 현존하는 모습 그대로 현존하지 않으며[wie es da ist, nicht da zu sein] 이처럼 소멸하면서 현존한다. 그러므로 이와 같은 자기 소멸 그 자체가 바로 자기 지속을 의미한다. 언어의 자기 소멸을 통해서 나[Ich]는 나를 인식하며 이런 인식된 나는 [언어를 통해] 다른 자아로 이행하고[전달되고] 이 다른 자아를 통해 이해되면서 일반적 나로 된다.

508)〈SK 376:30~377:27〉〈FM 276:31~277:13〉

정신은 여기서 이와 같이[언어로] 현실화한다. 그 이유는 실체[국가권력]와 자기의식이라는 양극단은 비록 정신을 통해 **통일**되는 것이더라도 직접 저마다[für sich] 고유한 현실을 갖는 것으로 규정되기 때문이다. 이 두 극단의 통일은 부서지기 쉬운 두 측면으로 해체된다. 왜냐하면, 각자 타자에 대해서 실제로 존재하면서 타자로부터 배제된 대상이기 때문이다. 따라서 양극의 통일[언어]이 **매개 중심**으로 등장하더라도 이 중심은 두 측면의 서로 분리된[abgeschiedenen] 현실로부터 배제되고 구별된다. 따라서 양자의 통일은 두 가지 독자적인 현실로부터 구별되면서 실제로 존재하는 대상[언어]으로 되며 **두 측면에 마주 대해** 있다. 즉 이런 통일도 하나의 [독자적으로] 현존하는 것으로 된다. **정신적인 실체**가 그 자체로 실존하려면 이런 실체의 상대편으로 되는 자기의식은 순수한 자아[127]가 **직접 유효한** 현실적 존재라는 사실을 인식해야 한다. 또한, 이를 위해서는 이런 자기의식이 그런 순수 자아를 인정하는 가운데 동시에 오직 자기를 소원화하는 **매개**를 통해서만 이런 순수한 자아가 존재할 수 있다는 사실을 직접 인식해야 한다. 이 자기의식이라는 계기는 전자[순수한 자아의 유효성을 인정함]를 통해서 자기를 인식하는 범주의 단계[128]로까지 자기를 끌어올리고 순화해 정신의 계기가 된다. 정신은 후자[자기의식의 자기 소원화하는 것]를 통해서 정신적인 본질[Geistigkeit][129]로 현존하기에 이른다. ―이처럼 정신은 곧 이들

127 실체로서 국가권력이 자기 결정권을 지닌 자아로 출현하는 것을 말한다.

128 범주란 자기 내에 있으면서 동시에 대상 속에 있는 것을 의미한다. 대상 속에서 자기를 인식하면 '자기를 인식하는 범주'가 된다.

129 실체가 고유한 자아를 지니면서 참된 정신적 본질로 된다.

두 극단[실체와 자기의식]을 전제로 하면서 동시에 이 양극이 현존함으로써만 산출되는 매개 중심이다. ─또한, 양극 사이에서 출현하는 정신적 전체는 양극으로 분열되면서 동시에 각 원리를 오직 전체[130]와 접촉하는 것[Berührung]을 통해서 산출한다. ─이렇듯 양극단이 이미 **잠재적으로**[an sich] 지양되고 해체된다는 사실 때문에 그들의 통일이 출현한다. 이런 통일은 곧 양극을 결합하고 각자의 규정을 서로 교환하게 하며 양자의 통일이 **각자에서** 일어나게 하는 운동이다. 따라서 이런 매개를 통해서 양극단의 각 **개념**이 실현된다. 다시 말하면 이런 매개를 통해 각자 지닌 본래적 모습[an sich]이 정신으로 발전한다.

[해제] 1) 헤겔은 고귀한 자기의식이 자기를 소외하면서도 동시에 자기를 보존하는 모순적인 길은 언어를 통해 자기를 일반화하는 길밖에 없다고 한다. 헤겔에서 언어는 특별한 의미를 지닌다.

언어는 자신을 온전하게 표현한다. 언어가 아닌 다른 표현에서는 물질적인 질료 때문에 왜곡되지만, 언어는 물질적 매체처럼 "현존하는 모습 그대로 현존하지 않으며" 오히려 단순한 기호니 "소멸하면서 현존하는 것"이므로, 그런 왜곡이 일어나지 않는다. 여기서 내가 언어에 나를 외화[外化] 하고 타자에게 전달한다. 또한, 이 언어를 타자가 이해하면서, 나와 타자는 언어를 통해 통일되며, 나는 개별 나에 머무르지 않고 일반적 나가 된다.

2) 고귀한 의식에서 정신적 본질과 개별 자기의식을 통일하는 것은 오직 이런 언어일 뿐이다. 인륜적 정신의 세계에서 자아는 일반적 본질과 직접 합일한다. 고귀한 의식도 순수 자아로 돼 일반적 정신인 국가권력을 수용한다. 다만 전자의 경우 자아는 직접 행동으로 나가지만, 후자는 다만 언어에만 머무르며 실제 행동은 없으니, 헤겔은 여기서는 "오직

---

130 여기서 전체는 양자를 매개하는 언어를 의미한다.

말로 한다는 형식 자체가" 말의 참된 내용으로 된다고 한다. 즉 그 언어는 다만 "말로만 효력을 지닌다."

3) 교양의 세계에 다만 언어가 양자를 매개하는 중심으로 되는 것은 국가권력과 고귀한 의식, 각자가 고유한 현실을 유지하기 때문이다. 각자는 "타자에 대해서 실제로 존재하는 대상이며 타자로부터 배제된 대상"이므로 양자를 매개하는 중심 역시 양자에 대해 독자적으로 현존하는 것 즉 언어일 수밖에 없다.

국가권력과 고귀한 의식은 매개 중심인 언어와의 접촉을 통해 서로 "결합하며 서로의 규정을 교환하고 각자에서 통일이 일어나게" 된다. 그 결과 고귀한 의식은 아첨하는 의식으로 되고 반면 국가권력은 군주라는 이름을 얻는다.

509) 〈SK 377:28~378:19〉〈FM 277:14~34〉

이 두 극단 즉 국가권력과 고귀한 의식은 후자 즉 고귀한 의식을 통해 저마다 분열된다. 이때 전자 즉 국가권력은 한편으로는 복종을 요구하는 추상적 일반 존재[법]와 다른 한편으로는 자기 자신은 아직 그런 일반 존재에 복종하지 않는 대자적 의지[군주]로 분열된다. ─반면 고귀한 의식은 한편으로 자신의 현존을 지양하면서 복종하는 존재로 또는 자긍심에 가득 차고 영광에 빛나는 **본래적 존재**와 다른 한편으로는 아직도 자기를 지양하지 않은 온전한 대자 존재거나 여전히 그 뒤에는 남아 있는 특수한 의지로 분열된다. 이 두 가지 계기는 곧 국가권력과 고귀한 의식이라고 하는 두 측면이 저마다 자기를 순화하는 가운데 언어를 이루는 두 계기로 되니 이 계기를 서술하자면 두 가지다. 하나는 **추상적 일반 존재**고 이는 일반적인 최선이라 불린다. 다른 하나는 **순수 자**

아[131]니 이것은 봉사하는 가운데 갖가지 방식으로 그저 생존하는 데 급급한 의식을 거부한다. 이 두 측면은 개념적으로 보면 서로 같다. 왜냐하면, 순수 자아가 곧 추상적인 일반 존재므로 두 측면 사이의 통일은 양자를 매개하는 중심으로 설정됐기 때문이다. 그러나 처음에는 **자아**는 단지 고귀한 의식 쪽에서 실제로 존재하며 –반면 **그 자체 존재**는 국가권력이라는 오직 다른 쪽 극단에서만 실제로 존재하는 것이다. 고귀한 의식은 국가권력이 다만 **영광**에 빛나는 존재일 뿐만 아니라 실제로 [고귀한] 의식을 무시하면서 지나친다는[an es übergegangen] 사실을 깨닫지 못한다. 또한, 국가권력은 고귀한 의식이 국가권력에 복종하는 것은 **일반적인 최선**에 복종하는 것일 뿐만 아니라 이 국가권력이라는 하나의 의지에 복종하는 것이며 다시 말해서 국가권력이 결정하는 자아라는 사실을 깨닫지 못한다. 국가권력은 여전히 개념 아래 있고[132] 고귀한 의식은 자신을 순화하는 것을 통해 이 개념에 도달했으니 이 개념을 통한 통일은 이런 **매개하는 운동**을 통해서 마침내 현실화한다. 이런 **매개 운동**이 단순하게 현존하면서 출현한 것이 언어[봉사의 언어]다. –그러나 이 언어가 양 측면으로 삼는 두 가지 자아는 아직 자아로 눈앞에 나타난 자아는 아니다. 왜냐하면, 국가권력은 이제야 비로소 자아로 활성화되기 때문이다. 따라서 이 [봉사의] 언어는 아직도 정신이 그 자신을 완전하게 파악하고 언표하는 것이라고 할 수 없다.

510) 〈SK 378:20~379:20〉〈FM 278:35~278:25〉

고귀한 의식은 자아라고 하는 극단에 해당하는 것이므로 **언어**의 출

---

131 여기서 순수 자아는 교양을 쌓아 자기를 순화한 자아를 말한다. 같은 말이 앞에서는 국가권력의 자아를 의미했던 것과 대비된다.

132 국가권력은 개념적으로는 일반적인 최선이다.

발점으로 되며 또한, 고귀한 의식이 마침내 영혼의 힘을 획득한 전체[군주]에 대해 관계하는 측면들은 이런 고귀한 의식의 언어[아첨의 언어]로 묘사된다. —여기서 말 없는 봉사의 영웅주의가 **아첨의 영웅주의**로 변모한다. 봉사를 통해 이루어지는 자기 내 반성은 자기를 해체하는 정신적 매개 운동으로 되면서 자신이 속한 극단을 자기 내로 복귀시킬 뿐만 아니라[133] 또한, 일반적인 강제에 해당하는 극단도 그 자신으로 복귀하게 하면서 처음에는 단지 그 자체 존재에 지나지 않았던 일반적 강제를 **대자 존재**로 다시 말해 개별 자기 의식적 존재로 만든다. 이를 통해 그 자체 존재는 **무제약적** 군주라는 권력의 정신으로 된다. —이 개별 존재가 **무제약적인** 이유는 아첨의 언어를 통해서 권력이 온전한 **일반성**으로 끌어올려지기 때문이다. 아첨의 언어는 곧 현존[군주]을 순화해 정신에 이르게 하니 이 계기[일반화된 국가권력]는 아첨 언어의 산물인 한에서는 순수한 자기와 같음의 상태에 있다. —이 **개별 존재를 군주**라고 하는 이유는 아첨의 언어가 개별자를 권력의 정점에 올려놓기 때문이다. 고귀한 의식이 이와 같은 단순한 정신적 통일[134]의 측면에 따라서 포기[Entäußerung]하는 것은 **그의 사유**에 내재하는 순수한 **본래적 존재**[Ansich] 즉 그 자신의 [인격적] 나[Ich] 자체다.[135] 이를 좀 더 분명하게 밝혀 본다면 개별성은 이전에는 단지 **마음속에 있는 것**에 지나지 않았으나 이제 아첨의 언어는 군주에게 고유한 **이름**을 부여하면서 군주의

---

133 앞의 '자기반성'은 자기를 도야하여 일반적 자아로 끌어올리는 것을 말하며, 뒤에서의 '자기 내 복귀'는 다시 개별적 자아로 복귀하는 것을 말한다. 전자가 봉사라면 후자가 아첨이다. 처음에 봉사를 통해 명예를 얻었으나 이제 명예를 얻기 위해 봉사하는 것으로 전도된 것을 말한다.

134 여기서 정신적 통일이란 아첨을 통해 일어나는 합일을 말한다.

135 고귀한 의식이 아첨을 통해 포기하는 것은 일반화된 본래적 자기 자신이다.

개별성을 끌어올려 순수하게 현존하게 한다[daseiende Reinheit]. 왜냐하면, 오직 이름 속에서만 어떤 개인이 그 밖의 모든 타자에 대해 지니는 구별이 **마음속의 생각으로** 그치지 않고 모든 사람에 대해서 실제로 존재하는 것으로 되기 때문이다. 오직 이름을 통해서만 개별자가 순수한 개별자로 **인정되는 일이** 더는 그 자신의 의식 속에서만 일어나는 것이 아니라 모든 사람의 의식 속에서 일어난다. 그러므로 군주는 이름을 통해서 모든 사람으로부터 곧바로 구분되며 예외적이고 고독한 존재가 된다. 군주는 이름을 통해 자기의 본질 가운데 어떤 것도 타자와 공유할 수 없으며 자기와 같은 존재가 전혀 없는 원자가 된다. ―따라서 이름이야말로 일반적 권력이 **그 자체에서** 자기 내로 반성하게 하고 자기를 **실현하게** 한다. 일반적 권력은 이름을 통해 **군주가** 된다. 거꾸로 **개별자**인 군주가 **개별자에 지나지 않는** 자신을 일반적 권력으로 인식하게 만드는 것은 곧 고귀한 의식이 국가권력에 봉사할 마음의 준비로 될 뿐만 아니라 오히려 왕관을 둘러싸는 **장식품으로** 되면서 옥좌 위에 앉아 있는 자에게 그가 어떤 존재인지를 항상 **아뢰기** 때문이다.

[해제] 1) 봉사의 단계에서 고귀한 의식이나 국가권력은 분열 상태에 있었다. 또한, 국가권력은 일반적인 최선으로서 법과 무기력한 군주의 대자적 의지로 분열됐다. 고귀한 의식 역시 "자긍심에 가득 차고 영광에 빛나는" 순수한 자아와 "여전히 그 뒤에 남아 있는 특수한 의지"로 분열됐다.

여기서 국가권력의 일반적인 최선의 측면과 고귀한 의식의 순수 자아는 일치하고 있었다. 그러나 양자를 매개적으로 통일하는 것은 행동으로 나가지 못하고 오직 언어에 머무를 뿐이다.

사실 국가권력은 잠재적으로는 군주라는 자아 아래 있지만, 고귀한 의식은 국가권력이 이미 자기를 무시하고 지나친다는 사실을 자각하지 못하고 국가권력 역시 자기가 스스로 결정하는 자아라는 사실을 자각하지 못한다. 고귀한 의식이 자기를 순화해 도달한 국가권력의 활성화는 아직 불완전하며, 고귀한 의식의 봉사도 자아를 버리지 않는 봉사의 언어에 머무를 뿐이다.

2) 그러나 봉사의 언어가 출현하면서 양자는 각자 자기 내로 반성한다. 언어는 단순히 봉사하는 말에 그치는 것이 아니라 고귀한 의식의 "자기를 해체하는 정신적 매개 운동"으로 된다. 왜냐하면, 처음 봉사의 결과 명예를 얻었으나 이제 명예를 얻는 것이 자기의 목적으로 되기 때문이다. 이것이 바로 아첨의 언어다. 아첨을 통해 봉사의 영웅주의는 아첨의 영웅주의로 전환한다. 봉사하는 의식에서 끌어올려지던 순수 자아는 포기되고, 배제되던 개별 의지가 다시 전면에 등장한다. 그는 이제 "왕관을 둘러싸는 장식품"으로 되고 군주가 어떤 존재인지를 "항상 아뢰어 올리는 존재"가 된다.

3) 반면 일반적인 최선에 머무르던 국가권력은 아첨을 통해 대자 존재로 된다. 이제 무제약적 군주가 출현한다. 그가 무제약적으로 되는 것은 아첨을 통해 권력이 일반성으로 끌어올려지기 때문이다. 권력은 이제 순수한 자기와 같음의 상태로 된다.

또한, 군주의 대자 존재, 개별 자아는 이전에는 무기력했고 마음속에 머물러 있었으나, 아첨의 언어는 군주에게 고유한 이름을 부여하면서 "군주의 개별성을 끌어올리고 순수하게 현존하게 만든다." 군주는 이제 모든 사람으로부터 바로 구분되며 "예외적이고 고독한 존재," "자기와 같음을 지닌 존재가 전혀 없는 원자"가 된다.

그러나 군주는 오직 이름만의 군주다. 왜냐하면, 오직 아첨을 통해서만 군주가 군주로 됐기 때문이다. 오직 이름을 통해서만 군주는 다른 모든 사람과 구별되는 군주가 된다. 그는 이름 때문에 "어떤 것도 타자와 공유할 수 없으며 자기와 일치하는 존재가 전혀 없는 원자"로 된다.

511) 〈SK 379:20~380:23〉〈FM 278:26~279:16〉

고귀한 의식의 찬양하는 언어는 이런 방식으로 **국가권력 자체** 내에서 존재하는 양극단을 결합하는 정신으로 된다. 그런 찬양의 언어는 추상적 권력을 자기 내로 반성하게 하면서 그런 권력에 그것에 반대되는 극단에 속하는 계기 즉 의욕 하고 결단하는 **대자 존재**라는 계기를 부여하며 이런 계기를 통해 추상적 권력이 자기 의식적인 실존으로 되게한다. 달리 말하자면 찬양의 언어 통해 **개별자로 실제로 존재하는** 자기의식은 자신이 곧 권력이라는 것을 **확실하게 인식하기에** 이른다. 이 개별화된 권력은 하나의 자아면서 동시에 다양한 고귀한 개인의 점들이 자기의 **내적 확신**을 소외[Entäußerung]하면서 흘러드는 지점으로 된다. ―그러나 국가권력에 고유한 정신은 자기를 실현하는 자양분을 고귀한 의식이 자기의 활동과 사유를 희생하는 것에서 얻으므로 국가권력은 오히려 **그 자신의 자립성을 빼앗긴다**[entfremdete]. 고귀한 의식 즉 **대자 존재**로서 극단은 그 자신을 양도함으로써[Entäußerung] 성립하게 했던 사유 속에서의 일반성[Allgemeinheit des Denkens] 대신에 [이제] **실제로 존재하는 일반성**이라는 극단을 돌려받는다.[136] 국가의 권력은 고귀한 의식에 의존한다. 국가의 강제력은 고귀한 의식에서 처음으로 참된 활동성을 얻는다. 국가권력은 이런 **대자 존재**를 통해 **무기력한 본질**이기를 중단하며 다시 말해서 국가권력이 추상적인 그 자체 존재라는 극단으로서 취하던 모습을 버리게 된다. ―**본래 대로**[an sich] 고찰한다면 **국가권력**이 자기 내로 반성하며 즉 정신으로 됐다는 사실은 다름이

---

136 '사유 속에서의 일반성'은 일반적인 최선을 의미하고 '실제로 존재하는 일반성'은 군주를 의미한다.

아니라 국가권력이 **자기의식**이라는 계기로 발전했다는 것을 말하며 다시 말하면 국가권력이 오직 [그 자체 존재로서] 자기를 **지양하는 것**으로만 존재한다는 것을 의미한다. 여기서 국가권력은 마침내 자신을 희생하며 자기를 양도하는 것을 자기의 정신으로 삼는 본질 자체로 되며 다시 말하면 국가권력은 부[富]라는 형태를 띠고 실존한다.[137] —물론 국가권력은 그 자신의 개념에 따라서 끊임없이 부로 전락하지만, 동시에 이런 부에 대립하는 하나의 현실로 존속한다. 국가권력이라는 현실은 고귀한 의식의 봉사와 존중을 통해 출현하지만, 국가권력이라는 현실의 개념이 전개하는 운동은 이런 봉사와 존중을 통해 국가권력이 오히려 자신과 반대되는 것으로, 즉 권력을 포기하는 것[Entäußerung]으로 이행하는 운동이다. 따라서 국가권력의 의지라고 할 수 있는 본래적 자아[군주]는 대자화되면서 고귀한 의식이 자기를 내던지자마자 일반성을 스스로 포기하면서[Entäußerung] 완전히 개별적이고 우연적인 존재로 전락하여, 자기보다 더 강한 의지에 자기를 내맡기고 만다. 그처럼 해서 텅 빈 이름만이 본래적 자아에 **일반적으로** 인정되는 자립성 따라서 양도할 수 없는 자립성으로 남는다.

[해제] 앞에서 아첨의 언어를 통해 국가권력이 실제로 존재하는 권력으로 되고, 개별 자아 즉 군주는 참된 활동성을 얻고 무기력성을 탈피한다고 했다. 그러나 헤겔은 여기서 결정적인 전환점을 발견한다.

군주는 다만 아첨을 통해 군주가 됐으니 그 때문에 그에게 아첨하는 고귀한 의식에 의존한다. 군주는 사실 "고귀한 의식이 자기의 활동과 사유를 희생하는 것에서" 그런 권력을 얻으므로 오히려 그의 자립성을 박

---

137 군주는 신하의 아첨에 의존하는 존재가 돼서 자신의 자립을 빼앗기자 이제 부를 하사함으로써 신하들의 환심을 사고자 한다.

탈당한다. 군주는 고귀한 의식의 지지를 받기 위해 "자신을 희생하고 자기를 포기하는 것을 자신의 정신으로 삼는 본질로 된다." 즉 군주는 "일반성을 스스로 포기하면서" 시혜를 통해 신하의 환심을 사려 한다. 그러나 고귀한 의식은 이런 시혜에 불만을 품고 그에게 저항하니 그는 "개별적이고 우연적인 존재로 전락하고" 만다. 그는 더 강한 신하의 의지에 자기를 내맡기게 된다. 이제 개별적 군주에게 남은 것은 오직 군주라는 텅 빈 이름뿐이다.

이렇게 하여 다시 국가권력은 일반적 권력에서 전제적인 개별 군주로 다시 이름만 남은 개별자로 전환한다. 원래 일반자였던 국가권력은 이런 운동을 통해 개별적인 부로 전락한다. 국가권력이 이런 반성 과정을 매개하는 것은 고귀한 의식이다. 이 과정에서 고귀한 의식은 처음 개별자에서 봉사하는 일반적 존재로 됐다가 다시 군주의 시혜에 의존하는 개별자로 전락한다.

512) 〈SK 380:24~381:4〉〈FM 279:17~29〉

그러므로 고귀한 의식은 일반적인 권력에 대해 **같음**의 방식으로 관계해야 하는 존재로 규정됐지만, 고귀한 의식이 도달하는 진리는 오히려 봉사 속에서도 오직 자기의 사적인 대자 존재를 보존하며 오히려 자신의 [도덕적] 인격을 진심으로[eigentlich] 거부하는 것을 통해 일반적인 실체를 실제로 제거하고 파괴한다. 고귀한 의식에 속하는 정신은 이렇듯 [국가권력에 대해] 완전한 같지 않음의[Ungleichheit] 관계를 맺는다. 이 관계를 한편에서 본다면 고귀한 의식은 그의 의지를 명예를 추구하는데 두지만, 다른 한편에서 본다면 고귀한 의식은 명예를 향한 의지를 포기[Aufgeben]하는 가운데 일면에서는 자기의 내면을 자기에게 소원화하면서 자기 자신과 가장 다른 상태에 이르며 다른 면에서 일반적 고귀한 의식은 실체를 자기에게 종속시킴으로써 일반적 실체가 실체로서 그 자신과 완전히 다르게 만든다.[138] ─그리하여 분명하게 밝혀진 사실은 고귀한 의식이 소위 비천한 의식에 대립한다고 **판단**하는 규정성이 의미를 상실하며 동시에 비천한 의식도 더는 비천한 의식으로 여겨지지 않는다는 사실이다. 이제 후자[비천한 의식]는 일반적 권력을 자신의 대자 존재에 종속하게 하려는 자신의 목적을 성취했다.

513) 〈SK 381:5~17〉〈FM 279:30~39〉

자기의식[군주]은 일반적인 권력을 통해서 부유해지면서 이제 **만인에게 시혜를 베푸는** 활동으로 실존한다. 일반적인 권력은 **부**를 의미하지만, 이런 부 자체는 고귀한 의식에 대해 다시 대상으로 된다. 왜냐하면, 부는 고귀한 의식이 보기에 일반적 권력이 자기를 내던진 것에 해당하지만, 이렇게 내던져진 일반적 권력은 이런 첫 번째 지양을 통해서는 아직도 자아로 절대적으로 복귀하지는 못하기 때문이다.[139] ─여기서 [군주의] **자아**가 대상으로 삼는 것은 더는 **자아로서 그 자신**이 아니며 오히려 **일반적 본질이 자기를 지양한 것**[부]이다.[140] 이 대상은 처음으로 생성된 데 지나지 않으므로 이 대상에 대한 고귀한 의식의 관계는 **직접적**일 뿐이고 그런 의식에 대상과 자기가 같지 않다는 사실은 아직 드러나지 않았다. 고귀한 의식은 비본질적인 것으로 변화한 일반적 본질 즉 부 속에서 그 자신의 대자 존재를 보존함으로써 그 대상을 인정하며

---

138 아첨을 통해서 고귀한 의식은 개별적 존재가 되면서 자기와 다르게 되고, 국가권력을 자기를 위해 이용하면서 국가권력의 모습을 잃게 만든다.

139 이름뿐인 군주는 부의 시혜를 통해 비천한 의식을 지배하려 하지만, 이를 통해서는 실질적인 자아로 되지 못한다. 오히려 비천한 의식이 부를 획득하는 수단적 대상으로 된다.

140 군주는 자기를 버림으로써 참된 일반적인 최선을 위해 고귀한 의식의 인정을 받는 것이 아니라 부를 통해 복종을 얻으려 할 뿐이다.

또한, 시혜자에게 감사를 표한다.

[해제] 앞에서 헤겔은 고귀한 의식을 매개로 국가권력이 부의 시혜자로 전환하는 것을 보았다. 이제부터 헤겔은 부를 매개로 고귀한 의식이 비천한 의식으로 전환하는 과정을 서술한다.

우선 고귀한 의식은 부를 자기와 같은 것으로 보면서, 고귀한 의식은 개별적 의식으로 전락한다. 처음에 고귀한 의식은 봉사를 통해 국가권력과 자신을 일치시켰다. 그러나 아첨을 통해 자신의 사적 자아를 보존하며, 오히려 일반적 실체를 부정하면서, 일반적 국가권력과 자신을 일치하지 못하게 하고 반면 부와 자기를 같게 한다. 군주는 이제 시혜자로 등장한다. 고귀한 의식은 "이 부 속에 자기의 대자 존재를 보존하면서 그 대상을 인정하며 시혜자에게 감사를 표한다."

앞에서 헤겔은 이름뿐인 군주는 부의 시혜를 통해 고귀한 의식의 지지를 얻으려 한다고 했다. 그러나 부의 시혜를 통해서도 군주는 실질적인 자아로 되지 못한다. 그 이유는 고귀한 의식은 겉으로는 감사하면서도 속으로는 군주를 부를 획득하는 수단으로 삼고 군주를 이용하려 하기 때문이다.

고귀한 의식은 국가권력과 부 모두에 같은 의식이었다. 그러나 국가권력에 일치하지 못하게 되면서 고귀한 의식은 곧 비천한 의식으로 전락하게 된다. 그러나 아직은 전락하는 과정 가운데 있다. 여기서 고귀한 의식은 부와 자기를 같이 여기면서 여전히 부분적으로 고귀한 의식으로 남는다. 비천한 의식은 국가권력과 부 모두에게 일치하지 못하여야 하기 때문이다.

고귀한 의식이 비천한 의식으로 결정적으로 전환하는 것은 고귀한 의식이 군주를 이용하려는 시도가 실패로 돌아가면서 일어나게 된다. 다음에 헤겔은 그런 시도가 실패하는 과정을 서술한다.

514)〈SK 381:18~32〉〈FM 280:1~11〉

부는 그 자체 내에 이미 대자 존재라는 계기를 지닌다. 여기서 말하는 부는 자아를 갖추지 못한[selbstlose] 일반적 본질 즉 국가권력이 아니며 또는 정신에 공평하게 속한[unbefangene] 비유기체화하는[unorganische] 본성[141]도 아니며 오히려 향락을 위해 국가권력을 이용하고자 하는 자에 대립해서 의지를 지니고 자기 자신을 지키는 국가권력[군주]이 지닌 본성[142]이다. 그러나 부는 다만 형식상 인륜적 본질일 뿐이고 일면적으로 대자 존재기에 **그 자체로**[an sich] 존재하는 것이라기보다는 오히려 그 자체 존재가 지양된 것이다. 따라서 개인은 이 부를 향락하는 가운데 자기 내로 복귀하지만, 이런 자기 내 복귀는 알맹이 없는[wesenlose] 것에 지나지 않는다. 그러므로 부 자체는 생명력을 부여받을[Belebung] 필요가 있다. 이런 부에서 일어나는 반성의 운동은 다만 대자적 성격을 지니는 부가 이제 **대자 존재인 동시에 그 자체 존재**[Anundfürsichsein]로 발전한다는 데 있다. 동시에 부의 반성 운동은 지양된 인륜적 본질로서 부[143]가 인륜적 본질로 발전하는 데 있다. 이런 가운데 부는 자기 자신에서[an ihm selbst] 자기에게 고유한 정신을 획득한다. 그런데 앞에서 이런 운동의 형식에 관해서는 검토됐으므로 여기서는 다만 그런 운동의 내용을 규정하는 것으로 충분할 것이다.

---

141 죽음을 의미한다

142 군주의 시혜자로서 본성을 의미한다.

143 부는 국가권력이 지양돼 나온 결과다. 부는 개인의 향락 대상이지만, 동시에 자기가 부정되면서 만인이 향락의 토대가 될 때 그 자체 존재 또는 인륜적 본질로 된다. 518 구절 참조: "부는 자신을 희생시킨다고 하는 규정을 충족하는 가운데 그 자신을 위해서 향락을 누린다고 하는 개별성을 지양하며 부는 이렇듯 개별성이 지양된다는 점에서 일반성을 띠는 것으로 되면서 동시에 [인륜적] 본질로 된다."

515) 〈SK 381:33~382:8〉〈FM 280:11~19〉

그러므로 고귀한 의식은 여기에서 이런 대상[부]을 자기의 본질 일반으로 여기면서 관계하는 것이 아니다. 오히려 이런 대자 존재 자체[부]는 고귀한 의식에 낯선[Fremd] 것이다. 고귀한 의식은 그의 자아 자체가 소원화된다[entfremdet]는 사실에 **직면한다**. 이 소원화된 자아[144]는 고귀한 의식이 다른 고정된 **대자 존재**[군주]로부터 받아들여야 하는 고정된 현실이다. 고귀한 의식의 대상은 어디까지나 대자 존재[부]므로 사실 이것은 **그 자신의 것**이어야 한다. 그러나 이런 그 자신의 것이 대상으로 제공되므로 그 자신의 대자 존재고 그 자신의 의지로 되는 것이 직접 대상적 현실이다. 즉 고귀한 의식은 자신의 자아가 낯선 의지의 강제 아래 놓여 있다는 것을 안다. 이 낯선 의지가 고귀한 의식에 고귀한 의식 자신의 자아를 허용해 줄 것인가 아닌가는 낯선 의지에 달렸다.

[해제] 부는 일단 일반적인 국가권력이 자기를 지양한 것이며, 고귀한 의식은 부를 향락하는 가운데 자기 내로 복귀한다. 즉 개별 자아가 된다. 헤겔은 이런 개별 자아는 "본질이 없는 것"에 지나지 않는다고 한다.

처음에 고귀한 의식은 이에 감사함을 느낀다. 그러나 부는 고귀한 의식에게는 낯선 대자 존재 즉 군주가 시여 한 것이다. 그것은 자신의 자아가 아니라 "낯선 의지의 강제 아래 놓여 있는 것"이므로, 그에게는 대상적으로 고정된 낯선 현실로 되고 그 앞에서 그 자신이 소원화된다는 것을 발견한다. 그는 부에 대해서 자기가 같게 되지 못한다는 것을 느낀다.

이런 서로 다른 관계를 통해 이미 국가권력에 대해 일치하지 못하다

---

144 부를 말한다. 부는 고귀한 의식의 자아를 소원화하게 하는 것이다. 그 자신의 것이 군주를 통해 대상으로 제공되기 때문이다.

는 사실을 자각하면서 비천한 의식으로 전락하는 과정에 있던 고귀한 의식은 다시 부에 대해 일치하지 못하다는 사실을 자각하면서, 결정적으로 비천한 의식으로 전락한다.

부는 본래 사회적 상호 작용 가운데서는 단순한 대자 존재에서 만인을 위한 대자 존재로 즉 그 자체 존재 또는 인륜적 본질로 발전한다. 그런데도 군주로부터 시혜받은 부는 단순히 소모되는 것에 그치니, 그 자체 존재로 발전하지 못한다. 오히려 부는 고귀한 의식에 대해 대립하는 대상으로 출현하면서, 고귀한 의식을 자신에 종속시킨다.

516) 〈SK 382:9~33〉〈FM 280:19~32〉

자기의식이란 모든 개별 측면을 제거할 수 있으므로 어떤 측면과 관련돼 구속당할 때도 대자적으로 존재하는 본질로서 인정받는 존재며 **본래 타당한 존재임**[Ansichgelten]을[145] 유지한다. 그러나 여기서 자기의식은 자기를 볼 때 자신의 가장 고유하며 순수하게 **참된 모습**[Wirklichkeit] 즉 그 자신을 [결정하는] 주관[seines Ichs]이 자신을 벗어나서 어떤 타자에 속한다는 측면에서 본다. 또한, 자기의식은 그의 인격성 자체를 어떤 타자의 우연한 **인격성**에 의존하는 것으로 알며, 다시 말하면 그의 인격성이 한순간의 우연이나 어떤 자의 또는 그 밖의 아무런 연관성도 있을 수 없는 주변 상황에 의존하는 것으로 본다. ─법적 상태의 단계에서 대상적인 본질의 강제 아래 있는 것으로 나타나는 것은 제거될 수 있는 어떤 **우연적인 내용**이며 또한, 이런 강제력은 **자아 자체**[법적 인격]에 관여하지 않고 오히려 자아는 인정된다. 그러나 여기에

---

145 실제적 의식의 내면이 순수 의식이고 이 순수 의식은 실제적 의식에서 자기를 부정하는 활동으로 등장한다. 이것이 '대자적으로 존재하는 본질'이다. 이 순수 의식이 있기에 교양에서 도야가 가능해진다. 이 순수 의식의 부정적 활동이 내면에 있으므로 비천한 의식은 자신의 종속 상태에 분노하게 된다.

서 자아는 자기 확신 그 자체가 가장 비본질적인 것이라는 사실을 알며 또 순수한 인격성이 인격성의 절대적인 결여[absolute Unpersönlichkeit]를 의미한다고 하는 사실을 안다. 따라서 고귀한 의식이 느꼈던 감사의 정신은 가장 심각하게 비참한 감정[Verworfenheit]인 동시에 가장 깊은 분노의 감정으로 된다. 순수한 자아 자체가 자신에서 벗어나[außer sich] 있으며 분열된다는 것을 발견하는 것과 동시에 모든 것은 그것이 연속적인 것이든 일반적인 것이든, 법칙이라 불리는 것이든, 선하고 올바른 것으로 불리든 분열되고 산산조각이 나고 몰락해 버린다. 자아가 자기와 같은 것으로 보는 모든 것은 허물어졌다. 왜냐하면, 이제는 **가장 순수한 같지 않음**이나 절대적으로 본질적인 것이 지닌 절대적인 비본질성 그리고 대자 존재의 자기를 벗어남이 눈앞에 나타나기 때문이다. 순수한 나[Ich] 자신은 절대적으로 해체됐다.

517) 〈SK 382:33~383:9〉〈FM 280:33~281:7〉

그러므로 [고귀한] 의식이 부로부터 이런 대자 존재가 지닌 대상성을 돌려받아 이 대상성을 지양한다 할지라도 이런 고귀한 의식은 자신의 개념에 비춰 볼 때 앞에서 국가권력의 반성에서[146]와 마찬가지로 완결된 존재에 이르지 못한다. 그뿐 아니라 이런 의식은 그 자신이 보기에도 만족할 만한 것이 아니다. 자아가 곧 자신을 대상적인 것으로 수용하므로[147] 반성은 순수한 자아 그 자체 내에 직접적인 모순을 설정한다. 그러나 또한, [고귀한] 의식도 자아인 까닭에 그와 같은 모순을 바로 극복하면서 절대적으로 탄성적인 존재가 된다. 왜냐하면, 의식은 이처럼 자

---

146 국가권력은 자기 내로 반성하여 자아 즉 군주가 되지만, 이 자아로서 군주는 이름뿐인 군주다.

147 자기 삶이 타자에 의존하고 있다는 것을 말한다.

아가 지양된 상태를 다시금 지양하기 때문이다. 즉 [고귀한]의식은 자신의 대자 존재가 그 자신에게 낯선 것으로 된다는 것을 통해 느끼는 비참함의 감정을 다시 내버리며 자기 자신이 받은 대접에 대해서 분노하면서 이렇게 **대접받는** 가운데서도 스스로 **대자적으로**[자유롭게] 된다.

[해제] 1) 국가권력이 부로 변화하자 고귀한 의식은 일단 부를 향락하지만, 곧 다시 이 부에 대해 자기가 소외된다는 것을 경험한다. 왜냐하면, 부는 시혜자의 자의에 의존하기 때문이다. 고귀한 의식은 "그의 결정하는 주관이 자신을 벗어나 어떤 타자에 속하며.""그의 인격성은 타자의 우연한 인격성에 의존한다는 것을 발견한다."

이런 의존성은 앞에서 법적 상태의 결과와 비슷하다. 거기서도 자유로운 인격은 세계 주인의 지배를 받기 때문이다. 그런데 세계의 주인은 개별 인격에 속하는 내용만을 결정할 뿐이며, 인격 자체는 보존했다. 그러나 여기서는 그의 생존이 타자에 의존하므로 결정하는 인격성 자체가 사라지고 즉 '절대적 무인격성'이 됐다. 이것이 바로 "대자 존재의 자기를 벗어남"이다.

2) 이미 고귀한 의식은 국가권력에 대해 다르다는 사실을 자각했다. 여기서 다시 고귀한 의식은 부에 대해 다르다는 사실을 자각한다. 고귀한 의식은 "자신을 대상적인 것으로 수용하므로""자아 그 자체에서 직접적 모순"이라는 사실을 자각한다.

이런 모순을 자각하는 것을 통해 고귀한 의식은 결정적으로 비천한 의식으로 전락한다. 헤겔은 이런 비천한 의식을 "가장 심각한 비참함의 감정인 동시에 분노의 감정이라"고 말한다. 그에게 이제 "모든 것이 분열되고 산산조각이 나며 몰락한다." 이와 더불어 그 어느 것과도 같은 것으로 보지 못하는 "가장 순수한 다름"이 등장하니, "절대적으로 본질적인 것" 즉 실제적 의식이 지닌 "절대적인 비본질성"이 출현한다.

3) 헤겔은 실제적 의식이 마침내 도달한 비천한 의식에서 오히려 새로운 희망을 발견한다. 이를 통해 그는 정신적 본질 가운데 어떤 하나에 자기를 같게 하는 것에서 벗어나 어느 본질이든 자유롭게 대자적으로 선택하는 절대적 부정성에 도달한다. 헤겔은 이런 존재를 '탄성적 존재'라고 규정하는데, 여기서 비천한 의식에서 자아가 지양된 상태가 다시 지양된다. 이를 통해 "그의 대자 존재가 낯선 것으로 된다는 것을 통해 느끼는 비참함의 감정도 다시 내버리게" 된다.

518) 〈SK 383:10~384:13〉〈FM 281:18~281:35〉

이런 [비천한] 의식의 부에 대한 관계는 절대적인 분열과 결합하므로 이제 그의 정신 속에서는 **비천한** 의식에 대립하는 고귀한 의식이라는 구별이 제거됨으로써 양자가 같은 것으로 된다.[148] —그러나 나아가서 시혜를 베푸는 부의 정신은 시혜를 받아들이는 의식이 지닌 정신과는 구별될 수 있는 까닭에 이제 그 시혜자 쪽의 정신에 대해서 특별히 고찰해야만 하겠다. —부는 앞에서도 논의됐듯이 한낱 비본질적인 대자 존재인 까닭에 자기를 희생하는 본질에 해당하는 것이었다. 그러나 부는 이처럼 분배[Mitteilung]되면서 그 자체 존재[Ansich]로 발전한다. 즉 부는 자신을 희생시킨다고 하는 규정을 충족하는 가운데 그 자신을 위해서 향락을 누린다고 하는 개별성을 지양하며 부는 이렇듯 개별성이 지양된다는 점에서 일**반성을 띠는 것**으로 되면서 동시에 **본질**[그 자체 존재]로 된다. —부의 시혜자가 분배하는 것 즉 부의 시혜자가 타자에게 제공하는 것이란 **대자 존재**[부]다. 그러나 여기서 부의 시혜자가 제공하는 것 자체 즉 부는 단지 자아를 지니지 않는 자연물이 아니며 또한, 부는 마구[unbefangen] 쓸 수 있는 생필품[Bedingung des Lebens]도

148 부는 국가권력[p]에 대립하는 것[-p]이다. 비천한 의식은 이것을 부정하니 [-(-p)], 국가권력에 대해 긍정하는 것으로 즉 고귀한 의식으로 된다.

아니다. 오히려 그처럼 제공되는 부 자신은 오직 자기의식을 지니고 있고[149] 또한, 자신을 대자적으로 유지하는 본질이다. 부는 받아들이는 의식이 그 자체에서 소멸하는 것으로 의식하는 비유기체적 힘을 지닌 원소가 아니며, 자신을 **누구에게 의존함이 없이 자의적으로 결정하는** 존재라고 알며 동시에 자기가 받은 것은 타인의 자아라는 사실을 아는 자아를 지배하는 위력이다. ─그러므로 부[의 시혜자]는 피보호자[Klient]의 편과 같이 비참함을 느끼지만, 그에게서는 피보호자가 느끼는 분노 대신에 오만이 등장한다. 왜냐하면, 한편에서 부[의 시혜자]는 피보호자가 그렇게 하듯이 **대자 존재**[부]를 우연적인 **사물**로 인식하지만, 사실 이런 부 자체는 우연적인 것이면서도 인격을 지배하는[150] 위력이기 때문이다. 이런 오만은 한 끼 식사를 제공함으로써 타인의 자기─자체[Ich-Selbst]를 얻으며 이를 통해 타인의 가장 내적인 본질조차도 획득했다고 생각하지만, 부의 시혜자는 이 타인의 내심에서 일렁이는 분노를 간과한다. 부의 시혜자가 간과하는 사실은 타인이 모든 속박을 완전히 타파할 수 있다는 사실이며 즉 타인이 철저하게[reine] 자기 분열된다[Zerrissenheit]는 사실이다.[151] 다시 말하자면 여기서 대자 존재는 부와 자기를 **같은 것으로 보던 상태**에서 바로 [부와 자기가] 같지 않은

---

149 자기 의식적, 대자적 부는 시혜자와 부를 일체화한 표현이다. 부는 본래 개별적이지만, 만인에게 베풀어지면서 일반성을 그 이면에 지닌다. 그러나 자기의식과 결합한 부는 타인의 인격을 자기에 종속시키는 개별성에 지나지 않는다.

150 부는 이를 받는 피보호자의 인격 자체를 지배하는 위력이다. 앞에서 그 때문에 수혜자는 분노를 느낀다고 했다.

151 비천한 의식은 마침내 부에 대해서도 자기와 다른 것으로 파악하면서 절대적으로 분열된 의식이 된다. 이는 교양에서 출현하는 실제적 의식의 바탕에 이미 순수한 의식이 내재하므로 가능한 것이다. 이 분열은 곧 순수 의식의 표현이다.

상태로 되면서 모든 같은 것, 모든 존립하는 깃이 분열되며[zerrissen] 그 결과는 시혜자의 생각과 견해를 철저하게 분열한다는[zerreißt] 사실이다. 즉 부의 시혜자는 [피보호자의] 이런 가장 내적인 심연 즉 어떤 발 디딜 곳도, 어떤 실체도 사라지고 마는 한없이 깊은 심연에 직접[unmittelbar] 부딪힌다. 시혜자는 이 심연 속에서 속된 사물이나 그 자신이 빚어내는 변덕스러운 유희 또는 그 자신의 자의에서 비롯된 우연적인 결과밖에 그 어떤 것도 보지 못한다. 그런 시혜자의 정신은 어리석기 짝이 없는[geistverlassene] 피상적인 것에 머무르는, 전적으로 알맹이 없는[wesenlose] 견해다.

[해제] 1) 부는 일반적으로 본다면 단순한 대자 존재, 개별성을 지양하면서 누구나 향락을 느끼는 대상이 즉 그 자체 존재면서 인륜적 본질로 된다. 그러나 부를 시혜하는 군주나, 피보호자인 고귀한 의식 누구도 이렇게 반성을 통해 등장하는 부의 참된 본질을 알지 못한다.

앞에서 헤겔은 피보호자인 고귀한 의식은 자신의 인격이 타인의 인격에 의존한다는 것을 발견하면서 부를 자신과 다른 것으로 알면서 비천한 의식으로 전락한다고 했다. 이 구절에서 헤겔은 국가권력이 부로 전환되면서 일어난 결과를 시혜자에게서도 발견한다. 부는 시혜자의 의식도 지배한다.

2) 부는 피보호자에서와 마찬가지로 시혜자에게도 비참함을 느끼게 한다. 왜냐하면, 그는 스스로 군주가 되지 못하고 이름뿐인 군주라도 그것을 유지하기 위해서는 부를 통해 피보호자의 환심을 사야 하기 때문이다. 그러나 피보호자가 부의 시혜자에 대해 분노하는 것과 달리 부의 시혜자에게는 오만이 나타난다. 그는 부를 통해 피보호자의 자아를 지배할 수 있기 때문이다.

그러나 그는 "한 끼 식사를 제공함으로써" "타인의 가장 내적인 본질조차도 획득했다"라고 생각하지만, 그는 자기의 피보호자가 지닌 마음속의 분노를 보지 못한다. 더구나 시혜자는 피보호자가 비천한 의식으로 되면서 앞에서 말했듯이 자유로운 대자 존재를 회복한다는 사실도 간과한다. 피보호자는 "철저하게 자기 분열함으로써" 오히려 "모든 속박을 완전히 타파할 수 있는 존재가 된다."

3) 그 때문에 부의 시혜자는 피보호자의 "이런 가장 내적인 심연 즉 어떤 발 디딜 곳도, 어떤 실체도 사라지고 마는 한없는 깊은 심연"에 직접 부딪힌다. 이것은 피보호자가 자유로운 대자 존재가 됐음을 의미하는데도 불구하고 시혜자는 그것을 "자의에서 비롯된 우연적 결과"로만 파악하니, 헤겔은 시혜자의 그런 견해는 "어리석기 짝이 없는 피상적 견해"라고 말한다.

519) ⟨SK 384:14~385:17⟩ ⟨FM 282:1~30⟩

자기의식이 국가권력을 대하는 데 있어서 자기의 언어[봉사의 언어]가 있었듯이 또는 정신[152]이 두 극단 사이에서 실제 매개자로 출현했듯이 자기의식이 부를 대하는 데서도 언어가 있으며 더 나가서 자기의식의 분노를 표현하는 언어[153]도 있다. 자기의식의 부에 대한 언어는 부의 시혜자에 대해서 그가 자신의 본질이라고 의식하면서 이를 통해 그런 본질을 이용하니 이 역시 아첨의 언어지만, 비천한 종류의 언어다. ─이 아첨의 언어가 비천한 이유는 이 아첨의 언어는 자기가 자신의 본질로 언표하는 것[부, 또는 시혜자]이 **그 자체로** 존재하지 않고 오히려 자기를 희생하는 본질에 그친다고 인식하기 때문이다. 그런데 이미 앞에서 언급됐듯이 아첨의 언어는 여전히 일면적인 정신에 지나지 않는다. 왜냐하면, 이런 아첨의 정신을 구성하는 두 계기 중 자아는 봉사를 통해

152 여기서 정신은 정신이 자신을 직접 표현하는 언어를 의미한다.
153 '분노를 표현하는 언어'는 뒤에 분열의 언어로 규정된다.

자기를 도야함으로써 순수한 실존에 이르기까지 정화된 것이며 또 다른 계기인 국가권력은 그 자체 존재[Ansichsein]이기 때문이다.[154] 그러나 순수한 개념 속에서는 단순한 자아와 그 자체 존재[Ansich], 다시 말해서 앞에서와 같은 순수한 나[Ich]와 순수한 본질 또는 순수한 사유는 서로 같다. -또는 이 두 측면의 통일은 양자 사이에 상호 작용이 일어나는 것이므로 이런 순수한 개념이나 두 측면의 통일은 아첨하는 언어에 깃들인 의식 속에서는 존재하지 않는다. 즉 아첨의 의식에서 대상은 여전히 자아와 대립하는 그 자체 존재며 달리 말하자면 아첨의 의식에서 대상은 아직 대상인 동시에 이 의식에 고유한 자아 자체로 되지 않는다.[155] -그러나 분열의 언어는 교양의 세계 전체에서 완전한 언어며 또한, 교양의 세계에서 참으로 실존하는[existierende] 정신이다. 이런 분열된 자기의식에서는 분노 속에서 자신의 비참함을 내던지려 하면서[seine Verworfenheit verwerfende] 절대적인 자기분열 속에서 절대적인 자기와 같음이 직접 회복되며, 순수한 자기의식이 자기 자신과 순수하게 매개하는 운동이 일어난다. 분열된 자기의식은 그 속에서 같은 인격이 주어인 동시에 술어로 되는 주술 일치의 판단이다. 그런데 이런 주술 일치 판단은 또한, 무한 판단이니 왜냐하면, 여기서 개별 인격이 절대적으로 양분되고 주어와 술어가 바로 무차별하게 존재하면서 서로가 어떤 필연적 통일도 이루지 못한 채 심지어 각자 고유한 인격의 위력을 발휘하는 존재가 된다. 대자적 의식은 자기에 대한 시혜자인 대자 존재를 대상으로 삼으니 이 대자적 시혜자는 대자적 의식에 바로 타자로 되

154 자아도 이중적이며 실체도 이중적이다. 아첨의 언어는 그 가운데 한 측면에 불과하다.

155 아첨의 대상은 의식에 대립하는 그 자체 존재다. 즉 자아에 낯선 일반적 위력, 군주다.

는 동시에 마찬가지로 직접 **자기 자신**으로 된다. ─그런데 이처럼 그 자신이 곧 타자라고 해서 이 타자가 어떤 다른 내용을 지니는 것은 아닐 것이다. 오히려 타자가 지닌 내용은 같은 자아가 절대적으로 대립하면서 무차별한 완전하게 고유한 현존의 형식으로 출현한 것이다.[156] ─그러므로 교양이라는 실재[real]하는 세계에서 이처럼 대자적 자아가 타자로 현존함을 통해 **자신을** 참으로 즉 **개념적으로 의식하는** 정신이 눈앞에 나타난다.

[해제] 1) 헤겔은 이제 봉사하는 언어와 아첨의 언어를 넘어 분열의 언어로 이행한다. 고귀한 의식은 자기를 도야하며 국가에 봉사하면서도 사실은 국가권력을 자기를 위해 이용한다. 국가권력을 이용하는 언어가 아첨의 언어다. 헤겔은 이런 아첨의 언어가 이미 비천한 종류의 언어라고 규정한다. 아첨의 언어는 입으로서는 국가권력을 자신의 본질로 찬양하지만, 실제로는 국가를 자기를 위해 희생하는 본질로 여긴다. 그러므로 아첨하는 언어에서 양자의 일치는 일면적이어서, 두 극단의 실제로 일어나는 상호 작용이나 개념적 통일은 존재하지 않는다. 왜냐하면, 대상 즉 국가권력은 "자아와 대립하는 그 자체 존재며" 아직 고귀한 의식의 "고유한 자아 자체가 된 것은 아니기" 때문이다.
　2) 그런데 분열의 언어에서는 사정이 다르다. 시혜자의 부를 즐기면

156　고귀한 의식은 "나는 부다"라고 말한다. 나도 개별적이고 부도 개별적이므로 이것은 곧 "나는 나다"라는 동어반복 판단이다. 여기서 술어 부는 주어인 나가 대상화된 타자이다. 자기가 자기의 타자가 됐다. 비천한 의식에서 "나는 부가 아니다"라는 부정 판단은 곧 "나는 곧 내가 아니다"라는 무한 판단이다. 이 무한 판단의 이면은 개별적 나도 부정하며, 대상인 개별적 부도 부정하는 것이니 다시 "(일반적) 나는 (일반적) 본질이다"라는 주술 일치 판단으로 되돌아온다. 즉 절대적 자기분열 속에서 절대적 자기와 같음이 회복된다.

서 고귀한 의식은 "나는 부다"라고 말한다. 나도 개별적이고 부도 개별적이므로 이것은 곧 "나는 나다"라는 동어반복 판단이다. 여기서 술어 부는 주어인 나가 대상화된 타자이다. 자기가 자기의 타자가 됐다.

고귀한 의식이 비천한 의식으로 되면서, 비천한 의식에서 "나는 부가 아니다"라는 부정 판단이 등장한다. 부가 곧 나 자신이 타자화된 것이니 이 부정 판단은 곧 "나는 곧 내가 아니다"라는 무한 판단을 의미한다. 앞에서 골상학에서 "정신은 뼈다"라는 판단에서 정신과 사물이라는 서로 대립하는 것이 일치하면서 무한 판단이 됐다. 여기서는 대자적 자아가 동시에 자신의 타자로 현존하면서, 서로 부정적으로 관계하니, 서로 일치하는 것이 서로 대립하면서 무한 판단이 된다.

이 무한 판단의 이면은 개별적 나도 부정하며, 대상인 개별적 부도 부정하는 것이니 다시 "(일반적) 나는 (일반적) 본질이다"라는 주술 일치 판단으로 되돌아온다. 이것은 최초의 출발점에 있던 고귀한 의식이다. 그러므로 헤겔은 이 운동을 "순수한 자기의식이 자기 자신과 순수하게 매개하는 운동"이라 하며 분열의 언어는 "절대적인 자기분열 속에서 직접 절대적인 자기와 같음이 회복된다"라고 말한다. 분열의 언어는 "완전한 언어"이며 "참으로 실존하는 정신"이다.

3) 지금까지 고귀한 의식에서 분열된 의식에 이르기까지 역동적 과정에서 일반적인 권력과 개별적 부, 고귀한 의식과 비천한 의식이 모두 부정된다. 그 결과 도달한 것이 분열된 의식이다. 헤겔은 이를 '개념적으로 자각하는 정신'으로 규정한다. 물론 이 자각은 직접적이기에 여기서 출현하는 정신은 다만 부정적으로 활동하는 자아일 뿐이다. 이 부정적 자아는 두 가지 측면을 지닌다. 하나는 다만 사유에서 일어나는 부정이며 그 결과 다만 이것은 부정적 의욕으로서만 나타날 뿐 실제로 일어나는 부정적 행동은 아니라는 것이다. 여기서 의욕이란 곧 하고 싶지 않다, 싫다, 죽고 싶다−등의 감정적 상태에 그친다.

또 한가지 측면은 이것이 다만 부정적인 것으로만 나타나지 어떤 긍정적 결과를 끌어내지 않는다는 것이다. 그러므로 이 부정적 자아는 끊임없는 전도의 모습으로 즉 한 번은 이것을 부정하고 다른 한 번은 저것을 부정하며 한 번은 타자에 대해 풍자하고 다른 한 번은 자기를 한탄하는 식으로만 나타나는 것이다.

그런 점에서 사유 속에서 끊임없이 부정하는 회의주의와 닮았으나 다만 회의주의는 개별자의 자유의 측면에서 부정이 출현했으나 여기서는 이런 부정적 자아는 객관적 정의를 실현하려는 일반 의지의 측면에서 출현한다.

520) 〈SK 385:18~386:35〉〈FM 282:31~283:32〉

이와 같은 정신은 현실에서 일어날 뿐만 아니라 사상에서도 일어나는 절대적이며 전면적인[allgemeine] 전도며 소원화다. 이 분열의 정신이야말로 **순수한 의미에서의 교양**이다. 이런 교양의 세계에서 우리가 경험하는 것은 권력이나 부라고 하는 **실제로 존재하는 인륜적 본질**이나 양자를 선이라든가 악이라고 규정하거나 고귀한 의식이나 비천한 의식이라고 규정하는 **개념**도 진리가 아니라는 사실이다. 오히려 이 모든 계기는 서로 전도하면서 타자와 다른 바가 없으며 모두가 자기 자신의 반대물로 전환한다. ―일반적 권력은 **실체**면서 개체성의 원리를 획득해 고유한 정신적 능력을 지닌 존재[Geistigkeit]에 이르면서 고유한 자아를 간직하게 됐으나 이 자아는 다만 이름뿐인 존재다. 이런 [이름만의] 일반적 권력은 **실제로 존재하는** 권력으로 나타날 때는 오히려 그 자신을 희생시킬 수밖에 없는 무기력한 본질[부]이다. ―그러나 그런 본질은 이처럼 자체성을 지니지 못한 채로 그 자신을 희생함으로써 또는 그 자아가 사물로 전락하면서 오히려 자기 내로 복귀한다.[157] 그런 본질은 **대자 존재**였으나 다시 자기를 **대자화**하며 이를 통해서 정신이 실존한다. ─그러므로 이런 본질이 **선**이라든가 **악**이라고 규정하는 **사상**은 이상과 같은 운동을 통해 서로 전도된다. 즉 선으로 규정됐던 것은 악으로 바뀌고, 악으로 규정됐던 것은 선으로 바뀐다. 본질의 두 계기 가운데 어느 한 계기에 관한 의식이 고귀한 의식으로 평가되든 비천한 의식으로 평가되든 각 규정은 참으로 말한다면 오히려 자기의 규정이라고 가정된 것과 반대가 된다. 즉 고귀한 의식이 비천하고 비참한 의식으로 전환되는 것과 꼭 마찬가지로 비천한 의식은 자기의식의 성숙한 자유를 발휘하는 고귀한 의식으로 된다. ─형식의 면에서 고찰해 볼 때 모든 것은 자신이 **독자적**[für sich]으로 지닌 의미가 **바깥으로** 전도된 것을 뜻한다. 그것이 독자적으로 지닌 의미는 참으로 그대로 머무르지 않으며 오히려 그가 원하는 것과 다른 것으로 된다. 자기를 실현하는 존재[Fürsichsein]는 오히려 자기 자신을 상실하며 자기를 소원화하는 존재는 오히려 자기를 보존한다. ─여기서 눈앞에 나타나는 결과는 이상의 각 계기가 서로에 대해 심판하는 일반적 정의로 되며[Gerechtigkeit] 각 계기가 자기 자신에서 자기 자신을 소원화하며 동시에 자신과 반대되는 것 속에서 자기를 꿈꾸면서 이런 방식으로 이 반대되는 것마저도 전도시킨다. ─그러나 참된 정신은 서로 절대적으로 분리된 계기의 바로 그와 같은 통일이며 더욱이 이 정신은 이렇듯 **자체성을 지니지 못한**[selbstlose] 양극단 자체가 **자유롭게 넘나들면서 이루는 현실**을 통해서 이 현실의 매개자로 실존하기에 이른다. 참된 정신은 무엇이든 가리지 않고 **떠들면서** 자기 분열적으로 **판단하는** 것을 통해 현존한다. 이

---

157 군주가 부를 시혜하면서 향락의 대상인 부는 만인을 위한 존재가 된다.

런 판단을 이루는 각 계기는 가정 상으로는 본질이고 전체가 실현된 [wirkliche] 개별 항이라 주장되지만, 사실은 스스로 해소되고 마는 것이니 이런 자기 분열적 판단은 곧 자기를 해소하는 자기 유희 자체다. 따라서 이와 같은 판단과 언어는 참된 것이고 억지로는 나오지 않는 정말 압도적인 것이다. 이것이야말로 교양이라는 실재 세계에서 **참으로** 중요한 **유일한** 것이다. 이 교양 세계 내의 모든 부분은 이런 판단과 언어를 통해 자신의 정신을 표현하고 그 정신을 표현하는 언어는 재기발랄하며[mit Geist] 그 정신의 본질이 무엇인가를 웅변한다. ─[이성 장에서 나온] 성실한 의식은 그 모든 계기를 지속하고 본질적인 것으로 여길 뿐, 조야하고 멍청하게도 자기가 생각했던 것과 전도된 행위를 한다는 사실을 알지 못한다. 그러나 자기 분열한 의식은 자기가 전도한다는 것을 게다가 이 전도가 절대적인 전도라는 것을 인식하는 의식이다. 이런 의식 속에서는 개념이 지배하고 있어서 이 개념은 성실한 의식에서는 전적으로 분리된 채 머무르는 사상을 결합하기에 이런 자기 분열적 의식의 언어는 기지에 넘치는 사상이다.

[해제] 헤겔은 비천한 의식에서 등장하는 분열의 언어가 곧 교양의 본질이라고 말한다. 여기서 모든 계기는 자신의 반대로 전도한다. 권력과 부, 자기와 타자, 긍정과 부정은 서로 전도한다.

국가권력은 개체성을 얻어 군주로 되지만, 이는 이름뿐인 자아며 자기를 희생하는 부가 된다. 부는 다시 자기를 희생하면서 자기 내로 복귀하니, 비로소 만인의 토대로 되는 일반적 본질이 출현한다. 모든 것을 긍정하는 고귀한 의식은 모든 것을 부정하는 비천한 의식으로 되지만, 비천한 의식은 다시 어느 것에도 매임이 없이 부정하면서 "자기의식의 성숙한 자유를 발휘하는" 고귀한 의식으로 된다.

이처럼 모든 것이 자신의 타자로 전도되면서 독자성을 상실하고 자기를 해소하니, 본질의 자기 유희 속에서 의식은 그 어느 것이나 자유롭게 넘나들면서 이런 현실을 매개하는 자로 등장한다. 헤겔은 이런 분열된 정신에서 나오는 언어는 "참된 것이고 억지로 나오지 않는 압도적인 것"이라 하며, 교양의 세계에서 "참으로 중요한 유일한 것"이라 한다.

이런 자기분열의 정신을 통해 절대적으로 대립하는 것이 절대적으로 통일되는 가운데 참된 정신이 출현한다. 이성 장에서 나온 성실한 의식이 모든 것과 자기를 단순히 일치하면서 이것이 내적으로 전도된다는 것을 알지 못하는 것과 달리 분열적 의식은 이런 전도를 스스로 자각하면서 내적으로 통일을 얻는다.

521) <SK 386:36~387:25> <FM 283:33~284:14>

정신이 그 자신을 통해 그 자신에 관해서 말하는 내용이란 즉 모든 개념과 모든 실재를 전도할 뿐만 아니라 또한, 자기 자신과 타자마저도 속인다. 이와 같은 속임을 주저 없이 말하는 파렴치함이야말로 바로 그럼 파렴치함 때문에 위대한 진리가 된다. 이런 횡설수설[橫說竪說]은 마치 어떤 음악가의 광기에나 비교되는 것이다. 그는 "이탈리아어로 된 것, 프랑스어로 된 것 또는 비극적인 것과 희극적인 것 등등 각양각색의 성격이 담긴 서른 가지 아리아를 쌓아 놓고 이를 뒤범벅으로 만들며 때로는 깊은 저음으로 지옥에까지 가닿는 듯하다가도 때로는 목청을 높여 가성으로 마치 창공을 가르는 듯하니 ... 미친 듯이 노래하다가는 어느새 다시 가라앉으며 거만을 떨다가는 곧 다시 희롱하는 듯하다."* – 고요한 의식[158]은 성실한 자세로서 선하고 참다운 것을 담는 멜로디를

158 헤겔은 분열된 의식에 대립하는 '고요한 의식'을 설정하는데, 이를 '단순한 의식'이라든가 심지어 '고지식한 의식' 등으로 표현하기도 한다. 그는 서로 작용하는 근대 정신의 세계 가운데 한 계기를 참으로 여기는 의식을 말한다. 분열된 의

단조로운 음으로 즉 한 개의 음표로 노래하므로 그에게 [분열된] 정신의 말은 마치 예지와 광기가 뒤섞인 잠꼬대이며 또한, 뛰어난 기교에 못지않게 저급한 조잡함이 뒤섞인 것이며 더 나가서는 올바른 관념과 함께 잘못된 관념이 뒤섞인 것이고, 완전히 전도된 감정 즉 완전한 파렴치함과 어떤 숨김도 없는 진실함이 뒤섞인 것이다. 여기서 저마다 다른 그 모든 음정을 음미하면서 가장 혹독한 경멸과 혐오로부터 시작해서 한없는 경탄과 감동에 이르기까지 감정의 음계 전역을 오르내리는 것은 거부하기 어려운 것이다.*² 경탄이나 감동에는 익살스러운 요소가 녹아들어 있어서 그런 경탄과 감동이 진짜인가 의심스럽게 한다. 그런가 하면 경멸과 혐오는 그것이 솔직하다는 점에서는 한 가닥 이해할 만한 구석이 있으며 사람의 마음을 뒤흔드는 깊이가 있다는 점에서는 정신을 빼앗길 수밖에 없는 압도적인 힘이 나타난다.

*¹ FM주 〈283:36~284:3〉 참조: 디드로, 『라모의 조카』, S. 286
*² FM주 〈284:5~12〉 참조: 디드로, 『라모의 조카』, S. 77f: "나는 수많은 운명과 엄청난 굴욕을 겪었다. 그 원인은 올바른 생각 때문이기도 하고 잘못된 생각이기도 하며, 완전히 전도된 감정과 완벽한 파렴치, 쉽지 않은 개방성 때문이기도 하다."

인용된 텍스트의 결론에 관해서는 아래를 참조하라. 290: "내가 그에 대해 경탄했던가? 그렇다. 나는 경탄했다. 나는 감동을 했고 동정심을 품었던가? 나는 감동을 했고 동정심을 품었다. 그러나 이런 감정에는 어떤 우스꽝스러운 면모가 녹아들어 있었으며, 그런 면모가 그 감정에 자신의 본성을 마련했다."

텍스트는 그대로 인용되지 않았다. 그런 변경은 다만 헤겔이 텍스트

식이 디드로의 소설의 주인공 라모의 조카를 의미한다면, 이 고요한 의식은 그와 대화를 나누는 작중 인물이며 소설의 화자를 말하는 것으로 보인다.

의 일정한 개념과 구절을 통해 독자적으로 언표한 것이다. 진리와 허위의 전환에 관해서는(284:5~6) 아래를 참조하라: 6: "거만과 비하가 뒤섞인, 인간의 지성과 터무니없는 말이 뒤섞인 것이다." 106: "오 바보!, 멍청이!, 나는 이 구역질 나는 머릿속에 그렇게 올바른 사상이 그렇게 많은 어리석음과 함께 섞여서 발견되는 것이 어떻게 가능한지 하고 외치지 않을 수 없다." 288: "그는 어떤 것도 인지하지 못했으며, 발광했으며, 그와 같은 정신의 소외를 겪었고, 거의 미친 것과 같은 열광에 사로잡혔다. 그가 다시 정신을 차릴 것인지, 사람들이 그를 삯마차에 던져 바로 광인의 집으로 데려가야 하지 않을지가 모를 정도였다. 중간중간 … 그는 웃음을 터뜨렸다."(284:8~11) 텍스트 284~295쪽의 내용이 다소 함께 파악된다.

[해제] 헤겔은 이 구절에서 구체적으로 디드로의 소설 『라모의 조카』에 나오는 한 구절을 인용한다. 라모의 조카는 삼촌 라모에 의존해 출세하려 했으나 실패하면서 자기가 체험한 현실을 폭로한다. 디드로는 실제 인물인 그를 어느 카페에서 발견하고 감명받아 이 소설을 쓴다.

헤겔은 라모의 조카가 분노하면서 떠들어내는 횡설수설 가운데서 바로 교양의 정신이 최종적으로 도달한 비천한 의식의 분열된 언어를 발견한다. 이 언어 속에는 예지와 광기, 탁월함과 조잡함, 올바른 관념과 그릇된 관념, 파렴치함과 진실이 뒤섞여 있다. 이는 자기 밖의 타자에 대한 풍자면서 동시에 자기를 비난하는 해학이다. 성공한 자에 대한 비난이면서 실패한 자신에 대한 한탄이니, 헤겔은 이를 평가하면서, 경탄에는 익살이 들어 있고, 경멸 속에는 솔직하다는 점에서 마음을 흔드는 깊이가 있다고 한다.

헤겔은 내적으로 순수 의식인 고요한 의식이 단조로운 음에 비교된다면, 비천한 의식은 이런 잡다한 음에 비교될 수 있다고 한다.

자기 자신에게도 혼란스럽다는 것이 명백한 이런 [분열의] 말에 대립해 **단순한 의식**이 진리와 선에 대해 하는 말을 고찰해 본다면, 단순한 의식의 말은 교양의 정신이 보여주는 솔직하고도 자각적인 장광설과 비교해 본다면 다만 단조로운 말이나[einsilbig] 마찬가지일 것이다. 왜냐하면, 교양의 정신이 보기에 이 단순한 의식은 바로 이 교양의 정신이 알지 못하거나 말하지 않은 것은 전혀 말할 수 없기 때문이다. 단순한 의식이 이런 단조로운 말을 넘어서 몇 마디 말을 덧붙인다면 사실이는 교양의 정신이 이미 언표한 것과 같은 것만을 말하는 것이다. 그러면서도 그는 마치 어떤 새롭고 남다른 것을 말한다고 생각하는 어리석은 짓을 저지르고 있다. 단순한 의식이 교양의 정신에 대해 **파렴치하다거나 비천하다**는 식으로 한마디 던지더라도 그 자체가 이미 그토록 어리석은 짓이다. 왜냐하면, 이런 교양의 정신은 그의 말을 통해 모든 단조로움을 전도하기 때문이다. 교양의 정신이 그렇게 전도한 이유는 곧 자기와 같음을 지닌 이런 단조로움은 단지 추상적으로 볼 때 그런 것이며 그것이 실제로 존재하는 모습은 그 자체에서 자기를 전도하는 것이기 때문이다. 고지식한[gerade] 의식이 그런 교양의 정신에 반대하는 오직 유일하게 가능한 방법으로 선한 것과 고귀한 것, 다시 말해서 외면과 내면이 다르지 않은 것[in seiner Äußerung Gleichhaltende]을 옹호한다고 가정해 보자. ―[이 주장에 따르면] 선하고 고귀한 것은 설혹 악한 것과 **결합한다**거나 악한 것과 **혼합된다** 할지라도 그 때문에 그 자신의 가치를 상실하지 않으니 왜냐하면, 이렇듯 악한 것과 뒤섞이고 결합한다는 사실이 바로 그런 선과 고귀한 것의 **조건**이며 **필연성**이기도 하기 때문이며 바로 여기에 자연의 **지혜**가 담겨 있다.*―그런 가정을 통해 고지식한 의식은 마음으로는 [교양의 말을] 반박한다고 생각했어도 사실은 교양의 정신이 행한 말의 내용을 치졸한 방식으로 종합해 놓은 데 지나지 않는다. 사실 교양의 말은 고귀하거나 선한 것으로 일컬은 것도 본질상 그 자신을 전도한 것이며 또한, 악한 것도 그와 반대로 탁월한 것이라는 뜻인데도 그와 같은 치졸한 방식은 바보 같게도 교양의 말과 다른 것을 말하려 한다면서 고귀하고 선한 것의 **반대**되는 것을 고귀하고 선한 것의 **필연적 조건**으로 삼는다.[159]

*FM주 〈284:27~29〉 헤겔은 여기서는 라모의 조카에 나오는 일정한 개념이나 구절을 끌어들이지 않는다. 오히려 그는 아마도 로비네가 전개한 눈앞의 세계에서 선한 것과 악한 것 사이의 균형에 관한 숙고를 끌어들인 것으로 보인다. 참조: 로비네J. B. Robinet, 『자연에 관해』, S. 67f (T. 1, Kap. 12): "이것은 자연의 조화가 선과 악의 완벽한 조화라는 결론을 내리기에 충분하다. 즉 자연의 다양성은 서로 대립하고 항상 통합하는 두 본질의 조합 전체와 같다. ..." 138 (T. 1, Kap. 28): "우주의 광경은 우리에게 선과 함께 악을 곳곳에 보여준다. 쾌락에 따른 고통, 거짓 다음의 진실, 우리를 속일 정도로 뒤섞인 미덕과 악덕. ... 세계의 조화는 이 놀라운 대조에서 비롯된다. 세계의 아름다움에 관한 관념은 선과 악이라는 두 가지 개념으로 구성된다. ... 이 정확한 평등에 관한 항상적인 그림은 굳이 필요하지 않을 것이다. ... 순수한 선이 있을 수 없는 곳에서는 선이 필연적으로 수적으로나 질적으로 같은 악과 결합한다는 것은 확실하다."

159　단순한 의식은 선악이 뒤섞인 현실에서 선은 사라지지 않는다고 한다. 오히려 선은 악을 조건으로 한다고 말한다. 헤겔은 교양의 말은 선악이 전도된다는 뜻이고 선악이 구별되지 않는다는 뜻이니, 단순한 의식은 교양의 말을 제대로 이해하지 못하고 비판한 것이라고 한다.

523) ⟨SK 388:19~389:10⟩⟨FM 284:36~285:18⟩

만일 단순한 의식이 이런 바보 같은[gedankenlos] **생각**을 보완해 탁월함이 **실제로 존재한다**고 주장하면서 어떤 허구의 사건이나 아니면 실제로 있었던 **일화**를 예로 들어서 그 탁월하다는 것이 텅 빈 이름으로만 그치는 것이 아니라 오히려 **눈앞에 있는 것**임을 밝힌다고 하자. 그러면 전체 실재 세계에서 우리는 전도된 활동이 **전반적으로 만연하는** 현실에 부딪힐 뿐이니 여기서 그와 같은 탁월함의 예는 다만 겨우 한 번이나 일어날까 말까 하는[ganz Vereinzeltes] 사건 즉 **그까짓 것에 해당하는** 사건[eine Espèce]에 지나지 않는 것이다. 허구의 것이건 또는 실제로 존재하는 것이든 선하고 고귀한 것이 한 번쯤 일어나는 일화로 서술된다면 이것이야말로 선하고 고귀한 것에 대해서 말할 수 있는 가장 씁쓸한 것이다. ─끝으로 단순한 의식이 이처럼 전도된 세계 전체의 해소를 요구한다고 할지라도 그 의식은 **개인에게** 그처럼 전도된 세계에서 벗어나도록 요구할 수는 없다. 왜냐하면, 디오게네스가 아무리 통속에 살았더라도 그처럼 전도된 세계에 제약된 것은 마찬가지였기 때문이다. 그러므로 개별자에 그러한 요구를 한다는 것은 악으로 여겨지는 것을 고려할 책임이 바로 **개인**으로서 **자기 자신**에게 있다고 주장하는 것이기 때문이다. 그러나 모든 **개체**를 향해 그런 전도된 세계를 벗어나도록 요구를 한다고 해도 이 전도된 의식은 정신의 [역사] 차원에서 형성돼 모든 개체가 이에 이른 의식이니 그런 요구가 무슨 의미를 지녀서 이성이 그런 의식을 다시 포기하게 할 수 있겠는가? 나아가서 그런 요구가 있다고 해서 이성이 이 전도된 세계의 계기들이 펼치는 풍요하기 짝이 없는 내용을 타고난 심정이 지닌 단순성 속에 다시 침잠시킬 수도 없거니와 때 묻지 않은 자연 상태라고도 불리기는 하지만, 사실은 동물적인 의식이 지배하는 야만적 상태거나 즉물적 처방[Nähe]만이 펼쳐지는 상태로 다시 전락할 수도 없을 것이다.* 오히려 전도된 세계를 전면적으로 해체하라는 요구는 오직 교양의 정신만이 대응할 수 있으니 교양의 **정신**은 **정신**의 차원에서 자기가 겪는 혼란에서 벗어나서 자기에게로 복귀하며 한층 더 높은 의식을 획득할 수 있을 것이다.

*FM주 〈285:10~16〉 헤겔은 여기서 단순하고 보편적인 도덕 즉 인간의 자연 상태에 현존하는 것과 같은 도덕으로 되돌아가자는 루소의 요청을 염두에 두고 있으며 또한, 아마도 볼테르가 이런 요청을 물리친 것을 염두에 두고 있을 것이다. 참조: 루소J. J. Rousseau, 『전집』, 13권, S. 13, S. 33, 37ff, 50, bes. 59f. 또한, 참조:볼테르Voltaire, 「루소에 주는 볼테르의 편지(30. 8. 1755」, 『전집』, 55 권, S. 238.

[해제] 교양의 분열된 말을 서술한 다음, 헤겔은 이런 교양의 언어가 단순하고 고지식한 의식의 말과 비교한다. 그 비판을 정리하자면 다음과 같다.

① 단순한 의식의 말은 교양의 정신이 한 말을 넘어서지 못한다. 즉 단순한 의식의 말 가운데 새롭고 남다른 말은 없다. 단순한 의식이 비판을 덧붙이더라도 그런 비판은 교양의 정신이 이미 했던 것이다.

② 단순한 의식이 교양의 말을 파렴치하다거나 비천하다고 비판하더라도, 교양의 정신 자신이 이미 자기 자신을 그렇게 비판하고 있다.

③ 단순한 의식은 선하고 고귀한 것이 이 세상에 존재하며 세계가 악으로 가득하다고 하더라도 오히려 악이 선이 존재하는 필연적 조건이 된다고 주장한다. 그러나 교양의 말은 선이 악과 악이 서로 전도하는 것이니 선악의 경계 자체가 불분명하다는 것이니, 단순한 의식은 교양의 말을 제대로 이해하지 못한다.

④ 또 단순한 의식은 교양에게 탁월함의 일화를 제시하지만, 이런 일화는 "다만 겨우 한 번이나 일어날까 말까 하는 사건 즉 그까짓 것에 해당하는 사건에 지나지 않는 것"이니, 이 세계가 악으로 가득하다는 교양의 말을 부정하지 못한다.

⑤ 단순한 의식은 개인에게 그런 전도를 벗어나라고 요구하더라도 그것은 그런 전도를 개인의 책임에 돌리는 것이다. 사실 세계 자체가 그런 전도 속에 있는 한, 이는 무의미한 것이다. 그것은 디오게네스가 비록 통속에는 자유로웠다 하더라도 알렉산더가 지배하는 세계에 "제약된 것은 마찬가지다."

⑥ 전도된 세계는 정신의 역사를 통해 생성된 것이니, 개인들이 아무리 깨어나더라도 "이 전도된 계기들이 펼치는 풍요하기 짝이 없는 내용을" 다시 단순한 것으로 침잠하게 하거나 때 묻지 않은 자연 상태로 복귀할 수도 없다. 이런 상태는 아직 정신이 발전하기 전의 "동물적 의식이 지배하는 야만적 상태거나 즉물적 처방만이 펼쳐지는 상태"에 그치기 때문이다.

위에서 제시된 이유를 들면서 헤겔은 마지막으로 교양의 세계가 도달한 분열적 언어야말로 오히려 전도된 교양의 세계를 전면적으로 해체할 가능성을 보여준다고 한다. 사실 이런 분열된 언어야말로 순수 의식으로 반성하는 계기가 되기 때문이다.

524) 〈SK 389:11~26〉〈FM 285:19~30〉

그러나 사실상 정신은 이와 같은 자기 복귀를 이미 달성했다. [비천한] 의식이 자기를 자각하며 또 자기를 언표하면서 나타내는 자기분열 상태는 자신의 현존[Dasein]에 대해서나 전체의 혼란스러운 모습에 대해서 또한, 자기 자신에 대해 터트리는 냉소와 다름없다. 동시에 이런 냉소란 곧 그 모든 혼란이 남기는 은은한 여운을 의미한다. ―이처럼 모든 현실과 모든 특정된 개념이 비어 있다는 사실이 여운으로 들린다는 것은 실재 세계가 이중적인 방식으로 자기 내로 복귀한다는 것을 의미한다. 여기서 복귀는 한편에서 이런 비천한 의식에 내재하는 **개별** 자아 즉 **개별**자에서 일어나는 복귀이며 다른 한편으로는 비천한 의식에 내재하는 순수한 **일반성** 즉 사유에서 일어나는 복귀이다. 전자의 측면에서 볼 때 자기에게로 복귀한 정신은 현실 세계로 시선을 던지면서 이 현실 세계를 파헤치는 것[hineingerichtet]을 자기의 목적 또한, 행위의 일차적[unmittelbar] 내용으로 삼는다. 그러나 후자의 측면에서 그의 시선은 한편에서는 단지 자기 내면에만 머무르며 현실 세계를 거부하는 태도를 보이는가 하면 또 다른 편으로는 현실 세계를 떠나 천상으로 향하면서 현실 세계의 피안이 그 대상으로 된다.

525) 〈SK 389:27~390:33〉〈FM 285:31~286:24〉

자아[Selbst]로의 복귀라는 전자의 측면 가운데 획득되는 모든 **사물**의 비어 있음은 자아 자신의 고유한 **비어 있음**을 의미하는 것이며 다시 말하자면 자아가 **비어 있다**는 것을 의미한다. 이런 자아는 [자유로운] 대자적[fürsichseiende] 자아며 모든 것을 까대고 씹으면서[zu beurteilen und zu beschwatzen] 어떤 고정된 규정을 지닌 판단이거나 고정된 본질을 지닌 현실에 대해서도 이들 규정이나 본질 속에 깃들인 모순을 재기발랄하게 떠들 줄 안다. 이런 모순이 그러한 판단과 현실의 진리다. ─형식의 측면에서 보면 이런 자아는 모든 것이 자기 자신으로부터 소원화된다는 사실을 알고 있다. 즉 **대자 존재**는 그 **자체 존재**에서 분리되고 의도와 목적은 진리에서 분리되며 다시 **대타 존재**[Sein für Anderes]는 이 두 가지 모두[그 자체 존재와 대자 존재]에서 분리되며 겉으로 과시[誇示]된 것[das Vorgegebene]은 본래 그가 마음에 품은 것[Meinung]이나 그에게 진짜로 문제 되는 것[Sache] 및 그의 의도에서 분리된다는 사실을 알고 있다.[160] ─그러므로 이런 자아는 각 계기가 다른 계기에 대해 대립하며 일반적으로 말해서 모든 계기는 전도된다는 사실을 올바르게 표현할 줄 안다. 나가서 이런 자아는 각 계기의 본질을 그 계기 자신보다 더 잘 알고 있으니 그런 계기는 이런 자아가 원하는 대로 규정되어야 한다. 자아는 실체적인 것을 그것이 **합일하지 않고**[Uneinigkeit] **갈등하는** 측면에서만 보고 그런 갈등을 자아가 자기 안에서 결합해야 하는 것으로 생각하면서 이 실체적인 것 자체가 지닌 합일의 측면은 보지 못하는 까닭에 이런 실체적인 것을 **까대는 것**은 아주 잘 하면서도 그것을 **파악**할 수 있는 능력은 상실한다. ─여기서 자아가 느끼는 비어 있음[Eitelkeit]은 모든 사물이 비어 있다는 것을 전제로 하니, 사물의 비어 있음으로부터 자아에 대한 의식을 얻어낸다. 그러므로 텅 빈 자아는 사물을 스스로 창조하며 그런 사물을 떠받치는 영혼[161]으로 된다. 국가권력과 부는 자아가 기울이는 노력의 최고목적이다. 자아는 자신을 거부하고 희생함을 통해 자신을 일반적 인격의 단계로까지 도야해 그런 일반적 인격을 소유하기에 이르고 이를 소유함으로써 일반적으로 자신의 권리를 인정받는다는[Gültigkeit] 사실을 안다. 국가권력과 부는 실제로 인정되는 위력이다. 그러나 이처럼 인정된다는 사실조차 빈 것이다. 자아는 국가권력과 부를 정복하는 것을 통해서 이 양자가 자체성을 지닌

160 이런 측면은 이성 장에 나온 성실한 의식과 비슷하다. 그러나 성실한 의식은 이런 분리를 알지 못하지만, 순수 통찰은 이런 분리를 자각한다는 점에서 차이가 있다.

161 회의주의가 회의하기 위해 회의 될 대상을 산출하는 것과 비슷하다. 많은 점에서 순수 통찰의 부정적 자아는 회의주의와 비슷하다. 다만 전자는 개별 자아의 측면에서, 후자는 일반 자아의 측면에서 논의된다는 점이 다르다.

존재가 아니며 오히려 자신이야말로 그것을 지배하는 힘이고 그것들은 텅 빈 것이라는 사실을 안다. 자아가 국가권력과 부를 소유하면서 바로 그런 가운데서도 국가권력과 부 모두에서 벗어난다는 사실을 자아는 재기발랄한 언어로 서술하니, 이 언어가 그가 관심을 지니는 최고의 것이며 그가 전체의 진리로 삼는 것이다. **개별** 자아는 이런 언어를 통해서 실제로 존재하는 규정에 속하지도 않고 사유 된 규정에도 속하지 않는 순수한 **개별** 자아로 되면서 자기를 정신적이며 또한, 참으로 일반적으로 그 권리를 인정받는 존재로 발전하게 한다. 이런 자아는 모든 상황[Verhältnisse]이 지닌 자기 분열적 본성을 표현하는 것이며 동시에 그러한 상황의 자기 분열성에 관한 의식을 의미한다. 그러나 자아는 분노하는 자기의식으로서만[162] 이와 같은 자기분열을 인식하며 이런 자기분열을 인식하는 가운데 바로 이런 자기분열을 넘어선다. 모든 상황이 텅 빈 채 자기 분열한다는 것 속에서 모든 내용도 부정적인 것으로 전환되니, 더는 긍정적으로 파악될 수 없다. 여기서 남아 있는 긍정적인 대상이 있다면 그것은 오직 **순수 자아 그 자체**일 뿐이다. 분열된 의식은 **잠재적으로는**[an sich] 이미 자기의식이 자신에게로 복귀함으로써 순수한 자기와 같음을 회복한 것이다.

[해제] 1) 비천한 의식은 본질의 모든 계기를 부정하는 동시에 자기를 부정하면서 "자신의 현존에 대해서나 전체의 혼란스러운 모습에 대해서 또한, 자기 자신에 대해서" 냉소를 터뜨린다. 이런 냉소가 분열된 의식의 사라져 가는 마지막 여운에 해당한다.

헤겔은 비천한 의식의 자기분열을 통해 동시에 비천한 의식의 자기 내로의 복귀가 일어난다고 한다. 이런 자기 내로의 복귀는 자아의 편에

---

162 비천한 의식이 군주의 시혜에 대해 분노한다는 사실은 앞에서 서술됐다.

서 볼 수도 있고, 대상의 편에서 볼 수도 있으니 이중적이다.

자아의 편에서 본다면, 이 자아는 부정적 자아다. 권력과 부, 대상과 자아를 모두 부정하는 자아며 "현실 세계를 뚫고 들어가는" 것을 자기의 행위의 일차적 내용으로 삼는다. 이것이 곧 순수 통찰로 된다. 다른 한편으로는 대상의 편에서 본다면, 권력과 부 그리고 대상과 자아로 분리된 것들이 그 자체에서 통일되면서 일반적인 것이 구체적으로 출현한다. 이것은 대상적인 것이면서 동시에 자아에 속한 것이다. 다만 그 통일은 현실에서 출현하지 않고 피안에서 출현하는 본질이다.

2) 교양의 정신이 자기 내로 복귀하면서 순수 통찰과 신앙이 출현한다. 양자가 서로 대립하면서 장차 투쟁의 출발점으로 된다. 우선 여기서 헤겔은 순수한 부정적 자아 즉 순수 통찰의 측면을 개념적으로 서술한다.

부정적 자아는 "자유로운 대자적 자아"이며 "모든 것을 까대고 씹으면서" 모든 판단과 현실에 들어 있는 모순을 발견하여 그것을 "재치있게 떠들어댈 줄 아는" 자아다. 그는 이런 비판을 "재기발랄한 언어로 표현하니" 이 언어가 "그가 관심을 갖는 최고의 것, 그가 전체의 진리로 삼는 것이다."

이 자아는 한 번은 개별적 본질을 비판하며, 다른 한 번은 일반적 본질을 비판하지만, 서로 대립하는 두 측면을 참으로 통일하지 못하면서 양자를 서로 분리하여 이쪽저쪽을 비판할 뿐이다. 또한, 이 자아는 한 번은 대상적 본질을 비어 있다고 비판하며 다른 한 번은 자아 자신을 비어 있다고 비판하지만, 두 측면을 통일하지 못한다. 여기서 대자 존재와 그 자체 존재, 의도와 현실 그리고 대타 존재, 과시된 것과 마음에 품은 것, 사태와 의도가 분리된다.

3) 부정적 자아는 대립하는 두 가지 측면을 잠재적으로만 결합하면서 그런 결합은 전전반측하는 부정성을 통해 출현할 뿐이다. 그러므로

헤겔은 이런 자아는 "까대기는 아주 잘 하면서도 그것을 파악할 능력은 상실했다고" 말한다. 이런 부정적 자아는 모든 것을 비판하지만, 부정적 활동이 출현하려면 끊임없이 비판할 대상이 있어야 한다. 그는 자유로운 "자아라는 의식을 얻어내기 위해 비판할 대상을 스스로 창조하며 그런 사물을 떠받치는 영혼으로 된다."

순수 통찰은 모든 것을 부정하는 것을 통해서 전전반측하지만, 동시에 이런 부정을 통해 잠재적으로는 이 모든 것이 서로 통일된다는 것을 자각하니, 이미 이 속에 잠재적으로는 자기의식의 순수한 통일성 즉 일반적 자아가 출현한다.

4) 순수 통찰은 모든 것을 비판하는 부정적 자아지만, 실제적 자아와 결합해 있다. 양자는 동전의 이면처럼 결합한다. 그런 점에서 교양 세계의 출발점이 됐던 실제적 의식과 차이가 없으나, 실제적 의식에서 일반적 자아는 개별적 자아를 부정하는 힘을 부분적으로만 또는 잠재적으로만 지닐 뿐이다. 즉 교양의 부정은 개별 자아의 자아 자신을 부정하지는 못한다. 그러나 순수 통찰에서 자기를 부정적 힘은 완전하게 등장하니 그 부정성은 순수한 부정성이다. 여기서 부정성은 자신의 자아조차도 부정하는 철저한 부정성이다.

이 부정적 자아는 다만 사유 속에서 등장하는 순수한 의욕일 뿐이며, 실제로 일어나는 부정이 아니므로 이런 부정적 자아는 개별적 자아를 부정하더라도 여전히 개별적 자아 위에 현존한다. 양자의 결합은 마치 동전의 이면과 같은 직접적 결합이다.

그런 점에서 실제적 자아는 법적 인격과 같은 것이지만, 인격은 순수한 형식이어서 자의적으로 결정할 뿐이다. 그러나 교양의 부정적 자아는 부정적으로 활동하기는 하지만, 그 부정은 자기가 비판하는 대상의 개별성의 측면을 부정하는 것이니 일반적 자아의 잠재성을 지닌 것이다.

b 신앙과 순수 통찰

[해제]

526) 순수 의식(신앙)의 개념

527) 순수 의식과 다른 종교적 의식의 구별

528) 순수 의식과 순수 통찰의 구별

529~533) 신앙의 개념과 현실 세계와의 관계

534~536) 순수 통찰과 현실 세계와의 관계

526) 〈SK 391:3~392:13〉〈FM 286:26~287:26〉

자기를 소원화하는 정신은 교양의 세계에 현존을 획득한다. 그러나 교양의 세계 전체가 자기 자신으로부터 소외된 세계므로 이 세계의 피안에 **순수 의식**[163] 또는 **사유**라는 실제로 존재하지 않는 세계가 세워진다. 실제로 존재하지 않는 세계의 내용은 순수하게 사유 된 것이니 사유가 그런 세계의 절대적인 지반을 이룬다. 그런데 사유가 이 실제로 존재하지 않는 세계의 **지반**이므로 의식은 다만 이 실제로 존재하지 않는 세계에 관한 사상을 **간직**[hat]하는 것이지 이 사상을 아직 **사유**하지 않으며[164] 이런 순수하게 사유 된 것이 곧 사상에 그친다는 사실을 인식하

---

163 정신의 단계에서 의식, 순수 의식, 자기의식이란 표현은 모두 인식론적 의미가 아니라 실천적 의지가 발전하는 단계를 표현한다. 의식은 욕망에, 자기의식은 자유의지에, 순수 의식은 믿음의 상태에 대응한다.

164 여기서 '사유'라는 말이 이중적으로 쓰여 혼란을 일으킨다. 순수 의식을 사유라고 할 때 '사유'란 대상과 자아는 합일을 의미한다. 그런데 이 단계에서 사유(사상)는 현실 너머 피안에 있는 대상으로 나타난다. 이때 헤겔은 "사상을 소유한다"라는 표현을 사용한다. 여기서 사상이 피안의 대상으로 출현하므로 이 사상은 의식이나 표상에 머무르므로 "사상을 사유하는 것은 아니다." 이 구절에서 사유

지 못한다. 이런 의식에서 그와 같은 사상은 **표상**[Vorstellung]의 형태를 취한다. 왜냐하면, 의식이 현실을 벗어나서 순수 의식으로 들어서면서도 의식 자체는 여전히 현실의 영역과 현실의 규정성 속에 머무르기 때문이다. [165]이렇듯 분열된 의식은 우리가 보기에는 **자기와 같음**에 도달한 순수 의식이지만, 이런 자기와 같음은 겨우 **잠재적**[an sich]일 뿐 아직은 대자적으로 출현한 것은 아니다. 그러므로 이런 [순수 의식으로] 끌어올리는 것은 아직도 **직접적인 것**에 그치고 자체 내에서 완성되지 못한 것이어서 자기에 대립해 자기 자신을 제약하는 원리[166]를 여전히 자체 내에 간직하고 있을 뿐 매개적인 운동을 통해서 그러한 자기에 대립하는 원리를 극복할 수 없다. 따라서 이 [순수] 의식에 자신이 소유하는 사상의 **본질**로 여겨지는 것은 추상적인 그 자체 존재의 형식으로만 존재하는 본질이 아니고 오히려 **일상적 현실**[Gemeinwirklichen]의 형식으로 존재하는 본질이다.[167]이런 현실은 어떤 다른 지반[피안]으로까지 끌어올려지기는 하면서도 바로 그런 지반 속에서 여전히 사유 되기 전의 현실에 속하는 규정성을 불식하지 못한다. ─이 [순수] 의식이 본질로 삼는 것은 **스토아주의적** 의식이 본질로 삼는 그 **자체 존재**와 근본적으로 구별돼야 한다. 스토아주의적 의식에서는 다만 사상의 **형식** 자

───────────

라는 말이 다시 나오는데, 여기서 '사유'란 개념적 사유를 말한다.

165 신앙에서 순수 의식은 실제적 의식과 직접 결합해 있다. 자아와 대상의 일치라는 현실이 아닌 피안에서 이루어지며, 자기의식은 실제적 의식 이면에 있는 내적인 순수 의식의 형태로 나타난다.

166 순수 의식의 이면인 실제적 의식을 말한다.

167 순수 의식의 대상은 한편으로 피안에서 감각적 대상의 형식으로 출현한 일반적 본질이다. 순수 의식에서 일반적 본질은 다른 한편으로 차안의 감각적 현실의 피안에 있으면서 이것을 통해 상징된다.

체만이 [자기 것으로] 인정받고 그 사상의 내용은 외적 현실로부터 나온 것이면서도 스토아주의적 의식 자신에게 낯선 내용으로 된다. 그러나 이 의식[신앙]에게 유효한 것[das Geltende]은 **사상이라는 형식**이 아니다. ―이와 마찬가지로 이 [순수] 의식의 본질은 또한, 덕의 의식이 본질로 삼는 **그 자체 존재**와도 근본적으로 구별된다. 덕의 의식에서는 본질은 사실 현실과의 관계에서 생성된 것이므로 현실 그 자체의 본질이지만, 처음에는 단지 실제로 존재하지 못하는 것으로 여겨진다. ―그런데 이 [순수] 의식의 경우에는 본질은 비록 현실의 피안에 있는 것이더라도 실제로 존재하는 본질로 여겨진다. 이밖에도 또 법칙을 발견하는 [gesetzgebenden] 이성에서 등장하는 그 자체로 존재하는 법이나 선 자체는 막론하고 법칙을 검증하는 의식이 본질로 삼는 것 즉 법의 일반 형식도 현실의 규정을 갖는 것이 아니다. ―따라서 교양의 세계에서 순수 사유[168]는 소원화를 이루는 양 측면 가운데 한 측면에 해당하는 것이었다면 즉 이 순수 사유는 선과 악으로 판단할 때 쓰이는 추상적인 척도였다면 이런 순수 사유는 이제 전체의 운동을 거쳐 가면서 현실이라는 계기와 접촉하므로 그만큼 더 풍부한 내용을 얻게 됐다. 그러나 [정신적] 본질이 나타나는 현실은 동시에 순수 의식의 현실이지 **실제적** 의식이 대상으로 삼는 현실은 아니다. 여기서 본질이 나타나는 현실은 사유의 지반으로 끌어올려진 것이지만, 실제적 의식에서 현실은 아직도 하나의 사상[ein Gedanke]으로 여겨지지 않으며[169] 자신에게 고유한[세속적] 현실 저 너머에 있는 피안으로 여긴다. 왜냐하면, 전자[순수 의식

---

168 여기서 '순수 사유'란 교양의 세계에서 등장한 추상적 사유를 말한다. 이 사유는 정신적 본질을 개념적으로 그 자체에서 파악하여, 선과 악으로 규정한다.

169 현실 자체가 사유를 통해 규정되지 않는다는 뜻이다.

의 현실]는 곧 이 후자[세속적] 현실로부터 도피를 의미하기 때문이다.

[해제] 1) 헤겔에서 순수 의식 즉 신앙은 근대 사회의 산물이다. 근대 사회는 소외된 사회이고, 일반적 본질은 개별적 대상에 대해 내재적으로 초월하여 나타난다. 개별적 대상에 내재한다는 점에서 교양의 실제적 의식이 출현했다. 그리고 일반적 본질이 개별적 대상에 초월한다는 측면에서 신앙이 출현한다.

앞의 구절에서 순수 통찰이 설명됐다면 이 구절에서는 신앙의 개념이 설명된다. 순수 통찰은 자아의 측면에서 통일이다. 즉 그것은 실제적 자아면서 동시에 부정적 자아다. 여기서 통일은 아직 직접적이기에 자아는 긍정적 일반성이 아니라 부정적 일반성으로만 나타난다. 반면 신앙에서 통일은 대상의 측면에서 출현한다. 여기서 대상의 추상적 본질은 구체적으로 실현되지만, 이런 실현은 직접적이기에 차안이 아닌 피안에 일어난다. 그러므로 신앙 속에 제공되는 정신적 본질은 "추상적인 그 자체 존재의 형식으로 존재하는 본질이 아니라 일상적 현실의 형식으로 존재하는 것"이다. 또는 "사유의 지반으로 끌어올려지지만, 여전히 사유 되기 이전의 현실에 속하는 규정을 갖는다."

2) 여기서 추상적 본질의 구체적 실현은 자아와 대상의 통일을 전제로 한다. 즉 일반적 본질은 자아의 상호 작용이 만든 산물이어서 내재적으로 초월하는데, 여기서 자아와 초월적 본질의 통일이 직접적이므로 그 통일은 피안에서 일어나는 본질의 실현으로서 나타난 것이다.

그러므로 신앙에서 자아는 대상과 합일을 이루었기에 이미 자기의식이지만, 그 합일은 피안에서 출현하므로 이를 순수 의식이라 한다. 순수 의식은 자기의식이 의식의 테두리 안에서 출현한 것을 말한다. 이런 이중성을 지닌 의식이 곧 순수 의식이다. 피안의 대상은 한편으로 자아에 대립하는 대상으로 나타나며 다른 한편으로 자아 자신으로 나타나니, 전자의 측면에서는 두려움의 대상이지만, 후자에서는 믿음의 대상이 된다.

흔히 종교적 믿음을 한편으로는 신이 존재한다고 믿는 인식적 신념을 의미하기도 하고 다른 한편으로는 신과 합일을 이루어 신적 능력을 일부분 자신의 능력으로 가지게 된 상태를 의미하기도 한다. 그러나 헤겔은 근대 개신교에서 믿음이란 인식을 넘어선 실천적 의지의 상태기는 하지만, 아직 다만 내면에 머무르는 것 즉 의욕의 상태로 규정한다. 이런 의욕이 실현되는 것은 현실이 아니라 피안이므로 의욕은 결코 주관의 상태 자체를 넘어서지 못한다.

3) 헤겔에서 어떤 것이 피안에 존재한다면, 그것은 추상적인 것이 구체적으로 실현된다는 것이다. 그런데 어떤 대상(구체적 본질)이 피안에 있다는 것은 그것이 차안의 현실과 직접 결합해 있다는 말이다. 이때 차안의 감각적 현실은 그런 피안의 대상을 지시하는 상징이 된다.

인륜적 세계는 현실의 정신적 본질을 자신의 자아로 삼는다. 법의 상태에서 현실은 자아에 대립하며 자아를 지배하는 힘이다. 소외된 정신의 세계에 이르러 현실은 다시 긍정되지만, 다만 피안의 상징이라는 의미에서 긍정된다.

4) 신앙에 관한 앞에서 서술을 통해 볼 때 헤겔이 신앙 또는 순수 의식으로 규정한 것은 명백히 근대 개신교를 가리키는 것이 분명하다. 헤겔의 신앙 개념을 이해하기 위해서는 개신교에 관해 간단한 이해가 필요하다. 여기서 그 특징을 들자면, 무엇보다도 가톨릭이 업적에 따라 구원받는다고 주장하는 것에 반해서 개신교는 믿음을 통해 구원받는다고 주장한다. 그 결과 개신교는 개인의 내면성에 토대를 두게 되며, 교회나 신부와 같은 하나님과의 중간 매개자가 의미를 상실하게 된다. 또한, 프로테스탄티즘은 피안에서 행복을 추구하며 현세에서는 내적 믿음을 지키는 것으로 충분하다. 때로는 믿음을 강화하기 위해 고난과 수련이 강조되기도 하지만, 대체로 현세에서의 삶을 긍정한다.

헤겔이 개신교에 주목하는 것은 현세적 삶의 긍정과 피안에서의 구원이 직접 결합해 있다는 점이다. 순수 의식에서 피안과 차안의 관계를 통해 개신교가 현세를 긍정하는 이유를 이해할 수 있다. 개신교가 현세를 긍정하는 것은 현세를 현세로서 긍정하는 것이 아니라 피안의 본질을 지시하는 상징으로서 긍정하는 것이다. (개신교 일부는 우상 파괴 운동을 벌였지만, 우상을 본체로 믿는 것을 거부하는 것이지 우상의 상징적 측면을 거부한 것은 아니다)

5) 신앙은 직접적인 통일이라도 감각적 사물과 일반적 본질의 통일이므로, 지금까지 출현한 추상적 본질과 구분된다. 구체적으로 헤겔은 스토아주의에서 사유 속에 제공되는 본질이나, 법칙 검증적 이성과 구분된다. 이런 것들은 추상적인 본질이지만, 아직 구체적 현실 속으로 출현하지 않았다. 또한, 신앙은 덕의 의식에서 덕, 입법적 이성에서 법과도 구분되는데, 이런 것들은 일반성의 형식을 띠지만, 사실상 개별적인 것, 현존하는 것을 추상한 것이다. 이런 추상적 본질은 현실 속에서 실현되지 않는다. 반면 신앙의 경우 일반적 본질이 직접 현실적 사물로 출현한다. 다만 그 실현은 직접적이어서, 일반적 본질은 감각적 사물이란 상징을 통해 감각적 사물의 피안에 출현할 뿐이다.

527) 〈SK 392:14~32〉〈FM 287:27~288:1〉

종교라는 말을 쓰자면-종교에 관한 이야기라는 것은 다 알 테니-여기서 **종교**는 교양의 세계에 속하는 신앙으로 등장하며 아직도 **그 자체적이며 동시에 대자적인**[an und für sich] 의미에서 종교로 등장하지 않는다. -종교는 이미 우리에게 이와는 또 다른 규정성으로 나타난 적이 있다. 그것이 곧 **불행한 의식**이며 이는 의식이 아직 실체적 토대가 없는 채로 운동할 때 등장한 형태다. -그뿐만 아니라 또한, 인륜적 실체에서도 종교가 하계에 대한 신념[Glaube]으로 나타났다. 그러나 죽은 자의 유리된 정신을 의식한다는[Bewußtsein] 것은 결코 **신앙**[Glaube]일 수도 없고 또한, 현실의 피안에 머무른 채 순수 의식의 터전 속에 자리 잡은 본질과도 다른 것이다. 오히려 그러한 신념[Glaube]은 그 자체로 현재화하는 데 그것이 현재화하는 지반은 가족이다. 그러나 이제 여기서는 종교가 한편으로는 **실체**를 토대로 해서 출현한 것이며 실체에 관한 순수 의식이다. 또 다른 편으로는 여기서는 순수 의식은 그 자신의 실제적 의식으로부터 소원화된 것이며 **본질**도 또한, 그 **현존**으로부터 소외된 것이다. 그러므로 종교는 이제 더는 실체적 토대가 없는 의식의 운동은 아니지만, 일반적으로는 **차안**의 세계인 현실에 대립하는 규정성을 여전히 가지며 특별하게는 자기 의식적 개인이 펼치는 현실에 대립하는 규정을 갖는다. 따라서 여기서 종교는 본질상 하나의 **신앙**으로 그칠 수밖에 없다.

[해제] 1) 이 구절에서 순수 의식 즉 신앙은 이전에 등장했던 불행한 의식이나 참된 인륜에서 등장한 하계에 대한 신념, 절대정신 장에 등장하는 종교와 구분된다.

불행한 의식과 신앙은 자아와 대상의 직접적 합일이 대상적으로 표현된 것이다. 불행한 의식은 피안에서 불변적 본질은 감각적 현실과 직접 결합하며 신앙에서도 일반적 본질은 감각적 현실과 직접 결합한다. 그런 통일은 불행한 의식에서나 신앙에서나 현실에서 일어나지 않고 피안에서 일어난다.

그러나 불행한 의식에서 불변적 본질은 형식상 자유로운 개별 자아의 실현일 뿐이었다. 그러므로 헤겔은 불행한 의식은 "실체적 토대가 없다"라고 한다. 반면 신앙의 일반적 본질은 사회적 상호 작용을 통해 등장한 실체며 이는 객관적 본질 또는 정의로운 실체가 구체적으로 실현된 것이며 곧 일반적 자아가 대상화된 것이다.

2) 하계에 대한 신념은 신앙과 마찬가지로 정신적 본질을 토대로 한다. 이는 혈연적 통일성을 의미하니, 여기서 본질과 자아가 직접 결합한다. 신앙 역시 순수 의식으로 본질과 자아의 직접적인 결합이라는 점에서는 하계에서의 신념과 닮았다. 하지만 하계의 신은 어디까지나 눈앞에 있는 현실적 본질 가족을 통해 자기를 실현한다. 반면 신앙의 대상인 일반적 본질은 현실과 직접 상징적으로 결합하면서 그 피안에 존재한다.

3) 절대정신은 일반적 자아가 피안이 아닌 구체적 현실 속에 출현한 것인데, 구체적으로 말하자면 공동체다. 종교는 이런 공동체(교회)를 통해 현실화한다. 신앙은 개인적이다. 그것은 개인의 내면 즉 순수 의식에서 출현하며 개인은 내적 믿음을 통해 일반적 본질에 다가간다.

528) ⟨SK 392:33~394:32⟩ ⟨FM 288:2~289:20⟩

절대적 본질에 관한 **순수 의식**은 곧 **소원화된** 의식이다. 따라서 이 절대적 본질의 타자로 되는 순수 의식이 어떻게 규정되는지 더 상세하게 살펴보자. 이때 순수 의식은 절대적 본질과 연관해 고찰돼야만 한다. 우선 순수 의식은 현실의 세계에 대해 다만 대립하는 것으로 보인다. 그러나 순수 의식은 현실 세계로부터의 도피이고 그 때문에 현실 **세계**에 대립하는 것으로 규정되므로 또한, 순수 의식은 이런 **대립이라는 규정**을 그 자체에서[an ihm selbst] 갖는다. 따라서 순수 의식은 자기 자신에서 소원화되므로 신앙은 이런 순수 의식의 한 측면에 그친다. 순수 의식의 다른 측면[순수 통찰]은 순수 의식과 동시에 생겨났다[entstanden].[170]

---

170 헤겔은 앞에서는 신앙을 순수 의식으로 규정했지만, 여기서는 신앙과 순수 통찰을 순수 의식의 두 측면으로 규정한다. 486 구절에서 헤겔 자신이 이중적 의미로 쓴다는 것에 대해 양해를 구한다. 뒤에 가면 신앙과 순수 통찰에 공통된 지반만을 따로 순수 의식이라고 말하기도 한다. 순수 의식은 그 외에도 여러 번 언

즉 순수 의식은 교양의 세계로부터 반성을 통해 나온 것이니 이런 반성 가운데서 교양 세계의 실체와 함께 교양 세계의 분절을 이루는 집단[국가권력과 부]이 본래[an sich] 어떤 모습을 지니는지가 이미 밝혀졌다. 그런 실체와 집단은 **정신적** 본질이 전개하는 규정이므로 그 모습은 절대적으로 쉼 없이 일어나는 운동이며, 하나의 규정이 직접 자신의 반대로 이행하는 운동이다. 그러므로 그런 교양의 본질[Wesen]은 단순한 의식이니, 이 단순성은 **절대적 구별**[171]이며 직접 어떤 구별도 존재하지 않는 구별로부터 나온 단순성이다. 그러므로 단순한 의식은 순수한 **대자존재**면서도 **어떤 개별자**로 존재하는 것은 아니며 오히려 **일반적** 자아[172]다. 이 일반적 자아는 자체 내에 머무르는[in sich] 동시에 쉼 없이 운동하면서 어떤 **사태**든 **고요하게 머무르는** 본질을 지닌 것이라면 공격해 그 속으로 침투한다. 그러므로 자기 자신을 직접 진리로 받아들이는 확신이 이런 일반적 자아 속에서 눈앞에 나타난다. 다시 말해서 순수한 사유 즉 **부정성**의 위력을 발휘하는 **절대적 개념**은 어떤 본질이라도 의

급된다. 이성 장 '성실한 의식'에서 사태 자체에 대한 인식은 순수 의식을 통한 인식이다. 어느 경우나 직접적 자기의식, 내적 합일을 의미한다.

171 '절대적 구별' '절대적 개념' 등에서 절대적이란 자기를 부정하는 것으로서 구별이나 개념을 의미한다. 즉 구별은 구별이 아니며, 개념은 더는 개념에 머무르지 않는다는 뜻이다.

172 순수한 대자 존재, 순수 사유, 절대적 구별, 절대적 개념은 부정적 활동을 전개하는 자아를 말한다. 이 부정적 활동이 무엇을 비판하는 활동이다. 이것이 순수 통찰이다. 반면, 단순한 의식, 일반적 자아는 피안의 본질을 자기로 파악한다. 이것은 신앙의 지반이다. 순수 통찰과 신앙은 교양의 결과 분열된 의식을 지반으로 출현한 것이며, 양자는 동전의 이면이면서 서로 대립한다. 하나는 부정적으로 활동하며 다른 하나는 긍정적으로 활동한다.

식에 대립해서 대상적으로 존재한다고 가정되는 것이라면 이를 제거하며 의식이 장악하는 존재로 만든다. —동시에 이런 순수[reine] 의식은 [쉼 없이 운동하는 것과] 마찬가지로 **단순한 것**이다. 왜냐하면, 이 의식에서 구별이란 그 어떤 구별일 수도 없기 때문이다. 이 의식은 이처럼 자기 내로 반성하는 단순한 의식이라는 형식에 비춰 볼 때 신앙의 지반으로 된다. 이런 신앙의 지반에서 정신은 대자 존재적인 자기의식에 대립하는 **긍정적 일반성** 또는 **그 자체 존재**[an sich]라고 하는 규정성을 지닌다. —정신은 자신을 다만 해소할 뿐 본질이 없는 세계를 벗어나서 자기 내로 도로 떠밀려 들어가게 됐으니 그 진실은 운동과 고요의 더는 나눌 수 없는 통일이다. 즉 정신은 한편으로는 자신이 나타난 대로 출현한 것[Erscheinens]을 **부정하는 절대적** 운동이며 다른 한편으로는 이 세계의 본질 즉 **자기에 만족하면서** 자기를 긍정해 **고요하게 머무르는** 본질이다[positive Ruhe]. 그러나 [운동과 고요라는] 두 가지 계기는 일반적으로 서로 **소원화**된다는 규정성 아래 있으므로 서로 분리된 이중적 의식으로 등장한다. 그 가운데 운동의 계기는 **순수 통찰**이다. 이것은 자기의식을 통해서 그 자신을 종합하는 정신적 **과정**이며 이런 과정에서 실정적인 것[Positiven]에 관한 의식이나 대상의 형식을 띤 것 또한, 표상[Vorstellen]의 형식을 띤 것에 대립하고 그런 것을 거부한다. 그러므로 이런 순수 통찰의 고유한 대상[173]으로 될 수 있는 것은 오직 **순수 자아**일 뿐이다. —이에 반해 단순한 의식은 실정적인 것[Positiven]이거나 고요하게 자기와 같음의 상태로 머무르는 것을 찾으려 하면서 결국, 자

---

173 모든 대상적 본질에 대한 비판 끝에 순수 통찰에 남은 것은 순수 자아일 뿐이다. 즉 그 자신만이 자기의 대상으로 남는다.

기의 내면적인 **본질**을 본질로 여기고 이를 대상으로 삼는다.[174] 따라서 순수한 통찰은 우선 그 자체에서 아무런 내용도 지니지 않는다. 왜냐하면, 순수 통찰은 모든 것을 부정하는 대자 존재기 때문이다. 그에 반해서 신앙에는 내용이 주어져 있다. 순수 통찰은 자기의식에서 벗어나지 않는다면 신앙의 내용은 사실 순수 통찰과 마찬가지로 순수한 자기의식의 지반 속에 있다. 그러나 이 지반은 **개념**이 아니라 **사유**고 **순수한 자기의식**이 아니라 **순수한 의식**이다.[175] 이런 까닭에 신앙은 사실 **본질** 즉 **단순한 내적인 것**에 관한 순수 의식이니 신앙은 곧 [순수] 사유와 **다름없는 것**으로 된다. ―이런 사유는 신앙의 본성에서 주요 계기지만, 이 사실은 흔히 간과된다. 본질은 신앙에서 **직접** 인식된다. 이런 인식이 직접적인 이유는 신앙의 대상이 본질 즉 **순수한 사상에 머물러 있는 한에서의 본질**이기 때문이다. 그러나 **사유가 의식**으로 되고 또는 순수 의식이 **자각되는**[Selbst bewußtsein] 한,[176] **직접적인 것**은 자아의 의식의 저

174 단순한 의식에서 내면적 본질은 무언가 찾으려는 긍정적 자아다. 이 긍정적 자아는 피안의 대상으로 나타난다.

175 순수 의식은 자기의식이 출현했으나 아직 의식의 한계를 벗어나지 못한 것이다. 여기서 대상이 내적 관념에 머무른다는 점에서는 자기의식 또는 사유이고, 피안에서 대상(구체적 본질)으로 출현한 점에서는 순수 의식이다.

176 여기서 자기의식[Selbstbewußtsein]은 순수 의식[bewußtsein]이 의식되는 것 즉 자각되는 것을 의미한다. 이 구절과 다음 구절에서 헤겔은 사유(순수 의식)가 의식(자각)되는 것과 순수 통찰이 의식되는 것을 구분한다. 신앙이나 순수 통찰은 공통으로 내적인 사유 또는 순수 의식이다. 일반적으로 의식은 대상에 대해 있는 것이니, 신앙에서 "사유가 의식된다는 것"은 사유가 대상으로 출현한다는 것을 의미한다. 이때 대상은 물론 피안의 대상이 된다. 반면 순수 통찰에서 "사유가 의식된다는 것"은 자아의 부정적 활동의 중심인 순수 자아가 대상으로 출현한다는 것이다.

편에 놓여 있는 대상적 존재라는 의미를 포함한다. **순수 사유**가 대상으로 하는 직접적이고 단순한 것이 의식 속에서 획득하는 의미가 확립하는 사실은 신앙의 대상으로 되는 **본질**은 사유에서 **표상**[Vorstellung]으로 전락하며 본질상 자기의식의 **타자**가 될 초감각적인 세계로 된다는 것이다. ─이와는 달리 순수 통찰의 경우에 순수한 사유가 의식으로 이행한다는 것은 신앙과 반대되는 규정을 지닌다. 즉 여기서는 대상적 존재는 다만 자기를 지양하면서 다시 자아로 귀환한다는 부정적인 내용일 뿐이라는 의미를 지니니, 다시 말하면 여기서는 자아만이 자신의 본래적인 대상이다. 달리 말하자면 대상은 오직 그 자아라는 형식을 지니는 한에서만 진리가 된다.

[해제] 이 구절에서 헤겔은 교양의 세계 끝에 분열된 의식이 자기 내로 복귀하여 출현하는 신앙과 순수 통찰의 관계를 설명한다.

1) 앞에서도 설명했듯이 교양의 세계에서 끝에 고귀한 의식은 비천한 의식으로 되며 어느 계기든 부정한다. 그게 분열된 의식이다. 이 분열된 의식은 교양을 이루는 두 세계를 부정할 뿐만 아니라, 자기 자신조차 비판하니 "여기서 하나의 규정은 직접 자신의 반대로 이행한다." 여기서 하나의 계기와 다른 계기의 구별은 "절대적 구별이며 아무런 구별이 아닌 것"이다. 이 분열된 의식으로부터 자기 내로 복귀하면서 순수 통찰이 출현한다.

2) 이 분열된 의식의 자기 내 반성을 통해 우선 부정하는 자유로운 자아가 출현한다. 이 부정하는 자아는 실제적 자아이면서 부정하는 순수한 자아이다. 부정하는 자아는 그런 가운데 "어떤 사태든 고요하게 머무르는 본질을 지닌 것이라면 공격해 그 속으로 침투한다." 그것은 "부정적 위력"이며 "순수한 대자 존재" "절대적 개념"이다. 이것이 곧 순수 통찰이다. 순수 통찰은 부정하는 활동이지만, 대립하는 것을 동시에 긍

정하는 모순적 활동이어서 아무런 내용이 없는 것이며 여기서 남는 것은 오직 부정하는 순수 자아다. 헤겔은 이를 곧 순수 통찰이라 한다.

모든 것을 부정하는 이 자아는 그 이면에 무엇인가를 끝없이 찾으려는 긍정적 활동이다. 부정하는 자아가 어떤 것과 그 반대되는 것을 동시에 비판하듯 이 긍정적 활동은 어떤 것과 그 반대되는 것을 동시에 찾아 나선다. 이것이 곧 "단순한 의식"이며 "일반적 자아"이다. 이것은 "자기의식을 통해 자신을 종합하지만," "이 과정에서 모든 실증적인 것, 대상적인 것, 관념이 부정된다."

3) 부정적 자아와 긍정적 자아는 모두 자아가 활동하는 측면이다. 이런 자아는 두 대립하는 것 즉 개별적 본질과 일반적 본질, 자아와 대상을 모두 긍정하는 가운데 마침내 양자를 통일하는 대상을 피안에서 발견한다. 이때 단순한 의식은 순수 의식으로 전환한다. 순수 의식은 피안의 대상(구체적 본질)과 직접 합일하는 의식을 말한다.

순수 의식의 측면에서 대상적 본질은 "긍정적 일반성 또는 그 자체 존재"다. 이 대상적 본질은 "실정적인 것이거나 고요하게 자기와 같음의 상태로 머무르는 것"이다. 즉 신앙에서 추상적 본질은 피안에서기는 하지만, 개별적 사물로 실현된다. 그러므로 피안의 대상은 신앙에서 "사유에서 표상으로 전락하며" "본질상 자기의식의 타자가 된다고 할 초감각적 세계"이다. 그러므로 신앙은 "개념이 아니라 사유고, 순수한 자기의식이 아니고 순수 의식"이다.

4) 여기서 순수 의식이 의식되는 것과 순수 통찰이 의식되는 것은 다른 의미를 지닌다. 순수 의식이 의식되면, 그것은 피안의 대상으로 출현한다. 반면 순수 통찰이 의식되면 그것은 순수한 자아만을 남긴다.

순수 통찰은 자아가 운동하는 측면이며 신앙은 고요하게 머무르는 대상의 측면이지만, 양자는 서로 대립하면서도 사실은 서로의 이면이니, 서로 소원하지만, 서로 결합한 이중적 의식이다. 헤겔은 이를 운동과 고요의 통일이며, "현상을 부정하는 절대적 운동"과 "자기에 만족하고 자기를 긍정하고 고요하게 머무르는 본질"의 통일이라 한다.

529) 〈SK 394:33~395:4〉〈FM 289:21~26〉

신앙과 순수 통찰이 다 같이 순수 의식의 지반에 속해 있듯이 이들은 다 같이 교양이라는 현실 세계로부터 복귀한 결과를 의미한다. 따라서 이들은 다음 세 가지 측면에서 제시될 수 있다. 첫째로 이들 각자는 서로 무관한 각기 그 **자체적이면서 동시에 대자적인 것**[an und für sich]이다. 둘째로는 이들 각자는 순수 의식[177]에 대립하는 **현실** 세계에 관계를 맺고 있다. 셋째로 각자는 순수 의식 안에서 서로 관계한다.

530) 〈SK 395:5~18〉〈FM 289:27~37〉

신앙의 의식에서 그 자체적이며 동시에 대자적인[Anundfürsichseins] 측면은 신앙의 절대적인 대상을 말한다. 그 절대적 대상이 어떤 내용이나 규정을 지니는 것인지는 자명하다. 이런 내용과 규정이 자명한 이유는 신앙의 개념에 비춰 볼 때 이런 대상은 실재[real] 세계가 순수 의식이라는 일반성의 지반으로 끌어올려진 것일 뿐이기 때문이다. 따라서 실재 세계가 지닌 분절[178]이 곧 신앙의 대상인 절대자의 조직을 이룬다. 다만 차이가 있다면 절대자에서 각 부분은 각자 활성화해[Begeistung] 서로 소원화되는 것이 아니고 오히려 그 자체로 자기에게 나타난[an und für sich] 본질이면서 동시에 자기 내로 복귀한 채 오직 자기 자신에

---

177 여기서 순수 의식은 자아와 대상이 내적으로 합일한 세계를 말한다. 현실 세계에서는 자아와 대상은 대립한다. 순수 통찰이나 신앙은 모두 순수 의식의 세계와 현실 세계를 양면으로 갖는다.

178 일반성으로서 국가권력과 개별성으로서 부, 양자의 매개로서 자기의식의 분절을 말한다. 신앙에서 성부와 성자, 성령이 그런 분절에 상응한다.

머무르는 정신들[Geister]이라는 사실이다. 따라서 다만 본래로 본다면 [für uns] 이들 구별된 정신들[Geister]은 저마다 다른 것으로 이행하는 운동을 전개하면서 각자가 서로 구별되는 가운데서 간직했던 규정성을 벗어던지면서[Entfremdung] **필연적** 계열을 이룬다. 그러나 신앙에서 본다면 이들 구별된 정신[Geister]은 서로 뒤섞이지 않고[ruhige] 서로 다른 채로 머무르는 것이며 그 운동은 하나의 **역사적 사건**[Geschehen]으로 된다.

531) ⟨SK 395:19~30⟩⟨FM 289:38~290:7⟩

이제 구별된 정신[Geister]을 그것들이 취하는 형식의 외면적인 규정을 따라서 간단하게 명명하자면 마치 교양의 세계에서는 국가권력이나 선이 으뜸가는 의미를 지녔듯이 이 신앙의 세계에서 첫째로 중요한 것은 **절대적 본질** 즉 그 자체로 자기에게 나타난[anundfürsich seiende] 정신[Geist; 성부]이다. 왜냐하면, 이 정신[Geist]이야말로 단순하고 영원한 **실체**기 때문이다. 그러나 영원한 실체의 개념이 자기를 실현하는 과정에서[179] 이 실체는 **대타 존재**로 이행하며 이를 통해 자기와 같음을 지닌 실체는 **자기를 실현하지만**, 다시 **자기를 희생하는** 절대적 본질[그리스도]로 된다. 절대적 본질은 자아로 되지만, 이 **자아**는 소멸해 가는[vergänglichen] 자아[180]에 지나지 않는다. 이런 까닭에 세 번째로 이렇듯 절대적 본질이 자기를 소원화해 도달한 자아 다시 말하자면 비천한 실

---

179 성부가 성자로 출현하는 필연성은 인간이 소외된 대상을 자신으로 자각하는 자기의식에서 나온다. 이런 자기의식이 아직 순수 의식에 머물러 있으므로, 이 과정이 전도돼서 성부가 성자로 출현한다는 관념으로 제시된다.

180 그리스도는 신의 현상이다. 그러나 인간의 모습 때문에 신으로 파악되지 않는다. 그리스도의 죽음으로 인간적 모습은 가상으로 전락하고 신의 본질이 드러난다. 그러므로 그리스도의 죽음은 필연적이다.

체는 그 최초의 단순성으로 귀환한다. 비로소 이런 방식으로 존재하는 실체는 성령[Geist]으로 표상된다[vorgestellt].

532) ⟨SK 395:31~396:5⟩⟨FM 290:8~16⟩

위에서 말한 세 가지 서로 구별된 본질은 현실 세계가 사유를 거쳐 자기 내로 복귀하는 변천 과정을 통해서 생겨난 것이다.[181] 이런 구별된 본질 각자는 불변적이며 영원한 정신[Geister]이며 각 정신이 존재한다는 것이 이미 그들 자신이 구성하는 통일에 관해 사유하는 것을 의미한다. 이렇듯 각 본질은 자기의식을 등지고 있다 하더라도 자기의식에 개입한다.[182] 만약 본질이 조금도 동요함이 없이 최초의 단순한 실체의 형식만을 지키고 있었다고 한다면 반드시 그것은 자기의식과 소원한 것으로 머무를 것이다. 그러나 단순한 실체가 자기를 포기[Entäußerung]하고 실체적 정신이 자기 자신에서 실현의 계기를 마련하는 것을 통해서 신앙하는 자기의식에 참여하게 된다. 다시 말하자면 신앙하는 의식은 실재하는 세계[183]에 속한다.

[해제] 1) 이어서 헤겔은 신앙이나 순수 통찰과 관련해 앞으로 세 가

---

181 인간의 자기의식이 발전하면서 정신적 본질도 인간의 상호 작용을 통해 산출되고, 이에 따라서 절대적 본질로서 신도 인간에 다가온다.

182 신앙의 세 가지 계기는 그 자체로 존재하는 것으로 등장하지만, 신앙하는 자기의식 즉 순수 의식과 무관하지 않다. 성부는 자아에 대립하는 본질이다. 성자는 그 본질이 자아에 나타나기는 했지만, 은폐돼 나타난다. 성령[Geist] 즉 정신[Geist]이다. 성령에 이르러 자아는 자아의 대상이 곧 자신임을 자각한다.

183 신의 수육이라는 표상은 종교가 계시 종교로 발전하면서 나타나는데, 이런 종교의 발전은 실재 세계 즉 현실에서 자기의식의 발전에 따른 것이라는 주장으로 보인다.

지 문제를 다루겠다고 말한다. 첫 번째가 양자의 그 자체로 자기에게 나타난 개념이다. 두 번째는 각 계기가 현실 세계와 맺는 관계다. 세 번째는 서로 대립하는 순수 통찰과 신앙 사이의 관계다.

그 가운데 헤겔은 먼저 신앙을 다룬다. 현실 세계의 분절화(국가권력, 부, 자기의식)에 따라서 신앙 역시 분절되니, 신앙의 세 가지 계기는 성부와 성자, 성령이다. 헤겔은 이를 각자 개념적으로 규정한다. 성부는 "단순한 영원한 실체로서" 절대적 본질이며 성자는 "자기를 희생하는" 절대적 본질 즉 "자아로 되지만, 소멸해 가는 자아"이다. 성령은 이 자아가 최초의 단순성으로 귀환한 것으로 규정된다.

2) 신앙을 이루는 세 가지 계기는 그 자체로 본다면, 서로 독립적인 것 즉 "그 자체로 자기에게 나타난 것"이면서 동시에 이미 합일을 이룬 것이다. 여기서 본질 사이의 이행은 필연적이며, 각 계기는 그 자체에서 다른 계기로 이행한다. 그러나 신앙하는 의식에서 본다면 이 이행은 우연한 사건으로 등장한다. 신앙은 직접적인 자기의식 즉 순수하기는 하지만, 여전히 의식의 수준에 있으므로 각 계기의 이행은 대상들 사이에 존재하는 우연적인 것이다. 그러므로 신앙에서 각 계기는 서로 분리돼서 "서로 뒤섞이지 않고 서로 다른 채로 머무르는 것이며" 그것의 이행은 하나의 역사적 사건으로 제공된다.

3) 헤겔은 절대적 본질이 그리스도를 거쳐 성령으로 전개되는 과정에서 신적 본질이 자기의식에 다가간다고 한다. 즉 신적 본질이 "실체의 형식을 취한다면 자기의식과 소원한 것"으로 되지만, "실체적 정신이 실현의 계기를 마련하는 것을 통해서 실체는 자기의식에 참여하여" 최종적으로는 신적 본질은 자기의식과 통일되며 그러기에 성령은 곧 정신이라고 한다.

헤겔은 이 과정을 단순히 신 자신의 운동으로 파악하지 않고 이 운동은 밑바닥에는 정신의 발전이 전제되고 있다고 본다. 즉 현실에서 자아가 정신적 본질과 대립하면 절대적 본질로서 신이 출현하지만, 정신적 본질이 자아 자신의 상호 작용을 통해 산출된다면, 여기서 대상은 자아로 파악되고 자아와 대상이 합일하면서 신적 본질이 성령으로 발전한다고 본다. 즉 신적 본질의 운동은 "현실 세계가 사유를 거쳐 자기 내로 복귀하는 변천 과정을 통해서" 생겨난 것이다.

533) ⟨SK 396:6~35⟩ ⟨FM 290:16~37⟩

두 번째 [실재 세계와의] 관계를 보자면 한편으로 신앙하는 의식은 실재하는 교양 세계에서 자기를 현실화하면서 교양의 정신과 교양의 현존을 이루고 있다. 이에 관해서는 이미 고찰한 적이 있다.[184] 다른 한편 그와 같은 신앙하는 의식은 이런 자기의 현실을 텅 빈 것으로 여기면서 이에 대립하며 이를 지양하려는 운동을 전개한다. 이런 운동은 신앙하는 의식이 전도된 현실을 재치 있게 의식한다는 데 있는 것은 아니다. 왜냐하면, 신앙하는 의식은 단순한 의식이어서 재치 있는 것 [Geistreiche]조차도 텅 빈 것으로 셈하기 때문이다. 왜냐하면, 이런 재치 있는 것은 여전히 실재 세계를 자기의 목적으로 삼는 것이기 때문이다. 오히려 현실은 정신적 토대 없이[geistloses] 현존하는 것이어서 현실은 사유가 거주하는 고요한 영역에 대해 대립하는 것이니 이와 같은 현존하는 현실은 외적인 방식으로 극복돼야 한다. 봉사와 희생을 통한 복종은 감각적인 인식과 활동을 지양하고 그 자체적이며 동시에 대자적인[anundfürsichseienden] 본질과 통일을 이루었다고 하는 의식을 산

---

184 소외된 정신은 실제 의식과 순수 의식으로 분열하며 각자는 다른 것의 이면이 된다. 실제 의식에서 교양은 그 바탕에 순수 의식이 있으므로 가능하다. 순수 의식의 대상이 피안에 출현하는 것은 순수 의식이 그 이면에 실제 의식을 전제하기 때문이다.

출한다. 다만 이런 봉사를 통한 통일은 실제로 도달돼 그 결과를 직관할 수 있는 통일은 아니며 오히려 단지 이런 통일에 점차 다가가지만, 그 목표에 당장 완전하게 도달하지 못하는 것일 뿐이다. 그러한 목표에 도달할 수 있는 것은 교회 공동체[Gemeinde]뿐이다. 왜냐하면, 교회 공동체는 곧 일반화된 자기의식이기 때문이다.[185] 그런데 이와는 달리 개별 자기의식에서는 순수한 사유의 영역은 필연적으로 현실의 피안에 머무른다. 달리 말하자면 이 순수 사유의 영역은 영원한 본질이 자기를 포기해[Entäußerung] 현실로 들어서더라도 이 현실은 그 본질이 파악되지 않는[unbegriffene] 감각적인 현실로 된다. 그러나 감각적 현실은 서로 무차별하게 머무르는 것이니 피안의 현실이란 이런 무차별성에 덧붙여 공간적으로나 시간상 멀리 떨어져 있다는 규정을 갖는 것일 뿐이다[dazuerhalten]. -그러나 개념은 즉 정신이 자기를 현재에 실현하는 운동은 신앙의 의식에서는 내적인 의식[186]으로 머무른다. 이 내적 의식은 모든 것을 의미하며 모든 것에 영향을 미치지만, 그 자신은 출현하지 않는다.

[해제] 앞에서 신앙의 개념을 제시한 다음 여기서 현실 세계에 대한 신앙의 관계를 다룬다. 신앙은 한편으로 실제 실제적 의식이다. 여기서 의식은 현실과 대립한다. 다른 한편 신앙은 순수 의식이다. 여기서 대상적 본질은 이미 자신과 합일을 이룬다. 실제적 의식과 순수 의식, 대상적 본질과 차안의 현실은 상징적인 방식으로 통일되며 이 관계가 곧 차안과 피안의 관계다.

---

185 여기서 이미 헤겔은 나중에 종교 장에 등장하는 절대 종교를 암시한다. 이 절대 종교란 곧 교회 공동체를 의미한다.

186 여기서 내적 의식은 기도와 같은 몽롱한 내면에서의 합일을 말한다.

신앙은 순수 통찰처럼 현실 세계의 이면을 재치있게 파악해 부정하는 것이 아니다. 신앙은 이런 순수 통찰의 활동조차도 현실 세계에 속하는 것으로 부정하기 때문이다. 신앙은 현실 세계의 피안에 "사유가 안주하는 고요한 나라를" 세우며, 이 세계는 현실 세계를 통해 상징된다.

신앙은 현실 세계를 넘어 피안의 고요한 나라로 이행한다. 이런 부정은 절대적 본질에 대한 봉사와 희생을 통해 일어나지만, 이는 끝없이 다가가는 과정일 뿐, 영원히 도달할 수 없다. 그러므로 사유의 나라에 도달하려면 집단적 운동이 필요하며 여기서 개별 자기의식을 넘어선 일반적 자기의식으로 교회 공동체가 요구된다. 그러나 신앙의 단계에서는 교회 공동체가 수립되지 않으므로 절대적 본질은 영원히 현실의 내면(피안)에 머무를 뿐이다. 설혹 절대적 본질이 감각적 형태로 눈앞에 현현하더라도(그리스도의 모습으로) 이를 통해 절대적 본질에 이를 수 없으니 왜냐하면, 이 현실로 출현한 절대적 본질은 무차별한 감각적 현실로 되므로 그 안에 감추어진 절대적 본질을 직시할 수 없기 때문이다.

영원한 본질은 순수 의식 즉 신앙을 통해서 제공되는데, 이 신앙은 기도에서와 같은 내면성을 통해 절대적 본질을 직관한다. 그러나 이런 내면성 속에서 절대적 본질은 제공되기는 하지만, 개념으로 규정되지 않으므로 헤겔은 이런 절대적 본질은 "그 자신은 출현하지 않아서" 그것이 무엇인지 규정되지 않는 것이라고 한다.

534) ⟨SK 396:36~397:7⟩⟨FM 290:38~291:4⟩

그러나 **순수 통찰의 경우** 개념[187]이 유일하게 참된 것이므로 신앙의 세 번째 측면은 신앙이 순수 통찰의 [비판] 대상으로 된다는 측면이다. 이 측면이야말로 신앙이 순수 통찰과 관계하여 들어서는 본래의 관계다. ―순수 통찰 자체도 역시 신앙과 마찬가지로 세 가지로 고찰돼야 한

---

187 여기서 개념이란 순수 통찰이 지닌 절대적 자아의 측면을 말한다.

다. 즉 순수 통찰은 한편으로는 그 자체로 자기에게 나타난[an und für sich] 것으로 고찰돼야 하며, 다른 한편으로는 이 순수 통찰이 여전히 적극적으로[positive] 작용하는 한에서 즉 텅 빈 의식으로 눈앞에 나타나는 한에서 현실 세계에 대한 관계에서 고찰돼야 하며 마지막으로는 앞에서 언급한 신앙과의 관계에서 고찰돼야 한다.

535) 〈SK 397:8~16〉〈FM 291:5~11〉

순수 통찰이 절대적으로 본다면 어떤 것인지는 이미 살펴보았다. 신앙이 정신 즉 **본질**에 관한 고요하게 머무르는[ruhige] 순수 의식이라고 한다면 순수 통찰은 그러한 정신 즉 본질에 관한 자기의식을 뜻한다. 따라서 순수 통찰은 이 본질을 어떤 본질적 존재로 파악하는 것이 아니라 절대적 **자아**[188]로 파악한다. 그러므로 순수 통찰은 모든 자기의식과 **다른** 자립적 존재를 그것이 현실적인 것이든 아니면 **그 자체로** 존재하는 것이든 상관없이 모두 지양하고 이를 **개념화**하는 것을 목표로 한다. 이처럼 순수 통찰은 자기 의식적인 이성이 전적인 진리라는 사실을 확신하는 것을 넘어서[189] 그 자신이 이런 전적인 진리라는 사실을 **인식한다**.

536) 〈SK 397:17~398:28〉〈FM 291:12~292:10〉

그런데 이렇듯 순수 통찰의 개념이 등장했다 할지라도 이 개념이 아

---

188 신앙의 대상은 자아와 대상의 통일이 피안에 긍정적으로 즉 구체적 본질로 출현한 것이다. 반면 순수 통찰은 자아와 대상을 부정하는 부정적 자아다. 양자는 서로의 이면이다. 신앙이 본질로 파악하는 것을 순수 통찰은 부정적 자아로 파악한다. 이 부정적 자아가 곧 절대적 자아다.

189 이성은 내[Ich]가 전적인 실재하는 것을 말하는데, 이성은 전적인 실재라는 확신에 그치며 순수 통찰은 그런 확신이 진리에 도달한 것이다. 이성(확신)이 순수 통찰(진리)로 변하면서 인식의 차원이 실천의 차원으로 변화된다. 그러나 순수 통찰은 아직 자기를 실현한 것은 아니다. 순수 통찰은 다만 의욕에 머무른다.

직 **실현된** 것은 아니다. 따라서 순수 통찰의 의식은 여전히 **우연적이며 개별적인** 의식으로 나타나고 있으니 순수 통찰의 의식이 본질로 삼는 것은 자신이 실현해야 하는 목적으로 나타난다. 즉 순수 통찰의 의식이 지닌 **의도는 순수 통찰을 일반화하는 것** 즉 실제로 존재하는 모든 것을 개념화하여 그런 개념을 모든 자기 의식적 개인이 받아들이도록 만드는 것이다.[190] 이런 의도는 **순수한 것이다.** 왜냐하면, 그 의도는 순수 통찰을 내용으로 삼기 때문이다. 순수 통찰도 역시 **순수하다.** 왜냐하면, 순수 통찰이 내용으로 삼는 것은 오직 절대적 개념[191]인데, 이 개념은 그 어떤 대상에 대해서도 대립하지 않고 또한, 그런 대상 자체에서 제약되지도 않는 것이기 때문이다. 이와 같은 무제약적 개념은 바로 다음과 같은 두 가지 측면을 포함한다. 한 가지는 모든 대상적인 것은 오직 **대자 존재** 또는 자기의식에서 의미를 얻는다는 측면이며 다른 한 가지는 대자 존재나 자기의식은 **일반적인 것**이라고 하는 의의를 지니고 결국, 순수 통찰은 모든 자기의식이 간직하는 소유물로 된다는 측면이다. 그런데 이 의도와 관련된 이 두 번째 측면[일반화의 측면]이 교양의 결과인 이유는 대상화된 정신에 속하는 갖가지 구별 즉 대상화된 정신세계에 들어 있는 부분과 판단 규정이 교양을 통해서 제거됐듯이 마찬가지

---

190 순수 통찰의 부정성은 두 가지 의미를 지닌다. 대상의 타자성을 부정해서 곧 자신으로 파악하며 또한, 자기의 개별성을 부정해 순수한 자기로 만든다. 여기서 순수 통찰은 개별적 자신을 순화하는 한에서(순수한 의도) 대상을 자기로 파악할 수 있다(순수 통찰). 또한, 이런 대상의 파악이 순화된 자아에 토대를 두므로 그의 산물은 모든 개인이 받아들이는 일반적인 것으로 된다.

191 절대적 개념은 뒤에 설명하는 무제약적 개념을 말한다. 이것은 순수한 자기의식이 파악한 대상을 의미한다. 이것은 대상의 객관적 본질이므로 다른 대상에 대립하지 않는다.

로 천성적으로 규정된 개인의 본성으로 나타났던 갖가지 구별도 교양을 통해서 제거됐기 때문이다. 천재성이나 재능 또는 특별한 능력은 알고 보면[überhaupt] 현실 세계에 속한 것이다. 왜냐하면, 이런 천성은 정신적인 동물의 나라라는 측면을 그 자체에서 지니기 때문이다.[192] 이 나라는 곧 모든 사람이 서로 폭력을 행사하거나 소란을 피우면서 실재하는 세계의 본질[국가권력과 부]을 둘러싸고 아귀다툼을 벌이고 서로 속이는 영역이다. ―물론 천성에서의 구별이 그러한 현실 세계 내에서 차지하는 자리는 정말 하찮은 것[Espècen]은 아니다. [이 현실 세계에서] 개체는 실제로 존재하지 못하는 **사상 자체**에 만족하지도 않으며 더 나가서 **특수한** 내용이나 사적인 목적을 추구하는 것도 아니다. 오히려 개체는 다만 일반적으로 그 권리가 인정되는 존재[Allgemein gültiges]로만 즉 교양을 갖춘 존재로만 여겨지며, 각 개체가 지닌 재능이나 활력이 다소 구별[Unterschied]이 있다고 하더라도 이 구별은 오직 크기라고 하는 비본질적인 구별로 환원될 뿐이다. 그런데 이런 양적 차이가 의식이 완전히 분열 속에 있을 때는 절대적으로 질적인 구별로 전락하기에 그나마 마지막으로 남아 있는 양적 크기의 차이조차도 교양을 통해 제거되고 만다. 이렇게 개인적인 것이 제거되는 가운데 나[Ich]에게 타자로 되는 것은 다만 나 자신뿐이다. 근원적으로 대자 존재가 지닌 모든 일면적이고 사적인 것[Eigenheit]은 이런 무한 판단 속에서 제거된다. 자아는 순수한 자아로서 자신이 자기의 대상으로 된다는 것을 안다. 자아와 대상, 양 측면의 절대적 같음이 순수 통찰의 지반이다. ―따라서 순수 통찰은 자기 내에서 어떤 구별도 존재하지 않는 단순한 **본질**이며 마찬가지

---

192 앞에서 이성 장 끝에 헤겔은 정신의 동물 나라를 설명하였다. 416 구절 해제를 참조하라.

로 일반적인 **산물**이고 일반적인 소유물이다. 자기의식은 이와 같은 **단순한** 정신적 실체 속에서 존재하는 가운데 모든 대상 속에서 바로 개체적 자기의식 자신의 **개별성**과 자신의 **활동**을 의식하며 거꾸로 자기 의식적 개체는 대상을 자신으로 의식하는 것을 통해 **자기 자신과 같게 되고** 일반적으로 된다.[193] ―그러므로 이런 순수 통찰은 **모든** 의식에 이렇게 부르짖는 정신이다: 그대가 **그대 자신에서**[an] 그러한 것이 **그대 자신에 대해서도**[für] **그러하게 하라**[194] ―즉 **이성적으로 돼라**.

[해제] 1) 앞에서 신앙을 살펴본 다음, 이제 순수 통찰의 개념과 현실 세계에 대한 관계를 살펴본다. 각자에서 제기되는 세 번째 문제 즉 순수 의식 내에서 신앙과 순수 통찰 사이의 관계는 뒤에 계몽의 신앙 비판에서 다루어진다. 순수 통찰의 개념은 실제적 자아와 부정적 자아가 직접 동전의 양면처럼 결합한 것이다. 이 부정적 자아는 이중적이다. 대상도 비판하며 동시에 자아도 비판한다. 그런 점에서 헤겔은 이 자아를 절대적 자아라고 한다.

신앙에서 자아와 대상의 통일은 피안에 구체적 본질로 설정된다. 그러므로 신앙의 대상이나 순수 통찰의 절대적 자아는 같은 것이다. 같은 것이 한 번은 긍정적으로 피안에 설정되며 다른 한 번은 부정적으로 자아에 설정된 것이니, 양자는 서로의 이면이며 직접 결합해 있다.

---

193 대상을 자기로 파악할 수 있는 것은 자아가 자기를 일반화하기 때문이며 거꾸로 대상을 자아로 파악하면서, 자아도 자기를 일반화한다. 대상의 객관적 본질은 나의 순수한 본질과 상응하기 때문이다.

194 여기서 '그대 자신에서는 그러한 것'은 일반적 자아로서 행동한다는 의미이며, '그대 자신에 대해서도 그러한 것'은 대상 역시 그런 일반적 자아로 나타나야 한다는 의미다. 이는 곧 자기가 이성적이듯 대상이나 타자도 이성적이어야 한다는 계몽의 요구를 말한다.

2) 부정적 자아로서 순수 통찰은 두 측면을 지닌다. 한편으로 "실제로 존재하는 모든 것을 개념화하며" 다른 한편으로 자기의 개념을 "모든 자기 의식적 개인이 받아들이게" 한다. ② 전자의 측면에서 모든 대상적인 것은 "대자 존재 또는 자기의식에서 의미를 얻으며" ③ 후자의 측면에서 순수한 자아의 통찰은 "모든 자기의식이 간직하게 되는 소유물"로 된다. 이렇게 되면, ④ 자아가 파악한 개념은 대상의 객관적 본질을 파악하면서 무제약적 개념이 된다. 즉 그 개념은 어떤 다른 대상에 제약되지 않는다. 절대적 개념이다.

② 존재하는 모든 것을 개념화한다는 것은 ① 자기를 일반화하는 교양을 매개로 한다. 즉 자기의식이 "단순한 정신적 실체 속에서 존재하는 가운데" 모든 대상 속에서 자기를 발견한다. 거꾸로 자기를 일반화하는 교양은 존재를 개념화하는 것을 매개로 하니, "대상을 자신으로 의식하는 것을 통해" 자기 자신이 일반화된다.

그러므로 ③ 순수 통찰이 자기를 일반화하는 과정은 ① 교양의 과정을 거쳐 나가야 한다. 교양을 통해 개인의 천성에 속하는 것, 즉 "크기라고 하는 비본질적 차이에 속하는 것이 제거돼야" 한다. "근원적으로 대자 존재가 지닌 모든 일면적이고 사적인 것은 제거돼야" 하며, 자기의 개인적 자아도 철저하게 극복돼야 한다.

이상 순수 통찰의 개념을 정리하자면, 다음과 같다. ① 순수 통찰은 자기를 순화한다. ② 대상을 자기로 파악한다. ③ 대상에 대한 개념은 모든 개인이 받아들이는 일반적 개념이다. ④ 이 개념은 대상의 무제약적 절대적 개념이다.

3) 순수 통찰은 교양의 운동 끝에 도달한 분열적 자아에서 나왔다. 그것은 대상과 자아를 부정하는 순수한 부정적 자아다. 그러나 이 부정적 자아는 다만 의욕에 머무르는 부정적 자아다. 그러나 이런 부정하는 활동을 통해 대상으로 실현한 것은 아니다. 그것이 대상으로 실현되면

부정적 자아는 일반적 자아가 된다. 이제 "다만 일반적으로 그 권리가 인정되는 존재" 즉 일반적 자아가 대상으로 실현돼야 한다.

　일반적 자아는 순수 통찰에서는 다만 개념적 수준에만 도달했으며 이를 위해서는 신앙과의 투쟁을 거쳐 나가야 한다. 계몽의 비판을 통해 신앙의 대상인 피안의 본질이 현실적 대상의 본질로 실현되면서, 계몽의 부정적 자아도 구체적 대상을 획득하고 순수한 일반적 자아가 실현된다.

B-2 계몽

[해제] 이제부터가 5~B절[근대정신 장]의 2소절이다. 전체적으로 우선 윤곽을 잡아보자. 5~B절 즉 '자기 소외된 정신[근대정신]' 앞에서 5~A절 '참된 정신'은 인륜적 정신을 다루었다. 5~C절 '자기 확신하는 정신, 도덕성'은 칸트 이후 독일 정신의 발전을 다룬다.

5~B절의 1소절에서 '자기 소외된 세계'에서는 교양의 정신이 설명됐다. 2소절 '계몽'에서는 계몽의 신앙 비판을 다룬다. 그리고 3소절 '절대적 자유'에서는 계몽의 자기 파괴로서 절대적 자유를 다룬다.

5~B절 2소절의 제목은 '계몽'이다. 이 절은 다시 2개 소절로 구분된다. 첫째 소절 a는 '계몽과 미신의 투쟁'이다. 둘째 소절 b는 '계몽의 진리'다. 전자는 계몽의 승리를, 후자는 계몽의 한계를 다룬다.

우선 본론 앞에 서문에서(292:13~293:20) 약 한 페이지에 걸쳐 헤겔은 순수 통찰의 일반화로서 계몽의 개념을 설명한다. 이어지는 헤겔의 서술은 대체로 세 가지 부분으로 구별될 수 있다.

첫 부분 541~546까지는 계몽이 신앙을 비판하는 일반적 방식에 관한 이야기다. 여기서 계몽은 대중의 신앙을 주로 비판하는데, 헤겔은 대중의 신앙과 계몽은 같은 지반 위에 있으므로 계몽의 비판은 별다른 저항 없이 받아들여진다고 말한다.

둘째 부분 547~559는 계몽의 신앙에 대한 비판을 세부적으로 설명한다. 헤겔은 이 부분을 신앙의 대상인 신에 대한 비판, 신앙의 활동에 대한 비판, 그리고 신앙의 증거에 대한 비판으로 나눈다. 그리고 마지막으로 헤겔은 결과적으로 유용한 존재라는 개념이 발전한다고 말한다.

셋째 부분은 560~573 부분이다. 이 부분에서 헤겔은 계몽의 비판이 자기모순에 처하면서 계몽 자신이 유용성 개념으로 전락하는 것을 설명한다.

[해제] 전체 흐름

537~540) 순수 통찰의 계몽으로 발전

a) 계몽과 신앙의 투쟁

541) 계몽과 신앙의 대립

542~546) 신앙의 미신적 측면에 대한 비판

547~548) 비판의 자기모순과 결과

549~550) 신앙의 허구에 대한 비판

551~556) 비판의 구체적 세 가지 계기

557~562) 계몽 비판의 긍정적 결과의 세 계기-유용성의 존재

563~564) 계몽의 권리와 신앙의 권리

565~571) 신앙의 계몽에 대한 반 비판 세 가지 계기

572~573) 신앙과 계몽의 상호 비판의 결과

537) 〈SK 398:33~399:4〉〈FM 292:13~292:18〉

순수 통찰이 개념의 힘을 행사해 비판하는 본래 대상은 신앙이다. 왜냐하면, 신앙은 순수 통찰과 같은 지반에서 출현하지만, 순수 통찰에 대립하는 형식을 갖기 때문이다. 그러나 순수 통찰은 신앙과 마찬가지로 현실 세계에서 순수 의식으로 복귀하면서 출현하는 것이므로 역시 현실 세계와 관계한다. 먼저 순수 통찰이 현실 세계에서 널리 퍼진 불순한 의도와 전도된 통찰에 대해 활동하는 모습을 살펴봐야 하겠다.

538) 〈SK 399:5~25〉〈FM 292:19~292:34〉

앞에서 언급했던 고요한 의식은 자신을 해체했다가는 다시 산출하는 소용돌이 맞서 있는 의식이다. 이 소용돌이가 다름 아닌 순수한 통찰과 의도라는 측면에 해당한다. 그러나 이미 보았듯이 이 고요한 의식에는 교양의 세계에 관한 어떤 **특별한 통찰**이 들어 있지 않다. 반면 통찰

은 자신에 관해 더없이 고통스러운 감정과 진심 어린 통찰을 지닌다. -
이런 감정은 견고한 것이 남김없이 무너지고, 생존[Dasein]의 계기를 겪
어보지 않은 것이 없으며, 뼈마디가 마디마디 으스러지는 감정이다. 순
수 통찰은 이런 감정을 지닐 뿐만 아니라 이런 감정을 언어로 표현하며
또 교양 세계의 상태에 속하는 온갖 측면에 대해 재기발랄하게 평가한
다. 따라서 순수한 통찰은 이런 가운데서 고유한 활동이나 고유한 내용
을 산출할 수 없으니 이 순수 통찰의 태도는 다만 세계에 관한 재기발랄
한 통찰과 이를 표현하는 언어를 단지 형식상 충실하게 **끌어모으는 것**
[Auffassen] 정도에 그친다. 순수 통찰의 언어는 산만하며 그 비평은 즉
흥적인 허튼소리로 곧바로 잊히는 것이며 그런 통찰 전체를 끌어모으
는 것은 제삼의 의식에서나 가능하므로 이 제삼의 의식은 **순수 통찰**로
서 특별한 점이 있다면 그 점은 다만 이 제삼의 의식은 순수 통찰의 산
만한 행렬을 일반적인 상으로 종합해[195] 이를 만인이 받아들이는 통찰
로 만든다는 데 있을 뿐이다.

539) 〈SK 399:26~400:12〉〈FM 293:1~293:17〉

순수한 통찰은 이런 단순한 수단[끌어모음]을 통해 교양 세계의 혼
란을 해소해 나간다. 그런 혼란이 해소되는 이유는 이미 밝혔듯이 교양
의 세계라는 이 현실의 본질을 이루는 것은 [국가권력과 부라는] 집단
이나 [선악이라는] 특정한 개념 또는 [고귀한 의식과 비천한 의식이라
는] 개인이 아니기 때문이며 또한, 그 이유는 순수 통찰은 오직 판단하
고 평가하는 것으로서만 실존하는 정신 속에 자신 실체와 토대를 두기
때문이며 더 나아가서 따지고 떠들어대기 위한 재료를 마련하고자 하

---

195 헤겔은 이 구절에서 백과사전을 염두에 둔 것 같다. 백과사전은 산만한 지
식을 체계화하기보다는 알파벳 순서로 나열했다.

는 관심만이 오직 전체의 골격과 그 유기적 분절에 해당하는 개개의 집단을 유지하게 해주는 힘이기 때문이다. [순수하게 통찰하는] 자기의식은 자신의 통찰을 언어로 표현하더라도 여전히 하나의 **대자 존재**고 **개별 개인**이지만, 그 언어의 내용이 비어 있다는 사실은 동시에 이 내용이 비어 있다는 것을 인식하는 자아조차도 비어 있다는 것을 의미한다. 그러므로 고요하게 머무르면서 순수 통찰을 끌어모으는 의식은 순수 통찰의 온갖 재기발랄하지만, 텅 빈 잡담 가운데 가장 탁월한 것과 사태를 꿰뚫어 보는 견해를 집약하는 가운데 이런 잡담 전체의 지속적인 원천으로 되는 영혼 즉 재기발랄하지만, 비어 있기 짝이 없는 평가 행위는 사라지고 오직 이런 순수 통찰이 남긴 텅 빈 잔재[Dasein]만이 남게 된다. 사태를 꿰뚫어 보는 견해를 한데 끌어모아 놓는다면 이런 결집은 많은 사람에게 자기가 떠올린 기지보다 더 탁월한 또는 아무리 못하더라도 적어도 다양한 기지를 제시하기 마련이어서 이렇게 제시된 좀 더 탁월한 인식과 평가는 일반적으로 누구에게나 널리 받아들여지고 또 널리 알려지는 것으로 된다. 그럼으로써 교양 세계에서 눈앞에 있는 유일한 관심[196]마저 제거되면서 개인의 통찰은 만인의 통찰로 된다.

540) ⟨SK 400:13~15⟩⟨FM 293:18~293:20⟩

그러나 그밖에도 순수 통찰의 텅 빈 인식을 넘어서 본질에 관한 인식이 확고하게 자리 잡으면서 순수한 통찰은 신앙과 대결하는 데서 비로소 본래의 활동을 전개한다.

[해제-1]
1) 여기서 헤겔의 계몽 개념을 살피기 전에 계몽주의의 일반적 흐름

196　교양은 개인적 관심을 제거하고 일반적 자아로 도야하는 가운데 세계를 객관적으로 보게 된다.

을 이해하는 것이 도움 될 것이다. 계몽은 근대에 등장한 지적인 인식의 발전을 의미한다. 이 발전이 하나의 사회 정치적 운동으로 전개됐을 때 계몽주의가 출현하는데, 이런 운동으로서 계몽주의의 출발점은 볼테르에서 찾을 수 있을 것이다.

볼테르는 영국 망명 중에 「영국에 관한 편지」(1734)를 발표하면서 영국에서 발전된 입헌군주제와 뉴턴 자연과학과 영국 경험론을 프랑스에 소개했다. 그는 이를 통해 사상적 자유와 종교적 관용을 호소했다. 이후 프랑스에서 백과사전파가 등장하면서 기존의 종교적 권위에 기초한 지적 체계 전반을 비판하는 운동으로 발전했다. 백과사전파는 1751부터 1772까지 『백과사전』을 발행하면서 계몽적 지식을 전파했으며 그런 가운데 디드로의 유물론적 경험론적 계몽주의와 루소의 관념론적 합리론적 계몽주의가 분화했다.

프랑스에서 전개된 계몽 운동은 이웃하는 독일에서도 영향을 주면서 독일에서도 계몽 운동이 발생했다. 1783년 베를린에 세워진 '계몽의 친구들' 모임이 그 운동에서 결정적 역할을 담당했다. 이 모임에 속했던 칸트는 1784년 12월 「계몽이란 무엇이냐?」라는 이 논문에서 계몽은 권위에 의존하지 않고 지성을 자율적으로 사용하는 것으로 규정하면서 이를 위해서는 지성을 사용할 자유와 비판의 자유가 필요하다고 보았다.

영국, 프랑스에서 전개된 계몽이 특정한 내용 즉 자연과 사회, 문화에 관한 지식(기계론, 자유주의, 종교적 관용 등)을 지칭하는 것이었다면, 칸트에 이르러 계몽은 방법론적 개념으로 전환했다. 즉 계몽은 보편적 이성을 자율적으로 사용하는 것이 됐다. 계몽에 관한 헤겔의 개념은 칸트의 방법론적 개념에 기초하면서 자아의 측면을 강조하지만, 헤겔은 이성의 사용이 기존의 지적 체계를 부정하는 비판적 운동이었다는 점을 더 강조하는 것으로 보인다. 헤겔에서 계몽은 비판하는 부정적 자아로 규정된다.

그러면서 헤겔은 계몽이 한편으로는 비판적 운동이지만, 동시에 이 비판적 운동은 아직 사유(의욕)에 머무르는 한계를 지니고 있다고 본다. 계몽이 사유에서 비판에 머무르면서 계몽은 자기의 개별적인 자아를 극복하지 못한다. 그 결과 계몽적 자아는 개별적 자아이면서 동시에 부정적으로 사유하는 자아라는 이중성을 지니게 된다. 이런 이중성 때문에 계몽은 오히려 상호 파괴, 일반화된 자기 파괴라는 끔찍한 결과에 이르게 되니, 헤겔은 그것이 프랑스 혁명 가운데 발생한 공포정치의 원인이었다고 본다.

2차 세계 대전 이후 등장한 프랑크푸르트학파나 후기 구조주의는 전쟁의 원인을 계몽주의에 있다고 보면서 계몽을 비판한다. 이때 그들은 계몽이 추상적 보편성이나 동일성의 원리에 기초하는 것으로 보면서 방법론적 개념이 아니라 계몽적 지식의 구체적 내용이 지닌 일반적 원리를 통해 계몽을 규정한다. 그러나 이런 견해는 헤겔이 지적한 것과 같은, 계몽이 지닌 이중성을 충분히 파악하지 못한다.

[해제-2]
1) 여기서 헤겔은 순수 통찰이 계몽으로 발전하는 과정을 서술한다. 순수 통찰의 출발점은 부정하는 자아였다. 분열된 의식은 부정의 경험을 언어로 표현한다. 그 언어는 그가 겪은 부정적 이면을 재치 있게 표현한다. 이런 비판적 경험을 통해 순수 통찰은 "견고한 것이 남김없이 무너지고 생존의 계기를 겪어보지 않은 것이 없으며 뼈마디가 마디마디 으스러지는 듯한" 경험을 겪는다.

순수 통찰 자체는 고유한 내용이 없다. 그것은 단지 모든 현실의 부정적 이면을 파헤치는 활동이기 때문이다. 순수 통찰의 비판을 통해 기존의 세계가 비워질 뿐만 아니라 그렇게 비판하는 자아 자신도 비워진다. 즉 "그 언어의 내용이 비어 있을 뿐만" 아니라 "자아조차도 비어 있다." 그에게 남는 것은 어떤 내용도 없이 오직 무엇이든 자유롭게 비판하는 자아뿐이다.

그것은 그저 세계를 바라보면서 모든 것을 부정하면서 자기 만족감에 빠진 자아일 뿐이다. 그가 현실에 대해서 흥미를 느끼는 것은 "따지고 떠들어대기 위한 재료를 마련하기 위한 관심"에서 나온 것이며 이런 판단과 평가를 위해 재료를 얻기 위한 것에 그친다. 헤겔의 이런 말 속에서 그 시대 귀부인의 살롱에 모여 세계와 인간의 속임을 폭로하면서 웃고 즐기는 지식인과 예술가의 모습을 그려내고 있다.

2) 순수 통찰은 이제 계몽적 자아로 변화한다. 그 발전의 계기를 헤겔은 두 가지로 설명한다. 내용적 측면에서 계몽적 자아가 출현하려면 순수 통찰이 제한된 영역에 머무르지 않고 모든 영역에 걸친 포괄적인 통찰로 발전해야 한다. 즉 "순수 통찰의 산만한 행렬을 일반적 상으로 종합하여 만인이 받아들이는 통찰로 되도록" 해야 한다.

계몽은 여러 개인이 겪은 순수 통찰 가운데 가장 탁월하고 사태를 꿰뚫는 것만을 집약해야 한다. 이런 집약은 한 개인이 아니라 집단의 힘으로 이루어지면서, 이렇게 집약된 지식은 한 개인의 경험을 뛰어넘는 탁월한 통찰로 된다. 그러므로 이 통찰은 널리 대중적으로 파급되며 일반적으로 알려진 상식으로 된다. 그렇지만 이 통찰은 근본적으로는 집약된 지식에 지나지 않으므로 체계적이지 않고 백과사전적 지식으로 될 뿐이다.

순수 통찰의 재기발랄함은 현장에서 즉흥적으로 그 이면을 폭로하는 데 있으며 여기서 그의 용기와 재치가 드러난다. 그러나 이런 순수 통찰을 끌어모은다면 아무리 탁월한 것만을 끌어모으더라도 그런 현장성이 사라지며 그 용기와 재치가 사라지니 텅 빈 잔재일 뿐이다. 이런 텅 빈 잔재가 바로 백과사전에 담긴 계몽적 지식이다. 그러므로 헤겔은 이런 통찰은 아무리 탁월한 것을 끌어모은 것이더라도 내용상 비어 있다고 한다. 동시에 이런 텅 빈 통찰을 내용을 갖는 자아 역시 비어 있을 뿐이다.

3) 이제 형식의 차원에서 계몽은 부정적 자아지만, 계몽은 자기의 통찰을 일반적인 것이라 믿으므로, 그것은 누구에게나 받아들여져야 하는 것으로 생각한다. 마치 기독교에서 전도가 믿음을 증명하는 것과 마찬가지고 계몽은 자신을 전파하는 것을 사명으로 삼는다. 계몽은 자신의 통찰을 "만인이 받아들이는 통찰로 되도록 하며" 타인에게 강요한다.

순수 통찰이 이처럼 일반적인 계몽이 되면서 이제 계몽은 신앙과 대결을 벌이게 된다. 신앙은 단순히 구시대의 사상이 아니라 근대에 이르러 순수 통찰과 대립하면서도 동시에 출현한 쌍둥이기 때문이다. 신앙과의 대결은 순수 통찰과 신앙을 통일하는 것이며, 그런 점에서 순수 통찰을 완성하는 것이니 계몽의 "본래적인 활동"이며 불가피한 과정이다.

a 계몽과 신앙의 투쟁

541) ⟨SK 400:20~401:3⟩ ⟨FM 293:24~294:3⟩

의식에서 부정적 태도가 나타나는 [순수 통찰과] 다른 방식으로 회의주의의 방식이나 이론적이며 실천적인 관념론의 방식을 들 수 있다. 이런 방식은 모두 **순수 통찰**의 방식 그리고 그것의 확장이라고 할 **계몽**의 방식과 비교해서 본다면 하위에 속하는 의식 형태다. 왜냐하면, 순수 통찰은 실체를 토대로 해서 나온 것이며[197] 의식에 내재하는 순수한

---

197 이론적 관념론은 이성 장 초기에 나온다. 여기서 주관의 범주가 곧 대상의 범주인데, 이런 합일은 다만 주관적 확신에 머무를 뿐이다. 실천적 관념론은 자기를 실현하는 이성의 절에서 나온다. 여기서 자아는 자신의 행복을 사회 속에서 찾으려 하지만, 역시 확신에 머무를 뿐이다. 회의주의의 대상을 부정하는 자아지만, 이 자아는 개별적 형식적 자아다. 반면 계몽의 부정성은 절대적 본질에 관한

자아를 절대적인 것으로 알고 모든 현실의 절대적 본질을 순수하게 의식하는 것[신앙]과 대결하기 때문이다. ―신앙과 순수 통찰은 똑같이 순수 의식이고 다만 형식상 서로 대립적이며 게다가 신앙의 본질은 **개념**이 아니라 **사상**[198]이며 **자기**의식에 곧바로 대립하는 대상이다. ―반면 순수 통찰의 본질은 자아니 양자는 서로 타자를 곧바로 부정한다. ―양자가 서로에 대해 대립하는 만큼 그 가운데 **내용**에 해당하는 것은 신앙에 속한다. 왜냐하면, 사유[신앙]의 움직이지 않는 지반 속에는 모든 계기가 존립을 얻을 수 있기 때문이다. 그에 반해 순수 통찰은 처음에는 아무 내용이 없는 것이며 오히려 그런 내용을 순수하게 제거하는 것[Verschwinden]일 뿐이다. 즉 순수 통찰은 순수 통찰을 부정하는 존재[신앙]에 대항해 이 존재를 부정하고자 운동하는 것을 통해서 자기를 실현하며 이런 부정적 운동이 곧 순수 통찰의 내용으로 된다.

[해제] 1) 앞의 서문에서 순수 의식의 두 형태에 관해 말했다. 이제 a항 '계몽과 신앙의 투쟁'에서 헤겔은 두 형태 즉 계몽과 신앙의 대립을 서술한다.

앞에서도 설명했듯이 순수 통찰과 신앙은 모두 자아와 대상의 합일(자기의식 장에서처럼 개별적 자아와 개별적 대상의 합일이 아니라 여기서는 일반적 자아와 일반적 본질의 합일)을 의미한다. 양자는 서로 같은 순수 의식이라는 지반 위에 있다. 다만 차이가 있다면, 계몽은 같은 지반에서 자아 쪽에 서 있어서, 자기의 대상을 순수하게 부정하는 개념적 활동으로 등장한다. 반면 신앙은 대상 쪽에 서서 추상적 본질과 감각적 사물이 합일하는 구체적 본질로 출현하지만, 다만 그 대상은 피안의 순수 의식을 토대로 나오는 부정성이다. 그런 점에서 헤겔은 계몽은 "실체를 토대로 한다"라고 말한다.

198 개념은 자아의 활동을 의미한다. 사상은 사유의 산물을 의미한다.

대상으로 머무를 뿐이다.

신앙에서 피안의 대상은 순수 의식 또는 사유의 대상이니 그것은 곧 '사상[Gedanken]'이다. 반면 순수 통찰, 계몽의 경우는 아무런 내용이 없는 자아의 "부정적 운동"일 뿐이다. 헤겔에서 이 부정적 운동은 곧 개념의 활동 또는 절대적 자아다.

계몽이나 신앙에서 그 이면에 실제적 자아가 있어서 계몽의 경우는 실제적 자아와 부정적 자아가 전전반측하며, 신앙의 경우 피안의 대상과 차안의 감각적 현실이 상징적으로 결합한다. 신앙의 대상적 측면을 자아의 측면과 관련해서 보면 신앙의 두 측면 가운데 순수 의식(일반 자아)의 면에서는 피안의 대상(구체적 본질)이 등장하며, 실제적 의식(개별적 자아)의 측면에서는 차안의 감각적 현실이 등장한다.

2) 헤겔은 여기서 순수 통찰이 지닌 부정성을 그동안 출현한 여러 부정성의 개념과 비교한다. 구체적으로 회의주의와 이론적 실천적 관념론을 말한다. 헤겔은 이 세 가지가 모두 정신이 출현하기 전에 나오며 정신을 구성하는 계기에 불과하다고 한다. 우선 회의주의는 대상을 부정하는 자아지만, 이 자아는 개별적 형식적 자아다. 반면 순수 통찰의 부정적 자아는 잠재적이기는 하지만, 일반적인 자아다. 그러므로 헤겔은 순수 통찰은 "실체를 토대로 한다"라고 말한다.

이론적 관념론은 이성 장 초기에 나온다. 여기서 주관의 범주가 곧 대상의 범주인데, 이런 합일은 다만 주관적 확신에 머무를 뿐이다. 실천적 관념론은 자기를 실현하는 이성의 절에서 나온다. 여기서 자아는 자신의 행복을 사회 속에서 찾으려 하지만, 역시 확신에 머무를 뿐이다. 그러나 순수 통찰에서 자아는 주관적 확신을 넘어서 이미 자기를 실현한다. 그러나 이 실현은 긍정적 결과에 이르지는 못하고 다만 부정적인 활동으로만 출현한다.

542) 〈SK 401:4~27〉〈FM 294:4~294:21〉

순수 통찰은 신앙을 그 자신에 대립하는 것으로 즉 이성과 진리에 대립하는 것으로 인식한다. 그가 보기에 신앙은 대개 미신과 편견, 오류가 직조된 것인 만큼 그 내용에 관한 의식은 오류의 나라[199]로 조직된다. 이 오류의 나라에서 전개되는 잘못된 통찰은 의식의 **일반적 바탕**[die allgemeine Masse des Bewußtseins]을 이루면서 직접적이며 순진하고 자기 내 반성 없이 존재하지만, 이런 순진무구함과 별도로 그 자체에서 자기 내 반성이나 이기성[자기의식: Selbstbewußtsein]의 계기를 갖는다. 그 계기란 곧 그 배후에 이기성을[für sich] 깔고 있는 통찰 그리고 대중의 의식을 속이려는 사악한 의도다.* 그런 대중은 **사제**의 속임에 넘어가는 희생물로 된다. 사제는 자기만이 통찰을 소유한다는 텅 빈 질투심을 발휘하며 온갖 사리사욕[Eigennutz]을 채우며 동시에 **전제 군주**와 결탁한다. 전제 군주는 실재의 영역과 관념의 영역을 마구잡이로[begrifflose] 종합하는[synthetisch] 통일체며-참으로 기이한 부조리한 존재다-백성[Menge]의 잘못된 통찰과 사제의 사악한 의도를 지배하면서 또한, 양자를 자기 힘으로 장악하니 민중[Volks]의 어리석음과 혼란을 이용하고 속이는 사제라는 수단을 사용하면서 민중과 사제를 경멸하면서 안전한 지배의 이점과 자기의 쾌락과 자의를 만끽한다. 그러나 동시에 전제 군주는 그들 양자와 같이 어리석은 통찰과 같은 미신과 오류를 지닌 존재다.

*FM주 〈294:4~21〉 계몽주의 문헌에 만연한 이런 형식의 종교 비판을 대변하는 것은 명백히 돌바하다. 그는 비단 기독교뿐만 아니라 모

---

199 신앙에 대한 비판의 출발점은 우선 차안의 감각적 현실이 피안의 신적 본질을 의미한다고 보는 것이다. 이것이 곧 미신이다.

든 종교를 비판한다. 참조: 돌바하Baron d'Holbach, 『기독교의 베일을 벗기다, 또는 기독교 종교의 원리와 효과에 대한 고찰』, S. 4f, 56f (Kap. 6), 156—163(Kap. 14), 188(Kap. 15): "따라서 로마 종교에서는 제사장이 왕을 다스렸다. 따라서 그는 신하들을 다스릴 것을 확신했다. 따라서 미신과 전제정치는 영원한 동맹을 맺어 민중을 노예로 만들고 불행하게 했다. 사제는 종교적인 공포로 신민들을 정복해 주권자가 그들을 삼킬 수 있게 했다. ..."190 (Kap. 16): "지금까지 말한 모든 것은 기독교가 건전한 정치와 국가의 복지에 반대된다는 것을 가장 분명한 방법으로 증명하고 있다. 그것은 지식과 미덕이 없는 군주들에게만 유리할 수 있으며, 그들은 스스로 노예를 통치할 의무가 있다고 믿으며, 노예를 약탈하고 가차 없이 억압하고자 항상 그 기능을 수행해 온 사제직에 합류할 것이다. 하늘의 이름으로 속이는구나."

또한, 다음을 참조하라: 돌바하Baron d'Holbach, 『사회체계 또는 도덕과 정치학의 자연적 원리』, 1 권, IVf, S. 198 (Kap. 15), 2 권, 102(Kap. 10). —아마도 헤겔은 다음의 글(297:26~28 , 301:35~302:10)에서 돌바하의 종교 비판을 직접 보았을 가능성이 매우 크다.

1) 돌바하의 견해에 의하면 인간은 신 속에서 모든 관계에 걸쳐서 확대된 인간밖에 다른 어떤 것도 보지 못한다. 신학자는 항상 인신동형론자로 남는다. 참조: 돌바하Baron d'Holbach, 『자연의 체계』, S. 99, 103, 212, 49f (2. Hauptstück).

2) 돌바하는 기독교 도덕의 무용론을 비판한다. 그는 자발적인 가난, 독신 생활을 반대하고 면죄부, 카스트화, 단식 처방을 반대한다. 그의 견해에 따르면 이성과 교육, 건강한 도덕은 인간의 격정을 억제하기에 충분하다. 참조: 돌바하Baron d'Holbach, 『기독교의 베일을 벗기다』, S. 119ff(Kap. 12), 133ff(Kap. 12) , 147f (Kap. H), 167ff(Kap. 14) , 195ff(Kap. 16).

543) 〈SK 401:28~402:10〉〈FM 294:22~294:37〉

계몽은 자신의 적이 지닌 이 세 측면[대중, 사제, 전제 군주]에 차별적으로 대항한다. 계몽의 본질은 순수 통찰, 그것도 그 자체로 자기에게 나타난[an und für sich] **일반적인** 통찰이므로 계몽이 다른 극단[신앙]에 관계하는 참된 방식은 계몽이 양자에 **공통적인 것**, 양자에게 **같은 것**[순수 의식]을 목표로 하는 관계 방식이다. 대중의 순진한[unbefangen] 의식으로부터 **고립된**[sich isolierenden] 개별성의 측면[사제, 전제 군주]은 계몽에 대립하는 것이지만, 계몽은 이를 직접 건드릴 수 없다. 계몽의 활동이 직접 대상으로 삼는 것은 속이는 사제나 억압하는 전제 군주의 의지가 아니고 오히려 자신을 개별화해 대자 존재로 되지 못하는 통찰 즉 실행의 의지가 없는[willenlose] 통찰, 다시 말해 대중에 이미 현존하기는 하지만, 대중 속에 아직 개념으로 눈앞에 나타나지 않는 이성적 자기의식 즉 이성적 자기의식의 **개념**이다. 그러나 순수 통찰은 이와 같은 소박한[ehrliche] 통찰과 대중의 순진무구한 본질을 편견과 오류로부터 탈취함으로써 사악한 의도의 손으로부터 그 속임이 지닌 실질적 위력[Realität und Macht]을 **빼앗는다**. 왜냐하면, 그런 속임의 영역은 자신의 **지반과 재료**를 일반 대중이 지닌, 개념이 없는 의식에서 얻기 때문이다. ─이것은 [군주나 사제와 같은] **대자 존재**가 대중의 **단순한** 의식 일반에서 자기의 **토대**[Substanz]를 획득하는 것과 마찬가지다.

544) <SK 402:11~22> <FM 294:38~295:7〉

순수 통찰이 절대적인 본질에 관한 대중의 순진한 의식에 대해 맺는 관계는 이중적인 측면을 갖는다. 어떤 측면에서 순수 통찰은 **그 자체로 본다면**[an sich] 순진한 의식과 같다. 그러나 다른 측면에서 순진한 의식은 절대적 본질과 그 부분을 그의 사상이라는 단순한 지반[신앙] 속에서 허용하면서 존립하게 하며 또한, 그런 절대적 본질과 그 부분을 다만 **그 자체 존재로**[An sich] 그러므로 대상적으로 존재하는 것으로 인정하지만, 이런 그 자체 존재[an sich] 속에 자신의 **대자 존재**를 발견하지는 못한다.[200] —첫 번째 측면에 따르면 순수 통찰이 보기에 신앙은 **본래**[an sich] 이미 순수한 자기의식이며 이제 **자각적으로** 이런 순수한 자기의식으로 돼야 하는 한, 순수 통찰은 이와 같은 순수한 자기의식의 실마리로 되는 개념을 지반으로 해서 그 속에서 허위의 통찰 대신에 자기를 실현하려 한다.

[해제] 여기서 헤겔은 신앙에 대해 계몽이 어떻게 비판하는가를 설명한다. 신앙의 순수 의식은 피안의 대상과 감각적 현실의 결합하니 계몽이 보이게 이것은 미신이며 편견이고 오류다. 계몽의 비판은 우선 이런 미신에 대한 비판에 나서며 그런 미신의 바탕에는 이기적인 의도가 깔렸다고 본다. 즉 일반적 대중의 순진무구한 의식이 대중을 속이는 사제와 전제 군주가 지닌 의도의 바탕이라고 본다. 사제는 대중을 속이는데 그 최종적인 이익은 전제 군주에게 돌아간다. 전제 군주는 백성의 잘못된 통찰과 사제의 사악한 의도를 지배하면서 민중의 어리석음과 혼란을 이용한다.

계몽은 미신을 비판하면서, 감각적 현실은 감각적 현실에 지나지 않는다고 말한다. 계몽은 민중과 사제, 전제 군주 가운데 주로 대중의 순진무구한 의식을 깨우치려 한다. 사제나 전제 군주가 지닌 개별 자아는 직접 건드리지 않고, 대중이 지닌 순진한 의식을 그들로부터 **빼앗아** 내려 한다. 왜냐하면, 대중의 순진한 의식 속에 이미 계몽의 지반인 자기의식이 들어 있기 때문이다. 이 자기의식은 자아와 대상의 합일을 파악

---

200 군주나 사제는 대중의 신앙을 이용해 자기의 대자 존재를 실현한다. 반면 대중은 그런 대자 존재를 가지지 않는다.

하는 자각이다. 그러므로 계몽의 비판은 민중에게 쉽게 받아들여진다.

계몽은 대중 속에 있는 자기의식을 촉발하려 한다. 계몽이 생각하기에 대중은 아직 자각이 없으므로, 민중은 사제나 전제 군주의 속임을 통해 지배당하지만, 계몽이 비판하기만 하면 쉽게 받아들일 것으로 믿는다. 계몽은 민중이 지닌 순진한 의식이 지닌 신앙의 형식만 바꾸면 순수통찰로 될 수 있다고 생각한다. 즉 계몽은 "대중의 믿음직한 통찰과 대중의 순진무구한 본질을 편견과 오류로부터 탈취함으로써 사악한 의도의 손으로부터 그 속임이 지닌 실질적 위력[Realität und Macht]을 **빼앗는다**"라고 생각한다.

545) ⟨SK 402:23~404:3⟩⟨FM 295:8~296:7⟩

이처럼 순수 통찰과 신앙은 본질상 같을 뿐만 아니라 또한, 순수 통찰이 신앙에 대해 지니는 관계도 오직 같은 지반을 통해서 또한, 같은 지반 속에서 일어난다. 이런 측면에서 볼 때 이들 양자 사이의 전달은 **아무런 매개도 필요하지 않으며** 양자가 주고받는 방식은 그 어떤 방해를 받지도 않고 흘러 들어가는 방식이다. 나아가 이때 [신앙의] 의식 속에 이전에 어떤 못이 박혀있다 할지라도 [신앙의] 의식은 **본래**[an sich] 단순한 것이기에 그 속에 모든 것이 용해되고 잊히며 어떤 장애도 없이 [unbefangen] 순수 통찰의 개념을 전적으로 수용할 수 있다. 따라서 순수 통찰이 전파하는 모습은 고요하게 파급하거나 마치 훈훈한 향기가 아무런 대기의 저항도 없이 은은하게 **확산해** 나가는 것에 비교될 수 있겠다. 이런 전파는 침투하듯 전염하는 것과 같은 것이어서 과거 서로 무관한 지반에서 전염이 일어날 때처럼 곧장 대립하는 것으로 주목받지도 않으니 방어할 수도 없다. 따라서 이런 **전염**은 일단 그것이 확산하고 난 뒤에 가서야 비로소 그런 전염에 그때까지 무심하게 자기를 내맡기고 있던 [신앙의] **의식**에 감지된다. 왜냐하면, [신앙의] 의식이 자기 내로 받아들였던 것[순수 통찰]은 의식 그 자신이나 자기가 받아들인 것에게나[sich und ihm] 똑같이 단순한 본질이었다. 동시에 이런 단순한 본질은 [순수 통찰의] 부정성이 자기 내로 반성해[201] 나중에 그 본성에 따라서 자신의 대립물로 전개된 것이니 그런 **부정성** 덕분에 신앙의 의식은 이런 사실을 통해 자기가 이전에 지녔던 방식[202]을 상기하기 때문이다. 이런 순수 통찰의 부정성은 자기와 대립물을 동시에 인식하지만, 자신의 대립물을 자기 속에 이미 지양된 것으로 인식하는 단순한 인식 즉 개념이다. 따라서 순수 통찰이 신앙의 의식에 감지되는 순간은 이미 확산한 뒤이므로 신앙의 의식이 순수 통찰에 대해 투쟁을 벌인다는 것은 이미 전염이 일어났다는 사실을 폭로하는 것밖에는 되지 않는다. 그러한 투쟁은 때늦은 것이니 어떤 수단도 다만 병을 더 악화시킬 따름이다. 왜냐하면, 병은 이미 정신적 삶의 골수 즉 [신앙] 의식의 개념, [신앙] 의식의 순수 본질 자체까지 침범했기 때문이다. 따라서 이 [신앙] 의식 내에는 순수 통찰을 이겨낼 힘이란 있을 수 없다. 그런데 이 병은 [신앙 의식의] 본질 자체 내에 뿌리내리고 있으므로 그것이 산발적으로 발생할 때나 이를 퇴치할 수 있으며 피상적인 증상 따위나 가라앉힐 수 있다. 이런 사실은 순수 통찰에는 극히 유리한 결과를 가져오는 것으로 된다. 왜냐하면, 그 결과 순수 통찰은 자기 힘을 불필요하게 낭비하지도 않으며 또한, 자기의 본질에 걸맞지 않은 것으로 드러나지도 <u>않기 때문이다.</u> 그런 일은 순수 통찰이 신앙의 내용에 밀어내고 신앙이

201 순수 통찰의 비판은 신앙이 지닌 표면에 지닌 계기 가운데 반대되는 측면을 신앙을 비판한다. 헤겔은 이를 "부정성이 자기 내로 반성한다"라고 말한다.
202 신앙은 순수 통찰의 비판을 통해 자신의 표면에 나타난 측면의 반대되는 측면을 깨닫는다.

외적 현실과 맺는 관계에 대립해 그때마다 여러 가지 증상이나 산발적인 발진[發疹]을 나타나게 할 때라야 일어날 것이다. 그러나 순수 통찰은 결코 눈에 띄지도 않으며 또한, 인지도 되지 않는 정신이기에 마침내 유기체 내의 소중한[edlen] 부분을 두루 거쳐 나감으로써 곧이어 이것은 명한 상태로 있는[bewußtlosen] 우상 속의 내장과 사지를 철두철미하게 정복하고 말 것이다. 드디어 **어느 아름다운 아침**에 순수 통찰은 팔꿈치로 옆의 친구를 치면서 외칠 것이다. "Bautz! Baradautz!〈꽈당, 우당탕〉 우상이 쓰러졌도다"* −**어느 아름다운 아침**이 지난 그 날 정오, 그러한 전염이 정신적 삶의 모든 기관에 침투하고 난 뒤에는 핏자국도 없을 것이다. 그때는 다만 기억만이 지나간−어떻게 사라졌는지를 알지 못하지만−역사를 즉 이전 시대의 정신 형태가 죽은 모습을 간직할 뿐이다. 마침내 기도를 올리기 위해서 새로이 높이 치켜든 지혜의 뱀은 말라빠진 허물을 벗어 던지면서 아무 고통도 느끼지 않을 것이다.

*FM주 〈295:35~296:4〉 참조: 디드로Denis Diderot, 『라모의 조카』, S. 282f: "자연의 나라는 자신을 전적으로 은밀하게 확립한다. 나의 삼위일체의 나라를 말하자면, 그것에 대항해서 지옥의 문은 아무것도 할 수 없다. 진리는 선의 증거로 되는 아버지며, 아름다움이 출현하는 원천으로 되는 아들이고, 성령이다. 이 낯선 신은 겸손하게 제단 위에 서서 지역적 우상의 옆에 선다. 그는 점차 자리를 차지하면서 어느 아름다운 아침에 이 낯선 신은 팔꿈치로 옆의 친구를 치면서 '꽈당, 우당탕 우상이 쓰러졌도다'라고 말한다. 제수이트 교단은 그런 식으로 중국과 인도에 기독교를 이식했으며 우리의 장세니스트는 그가 말하고자 하는 것을 말할 것이다. 소동을 벌이지도 않고, 피를 뿌리지도 않으면서, 희생자도 없이, 머리털이 뽑히지도 않고, 목적에 다가가는 정치적 방법이 있다면 내게는 최선으로 생각된다."

[해제] 여기서는 헤겔은 순수 통찰이 미신을 비판하는 데서 신앙에 대해 승리하는 이유를 설명한다. 중요한 것은 순수 통찰과 신앙이 형식 상 대립하지만, 모두 순수 의식에 토대를 둔다는 점은 같다는 데 있다. 순수 통찰이 신앙을 부정하는 것은 오히려 신앙의 참된 의미를 회복하 게 하는 것으로 된다. 즉 순수 통찰이 신앙의 미신적 측면을 비판한다 면, 이를 통해 오히려 "이전에 존재했던 방식" 즉 순수한 신앙의 본래 모습이 드러난다는 것이다. 왜냐하면, 신앙은 본래 순수한 본질의 구체 적 실현이기 때문이다. 다만 그 통일이 직접적이므로 피안에 출현한 것 이었다.

계몽과 신앙이 이처럼 같은 지반에 있으므로 그리고 신앙은 본래 모 든 것이 통일된 본질이어서, "어떤 얽매임도 받지 않으므로" 계몽의 비 판이 신앙에 저항 없이 받아들여진다. 헤겔은 이를 "마치 훈훈한 향기 가 아무런 대기의 저항도 없이 은은하게 확산해 나가는 것"과도 같다고 한다. 계몽이 이렇게 전염과 같기에, 계몽의 전염은 남의 눈에 뜨이지도 않으며 이에 대해서 어떤 방어도 불가능하다. 그것이 감지됐을 때는 이 미 너무 확산했을 때며 그때 가서는 전염된 계몽에 대항하는 투쟁도 너 무 늦었고 오히려 병을 악화시킬 뿐이다. 이미 계몽은 신앙의 골수를 장 악했으므로 이 병을 극복할 아무 힘도 없다. 그러므로 계몽의 비판은 소 리 소문도 없이 퍼져나가서 멍한 상태로 있는 "우상의 속의 내장과 사 지를 철두철미 정복하니" "어느 아름다운 아침" 갑자기 우상이 땅에 쓰 러진다.

546) 〈SK 404:4~14〉〈FM 296:8~15〉

그러나 정신이 자신의 행위를 은폐한 채 자기의 실체를 이루는 단순 한 내면에서 소리도 없이 앞으로 나가는 활동은 순수 통찰을 실현함에서 다만 그것의 한 측면만을 나타내는 데 그친다. 다시 말해서 순수 통찰이 확산한다는 것은 결코 같은 것이 같은 것과 관계한다는 것을 뜻하지 않으며 또한, 그것이 실현된다는 것도 아무런 저항에 부딪히는 일도 없이 순탄하게 파급돼 나가는 것을 의미하는 것이 아니다. 오히려 순수 통찰의 부정적인 본질에서 비롯된 행위는 마찬가지로 본질상 자기 안에서 자기를 구별하는 운동이 전개된 것이니,[203] 의식적인 행위로서 이 운동은 자기의 계기를 눈에 보이는[offenbaren] 일정한 현존의 모습[Dasein]으로 제시하는 가운데 요란한 소음으로 그리고 자기에 대립하는 것과 폭력적인 투쟁으로 눈앞에 나타날 수밖에 없다.

547) ⟨SK 404:15~23⟩⟨FM 296:16~22⟩

그러면 **순수 통찰**과 **의도**가 자기 눈앞에 있으면서 자기에 대립하는 것[신앙]에 대립해 **부정적으로** 관계하는 방식을 보도록 하자. ―우선 순수 통찰과 순수한 의도는 그의 개념[204]이 그의 핵심이고, 자기밖에 어떤 것일 수 없으므로 [신앙에 대해] 부정적으로 관계하는 가운데 오히려 자기 자신을 부정하는 것일 수밖에 없다. 그리하여 순수 통찰은 통찰이라는 점에서 볼 때는 순수 통찰이기를 부정하는 것으로 되면서[205] 진리와 이성에 반하는 것으로 되며, 의도라는 점에서 본다면 역시 순수 의

203　개념의 자기 구별은 개념이 자기를 서로 대립하는 두 계기로 분화한다는 것을 말한다. 그 결과 분화된 양자는 서로 대립하면서도 타자를 자기의 내면에 가지고 있다. 순수 통찰과 신앙 역시 소외된 정신이 이원화한 것이니 자기의 타자를 그 자체에서 가지고 있다.

204　순수 통찰의 부정적인 자아가 곧 개념이다.

205　순수 통찰의 신앙에 대한 비판을 순수 통찰이 지닌 실제적 의식에서 나오는 것으로 본다면, 이는 주관적인 비판에 지나지 않는다.

도기를 부정하는 것으로 되므로[206] 그 목적이 거짓말이나 불순한 것으로 된다.

[해제] 1) 신앙은 순수 의식의 측면에서 순수 통찰과 같다. 그러므로 미신에 대한 순수 통찰의 비판은 신앙의 본래적 측면을 회복하는 것이니 신앙의 의식에 거부감 없이 받아들여진다.

2) 계몽의 부정적 자아는 그 뒤에 실제적 자아가 존재하니, 계몽 자신은 자신이 순수하다 보지만, 신앙이 보기에 계몽의 비판은 주관적 비판에 지나지 않으며 사적인 의도를 밑에 까는 것으로 된다. 그래서 헤겔은 순수 통찰이 의도의 면에서는 자기의 실제적 자아를 감추고 있으므로 그런 비판의 목적이 불순한 것이 드러나며, 통찰의 면에서 본다면, 오히려 통찰이 아니라고 말한다. 다시 말하자면 그 통찰은 객관적인 통일이 아니라 주관적 편견에 불과하다는 것이다.

3) 순수 통찰은 순수한 의도도 아니고 통찰도 아니므로 신앙은 이런 측면에서는 순수 통찰에 대립한다. 이런 "눈에 보이는 일정한 현존의 모습"에서 일어나는 대립은 "요란한 소음으로," "폭력적 투쟁으로" 나타날 수밖에 없다.

548) ⟨SK 404:23~405:32⟩⟨FM 296:23~297:19⟩

그런데 순수 통찰이 이처럼 자가당착에 빠지는 이유는 그 자신이 싸움에 끼어들면서 마치 어떤 이질적인 타자와 투쟁한다고 생각하는 데 있다. ─그러나 순수 통찰은 이렇게[이질적인 타자와 투쟁한다고] 생각하는 이유를 보면 사실은 오직 절대적 부정성을 본질로 하는 순수 통찰이 그 자신에서[an ihr selbst] 타자 존재[Anderssein][207]를 지니기 때문이

---

206 순수 통찰의 비판이 순수한 것이 아니라 사적인 의도를 깔고 있다는 의미다.

207 순수 통찰의 타자는 신앙인데, 양자는 서로 같은 내용을 지니면서 다만 형식

다. 절대적 개념이란 오직 범주를 뜻하거니와 그것은 곧 **인식**과 이 인식의 **대상**이 서로 같은 것이어야만 한다는 말이다. 따라서 순수 통찰이 여기서 자기와 이질적인 타자로 따라서 오류나 거짓으로 언표하는 것은 오직 자기 바깥의 어떤 타자일 수도 없으니 여기서 그가 규탄하는 것은 다름 아닌 그 자신에 지나지 않는 셈이다.[208] 이성적이 아닌 것은 결코 **진리**가 될 수 없으며 개념적으로 파악되지 않는 것은 **존재하지 않는**다. 그러므로 이성이 어떤 **타자**에 관해 얘기한다는 것은 곧 이 이성이 다름 아닌 자기 자신에 관해서 얘기하는 것일 수밖에 없는 것으로 된다. 이렇듯 이성은 비록 타자 속에 있을 때도 결코 자기에서 벗어나지 않는다. ―그리하여 이성은 이처럼 자기와 반대되는 것과 투쟁을 벌이는 것이 곧 자기를 **실현해** 나간다고 하는 의의를 지닌다. 이성의 자기실현은 요컨대 자기의 계기가 전개되는 것과 동시에 이를 자기 내로 복귀하게 하는 운동이다. 순수 통찰이 전개하는 이런 이성적 운동은 한 면에서는 개념적으로 파악하는 순수 통찰이 자기 자신을 **대상**으로 삼아 자기에 대립하게 하는 구별의 행위다. 순수 통찰이 이런 [구별된] 계기 속에 머물러 있는 한 순수 통찰은 자기에 소원화된 상태다. 순수 통찰은 이런 순수한 통찰이란 측면에서 본다면 아무런 **내용**도 없는 것이니 순수 통찰이 자기를 실현하는 운동이란 오직 **순수 통찰 자신**이 그 자신의 내용으로 된다는 데[209] 근거할 뿐이다. 왜냐하면, 순수 통찰은 자신을 범주

상 대립할 뿐이다. 그러므로 그 자체에서 타자 존재를 지닌다고 한다.

208 순수 통찰의 이면은 실제적 의식이다. 순수 통찰의 신앙 비판은 감각적 현실이 절대적 본질이라 보는 미신을 비판하는 것이니, 이는 결국 자기의 실제적 의식의 측면을 비판하는 것이다.

209 순수 통찰의 운동은 자기를 대상화하는 운동이니, 그의 대상은 곧 자기 자신이다.

로 자각하는 자기의식[Selbstbewußtsein der Kategorie]에 해당하므로 이런 순수 통찰에서는 다른 어떤 것이 그 자신의 내용으로 될 수가 없기 때문이다. 그러나 우선 순수 통찰은 자기와 대립하는 것[신앙] 속에 있는 내용을 다만 **내용**으로 알면서 그 내용이 다름 아닌 자기라는 데 대해서까지는 알지 못하므로[210] 신앙의 내용 속에 있는 그 자신을 [자기와 다른 것으로] 오인한다. 따라서 순수 통찰이 자기를 완성한다는 것은 일단 자기에게 대상으로 나타나는 내용을 바로 자신의 것으로 인식한다는 것을 뜻한다. 그러나 여기서 순수 통찰이 이르게 될 결과란 곧 자기가 본래 투쟁하려던 갖가지 오류를 부활하는 것도 아니며 더구나 다만 순수 통찰의 실마리로 되는 개념에 머무르는 것도 아니다. 오히려 그 결과는 곧 순수 통찰이 자기를 절대적 부정하는 것[신앙]이 오히려 그 자신을 고유하게 실현하는 것이라는 사실[211]을 즉 자기 자신이라는 사실을 인식한다는 것이며 달리 말하자면 그 결과는 곧 자기 자신을 인식하는 개념이 된다는 것이다. ―계몽이 갖자기 오류에 대해서 벌이는 투쟁의 본성은 오류 속에서 자기 자신과 투쟁하는 것이며 그러한 가운데 그 자신이 주장하는 것을 규탄하는 것으로 된다. 이런 계몽의 본성이야말로 계몽과 그 투쟁의 **본래**[an sich] 모습이며 **우리에게서**[für uns] 비로소 발견되는 것이다. 그런데 이런 투쟁에서 등장하는 첫 번째 측면 즉 계몽이 자신의 **순수한** 자기와 같음 속에 타자를 부정하는 태도를 받아들임

210 신앙에서 자아와 대상의 통일이 피안에서 출현한다. 이 자아와 대상의 합일은 순수 통찰에서는 부정적 자아로 출현한다. 순수 통찰은 신앙의 대상이 자기의 본질과 같은 것이라는 사실을 알지 못한다.

211 순수 통찰은 부정적 자아의 활동으로만 머무르는데, 신앙과 결합하면서 자기를 대상화한다. 신앙의 대상이 자기 내로 복귀한 것인 사물의 텅 빈 본질이다. 이것이 곧 계몽의 부정적 자아가 대상으로 실현된 것이다.

으로써 오히려 자신이 불순화하는 것이야말로 **신앙**이 계몽을 어떤 **대상**으로 보는지를 말해주는 것이다. 즉 계몽 쪽에서 신앙이 오류이며 편견인 것과 마찬가지로 신앙 쪽에서 계몽은 곧 허위이고 이성에 반하는 것이며 또한, 사악한 의도를 지닌 것으로 경험된다. ―이제 계몽을 그 내용과 관련해 보면 우선 계몽은 자기의 내용이 자기의 타자로 나타나는 통찰 즉 알맹이 없는[leere Einsicht] 통찰에 지나지 않는다. 계몽이 신앙 속에서 **발견하는 것**은 사실 그 자신의 내용이지만, 이 내용은 아직 자기 것이 아닌 [신앙의] 형태로 나타나며 계몽 자신과 완전히 독립적으로 현존하는 것으로 된다.

[해제] 1) 순수 통찰이 신앙을 비판하면서 이 비판이 한편으로(순수 의식의 측면에서) 거부감 없이 받아들여지며 다른 한편으로(실제 의식의 측면에서) 요란한 대립을 자아낸다고 했다.

2) 사실 신앙과 계몽은 동질이상[同質異像]이다. 둘 다 순수 의식이면서도 한쪽은 자아의 상을 지니고 다른 쪽은 대상의 상을 지닌다. 신앙은 피안의 본질과 감각적 현실의 직접적 결합이며, 계몽은 부정적 자아와 실제적 자아의 결합이다. 사실 계몽의 절대적 개념은 "인식과 그 인식의 대상이 서로 같은 것"이므로 이성의 범주다. 그것은 이성이 "타자 속에 있을 때도 결코 자기를 벗어나지 않는 것"과 같다.

처음 계몽은 신앙이 자신과 같은 것이라는 사실을 알지 못한다. 계몽은 신앙을 비판하는 가운데 자기가 "어떤 이질적인 타자와 투쟁한다고 생각하면서" 이 타자를 오류라고 주장한다.

3) 계몽은 타자를 비판하는 가운데 자가당착에 빠진다. 그가 비판하는 내용이 이미 자기에게도 존재하며 타자를 부정하는 것은 "자신을 불순화하는 것"이기 때문이다. 그 때문에 계몽은 거꾸로 신앙으로부터 비판받는다. 계몽의 편에서 신앙이 오류이며 편견이라면, 신앙의 편에서

계몽도 마찬가지로 "허위이고 이성에 반하는 것이며 또한, 사악한 의도를 지닌 것"으로 경험된다.

4) 자가당착 속에서 계몽은 신앙에 대한 비판이 곧 자기를 비판하는 것임을 깨닫게 된다. 계몽이 신앙 속에 발견하는 것은 사실 "그 자신의 내용"이 "자기 것이 아닌 형태"로 또는 "자기의 타자로 나타난 것"이다. 즉 그런 비판은 "자기 자신을 대상으로 삼아 자기에 대립하게 하는 구별의 행위"다.

순수 통찰의 자기비판을 통해 순수 통찰은 자기의 타자가 곧 자기 자신이라는 것을 깨닫게 된다. 계몽의 자아가 대상으로 실현된 것이 신앙의 본질이다. 즉 계몽은 "자기를 절대적으로 부정하는 것[신앙]이 오히려 자기를 고유하게 실현하는 것이라는 사실을 인식"한다. 계몽이 보기에 신앙은 "순수 통찰이 자기를 실현하는 운동"이며 "오직 순수 통찰 자신이 그 자신의 내용으로 되는 것"이다.

549) 〈SK 405:33~407:15〉〈FM 297:20~298:24〉

그러므로 계몽은 자신의 대상을 파악하면서 처음에는 그렇지만, 사실 일반적으로도 그러한데, 순수 통찰의 입장에 비춰 보면서[als reine Einsicht] 이 대상을 받아들이면서 이 대상에서 자기 자신을 인식하지 못하면 이 대상을 다만 오류에 지나지 않는 것으로 주장한다. 순수 통찰 그 자체에서 의식이 대상을 파악하는 방식을 보자면 대상은 의식을 본질로 삼는 것이 되며 다시 말해서 대상은 의식이 침투하는 대상으로 된다. 그런 대상 속에서 의식은 자기를 유지하고 자기 자신에 머무르며 자기가 자기 눈앞에 나타나며[gegenwärtig] 이를 통해 의식은 대상을 운동하게 하는 가운데 대상을 산출한다. 계몽은 위와 같은 의식의 입장에 서 있으므로 계몽이 신앙에 관해 말하면서 신앙이 절대적 본질로 여기는 것은 아마도 신앙 자신의 고유한 의식이 산출한 존재 즉 그 자신의 고유한 사상 또는 의식 그 자신을 통해 산출된 것일 거라고 한다고 말한다면 이는 계몽의 눈으로서는 신앙을 올바르게 언표한 것이다. 따라서 계몽은 신앙이란 오류[212]이며 계몽이 자기의 본질로 삼는 것[was sie ist]과 같은 것[213]에 관한 날조된 이야기에 지나지 않는 것으로 주장한다. ─이렇듯 계몽은 신앙에 새로운 지혜를 가르쳐 주려 하지만, 새로운 것이라곤 아무것도 가르쳐 주지 못하고 만다. 왜냐하면, 신앙의 대상이란 바로 신앙에서는 다름 아닌 그 자신의 고유한 의식에 내재하는 순수한 본질인 까닭에 이런 신앙의 고유한 의식은 그 본질 속에서 상실되거나 부정당한 채로 설정되지 않으며 오히려 그 본질을 신뢰하고 다시 말하자면 그 **순수한 본질** 속에서 자기를 오직 **이런** [순수] 의식이거나 **자기**의식으로만 발견하기 때문이다. 예컨대 내[Ich]가 그 누구를 신뢰한다고 할 때 **그 사람 자신**이 자기를 **확신**하는 것이 **나에게서는** 곧 나 자신을 **확신**하는 것을 의미한다. 다시 말하면 여기서[신뢰 관계에서] 나[Ich]는 나의 대자 존재를 나의 상대방에게서 인지하고 또한, 이 상대방은 나의 대자 존재를 인정하며 나의 대자 존재가 그에게서 곧 목적이며 본질로 된다. 신앙[Glaube]은 곧 신뢰한다는 것[Vertrauen]을 의미하지만, 그런 신뢰의 이유는 신앙의 의식이 **직접** 자기의 대상[절대적 본질]에 **관계할** 뿐 아니라 또한, 바로 그 자신이 그 대상과 **합일을** 이룬다는 사실을 스스로 꿰뚫어 보기 때문이다. ─더 나가서 내[Ich]가 나 자신을 그 속에서 인지할 수 있는 것이 나에게 곧 대상으로 되는 것이므로 그 대상 속에서 나는 **나의 타자로 여겨지는** 자기의식[anderes Selbstbewußtsein]으로 있다.

212 계몽은 신앙이 초월적 본질에 전적으로 복종한다고만 생각하기에, 대상을 자기의 산물로 보는 계몽에서 본다면 신앙은 오류가 된다.

213 계몽의 본질은 의식이다. 계몽이 보기에 사실 의식의 산물인데도 신앙은 이를 절대적 본질로 여기므로 신앙이 날조라고 본다.

다시 말하면 나[Ich]는 그 대상 속에서 자기의 특수한 개별성 즉 자기의 자연적이며 우연적인 성질을 포기한 채[entfremdet] 부분적으로는 그 대상 속에서 자기의식으로 머무르며 부분적으로는 순수 통찰이 그렇게 하듯이 그 대상 속에서 **본질적** 의식으로 있다. ―순수 통찰의 개념이 의미하는 것은 다만 의식이 이미 통찰된 대상 속에서 자기 자신을 인식하면서도 허구[das Gedachte]에 지나지 않는 것을 내버림이 없이 또한, 그로부터 자기 내로 복귀함이 없이 다만 자신을 대상 속에서 **직접** 간직한다[hat]는 의미만은 아니다. 오히려 순수 통찰의 개념이 의미하는 것은 의식이 자기 자신을 곧 **매개**하는 **운동**으로 다시 말하면 자신을 행위하거나 산출[Hervorbringen]하는 존재로 깨닫는다는 의미까지도 포함한다.²¹⁴ 그럼으로써 한편에서 **자아**로서 그 자신과 다른 편에서 대상이 서로 통일을 이룬다는 사실이 그와 같은 [통찰의 개념이 내포하는] 사상[Gedanken] 속에서 **의식**된다. ―신앙 역시 이와 같은 의식이다. 여기서 **복종 활동**[Tun]이야말로 절대적 본질 내에 [자기가] 존재한다는 데 대한 확신을 성립하게 만드는 필연적 계기가 된다. 물론 신앙에 속하는 이런 복종 활동이 절대적 본질 자체를 산출하는 것으로 보이지는 않는다. 그러나 신앙의 대상인 절대적 본질은 근본적으로 본다면 신앙하는 의식의 저편에 놓인 **추상적 본질**인 것은 아니며 오히려 절대적 본질은 공동체[Gemeinde]의 정신이며 즉 추상적인 본질과 자기의식의 통일²¹⁵로

---

214 순수 통찰은 대상이 나를 의미한다는 사실 뿐만 아니라 동시에 나 자신이 왜 그와 같이 대상으로 나타나는 이유까지도 파악해야 한다고 믿는다. 마르크스도 비슷한 이야기를 한 적 있다. 즉 역사적 유물론은 이데올로기가 단순히 이데올로기라고 말하는 것으로 충분하지 못하고, 왜 그런 이데올로기가 출현했는지를 설명해야 한다고 했다.

215 공동체는 개인적 의지의 상호 작용을 통해 산출되는 공동 의지다. 그러므로

서만 있을 수 있다. 절대적 본질이 그와 같은 공동체의 정신이라고 할 때 여기서는 [의식의] 복종 활동[Tun]이 이런 공동체[Gemeine]에서 본질적 계기가 된다. 즉 공동체[Gemeine]의 정신이란 **다만 의식의 산출 활동을 통해서만** 절대적 본질로 되며 −또는 의식을 통해 산출**됨이 없이는** 절대적 본질로 **될 수 없다.** 왜냐하면, 산출한다는 활동이 그렇게도 근본적인 것이기는 하지만, 그렇다고 해서 이 산출한다는 활동이 본질상 절대적 본질의 유일한 존재 근거로 되는 것은 아니며 오히려 이것은 한낱 계기에 불과할 뿐이기 때문이다. 절대적 본질로 되는 것은 동시에 그 자체적이며 동시에 대자적으로[an und für sich selbst][216] 그러한 것이다.

[해제] 이 구절에서 헤겔은 우선 순수 통찰이 신앙이 믿는 대상인 절대적 본질을 어떻게 비판하는지를 검토한다. 그 비판은 두 가지로 정리할 수 있다.

1) 계몽은 신앙이 믿는 초월적 본질은 자기의식에 대립하는 것이니, 이 본질은 신앙적 의식이 만들어낸 날조라고 비판한다. 이런 비판에서 계몽은 본질이 개별 자아의 산물로 보고 개별 자아에 내재하는 것으로 본다.

헤겔은 이런 비판은 이중적인 잘못을 범하고 있다고 본다. 우선 계몽은 신앙의 대상이 신앙에 대해 초월적인 대상이라는 측면만 보고, 신앙이 이 대상과 합일하는 측면을 보지 못한다. 신앙이란 곧 신뢰한다는 것

일반적 의지가 고유의 자아를 갖추고 출현한 것이다. 구체적으로 국가와 같은 것이므로 추상적 본질과 자기의식의 통일체라 한다.

216 이 구절은 절대정신의 의미를 구체적으로 서술해 준다. 절대적 본질은 의식의 상호 작용이 산출한 것이지만, 이미 그것을 넘어선 그 자체 존재다. 즉 내재적으로 초월하는 존재다. 내재적 측면에서 신앙이, 초월적 측면에서 복종이 이루어진다.

을 의미하는데, 신앙이 자기의 대상에 대해 신뢰한다면, 그것은 "신앙의 대상이란 바로 신앙에서 다름 아닌 그 자신의 고유한 의식에 내재하는 순수한 본질"이기 때문이니, 이미 신앙은 대상 속에 자기를 인식한다는 것이다.

그러므로 대상이 의식의 산물이라는 계몽의 주장은 이미 신앙이 알고 있는 것이다. 신앙은 다만 이를 믿음 속에서만 이해할 뿐, 자각적으로 이해하지 못할 뿐이다. 따라서 계몽은 신앙에 대해 "새로운 지혜를 가르쳐주려 하지만," 새로운 것은 아무것도 없다고 한다.

2) 이어서 헤겔은 본래 통찰이라면 대상을 자기로 파악하는 것에 그치지 않고 자기가 왜 대상으로 나타나는지까지 파악해야 한다고 본다. 그런데 계몽은 신앙에서 자기 자신의 산물이 왜 믿음의 대상으로 또는 초월적 본질로 나타나는지 이해하지 못하면서 이를 단순히 날조라고 한다.

헤겔은 계몽의 비판을 반박하면서, 신앙에서 자기가 이처럼 믿음의 대상으로 나타나는 이유를 이렇게 설명한다. 신앙의 대상은 즉 신앙에서 절대적 본질은 공동체다. 그것은 개인적 의지의 산물이 아니라 개인적 의지의 상호 작용을 통해 출현한 공동의 의지이다. 절대적 본질은 "추상적 본질과 자기의식의 통일"이며 개인적 의지의 산물이지만, 이미 그것을 넘어서 그 자체적이며 동시에 대자적인 것이다.

그러므로 신앙은 그 대상이 개별 자아 너머 있는 순수한 본질로 파악하고 있다. 신앙에서 절대적 본질은 그 자신에 대해 타자로 출현하는 자기의식이다. 신앙은 단순히 절대적 본질이 개별적인 자아와 일치한다고 보는 것만이 아니며 "자기의 자연적이며 우연적인 성질을 소외하여" 본질적 의식에서 절대적 본질과 합일한다. 이것이 신앙에서 복종의 활동으로 나타난다.

4) 이렇게 볼 때, 신앙은 순수 통찰에 대해 한계와 동시에 우월성을

지닌다. 한편에서 본다면 신앙은 순수 의식에 머물러서 일반적 본질이 순수 통찰에서처럼 직접 자아로 출현하지 않는다는 점에서는 한계가 있다. 다른 한편으로는 일반적 자아가 잠재적인 것에 머무르지 않고 구체적 대상으로 직접 출현한다는 점에서는 오히려 우월한 점이 있다.

550) 〈SK 407:16~408:18〉〈FM 298:25~299:15〉

이제 또 다른 측면에서 볼 때 순수 통찰의 개념은 그 자신[sich]이 보기에 그가 대상으로 하는 것과 **다른** 어떤 것[ein Andres]이다. 그 이유는 계몽 자신을 부정하는 규정이 그 대상을 이루기 때문이다. 따라서 이런 또 하나의 측면에서 보면 순수 통찰은 신앙의 본질을 곧 자기의식과는 **소원한** 어떤 것으로 언표한다. 하지만 이 소원한 것은 **신앙**의 본질이 아니라 마치 악마가 바꿔치기한 아기와도 같이 신앙에 끼워 넣어진 것일 것이다. 그러나 여기서 계몽이야말로 전적으로 어리석은 것이라는 점이 드러난다. 즉 계몽이 성직자가 속인다거나 민중을 우롱한다고 말할 때 신앙의 입장에서 보면 그런 비판은 계몽이 스스로 무엇을 얘기하는지를 알지 못할 뿐만 아니라 문제의 핵심이 어디에 있는지도 이해하지 못하는 말에 지나지 않는다. 계몽은 이에 대해 마치 성직자가 야바위꾼의 요술을 부려서 [신앙의] 의식에 그 본질 대신에 어떤 절대적으로 소**원한 타자 존재**를 끼워 넣는 것처럼 말한다.[217] 동시에 계몽은 이 소원한 타자적인 것이 [신앙] 의식의 본질인 것처럼 말할 뿐만 아니라 또한, [신앙] 의식은 이런 자기의 본질을 믿고 신뢰하는 가운데 그 소원한 타

---

217 계몽이 보기에 신앙의 대상은 자아의 산물 즉 허구인데, 성직자가 이를 절대적 본질로 바꿔치기했다. 그러나 헤겔이 보기에 정작 바꿔치기한 것은 계몽이다. 신앙은 절대적 본질을 자기로 알면서 이를 신뢰하지만, 계몽은 신앙이 자기에 낯선 타자에 복종한다고 본다는 것이다.

자적인 것이 자기를 가엽게 여기기를 바라는 것처럼 말한다. —다시 말하자면 신앙의 의식은 이때 이렇듯 소원하고 타자적인 것 속에서 그의 **순수한 본질**뿐만 아니라 동시에 **그의** 개별적이면서도 일반적인 개체성을 직관하며 심지어는 자신의 활동[금욕, 봉사나 희생 등]을 거쳐서 자기 자신과 자기 본질의 통일을 산출하는 것처럼 말한다. 결국, 계몽의 비판은 다름 아니라 그 자신이 의식과는 **낯선 것**이라고 언표했던 것을 직접 [신앙의] 의식 그 자체에 **가장 고유한 것**으로 언표한다. —이렇게 볼 때 과연 계몽은 떳떳하게 [신앙이] 혹세무민[惑世誣民: Betrug und Täuschung]한다고 말할 수 있을까? 이렇듯 계몽은 자기가 신앙에 관해 주장한 것과는 **정**반대되는 것을 신앙 자체에 관해 언표하므로[218] 신앙이 보기에는 이 계몽이야말로 의식적으로 **거짓말**을 하는 것으로 나타날 수밖에 없다. [신앙하는] 의식이 참으로 **자기 자신에 관한 확신**을 직접 간직하는 마당에 또한, 그 의식이 자기의 대상 속에서 자기 자신을 발견하는 동시에 산출하는 가운데 오직 그 대상 속에서 **자기 자신**만을 간직하는 마당에 무릇 혹세무민이 어떻게 가능하다는 것일까? 이때 말로 한다고 하더라도 더는 거기에 구별이[219] 출현하지 [vorhanden] 않는다. —일찍이 '**민중을 속인다는 것이 용납될 수 있겠는가?**'라는 일반적 문제가 제기됐을 때* 실제로 이에 대한 대답은 그러한 질문 자체가 아무런 가치도 없는 것이라고 말할 수 있을 것이니, 왜냐하면, 이때 민중을 속인다는 것은 있을 수 없는 일이기 때문이다. —물론 개별적인 경우에 따라서는 황금 대신 놋쇠를 또는 진짜 어음 대신에 위조된 어음을 매

218   계몽은 신앙의 절대적 본질이 자아의 산물이라고 주장한다. 그러면서 신앙은 자기에 낯선 타자에 복종한다고 언표한다.

219   여기서 구별은 그 의미가 모호하지만, 문맥상 민중을 속이고 기만하는 일 [Täuschung und Betrug]을 말하는 것으로 보인다.

도하는 일은 있을 수 있으며 전투에서 패배를 승전으로 많은 사람에게 곧이듣게 할 수 있는가 하면 감각적 사물이나 개개의 성질에 관한 그 밖의 거짓말을 일정한 기간 믿을 만한 것으로 만들 수도 있겠다. 그러나 적어도 정신적 본질은 그 속에서 의식이 **자기 자신에 대해** 직접 **확신**하는 한, 여기서 속임수를 쓴다는 생각은 전혀 가당치 않은 일일 것이다.

*FM주〈299:7~8〉헤겔은 여기서 베를린 과학 아카데미의 현상 논문 과제를 끌어들인다. 이 과제는 달랑베르가 제시하고 프리드리히 대왕이 내건 것이다. 참조: 달랑베르Jean-Baptiste Le Rond d'Alembert, 『1778년 과학과 문예에 관한 왕립 아카데미에 대한 새로운 기억』, S. 30: "인민을 속여 새로운 오류에 빠지게 하거나 현재 상태로 머무르게 하는 것이 인민에게 유익한가?" 또 다음도 참조하라: 달랑베르Jean-Baptiste Le Rond d'Alembert, 『1780년 과학과 문예에 관한 왕립 아카데미에 대한 새로운 기억』, S. 14

[해제] 앞의 구절에서 헤겔은 계몽의 신앙에 대한 비판을 살펴보았다. 계몽은 신앙이 낯선 절대적 본질에 복종한다고 비판했다. 그런데 사실 신앙의 절대적 본질은 신앙에 단순히 낯설기만 한 것이 아니라 신뢰의 대상이다.

그러나 계몽은 이런 낯선 타자 존재가 신앙 자체에 가장 고유한 것이며, 신앙은 그런 낯선 본질이 자기를 가엾게 여겨주기를 바라며, 심지어 금욕이나 희생, 봉사라는 활동을 통해 그런 본질과의 통일성을 산출하려 하는 것처럼 말한다. 계몽이 보기에 이런 낯선 본질은 허구이니, 신앙은 이 허구를 마치 실제로 존재하는 것처럼 바꾸어놓고 의도적으로 대중을 속이고 있다는 것이다.

계몽의 이런 주장을 비판하면서, 헤겔은 이 구절에서 그런 낯선 본질이란 신앙이 아니라 계몽이 바꿔치기한 아이와 같은 것이라고 말한다. 왜냐하면, 사실 신앙은 절대적 본질에 대해 신뢰하며 그것을 낯선 것으로 보지 않는데도, 계몽은 신앙이 신뢰하는 본질을 낯선 본질로 바꿔치기하면서 신앙이 믿는 것은 그런 낯선 본질이라고 주장하니, 실제로 바꿔치기를 하면서 의도적인 거짓말을 하는 자는 신앙이 아니라 계몽이기 때문이다.

정신적 본질에 관해서 신뢰 속에 있을 때, 헤겔은 속임이 과연 가능한 것인지를 묻는다. 왜냐하면, 대중의 의식은 그 시대의 정신이므로 그 시대에는 비판할 수 없는 진리로 되니, 이런 대중을 속인다는 것은 불가능하기 때문이다.

551) 〈SK 408:19~28〉〈FM 299:16~23〉

이제 과연 신앙이 자기의식의 **구별된** 계기마다 계몽을 어떻게 경험하는가를 살펴보고자 한다. 위에서 제시된 견해는 그런 것을 살펴보기 위한, 겨우 일반적인 서론에 해당하는 것일 뿐이다. 우선 이런 계기를 나열해 보면 첫째는 순수 사유이지만, 그것을 대상으로 본다면 그 자체로 자기에게 나타난[an und für sich] **절대적 본질**이며 둘째로는 이런 절대적 본질에 대한 신앙적 의식의 **관계-인식**-즉 **신앙의 근거**이고 마지막으로는 그러한 신앙적 의식이 자기의 활동을 통해서 그 절대적 본질과 관계하는 것 다시 말하면 **신앙의 봉사**다. 순수 통찰은 신앙 일반에서도 그 자신을 인지하지 못하고 또 그 자신을 부인했던 것과 같이 또한, 이제 이들 세 가지 계기에서도 전도된 방식으로 관계할 것이다.

[해제] 계몽의 신앙 비판에 관한 헤겔의 서술은 좀 혼란스럽다. 정리하자면, 542~546 구절에서 헤겔은 계몽이 신앙의 미신적 오류를 비판하는 측면을 서술했다. 547~548 구절에서 계몽의 이런 미신적 오류에 대

한 비판이 오히려 자기비판이라는 점을 설명한다. 그런 다음 549~550 구절에서 헤겔은 계몽이 신앙의 절대적 본질을 비판하는 측면을 서술했다. 여기서 계몽은 신앙이 절대적 본질에 복종한다고 하면서 이 절대적 복종은 날조라고 비판한다.

헤겔에서 계몽이 절대적 본질을 허구이며 날조라고 비판하는 관점은 그 앞에서 감각적 현실이 절대적 본질이라 믿는 미신을 비판하는 관점과 비슷하면서도 다르다. 예를 들어 미신은 잘못된 신앙이지만, 날조는 신 존재를 부정하는 것이다. 전자는 감각적 현실을 절대적 본질이라 믿는 것이며 후자는 감각적 현실 너머 존재한다는 절대적 본질을 부정하는 것이다. 그런 점에서 계몽의 신앙에 대한 비판이 더 심화한 것이라고 볼 수 있을 것이다. 실제 역사에서도 계몽의 비판은 이런 순서로 전개된 것으로 보인다.

앞에서 날조나 허구라는 비판은 일반적인 비판에 머물렀다. 이어지는 551~556 구절은 신앙의 날조나 허구에 관한 세부적인 투쟁을 서술한다. 이 세부적 투쟁은 신앙을 세부적으로 세 가지 계기를 통해 살펴본다. 우선 신앙의 대상인 신의 조각상, 두 번째는 신앙을 가능하게 하는 근거로서 지식(계시와 성서), 세 번째로는 절대적 존재와 관계를 맺는 행위(봉사)이다.

552) 〈SK 408:29~409:22〉〈FM 299:24~300:7〉

순수 통찰은 신앙의 의식이 받드는 **절대적 본질**에 대해 부정적인 태도를 보인다. 그런데 이런 절대적 본질은 순수 **사유**지만, 자기 자신 속에서 대상으로 또는 **본질**[Wesen]로 설정된 순수 사유다. 신앙의 의식 속에서 이처럼 순수 사유 속에 깃들인 그 자체적[an sich] 존재는 대자적[Für sich]으로 존재하는 의식이 보기에는 대상성[Gegenständlichkeit]

의 형식[220]을 획득하지만, 물론 이런 대상성의 형식은 한낱 텅 빈 것에 지나지 않는다. 순수 사유에서 그 자체 존재는 **표상된 것**[Vorgestellten] 이라는 규정을 갖는다. 그러나 순수 통찰은 순수 의식이긴 할지라도 어디까지나 **대자적으로 존재하는 자아**라는 측면에 서 있는 순수 의식인 까닭에 **타자** 존재는 이 순수 통찰에 대해서는 다만 **자기의식을 부정하는 것**일 수밖에 없다. 이 타자 존재는 사유에 내재하는 순수한 **그 자체 존재**[Ansich]로 받아들여질 수도 있거나 감성적 확신의 대상으로 되는 **존재**로 받아들여질 수도 있겠다.[221] 그러나 이 타자 존재는 동시에 **자아**에 대해 존재하고 이 자아는 대상을 소유하는 **자아**인 만큼 실제적 의식에 속하는 것이므로, 순수 통찰이 본래 자신의 대상으로 삼는 대상은 **감각적 확신**의 대상으로 되는 **일상적으로 존재하는 사물**이다. 따라서 신앙의 표상[Vorstellung]에서 순수 통찰이 보는 것은 순수 통찰에 특유한 대상이다. 여기서 순수 통찰은 그와 같은 신앙의 **표상**을 비난하지만 [verdammt], 신앙의 표상 **속에** 순수 통찰 자기가 나름대로 대상으로 삼은 것[ihen eignen Gegestand]을 비난할 뿐이다.[222] 순수 통찰은 이미 그런 가운데서 신앙에 대한 불법을 범한다. 즉 순수 통찰은 신앙의 대상을 곧

---

220 절대적 본질이 자기의식에 대해 낯선 타자 존재라는 형식을 갖는다는 사실을 절대적 본질의 대상성이라 한다.

221 절대적 본질을 사유에 내재하는 그 자체 존재로 파악하는 것이 본래 신앙의 관점이다. 반면 절대적 본질을 감각적 확신의 대상으로 파악하는 것이 계몽의 관점이다.

222 신앙에서 절대적 본질은 본래 상호 작용의 산물이지만, 계몽은 이 절대적 본질을 창조자이며 전능한 존재자를 본다. 계몽은 이를 의식의 대상에 비춰서 파악한다.

순수 통찰 자신이 대상으로 삼은 것으로 파악한다.[223] 이런 까닭에 순수 통찰은 신앙에 관해 말하기를, 신앙이 받드는 절대적 본질이란 눈을 지녀도 아무것도 보지 못하는 돌덩어리거나 나무토막과 같은 것이며 또한, 일단 밭에서 자란 뒤에는 인간이 반죽해서 빵으로 만들게 보내지는 빵가루와 같다고 말하는가 하면 ─더 나가서 신앙은 그 밖의 다른 방법으로 절대적 본질을 의인화해 이를 [의식의] 대상이나 알아듣기 쉬운 것으로 만든다고 한다.

553) 〈SK 409:23~36〉〈FM 300:8~18〉

계몽은 자신이 순수한 자아임을 자처하기에 정신에서는 실로 영원한 생명이며 성스러운 영혼이어야만 하는 것을 한낱 현실계의 **무상한 존재**로 전락하게 하면서 **이를** 감각적 확신에 바탕을 둔, 무의미한 견해로 욕되게 한다. ─이런 견해는 그 앞에서 기도하는 신앙에 전혀 눈앞에 나타나지 않았던 것이므로 그런 견해는 계몽이 신앙에 뒤집어씌우는 것에 지나지 않는다. 다시 말해서 신앙이 숭배하는 것이란 신앙으로 본다면 결코 돌, 나무 또는 빵가루 따위일 수는 없으며 그밖에 어떤 허망한 감각적인 사물일 수도 없다. 계몽은 이때 자기에게 떠오른 착상에 따라 신앙이 대상으로 하는 것은 **또한**[auch], **이런 사물**일 수 있으며 더 나가서 그러한 신앙의 대상이 그 자체에서나 그 참다운 의미에서 볼 때 그와 같은 사물이라고 말할 수도 있겠다. 그렇지만 어떤 면으로는 신앙도 마찬가지로 **그것 또한**, 그럴 수 있다는 것을 알고 있으나 그런 사물은 신앙에는 기도의 대상 바깥에 있다. 또 다른 편에서 볼 때 신앙에

---

223 조각상은 신앙에는 그 너머 있는 절대적 본질을 다만 상징하는 것에 불과하다. 그러나 계몽은 그 너머 존재하는 절대적 본질을 부정하니, 이 조각상은 그저 감각적 사물에 지나지 않는다.

서는 돌 등등과 같은 것이 **그 자체로 존재하는 것**이 전혀 아니며 그에게서 오직 순수한 사유의 대상인 절대적 본질만이 그 자체로 존재한다.

[해제] 이 구절에서 헤겔은 신앙이 대상으로 삼는 절대적 본질을 허구나 날조로 보는 계몽의 비판을 다룬다. 즉 신앙의 대상인 낯선 절대적 본질은 사유가 만들어낸 허구, "텅 빈 대상"이라는 것이다. 헤겔의 얘기를 정리하자면 다음과 같다.

① 신앙에서 절대적 본질은 상호 작용의 산물이며 사유에 내재하는 그 자체 존재다. 신앙의 본래 대상은 순수 의식의 대상이며, 신앙 자신이 내적으로 합일하는 대상이다.

② 순수 통찰은 신앙의 대상을 마치 의식의 대상과 같은 것이며 그것에 비춰서 파악한다. 그런 관점에서 본다면 신앙의 대상은 세계의 창조자이며 전능한 존재다. 이렇게 계몽은 신앙의 대상을 자기의 대상을 바꾸어놓은 채 그런 존재는 허구라고 비난하니, 사실 그가 비난하는 것은 신앙의 진짜 대상이 아니라 자기가 만든 대상일 뿐이다.

③ 순수 통찰은 신앙에 불법을 범한다. 즉 순수 통찰이 신앙의 대상이라고 비난하는 것은 사실 그것은 그 자신이 바꿔치기한 대상에 지나지 않는다. 그런 비판은 "그가 나름대로 대상으로 삼은 것"을 비난하는 것이다.

④ 결론적으로 헤겔은 신앙의 대상은 순수 의식의 대상인 "영원한 생명이며 성스러운 영혼"인데도 계몽은 이를 한낱 의식이나 표상의 대상인 "현실계의 무상한 존재"로 격하했다고 비판한다.

554) <SK 410:1~411:17> <FM 300:18~301:22>

두 번째 계기는 신앙이 **인식하는** 의식으로서 절대적 본질에 관계하는 것이다. 사유하는 순수 의식인 신앙에 절대적 본질은 직접 제공된다. 그러나 순수 의식은 그에 못지않게 감각적 확신을 **매개로 해서** 진리에 관계한다. 이런 매개적 관계가 **신앙의 근거**를 이루는 것이다. 그러나 이런 근거는 계몽의 입장에서 본다면 마찬가지로 **우연적인** 사건에 **관한** 우연적인 **인식**[Wissen] 이상으로 될 수는 없다. 그러나 [이런 우연적 사실에 관한] 인식의 근거로 되는 것은 인식하는 일반자[wissende Allgemeine][224]며 참된 의미에서는 다름 아닌 절대**정신**이다. 왜냐하면, 이런 절대정신은 추상적인 순수 의식이나 사유 자체를 통해 본다면 단지 절대적 **본질**일 뿐이지만, 그 자신이 자기의식인 한에서는 자신을 **인식하는** 존재기 때문이다. 순수 통찰은 이런 인식하는 일반자 즉 **자기 자신을 인식하는 단순한 정신**을 마찬가지로 [순수 통찰의] 자기의식을 부정하는 존재로 여긴다. 순수 통찰 자체는 사실 **매개된 순수** 사유, 다시 말하면 자신을 자신과 매개하는 사유므로[225] 순수한 인식이다. 그러나 **순수 통찰**은 순수한 통찰에 머물러 자기 자신이 무엇인가를 아직 알지 못하는 **순수한 인식**이니 그런 인식으로서는 자기가 순수한 매개적 운동이라는 사실을 의식하지 못한다. 그러므로 이 순수 통찰에서 순수한 매개 운동은 이 매개 운동의 본질에 속하는 모든 것과 마찬가지로 자기와 다른 것[ein Anderes]으로 나타난다. 순수 통찰은 자기실현의 단계에 들어가면 이와 같은 자신의 본질적 계기를 전개하기에 이른다. 그러나 [현 단계의] 순수 통찰에는 이런 본질적 계기가 신앙에 귀속되는 것으

224 그리스도를 말한다. 그는 절대정신으로 자기를 인식하는 자기의식이다.
225 매개적 사유는 사실로부터 추상하여 얻은 인식을 말한다. 반면 "순수하게 매개된 사유" 또는 "자신을 자기와 매개하는 운동"은 순수한 인식, 계시를 말한다. 순수 통찰도 내적으로는 순수한 인식이지만, 표면적으로는 사실에 기초한 추상 운동이다. 순수 통찰은 신앙에 속하는 순수한 매개적 인식도 자기와 같은 매개적 인식으로 여긴다.

로 나타나며 또한, 순수 통찰에 외적인 것이라는 규정성 속에 있는 것으로 나타나므로 순수 통찰에 이런 본질적 계기가 범속한 실제 역사에 관한 우연적인 인식으로 보인다.* 여기서 마침내 순수 통찰은 종교적 신앙을 날조하면서 신앙이 지닌 확신이 다만 몇 가지 **개별적인 역사적 증거**에만 근거한 것으로 본다. 물론 이런 증거는 역사적 증거라는 관점에서 고찰한다면 그 내용에 관해 신문기사가 어떤 사건에 관해서 보도하는 정도의 확실성조차 갖지 못한다. ―나아가 신앙의 확신은 이런 증거의 **보존**과 관련된 우연을 통해서도 좌우된다. ―그런 보존은 한편으로는 종이를 통해서 제약되며 다른 한편으로는 한 장의 종이로부터 다른 한 장의 종이로 옮겨 쓰는 데 따르는 기량과 성실성을 통해서 제약된다. ―또한, 신앙의 확신은 이미 사장돼 버린 어구나 문자의 의미를 올바르게 파악하는 것을 통해서도 좌우된다. 그러나 사실에서 그와 같은 증거나 우연한 사건을 바탕으로 자기의 확신을 마련한다는 것은 신앙으로서는 생각할 수조차 없다. 신앙의 확신은 절대적 대상에 대한 방해받지 않는 관계 즉 절대적 대상에 관한 순수한 인식에 따른다. 이런 인식에서는 문자나 종이 또는 필사 따위의 일이 절대적 본질을 신봉하는 그의 의식 속에 끼어들 수 없으며 그런 것들을 통해 절대적 본질과 매개되지도 않는다. 오히려 신앙의 의식이 그런 인식을 가능하게 하는, 자기 자신을 매개[전달]하는 근거[226]다. 여기서 자기 자신에 관한 증거로 되는 것은 곧 정신 자체[227]니, 그런 증거는 바로 그러한 모든 사람이 그 정

226 여기서 '자기 매개'란 곧 계시를 말한다. 이 계시는 낯선 존재로부터 주어지는 것이 아니라 그 자신이 자기에게 주는 것이다. 왜냐하면, 절대적 본질 자체가 자기 자신이기 때문이다.

227 여기서 '정신'이란 곧 시대 정신을 의미한다. 즉 그 시대 일반화된 믿음을 의미한다.

신을[an ihn] 믿고 있다는 **일반화된 사실을 통해 존재할** 수도 있으며 그에 못지않게 **개별** 의식의 **내면**에 존재할 수도 있다. 그러므로 만약 신앙이 역사적 사실에 근거해 그 자신의 내용에 관해 계몽이 언급하는 것과 같은 방식의 논거나 입증을 제시하려 하고 그런 논거나 증거가 중요한 문제라도 되는 듯이 진지하게 여기며 또 이를 찾아 활동한다고 한다면 신앙은 여기서 이미 계몽의 유혹에 빠져 들어간 것으로 된다. 신앙이 그와 같은 방식으로 자기에 대한 근거를 마련하고 신념을 강화하려 노력한다면 이는 그 자신이 얼마나 계몽의 영향에 감염됐는가를 보여주는 증거가 될 뿐이다.

*FM주 〈300:36~301:21〉 헤겔은 여기서 레싱의 성찰을 끌어들인다. 이 성찰은 레싱이 레이마루스Hermann Samuel Reimarus의 성서비판과 대결하는 가운데 발전시킨 것이다. 레싱은 레이마루스의 저서를 무명인의 단편으로 발간했다. 레싱의 견해에 따르자면 우연적인 역사적 진리는 필연적인 이성적 진리의 증거로 되지 못한다. 성경에서 철자로 쓰인 것과 그 정신은 구분돼야 한다. 성경에 대한 이의는 성경의 정신, 종교에 대한 이의가 될 수는 없다. 어떤 명제의 내적 진리는 그 진리가 쓰인 책의 모습에 의존하지 않는다. 내적인 진리는 외적인 증거를 통해 입증되지 않는다. 내적인 진리는 그 자체로부터 받아들여야 한다. 레이마루스의 성서비판은 학식을 지닌 신학자에 필적하지 못한다. 그러나 느낌을 지닌 기독교인, 개별 인간, 심정 속의 종교는 그와 같은 대결로부터 깨어난다. 레싱은 레이마루스의 비판을 성서 해석학을 통해 대답하려 시도한, 그의 논적인 목사 괴체Johann Melchior Goeze를 비난하면서 괴체는 이단적인 자신의 적과 신학적으로 전쟁을 벌이는 가운데 전염되지 않은 것은 아니라고 한다. 레싱은 교회에서 구전돼 온 것이 지닌 의미를 상기시킨다. 성서는 기독교적 진리를 역사적으로 인식하는 유일

한 원천이 아니라면 기독교적 신앙은 필사본이나 번역이 유포되는 것에 의존하지 않는다. 참조: 레싱Gotthold Ephraim Lessing,『정신과 힘의 증명에 관해』, S. 121ff;『공리에 관해. 괴체 목사에 대한 반박』, S. 94~99 (III u. IV)

[해제] 1) 앞에서 헤겔은 신앙의 대상인 날조나 허구에 불과하다고 비판하는 계몽이 신앙의 대상을 자신의 대상으로 바꿔치기했다는 것을 밝혔다. 여기서 헤겔은 신앙의 근거로 제시되는 것에 대한 계몽의 비판을 검증한다. 여기서도 신앙은 날조를 통해 자기가 근거라고 믿는 것을 신앙에 집어넣고는 이를 부정한다.

2) 계몽이 보기에 신앙의 근거는 곧 성경에 기록된 역사적 사실들이다. 이런 사실들은 인식하는 일반자로서 그리스도가 전한 것이므로 진리로 여겨진다. 그리스도는 절대적 본질이면서 동시에 자기를 인식하는 자기 의식적 존재기 때문이다. 계몽이 이렇게 신앙의 근거를 설정한 이유는 사실 계몽에서 진리는 경험적으로 주어져야 하기 때문이다. 계몽도 역시 순수 의식이지만, 자신을 자각하지 못하므로 그에게서 모든 것은 경험적 사실로 제공된다.

이런 관점에서 계몽은 신앙의 근거를 설정하면서, 이 신앙의 근거를 비판한다. 신앙의 근거로 제시되는 역사적 사실은 우연한 사건에 관해 우연히 얻은 지식으로 여긴다. 그에 따르면 인식하는 일반자 자체가 역사적 존재다. 더구나 그가 했다는 말이나 행위는 불확실하며, 그런 증거의 보존이나 전달, 또는 해석도 불확실하다. 따라서 계몽이 보기에 신앙은 아무런 근거 없는 지식이다.

3) 하지만, 헤겔에 따르면 신앙은 순수 의식이며, 내적 의식이니, 그런 역사적 증거에 의존하는 것이 아니라, 직접적인 인식에 기초한다. 신앙은 "절대적 대상에 대한 방해받지 않는 관계 즉 절대적 대상에 관한

순수한 인식"이다. 이 인식은 곧 절대적 본질의 직접적인 계시에 근거한다. 이 계시는 절대적 본질 자신에 의한 것이며 이 절대적 본질은 곧 자기이니 이는 곧 "자기를 매개하는 근거"다.

계시는 개인의 내면을 통한 인식이지만, 이런 인식의 정당성은 그런 인식이 일반화되는데 달려 있다. 그 인식이 하나의 시대 정신이 된다는 것이 그 정당성의 토대다. 그러므로 헤겔이 "자기 자신에 관한 증거로 되는 것은 곧 정신 자체"라고 할 때, 이 정신은 시대 정신을 의미한다. 즉 그 증거는 "모든 사람이 그 정신을 믿고 있다는 일반화된 사실"이다.

따라서 역사적 증거조차도 신앙에서 이런 내면에서 계시되는 절대적 본질을 근거로 한다. 역사적 증거는 그런 내면적 계시를 상기하는 매개체일 뿐이다. 신앙은 역사적 사실을 감각적 눈이 아니라 정신적 눈으로 본다.

4) 헤겔은 계몽이 신앙의 근거로 제시한 것은 자기가 근거가 된다고 믿는 것을 본래 신앙의 근거 대신 집어넣고는 이것을 비판한 것에 지나지 않는다고 말한다. 그러므로 만일 신앙이 역사적 증거를 찾아서 신앙의 기초로 삼고자 한다면, 이는 그 자체가 이미 계몽의 유혹에 넘어간 것이 된다.

555) 〈SK 411:18~34〉〈FM 301:23~34〉

아직 세 번째 측면이 남아 있으니 곧 신앙의 **의식**이 **절대적 본질**에 대해서 지니는 **활동**의 관계다. 이런 활동은 개인의 특수성이나 그의 대자 존재가 지니는 자연적 성질을 지양[aufheben]하는 활동을 말하며 개인은 이런 활동을 통해 자기가 순수한 자기의식이 됐다는 확신을 얻기에 이른다. 즉 이를 통해 개인은 **대자적으로 존재하는** 개별 의식이면서도 자기의 본질과 합일한다는 것을 확신한다. ─순수 통찰은 이런 신앙의 활동과 관계해서도 마찬가지로 **부정적인 태도**를 보인다. 순수 통찰은 다른 계기에서와 마찬가지로 활동과 관계해서도 자기를 부인한다 [sich selbst verleugnet]. 그런데 활동에서는 **합목적성**과 **목적**이 서로 구별되므로, 이런 순수 통찰[의 비판]을 우선 **합목적성**이라는 측면에서 볼 때 순수 통찰은 부조리한 것으로 밝혀질 수밖에 없다. 왜냐하면, 의도와 결합해서 보면 순수 통찰은 목적과 수단의 일치를 주장하지만, 이런 일치는 순수 통찰이 기대한 것과 다른 것 심지어는 정반대의 것으로 나타나기 때문이다. ─그런데 이번에는 이런 순수 통찰을 목적이라는 측면과 관련해 보자면 순수 통찰은 어떤 악한 것 즉 향락과 소유를 목적으로 함으로써 자기가 가장 불순한 의도라는 것이 드러나고 만다. 왜냐하면, 아무리 순수한 의도라 할지라도 활동이 [의도와] 다른 결과[Anderes]로 나타나는 한 불순한 의도가 엿보이기 때문이다.

556) 〈SK 411:35~413:2〉〈FM 301:35~302:28〉

이제 **합목적성**과 관련해 살펴보자. 신앙을 지닌 개인은 자연적인 향락이나 만족에 얽매이지 않는 좀 더 높은 단계의 의식을 얻기 위해서 그 자신이 일체의 자연적인 향락과 만족을 **실제로** 포기함은 물론, 더 나가서는 **자신이** 그러한 것들을 경멸한다고 **거짓으로 말하는** 것이 아니라 그런 경멸이 **진실하다**는 것을 **행동**으로 입증하더라도 계몽은 신앙의 이런 짓을 어리석은 짓으로 볼 것이다. ─또한, 신앙하는 개인이 절대적인 개별자고 그밖에 다른 모든 타자를 배제하면서 소유를 장악하는 자라는 그 자신의 규정성[Bestimmtheit]으로부터 탈피하기 위해 스스로 자기의 소유물을 포기한다는 것은 계몽의 입장에서 보면 마찬가지로 어리석은 짓으로 여겨질 것이다. 신앙하는 개인이 그런 소유를 포기하는 것을 통해 **참으로** 드러나는 사실은 그가 이런 고립화에 대해서 부담을 느낀다는 것이며 그는 자기를 개별화하려는 자연필연성을 뛰어넘으려

하고 자기의 대자 존재를 절대적으로 개별화하는 가운데 타인도 **자기와 같은** 존재임을 부인하는 자연필연성[228]조차도 뛰어넘으려 한다는 것이다. ―여기서 순수 통찰은 위에서 제시된 두 측면을 다 같이 합목적적이지 않으며 또한, 정당치 않은 것으로 여긴다. ―**합목적적**이지 않은 이유는 만족이나 소유로부터 자유로울 수 있음을 보여주기 위해 만족을 거부하고 소유를 포기하는 것이기 때문이다.[229] 그렇다면 순수 통찰은 이와 반대로 먹기 위해서 실제로 먹을 수 있는 수단을 마련하는 사람을 **어리석은 자**로 낙인찍는 것으로 된다. ―또한, 순수 통찰은 이제 끼니를 거르는 것을 **정당치 않은** 일로 여기며 또는 버터나 달걀을 돈과 바꾸거나 아니면 돈을 버터나 달걀과 교환하지 않고 오히려 그 어떤 것도 되돌려받으려 하지도 않으며 더욱이 아무런 대가도 없이 타인에게 집어주려고만 하는 것을 정당치 않은 것으로 여긴다. 여기서 순수 통찰은 끼니를 채운다거나 그러저러한 종류의 물건을 소유하는 것을 마치 자기 목적적인 행위[Selbstzweck]인 듯이 선언한다. 이를 통해 순수 통찰은 실제로는 그 자신이 그와 같은 향유나 소유를 극히 본질적인 것으로 삼는 매우 불순한 의도를 지녔음을 선언한다. 이제 순수 통찰은 자신이 순수 의도인 한 다시금 자연적인 생존[Existenz]과 또 이런 생존의 수단으로서 재물욕으로부터 다 같이 초연해야만 할 필연성을 주장하면서도 여기서 순수 통찰은 이처럼 초연하다는 것이 [신앙처럼] **행동으로** 입증돼야만 한다고 주장하는 것은 어리석거나 부당한 일이라고 본다. 다른 말

228 자연필연성이란 생존의 필연성을 말한다.

229 신앙은 실제로 소유를 포기하려 하지만, 계몽은 실제로 포기하는 것은 합목적적이지 않다고 본다. 헤겔은 그 이유를 구체적으로 밝히지는 않았으나, 짐작하건대 소유를 포기하여 얻으려는 것은 순수 자아인데 소유를 포기하면서 생존을 부정하면 그런 순수 자아조차 잃기 때문일 것이다.

로 하자면 순수 통찰은 참으로 속임수에 그친다. 왜냐하면, 순수 통찰은 **내면적인** 초연함을 과시하면서[vorgeben] 이런 초연함을 요구하지만, 이에 대해 진지한 마음이 돼 내적인 초연함을 **실제로 실행**에 옮기며 동시에 그처럼 초연함이 **참된 것이라는 사실을 입증한다**는 것만은 불필요하고 어리석은 짓이라거나 심지어 부당한 일로 떠들기[ausgeben] 때문이다. ─따라서 순수 통찰은 이제 그 자신이 순수 통찰이라는 점을 부인하는 것으로 된다. 왜냐하면, 두말할 나위 없이 그는 여기서 [신앙의] 직접 합목적적인 행위를 부인하기 때문이다. 또한, 이 순수 통찰은 그 자신이 순수한 의도라는 것도 부인한다. 왜냐하면, 순수 통찰은 자기가 개별 존재로서 목적으로 삼는 것으로부터 자유롭다는 것을 입증하고자 하는 [신앙의] 의도를 부인하기 때문이다.

[해제] 1) 여기서 헤겔은 신앙의 실천적 활동에 대한 계몽의 비판을 검토한다. 신앙은 실천적 활동 즉 금욕이나 봉사를 통해 그리고 그가 지닌 소유를 포기함을 통해서 자신이 순수한 의식이고 절대적 본질과 합일된다는 것을 입증하려 한다.

계몽은 신앙이 부조리하고 어리석은 짓이라고 비판한다. 신앙은 만족과 소유를 포기하면서 순수 자아에 도달하려 하는데 이는 생존의 자연필연성 자체를 부정함으로써 그것을 통해 얻으려는 순수 자아 자체를 포기하는 것이기 때문이다. (그러므로 계몽이 보기에 신앙의 포기는 불완전한 포기에 그칠 뿐이다)

2) 그러나 헤겔은 이런 계몽의 비판에 대해 다음과 같이 반박한다. 신앙 자신은 절대적 본질을 충실하게 지키려 하며, 그런 관점에서 자신의 개별적 욕망과 소유를 포기하는 활동을 수행한다. 신앙 자신의 금욕과 포기는 비록 개별적이어서 완전하지는 못하더라도, 신앙은 실제 활동을 통해서 진심으로 행동한다.

그런데도 헤겔에 따르면, 계몽 자신은 순수한 부정적 활동으로서 자신이 "초연함을 과시하면서 이런 초연함을 요구하면서도" 신앙이 실제로 진지한 마음이 돼 내적인 초연함을 실제로 실행에 옮기고 있는 것을 비판하니, 계몽은 말이나 의욕에 머무르고 오히려 이런 계몽이야말로 속임수에 그친다는 것이다.

결국, 실행을 부정하고 말이나 의욕에 머무르는 것을 통해 계몽은 다만 끼니를 채우거나 물건을 소유하는 것이 자기 목적적인 행위이고 진짜 자기의 목적이라는 것을 드러내는데, 이는 거꾸로 계몽이 인간의 삶을 격하하려는 불순한 의도를 지니고 있음을 드러낸다.

4) 헤겔에 따르면, 순수 통찰이 신앙을 실천의 측면에서 비난하는 것은 신앙의 목적을 자기의 목적으로 바꿔치기하면서, 그런 다음 신앙의 활동은 그런 목적에 비추어 부조리하고 어리석은 짓이라고 비난하는 것이다. 그런 점에서 계몽은 신앙의 실천적 활동을 순수하게 통찰하지도 못하며 신앙의 목적을 부인하면서 그 자신이 지닌 의도도 순수하지 못하다고 말한다.

557) 〈SK 413:3~32〉〈FM 302:29~303:16〉

신앙이 보기에 계몽은 그와 같이 순수 통찰도 순수 의도도 아닌 존재로 경험된다. 그런데 계몽이 이렇듯 꼴불견의 모습[schlechten Aussehen]을 하고 나타나는 이유는 계몽이 언제나 타자와 관계하는 가운데 오히려 부정적 실재[230]를 획득하기 때문이며 이를 다른 말로 하면 자신을 곧 자기 자신에 반대되는 것으로 드러내기 때문이다. 그러나 순수 통찰과 의도는 이와 같은 태도를 보일 수밖에 없다. 왜냐하면, 이런 부정적 태도만이 오직 순수 통찰의 실현을 의미하는 까닭이다. ─그런데 이런 자기실현은 일단은 **부정적인 실재**[negative Realität]의 모습으로 나타났다.

---

230 자기의 활동 결과가 자기를 부정하는 것일 때 부정적 실재라 한다.

이 계몽의 **긍정적인 실재**[positive Realität]는 좀 더 나은 모습일 수도 있을 것이니, 이제 그의 긍정적인 실재성이 어떤지 보기로 하자−위에서 본 것과 같이 갖가지 편견이나 미신이 추방됐다고 할 때 **이제 앞으로는 무엇이 문제로 등장할 것인가? 그리고 계몽이 편견이나 미신 대신 확산했던 진리란 과연 어떤 것인가?** −그러나 계몽의 긍정적 내용은 [신앙의] 오류를 뿌리 뽑는다는 사실에서 이미 전부 언표됐다. 왜냐하면, 이런 자기 자신을 소원화[Entfremdung]하는 활동[231]이 부정적인 실재 못지않게 긍정적인 실재[Realität]이기도 한 까닭이다. −신앙이 절대정신이라고 믿는 것에서 계몽이 발견한 어떤 **규정** 즉 나무나 돌 등과 같은 것을 계몽은 개개의 실제 사물로 파악할 뿐이다. 따라서 계몽이 일반적으로 절대정신의 **모든 규정성**, 절대정신의 모든 내용과 내실[內實: Erfuellung]을 이런 방식으로 한낱 **유한한 것** 또는 **인간에서 나온 본질과 인간의 관념**으로 파악하는 가운데 이런 계몽에서는 **절대적 본질**은 여하한 규정이나 술어도 전혀 부가될 수 없는 텅 빈 것으로 된다. 그렇게 된 이유는 그와 같은 [절대적 본질과 규정성의] 동침[Beilager]은 이미 그 자체가 벌을 받아서 마땅한 짓이라고 하겠으니 그런 동침이야말로 미신이라고 하는 괴물이 태어나는 터전이 됐기 때문이다. 물론 이성 즉 **순수 통찰** 그 자체가 빈곤한[leer] 것은 아니다. 왜냐하면, **순수 통찰의 자기 자신에 대한** 부정은 순수 통찰 앞에 나타나면서 그 내용을 이루는 것이기 때문이다. 오히려 그런 순수 통찰은 풍요롭다 하겠으나 그 풍요는 다만 개별성이나 한계에서만[an Einzelheit und Schranke] 풍요다.[232]

231 계몽은 신앙을 비판하는 가운데 자기를 부정한다. 헤겔은 그것을 자기 소원화라고 한다. 순수 통찰은 이를 통해 자기에게 긍정적 실재성을 부여한다

232 순수 통찰은 절대적 본질로부터는 감각적 규정성을 제거하여, 이 감각적 규정성을 차안의 현실에 귀속하게 한다. 순수 통찰은 감각적 현실을 긍정한다는 점

이제 절대적 본질에는 이와 비슷한 그 어떠한 것도 귀속하게 하지 않고 또한, 부가하게 하지도 않는다는 것, 이것이 곧 순수 통찰이 살아가는 심오한 방식이니, 이런 방식으로 살아가는 것이야말로 자신과 자신의 풍요로운 유한성을 제자리에 돌려놓음으로써 절대자를 합당하게 받드는 일로 될 것이다.

[해제] 여기서 헤겔은 앞에서 했던 순수 통찰의 신앙에 대한 비판을 검토하는 것을 마치고 순수 통찰이 지닌 긍정적 실재가 무엇인지를 살펴본다. 우선 헤겔은 계몽이 신앙을 비판하는 것은 동시에 자기를 비판하는 것이니, 이를 통해 자기 자신을 실현하게 된다. 계몽의 실현을 통해 출현하는 긍정적인 실재는 이중적이다. 헤겔은 이 이중성 가운데 이 구절과 다음 구절에 나누어서 설명한다.

우선 긍정적 실재가 지닌 하나의 계기는 신앙의 미신에 대한 비판을 통해 출현한다. 미신은 감각적 현실이 곧 절대적 본질이라고 생각하는 데서 나온다. 즉 "절대정신의 모든 규정성"을 "한낱 유한한 것 또는 인간에서 나온 본질과 인간의 관념으로 파악하는 가운데" "미신이라는 괴물"이 나오는 것이니 신적인 것과 인간적인 것의 이런 동침은 "그 자체 벌 받을 만한 것"으로서 비판된다.

순수 통찰이 미신을 비판함으로써 피안의 절대적 본질이 지녔던 모든 감각적 내용과 내실이 제거된다. 그 결과 절대적 본질은 "어떤 규정이나 술어도 부가될 수 없는 텅 빈 존재"가 된다. 텅 빈 본질은 개별적 성질이 제거된 채 다만 존재할 뿐인 어떤 것을 말하니, 그것은 개별 성질들의 이면에 존재하는 것이다. 구체적으로 말하자면 물 자체나 순수 통각과 같은 것이다. 그것은 모든 것의 토대인 일반자지만, 다만 존재할 뿐 그 구체적 성질은 드러나지 않는다. 그것은 마치 신이 모든 존재의

에서 풍요롭다.

토대지만, 그 자신은 아무런 술어를 지니지 않는 것과 같다. 그런 피안의 신은 이제 텅 빈 본질로 된다.

순수 통찰의 비판을 통해 미신의 터전인 동침이 사라지고 순수 통찰은 한편으로 "풍요로운 유한성을 제자리에 돌려놓고" 다른 편으로 "절대자를 합당하게 받들어" 절대적 본질의 순수성을 회복했다고 한다. 헤겔은 절대자의 순수성을 회복하게 한 데서 계몽의 심오함이 존재한다고 말한다.

558) 〈SK 413:33~414:29〉〈FM 303:16~303:38〉

계몽이 제시하는 긍정적 계기 가운데 **두 번째 계기**가 이처럼 텅 빈 본질에 대해서 대립해 출현한다. 이 두 번째 계기란 즉 절대적 본질로부터 배제된 **개별성** 일반이다. 이 개별성은 의식의 개별성일 수도 있으며 모든 존재의 **개별성**일 수도 있는데, 이제 이 개별성은 **그 자체로 자기에게 나타나는 존재**[Anundfürsichsein]가 된다. 의식은 그것이 실현되는 맨 처음 단계에서는 **감각적 확신과 주관적 생각**[Meinung]으로 출현한 것인데 이런 의식이 지금까지 의식이 겪었던 전 과정을 거치고 난 다음 되돌아왔다. 즉 이런 의식은 다시 한번 감각적 사물 즉 **자기 자신을 온전하게 부정하는 대상**에 관한 인식을 뜻한다. 이 **감각적 사물**은 계몽적 의식의 **대자 존재**에 무차별하게 대립하면서 **존재하는 것**이다. 그러나 그렇다고 해서 이 의식이 **아무런 매개도 거치지 않은** 한낱 자연적인 의식은 아니며 오직 스스로 그와 같은 자연적 의식으로 생성된 것이다. 이런 의식은 최초에는 자기를 전개하는 것을 통해서 휘말려 들어가지 않을 수 없었던 갖가지 혼란에 내던져졌으나 이제 순수 통찰에 힘입어서 그 최초의 형태로 되돌아갔으니, 이 최초의 형태[감각적 확신]는 지금까지 의식 운동의 **결과로 경험됐다**. 이런 감각적 확신은 자기 바깥의 모든 의식 형태와 또한, 이와 함께 감각적 확신 너머에 있는 모든 것이 다만 무실한 것[Nichtigkeit]에 지나지 않는다는 사실을 통찰한 것에 **바탕**을 두는 까닭에 더는 [최초의 형태에서처럼] 주관적 생각에 지나지 않는 것이 아니고 오직 절대적 진리가 된다.[233] 물론 이처럼 감각적 확신을 넘어서는 모든 것이 무실한 것[Nichtig keit]으로 전락했다는 사실이 되돌아온 감각적 확신이 진리라는 것을 부정적인 방식으로 증명한다 볼 수 있으나 감각적 확신이 진리라는 사실에 관해 그밖에 다른 증명은 가능하지 않다. 왜냐하면, 감각적 확신이 그 자체에서 긍정적인 진리라는 사실은 개념 자체의 **매개되지 않은**[unvermittelte] 대자 존재[234]가 대상으로 그것도 타자 존재의 형식을 띠고 나타난다는 것을 뜻하기 때문이다. ─그 결과 그처럼 타자 존재가 **존재하고** 이 타자 존재밖에 다른 **실제 사물**이 존재한다는 사실 또한, 이 **자연적**으로 존재하는 타자 존재나 이런 실제로 존재하는 사물이 다 함께 **그 자체로 자기에게 나타나거나**[an und für sich] **절대적**이라는 사실을 모든 의식이 **곧바로 확신한다.**

[해제] 앞에서 헤겔은 순수 통찰의 결과 이중성이 출현하는데, 그 가운데 미신을 비판하면서 도달한 텅 빈 본질의 측면을 서술했다. 즉 피안의 절대적 본질(구체성을 지닌 본질)은 감각적 성질을 잃고 텅 빈 본질로 된다. 이 구절에서 헤겔은 순수 통찰이 절대적 본질 자체를 허구로 제거하는 비판의 결과를 살펴본다. 절대적 본질이 제거됨으로써 차안의 감각적 사물은 그 자체로 존재하는 개별적인 감각적 사물로 된다.

---

233 헤겔의 주장은 이상을 찾아 헤매다가 다시 돌아와 직접적이고 단순한 삶의 중요성을 깨닫는 사람의 모습을 연상하게 한다.

234 '개념의 매개되지 않은 대자 존재'란 순수 통찰의 부정적 자아를 의미한다. 순수 통찰은 감각적 사물 너머의 절대적 본질의 세계를 제거한다. 결국, 타자 존재로서 감각적 사물만이 남는데, 이는 곧 순수 통찰 자신을 거울에 비춰 주는 것이다

개별적 감각적 사물은 의식의 발전 과정에서 등장했던 감각적 확신의 대상과는 구별된다. 지금까지 감각적 확신의 대상은 곧바로 타자로 이행하는 것이며, 그런 모순 때문에 감각적 확신은 의식의 다른 형태로 지양됐다. 그러나 이제 계몽의 신앙 비판을 통해 생겨난 감각적 사물은 계몽적 자아의 실현이다. 즉 그것은 "개념 자체의 직접적 대자 존재가 대상으로 그것도 타자 존재의 형식을 띠고 나타난 것"이다. 그러므로 그것은 다른 것으로 이행하지 않는 순수하게 자립적으로 존재하는 즉 그 자체적이며 대자적인 감각적 사물이다. 이런 생성 과정이 그것의 절대적 진리임을 입증하는 근거가 된다. 그러므로 이런 절대적인 감각적 사물의 존재는 모든 사람이 곧바로 확신하는 진리다.

위에서 헤겔은 계몽의 신앙 비판의 긍정적 결과를 두 가지 측면에서 서술했다. 이것을 도식화하자면 다음과 같다.

신앙	계몽의 비판	계몽의 긍정적 결과
감각적 사물	절대적 본질은 허구	절대적인 감각적 사물
피안의 구체적 본질	신앙은 미신적 오류	텅 빈 본질로서 신

559) 〈SK 414:30~415:16〉〈FM 304:1~22〉

마지막으로 **계몽이 도달한 진리의 세 번째 계기**는 개별 존재가 절대적 본질에 대해서 지닌 관계 즉 앞서 제시한 두 계기 사이의 관계다. 통찰은 **자기와 같음에 머무르는 것**[Gleichen]이나 **무제약적인 것**에 관한 순수 통찰이므로 **자기와 같지 않게 되는 것**[Ungleiche] 즉 유한한 현실을 달리 말하자면 자기지만, 단순한 타자 존재로 나타나는 것을 **초월한다**. 여기서 통찰은 이 타자 존재의 피안에 감각적 존재가 관계하는 **텅 빈 존재**를 획득한다. 이런 **관계**를 규정하는 데 있어서 이 두 측면 모두

가 **내용**의 역할을 하지 않는다. 왜냐하면, 그 가운데 한 측면은 텅 빈 존재니 어떤 내용이 출현할 수 있다면 그것은 다만 이와 다른 것 즉 감각적 현실을 통해서만 가능하기[vorhanden] 때문이다. 그러나 양자가 관계를 맺는 형식을 규정하는 데는 **그 자체 존재**[Ansich]의 측면이 개입하니, 이런 관계 **형식**은 마음대로 만들어질 수 있다. 왜냐하면, 이런 관계의 형식이란 **그 자체에서 부정적인 것**[an sich Negative]이므로[235] 자기에 대립하는 것[관계가 없는 것]이기 때문이다. 이를테면 이런 관계 형식은 있기도 하고 없기도 하며 **본래 있는 것**[Ansich]이기도 하고 **그 반대물**[관계가 없는 것]이기도 한 까닭이다. 같은 말이지만, **피안으로서 그 자체 존재**에 **현실**을 관계시킨다고 하는 것은 이 현실을 **긍정**[Setzen]하는 것을 의미함과 동시에 이 현실을 **부정**하는 것이기도 하다. 그러므로 엄밀한 의미에서 볼 때 유한한 현실이란 다만 사람들이 그때마다 필요한 바에 따라서 취할 수 있다. 감각적인 현실은 **그 자체 존재**로서 절대자와 **긍정적인** 관계를 맺는가 하면 또한, 감각적 현실 자체가 그 자체적인[an sich] 존재가 된다. 절대자는 이 감각적 현실을 창조하고 품고 기른다. 그런데 다시금 이번에는 감각적 현실은 절대자에 관계하더라도 이와는 반대되는 측면에 즉 감각적 현실을 **부정하는 존재**[Nichtsein]라는 측면에 관계한다. 이런 관계에서 보면 감각적 현실은 그 자체로 존재하는 것이 아니며 단지 어떤 **타자에 대하여** 존재하는 것으로 그치고 만다. 그리하여 앞에서 등장한 의식의 형태[교양]에서는 서로의 대립을 이루었던 <u>개념</u>이 **선**과 **악**의 규정이었다고 한다면, 순수 통찰에서는 그

235 어떤 것이 무와 관계한다고 하면, 무의 존재를 긍정하면 그 관계는 어떤 것이 지양되는 관계다. 무의 존재를 부정하면, 양자 사이에 아무 관계도 없으며 어떤 것은 그 자체 절대적인 것이다. 그러므로 무와의 관계는 그 자체에서 관계없음이다.

러한 대립을 이루는 개념은 **그 자체 존재**와 **타자에 대한 존재**[Für-ein-Anderes-Seins][236]라고 하는 좀 더 순수한 추상적 규정으로 된다.

[해제] 1) 마지막으로 순수 통찰이 얻은 진리 즉 세 번째 계기는 앞에서 제시한 두 가지 계기 사이의 관계다. 즉 텅 빈 본질과 감각적 현실 사이의 관계다.

그런데 이런 관계는 텅 빈 존재 즉 무에 대한 관계므로 있기도 하며, 없기도 하다. 이런 관계에서 절대적 본질은 텅 빈 무[無]므로 현실을 부정하기도 하고 거꾸로 그 자신이 무[無]므로 현실을 절대적인 현실로 긍정하기도 한다. 전자의 측면에서 양자 사이에 관계가 존재하며, 후자의 측면에서는 관계 자체가 없다. 전자의 측면에서 절대적 본질이 그 자체 존재이며, 후자의 측면에서는 감각적 현실이 그 자체 존재다. 전자의 측면에서 감각적 현실은 자기를 지양하는 수단적 존재가 된다. 후자의 측면에서 감각적 현실은 그 자신을 자기의 목적으로 삼는다. 감각적 사물은 이제 보기에 따라서 목적이면서 동시에 수단이다.

절대적인 감각적 현실과 절대적인 텅 빈 본질이 결합한 세계가 곧 유용성의 세계다.

2) 텅 빈 본질은 계몽의 부정적 자아가 자기를 대상화한 것이며 다른 한편으로 신앙의 절대적 본질이 차안으로 내려온 것이다. 계몽의 비판을 통해 피안의 대상이 한편으로 차안으로 내려오면서 다른 한편으로 구체적 규정성을 상실하고 텅 빈 본질이 되면서 감각적 사물의 이면이 된다. 유용성의 세계는 계몽과 신앙이 통일을 이룬 세계다.

560)〈SK 415:17~416:20〉〈FM 304:23~305:17〉

---

236 타자에 대한 존재란 곧 자기가 자기를 지양하여 타자의 목적을 위한 수단으로 된다는 의미다. 반대로 그 자체 존재란 자기를 목적으로 삼고 타자를 자기의 수단으로 삼는 존재다.

그런데 두 가지 고찰방식 즉 유한자가 그 자체 존재에 대해서 지니는 긍정적 관계와 부정적 관계는 사실상 다 같이 필연적이니 모든 유한자는 같은 정도로 **그 자체로** 존재할 뿐만 아니라 동시에 **타자를 위한[타자에 대한]** 존재며 또는 **유용한 존재**가 된다. ―실로 여기서는 그 모두가 자기를 타자에 내맡김으로써 그 타자가 이용할 수 있게, **타자를 위해서** 존재할 뿐이지만, 바로 다음 순간에 다시, 이렇게 말해도 되겠지만, 이에 저항하면서 타자에 대해 냉담하게 행위하며 자기를 도모하며 상대방을 자기편에서 이용하려 한다. ―인간은 이런 관계[목적이자 수단인 관계]를 **의식하는** 존재[Ding]므로 인간의 본질과 인간의 지위는 이런 관계에 근거해 드러난다. 인간은 직접 존재하는 대로 본다면 자연적 의식으로서 **그 자체로 존재하며 선하며** 개별자로서는 **절대적**이니 그와 다른 것[대상]은 **그를 위해서** 존재한다. 인간은 자기를 자각하는 동물이고 이런 인간에 속한 모든 계기는 일반성을 지니는 것이어서 **모든 것은** 그의 만족과 즐거움을 위해서 있으며 그는 마치 신의 손길에서 탄생했을 때처럼 이 세계가 자기를 위해서 나무가 심어진 정원이기라도 하다는 듯이 이 세계를 거닐 것이다. ―인간은 선악을 구별하는 인식의 나무에서 열매를 따 먹을 수밖에 없으니 바로 그러한 인식을 통해서 인간은 그 자신을 모든 다른 존재로부터 구별 지을 수 있는 이점을 지닌다.*¹ 왜냐하면, 인간이 그 자체로서 갖추게 된 선한 그의 천성은 **또한**, 그 모습에서 우연히도 과도하게 즐거움을 만끽할 때는 해를 입도록 꾸며져 있기 때문이다. 이를 또 달리 표현한다면 그의 개별성은 바로 그 자신에서 **또한**, **자기의 피안**을 간직하므로 그 자신을 넘어서 나가면 자신을 파괴하기 때문이다. 그에 반해서 그에게 이성이란 유용한 수단이 있으니 이를 통해 이런 과도함이 충분하게 제한될 수 있으며 더 나가서 그처럼 일정한 한계를 넘어서는 가운데서도 그 자신을 보존할 수 있다. 왜냐하면, 의식의 힘은 이런 자기 제한이나 자기보존을 가능하게 하기 때문이다.*² 그런데 인간은 의식을 갖추는 그 자체로 **일반적인** 존재기에 그의 향락은 그 다양성이나 지속성에 비춰 본다면 결코 한정된 것이 아니고 오히려 일반적인 것이다. 따라서 척도라는 것의 사명은 그처럼 다양하고 지속해서 이어져가는 만족이 중단되지 않게 방지하는 것이니 척도의 사명은 오히려 무절제에 있다.²³⁷ ―이렇듯 인간에게서는 모든 것이 유용하듯이 또한, 자기가 유용한 존재므로 그의 사명은 자신을 한 집단 내에서 누구나 이용할 수 있으며 일반적 효용성을 지닌 성원으로 되게 한다. 그는 자신을 위해서 배려하는 것과 같은 정도로 타자를 위해 헌신해야 하며 그가 타인을 위해 스스로 헌신하는 만큼 자기 자신을 위해 배려해야 한다. 이것은 한쪽 손이 다른 한쪽의 손을 씻는 것과 같은 것이다. 이처럼 그는 그가 있게 된 처지에 적절하게 행동하면서 타인을 이용하는 만큼 또한, 그 자신도 이용된다.*³

　*¹ FM주 〈304:33~35〉 참조: 창세기 2장 8절: "여호와 하나님이 동방의 에덴에 동산을 창설하시고 그 지으신 사람을 거기 두시고"

　*² FM주 〈304:28~305:11〉 헤겔은 여기서 아마도 라메트리La Mettrie의 에피쿠로스 철학의 재해석을 염두에 두는 것으로 보인다. 라메트리의 견해에 따르면, 자연은 모든 인간이 행복해지게 창조했다. 모든 인간은 그에게 적합한 행복을 요구할 수 있다. 행복이 보장되려면 향

237　여기서 헤겔은 인간에서 욕망과 이성의 관계를 설명하는데, 그 맥락을 파악하기 힘들다. 굳이 설명하자면, 헤겔은 여기서 이성을 두 가지 의미로 해석하는 것으로 볼 수 있다. 한편으로 이성을 통해 인간은 자기의 향락을 제한하며 다른 한편 이성을 통해 그의 향락을 무한히 지속하게 한다. 전자에서 이성은 목적이며 척도가 되고 후자에서 이성은 수단이며 무절제를 가능하게 한다.

락의 기술이 필요하다. 이 기술은 적절한 중용을 규정할 줄 아는 데 있다. 도덕의 과제는 도덕의 원천으로서 중용을 가르치는 것이다. 라메트리는 그밖에도 인간과 동물 사이에 근본적인 차이를 인정하지 않는 유물론을 지지한다. 인간은 관념화의 능력을 특별하게 발전하게 할 수 있는 동물일 뿐이다. 참조: 라메트리La Mettrie, 『행복에 관한 담론』, 『전집』, 2권, 223; 『인간 기계론』, 『전집』, 3권, 225ff.

*³ FM주 〈305:11~16〉 헤겔은 여기서 특히 엘베티우스Claude Adrien Helvétiu와 돌바하를 끌어들인다. 그들은 개인과 사회의 관계를 상호 이용의 관점에서 고찰했다. 엘베티우스는 덕이 있는 자의 행동은 그 자신뿐만 아니라 사회에도 유용하다고 가르친다. 나아가서 동료에 대한 선의는 이 타인이 그 개인에게 유용한가에 달렸다. 모든 행동은 이해와 사적 이익에 근거해 나오므로 누구도 타인을 위해 자기의 행복을 희생하지 않는다. 그러므로 현명한 입법자의 과제는 사적 이익을 국가의 이익과 결합하는 것이며, 덕을 개인의 이득이라는 기초 위에 세우는 것이다.

참조: 엘베티우스Claude Adrien Helvétiu, 『영혼에 관해』, 1권, S. 67 (2. Diskurs, Kap. 2); 『인간과 지적 기능, 교육에 관한 유고집』, 2권, S. 120(5. Sektion, Kap. 3); 3권, S. 104 (9. Sektion, Kap. 4), 109 (9. Sektion, Kap. 6). 돌바하의 설명은 엘베티우스의 성찰과 광범위하게 일치한다.

참조: 돌바하Baron von Holbach, 『사회 체계』, 7권, S. 64f(Kap, 6), 67(Kap. 6), 97f(Kap, 9), 200(Kap. 16); 2권, S. 4(Kap. 1).

엘베티우스와 돌바하의 관점은 이미 본질상 라메트리를 대변한다. 참조: 라메트리La Mettrie, 『행복에 관한 담론』, 『전집』, 2권, S. 162, 165, 171, 208, 221.

561) 〈SK 416:21~30〉〈FM 305:17~23〉

이렇게 볼 때 서로 다른 이들은 서로에 대해 다른 방식으로 유용한 존재가 된다. 모든 사물은 절대자에 대한 이중의 관계를 지닌다고 하는 본성 때문에 서로에 대해 유용성을 지닌다. ―왜냐하면, 이런 관계의 이중적 양식 가운데 긍정적 측면은 존재하는 모든 것이 **그 자체적이며 동시에 자기에게 나타난 것**[an und für sich selbs]이고 부정적인 측면은 그것이 다만 **타자에 대한** 존재[für andere]이기 때문이다. 그러므로 절대적 본질에 **관계**하는 종교야말로 온갖 유용한 것 가운데서도 가장 유용한 것이다.* 왜냐하면, 종교란 한편으로 **순수한 유용성 자체**므로 모든 사물의 존립을 뒷받침하는 것이며 다른 한편으로 모든 사물이 근거하는 **그 자체 존재면서 자기에게 나타난 존재**로 되며[ihr Anundfürsichsein] 즉 모든 사물[의 자립성]을 몰락하게 하는 것 즉 모든 사물을 **대타 존재로 만드는 것**[ihr Sein für Anderes]이기 때문이다.

  *FM주 〈305:21, 29~30〉 헤겔은 여기서 아마도 엘베티우스를 염두에 두는 것으로 보인다. 엘베티우스의 견해에 따르자면 종교는 일반적 유용성의 원칙에 따라서 구축돼야 한다. 영원하고 불변하는 원리 위에 정초한 종교는 모든 인류의 종교이어야 한다. 그런 종교에서는 인류의 행복보다 더 신성한 것은 없으며, 사회적 악을 저지르는 자보다 더 비난받는 것은 없다. 이런 종교의 신은 선하고 정직하다. 신은 인간이 공적인 복지와 결합하는 모든 평화를 누리기를 원한다. 참조: 엘베티우스 Claude Adrien Helvétiu, 『영혼에 관해』, 1권, S. 192(2. Diskurs, Kap. 17); 『인간과 지적 기능, 교육에 관한 유고집』, 2권, S. 120(5. SektionKap. 3); 3권, S. 60ff(9, Sektion, Kap. 13)
  그 밖에도 헤겔은 여기서 베를린 과학 아카데미가 제시한 문제에 대한 카스티용Castillon의 대답을 눈앞에 두고 있었을 것이다. 이 문제에 관해서는 헤겔이 다른 곳에서도(참조: FM주 〈299:7~8〉) 언급한다. 카스티용은 민중을 속이는 것이 민중에게 유용한가 하는 문제에 대해 긍

정했다. 카스티용의 견해에 따르면 신의 현존과 영혼의 불멸, 사후 보상과 처벌에 대한 믿음은 어떤 때도 −진리에 근거하든 하지 않든− 민중에게 매우 유용하다. 참조: 카스티용Frederick Salvemini de Castillon, 『왕립과학 아카데미와 문학 아카데미가 제기한 특별한 문제에 대한 논문, "국민을 속이는 것이, 새로운 오류로 이끄는 것이든, 아니면 현재 오류에 머무르게 하는 것이든, 국민에게 유익한가?"라는 질문에 대한 논문』, S. 24, 28.

562) ⟨SK 416:31~417:11⟩⟨FM 305:36~306:12⟩

물론 신앙에는 계몽의 이런 긍정적 **통찰**은 신앙에 관한 계몽의 부정적 통찰만큼이나 곧바로 **혐오스러운 것**이다. 절대적 본질에 관한 계몽의 통찰은 신앙 속에서 오직 **절대적 본질** 즉 être supreme⟨**지고한 존재**⟩[238]이거나 아니면 오히려 **텅 빈 존재**만을 볼 뿐이다. −또한, 계몽이 지닌 **의도** 역시 신앙에는 곧바로 **혐오스러운 것**이다. 왜냐하면, 그런 **의도**는 모든 것이 직접 현존하는 그대로 **그 자체적**이거나 선하다 보면서도 최종적으로는 종교를 속속들이 표현하는 것이 오히려 유용성의 개념이라고 보기 때문이다. 여기서 종교란 곧 개개의 의식적인 존재가 절대적

238　로베스피에르가 세우려 한 이성 종교를 말한다. 로베스피에르 통치 아래 국민회의는 1794년 5월 7일 지고한 존재에 대한 숭배를 확립했다. 여기서 지고한 존재는 이성적 미덕이다. 구체적으로 "폭군과 반역자를 처벌하고, 불행한 사람을 돌보고, 약한 사람을 존중하고, 억압받는 사람을 보호하고, 다른 사람에게 할 수 있는 모든 선을 행하고, 누구에게도 불공평하지 않음으로써, 나쁜 믿음과 폭정을 혐오하는 것"이다. 지고한 존재에 대한 숭배는 장 자크 루소 『에밀』의 IV 권에서 설명한 사보이 목사의 신조에 기초했다. 헤겔은 지고한 존재에 대한 종교적 숭배는 거꾸로 종교를 이성적 미덕을 실현하는 수단으로 삼았다는 점에서 추악한 것으로 여긴다.

본질에 대해서 지니는 [유용성의] **관계**를 의미할 뿐이다. 이렇듯 계몽에 고유한 **지혜**라는 것은 지혜인 동시에 **천박성** 자체며 이런 천박성에 관한 **고백**이라는 사실은 신앙에 필연적으로 나타난다. 왜냐하면, 그와 같은 지혜란 절대적 본질에 대해 전혀 아는 바가 없는 것이며 또 다른 말로 하면 이 절대적 본질에 관해서 아는 유일한 것은 오직 이 절대적 본질이 **절대적 본질**일 뿐이라고 하는 너무나도 평범한 진리밖에 없기 때문이다. 또한, 그런 지혜란 반대로 본다면 오직 유한성만을 알고 그것도 이 유한성을 진리로 알고 이런 유한성을 진리로 보는 인식을 최고의 인식으로 알 뿐이기 때문이다.

[해제] 1) 계몽의 비판을 통해 신앙의 절대적 본질은 한편으로 텅 빈 본질로 되며 다른 한편으로는 이 세계에 오직 감각적 사물만 존재하게 된다. 양자가 결합하면 유용한 존재다.

사물의 본질이 텅 빈 것이라고 보면 감각적 사물이 그 자체 존재, 자기 목적으로 된다. 반면 사물의 텅 빈 본질을 그 자체 존재로 보면 감각적 사물은 의미 없는 존재, 수단적 존재가 된다. 그러므로 모든 감각적 사물은 목적이면서 동시에 수단이니, 모든 타자를 이용하며 동시에 모든 타자를 통해 이용된다.

2) 인간 역시 유용한 존재에 속한다. 인간은 자기가 목적인 존재다. 모든 다른 존재는 그를 위해 존재하며, 그는 모든 다른 존재를 이용하려 한다. 한편으로 그는 "이 세계가 자기를 위해서 나무가 심어진 정원인 것"처럼 이 세계를 거닌다. 다른 한편으로 그의 사명은 자기를 "누구나 이용 가능해 일반적 효용성을 지닌 성원으로 되게 하는 것"이다. 그는 자신을 배려하는 것과 같은 정도로 타자를 위해 헌신해야 한다. 거꾸로도 마찬가지다. 그는 타자를 위해 헌신하는 만큼 자기 자신을 위해 배려해야 한다. 헤겔은 이것을 "한쪽 손이 다른 한쪽의 손을 씻는 것"과 같

다고 말한다.

3) 유용성의 세계는 종교조차도 비켜 가지 않는다. 한편으로 종교는 모든 존재를 뒷받침해 주는 수단적 존재며 다른 한편으로는 종교는 모든 사물을 허망한 것으로 만들면서 그것들에 대해 그 자체 존재로 된다. 이 점에서 종교는 최고로 유용한 존재가 된다.

종교가 유용한 존재가 되면서 종교를 수단으로 삼으려는 시도가 등장한다. 이런 시도는 이성적 미덕을 지고한 존재 즉 신으로 삼으려는 로베스피에르의 이성 종교에서도 나타나며, 종교적 믿음을 행복을 얻기 위한 최고의 확률로 삼으려 한 파스칼의 시도에서도 나타난다. 이런 시도에서 종교의 절대적 본질은 그 자체 존재가 아니며 다른 유한한 사물처럼 자기를 부정하고 텅 빈 본질로 이행하니, 감각적 행복을 위한 수단이 된다.

4) 신앙이 보기에 종교를 이렇게 수단화하려는 시도는 신앙을 왜곡하고 바꿔치기하는 계몽의 비판 이상으로 혐오스러운 것이다. 신앙이 보기에 계몽의 지혜라는 것은 "천박성 자체며 이런 천박성에 관한 고백"이다. 왜냐하면, 그와 같은 지혜란 "절대적 본질에 대해 전혀 아는 바가 없는 것이며 또 다른 말로 하면 이 절대적 본질에 관해서 아는 유일한 것은 오직 이 절대적 본질이 절대적 본질일 뿐이라고 하는 너무나도 평범한 진리밖에 없기 때문이다."

563) ⟨SK 417:12~29⟩ ⟨FM 305:36~306:12⟩

신앙은 계몽에 대립해 신적인 권리 즉 절대적으로 **자기와 같음**의 권리나 순수하게 사유한다는 권리를 보유하는 까닭에 계몽으로부터 분명하게 불법을 당하고 있음을 경험한다. 왜냐하면, 계몽은 신앙의 모든 계기를 왜곡함으로써 이들 계기가 신앙 속에서 지니는 의미와는 같지 않은 어떤 것으로 되게 하기 때문이다. 그러나 계몽은 여기서 신앙에 반대하고 자신의 진리를 옹호할 수 있는 인간의 권리만큼은 보유한다. 왜냐하면, 계몽은 신앙이 보기에는 불법을 범하더라도 신앙이 신앙 자신과 **같지 않게** 만드는[Ungleichheit] 권리를 보유하며 이 권리는 신앙을 전복하고 변화하게 하는 권리며 다시 말해 단순한 본질[Wesen]이나 사유에 대립하는 자기의식의 본성에 속하는 권리기 때문이다. 그러나 계몽의 권리가 자기의식의 권리므로 계몽도 **역시** 자기의 권리를 보유하게 되니 이제 정신에 바탕을 둔 두 개의 같은 권리가 함께 존재하면서 그 가운데 어느 한쪽도 다른 쪽을 만족하게 하지 못한다. 그뿐만 아니라 계몽은 여기서 자기의 절대적 권리를 주장하기에 이른다. 왜냐하면, 자기의식이란 개념의 부정성이어서 이 개념의 부정성은 **대자적**일 뿐만 아니라 동시에 자신과 반대되는 입장[239]까지도 포괄하는 것이기 때문이다. 그러므로 신앙도 그 자체가 의식[순수 의식]인 까닭에 신앙으로서도 역시 계몽에 대해서 계몽의 권리를 허락하지 않을 수가 없다.

564)〈SK 417:30~418:12〉〈FM 306:13~27〉

왜냐하면, 계몽이 신앙의 의식에 반대하는 태도를 보이는 것은 결코 자신에 본래 속하는 권리를 통해서가 아니라 오히려 이 신앙의 의식 자체가 스스로 갖추는 하나의 원리를 통한 것이기 때문이다. 계몽은 신앙의 의식이 아무런 각성도 없이 서로 갈라진 상태로 내버려 둔 두 갈래의 **사상**을 통합해 신앙에 전달한다. 이렇게 함으로써 계몽은 다만 신앙 자신의 방식[Weise] 중 어느 **한쪽**을 제시하면서 신앙의 의식이 자기가 **또** 지닌 **다른 한쪽**을 상기하게 만든다. 그러나 이 한쪽은 신앙의 의식이

---

239 계몽의 부정적 자아지만, 그 토대는 순수 의식이다. 이 순수 의식은 곧 신앙의 원리기도 하니, 헤겔은 계몽의 부정은 자신의 대립물인 신앙의 원리를 포함한다고 말한다.

다른 쪽에 머무르는 가운데 항상 잊어버렸던 것에 지나지 않는다. 계몽이 신앙의 의식에 대립해서 그 자신이 순수한 통찰임을 입증하는 방식을 보자면, 계몽은 어떤 **특정한** 계기에서 전체를 보므로 이 특정 계기에 관계되는 **반대되는 계기**를 불러내며 그 가운데 한 계기를 다른 계기로 전도하게 하는 가운데 이들 두 사상을 모두를 부정하는 본질 즉 **개념**을 밀어 올린다. 그런 까닭에 계몽은 신앙이 보기에는 왜곡과 거짓말로 보이지만, 그 이유는 계몽이 신앙이 머무르는 계기의 **다른** 측면을 제시해 주기 때문이다. 따라서 신앙이 보기에는 계몽은 신앙의 계기를 즉각[직접] 그것이 지니는 개별 의미와는 다른 의미로 되도록 하는 것으로 보이게 된다. 그러나 바로 이런 **다른** 계기도 마찬가지로 신앙에 본질적인 계기일 뿐만 아니라 참으로 신앙의 의식 자체 내에 들어 있지만 [vorhanden], 다만 신앙의 의식은 이런 사실을 생각하지 못하고 이런 다른 계기를 자기 바깥의 다른 어떤 곳에서 찾을 뿐이다. 따라서 이런 다른 계기가 신앙의 의식에 결코 낯선 것일 수도 없거니와 또한, 신앙의 의식이 이를 부인할 수도 없다.

[해제] 1) 계몽의 신앙에 대한 비판과 그 결과 도달한 유용성의 세계를 설명한 다음, 헤겔은 다시 한번 계몽의 신앙에 대한 비판을 서술해 나간다. 앞에서는 계몽의 비판이 신앙을 왜곡하거나 바꿔치기하는 측면을 서술했다. 이제 여기서는 계몽의 비판이 신앙을 일깨우는 측면을 서술한다.

여기서 헤겔은 신앙이나 계몽이 소외된 정신에 토대를 두고 있어서, 둘 다 나름대로 권리를 지니고 있지만, 계몽의 권리는 절대적 권리를 가진다고 한다. 그 이유는 우선 계몽은 자아 또는 자기의식에 기초를 두는데, 헤겔에서 자아의 권리는 대상의 권리보다 우위에 있기 때문이다. 또 하나의 이유는 계몽의 부정 활동은 순수 의식에 기초하는데, 그 순수 의식은 신앙의 원리기도 하기에 계몽의 부정성은 "자신과 반대되는 입장"까지 포함하니, 신앙 역시 계몽의 비판을 받아들일 수밖에 없기 때문이다.

2) 신앙은 감각적 현실 피안에 있는 구체적 본질이어서 두 측면(감각적 현실과 절대적 본질)을 가지지만, 양자가 상징적으로 결합했다는 것을 알지 못한 채 서로 분리한 채 그 이면을 들여다보지 못한다. 그래서 신앙은 한편에서는 감각적 현실이 곧 절대적 본질이라고 보는 우상 숭배에 빠지며, 다른 한편에는 피안의 구체적 본질이 초감각적 존재라고 믿는다.

계몽은 신앙이 지닌 두 계기를 통합해서 본다. 계몽의 신앙에 대한 비판은 신앙이 어떤 한 측면에 설 때 신앙 자신이 지니고 있으면서도 망각해 버린 이면의 측면을 제시하는 것일 뿐이다. 계몽의 비판은 달리 말하자면, 신앙이 이미 "스스로 갖추고 있으나" "다른 쪽에 머무르는 가운데 항상 잊어버렸던" 계기를 상기하게 해준다. 그래서 신앙이 감각적 현실을 우상화하면, 신앙의 절대적 본질이 피안의 대상임을 상기하게 하며 신앙이 절대적 본질을 피안에 설정하면, 그 절대적 본질이 무규정적인 것이 아니라 감각적 사물로 구체화한다는 것을 주장한다. 그 결과 신앙이 지닌 두 계기 모두 계몽의 비판을 통해 자기의 반대로 전도한다. 신앙은 이 다른 계기가 자기에 속한 것임을 알지 못하므로 그것은 자기에 낯선 것이며 계몽이 자기를 왜곡하고 있으며 계몽이 불법을 범하는 것으로 생각한다.

3) 계몽의 비판은 신앙으로서는 자기가 이미 갖는 계기를 불러내서 비판하는 것이니, 그 계기는 신앙 자신이 자기 속에서 찾지 못하고 "자기 바깥의 다른 어떤 곳에서 찾던 것"이다. 결국, 신앙은 계몽의 비판을 받아들일 수밖에 없다. 계몽의 비판을 통해 신앙은 자기에게 감추어진

계기를 자각하면서 "아무런 각성도 없이 서로 갈라진 상태로 내버려 둔 두 갈래의 사상을 통합하게" 된다. 그러므로 헤겔은 계몽의 비판을 통해 오히려 신앙은 자기를 실현하게 된다고 한다.

565) 〈SK 418:30~419:15〉〈FM 306:28~307:19〉

그러나 계몽은 이처럼 신앙을 촉발해 고립된 채 나타나는 계기를 통해 그와 반대되는 계기를 상기하게 하지만, 신앙이 그렇듯이 자신도 역시 자기 자신에 관해서 계몽되지 않는다. 계몽은 자신의 내용을 그 자신의 순수성으로부터 배제하면서 그런 내용이란 계몽 자신을 **부정하는 것**에 지나지 않는다고 여기면서 신앙에 대해서 순수하게 **부정적인** 태도를 보인다. 따라서 계몽은 이와 같은 부정적 태도를 보이는 가운데서 신앙의 내용 속에서 자기 자신을 인식하지 못하며 바로 이와 같은 이유로 해서 계몽 역시 두 개의 사상을 즉 계몽이 불러낸 사상과 그렇게 불러내진 사상과 대립하는 사상을 결합하지 못한다. 이렇듯 계몽은 그 자신이 신앙에서 매도하는[verdammt] 것이 직접 계몽 자신이 안고 있는 사상임을 인식하지 못하는 가운데 다만 두 계기의 상호 반전[Entgegensetzung]하는 운동 속에 있을 뿐이다. 그러므로 계몽은 언제나 하나의 계기 즉 신앙에 대립하는 계기를 인정하면서 또 다른 하나의 계기 즉 신앙이 행하는 계기를 앞의 계기에서 분리한다. 따라서 계몽은 이런 두 계기의 통일을 두 계기의 통일로 즉 개념으로 산출하지 못한다. 계몽은 개념을 다만 **눈앞에 전개된**[vorhanden] 운동으로만 발견하지만, 개념은 이미 계몽에서 자각적[für sich]으로 **생성**하고 있다 하겠으니 왜냐하면, 순수 통찰이 실현된다는 것이 본래 지닌 의미는 곧 순수 통찰이 개념을 본질로 삼고 있어서 처음에는 자기 자신에게 절대적인 타자가 돼서 그 자신을 부인하고―개념의 대립은 절대적 대립이므로―그런 다음 이런 타자 존재에서 벗어나 자기 자신에게로 즉 자신의 개념으로 귀환하는 것이기 때문이다. -그러나 계몽은 다만 이런 운동 가운데 있을 뿐이다. 즉 계몽은 순수 개념의 아직도 의식되지 않은 활동에 지나지 않는다. 왜냐하면, 이 활동은 곧 자기 자신을 대상화하기에 이르지만, 그러한 대상을 한낱 **타자**로 여기고 있어서 그 결과, 구별되지 않은 것이 절대적으로 자기를 분리하는 것이라는 개념의 본성조차 이해하지 못하기 때문이다. -순수 통찰은 신앙에 대립하는 개념의 **위력**이다. 왜냐하면, 순수 통찰은 신앙의 의식 속에 분리된 계기들을 운동하게 하고 관계하게 하니 그런 관계 속에서 계기들 사이의 모순이 표출되기 때문이다. 바로 이런 점에 순수 통찰이 신앙에 대해 행사하는 절대적 **권리**가 있다. 그러나 순수 통찰이 이처럼 폭력을 **실제로 행사할** 수 있는 것은 신앙의 의식 자체가 개념이어서 순수 통찰이 신앙의 의식에 가져다주는 대립적 계기를 신앙의 의식이 스스로 인정하기 때문이다. 순수 통찰이 신앙의 의식에 대해서 권리를 보유한다면 그 이유는 순수 통찰이 신앙의 의식에 필연적으로 존재하는 것을 그리고 신앙의 의식이 그 자체에서 지닌 것을 신앙의 의식에 받아들이라고 요구하기 때문이다.

[해제] 1) 앞에서 헤겔은 계몽의 비판이 지닌 정당성을 설명했다. 계몽은 신앙이 지닌 두 계기 가운데 저쪽 계기를 끌어내서 이쪽 계기를 비판하는 식으로 비판한다. 이런 가운데 계몽은 신앙 속에 분리된 계기들을 "운동하게 하고 관계하게 하면서" "그 계기들의 모순을 표출"한다. 계몽의 비판은 신앙에는 폭력적일 수도 있는데, 이런 비판을 통해 순수 통찰은 "신앙의 의식에 필연적으로 존재하는 것을 신앙의 의식에 받아들이라고 요구한다." 그 결과 신앙은 자신에 속한 두 대립하는 계기를 인정하게 되면서 두 계기를 부정적으로 통일하게 된다. 헤겔은 이 점에

서 순수 통찰이 신앙의 의식에 대해서 절대적 권리를 지닌다고 했다.

2) 이 구절에서 헤겔은 신앙을 비판하는 것을 통해 계몽 자신에게는 어떤 변화가 일어나는지를 살펴본다. 계몽은 부정적 자아면서 신앙이 지닌 두 측면 가운데 한 측면을 그것에 반대되는 측면을 통해 비판한다. 계몽의 비판은 양면에 걸쳐 전개되며 수시로 전전반측한다.

그러나 계몽은 자기가 비판하는 신앙의 두 계기가 이미 자기에 들어 있다는 사실을 알지 못한다. 계몽은 순수한 부정 활동이므로 자기 속에 내용을 배제하는 가운데, "그런 내용이란 계몽 자신을 부정하는 것에 지나지 않는다고 여기며" "자기가 부정하는 신앙의 내용 속에 자기를 인식하지 못한다."

이런 비판을 통해 신앙은 분리됐던 두 계기를 불러내 통일하게 됐지만, 반대로 비판하는 계몽은 부정적 활동에 머무르면서 두 계기를 개념적으로 통일하지 못한다. 헤겔의 말로 표현하자면 계몽은 "두 계기의 상호 반전하는 운동 속에 있을 뿐"이다. 사실 계몽의 비판이 두 측면에 걸쳐 전전반측하는 것이니, 양자를 통일하는 개념이 이미 계몽의 부정하는 활동에 들어 있다. 왜냐하면, 계몽의 신앙 비판은 곧 타자를 비판하는 가운데 자기 내로 복귀하는 개념의 운동이기 때문이다. 그런데도 계몽은 이런 개념에 따라 활동할 뿐 그것의 원천인 개념적 통일을 파악하지 못한다. 즉 "개념은 이미 계몽에서 대자적으로 생성하고 있으나" "계몽은 개념을 다만 눈앞에 전개된 운동으로만 발견"할 뿐이다. 계몽은 "순수 개념의 아직 자각되지 않은 활동"에 지나지 않는다.

3) 여기서 계몽은 이중적인 잘못을 범한다. 즉 그가 비판하는 신앙의 내용이 사실은 그 자신이라는 것을 알지 못하고 자기에 대해 타자라고만 생각하며, 또한, 그 자신 전전반측하면서 자신을 통일하지 못하면서 끊임없이 반대 측면으로 전환한다.

한편으로 보면, 계몽은 신앙의 분리된 계기를 운동하게 하고 관계하게 하면서 그 속에 모순을 표출하게 하고 마침내 통일에 이르게 한다. 이것은 계몽이 신앙에 대해 지닌 절대적 권리다.

그러나 다른 한편 비판하는 계몽 자신은 자신이 비판하는 것을 타자에 대한 비판으로만 생각하고 스스로 전전반측하는 가운데 양자를 통일하지 못하니, 이런 점에서 계몽은 오히려 신앙의 절대적 권리를 인정할 수밖에 없다.

말하자면, 계몽의 신앙에 대한 비판은 옳지만, 이 비판을 통해 신앙은 새로 태어나지만, 비판하는 계몽은 여전히 과거에 머무른다는 말이다.

566) 〈SK 419:16~420:10〉〈FM 307:20~308:6〉

계몽은 처음에 자신이 개념의 계기 즉 **의식의 활동**이라고 주장한다. 계몽이 신앙에 **대립해서** 내세우는 주장은 즉 신앙이 믿는 절대적 본질이란 **신앙이** 하나의 개별 자아로서 지닌 **의식**이 본질로 삼는 것이며 다시 말하면 그런 절대적 본질은 그런 의식을 통해서 **산출된** 것이라는 주장이다. 신앙의 의식이 볼 때 절대적 본질이란 그 자신에 **그 자체로** 존재하는[an sich] 것인 만큼 사람들이 그것이 어떻게 있고 어디에서 나오는지를 알지 못한 채 **거기 있을**, 어떤 낯선[fremdes] 사물과 같은 것은 아니다. 오히려 신앙의 의식이 이 절대적 본질을 신뢰하는 근거는 이런 절대적 본질 속에서 **자기의** 개인적 의식을 **발견하는** 데 있다. 또한, 신앙이 수행하는 복종이나 봉사도 바로 자기[부정]의 **활동**을 통해서 그러한 절대적 본질을 **자기의** 절대적 본질로 산출한다는 데 있다. 신앙이 절대적 본질의 **그 자체 존재**를 오로지[rein] 의식의 **피안**에 있는 것으로 언표할 때 계몽이 이 신앙에 상기하게 하는 것이란 바로 그와 같은 피안의 존재가 의식을 통해 산출됐다는 사실이다. ─그런데 신앙이 피안의 존재[Sein]를 오직 사유의 대상으로 삼고 이에 이르기 위해 복종과 봉사와 같은 활동의 계기를 제시할 때, 계몽은 이런 신앙 **활동**의 [자기 의식적] 계기를 피안의 **존재**에 대립하게 해서 오히려 신앙이 일면적 성격을 지녔다는 증거로 제출할 뿐, 이 두 사상을 결합하지 못하는 까닭에 계몽은 **활동**이라는 순수한 계기를 고립시킴으로써 신앙이 믿는 **그 자체 존재**[Ansich]에 대해서는 그것은 **다만** 의식으로부터 **산출된 것**에 지나지 않는다는 사실만을 표명할 뿐이다.[240] 그러나 이처럼 활동이 **그 자체 존재**에 대립해 고립된다면 그런 활동이란 한낱 우연적인 활동에 지나지 않으며 특히 이것이 표상하는 활동[vorstellendes]으로 여겨질 때는 한낱 허구[Fiction]를-즉 **그 자체 존재에 관한**[an sich] 감각적 관념[Vorstellungen]을-산출하는 것에 그친다. 이와 같은 것이 계몽이 신앙의 내용을 고찰하는 방식이다. -그러나 거꾸로 순수 통찰은 마찬가지로 이에 반대되는 주장도 말한다. 즉 순수 통찰은 개념이란 그 자신에게서[an ihm] **타자 존재**의 계기를 갖는다고 주장하면서 신앙이 믿는 절대적 본질은 의식과는 **전혀 무관한 것**, 즉 의식의 **피안**에서 이 의식에는 생소하고 알려지지 않는 것으로 언표한다. 신앙의 경우에도 마찬가지로 그 자체 존재는 한편으로는 그가 신뢰하고 그 속에서 **자기 자신**의 확실성을 지니는 것과 같은 것이지만, 다른 편으로는 신앙으로서는 그것으로 가는 길을 알지 못할 뿐만 아니라 또한, 그 자체 존재의 존재에 도달할 수도 없는 것이다.

[해제] 1) 앞에서 헤겔은 계몽의 관점에서 신앙에 대한 비판이 지닌

---

240 절대적 본질은 사실 사회적 상호 작용의 결과가 개인에게 소원화된 것이다. 계몽은 신앙이 믿는 절대적 본질이 어떤 개인의 의식이 만들어낸 허구라고 여긴다.

권리를 옹호했지만, 여기서는 거꾸로 신앙의 관점에서 계몽의 신앙에 대한 비판을 검토한다. 앞에서 헤겔이 계몽의 신앙에 대한 비판을 세 가지 계기로 나누어 설명했듯이, 여기서도 신앙의 반 비판을 세 가지 계기로 나누어 설명한다. 이 구절에서는 우선 절대적 본질에 대한 계몽의 비판을 다루고 있다.

2) 신앙의 대상은 그 본질에서 사회적 상호 작용을 통해 소외된 방식으로 출현하는 것이다. 물론 신앙은 절대적 본질의 유래를 알지 못하지만, 어렴풋이 또는 무의식적으로 이를 깨닫고 있다. 그러므로 신앙은 이 절대적 본질에 대해 이중적으로 관계한다. 한편으로 그것을 자아의 산물로 여기면서 믿음을 통해 관계하며 다른 한편으로 절대적 본질로 자기를 넘어선 두려운 존재로 그것에 복종한다.

3) 계몽은 신앙이 절대적 본질을 의식의 산물 즉 허구에 지나지 않는다고 비판한다. 신앙 역시 절대적 본질을 신뢰하고, 실천적인 봉사나 자기희생을 통해 절대적 본질과 합일하려 할 때 이는 신앙이 절대적 본질 속에서 자신의 자아를 발견하기 때문이다. 신앙은 그런 절대적 본질이 그의 자아의 산물이라는 사실을 무의식적으로 알고 있다. 그러므로 계몽의 비판은 신앙이 무의식적으로 아는 내적 계기를 드러낼 뿐이다.

4) 계몽은 한편으로 이상과 같이 신앙의 절대적 본질이 자아의 산물이라고 주장하면서 다른 한편으로는 이 신앙의 대상이 "의식과는 전혀 무관한 것, 즉 의식의 피안에서 이 의식에는 생소하고 알려지지 않는 것"이라고 주장한다. 그러나 신앙 역시 자신의 절대적 본질이 "그것으로 가는 길을 알지 못할 뿐만 아니라" 또한, "도달할 수도 없는 것"으로 알고 있다. 그러므로 이 측면에서도 계몽의 신앙이 이미 갖는 내적 계기를 드러내고 있을 뿐이다.

5) 본래 절대적 본질과 감각적 사물의 관계는 개념이 운동하는 관계다. 여기서 "개념은 그 자체에서 타자 존재의 계기를 갖는다." 그러나

신앙은 이 관계를 의식 없이(무의식적으로) 이해하고 있기에 표면적으로는 양자를 관계 속에서 파악하지 못하고, 분리하면서 다만 상징적으로 관계 맺게 한다. 계몽도 두 측면을 개념적 관계로 파악하지 못한 채, 이쪽저쪽으로 번갈아 가면서 신앙의 이쪽을 비판할 때는 저쪽을 끌어내 비판하며 저쪽을 비판할 때는 이쪽을 끌어내 비판한다.

결국, 계몽은 신앙이 이미 아는 측면을 신앙에 되풀이하고 있을 뿐이다. 다만 계몽은 신앙이 한쪽 측면에 있을 때 신앙이 가진 그 반대 측면을 드러내는 것에 지나지 않는다. 그것은 신앙 자신이 이미 갖는 것이니 신앙으로도 받아들일 수밖에 없다.

567) ⟨SK 420:11~32⟩⟨FM 308:7~24⟩

이 밖에도 또 계몽이 신앙이 경배하는 대상을 돌이나 나무 또는 그 밖에 유한한 의인[擬人]적인 규정성으로 여길 때 계몽은 신앙의 의식 자체가 허용하는 권리를 신앙의 의식에 대립해 주장한다. 왜냐하면, 신앙의 의식이 한편으로 현실의 **피안**과 다른 한편으로 그와 같은 피안으로부터 단절된 순수한[reine] **차안**을 동시에 간직하는 분열된 의식을 의미하는 한, 사실상 이 신앙의 의식 속에는 **또한**, 감각적 사물에 대해 이것이 **그 자체적이며 동시에 대자적으로**[an und für sich] **유효하다**는[241] 견해조차도 들어 있다[vorhanden]. 그러나 신앙의 의식은 신앙 자신에게 한편으로는 **순수 본질**로 되는 것과 다른 편에는 통속적인 **감각적 사물**로 되는 것을 모두 **그 자체적이며 동시에 대자적인 것으로**[an und für sich] 여기면서 그 자체적인 동시에 대자적으로 존재하는 것에 관한 두 가지 사상을 결합하지 못한다. ─심지어 이 신앙이 지닌 순수 의식마저

---

241 감각적 사물이 감각적 사물로만 존재한다는 의미다.

도 방금 말한 견해[242]에 영향받는다. 왜냐하면, 이런 신앙의 의식에는 개념이 결핍된 탓으로 그러한 순수 의식의 초감각적 영역에서 생겨난 구별은 다만 일련의 자립적인 **형태**를 이룰 뿐이며[243] 또한, 그들 형태의 운동도 역시 **역사적 사건**[Geschehen]이기 때문이다. 다시 말해서 그와 같은 형태는 다만 **표상**[Vorstellung] 속에서 자리 잡고 있을 뿐이어서 그 자신에서 감각적 존재의 방식을 지닌 것이다. ㅡ그러나 이와 함께 계몽의 경우도 역시 그 나름대로 **현실**을 다만 정신으로부터 버림받은 존재로 격리하며 또한, 규정된 것도 유한하게 고착된 것으로 격리한다. 이런 유한한 것은 [정신적] 본질 자체의 정신적인 운동 속에서 존재하는 하나의 **계기**로 되지 못하고 다시 말해서 무에 그칠 수 없는 것도 아니려니와 또한, 그 자체적인 동시에 대자적으로 **존재하는** 어떤 것[ein an und für sich seiendes Etwas]도 아니니 오히려 한낱 소멸하는 것일 뿐이다.

[해제] 1) 위의 구절에서 절대적 본질을 허구로 보는 계몽의 비판에 대한 신앙의 반 비판을 살펴보았다. 이 구절에서 헤겔은 신앙을 미신으로 보는 계몽의 비판을 신앙의 관점에서 반박한다.

신앙에서 절대적 본질은 구체적으로 실현되지만, 아직 양자의 관계는 개념적으로 파악되지 못하고 직접 무의식적으로 결합하니 상징적으로 표현된다. 조각상은 피안의 절대적 본질과 차안의 감각적 현실이 서로 결합해 있는 것이다. 양자는 순수 의식 속에서 상징적으로 결합한다. 마찬가지로 절대적 본질의 필연적 구별조차 탄생과 죽음이라는 역사적 사건으로 등장한다. 신앙은 그런 결합을 아직 개념적으로 자각하지 못

242   바로 앞에서 말한 주장 즉 순수 본질과 감각적 사물이 모두 그 자체적이며 대자적인 존재라는 주장을 말한다.
243   성자와 성부, 성령을 말한다. 이것은 개념의 구별이지만, 신앙에서는 탄생과 죽음이라는 역사적 사건으로 상징된다.

하는 분열된 의식이지만, 이미 신앙은 그런 개념적 연관을 이미 무의식적으로는 이해하고 있다.

2) 계몽은 신앙의 상징적 설명을 미신으로 여기면서 그런 상징은 단순한 감각적 사건이나 사물에 지나지 않는다고 말한다. 그러나 신앙은 이미 감각적 사건이나 사물이 그저 감각적인 현실이라는 사실을 이미 알고 있으며, 다만 그것을 상징적으로 이용하고 있을 뿐이다. 결국, 여기서도 계몽은 신앙이 "이미 허용하는 권리"를 끄집어내서 신앙을 비판하고 있을 뿐이다.

3) 나아가서 신앙은 적어도 무의식적으로는 개념의 필연적 발전을 이해하고 있다. 그런 관점에서는 이미 신앙에서도 삼위일체라는 개념에서 보듯이 절대적 본질과 감각적 현실이 모두 그 자체적이면서 동시에 대자적인 것이 될 수 있다. 반면 계몽은 이와 같은 절대적 본질을 날조로 여기므로 이에 관한 개념적 이해가 없는 채 감각적 현실을 그저 의식의 대상으로서 감각적 현실로만 파악할 뿐이다. 즉 그것은 "정신이 떠나간 존재"이며, "유한하게 고착된 것"에 지나지 않는다. 그런 점에서 계몽의 비판은 신앙을 넘어서지 못한다.

568) 〈SK 420:33~421:12〉〈FM 308:25~36〉

그런데 이제 절대적 본질에 관한 **인식의 근거**를 밝히는 문제에서도 앞의 구절에서와 같은 것이 발생한다는 것은 명백하다. 여기서 신앙의 의식은 그의 **인식**이 우연적이라는 사실을 인정한다. 왜냐하면, 그 인식이 우연적인 사실에 대해 관계하며 그런 인식에서는 절대적 본질 자체가 한낱 상징적인 일상적 현실이라는 형식을 띠고 나타나기 때문이다. 따라서 신앙의 의식은 **또한**, 하나의 확신일 뿐 그 자체에서 진리를 간직하고 있지 않은 것이기에 자기를 확인하고 입증하는 정신[244]의 이편

---

244 "자기를 확인하고 입증하는 정신"은 순수 의식을 통해 절대적 본질을 직접

에 있는 비본질적인 인식임을 스스로 고백한다. ―그러나 신앙의 의식은 절대적 본질을 직접 인식하는 가운데서는 이런 비본질적인 인식의 계기를 잊어버린다. ―하지만 계몽은 신앙의 의식에 우연적 인식을 상기하게 해주면서 **오직** 이런 우연적 인식의 측면만을 염두에 두면서 이와 다른 [직접적] 인식을 망각한다. ―다시 말해서 계몽은 어떤 **낯선** 제삼자를 통해서 일어나는 매개[전달]*만을 생각할 뿐, 오히려 이 직접적인 인식 그 자체가 신앙하는 의식을 타자와 매개하는 제삼자라는 사실에 관해서는[245] 즉 이런 매개는 직접적인 것 자체가 다름 아닌 **자기 자신**과 매개되는 것이라는 사실에 관해서는 생각이 미치지 않는다.

[해제] 여기서 헤겔은 신앙의 인식 근거 즉 성경이나 역사적 사실에 대한 계몽의 비판을 다룬다. 본래 신앙의 근거는 순수 의식을 통한 직접적인 인식 또는 계시다. 신앙에서 성경이나 역사적 사실을 인식의 근거로 사용하지만, 신앙에서 이 역사적 사실은 직접적 인식을 통해서만 이해되는 간접적인 증거일 뿐이다. 그런 간접적 증거라는 측면에서 신앙은 이미 이 역사적 사실이 우연적이라는 것을 받아들인다.

계몽은 신앙의 인식 근거로 제시되는 성경의 내용이나 역사적 사실이 의심스러운 우연일 뿐이라고 비판한다. 이러한 비판은 이미 신앙이 인정하는 것이니, 신앙에서 성경과 사제에 의한 전달을 통한 인식은 비본질적인 것으로 여겨진다.

더구나 계몽은 신앙이 사실은 직접적 인식에 근거하고 있다는 사실을 알지 못한다. 계몽은 그런 직접적 인식은 허구나 날조로 비난할 뿐이다. 그러나 신앙에서 인식은 "직접적인 것 자체가 자기 자신과 매개되는

인식하는 것을 말한다. 우연적 인식은 이런 직접적 인식을 상징하는 것일 뿐이다.
245   사제에 의한 계시의 전달이 대중에게 받아들여지는 것은 대중의 직접적 인식이 매개하는 것이다.

것"이며 직접적인 인식 그 자체가 "신앙하는 의식을 타자와 매개하는 제삼자"다. 그러므로 신앙이 보기에 계몽의 비판은 새로울 것도 없고 또 한, 제한적인 것에 그친다.

569) 〈SK 421:13~28〉〈FM 308:37~309:12〉

끝으로 계몽은 신앙의 [실천적] **활동**에 관한 견해에서 향락이나 가 진 것[Habe]을 내던지는 일을 부당하면서도 또한, 목적에 부적합한 짓 으로 여긴다. ―우선 그 부당하다는 점과 관련해 살펴보자면 신앙의 의 식 자체가 소유를 취하고 지키며 또한, 이를 향락하는 현실을 인정한다 는 점에서 계몽은 신앙 의식의 동의를 얻는다. 그런데 신앙의 의식은 자 기의 소유를 주장하는 데서 한층 더 배타적이고 집착할 뿐만 아니라 스 스로 향락하는 데서도 더욱 조야하고 방자한 모습을 드러낼 뿐이다. 왜 냐하면, 그 자신의 종교적인―즉 그가 장악한 것[Besitz]과 향락을 **포기 한다고** 하는―활동은 피안에 속하는 일로 여겨지며 동시에 이런 포기의 대가로 신앙의 의식은 그와 같은 현실을 받아들일 자유를 얻기 때문이 다. 자연적인 욕망의 추구나 향락의 포기를 바탕으로 한 봉사는 이상과 같은 대립적 요소를 지님으로써 아무런 진실성을 지닐 수 없다. 즉 여기 서는 소유물을 보유하는 일[Beibehaltung]이 그것을 포기하는 일과 **함께** 존재한다. 따라서 그와 같은 포기는 실제로는 다만 사소한 부분에서만 수행되니 그런 포기는 사실상 다만 하나의 **흉내**일 뿐이다.

570) 〈SK 421:29~422:15〉〈FM 309:13~29〉

이제 **합목적성**과 관련해 본다면 계몽은 신앙의 의식이 부적절한 짓 으로 생각한다. 왜냐하면, 신앙의 의식은 가진 것 **자체**로부터 해방된다 는 것을 알아차리며 입증하기 위해 **하나의** 가진 것을 포기하고 더 나가 서는 향락 **그 자체**로부터 해방된다는 것을 알아차리며 입증하기 위해

한 가지 향락을 멀리하기 때문이다. 신앙의 의식 그 자체는 절대적 본질에 봉사하는 활동[das absolute Tun]을 **일반적**으로 일어나야 하는 활동으로 파악한다. 이런 의식에는 절대적 본질을 그의 신앙의 대상으로 삼는 행동[Handeln]만이 일반적인 것이 아니다. 오히려 개별 의식은 그 자신의 감각적 본성으로부터 완전하고도 일반적으로 해방된다는 것이 입증돼야만 한다. 그러나 어떤 **하나의** 가진 것을 포기한다거나 특정한 **한 가지** 향락을 단념한다는 것은 이와 같은 의미에서 **일반적** 행동일 수는 없다. 이렇듯 행동에서 **목적**은 일반적이지만, 그 **수행**은 개별적인 것이라면 양자는 본질상 일치하지 못한다는 것이 의식에 드러난다. 그러므로 그런 수행은 의식이 전혀 관여하지 않은 행동으로 밝혀지고 이런 개별 행동은 하나의 [신앙의] 행동일 수 있기에는 너무나 **소박하다**는 점이 드러난다. 즉 식사를 즐긴다는 일로부터 해방됐다는 것을 입증하기 위해 단식을 한다는 것은 너무나 소박한 행동이며 ‒또한, 오리게네스와 같이 육체의 또 다른 쾌락을 내버렸음을 입증하기 위해 **거세한 것**[246]도 소박한 행동이다. 이런 행동 자체는 **외면적이며 개별적인** 행위임이 드러나지만, 욕망 그 자체는 **내면**에 뿌리박은 **일반적** 성질을 지닌 것이다. 이런 쾌락은 수단을 써서 말살할 수 있는 것도 아니며 또한, 어떤 개별적인 제거를 통해 소멸할 수 있는 것도 아니다.

571) 〈SK 422:16~26〉〈FM 309:30~37〉

그런데 여기서 계몽 쪽에서는 실제로 존재하는 것에 대립해 **내면적인 것** 그리고 **실제로 존재하지 않는 것**[247]을 고립하게 한다. 사실 계몽 자

246　오리게네스는 AD 2세기경 알렉산드리아 신학자, 교부다. 그는 성서를 비유적으로 해석하는 방식을 확립했다. 그는 금욕적이었으며 이를 입증하기 위해 스스로 거세했다고 한다.

247　계몽은 교양을 통해 개별적 자아를 버리고 일반적 자아에 이르려 한다. 이

신이 신앙이 직관과 기도에서 나타나는 내면성에 서 있는 것에 대립해 감각적인 사물의 외면성을 고수했는데도 말이다. 계몽은 의도나 사상 [Gedanken]을 중요하게 여기면서 이를 통해 자연적인 목적으로부터 실제로 해방되는 일은 생략한다. 그와 같은 내면성 자체라는 것은 정반대로 형식적인 것에 그치고 그 내용은 갖가지 자연적인 충동에서 얻으니, 이런 자연적 충동이 정당화되는 것은 오직 그런 충동이 내면에 속하는 것 즉 **일반** 존재라고 하는 자연에 속하는 것이기 때문이다.

[해제] 1) 여기서 헤겔은 신앙의 실천 활동에 대한 계몽의 비판을 다룬다. 본래 신앙에서 금욕이나 봉사는 중요한 것이 아니다. 신앙에서 중요한 것은 곧 절대적 본질에 대한 믿음의 상태이다. 금욕이나 봉사는 이 믿음을 입증하는 계기나 수단에 불과하다.

2) 계몽은 신앙의 실천 활동이 부당하고 또 부적합한 것으로 여긴다. 우선 욕망을 제거하거나 소유를 내던지는 일은 부당한 것으로 비판한다. 인간은 소유하고 즐기는 것은 자연적 권리기 때문이다. 나가서 계몽은 욕망은 "내면에 뿌리박은 일반적인" 것인데, 신앙에서 금욕은 다만 개별적인 경우에 일어나는 것에 그치니까, 여기서 일반 목적과 개별적 수단이 일치하지 못하다는 것이다.

3) 그러나 계몽의 이런 비판은 신앙의 본질을 건드리지 못한다. 왜냐하면, 신앙 자신이 이미 소유나 향락을 포기하는 것을 구원을 위한 결정적 계기로 보지 않기 때문이다. 그러므로 신앙은 금욕이나 봉사에 철저하지 않고 그저 흉내내거나 일시적인 것에 그친다. 심지어 신앙은 소유에 더 집착할 뿐만 아니라 향락에서 더 방종하기까지 하다. 왜냐하면, 소유나 향락에 대한 부분적인 포기를 통해 오히려 현실의 사유나 향락

_____

점에서 신앙도 마찬가지다. 신앙이 행동을 통해 실제로 이를 실행하려 한다면 계몽은 오직 말만으로 또는 의도로만 그럴 뿐이다.

을 위한 더 많은 자유를 얻었다고 생각하기 때문이다

4) 나아가서 계몽의 신앙의 결정적 계기를 파악하지 못한다. 신앙에서 본질적인 것인 믿음이며 소유의 포기나 금욕도 이 믿음을 증진하는 데 도움이 되는 한에서만 의미를 지닌다. 그 본질에서 이 믿음은 순수 의식 속에서 얻어지는 것이니, 신앙은 기도와 같은 것을 통해 자기를 벗어나 순수한 의식을 끌어올리려는 노력을 기울이고 있다.

반면 계몽 역시 의도에서는 교양을 통해 자연적인 개별성을 제거하고 순수한 자아로 끌어올리고자 한다. 계몽은 실제 행동이 필요한 지점에서 단순히 의도에 머무르면서, 실제로 자연적 개별성에서 해방되는 일은 생략한다. 그러면서 계몽은 오히려 적어도 부분적으로는 실제로 행동하는 신앙을 비판한다. 이를 통해 계몽은 순수 자아로의 끌어올리는 것은 다만 형식적일 뿐이며 내용상으로는 욕망과 같은 자연적 목적에 충실하다는 것을 드러낼 뿐이다.

572) ⟨SK 422:27~423:17⟩ ⟨FM 310:1~21⟩

이렇게 볼 때 계몽은 신앙에 대해서 하나의 대항할 수 없는 힘을 지닌다. 왜냐하면, 계몽이 타당하다고 여기는 계기가 바로 신앙의 의식 자체 내에 발견되기 때문이다. 이제 이런 힘으로부터 나타나는 효과를 좀 더 자세히 고찰해 보면 계몽이 신앙에 대립해 취하는 태도란 분명하게 **신뢰**와 직접적인 **확신**이 지니고 있던 아름다운 통일을 분열하게 만드는 데 있으며 또한, 신앙에 속한 **정신적인** 의식을 **감각적** 현실에 관한 비천한 사상을 통해 더럽힐 뿐만 아니라 더 나가서는 절대적 본질에 복종하는 데서 누리는 **평온하고 안정된** 마음을 지성과 자의적 의지와 실행이라고 하는 **자만**으로 파괴하는 것으로 보인다. 그러나 사실 계몽은 오히려 신앙에 들어 있는[vorhanden] 분리 상태를 즉 **사상이 결핍**

된, 아니 오히려 **개념이 결핍된 분리 상태**[248]를 지양하는 데로 나간다. 신앙의 의식은 이중의 척도와 저울을 즉 두 개의 눈과 두 개의 귀를 그리고 두 개의 혀와 두 가지 언어를 운영하고 모든 종류의 표상을 이중화하면서도 이와 같은 이중의 의미를 서로 비교하지는 않는다. 다시 말하면 신앙은 이중의 지각 속에 살아가니 그 하나는 **잠들어 있으며** 온전하게 몽롱한[begrifflosen] 사상 속에서 빠진 의식이 지각하는 것이며 다른 하나는 깨어 있는 완전한 감각적인 현실 속에서 살아 있는 의식이 지각하는 것이다.[249] 신앙은 이상의 두 가지 지각마다 저마다 독립된 가계[Haushaltung:家計]를 꾸리고 있다. —계몽은 천상의 세계를 감각적 세계에 속한 관념[Vorstellung]을 통해서 조명하면서 천상의 세계에 유한성의 세계를 제시하니, 신앙으로서도 이런 유한성의 세계를 거부할 수 없다. 왜냐하면, 신앙도 역시 자기의식일 뿐만 아니라 또한, 이상과 같은 관념의 두 가지 방식이 귀속된 통일 즉 이 두 가지 방식이 분리될 수 없는 통일이기 때문이다. 그 이유는 이 두 가지 방식이 더 나눌 수 없는 단일한 자아에 귀속되기 때문이다. 이제 신앙은 이런 자아로 이행해 들어간다.

---

248 바로 앞에서 헤겔은 신앙이 아름다운 통일을 계몽이 분리한다고 했는데, 여기서는 반대로 신앙의 분리 상태를 계몽은 지양한다고 한다. 신앙의 두 측면 즉 피안의 절대적 본질과 차안의 감각적 현실은 상징적으로 결합한 상태므로, 관점에 따라 분리된 것으로 볼 수도 있고, 통일된 것으로 볼 수도 있다. 미신은 통일 상태니, 계몽이 미신을 비판할 때는 통일을 분리한다. 반면 계몽이 신앙의 절대적 본질을 허구로 비판할 때는 차안의 자아와 피안의 절대적 본질로 분리된 것을 통일하게 한다.

249 몽롱한 의식은 곧 순수 의식이며 이것이 지각하는 것은 피안의 대상이다. 실제적 의식이 지각하는 것이 감각적 현실이다.

573) 〈SK 423:18~424:12〉〈FM 310:22~311:6〉

여기서 마침내 신앙은 그 자신의 지반을 충족해 왔던 내용을 상실해 스스로 붕괴하는 가운데 정신이 자기 자신 속에서 자아낸 몽롱한 활동으로 빠져든다.[250] 신앙은 자신의 영토로부터 추방됐을 뿐만 아니라 정신의 영토는 약탈당하게 됐다. 왜냐하면, 이제 [계몽의] 각성한 의식은 이 영토의 모든 구별과 모든 확장[Ausbreitung]을 그 자체에서[an sich] 갈기갈기 찢어놓으며 또한, 그 영토의 모든 부분을 자신의 소유물로 지상에 반환하기를 요청하고 또 되돌려 놓기 때문이다. 그러나 신앙으로서는 여기에 만족할 수 없으니, 왜냐하면, 이런 계몽을 통해서 곳곳에서 고개를 드는 것은 개별 본질일 뿐이니 이런 계몽의 정신이 흥미를 느끼는 것은 오직 본질적 토대가 없는 현실과 또한, 정신으로부터 버림받은 유한성의 세계일 뿐이기 때문이다. ─이렇듯 신앙은 내용을 상실한 상태로 전락한 이후 이처럼 텅 빈 상태에 안주할 수는 없으므로 다시 말하자면 신앙은 여기서 그의 유일한 내용으로 되는 유한한 것을 넘어서 다만 비어 있음을 발견할 뿐이므로 신앙은 **순수한 동경**으로 끝날 수밖에 없다. 즉 신앙의 진리는 **피안**[251]이 텅 비게 된 것이다. 모든 관계가 달라졌으니 바로 이 피안에는 그 어떤 합당한 내용도 발견될 수 없다. ─이로써 사실 신앙은 계몽의 본질과 같은 것으로 됐다. 양자에게 같은 것

---

250 신앙의 대상인 피안의 대상은 추상적 본질이 구체적으로 실현된 것이다. 계몽은 피안의 대상이 지닌 구체적 규정을 모두 제거하면서 순수한 추상적 본질만이 남고 또한, 피안의 대상은 사물의 이면에 있는 텅 빈 본질로 된다. 신앙은 이제 몽롱한 의식이 된다.

251 이제 신앙에서 출현한 피안의 초감각적 세계는 사라지고, 피안은 텅 비게 된다. 신앙에서 현실과 피안의 관계는 감각적 사물과 그 이면에 있는 추상적 본질의 관계로 이동한다.

은 곧 한편으로 그 자체적인 것으로[an sich] 존재하는 유한자와 다른 한편으로는 아무런 술어도 지니지 않은 것, 따라서 인식되지도 않았으며 또한, 인식될 수도 없는 것으로 보이는 절대자, 이 양자가 맺는 관계에 관한 의식이다. 다만 여기서 신앙과 계몽 사이에 **차이**가 있다면 그것은 **계몽이 충족된** 계몽이라면 그에 반해서 신앙은 **충족되지 못한** 계몽이라는 점에 있을 뿐이다.[252] 그러나 여기서 이제 계몽이 과연 그처럼 자기 충족된 상태에 머물러 있을 수 있겠는가 하는 것이 바로 이 계몽 자신에서 앞으로 드러난다. 자기의 정신적 세계를 상실한 데 대한 비탄을 금치 못하는 바로 그 몽롱한 정신의 동경이 여전히 계몽의 이면에 머무르고 있다. 계몽은 이처럼 스스로 충족되지 못한 동경을 그 자신에서 드러나는 얼룩으로 지니고 있다. ―이런 얼룩은 **순수한 대상**의 측면에서는 계몽이 추구하는 절대적 본질의 비어 있음에서 드러나며 ―다음으로는 **행위하고 운동하는** 측면에서는 아무런 내용도 채워지지 않은 피안으로 개별 존재를 **넘어간다**는 점에서 드러나며 ―다시 마지막으로 **충족된 대상**의 측면에서는 **자체성이 없는**[Selbstlosigkeit] 유용한 존재에서 드러난다. 그러나 계몽은 이런 자신의 결함을 지양하게 될 것이다. 바로 이 계몽사상의 진리로 되는 긍정적 결과를 자세히 살펴보면 이런 결점은 그 자체에서 이미 지양됐음이 밝혀질 것이다.

[해제] 1) 신앙은 순수 의식과 실제적 의식이라는 두 의식으로 이루어진다. 이 순수 의식은 내면의 세계다. 이 세계에서 피안의 대상 즉 구체적 본질이 출현한다. 신앙에서 순수 의식의 이면은 깨어 있는 실제적

---

252 유용한 존재 즉 텅 빈 본질을 지닌 감각적 사물이 계몽의 투쟁이 낳은 결과다. 계몽은 유한한 현실에 만족하지만, 신앙은 "여기에 만족할 수 없어" 현실을 넘어 본질을 향해 "순수하게 동경한다"라고 했다.

의식이니 여기서는 감각적 현실의 세계만 남는다. 그 결과 신앙은 "이중의 척도와 저울을 즉 두 개의 눈과 두 개의 귀를 그리고 두 개의 혀와 두 가지 언어를 운영하고" "신앙은 이상의 두 가지 지각마다 저마다 독립된 가계[Haushaltung:家計]를 꾸리고 있다."

신앙은 분리된 두 상태를 관계하게 하거나 비교하려고 노력하지 않는다. 신앙에서 두 세계는 직접 또는 상징적으로 결합해 있을 뿐이다. 직접 결합한 상태므로 한편으로는 분리되고 다른 한편으로는 통일된다. 관점에 따라 분리된 것으로 볼 수도 있고, 통일된 것으로 볼 수도 있다.

따라서 계몽의 신앙 비판도 이중적이다. 계몽은 한편으로 신앙의 아름다운 통일을 분리하며 다른 한편으로 신앙의 분리 상태를 지양한다. 미신은 통일 상태니, 계몽이 미신을 비판할 때는 통일을 분리한다. 반면 계몽이 신앙의 절대적 본질을 허구로 비판할 때는 피안의 대상은 차안의 자아의 산물로 되면서 양자를 통일하게 한다.

2) 계몽의 비판을 통해 신앙의 세계는 무너진다. 계몽은 감각적 현실을 절대적 본질과 단절하게 하고 절대적 본질은 허구로 보면서 오직 감각적 현실만 인정한다. 계몽은 신앙의 "정신이 지닌 영토의 모든 구별과 확장을 그 자체에서 갈기갈기 찢어놓으며" "그 영토의 모든 부분을 자신의 소유물로" 되돌려 놓는다. 계몽은 "신앙의 정신적 의식을 현실에 대한 비천한 사상으로 더럽히며" 신앙이 "절대적 본질에 대한 복종을 통해 누리는 평온하고 안정된 마음을 자의적 의지와 실천이라는 자만으로 파괴한다."

3) 계몽이 도달한 결과는 유용한 존재다. 유용한 존재는 한편으로는 텅 빈 본질이며, 다른 한편으로는 절대적인 감각적 현실이다. 이 감각적 현실은 "오직 본질적 토대가 없는 현실과 또한, 정신으로부터 버림받은 유한성의 세계일 뿐이다."

유용한 존재는 한편으로 "그 자체로 존재하는 유한자"며 다른 한편으로는 "아무런 술어도 지니지 않은 것 따라서 인식되지도 않았으며 인식될 수도 없는 것으로 보이는 절대자" 즉 사물의 텅 빈 본질이다. 한편에는 "본질적 토대가 없는 현실과 정신으로부터 버림받은 유한성의 세계"가 있으며 반대로 다른 편에는 "어떤 합당한 내용도 발견할 수 없는" "텅 빈 피안"이 있다.

계몽의 비판을 통해 신앙이 도달한 결과도 마찬가지로 유용한 존재가 된다. 본래 피안의 세계는 본질의 세계다. 그것은 피안에 있기는 하지만, 구체적으로 실현된 본질의 세계다. 그러나 계몽의 비판을 통해 이런 본질은 어떤 구체성도 없는 추상적인 텅 빈 본질로 된다. "신앙은 자신의 영토로부터 추방됐을 뿐만 아니라 정신의 영토는 약탈당하게 됐다."

그 결과 신앙의 세계는 한편으로 감각적 차안과 다른 한편으로 텅 빈 본질의 직접적 결합으로 이루어진다. 계몽의 비판을 통해 신앙이 도달한 결과 역시 유용한 존재다.

4) 계몽과 신앙의 타자를 통한 상호 반성을 통해 "신앙은 계몽의 본질과 일치하는 것으로 된다." 이제 양자는 모두 동경의 운동으로 전환한다. 본래 신앙에서는 한편으로 피안과 차안이 분리된 채 직접 결합해 있었다. 이 결합을 통해 신앙은 차안을 넘어 피안으로 건너가는 운동이었다. 신앙은 피안에서 양자의 결합 즉 구체적인 본질을 보았다.

그러나 이제 계몽의 비판을 통해 피안의 구체적 본질은 텅 빈 세계로 전락했다. 이제 신앙의 피안으로 건너가는 운동은 현실로부터 텅 빈 본질을 향한 "순수한 동경의 운동"으로 전환한다. 이것은 "정신이 자기 자신 속에서 자아낸 몽롱한 활동"일 뿐이다.

5) 다른 한편 계몽이 신앙과 통합되면서, 새로운 형태의 계몽이 발전한다. 계몽은 부정적 자아다. 계몽의 부정성은 다만 사유에 그치며, 실제로 자신의 개별 자아를 부정하지 못한다. 그런데 계몽은 신앙과 결합

하면서 개별 자아를 부정하는 실제 운동이 발생한다. 신앙은 본래 개별 자아를 넘어서 절대적 본질과 합일하는 운동이었다. 이 운동은 그 목적에 도달하지 못하는 동경의 운동이다. 그러나 계몽과 통합되면서 계몽은 신앙과 마찬가지로 자기를 넘어가는 실제 동경의 운동으로 발전한다. 즉 "자기의 정신적 세계를 상실한 데 대한 비탄을 금치 못하는 바로 그 몽롱한 정신의 동경"이 계몽의 이면에 출현한다.

그러므로 계몽은 "그 자체 내에 충족되지 않는 동경을 드러내는 얼룩을" 지니고 있다. 이런 얼룩은 순수한 대상의 측면에서는 "절대적 본질의 비어 있음에서 드러나며"-다음으로는 행위하는 자아의 측면에서는 "아무런 내용도 채워지지 않은 피안으로 개별 존재를 넘어간다는 점에서 드러나며"-다시 마지막으로 충족된 대상의 측면에서는 "자체성이 없는[Selbstlosigkeit] 유용성에서 드러난다." 계몽이 자기를 넘어 나가는 운동은 이어지는 장에서 서술된다.

b 계몽의 진리

[해제] 전체 흐름

574) 순수한 자기의식과 부정적 순수 통찰

575) 계몽의 두 당파

576~577) 순수 사유와 순수 존재

578) 관념론과 유물론의 상호 이행

579~580) 순수한 본질과 감각적 현실의 상호 이행

581) 전체적 요약

574) 〈SK 424:16~425:17〉〈FM 311:9~312:2〉

자체 내에서는 더는 아무것도 구별되지 않은 채 뒤얽혀 있어 몽롱한 활동에 빠진 정신[신앙]은 의식의 피안으로 물러나 자기 자신 속에 머

무른다. 반면 의식[계몽]은 자기를 명석하게 자각하기에 이르렀다. 그런데 이런 의식이 자기를 명료하게 자각하는 **첫 번째 계기**를 그 필연성과 조건에 따라서 규정해 본다면 그것은 순수 통찰 다시 말해서 **잠재성에서는**[an sich] 이미 개념이기도 한 순수 통찰이 자기를 실현한다는 데 있다. 이처럼 순수 통찰이 자기를 실현하는 방식은 타자 존재[Anderssein] 또는 규정성[Bestimmtheit]을 [순수 통찰] 그 자신에서[an ihr] 설정하는 것[253]이다. 이와 같은 방식에서 순수 통찰은 부정적인 순수 통찰이고 곧 개념의 부정성이고 이런 부정성은 순수 통찰 못지않게 순수한 것이니 이렇게 해서 **순수한 사물**일 뿐이며 그밖에 여하한 규정도 갖지 않는 절대적 본질이 출현하기에 이른다. 이를 좀 더 자세히 규정해 보면 순수 통찰은 절대적 개념이므로 더는 아무런 구별일 수도 없는 것을 구별한다. 또는 그것이 구별하는 것은 추상적인 존재나 순수한 개념에 지나지 않으니, 이런 것들은 더는 자기 자신을 지탱하지 못하며 오직 **운동하는 전체**를 통해서 자신을 지탱하고 구별을 유지하는 것에 그친다. 이렇듯 구별되지 않는 것을 구별한다는 것은 오직 절대적 개념이 그 자신을 자신의 **대상**으로 삼는 가운데, 자신을 앞에서와 같은 **운동**에 대립해 자신을 **본질**로 설정한다[setzt]는 것을 의미한다. 따라서 이와 같은 본질은 앞에서와 같은 **서로 분리돼 존재하는** 추상적인 것들 또는 구별된 것들이라는 측면이 없으므로 이 본질은 **순수 사유**면서 동시에 **순수 사물**로 된다. ―이런 순수 사유나 순수 사물은 신앙이 빠져들었던 정신의 상태 즉 서로 구별되는 내용을 상실함으로써 자기 자신 속에 머무

---

253 순수 통찰은 순수한 부정적 자아며 그 자신에서는 구체적 대상을 지니지 못했다. 그러나 순수 통찰은 신앙에 대한 비판을 통해 자기를 대상적으로 실현하지만, 순수한 부정적 자아가 실현된 것이니, 그것은 순수한 본질로 된다.

르는 몽롱하고도 의식이 없는 활동과 다른 바 없는 것이다. ─동시에 이 몽롱하고도 의식이 없는 활동은 순수한 자기의식의 **운동**이며, 이 운동에서 볼 때 본질은 절대적으로 소원한 피안[254]이어야 한다. 이처럼 순수한 자기의식[255]이란 순수한 개념 속에서 일어나는 운동이며 또는 아무런 구별일 수도 없는 구별 속에서 진행되는 운동이므로 순수한 자기의식은 사실 무의식적[bewußtlose]으로 생각을 자아내는 몽상[Weben] 즉 순수한 **느낌**[Fühlen] 또는 순수한 **물성**[Dingheit]으로 함몰된 것이다. ─자기 소원화된 개념은─이 개념이 여기서 아직도 이처럼 소외된 단계에 머물러 있는 한에서─자기의식의 운동과 절대적 본질이라는 두 측면에 **똑같이 존재하는** 본질임을 인식하지 못할 뿐 아니라[256] ─또한, 이처럼 **똑같은 본질**이 사실 두 측면의 실체며 존립 기반이라는 것도 인식하지 못한다. 자기 소외된 개념은 위에서 제시된 두 측면이 통일된다는 사실을 인식하지 못하는 까닭에 이런 개념에서는 절대적 본질이란 한낱 대상적인 피안의 형식을 띠는데 지나지 않는다. 또한, 구별하는 의식은 이와 같은 방식으로 그 본래적 존재[Ansich]를 자신의 바깥에 두고 있기에

---

254 여기서 피안은 신앙의 대상이 머무르는 초감각적 세계가 아니라 사물의 표면과 단절되며 직접 결합한 이면 또는 내면을 말한다.

255 신앙에서 자아는 피안의 대상으로 출현한다. 그러므로 '순수 의식'이다. 반면, 여기서 '순수한 자기의식'이란, 자아가 피안이 아니라 현실에서 대상으로 출현한다. 그러므로 자기의식이다. 순수 의식에서나 순수한 자기의식에서나 대상과의 결합은 직접적이므로 순수하다고 한다. 순수한 자기의식은 순수성 즉 직접성 때문에 대상은 자아와 구별된 대상 즉 순수 사물로 나타나며, 자기의식이므로 대상은 자아와 구별되지 않은 것 즉 순수 사유가 된다.

256 순수한 자기의식에서 자아와 대상은 같은 것이면서 동시에 자아와 대상으로 구분된다. 이런 이중성이 순수한 상태, 직접적 관계, 소외의 특징이다.

유한한 의식으로 여겨진다.

　[해제] 1) 이 구절에서 헤겔은 신앙과 계몽의 상호 비판을 통해 도달한 결과를 설명한다. 앞에서 계몽과 신앙의 진리로 도달한 것은 유용한 존재였다. 유용한 존재는 감각적 사물과 직접 결합한 텅 빈 본질이다. 한편에서 감각적 사물 너머에는 아무것도 없고 다른 편에서 감각적 사물은 지양돼 그 너머에 있는 텅 빈 본질로 이행한다.

　이전에 계몽적 자아는 부정적인 자아이며 아직 자기를 대상화하지 못했다. 그러나 계몽이 신앙과 통일되면서 자기를 대상화하니, 그것이 곧 대상의 순수 본질이다. 동시에 이 유용한 존재는 신앙의 피안이 차안으로 즉 사물의 내적 본질로 내려온 것이다.

　2) 이 유용한 존재를 통해 계몽의 부정적 자아는 순수한 자기의식으로 발전한다. 신앙은 자기의 대상을 피안에서 실현하면서 순수 의식으로 규정됐으나, 여기서 대상은 차안에서 사물의 순수 본질로 실현되니 순수한 자기의식이 된다.

　순수 의식이 의식에 머물러 있는 자기의식이어서 그 대상이 피안의 본질로 나타나듯, 이 순수한 자기의식 역시 의식에 머물러 있는 자기의식인데, 여기서 대상은 사물의 순수 본질로 나타난다.

　3) 여기서 자아와 순수 본질은 이중적 관계를 지닌다. 순수 본질은 자아의 자기 부정성 또는 개념의 대상화를 의미하며 이는 "아무 구별일 수도 없는 구별 속에서 진행되는 운동"이다. 여기서 즉 "절대적 개념"의 수준에서 개념과 그 대상 즉 자아와 순수 본질은 서로 구별되지 않은 것이라는 측면에서 이 대상은 순수 사유다. 즉 그것은 "무의식적[bewußtlose]으로 생각을 자아내는 몽상[Weben] 즉 순수한 느낌[Fühlen] 또는 순수한 물성[Dingheit]으로 함몰된 것"이다.

　그러나 이런 이 순수 본질은 자아가 아직 의식에 머물러, 개념이 "아직도 이처럼 소외된 단계에 머물러 있는 한에서" 또는 "자기 소원화된 개념"의 수준에서는 "자기의식의 운동과 절대적 본질이라는 두 측면에 똑같이 존재하는 본질을 인식하지 못하니" 여기서 순수 본질은 순수 사물로 나타난다.

4) 이상에서 헤겔은 계몽의 부정적 자아가 순수 자기의식으로 발전하고 다시 유물론과 관념론으로 분화되는 것을 설명했다. 헤겔이 여기서 순수 자기의식이라고 한 것은 물론 인식의 차원이 아니라 의지의 차원이다. 앞에서 순수 의식이 기도나 믿음과 같은 상태라고 말했는데, 그렇다면 순수 자기의식은 어떤 것일까? 순수 의식에서 자기의식은 의식과 직접 결합했을 뿐이다. 반면 순수 자기의식에서는 의식에서 자기의식으로 이행하는 운동 즉 동경이 일어나고 있다.

그러므로 헤겔이 이 자리에서 관념론과 유물론을 말할 때 그 역시 인식론이나 존재론의 차원에서 관념론과 유물론을 의미하는 것은 아니라고 보아야 한다. 여기서 순수 사유나 순수 사물은 순수한 자기의식의 대상이므로, 이행의 운동이 일어난다는 점이 중요하다. 즉 감각적 관념은 순수 사유로 이행하며, 감각적 사물은 순수 사물로 이행한다. 그러므로 위의 구절에 곧이어 헤겔은 유물론과 관념론에서 일어나는 운동을 대타 존재와 그 자체 존재의 교체 운동으로 설명한다.

5) 자기의식 장에서 노예의 내면에서 출현한 자기의식 즉 자유의 의식은 처음 스토아주의에서는 사유로만 출현했다. 회의주의에 이르러 사유는 현실을 부정하지만, 그 부정은 사유에 머물렀다. 불행한 의식에 이르러 자유는 실현되지만, 피안에 실현된다. 마침내 법적 인격에 이르러 자유는 현실에 실현된다.

유사한 발전과정이 계몽적 자아에서도 일어난다. 여기서는 개별적 자기의식, 형식적 자유가 아니라 일반적 자기의식 또는 실질적 자유(또는 정의)의 실현이 일어난다. 처음 교양에서 일반적 자기의식은 현실을 부정하는 힘을 지니지 못했다. 즉 스토아주의에 해당한다. 순수 통찰 또는 계몽주의에 이르러 부정하는 자아가 출현했으니 회의주의의 단계다. 이제 순수한 자기의식(유물론과 관념론)에 이르러 부정적 자아가 대상의 순수 본질로 실현됐으나 이 순수 본질은 대상의 이면에 있는 것이니 불행한 의식의 단계가 된다.

불행한 의식은 피안의 자유(불변자)와 현실(개별자)의 불행 사이를 전전한다. 그런 가운데 양자 사이의 매개 운동이 일어난다. 불변자는 현실에 출현하고 개별자는 금욕의 실천을 통해 불변자에 다가간다. 마찬가지로 순수한 자기의식도 자기가 실현된 추상적 본질의 측면과 자기에 대립하는 개별적 대상의 측면 사이에 전전이 일어난다. 이제 양자가 서로 매개하는 운동이 전개되면서 순수한 자기의식은 '절대적 자유'의 자기의식으로 이행한다.

575) <SK 425:18~31> <FM 312:3~12>

그와 같은 절대적 본질과 관련해 이제 계몽은 앞에서 신앙과 관계해서 빚었던 것과 같은 갈등을 자기 내에서 겪으며 스스로 두 개의 당파로 나누어진다. 즉 하나의 당파가 자신이 승리자임을 입증하자마자 두 개의 당파로 분열된 것이다. 왜냐하면, 하나의 당파는 승리자임을 입증하는 가운데 그 자신이 투쟁했던 대상의 원리를 자기 자신에서 지니고 있음을 드러냈으며[257] 동시에 이를 통해 이보다 앞서서 그 스스로 디디고 있었던[auftreten] 일면성을 불식했음을 드러냈기 때문이다. 그리하여 이전에는 자기와 타자[신앙] 사이에 나눠 있던 관심이 이제 전적으로 그 자신에 귀착됨으로써 자기와 다른 일파[신앙]에 관해서는 망각해버리게 된다. 왜냐하면, 이제 그는 지금까지 자기의 관심을 사로잡았던

257　계몽(자아)과 신앙(대상)의 관계가 계몽 내에서 관념론(자아와 대상의 일치, 순수 사유)과 유물론(자아와 대상의 분리, 순수 사물)의 관계로 이동한다.

대립이 자체 내에 있다는 사실을 발견하기 때문이다. 그러나 이와 동시에 대립은 승리한 당파의 좀 더 높은 단계의 지반에서 벌어지게 됨으로써 순화된 모습을 나타낸다. 이렇게 볼 때 하나의 분파 속에서 빚어진 분열[Zwietracht]은 언뜻 불행한 사태로 보이겠지만, 사실 그 일파에 안겨진 행운을 의미한다는 사실이 입증된다.

[해제] 여기서 헤겔은 신앙에 대해 승리한 계몽이 다시 두 개의 당파로 분화되는 것을 설명한다. 처음 계몽의 비판을 통해 신앙에서 출현한 피안의 본질은 차안으로 내려와 감각적 사물의 이면에 있는 순수한 본질로 된다. 한편으로 감각적 사물만 존재하며 다른 한편으로 순수한 본질만이 존재한다. 두 개의 관점이 전전반측하는 것이 곧 유용한 존재다.

여기서 계몽의 자아와 유용한 존재의 순수 본질 사이의 관계가 문제 된다. 이 관계는 구별되지 않는 것의 구별이니, 여기서 계몽의 자아는 순수한 자기의식으로 발전한다. 이 순수한 자기의식은 순수 의식(신앙)처럼 의식 내에 머무르는 자기의식인데, 자기의식의 측면에서 보면 순수 본질은 자아와 구별되지 않는다는 점에서 순수 사유고 다른 한편으로 의식의 수준에서 보면 이 순수 본질은 자아와 대립한다는 점에서 순수 사물이다. 전자의 편에서 선 것이 관념론이며 후자의 편에 선 것이 유물론이다.

유용한 존재의 순수 본질은 한편으로 계몽의 부정적 자아가 대상으로 실현된 것이며(순수 사물) 다른 한편으로 신앙의 대상인 피안이 차안으로 내려온 것이니(순수 사유), 양자의 관계를 통해 계몽은 신앙의 대상을 자기 내로 수용한 것이라고 할 수 있다. 즉 계몽은 신앙과 대결에서 취했던 "일면성을 불식하고" "자신이 투쟁했던 [신앙의] 원리를 자기 속에 지닌다."

그런데 계몽은 신앙의 대상을 순수 본질로 수용하면서 이 순수 본질에 대해 이원적으로 관계하면서 관념론과 유물론으로 분열된다. 관념론이 신앙의 계승이라고 한다면, 유물론은 본래 계몽을 계승한다고 하겠다. 이처럼 계몽이 신앙을 수용하면서 다시 두 당파로 분리되면서 정신의 관심은 이제 승리자의 안에 있는 두 분파 사이의 대립으로 된다. 이런 대립을 통해 정신은 또 한 차원으로 발전하니, 헤겔은 이런 분열을 불행이라기보다 행운이라 한다.

576) 〈SK 425:33~426:8〉〈FM 312:13~22〉

순수 본질 그 자체는 아무런 구별도 지니지 않는 까닭에 이런 본질에 구별이 등장한다면 그것은 두 개의 순수 본질이 의식 앞에 출현하거나 그러한 순수 본질에 관한 두 가지 의식이 등장하기 때문이다. ─이렇게 볼 때 순수한 절대적 본질은 다만 순수 사유 속에 깃들어 있는 것으로 되거나 아니면 오히려 그것은 순수 사유 자체라고 하겠으니 이 절대적 본질은 바로 유한자나 **자기의식**[258]의 **피안**에 자리 잡은 한낱 부정적인 본질이다. 그러나 절대적 본질은 이런 방식에서 [유한한] 자기의식을 부정하는 것이니 그것은 즉 **존재**가 된다. 이 후자의 절대적 본질은 [유한한] 자기의식을 **부정하는 것**이면서 **동시에** [유한한] 자기의식에 관련된다. 절대적 존재는 **외적인 존재**면서 구별이나 규정이 속하는 [유한한] 자기의식과 관계해서 구별을 그 자신에서[an ihm] 획득한다. 그래서 이 외적 존재는 맛을 지니거나 눈으로 보이는 등등의 일이 일어난다. 절대적 본질과 [유한한] 자기의식의 이런 관계는 **감각적** 확신과 지각으로 된다.

---

258 앞에 있는 '유한자'라는 말을 고려해 볼 때 여기서 '자기의식'은 개별적 자아를 의미하는 것으로 보인다. 이 개별적 자아는 곧 교양의 단계에서 출현한 개별자 즉 실제적 의식을 말하는 것으로 해석된다.

577) 〈SK 426:9~22〉〈FM 312:23~33〉

이처럼 부정적인 피안은 필연적으로 **감각적 존재**로 이행한다. 이제 이런 감각적 존재로부터 출발하면서도 또한, 여기서 의식이 관계하는 특정한 방식이 제거된다면 이제 순수 **물질**만이 남게 될 것이다.[259] 이 **순수 물질**은 그 자체 내에서 운동하는 몽롱한[dumpf] 몽상[Weben]이다. 여기서 무엇보다도 중요한 의미를 지니는 것은 이 순수 물질이 다만 우리가 보고 느끼고 맛을 본다는 등을 **제거하고 난 뒤에 남는 것**을 가리킨다는 사실이다. 따라서 이 물질은 볼 수도 없고 느낄 수도 없으며 맛을 볼 수도 없다. 달리 표현한다면 여기서는 보이거나 느껴지며 또 맛을 볼 수 있는 것은 **물질**이 아니라 다만 색깔이나 돌 또는 소금 등등이다. 물질은 오히려 **순수 추상**이므로 오직 **사유의 대상으로 되는 순수한 본질**이거나 순수 사유 자체 즉 아무런 구별도 지니지 않거나 아무런 규정도 없으며 더 나가서는 어떤 술어도 없는 절대자만이 눈앞에 나타난다.[260]

[해제] 1) 헤겔은 위에서 제시된 두 구절을 통해 계몽적 사유의 대립을 설명한다. 계몽은 순수 사유와 순수 물질, 관념론과 유물론 사이를 끊임없이 오가면서 자기를 전도한다.

이 구절에서 헤겔은 그 전도 과정을 구체적으로 서술한다. 여기서 헤겔의 서술을 이해하기 위해 우선 네 가지 항을 설정해야 한다. 자아 즉

259 감각적 존재[관념]에서 의식이 관계하는 방식이 제거되면, 관념의 배후에 그 관념을 산출하는 물 자체가 출현한다. 물 자체 즉 순수 물질은 자기의식의 대상이므로 여기서 의식은 자기의식으로 다시 전도된다.

260 순수 물질은 자기의식의 대상인 순수 본질이지만, 헤겔은 그 이후의 운동은 생략한 것으로 보인다. 헤겔의 논리에 따르면 여기서 다시 여기서 자기의식은 의식으로 전도되면서, 의식이 파악하는 다양한 감각적 성질이 등장할 것이며, 이는 다시 순수 사유로 전도될 것이다.

순수 자기의식의 편에서 자기의식과 의식이 있고, 대상 편에서 관념론과 유물론이 있다. 관념론은 순수 사유와 개별적 관념 사이의 직접적 결합으로 이루어지며 유물론은 순수 사물과 개별적 성질 사이의 직접적 결합으로 이루어진다. (관념론과 유물론에서 서로 대립하는 두 요소는 곧 유용한 존재가 순수 자기의식과 관계하여 이원화한 것이다)

2) 여기서 자기의식과 의식은 직접 결합하며, 순수 사유와 개별 관념 그리고 순수 사물과 개별 성질도 서로 직접 결합한다. 헤겔의 사유에서 추상적인 것이 개별적인 것과 직접 결합할 때는 양자가 동전의 이면을 이루면서 끊임없는 이행의 운동 즉 유동성이 출현한다. 왜냐하면, 추상적 본질 자체는 개별자를 부정하면서 성립하는 것인데, 자기 자신이 다른 개별적 개별자들에 대립하는 또 하나의 개별자므로 자기를 부정할 수밖에 없으니, 개별자와 추상적 본질 사이에 끊임없는 전전반측이 일어나면서 서로 자기를 지양하는 유동적인 운동이 일어나기 때문이다

3) 이런 유동적 운동은 여기서 순수 자기의식과 유용한 존재 사이에서도 일어난다. 먼저 자기의식에서 출발하면 여기서 대상 즉 순수 본질은 순수 사유가 된다. 그러나 순수 본질이 순수 사유가 되는 순간 자기의식은 의식으로 전도되면서, 의식이 의식하는 개별 관념이 된다. 이 순간 다시 자기의식으로 전도되면서 개별 관념은 그 배후에 순수 사물에서 나온 것으로 된다. 이 순수 사물이 출현하는 순간 다시 자기의식은 의식으로 전도되면서, 순수 사물은 다양한 감각적 성질을 지닌 것이 된다. 여기서 다시 의식은 자기의식으로 전도되면서 감각적 성질은 결국 순수 사유의 현상하는 것이 되면서 순수 사유가 출현한다. 결국, 자기의식과 의식의 상호 전도를 통해 순수 사유를 본질로 하는 관념론은 순수 사물을 본질로 하는 유물론 사이에도 상호 전도가 일어나게 된다.

578) ⟨SK 426:23~427:34⟩⟨FM 312:34~313:32⟩

　한편의 계몽은 절대적 본질을 그처럼 술어가 없는 절대자로 부른다. 이 절대자는 실제적 의식의 피안에 사유 속에 있는 것이며 사유로부터 나온다. ―다른 편의 계몽은 이 절대적 본질을 **물질**로 부른다.*[1] 그런데 절대적 본질을 구별해서 한편으로 **자연**으로서 물질로 보고 다른 편에서 정신 또는 **신**으로 보자. 우선 자기 내에 머물며 의식 없이 몽롱한 몽상[Weben]으로 본다면, 이 절대적 본질이 자연으로 되기에는 생명이 전개해 만들어내는 풍요가 없으며 이와는 달리 정신이나 신으로 본다면 여기에는 자체 내에서 자기를 구별하는 의식이 없다. 양자는 우리가 이미 보아 왔듯이 전적으로 같은 개념에 지나지 않는다. 따라서 구별이 있다면 그것은 사태 내에 깃들어 있는 것이 아니라 교양의 두 형태가 출발하는 지점에 온전하게 있을 뿐이며 동시에 각자가 사유의 운동에서 자리 잡은 고유한 입각점에 있다. 그러나 만약 양자가 각자의 입각점을 넘어선다면 이들은 서로 합일할 뿐만 아니라 한편이 역겨운 것으로 주장하는 것과 다른 편이 어리석은 것이라고 주장하는 것이 서로 같은 것이라는 사실을 인식하게 될 것이다. 왜냐하면, 한편[관념론]에서는 절대적 본질은 바로 그 자신의 순수한 사유 속에 깃들어 있거나 순수 의식에 대해서 직접 나타나며 유한한 의식 밖에 자리 잡고 있고 유한한 의식이 **부정되는** 피안이기 때문이다. 그런데 이때 만약 하나의 편[관념론]이 방금 말한 사실에 관해 반성하면서 어떤 면에서는 그처럼 사유의 단순한 직접성이 곧 **순수한 존재**와 다른 바 없다는 사실에 이르며 또 다른 편에서는 의식에 대해서 **부정적으로 존재하는 것**도 동시에 그 의식과 관계하는 것이니 마치 부정 판단에서 '이다'라고 하는 계사는 주어와 술어로 분리된 것을 결합하는 것과 마찬가지가 된다고 해 보자[261]. -그러면 이런 **외적인 존재자**로 규정되는 피안이 의식에 대해 관계하고 있다는 사실이 드러나게 될 것이니 이 관계는 **순수 물질**이라고 불리는 것과 같은 것으로 될 것이다. 그럼으로써 지금까지 결핍되던 **현재화**하는 계기[262]도 획득될 것이다. -그런데 다른 편의 계몽[유물론]은 감각적 존재로부터 출발하여 곧이어 맛을 본다거나 눈으로 관찰한다는 등의 감각적 관계를 **제거하는** 가운데 그러한 존재를 순수한 **그 자체 존재[an sich]**나 **절대적 물질** 즉 감촉되거나 맛을 볼 수도 없는 어떤 것으로 만든다. 이와 같은 존재는 아무런 술어도 수반될 수 없는 극히 단순한 것 이를테면 **순수 의식**의 본질로 됐다. 그러니 그것은 **잠재적으로** 존재하는 순수 개념이거나 자기 **자신 내에** 머무르는 **순수한 사유**를 일컫는 것으로 된다. 그런데 이런 통찰은 대립하는 것으로 가는 걸음을 의식하지 못한다. 즉 **존재자** 즉 순수한 존재자로부터 출발해 이 **순수한 존재**와 전혀 다른 바 없는 **사유 된 것**을 향해 걸어가며 다시 말해서 순수한 긍정적인 존재로부터 순수하게 부정적인 존재[263]로 걸어간다는 것을 통찰은 의식하지 못한다. 그러나[doch] 긍정적인 존재는 오직 부정을 통해서만 전적으로 **순수하게** 되며 반면, **순수한** 부정적 존재는 순수한 것으로 되면 오직 자기 자신 내에서 자기와 같음의 상태로 머무르니 이를 통해서 그것은 긍정적인 것으로 된다. -이상과 같은 계몽의 양편은 모두 **존**

---

261 순수 사유와 순수 물질의 관계는 서로 대립하지만, 같은 것이니, 마치 부정판단(A ist nicht B)에서 서로 대립하는 주어(A)와 술어(nicht B)가 계사 '이다(ist)'를 통해 결합하는 것과 같다.

262 문맥상 순수 사유에서 결핍된 대상적 존재를 의미한다.

263 문맥상 감각적 존재를 부정하면서 순수하게 자기와 같은 것으로 사유 된 것을 의미한다.

재와 사유는 본래[an sich] 같은 것이라고 한 데카르트의 형이상학적 개념264에 다다르지 못했을 뿐만 아니라*² 또한, 계몽은 존재 그것도 순수 존재는 구체적인 현실일 수 없는 한낱 순수한 추상에 지나지 않으며 또한, 반대로 말하자면 순수 사유나 자기와 같음 또는 본질도 어떻게 보면 자기의식을 부정하는 것이므로 존재고 어떻게 보면 직접 단순한 것이기에 존재와 다른 것이 아니라는 사상에 이르지 못한다. 즉 사유는 물체[Dingheit]며 물체는 곧 사유라는 사상에도 다다르지 못하는 셈이다.

*¹ FM주 〈312:34~36〉『철학사 강의』에서 보이듯이 헤겔은 여기서 프랑스 계몽주의의 유물론과 이신론[理神論]을 염두에 두고 있다. 참조: 헤겔G. W. F. Hegel,『철학사 강의』,『전서』, 15권. S. 507ff: "유물론은 라메트리와 돌바하가 가장 첨예하게 대변했고 이신론 즉 신을 인식할 수 없는 절대자로 묘사하는 이신론은 로비네가 대변했다. 1) 이신론은 신의 모든 이름을 반대한다. 왜냐하면, 그런 이름은 유한한 존재가 지닌 성질을 무한한 존재에 이전하고 이를 통해 신을 인간화하는 데로 나가기 때문이다. 신에 관해서는 다만 모든 존재의 필연적 원인이라는 사실만이 인식될 수 있다. 참조: 로비네J. B. Robinet,『자연에 관해』, 1권, 10~16 (T. 1, kap. 3); 2권, 179f (T. 5, Kap. 48), 364 (T. 5, Kap. 83), 377(T. 5, Kap. 85).

2) 라메트리의 견해에 따르면 물질은 자기 자신을 원인으로 해서 움직인다. 이런 운동의 본성은 물질 자체만큼이나 알려지지 않는다. 참조: 라메트리La Mettrie,『영혼의 흔적』, 전집, 1권, S. 68~84;『인간 기계론』,『전집』, 3권, S. 183ff. 또한, 다음을 참조하라: 돌바하Baron d'Holbach,『자연의 체계 또는 물리적 세계와 윤리적 세계의 법칙』T. 2. 2, 200f (6.

264 데카르트는 흔히 사유와 존재의 이원론자로 알려졌으나, 데카르트는 사유와 존재는 신의 속성이며 신 속에서는 양자는 통일된다고 보았다.

Hauptstück).

*² FM주 〈313:25~26〉 헤겔은 데카르트의 'Ego cogito, ergo sum sive existo'라는 명제를 거론한다. 참조: 데카르트René Descartes, 『철학의 원리』, S. 20f (T. 4). 또한, 다음을 참조하라: 데카르트René Descartes, 『제일철학의 성찰』, Meditatio V, 32f.

[해제] 1) 앞의 구절과 마찬가지로 이 구절에서도 헤겔은 관념론과 유물론의 상호 이행을 설명한다. 순수한 자기의식 쪽에서 보면, 순수한 본질은 자아와 구별되지 않는 자기 자신이다. 여기서는 의식 없는 몽롱한 사유의 활동만 남는다. 반면 순수한 본질은 개별 자아, 의식의 대상이라는 편에서 본다면 그것은 감각적 현실 너머 있는 순수한 물질이다. 순수 사유와 순수 물질은 다 같이 텅 빈 본질이다. 그 구별은 "각자가 사유의 운동에서 자리 잡은 고유한 입각점에 있을" 뿐이다.

2) 양자가 같은 것이므로 서로 전도하는데 여기서 앞의 해제에서 서술한 것처럼 관념론은 유물론으로 유물론은 관념론으로 끊임없이 이행한다. 그 결과 "한편이 역겨운 것(유물론)이라고 주장하는 것과 다른 편이 어리석은 것(관념론)이라고 주장하는 것이 같은 것이라는 사실"이 자각된다.

그런데 유물론이나 관념론은 자신으로부터 반대편으로 이행이 일어난다는 사실을 자각하지 못한다. 이런 전도는 사실 순수한 자기의식이 한편으로 자기의식이며 다른 한편으로 의식이면서 양자 사이에 끊임없이 일어나는 전도 때문에 생기는 것이다. 순수한 자기의식 즉 계몽적 자아 자신은 자신의 이런 전도를 알지 못한다. 그러므로 헤겔은 심지어 이런 유물론과 관념론은 존재와 사유가 일치한다고 보았던 데카르트에게도 미치지 못한다고 한다.

3) 유물론과 관념론의 일면성에 대한 헤겔의 비판에서 그가 염두에

둔 것은 데카르트학파가 분열해 디드로와 같은 유물론자와 루소와 같은 관념론자로 나누어진 것이 아닐까 생각한다. 양자의 대립은 절대적 본질 자체에 있는 것이 아니고 고찰방식 즉 자기의식의 편에서 보는가 아니면 대상의 편에서 보는가 하는 데 있다.

　양자의 대립은 계몽의 내적 대립이므로 양자의 대립을 극복하는 것은 계몽 자체를 넘어서는 길로 될 수 있다. 이제 헤겔은 그런 길을 설명하기 시작한다. 이 부분은 579 구절에서 시작돼 3절 절대적 자유와 공포까지 이어진다. 최종적으로는 칸트의 철학에서 극복의 지점을 마련한다. 이제 이 부분을 설명해 보기로 하자.

579) 〈SK 427:35~428:18〉〈FM 313:32~314:7〉

　[순수] 본질은 그 자신에서[an ihm] **양분**됐다. 그 결과 본질은 두 개의 서로 다른 고찰방식에 속하게 됐다. 이때 한편으로 본질은 자기 자신에서[an ihm selbst] 그와 같은 구별을 지니지만, 또 다른 편으로는 그런 가운데서 그 두 가지 고찰방식이 **하나로** 결합한다. 왜냐하면, 두 종류의 고찰방식은 순수 존재[des reinen Seins]와 부정적인 존재[265]라는 추상적 계기들을 통해 서로 구별되지만, 이 구별된 추상적 계기들은 각 고찰방식이 대상[순수 본질]으로 삼는 것 속에서는 이미 통합됐기 때문이다. ―양자에 공통적인 일반적 본질은 추상적인 것이어서 자기 자신 내에서 순수한 동요[Erzittern]를 일으키는 것이며 달리 말하자면 순수하게 자기 자신을 사유하는 활동을 전개하는 것이다.[266] 그러나 이렇듯 단

265　'순수 존재'란 순수 사물을 말하며 '부정적 존재'는 감각적인 것을 넘어선 것이니 순수 사유를 말한다.

266　여기서 '동요'나 '사유', '자전 운동'은 대상이 지닌 두 계기 즉 그 자체 존재(순수 본질)와 대타 존재(개별자) 사이에 일어나는 전도 또는 이행의 운동을 말한다. 그것은 관념론에서나 유물론 어디서도 일어나며 이런 전도를 통해 관념론과

순하게 자기를 축으로 회전하는 운동은 자신의 계기를 분산시킬 수밖에 없다. 왜냐하면, 이 자전[自轉] 운동 자체가 자신의 계기를 구별함으로써만 그처럼 운동할 수 있기 때문이다. 이처럼 계기가 구별되고 난 다음 남아 있는, 움직이지 않는 것은 순수 **존재**[des reinen Seins]라는 텅 빈 껍질일 뿐이니 그런 순수 존재는 더는 실제로 존재하는[wirkliches] 사유도 아니며 또한, 더는 자기 자신 속에 생명을 지니지도 못한다. 왜냐하면, 계기를 구별함으로써 얻은 구별된 계기는 전적인 내용에 해당하는 것[aller Inhalt]이기 때문이다. 그런데 구별된 계기가 **통일된 것 바깥에** 설정되면서[267] 그 **자체적인** 존재와 **대타 존재** 그리고 **대자 존재**[268]라는 계기들은 다만 교체될 뿐 더는 자기로 복귀하지 않는다. -즉 이 구별된 계기가 교체되는 모습이야말로 이 구별된 계기가 순수 통찰이라는 실제로 존재하는 의식에 대해 나타나는 대로의 현실이니 이것이 곧 **유용한 존재**다.

580) 〈SK 428:19~429:36〉〈FM 314:8~315:27〉

유용한 존재라는 것은 신앙에서 볼 때나 다감한 마음[Empfindsamkeit]에서 볼 때, 더 나가서는 자칭 사변[思辨]이라고 하면서도 사실은 **본래적인 것**[Ansich]에 고착된 추상적 사유의 입장에서 볼 때도 사악한 것으

유물론도 서로 이행한다.

267 순수 본질이 추상적인 것이므로 구별된 계기 밖에 있는 통일이다. 양자의 관계는 직접적이며 그 때문에 전도 또는 유동화의 운동이 일어난다.

268 개념이나 정신은 자아를 자기 내 포함한다. 그러나 유용한 존재에서는 추상적 본질과 구별된 계기 사이를 매개하는 자아가 없다. 여기서는 순수한 자기의식 즉 계몽적 자아가 유용한 존재 바깥에서 직접 결합한다. 순수한 자기의식 자신이 자기의식과 의식으로 전도하니, 그것에 따라 유용한 존재에서 추상적 본질과 구별된 계기가 전도된다.

로 보일 수 있다. 그러나 이 유용한 존재는 순수 통찰이 자기실현을 완성하며 그 자신이 자기의 **대상**으로 되게 하는 지반으로 된다. 순수 통찰은 이런 유용한 존재라는 대상을 더는 부인하지도 않을 뿐만 아니라 또한, 이런 대상을 텅 빈 것이거나 순수한 피안이라는 가치를 지니는 것으로 보지도 않는다. 왜냐하면, 이미 우리가 보아 왔듯이 순수 통찰은 현존하는 개념 자체[269]이며 더 나가서는 오직 자기와 같음에 이른 순수한 인격[270]이기 때문이다. 순수 통찰은 자체 내에서 자기를 구별하지만, 여기서 이처럼 구별된 각 계기는 그 자체가 순수 개념이며 즉 직접 말해 구별될 수 없는 것이다. 순수 통찰은 단순하고도 순수한 자기의식이며 또한, 그 **자체 존재**와 **대자 존재**가 직접적인 통일을 이루는 자기의식이다. 따라서 이 유용한 존재가 **그 자체 존재**[Ansichsein]의 측면을 지닌다 하더라도 이 측면은 계속 머무르는[bleibendes] **존재**의 성격을 지니는 것이 아니라 오히려 [따로] 구별된[추상적] 상태로 존재하는 어떤 것이기를 즉각 중단한다. 이런 [따로] 구별된[추상적] 존재는 직접 말해 자기를 유지할 힘이 없는 것이니 **그 자체 존재**가 아니라 오히려 본질상 어떤 **대타 존재**고 그가 마주 대한 타자[대타 존재]는 그러한 그 자체 존재를 흡수해 버리는 위력을 지닌 존재다. 그러나 첫 번째 계기에 해당하는 그 자체 존재에 대립하는 두 번째 계기[대타 존재]도 역시 바로 첫 번째 계기와 마찬가지로 바로 소멸할 수밖에 없다. 이를 또 달리 표현한다면 그 두 번째 계기 역시 오직 자기의 **타자에 대해서 있는 존재**일 뿐이므로 스스로 **소멸할 수밖에 없는 것**[Verschwinden selbst]으로

269 자기의식은 개념이다. 그러나 순수한 자기의식은 직접적인 개념일 뿐이니, 그런 점에서 '현존하는 개념'이다. 마치 헤겔이 시간을 현존하는 개념이라고 하는 것과 같다.

270 '순수 인격'은 순수한 자기의식과 같은 의미다.

된다. 이제 대타 존재는 **자기 내로 복귀**하면서 **대자 존재**[271]로 **설정**된다. 그러나 또한, 이처럼 단순한 대자 존재도 어디까지나 자기와 같음 속에 고착된 것이므로 오히려 **존재하는 어떤 것**으로 되며 다시 말하면 이를 통해 **대타 존재**로 된다. ─순수 통찰이 그와 같은 자신의 **계기들을 전개해** 나가는 과정에서 드러내는 이와 같은 본성, 다시 말해서 순수 통찰이 자기를 **대상**으로 전개하는 모습은 다름 아닌 유용한 존재를 표현한다. 그런데 이 유용한 존재는 **그 자체로** 존속하는 것[Bestehendes] 즉 사물이지만, 이런 그 자체 존재는 다만 순수한 계기에 지나지 않는다. 따라서 그 자체 존재는 어떤 타자로부터도 단절된 것[absolut]이지만, 그 자체 존재인 만큼이나 꼭 마찬가지로 다만 **대타 존재**다. 이제 서로 대립하는 두 계기는 나눌 수 없는 통일 속으로 복귀하면서 대자 존재가 된다. 그런데 이 유용한 존재가 순수 통찰의 개념을 나타내는 것은 사실이라 할지라도 그것은 순수 통찰 그 자체로 나타나는 것이 아니라 순수 통찰이 **관념**[Vorstellung]으로 또는 **대상**으로 나타나는 것에 지나지 않는다. 이렇게 볼 때 유용한 존재란 다만 그 계기들이 끊임없이 교체하는 것을 나타내니 그 가운데 하나의 계기는 자기 내로 복귀한 존재 자체지만, 그것은 한낱 **독자 존재**[Fürsichsein] 다시 말하면 다른 계기들에 대립해 그 옆에 등장하는 또 하나의 추상적인 계기에 지나지 않는다.[272] 유용한 존

---

271 여기서 대자 존재는 곧 유용한 존재를 대상으로 파악하는 순수 통찰을 말한다. 순수 통찰 역시 양면적이니 자기의식(자기와 같음 속에 있는 단순한 대자 존재)과 실제적 의식(대타 존재)과 끊임없이 교체하는 관계에 있다. 자기의식이 추상적이므로(즉 "자기와 같음 속에 고착된 것이므로") 이미 하나의 개별자이므로, 이런 전도가 일어나게 된다.

272 그 자체 존재 즉 순수 본질은 추상적 일반자다. 추상적 일반자는 개별자에 대립하는 또 하나의 개별자며 개별자를 부정하는 동시에 자기도 부정하면서 끊임

재 자체는 부정적인 위력을 지닌 본질[negative Wesen]은 못 된다. 즉 이상과 같은 계기들은 본래 서로 대립하는 상태에서 있으므로 유용한 존재는 이런 계기들을 **나눌 수 없이 하나의 관점에서** 장악하지 않으며 다시 말하자면 그런 계기들이 순수 통찰로서 드러내는 **사유** 그 자체로 장악하지 않는다. 따라서 유용한 존재에서 **대자 존재**의 계기는 결코 **그 자체 존재와 대타 존재**라는 그 밖의 계기를 **포괄하는 자아**[Selbst]가 될 만한 것은 아니다.[273] 그러므로 순수 통찰은 유용한 존재에서 그 자신의 개념이 지니는 **순수한** 계기를 **대상화**해 드러낸다고 볼 수 있다. 순수 통찰은 이런 **형이상학**[적 대상]을 의식하기는 하지만, 그러나 아직도 이 형이상학[적 대상]의 개념을 파악하지 않는다.[274] 즉 유용한 존재는 아직도 **존재와 개념의 통일** 자체에까지 다다른 것은 아니다. 더욱이 이 유용한 존재는 순수 통찰에 대해 대상이라는 형식을 띠는 까닭에 여기서 순수 통찰은 비록 더는 그 자체적이면서 동시에 대자적[an und für sich seiende]인 세계를 갖는 것은 아니지만, 그래도 아직 하나의 세계를 즉 자기 자신과 구별되는 하나의 **세계**를 지닌다. 그러나 여기서 대립하는

없는 전도 또는 유동화가 일어난다.

273 생명이나 사회에서 대자 존재가 본질과 개별이라는 두 계기를 매개한다. 즉 생명이나 사회는 "부정적인 위력"을 지닌다. 그러나 여기서 유용한 존재에서 대자 존재는 자기 밖에 있다. 즉 유용한 존재와 순수한 자기의식은 직접 외면적으로 결합한다. 순수한 자기의식이 자체 내에서 전도하면서 그것에 따라서 유용한 존재도 자체 내로 전도한다.

274 여기서 형이상학적 대상은 곧 대타 존재의 피안에 있는 순수 본질 또는 그 자체 존재를 말한다. 순수 통찰은 직접 이 순수 본질을 사유하거나 대타 존재를 넘어서 의식한다. 그러나 순수 통찰은 그 자체 존재를 자기를 대상화하고 다시 복귀하는 개념의 운동으로 파악하지는 못한다.

계기[그 자체 존재와 대타 존재]가 이 개념의 정점에까지 다다름으로써 다 함께 붕괴해 마침내 계몽이 그의 행위의 열매를 거둔다. 이점에 관해서는 바로 다음에서 논의하게 될 것이다.

[해제] 1) 계몽의 부정적 자아가 신앙을 비판한 결과 자기를 실현하니 그것이 유용한 존재가 갖는 순수 본질이다. 이 순수 본질은 부정적 자아의 직접적 실현이니 양자는 구별되지 않은 구별을 이룬다. 구별되지 않는다는 점에서 순수 본질은 순수 사유인 동시에 구별된다는 측면에서는 순수 본질은 순수 사물이다. 이상과 같이 헤겔은 계몽이 관념론과 유물론으로 분화되는 것을 설명한 다음 이 구절에서 헤겔은 유용한 존재가 지닌 두 측면 사이의 관계를 살펴본다.

2) 유용한 존재는 한 측면에서 순수 본질 즉 추상적인 그 자체 존재며 다른 측면에서 개별적인 것 즉 대타 존재다. 양자도 직접 관계하고 있어서 마치 동전의 이면처럼 결합한다. 양자 사이에는 교체 즉 전전반측이 일어나며 이 교체는 끊임없이 미끄러지는 운동으로 나타난다. 헤겔은 이런 교체를 "자기 자신 내에서 일어나는 순수한 동요" 또는 "순수하게 자기 자신을 사유하는 활동을 전개하는 것," "단순하게 자기를 축으로 회전하는 운동"이라고 한다. 이와 같은 운동은 이성 장 끝에서 등장한 성실한 의식에서도 등장했던 것과 같은 운동이다. 여기서도 사태 자체는 추상적인 것이었고, 개별적 사태와 직접 결합하면서 끊임없이 미끄러지는 운동이 출현했다.

3) 이런 교체가 일어나는 이유는 유용한 존재에서 순수 본질 또는 그 자체 존재가 추상적인 본질이기 때문이다. 그것은 단순한 사유의 산물(동어 반복적)도 아니고 생명체처럼 자기를 대상화하는 것도 아니다. 그것은 추상적 일반성이고 그 구별은 자기 바깥에 설정되므로 구별은 자기 내로 복귀하는 것이 되지 못한다. 즉 추상적 본질 역시 하나의 구별

이니 개별자를 부정하는 추상적 본질은 자기 자신도 부정하면서 여기서 개별자와 추상적 본질 사이에는 즉 다만 교체하는 운동이 발생한다.

4) 이처럼 교체하는 운동은 유용한 존재의 두 계기 사이에서만 일어나는 것이 아니라, 대자 존재인 순수 통찰에서도 일어난다. 순수 통찰은 자기의식과 의식이라는 두 계기를 갖는데 두 계기를 포괄하여 매개적으로 통일하여 파악하지 못하며 다만 전전반측할 뿐이다. 여기서도 자기의식이 추상적이므로 이런 전도가 일어난다. 즉 이처럼 "단순한 대자 존재[즉 자기의식]도 어디까지나 자기와 같음 속에 고착된 것이므로 오히려 존재하는 것으로 되며 다시 말하면 이를 통해 스스로 대타 존재[의식]로 된다."

5) 그러므로 순수 통찰은 대상인 유용한 존재와 관계하면서 단순히 대상을 부정하여 순수한 사유에 머무르거나 자기의 대상을 피안에 설정하는 것도 아니다. 순수 통찰은 자기를 교체하므로 그것에 따라 유용한 존재도 교체한다. 순수 통찰은 한 번은 자기의식이 돼서 자기를 유용한 존재의 순수 본질이라는 계기 속에서 발견하고 이때는 대상과 합일한다. 다른 한 번은 실제적 의식이 돼 유용한 존재의 개별성의 계기를 대상으로 삼으면서 그것과 대립한다. 유용한 존재가 이처럼 자기를 교체하는 가운데 순수 사물은 순수 사유가 되고, 다시 순수 사유는 순수 사물로 전도한다.

6) 자기의식과 의식(순수 통찰), 그 자체 존재와 대타 존재(유용한 존재), 순수 사유와 순수 사물(유물론과 관념론)의 관계가 이처럼 직접적 결합이고 끊임없이 이행하는 관계에 있으므로 이런 운동은 개념의 자기를 대상화하고 다시 자기 내로 복귀하는 운동과 다르다. 즉 이 운동은 "계기가 다만 교체될 뿐 더는 자기로 복귀하는 것이 아니다." 유용한 존재는 자기의 계기를 장악하는 "부정적 위력을 지닌 본질"이 아니며, 순수 통찰 역시 대상을 개념적으로 파악하는 것이 아니다. 그러므로 헤

겔은 순수 통찰은 "형이상학[적 대상]을 의식하기는 하지만, 이 형이상학[적 대상]의 개념을 파악하는 것은 아니다"라고 한다.

7) 교양은 자기를 부분적으로 부정할 뿐이었다. 계몽적 자아는 타자에 대한 부정성을 지니지만, 그 부정성은 사유에 한정됐다. 관념론과 유물론과 같은 순수한 자기의식에서 개별적 계기와 그 자체 존재 사이의 교체를 통해 부정성이 실제로 출현한다. 이 부정성은 아직 개념적 통일을 가능하게 하는 "부정성의 위력"은 아니지만, 이처럼 부정성이 실제로 출현하는 것을 통해 현실에 대한 실제로 일어나는 전복이 가능해진다. 여기서 프랑스 혁명에서 일어난 현실적 전복이 출현한다.

581) 〈SK 430:1~431:10〉〈FM 315:12~316:8〉

여기서 우리가 도달한 결과를 전반적으로 고찰해 보자. 교양에 속하는 현실 세계는 **텅 빈** 자기의식[분열된 의식]으로 종합됐다. ─이 자기의식은 대자 존재지만, 교양의 세계에서 나타나는 온갖 혼란을 자기의 내용으로 삼는 것일 뿐이며 또한, 그런 대자 존재는 **개별적인** 개념일 뿐 아직도 **자각적인[für sich] 일반** 개념으로 되지 못한다. 그런 개별 개념이 자기 내로 복귀하면서 순수 통찰로 된다. ─이 **순수 통찰**은 순수 의식이지만, 순수한 **자아**거나 부정하는 활동[Negativität]으로 존재하는 것이니, 이는 신앙이 마찬가지로 순수한 의식이지만, 다만 **순수한 사유** 또는 긍정적인 것[Positivität]으로 존재하는 것과 같다. 그런데 신앙은 지금 막 언급된 순수한 자아[순수 통찰] 속에 자기를 완전하게 해 주는 계기를 획득한다. ─신앙은 순수 통찰이 보완해 주는 것을 통해 오히려 몰락하며 이제 순수 통찰에서 우리는 두 가지 계기를 본다. 즉 하나는 순수하게 **사유 된 것** 또는 부정적인 것으로서 절대적 본질이며 다른 하나는 긍정적으로 **존재하는 것을 가리키는 물질**이다. ─이런 완전한 존재[275]에는 **텅 빈** 의식[276]에 속했던 현실 즉 자기의식의 **현실**이 여전히 없다. ―사유는 이런 현실 세계에서 나와서 자기 자신으로 끌어올려졌다. 이처럼 완전한 존재에 없던 것이 유용한 존재를 통해 획득된다. 왜냐하면, 순수 통찰은 바로 이 유용한 존재에서 긍정적으로[positive] 대상화하기 때문이다. 순수 통찰은 이런 유용한 존재를 통해서 자기충족을 누릴 수 있는 실제적 의식으로 된다. 이런 긍정적 대상성이 곧 순수 통찰의 **세계**를 구성한다. 이렇게 구성된 세계야말로 지금까지 겪은 모든 세계 즉 관념적인 세계와 실재[reellen] 세계의 진리가 된다. 자기 소외의 정신[교양]에서 등장한 최초의 세계는 흩어진 현존과 개별화된 **자기 확신**이 펼쳐진 영역이었다. 이는 마치 자연이 자신의 생명을 무한히 다양한 형태로 흩뿌려 놓았으면서도 이 모든 형태의 **유적 본질**[Gattung]은 눈앞에 나타나지 않는 것과 같다. 소외된 정신의 두 번째 세계[277]는 **유적 본질**을 포함하니, 이 세계는 곧 **그 자체로 존재하는**[Ansichseins] 나라며 달리 말하자면 앞에서와 같은 개별 자기 확신에 대치되는 **진리**의 나라이다. 이제 마지막 세 번째 세계는 유용한 존재의 세계니, 이 세계는 **진리**면서도 또한, 못지않게 **자기 자신의 확신**을 지닌 세계기도 하다. **신앙**이라는 진리의 영역에서는 **현실**의 원리, 다시 말하면 이 **개별자**가 자기 자신에 관해 확신하는 원리가 없다. 이에 반해 현실, 다시 말해서 이 개별자의 자기 확신[의 세계]에서는 **그 자체적인 것**이 없다. 그런데 이제 순수 통찰의 대상으로 등장한 유용한 존재에서는 이상과 같은 두 세계가 통합된다. 즉 여기서 유용한 존재는 대상이긴 하지만, 이것은 어디

275 문맥상 신앙의 세계에서 절대적 본질을 말한다.
276 교양은 자기의식이 자기를 실현하는 현실성은 갖는다. 그러나 분열된 의식에서 드러나듯이 이 교양은 텅 빈 세계라는 것이 드러난다.
277 신앙의 세계를 말한다.

까지나 자기의식이 이 대상을 꿰뚫어봄으로써[durchschaut] 이 대상 속에서 **개별적인** 자기 **확신** 즉 자기 향유(대자 존재)를 누리는 한에서만 성립한다. 자기의식은 이상과 같은 방식으로 대상을 **통찰**[einsieht]하니, 이런 통찰은 곧 대상의 참된 본질(즉 통찰됐다거나 타자에 대해 존재한다는 본질)을 함축한다. 따라서 이런 통찰은 그 자체가 **참다운** 인식일 뿐만 아니라 또한, 자기의식으로서도 역시 이런 유용한 대상과 관계하는 데서 직접 일반적인 자기 확신과 순수 의식을 지닌다. 그러므로 이런 **관계**에서 진리와 동시에 현재와 **현실**이 통합된다. 이제 두 세계가 화해를 이룸으로써 하늘나라는 지상으로 내려온다.

[해제] 1) 지금까지 계몽과 신앙이라는 두 측면에서 일어나는 이행을 설명했다. 이제 헤겔은 지금까지 전개과정을 전체적으로 그려내면서 다음으로 이행한다. 이 구절은 헤겔이 전개했던 교양의 세계와 계몽의 세계 전체를 일목요연하게 이해하게 해준다.

근대정신은 소외된 정신이다. 즉 개별자의 상호관계를 통해 일반자가 출현한다. 이 일반자는 개별자의 산물이지만, 개별자로부터 소외된다. 여기서 개별자를 의식하는 실제적 의식과 소외된 일반자를 직접 의식하는 순수 의식이 출현한다.

2) 교양에서 실제적 의식의 도야가 일어나면서 최종적으로 분열된 의식에 이른다. 이 분열된 의식은 부정적 자아로서 활동하면서 순수 통찰, 계몽이 된다. 실제적 의식의 이면에 순수 의식이 존재하는데, 여기서 일반적 본질이 피안에서 출현하니 이로부터 신앙이 출현한다.

교양의 세계는 흩어진 현존과 개별적 자기 확신만이 있었다. 그것은 "자연이 자신의 생명을 무한히 다양한 형태로 흩뿌려 놓았으면서도 이 모든 형태의 유적 본질은 출현하지 않은 것과 같다." 신앙의 세계로 들어와서 유적 본질 그 자체 존재가 구체적 대상으로 출현하지만, 그 대상은 아직 피안에 존재할 뿐이다.

신앙에서는 현실이 인정되지 않았고, 계몽에서는 대상이 출현하지 않았으니, 전자에서는 개별자의 자기만족, 자기 확신이 없으며 후자에서는 분산된 현실만 있었지 그 자체적인 것 즉 진리가 없었다.

3) 부정적 자아로서 계몽과 피안의 대상과 합일하는 신앙, 양자의 상호 비판을 통해 유용한 존재가 출현한다. 계몽의 부정적 자아는 자기를 대상으로 실현하며, 신앙에서 "하늘나라는 지상으로 내려오게 된다." 그것이 곧 유용한 존재인데 "순수하게 사유 된 것 즉 부정적인 것으로서" 순수 본질과 "긍정적으로 존재하는 것" 즉 개별 계기가 직접 결합한 것이다. 양자는 개념적 통일을 이루지 못하니 유용한 존재는 이원화한다. 유용한 존재에서는 개별적 대상이 그 자체로 인정되는 동시에 순수한 본질도 그 자체로 인정된다. 그러므로 "진리이면서 동시에 자기 확신을 지닌 세계가 출현한다."

4) 마침내 계몽적 자아와 유용한 존재가 관계하면서 계몽적 자아는 순수한 자기의식이 된다. 여기서 한편으로 자아와 대상의 순수 본질은 통일을 이루며 다른 한편으로 대상의 본질은 자아에 대립한다. 전자의 측면에서 계몽적 자아는 자기의식이 된다. 후자의 측면에서 계몽적 자아는 의식이 된다.

계몽적 자아가 자기의식과 의식이 서로 전도되면서 유용한 존재에서도 순수 본질(그 자체 존재)은 개별 계기(대타 존재)가 서로 전도한다. 이런 전도에 따라서 유용한 존재는 순수 사유가 되기도 하고 순수 사물로 되기도 한다. 계몽적 자아, 유용한 존재, 관념론과 유물론은 개념적인 통일을 이루지 못하며 끊임없이 자기를 자기와 대립하는 것을 이행한다.

계몽적 자아의 부정성은 사유에서의 부정성에 그친다. 그러나 유용한 존재는 자체 내에서 이런 이행을 통해 부정성이 실제로 출현한다. 다만 이 부정성은 추상적으로 일어나므로, 이런 추상적 부정성이 곧 절대적 자유이다. 이 절대적 자유가 프랑스 혁명에서 보듯 절대적 공포로 발전하며, 이를 매개로 두 세계의 합일이 일어나니 그것이 곧 도덕적 세계다.

B-3 절대적 자유와 공포

[해제]

582~585) 절대적 자유의 세계에 관한 개념

586~587) 일반적 자아와 추상적 본질의 한계

589~591) 소멸에의 광란, 추상적 죽음, 혐의법

592~593) 절대적 자유의 전환

594~595) 도덕성의 정신으로 이행 과정

582) 〈SK 431:11~28〉〈FM 316:11~22〉

[순수 통찰의] 의식은 유용한 존재에서 자신의 개념을 발견하기에 이르렀다. 그러나 이 개념은 한편에서 여전히 **대상**으로 남아 있으며 다른 편으로는 바로 이런 이유로 인해 여전히 **목적**에 머무른다. 따라서 의식은 아직 직접 이 목적을 장악하지는[Besitze] 못한다.[278] 그뿐만 아니라 유용한 존재도 역시 술어적 대상에 지나지 않으므로 주어의 역할을 하지 못할 뿐만 아니라 주어가 직접적이고도 유일하게 **실현된 것도** 아니다. 이 말은 앞에서 제시된 사실 즉 **대자 존재**가 자기의 모습을 나머지 계기[그 자체 존재와 대타 존재]를 위한 실체[279]로 드러낸 것이 아니었다는 사실에서 설명했던 것과 같은 말이다. 만약 대자 존재가 그

---

278 유용한 존재는 순수 본질과 감각적 현실의 직접 결합이다. 순수 본질은 자아가 없는 추상적 개념이어서, 자기를 감각적 사물로 실현하지 못하고, 감각적 사물과 교체할 뿐이니, 이 개념은 대상적 개념이며, 목적에 머무르고 목적을 장악하지 못한다.

279 앞에서 유용한 존재는 고유한 자아를 지니지 않고 그의 자아 즉 대자 존재는 자기 바깥의 순수 통찰에서 지닌다고 했다. 그런 점에서 대자 존재가 유용한 존재의 두 계기의 바탕 즉 실체가 아니라 한다.

와 같은 실체였다면 유용한 존재는 직접 [순수 통찰의] 의식의 편에 있는 자아와 다르지 않을 것이며 이를 통해 자아는 그런 유용한 존재를 장악하는 상태에 있을 것이다. —그러나 이상과 같이 유용한 존재가 지니는 대상성의 형식을 [그 자체 존재 속으로] 환수하는 일은 이미 **잠재적으로는**[an sich] 수행됨으로써 마침내 이런 내적인 전복을 통해 실제로 일어나는 현실의 전복이 출현하니 이것이 곧 새로운 의식의 형태, **절대적 자유**다.

[해제] 1) 순수 통찰의 비판 때문에 신앙의 대상은 유용한 존재가 된다. 순수 통찰은 이를 통해 자기를 실현한다.

유용한 존재에서 순수 본질은 추상적이 본질이므로 헤겔은 유용한 존재를 추상적 개념이라 하며, 유용한 존재는 그 자신이 자기를 실현하는 자아를 지니지 않아서 아직 자아에 대한 대상 즉 술어적 대상이며 또한, 목적에 머물러 있고 목적을 장악하지 못하는 것이라 한다.

2) 앞에서 대자 존재인 순수 통찰의 양 측면이 서로 전환함에 따라서 유용한 존재의 양 측면이 전도했는데, 이제 순수 통찰과 유용한 존재 사이의 관계를 통해 새로운 관계가 출현한다.

순수 통찰의 순수한 자기의식 또는 순수 자아는 유용한 존재의 감각적 사물의 측면을 부정하면서 자기를 실현하려 한다. 이 감각적 사물의 측면이 제거돼야만, 순수 통찰의 순수 자아가 실현될 수 있기 때문이다. 그런데 유용한 존재에서 감각적 사물의 계기는 이미 그 자체 존재의 계기로 넘어 들어갔다. 순수 통찰이 자기의 타자를 부정하는 것은 아무런 저항도 없이 실현될 수 있고 어떤 제약도 받지 않는다. 그러므로 헤겔은 "이런 내적 전복을 통해 실제로 일어나는 현실의 전복이 일어나게" 된다고 말한다.

3) 인간 역시 유용한 존재니, 순수 통찰과 유용한 존재의 관계가 두

자아 사이의 관계로 발전하면, 여기서 자신은 순수 통찰이며 타자는 자기에 대한 유용한 존재가 된다. 그런 관계에서 한편에서 순수 통찰은 타자를 부정하면서 자신의 자유를 실현하려 하지만, 거꾸로 유용한 존재도 또 하나의 자아 즉 순수 통찰이니 그 역시 자기의 타자를 부정하면서 자신의 자유를 실현하려 한다. 이런 상호 부정성 때문에 이 세계는 한편으로 순수 자아가 직접 실현되는 세계 즉 절대적 자유의 세계지만, 다른 한편 타자를 서로 제거하는 세계가 된다.

583) ⟨SK 431:29~432:28⟩⟨FM 316:23~317:26⟩

그러나 유용한 존재는 더는 자기의식이 대상을 장악하지[Besitzen] 못하게 하는 대상성이라는 가상으로, 그러나 텅 빈 것에 지나지 않는 가상으로 눈앞에 나타나지 않는다. 왜냐하면, 한편으로 볼 때 현실 세계든 신앙의 세계든 유기체의 모든 마디는 존립하고 효력을 지니기 위해서는 이런 단순한 규정[280]으로 복귀해서 이 규정을 자신의 근거와 정신으로 삼고 있기 때문이며 또 다른 편에서 보면 그처럼 단순한 규정은 독자적으로는[für sich] 고유한 의미를 조금도 지니지 못하기에 한낱 순수한 형이상학이거나 아니면 순수한 개념 또는 자기의식이 획득한 인식[Wissen][281]에 그치기 때문이다. 따라서 유용한 존재가 대상으로서는 그 자체로 **자기에게 나타난**[Anundfürsichsein] 존재라면 이에 관

---

280 '단순한 규정'은 곧 유용한 존재가 지닌 그 자체 존재 즉 순수 본질을 의미한다. 이 순수 본질은 죽음과 같은 것이다. 유용한 존재에서 감각적 사물의 계기가 그 자체 존재로 복귀하면서 순수 통찰의 부정적 자아가 자기를 실현할 수 있게 된다.

281 유용한 존재가 지닌 순수 본질은 순수 통찰의 부정적 자아의 산물이며 자아는 이 순수 본질과 자기 관계를 맺으니, 여기서 순수 사유, 순수한 형이상학, 자아의 자기인식이 출현한다.

해 [순수 통찰의] 의식이 인식하는 것은 곧 이 **유용한 존재의 그 자체 존재**[Ansichsein]가 본질상 **대타 존재**라고 하는 사실이다. 자아가 **없는** [Selbstlose] **그 자체 존재**[282]란 실제로는 수동적 존재 즉 한낱 다른 자아에 대해 존재하는 것에 지나지 않는다. 그러나 순수 통찰이라는 의식이 보기에 대상이란 추상적 형식으로 존재하는 **순수한 그 자체 존재**다. 왜냐하면, **순수한 통찰**이 파악하는 여러 구별은 다만 개념의 순수 형식[283] 속에 있을 뿐이기 때문이다. ―그러나 대타 존재를 복귀하게 하는 매개자로서 **대자 존재** 즉 자아는 결코 대상이라고 불리는 것[284]이 지닌 고유한 자아 즉 나[Ich]와 다른 자아가 아니다. 왜냐하면, 순수 통찰로서 의식이 지닌 **개별** 자아에 대해 대상이 **고유한 자아**를 지니고 대립하는 것은 아니기 때문이다. 오히려 그러한 [순수 통찰로서] 의식은 순수 개념이며 오직 자아가 자기를 들여다보는 것 즉 절대적으로 자기 자신을 이중화해 바라보는 것이다. 이런 [순수 통찰의] 의식이 확신하는 것은 자기가 일반적 주체[Subjekt]라는 것이며 또한, 이 [순수 통찰의] 의식이 지닌 인식하는 개념은 곧 모든 현실을 포괄하는 본질이다. 따라서 유용한 존재는 자기의 계기를 그 자신의 고유한 **통일** 속으로 복귀하게 하지 못하고 교체를 일삼을 뿐이므로 여전히 인식의 대상에 머무르는 것이었다면 이제 그러한 인식[하는 개념]이 대상으로 삼는 것은 더는 그런 유용한 존재기를 중단한다. 왜냐하면, 여기서 인식 그 자체는 그와 같은

---

282   유용한 존재가 지닌 그 자체 존재는 자아가 자기를 실현하여 자기를 발견하는 것이다. 그러므로 자아에 대해 타자에 대해 있는 존재가 된다.

283   개념의 순수 형식이란 추상적 형식 즉 순수한 그 자체 존재를 말한다. 유용한 존재의 다양한 감각적 구별은 순수한 본질 속으로 복귀한다.

284   유용한 존재의 대타 존재는 그 자체 존재가 개념적으로 자기를 실현한 것이 아니다.

추상적 계기를 운동하게 하는 것이기 때문이다. 그런 인식은 일반적인 자아일 뿐만 아니라 또한, 자기의 자아면서 동시에 대상의 자아다. 또한, 그런 인식은 일반적인 자아[285]인 한에서 이와 같은 계기들의 운동이 자기 내로 귀환해 통일을 이루게 하는 것이다.

[해제] 1) 여기서 헤겔은 앞의 구절에 이어서 순수 통찰과 유용한 존재의 관계를 서술한다. 그 가운데 여기서는 순수 통찰의 유용한 존재를 통한 실현이라는 측면에 한정돼 서술된다. 그 핵심을 정리하자면 다음과 같다.

2) 유용한 존재가 지닌 그 자체 존재는 추상적 형식을 지닌 그 자체 존재다. 이 추상성 때문에 그것은 "자아가 없는 그 자체 존재"이며 "한낱 다른 자아에 대해 존재하는 것"이다. 즉 유용한 존재는 그 자체 존재더라도 자기를 지속하는 본질이 되지 못하고 타자에 대해 대상이 되는 타자에 대해 있는 존재로 이행한다.

유용한 존재는 고유한 자아를 지니지 않으므로, 유용한 존재에서 계기를 이행하게 하는 것은 그것에 대립하는 순수 통찰의 자아이다. 순수 통찰의 자아는 이런 유용한 존재의 감각적 사물의 측면을 부정하면서 자기를 실현하며 이를 통해 순수 통찰은 "자아가 자기를 들여다보는 것 즉 절대적으로 자기 자신을 이중화하여 바라보는 것"이 된다.

3) 유용한 존재는 자아에 대립하는 대상성을 지니지 않는다. 순수 통찰이 자기의 순수 자아를 실현할 수 있는 유용한 것의 감각적 현실이 이미 자기를 지양하기 때문이다. 즉 유용한 존재는 "자신의 근거로 되고

---

285 여기서 일반적 자아는 어떤 일반적 목적이라는 구체적 내용을 실현하려는 자아가 아니라, 오직 개별적 자아를 부정하는 순수한 부정성으로서 자아다. 그러므로 잠재적으로 일반적인 자아일 뿐이다. 이 자아의 부정성은 다만 사유에 머무르는 것이 아니라 실제적인 힘을 지닌 부정적 자아다. 을

정신으로 되는 단순한 규정으로 복귀"했으므로 순수 통찰의 부정적 자아는 자기를 실현할 수 있다. 앞에서 헤겔은 이런 내적인 전복이 있기에 실제로 순수 통찰의 부정적 활동이 가능하다고 했다.

유용한 존재의 그 자체 존재는 순수 통찰의 자아와 같은 것이니, 순수 통찰이 실현되는 것은 유용한 존재의 그 자체 존재가 실현되는 것과 같은 의미를 지닌다. 그러므로 순수 통찰의 자아는 자기의 자아이면서 동시에 대상의 자아며 "계기들의 운동이 자기 내로 귀환해 통일을 이루게 하는 것"이다.

4) 교양에서나 계몽에서나 부정성의 토대는 실체에 대해 순수 의식이었다. 이 순수 의식은 소외된 객관적 본질 즉 일반성을 토대로 한다. 그러나 이런 순수 의식은 내면에 머물러 있다. 그 때문에 개별적 자아와 직접 결합한 추상적인 것으로 존재했다.

교양을 거쳐 계몽에 이르면서, 이 순수 의식이 현실을 부정하는 부정성으로 출현한다. 계몽의 경우 이 부정은 다만 사유(의욕)에서의 부정에 지나지 않았다. 계몽의 부정적 자아가 순수한 자기의식에서 적극적으로 자기를 실현하면 이 부정은 실제로 일어나는 부정으로 된다. 이렇게 부정이 실현되면서, 계몽은 자기를 실현하는 자아, 절대적으로 자유로운 자아가 된다.

일반적 자아의 부정성이 사유에서 현실로 출현하면서 이 자아에 모든 대상이 자기 자신의 실현이니, 그는 곧 일반적 주체, 일반적 자아다. 그러나 이 일반적 자아는 아직 구체적 내용을 지닌 것이 아니라 추상적인 일반성일 뿐이니, 이것은 다만 직접 실현될 뿐이다. 어떤 개별적 대상도 추상적 일반성을 지니지 못하니, 여기서 모든 개별적 대상이 파괴될 뿐 어떤 긍정적 결과가 출현하지는 못하게 된다.

584) 〈SK 432:29~433:5〉〈FM 317:14~27〉

여기서 **절대적 자유**로서 정신이 눈앞에 나타난다. 이 정신은 자기를 파악하는 자기의식이면서 이때 자기에 관한 자신의 확신이 실재 세계나 초감각적인 세계의 모든 정신적 집단의 본질을 이룬다고 파악하며 거꾸로 말하자면 정신적 본질이든 현실이든 모두 [순수 통찰로서] 의식이 **자기**에 관해 인식한 것[286]으로 파악한다. ―이런 자기의식은 자기를 순수한 인격으로 의식하면서 그런 순수한 인격 속에서 모든 정신의 실재성[Realität]이 들어 있음을 의식한다. 여기서 실재하는[Realität] 모든 것은 동시에 정신적인 것으로 된다. 이제 세계는 의식에서 바로 그의 의지일 뿐만 아니라 이와 같은 그의 의지는 곧 일반 의지기도 한 것이다. 더욱이 이 일반 의지는 암암리에 이루어지거나 어떤 대표자를 통해 이루어진 합의 속에 깃들인 의지와 같이 텅 빈 상상이 아니라 실질적인 일반 의지 즉 모든 **개개인**의 의지 자체다.* 왜냐하면, [일반] 의지란 본래[an sich] 인격이 의식하는 것이며 또는 각 개인이 의식하는 것이기 때문이다. 이런 의지는 진실하고도 실제로 존재하는 의지인 한에서 모든 인격이 또한, 각 개인의 인격이 **자각하는** 본질이 돼야 한다. 그럼으로써 이 모든 개인은 나눌 수 없는 전체를 위해 행위하며 전체가 수행하는 활동은 어디까지나 각 개인이 직접 의식적으로 수행하는 활동이 돼야 한다.

 *FM주 〈317:22〉 헤겔은 여기서 명백히 시예[Sieyes]의 공식을 수용한다. 참조: 시예Emmanuel Sieyes, Politische Schriften. Bd. 1. S. 207: "공동의 요구를 위해서 공동의 의지가 필요하다. 이 의지는 물론 모든 개별 의지를 일반적으로 합산한 것이어야 한다. 여러 공동 의지는 정치적

286 이때 자아는 순수한 부정성을 말하니, 모든 대상은 이런 부정성의 실현이다. 대상의 부정성은 자아가 실현한 것이니, 거기서 자기를 인식한다.

결사로 합일되며 의심할 바 없이 모든 개별 의지의 총합이다. 또한, 참조: 헤겔G. W. F. Hegel, 『예나 시대 체계 시도 III』, 『전집』, 8권. S. 257, 6~9.

585) 〈SK 433:6~31〉〈FM 317:27~318:6〉

이처럼 절대적 자유를 추구하는 나눌 수 없는 실체[일반 의지]는 마침내 세계의 왕좌에 올라서거니와 무릇 이런 실체에 대항할 수 있는 권력이란 그 어디에도 있을 수가 없다. 그 이유는 참다운 의미에서 갖가지 정신적 본질이나 권력은 자신의 실체를 오직 [순수 통찰의] 의식에 두고 있으니 여기서 개별 의식은 대상을 파악하는 데서 이 대상을 자기의식 바깥의 그 어떤 본질도 지니지 않는 것으로 또 달리 말하면 절대적으로 개념에 지나지 않는 것으로 여기므로 앞에서와같이 서로 다른 집단[국가권력, 부]으로 분할됨으로써 자기를 유기적으로 조직하고 또 자기를 보존할 수 있었던 전 체계가 붕괴하고 말기 때문이다. 앞에서와같이 개념을 현존하는[seienden] **대상**으로 만들었던 원인은 개념이 서로 분리된 채로 **존립하는** 집단으로 분화된 것 때문이었다. 그러나 이제 대상이 개념으로 발전하면서 더는 대상에서 지속해서 존립하는 것은 없다. 개념의 부정성은 대상의 모든 계기에 침투한다. 여기서 개념이 실존[Existenz]하는 방식에서는 개별 의식이 원래 그에게 할당되던 영역에서 벗어나 자기를 끌어올림으로써 자기의 본질이나 자기의 산물을 더는 이처럼 분리된 집단 속에서 발견하는 것이 아니라 오히려 그의 자아를 의지의 [일반적] **개념**으로 파악하고 모든 집단을 이런 의지의 본질[Wesen dieses Willens]로[287] 파악하며 이를 통해 개별 의식이 자기를 실현

---

287 문맥상으로는 위와 같이 번역하기보다 "모든 집단을 이런 의지를 본질로 삼는 존재라고 파악하며"라고 번역하는 게 맞을 것 같다.

하는 특정한 노동[einer Arbeit]이 전체의 노동으로 여겨진다. 그러므로 이런 절대적 자유 속에서는 전체를 구성하는 마디면서, 정신적 본질을 의미했던 모든 사회적 신분이 제거된다. 개별 의식은 이와 같은 마디 가운데 어느 하나에 속했고 그 속에서 의욕을 느끼고 자기를 수행했으나 이제는 자신을 제약하는 한계를 제거하기에 이른다. 이제 이 개별 의식이 지니는 목적이 일반 목적으로 되고 그의 언어도 또한, 일반 법칙으로 되는가 하면 더 나가서 그의 산물[Werk]도 역시 일반적인 산물로 된다.

[해제] 위에서 제시된 두 구절에서 헤겔은 일반적 자아와 유용한 존재의 관계를 구체적으로 전개한다.

1) 우선 순수 통찰의 순수 자아는 자기를 실현한다. 순수 자아는 개별적 자아가 아니라 추상적인 일반적 자아다. 이 자아는 유용한 존재를 부정하면서 그 위에 자기를 실현하려 한다. 앞에서 말했듯이 그것은 유용한 존재가 이미 그 자체에서 대상성을 넘어 그 자체 존재로 복귀하므로 가능해졌다.

이 일반적 자아는 모든 감각적 현실을 부정해 자기를 일반적으로 대상화한다. 모든 타자는 오직 일반 목적, 일반적 언어, 일반적 산물만을 받아들여야 한다. 그러나 이 의지가 추상적 일반성이므로 자기를 구체적 대상으로 실현할 수 없다. 그것이 어떤 대상이든 일단 존재하려면 구체적이고 개별적이어야 하는데, 그런 개별성은 추상적 일반성에 어울릴 수 없는 것이기 때문이다.

그러므로 일반적 자아는 다만 개별적 대상을 부정하는 가운데서만 "자기에 관한 확신"을 얻으며 이 대상의 부정성이 곧 "의식이 자기에 관해 인식한 것으로" 파악된다.

2) 이 순수 자아가 곧 일반 의지다. 일반 의지는 개별적 의지에 내재하는 것이니, 일반 의지는 대표자를 통해 합의로 실행되는 의지가 아니

다. 그런 합의는 개별 의지의 집합에 불과할 뿐이다. 또한, 그것은 자기를 실현하지 못하고 사유 속에 머무르는 "텅 빈 사상"으로 출현하지 않는다. 이 일반 의지는 자기를 개별자의 실제 의지를 통해 실현하는 "실질적인 일반 의지 즉 모든 개개인의 의지다."

따라서 모든 개인은 한편으로는 "나눌 수 없는 전체를 위해 행위하며" 다른 한편으로는 "전체가 수행하는 활동은 각 개인이 직접 의식적으로 행하는 활동으로 된다."

3) 과거에 이런 정신적 본질은 유기적 전체를 통해 통일됐다. 그것은 개념이 자기를 분화한 것이며, 그런 분화가 신분체제(헤겔에서 신분체제는 계급적 구별이 아닌 직업의 구별로 이루어진다)를 이루고 있었다. 그러나 일반 의지의 부정 활동을 통해 개별 정신적 본질은 부정되니, 일반 의지의 부정성 즉 "개념의 부정성이 침투하지 않은 대상의 계기는 없으며" 더는 지속해서 존립하는 정신적 본질도 존재하지 않는다. 그런 가운데 신분체제 역시 해소된다. 그러나 일반 의지는 자기를 개별화하여 실현하지 못하므로, 새로운 유기적 구성은 출현하지 않으며

4) 일반 의지는 이처럼 순수한 부정적 자아고 그것의 실현은 대상의 개별성에 대한 부정에 있지만, 실제 일반 의지를 실행하는 것은 개별 자아므로, 여기서 전도가 일어난다. 개별 자아는 순수한 일반 의지를 실행하는 것이 아니라 자기의 개별적 자아를 일반적 목적으로 삼아서, 그것이 아닌 모든 것을 부정하려 한다. 이제 "그의 자아를 의지의 개념으로" 삼으며 모든 집단은 그의 의지를 자신의 본질로 삼아야 하며 "그의 특정한 노동이 전체를 위한 노동으로 여겨진다." "이제 이 개별 의식이 지니는 목적이 일반 목적으로 되고 그의 언어도 또한, 일반 법칙으로 되는가 하면 더 나가서 그의 산물[Werk]도 역시 일반적인 산물로 된다."

586) 〈SK 433:32~434:8〉〈FM 318:7~16〉

여기[절대적 자유]에서는 **대상적으로 존재하는 것, 구별돼 존재하는 것**은 모든 실재하는[real] 존재를 규정하는 술어였던 **유용한** 존재라는 의미를 상실해 버린다. 여기서 [순수 통찰] 의식의 운동은 어떤 **낯선 것**으로 볼 수 있는 대상으로부터 출발해 이로부터 자기로 복귀하는 것이 아니라 오히려 대상은 [순수 통찰의] 의식에는 다만 의식 자체일 뿐이다. 그러므로 이제 있을 수 있는 대립은 오로지 **개별** 의식과 **일반적** 의식 사이의 구별에 있을 뿐이다. 그러나 이때 개별 의식은 스스로 직접[unmittelbar] 다만 **겉보기에만** 대립했던 것으로 되니 곧 일반적 의식이며 또한, 일반 의지가 된다. 그러므로 실재하는[real] 본질이나 신앙의 대상은 이미 그 자립성을 잃어버리고 개별 의식이 속한 현실을 넘어선 피안은 그런 존재[신앙의 대상]의 시체 위에 김빠진 가스와도 같은 텅 빈 [지고한] **존재**가 돼 떠돌고 있다.

587) 〈SK 434:9~22〉〈FM 318:17~26〉

이처럼 서로 다른 정신적 집단과 개인의 한정된 [beschränkten] 삶이 지양되고 난 뒤에는 다만 일반적 자기의식이 자기 내에서 전개하는 운동만이 눈앞에 있다. 이런 운동은 자기의식이 **일반적** 의식이라는 형식과 **개인적**[persönlichen] 의식이라는 형식 사이에서 전개하는 상호 작용이다. 여기서 일반 의지가 자기 속에 침잠하면서[geht in sich] 일반 법칙과 그 산물에 대립하는 **개별** 의지로 된다. 그에 못지않게 이런 **개별** 의식은 직접 자신을 일반 의지로 의식[bewußt]한다. 즉 개별 의식은 대상적으로 존재하는 것이 그 자신을 통해서 부여된 법칙이며 동시에 그 자신을 통해 산출된 산물이라고 의식한다. 따라서 개별 의식이 활동으로 이행해 대상적 존재를 산출할 때 그가 이룬 것은 어떤 개별적인 것이 아니라 오직 법률이나 국가적 행위다.

588) 〈SK 434:23~435:23〉〈FM 318:27~319:17〉

일반적 의식과 개별 의식 사이에서 전개되는 이상과 같은 운동은 의식이 자기 자신과 더불어 벌이는 상호 작용을 의미한다. 그러므로 여기서 의식은 자기와 대립하는 **독립적인**[frei] **대상**을 어떤 것도 내버려 두는 법이 없다. 여기서 도출할 수 있는 결론은 이런 의식이 결코 그 어떤 긍정적 산물에도 이를 수 없다는 사실이다. 다시 말하면 의식은 자유의 **의식**을 표현하는 일반적인 언어 작품에도 이르지 못하며 또한, 법률이나 일반적인 제도와 같은 현실에도 이르지 못하며 또 자유의 **의욕**을 통해서 수행되는 행위나 산물에도 이를 수 없다. ─**자각**된 자유가 실현하는 산물이 가능하다면 그런 가능성의 원천은 자유가 **일반적** 실체가 돼 자기를 **대상화**하며 **지속해서 존재한다**는 데 있을 것이다. 이처럼 자유가 타자 존재가 된다면 일반적 실체**가**[an ihr] 자기를 구별하게 될 것이다. 그런 구별에 따라서 실체는 존속하는[bestehende] 서로 다른 정신적 집단과 서로 다른 권력 기구[Glieder]로 **분할**될 것이다. 한편에서 이런 집단은 인위적으로[Gedankendinge] 분리된 입법적, 사법적, 행정적 **권력**으로 될 것이며* 다른 편에서 이전에 교양 세계에서 등장했던 **실재하는**[realen] **본질**[국가권력과 부]은 과거의 일반적인 것에 머무르던 활동의 내용이 더 세부적으로 고려되면서 노동의 특수한 집단으로 더 나아가서 더 전문화된 **신분**[Stände]으로 구별될 것이다. ─일반적 자유가 이와 같은 방식으로 분리돼 그 자신을 이루는 마디로 되고 바로 이런 분리를 통해 그 실체가 **현존**하기에 이른다면[seienden] 이는 개인의 무리를 개별 개체성과는 무관하게[frei] 그 자신의 마디 아래 나누어 놓는 것으로 될 것이다. 그러나 이처럼 함으로써 한 개인[Persönlichkeit]의 활동과 존재는 자신이 전체의 한 분야, 즉 활동과 존재의 한 가지 방식에 제한된다는 것을 발견하게 될 것이다. 개인은 이렇듯 마디로 된 **존재의 지반** 속에 설정될 때 한정된 인격[Persönlichkeit]으로서 의미를 지니게 될 것이니 여기서 그는 참다운 의미에서 일반적 자기의식으로 되지 못할 것이다. 참다운 일반적인 자기의식이라면, 단지 위와 같이 어떤 한 부분에 배정해 놓은 현실이 **스스로 부여한 법률**에 복종하는 것을 의미한다고 **생각**하면서 속지 않을 것이며 또한, 법률 제정과 일반적 공공 활동을 수행하는 데서 **대표**를 통해서 결정하는 것이 현실적으로 불가피하다고 해서 속지 않을 것이다. 또한, 일반적 자기의식이라면, 법을 제정하고 개인적인 산물이 아니라 일반적인 산물을 수행하는 것이 다름 아닌 **자기**라는 사실이 **현실**이라 해서 속지도 않을 것이다. 그런 현실 앞에서 속지 않는 이유는 다만 자아가 **대변**[repraesentiert]되거나 **상징**[vorstellt]되는 곳에서는 **자아는 실제로 존재하지** 않으며 또한, 자아가 **대리**[vertret]되는 곳에서는[288] **자아**가 존재하는 것이 아니기 때문이다.

*FM주 〈318:37~319:1〉 몽테스키외의 삼권분립 이론을 시사한다. 참조: 몽테스키외Baron de Montesquieu, 『법의 정신』, 11권, 6장.

[해제] 헤겔은 여기서부터 일반 의지의 절대적 자유에서 생겨나는 혼란을 서술해 나간다. 그런 혼란은 프랑스 혁명 가운데 실제로 일어난 혼란을 개념적으로 서술한다. 이 혼란은 두 측면에서 서술된다.

1) 순수 통찰에서 자아는 일반적 자아므로 모든 개별 현실을 부정한다. 즉 "자기와 대립하는 독립적 대상은 어떤 것도 내버려 두는 법이 없다." 그런데 일반적 자아의 부정은 추상적인 부정이며 그것을 통해 도달

---

288 자아가 대변되는 곳은 의회를 말하며 자아가 대리되는 곳은 행정부를 말한다.

하는 결과는 부정적인 것이어서 그 자체로 보면 아무런 긍정적 결과를 지니지 못한다. 어떤 개별적인 것도 일반적 자아를 실현할 수 없기 때문이다. 그러므로 "의식을 표현하는 일반적 언어 작품도, 법률이나 일반적 제도 같은 현실도, 자유의 의욕에서 수행되는 행위나 산물도 없다." 남아 있는 것은 "김빠진 가스와 같은 텅 빈 지고한 존재"밖에 없다.

2) 순수 통찰에서 일반적 자아는 모든 타자의 감각적 대상을 부정하기는 하지만, 아직 구체적으로 자기를 실현하는 자아를 지니지는 못한다. 순수 통찰의 일반적 자아는 개별적 자아와 직접 결합하므로, 양자 사이에 전도가 일어나게 된다. 여기서 개별 자아는 실제로 실행하는 것은 개별적 목적이지만, 사유에서는 자기를 직접 일반적 자아로 여기므로 자기가 실행하는 것을 일반적 법률이며 국가의 행위로 여긴다.

3) 일반적인 본질이 실재할 수 있으려면 스스로 주체가 돼 "자기를 구별하면서" 구체적 산물을 산출하고 이런 산물들이 유기적인 통일성을 형성해야 한다. 그러나 프랑스 혁명 가운데 출현한 산물은 예를 들어 근대 국가의 삼권분립 체제거나 노동의 특수한 집단(헤겔에서 이것이 신분이다)은 개념적으로 구별된 체계가 아니라 개별적 자아가 개입해서 우연히 만들어진 것이거나 과거 정신적 본질의 잔재에 불과하다. 따라서 그런 것들은 지속해서 존립할 수 없고 순간적으로 만들어졌다가는 다시 사라지는 것일 뿐이다.

4) 이런 우연적 구별 속에 개인이 복종하더라도 이것은 개인의 자발적인 의식과는 무관하게 일어나니, 여기서 각 개인은 외부적인 것을 통해 자신의 일반적 인격이 "한정된 인격"으로 제약된다는 것을 발견한다. 개인은 이런 분화조차도 거부할 수밖에 없는데 왜냐하면, 개인은 여기서 직접 일반적인 자아기 때문이다.

헤겔은 심지어 프랑스 혁명에서 출현한 민주주의조차도 참된 일반적 본질을 실현하지 못한다고 본다. 왜냐하면, 이런 민주주의는 대표자나 대리자를 통해서 합의로 모든 것을 결정하고 실행하려 하는데, 이런 합의는 결국 개별적 의지의 집합일 뿐이므로 일반적 본질로 될 수 없기 때문이다.

589) 〈SK 435:24~436:2〉〈FM 319:18~28〉

그런데 현존하는 실체인 절대적 자유가 **일반적으로 이루어진 산물**[289] 속에서는 개별 자기의식이 자기를 발견할 수 없듯이 또한, 마찬가지로 이런 절대적 자유가 행하는 본래적인 **행위**[Tat]나 **개체의** 행동[Handlung] 속에서도[290] 역시 개별 자기의식은 그 자신을 발견할 수는 없다. 일반적인 존재가 행위를 수행할 수 있으려면 자신을 하나인[Eins] 개체성 속으로 종합해 하나의 개별 자기의식을 정점에 세우지 않을 수 없다. 왜냐하면, 일반 의지란 오직 하나[Eins]로서 자아 속에서만 **실제로 존재하는** 의지일 수 있기 때문이다. 여기서 하나[Eins]가 된 자아 바깥의 **모든 개별자**는 이런 행위의 **전체적 국면**으로부터 배제됨으로써 한낱 제한된 범위에서만 이 행위에 참여할 뿐이므로 이런 행위가 **참으로 일반성을 지닌** 자기의식의 행위일 수는 없다. ―이렇게 본다면 그 어떤 긍정적인 산물이나 행위도 일반적인 자유를 실현할 수 없을 뿐만 아니라 이런 일반 자유에서는 한낱 **부정적인 행위**만이 남을 뿐이다. 따라서 일반적인 자유란 오직 소멸을 향한 **광란**[Furie des Verschwindens]에 그칠 수밖에 없다.

[해제] 앞에서 헤겔은 일반 의지의 부정적 활동 즉 절대적 자유를 통해 어떤 긍정적 산물도 산출되지 않고, 부정적인 것만 출현한다고 말했다. 이제 이 구절에서는 일반 의지가 개별 자아를 통해서 실현된다는 측

289　절대적 자유의 산물은 기존의 모든 것에 대한 파괴나 부정을 말한다.

290　절대적 자유의 개체적 행동이란 정당과 같은 집단적 의지의 행위를 말한다.

면에서 제기되는 문제점을 제시한다.

일반 의지를 수행하는 의지는 개별 의지니, 민주적 방식으로 여러 의지가 결합해 일반 의지를 만들더라도 이 의지를 수행하려면 그 정점에서 개별 의지가 출현해야 한다. 그래야 비로소 일반 의지가 실제로 수행되는 의지가 될 수 있기 때문이다.

이런 여럿으로 이루어진 일반 의지는 아무리 절대적 자유의지라 하더라도, 개별 의지를 통해 대변되는 한, 개별 의지를 벗어나지 못한다. 그러므로 여러 개별자는 그 속에서 자기의 의지가 배제된다는 것을 발견하고 그 의지의 일반성을 부정한다.

그 결과 일반 의지의 대표자는 세워졌다가는 다시 부정되는 가운데 일반 의지에서 나오는 자유의지란 '소멸을 향한 광란'에 그칠 수밖에 없다. 헤겔은 이런 소멸의 광란이 곧 프랑스 혁명 중 출현한 공포정치의 원인이라고 본다.

590)〈SK 436:3~32〉〈FM 319:29~320:13〉

그러나 이런 일반적 자유에 대립하는 최고의 현실 다시 말해서 이런 일반적 자유를 마주 대해 여전히 생성되는 유일한 대상은 실제로 존재하는 자유롭고 개별적인 자기의식 자체다. 왜냐하면, 그와 같은 일반적인 자유는 유기적 마디로 실재하는 것에 이르지 못하며 미분화된 연속성 속에서 그 자신을 유지하는 것을 목적으로 하더라도 그와 동시에 그 자신이 무릇 운동하고, 의식하는 존재기에 자기 내에서 자기를 구분하지[291] 않을 수 없기 때문이다. 그런데 더욱이 이와 같은 일반적 자유 자체는 추상적인 것이므로 그 스스로 추상적인 양극으로 분리될 수밖에 없

---

291 일반 의지는 개념으로는 개별 자아와 직접 결합한 일반적 자아다. 일반 의지가 실제로 활동하면 일반 의지는 자기 내에서 이원화돼 순수한 일반 의지와 개별적인 개별 자아로 분리된다.

다. 그 양극의 한편은 단순하면서 동시에 한치의 유연성도 지니지 않은 냉혹한 일반성이며 다른 한편은 낱낱으로 쪼개어져 있고 모래알갱이 같고 유리와 같아 깨어지기 쉬운 또한, 자기밖에 모르는[eigensinnige] 실제로 존재하는 자기의식이다. 이렇듯 일반적인 자유가 실재하는[real] 유기적인 조직을 말살해 마침내 독자적으로[für sich] 존립하면서 그의 유일한 대상으로 되는 것은 오직 그처럼 실제로 존재하는 자기의식일 뿐이다. ─그러므로 이런 대상[실제로 존재하는 자기의식]은 그밖에 어떤 내용이나 소유물[Besitz]도 그리고 어떤 현존이나 외적인 연장[공간성]도 지니지 않은 채 다만 그 자신을 절대적으로 순수하며 동시에 자유로운 개별 자아로 인식할 뿐이다. 그러므로 오직 그 자신이 지닌 **추상적** 현존²⁹² 위에 이런 대상[개별 자아]이 놓여 있고 포착될 수 있을 뿐이다. ─따라서 이들 양극 사이의 관계를 놓고 보면 각자가 더 나눌 수 없는 것이며 절대적으로 독자적인 것이니 그 어떤 부분도 그들 사이의 매개로 끼워 넣을 수 없는 까닭에 그 관계는 아무런 **매개도 없는** 순수한 부정의 관계며 게다가 **현존하는** 개별 자아가 일반적인 자유 속에서 부정되는 관계다. 그러므로 일반적인 자유가 성취할 수 있는 유일한 산물 및 행위란 **죽음**일 뿐이니 실로 이런 죽음은 내적으로 그 어떤 외연[Umfang]과 어떤 내포[Erfuellung]도 지니지 않은 **죽음**이다. 왜냐하면, 여기서 부정되는 것은 절대적으로 자유로운 자아의 아무런 내용도 없는 점과도 존재기 때문이다. 그러므로 이런 죽음이란 가장 냉혹하면서 <u>도 또한, 가장 무의미한 것이니</u> 말하자면 이것은 통배추의 밑동을 쳐낸

292 추상적인 일반 의지가 현실화되면 개별적인 대상이 되며, 이는 개별자에 의해 대변된다. 이 개별적인 것은 추상적인 것에 어울리는 것이 아니므로 다시 부정될 수밖에 없다. 일반 의지는 다만 이렇게 부정적으로 현존하는 것이니, 헤겔은 이를 '추상적 현존', '냉혹한 일반성', '순수한 부정의 관계'라고 한다.

다거나 한 모금의 물을 마시는 정도 이상의 의미를 지니는 것이 아니다.

[해제] 1) 앞에서 말했듯이 일반 의지는 개별 의지와 직접 결합하고 있다. 이런 일반 의지가 실제로 활동하게 되면, 일반 의지는 개별 의지로 전도된다.

일반 의지에 대립하는 개별 자아는 개별 자아는 자신의 자의적인 내용을 실현하려 드니 "자기밖에 모르는" 존재다. 개별 의지는 모든 실체적 내용을 상실하고 자유로운 개별 인격으로서 하나의 점과 같으니, "모래알갱이 같고 깨어지기 쉬운" 존재다.

2) 일반 의지는 순수한 부정적 자아므로 어떤 개별성도 받아들일 수 없다. 그러므로 이는 "한치의 유연성도 없는 냉혹한 일반성"이다. 그러므로 일반 의지는 개별 의지를 부정하게 된다. 이런 개별 의지는 모든 것을 제거하고 다만 추상적으로만 현존하는 일반 의지를 바탕으로 해서 존재하는 것일 뿐이니, 그 결과는 오직 "아무런 매개도 없는 순수한 부정의 관계"다.

3) 일반 의지는 자기를 포함한 모든 개별 자아를 제거하는데, 그런 부정은 어떤 매개가 없는 직접적인 부정이며, 헤겔은 여기서 부정을 "어떤 외연과 어떤 내포도 지니지 않은 죽음"이라고 한다. 그 죽음은 "가장 냉혹하고도 가장 무의미한 것," "통배추의 밑동을 쳐낸다거나 한 모금의 물을 마시는 정도" 이상의 의미를 지닌 것은 아니다.

591) 〈SK 436:33~437:23〉〈FM 320:14~33〉

이처럼 진부한 한마디 말[죽음을! 이라는 말] 속에서 정부의 지혜, 즉 일반 의지의 지성[Verstand]이 깃들어 있다. 이렇듯 정부라고 하는 것은 일반 의지의 고정점 또 다른 말로 하자면 일반 의지의 개체성 밖의 그 어떤 것도 아니다. 정부는 하나의 점이 의욕 하고 수행하는 것이지만, 동시에 그것은 특정한 지시와 행동을 의욕 하고 수행하는 것이다.

그러므로 정부는 한편에서 자기가 아닌 나머지 개인을 자신의 행위에서 배제하며 또 다른 편으로는 이를 통해 일반 의지와는 배치되는 다만 특정된 의지를 지닌 존재로 구성[sich konstituiren]된다. 이제 정부는 바로 하나의 **당파**로서 자신을 드러내지 않을 수 없다. 다만 **승리한** 당파가 정부로 지칭되니 정부가 하나의 당파라는 바로 그 점에 정부가 몰락하는 직접적인 필연성이 존재한다. 또한, 정부가 하나의 정부라는 사실 때문에 거꾸로 정부는 당파로 되니 그런 정부는 범죄적이다. 일반 의지가 정부의 실제 행동을 정부가 그 자신에 대해 범하는 범죄라고 여긴다면 이에 반해 정부는 자신을 반대하는 의지가 저지르는 범죄가 드러날 수 있기 위해서 어떤 특정한 것 또한, 외면적인 것이 필요하지 않다. 왜냐하면, 다만 현실화하지 않은[unwirkliche] 순수 의지 즉 **의도**에 지나지 않는 것도 **실제로 존재하는**[wirklichen] 일반 의지인 정부에 이미 대립하는 것이기 때문이다. 그러므로 이때 단지 **혐의가 있다**는 것만으로도 **유죄**인 것으로 여겨지며 나아가서는 유죄와 같은 정도의 의미와 효력을 지니기에 이른다. 따라서 이 현실이 한낱 의도에 지나지 않은 채 단순한 내면에 머무르고 있더라도 그런 현실과 외면적으로 대결하는 행위는 존재하는 자아를 제거하는 데 있다. 왜냐하면, 이 자아에는 그의 존재 자체밖에는 제거될 만한 것이 없기 때문이다.

[해제] 여기서 헤겔은 프랑스 혁명 중 끊임없이 새로운 정부가 들어섰던 사실을 설명한다. 그에 따르면, 일반 의지는 자기를 실현하려면 하나의 특정한 개별 의지를 지닌 존재가 돼야 한다. 그것이 흔히 정부라고 지칭되는 것이다.

하지만, 이 정부가 나타나자마자, 그것은 이미 일반 의지와는 대립하는 개별적인 지시와 행동이니, 그것은 "일반 의지와는 배치되는 다만 특정한 의지를 지닌 존재다." 그러므로 정부는 하나의 당파이며, 일반 의지로서는 이를 부정할 수밖에 없다. 그것은 특정한 의지를 지닌 당파이고 그런 한 이미 유죄기 때문이다. 그러므로 정부는 어떤 정부든 세워지자마자 바로 무너지고 만다.

이어서 헤겔은 프랑스 혁명 중 혐의법이 제정됐던 이유도 필연적이라고 주장한다. 어떤 개별 자아도 자신을 일반 의지라고 주장하므로 모든 개별 자아가 이미 순수한 일반 의지 쪽에서 본다면 혐의를 지닌 것이다. 일반 의지는 자신이 개별 의지면서 일반 의지라고 주장하기에 타자의 단순한 개별 의지조차도 일반 의지가 될 위험을 지닌다고 본다. 그러므로 모든 개별 자아는 이미 그 가능성에서 일반 의지에 대립하는 범죄로 여겨질 수밖에 없다.

따라서 혐의만 가지더라도, 즉 의도에 지나지 않은 것이고 외면적 행동이 나오지 않은 것이더라도 처벌된다. 이런 의도를 처벌하는 방법은 죽음이다. 왜냐하면, 그에게서 생각 자체를 빼앗을 수밖에 없으니 그것을 빼앗기 위해서는 그의 존재 자체를 부정할 수밖에 없기 때문이다.

헤겔은 『역사철학 강의』에서 중세 말 등장한 마녀사냥을 비판한다. 중세 말 처음으로 각 개인의 내면에 영혼이 있다는 것이 자각되면서, 그 영혼은 개별 자아와 직접 결합해 있어서, 자기의 영혼이 이 악마적인 존재로 전도될 수 있다는 사실을 발견한다. 그러면 타인 역시 자기와 마찬가지로 악마적 존재로 될 수 있다고 믿으면서 모든 타자를 마녀의 가능성을 지닌 존재로 박해하게 된다고 한다. 혐의만 가지고 타인을 제거하는 절대적 자유의 세계도 이런 마녀사냥의 세계와 마찬가지다.

592) 〈SK 437:24~438:8〉〈FM 320:34~321:13〉

절대적 자유는 이상과 같은 그 본래적 **산물**[죽음] 속에서 그 자신을 대상화하며 마침내 자기의식은 바로 이 절대적 자유가 어떤 것인가를 경험하기에 이른다. 절대적 자유를 **그 자체로 본다면** 그것은 다만 어떤 종류의 구별이든 또한, 자신 내에서 이런 구별이 어떤 식으로 존립하든 [Bestehen] 모조리 제거하는 **추상적 자기의식**이다. 절대적 자유란 이와 같은 추상적 자기의식이 그 자신을 대상화하는 것이다. 이와 같은 추상적 자기의식이 지닌 부정적 본질을 직면[Anschauung]하는 데서 죽음에 대한 **공포**가 나온다. 그러나 이제 절대적으로 자유로운 자기의식은 자기가 도달한 이런 실재하는 결과[죽음]가 절대적 자유가 자기 자신에 관해 지녔던 개념과 다른 것임을 발견한다. 왜냐하면, 그 개념에 따르면 일반 의지는 어디까지나 인격성의 긍정적 본질이므로 일반 의지는 자기 속에서 이런 인격성을 다만 **긍정적인 것**이고 또한, 보존되는 것으로 인식하기 때문이다. 순수 통찰로서 자기의식은 자신의 긍정적 본질과 부정적인 본질293을-즉 아무 술어가 없어서 순수 **사유**로든 순수 **물질**로든 규정될 수 있는 절대적 본질을-전적으로 분리한다. 그런데 이런 순수 통찰로서 자기의식이 현실로 실현되는 것[일반 의지]은 한쪽에서 다른 쪽으로 절대적으로 **이행**하는 것을 보여준다. ―일반 의지는 자기를 절대적으로 **긍정하는** 실제로 존재하는 자기의식이었다. 왜냐하면, 이 자기의식은 **순수** 사유나 **추상적** 물질의 차원에까지 **끌어올려진** 현실 속에서 자각되는 것294이기 때문이다. 이런 일반 의지는 이제 다시 **부정적인** 본질로 전환하면서 마찬가지로 자기 자신에 관한 사유295 또는 자기의식조차도 **지양하는** 존재임이 드러난다.

593) 〈SK 438:9~24〉〈FM 321:13~24〉

293 순수 통찰의 긍정적 본질은 개별 의지며 그 부정적 본질은 부정성이다.
294 일반 의지는 현실을 부정하고 자기를 실현하면서 자기의식에 도달한다.
295 일반 의지는 현실 속에서 자기가 실현하려 했으나, 오히려 부정적 결과에 부딪히면서 자기실현이라는 '자기의식' 또는 '자기 자신에 관한 사유'조차 지양된다.

그러므로 절대적 자유에서 나타나는 부정성은 곧 일반 의지의 **순수한 자기와 같음**의 표현이다. 그러나 절대적 자유는 이런 **부정성**을 통해 그 자체에서 자기를 **구별**[Unterschied]하면서 이런 구별을 **실제로 존재하는** 구별로 전개하게 한다. 왜냐하면, 순수한 **부정성**은 자기와 같음을 지닌 일반 의지를 자신의 **존립을 위해 필요한 지반**이나 그 자신의 계기를 실현하게 하는 데 필요한 **실체**로 삼고 또한, 자신을 규정하는 데서 이용할 질료로 삼기 때문이다. 그런데 이런 실체는 개별 의식을 부정하는 존재로 드러나는 한 그 때문에 다시 정신적 집단의 조직이 형성돼 여러 개별 의식이 그런 집단으로 분할된다. 이들 개별 의식은 자기들의 절대적 주인을 뜻하던 죽음의 공포를 느꼈기에 다시 부정성과 차별성을 인정하고, 정신적 집단으로 조직되며 분할되고 한정된 산물로 되돌아가며 이를 통해 그들 자신의 실체적 현실로 되돌아간다.

[해제] 1) 순수 통찰의 순수 자기의식이 자기를 실현하면서 긍정적으로는 추상적인 일반 의지가 된다. 일반 의지는 유용한 존재의 개별적 대상을 부정하면서 자기를 실현하지만, 그 자신이 추상적인 일반성이므로 어떤 긍정적 존재에도 이르지 못하고 모든 개별자를 제거하는 추상적인 본질 곧 죽음이 된다.

2) 일반 의지의 결과인 죽음의 경험을 통해 새로운 발전이 일어나게 된다. 한편으로 일반 의지는 자아 자신의 추상성을 극복하면서 "자기를 구별하면서" 구체적 현실로 된다. 즉 일반 의지는 개념의 자기 구별에 따라 "자기의 계기를 실현하여" 정신적 집단으로 체계화한다. 이는 일반 의지의 구체화다. 헤겔의 이런 설명은 한편으로 공포정치 이후 나폴레옹이 등장하면서 새로운 사회의 질서를 부여하는 과정에 관한 설명으로 보인다.

3) 다른 한편으로는 순수 통찰에서 개별적 자아는 자기가 직접 순수

한 일반 의지라고 생각하였으나 이제 "자기들의 절대적 주인을 뜻하던 죽음의 공포를 느꼈기에" 자신이 개별성을 인정하고 "부정성과 차별성을 다시 인정한다." 이 개별성은 순수 통찰에서 나타난 직접적 개별성이 아니라 일반 의지를 받아들이는 개별 의지다. 즉 이 개별 의지는 "정신적 집단으로 조직되고 분할되고 한정된 산물"을 자신의 목적으로 받아들이는 의지다.

4) 여기서 절대적 자유로서 일반 의지와 일반 의지를 받아들이는 개별 의지(이게 나중에 순수 의지로 규정된다)의 구별에 주목해야 한다. 일반 의지는 개별자가 곧 일반자로서 행세하는 것을 말한다. 여기서 일반자는 추상적인 일반자이다. 거꾸로 순수 의지는 일반 의지가 "개념의 자기 구별에 따라" 구체화한 유기적 조직에서 "조직되고 분할되고 한정된 산물을 목적으로 삼는" 자 즉 자신이 특수자임을 스스로 받아들이는 의지를 말한다.

헤겔에서 볼 때 진정한 일반성은 추상적인 일반자가 아니다. 이 추상적 일반성은 개별자들에게 존재하는 공통의 의지를 말한다. 진정한 일반자는 오히려 구체적 일반자다. 이런 구체적 일반자는 각자에게 자기의 몫으로 돌아가야 할 각자의 객관적 본질의 실현을 의미하며 그 결과 모두에게 정의가 실현되는 것을 말한다.

594) 〈SK 438:25~440:31〉〈FM 321:25~323:10〉
이와 같은 격동과 소요로부터 정신은 이제 인륜적인 세계와 실재하는[real] 교양 세계라고 하는 자기의 출발점으로 되돌려 보내졌으니 이런 세계는 처음 출발점이었으나 절대적 자유라는 주인이 일으킨 공포가 다시 사람들의 심정에 스며들면서 생기와 활력을 되찾게 될 것이다. 정신은 이와 같은 필연성이 순환하는 역정을 새삼 거쳐 나가며 또한, 이를 끊임없이 되풀이해야만 비로소 자기의식과 실체의 완전한 상호 침투[296]라는 결과에 이를 수 있을 것이다. ─이처럼 양자가 상호 침투된 상태에 이르면 [개별] 자기의식은 자기의 일반적 본질이 자기에 대해 부정적인 힘을 행사하는 것을 경험하면서 이제 자신을 특수자로가 아니라 오히려 일반자로 인식하며 발견하기를 원하게 될 것이므로 일반적 정신이 대상적으로 존재하면서 특수자로서 자신을 배제하는 현실을 감내할 수 있게 될 것이다. ─그러나 절대적 자유는 의식과 세계가 서로 작용하는 법이 없이 의식은 다양한 현존 속에 침잠되고 특정한 목적과 사상에만 집착하고 세계는 현실 세계든 사유의 세계든 **외면적으로** 성립하는 것으로 그치는 것은 아니었다. 오히려 이런 절대적 자유에서는 세계는 바로 의식의 형태를 띠는 일반 의지가 될 뿐만 아니라 마찬가지로 자기의식도 다양하게 확산한 현존이나 갖가지 목적과 판단으로 존재하던 상태에서 벗어나 단순화된 자아가 된다. 따라서 자기의식이 정신적 본질과 상호 작용 속에서 얻은 교양[297] 속에서 자기의식은 그 자신의 온전한[reine] 단순한 현실이 직접 소멸함으로써 한낱 텅 빈 무의 상태로 이행해 가는 것을 목격하니 그 교양이야말로 가장 고상하고 궁극적인 교양이다. 자기의식은 교양의 세계 자체 내에서는 자기부정이나 자기소원화를 직면[anschauen]하더라도 이를 이와 같은 순수한 추상의 형식[죽음]으로 직면하지 않으며 오히려 교양 세계에서 자기의식이 행하는 부정[교양]이란 충족된 내용을 지닌 부정이니, 그 부정의 결과는 말하자면 자기의식이 자신의 자아를 소외하고 그 대신 얻는 명예나 부와 같

296 교양 세계 출발점에서 정신의 유기적 체계화는 직접 제공된 것이었다. 그러나 이제 정신의 체계화는 자기의식이 자발적으로 구성한 것이다.

297 일반 의지의 절대적 자유 아래서 개별자가 겪은 죽음의 공포를 말한다. 노예가 주인의 공포 아래 자기의식을 획득하듯, 개별자는 죽음의 공포 속에서 일반적 자기의식으로 발전한다.

은 것이다. ─또는 그 부정의 결과란 곧 분열된 의식이 간직하는 통찰의 언어 즉 정신의 언어와 같은 것이다. 또는 더 나가서 그와 같은 부정의 결과는 믿음의 천국이거나 계몽이 다다른 유용한 존재와 같은 것이다. 그런데 이런 부정의 내용을 이루는 규정은 자아가 절대적 자유 아래에서 경험하는 상실 속에서 사라지고 만다. 여기서 자아가 감수해야만 하는 부정은 무의미한 죽음이며 또한, 어떤 긍정적이거나 충족된 내용을 자체 내에 지니고 있지도 않은, 부정적인 것에 대한 순수한 공포를 의미할 뿐이다. ─그러나 동시에 이와 같은 부정의 산물은 실제로는 결코 어떤 **소원한** 이질적인 것은 아니다. 다시 말해서 그러한 부정은 인륜적 세계가 그 속에서 몰락해 버리는, 저 피안에 자리 잡은 일반적인 **필연성**[298] 은 아니며 또한, 사적 소유에서 나오는 개개의 우연[299] 또는 분열된 의식이 의존할 수밖에 없는, 부의 소유자[시혜자]가 보여주는 변덕을 뜻하는 것도 아니다. ─오히려 그러한 부정의 산물은 **일반 의지**니 일반 의지는 궁극적인 추상성 속에서 작동하므로 조금도 긍정적 요소를 남기지 않으며 희생에 대해서 어떤 대가도 갚을 수 없다. ─그러나 바로 그런 이유로 해서 일반 의지는 자기의식과 전혀 어떤 매개도 없는 일체를 이루고 있을 뿐이니 이런 일반 의지는 순수한 부정을 의미하는 까닭에 오히려 순수한 긍정을 뜻한다. 이렇게 해서 전혀 무의미한 죽음, 즉 자아의 어떤 충족도 없는 부정성의 내적인 개념은 절대적인 긍정성으로 전환하기에 이른다. 마침내 그 자신과 일반 의지와의 직접적인 통일 즉 자신을 일반 의지 속에 있는 특정한 점으로 인식하고자 하는 요구는 이제 그

---

298 인륜적 세계의 행위자를 덮치는 운명의 필연성을 말한다.

299 사적 소유의 세계는 곧 쾌락의 세계다. 여기서 개인의 쾌락은 우연의 힘에 좌우된다.

와는 전적으로 서로 대립하는 경험으로 전환된다는 사실이 의식되기에 이른 것이다. 여기서 의식에 사라진 것은 실체적인 내용이 없는 한낱 점과도 같은 추상적 **존재**니 바로 이처럼 직접성이 소멸하는 데서 참된 일반 의지 그 자체가 등장한다. 즉 의식은 자신의 **직접성을 지양하는** 한에서만, 즉 자신이 순수한 인식 또는 순수한 의지인 한에서만 자신을 일반 의지로 인식한다. 의식은 이를 통해 마침내 일반 의지를 자기 자신으로 그리고 그 자신을 **직접 존재하는** 본질이 아니라 정신적 본질로 인식한다. 또한, 의식은 일반 의지를 혁명 정부도 아니고 무질서의 상태를 구성하려는 무정부도 아니며, 더 나가서는 자신을 개별 당파의 핵심이나 이에 반대되는 당파의 핵심으로 인식하는 것도 아니다. 오히려 여기서 거론되는 **일반 의지**란 오직 그 의식의 **순수한 인식**과 **의욕**을 뜻하며 또한, 이처럼 의식이 일반 의지일 수 있는 것은 이 의식이 순수한 인식과 의욕일 때다. 그러므로 의식은 이런 일반 의지 속에서 자기 자신을 상실하지 않는다. 왜냐하면, 여기서 의식은 원자화된 점으로서 의식이 아니라 오히려 순수한 인식과 순수한 의욕[300]을 뜻하는 것이기 때문이다. 여기서 의식은 순수한 인식이 자기 자신과 서로 작용하는 것을 말한다. 순수한 **인식**은 **본질상** 일반 의지다. 그러나 이런 **본질**[일반 의지]은 곧바로 본다면 한낱 자기가 순수하게 인식한 것에 지나지 않는다. 이렇게 볼 때 자기의식이란 오직 본질을 순수하게 자기가 인식한 것으로 파악하는 순수한 인식이다. 더 나가서 자기의식은 **개별 자아**일 때는 오직 주체

---

300 칸트가 제시한 순수 의지 또는 합리적 자유의지를 지칭한다. 칸트 순수 의지는 이성적으로 인식한 것을 그대로 의욕 하고 실천하는 의지다. 여기서 실체에 관한 인식은 그 자신이 확신하는 것이며, 이런 인식은 그것을 실천하는 의지와 결합한다.

또는 실제로 일어나는 행위만이 자기의식이 자기의 **형식**으로 파악하는 것이다. 이와 마찬가지로 자기의식은 **대상적인** 현실 또는 **존재**를 곧바로 말해 중요하지 않은[selbstlose] 형식으로 여긴다. 왜냐하면, 대상적 현실은 인식되지 않은 것일 수 있기 때문이다. 그러나 여기에서 인식은 인식한 것[Wissen]을[301] 곧 그 본질에서 중요한 것으로 깨닫는다[weiß].

[해제] 1) 헤겔은 이제 교양의 절을 떠나 도덕성의 절로 이행하는데, 이를 위해 전체적 흐름을 스케치해 나간다.

소외된 정신의 세계에서 마지막 단계인 절대적 자유의 단계에서 일반 의지가 등장한다. 여기서 자기의식은 "다양하게 확산한 현존이나 갖가지 목적과 판단으로 존재하던 상태에서 벗어나 단순화된 자아가 된다." 일반 의지는 감각적 현실을 부정하여 자기를 실현하려 했으나, 모든 개별성이 제거된 텅 빈 무의 상태로 이행했다. 그것은 "무의미한 죽음이며" "어떤 긍정적 내용이나 충족된 내용을 자체 내에 지니고 있지도 않은, 부정적인 것에 대한 순수한 공포이다."

2) 헤겔은 절대적 자유와 순수한 부정성의 세계를 그 이전에 등장한 정신적 자아와 비교한다. 교양의 세계에서 교양은 분열된 의식에 이르며, 다시 순수한 신앙의 세계나 유용한 존재에 이른다. 이런 과정은 항상 부정의 결과 어떤 특정한 내용을 지닌 결과에 이르렀다. 그러나 절대적 자유의 세계에서 부정의 결과는 어떤 구체적 내용이 없는 "부정적인 것에 대한 순수한 공포"다.

이런 죽음에의 공포는 인륜적 세계에서 행위자를 덮치는 운명의 필연성도 아니며, 법의 세계에서 사적 소유자가 부딪히는 우연한 행운이나 불운도 아니다. 그리고 교양의 세계에서 부의 시혜자가 변덕스럽게

---

301 칸트에서 의무는 인식된 것이며 이 의무의 실행만이 참된 선이다. 그런 의무가 실제로 실현되는가에 대해서 즉 '대상적 현실'에 대해서는 무차별하다.

베푸는 시혜도 아니다. 여기서 도달하는 결과는 개별자가 죽음의 공포를 통해 자기의 특수적 의지를 철저하게 부정하는 것이다.

3) 앞에서 골상학에서 정신은 뼈라는 모순된 결과에 이르러 오히려 나와 대상이 합일하는 이성의 경지에 이르렀듯이, 여기서도 절대적 자유는 자신의 의도와 달리 순수한 죽음이라는 모순된 결과에 이르면서 근본적인 반성이 일어난다. 그러므로 헤겔은 이 죽음의 공포를 "가장 고상하고 궁극적인 교양"이라고 말한다. 이런 죽음의 공포로부터 일반 의지와 개별 의지 양편에서 반성이 일어난다. 이를 통해 "자기의식과 실체의 완전한 상호 침투라는 결과에 이를 수 있다."

4) 이런 상호 침투를 통해 도덕적 세계관의 개념 또는 출발점이 되는 순수 의지가 출현한다. 여기서 한편으로 정신의 세계는 추상적 일반성에 머무르지 않고 자기를 구체화하여 유기적 체계를 지니게 된다. 이를 통해 정신은 정신적 본질이 구체적으로 다양한 집단으로 분화됐던 교양 세계의 첫 단계로 돌아가는 것으로 보인다. 그러나 그때 정신의 체계는 주어져 있는 직접적 현실이었다. 그러나 새로이 형성된 체계는 일반 의지의 자각적(합리적) 실현이니, 이 체계는 "필연성과 자기의식이 상호 침투한 것" 즉 개별적 자기의식이 자발적으로 구성한 것이다.

5) 다른 한편으로 개별적 자아는 죽음의 공포를 통해 자신의 개별적 자아를 지양하고 자기를 추상적인 일반 의지가 아니라 구체화한 일반 의지가 된다. 추상적 일반 의지가 자신을 직접 전체를 대표하는 일반자라고 여긴다면, 구체적 일반 의지는 자신이 전체 속에 유기적으로 규정되는 특수한 역할을 스스로 담당하게 된다. 다시 말하자면 그 자신에 합당한 것 즉 자신의 객관적 본질을 자기의 것으로 받아들이게 된다.

6) 헤겔은 이런 참된 일반 의지를 곧 "순수한 인식과 의욕"으로 규정한다. 여기서 개별 의지는 더는 절대적 자유에서처럼 원자화된 점이 아니며 일반 의지 속에서 자기를 상실하지도 않으니 즉 "혁명 정부도 아

니고 무정부도 아니며 개별 당파나 반대 당파도 아니다." 여기서 개별 의지는 자기 자신을 통해 이성적인 것을 인식하며, 이를 곧바로 실천하는 의지다. 개별 의지는 이성적 인식을 그 자신의 의지로 삼는 합리적인 자유의지다. 즉 이 개별 의지는 "일반 의지를 자기 자신으로, 자신을 정신적 본질로 인식하는 것" 또는 "순수한 인식이 수행하는 자기 자신과의 상호 작용"이다.

7) 지금까지 의지는 의식의 단계에 머물렀다. 여기서는 의지와 대상은 대립한다. 의지는 형식상 자유로운 활동이며, 대상은 외적 강제, 대상적 현실, 자아를 지니지 못한 형식이다. 그것은 자신의 대상을 자유롭게 선택하는 의지며, 겉으로는 자유롭지만, 실제로는 그 대상을 통해 결정된다.

이제 합리적 자유의지는 의지와 대상 사이의 통일 즉 자기의식의 단계로 올라선다. 여기서 의지의 본질은 자기 의식적인 의지이니, 만일 자기의식을 곧 인식이라 한다면, 이 자유의지는 인식인 자유의지가 된다. 그러므로 헤겔은 "이렇게 볼 때 자기의식이란 오직 자신의 본질이 순수한 인식이라는 사실을 파악하는 순수한 인식이다."라고 말한다. 이게 칸트 말로는 순수 의지다. 이 순수 의지는 낭만주의자들의 양심으로 발전하는데, 헤겔은 이 양자를 합해서 도덕적 세계관이라 한다.

595) 〈SK 440:32~441:10〉〈FM 323:11~21〉

그러므로 절대적 자유는 자기 자신을 통해 일반 의지와 개별 의지의 대립을 청산했다. 절대적 자유에서 자기 소원화된 정신은 대립의 정점에까지 이르렀다. 이 정점에서 순수 의욕[das reine Wollen]과 순수하게 의욕 하는 자[das rein Wollende]가 여전히 구별됐기는 하지만, 이제 정신은 이런 대립을 투명한 형식으로까지 격하하면서[302] 그런 투명한 형식

---

302 도덕성의 세계에서 순수 의욕과 의욕 하는 자 즉 의무와 실행 의지의 대립

속에 놓인 자기 자신을 발견한다. ─그리하여 현실 세계의 나라[Reich]가 신앙과 통찰의 나라로 이행했듯이 이제 절대적 자유도 또한, 자기 파괴만을 일삼아 왔던 현실을 벗어나서 자각적인 정신의 또 다른 영토[Land]로 이행한다. 이 영토에서는 절대적 자유는 아직 실현되지 않은 상태 속에서도 진리로 여겨진다.[303] 그리하여 정신은 아직 사상이고 사상에 머무르더라도 이런 **사상**만으로 이미 생기와 활력을 되찾으니 더 나가서 정신은 아직 자기의식 속에 간직될 뿐인 존재[304]를 완전하고 완성된 본질로 인식한다. 이처럼 해서 마침내 **도덕적 정신**[305]이라고 하는 새로운 경험의 형태가 발생하기에 이른다.

[해제] 절대적 자유의 세계에서 일반 의지와 개별 의지 사이의 대립이 정점에 이르렀다. 절대적 자유는 죽음의 공포를 통해 이 대립을 해소한다. 마침내 도덕성의 세계에 이르러 이 대립은 의무 즉 순수 의욕과 행위하는 자아 즉 의욕 하는 자의 통일에 이른다.

───────────

은 자아의 내적 확신 속에서 결합했으니, 양자의 대립은 다만 형식적인 것에 그친다는 말이다.

303 순수 의지는 현실 속에서 실현되는 것과 무관하게 자기를 실행한다. 이를 헤겔은 그 자체로 진리라고 한다.

304 행위는 의도에서 의욕으로 그리고 행위를 거쳐 현실에 실현된다. 여기서 '존재'는 곧 행위가 다만 의욕을 넘어서 행위로 나타났으나 현실에 실현되는 것과 무관할 때, 이를 '자기의식 속에 간직된 존재'라 한다.

305 이 장은 프랑스 혁명 중 로베스피에르의 공포정치가 출현한 이유를 밝히는 장이다. 처음 칸트가 프랑스 혁명에서 이 문제를 느끼고, 그 원인을 로베스피에르가 사사한 루소의 일반 의지 개념에서 찾았다. 칸트는 루소의 이 개념이 지닌 한계를 극복하고자 도덕적 자유의지를 제시했다. 헤겔도 바로 다음 장에서 칸트의 도덕철학을 논하는 것을 보면 헤겔은 칸트의 문제의식에 공감했던 것으로 보인다.

여기서 의무와 행위하는 자아는 자아의 내적 확신 속에 통일됐으니, 순수 의지는 순수한 인식 즉 실체적 의무를 곧바로 실행하며, 그것이 실제 현실에서 실현되는가는 관심 없다. 그러므로 이미 인식이 실행을 담보하니, 다만 사상 속에서 이미 진리에 이른다. 그러므로 의무와 자아, 양자의 대립은 다만 투명한 형식으로까지 격하됐다. 그러므로 헤겔은 "정신은 아직 사상이고 사상에 머무르더라도 이런 사상만으로 이미 생기와 활력을 되찾으니 더 나가서 정신은 아직 자기의식 속에 간직될 뿐인 존재를 완전하고 완성된 본질로 인식한다"라고 한다. 이제 이제 의무의 실행이 현실과의 분열만 남아 있다. 마침내 이 현실과의 대립조차 극복하면 정신은 마침내 절대정신에 이른다.

그런데 지금까지 『정신현상학』은 기왕에 출현했던 정신을 다루었다. 그러나 이제부터 즉 도덕적 세계관은 칸트의 순수 의지와 낭만주의의 양심을 다루는데, 이런 정신은 실제로 역사 속에서는 실현되지는 않았다. 이것은 다만 철학적 사상으로만 출현했다. 그러나 헤겔은 앞으로 실현돼야 할 진리는 이미 출현했고 그 진리가 현실과의 대립을 극복하기만 하면 실현될 것으로 믿었던 것으로 보인다. 헤겔은 이제 의무를 실현하는 자아와 구체적 현실과의 대립을 극복하는 길을 모색해 나간다.

참고로 소외된 정신의 단계에서 전개된 일반적 자아의 발전을 도표로 만들어 보았다. 지금까지 등장한 일반적 자아는 모두 사태 자체를 의욕 하는 의지다. 다만 그것이 출현하는 방식에 따라서 다양한 형태의 의지가 출현한다.

	일반 자아의 발전	일반 자아의 배후	자아의 자기 관계	대상	자기의식과 비교
교양	순수 의식	실제 의식	불완전한 교양	국가권력과 부	스토아주의
순수 통찰 (계몽)	분열된 의식	실제 자아	철저한 교양(자기부정 포함)	피안의 본질	회의주의
순수 자기 의식	부정적 자아	개별 자아	상호 이행, 전도	순수 본질 (순수 사유 또는 순수 사물)	불행한 의식
일반 의지	일반적 자아	개별 자아	대상의 추상적 부정	추상적 본질	(노예 반란)
순수 의지	일반적 자아	개별 자아	자아의 자기부정	구체화한 본질	인격

C 자기를 확신하는 정신, 도덕성

[해제] 앞에서 계몽의 정신이 공포정치로 끝나는 과정을 살펴보았다. 여기서 헤겔은 B 절 자기 소외 정신을 마치고, C 절로 들어간다. 이 C 절의 제목은 '자기를 확신하는 정신'이다. 도덕적(합리적) 의지를 말한다.

앞에서도 잠깐 언급했듯이 공포정치에서 도덕론으로 이행하는 것은 루소와 칸트의 관계를 통해서 이해될 수 있다. 알다시피 프랑스 혁명 가운데 공포정치를 시행한 정치가 로베스피에르 사상의 기본 개념은 일반 의지고 이는 루소에서 나온다.

한때 루소에 심취했던 칸트는 일반 의지 개념이 갖는 문제점을 이해했다. 일반 의지는 개인이 도덕적 존재일 때만 비로소 실현될 수 있다. 그렇지 않다면 각 개인은 자기의 개별 이해를 일반 의지로 주장한다. 그러면 편집증적 세계가 출현하고 모든 타인을 의심하며, 타자를 제거하려는 공포정치가 출현한다. 일반 의지의 문제점을 이해한 칸트는 그것을 극복하기 위해 도덕론을 구상했고, 그 산물이 바로『실천이성 비판』이다. 헤겔은 누구보다도 칸트의 의도를 잘 이해했다.『정신현상학』에서 공포정치를 이어서 칸트 의무론이 전개되는 것도 그런 까닭으로 보인다.

C 절 전체는 a, b, c 소절로 나누어진다. a, b 소절은 칸트의 의무 개념을 c 소절은 낭만주의의 양심 개념을 다룬다. 헤겔은 칸트의 의무론이 지닌 한계 때문에 그것을 극복하기 위해 낭만주의자의 양심 개념이 출현하는 것으로 본다. 이 두 가지는 모두 스스로 일반적 규범, 도덕법칙을 실천한다는 데 공통적인 특징이 있다. 다만 의무는 이를 자율로, 양심은 이를 자발적으로 추구한다는 데 차이가 있다. 양심 개념이 지닌 한계를 극복하면서 정신 장을 떠나 절대정신 장으로 이행한다.

[해제] 전체 흐름

596~598) 도덕적 자기의식의 개념

a 도덕적 세계관

599) 의무의 두 측면: 내적 결의 상태와 타자 존재와 관계 상태

600) 의무와 자연의 자립성과 의무의 우위

601~602) 의무와 현실의 대립과 완전선의 요청

603) 의무와 감성의 대립과 최상선의 요청

604) 덕성과 행복의 대립과 최고선의 요청

605~607) 추상적 의무와 구체적 의무

608~609) 은총과 업적의 대립

610~615) 도덕적 의식, 의무론 종합

596) 〈SK 441:16~34〉〈FM 323:25~324:4〉

인륜적 세계가 그 자신의 운명이며 또한, 그 진리로 제시했던 것은 다만 **개별 자아** 즉 인륜적 세계에 다만 침몰한[abgeschieden] 정신이었다. 반면 **법적 인격**은 그의 실체나, 그것의 충족된 의미나 내용을 다만 자기 외부에 두고 있을 뿐이다. 교양과 신앙의 세계에서 펼쳐지는 운동을 통해서 그처럼 추상화된 인격이 지양된다. 마침내 소원화가 완성됨으로써 즉 극단적인 추상화를 통해서 실체는 정신을 지반으로 하는 자아[Selbst des Geistes]에 받아들여서 처음으로 **일반 의지**로 되고 드디어 자아가 소유하는 것[도덕적 의지]으로 된다. 그러므로 여기서 인식은 마침내 자신의 진리와 완전히 같게 된 것처럼 보인다. 왜냐하면, 정신의 진리는 곧 이런 인식 자체고 두 측면[자아와 실체]의 모든 대립은 소멸하기에 이르렀기 때문이다. 그러나 이런 소멸은 아직 **우리에게 출현하지** 않았고 **그 자체로 존재하는**[an sich] 것도 아니며 다만 자기의식

자체가 추구하는 목적으로만 존재할 뿐이다. 그러므로 자기의식은 의식 그 자체의 대립을 지배하는 주인으로 된 것이다. 의식이란 본래 자기 자신의 확신과 대상[세계]의 대립에 기초를 둔 것이지만, 그러나 여기서는 대상이 곧 의식 그 자신이 확신하는 것이며 동시에 그 자신이 인식한 것일 뿐이며-마찬가지로 자기 자신의 확신 그 자체도 더는 사적인 목적을 소유하지 않고 더는 특정한 규정성 속에 있는 것이 아닌 순수한 인식일 뿐이다.

[해제] 1) 우선 자기 확신하는 정신의 첫 번째 단계, 칸트의 의무 개념을 설명하기 전에 서론 격으로 이 구절에서 헤겔은 지금까지 정신의 발전 과정을 다시 한번 간략하게 정리한다.

A 절 참된 정신은 두 단계로 설명됐다. 우선 '아름다운 인륜적 세계'(그리스 세계)에서 아직 개인은 자기를 자각하지 못한 채 습속에 따라 살아가니 여기서 자아는 "실체 속에 다만 침몰한 정신으로" 존재했다. 인격이 출현하고, 상호 인정되면서 법의 세계가 출현한다. 법의 세계에서 개인의 자유는 형식적인 결정권에 머무르고 실질적으로는 세계를 지배하는 황제의 자의가 지배한다. 즉 인격의 내용은 "그의 외부에 있다."

2) B 절 근대 세계에서 시장을 통해 내용상 사태 자체가 출현하고 이를 실현하려는 자아 즉 일반적 자아가 출현한다. 처음에 이런 일반적 자아는 각 개인의 자아 너머에 소외된 방식으로 존재한다. 헤겔은 소외된 채로 제공되는 일반적 의지를 순수 의식이라 한다. 이런 순수 의식은 실제로 존재하는 개별적 자아와 대립하면서, 한편으로 순수 통찰이 출현하고 다른 한편으로 신앙이 출현하면서 상호 투쟁에 들어간다.

이 투쟁의 결과 유용성의 존재가 출현한다. 그것은 감각적 사물이면서 동시에 그 이면에 텅 빈 본질을 지닌 것이다. 이런 유용성의 존재가 순수 통찰과 관계하면서 순수 통찰의 순수 자아는 다만 사유에 그치는 것이 아니라 실질적으로 되면서 추상적인 일반 의지가 출현한다. 이런 일반 의지는 한편으로 일반적 자아지만, 다른 한편으로 실제적인 개별 자아와 대립하면서, 모든 타자의 개별 자아를 제거하고 자신의 일반 의지를 실현하는 절대적 자유의 세계가 펼쳐진다.

여기서 일반 의지는 추상적인 것이어서 자기를 구체적으로 실현하지 못하고 텅 빈 죽음의 세계만을 남겨놓으니, 헤겔은 이에 대해 일반 의지는 "다만 목적으로만 존재한다"라고 한다. 그 결과 절대적 자유의 세계는 절대적 공포의 세계로 전락한다.

3) 절대적 자유의 공포를 겪은 개별 자아는 자기를 부정해서 일반 의지를 받아들이면서 일반적 자아가 된다. 이를 거꾸로 보면 실체가 그 자체로 자기를 실현하는 의지를 갖추게 된다. 헤겔은 이를 "순수한 인식이며 의욕"이라는 개념으로 설명했다. 여기서 인식은 개별적 목적에 관한 인식이 아니라 일반적 인식 즉 실체에 관한 인식 즉 이성적 순수한 인식이다. 또한, 인식이 곧 의욕이니, 이는 달리 말하자면, 인식 자체가 곧 진리며, 의식된 것이 즉각적으로 실행되면서 그대로 현실적 대상으로 된다. 즉 자기가 확신하는 것이 그대로 진리가 된다. 여기서 마침내 자기 의식적 의지가 출현한 것이다. 이것이 곧 도덕적 법칙에 따르는 자유 의지, 칸트의 순수 의지다.

4) 계몽의 경우 일반 의지는 개별적 의지의 이면일 뿐이었다. 순수 통찰에서 그것은 실제적 의식의 이면에 머물렀으며, 신앙에서는 일반 의지는 순수 의식을 통해 직접 출현했으나 현실에서 실현되지 못하고 다만 피안에서 실현됐다. 계몽이든 신앙이든 개별적 자아와 일반적 자아는 동전의 이면으로 전전반측할 뿐이었다.

이제 절대적 자유의 절대적 공포를 거쳐 개별적인 의지 즉 욕망과 구별된 실체를 실현하는 의지가 독자적으로 출현했다. 그것이 곧 순수 의지다. 그것은 개인이 자기 속에 받아들인 일반 의지지만, 개별적 의지와는 독립적으로 출현한 독자적 의지다. 그러므로 칸트는 순수 의지라 한다. 그러므로 아직 개별적 의지가 남아 있어서 서로 공존하는 개별적 의지와 일반 의지 사이에 갈등과 대립이 발생한다. 도덕적 자유의지는 개별적 의지와 이와 같이 갈등하고 대립하는 가운데 있으므로 아직 완성된 것은 아니다.

도덕적 세계관에서는 순수 의지와 개별 의지가 양립하니, 아직 개별 의지의 극복이 이루어지지 못했다. 마침내 양심을 거쳐 절대정신에 이르러 순수 의지와 개별 의지가 합일하면서 개별 의지에 대한 완전한 극복이 이루어진다. 그러므로 도덕적 세계관은 단순한 내적 확신에 머무르며 절대정신에 이르러 자각적인 도덕적 자유의지가 출현한다.

597) ⟨SK 441:35~442:18⟩ ⟨FM 324:5~20⟩

그러므로 자기의식에서는 오직 그 자신이 인식한 것만이 **실체** 그 자체로 여겨진다. 이런 실체는 그에게서 **직접적인** 존재면서도 또한, 절대적으로 **매개된** 존재니 곧 실체에서 두 측면은 서로 나눌 수 없게 통일된다. 여기서 우선 **직접적** 존재라고 하는 측면을 보자면-마치 인륜적인 의식에서 그랬듯이 자기의식은 여기서 의무가 무엇인가를 인식하고 수행하며 이 의무가 자기의 천성이기라도 하다는 듯이 스스로 이 의무에 종속된다. 그러나 이런 자기의식은 인륜적 의식에서처럼 어떤 타고난 **성격**과 같은 것[Charakter]은 아니다. 그런 성격의 경우는 직접성 때문에 어떤 특정한 정신이며 인륜적 본성 가운데 어떤 하나에만 속하면서 자신이 **알지 못하는** 측면을 지닌다. -그러나 반대로 **절대적 매개**라는 측면에서는 자기의식은 자기를 도야하는 교양의 의식이나 신앙의 의식과 같다. 왜냐하면, 여기서 자기의식은 본질상 추상적인 직접적인 현존을 지양하는 가운데 스스로 일반자로 되고자 하는 자아의 운동[을 통해 생성된 것]이기 때문이다. ─다만 여기서 운동은 결코 자아와 현실이 서로 순수하게 소원화되거나 분열되는 것을 통해 일어나지 않으며─또한, 현실로부터 도피 때문에 일어나지도 않는다. 그보다는 오히려 자기의식은 자기의 실체 속에서 **직접 생생하게**[gegenwärtig] 들어 있다.[306] 왜냐하면, 그와 같은 실체란 다름 아닌 자기의식이 인식한 것이며, 더 나가서 자기 자신에 관한 순수한 확신이 직관적으로 출현한 것이기 때문이다. 그리하여 바로 그 자신의 개인적인 현실인 **직접적 현존**이 전면적인 현실[alle Wirklichkeit]이기도 하다. 왜냐하면, 직접적인 현존은 오직 **존재** 자체기 때문이다. 더욱이 이 직접적 현존은 절대적 부정성을 통해 순화된 순수한 것인 한에서 오직 순수한 존재니 그것은 존재 일반을 뜻하거나 더 나가서는 **전면적인** 존재[alles Sein][307]이다.

[해제] 1) 헤겔은 여기서 도덕적 의지의 개념을 서술한다. 인식은 이성적인 것 즉 실체에 관한 인식이며, 이런 인식을 실행하는 일반적 자아가 고유하게 존재한다. 이런 도덕적 자아를 헤겔은 직접적 측면과 매개된 측면에 걸쳐서 설명한다. 이 두 측면은 상호통일된다.

2) 직접적인 측면은 인식과 의지가 직접 같은 것이니, 이는 마치 인륜적 세계에서 출현한 자아와 비슷하다. 여기서는 개별 자아는 인륜적 본질을 의심 없이 주저하지 않고 실행한다. 그러나 인륜적 자아는 자연적 단계에 머물러 있는 성격에 그친다. 이는 자연적 처지에 따라 자기가 있게 된 특수한 인륜적 본질을 자연적으로 제공된 의무로 수행한다.

---

306 순수 의지는 실체 즉 의무를 직접 실현한다는 점에서 "실체 속에 자기의식이 나타나며," 실체란 곧 "자기의식이 인식한 것"이다. 그 결과 실체는 전적으로 실행된다. 즉 "직접적 현존이 전면적인 현실"이다.

307 '전면적으로 실현된 존재[alles Sein]'은 앞에서 이성의 개념이 '전면적 실재[alles Realität]'로 규정된 것을 상기시킨다.

반면 도덕적 자아는 특수한 인륜적 본질이 아닌 이성적으로 인식되는 실체로서 정신적 본질을 수행한다. 이 도덕적 자아는 이 실체를 아무런 의심 없이 당연한 의무로 수행한다는 점에서 직접적이다. 이 도덕적 자아는 어떤 증명을 통해 입증되는 것이 아니라 하나의 사실로 입증된다. 그러므로 도덕적 자아에서 의무는 마치 그의 마음속에서 자연적으로 자발적으로 솟구치는 것으로 느껴진다.

3) 그러나 다른 한편 이 도덕적 자아는 인륜적 세계의 성격처럼 자연적으로 제공된 것이 아니라 교양과 계몽의 전체 과정을 통해 출현했다. 이 과정에서 도덕적 자아는 교양에서처럼 자기 소원화를 통해 출현한 것도 아니며 신앙에서처럼 순수 의식으로서 피안에 출현한 것도 아니다. 개별 자아가 절대적 자유를 통해 마침내 죽음의 공포에 직면하면서 도덕적 자아가 형성된 것이다. 이런 도덕적 자아는 이런 매개 과정을 통해 자기를 드러내니, 이런 측면에서 도덕적 자아가 느끼는 의무감은 도덕적 자아에 강박적으로 즉 죽음의 공포를 통해 또는 신성한 하늘의 명령을 통해 강요되는 것처럼 느껴진다.

4) 도덕적 자아에서 의무 의식은 한편으로 의무가 자유롭게 느껴지면서도 다른 한편으로 이 실체의 힘을 통해 강요되는 것으로 느껴지니, 이런 이중적 의식이 곧 의무감이다. 이런 이중성에 따라서 의무를 따르는 의지가 표출되는 모습도 이중적이다.

한편으로 도덕적 의지에서 의무의 인식은 이처럼 자아와 합일되면서 이 의지는 실체를 인식한 그대로 행위하는 의지다. 그러므로 헤겔은 이 도덕적 자아의 실현을 "전면적[으로 실현된] 현실" 또는 "전면적[으로 실현된] 존재"라고 말한다. 다른 한편으로 의무는 외부의 명령인 한, 실제로 실현되는 현실과는 무관하며 여기서 실현된다는 것은 어디까지나 행위를 통해 자기를 표출한다는 의미지, 실제 현실 속에서 성취된다는 의미는 아니다.

598) 〈SK 442:19~26〉〈FM 324:21~27〉

따라서 이런 의미에서 절대적 본질이란 결코 **사유**가 대상으로 하는 **단순한 본질**이라는 규정으로 다 설명될 수 없으며 도리어 이것은 전면적인 **현실**[alle Wirklichkeit]이며 이런 현실은 단지 인식되는 한에서만 존재한다. 이렇듯 의식이 파악할 수 없는 것은 아무런 의미도 지닐 수 없으며 동시에 의식에 대해 그 어떤 위력을 행사할 수 없다. 이제 모든 대상성의 세계는 도덕적 의식에서 나타나는 인식하는 의지[308]의 뒷전으로 물러난다. [도덕적] 의식은 그 자신의 자유를 인식한다는 점에서 절대적으로 자유로울 뿐만 아니라 또한, 이처럼 그 자신의 자유를 인식한다는 사실이 이 [도덕적] 의식의 실체며 목적이며 또한, 유일한 내용이기도 하다.

[해제] 1) 헤겔은 여기서 등장한 도덕적 의지를 '인식하는 의지'로 규정한다. 즉 실체에 관한 이성적 인식을 즉각적 행동으로 실천한다는 뜻이다. 이런 도덕적 의지는 앞에서 말한 실체와 자아의 직접적 관계와 매개적 관계라는 이중적 관계에 따라 이중적인 방식으로 표출된다.

2) 한편으로 자아와 실체는 합일돼 있으니, 자아가 인식하지 않은 것은 "아무런 의미도 지닐 수 없으며" 실천하는 의지에 대해 "그 어떤 위력을 행사할 수도 없다." 또한, 도덕적 의지에서 자신이 인식한 실체 즉 의무가 그 자신의 것이니 이 의무는 무조건적, 전면적 행동으로 출현한다. 이 행동의 세계가 곧 절대적 본질이 실현된 세계다. 여기서 자기의 의지에 대해 낯선 행동이란 존재하지 않는다. 행동의 세계는 오직 자신의 의지를 통해 산출된 친밀한 세계가 된다.

3) 헤겔은 이런 도덕적 의지는 자기를 자기가 실현하는 것이므로 자

---

308 '인식하는 의지'란 그의 목적을 인식하고 이를 즉각적으로 실천하는 의지다. 이 개념은 칸트의 순수 의지나 낭만주의 양심 개념을 기초로 하는 것으로 보인다.

유로운 의지며 그런 자유로운 의지는 자각된, 자기 의식적인 의지라고 한다. 자유의지는 이미 법적 인격에서 출현했다. 그러나 인격은 선택으로서 자유를 지닐 뿐이며, 실제로는 외적 힘에 복종한다.

마침내 도덕적 의지, 합리적 의지로 발전하면서 자아는 형식에서뿐만 아니라 실질적인 내용에서도 참으로 자기를 실현할 수 있으므로 비로소 참된 자유의지가 출현한다. 이 자유의지는 곧 나의 객관적 본질, 실체를 실현하는 의지다. 이 자유의지는 실체 속에 나타나는 의지이며, 실체를 인식하는 의지다.

4) 여기서 헤겔은 도덕적 의지의 행위는 그 행위를 통해 얻은 쾌락 때문에 실행되는 것이 아니라 한다. 만일 그렇다면 그것은 쾌락을 원인으로 하는 것일 뿐이다. 오히려 도덕적 행위는 "자유에 관한 인식"[또는 느낌]을 통해 일어난 행위다. 의지의 자유에 관한 자각이 의지를 의지로 만드는 힘이니 그런 헤겔은 자유의 인식이 도덕적 자아의 "실체며 목적이며 유일한 내용"으로 된다고 한다. 이런 주장은 칸트의 자유의지가 도덕법칙을 실현하려는 것을 동기로 한 순수 의지라는 것을 상기해 주는 주장이다.

a 도덕적 세계관

599) ⟨SK 442:30~443:19⟩⟨FM 324:30~325:15⟩

[도덕적] 자기의식은 의무를 절대적 본질로 인식한다. 자기의식은 오직 이와 같은 의무를 통해서만 구속될 뿐만 아니라 또한, 이런 실체[의무]는 자기의식이 순수하게 의식한 것이다.

그에게서는 의무는 결코 어떤 소원한 존재라는 형식을 띨 수 없다. 그러나 도덕적 자기의식은 자기 내에서 결의[決意] 상태에 머물러 있을 때는[in sich selbst beschlossen] 아직 **의식**[309]으로 판정[gesetzt]되거나 고찰되지 않는다. 그런 한에서는 대상은 직접 인식되는 것이며 이렇듯 대상이 순수하게 자아를 통해서 침투된 한 그것은 결코 [의식에 대한] 대상일 수가 없다. 그러나 이런 도덕적 자기의식은 본질상 매개와 부정성[310]을 지니니, 그런 한에서는 이미 그 자신의 개념 속에 **타자 존재**와 관계하며 이런 점에서 도덕적 자기의식은 곧 의식으로 된다.[311] 그러나 한편에서는 이 타자 존재[312]는 자기의식과 비교해 완전하게 **무의미한** 현실에 지나지 않는다. 왜냐하면, 의무가 도덕적 자기의식의 유일한 본질적 목적이며 또한, 대상이기도 한 때문이다. 이런 의식은 전적으로 그 자신 속에서 결의한 상태[beschlossen]므로 이런 타자 존재에 대해서 자유롭고 무관심한 태도를 보인다. 다른 한편으로는 그의 현존[Dasein]은 그의 자기의식과는 완전히 동떨어져서 오직 자기 만족적으로[auf sich beziehendes] 현존한다. 자기의식이 자유로워질수록 그만큼 자기의식이 부정하는 대상도 함께 [자기의식으로부터] 자유로워진다. 그러므로 이

---

309 의무의 인식은 내적 확신에 머무르므로, 여기서 의식과 대상은 직접 합일하니, 이런 인식은 대상과 대립하는 의식을 통한 인식이 아니다.

310 여기서 '매개와 부정성'은 자기를 부정하면서 현실로 실현하는 자아의 능력을 의미한다.

311 내적 확신이란 주관적 자기의식이며 실제로는 감각적 단계의 의식이다. 이성도 확신(관찰하는 이성)에서 진리(자기 실현하는 개체성)로 발전했듯이, 정신도 확신(인륜적 세계)에서 진리(절대정신)로 나간다. 마찬가지로 도덕적 자아도 최초로 등장하면 확신의 단계에 머무른다. 확신이란 주관적 자기의식이며 실제로는 의식이다. 여기서도 확신을 넘어 자기의식으로 발전하니, 자기 의식적 정신이 곧 절대정신이다.

312 구체적으로는 감각적 욕망이나 다양한 현실을 말한다.

제 부정되는 대상은 자체 내에서 완성된 독자적인 개체성을 이루는 세계, 자기 특유의 법칙을 지닌 자립적인 전체 그리고 다시 이런 법칙이 자립적으로 전개하며 자유로이 자기를 실현하는 것을 의미한다. ─이런 대상은 **자연** 일반을 의미한다. 즉 그 법칙이나 그 활동은 모두가 자연 자체에 속한다. 그러므로 이 대상은 도덕적 자기의식에 대해 전혀 개의치 않는 본질이니 이는 마치 도덕적 자기의식이 바로 이 본질에 대해서 전혀 개의치 않는 것과 같다고 하겠다.

[해제-1]

1) 서론에서 자기 확신하는 정신의 개념이 세 가지로 설명됐다. 그 개념은 순수한 인식에 기초한 일반적 자아, 즉각적으로 행동하는 인식적 의지, 자유의 자각을 동기로 하는 실행이라는 개념으로 정리할 수 있겠다. 이런 자기 확신하는 정신은 칸트의 의무 개념, 낭만주의의 양심 개념을 거쳐 절대정신으로 발전한다. 첫 번째 의무 개념이 이제 C 절 a항 도덕적 세계관에서 다루어진다.

이 절을 이해하기 위해 칸트의 도덕철학을 간단히 서술해 보자. 사실 칸트에게서 중요한 문제는 도덕의 일반 법칙을 어떻게 발견하는가 하는 데 있다. 이런 법칙을 실행하는 의지를 의무의 원리로 규정하는 것은 차후의 문제이다. 즉 의무란 실천하는 방식의 문제다. 그런데 헤겔은 칸트가 어떻게 일반 법칙을 발견했는가에 관해서는 논의를 생략한다. 그리고 곧바로 도덕법칙을 실현하는 의무의 문제로 들어간다.

아마도 헤겔은 칸트가 일반 법칙을 발견하는 과정은 별로 중요하지 않다고 보았을 것이다. 그는 『정신현상학』에서 이미 이성의 과정을 통해서 도덕의 일반 법칙이 출현한다고 보았다. 시장을 통해서 사회에서 객관적 가치가 규정되는 과정과 마찬가지로 도덕의 일반 법칙[실체]은 사회적인 상호 작용을 통해서 형성된다. 그러므로 칸트의 도덕법칙론은 논외가 된 것이리라.

헤겔에서는 일반 법칙을 어떻게 실현하는가가 문제다. 그게 정신 장에서 전개되는 주 과제이다. 여기 C 절에 이르면, 일반 법칙을 자신의 목적으로 수행하는 도덕적 의지가 생성됐다. 그런데 그 첫 번째 방식은 확신을 통해 이를 수행하는 것인데, 이런 확신을 통한 도덕적 의지 개념이 의무 개념과 비슷하므로 칸트의 의무 개념을 불러내게 된 것 같다.

2) 헤겔과 달리 우리로서는 칸트의 의무 개념이 어떻게 나온 것인지 잠시 칸트로 돌아가서 상기할 필요가 있다. 칸트의 도덕적 법칙 개념은 이성 장 마지막에서 헤겔이 검증적 이성에서 대체로 제시했던 것이다.

칸트는 이런 도덕의 일반 법칙을 일반화의 원리를 통해서 발견하려 했다. 그 출발점은 어떤 준칙이다. 그것은 욕망으로부터 출발한다. 한 사회에서 경험적으로 어느 정도 일반화되는 욕망의 추구가 준칙으로 나타난다.

칸트는 경험적인 방식으로 욕망 추구의 완전한 일반화는 불가능하다 본다. 만일 그게 가능하다면 거기서 도덕의 일반 법칙을 끌어낼 수 있을 것이다. 하지만 경험은 경험인지라 개연성을 얻을 뿐 일반성을 얻을 가능성은 없다.

따라서 여기서 칸트는 소위 사유의 모험을 감행한다. 그는 사유의 일반적인 형식으로 이런 준칙을 시험한다. 즉 이런 준칙을 누구나 어느 때나 실행한다고 가정하면서 그 결과가 모순이 아닌지를 확인하는 것이다. 만일 모순이 아니라면 그 준칙은 이제 일반적 도덕법칙의 자격을 획득한다. 이렇게 준칙을 검증하는 사유의 일반적 형식을 칸트는 도덕의 선험적 개념 즉 도덕의 일반 원리로 규정한다.

그 결과 칸트의 도덕법칙은 사실 형식적이다. 도덕법칙은 형식의 검증을 통해 누구든지 어느 때든지 실현되면 현실을 넘어선 순수한 일반 법칙으로 된다. 그러나 그것이 현실적 내용을 담으려 한다면 일반성의 형식을 위배하지 않을 수 없으니, 가장 순수한 일반 법칙은 오직 형식적인 것으로 남을 수밖에 없다.

3) 칸트는 이런 도덕의 일반 법칙을 세운 다음, 과연 이런 법칙을 실현하는 인간의 의지가 있는가를 고민했다. 여기서도 칸트는 경험적으로 발견되는 의지인 욕망에서 출발한다. 하지만 욕망은 이런 일반 법칙을 실현하려 하지 않는다. 욕망은 쾌락을 지향하고 이 쾌락은 현실적으로 실현되는 데서 얻어지는데, 도덕법칙은 현실을 넘어선 것이기에 욕망은 때로는 이를 실현하려 하겠지만, 대부분 회피하려 들 것이다.

칸트는 욕망과 달리 도덕법칙을 실현하는 의지가 인간에게 있을 것으로 보았다. 여기서 그 유명한 가정이 제기된다. '해야 하니까 할 수 있다'라는 가정이다. 그래서 칸트는 인간에게 도덕법칙을 실현하는 의지가 있다고 가정했고, 이것이 바로 순수 의지다. 칸트의 순수 의지는 도덕법칙을 실행함으로써 쾌락을 지향하는 것이 아니라 도덕법칙이 도덕법칙이므로 실행하려 한다는 점에서 순수 의지다. 여기서 순수성이란 곧 욕망으로부터 영향을 받지 않는다는 의미다.

4) 이 순수 의지는 자유의지라고 하기도 하는데, 여기서 자유는 자유로운 선택으로서 자유와는 구분된다. 칸트의 자유의지는 도덕법칙을 실행하는 의지고, 이를 칸트가 자유의지라고 했을 때 그것은 이 의지가 사유 즉 인식된 의무로부터 아무런 매개 없이 저절로 발생한다는 측면을 말한다. 간단히 말해서 즉각적으로 행동한다는 것이다. 누구나 도덕법칙을 알면 그것을 행위하지 않을 도리가 없다. 자유의지는 저절로 행위하기 때문이다.

5) 또한, 칸트는 이것을 의무라고 규정한 것은 이 의지가 욕망과 대립하기 때문이다. 이 의지가 실현되기 위해서는 욕망하는 힘이 억제되고 배제돼야 한다. 여기서 해야 한다는 당위, 의무의 요소가 등장한다. 이런 의무는 전적으로 바깥에서 강요되는 것을 의미하지 않는다. 이런

의무는 내적으로 자기에게 강요하는 것이니, 자율적인 것이다. 문제는 이런 내적인 강제가 어떻게 출현할 수 있는가이다. 칸트는 이를 위해 존경 또는 경건이라는 감정을 끌어들이기도 했지만, 충분하지 못했다.

헤겔은 이제 칸트의 의무 개념을 다루면서, 도덕법칙의 형식성이나 의무의 내적 강제라는 개념이 지닌 자기모순을 지적한다.

[해제-2]

1) 앞에서 도덕적 자기의식의 본질을 규정한 다음 여기서 헤겔은 도덕적 자기의식에서 의무와 자연(감각적 욕망, 행위의 현실)이 대립한다는 사실을 설명한다.

절대적 자유가 부딪힌 죽음의 공포를 통해 개별 의지가 일반 의지를 받아들이면서 도덕적 순수 의지가 출현했다. 이런 점에서 순수 의지는 불완전한 일반 의지에 머물렀던 교양과도 다르며(순수 의지는 자기를 부정했으므로) 또 일반 의지와 개별 의지 사이에 전전반측하는 순수한 자기의식 즉 관념론과 유물론과도 구분된다. (여기서는 확고한 순수 의지가 출현했으므로)

그러나 순수 의지는 여전히 한계를 가지고 있으니, 개별 의지가 일반 의지를 받아들이는 것은 시공간적으로 제한적이기 때문이다. 즉 어떤 시간과 장소에서는 개별 의지는 일반 의지와 합일한 순수 의지지만, 다른 시간과 장소에서는 다시 일반 의지와 대립하면서 분열이 일어난다. 그러므로 헤겔은 순수 의지에서 도덕적 의지는 자기의식의 단계에 오르지 못하고 아직 감각적 확신(의무론)이나 지각적 의식(양심)의 단계에 머물러 있다고 한다. 이제 도덕적 의식이 필연적이고 전면적인 도덕적 자기의식으로 발전하는 운동이 전개된다.

2) 일반적으로 의무의 수행은 세 단계를 거친다. 처음 결의 상태가 있고 이것이 행위로 나오며, 마지막으로는 현실에서 실현된다. 의무가

결의 상태를 벗어나면 의무는 현실과 충돌한다. 여기서 현실은 인간의 감각적 욕망일 수도 있고 외부의 현실일 수도 있는데, 의무를 통해 부정되는 현실은 "자기 특유의 법칙을 지닌 자립적인 전체" "그 법칙과 활동 자체는 모두 자연 자체에 속하는 것"이다. 그러므로 이 의무가 현실 속에서 실제로 실현될 수 있는가는 알 수 없다.

3) 의무 즉 순수 의지에서 도덕적 자기의식은 확신의 단계에 있다. 확신을 자기의식으로 보면 의무는 의무인 한에서 결의 상태를 벗어나 실행되며 즉 "대상은 순수하게 자아가 침투한 것"으로 된다. 이런 도덕적 자기의식은 내적이고 외적인 현실에 대해 무관심하다. 그것은 현실이 어떻든 실행돼야 한다. 즉 도덕적 자기의식은 "타자 존재에 자유롭고 무관심한 태도를 보인다."

4) 이런 도덕적 의식에서 자아 즉 "매개와 부정성"은 단순히 현실 속에서 의무를 실행해야 한다. 단순히 결의 상태에 있다는 것은 무의미하며 의무는 실제로 현실 속에서 실행돼야 한다. 그러나 내적이고 외적인 현실은 자아에 대해 대상적으로 존재하므로, 외적 현실에서 의무가 외적 현실에 실행될 수 없을 뿐만 아니라 내적 현실에서 실현되지 못하니, 심지어 행위조차 나오지 못한다. 의무는 다만 내적 결의 상태에 머무르면서 내적이거나 외적인 현실과 대립한다는 점에서 본다면, 도덕적 의지는 대상에 대립하는 의식의 수준으로 도로 떨어지게 된다.

5) 한편으로 도덕적 자기의식은 현실과 관계없이 무조건적으로 실행돼야 한다. 그러나 다른 한편 도덕적 의식은 내적이거나 외적 현실에 부딪혀 난파하며 다만 결의 상태에 머무를 뿐이다. 도덕적 자아가 현실에 대해 지닌 이 두 측면 즉 실행해야 하지만, 결의 상태에 머무를 수밖에 없다는 사실은 도덕적 확신의 자기모순으로 발전한다. 확신에 찬 도덕적 자기의식이 현실을 무시하고 실행하려 하면 할수록 현실 역시 그런 의무에 대해 동떨어진 무차별한 것으로 된다. 그러니 그의 도덕적 의무

는 현실에서 더욱더 실행되기 어렵다.

600) 〈SK 443:20~30〉〈FM 325:16~24〉

도덕적 세계관은 그 자체로 자기에게 나타나는[an und für sich] **도덕**
과 그 자체로 자기에게 나타난[an und für sich] **자연**의 **관계**에서 성립하
는 규정을 바탕으로 발전한다. 이런 관계의 근저에 놓여 있는 것은 한편
으로 **자연**과 **도덕적** 목적 사이의 상호 완전한 **무관심**과 각자의 **자립성**
이지만, 다른 한편으로 오직 의무만이 본질적이고 자연은 하등의 자립
성도 지니지 못한 비본질적인 것이라고 하는 의식이다. 전적으로 서로
대립하는 두 전제가 서로 관계하는 가운데 눈앞에 나타나는 여러 계기
가 도덕적 세계관을 통해 전개된다.

[해제] 의무의 개념은 의무와 자연의 자립성, 그 가운데 의무가 본질
적이라는 사실에서 찾을 수 있다. 이것이 칸트의 도덕론의 출발점이며
여기서 여러 모순이 출현한다. 칸트는 알다시피 이 모순을 알고 있었으
며 세 가지 요청을 통해 해결하려 한다. 잘 알려진 대로 완전선, 최상선,
최고선이라는 요청이다.

여기서 완전선이란 도덕의 목적이 현실에 완전하게 실현돼 행복의
결과를 이루어 내는 것이다. 최상선이란 자신의 욕망을 제거하고 완전
히 순수한 의지로 되는 것이며, 최고선이란 도덕적으로 순수한 자에게
가장 완전한 행복이 제공되는 것 즉 최상선과 완전선의 결합이다.

이런 최상선과 완전선, 최고선은 지상에서는 이루어지기 힘드니 이
를 이루기 위해서는 신의 존재가 요청된다. 헤겔은 여기 a 절에서는 칸
트의 의무에서 제기되는 요청을 먼저 설명한다. 그런 다음 b 절에서 칸
트식으로 문제를 해결하는 것이 오히려 문제를 다른 데로 옮겨 놓는 것
에 지나지 않는다는 점을 지적한다.

601) 〈SK 443:31~444:11〉〈FM 325:25~37〉

우선 도덕적 의식 일반이 전제된다. 여기서 의무는 도덕적 의식에 본질로 여겨진다. 즉 도덕적 의식은 **실제로 행동**하며 자신을 실현하는 행위를 통해서 의무를 충족한다. 그러나 동시에 이 도덕적 의식에는 자연의 자유가 전제되니 이를 달리 말하면 도덕적 의식이 여기서 경험하는 것은 곧 자연의 무관심이다. 즉 도덕적 의식이 자연 자신의 것과 도덕 자신의 실현이 통일될 수 있다는 것을 의식하느냐 마느냐에 대해 자연은 전혀 관심이 없다는 경험이다. 따라서 도덕적 의식이 **경험하는** 것은 그 자신이 **아마도 행복할** 수도 있고 **아마도** 그렇지 **않을** 수도 있다는 사실이다. 이에 반해서 비도덕적인 의식은 우연적이더라도 자기를 실현할 수도 있다. 그러면 도덕적 의식은 다만 행동의 **동기**만이 그의 몫으로 되며 이런 행동을 통해 자기의 목적을 수행한다는 데서 느끼는 행복이나 또한, 어떤 목적을 [현실에서] 완수함으로써 얻는 즐거움이 결코 그의 몫으로 되지 않는다는 사실을 알게 될 것이다. 따라서 오히려 도덕적 의식은 도덕적 의식과 그의 현존이 일치하지 않는다는 사실에 관해 불평할 충분한 이유를 발견한다. 또한, 도덕적 의식은 자신의 대상을 단지 **순수한** 의무로 간직하는 데 그 자신을 한정하게 하며 그와 같은 대상과 도덕적 의식이 실현되는 것을 보지 못하게 막는 불공정한 세상에 관해 불평할 충분한 이유를 발견한다.

602) 〈SK 444:12~445:20〉〈FM 326:1~34〉

도덕적 의식은 행복을 포기할 수 없거니와 동시에 이처럼 행복이라는 계기를 자기의 절대적 목적에서 추방할 수 있는 것도 아니다. **순수 의무**로 언표되는 목적은 **개별** 자기의식을 포함한다는 계기를 그 자신에서[an ihm] 본질상 갖는다.[313] 개인이 의무에 대해서 **확신한다**는 것 또한, 그가 의무를 인식한다는 것은 도덕성의 절대적 계기를 이루었다. 반면 **목적**을 **대상**으로 실현한다는 것 즉 의무를 **충족**한다는 것은 오직 자신을 실현된 것으로 직관하는 **개별** 의식의 계기 다른 말로 하면 **향락**이라는 계기인데, 이런 계기는 **신념**[Gesinnung][314]으로 고찰되는 도덕성의 개념에 직접 담겨 있지 않으며 오히려 단지 도덕성의 **실현**이라는 개념에 담겨 있다. 그러나 그럼으로써 향락은 도덕적 **신념**[Gesinnung] 속에도 들어 있는 것으로 된다. 왜냐하면, [도덕적] 신념이라고 하는 것은 결코 **행동**에 대립해 신념에 머물러 있는 것을 목표로 하지 않고 행동하면서 동시에 자신을 실현하는 것을 지향하기 때문이다. 따라서 목적을 그것이 동반하는 계기에 관한 의식과 더불어 전체적으로 언명한다면 이것은 의무를 충족한다는 것은 순수한 도덕적인 행동인 동시에 못지않게 **개체성**을 실현하는 것이며, 더 나가서는 추상적 목적에 대해 대립하는 **개별적인** 측면이라고 할 **자연**이 이런 목적과 **하나**가 된다는 것을 뜻한다. ―자연이란 [도덕적 목적과는] 무관한[frei] 것이므로 이제 이 두 측면의 조화롭지 못한 상태를 경험하는 것은 필연적인 일이라고 하겠지만, 여기서 본질적인 의미를 지니는 것은 의무일 뿐이니 이런 의무와 비교해서 보면 자연은 다만 중요하지 않은 것[Selbstlos]에 지나지 않는다. 이렇게 볼 때 이 양자 사이의 조화를 바탕으로 한 전체적 **목적**은 자체 내에 그 실현을 내포하며 그 목적은 곧 **실현돼야 하는 사상**[Gedanke der Wirklichkeit]으로 된다. 여기서―다만 [도덕적] 의식이 바로 그 자연

---

313   도덕적 자아는 확신의 단계에 있으므로 자기의식의 측면(의무의 측면)과 의식의 측면(개별적 자아의 측면)을 동시에 갖는다.

314   여기서 신념이란 의무를 수행하겠다는 주관적인 의지를 말한다.

과 자기와의 통일을 경험하는 한에서만 자연이 고려의 대상으로 되는 한에서—도덕성과 자연의 조화, 다시 말해서 도덕과 행복의 조화는 **필연적으로 존재할 수밖에 없는 것으로 사유 되니** 결국, 그런 조화가 **요청**될 수밖에 없다.* 왜냐하면, **요청한다**는 말의 의미는 곧 아직도 실현되지 않은 어떤 것이 이미 **존재하는** 것으로[315] 생각된다는 뜻이기 때문이다. 따라서 이 말이 의미하는 것은 곧 개념으로서 **개념**이 지닌 필연성[316]이라기보다는 다만 **존재**를 요구하는 필연성이라 하겠다. 그러나 동시에 이런 존재의 필연성조차 그 본질에서 본다면 개념을 통해 이루어지는 관계다. 즉 **존재[Sein]**가 요청된다는 것은 한낱 우연적인 의식이 지닌 관념에 귀속될 수 없으며 오히려 **순수한** 의식과 **개별** 의식의 **통일**을 자기의 참된 내용으로 삼는 도덕성의 개념 자체 내에 자리 잡은 것이다. 여기서 후자 즉 **개별 의식**에 떠맡겨진 일이란 다만 이런 통일이 하나의 현실로 존재해야 한다는 것을 의식하는 것이다. 이런 현실은 곧 목적이 지닌 **내용**의 측면에서는 행복을 의미하며 목적이 가져야 할 **형식**의 측면에서 보면 일반적으로 말해 현존하는 것[Dasein]을 의미한다. —따라서 이처럼 요청되는 현존과 또는 도덕과 행복의 통일은 하나의 소망일 수는 없다. 이런 통일을 목적의 측면에서 고찰한다면 그것은 결코 성취 여부가 아직도 불확실한 그런 목적이 아니라 오직 이성의 요청이며 더 나아가서는 이성이 직접 확신하고 전제하는 요청[317]이다.

---

315 이 구절은 정신분석학에서 말하는 '미리 와 있는 미래'라는 개념을 연상하게 한다. 거꾸로 '아직 실현되지 않은 과거'일 수도 있다.

316 개념은 자기 내에 자기를 실현하는 자아를 지니니, 필연적으로 실현된다. 반면 당위는 자기를 실현하는 자아가 없으니, 요청되는 것일 뿐이다.

317 여기서 헤겔은 요청이라는 개념을 소망이라는 개념과 구분한다. 소망은 이루어지기를 기대하는 주관적인 기대다. 그 실현은 우연일 뿐이다. 반면 요청은

*FM주 〈326:21~23〉 헤겔은 칸트의 완전선 이론을 거론한다. 참조: 칸트I. Kant, 『순수이성 비판』, B판, S. 838ff; 『실천이성 비판』, S. 198ff; 『판단력 비판』, S. 418f. 나아가 다음을 참조: 피히테J. G. Fichte, 『모든 계시에 대한 비판 시도』, 『전서』, 5권, S. 39, 45, 74. & S. 2ff (§ 2).

[해제] 1) 위에서 제시된 두 구절에서 헤겔은 의무와 현실이 대립에 관해 서술한다. 현실은 고유한 법칙에 따라 전개되므로 도덕적 법칙이 현실 속에서 실현되는가는 전적으로 우연에 달렸다. 이때 도덕적 의식에 행복이 따르지 않으므로 도덕적 의식은 이 현실이 불공정하다고 생각한다.

그런데 중요한 것은 의무를 추구하는 도덕적 의식이 행복을 포기할 수 있는가 하는 문제다. 도덕적 의식에서는 의무에 관한 확신만이 본질적 계기다. 그러므로 의무는 행복을 포기할 수도 있지 않을까?

2) 헤겔은 이 문제에 대해 고심하면서 우선 행복, 자기실현은 개별 의식에 속하는 계기라고 말한다. 이 계기는 의무의 개념 자체에는 들어 있지 않다. 그러나 여기서 의무의 의식은 단순히 의무의 개념만으로 이루어지지 않고, 개별 자기의식을 동반한다. 의무의 의식은 "순수한 도덕적 행동인 동시에 못지않게 개체성을 실현하는 것," "순수한 의식과 개별 의식의 통일"이다.

헤겔은 이 의무의 의식을 도덕적 신념[Gesinnung]으로 규정하는데, 이런 도덕적 신념의 개념을 전체적으로 본다면 그 속에 행복의 계기가 필수적으로 요구된다. 왜냐하면, 의무라는 도덕적 신념은 단지 신념에 머물러 있는 것을 목표로 하지 않고 "행동하면서 동시에 자신을 실현하

이성적인 것, 실체적인 것이다. 그것은 객관적인 것이어서 그렇게 되지 않으면 안 되는 것을 의미한다. 그러나 아직 그것을 실현할 주체가 빠져서 실현된다고 보장할 수는 없다.

게 하는 것을 지향하는 것이기" 때문이다.

3) 그러므로 헤겔은 도덕과 행복, 도덕성과 자연의 조화는 필연적이며 이를 요청이라 한다. 요청이라는 개념은 주관적 요구 즉 소망을 의미하지 않는다. 소망은 개인적인 것의 성취 여부가 불확실한 우연한 것에 지나지 않는다. 여기서 요청이라는 것은 이성적인 것임을 전제로 한다. 이성적인 것은 객관적 본질에 해당하므로 실현돼야 마땅한 것이다. 그것은 아직 실현되지 않았지만, "이미 어떤 것이 존재하는 것으로 생각된다"라는 것 즉 이미 존재하는 것이나 다른 바가 없는 것을 의미한다.

그러나 이런 요청된 것은 아직 자기를 실현하는 주체의 계기를 자체 내에 가지고 있지 않으므로, 자기를 필연적으로 실현하지는 못한다. 요청을 실현하는 힘은 자신 밖에 지니니 요청은 동시에 그런 외부적 존재를 가정하게 된다.

603) 〈SK 445:21~447:23〉〈FM 326:35~328:15〉

그런데 앞서 처음 제시된 경험이나 이와 같은 요청은 결코 유일한 요청이 아니며 전체 요청은 하나의 순환 고리를 이루면서 등장한다. 자연이란 이처럼 전적으로 무관하게 **외적인** 방식으로 존재하면서 의식이 그 속에서 자기의 목적을 실현하는 순수한 대상만은 아니다. 오히려 의식은 **그 자체에서**[an ihm selbst] 본질상 우연적이며 자연적인 존재여서 자신과 무관하게 존재하는 타자적 현실을 **마주 보고** 있다. 의식이 그 자신의 것으로 지닌 자연적 존재 즉 **감성**은 의욕의 **형태**를 띨 때는 **충동**이나 **경향성**으로 나타나며 도덕성과는 별도로 오직 그 자신에만 **한정된** 본성이나 **개별 목적**을 지닌 것이다. 그러므로 이런 감성은 순수 의지와 이 의지에 내재하는 순수 목적과 대립한다. 그러나 이 순수 의식에 본질적인 것은 이런 대립이라기보다는 오히려 감성의 순수 의식에 대한 관계 즉 순수 의식과 감성의 절대적 통일이다. 양자 즉 한편에 순수 사유와 다른 편에 의식에 속하는 감성은 **본래**[an sich] **하나의 의식**을 이룬다. 이 하나의 의식을 순수 사유로 본다면 이 의식에 대해서 그리고 그 의식 속에서 양자의 순수한 통일이 깃들어 있다. 그러나 이 하나의 의식을 의식으로 본다면 여기에 순수 사유 자신과 충동의 대립이 존재한다.[318] 이와 같은 이성과 감성의 갈등 속에서 무엇보다도 이성에게 본질적인 것은 그와 같은 갈등이 해소됨과 **동시에** 양자의 통일이 출현하는 데 있다. 이때 이 통일이란 양자가 다만 **하나의** 개체 속에 자리 잡고 있다고 하는 **원초적인** 의미에서의 통일이 아니라 오히려 이들 양자 사이의 대립이 일단 **각성되면** 이런 각성에서 출현하는 통일이다. 오직 이런 통일만이 비로소 참된 도덕성을 이룬다. 왜냐하면, 도덕성에는 감성과 대립이 들어 있어서 이 대립을 거쳐서 자아는 [도덕적] 의식으로 되며 더욱이 **참된** [도덕적] 의식으로 되고 사실상 [개별] 자아면서 동시에 일반적인 자아로 되기 때문이다. 우리가 보아 왔듯이 도덕성에서 본질적인 의미를 지니는 **매개**가 그런 대립 속에서 표현된다. ―그런데 이 대립을 이루는 두 계기 가운데서 감성은 곧바로 **타자 존재**거나 부정적인 존재인 데 반해서 의무를 의식하는 순수 사유는 조금도 포기할 수 없는 본질인 까닭에 여기서 통일이 출현한다면 이는 오직 감성을 제거함으로써만 달성될 수 있는 것처럼 보인다. 그러나 감성 그 자체도 역시 이와 같은 통일을 생성하는 하나의 계기 즉 **현실화**의 계기인 까닭에 사람들은 이런 통일이 달성되기 위해서는 감성은 다만 도덕성에 **합치**돼야 한다는 정도로 표현하는데 만족할 수밖에 없을 것이다.* ―그런데 이런

---

318 앞에서 도덕적 확신은 현실과 고려하여 이중적이라 했다. 마찬가지로 도덕적 확신은 감성과 관계해서도 이중적이다. 한편으로 그것은 개별 의지가 의무를 수행하는 순수 의지든가 다른 한편에서 욕망을 실현하려는 충동이다.

통일도 역시 **요청되는 것**에 지나지 않으므로 통일은 결코 **현존[da]하지** 않는다. 왜냐하면, 여기에 **현존**하는 것은 의식일 뿐이며 다시 말하면 감성과 순수 의식의 대립일 뿐이기 때문이다. 그러나 동시에 지금의 이 통일은 첫 번째 요청에서와같이 그 자체 존재[ein Ansich]의 측면에 해당하지 않는다. 즉 그때는 무관한[frei] 자연이 한쪽 측면을 이룸으로써 바로 이 자연과 도덕적 의식의 조화는 이런 도덕적 의식의 바깥[außer]에 출현하는 것이었다. 그러나 지금의 통일에서는 오히려 자연이 그 도덕적 의식에서[an ihm] 존재하는 것이므로 도덕성 자체만이 문제가 된다. 즉 다름 아닌 행위하는 자아 자신에서 존재하는 고유한 조화가 문제 된다. 도덕적 의식은 이런 조화를 그 자신이 성립하게 해야 함은 물론이려니와 또한, 도덕성에서도 끊임없는 진보를 이룩해야만 한다. 그러나 도덕성의 **완성**에 다다른다는 것은 **무한한 미래에까지 미루어지지** 않을 수 없다. 왜냐하면, 만약 실제로 그와 같은 완성이 이루어진다고 한다면 도덕적 의식은 스스로 지양돼 버리고 말 것이기 때문이다. 그것도 그럴 것이 **도덕성**이란 어디까지나 부정적인 본질을 지닌 한에서만 생겨나는 도덕적 **의식**이기 때문이다. 이런 도덕적 의식이 지닌 순수 의무와 비교해서 보면 감성은 한낱 **부정적**인 의미를 지닌 것 즉 의무와 **합치하지 않는** 것일 뿐이다. 양자의 조화가 이루어진 곳에서는 도덕성의 **자각**과 도덕의 **진정성**[Wirklichkeit]이 사라져 버린다. 반면 도덕성의 자각이 있거나 도덕적 진정성이 있는 곳에서는 양자의 조화가 사라진다. 따라서 완성의 단계에 실제로 도달한다는 것은 불가능하며 다만 그 완성은 하나의 **절대적 과제**로 생각할 수밖에 없다. 즉 그 완성은 바로 과제로 남아 있을 수밖에 없다. 그러면서도 또한, 이런 과제의 내용은 반드시 **존재해야**만 하므로 이것은 결코 과제로만 머물러 있을 수도 없다. 이때 그와 같은 목표가 도달되는 곳에서는 도덕적 의식마저도 완전히 제거돼 버리는 것인가 아니면 그렇지 않은가를 생각해 보자. 그런 목표가 까마득히 먼 무한한 미래에 도달할 수 있으니 여기서 그런 상태가 어떤 것인지는 더 명백하게 분별될 수는 없다. 그러므로 차라리 여기서 분명하게 밝혀져야만 할 일은 이와 같은 문제에 관해 어떤 관념을 가질지는 관심거리가 돼서는 안 되며 또 이것을 찾아 나서는 일이 있어서도 안 된다는 것이다. 왜냐하면, 그런 도덕성의 완성 상태에 관한 어떤 관념이든 모순에 부딪힐 수밖에 없기 때문이다. ―즉 이런 모순은 이런 과제는 다만 과제로 남을 수밖에 없으면서도 또한, 언젠가는 해결돼야만 한다는 모순이다. ―더 나가서 도덕성은 만일 더는 자각되는 것이 아니라면 더는 참된 것[Wirklich]일 수도 없다. 이렇듯 완성된 도덕성이란 모순을 내포하지 않을 수밖에 없다는 관점에서 본다면 여기서는 도덕적 본성이 지닌 신성함이 손상될 뿐만 아니라 또한, 절대적 의무도 진정성이 없는 것[etwas Unwirkliche]으로 보이게 될 것이다.

*FM주 〈327:25~26, 34~35〉 아마도 헤겔은 여기서 신성성의 요청을 거론할 것이다. 이 요청은 의지가 도덕적 법칙에 완전히 합치하는 것을 표현한다. 34~35열에서 그는 신성성은 무한 진행 속에서만 도달할 수 있다는 칸트의 설명을 시사한다. 참조: 칸트I. Kant, 『실천이성 비판』, S. 122 나아가 다음을 참조: 피히테J. G. Fichte, 『모든 계시에 대한 비판 시도』, 『전서』, 5권, S. 39, 88, 118

[해제] 1) 헤겔은 여기서 칸트의 두 번째 요청을 다룬다. 앞에서는 도덕적 행위와 외적인 현실 사이의 조화가 요청됐다. 여기서는 인간의 본성에 들어 있는 자연 즉 욕망 또는 충동이 문제가 되면서, 도덕성과 감

성의 조화가 요청된다.

의무 즉 도덕적 확신의 단계에서 일반적 자아는 개별 자아에 들어 있다. 양자의 일치 즉 자기의식은 이미 출현했으나 이런 자기의식은 아직 확신에 머무른다. 실제로는 양자는 구별되며, 여기서는 감성과 대립하는 도덕적 의식이 출현한다.

2) 자기의식 즉 순수 사유의 측면에서 본다면, 도덕성과 감성은 이미 합일한다. 그러나 의식의 측면에서 도덕성과 감성은 대립하니, 여기서 본질적인 것은 도덕성이며, 감성은 비본질적인 것, 부정적인 것에 지나지 않는다.

여기서 감성을 부정하는 도덕성의 운동이 일어난다. 그러나 의무가 실행되기 위해서는 감성이 요구된다. 즉 감성은 "통일을 생성하는 하나의 계기 즉 현실의 계기"다. 그런 한 감성을 완전히 제거한다는 것은 불가능하다. 그러므로 도덕적 확신은 감성이 도덕성에 합치하기를 즉 감성과 도덕성의 조화를 요구할 뿐이다. 이렇게 완전한 조화에 도달하는 것이 칸트에서는 최상선이다.

3) 이런 요구가 완성되는 것은 무한한 미래로 미루어진다. 왜냐하면, 도덕적 자각, 자부심, 즉 "도덕적 진정성"은 자신이 감성을 극복한다는 데서 얻는데 완전한 도덕성에 이르면, 더는 도덕적 자각, 진정성이 사라지기 때문이다. 조화가 이루어진 곳에서는 도덕적 진정성이 사라지며, 도덕적 진정성이 있는 곳에서는 조화가 없다. 그러므로 감성을 극복하려는 요구는 영원히 자기를 지연할 뿐이다. 완성이란 결코 도달할 수 없는 하나의 과제일 뿐이다.

4) 그러므로 헤겔은 여기서도 앞에서 도덕과 현실, 행복 사이의 관계와 마찬가지 요청이 출현한다고 한다. 다만 이런 요청의 방식은 다르다. 전자에서는 양자의 일치는 도덕적 의식이 아닌 바깥의 힘 때문에 일어나는 것이었다. 반면 여기서 양자의 통일은 도덕적 의식 자체에서 끊임

없는 지연이라는 방식으로 일어나게 된다. 마치 신경증자가 만족을 끊임없이 뒤로 미루듯이 이런 도덕적 의식도 도덕적 완성을 뒤로 미루고 만다.

5) 도덕적 자부심 또는 진정성과 관련된 도덕적 의식의 지연은 실제로 자주 일어난다. 예를 들어 일반 사람들보다 상당히 금욕적으로 살아가는 신부나 거의 죄를 짓지 않은 청소년에게서 실제 죄의식에 관한 고민이 보통 이상으로 강하다. 그들은 도덕성의 기준을 보통 사람보다 더 높게 설정하며 스스로 자학하는데 그의 도덕적 의식이 높아갈수록 그가 자기에게 제시하는 기준도 더 높아진다. 그런 만큼 그의 도덕적 자학도 더 강화되니, 어떻게 보면 그런 자학을 통해 자기만족에 빠지는 것이 아닌가 생각되기도 한다. 그것은 마치 운동하는 사람이 자기에게 더욱 높은 과제를 세워서 자신의 신체를 더욱 가혹하게 훈련하는 것과 같다.

604) 〈SK 447:24~448:2〉〈FM 328:16~26〉

앞에서 본 첫 번째 요청은 도덕성과 대상적 자연의 조화 즉 **세계**의 궁극목적이었다. 두 번째로 요청된 것은 도덕성과 감성적 의지와의 조화 즉 **자기의식** 자체의 궁극목적이었다. 첫 번째 경우는 **그 자체 존재**[Ansichsein]의 형식을 지닌 조화가 되겠고 두 번째 경우는 **대자 존재**의 형식을 지닌 조화가 된다. 그런데 이처럼 사유 된 것으로 존재하는 궁극목적의 두 가지 극을 결합하는 매개 중심은 오직 **실제로 일어나는** 행동 자체의 운동일 뿐이다.* 이런 두 가지 궁극목적은 서로 조화를 이루어야 하지만, 두 계기가 서로 추상적으로 구별되고 있으므로 그 조화는 여전히 [의식의] 대상으로 되지 못한다. 이런 대상화는 본래적 의미에서의 의식 속에 제공된 두 측면이 저마다 타자의 타자로[die andere der anderen]³¹⁹ 등장하는 곳에서 실현된다. 그러므로 앞에서 **그 자체로 존재**

319 상호 배타적인 관계로 되면 각자는 타자의 타자가 된다. 헤겔은 이런 상호

하는 조화와 **대자적으로 존재하는** 조화로 분리돼 존재했던 요청과 마찬가지로 이런 매개를 통해 발생하는 요청은 **그 자체적이며 동시에 대자적인 조화를 포함한다.**

*FM주 〈328:16~17〉 헤겔은 여기서 최종 목적으로서 최고선에 관한 칸트의 이론을 거론한다. 이 최종 목적은 세계의 최종 목적으로 사유될 수 있다. 참조: 칸트I. Kant, 『실천이성 비판』, 『전집』, 5권, S. 453; 455: "그러므로 자유의지를 도덕적 법칙에 따라 쓰는 데서 최종 목적에 관한 이념은 주관적이고 실천적인 실재를 갖는다. ... 그러므로 이성적인 세계 존재의 최종 목적이라는 개념이 객관적이고 이론적으로 실재하기 위해서 요구돼야 하는 것은 우리가 우리에게 선천적으로 미리 설정된 최종 목적을 지닌다는 것만은 아니다. 또한, 요구되는 것은 창조 즉 세계가 그 자체로 그 현존에 따라서 최종 목적을 지닌다는 것이다. 이 최종 목적이 선천적으로 입증될 수 있다 하더라도 최종 목적이 주관적으로 실재하는 것에 더해 객관적으로 실재하는 것이 추가돼야 할 것이다. 나아가서 다음을 참조: 피히테J. G. Fichte, 『모든 계시에 대한 비판 시도』, 『전서』, 5권, S.61, 93

[해제] 헤겔은 여기서 칸트가 말한 세 번째 요청을 설명한다. 앞에서 첫 번째 조화는 의무가 현실에서 실현되는 것을 요청하며 두 번째 조화는 감성이 이런 의무에 적합해지기를 요청한다. 전자가 칸트에서 완전선(행복)이고 후자가 칸트에서 최상선(덕)이다.

배타적 관계에 있을 때 양자는 표면적으로는 대립하더라도 내적으로는 이미 통일된 것이다. 그러므로 양자에서 통일이 실현되는 요구가 등장한다. 예를 들어 남자와 여자가 그렇듯이 완전선과 최상선도 배타적이므로 통일이 실현되기를 요구한다.

그런데 이 두 선에 대한 요청은 경험적 현실에서는 서로 대립한다. 최상선은 현실의 행복과 무관하며 완전선은 그 동기의 순수성과 무관하기 때문이다. 그런데 양자는 "타자의 타자" 즉 배타적 관계에 있으므로 내적으로 통일을 요구하게 된다. 즉 덕이 없는 자에게 불행이, 덕이 있는 자에게 행복이 보장돼야 한다.

양자가 합일하는 세계가 곧 칸트가 말한 최고선이 실현되는 세계다. 이런 세계는 한편으로 내적으로 요구되면서도 현실에서 실현될 수 없으니 불가피하게 현실이 아닌 다른 피안의 세계에서 실현될 수밖에 없다. 이런 세계에 대한 요구를 헤겔은 '그 자체적이며 동시에 대자적인 조화'에 대한 요청이라 한다.

605) 〈SK 448:3~21〉〈FM 328:27~329:3〉

그런데 순수 의무에 관한 **단순한 인식**이며 또한, **의욕**이라고 할 도덕적 의식도 행동으로 옮겨질 때는 그 자신의 단순성과는 반대되는 대상에 즉 **다양한 경우**로 흩어진 현실에 **관계**한다. 이를 통해 도덕적 의식은 다양한 도덕적 상황에 부딪힌다. 이제 순수 의무를 그 내용에 따라서 본다면 일반적으로 [상황에 따라 나타나는] **여러** 법칙이 발생하며 그 형식에 따라서 본다면 인식하는 의식을 통한 것[des wissenden Bewußtseins]과 의식 없이 이루어진 것[des Bewußtlosen][320]이라는 상충하는 힘이 발생하기에 이른다. −우선 내용 면에서 **의무가 여럿이라**는 사실과 관련해서 볼 때 도덕적 의식이 타당하다고 여기는 것은 오직 **순수 의무**일 뿐이다. **의무는 여럿인** 한에서 **특정한 것**이니 도덕적 의식으로 볼 때 성스러울 수가 없다. 그러나 동시에 여기서 **행동**의 개념을 통

---

320 여기서 '의식을 통한 것'과 '의식 없이 이루어진 것'의 구별은 뒤에 나오듯이 뒤에 나오는 노력과 은총의 구별을 말하는 것으로 보인다.

해서 본다면 행동은 다양한 현실과 관련되고 따라서 다양한 도덕적 상황을 자체 내에 포함하고 있으므로 **필연적으로** 여러 의무는 그 자체로 자기에게 나타난 것으로[an und für sich seiend] 고찰돼야만 한다. 그러나 더 나가서 이 여러 의무는 오직 하나의 도덕적 **의식** 속에 깃들어 있을 수밖에 없으니 이런 여러 의무가 깃들어 있는 하나의 의식은 순수 의무만이 순수하며 또한, 그 자체로 자기에게 나타난 것으로 또한, 신성한 것으로 여기는 의식과 다른 어떤 의식으로 된다.

[해제] 1) 여기서부터 헤겔은 앞에서 말한 세 번째 요청 즉 최고선의 개념을 검토한다. 최고선이란 곧 덕이 있는 자에게 행복이 제공되는 것이다. 이 문제는 도덕이 실현되는 현실과 관련해서 등장하는 순수(추상적) 의무와 여러 의무(구체적 의무)의 대립이라는 문제(내용의 측면에서)와 행위를 수행할 때 등장하는 은총(의식 없이 이루어지는 것, 합법성)과 노력(의식을 통한 것, 도덕성)의 대립이라는 문제(형식의 측면에서)다.

2) 먼저 첫 번째 문제부터 보자. 도덕적 의무가 실현되는 현실은 복잡하다. 도덕적 인식에서 얻은 의무는 추상적인데, 현실에서 이 의무를 실행하고자 하면 현실의 복잡한 관계에 따라 구체적인 다양한 의무로 분화된다. 의무가 이렇게 구체적으로 조건적으로 분화되면 한편으로는 현실적으로 실현되기 쉬워진다. 여기서 의무는 그 자체로 자기에게 나타날 수 있다. 그러나 의무가 현실화되면 될수록 의무의 수행에서 느껴지는 순수한 도덕적 자각 또는 도덕적 진정성이 약화한다. 여기서는 순수한 추상적 의무의 수행만이 타당한 것으로 여겨지고 여러 구체적 의무의 수행은 성스럽지 못한 것이라고 여겨진다.

3) 여기서 두 도덕적 의식이 대립한다. 하나는 도덕적 의무를 현실화하려면 구체적 의무를 수행해야 하는 현실적 의식이다. 이는 행복을 위

해 필요한 일이다. 다른 하나는 추상적인 의무가 그 자체로 자기에게 나타나야만 비로소 도덕적이라 보는 의식이다. 여기서 중요한 것은 도덕성이다. 양자가 대립한다는 것은 곧 행복과 도덕성이 일치하지 않는다는 것을 의미한다.

이런 대립 가운데 구체적 의무를 수행하면서도 자신이 도덕적임을 자각할 수 있는 존재는 현실적 인간은 아니다. 그런 존재가 있다면 현실 너머 있는 신적인 초월적 의식일 수밖에 없다. 그러므로 최고선은 인간이 아닌 신에 속하는 것이다.

606) 〈SK 448:22~449:19〉〈FM 329:4~29〉

그리하여 여기서는 여러 의무를 신성시하거나 의무를 여러 의무로 인식하고 이를 의욕 하는 의식, 다시 말해 [현실의 도덕적 의식과] **다른 의식**이 있다는 것이 요청되기에 이른다.* 우선 첫 번째 의식은 모든 **특정한** 내용에 대해 **무차별한** 순수 의무를 고집하며 여기서는 의무란 내용에 대해 다만 무관한 것으로 된다. 그러나 두 번째에 해당하는 또 다른 의식은 순수 의무에 대해서와 마찬가지로 행동에 대해 본질상 관계하므로 의무의 **특정한** 내용이 **불가피하다**는 점을 받아들인다. 이렇듯 두 번째 의식에서는 의무는 **특정한** 의무인 한에서 타당하므로, 이 두 번째 의식에서는 내용 그 자체도 또한, 이 내용을 의무로 만드는 형식에 못지않게 본질적인 것이기도 하다. 그럼으로써 이 두 번째 의식은 그 속에서 일반자와 특수자가 바로 합일되는[321] 의식이며 또한, 그런 의식의 개념도 역시 도덕성과 행복의 조화에 관한 개념과 같은 개념으로

---

321 뒤에 나오는 개념 즉 "다중적 차원으로 존재하면서도 단순한 본질을 지닌 의무"와 같은 개념이다. 즉 그때그때 현실에 적합하면서도 동시에 일반적인 의무를 말한다. 나중에 낭만주의자는 현실 속에서 일반적 의무를 직접 인식할 수 있다고 보는데, 칸트에서는 이런 의식은 신의 의식이라 본다.

된다. 왜냐하면, [여기서] 덕이 있는 자와 행복이 대립한다는 사실은 역시 **자기와 같음을 지닌**[순수] 도덕적 의식과 현실이 분리된다는 사실을 표현하는데 이런 현실은 **다중적 차원으로** 존재하면서 단순한 본질을 지닌 의무와는 배치하는 것이기 때문이다. 그런데 첫 번째 요청에서는 단지 도덕성과 자연[현실]의 조화가 **존재**[Sein]해야 한다는 요청이 표현된다. 왜냐하면, 자연은 이 첫 번째 요청 속에서 자기의식[도덕성]을 부정하는 것 즉 **존재**[Seins]의 계기를 이루는 까닭이다. 그에 반해서 이 세 번째 요청에서 **본래적인 것**[An Sich]은 본질상 의식으로 설정된다.[322] 왜냐하면, 여기서 존재하는 것[das Seiende]이란 **의무**의 [구체적] **내용**이라는 형식을 취하거나 또 다른 말로 하면 **특정한 의무가 지닌 규정성**이기 때문이다. 그러므로 여기서 그 자체적인 것[An Sich]은 **단순한 본질 규정** 다시 말하면 사유에 속하는 본질 규정으로 존재하는 규정[323]들의 통일 따라서 오직 하나의 의식에 들어 있는 규정들의 통일이다. 이런 통일적 의식은 이제부터 세계의 주인이며 지배자니, 그는 여기서 도덕성과 행복의 조화를 산출하며 동시에 **여럿으로** 존재하는 의무를 성화한다. 이 통일적 의식[이 요청된다는 것]은 **순수 의무**를 의무로 여기는 의식이 이런 특정한 의무를 직접 신성시할 수는 없다는 사실과 같은 것을 뜻한다. 그런데 특정한 것이라고 할 행동이 실제로 일어나야 하므로 의무의 특정성은 **불가피한 것**이어서 이런 특정한 의무가 지닌 필연성은 도덕적 의식 밖에 있는 또 다른 의식에서 나온다. 이런 또 하나의 의식은 특정한 의무와 순수 의무를 서로 매개하는 의식이면서

322 구체적인 현실에서 그것에 적합한 일반적 의무를 인식하고 실현하는 의식 즉 신적인 의식이 곧 본래적인 것이다.

323 여기서 사유의 본질 규정은 구별과 통일을 의미한다. 의무의 구체성과 의무의 일반성이 합일하는 것을 말한다.

동시에 특정한 의무도 순수 의무에 못지않게 타당한 것으로 여기는 근거로 되는 의식이다.

　*FM주 〈329:4~5〉 헤겔은 여기서 순수 실천이성의 요청으로서 신의 현존에 관한 이론을 거론한다. 참조: 칸트I. Kant, 『실천이성 비판』, 『전집』, 5권, S. 124~132, bes. 129f. 나아가서 다음을 참조: 피히테J. G. Fichte, 『모든 계시에 대한 비판 시도』, 『전서』, 5권, S. 40, 5If.

　607) 〈SK 449:19~29〉〈FM 329:30~36〉

　그러나 행동을 실제로 수행하는 의식은 오직 이 개별[dieses] 자아로서 즉 하나의 완전히 개별적인 자아로서 행동한다. 즉 의식은 현실 자체를 지향하며 이런 현실을 목적으로 삼는다. 왜냐하면, 의식은 행동을 수행하려 하기 때문이다. 그러므로 **의무**라고 하는 것은 [실제로 존재하는] 도덕적 의식에 전혀 속하지 않고 어떤 다른 본질에 귀속한다. 이 본질은 곧 의식이면서 동시에 순수 의무의 신성한 입법자다.* 행동하는 자는 어디까지나 행동하는 자므로 그에게서 직접 타당한 것은 순수 의무와는 다른 것[das Andere]이다. 그러므로 이 순수 의무는 어떤 다른 의식의 내용으로 되니 오직 이것은 행동하는 자에게는 다만 간접으로만 즉 어떤 다른 의식을 통해서 신성한 것으로 된다.

　*FM주 〈329:33~34〉 헤겔은 여기서 칸트가 정식화한 주장을 수용한다. 참조: 칸트I. Kant, 『실천이성 비판』, 『전집』, 5권, S. 131, Anm: "그는 유일하게 성스러운 자며 유일하게 축복받은 자고, 유일하게 현명한 자다. 왜냐하면, 이 개념은 이미 무제한성을 동반하기 때문이다. 그러므로 이때 또한, 그는 그와 같은 질서에 따라서 성스러운 입법자(그리고 창조자), 선한 규제자(그리고 유지하는 자) 그리고 정의로운 심판관

이다." 나아가서 다음을 참조하라:피히테J. G. Fichte, 『모든 계시에 대한 비판 시도』, 『전서』, 5권, S. 105, 140.

[해제] 1) 앞 구절에서 헤겔은 현실의 도덕적 의식에서는 구체적 의무는 도덕적으로 느껴지지 않는다고 했다. 이 구절에서 헤겔은 새로운 신성한 입법자에 대한 요청을 설명한다.

이 신성한 의식은 현실의 도덕적 의식과 달리 의무가 실현되는 현실을 고려하여 특정한 의무를 받아들인다. 그러면서도 이 의식은 다양한 현실에 따라 분화된 의무들을 하나의 의식 속에 통일하고 있으므로 여기서는 도덕성에 관한 자각조차 사라지지 않는다. 그 결과 이런 의식에서는 도덕성과 행복이 합치한다. 이 의식은 "특정한 의무와 순수 의무를 매개하면서" "특정한 의무도 마찬가지로 타당한 것으로 여기는 근거로 되는 의식"이다. 이런 신성한 의식을 헤겔은 세계의 주인이며 지배자로 보며 그는 "도덕성과 행복의 조화를 산출하며 동시에 여럿으로 존재하는 의무를 성화한다"라고 말한다.

2) 신의 존재를 요청한다는 점에서 세 번째 성스러운 입법자의 요청은 첫 번째와 비교해 보자. 첫 번째 요청에서 도덕과 행복의 조화를 위해서는 현실 자체가 자기의 고유한 법칙을 벗어나 도덕적 법칙에 합치해야 한다. 이를 위해서는 신의 힘이 필요하다. 반면, 세 번째 요청에서는 신성한 의식이 스스로 그때마다 구체적 현실에 적합한 도덕적 의무를 발견해서 수행한다. 그러므로 여기서 통일을 가능하게 하는 힘은 의식 자체에 있다.

3) 신성한 입법자 대신 계시나 신적인 명령을 통해서도 도덕성과 행복의 조화가 가능하다. 만일 현실의 도덕적 의식이 구체적 의무를 수행하면서도 도덕성을 자각하려면, 이 구체적 의무가 그 자신이 발견한 것이 아니라, 신성한 존재를 통해 제시된 것으로 여겨져야 한다. 즉 그런

구체적 도덕법칙은 예를 들자면 그리스도의 말이나 계시를 통해 제시된 도덕적 명령이어야 한다. 그럴 경우 도덕적 명령은 구체적이면서도 동시에 도덕적으로 된다. 그러나 이런 가정은 이미 신적 존재를 가정하니 전자와 마찬가지다.

최고선이라는 요청은 완전선과 최상선과 비교해 차이를 지닌다. 완전선 즉 도덕의 실현은 신의 개입을 통해서만 가능하다. 최상선은 즉 완전한 도덕적 의식은 무한히 지연된다. 반면 최고선은 신적 존재에서나 가능하다.

608) 〈SK 449:30~450:4〉〈FM 329:37~330:7〉

이상과 같이 의무는 실제적 의식 밖에 있는 **그 자체로 자기에게 나타난**[an und für sich] 신성한 자에게 귀속되므로 이를 통해 일반적으로 실제적 의식은 **불완전한** 도덕적 의식으로 여겨지면서 [그런 신성한 자의] 반대편에 선다. 즉 실제적 의식은 그가 인식하는 것에 따라서 보더라도 자신의 인식과 확신이 불완전하고 우연적이라는 사실을 자각하며 이에 못지않게 그 실제적 의식이 **의욕 하는 것**에 따라서 보더라도 역시 그의 목적이 감성을 통해 촉발된다는 사실을 자각한다. 따라서 실제적 의식은 자신이 값어치가 없다는 사실 때문에 의식은 행복을 필연적인 것이 아니라 다만 우연적인 것으로 여길 수 있고 또한, 한낱 은총에서 나오기를 기대할 수 있을 뿐이다.

609) 〈SK 450:5~14〉〈FM 330:8~15〉

그런데 비록 도덕적 의식이 부딪히는 현실은 불완전하다고 할지라도 역시 그의 **순수한** 의지나 순수한 인식은 오직 의무를 본질로 삼는다. 그러므로 이 의식은 적어도 실재[Realität]에 대립하는 개념 속에서는 또 달리 말하자면 사유 속에서는 완전한 것으로 된다. 그런데 절대적 본질은 도덕적 의식이 사유한 것[Gedachte]이며 또한, 현실의 피안에 요청으로 제기한 것이다. 따라서 그와 같은 사상[Gedanke]에서는 도덕적으로 불완전한 인식과 의욕이 완전한 것으로 여겨지며 그럼으로써 또한, 도덕적 의식은 그렇듯 불완전한 인식과 의욕을 완전하게 중요한 것으로 받아들이면서 행복은 그의 값어치[Würdigkeit]에 따라서 즉 그에게 **돌려질 수 있는 업적에 따라서 부여된다.***

*FM주 〈330:14~15〉 헤겔은 여기서 칸트의 견해 즉 도덕은 우리가 행복할 만한 가치가 있는가에 관한 이론이라는 견해를 수용한다. 참조: 칸트I. Kant,『순수이성 비판』B판, S. 836f; 칸트I. Kant,『실천이성 비판』,『전집』, 5권, S. 130. 나아가서 다음을 참조하라: 피히테J. G. Fichte,『모든 계시에 대한 비판 시도』,『전서』, 5권, S. 37, 86)

헤겔은 이런 맥락에서(5~7행) 그 밖에도 칸트가 구분했던 두 가지 즉 노력을 통해 얻은 공적과 은총으로 우리에게 할당되는 공적이라는 구분을 눈앞에 두고 있을 것이다. 참조: 칸트I. Kant,『단순한 이성의 한계 내에서의 종교』,『전집』, 6권, S. 75

[해제] 1) 헤겔은 도덕과 행복의 일치와 관련하여 내용적 측면에서 순수 의무와 여러 의무의 대립을 설명하고 이를 통해 신성한 도덕적 의식의 존재를 요청한 다음 형식적 측면과 관련해서 은총과 노력의 대립을 설명하는 데로 나간다. 실제 현실에서 자주 비도덕적 존재가 행복을 얻거나 도덕적 존재가 불행을 당한다. 이것을 이해하는 방식에 두 가지가 있을 수 있다.

2) 실제적 의식은 실제로 본다면, 아무리 그가 노력하더라도 그의 의지는 도덕법칙에 합치하는 것이 아니니 그는 자신을 비도덕적 존재로 여기며, 만일 그가 행복을 얻으면 이는 우연 또는 은총으로 생각한다.

만일 그가 불행을 당하면, 그는 자기에게 마땅한 벌이라고 생각할 것이다.

3) 반면 도덕적 의식은 비록 현실적으로는 그렇지 못하지만, 사유 속에서는 자신이 완전한 도덕적 존재라고 생각한다. 그는 끊임없이 자신을 갈고닦으니, 일정한 정도 도덕적으로 노력한 것이다. 그러므로 현실적으로 얻은 행복은 아무리 그에게 과분한 것이라도 자기의 노력의 결과다. 그것은 자신의 도덕적 노력에 상응하는 행복이다. 반면 그가 불행을 당한다면, 그것은 불운이 된다.

4) 인간은 누구든 완전한 도덕적 존재와 완전히 비도덕 존재 사이에 있으므로 그가 얻은 것은 행복이든 불행이든 모두 한편으로 우연이나 은총으로 생각될 수도 있고 다른 한편으로 그의 도덕적 노력에 마땅한 결과로 볼 수도 있다. 그러므로 도덕성과 행복의 관계는 은총으로 볼 수도 도덕적 노력의 결과로 볼 수도 있다.

현실에서는 도덕성과 행복의 조화라는 최고선은 노력을 인정하는 것을 통해 이미 실현된 것일 수도 있고 신적 존재의 개입으로 은총을 통해서 이루어질 수 있는 것일 수도 있다. 이런 점에서 최고선의 실현은 현실(노력)과 피안(은총)으로 갈라지면서 이것으로 볼 수도 반대로 볼 수도 있는 것이 된다.

610) 〈SK 450:15~29〉〈FM 330:16~26〉

이런 사상을 통해 [도덕적] 세계관이 완성되기에 이른다. 왜냐하면, 도덕적 자기의식의 개념 속에서는 순수 의무와 현실이라고 하는 두 측면이 **하나로 통일**[Einer Einheit]을 이루니 그 어느 한 측면도 서로가 유리된 상태에서 그 자체로 자기에게 나타난 것[an und für sich]으로 존재하지 않으며 다만 **계기**로 또 달리 말하면 오직 지양된 것으로만 존재한다. 이런 사실은 도덕적 세계관의 마지막 단계[Teile]에 가서 의식될 것이다. 결국 [도덕적] 자기의식은 순수 의무를 자기 자신이 아닌 어떤 다른 본질 속에 설정한다. 즉 도덕적 자기의식은 한편으로는 순수 의무를 한낱 **관념적인 것**[Vorgestelltes]으로 설정한다. 다른 한편으로 도덕적 의식은 순수 의무를 그 자체적이며 동시에 대자적으로[an und für sich] 타당하지 않은 것으로 설정하며 오히려 비도덕적인 것을 완전한 것[vollkommen]으로 여긴다.[324] 그에 못지않게 도덕적 자기의식은 자기 자신을 의무에 부합하지 않는 현실이 지양된[aufgehoben] 존재로 설정한다. 즉 현실은 이처럼 **지양된** 한에서 다시 말해서 절대적 본질을 **표상**하는 한에서 더는 도덕성에 배치되지 않는 것으로 된다.

611) 〈SK 450:30~451:20〉〈FM 330:27~331:10〉

그러나 도덕적 의식 자체에서 볼 때 도덕적 세계관이 지닌 의미는 결코 도덕적 세계관에 머물러 있는 도덕적 의식이 자신의 고유한 개념을 전개하면서 그 개념을 자기의 대상으로 삼는다는 것은 아니다. 도덕적 의식은 형식상의 대립이나 내용상의 대립에 관해[325] 아무것도 의식하지 못하며, 대립적 요소를 이루는 쌍방을 서로 관련하게 하거나 비교하는 일도 없이 그 계기들을 하나로 결집하는 **개념**이 되지도 못한 채 계기들을 번갈아 가며 전개한다[fortwälzt]. 왜냐하면, 도덕적 의식은 **순수한 본질**을 달리 말하자면 오직 의무인 한에서 즉 자기의 순수 의식이 지향하는 **추상적** 대상인 한에서 대상을 순수한 인식으로 즉 자기 자신으로 파악하기 때문이다. 그러므로 도덕적 의식은 단지 사유하는 태도를 보일 뿐, 결코 개념적으로 파악하려는 태도를 보이지 않는다. 이런 도덕

---

324   순수 의무는 그 자체적인 것이고 아직 실현된 것은 아니지만, 실제로 일어난 행위는 비도덕적이더라도 실현된 것이므로 완전하다는 의미다.

325   앞의 구절에서 언급됐듯이 형식상의 대립은 노력과 은총의 대립을 말하며 내용상의 대립은 합법적인 것과 도덕적인 것의 대립이다.

적 의식에서는 그 자신의 **실제로 존재하는** 의식이 대상으로 하는 것[현실, 감성]이 아직 투명하게[326] 나타나지 않는다. 말하자면 도덕적 의식은 절대적 개념이 아니므로 **타자 존재** 자체를 즉 그 자신에 절대적으로 대립하는 대상을 다름 아닌 자기 자신으로 포착하지 못한다. 이 도덕적 의식은 바로 그 자신의 현실과 함께 온갖 대상적 현실을 **비본질적인 것**으로 여긴다. 그러나 이 도덕적 의식이 누리는 자유는 어디까지나 순수한 사유 속에 있는 자유인 까닭에 그런 의식이 자유롭다고 한다면 이에 비춰 볼 때 자연도 또한, 못지않게 자유로운 것으로 등장하기에 이른다. 이 도덕적 의식 속에는 두 가지 사실 즉 [외면적] **존재**가 **자유롭다**[frie]는 사실과 도덕적 의식이 의식을 벗어나지 못한다는[Eingeschlossensein] 사실이 다 같이 깃들어 있는 까닭에 도덕적 의식은 대상화하여 **존재하**는 대상으로 나타나더라도 **어디까지나 사유 된** 대상에 지나지 않는다. 이제 이런 도덕적 의식이 지니는 세계관을 서술하는 마지막 부분에 와서 내용이 본질상 어떻게 설정되는가를 살펴본다면 이 도덕적 의식이 실현되는 **존재**는 한낱 **관념적인 것**[vorgestelltes]에 지나지 않거니와 더욱이 사유와 존재의 결합은 **관념**[Vorstellen] 속에서 언표된다. 그런 관념[Vorstellen]이 이런 결합의 실상이다.

612) 〈SK 451:21~452:2〉〈FM 331:11~26〉

도덕적 세계관이 대상화하는 방식은 도덕적 자기의식이 자기에게 대상화하는[327] 자기의 개념에 머무를 뿐이다. 이와 같은 도덕적 세계관을 고찰하는 가운데 도덕적 세계관의 근거가 지닌 형식이 무엇인지를

---

326 개념과 현실이 합일하면 현실은 투명하게 된다.

327 여기서 대상화는 내적으로 확신한다는 의미다.

의식함으로써 도덕적 세계관을 서술하는 또 다른 형태[328]가 마련되기에 이른다. —즉 여기서 출발점으로 되는 첫 번째 단계는 **실제로 존재하는** 도덕적 자기의식이다. 다른 말로 하면 **그와 같은 자기의식**이 이미 성립한다는 사실이다. 왜냐하면, 도덕적 자기의식의 개념에 따르면 이런 자기의식은 어떤 현실이라도 의무와 합치되는 한에서만 의미 있는 것[Wesen]이라고 규정되기 때문이다. 이때 도덕적 자기의식의 개념은 이와 같은 본질적인 것[Wesen]을 인식된 것으로 설정하니 그런 본질적인 것[Wesen]은 실제로 존재하는 자아와 직접적인 통일 속에 있다. 그에 따라서 이런 통일은 이런 직접적 통일을 통해 실현되며 실현된[wirkliche] 도덕적 의식으로 된다. —그런데 이런 도덕적 의식은 의식인 한에서는 그에게 자기의 내용은 대상으로 다시 말하면 **세계의 궁극목적**이며 또한, 도덕성과 온갖 현실의 조화로 표상된다[vorstellt]. 그러나 또한, 이 도덕적 의식에서 그러한 통일은 **대상**으로 표상되더라도 아직 개념이 돼 대상 그 자체를 지배하는 힘을 지니지는 못하므로 이런 통일은 도덕적 의식에서는 [도덕적] 의식을 부정하는 것일 수밖에 없다. 이를 달리 말하면 그러한 통일은 의식 밖에, 의식된 현실 영역의 피안에 놓인다. 그러나 또한, 이 통일은 **역시 존재하기는** 하더라도 다만 사유 된 것에 지나지 않는 것이다.

613) ⟨SK 452:6~15⟩⟨FM 331:27~34⟩

도덕적 의식은 자기의식이더라도[329] 대상과 **다른 것**일 수밖에 없으니 이런 이 도덕적 의식에 남은 것은 다만 의무 의식과 현실 그것도 특

---

328 곧이어 나오는 도덕적 자기의식에 관한 세 가지 명제를 말한다.

329 도덕적 세계관은 이미 자기의식이지만, 확신에 머무르는 자기의식이며 즉 도덕적 의식일 뿐이다. 그러므로 도덕적 의식은 대상에 대립한다.

히 자기에게 속하는 현실[감성]의 사이에서 빚어진 부조화일 뿐이다. 그러므로 이제 제기될 수 있는 명제는 한마디로 말해 **도덕적으로 완성된** 자기의식은 **결코 실제로 존재할 수 없다**는 말뿐이다. ─그러나 도덕적이라고 하는 것은 오직 완전한 상태 속에서만 있을 수 있다. 왜냐하면, 의무란 불순한 것이라고는 전혀 없는 순수한 그 자체 존재[Ansich]이며 도덕성이란 오직 그처럼 순수한 것에 일치한다는 점에서만 가능하기 때문이다. ─그러므로 다시 두 번째 제기될 수 있는 명제는 **어떤 도덕이 실현된 현실은 없다**는 것이다.

614) 〈SK 452:16~19〉〈FM 331:35~37〉

그러나 세 번째로 도덕적 자기의식[330]이란 **하나의** 자아를 나타내는 것이므로 그러한 도덕적 자기의식은 **본래**[an sich] 의무와 현실의 통일일 수밖에 없다. 따라서 이런 통일이 도덕적 의식에서는 완성된 도덕성으로서 대상이긴 하나─역시 이런 대상은 자기의 현실을 넘어선 **피안**으로 있을 수밖에 없으면서─동시에 이것은 실제로 존재해야만 한다.

615) 〈SK 452:20~36〉〈FM 331:37~332:11〉

위에서 제시된 두 가지 명제를 종합적으로 통일한다는 목표에서 보면 자각된 현실과 의무는 다 같이 다만 지양된 계기로 설정된다[gesetzt]. 왜냐하면, 그들 양자 가운데 어느 쪽도 이제는 홀로 유리돼[einzeln] 있을 수 없으니 각자는 자기의 본질 규정을 통해 본다면 **타자로부터 자유롭지만**, 이런 통일 속에서 본다면 각자가 타자로부터 더는 자유로울 수 없고 각자는 지양된 것으로만 존재하기 때문이다. 그리하여 이들 양자[

330   여기서 지시사 'es'는 문맥상 도덕적 의식보다는 도덕적 자기의식을 받는 것으로 보인다. 헤겔의 서술은 먼저 '도덕적 자기의식'의 개념을 설명하고 이어서 '도덕적 의식'의 현실을 설명한 다음 마지막으로 피안에서 성립하는 '도덕적 자기의식'으로 돌아온다.

의무와 현실]는 내용 면에서 본다면 **각자가 다른 한쪽도 인정하는** 대상이며 그 형식 면에 본다면 양자 사이에 행해지는 상호 교환은 한낱 **관념적인 것**[vorgestellt]에 지나지 않는다. ―또는 **실제로는 비도덕적이지만**, 이런 의식이 바로 순수 사유의 성격을 띤 채 바로 현실 너머 있으므로 관념[Vorstellung] 속에서는 도덕적이며 완전히 타당한 것으로 여겨진다. 이렇게 볼 때 도덕적 자기의식이 **존재한다**고 했던 첫 번째 명제가 회복되기는 하지만, 이것은 도덕적 자기의식이 **존재하지 않는다**는 두 번째 명제와 결합해야 한다. 즉 도덕적 자기의식은 **성립**하지만, 다만 관념[Vorstellung] 속에서만 성립한다는 말이다. 달리 말하자면 도덕적 자기의식이란 성립하지 않지만, 어떤 다른 의식에서는 도덕적인 자기의식으로 여겨진다는 것이다.

[해제] 1) 앞에서 헤겔은 도덕적 의식이 지닌 대립과 그것을 극복하기 위한 요청을 세 가지 계기를 통해 설명했다. 610~615 구절에서 헤겔은 지금까지 도덕적 의식에 관한 논의를 종합적으로 정리한다.

헤겔은 도덕적 의식에서 순수 의무와 현실의 관계는 한편으로 통일과 다른 한편으로 대립이라는 두 가지 관계로 이루어져 있다고 주장한다. 전자의 측면에서 자기의식이며 후자의 측면에서 의식이다.

도덕적 자기의식의 편에서 보면 의무는 대상(현실이나 감성) 속에서 자기를 직접 확신한다. 이런 확신 속에서는 순수 의무는 즉각적으로 행위로 되고, 여기서는 순수 의무와 현실은 통일을 이루고 있다. 자립적인 감성이나 현실은 자기를 지양해 순수 의무와 합치한다. 이런 통일은 다만 직접적인 것이며 관념적인 것, 내적 확신에 한정된다.

다른 한편 도덕적 의식의 편에서 보면 의무는 대상(현실과 감성)에 대립한다. 순수 의무는 대상에 부딪혀 자기를 실현하지 못하므로 이런 의식은 "그 자신에 절대적으로 대립하는 대상을 다름 아닌 자기 자신으로 포착하지 못한다." 여기서 대상은 자기에게 투명하게 나타나지 않으며, 도덕적 의식은 이런 대상을 비본질적인 것으로 여긴다. "도덕적 의식이 누리는 자유는 순수 사유 속에 있는 자유인 까닭에" "자연도 마찬가지로 자유로운 것으로 등장한다."

3) 도덕적 의식은 자신의 두 측면이 분리되고 서로 대립한다는 사실을 자각하지 못한 채 이런 통일과 대립이라는 두 계기를 번갈아 가면서 전개한다. 여기서 통일은 현실에서 대립을 피하여 피안으로 미루어지니 그 결과 앞에서 설명한 세 가지 요청이 등장한다.

4) 여기서 세 가지 명제가 출현한다. 첫 번째 명제는 현실은 의무와 합치한다는 것이다. 이것은 확신 또는 순수 사유에 머무르는 것이다. 두 번째 명제는 현실은 의무에 대립한다. 이것은 실제적 의식에서 나타나는 명제다. 전자는 도덕적 자기의식이 존재한다는 명제이고 후자는 도덕적 자기의식은 존재하지 않는다는 명제이다.

두 가지 명제는 홀로 유리될 수 없다. 양자가 합일해야 하는데, 내용에서 보면 각자 다른 쪽을 자립적인 것으로 인정하며, 형식에서 보면 관념 속에서 양자가 합일한다. 양자의 순수 사유에서의 통일은 현실적인 대립을 개념적으로 통일하지 못하면서 이런 합일을 의식 밖에, 의식의 영역 피안에 놓는다. 이 통일 즉 도덕적 자기의식은 "존재하긴 하더라도 다만 사유 된 것에 지나지 않는다." 바로 이런 사유 된 통일, 피안의 통일이 세 번째 명제다.

b 전치

[해제] 정신 장 C 절 자기를 확신하는 정신은 세 소절로 이루어진다. 그 가운데 a 소절이 도덕적 세계관이며, 칸트의 의무론을 설명한다. 그리고 c 소절이 양심이며, 이것은 낭만주의의 정신을 다룬다. 가운데 b 소절은 제목이 전치[Verstellung]인데, 여기서는 문제를 해결하는 것이 아

니라 다른 데로 옮기면서 마치 해결된 듯한 만족에 빠지는 것을 의미한다.

그 내용을 보면 칸트 의무론이 갖는 모순을 앞 소절과 달리 설명하는 것으로 보인다. 사실 내용을 읽다 보면 이미 앞의 a 소절에서 했던 얘기의 되풀이로 들린다. 다만 a 소절에는 의무론을 설명하면서 요청에 빠진다는 데 주안점을 두었지만, 여기서는 이제 그 의무론이 자기의 입장을 끊임없이 바꾸는 전치에 주안점이 있다.

[해제]

616) 요청에서 전치로 이행

617) 전치의 개념

618~619) 순수 의무와 현실의 전치

620~621) 도덕성과 행복의 전치

622) 도덕성과 감성의 전치

623~625) 은총과 공적의 전치

626~629) 순수 의무와 여러 의무, 실제로 존재하는 도덕적 의식과 성스러운 입법자의 전치

630~631) 양심으로의 이행

616) ⟨SK 453:3~17⟩⟨FM 332:14~24⟩

도덕적 세계관을 통해 우리가 볼 수 있는 것은 한편에서 [도덕적] **의식** 자신이 그의 **대상**을 **의식적**으로 산출해 낸다는 것이다. 즉 여기서 우리가 보는 것은 의식이 그 대상을 결코 어떤 소원한 타자 존재로 발견하지도 않으며 또한, 바로 그 대상이 무의식중에 의식에 생성되는 것도 아니라는 것이다. 오히려 여기서 의식의 행동은 어느 때도 그가 **대상적 본질**을 **설정하는** 근거에 따라 일어난다. **의식**은 이런 대상적 본질이 다

름 아닌 자기 자신이라고 하는 것을 인식한다. 왜냐하면, 여기서 의식은 자기 자신이야말로 곧 이런 대상을 산출하는 **활동적인 존재**임을 인식하기 때문이다. 따라서 의식은 일단 안정과 만족에 다다른 듯이 보인다. 왜냐하면, 의식이 대상을 더는 넘어설 필요가 없을 뿐 아니라 또한, 대상도 의식을 더는 넘어설 필요가 없는 곳에서 의식은 그런 안정과 만족에 다다를 수 있기 때문이다. 그러나 또 다른 편으로 보면 [도덕적] 의식은 그의 대상을 오히려 그 자신의 피안[Jenseits]에 즉 **자기의 바깥**에 설정한다. 그러나 이처럼 피안이라는 그 자체로 자기에게 나타난[an und für sich] 존재는 사실 자기의식으로부터 자유로울 수 없으며 자기의식을 위해서 그리고 자기의식을 통해서만 설정된 것에 지나지 않는다.

[해제] 헤겔은 되풀이해서 설명해 왔듯이 도덕적 의식은 자신의 의무를 직접 자각하고 이를 바로 실현하려 한다. 이런 점에서 대상적 본질은 의무가 실현된 것 곧 자기 자신이다. 그러나 이런 실현은 사유 내에서의 실현일 뿐, 실제 행동에서는 의무는 실현되지 않고 대상에 대립한다.

의무의 실현은 무의식적으로 생성되는 소외된 것이 아니라, 어디까지나 의무의 자각 즉 자기의식을 통해서 일어난다. 그러나 이런 통일은 내적 확신 또는 사유에서 일어나는 것일 뿐, 실제 현실은 의무를 실현하지 못하며, 자기의식과 현실은 대립할 뿐이다.

이런 통일이 근거에 놓여 있으므로 대립은 다시 극복된다. 통일과 대립이라는 두 측면의 결합은 개념적으로 이루어지지 않으므로, 끊임없는 부정이라는 것을 통해서 결합하므로 양자의 결합은 도덕적 의식 저편에, 피안에서 이루어진다.

617) ⟨SK 453:18~454:5⟩⟨FM 332:25~333:7⟩

따라서 도덕적 세계관이란 사실상 오직 그 근저에 깔린 모순이 저마다 서로 다른 측면에 따라서 발현된 것[Ausbildung]과 다른 것이 아니다. 칸트가 쓴 바 있는 표현을 빌려 본다면, 칸트가 이 표현을 가장 적절하게 이용했는데, 이것은 멍청한[gedankenlos] 모순의 **소굴 전체다.***
이런 모순이 전개되는 과정에서 [도덕적] 의식이 어떻게 행동하는가를 보면 [도덕적] 의식은 일단 하나의 계기를 확립해 놓았다가도 여기서 곧장 다른 계기로 이행함으로써 이 최초의 계기를 지양한다. 그러나 [도덕적] 의식이 두 번째 계기를 **내놓자**[aufstellt]마자 **또다시** 이를 **전치**[verstellt]³³¹함으로써 오히려 이와 반대되는 계기를 본질적인 것으로 삼는다. 이와 **동시에** [도덕적] 의식은 자신의 모순과 **전치**를 자각한다. 왜냐하면, [도덕적] 의식이 하나의 계기로부터 어디까지나 바로 **이 계기와 직접 관계해** 그것에 정반대되는 계기로 이행하기 때문이다. 다시 말하면 [도덕적] 의식에서는 어떤 하나의 계기가 실재하지[Realität] 않으**므로** 그 하나의 계기를 오히려 **실재하는 것**[reell]으로 설정한다. 이를 다른 말로 하면 어떤 **하나의 계기**가 본래[an sich] 존재한다는 것을 주장하기 위해 의식은 오히려 그와 **정반대되는** 계기를 본래[an sich] 존재한다고 주장한다. 그러나 여기서 [도덕적] 의식은 그가 사실[in der Tat] 어느 한쪽의 계기도 진지하게 받아들이지 않고 있다는 것을 고백한 셈이다. 이제 우리는 이렇듯 현기증이 나는 운동의 계기를 좀 더 자세하게 살펴봐야만 하겠다.

---

331 'verstellen'은 여러 가지로 번역한다. 여기서 의미상 전치가 가장 적절할 것으로 보인다. 임석진 교수는 '변위'로, 영어 번역은 '위장[dissemblance]'으로 번역했다. 의미상 강조점이 변화하는 것인데 그런 점에서 정신분석학에서 사용되는 전치[displacement]와 같은 의미를 지닌 것으로 보인다. 예를 들어 도덕적 의식이 의무를 중요하게 여기다가 다시 행동을 중요하게 여기는 것을 말한다.

*FM주 〈332:27~28〉 헤겔은 여기서 칸트가 우주론적 신 존재 증명을 비판하면서 제시한 정식을 거론한다. 참조: 칸트I. Kant, 『순수이성비판』, B판, S. 637: "나는 조금 전에 다음과 같이 말했다. 이런 우주론적 논증에서는 변증법적인 궤변의 소굴이 감추어져 있다. 이런 궤변은 선험적 비판을 통해 쉽게 발견되고 파괴될 수 있을 것이다."

[해제] 앞에서 헤겔은 도덕적 의식이 의무와 현실 사이에서 분열됐다는 것을 설명했다. 양자의 종합은 피안에서 이루어진다.

이제 헤겔은 칸트가 제시한 요청이라는 개념으로부터 도덕적 의식의 전치라는 개념을 끌어낸다. 이것은 하나의 계기를 본질로 여기다가 대립하는 계기를 본질로 여기는 것이다. 예를 들어 의무가 중요하다고 여기다가 다시 행동이 중요하다고 여기며, 다시 의무가 중요하다고 말을 바꾸는 것이다.

그런데 헤겔은 역시 이런 전치가 갑자기 무의식적으로 일어나는 것이 아니라 의식적으로 일어난다고 한다. 즉 본질로 여겨진 하나의 계기를 실현하기 위해 필연적으로 그와 반대되는 계기가 요구되기 때문이다. 이것은 마치 어떤 계기가 부정되기 위해 존재한다고 가정하는 것과 같다. 즉 어떤 계기가 "실재하지 않으므로" "실질적인 것으로 설정된다"라는 것이다. 이 과정은 겉으로 보면 두 계기가 모두 중요한 것으로 가정되는 것처럼 보이지만, 실제로는 "어느 한쪽의 계기도 진지하게 받아들이지 않는다는 것을 고백한다."

이런 전치의 과정은 우리가 주변에서 자주 보는 것이다. 대체로 서로 대립하는 것이 동시에 요구될 때 이런 일이 벌어진다. 예를 들어 교수가 정치에 참여할 때를 보자. 교수는 정치를 자기의 이론을 실천하는 기회로 삼는다. 그런 점에서 두 가지가 동시에 요청되니 언뜻 보면 매우 긍정적인 결과를 자아낼 것 같다. 하지만, 현실에서는 정반대이다. 왜냐하면, 교수는 이론을 연구할 때는 정치에 관심을 지니면서 연구를 소홀히 한다. 이때는 실천이 중요하다고 떠들어 댄다. 그리고 정치에 참여할 때는 자신은 어디까지나 이론가라는 관점에 서 있다. 그래서 정치적 참여의 기회를 이론을 연구하는 기회로 삼고 실천을 소홀히 한다. 다시 강단으로 돌아오면 이제는 온통 눈과 귀를 정치에 기울이느라고 여념이 없다.

앞에서 피안에서의 통일이 부정적인 통일을 의미하는 것이라면 이런 전치는 도덕적 의식이 지닌 모순이 긍정적으로 종합되는 과정이다. 앞에서의 도덕적 의식이 요청, 피안으로 이행한다는 것은 칸트의 실천철학을 그대로 설명한 것으로 보인다. 이제 전치는 칸트의 철학이 지닌 모순에 대한 비판과 그것을 넘어 새로운 양심 개념으로 이행을 설명하고자 제시하는 것으로 보인다.

618) 〈SK 454:6~455:7〉〈FM 333:8~35〉

그런데 우선 참된 도덕적 의식이 있으며 일단 참된 도덕적 의식을 자기에 근거하는 것으로 놓고 보자. 그렇게 설정하는 이유는 이 전제가 일단[직접] 그 이전의 어떤 전제와 관계에서 제시된 것이 아니기 때문이다. 그러면 여기서 우리가 눈길을 돌리는 것은 첫 번째 요청인 도덕성과 자연[현실]의 조화다. 이런 조화는 **잠재적으로**[an sich] 존재해야 할 뿐 결코 실제적 의식 앞에 나타나는 것은 아니며 지금 있는 것[gegenwärtig]도 아니다. 지금 있는 것은 오히려 오직 이들 양자 사이의 모순일 뿐이다. 도덕성은 **눈앞에 있는 것**으로 가정되지만, 현실[Wirklichkeit]을 보면 현실은 도덕성과 조화를 이루지 못한다. 그러나 **참된**[wirklich] 도덕적 의식이란 **행동하는** 의식이니 바로 이 행동하는 것 자체에 참된 도덕성이 성립한다. 그리하여 이제 **행동**하는 가운데 앞의 입장이 전치되기에 이른다. 왜냐하면, 행동이야말로 다름 아니라 내면적인 도덕적 목적을 실현하며 더 나가서는 오직 **목적**을 통해 **규정된 현실**을 산출하거나 도덕적 목적과 현실 자체의 조화를 산출하는 것이기 때문이다. 이와 동시에 행동을 완수[Vollbringen]하면 그것은 [도덕적] 의식 앞에[für] 나타난다. 행동이 완수되면 그것은 곧 현실과 목적의 통일이 **현재화하는 것**을 의미한다. 행동을 완수하는 가운데 [도덕적] 의식은 개별자로서 자기를 실현하거나 현존하게 하며 또는 [대상적] 현존이 그의 의식 속으로 귀환하는 것을 응시하면서 행동을 통해 향락을 누리므로 도덕적 목적을 실현하는 가운데 현실에 속하는 형식 즉 향락과 행복이라고 불리는 형식도 동시에 들어 있다. ─이렇게 볼 때 행동은 사실상 결코 일어날 수 없는 것으로 제시됐던 것, 단지 하나의 요청이거나 피안에 머물러 있어야 할 것을 직접 구현한다. 그러므로 이제 [도덕적] 의식이 행위[Tat]를 통해 표현하는 것은 그로서는 [목적의 실현이라는] 요청을 진지하게 생각하지 않는다는 사실이다.[332] 왜냐하면, 의무를 실현하는 행동을 한다는 것의 진의[眞意]는 오히려 현재 속에서는 있을 수 없는 것을 바로 현재 속에 현재화하는 것이기 때문이다. 그런데 이제 행동이 있을 수 있으려면 [도덕성과 현실의] 조화가 요청된다 ─다시 말해서 행동을 통해서 **실현돼야**만 하는 것은 이미 **그 잠재성**[an sich]에서 실현될 수 있어야만 하거니와 만약 그렇지 않다고 한다면 여기서 행동의 실현이란 것은 도저히 **가능하지** 않은 것으로 될 것이다. ─그러므로 행동과 요청이 관계하는 모습은 행동이 있을 수 있으려면 즉 목적과 현실의 조화가 **실현되기** 위해서 오히려 그러한 조화가 **실현되지 않으며** 또는 **피안에 자리잡는 것**으로 설정된다.

---

332 조화를 진지하게 생각하지 않은 이유는 도덕이 실현되면 더는 도덕적 행동이 필요 없게 되기 때문이다.

[해제] 헤겔은 이제 앞에서 설명한 전치가 도덕적 의식에서 구체적으로 어떻게 일어나는지를 설명한다. 우선 도덕적 의식은 참된 도덕적 행동을 출발점으로 삼는다. 참된 도덕적 행동은 단순히 사유 속의 의무에 머무르는 것이 아니라, 도덕적 의무를 즉각적으로 행동하는 것이다.

이런 도덕적 행동은 현실 속에서 실현되기를 요구한다. 이런 실현만이 "내면적인 도덕적 목적을 실현하며 더 나가서는 오직 목적을 통해 규정된 현실을 산출하거나 도덕적 목적과 현실 자체의 조화를 산출하는 것"이다. 도덕적 행동은 도덕의 실현을 통해 향락과 행복을 얻는다.

그런데 만일 도덕적 의무가 실현되는 경지가 실제로 출현한다면, 이런 경지에서는 더는 도덕적 행동이 필요 없게 된다. 이를 통해 도덕적 의식은 자기를 실현하는 향락과 행복조차 얻을 수 없으니, 도덕적 행동이 있으려면 도덕의 실현을 진지하게 생각하는 것은 아니다. 도덕적 행동은 의무를 실현할 수 없어야 하며, 그런 실현은 다만 피안에서 실현되는 것이어야 한다.

그러므로 헤겔은 "목적과 현실의 조화가 실현(의무의 실현)되기 위해 오히려 그 조화가 실현되지 않는" 것으로 설정되는 것처럼 보인다고 한다. 즉 의무가 실현되기 위해서는 행동이 요청되지만, 행동이 일어나기 위해서는 의무는 실현되지 말아야 한다는 것이다.

619) 〈SK 455:8~456:4〉〈FM 333:36~334:23〉

그러므로 **행동**이 이루어질 때 목적과 현실의 **일치하지 못한다**는 사실은 결코 진지한 고려의 대상으로 되는 것이 아니며 오히려 이제 **행동**한다는 그 자체가 진지한 의미를 띠는 것으로 보인다. 그러나 이처럼 실제로 일어나는 행동은 어디까지나 **개별** 의식의 행동일 뿐이니 그 자체로 볼 때도 한낱 개별적인 행동에 지나지 않고 그 산물은 우연적인 것일 수밖에 없다. 이에 반해서 이성의 목적은 모든 것을 전적으로 포괄하는 일반 목적이므로 전체 세계 그 자체와 비교해 보아서도 그보다 사소한 것은 아니다. 이성의 목적은 어떤 개별 행동의 내용도 멀리 뛰어넘으며 [hinausgeht] 따라서 모든 개별 행동을 초탈[hinasustellen]할 수 있는 궁극목적이다. 이렇듯 일반적인 최선이 수행돼야만 한다는 점에서 볼 때 개별 행동을 통해서는 그 어떤 선행도 이루어질 수 없다. 그러나 방금 제시되는 것과 같은 입장 즉 실제로 존재하는 행동은 **무의미**하며 **전체적인 목적만이 실재해야**[Realität] 한다는 입장도 그 모든 측면에서 다시 전치되고 만다. 도덕적 행동이란 어떤 우연적이며 제한된 성격을 지닌 것은 아니어야 한다. 왜냐하면, 이것은 오직 순수 **의무**를 그 본질로 삼기 때문이다. 다시 말하면 오직 이 순수 의무만이 **유일한 온전한** 목적을 이루고 있다. 이런 목적을 실현하는 행동에 내용상 다른 어떤 제약이 존재하더라도 그런 행동은 어디까지나 유일한 전체 목적을 전면적이며 절대적으로 실현한다. 그러나 이때 만약 현실이 다시금 **독자적** 법칙을 지닌 자연이며, 순수 의무에 대립하는 것으로 가정됨으로써 의무가 의무의 법칙을 그 자연 속에서 실현할 수 없다고 한다면 이제 의무 그 자체가 도덕적 행동에서 본질을 이룬다고 하더라도 전체적인 목적이라고 할 순수 의무를 **완수**[Vollbringen]**하는 것이 중요한 것이 아니게** 된다. 왜냐하면, 여기서 완수한다는 것은 순수 의무를 목적으로 삼는 것이 아니라 이와는 오히려 반대되는 것 즉 **현실**을 목적으로 삼을 수도 있기 때문이다. 그러나 현실이 중요한 것이 아니라는 입장은 다시 전치된다.[333] 왜냐하면, 도덕적 행동의 개념에 비춰 볼 때 본질상 순수 의무

333 이 구절에서 "현실이 중요하지 않은 것이라는 입장"은 문맥상 부정적 입장은 "현실이 중요한 것이라는 입장"으로 긍정적 이장으로 대체돼야 할 것 같다. 왜냐하면, 앞에서 현실적 행동이 중요하다고 했다가 다시 순수 의무가 강조되기 때문이다.

는 **활동하는** 의식이어야 할 뿐이기 때문이며 이유 여하를 막론하고 의무를 실현하는 행동은 취해져야 하기 때문이다. 절대적 의무는 자연의 전역에 걸쳐서 표출돼야만 할 뿐만 아니라 이럼으로써 도덕법칙은 자연법칙이 돼야만 한다.*

*FM주 〈334:23〉 헤겔은 여기서 도덕법칙을 자연법칙과 같이 정식화하는 것을 수용한다. 참조: 칸트I. Kant, 『도덕 형이상학의 토대』, 『전집』, 4권, S. 421): "너의 행동의 준칙이 너의 의지를 통해서 일반적인 자연법칙으로 된다고 가정할 때처럼 행동하라"

[해제] 앞의 구절에서 의무와 행동 사이에서 의무와 현실의 조화가 요청되기도 하고 요청이 부정되기도 하는 전치를 설명했다. 이제 여기서 헤겔은 행동과 의무 사이의 전치를 설명한다.

의무를 실현해야 한다는 입장은 실현을 위해서 행동이 더 중요하며, 이를 위해서는 일반적 의무보다는 실현될 수 있는 개별적 목적을 받아들여야 한다. 일반적 의무가 아무리 중요하더라도 다만 사유에 머무르는 것은 진정한 도덕적 의식이 아니기 때문이다.

행동은 개별 행동으로 될 수밖에 없고 또 그 산물은 우연적일 수밖에 없다. 이런 우연적 산물은 아무리 행동의 결과라 하더라도 도덕적 의식에서 볼 때는 의미가 없는 것이다. 반면 순수 의무는 일반적이며 이성적인 목적이니, 그것은 모든 개별 목적을 뛰어넘는 탁월한 것이다.

그러므로 실제로 일어나는 행동은 무의미하고 오히려 순수 의무가 다시 중요한 것으로 된다. 즉 순수 의무는 "모든 것을 전적으로 포괄하는 일반 목적이므로 전체 세계 그 자체와 비교해 보아서도 그보다 사소한 것은 아니다." 여기서 행동에서 의무로 전치가 일어난다.

그러나 전치가 여기서 멈추는 것은 아니며 다시 순환한다. 이제 순수 의무가 중요하다고 보면, 이제 이것이 현실 속에 실현되는 것은 중요하지 않게 된다. 그러나 실현하는 행동이 없다면, 그것은 의무가 아니니, 다시 의무보다는 행동이 중요한 것으로 전치된다. 즉 "도덕적 행동의 개념에 비춰 볼 때 본질상 순수 의무는 활동하는 의식이어야 할 뿐이기 때문이며 이유 여하를 막론하고 행동은 취해져야 하기 때문이다."

이런 식으로 순환이 되풀이된다. 한 번은 개별 행동이 실제로 일어나는 것이 중요하고 다른 한 번은 목적으로서 순수 의무가 중요하다면서 끊임없이 전치가 일어난다.

620) 〈SK 456:5~22〉〈FM 334:24~36〉

이번에는 **최고의 선**[334]을 본질적인 것으로 여겨 보자. 그러면 의식은 도덕성에 대해 별로 진지하지 않게 된다. 왜냐하면, 이런 최고선에서는 자연이 도덕성과 다른 법칙을 지니지 않기 때문이다. 따라서 도덕적인 행동이란 것은 사라지고 말게 된다. 왜냐하면, [도덕적으로] 행동한다는 것은 다름 아닌 행동이 지양할 수 있는 어떤 부정적인 자연을 전제로 하는 것이기 때문이다. 그런데 여기서 만약 자연이 도덕법칙 [Sittengesetze]에 합치된다고 한다면 행동을 통해, 즉 존재하는 것을 지양하는 행동을 통해 오히려 도덕법칙이 손상될 것이기[335] 때문이다. ─그러므로 이상과 같은 가정에서는 오히려 도덕적 행동이란 불필요할 뿐

---

334 'das höchste Gut'은 흔히 '최고선'으로 번역된다. 칸트에서 '최고선'은 도덕성과 행복이 일치하는 관계다. 그런데 이 문맥에서 헤겔은 칸트가 말한 의미로 사용하기보다는 일반적 의미로 도덕이 현실 속에서 완전히 실현된 상태를 말한다. 그러므로 여기서 헤겔이 말한 최고선은 차라리 칸트가 말한 '완전선'을 의미한다. 부득이 번역을 '최고의 선'이라고 했다.

335 예를 들어 자연을 인위적으로 개조하는 것이 그렇지 않을까? 자연 자체가 선인데, 이를 개조하는 것은 오히려 자연을 악하게 만드는 것이다.

만 아니라 또한, 그러한 행동은 전혀 일어나지 않은 상태가 본질적 상태로 상정된다. 도덕성과 현실[자연]이 조화를 이루어야 한다는 요청은 다시 말하자면 도덕적 행동의 개념이 양자의 합일을 이루는 것이므로 제기된 요청이지만, 이런 측면에서 볼 때 이 요청이 의미하는 것이란 다음과 같은 것이다. 즉 도덕적 행동이 절대적 목적이라면 바로 그때문에 오히려 그러한 행동이 전혀 눈앞에 나타나지 않는 것이 절대적 목적으로 된다는 것이다.

[해제] 여기서는 앞의 구절에 이어서 도덕과 행동 사이에서 일어나는 전치를 다룬다. 도덕적 목적을 자연에서 실현하려면 행동이 강조된다. 도덕적 목적이 목적이라면, 자연이 도덕적 목적에 합치하지 않는다는 것을 전제로 한다. 이때 도덕적 목적이 자연에 합치하지 않으니 아무리 노력해도 도덕적 행동은 도덕적 목적을 실현할 수 없다. 그러므로 자연이 도덕적 목적에 합치하는 경지가 요구된다.

그런데 도덕적 목적이 완전히 실현되는 완전선의 경지(예를 들어 천국)가 있다고 가정한다면, 이런 경지에서 자연은 도덕적 목적에 따르니 굳이 노력하지 않아도 도덕적 목적을 실현할 수 있다. 천국에 사는 사람들은 도덕적으로 노력하지 않아도 행복을 얻는다. 자연 자체가 선이니, 만일 이때 자연을 개조하는 행동은 인위적 행동으로 현실을 파괴하는 것이니 오히려 도덕적 목적의 실현을 해치는 것이 된다.

그러므로 헤겔은 "도덕적 행동이 절대적 목적이라면 바로 그 때문에 오히려 그러한 행동이 전혀 눈앞에 나타나지 않는 것이 절대적 목적이 된다고 말한다.

621) 〈SK 456:23~36〉〈FM 334:37~335:8〉

이제 우리가 이상과 같이 [도덕적] 의식이 그의 도덕적 관념에서 전전하면서 겪은 계기를 총괄해 볼 때 여기서 분명하게 밝혀지는 사실은 도덕적 의식은 그때마다 드러나는 계기를 다시 그와 반대되는 계기 속에서 지양하고 만다는 것이다. [도덕적] 의식은 **자기에 대해서** 도덕성과 현실이 조화를 이루지 않는다는 데서부터 출발하나 그 의식은 그런 부조화를 진지한 문제로 받아들이지 않는다. 왜냐하면, **도덕적 의식이 보기에** 도덕적 행동이 두 측면의 조화를 현재화하게 하는 것이기 때문이다. 그러나 [도덕적] 의식으로서는 그와 같은 **행동**도 어떤 개별적인 것인 한에서 진지하게 받아들일 수가 없다. 왜냐하면, 이 [도덕적] 의식이 지닌 것은 고매한 목적, **최고의 선**이기 때문이다. 이것도 말하자면 문제를 또 한 번 전치한 것으로 된다. 왜냐하면, 이런 최고의 선이 이루는 경지에서는 그 어떤 행동이나 도덕성도 그 존립 근거를 상실해 버릴 것이기 때문이다. 이를 또 달리 말하면 [도덕적] 의식으로서는 본래 **도덕적으로** 행동하는 데 대해 진지하지 않다고 하겠다. 여기서 오히려 가장 바람직한 절대적인 것으로 여겨지는 것은 오직 최고의 선이 실현됨으로써 도덕적 행동이 더는 필요치 않게 되는 것이다.

[해제] 이 단락에서 헤겔은 앞에서 설명한 완전선에서 전치를 종합한다. 앞에서는 세 가지 관점에서 전치가 이루어졌다. 의무의 현실적 실현과 비실현, 일반적 의무과 개별적 목적, 도덕법칙과 자연의 조화와 비조화라는 관점이다. 각 관점에서 한편으로 의무가 강조되고 다른 한편으로 행동이 강조되면서 서로 대립하는 입장으로 전치한다.

우선 의무는 현실에서 실현돼야 한다. 그러므로 도덕적 행동이 중요하다. 이 행동을 통해 행복을 얻는다. 그러나 의무가 완전힌 실현된 천국에서는 도덕적 행동이 불필요하니 행복도 얻을 수 없다. 다시 의무의 실현은 피안으로 미루어져야 한다.

둘째로 의무는 일반적 목적이다. 의무가 현실에서 실현되기 위해서는 개별적 목적이 돼야 한다. 그러나 개별적 목적은 우연적이며 의미가 없으니 다시 일반적 의무가 중요하게 된다.

마지막으로 도덕적 목적은 자연과 조화돼야 한다. 그래야 비로소 실현될 수 있기 때문이다. 그러나 자연과 조화가 이루어진 경지에서는 도덕적 행동이 일어서는 안 된다. 왜냐하면, 행동은 자연을 파괴할 수도 있기 때문이다. 그러므로 도덕적 행동을 위해서는 자연과 도덕적 목적은 조화롭지 않아야 한다.

위에서 보듯이 도덕적 행동은 그 실현과 관련하여 끝없는 전치가 일어난다. 즉 "도덕적 의식은 그때마다 드러나는 계기를 다시 그와 반대되는 계기 속에서 지양하고 만다."

622) 〈SK 457:1~458:23〉〈FM 335:9~336:17〉

그런데 [도덕적] 의식은 자신의 모순적인 운동을 펴나가는 가운데 이런 결론으로부터 더 앞으로 굴러가서 도덕적 행동을 **지양**하는 입장조차 다시 전치할 수밖에 없다. 요컨대 도덕성이란 그 자체로 존재하는 것[An sich]이다. 이런 도덕성이 발생하기[statt haben] 위해서는 세계의 궁극목적이 완성돼서는 안 될 뿐만 아니라 오히려 이 도덕적 의식은 **자각적**[für sich]으로 돼 자기와 대립하는 자연을 **마주해야**만 한다. 이런 가운데서도 또한, [도덕적] 의식은 그 자체에서[an ihm selbst] 완성돼야 하니, 여기서 두 번째 요청 즉 도덕적 의식이 감성과 즉 의식에 직접 존재하는 자연과 조화를 이루는 요청이 제기되기에 이른다. 도덕적 자기의식은 순수한 존재를 자기의 목적으로 삼으니 이 순수한 존재란 즉 어떤 경향성이나 충동으로부터도 독립됨으로써 자기 속에 있는 감성적 목적을 제거한 존재여야 한다. ─그러나 [도덕적] 자기의식은 이처럼 제시한 감성적 요소의 제거라는 입장을 다시 전치하고 만다. [도덕적] 자기의식은 행동에 나서서 그의 목적을 실현하는데 이때 자각된 감성은 지양돼야만 하면서도 동시에 순수한 의식과 실현 사이를 매개하는 것으로 된다. -더 나가서 이런 감성은 전자[순수한 의식]가 자기를 실현하는 도구이며 그것이 동시에 충동이나 경향으로 불리는 것이다. 따라서 도덕적 자기의식은 어떤 경향이나 충동을 제거하는 것에 대해 전혀 진지하지 않다. 왜냐하면, 바로 그러한 것들은 [도덕적] **자기의식을 실현하는 것**이기 때문이다. 그런데 이들 경향이나 충동은 **억압돼서도** 안 되고 다만 이성에 **적합하기만** 하면 충분하다. 그런데 실제로 이것들은 이성에 적합하다고도 하겠다. 왜냐하면, 도덕적으로 **행동**한다는 것은 오직 자기를 실현해 나가는 의식 따라서 스스로 어떤 **충동**의 형태를 갖춘 의식이기 때문이다. 도덕적 행동은 바로 충동과 도덕성의 조화가 이미 현재 상태로 존재한다는 것을 의미한다. 충동이 텅 빈 형태라면, 자기 자신이 아닌 어떤 다른 추동 요인을 자체 내에 간직하고서 바로 이런 추동 요인을 통해서 추동될 수도 있을 것이다[getrieben werden könnte]. 그러나 충동[Trieb]이란 실상 이런 텅 빈 형태만 있는 것은 아니다. 왜냐하면, 감성이란 하나의 자연이며 그 자신의 독자적 법칙과 추동력[Springfeder]을 자체 내에 지닌 것이기 때문이다. 따라서 도덕적 의식은 온갖 충동의 추동력이며 경향성의 목표[Neigungswinkel: 경사각]로 되는 도덕성에 결코 진지하지 않다. 왜냐하면, 이 모든 충동이나 경향은 자기만의 확고한 규정성과 독특한 내용을 지니기에 이들이 [도덕적] 의식에 적합하기보다는 오히려 [도덕적] 의식이 이들에게 적응하고 말기 때문이다. 하지만 이런 적응은 도덕적 의식으로서는 금지된 것이다. 그러므로 양자[감성과 도덕성]의 조화는 단지 **잠재적인 것**[an sich]이며 한낱 **요청된 것**일 수밖에 없다. -바로 앞에서만 해도 도덕적 행동 속에서 도덕성과 감성의 조화가 **현재화**했다. 그러나 이런 조화가 **다시금** 전치된다. 이런 조화는 의식의 저편에 아련히 머나먼 곳에 놓인다. 거기서는 더는 어떤 것도 정확하게 구별되지 않으며 개념적으로 파악되지도 않는다. 왜냐하면, 도덕적 의식은 바로 앞에서 [도덕적 행동을 통해] 시도된 통일을 개념적으로 파악한다는 것조차 피하기 때문이다. -그런데 그와 같은 본래적인[an sich] 조화가 있다면 그 속에서는 [도덕적] 의식이 포기된다. 다시 말해서 그처럼 본래적인 상태[Ansich]란 곧 도덕적 의식의 도덕적 완성을 뜻하는 것이어서, 여기서는 도덕성과 감성의 투쟁은 이미 종식돼서 후자[감성]는 전혀 이해할 수도 없는 방식으로 전자[도덕성]에 순응할 것이다. -그러므로 이런 도덕적 완성도 다시금 문제를 전치하는 것일 뿐이다. 그 이유는 도덕성이란 순수 목적으로서 절대적 목적을 의식할 뿐이고 그 밖에 모든 다른 목적과는 대립해서 존재하기에 이런 완성 속에서는 사실상 **자기**를 해소하기 때문이다. 도덕성이란 그처럼 **순수한** 목적을 위해 **행위**하면서 동시에 감성을 극복하면서[erheben] 그 자신과 **대립물**이 뒤섞여 있어서 감성과 투쟁하는 상태에 있다는 사실을 의식한다. -그러니 [도덕적] 의식은 이런 완성에 진지하지 않다. 도덕적 의식은 완성을 **무한히** 뒤로 미루는 가운데 즉 그 완성이 결코 끝나지 않는 것으로 주장하는 데서 이런 사실을 표현한다.

[해제] 헤겔은 여기서 두 번째 도덕법칙과 감성과의 관계를 다룬다. 그는 여기서도 여전히 전치가 일어난다는 것을 설명한다. 그의 설명을 요약하면 다음과 같다.

① 우선 도덕적 의식에서는 의무를 수행하는 순수 의지가 중요하다. 이를 위해서는 자연적 감성이 제거돼야 한다.

② 감성을 극복하려는 행동은 다시 전치된다. 왜냐하면, 도덕적 행동을 위해서는 추동력이 필요하며 이 추동력은 감성에서 나오는 것이기 때문이다. 감성은 의무를 실현하는 수단이다. 그러므로 이제 감성을 제거하기보다 감성을 지배해 의무와 조화하게 하고자 한다. 즉 제거에서 조화로 전치된다.

③ 그러나 감성은 텅 비어 있는 것만은 아니고 독자적 힘을 지니니 감성과 조화하려는 요구는 오히려 감성에 종속당한다. 그러므로 감성과 조화하고자 하는 입장은 다시 감성을 제거하는 입장으로 전치된다.

④ 제거든, 조화든 감성과 의무가 일치한다면, 그런 존재는 도덕적으로 완성된 존재인데 이제 중요한 것은 이런 도덕적 완성이다.

⑤ 하지만, 도덕적으로 완성된 존재에는 더는 도덕적 자각이 존재하지 않게 된다. 왜냐하면, 도덕적 자각이란 감성과 대립하면서 이를 극복하는 데서 얻은 것인데, 양자가 같은 상태에서는 이를 극복할 필요가 없어지기 때문이다. 그것은 마치 천사가 도덕적이지 않은 것과 마찬가지다. 그러므로 도덕적 의식은 감성과 의무의 조화, 도덕적 완성에 진지하지 않게 된다.

⑥ 그 결과 다시 전치가 일어난다. 도덕성을 자각하기 위해서는 순수한 의무를 수행하기 위해 감성을 극복하면서[erheben] 감성과 투쟁하는 상태에 있어야 한다.

⑦ 따라서 도덕적 의식은 감성과 조화를 무한히 뒤에 일어나는 일로 지연한다. 감성을 지배하고 순수한 자아와 통일을 이루는 일은 현실에서 이루어지는 것이 아니라 다만 가능성에서 또는 "의식의 저편에 아련히 머나먼 곳에서" 이루어지는 것으로 된다.

⑧ 피안에서 도덕적 완성 상태에 이른다는 것은 곧 오직 순수 사유속에서 실현된다는 것을 의미한다. 도덕적 완성을 위한 노력은 사라지고 오직 사유 속에서 의무를 인식하는 것만이 중요하게 된다.

623) 〈SK 458:24~459:2〉〈FM 336:18~29〉

이렇게 볼 때 [도덕적] 의식에서 타당한 것이란 다만 그와 같은 중간 상태다. 이 상태는 적어도 완성을 향한 진보이어야만 한다. 그러나 이 상태는 진보를 뜻하는 것이 아닐 수도 있다. 왜냐하면, 도덕성에서의 진보란 오히려 자기가 도덕성의 퇴보에 다가가는 것을 뜻할 수도 있기 때문이다. 즉 이때 그런 목표에 도달하는 것[336]은 앞에서 본 바와 같이 도덕성과 [도덕적] 의식을 위와 같이 무화[無化]하거나 지양한 상태일 수도 있기 때문이다. 그러니 무를 향해서 조금 더 접근해 간다는 것은 그만큼 도덕성이 **줄어든다**는 것을 의미하게 될 것이다. 게다가 이처럼 **진보**한다거나 아니면 **퇴보**한다는 것은 모두가 도덕성에서의 **양적인** 구별을 가정한 것일 것이다. 그러나 도덕성에서는 이런 양적인 구별에 관한 것은 논할 수 없다. 즉 도덕성[Moralität]은 오직 도덕적인[sittliche][337] 목적을 **순수** 의무로 받아들이는 의식이므로 여기서는 서로 다르다는 것, 그 가운데서도 특히 양적인 구별이라는 것에 관해서 생각한다는 일은 전혀 있을 수 없는 일이다. 오직 여기에서는 **단 하나의** 덕, **단 하나의** 순수 의무 그리고 **단 하나의** 도덕성이 있을 뿐이다.

624) 〈SK 459:3~17〉〈FM 336:29~337:2〉

이상과 같이 도덕적 의식은 도덕적 완성에 도달하는 것에는 진지하지 않으며 오히려 중간 상태 다시 말하면 비도덕성에 오히려 진지하다. 이 점은 바로 전에 논의됐던 것이다. 그 결과 우리는 어떤 다른 측면에서 최초에 요청했던 내용[도덕성과 현실 또는 행복의 조화]으로 되돌

---

336 도덕성이 완성된 천사는 도덕적 자각이 없다.

337 'sittliche'는 습속을 의미하지만, 여기서는 문맥상 도덕성과 같은 의미로 쓰인다.

아가기에 이른다. 여기서 도덕적 의식에 그의 **값어치**[Würdigkeit]에 걸
맞은 행복이 요구될 수 있는가 하는 문제가 간과될 수 없다. 즉 [도덕
적] 의식은 미완성의 상태에 머물러 있을 수밖에 없는 자신을 의식하고
있음으로써 결코 행복을 그의 공적의 대가로 다시 말하면 그 자신에게
마땅히 치러져야만[würdig] 할 것으로 요구할 수는 없다. 오히려 행복
은 다만 자유로이 주어질 수 있는 어떤 은총에서 나오는 것에 그칠 뿐
이다. 이것은 **순전한**[als solche] 행복이 그 자체로 자기에게 나타나기를
[an und für sich] 요구하는 것일 뿐이니 [그의 공적과 같은] 절대적 근거
에 따라서가 아니라 다만 우연적이며 자의적으로 기대하는 것으로 될
뿐이다. ─여기서 마침내 비도덕성이 그 참모습을 드러내기에 이른다.
─즉 여기서 무엇보다도 중요한 것은 도덕성이 아니라 바로 이 도덕성
과는 무관하게 그 자체로 자기에게 나타난[an und für sich] 행복에 있다.

625) ⟨SK 459:18~460:7⟩⟨FM 337:3~21⟩

　　도덕적 세계관에서 나오는 두 번째 측면을 통해서 이른바 도덕성과
행복이 조화를 이루지 못한다는 것을 전제하는 첫 번째의 측면에 관한
다른 주장도 폐기되기에 이른다.[338] ─즉 현세[Gegenwart]에서는 흔히 도
덕적인 존재가 불운을 겪어야만 하지만, 오히려 부도덕한 존재가 행운
을 누린다는 경험이 생긴다. 그러나 앞에서 본질적인 것으로 제시됐던
것과 같이 미완성에 머물러 있는 도덕성의 중간 상태가 분명하게 드러
내 주는 사실은 즉 그처럼 행운이나 불행을 지각한다거나 마땅히 그러
해야만 한다는 입장이 문제를 전치한다는 사실이다. 왜냐하면, 도덕성

338　이 구절에서 도덕적 세계관의 '두 번째 측면'은 은총을 의미하며 '첫 번째 측
면'은 공적을 의미한다. 첫 번째 측면에 관한 앞선 주장은 부도덕한 자가 행복을
얻는 경우다. 이에 관한 다른 주장은 부도덕한 자가 불운을 당하는 경우다.

이 미완성인 채로 남아 있으니 다시 말하면 사실상 **없는 것**이나 마찬가지니, 무릇 도덕성이 불운을 겪는다는 경험이 있을 수 있는가가 의문스럽기 때문이다. ─이렇듯 여기서 오직 도덕과는 무관하게 그 자체로 자기에게 나타난[an und für sich] 행복이 문제로 대두되고 있음이 드러난 한 여기서 발생한 것과 마찬가지로 부도덕한 존재가 행운을 맞이할 수 있으리라는 판단도 결코 잘못된 생각일 수만은 없다. 따라서 도덕성 자체가 미완성의 상태에 머물러 있는 한 어떤 한 사람을 부도덕하다고 지칭하는 것은 **본래**[an sich] 근거를 상실해 버리며³³⁹ 한낱 자의적인 근거에서 내린 판단에 불과할 것이다. 따라서 경험을 통해 내린 판단[부도덕한 자에게 행운이 내린다]의 의미와 내용은 위의 사실을 통해서 볼 때 어떤 특정인만은 행복을 절대로 얻어서는 안 된다는 말이 되겠다. 이것은 도덕성을 한낱 위장의 수단으로 삼는 시기를 뜻하는 것뿐이다. 그렇다면 이제 또 타인에게 이른바 행복이 부여돼야 한다는 근거도 다만 좋은 우정일 뿐이다. 이 우정이야말로 타인에게나 자기 자신에서도 이런 은총 즉 바로 그와 같은 우연이 **베풀어졌으면 하고 바라는** 근거가 된다.

[해제] 1) 앞에서 도덕성과 현실적 행동, 도덕성과 감성의 조화에서 출현하는 전치를 살펴보았다. 여기서 헤겔은 도덕성과 행복의 연관, 즉 칸트의 의미에서 최고선의 문제를 살펴본다.

우선 여기서 전제된 것은 실제 도덕적 의식의 상태는 중간 상태라는 것이다. 이 중간 상태는 한편으로 도덕성을 향한 진보의 길에 있고 다른 한편으로 보면 오히려 도덕성의 퇴보를 향한 길에 있다. 왜냐하면, 도덕적으로 완성된다는 것(감성의 도야라는 측면에서)은 곧 도덕성이 해소

---

339 도덕성이 미완성이더라도 적어도 어느 정도는 도덕적으로 노력을 한 것이니 부도덕하다고만 말할 수는 없다는 뜻이다.

된다는 것(도덕성의 자각이라는 측면에서)을 의미하기 때문이다. 즉 이런 완성 상태는 "도덕성과 [도덕적] 의식을 다 같이 무화[無化]하거나 지양한 상태일 수도 있기 때문이다."

더구나 이 중간 상태에서 도덕성의 정도는 크기의 문제에 지나지 않으며, 아무리 그 크기가 크더라도 완성된 도덕성과 비교해서 본다면 무에 가까운 것이며, 아무리 그 크기가 작더라도 전혀 비도덕적 존재와 비교해서 본다면 무한히 큰 것이다.

2) 이런 중간 상태에서 도덕적인 인간에게 자주 악한 일이, 비도덕적 인간에게 자주 행운이 일어난다. 이런 중간 상태는 도덕적이기도 하고 비도덕적이기도 하니, 그들에게 제공된 행운이 도덕성에 비례하는지 아닌지를 판단할 수는 없다.

한편으로 보면 중간 상태는 아무리 도덕성이 높더라도 여전히 비도덕적이니, 그가 행운을 얻으면, 그것은 그의 공적에 비례하지 않으며 은총에 그친다. 만일 그가 불운을 당하면 그것은 그의 도덕성에 비례하는 그에게 합당한 것일 것이다. 다른 한편으로 보면 이 중간 상태는 아무리 낮더라도 여전히 도덕적이니, 그가 행운을 얻는다면 그것은 그의 공적에 따른 것이며 거꾸로 그가 불행을 당한다면 그것은 불운일 것이다.

3) 도덕성과 행복 사이의 일치(또는 불일치)가 공적에 따른다고 보는 입장도, 반대로 은총에 따른다고 보는 입장도 다 맞는 동시에 다 틀린 주장이 된다. 하나의 입장은 곧바로 반대의 입장으로 전도되니, 이런 관점에서 본다면, 누가 행운을 얻는다고 비난하는 것은 시기일 뿐이며 누가 행운을 받아야 한다고 믿는 것은 우정일 뿐이다.

626) 〈SK 460:8~461:3〉〈FM 337:22~338:8〉

그러므로 도덕적 의식 속에서 도덕성은 미완성으로 끝난다는 것, 이 사실은 방금 밝혀진 것이다. 그러나 더없이 **완전하고 순수한 것**만이 도덕성의 본질을 이루는 까닭에 미완성으로 남아 있는 도덕성이란 불순한 것 다시 말하면 부도덕성을 의미하는 것으로 된다. 이렇게 볼 때 도덕성 그 자체는 실제적 의식과 다른 어떤 본질 속에 깃들어 있는 것이니 이 본질이 곧 성스러운 도덕적 입법자로 불린다. ―그런데 도덕적 의식 속에 깃들인 도덕성이 **미완성**으로 끝난다는 사실이 이와 같은 도덕적 입법자를 요청하는 근거를 이룬다. 그러면서도 이런 도덕성의 미완성이 **먼저** 의미하는 것은 비록 도덕성이 [도덕적] 의식 속에 **실제로 존재하는 것**으로 가정되더라도[als wirklich gesetzt] 이 도덕성은 다시 **타자존재** 즉 현존하는 것[현실]에 대한 관계를 지닌다는 것이다. 이런 관계 때문에 도덕성은 그 자체에서[an ihr] 스스로 타자 존재나 구별을 지닌다. 이런 타자 존재나 구별을 통해 다양한 차원에 걸친 여러 도덕적 명령이 발생한다. 그러나 동시에 도덕적 자기의식은 그처럼 **여럿인** 의무를 비본질적인 것으로 여긴다. 왜냐하면, 그에게서 문제가 되는 것은 오직 **하나인** 순수 의무[die Eine riene Pflicht]이어서 적어도 그들 여러 의무가 저마다 **특정한** 것인 한 이런 여러 의무는 도덕적 자기의식이 **보기에는** 결코 진리일 수 없기 때문이다. 그러므로 이들 여러 의무는 자기의 진리를 어떤 다른 존재[성스러운 입법자] 속에서 지닐 수밖에 없으니, 이 여러 의무는 도덕적 자기의식에서는 그렇지 못하더라도 성스러운 입법자를 통해서는 성스럽게 된다. ―그러나 또다시 이런 사실 자체가 문제의 전치라고 할 수밖에 없다. 왜냐하면, 도덕적 자기의식은 오직 그 자신이 절대자인 까닭에 어디까지나 **그 자신이** 의무로 **인식하는** 것만이 그에게 의무일 수 있기 때문이다. 여기서 도덕적 자기의식은 다만 순수 의무만을 의무로 인식한다. 도덕적 자기의식에서 성스럽지 않은 것은 본래[an sich] 성스러운 것일 수가 없으며 또한, 그에게 본래 성스럽지 않은 것은 결코 그 어떤 신성한 본질을 통해서도 성스럽게 될 수 없다. 그뿐만 아니라 도덕적 의식으로서는 그 무엇이든 자기 자신이 아닌 **어떤 다른** 의식을 **통해서** 성스러워질 수 있도록 허용한다는 것은 진지하게 받아들일 수 있는 문제가 아니다. 왜냐하면, 이 도덕적 의식에서는 오직 **자기 자신을** 통해서 또한, **그 자신 속에서** 성스러울 수 있는 것만이 곧바로 성스러울 뿐이기 때문이다. ―따라서 이런 의식은 자기 바깥의 또 다른 본질이 성스러운 존재라는 주장도 진지하게 받아들이지는 않는다. 왜냐하면, 그러면 도덕적 의식에서는 본래 아무런 본질적 의미[Wesenheit]도 지니지 않은 어떤 것이 본질적 의미를 획득하는 결과가 빚어질 것이기 때문이다.

[해제] 앞에서 헤겔은 최고선과 관련해 은총과 업적 사이의 전치를 다루었다. 이제 마지막으로 헤겔은 마찬가지로 최고선과 관련해 하나의 순수한 의무와 여러 현실적 의무 사이의 전치를 다룬다.

우선 순수 의무는 어느 현실에나 적용되는 추상적 법칙이지만, 이런 순수 의무가 현실에 속에서 실현돼 행복해질 수 있으려면 현실에 맞게 여러 의무로 분화될 수밖에 없다. 즉, 각 현실에 맞게 구체적이며 내용을 지닌 여러 의무가 돼야 한다. 여기서 순수 의무에서 여러 의무로 전치가 일어난다.

그런데 실제 도덕적 자각에서 본다면 순수 의무만이 도덕적이며, 반면 구체적인 특정한 내용을 지닌 여러 도덕법칙은 의무로 여겨지지 않는다. 도덕적 의식은 그런 여러 의무에서는 도덕적 자부심을 발견하지 못한다. 앞에서 말했듯이 도덕적 자부심은 현실과 욕망과 싸우는 가운데서 느껴지는 것이기 때문이다.

그러므로 여러 도덕적 의무가 있다고 할 때, 그것은 실제로 존재하는 도덕적 의식과 다른 성스러운 입법자에게서만 도덕적으로 느껴질 수 있다. 여러 의무는 이런 성스러운 입법자에 근거하는 한에서만(예를 들어 신의 명령이나 계시인 한에서만) 실제 도덕적 의식에서도 도덕적인 것으로 받아들여질 수 있다.

그러나 여기서도 다시 전치가 발생한다. 도덕적 의식은 이런 신적 존재가 보장하는 성스러운 의무를 받아들일 수 없다. 그에게는 그 자신이 의무로 확신하는 것만이 의무므로 "그에게 성스럽지 않은 것은 결코 그 어떤 신성한 본질을 통해서도 성스럽게 될 수 없다." 도덕적 의식에서 볼 때는 이런 명령이 의심스럽게 된다. 왜냐하면, 그것은 그 자신 밖에서 제공되는 것이기 때문이다. 도덕적 의식은 바깥에서 제공되는 것은 설혹 그것이 신의 명령이라 하더라도 그 자신이 확신하지 못하는 한 받아들일 수 없다.

이런 관계는 앞에서도 말했듯이 율법학자들이 예수를 의심했던 것과 마찬가지다. 예수가 제시한 사랑의 도덕은 구체적인 도덕이다. 추상적인 도덕을 지키는 것에서 자부심을 느끼던 율법학자로서는 그런 구체적 도덕에서 도덕적 자부심을 가질 수 없었다. 오히려 그들은 사랑의 도덕을 신의 명령이라 주장하는 예수 자신을 의심한다.

627) 〈SK 461:4~17〉〈FM 338:9~19〉

앞에서 요청됐던 성스러운 본질 속에서는 의무가 순수 의무인 한에서 타당성을 지니는 것이 아니라 오히려 여러 **특정한** 의무인 한에서만 타당성을 지닌다고 한다면 이제 성스러운 본질은 필연적으로 또다시 전치돼 또 다른 본질은 오직 그 속에서 **순수 의무**가 타당성을 지니는 한에서만 성스러울 수 있다. 사실 순수 의무가 타당성을 발휘할 수 있는 것은 도덕적 의식 속에서가 아니라 어떤 다른 본질[성스러운 본질] 속에서일 뿐이다. 도덕적 의식 속에서는 단지 순수한 도덕성만이 타당한 듯이 보일지라도 역시 이런 사실은 또다시 전치될 수밖에 없다.

왜냐하면, 이런 도덕적 의식은 동시에 자연적 의식이기도 하기 때문이다. 도덕성은 도덕적 의식 속에서는 감성을 통해 촉발되거나 제약을 받는 것이어서 결코 그 자체로 자기에게 나타난 것[an und für sich]이라는 성격을 갖는 것이 아니라 다만 우연적인 자유로운 의지에 맡겨진 것이다. 그러나 자유의지가 순수 **의지**라고 하더라도 이번에는 [의무] 인식의 우연성이 남아 있다. 이렇게 본다면 도덕성이란 다른 본질[성스러운 본질] 속에 깃들어 있을 때 **그 자체로 자기에게 나타나는 것**[an und für sich]으로 된다.

628) 〈SK 461:18~462:2〉〈FM 338:20~35〉

따라서 이제 이 본질[성스러운 입법자]이 도덕성을 순수하게 완성할 수 있는 이유는 바로 이런 본질 속에서는 도덕성이 자연이나 감성과 관계하지 않기 때문이다. 그러나 순수 의무가 **실재**[Realität]하려면 그것은 자연과 감성 속에 **실현돼야** 한다. 도덕적 의식이 불완전한 까닭은 도덕적 의식 속에서는 도덕성이 자연과 감성에 대해 **적극적으로**[positive] 관계한다는 데 있다. 왜냐하면, 도덕성이 그런 자연과 감성에 대해 바로 **부정적으로**[negative] 관계해야 한다는 것이 도덕적 의식에서는 도덕성의 본질적 계기로 여겨지기 때문이다. 그런데 이와는 달리 순수한 도덕적 본질은 자연 및 감성과 벌이는 **투쟁**에 대해서 초연한 입장을 취한다는 점에서 자연과 감성에 대해서 **부정적으로** 관계하지 않는다. 따라서 이런 [순수한] 도덕적 본질에는 사실 자연 및 감성에 대한 오직 **긍정적 관계**[positive]만이 남아 있으니 이 긍정적 관계는 곧바로 앞[도덕적 의식]에서만 해도 미완의 것 또는 부도덕한 것으로 낙인찍혔던 것이다. 그러나 **순수한 도덕성**이 현실로부터 완전히 분리된다면 심지어 현실에 대한 부정적 관계에 못지않게 긍정적인 관계도 지니지 못할 것이다. 이런 순수한 도덕성은 의식이 없는 실제로 존재하지 못하는 추상에 불과할 것이니 이런 상태에서는 도덕성의 개념 즉 순수 의무를 사유하고 이를 의지하고 이를 행위로 실천한다는 개념마저도 전적으로 지양돼 버리고 말 것이다. 그러므로 이와 같은 의미의 순수한 도덕적 본질은 또다시 전치되면서 그 자신을 포기하지 않을 수 없다.

[해제] 1) 앞에서 현실에 맞는 의무의 실현을 위해서는 개별적 의무가 요구되지만, 도덕적 자부심 또는 자각을 위해서는 순수 추상적 의무가 요구된다고 했다. 그 때문에 도덕적 의식에서 성스러운 입법자로 다시 성스러운 입법자에서 도덕적 의식으로 전치가 일어났다.

이제 헤겔은 다시 도덕적 의식에서 성스러운 입법자로 전치가 일어난다고 한다. 이번에는 인식이 문제다. 도덕적 의식은 자연적 감성적 존재에 들어 있으므로, 도덕적 의식은 충동과 의무 사이에 갈등한다. 도덕적 의식이 그 가운데 의무를 선택하는 것은 우연한 일일 뿐이다. 더구나 도덕적 의식은 구체적 현실에서 적용될 수 있는 다양한 추상적 의무를 발견하는데, 그 가운데 어느 것이 그 현실에 필연적으로 적용되는지 알지 못한다.

2) 도덕적 의식은 선택의 자의, 의무 인식의 우연성으로 결코 순수한 의무를 수행하는 도덕적 존재가 될 수 없다. 그러므로 진정한 도덕적 존재가 있다면 그것은 성스러운 입법자 외 다른 존재가 될 수는 없다. 성스러운 입법자는 순수하게 의무를 실현할 수 있고, 그의 인식은 필연적이므로 그때마다 가장 적절한 법칙을 인식한다고 가정되기 때문이다. 그러므로 여기서 실제로 존재하는 도덕적 의식에서 다시 성스러운 입법자로 전치가 일어난다.

3) 그러나 헤겔은 여기서 또다시 전치가 일어날 수밖에 없다고 말한다. 성스러운 입법자에서는 우선 감성이 존재하더라도 그 속에서 필연

적으로 의무를 선택하고, 그의 인식도 순수할 수 있다고 가정되지만, 과연 그런지는 의심스럽다. 감성은 본래 그런 혼란을 자아내는 것이니 신적 존재라도 그런 감성이 존재한다면, 인간과 마찬가지로 되지 않을까?

결국, 흔히 그렇게 생각하듯이 성스러운 입법자에서 감성과의 일체 관계가 배제될 수밖에 없다. 만일 그렇다면 감성이 행위를 추동하는 힘인 한에서 성스러운 입법자는 자신이 판단한 의무를 실행할 힘을 갖지 못한다. 즉 이러한 상태에서는 "도덕성의 개념 즉 순수 의무를 사유하고 이를 의지하고 이를 행위로 실천한다는 개념마저도 전적으로 지양돼 버리고 말 것이다." 그러므로 헤겔은 결국, 다시 전치가 일어나 도덕적 행동이 실제로 일어나는 도덕적 의식으로 되돌아온다고 한다.

4) 이 마지막 부분에서 헤겔의 논증은 일반적으로 신적 존재는 현실이나 감성 없이도 행동할 수 있다고 가정되는 것과는 배치되기는 하지만, 신적 존재는 순수하게 자발적으로 행위하는 존재므로, 그 행위가 인간의 보기에 반드시 순수한 도덕적 의무를 따른다고 볼 수는 없다고 생각한다면, 적어도 도덕성에 관해 신적 존재를 끌어들이는 것은 적절하지 못하다는 점은 인정할 수 있다.

629) 〈SK 462:3~9〉〈FM 338:36~339:2〉

그러나 이처럼 순수한 도덕적 본질 속에서는 모순을 이루었던 계기들이 [전치에서] 서로 접근한다. 이런 종합적인 관념은 그 모순 속을 배회하면서 **공존하는**[Auchs] 대립적 사상들을 결합하지 못한 채로 꼬리를 물고 등장하게 하며 대립의 한 부분을 다른 부분을 통해 해소하게 할 뿐이다. 그 결과 [도덕적] 의식은 여기서 자기의 도덕적 세계관을 포기하기에 이르며 자기 내로 되돌아 도주할[zurueckfliehen] 수밖에 없다.

[해제] 도덕적 의식은 한편으로는 도덕성과 다른 한편으로는 자연성

(현실이나 감성)을 결합한 존재다. 그러나 그것은 현재 속에서 양자를 통일하지 못하고 한 번은 도덕성으로 기울어졌다가 다른 한 번은 자연성으로 기울어지기를 무한히 되풀이한다. 헤겔은 이런 전치를 도덕성과 현실, 도덕성과 감성, 그리고 도덕성과 행복의 문제(은총과 공적 또는 하나의 의무와 여러 의무)와 관련해서 서술했다.

이 관계 전체에서 도덕적 의식은 공존하는 대립적 사상을 결합하지 못한 채, 이쪽에서 저쪽으로 끊임없이 전치한다. 이런 전치 자체는 도덕적 의식의 모순을 보여주는 것이지만, 이런 전치를 통해 모순된 두 대립항을 통일할 가능성이 생겨난다. 이를 통해 정신은 자기 내 반성이 일어나면서 새로운 정신이 출현한다. 그 새로운 정신이 양심이라는 개념이다. 순수한 도덕적 존재인 성스러운 입법자가 피안에 존재하는 통일이라면 양심은 지상으로 내려온 통일로 될 것이다.

630) ⟨SK 462:10~463:7⟩⟨FM 339:3~27⟩

도덕적 의식이 자기의 도덕성을 미완의 것으로 인식하는 이유는 그가 자기에 대립하는 감성 및 자연에 영향받기 때문이다. 이런 감성과 자연은 한편으로는 도덕성 자체를 혼미하게 하며 다른 한편으로는 여러 의무가 발생하게 하니 도덕적 의식은 실제로 행동을 취해야만 할 구체적인 상황에서 여러 의무 때문에 당혹에 빠진다. 왜냐하면, 마치 지각 대상이 일반적으로 여러 가지 성질을 갖는 하나의 사물인 것과 마찬가지로 그러한 구체적인 상황은 여러 도덕적 관계가 뒤얽힌 결합체[Konkretion]기 때문이다. 이렇듯 **특정한** 의무가 목적으로 될 때 이런 의무는 어떤 내용을 지니는 까닭에 더구나 이 **내용**은 목적에 비춰 본다면 다만 그 목적의 일부분을 이루는 데 지나지 않는 까닭에 도덕성마저도 순수하지 못한 것으로 되고 만다. -도덕성은 어떤 다른 본질[성스러운 입법자]에서 **실재**한다. 그러나 여기서 도덕이 실재한다고 할 때 그것은 오직 도덕성이 이런 본질 속에서 그 자체로 그리고 **대자적으로**[an und für sich] 존재한다는 사실을 의미할 뿐이다. ㅡ여기서 언급된 **대자적**[für sich]인 측면은 도덕성이 **자각**된다는 측면을 말하며 **그 자체로 존재하는** [an sich] 측면은 도덕성이 **현존**하고 **실현된**다는 것을 뜻한다. ㅡ처음에 언급한 미완성의 도덕적 의식[도덕적 세계관]에서 도덕성은 결코 완성된 것이 아니고 **사유의 허구**[Gedankending]라는 의미에서 **잠재적인 것**[Ansich]을 의미할 뿐이다. 왜냐하면, 이때의 도덕성은 자연 및 감성과 제휴하며 즉 실제 존재 및 실제적 의식과 제휴하기에 이런 실제 상태가 도덕성의 내용을 구성하는데, 이 자연과 감성은 도덕을 부정하는 것[das moralisch Nichtige]이기 때문이다. ㅡ그러나 두 번째로 설명할 도덕적 의식[양심]에서는 도덕성은 더는 수행되지 않는 사유의 구성물에 그치는 것이 아니라 **완성된 것**으로 눈앞에 출현한다. 그런데 여기서 도덕성의 완성이 의미하는 것은 도덕성이 **어떤 의식** 속에서 **실현**될 뿐만 아니라 또한, **자유로운 현실태** 즉 일반적 의미에서 현존을 지니며 결코 텅 빈 도덕성이 아니라 실질적으로 충족돼 내용이 풍요로운 도덕성으로 된다는 것이다. ㅡ다시 말해서 여기서 도덕성의 완성이 확립되면서 바로 앞에서만 해도 도덕을 부정하는 것이라고 규정됐던 것[자연이나 감성]이 도덕성 속에[in ihr] 그리고 도덕성에[an ihr] 현존[vorhanden]하게 된다. 이렇듯[도덕적 세계관에서] 한 번은 도덕성은 단지 순수한 추상적인 것에 지나지 않고 실제로 존재하지 못하는 사유의 구성물로 되는 것이 마땅하다고 하며 동시에 다른 한 번은 바로 이와 같은 방식으로 존재하는 것은 전적으로 부당한 것으로 여겨진다. 그러므로 도덕성의 진리는 한편으로 현실에 대립하고 현실로부터 전적으로 자유롭고 비어 있어야 한다고 하면서 다른 한편으로는 자기를 실현하는 데 있다고 가정된다.

[해제] 여기서 헤겔은 도덕적 의식에서 전치를 종합한 다음, 새로운 도덕적 의식의 가능성을 제시한다. 기존의 도덕적 의식은 순수한 의무를 본질로 하지만, 실제로 행동할 때는 구체적 현실과 감성이 개입한다. 그러나 이런 현실과 감성이 개입하는 한 도덕성은 미완에 머물렀다. 한편으로 도덕적 의식은 감성의 방해를 받아 의무를 실행하지 못하고 다른 한편으로 구체적 현실에 따라 출현하는 여러 도덕적 의무 가운데 혼란에 빠진다.

도덕적 의식은 원래 의무를 확신하면서 즉각적으로 행동하는 것이었으나, 실제로 보면 감성이나 현실에 대립하는 추상적 사유에 머무르는 것에 불과하게 된다. 이런 모순을 극복하면서 확신에 머무르던 도덕적 의식이 자기 내로 반성하면서 새로운 도덕적 의식이 출현한다. 그것이 곧 양심이다. 헤겔은 이 구절에서 이미 양심의 개념을 두 가지로 규정한다.

이 양심은 한편으로 추상적 의무가 아니라 구체적 현실에 적합한 의무 즉 "실질적으로 충족돼 내용이 풍부한" 의무를 직접 인식한다. 동시에 양심은 순수 의지에 대립하는 감성을 극복해, 순수 의지가 방해받지 않고 출현한다. 그러므로 그에게서 도덕성은 사유를 머무르지 않고 "자유로운 현실태, 즉 일반적 의미에서 현존"을 지닌다.

위에서 제시된 두 계기의 결합 즉 구체적 의무를 즉각적으로 행동하는 것이 양심의 개념을 규정한다. 이런 양심을 통해 추상적 의무과 현실 또는 감성이 합일하니, "도덕을 부정하는 것이라고 규정됐던 것[자연과 감성]이 도덕성 속에 그리고 도덕성에 현존한다."

631) 〈SK 463:8~464:17〉〈FM 339:28~340:25〉

그런데 이런 모순들은 도덕적 세계관 속에서 분리됐으나, 이와 같이 절충하려는 시도는[340] 무너진다. 왜냐하면, 이런 절충의 토대로 되는 것은 서로 구별된 것들인데 이 구별된 것들은 불가피하게 그렇게 사유 되고 또 설정될 수밖에 없으면서도 동시에 비본질적인 구별에 지나지 않는 것에서 벗어나 언어적 구별 이상의 것으로 결코 되지 못하는 구별로 되기 때문이다.[341] 이 최종적인 단계에 와서 현존하는 것과 현실적인 것은 같은 것인데도, 서로 다른 의미를 지닌 것으로 설정되니 즉 한편에서는 무의미한 것[Nichtige]이면서도 다른 한편으로는 실질적인 것[Reelle]으로 설정된다. 또 순수 의무와 이 순수 의무를 본질적인 것으로 여기는 인식조차도 한편으로는 단지 현실적 존재와 실제적 의식의 **피안**에 있기에 절대적이라고 가정되면서 동시에 다른 한편으로 단지 그런 피안에 있고 그 피안으로서 있기에 무가치한 것이라고 가정된다.

여기서 [도덕적] 의식은 아무런 구별될 수 없는 것을 그렇게 구별하면서, 현실에 대해서도 이것을 무가치하면서도 동시에 실재하는 것[Reale]이라고 언표하며 ─더 나가서는 순수 도덕성에 대해서도 이것을 참된 본질이면서 동시에 비본질적인 것이라고 언표한다. 그런 도덕적 의식이 인제 와서는 앞에서 그 자신이 서로 분리했던 사상을 한데 담아서 언표할 뿐만 아니라 또한, 이처럼 **자아**와 **그 자체 존재**[Ansich]라는 두 계기를 각자 규정하거나 이들을 서로 분리하는 것이 그에게는 전혀 진지한 사안으로 될 수 없다는 것을 스스로 언표하기에 이르렀다. 오히

---

340 앞에서 설명했듯이 도덕적 의식은 요청이나 전치를 통해 모순을 절충하려 했다.

341 원래 순수 사유 또는 개념에서는 통일을 이루어야 하지만, 현실에서는 우연적이며 비본질적으로 구별되면, 그 결과 통일은 피안에 요청된다. 의무에서 일어나는 대립의 경우가 그렇다. 그러나 양심에 이르러 양자는 이미 합일에 이르러 다만 언어적으로 구별되는 것에 불과하다.

려 이제 도덕적 의식이 진지하게 받아들이는 문제는 바로 그 자신이 의식의 바깥에 자리 잡은 절대적 **존재자**라고 언표하는 것이[342] 오히려 자기의식의 자아 속에 내포된다는 것이며 또 그 자신이 절대적으로 **사유된 것**이거나 절대적인 **그 자체 존재**로 언표한 것이[343] 사실 바로 그러므로 하등의 진실성도 지니지 못하는 것으로 여긴다는 점이다. ―여기서 마침내 의식은 이들 두 계기를 서로 분리해 저마다 별도로 취급하는 것이 한낱 전치에 지나지 않는다는 것을 깨닫게 된다. 만약 이때 의식이 그런 전치를 지키려 한다면 이것은 **위선**임이 틀림없을 것이다. 그러나 이런 의식이 적어도 도덕적이고도 순수한 자기의식이라면 그 자신의 **관념**과 그 자신의 **본질**이 같지 않은 상태를 혐오하면서 다시 말하면 그에게서 진리일 수 없는 것을 진리인 듯이 언표하는 참되지 못한 상태를 혐오하면서 이런 상태에서 벗어나서 자기 내로 반성할 것이다. 이런 의식이 그와 같은 도덕적 세계관[Weltvorstellung]을 경멸하는 **순수 양심**이다. 이런 양심은 오직 **그 자신 속**에 머무르면서도 자기를 확신하는 단순한 정신이니, 이는 [도덕적] 세계관을 매개로 삼는 일이 없이 단도직입적으로 양심에 따라 행동하며 또한, 그렇듯 직접적인 행동을 자기의 진리로 삼는 것이다. ―그런데 전치가 일어나는 세계는 오직 도덕적인 자기의식이 그 자신의 계기를 전개하는 과정이며 그것이 **실재하는 모습**이라면 여기서 비록 도덕적 자기의식[344]은 자기 내로 복귀한다고 할지

---

342 앞에서 도덕적 의식은 순수 의무를 피안에 있는 것이라 했다. 양심은 자기 확신 속에서 순수 의무를 발견한다.

343 양심은 의무가 사유 속에 머물러서는 안 되며 이를 즉각적으로 실행하려 한다.

344 헤겔은 대체로 의무를 '도덕적 의식'으로 표현하고, 양심을 '도덕적 자기의식'으로 표현하기도 한다. 그러나 여기서처럼 양자를 묶어서 '도덕적 자기의식'이

라도 본질에서는 어떤 다른 것으로 되는 것은 아닐 것이다. 도덕적 자기의식이 이처럼 자기 내로 복귀한다는 것은 오히려 그의 진실이 겉으로 드러난 모습[vorgegeben]을 **의식할 것**을 요구할 뿐이다.[345] 따라서 도덕적 자기의식[의무]은 이렇듯 겉으로 드러난 모습이 그 자신의 진리라고 **속이지 않을 수 없었을** 것이다. 왜냐하면, 이 자기의식으로서는 대상을 지시하는 관념을 통해서 그 자신을 언표해야 했기 때문이다.[346] 하지만 이와 동시에 도덕적 자기의식으로서는 그처럼 표현이 한낱 전치임을 **이미 알았을** 것이다. 그러므로 도덕적 자기의식은 사실 위선일 것이며 또한, 도덕적 의식이 이상과 같이 전치라고 **매도한다는 것**부터가 이미 이 위선을 최초로 폭로하는 것[Äußerung]일 것이다.

[해제] 1) 헤겔은 도덕적 세계관을 다루면서 a 항에서는 요청을 b 항에서는 전치를 설명했다. 이 두 가지는 도덕적 의식이 지닌 모순을 표현한다.

도덕적 의식에서 서로 대립하는 두 계기가 이중적으로 파악된다. 한편으로 현실 또는 행동은 순수 의무를 떠나므로 그 자체로 무의미한 것

라고 표현하기도 한다. 엄밀하게 구별하자면, 교양과 종교는 순수 의식(도덕적 의식)이었다. 의무와 양심은 모두 도덕적 자기의식에 이른 것이다. 그 가운데 의무는 도덕적 자기의식이 감각적 확신의 방식으로 출현한 것이고, 양심은 도덕적 자기의식이 지각의 방식으로 출현한 것이다. 진정한 의미에서 자기 의식적인 도덕적 자기의식은 절대정신에 이르러 가능하게 된다.

345 의무가 지닌 모순은 전치를 통해서 왜곡되지만, 이런 왜곡을 통해 오히려 진정한 통일이 자각되면서 양심으로 전환한다.

346 전치가 나타나는 이유는 "대상을 지시하는 관념" 즉 의식을 통해 이 모순을 표현하기 때문이다. 의무가 양심으로 반성하면서 왜곡은 사라지고 진정한 모습이 파악된다.

이면서 동시에 이는 순수 의무를 실현하기 위해 실질적인 것이다. 다른 한편으로 순수 의무도 마땅히 실현해야 할 절대적인 것이면서도 동시에 사유에 머무르는 것인 한 무의미한 것이다. 이런 대립은 한편으로 피안에서 통일을 이루거나 다른 한편에서는 그 사이에서 끊임없이 전치가 일어난다.

헤겔은 마침내 도덕적 의식을 떠나 c 절 즉 양심의 절로 넘어간다. 이런 양심은 도덕적 의식에서 서로 모순을 이루었던 두 계기 즉 순수 의무와 현실(자연이나 감성)이 참된 통일을 이루게 된다. 도덕적 의식은 양심에서 도덕적 자기의식으로 발전한다.

2) 여기서 순수 사유 속에 자리 잡은 순수 의무는 "하등 진실성도 지니지 못하는 것"으로 되고, 그의 바깥에 자리 잡은 현실과 감성은 "자아 속에 내포돼" 순수 의무 안에 구체적 내용으로 포함된다. 그럼으로써 도덕적 의식은 양심으로 전환한다. 헤겔은 이 양심을 "자기를 확신하는 단순한 정신"이며, "단도직입적으로 양심에 따라 행동하는 것"이라고 규정한다.

양심은 곧 상황마다 구체적인 도덕법칙을 즉각적으로 인식하며, 도덕법칙을 피안이 아닌 현실 속에 즉각적으로 실현할 수 있다고 믿는다. 여기서 도덕적 의식에서 분리된 세 가지 즉 법칙과 그 실현(행복), 순수 자아와 욕망, 추상적 도덕과 구체적 도덕이 하나로 통일된다.

3) 그런데 헤겔은 도덕적 의식에서 일어난 요청이나 전치는 사실 도덕적 자기의식 즉 양심이 이미 도덕적 의식 안에서 자기를 드러내고 있다는 것을 말한다고 한다. 즉 양심에서 통일된 두 계기가 도덕적 의식에서는 요청이나 전치라는 형태로 왜곡된 방식에서 출현한다는 것이다. 거꾸로 말하자면, 도덕적 의식이 양심으로 자기 내 복귀하는 것은 이런 겉으로 드러난 모습을 자각하면서 그 위선을 폭로하는 것을 의미한다.

도덕적 의식에서 왜 이런 왜곡이 일어나는가, 그 이유에 관해 헤겔은 그것은 도덕적 의식이 아직 표상의 방식으로 즉 의식에 머물러 있기 때문이었다고 한다. 이렇게 표상을 통해서 보므로 이것은 도덕적 의식이며, 여기서는 도덕법칙이 의식 밖에 대상으로 존재하는 의무의 형식으로 나타난다.

이제 도덕적 자기의식이 성립하면서 도덕법칙의 대상성이 사라지고 비로소 도덕적 의무는 자기 자신의 것으로 자각된다. 양심은 도덕적 의식의 이런 절충, 전치를 위선으로 경멸한다. 이런 경멸 자체가 사실은 도덕적 의식이 지닌 모순을 폭로하는 것이라 볼 수 있고 그것을 통해 자기의식으로 이행한다는 것을 의미한다.

c 양심, 아름다운 영혼, 악과 그 용서

[해제] 정신은 A 절 그리스 로마의 정신을 다루고, B 절은 소외된 정신 즉 교양과 계몽을 다룬다. 그리고 마지막 C 절은 자기를 확신하는 정신인데 먼저 a, b 소절에서 칸트의 의무 의식을 비판적으로 다루고 이어 c 절에서 자기 확신하는 정신의 핵심으로 되는 양심을 다룬다.

여기서 의무와 양심의 차이를 간단하게 비교해 보는 게 전체를 이해하는 데 도움 될 것이다. 의무는 내적 확신에서는 의무와 자아가 합일하면서 무조건적으로 행동하려 한다. 그러나 실제로는 여전히 의무는 추상적이고 자아는 개별적이므로, 의무는 자아를 통해 행동으로 나갈 수 없다. 의무에서 행동은 내적 사유에만 머무르며 실제로 행동이 일어나지 않는다.

이제 양심에 이르면, 추상적 의무가 구체적 의무로 되고 자아는 자기를 넘어서면서 의무와 자아의 합일 즉 행동이 발생한다. 그러나 이런 행동은 여전히 현실에 부딪혀서 자기를 실현하지 못하니, 이런 현실 앞에서 다시 양심은 분열하게 된다. 의무에서 분열이 개인의 내면에 속한 내적인 분열이라면 양심에서 분열은 의무를 따르는 개인과 행동하려는 개인으로 분열된다. 이런 분열을 극복하면서 절대정신이 출현한다.

이 양심 소절로 정신 장은 마감되고, 이어서 종교 장이 시작된다. 종교 그 가운데서도 계시 종교에 이르러 마지막 장인 절대지로 이어진다. 양심 개념이 『정신현상학』에서 차지하는 위치를 볼 때, 헤겔은 이 양심 개념을 상당히 높이 평가했다는 것을 알 수 있다. 그러면서도 그는 양심 개념의 한계를 아주 깊게 들여다보고 있다. 그는 이 소절에서 양심이 종교로 이행할 수밖에 없는 한계를 설명한다.

[해제] 전체 흐름

632) 양심으로의 이행

633) 양심과 인격, 절대적 자유와의 비교

634) 양심의 개념

635~636) 양심의 인식

637) 전치의 부정

638~640) 양심적 의무와 도덕적 의무의 구별

641) 양심과 다른 의식의 비교

642) 상황 인식의 불완전성

643) 의무의 자의적 선택

644) 의무 충돌의 구체적 예

645) 의무의 추상적 일반성

646) 양심의 자주성

647) 양심의 공동체

648~649) 양심의 실제

651~653) 양심의 지반은 언어

654) 양심의 언어와 타자

655) 양심은 도덕적 천재

656~657) 양심적 공동체의 한계

658) 아름다운 영혼

659) 행동하는 양심과 평가하는 일반적 의식의 투쟁

660~662) 행동하는 양심의 위선과 자기 고백

663) 일반적 의식의 시기

664) 일반적 의식의 자기모순

665) 일반적 의식의 오인

666) 일반적 의식의 완고성

667) 행동하는 양심의 분노

668~667) 아름다운 영혼

668) 행동하는 양심과 일반적 의식의 화해

669~670) 절대정신의 출현

671) 절대정신의 개념

632) 〈SK 464:22~465:12〉〈FM 340:30~341:16〉

도덕적 세계관의 이율 배반은 곧 도덕적인 의식이 성립한다거나 성립하지 않는다는 것 ─ 더 나가서 의무는 오직 의식의 피안에 성립한다거나 아니면 반대로 오직 의식 속에서만 발생할 수 있다는 것이었다. 이런 이율 배반이 집약적으로 표현됐던 관념[Vorstellung]을 보면 비도덕적 의식이 도덕적인 의식으로 여겨지고 그러한 우연적인 인식과 의욕도 더없이 중요한 의의를 지니는 것으로 취급되는가 하면 또한, 이 [도덕적] 의식은 행복마저도 은총 때문에 얻는 것으로 여겼다. 그런데 여기서 도덕적 자기의식[347]은 이렇듯 자기 모순적인 관념[Vorstellung]을 자기

---

347 앞에서 말했듯이 도덕적 자기의식은 의무와 양심을 포괄적으로 지칭한다. 이 구절에서 앞에 나오는 도덕적 자기의식은 내용상으로 볼 때 의무를 말한다. 바로 앞의 631 구절 즉 "전치가 일어나는 세계는 오직 도덕적인 자기의식이 그 자신

가 떠맡는 것이 아니라 이를 오히려 자신과 다른 본질 속으로 전이하게 했다. 도덕적 자기의식은 필연적인 것으로 사유해야 하는 것을 자기 자신의 밖[피안]으로 밀어 놓으므로 내용상 모순인 것과 마찬가지로 형식상 모순[348]으로 된다. 그러나 서로 모순적인 것으로 등장해 서로 분리됐다가 다시 해소되는 가운데 도덕적 세계관을 배회하게 했던 것은 그 자체로[an sich] 본다면 같은 것에 지나지 않는다. 즉 순수 의무는 **순수 인식**이면서도 또한, 의식 속에 있는 **자아**와 다른 바 없으며 또한, 의식 속의 자아가 곧 [순수 의무의] **존재**며 **실현**일 뿐이다. ―마찬가지로 **실제적** 의식의 피안에 자리 잡고 있어야만 하는 것이 순수 사유 바깥의 그 어떤 것일 수 없으며 사실상 자아에 속하는 것이다. 그러므로 여기서 마침내 자기의식은 **우리가 보거나 그 자체로 보거나** 자기 내로 반성하면서 그런 본질을 곧 자기 자신으로 인식하니 그런 가운데서 **현실**이 동시에 **순수 인식**이며 **순수 의무**가 된다. 그러한 도덕적 자기의식 자체[349]는 자신이 우연히 인식한 것을 완전히 타당한 것으로 여기니 그런 자기의식은 그의 직접적인 개별성을 곧 순수 인식과 순수 행동으로 다시 말해서 참된 현실이며 조화로 인식한다.

[해제] 1) 이제 양심 소절에 들어가면서 헤겔은 처음에 도덕적 의식(의식적인 도덕적 자기의식)에서 전치가 어떻게 양심으로 나가는지를

의 계기를 전개하는 과정"라는 구절을 참조하라. 자주 의무를 도덕적 의식으로 표현하기도 한다. 이때는 의식에 머무르는 도덕적 자기의식이라는 뜻이다.

348 내용상의 모순은 도덕적 의식의 두 대립 요소 즉 순수 의무와 현실의 모순을 말한다. 순수 의무와 현실이 피안과 차안으로 나뉘어 할당될 때, 피안과 차안의 대립이 형식상 모순이다.

349 여기서 도덕적 자기의식은 양심을 말한다.

설명한다.

도덕적 의식은 의무와 현실, 순수 의지와 자아 사이에 모순을 빚는데 이를 해결하기 위해 피안을 요청한다. 양자의 통일은 피안에 이르러 출현한다. 하지만 여기서 현실과 피안 사이의 모순이 벌어진다. 전자가 내용상 모순이며 후자가 형식상 모순이다.

이런 모순의 유희 가운데서 전치가 일어나지만, 이런 모순의 유희를 통해 도덕적 의식은 자기 내로 반성하면서 양자의 통일성을 자각하고 이로부터 양심이 출현한다. 이런 양심은 곧 도덕적 의식에서 피안에서 이루어진 통일이 실제로 구체적 현실에서 일어나는 것이다.

이런 양심에서 순수 의무와 그 실현, 순수한 자아와 개별 자아 사이의 통일이 일어나면서, 헤겔은 이런 양심을 "현실이 동시에 순수 인식이며 순수 의무"가 됐다고 한다. 즉 우연한 인식이 본질에 관한 인식이며, 개별 자아가 곧 순수한 일반적 자아다. 그러므로 의무는 현실에서 직관되며, 인식은 곧바로 행동으로 나간다. 여기서 의무의 행위는 곧 행복으로 된다.

2) 헤겔이 다루는 양심 개념은 칸트 이후 등장한 낭만주의자의 양심 개념이다. 헤겔은 낭만주의의 철학에 대해 비판적이었는데, 헤겔은 『정신현상학』을 쓰기 직전 1800년 전후 셸링의 초청을 받아 예나에 머무르면서 셸링의 자연철학에 깊은 영향을 받았다. 그런데 1800년경 셸링은 자연철학을 넘어서 무차별성 개념에 이른다. 이 시기 이후 헤겔은 낭만주의를 비판한다. 그런 비판적 의식이 『정신현상학』에서도 드러난다. 『정신현상학』「서문」에서는 낭만주의의 학문적 한계가 지적된다. 헤겔은 셸링의 무차별성 개념을 비판하면서 "모든 소를 검은 소로 그려낸다"라고 비판한다. 그리고 지금 서술하는 이 소절에서 낭만주의의 정신적 토대인 양심 개념을 비판한다.

헤겔의 낭만주의에 대한 대결은 정치와 연관되면서 아주 복잡하게 전개됐다. 이 시기 프로이센의 정치적 상황도 복잡했다. 나폴레옹의 지배 시절 프로이센 개혁파가 득세했으나 나폴레옹이 물러난 다음 프로이센은 다시 반동파가 장악한다.

초기 낭만주의자는 대체로 급진적이었다. 그들은 독일 통일과 자유주의적 개혁을 주장하면서 학생 운동을 일으켰다. 1807년 나폴레옹 점령 이후 독일 해방운동을 거치면서 낭만주의 운동이 분열한다. 그 가운데 일부는 급진 자유주의를 심화하면서 프로이센 봉건 체제를 비판한다. 이들은 학생조합(부르센샤프트)을 통해 1817년 바르트부르크 축제를 벌이면서 루터의 종교 개혁을 옹호하고, 반동파의 저서를 불에 태운다. 반면 상당수의 낭만주의자는 반동화한다. 이들은 해방운동을 계기로, 반동의 소굴인 오스트리아 메테르니히 체제를 지지하며 중세의 신성로마 체제를 부활하려 한다. 대표적인 사람이 낭만주의자 프리드리히 슐레겔이나 종교학자 슐라이어마허일 것이다.

정치적으로 반동파는 낭만주의자를 이용한다. 반면 헤겔은 프로이센 개혁주의를 지지한다. 낭만파와 헤겔의 대결의 한 가운데 코제부 사건이 있다. 이 사건은 1819년 시인 잔트가 러시아 스파이 코제부를 살해한 사건인데 낭만주의자는 시인 잔트를 양심에서 나온 행위로 옹호했다. 반면 헤겔은 양심에서 나온 행위도 불법일 수 있다는 주장을 전개했다. 그가 1821년 『법철학 강요』를 썼던 이유는 동시에 반동화하는 낭만주의파를 비판하기 위한 것이기도 했다.

헤겔은 급진적 낭만주의가 반동적 낭만주의로 전환하는 것은 필연적이라 보았다. 즉 그는 낭만주의의 두 측면은 동전의 이면이라고 보았다. 그런 논리가 이미 『정신현상학』 양심 장에서 설명되고 있다.

633) 〈SK 465:13~466:9〉〈FM 341:17~342:13〉

양심적 자아 즉 자기를 직접 절대적인 진리로 인식하며 그런 진리의 존재를 확신하는 정신은 우리가 보기에는 세 번째 정신세계에서 생성된 **세 번째 자아**를 뜻하는 것이니, 여기서 우리는 양심적 자아를 그이전에 등장한 다른 자아와 간단하게나마 비교해 보기로 하자. 인륜적세계의 진리로 등장했던 총체성 또는 그 실현[Wirklichkeit]은 **인격**으로서 자아다. 인격의 현존은 **인정된 존재**[Anerkanntsein]를 뜻한다. 그런데 이런 인격이 실체적 토대가 없는 자아에 그치듯이 인격의 현존 역시추상적인 현실에 지나지 않는다. 인격이란 곧 **타당한 것**[gilt]이지만, 직접 타당한 것일 뿐이다. 이때의 자아란 다만 그것이 존재하는 지반 속에직접 존재하는 정지한 점과 같은 것이어서 이 점과 같은 존재는 자기의일반적 토대로부터 전혀 분리되지 않은 것이다.[350] 따라서 이들 양자[인격과 일반적 토대]는 상호 운동하거나 관계를 지닐 수 없다. 여기서 일반적 토대는 자기 속에서 아무런 구별도 지니지 않으므로 결코 자아의내용을 이룰 수도 없으며 또한, 자아도 여기서 자기 자신을 통해서 충족되는 것도 아니다. ―**두 번째 자아**는 교양의 세계가 자기의 진리에 도달한 결과 등장한다. 여기서 정신의 분열이 다시 되돌아오니―이것이 곧절대적 자유다. 이 두 번째 자아에 와서 개별 자아와 일반적 토대 사이의 최초의 직접적 통일[인륜적 정신]은 분리되고 만다. 즉 일반적 토대는 또한, 순수한 정신적 본질이거나 인정된 존재 또는 일반 의지며 일반적 인식으로 머무르더라도 [개별] 자아가 추구하는 **대상**이며 동시에 개별 자아의 내용을 이루며 또한, 개별 자아가 일반적으로 현실화된[seine allgemeine Wirklichkeit] 것이다. 그러나 이 일반적 토대는 [개별] 자아로부터 독립된[frei] 현존의 형식을 지니지 않은 탓으로 이 [개별] 자아를

---

350 인격은 법적으로 인정된 것이라는 점에서 법이 곧 인격의 일반적 토대다.
인격은 법적 효력을 떠나 존재할 수 없는 것이란 점에서 그 관계는 직접적이다.

통해서는 그 어떤 충족된 내실에 이를 수도 없으려니와 또한, 여하한 긍정적 내용이나 어떤 세계에도 다다를 수 없다.[351] 그에 반해서 도덕적 자기의식[352]은 사실 자신의 일반적 토대를 독립적으로[frei] 존재하게 하니 이 일반적 토대는 고유한 본성[을 지닌 것]으로 되고 따라서 도덕적 자기의식은 자기를 지양하는 가운데[in sich als aufgehoben] 이 일반적 본성에 충실하려 한다. 그러나 이 자기의식은 여기서 그와 같은 두 가지 규정이 교대로 벌이는 전치의 유희일 뿐이다. 그리하여 양심의 단계에서 비로소 자기의식은 자신에 관한 확신 속에서 이전에는 비어 있던 의무와 내용 없는 법과 그리고 텅 빈 일반 의지를 채우는 **내용**[353]을 얻는다. 또 이런 **자기 확신**은 [도덕적 의식에] 못지않게 **직접적인 것**이므로 자기의식은 여기서 자기의 구체적 현존을 얻기에 이른다.

　[해제] 1) 헤겔은 여기서 양심을 앞에서 등장했던 여러 일반적 자아와 비교한다. 우선 인격은 법의 상태에서 등장하는 형식적 자아다. 인격은 순수하게 자의적으로 결정하는 권리일 뿐이며 이 점은 누구에게나 같으며 일반적으로 즉 법적으로 인정된다. 이 법은 인격의 형식적 권리만을 인정하는 형식적 법이다.

　그 결과 앞에서 보듯 인격 사이에서 자기 결정의 내용을 둘러싼 대립이 발생하며 결국, 이 대립에서 힘을 통해 승리한 자가 곧 세계의 주

351　일반 의지는 개별 의지의 추상적인 일반성을 의미한다. 이 추상적 일반성은 개별 의지를 통해 실현되지만, 그것이 실현된 어떤 결과도 개별적이므로 다시 부정할 수밖에 없다.

352　여기서 도덕적 자기의식은 최초로 출현한 도덕적 자기의식 즉 도덕적 의식, 의무를 말한다.

353　양심 이전 도덕적 의식에서 의무가 추상적이며 구체적이지 않다는 것을 말한다.

인 황제가 된다. 황제는 하나의 자의적인 인격으로서 이 법 내용을 자의적으로 결정한다.

2) 교양의 세계 끝에 일반 의지가 출현한다. 일반 의지는 잠재적으로 일반적 자아지만, 아직은 구체적 내용이 없는 부정적 자아다. 이 일반 의지는 고유한 자아를 지니지 못하고 "개별적 자아로부터 자유로운 현존의 형식을 지니지 않은 탓으로" 개별적 의지에 의존하여 자기를 실행하려 한다. 그 결과 실현된 모든 것은 개별적이므로 일반 의지는 그 모든 것을 부정할 수밖에 없다. 이를 통해 텅 빈 무만이 남는다. 그러므로 일반 의지는 "그 어떤 충족된 내실에 이르지 못한다."

3) 이제 세 번째로 등장한 일반적 자아가 곧 도덕적 의식의 자아다. 여기서는 개별자가 절대적 자유에서 등장한 죽음의 공포를 통해서 자기를 지양하며 일반 자아를 받아들이면서 여기서 비로소 일반 자아가 독립적인 구체적 현존을 지니고 출현한다. 그것이 곧 순수한 자유의지다.

순수 의지를 통해 정신은 자기를 실현하여 자기의식에 이르렀으나, 그 첫 번째 단계인 도덕적 의식에서는 이 자기의식은 내적 확신에 머무르고 현실적으로는 일반적 의무는 개별 자아는 대립한다. 그 결과 일반적 의무와 개별 의식 사이에 "전치의 유희"가 일어나면서 비록 왜곡된 방식이기는 하지만, 도덕적 자기의식이 모습을 드러낸다.

이런 왜곡된 자기의식이 자기의 진리를 자각하면서 마침내 일반적 의무를 자기 자신으로 파악하는 양심이 출현한다. 개별 자아와 순수한 의무의 통일이다. 이런 통일 속에서 "이전에는 비어 있던 의무와 내용이 없는 법과 그리고 텅 빈 일반 의지를 채우는 내용이 출현한다." 양심은 구체적인 의무를 인식하며 동시에 인식을 즉각적으로 행동으로 전환한다.

634)〈SK 466:10~22〉〈FM 342:4~342:13〉

이와 같은 자기의 진리[귀결]에 이르러 도덕적 자기의식은 이제 지금까지 전치를 발생시킨 실마리였던 자기 자신 내에서의 분리를 지양한다. 그런 분리란 곧 **그 자체 존재**[순수 의무]와 **자아**의 분리였으며 또한, 순수 **목적**을 의미하는 순수 의무와 이런 순수 목적에 대치되는 자연과 감성을 의미하는 **현실**의 분리였다. 도덕적 자기의식은 자기 내면으로 복귀함으로써 마침내 **구체적인** 도덕 정신으로 끌어올려진다.[354] 이런 구체적 도덕 정신은 순수 의무를 의식할 때도 결코 실제적 의식에 대치되는 텅 빈 기준에 매달리지 않는다. 오히려 여기에서는 순수 의무와 그에 대치되는 자연이 다 같이 지양된 계기로 존재한다. 따라서 구체적 정신은 직접적인 통일 속에서 **자기를 실현하게 하는 도덕적** 본질인 까닭에 여기서는 행동도 또한, 직접[unmitelbar] **구체적인** 도덕적 형태를 띨 뿐이다.

[해제] 여기서 헤겔은 양심의 개념을 제시한다. 그것은 곧 순수 의무와 현실의 일치이며 순수 의지와 자연적 감성 또는 개별 자아의 일치이다. 그러므로 양심은 구체적 현실에서 일반적 의무를 직접 인식하며 또한, 인식한 의무를 즉각적으로 행동하면서 즐거움을 느낀다. 헤겔은 이를 "자기 내면으로 복귀한" 도덕적 자기의식 또는 '구체적 도덕 정신'이라고 부른다.

그런데 헤겔은 양심 개념을 설명하는 가운데 이미 그 한계를 지적한다. 양심에서 의무와 자아의 통일, 의무와 현실의 통일은 어디까지나 직접성의 한계 내에 머무른다는 것이다. 그 직접성이 어떤 결과를 자아내

---

354 의무가 그 자체 존재와 자아의 통일이지만, 그 통일은 감각적 확신의 상태에서만 일어난다. 그러므로 이 통일은 사유에 머무른다. 양심은 구체적 도덕으로 양자의 통일은 지각적 의식의 단계로까지 끌어올려진다. 그 결과 마치 지각에서처럼 양자의 통일과 양자의 분열이 교체된다.

는 것인지는 곧 설명된다. 미리 그것을 설명하자면 양심은 이처럼 직접적 통일을 주장하지만, 이는 지각 단계에 머무른다. 지각이 성질의 통일과 성질의 공존이 교체하듯이, 양심에서도 통일과 분열이 교체한다. 사유 속에서 양심은 통일이지만, 실제 현실에서 양심은 분열한다. 즉 이런 직접적 통일은 내적 사유에 그치고 실제 행동에서는 다시 대립이 발생한다. 이것이 나중에 설명되는 아름다운 영혼과 행동하는 야심의 분열이다.

635) 〈SK 466:23~467:35〉〈FM 342:14~343:13〉

이제 여기에 행동이 일어나는 하나의 사건[Fall]이 눈앞에 있다 하자. 이 사건이란 [도덕적] 의식이 인식하기에는 어떤 대상적 현실일 뿐이다. 그런데 도덕적 의식은 양심에 이르면 이 행동이 일어나는 사건을 직접적이며 구체적인 방식에 따라서 파악하며 더욱이 이런 사건이 존재하는 모습은 오직 의식이 그 사건을 파악하는 그대로일 뿐이다. 인식이란 자신이 대상으로 삼은 것과 다른 것일 때 그 인식은 우연적이지만, 자기 자신을 확신하기에 이른 정신[양심]은 더는 그와 같은 우연적인 인식일 수는 없으며 또한, 자기 안에서 지어낸 허구[Erschaffen von Gedanken]여서 현실과는 다를 가능성을 지닌 것일 수도 없다. 오히려 **그 자체적인 것**[순수 의무]과 **자아**가 분리된 상태가 지양됨으로써 이제 이런 사건은 직접 감각적 **확신**을 통해 그 자체로[an sich] 인식된다. 그러므로 이 사건은 이렇게 인식된 그대로 다만 **그 자체로** 존재할 뿐이다. ―그럼으로써 실현하는 행동은 오직 의지의 순수한 형식으로 된다. 다시 말하자면 이런 의지는 하나의 **존재하는** 사건에 지나지 않는 현실을 **행동에서 생겨난** 현실[gethane Wirklichkeit]로 단순히 전환하게 하는 것이며 다시 말하면 단지 [존재하는] **대상에 관한** 인식이라는 단순한 방식을 [도덕적] 의식을 통해 **산출된** 현실에 관한 인식이라는 방식으로 단순하게 전환하게 하는 것이다. 마치 감각적으로 확신하는 것이 바로 정신이 인식하는 그 자체적인 것 속으로 수용되거나 아니면 전환되듯이 이제 [행동에서 일어나는] 전환도 단순한 비 매개적인 전환이다. 또 다른 말로 하면 이런 전환은 아무런 내용의 변화 없이 순수한 개념을 통해서 일어나는 이행이기에 이 내용은 의식이 그 내용을 인식할 때 지닌 관심 때문에 규정되는 그대로 유지된다. ─이밖에도 또한, 양심은 결코 이런 행동이 일어나는 사건에 얽힌 이러저러한 사정을 고려해 이를 여러 의무로 분화하게 하는 일도 없다. 양심은 사건에 대해 결코 여러 의무를 담는 **긍정적이며 일반적인 매체**로 관계하지 않는다. 그런 일반 매체 속에서라면 여러 의무가 저마다 동요하지 않는 실체성을 유지하니 어떤 경우에는 전혀 어떤 행동도 일어날 수 없을 것이다. 왜냐하면, 행동이 전개되는 모든 구체적인 사건은 일반적으로 대립적 요소를 내포할 뿐 아니라 더욱이 도덕적인 사건이라면 의무 사이의 대립마저도 내포함으로써 여기서 어떤 하나의 행동이 규정[Bestimmung]되면 **다른 한** 측면 또는 **다른 한쪽의** 의무는 반드시 **손상**당할 수밖에 없기 때문이다. ─**달리 말하자면** 행동이 실제로 일어날 때 이들 서로 대립하는 두 의무 가운데 어느 한쪽이 실제로 침해당할 수밖에 없을 것이다. 오히려 양심은 서로 다른 여러 도덕적 실체가 근절된 부정적인 하나[Eins] 또는 절대적인 자아다. 더 나가서는 양심은 단순하게 의무에 합치하는 행동을 하지만, 이런저런 의무를 이행하는 것이 아니라 구체적으로 올바른 것[Rechte]을 인식하고 수행한다. 따라서 양심을 통해서만 비로소 도덕적 행동은 **행동**으로 존재한다. 그러므로 앞에서 제시된 것과 같이 행동이 없는 도덕적 의식은 이런 양심으로 이행한다. ─구체적인 행위 형태는 [도덕적] 의식이 구별하는 상황에 따라 서로 다른 성질로 또는 여기서는 서로 다른 도덕적 상황으로 분석되면서 이런저런 성질이나 관계가, 의무여야 한다면 그럴 수밖에 없듯이 모두 절대적인 것으로 언표되는가 하면 또는 이들이 서로 비교되거나 검증되기도 한다. 그러나 양심에서 나오는 단순한 도덕적 행동의 경우에는 의무의 여럿임이 발생하지 않으니 모든 개별 본질[의무]과는 **단절**이 일어난다. 양심의 확신이 흔들리지 않는 곳에서는 의무를 검증하는 데서 일어나는 흔들림조차도 전혀 일어나지 않는다.

636) ⟨SK 467:36~468:6⟩⟨FM 343:14~18⟩

이와 마찬가지로 양심에서는 이리저리 배회하는 도덕적 의식의 불확실성이 발붙일 곳[vorhanden]이 없다. 도덕적 의식은 한때는 이른바 순수한 도덕성을 자기 바깥에 있는 어떤 신성한 존재 속에 설정하고 자기 자신은 성스럽지 않은 존재로 여기지만, 또 다른 한때는 도덕적 순수성을 자기 안에 존재하는 것으로 설정하고 감성적인 것과 도덕적인 것의 결합[Verknüfung]은 어떤 다른 본질 속에 자리 잡도록 만다.

[해제] 1) 우선 다시 한번 헤겔은 양심의 개념을 제시한다. 즉 직접적 인식과 즉각적 행동이다. 양심적 인식은 도덕적 의식과 달리 현실을 추상적 법칙에 따라 인식하는 것이 아니라 구체적인 방식으로 파악한다. 이런 인식은 우연적 인식도 아니고 지어낸 허구도 아니다. 양심은 현실의 본질, 진리를 직관한다. 즉 양심은 "감각적으로 확신하는 가운데서 직접 본래 그대로 인식한다." 간단히 말해 본질 직관이다. 그러므로 현실은 "의식이 파악하는 그대로일 뿐"이다.

또한, 양심의 행동은 인식한 그대로 실행한다. 마치 양심적 인식이 비 매개적, 직관적이듯이 의지를 통한 이런 전환도 비 매개적인 행동이다. 그러므로 이런 실현은 사유에서 현실로 단순하게 형식이 변화하는 것에 지나지 않는다. 여기서 내용상의 변화는 없으니, "의식이 내용을 인식할 때 지닌 관심 때문에 규정된 그대로" 실현될 뿐이다.

2) 이어서 헤겔은 앞에서 제시한 양심의 두 개념 가운데 우선 양심의 인식적 측면을 다룬다.

어떤 사건에 관한 양심적 인식은 추상적 법칙도 아니며 여러 개별 법칙도 아니다. 추상적 법칙에서도 구체적 현실에 적용될 때 다시 분화 되니, 결국, 여러 개별 법칙이 출현한다. 이런 여러 법칙은 서로 대립할 수도 있으니, 마치 인륜적 정신에서 가족의 법칙과 국가의 법칙이 대립 할 때처럼, 만일 그 가운데 하나의 법칙을 채택한다면, 그것과 대립하는 다른 법칙을 손상하게 될 것이다.

반면 양심은 "부정적 하나" 또는 "절대적 자아"이다. 다시 말하자면 양심은 구체적 현실에 그야말로 적합한 법칙을 즉 "구체적으로 올바른 것"을 발견하고 실행한다. 여기서는 개별 법칙들을 비교하고 그 결과를 검증하는 절차도 불필요하다. 양심의 법칙이 이처럼 구체적이고 현실과 단절되지 않으므로 양심의 법칙을 현실에 적용할 때 의무에서처럼 주저 함이나 흔들림이 발생하지 않는다. 양심은 그때마다 최적의 법칙을 인 식하기 때문이다.

3) 도덕적 의식의 경우 순수 의무와 현실의 대립은 피안에서 통일되 며, 여러 도덕법칙은 성스러운 입법자에서나 타당한 것이었다. 그러나 이제 양심에서는 양자의 통일은 현실 속에서 도덕적 자아 자체 내에서 일어난다.

현실에서 이런 통일이 일어나므로 도덕적 의식에 허용되지 않던 행 복이 양심에서는 실제로 일어난다. 마치 욕망의 충족이 쾌락을 주듯 양 심은 자신의 양심적 행동 속에서 행복을 느낀다. 일반적으로 양심이 느 끼는 즐거움은 욕망의 만족에서 얻는 쾌락과 구분하는 정신적 쾌락으로 설명한다. 하지만 헤겔은 양심이 얻는 쾌락 역시 현실적 만족에서 얻는 것이므로 욕망의 쾌락과 구분하지 않는다.

637) 〈SK 468:6~33〉〈FM 343:19~39〉

도덕적 의식은 의무와 현실을 서로 모순되는 것으로 여기지만, 양심은 이런 도덕적 의식을 거부하는 가운데 도덕적 세계관이 취해 온 갖가지 입장[Stellung]과 전치[Verstellung]도 거부한다. 도덕적 **의식**에 의한다면 내[Ich]가 도덕적으로 행동할 것이라고 말할 때, 이는 다만 순수 의무밖에 **다른 어떤 것**도 수행하지 않음을 의식한다는 말로 되겠지만, 이 말은 사실 내가 행동하지 않을 것이라는 뜻일 뿐이다. 그런데 이번에는 내[Ich]가 실제로 행동할 것이라고 말할 때는 이 말은 내[Ich]가 순수 의무가 아닌 **어떤 다른 것**을 의식할 것이라는 말이다. 다시 말하자면 이 말은 나[Ich]는 이때 눈앞에 있는 **현실**을 의식하며 동시에 내가 산출하기를 원하는 하나의 현실을 의식할 것이라는 말이며 더 나가서는 하나의 **특정한** 목적을 지닐 것이며 하나의 **특정한** 의무를 충족할 것이라는 말이다. 그럼으로써 내[Ich]가 실제로 행동하는 가운데서 내가 충족하는 것은 도덕적 의식이 유일하게 자기의 의도로 삼아야만 할 순수 의무와는 **다른 어떤 것**으로 될 것이다. ―그에 반해서 양심은 이 도덕적 의식이 **순수 의무**를 자기 행동의 본질로 언표할 때 이렇게 언표된 순수 목적이란 사실상 문제를 전치하는 것이라는 사실을 의식한다. 왜냐하면, 문제의 핵심은 오직 순수 의무란 순수 사유 속에 존재하는 텅 빈 추상에 지나지 않고 또한, 순수 의무가 실재한다면 그것의 내용은 다만 어떤 특정한 현실에서 얻어진다는 데 있기 때문이다. 여기서 말하는 특정한 현실이란 사상의 구성물[Gedankending]로서 의식[355]이 마주 보는 현실을

355 도덕적 의식에서 순수 의무란 사유 속에 존재하는 것일 뿐이다. 따라서 의무

의미하지 않으며 오히려 개별 존재로서 의식이 마주 보는 현실을 뜻할 뿐이다. 양심은 자신에 관한 **직접적인 확신** 속에 자기의 진리를 **자각적으로**[für sich] 간직한다. 자기 자신에 관한 **직접적이며** 구체적인 확신이 양심의 본질을 이룬다. 이제 이런 확신을 [도덕적] 의식이 내포하는 대립에 따라 고찰한다면 직접적이고 **개별적인** 고유한 의무가 도덕적 행위의 내용을 이루며 또한, 이런 도덕적 행위의 **형식**은 다름 아닌 이 개별 자아가 순수하게 운동한다는 것 즉 이 개별자가 자기에서 **인식한다는 것**이거나 **고유하게 확신한다**[Überzeugung]**는 것**이다.

[해제] 도덕적 의식에서는 끊임없는 전치가 일어났다. 순수 의무를 수행한다고 도덕적 의식이 말할 때 그것은 실제로 행동하지 않고 순수 사유에 머무르겠다는 말이며, 만일 실제로 행동한다면, 순수 의무가 아닌 특정한 목적을 수행할 뿐이라는 말이다.

양심은 도덕적 의식이 벌이는 이런 전치의 유희를 알고 있다. 그러면서 양심은 구체적인 의무를 수행하며, 그런 수행은 순수한 운동 즉 인식한 것을 그대로 실현하는 운동이다. 즉 그 내용은 고유한 의무며 형식은 개별 자아다. 여기서 자기를 확신하는 자아가 곧 진리다.

638) 〈SK 468:34~469:12〉〈FM 344:1~12〉

양심의 통일적인 모습과 그에 이르는 계기의 의미를 좀 더 상세하게 고찰해 보자. 그러면 도덕적 의식은 그 자신을 다만 **그 자체 존재** 또 달리 말하면 [도덕적] **본질**로 포착하지만, 도덕적 의식이 이제 양심으로 되면 자신을 **대자 존재** 즉 **자아**로 포착하기에 이른다. −여기서 도덕적 세계관이 안고 있던 모순은 스스로 **해소**되니 그와 같은 모순의 근저에 깔렸던 구별도 더는 아무런 구별일 수 없을 뿐 아니라 또한, 순수한

의 의식 자체가 사상의 구성물이다. 이런 의식이 실현된 현실은 피안에 존재한다.

부정성[356] 속으로 수렴된다. 그러나 이때 순수 부정성이란 다름 아닌 자아를 뜻하는 것으로서 이런 자아야말로 **순수한 인식**이면서 또한, 못지않게 자신을 **개별** 의식으로 인식하는 단순한 자아다. 이와 같은 단순한 자아는 이전에는 비어 있던 본질[357]의 내용을 이룬다. 왜냐하면, 이런 자아는 **실제로 존재하면서** [도덕적] 본질에 대해서 소원한, 따라서 자기의 고유한 법칙을 지닌, 독자적 본성을 지닌 것이라는 의미를 더는 갖지 않기 때문이다. 이 단순한 자아는 부정적인 존재인 한에서 순수한 본질이 지니는 **구별**과 그 내용이 된다. 그러므로 이 내용은 그 자체로 동시에 대자적으로[an und für sich] 타당한 것으로 된다.

639) 〈SK 469:13~34〉〈FM 344:13~29〉

더 나가서 이런 자아는 온전하게 자기와 같음에 머무르는 인식[358]이라는 점에서 전적으로 **일반적인** 자아다. 따라서 이런 인식은 **자기에 고유한 인식**이고 신념이면서 의무가 된다. 의무는 여기서 더는 자아와 대립하는 일반적인 것이 아니며 더구나 그렇게 자아와 분리된[추상적] 상태에서는 아무런 타당성도 지니지 못한다는 것이 이미 의식된다. 따라서 이제[양심에서]는 [도덕] 법칙이 자아를 위해서 있는 것일 뿐, 결코 [도덕] 법칙을 위해 자아가 있는 것이 아니다.* 그러나 바로 그런 이유로 이제 [도덕] 법칙 즉 의무는 **대자 존재**라는 의미를 지닐 뿐만 아니라 그 **자체 존재**라는 의미도 지닌다. 왜냐하면, 그런 인식은 자기와 같음[자기와 같음] 때문에 **그 자체 존재**로서 의미도 지니기 때문이다. [도덕적] 의식에서는 **그 자체 존재**[의무]는 대자 존재[자아]와 직접 통일된 상태

356 '순수한 부정성'이란 의무와 자아 모두를 부정하면서 내적 확신 속에 있는 대자 존재라는 뜻이다.

357 '비어 있던 본질'이란 추상적 의무를 의미한다.

358 자아는 의무를 그 자신의 것으로 자각하면서 자기와 같음에 이른다.

를 벗어나 분리된다. 그 결과 이 그 자체 존재는 대자 존재에 대립하는 **존재** 즉 **대타 존재**[Sein für Anderes]가 된다. ─이런 의무는 자아[Selbst]를 박탈당한[verlassen] 상태에 있기에 [양심에서는] 한낱 **계기**라는 사실이 의식된다. 즉 의무는 이제 **절대적 본질**이라고 하는 본래의 의미를 벗어나서 존재로 다시 말해서 자아도 아니며 **대자적**이지도 않은 존재 즉 한낱 **대타 존재**로 격하된다. 자아가 [도덕적] 의식에 머문다면 그 속에서 대자 존재와 대타 존재가 대립하더라도 이제 양심에 이르면 의무는 그 자신에서[an ihr] 직접적 **현실을 획득하며**, 더는 한낱 추상적인 순수 의식이 아니다. 바로 위와 같은 이유로 **대타 존재**[dies Sein für Anderes]조차도 [양심에서도] 여전히 본질적 계기로 머무른다.

*FM주 〈344:17~18〉 헤겔은 명백히 여기서 야코비의 정식을 시사한다. 참조: 야코비Friedrich Heinrich Jacobi, 『야코비가 피히테에게 보내는 편지』, 『전집』, 3권, S. 37f: "그렇다. 나는 무신론자며 신을 상실한 자다. 이런 무신론자는 무를 의지하는 의지에 반해 거짓말을 하고자 한다. 그렇다. 또한, 오직 내가 배고프기에 안식일에서 이삭을 쥐어뜯는다. 인간을 위한 법칙이 만들어지며, 법칙을 위한 인간이 만들어지지 않는다." 야코비는 다시 마가복음 2장 27절을 시사한다: "또 이르시되 안식일이 사람을 위한 것이요 사람이 안식일을 위한 것이 아니니"

640) 〈SK 469:35~470:36〉〈FM 344:30~345:21〉
이런 **대타 존재**[359]는 자아로부터 구별된 **그 자체로** 존재하는 실체다. 양심은 순수 의무 다시 말해서 **추상적인 그 자체 존재를** 포기한 것이 아니고 오히려 순수 의무는 **일반적인** 계기로서[als Allgemeinheit] 다른 계

---

359 도덕적 의식에서 순수 의무는 의식에 대립하는 그 자체 존재므로 대타 존재라고 한다.

기에 관계하는 본질적인 계기가 된다. 양심이란 [개별] 자기의식의 공통 지반[360]이며 이런 공통의 지반이야말로 행위가 지속해서 **존립하고 현실화하는** 토대로 되는 실체 즉 자기의식이라는 다른 계기로부터 **인정**받는 계기가 된다. 도덕적 세계관에 머무르는 자기의식[Das moralische Selbstbewußtsein]은 이처럼 인정의 계기 말하자면 **현존하는 순수 의식** [361]이라는 계기를 지니지 못한 까닭에 행동하는 자기의식도 아니려니와 또한, 자기를 실현하는 자기의식일 수도 없다. 따라서 도덕적 세계관에서 자기의식이 목적으로 삼는 **그 자체 존재**는 한낱 추상적인 **실제로 존재하지 못하는** 본질이며 또는 [단순히] **존재하는 것** 즉 정신을 토대로 하지[geistig][362] 않는 **현실**에 지나지 않는다. 그러나 양심을 통해 **현존하기에 이른 현실**은 **자아**와 같은 현실이며, 즉 양심이 자각하는 현존이며 일반적으로 인정받는 것으로 되기 위한 정신적 지반이다. 그러므로 활동한다는 것은 곧 양심의 **개별** 내용이 **대상의** 지반 속으로 이전[Übersetzen]돼서 이런 대상적 지반 속에서 개별 내용은 일반적으로 되고 인정되는 것으로 된다. 이 개별 내용이 인정된다는 사실 때문에 행동이 실현된다.[363] 행동은 인정을 받고 또 이렇게 인정됨을 통해 실제로 일

---

360 양심은 자기가 확신하는 의무는 일반적 의무라고 믿으므로 타인도 양심이라면 그것을 의무로 여긴다고 보니, 의무는 나와 타자가 합일하는 공통의 지반으로 된다.

361 의무를 실행하는 자아를 의미한다.

362 그리스적 인륜은 정신을 토대로 한 것이다. 도덕적 의식에서 순수 의무는 추상적 의무므로, 당위이기는 하지만, 정신을 토대로 하지 않은 것이다.

363 양심은 자신이 확신하는 의무를 수행할 때 이게 나의 확신이라고 생각하기에 수행하는 것이 아니라, 이 의무가 누구나 수행해야 하는 일반적 의무라고 생각하기에 거리낌 없이 또한, 마땅하다고 생각하면서 그것을 실행한다.

어난다. 그 이유는 [양심에서는] 현존하는 현실이 바로 신념이나 인식[확신]과 결합하거나 다른 말로 해서 자기의 목적에 관한 인식이 곧 일반적으로 인정되는 것, 현존의 지반이기 때문이다. 왜냐하면, 의무가 행동을 **본질**로 삼는 것은 오직 양심이 이 의무를 **확신한다**[Überzeugung]는 데서 이미 성립하기 때문이다.* 양심이 확신으로 갖는 것은 다름 아닌 **그 자체 존재**[의무] 자체며 이 그 자체 존재는 **그 자체로 일반적인 자기의식**이며 누구나 **인정하는 것**이니 따라서 현실로 될 수 있다. 이렇듯 의무에 대한 확신에 토대를 두고 행해지는 것은 곧바로 존립하고 현존할 수 있다. 따라서 선한 의도가 실현되지 않는다느니 또는 선한 것에 불운이 닥친다느니 하는 일은 더는 언급할 여지조차 없는 것이다. 오히려 여기서는 의무로 의식된 것이면 반드시 수행되고 또한, 현실에 이른다. 왜냐하면, 의무에 합당한 것이야말로 모든 자기의식 속에 있는 일반적인 것이며 모두에게 인정된 것이니 따라서 이것은 존재할 수밖에 없기 때문이다. 그러므로 만약 이런 의무가 자아에 속한 내용을 제거한 채 그것만 따로 떼어내서 파악된다면[364] 이것은 **대타 존재** 다시 말하면 아무런 실질적 내용도 갖추지 못한 채 본질적 의미[Wesenheit]만을 지닌 투명한 것[Durchsichtige]으로 되고 말 것이다.

　*FM주 〈345:11~13〉 헤겔은 여기서 아마도 피히테가 정식화한 것을 수용하는 것으로 보인다. 참조: 피히테J. G. Fichte, 『도덕론의 체계』, 『전서』, 4권, S. 202: "너의 의무에 관해 최고로 확신하는 것에 따라서 행동하라, 또는 너의 양심에 따라 행동하라." 이와 같은 맥락에서 헤겔은 인정 개념을 끌어들이는 데 이에 관해서는 다음을 참조하라: 피히테 J. G. Fichte, 『자연권의 기초』, 『전서』, 4권, S. 3, 41~56

364　도덕적 의식에서 의무는 의식에 대립하는 그 자체적인 것으로 파악된다.

[해제] 638~640) 단락에서 헤겔은 도덕적 의식에서 의무와 양심에서 의무의 차이를 말한다.

도덕적 의식에서 의무 즉 그 자체 존재는 자아와 대립하는 것이므로, 자아에 바깥에서 명령하는 타자라는 의미를 지닌다. 이런 도덕적 의식에서 사유 상으로 중요한 것은 순수 의무 즉 그 자체 존재다. 그러니 실제로는 개별 자아가 지배한다.

반면 양심에서 자아는 자기 확신 속에서 의무를 인식하며 동시에 이를 수행하는 자아다. 양심은 양자는 합일하니 헤겔은 이를 "순수한 인식이면서 또한, 못지않게 자신을 개별 의식으로 인식하는 단순한 자아"라고 말한다. 이 단순한 자아는 의무와 자아라는 두 계기의 독자성을 부정하기에 '순수한 부정성'이다. 헤겔은 의무와 자아의 통일을 세 가지 측면에 따라서 설명한다.

① 단순한 자아는 의무를 구체적 내용 즉 구별 속에서 인식하니, 이 구별은 "순수한 본질이 지닌 구별"이다.

② 이런 양심적 자아에서 순수 의무는 더는 의식에 대립하는 그 자체 존재 즉 대타 존재가 아니다. 이제 순수 의무는 자아의 한 계기다. 도덕법칙은 "자아를 위해서 있는 것일 뿐 도덕법칙을 위해 자아가 있는 것은 아니다."

③ 양심에서 의무가 자아에 대해 존재한다고 해서 순수 의무 즉 그 자체 존재를 포기한 것이 아니다. 양심에서 순수 의무는 "일반적 계기로서 다른 계기(즉 자아)에 관계하는 본질적 계기"다. 양심이 확신하는 의무는 자기와 같음을 가지며 일반적이고 그 자체 존재다.

2) 양심에서 순수 의무는 자아의 한 계기이며 양심은 자기가 확신하는 것을 일반적 의무로 여긴다. 이런 일반적 의무는 양심의 자아가 확신한 것이지만, 그는 모든 개별 자기의식 즉 다른 양심도 자기와 마찬가지

로 그 의무를 확신하리라고 믿는다. 그의 행동은 이처럼 양심적 의무를 순수하게 실현하는 행동이니 양심은 자신이 산출한 현실은 모든 사람에게 인정된다고 생각한다.

또한, 양심은 이 의무를 행동으로 전환하는데 이런 전환은 자신이 확신하는 의무를 조금도 변형함이 없이 순수하게 전환하는 것이니, 여기서 현실은 "자아와 같은 현실"이다. 그러므로 "선한 의도가 실현되지 않거나" "선한 것에 불운이 닥치는 일은 없다."

3) 그러므로 헤겔은 이런 양심이 확신하는 의무는 "일반적으로 인정받는 것을 위한 정신적 지반"이라고 한다. 양심은 자기가 확신하므로 행동하는 것이 아니라 자기의 확신이 일반적인 의무이며 모든 사람이 인정하는 것이라고 믿으므로 행동하게 된다. 즉 "개별적 내용이 인정된다는 사실 때문에 행동이 실현되며" 행동이 "인정받고 인정됨을 통해서 실제로 일어난다."

양심은 자신이 확신하는 내용이 일반적이라고 믿기에 이를 거리낌 없이 또는 마땅하다고 생각하면서 실행한다. 이렇게 양심이 확신하는 의무는 "모두에게 인정된 것이니 따라서 이것은 존재할 수밖에 없기 때문이다." 이런 점에서 사랑하는 사람에게서 사랑이 마치 바깥에서 자기를 덮치면서 다가오듯 여겨지듯 양심 또한, 자기의 밖에 있는 의무를 인식하는 것처럼 생각한다.

4) 양심이 이처럼 일반적으로 인정받는 것을 위한 정신적 지반이므로 여기서 최초로 정신적 공동체가 출현한다. 이 공동체는 단순히 공동의 목적을 지닐 뿐만 아니라 공동의 의지와 공동의 행동을 지닌 공동체가 된다.

641) 〈SK 471:1~22〉〈FM 345:23~36〉

여기서 **정신이 실재하기**[Realität]에 이르렀던 영역을 되돌아보면 그 핵심 개념은 곧 개체성이 언표하는 것이 곧 **그 자체로 자기에게 나타난 것**[an und für sich]이라는 사실이다. 그러나 **성실한 의식**은 그 자체로 자기에게 나타난 것의 개념을 직접 언표했지만, 이런 의식 형태는 다만 **추상적인 사태 자체**의 주변을 배회하던 것에 지나지 않았다. 이런 추상적인 사태 자체는 성실한 의식에서는 술어에 해당했으나 이것이 양심의 경우에 이르러 비로소 **주어**가 됐다. 여기서 주어라고 하면 그것은 의식이 지니는 모든 계기를 자신에서[an ihm] 드러낼 뿐만 아니라 또한, 그것의 자기 확신은 이 모든 계기 즉 실체성 일반이나 외적인 현존 및 사유가 본질로 삼는 것 등을 내포한다는 것[365]을 의미한다. **사태 자체**는 인륜성의 단계에서는 실체성 일반으로, 교양의 단계에서는 외적인 현존[366]으로, 도덕성의 단계에서는 오직 사유가 그 속에서 자기를 인식하는 본질 규정[367]으로 나타났으나 이제 양심의 단계에 와서는 사태 자체는 **주어**로 돼 자기 자신에서 이 모든 계기를 인식한다. 성실한 의식이 언제나 다만 **텅 빈 사태 자체**만을 포착할 뿐인 데 반해 양심은 사태 자체의 충족된 내용을 획득할 뿐만 아니라 더욱이 이 내용을 그 자신을 통해서 사태 자체에 부여한다. 양심은 의식이 펼쳐나가는 갖가지 계기가 어디까지나 **계기**에 그치는 것임을 깨닫고 양심은 이들 계기의 부정적 본질이라는 점에서 그런 계기들을 지배하는 위력으로 된다.

---

365 실체성, 외적 현존, 사유가 본질로 삼는 것은 각각 인륜성, 교양, 도덕성에 대응한다.

366 교양의 단계에서 사태 자체 즉 정신적 본질은 소외된 채로 피안에 출현한다. 여기서 '외적 현존'은 현실이 아닌 피안을 의미한다.

367 도덕적 의식에서 자아는 순수 의무를 내적으로 확신한다. 헤겔은 자아의 내적 확신을 "사유가 자기를 인식하는 것"이라 한다.

[해제] 1) 위에서 헤겔은 양심의 개념에 관한 서술을 마치고 양심이 정신의 운동 전체에서 차지하는 위치를 규정한다. 정신 장을 이끌어오는 동력은 인륜적 실체(사태 자체, 정신적 본질)와 개인적 의지 혹은 자아의 대립이다. 양자의 대립을 극복하는 것이 정신 장이 발전하는 과정이다.

2) 우선 헤겔은 이성의 단계 끝에 등장한 성실한 의식과 정신 장의 끝에 등장한 양심을 비교한다. 성실한 의식은 사태를 추상하여, 사태 자체로 언표한다. 사태 자체는 개별 사태의 술어가 되며, 그런 가운데 성실한 의식은 "추상적 사태 자체의 주변을 배회"할 뿐이며 이 사태 자체는 구체적으로 출현하지 못한다.

반면 양심은 일반적 의무를 자아의 자기 확신 속에서 언표한다. 즉 "개체성이 언표한 것 자체가 그 자체로 자기에게 나타난 것[의무]으로 된다." 그 결과 추상적 의무는 구체적 내용을 지니며, 현실 속에서 실제로 실현된다. 여기서 자기 확신 속에 있는 의무는 자기의 의무(실체성)와 그것을 실행하는 자아(사유), 그리고 실현된 현실(외적 현존) 모두를 통일적으로 포함하는 주어다.

3) 이어서 헤겔은 정신 장에서 발전하는 자아를 서로 비교한다. 우선 인륜적 정신에서 자아는 정신적 본질과 직접 합일하여 아무런 자각 없이 인륜적 본질을 수행했다. 이때 헤겔은 "사태 자체가 ... 실체성 일반"으로 나타난다고 말한다. 근대정신(교양)에서는 정신(사태 자체)은 소외된 채로 출현한다. 그것은 현실의 피안에 존재하는 것이며 개별적 자아의 내면에 순수 의식을 통해 직관된다. 헤겔은 이 피안에 존재하는 것을 '외적 현존'이라 한다. 도덕적 의식에서 일반적 의무(사태 자체)는 자아가 확신하는 것에 들어 있으나, 이런 일반적 의무는 사유에 머무르며 현실에 실현되지는 않는다. 즉 그것은 "사유가 그 속에서 자기를 인식하는 본질 규정"에 그친다.

4) 마침내 양심에 이르러 일반적 본질 즉 의무와 자아의 합일에 이른다. 개별 자아는 자아의 자기 확신 속에서 일반적 의무를 직접 발견하는데, 이는 모든 개별 자아가 인정하는 것으로 된다. 확신은 곧바로 행동으로 나가니, 일반적 의무는 현실 속에 실현된다. 여기서 자아는 도덕적 행동의 모든 계기 즉 일반적 의무, 행동하는 자아, 실현된 현실 모두를 자기의 계기로 포함하니, 양심 모든 계기의 "부정적 본질"이며 그 계기들을 "지배하는 위력"으로 된다.

642) 〈SK 471:21~472:15〉〈FM 346:1~23〉

이제 행동이 일어날 때 서로 대립하는 개별 규정이 나타나는데 이 개별 규정과 관계해 양심을 고찰해 보고 또한, 양심이 그 개별 규정의 본성을 어떻게 의식하는가를 고찰해 보자. 그러면 양심은 행동이 취해져야만 할 **현실**의 어떤 경우에 대해 우선 **인식하는 자**로서 관계한다. 그러나 이런 현실 인식에서 **일반적 도덕법칙**의 계기가 존재하는 한, 양심적인 행동을 위한 인식에는 자기 앞의 현실을 빠짐없이[uneingeschränkte] 포괄하고 행동의 경우와 관련된 상황을 정확하게[genau] 파악하고 또 숙고하는 것이 필요하다. 그러나 동시에 이런 인식은 일반적 도덕법칙을 단지 하나의 **계기**로 **알고** 있으므로 그런 상황에 대한 인식은 자신이 그 상황을 제대로 포괄하지 못하며 또한, 이런 상황에서 양심적이지도 못하다는 사실을 자각한다. 이렇게 볼 때 인식이 마련해 나가야만 할, 참으로 일반적인 순수한 관계라는 것은 자기에 **대립하지 않은** 것 즉 자기 자신에 대한 관계여야 할 것이다. 그러나 **행동**에서 대립은 본질적 의미를 지니므로 대립을 통해 일어나는 행동은 의식을 부정하는 것 즉 **그 자체로 존재하는 현실**과 관계한다. 그와 같은 현실은 단순한 순수 의식에 대립하면서 또한, 절대적 **타자**나[368] 다양성 **자체**[Mannigfaltigkeit an sich]는 아니더라도 절대적으로 여럿임을 보여주는 상황이다. 왜냐하면, 상황이란 뒤로는 그 조건으로, 옆으로는 이웃하는 것으로, 앞으로는 그 결과로 무한한 정도로까지 분화되고 또 확장되는 것이기 때문이다. ─여기서 양심적인 의식은 이런 사태[Sache]의 본성과 이 사태에 대한 자기의 관계를 의식하고 또한, 양심은 자신이 다루는 경우[Fall]를 이처럼 요구된 일반성에 따라서 전체적으로 살피지[kennen] 않는다는 사실을 알고 또한, 자신이 모든 상황을 양심적으로 고려했다고 속이더라도 그런 속임이 아무 쓸모도 없는 것임을 안다. 그처럼 있을 수 있는 모든 상황을 살피고 숙고한다는 것은 전혀 눈으로 찾아볼 수 없는 것은 아닐지라도 다만 **계기**로서 즉 단지 **다른 사람에게 보여주기 위한** 어떤 것으로만 존재한다. 그리하여 이와 같은 인식이 비록 불완전하더라도 이 인식은 그 자신이 인식한 것이므로 충분하면서도 또 완전한 인식으로 여겨진다.

[해제] 1) 여기서부터 헤겔은 양심의 한계를 지적하기 시작한다. 개념에서 양심은 의무와 자아, 현실의 통일이다. 그러나 실제 현실 속에서 행동에 나서게 되면, 이 아름다운 통일은 다시 분열한다. 그것은 마치 지각에서 성질의 통일로서 사물이 다양하며 공존하는 성질로 분화하는 것과 같다. 우선 이 구절에서 헤겔은 양심에서 통일된 구체적 의무의 실상을 살펴본다.

2) 양심은 구체적 상황에 적합한 의무를 실현하는 것인데, 이를 위해서는 구체적 상황을 그 본질에 따라 인식해야 한다. 하지만 과연 이런 인식이 가능한 것인가? 양심은 본질 직관을 전제로 하기에 이런 인식이

---

368 절대적 타자는 행동과 전혀 무관한 것을 의미한다.

가능하다 보지만, 헤겔에게서 본질 직관이 인정되지 않는다. 어디까지나 지각과 지성을 통해 현실을 인식해야 한다.

그런데 행동이 일어나는 상황은 개별 상황이더라도 복잡다단하다. 그것은 앞으로 뒤로 그리고 옆으로 다양한 사건들과 연결된다. 이런 연결된 상황을 전체적으로 고려한다는 것은 아무리 지각을 확대하더라도 사실 불가능하다.

3) 더구나 이런 복잡다단하게 얽힌 상황 속에서 어떤 본질적인 것을 파악한다는 것은 더욱 힘들다. 단순한 추상을 통해서는 이런 본질에 도달할 수 없으며, 지성은 그 관계를 따져서 가장 깊은 내면적 본질에 이르기까지 뚫고 들어가야 한다. 자연적 물체와 같은 단순한 것이라면 몰라도 인간 사회에서 일어나는 복잡한 사건은 그 다양한 상황 가운데 본질을 인식하는 것은 거의 불가능하다고 할 수 있을 것이다.

4) 그러므로 양심은 사실 이 사건을 "일반성에 따라서 전체적으로 살피지" 못한다. 그러면서도 양심은 자신이 직관적으로 이와 같은 인식에 도달했다고 주장한다. 양심은 자신의 인식을 내적으로 확신하는 것이니 자신의 인식 "비록 불완전하더라도 그 자신이 인식한 것이므로 충분하면서도 또 완전한 인식으로 여긴다." 헤겔은 이런 양심을 비판한다. 즉 이런 주장은 "다른 사람에게 보여주기 위한 것" 다시 말해 속임수에 지나지 않는다는 것이다. 더구나 자기를 확신하는 양심은 자신의 속임이 속임이라는 것조차도 깨닫지 못한다.

643) 〈SK 472:16~473:20〉〈FM 346:24~347:15〉

그런데 양심은 도덕적 **본질**에 해당하는 일반성[의무]이나 순수 의식을 통해서 규정되는 내용과 관계하는 데서도 현실에 대해서와 같은 방식을 취한다. ─즉 행동에 나서는 양심은 자기가 처하게 된 사건이 포괄하는 여러 측면에 관계한다. 행동이 일어나는 사건은 다시금 여러 갈래로 갈라지며 이런 사건에 대한 순수 의식의 관계도 그와 마찬가지로 여러 갈래로 갈라지니 이 때문에 사건의 다양성은 곧 의무의 **다양성**으로 된다. ―여기서 양심은 이들 의무 가운데서 어느 것을 스스로 선택하고 결정해야 한다는 것을 의식한다. 왜냐하면, 그 가운데 어떤 의무의 규정성이나 내용도 절대적일 수는 없고 다만 **순수 의무**만이 절대적일 뿐이기 때문이다. 그러나 이 추상적인 의무가 실재[Realität]하려면 자기 의식적인 내[Ich]가 선택한 것이라는 의미를 요구한다. 자기 자신을 확신하는 정신은 양심인 한에서 자기 내에 머무르고 있다. 또한, 양심에서 **실재하는**[reale] 일반성이나 양심이 의무로 삼는 것도 의무에 대한 그 자신의 순수한 **확신**[Überzeugung] 속에 깃들어 있다. 그런데 이처럼 **순수한** 확신도 그 자체로서는 순수 **의무**와 마찬가지로 텅 빈 것이어서 말하자면 그 속에서는 어떤 것도 즉 어떤 특정한 내용도 들어 있을 수 없을 정도로 순수한 것이다. 그러나 행동이란 취해져야만 하며 여기서 개체를 통해서 행동이 **결정**될 수밖에 없다. 자기 자신을 확신[gewisse]하는 정신에서는 [순수 의무라고 하는] 그 자체 존재는 자기 의식적 자아에 속한 것으로서 의미를 획득하므로 이 정신은 그 규정과 내용을 자기 자신의 직접적인 **확신** 속에 취할 줄을 안다. 이런 직접적 확신의 규정과 내용을 결정하는 것은 자연적 의식 즉 충동과 경향으로 된다. ―양심이란 [타자를 통해] 규정되는 것[Bestimmten] 일체를 절대로 부정하므로 그에게 나타나는 여하한 내용도 절대적인 것으로 인정하지 않는다. 양심에서 규정성은 **자신에게서** 나온다. 이와 같은 규정성 자체가 귀속하는 자아의 권역[Kreis]은 감성이라 불리는 권역이다. 자기 자신의 직접적인 확신에 근거해 어떤 내용을 마련하려 할 때 손에 잡히는 것은 오직 감성일 뿐이다. ―그런데 이전의 갖가지 의식 형태에서는 선하거나 악한 것 또는 법률이나 정의로 나타났던 것은 모두 자기 자신이 직접 확신하는 것과는 **다른 것**이다. 그 모든 것은 하나의 **일반적인 존재**지만, 지금[양심]에서 보면 대타 존재에 속한다. 다른 각도에서 보면 그 모든 것은 의식 자신과 의식의 고유한 진리[귀결] 사이에 등장해서 의식을 의식 자신에서 분리하는 것 즉 의식의 대상이며 그런 가운데 의식을 의식 자신과 매개하는 것이다. ―그러나 양심에서는 자기 자신에 관한 확신이 순수한 직접적 진리를 의미한다. 이런 진리는 양심의 자기 자신에 관한 직접적인 확신이 **내용**으로 삼는 관념[vorgestellte]일 뿐이다. 다시 말해서 이 진리는 개별자가 자의적으로 선택한 것[Willkür]이며 동시에 한낱 무의식적이며 자연적인 존재에서 우연히 나온 것에 지나지 않는다.

[해제] 1) 앞에서는 구체적 현실에 관한 인식의 측면에서 제시된 비판이 제시됐다. 즉 양심이 현실을 포괄적으로 동시에 그 본질을 인식한 것인지 의심스럽다고 했다. 이번에는 의무의 선택과 연관해서 그 한계를 폭로한다.

2) 현실은 다양한 관련을 지녀 각 측면에 따라 다양한 의무가 존재한다. 앞에서 말한 것처럼 여기서 본질을 직관할 수 없다고 한다면, 이때 양심은 현실적 사건과 관련된 다양한 의무 가운데 하나를 선택할 수밖에 없다.

그런데 양심은 어떤 바깥에서 규정되는 것도 거부하며 순수하게 자신의 내적 확신 즉 "순수한 확신"에 따라서 결정해야 한다. 하지만 이런 순수한 확신 속에서는 어떤 구별도 없다. 그것은 마치 순수 의무처럼 결정하는 추상적 형식이고 내용이 없는 텅 빈 것이다.

3) 이런 텅 빈 상태에서 순수한 확신에 따라 행동할 때, 결국, 이 순수한 확신이라는 형식을 규정하는 것은 내적인 충동이나 경향성일 뿐이다. 양심은 텅 빈 결정하는 자이니, 스스로 자유롭게 선택한다고 믿지

만, 사실 그 내용을 결정하는 것은 자연적인 감성에 속하는 것이며 그의 결정은 자기 바깥의 힘에 좌우되는 것에 지나지 않는다.

4) 과거 선이나 정의, 법률은 일반 존재며 의식 바깥에 존재하는 것, 의식의 대상이었다. 그러나 양심에서는 일체의 일반성이 상실돼 버리고 "개별자의 자의를 통한 선택," 즉 "무의식적이고 자연적 존재의 우연한 선택"이 일반적 진리가 돼 버린다. 즉 충동적 결정이 양심적 결정으로 속이는 것이다.

5) 양심의 개념은 개별 자아가 순수한 의무를 즉각적으로 실행하는 것이다. 그러나 양심이 실제 작용할 때 양심을 지배하는 것은 도덕적 의식에서와 마찬가지로 순수 의무가 아니라 개별적이며 자연적 충동이나 경향성이다. 이 점은 앞에서 인식의 측면에서 양심은 현실을 포괄적으로 그 본질을 파악한다고 하지만, 실제로는 주관적이며 일면적인 인식에 그치면서 이를 마치 본질적인 것으로 속였던 것과 마찬가지다. 양심은 개념에서는 통일됐지만, 현실에서는 다시 분열된 도덕적 의식으로 되돌아간다. 내적 확신, 순수 사유에서는 순수 의무와 구체적 현실, 개별 자아가 통일을 이루지만, 실제 행동으로 나가면 구체적 현실과 개별 자아와 순수 의무는 서로 다시 대립한다.

644) 〈SK 473:20~474:27〉〈FM 347:16~348:10〉

이와 같은 내용이 도덕의 **본질 규정** 다시 말하자면 **의무**로 여겨지기에 이른다. 왜냐하면, 순수 의무란 앞에서 법칙을 검증하는 데서 밝혀졌듯이 그 어떤 내용에 대해서도 전적으로 무관심하며 더 나가서는 그 어떤 내용이라고 할지라도 받아들인다. 여기 양심에서 순수 의무는 동시에 **대자 존재**[자기 확신]라는 본질적 형식을 지닌다. 그런데 그 의무가 개인적 확신이라는 형식을 지닌다는 말은 곧 순수 의무가 곧바로 비어 있는 것임을 의식한다는 말이며 또한, 순수 의무가 한낱 계기에 지나지 않아서 이런 계기의 실체적 토대는 주어인 개인의 술어로 되는 것[369] 이라는 사실을 의식한다는 말이다. 그러므로 개인의 자의만이 순수 의무에 내용을 부여하며 그 어떤 내용이라도 이런 [대자 존재라는] 형식과 연계될 수 있으며 어떤 내용에도 양심적이라는 이름표를 붙일 수 있다. −어떤 개인이 일정한 방식으로 그의 재산을 증식한다 하자. 이때 각자는 자기 자신이나 자기 가족의 부양을 도모하는 것을 의무로 삼거나 또한, 못지않게 자기 이웃을 위해 봉사하거나 도움이 필요한 사람에게 자선을 실행할 **가능성**을 모색하는 것을 의무로 삼을 수 있다. 개인이 이것을 의무로 자각하는 이유는 바로 이런 내용이 직접 자기 자신의 확신 속에 포함됐기 때문이다. 더 나가서 개인은 이때 자기가 의무를 충족한다는 사실도 통찰한다. 그러나 다른 개인의 입장에서 보면 그와 같은 특정한 방식을 취한다는 것이 속이는 것으로 받아들여질 수가 있다. 즉 어떤 구체적인 경우에서 **타인으로서는** 다른 측면을 중시하지만, 처음의 개인은 이 측면을 지키는데 그 이유는 그가 재산을 증식하는 것 자체를 순수한 의무로 자각하기 때문이다. −타인이 폭력이나 불법으로 부르는 것이 오히려 타인에 대항해 자기의 독립성을 주장하는 의무를 수행하는 것으로 되며 타인이 비겁한 것으로 부르는 것은 오히려 자신의 생명과 동시에 이웃을 위해 유익한 일을 할 가능성을 지키는 의무를 수행하는 것으로 되고 타인이 용기라고 부른 것이 오히려 방금 말한 두 가지 의무를 손상하는 것으로 된다. 그러나 아무리 비겁한 자라도 너무나도 어리석어서 자신의 생명을 보존하며 이웃에 유익할 가능성을 마련한다는 것이 의무에 해당한다는 사실조차 모를 수는 없으며 −다시 말하면 그런 비겁한 자라도 자기가 행동하는 것이 의무에 합당하다는 **확신을**

---

369 구체적으로 개인의 무의식적, 자의적이고 우연한 충동을 말한다.

갖지 못하고 또한, 이런 **인식**[자기 확신] 속에 의무에 합당한 것이 들어 있다는 사실을 인식하지 못할 정도로 어리석을 수는 없다. 그렇지 않다면 그런 비겁한 자는 너무 어리석기에 부도덕한 것이다. 도덕성은 의무를 수행했다는 데 대한 의식 속에 깃들어 있으므로 비겁하다고 불리는 행동에서도 용감하다고 여겨지는 행동의 경우에 못지않게 의무를 수행했다는 의식이 없을 수 없다. 이렇듯 의무라고 불리는 추상적 본질은 그 어떤 내용도 지닐 수 있듯이 마찬가지로 여기서 언급된 이런 내용도 지닐 수 있다. 그러므로 행동하는 자는 자기가 행하는 것을 의무로 여기기 마련이다. 행동하는 자는 이와 같은 사실을 알면서 의무에 대한 확신이 의무를 합당한 것으로 만들기에 이제 타자도 그의 행동을 인정하기에 이른다. 행동은 이를 통해 유효하며 실제로 현존한다.

[해제] 앞에서 헤겔은 양심은 자의적으로 선택하지만, 그 내용을 결정하는 것은 충동과 자의라고 했다. 이제 헤겔은 더 나아가서 순수 의무가 단순한 형식에 그치고 비어 있으므로 어떤 내용이라도 그것에 들어갈 수 있고 따라서 모든 내용이 그런 순수 의무로 여겨질 수 있다고 한다. 중요한 것은 무엇이든 자기 확신, 순수한 확신이라는 형식을 취해야 한다는 것이다.

헤겔은 여기서 몇 가지 구체적인 예를 든다. 하나는 재산을 증식하는 것을 의무로 아는 것이다. 어떤 사람은 이것이 자신과 가족을 위한 의무로 보지만, 다른 사람은 이것이 타인에게 자선을 베풀기 위한 의무로 본다. 또 어떤 사람이 폭력으로 생각하는 것은 자기를 방어하는 의무고 타인이 비겁함이라고 부르는 것은 자기의 생명을 지키는 의무가 된다. 거꾸로 타인이 용기라고 부르는 의무는 자기의 독립성과 생명을 부정하는 것으로 여겨진다.

어떻든 각자 구체적 내용에서는 자기가 확신하는 것이 의무라고 생각하며 자기가 확신하기만 한다면 타인도 그의 행동을 인정할 수밖에 없으니, 그것은 일반적으로 인정된 의무라고 여겨진다. 그러므로 양심은 스스로 아무런 거리낌 없이, 어떤 장애에도 얽매이지 않고 자기가 확신하는 확신을 실천하니, "행동은 이[확신]를 통해 유효하며 실제로 현존한다."

645) <SK 474:28~476:2><FM 348:11~349:9>

　순수한 의무와 순수한 인식이라는 일반적이며 수동적인 매체 속에 어떤 임의의 내용이라도 다른 내용과 마찬가지로 자유롭게[frei] 집어넣을 수 있다. 이런 자유에 반대하면서 그 속에 그와는 다른 특정 내용을 집어넣어야 한다고 주장하더라도 그것은 별로 도움 되지 않는다. 왜냐하면, 어떤 내용이건 일단 그것이 내용인 한 [외부적으로] **규정된 것**이라는 **결점**을 지니므로 순수 인식으로서는 이런 규정성에 대해서 무관한[frei] 것이니 그 어떤 규정성도 받아들일 수 있는 것과 마찬가지로 이를 또한, 거부할 수도 있기 때문이다. 모든 내용은 규정된 내용이라는 점에서는 그 밖의 다른 내용과도 같은 처지다. 이런 처지는 이때 그 다른 내용이란 것이 그 자체 내에서 특수적인 것을 지양한 것[추상적 일반성]이더라도 매한가지다. 실제로 존재할 때 의무란 대체로 자기를 이중적으로 양분하면서 **대립** 즉 **개별성**과 **일반성**이라는 대립에 이른다. 이때 일반적인 것 자체를 내용으로 하는 의무는 그 자체에서[an ihr] 직접 순수 의무와 순수 본성을 지니니 여기서는 형식과 내용이 완전히 합치되는 듯이 보일 수도 있다. 그러므로 예컨대 일반적인 복지를 위해서 행동하는 편이 개별자의 복지를 위해서 행동하는 편과 비교해 우선한다고 할 수가 있다. 그런데 이와 같은 일반적 의무란 그 자체로 자기에게 나타나서[an und für sich] 현존하는 실체 즉 정의와 법률로 **눈앞에 있**

는 것이니 개별자의 인식이나 그의 확신뿐만 아니라 또한, 그에 못지않게 직접적인 이해와도 **무관한 것**이다. 이런 정의와 법률이라는 현존 형식은 도덕성[양심]이 일반적으로 반대하는[gegen] **형식**이다. 그런데 **내용**의 면에서 이 순수 의무를 살펴본다면 이것 역시 하나의 특정한 내용을 지닌 것에 그친다. 왜냐하면, 일반적인 최선은 개별자의 최선에 **대립하는** 것이기 때문이다. 그러므로 양심은 이런 [일반적] 법률에 대해 전적으로 무관심할 수 있음을 알고 있고 더 나가서는 이런 법률에 무엇인가를 더 첨가하거나 삭제하건 또는 그 법칙을 이해하거나 안 하거나 하는 절대적 권한은 양심 자신에게 맡겨진 것으로 된다. ─이렇게 볼 때 개별적 복지를 지향한[gegen] 의무와 일반적 복지를 향한 의무를 구별한다는 것은 대립 자체의 본성에 비춰 볼 때 전혀 고정적인 것이 아니다. 반대로 개별자가 자신을 위해[für] 행하는 것이 오히려 일반자에게도 이로운 것으로 된다. 말하자면 그가 자신을 위해서 힘을 쏟으면 쏟을수록 **타자에게** 유익할 **가능성**이 증대한다. 그뿐만 아니라 실로 이 개별자가 있게 된 **현실**은 타자와 연관 속에서 존재하고 그 속에서 생동하는 것일 뿐이니 개별자로서 그가 누리는 향락이란 본질상 타자에게 개별자 자기 것을 포기함으로써 그들 타자가 자신의 향락을 누릴 수 있도록 도와주는 데 있다. 개별자를 향한 의무 즉 자신을 향한 의무를 충족하는 것을 통해 그는 일반적인 복지를 향한 의무를 충족하게 된다. ─그러므로 여러 의무를 서로 **저울질**하며 또 이를 **비교**한다는 문제가 여기서 등장하지만, 이런 저울질이나 비교는 일반적인 것이 하나의 행동으로부터 얼마나 이익을 취할 수 있는가를 산정하는 문제에 귀착될 것이다. 그러나 이렇게 한다면 한편으로는 도덕성이 **통찰**을 통해 어쩔 수 없이 빚어지는 **우연성**에 내맡겨질 것이다. 또 다른 편에서는 그와 같은 **타**

산을 통해 이리저리 저울질하는 일을 단호히 **단절하고** 그와 같은 일체의 이유를 고려함이 없이 자발적으로 결단을 내리는 것이 양심의 본질에 해당하는 것일 것이다.

[해제] 1) 헤겔은 앞에서 순수 의무에 어떤 내용을 집어넣어도 여전히 의무가 될 수 있다고 했다. 이제 거꾸로 순수 의무는 어떤 내용도 받아들이기를 거부할 수도 있다고 한다. 왜냐하면, 어떤 내용이든지 어떤 타자를 통해 규정된 규정성을 지니는데, 양심은 순수한 확신 속에서 자기가 확신하는 것만 받아들이니, 어떤 내용도 그것이 규정성인 한에서는 거부할 수 있기 때문이다. 즉 절대적 권한은 양심 자체에 맡겨져 있다.

2) 이때 그 어떤 내용이란 추상적 일반성을 지닌 것으로 될 수도 있는데, 내용상 추상적 의무는 일반적인 의무라는 것의 형식에 어울리기에 마치 양심에 적합한 것으로 보일 수도 있다. 그러나 지금까지 추상적 일반성은 양심 바깥에서 제공되는 것이었고 그런 한 양심은 거부해 왔다. 더구나 설혹 개별성으로부터 도출된 일반성이라고 하더라도, 이는 추상적 일반성이며 개별적 일반성에 대립하는 규정성을 지니니, 양심은 이런 추상적 의무조차도 거부할 수 있다.

3) 헤겔은 양심의 이런 모순을 일반적 복지를 의무로 보는 예를 들어 설명한다. 일반적 복지는 일반성이므로 양심의 형식에 적합한 내용으로 보이지만, 일반적 복지는 추상적이어서 개별 복지에 대립하는 규정성을 지닌다. 그러므로 양심은 개별 복지와 마찬가지로 일반적 복지도 양심으로 수용할 수도 있고 마찬가지로 거부할 수도 있다.

더구나 개인과 사회가 서로 얽혀 있어 개인을 위한 행위가 사회를 위한 행위로 되는 자본주의적 상품 사회에서는 양자는 상대적이고 보완적일 뿐이다. 즉 개인을 위한 행위가 얼마나 사회를 위한 행위로 되고 거꾸로 사회를 위한 행위가 얼마나 개인을 위한 행위냐는 상대적이니, 여기서 양심의 단순한 확신으로서는 판단 자체가 불가능하다.

4) 이제 마지막으로 남은 것은 양심이 의무를 서로 비교하여 저울질하는 것일 뿐인데 그런 비교나 저울질은 양심의 개념과 대립하는 것으로 된다. 우선 양심이 관련된 상황을 충분하게 포괄적으로 그리고 본질상 인식할 수 없는 한, 그 결과를 비교한다는 것 자체가 불가능하기 때문이다. 더구나 양심은 직관적으로 그 본질을 인식하고 즉각적으로 행동하는 것이다. 즉 양심은 "일체의 이유를 고려함이 없이 자발적으로 결단을 내리는 것"이다. 그러므로 그와 같은 비교는 양심적인 것으로 여겨지지 않는다.

646) 〈SK 476:2~30〉〈FM 349:10~30〉

이와 같은 방식으로 양심은 **그 자체 존재**[의무]와 **대자 존재**[자기 확신]의 통일 속에서 다시 말하면 순수 사유와 개체성의 통일 속에서 행동하고 또 자신을 유지해 나간다. 양심은 자기 확신하는 정신이니, 자기 자신에서[an him], 자신의 자아를 통해[in seinem Selbst] 그리고 자신의 인식 특히 의무의 인식으로서 자기인식 속에서 자신의 진리에 이른다. 정신은 그와 같은 의무의 인식 속에서 자기 확신을 유지한다. 왜냐하면, 행동에 존재하는 **긍정적인**[positive] 요소 즉 의무의 내용뿐만 아니라 의무의 [일반적] 형식 그리고 의무에 관한 인식이 모두 자아 즉 자기 자신의 확신에서 나오기 때문이다. 반면 자아에 **대립하면서 어떤 고유의 그 자체 존재를 갖는 것**[순수 의무]조차도 결코 참다운 것일 수가 없으므로 그런 그 자체 존재는 다만 지양되는 것 또는 다만 하나의 계기로 여겨진다. 따라서 무릇 **일반적인 인식**이 아니라 다만 제공된 상황을 **그가 어떻게 인지하는가**[Kenntiniss]가 문제다. 양심은 그 자신의 자연적 개체성으로부터 선택된 내용을 일반적인 **그 자체 존재**에 해당하는 의무로 여기는데 그 이유는 이 내용은 이미 양심 자체의 눈앞에 있기 때문이다. 이 내용은 일반적 매체[370] 속에 있는 것으로 여겨지면서 양심이 실행하는 **의무**로 되며 또한, 텅 빈 순수 의무는 이렇게 해서 다만 지양된 것으로 또는 한낱 계기로 설정될 뿐이다. 이런 내용이 이런 방식으로 주어짐으로써 의무의 비어 있음은 지양되며 아니 차라리 충족된다고 하겠다. ―그러나 이에 못지않게 양심은 그 어떤 내용으로부터도 자유롭다. 양심은 법률로 여겨져야 하는 일체의 규정된 의무로부터 해방된다. 양심은 마침내 자기 자신에의 확신을 바탕으로 하는 힘을 통해서 무엇이든 속박할 수도 해방할 수도 있는 절대적 자주성[Autarkie]의 존엄에 이른다. ―따라서 이와 같은 **자기가 결정한 것**[Selbstbestimmung]이 직접 의무에 합당한 것으로 된다. 의무는 인식 그 자체며 이렇듯 단순한 자아가 자기 스스로 결정한 것[Selbstheit]이 그 자체적인 것[Ansich]으로 된다. 왜냐하면, **그 자체적인 것**[순수 의무]은 순수한 자기와 같음을 의미하며 이와 같은 자기와 같음은 바로 이 **의식**[양심]에 깃들어 있기 때문이다.

[해제] 1) 이 구절에서 헤겔은 지금까지 논의를 종합하면서 양심의 오만이라는 문제로 나간다. 그 핵심은 양심이 자기의식으로서 자신을 확신한다는 데 있다. 즉 양심은 주관적 자기의식이다. 그의 자기 확신이 어떤 사건에 어떤 의무가 적용되는지를 결정하는 주체다.

2) 의무의 내용뿐만 아니라 심지어 의무의 형식이나 의무의 인식조차도 이런 자기 확신에서 나온다. 즉 의무의 형식은 누구나 인정하는 일반성에 있는데, 양심은 자기가 확신하는 것은 다른 사람도 양심이라면

---

370 자아의 자기 확신을 의미한다.

확신할 수밖에 없고 따라서 그것은 누구나 인정하는 것이라 보니, 그가 확신하는 것은 일반적 형식을 획득한다.

의무의 인식도 마찬가지다. 그동안 의무로 여겨지는 것은 자기 바깥에서 제공되는 그 자체 존재, 즉 법률이나 정의였으나 이제 그런 것은 아무런 의미가 없다. 그것은 내용이 무엇이든 양심의 자기가 확신하는 한에서 비로소 의무로 인식된다. 이런 점에서 그 자체 존재는 확신의 한 계기로 전락하게 된다.

3) 이처럼 자아의 자기 확신 즉 자기 결정은 모든 내용으로부터 자유로우며 어떤 내용이든지 선택할 수 있으므로 "무엇이든 속박할 수도 해방할 수도 있는 절대적 자주성의 존엄"에 이른다.

그러나 이것은 겉보기에 그친다. 마치 법적인 인격이 자의적으로 선택하는 것이 결국, 욕망, 충동이라는 자연의 우연적 힘으로 결정된 것에 그치듯이, 양심이 절대적 자주성 속에서 자유롭게 선택한 것처럼 보이는 것도 사실은 자연적 충동과 경향성의 힘으로 선택된 것에 지나지 않는 것이다.

647) <SK 476:31~477:3> <FM 349:31~37>

그런데 순수하게 인식된 것은 곧바로[unmittelbar] **타자에 대해 존재**하게 된다. 왜냐하면, 순수하게 인식된 것은 순수한 자기와 같음에 머무르는 존재라는 점에서 아무런 매개도 거치지 않는 **직접적** 존재 즉 단순한 존재일 수밖에 없기 때문이다. 그러나 그와 동시에 이와 같은 직접적 존재란 순수하게 일반적인 것 즉 모든 사람의 자아가 결정한 것[die Selbstheit]으로 된다. 다시 말하자면 양심적 행동은 타인이 인정하므로 실현될 수 있다. 이런 [양심의 인식을 통하여 성립하는] 존재는 양심이 직접 모든 자기의식[양심]과 같음의 관계에 있도록 하는 지반이다. 더욱이 이런 서로 같음의 관계가 지닌 의미는 결코 자아와 무관한 법칙에서 나오는 것이 아니라 오직 양심의 자아에서 나온 것일 뿐이다.

[해제] 앞에서 양심의 자주성을 설명하면서 심지어 의무라는 일반적 형식조차 양심의 자아에서 나온다고 했다. 헤겔은 이런 양심의 자아로부터 양심의 공동체를 끌어내려 한다.

헤겔의 논리는 다음과 같다. 즉 양심이 자기의식에서 순수하게 인식한 것 즉 자기가 확신하는 순수 의무는 한편으로는 자기 자신이 결정한 것이지만, 다른 한편에서는 양심에 마치 자기 바깥에 있는 존재로 즉 순수 의무로 나타난다. 그런 점에서 순수 의무는 오히려 "타자에 대해 존재하는 것," "직접적인 것," "단순한 존재"라고 한다.

이런 직접적 존재는 단순히 개별적인 자아가 확신하는 것에 속한 것으로 머무르지 않는다. 양심은 자기의 자기의식이 다른 모두의 자기의식과 같다고 생각하기 때문이다. 그는 그가 확신하는 순수 의무를 자기처럼 다른 모든 사람도 마찬가지로 순수 의무로 확신할 것으로 생각한다. 그러므로 그가 직접 인식한 순수 의무는 이제 "순수하게 일반적인 것" 즉 그 자체적인 것 또는 일반적 의무가 된다. 그것은 "모든 사람의 자아가 결정한 것"으로 된다. 이런 순수 의무가 일반적인 것은 그것이 객관적으로 일반적인 법칙이기 때문이 아니라 양심의 자아가 자신이 일반적인 자아라고 생각하는 데서 나온다.

실제 양심은 상호 신뢰 관계를 맺으며, 이런 신뢰 관계를 통해 정신의 역사에서 처음으로 공동체가 형성된다. 그러나 양심의 신뢰 관계는 사실 자신의 결정이 일반적 의무며, 타인도 자신과 같이 결정한다고 믿는 양심의 오만에서 나온 것이다.

648) 〈SK 477:3~34〉〈FM 350:1~23〉

그러나 정의[Rechte]는 양심이 실행하자 곧 **대타 존재**가 될 수밖에 없다는 점에서 이 **정의**에서 자기와 같지 않은 어떤 것[Ungleichheit][371]이 출현하는 것으로 보인다. 양심이 완수하려는 의무 자체는 **규정된** 내용이긴 하지만, 이 내용은 곧 [양심적] 의식의 **자아**를 통해 나온 것인 까닭에 이런 점에서 내용은 양심이 자신에 관해 획득하는 인식이며 양심은 그런 내용에서 **자기 자신과 같음**을 빌견한다. 그러나 이런 자기와 같음이 일단 행위가 완수된 상태에서는 **존재**라고 하는 일반적인 매체 속으로 이동하므로 그것은 더는 [내적] 인식일 수는 없으며 또한, 스스로 구별한 것을 동시에 직접 다시 지양하는 구별작용도 아니다. 오히려 [타자에 대해 있는] **존재** 속에서는 구별이 존속함으로써 행동도 다만 한정된 성격을 지닐 뿐 아니라 만인의 자기의식이 지반으로 삼는 것[의무]과도 달라지므로 만인이 필연적으로 인정하는 것으로 될 수 없다. 그런데 여기서 두 가지 측면 즉 행동하는 양심과 이런 행동을 의무로 인정하는[anerkennen] 일반적 의식은 다 같이 이런 행위에 수반되는 규정성에 **얽매이지 않는다**[frei]. 이렇게 행위의 규정성에 얽매이지 않으므로 양자의 연관[Zusammenhang]이 이루어지는 공통된 매체[행위, 대타 존재] 속에서도 오히려 양자가 맺는 관계[Beziehung]는 완전히 서로 다름이라는 관계[Verhältnis]다. 이런 서로 다름의 관계 때문에 [양심의] 행동을 바라보는[für] [일반적] 의식은 자기 자신을 확신하면서 행동하는 정신에 관해서 아무런 확신도 지니지 못하는 상태에 있게 된다. 행동하는 정신은 행동하지만, 여기서 그는 어떤 규정된 내용을 존재하게 한다. 다른 사람들은 행동하는 정신의 진리[귀결]로 드러난 이와 같은 **존재**[행위]를 신뢰하면서 그러한 존재 속에 행동하는 정신을 확신하기에 이른다. 즉 다른 사람들은 행동하는 정신이 이런 존재하는 행동 속에 그 자

---

371 정의를 실현했는데 그 결과는 부정의하게 된다는 말이다.

신이 의무로 **여기는 것**을 표출했다고 믿는다. 그러나 행동하는 정신은 어떤 하나의 특정한 의무로부터 자유롭다. 즉 다른 사람들이 행동하는 정신이 실제로 존재한다고 생각하는 그곳으로부터 행동하는 정신은 벗어나 있다. 이 행동하는 정신에서는 이와 같은 [행위의 결과로서] 존재 자체라는 매체나 **그 자체적인 것으로** 존재하는 의무가 모두 한낱 계기에 지나지 않는다. 따라서 이 행동하는 정신은 다른 사람들 앞에 내놓은 것[hinstellt]을 다시금 전치[verstellt]하며 아니 차라리 이미 바로 그것을 전치했다고 하겠다. 왜냐하면, 정신의 **실제 모습**[Wirklichkeit]이란 그에게서 결코 이처럼 바깥에 전시된[hinausstellt] 의무 규정에 있는 것이 아니라 오히려 정신이 오직 자기 자신에 관한 절대적 확신 속에서 간직하는 규정일 뿐이기 때문이다.

649) 〈SK 477:36~478:9〉〈FM 350:24~31〉

그러므로 다른 사람들로서는 이런 [행동하는] 양심이 과연 도덕적으로 선한지 아니면 악한지를 알 수 없다. 오히려 이들은 양심의 선악을 알 수 없을 뿐만 아니라 이 [행동하는] 양심을 악한 것으로 받아들여야 한다. 왜냐하면, 마치 [행동하는] 양심의 경우 규정된 의무에든 **그 자체로** 존재하는 것으로서 의무에든, 그 어느 것에든 얽매이지 않는 것과 마찬가지로 다른 사람들도 마찬가지로 그런 것들에 얽매이지 않기 때문이다. [행동하는] 양심이 다른 사람들에게 제시한 것을 다른 사람들 자신은 전치할 줄 안다. [행동하는] 양심이 제시한 것이란 오직 다른 사람들의 타자로 되는 자[행동하는 양심]의 **자아**가 표현한 것일 뿐, 결코 다른 사람들 자신의 자아가 표현한 것은 아니다. 여기서 다른 사람들은 자신이 [행동하는] 양심이 제시한 것과 무관하다[frei]는 것을 알 뿐만 아니라 오히려 그것을 해체하고 다른 사람들 자신의 의식 속에서 판단하며 또 설명하는 가운데 [행동하는] 양심이 제시한 것을 부정하고 다른 사람들 자신의 자아를 보존해야 한다.

[해제] 1) 여기서부터 헤겔은 행동하는 양심과 일반적 도덕적 의식 사이의 대립을 전개한다. 양심은 행동을 강조하며 반면 일반적 의식은 도덕적 의무를 강조한다. 원래 양심은 이 두 가지의 통일이었으나 이제 행위에 나서면서 양심의 두 측면이 분리된다.

우선 헤겔은 양심이 자신의 행동에 대해 어떻게 관계하는가를 설명한다. 양심은 행동하면서 자기가 확신하는 것을 순수 의무로 그리고 누구나 인정하는 일반적인 의무로 여긴다. 여기서 양심은 자기와 같음의 상태에 있다. 그러나 행위한 결과는 이미 존재의 지반으로 넘어간 것이므로 내적 자기와 같음의 상태를 벗어나 어떤 특정성이 드러난다. 그렇다고 이런 구별은 개념이 자기를 구별한 것과 같은 것은 아니고, 다만 외면적으로 존재하는 구별에 지나지 않는다.

2) 여기서 이중적인 속임 즉 전치가 일어난다. 한편으로 행동하는 양심은 외면에 드러난 행위의 특정한 모습을 보고 그가 순수 의무의 실현이라고 했던 행위의 진짜 목적을 이해한다. 그것은 내적 충동이 출현한 것에 불과하다. 그러나 다른 사람들은 여전히 그의 행위가 그의 의무가 실현된 것으로 믿는다. 그러므로 행동하는 양심은 자기를 전치하면서, 다른 사람들이 "행동하는 정신이 실제로 존재한다고 생각하는 그곳으로부터" 벗어나 있다.

3) 다른 한편 전치가 다른 사람들을 통해 일어날 수도 있다. 행동하는 양심은 그의 행위가 지닌 실제 모습은 "바깥에 꺼내 놓은 것"이 아니라 오직 그가 "자기 자신에 관한 절대적 확신으로" 간직한 것일 뿐이라고 믿는다. 반면 다른 사람은 그의 행위가 존재하는 모습을 보고 그 특정성 때문에 양심의 행위가 특정한 목표에서 나온 것으로 판단한다. 그

것은 그 자신이 확신하는 의무의 규정에 비춰 볼 때 특정한 행위에 그치니, 악으로 판단된다. 다른 사람은 행동하는 양심이 주장하는 것을 전치해 자기가 판단한 것으로 전치한다. 여기서 다른 사람들은 "자신이 [행동하는] 양심이 제시한 것과 무관하다[frei]는 것을 알 뿐만 아니라" "행동하는 양심이 제시한 것을 부정하고 다른 사람들 자신의 자아를 보존"한다.

4) 앞에서 양심은 자기 확신이 만인의 확신이라 믿는 가운데 이른바 양심의 공동체가 수립됐다. 그러나 양심의 행위를 둘러싸고 상호 전치를 통해 양심의 공동체는 곧바로 무너지고 만다. 동상이몽이라는 말이 있는데, 행위의 결과를 둘러싸고 행동하는 양심과 그것을 평가하는 다른 사람들의 평가는 이렇게 달라진다. 한편이 의무의 수행이라 말한 것이 다른 편에서는 특정한 욕망의 행동일 뿐이다.

650) ⟨SK 478:10~22⟩ ⟨FM 350:32~351:2⟩

그러나 양심의 행동은 순수한 자아를 떠나 존재의 **규정**을 얻는 것만은 아니다. 의무로 여겨지고 또 인정받기 위해서는 그것을 의무로 인식하고 그것에 대해 확신을 지니고 또 행위[Tat] 속에 자기 자신을 인식하는 것이 필수적이다. 그러므로 행위가 이와 같은 자아를 그의 행위에서 [an ihr] 갖지 못한다면 이 행위는 행위의 본질에 유일하게 해당하는 것[의무]으로 되지 못한다. 즉 행위가 현존하는 모습 속에서 이와 같은 의식[372]을 박탈당한다면 여기에 남는 것이란 한낱 범속한 현실에 불과할 뿐만 아니라 또한, 이때의 행동[Handlung]은 우리에게는 다만 그 자신의 쾌락과 욕구를 충족하는 것으로 보이는 데 그칠 것이다. 현존한다고 가정된 것[soll]을 여기서 다름 아닌 본질적인 규정으로 만드는 힘은 그

---

372   행위에서 자기 자신을 의식하는 것 즉 자기 확신을 말한다.

처럼 **현존한다고** 가정된 것이 자기 자신을 언표하는 개체성으로 인식되는 것에 있다. 이처럼[자기를 언표하는 개체성으로] **인식된 것이** 곧 인정된 것이며 또 **그 자체로 현존한다고** 가정되는 것이다.

651) ⟨SK 478:23~32⟩⟨FM 351:3~10⟩

자아는 **자아인 한에서** 현존한다[Dasein].[373] 정신은 자기를 확신하는 한에서 그 자체로 타자에 대해 실존한다[existiert]. 자아의 행동은 **직접 존재하는** 행동으로서는 유효한 것[gilt]도 현실성을 지니는 것도 아니다. 인정을 받는 것은 어떤 **규정된 것**[행동]도 아니고 또는 **그 자체로 존재하는 것**[의무]도 아니라 오직 자기를 인식하는 자아 그 자체일 뿐이다. 이와 같은 자아는 일반적 자기의식[374]을 존립 기반으로 한다. 이런 지반에서 등장하는 것은 행동이 미친 **영향**은 아니다. 행동은 이 존립의 지반[일반적 자기의식] 내에서는 자신을 지탱할 수도 없고 또한, 그 어떤 지속성을 유지할 수도 없으니, 오직 여기서는 자기의식만이 인정되면서 실현된다.

[해제] 양심의 개념에서 이미 설명됐듯이 양심은 즉각적으로 행동하는 자아다. 양심으로 인정되기 위해서는 내적 확신 속의 순수 의무는 행위를 통해 실현돼야 한다. 즉 "그것을 의무로 인식하고 행위 속에서 자기 자신을 인식하는 것"만이 필요하다. 그러나 의무가 행위로 출현하면 특정성을 지니므로 그것은 순수 의무와 합치하지 않는다. 그것은 이제 "그 자신의 쾌락과 욕구를 충족하는 것으로" 보일 뿐이다.

결국, 양심은 내적 확신 속에 머무르는 의무도 아니고 행위로 드러

---

373 '자아인 한'에서는 '자아가 자기를 확신하는 한에서'라는 뜻이다. 이런 확신은 오직 언어를 통해서만 표현된다.

374 여기서 일반적 자기의식이란 언어를 의미한다. 652 구절을 참조하라.

난 의무도 아니고 오직 언어라는 지반으로 도피할 수밖에 없다. 왜냐하면, 언어는 내적 의도를 가장 순수하게 직접 표현하는 것이며 말은 단순한 기호로 전락해 오직 내적 의도를 왜곡 없이 존재하게 만드는 것으로 되기 때문이다. 양심이 자기를 언어로 표현하면, 언어는 참된 의도를 밖으로 표현하는 것이니 타인도 그 언어를 통해 그의 진심을 이해할 수 있다. 그런 언어적 표현을 통해서 그의 양심은 일반적으로 인정된다.

그러므로 헤겔은 양심을 통해 이루어지는 공동체는 실제 행위를 통해 이루어지는 공동체가 아니라 "일반적 자기의식"을 존립 기반으로 한다고 말한다. 이런 일반적 자기의식이란 언어를 의미한다. 오직 언어만이 양심적 공동체의 지반으로 된다.

언어가 양심의 지반이라는 사실은 많은 양심적 인물이 실제 행동보다는 오히려 언어로 자신을 표현하는데 그치는 것을 통해 이해할 수 있을 것이다. 술자리에서 양심을 토로하는 사람들의 모습을 보라.

이런 술자리는 대체로 서로의 양심성을 언어를 통해 확인하는 자리며, 동시에 그들을 인정하지 않는 타인을 비판하는 자리다. 그런 타인은 그들을 인정하지 않았기에 비양심적인 존재가 된다. 서로의 양심성을 확인하고, 타인에 대해 비판하는 것을 통해 즉 언어를 지반으로 하는 양심의 공동체에서 그들은 마치 참된 우정을 지닌, 어떤 힘도 그 결속을 깨뜨릴 수 없는 형제로 선언된다.

652) <SK 478:33~479:6> <FM 351:11~13>

여기서 정신의 현존으로서 **언어**를 다시 살펴보자. 언어라는 것은 자기의식이 **타자에 대해서** 존재하는 것이며, 언어에서 자기의식은 **그 자체로** 직접 **눈앞에 있으며** 더구나 **개별적으로** 존재하는 일반자[dieses Allgemeines][375]가 된다. 언어란 자아가 자기를 자기 자신에서 분리한 것

---

375 언어는 대상으로 존재하면서도 자신과 합일하니, 전자의 측면에서 개별적

이며 이런 분리된 자아는 자신의 대상으로 되니, 여기서 순수한 나[Ich]는 [대상으로서] 나와 같다. 그러므로 언어는 대상으로 존재하는 가운데 자신을 이 **개별** 자아로 유지하며 더 나가서 이 자아는 직접 또 **다른** 자아와 합류하는[zusammenfließt] 가운데 이 다른 자아의 자기의식으로 되기도 한다. 여기서 자아는 다른 자아를 통해 이해되면서[vernehmen] 동시에 자기를 이해한다. 여기서 자기를 이해한다는 것은 **현존하는 것이 자아**[마음]**에 생성되는 것**을 의미한다.

653) 〈SK 479:7~480:4〉〈FM 351:19~352:7〉

언어가 여기[양심]에서 획득하는 내용은 더는 교양의 세계에서 볼 수 있었던 것과 같이 전도되거나 전도하면서 분열에 이른 자아가 아니다. 양심의 언어가 지닌 내용은 오히려 자기 내로 복귀해 자신을 확신하며 또한, 자신의 자아 속에 자신의 진리가 있음을 확신하고 나아가서 자신이 인정받는다는 것을[seine Anerkennen] 확신하면서 이렇게 자기를 인식하는 가운데 인정되는 정신이다. 인륜적 정신에서 등장했던 언어는 법칙이며 단순한 명령이며 차라리 [운명의] 필연성 앞에서 눈물짓는 한탄에 해당한다. 그것과 비교한다면 도덕적 의식은 **침묵**한 채 자기에 머무르며 자기에 폐쇄된 의식이다. 왜냐하면, 이 도덕적 의식 속에서는 자아가 아직도 현존하지 못하며 오히려 현존과 자아는 겨우 외적인 관계에 있을 뿐이기 때문이다. 그러나 [양심의] 언어는 오직 독립적이면서도 동시에 인정받는 자기의식들 사이를 매개하는 중심으로만 출현하니 **자아**는 이와 같은 **현존**[언어]을 얻으면서 직접 일반적으로 인정되며, 다중적 차원[vielfach]에서 인정되고 여러 사람[Vielheit]에게 전달

이며 후자의 측면에서 일반적이다. 이런 일반성 때문에 다른 모든 자아가 이해하고 인정한다.

되면서도 단순하게 인정된 것을 뜻한다. 양심의 언어가 담는 내용은 **자신을 본질로 인식하는 자아**일 뿐이다. 양심의 언어는 오직 이 본질만을 표현하며 또한, 이와 같은 언표만이 행위함으로써 이루어지는 참된 현실이며 더 나가서는 타당하게 받아들여지는 행동[Gelten der Handlung]이다. 양심적 의식은 자신이 **확신**[Überzeugung]으로 지닌 것을 언표한다. 이런 확신 속에서 행동은 의무가 된다. 확신이 **언표**된다는 사실을 통해 확신은 의무를 **다하는** 것으로 여겨진다[gilt]. 왜냐하면, 일반적 자기의식[376]은 단지 **현존하는 특정한** 행동으로부터 자유롭기 때문이다. 이런 일반적 자기의식에서 볼 때 **현존하는 행동**은 아무런 가치도 지닐 수 없으며 오히려 여기서는 그 행동이 의무라고 하는 **확신**만이 가치 있는 것이니[gilt] 이와 같은 확신은 언어 속에서 실현된다. ─그리하여 여기서 행동을 실현한다는 것은 결코 행동의 내용을 그의 **목적**이나 **대자존재**의 형식으로부터 **추상적** 현실의 형식 속으로 옮겨 놓는 것을 뜻하지 않는다. 오히려 행동의 실현이란 그보다도 자기 자신에 관한 직접적인 **확신**[Gewißheit]으로부터 **단언**[斷言: Versicherung]의 형식으로 옮겨 놓는 것이다. 직접적 확신이란 자기의 인식이나 대자 존재를 곧 본질로 파악하는 것이며 단언의 형식은 의식이 의무를 확신으로 지니며 이 의무를 양심으로서 **자기 자신으로부터** 인식한다는 것이다. 이런 단언이 여기서 단언하는[versichern] 것은 의식이 확신으로 지닌 것이 본질이라는 사실이다.

[해제] 1) 헤겔은 정신의 발전을 다루면서 곳곳에서 언어의 문제를 다루었다. 이런 언어는 정신이 현존하는 형태다. 그것은 행위와 마찬가지로 정신을 타자에 대해 존재하게 한다. 그러나 행위가 특정성을 갖는

---

376 '일반적 자기의식'은 언어를 말한다.

것과 달리 언어는 그런 특정성을 지양한 기호므로 정신을 직접 현존하게 한다. 여기서 언어는 현존하면서 정신과 합일한다.

이런 합일의 측면을 헤겔은 언어의 일반성으로 지칭한다. 언어는 "개별적으로 존재하는 일반자"다. 이런 합일 때문에 언어는 모든 다른 사람에게 이해되니 그 현존은 일반적이다. 언어적 현존을 통해 나는 타자 전부와 일치한다. 그럼으로써 나의 자아와 타인의 자아가 합일하며 나는 타자에게 인정된 존재가 된다.

2) 헤겔은 이렇게 언어의 개념을 설명한 다음, 양심의 언어를 교양에서 등장한 분열의 언어와 인륜적 세계에서 등장한 명령(또는 한탄), 도덕적 의식에서 등장한 침묵의 언어와 비교한다.

명령(한탄)의 언어는 인륜적 세계의 자아가 인륜적 실체의 습속을 직접 따르면서 출현한다. 반면 한탄의 언어는 인륜적 세계에서 자신이 침해한 실체로부터 보복당하면서 느끼는 죄의식의 표현에 해당한다. 교양의 세계에서 분열의 언어는 타자와 자신을 번갈아 부정하는 부정성의 표현이며, 도덕적 의식에서 순수한 의무는 아직 현존을 얻지 못하고 사유 속에 폐쇄되므로 침묵의 언어다.

반면 양심의 언어는 양심의 내적 확신에서 직접 출현하면서 양심적 자아를 모든 자아가 이해하고 인정하는 것으로 만들고 이를 통해 자아를 서로 결합하게 해주는 것으로 된다.

3) 언어적 표현 즉 단언은 곧 자기 확신을 직접 드러내므로, 이 단언만이 어떤 것을 순수한 의무로 만들어주는 것이다. 언어만이 양심을 그대로 표현하니, 언어만이 양심에 유일한 실제 행위다. 다시 말하면 양심의 행동이란 직접적 확신을 오직 단언이라는 형식으로 옮겨 놓는 것에 있다. 단언을 넘어선 행동은 이미 양심에서 벗어난 더럽혀진 행동일 뿐이다. 언어만이 나를 타인에게 이해하게 하고 일반화하는 것이니 나는 이런 단언을 통해 인정받게 된다.

654) 〈SK 480:5~481:5〉〈FM 352:8~34〉

의무에 대한 확신에서 행동한다고 단언[Versicherung]하는 것이 과연 **참**인가 또 행동으로 실행한 것이 과연 **참된 의무**인가—이런 의문이나 회의가 양심 앞에서는 아무런 의미도 지니지 못한다. —그런 **단언**이 **참**인가 하는 물음을 보자. 여기서 아마도 전제됐을 것은 즉 내면적인 의도는 밖으로 제시한[vorgegeben] 의도와는 다르다는 것 그럼으로써 곧 개별 자아가 지닌 의욕은 의무 즉 일반적이며 순수한 의식이 지닌 의지로부터도 분리될 수 있다고 하는 가정이다. 여기서 후자[일반적 의지]는 말로 표현된 것이지만, 행동을 위한 참된 추동력으로 되는 것은 전자[내면 의욕]일 것이다. 그러나 일반적 의식과 개별 자아 사이의 이상과 같은 구별은 분명하게 지양됐던 것이며 이런 구별의 지양은 양심에서 이미 이루어진 것이다. 그러므로 자기를 확신하는[gewissen] 자아가 얻은 직접적인 인식은 곧 법칙과 의무며 이때 이런 자아가 의욕 한 것은 바로 그것이 자기가 의욕 하는 것이란 점에서 이미 정의로운 것이다. 여기서 요구되는 것은 오직 자아가 그러한 의욕이 정의로운 것이라는 사실을 알고 있어야만 할 뿐만 아니라 더 나가서 바로 자기의 인식과 의욕이 곧 정의로운 것이라는 사실을 그가 확신으로 갖는다는 점을 말로 표현해야 한다는 것이다. 바로 이와 같은 단언[dieser Versicherung]을 언표하는 것은 자아에서 나오는 특수성의 형식을 그 언어 자체에서[an ihr selbst] 지양한다. 언표는 **자아에 필연적으로 속하는 일반성**을 인정한다. 자아는 그 자신을 **양심**이라고 부르는 가운데 자신을 자기에 관한 순수한 인식이며 또한, 순수한 추상적 의욕으로 부르며 다시 말하면 그 자신을 일반적인 인식이자 의욕이라고 부른다. 양심은 다른 사람들이 마찬가지로 순수한 자기인식이자 의욕이므로 그들을 인정하고 그들과 **같다.** 또한, 양심은 바로 그렇게 일반적 인식이자 의욕이므로 다른 사람들로부터 인정받는다. 정의의 본질은 자기를 확신하는 자아의 의욕 속에 다른 말로 하면 자아가 곧 본질이라는 사실을 자아가 인식하는 가운데 깃들어 있다. ─그러므로 이제 누구든 자기는 양심에 따라서 행동한다고 말한다면 이것은 곧 진실하게 말하는 것으로 된다. 왜냐하면, 양심이란 인식하면서 동시에 의욕 하는 자아기 때문이다. 그러나 이때 그는 반드시 이와 같은 사실을 **말로써 나타내야**만 한다. 왜냐하면, 이때의 자아는 동시에 **일반적인** 자아여야 하기 때문이다. 그런데 이처럼 자아가 일반적 자아로 되는 것은 결코 행동의 **내용**을 통한 것은 아니다. 왜냐하면, 여기서 행동의 내용은 그 **규정성** 때문에 본래[an sich] [양심과] 무관한 것이기 때문이다. 이보다도 오히려 일반성은 다만 행동의 형식[377] 속에 깃들어 있을 뿐이니 이 형식이야말로 참된 것으로 설정[setzen]될 수 있기 때문이다. 이 형식은 다름 아닌 **자아**를 말한다. 여기서 **자아**는 언어 속에서 그 자체로[als solche] 실제로 존재하며 그 자신을 참된 존재로 언표하며 모든 자아를 인정하며 동시에 그 모든 자아로부터 인정받는다.

[해제] 1) 여기서 양심에서 언어의 중요성을 다시 한번 강조한다. 지금까지 헤겔의 논의를 정리하자면 다음과 같다.

① 양심이 확신하는 것이 곧 순수 의무다.

② 양심은 이를 즉각적 행동으로 실현한다. 행동하지 않는다면 양심이라 할 수 없다.

③ 행위는 "그 규정성 때문에 [양심과] 무관한 것이며" 즉 일반적인 순수 의무와 배치된다.

377　여기서 행동의 내용은 의무를 말하지만, 행동의 형식은 실제 행위냐 또는 언어적 행위냐 하는 것을 말한다. 양심에서 행동의 참된 형식은 언어다.

④ 의무의 순수한 표현은 언어밖에 없다. "자아는 언어 속에서 그 자체로 실제로 존재하며 그 자신을 참된 존재로 언표한다." 양심은 행동해야 하므로 그는 자신의 양심을 반드시 행위가 아닌 언어로 표현할 수밖에 없다.

⑤ 언어는 누구나 이해할 수 있게 일반적으로 표현한다. 즉 언어는 "자아의 특수성을 지양하고" "일반성을 인정하게" 한다. 다른 사람 역시 양심적인 한, 그를 인정할 수밖에 없다.

⑥ 양심의 일반성은 행동의 내용 즉 순수 의무를 수행한다는 데 있지 않고 오히려 일반적인 언어의 형식으로 행동한다는 데 있다. 양심은 "언어 속에서 그 자체로 실제로 존재하며" 언어를 통해 "모든 자아를 인정하며 동시에 그 모든 자아로부터 인정받는다."

2) 실제로 헤겔이 말하듯이 우리는 이런 양심적 인간을 자주 본다. 그는 사실 자기가 확신을 지니기 전에는 자기를 말로 표현하지 않는다. 그는 침묵 가운데 자신이 확신을 얻기까지 기다린다. 그는 고민하면서 방황하기도 한다. 어느 새벽에 그는 문득, 거의 근거도 없이, 자기도 모르는 사이에 그런 확신을 지닌다.

그리고 그는 자신의 확신을 다른 사람 앞에서 발표한다. 그는 결의에 차서 자신의 확신을 발표한다. 그는 자신의 말을 그 누구라도 믿지 않을 수 없다고 본다. 왜냐하면, 그가 말로 할 때 그런 결연하게 말했기 때문이며, 그런 결연성은 자신의 내적 확신을 바탕으로 하는 것으로 생각하기 때문이다.

만일 다른 사람이 그를 인정하지 못한다면 그것은 그 사람 자신이 순수한 양심이 아니기 때문이다. 만일 그 다른 사람이 그를 인정한다면 그것은 그가 순수한 양심이라는 사실을 입증한다.

3) 여기서 헤겔이 말한 대로 사실 양심은 말의 순수성에 집착한다. 양심은 자신의 말을 참된 것으로 본다. 그는 자신의 말을 참으로 믿고

또 그의 말에 대한 믿음을 다른 사람에게도 요구한다. '내 말을 믿지 못하겠다는 말이냐?' 그게 그가 자신의 순수성을 입증하는 유일한 방식이다. 그만큼 말은 그의 진심을 표현한다고 믿기 때문이다.

또 그는 타인의 말 역시 중요시한다. 그는 타인의 말을 곧이곧대로 믿는데 거기에 타인의 진심이 드러났다고 본다. 만일 타인이 행동을 잘못한다면 그래도 용서하지만, 말을 잘못하고 자기의 말을 지키지 않는다면 그는 타인의 인간성 자체를 의심한다.

655) ⟨SK 481:6~15⟩⟨FM 352:35~353:2⟩

양심은 일정한 법칙이나 의무가 지닌 각 내용에 대해서 초연한 듯 위엄을 부리는 가운데서 자기 마음이 내키는 대로 임의의 내용을 자기의 인식과 의욕 속에 집어넣는다. 양심은 그 자신의 직접적 인식에서 들려오는 내면의 소리를 바로 신의 소리로 여기니 도덕의 천재다. 이와 같은 천재성은 이런 [직접적] 인식 속에서 바로 그 현존[구체적 내용]을 인식하므로 그는 그 자신의 개념 속에 생동하는 힘을 지닌 신적인 창조력을 지닌 것으로 보인다. 이에 못지않게 또한, 도덕적 천재성은 자기 자신 속에서 행하는 예배를 뜻한다고 하겠으니 왜냐하면, 그러한 천재의 행동은 곧 자기 자신의 신성에 관한 직관을 의미하기 때문이다.

[해제] 양심을 자기가 확신하는 것이 곧 의무며, 그 양심을 즉각적으로 행동하니, 헤겔은 이런 양심을 신적인 존재에 비유한다. 그는 "신적 창조력"을 지닌다. 왜냐하면, 그의 내면의 소리가 곧 신의 소리기 때문이다. 그는 "도덕의 천재"이니 구체적 현존의 본질을 직접 인식한다. 그는 "자기 자신 속에서 행하는 예배"이다. 즉 자기를 신으로 모시는 존재라는 뜻이다.

사실 이런 양심의 문제는 헤겔 당시에 하나의 사건으로 출현했다. 시인 잔트가 1817년 러시아 스파이로 의심되는 코제부를 살해한 사건이다. 이 사건에 대해 낭만주의적인 법학자인 사비니가 양심에서 나오는 일은 그 자체로 정당하다고 주장했다. 헤겔은 『법철학 강요』에서 이런 사비니를 비판한다. 『정신현상학』은 1807년 작성됐으니, 이 사건이 일어나기 훨씬 전이다. 그런데도 헤겔은 그런 사건을 예감하고 있었다 하겠다.

656) 〈SK 481:16~482:22〉〈FM 353:3~35〉

그런데 이처럼 혼자서 행하는 예배는 동시에 본질상 하나의 **공동체**[Gemeinde]가 행하는 예배므로 순수하게 자기 자신만을 **인식**하고 자기의 목소리만을 듣는 내적인 상태가 마침내 의식[Bewußtsein]의 계기 [378]에 도달한다. 자기 자신을 직관[Anschauung]한다는 것은 자신이 **대상적으로** 현존하는 것을 의미한다. 이런 대상적 현존의 지반은 자아의 인식과 의욕을 그것이 지닌 **일반적인 모습** 그대로 표현하는 언표 [Aussprechen]다. 이런 언표 행위를 통해 자아는 타당한[geltende] 자아로 되며 행동도 또한, 완성된 행위로 된다. 자아의 활동[Tun]을 실현하고 존립하게 하는 것은 일반적 자기의식[379]이지만, 양심이 그 자신을 언어로 표현할 때 이 언표는 곧 자기 자신이 순수한 자아며 바로 그렇기에 또한, 일반적인 자아라는 것을 확신한다는 사실을 확립[setzen]한다. 그런데 다른 사람들의 입장에서는 [양심의] 행동은 이런 말[Rede] 때문에 타당한 것으로 된다. 왜냐하면, 말 속에서 그의 본질에 해당하는

---

378 양심의 내적 확신 상태는 고독한 예배다. 양심이 이를 언표하면, 언어를 통해 양심은 자기를 진리로 자각한다. 언어를 매개로 하여 양심의 공동체가 수립된다.

379 일반적 자기의식이란 앞에서도 말했듯이 언어를 말한다.

자아가 표현되고 또 인정되기 때문이다. 다른 사람들을 결합하는 정신
및 실체적 토대는 바로 그들이 자신의 양심이나 선한 의도에 관해 단
언[Versicherung]한다는 데 있으며 서로가 서로를 순수하다고 인정함으
로써 얻은 기쁨에 있으며 또한, 그와 같은 탁월함을 인식하고 표현하며
간직하고 가꾸어 가는 데서 자신이 주권자라는 것[Herrlichkeit]을 즐기
는 데 있다. ―양심이 아직도 그의 **추상적인** 의식을 자기의 **자기의식**으
로부터 구별하는 한,[380] 양심은 자신의 생명을 신의 품속에 **감추어놓았
을** 뿐이다. 사실상 신은 양심의 정신과 심정[Herzen]뿐만 아니라 또한,
양심의 자아에도 **직접** 자기를 드러낸다[gegenwärtig]. 그러나 양심이 보
기에 계시된[offenbar] 것, 실제적 의식과 이 계시된 것을 매개하는 운동
은 신의 품속에 감추어놓은 내면적인 상태나 그렇게 현재화하는 본질
이 직접 존재하는 상태와 전혀 다른 것으로 된다.[381] 그러나 양심이 완성
된 단계에서는 그의 **추상적인** 의식과 자기의식의 구별이 지양될 것이
다. 즉 여기서 양심이 깨닫는 것은 추상적인 의식이 다름 아닌 개별 자
아며 자기를 확신하는 대자 존재라는 사실이다. 또한, 양심이 깨닫는 것
은 그 자체적인 것이 자아의 바깥에 놓이면 추상적 본질이자 자아에 은
폐된 것으로 되지만, 자아가 그런 그 자체적인 것과 맺는 **관계가 직접
적인 것**이기에 양자의 **서로 다름**은 이미 **지양됐다**[382]는 사실이다. 왜냐

---

380 양심이 아직 완성되지 않은 단계니 도덕적 의식의 단계다. 여기서 순수 의
무는 의식 밖에서 제시되는 그 자체 존재다. 헤겔은 이를 '추상적 의식' 또는 "신
의 품속에 감추어놓은 것"이라 한다.

381 내면적 상태, 직접 존재하는 상태는 신의 품속에 있는 도덕적 의식의 단계
며, 계시된 것, 실제적 의식은 도덕적 자기의식의 완성된 단계다.

382 이 구절의 앞부분은 도덕적 의식의 경우를 말하고 뒷부분은 양심의 경우
를 말한다.

하면, **매개적인** 관계는 서로 연관된 것이 한 가지의 것[ein und dasselbe] 이 아니고 서로 **다른** 것이고 제삼자를 통해서만 하나[eins]가 될 수 있는 관계인 반면, 양자의 **직접적인** 관계는 사실 이미 통일된 것[Einheit] 과 다른 것을 뜻하지 않기 때문이다. 그러므로 [양심적] 의식으로서는 하등 구별될 수 없는 것을 여전히 구별하는 사상의 빈곤함을 초탈하므로 이제 본질이 자체 내에 직접 현재화한 것이 다름 아니라 이 본질과 그 자신의 자아가 이미 통일된다는 것을 의미한다는 사실을 인식하며 그러므로 자신의 자아가 바로 생동적으로 운동하는 그 자체 존재라는 사실을 인식하기에 이른다. 이런 의식은 그의 이런 인식이야말로 바로 종교라는 것을 인식한다. 왜냐하면, 종교는 직관된 인식 또는 현존하는 인식[383]으로 되면서 공동체가 자기의 정신에 관해 언표한 것을 의미하기 때문이다.

657) 〈SK 482:22~483:4〉〈FM 353:36~354:12〉

이제 우리는 자기의식이 그 자신의 가장 깊은 내면으로 복귀해 일체의 외면성이 그 자체 소멸해 버렸다는 것을 본다. ─이 내면이란 곧 '자아=자아'라고 하는 직관의 상태니 여기서 나[Ich]야말로 곧 전적으로 본질적인 것[Wesenheit]이면서 현존하는 것[Dasein]으로 된다.* 나

---

383 '직관된 인식', '현존하는 인식'이란 인식이 직관의 대상으로 출현한다는 말이다. 이때 인식은 일반적 정신이 대상화하면서 일어나는 인식을 말한다. 즉 이런 인식은 개인적인 인식이 아니라 공동체 자신 즉 정신의 인식이니, 그런 점에서 정신이 곧 정신을 인식하는 것이다. 정신의 대상화가 언표의 차원에서 일어나는 것이 양심이다. 정신의 대상화가 구체적 현실로 출현하면 절대정신이 된다. 정신의 자기인식이 곧 절대정신인데 그 가운데 직접적인 것이 종교다. 이 절대정신이 자각적으로 되면 절대지가 된다. 이런 설명을 통해 양심과 종교의 비슷함과 차이를 이해할 수 있다.

[Ich]는 이와 같은 자기 자신의 개념 속에 가라앉고 만다. 왜냐하면, 나 [Ich]는 자기의 정점에까지 떠밀려 나갔기 때문이다. 이 정점에서 나를 실재하게[real] 만들거나 반대로 **의식**에 머무르게 하는 힘은 즉 구별된 계기들은 우리가 보기에 이와 같은 순수한 극단에 이르는 것만은 아니다. 오히려 여기서는 나[Ich]의 대자 존재의 계기와 나에서 **그 자체 존재**의 계기 그리고 나의 **현존**이라는 계기가 증발하면서 추상화된 상태[Abstraktionen][384]로 된다. 그리하여 각 추상화된 계기들은 나[Ich]의 의식에 대해서 어떤 지속성도 어떤 실체도 지니지 못한다. 그리하여 지금까지 의식에 대해 본질로 여겨졌던 모든 것이 이와 같은 추상화된 계기로 복귀하기에 이른다. ―나[Ich]의 의식은 이런 순수성으로까지 순화되면서 가장 빈곤한 형태[385]로 됐으니, 이 의식이 유일하게 소유하는 것인 이런 빈곤은 다름 아닌 소멸을 뜻한다. 그러나 [인륜적] 실체를 해체하기에 이른 나[Ich]의 절대적 **확신**은 동시에 절대적 **비 진리** 즉 자체 내에서 이미 붕괴한 것이기도 하다. 나[Ich]의 **의식**은 바로 이런 절대적 자기의식으로 가라앉고 만다.

*FM주 〈353:37~354:1〉 헤겔은 여기서 학문론의 첫 번째 원칙(피히테J. G. Fichte, 『전체 학문론의 토대』, §1)과 함께 피히테의 지적 직관에 관한 개념을 고려한다. 예를 들어 다음을 참조하라: 피히테J. G. Fichte, 『도덕론의 체계』, 『전서』, 4권, S. 47.

[해제] 1) 우선 헤겔은 양심을 통해 수립되는 양심의 공동체에 관해

---

384 각 계기가 풍요로운 내용과 차이를 잃고(추상화된 상태) 구별 없는 합일 상태에 들어 있음을 의미한다.

385 빈곤한 상태는 곧 구별이 사라진 합일 상태를 말한다.

설명한다. 양심의 개념을 다시 한번 정리하자면, 양심은 자기가 확신하는 것이 의무고, 그 의무를 즉각적으로 실행한다. 그런데 이런 행동은 실제 행동으로 나가지 못하고, 다만 언표에 머무른다. 이 언표만이 유일하게 완성된 행위다. 왜냐하면, 오직 언표 속에서만 양심은 자신을 자기가 확신한 그대로 표현할 수 있기 때문이다. 헤겔은 이런 양심의 개념으로부터 여러 가지 결론을 끌어낸다.

2) 우선 언표 이전의 양심 즉 내적 확신 상태에 머무르는 양심은 일종의 멍한 상태다. 그러나 언표에 이르면 양심은 자신의 현존을 눈앞의 대상으로 보면서 자기를 자각한다.

이 언표 속에 나타난 그의 모습은 그가 확신하는 일반적 의무를 실현하는 자아의 모습이다. 그러므로 언표를 통해 자아는 타당한 자아로 되고, 누구나 인정하는 일반적 자아가 된다. 다른 사람 역시 양심이 말하는 언표를 보고 그가 참으로 양심적으로 행동하는 존재라고 믿는다.

3) 이런 언표를 통해 양심적 공동체가 출현한다. 헤겔은 그 모습을 이렇게 그려낸다. 즉 이들은 서로 단언하는 것을 통해 자기의 진정성을 표현하며, "서로가 서로를 순수하다고 인정함으로써" "서로의 탁월함을 인식하며" 그 자신이 "자신이 주권자라는 것을 즐긴다."

4) 헤겔은 이런 양심의 통일 상태를 종교라고 말한다. 왜냐하면, 양심에 이르러 처음으로 일반적 자아가 구체적으로 대상화되기 때문이다. 여기서 일반적 자아가 인식된다. 이것이 곧 '직관된 인식', '현존하는 인식'이다. 이런 인식을 통해 이 인식을 공유하는 공동체가 출현한다. 이것을 거꾸로 말하자면 공동체가 주체가 된 인식이 출현한다. 그 인식은 일반적 자아의 대상화를 통한 인식이니, 여기서 정신(즉 주체로서 공동체)이 정신 자신(대상화된 공동체)에 대한 인식이 출현한다.

양심이 공동체의 자기인식이 출발하는 지점이지만, 여기서 정신의 대상화는 언어적 표현에 그친다. 정신의 대상화가 구체적 현실(교회, 국가)로 출현하면 절대정신이 된다. 정신의 자기인식이 곧 절대정신인데 그 가운데 직접적인 것이 종교다. 이 절대정신이 자각적으로 되면 절대지가 된다.

이런 설명을 통해 양심과 종교의 비슷함과 차이를 이해할 수 있다. 양심과 종교는 정신의 직접적인 자기인식이라는 점에서 서로 같다. 다만 양심은 언어적 차원에서 일어난 인식일 뿐이지만, 종교는 표상(환상)을 통해 일어나는 인식이라는 점에서 차이가 있다. 양심은 나중에 출현하는 절대정신으로서 종교와 다른, 다만 언어상에서 이루어지는 종교이다.

5) 헤겔은 위에서 양심의 공동체를 설명한 다음 마침내 양심의 한계를 비판하는 데로 나간다. 헤겔은 우선 양심은 순수한 내적 합일 상태임을 설명한다.

아직 도덕적 의식의 단계에 있을 때, 즉 양심이 신의 품속에 있는 상태에서는 의무와 자아는 분리된다. 의무는 자아 바깥에서 제시되는 것이다. 그러나 양심이 언어를 통해 실현된 자기의식의 단계 즉 양심이 완성된 단계에서는 순수 의무와 자아의 구별이 제거된다. 여기서 순수 의무와 그 자신의 자아가 통일되면서 "그 자신의 자아가 곧 생동적으로 운동하는 그 자체 존재가 된다."

6) 양심은 언어를 통해 자신의 본질을 표현하며, 이 본질은 모든 양심이 다 인정하는 일반적 본질로 된다. 이 일반적 본질이 마침내 현존한다. 마침내 가장 깊은 내면에 있는 일반적 자아가 구체적으로 출현했으니, 이 본질이 곧 순수 의무 또는 일반적 자아다. 그러므로 양심은 곧 나는 곧 나라는 상태다. 즉 그 자체 존재로서 나, 대자 존재로서 나(자아)와 현존으로서 나가 양심의 자기 확신 속에서 통일된다. 양심의 자아 앞에서 더는 이런 구분 즉 그 자체 존재나 자아, 그리고 현존도 "어떤 지속성이나 어떤 실체를 지니지 못하게" 된다. 그것들은 내용을 잃고 증발해

추상화된 상태가 되며, 오직 구별 없는 양심의 자아만이 존재한다.

7) 그 결과 개별 자아는 "가장 빈곤한 형태가 됐다." 모든 구별은 해소되고 자아의 자기와 같음 속으로 침몰하고 만다. 양심이 소유하는 이런 빈곤은 "다름 아닌 소멸을 뜻하며" 나의 절대적 확신은 이미 "그 자체 내에서 붕괴한" "절대적 비 진리"다.

낭만주의자는 실제로 자신은 아주 깊고 그 속에서 모든 풍요가 포함된다고 말한다. 그는 무게와 깊이를 갖춘 존재처럼 보이지만, 그는 아무런 깊이도 무게도 없다. 그는 마치 무엇인가가 있는 듯이 어떤 물음에 대해서도 하나의 아주 모호하고 모든 의미로 해석이 가능한 말, 예를 들어 '아!'이나, '음!'과 같은 말만 되풀이한다.

658) 〈SK 483:5~484:9〉〈FM 354:13~355:6〉

이제 의식[양심]이 자기 자신 내로 침몰하는 모습을 밝혀 본다면 오직 의식에서는 **의식**이 **인식**하는 한에서의 **인식**이 **그 자체로** 존재하는 **실체**가 된다. 더욱이 의식은 어디까지나 의식이므로 의식에 본질로 되는 대상과 의식 자신의 대립으로 분리된다. 그러나 이런 대상이야말로 전적으로 투명한 것, 다시 말하면 바로 **의식 속의 자아**에 지나지 않고 의식이란 오직 그 자신에 관한 인식이다. 이제 온갖 삶뿐만 아니라 정신을 이루는 본질적 규정[Wesenheit]조차도 빠짐없이 이런 자아 속으로 복귀함으로써 마침내 이 모든 것은 자아 자체와 다른 것이라는 성격을 상실하기에 이른다. 그리하여 이제 의식에 속한 모든 계기는 극단적으로 추상화된 것으로 되며 그 어느 것도 제자리에 머무르지 않으며 오히려 계기마다 자기와 다른 계기 속에서 자기를 상실하면서 그 다른 계기를 산출하는 것으로 된다. 이런 의식은 불행한 의식에서와 같은 자기 교체

[386]다. 불행한 의식에서 이런 자기 교체는 [불행한] 의식의 내면에서 바로 이 의식 **자체에 대해서** 진행되는 것이고 다만 잠재적으로만[an sich] 이성의 개념일 뿐이고 자기를 자각하면서 비로소 이성의 개념으로 된다. 그리하여 의식[양심]의 차원에서 자기 자신에 관한 절대적 확신은 확신 자신이 보기에는 그의 대자 존재가 대상화된 것으로 즉 언표하는 것으로 직접 전환한다. 그러나 이와 같은 의식이 산출한 세계란 오직 그 자신의 **말**[Rede]일 뿐이니, 이 말은 의식이 말하는 것에 못지않게 의식이 직접 듣는 것이어서[vernehmen] 그 메아리는 자기에게로 되돌아올 뿐이다. 따라서 이런 자기 내로 복귀하는 대상[387]은 의식이 그 대상 속에서 **그 자체로 자기에게 나타난다는**[an und für sich] 의미를 지니지 않는다. 왜냐하면, [양심적] 의식에서 본질은 결코 **그 자체로** 존재하는 것이 아니라 오직 의식 자체일 뿐이기 때문이다. 이에 못지않게 [양심적] 의식은 또한, **현존**하지도 못한다. 왜냐하면, 양심에서 대상적인 것은 실제로 존재하는 자아를 부정하는 것[388]이라는 의미를 지니는 데 이를 수 없을 뿐만 아니라 이와 마찬가지로 실제로 존재하는 자아가 실현되지

---

386 불행한 의식은 자아와 대상이 현실에서는 대립하지만, 피안에서 통일된다. 대립과 통일이 직접 결합하면서, 불행한 의식은 현실에서의 대립에 만족하지 못해 피안으로 건너가지만, 피안에서 통일에 불만을 품고 다시 현실로 돌아오기를 거듭한다. 반면 양심은 사유에서는 순수 의무와 자아가 통일되고 실제 행위에서는 양자가 대립한다. 양심에서 사유에서의 통일과 실제 행위에서의 대립이 끊임없이 교체한다.

387 양심의 언어는 사실 오직 자기만이 듣는 것이므로 자기 내로 복귀한다고 한다.

388 양심의 언어는 자아의 내적 확신을 표현하지만, 실제 행동과 달리 자아를 넘어서지 못한다.

도 않기 때문이다. 이런 [양심적] 자아에는 외화[外化] 하는 힘, 즉 그 자신을 사물로 만드는 힘, 존재를 감내하는 힘이 없다. 이런 자아는 그 자신의 내면이 지닌 존엄을 행동과 현존을 통해 더럽히지 않을까 하는 불안 속에서 살아가며 이런 자기의 심정[Herzen]이 지닌 순수성을 보존하기 위해 현실과의 모든 접촉을 피한 채, 자만에 빠진 체[eigensinnigen] 무기력 속에 머무를 뿐이다. 이런 무기력 때문에 이런 자아는 궁극적인 추상 상태로[389]까지 첨예화된 자아를 거부할 수도 없고 그 자신에게 실체성을 부여할 수도 없으며 자기의 사유를 존재로 전환할 수도 없고 그 자신을 절대적인 구별에 내맡길 수도 없다. 이렇듯 자아가 스스로 산출해 내는 것은 무의미한[hohle] 대상일 뿐이니, 자아는 한낱 비어 있음[Leerheit]만을 느끼는 의식으로 채워져 있을 뿐이다. 이런 자아가 수행하는 활동은 동경일 뿐이다. 이 동경은 자아가 자신을 비본질적인 대상으로 구현하는 가운데 오히려 자기를 상실하며 나아가서 이와 같은 상실을 넘어서고자 해도 다시 자기로 되돌아오는 가운데 다만 자기가 이미 상실됐다는 사실만을 바라보는 동경이다.[390] ─마침내 자아가 간직하는 각 계기가 이처럼 투명한 순수성 속에 머무르면서 여기서 불행하면서도 **아름답다고 말하는 영혼**이 등장한다. 이 영혼은 자체 내에서 점차 가물거리다가 형태 없는 아지랑이와도 같이 소멸해 허공으로 날아가 버리고 만다.*

*FM주 〈355:4~5〉 당시 문학에 널리 유포된 '아름다운 영혼'이라는

---

389 내적 확신의 무 구별 상태를 말한다.

390 헤겔이 여기서 낭만주의자의 아이러니 개념을 비판하는 것으로 보인다. 슐레겔은 아이러니는 끊임없이 자기를 초월하면서 순수한 자유에 머무르려 하는 것이라고 규정한다.

개념에서 헤겔이 괴테와 특히 야코비의 표현을 염두에 두었을 것이다. 참조: 괴테Johann Wolfgang von Goethe, 『빌헬름마이스터의 수업시대』; 야코비 F. H. Jacobi, 『아름다운 영혼의 고백 볼데마르』

[해제] 1) 앞의 구절에 이어서 여기서 낭만주의에 대한 헤겔의 비판은 정점에 이른다. 앞에서는 낭만주의의 유일한 산물은 언어인데, 비록 이것을 통해 양심의 공동체가 수립된다고 하더라도 이런 산물은 빈곤한 형태라고 비판했다. 이 구절에서 헤겔은 이 비판을 더 발전시킨다.

우선 양심은 자기 확신 속에 머무르고 있으므로 그의 모든 계기는 자기 확신을 벗어나지 못한다. 그렇다고 양심인 한에서 자기 확신에 머무르지도 못한다. 양심은 의무를 실제 행위로 실행해야만 양심으로서 자격을 갖기 때문이다.

그러므로 헤겔은 양심은 불행한 의식과 닮았다고 한다. 불행한 의식이 자아와 대상의 대립과 통일이 차안과 피안으로 나누어져 있어서 그 어디에도 머무르지 못하고 끊임없이 반대편으로 전도한다. 양심도 마찬가지로 내적 확신에서 의무와 자아의 통일과 외적 행위에서 대립이 나누어져 있다. 그 결과 양심은 내적 자아와 외적 행위 사이에서 끊임없이 전전반측할 뿐이다. 양심의 각 계기는 자기 확신을 구성하는 추상적 계기에 지나지 않으면서, 그 어느 계기도 "제자리에 머무르지 못하고" 자기를 상실하면서 다른 계기를 산출할 뿐이라고 말한다.

2) 이런 양심은 언어를 넘어 실제로 존재하는 행동으로 나가지 못한다. 실제로 행위한다면 그 산물은 특정한 것으로 되면서 순수 의무의 실현으로 되지 못하고 오히려 그의 주관적 욕망의 실현으로 전락하기 때문이다. 결국, 양심은 자기를 언어로 실현하는 데 머무를 뿐이다. 그러나 이런 언어조차 "자기만이 직접 듣는 것이어서" "그 메아리가 자기에게로 되돌아올 뿐이니" 순수 의무의 실현으로 인정되지 못한다.

양심의 개념은 즉각적인 행동이다. 그런데도 "내면이 지닌 존엄을 행동과 현존을 통해 더럽히지 않을까 하는 불안 속에서 살아가면서" 자신의 순수 자아의 내적 확신을 보존하기 위해 결국, 행동을 거부한다. 자기 확신에 머무르는 양심으로서는 어떤 행동으로도 나갈 수 없다. 양심적 자아에는 이런 "외화[外化] 하는 힘, 그 자신을 사물로 만드는 힘, 존재를 감내하는 힘"이 없다.

이런 양심에 남은 유일한 것은 동경이다. 이런 동경은 자기가 행동하면서 자기 즉 순수 의무를 상실한 것에 대해 "이 상실을 넘어서고자 하지만," 이루지 못하고 "다만 자기가 이미 상실됐다는 사실만을 바라보는" 것을 말한다. 이것은 헤겔이 당시 낭만주의자 슐레겔이 제시한 아이러니 개념을 비판한 것으로 보인다. 슐레겔은 자아가 순수한 실현 상태에 도달하려면 자신이 대상으로 만든 것을 무한히 다시 부정하는 운동을 전개해야 한다고 한다. 그는 자기가 만든 것을 스스로 파괴해야 하는데 이것이 곧 아이러니의 개념이다. 헤겔은 이런 양심의 행동에서 대상은 "무의미한 대상"이며, 동경이란 오직 "비어 있음만을 느끼는 의식"이라고 한다.

3) 헤겔은 양심은 결국, 그 스스로까지도 부정하지 않을 수 없다고 한다. 왜냐하면, 삶이란 것이 매 순간 하나의 행동이기 때문이다. 구체적 현실에서 어떤 행동도 자기를 상실하는 것이니 그는 이상적 사회를 동경한다. 그런 이상 사회에서는 자신의 행동은 자신의 진실 그대로 실현될 것이라고 믿는다. 여기서 이런 동경이 바라보는 것은 이상 사회지만, 그 동경 속에서 그가 직면하는 것은 자기가 상실됐다는 사실일 뿐이다. 행동을 거부하고 부정하면서 순수한 자아에 머무르고자 한다면 결국, 그는 삶 자체를 부정하지 않을 수 없다. 그는 "자체 내에서 점차 가물거리다가 형태 없이 사라지는 아지랑이와도 같이 소멸해 허공에 날아가 버리려" 하는데, 이것이 곧 "불행하면서도 아름답다고 하는 영혼"이

다.

659) 〈SK 484:9~485:8〉〈FM 355:7~33〉

　그러나 생명이 증발하고 남은, 골수가 빠진 본질 규정들이 침묵 속
에서 서로 융합하는 모습[Zusammenfließen]은 이제 양심이 있게 된 **현
실**[Wirklichkeit]이라는 또 다른 맥락 속에서 그리고 양심이 전개하는 운
동의 **현상** 속에서 다루어질 수 있다. 다시 말하자면 양심을 행동하는 자
의 측면에서 고찰해 보자. ―그런데 이런 행동하는 양심적 의식의 **맞수**
[gegenständliche]로 되는 계기는 바로 위에서[391] 일반적인 의식으로 규정
됐다. 자신을 스스로 인식하는 자는 **개별** 자아므로 그 밖에 다른 자아와
는 구별된다. 그리하여 언어라는 지반에서 모두가 서로 양심적으로 행
동한다고 인정하지만, 이런 모두가 같게 여겨지는 지반은 개별적 대자
적 자아 사이에서 나타나는 서로 같지 않은 상태로 해체됨으로써 각 대
자 존재는 자신의 일반적 지반에서 벗어나는 것과 동시에 곧바로 자체
내로 반성한다. 개별자는 이를 통해 또 다른 개별자에 대해 그리고 일
반자에 대해 필연적으로 대립하니 이제 이런 대립의 관계와 이런 관계
에서 비롯되는 운동을 고찰해야만 하겠다. ―달리 말하자면 일반적 의
무[diese Allgemeinheit und die Pflicht]는 자기와 곧바로 대립하는 의미 즉
일반적 의무의 예외로 되는 특정한 **개별적** 의미를 지닌다. 이런 개별
적 의미에 비춰 볼 때 순수 의무의 일반성이란 단지 **겉**과 **속**이 다른 일
반성[die an die Oberfläche getretene und nach außen gekehrte Allgemeinheit]
일 뿐이다. 이렇게 볼 때 그것은 말로만 일반적 의무지 [실제로는] 어떤
대타 존재로 여겨진다. 그런데 양심은 처음에는 이와 같은 **특정한 방식
으로 눈앞에 나타난**[vorhanden] 의무를 **부정하는** 태도를 보이는 까닭에

391　648 구절에 "행동을 의무로 인정하는 일반적 의식"이라는 표현이 나온다.

그 자신은 이런 특정한 의무와는 무관하다[frei]고 여긴다. 그러나 양심은 텅 빈 의무를 **자기 자신으로부터 취해진 특정한** 내용으로 채우는 가운데 **개별** 자아로서 **자신이** 스스로 내용을 만들어내는 것을 긍정적으로 의식한다. 양심에서는 그 자신의 순수한 자아란 다만 텅 빈 인식에 그치니, 그의 순수한 자아는 아무런 내용이나 규정도 지니지 않고 양심이 자아에 부여하는 내용은 양심이 특정한 **개체**에 그치는 자신의 자아로부터 취하는 것이며 즉 자연적인 개체성으로서 자신으로부터 취하는 것이다. 따라서 양심은 자기의 행동이 양심적이라고 언표하는 데에서는 그 자신이 순수 자아라는 것을 의식하지만, 그의 행동이 취하는 **목적**으로 되는 실제 내용을 통해서는 자신이 특수한 개별자임을 의식한다. 그러므로 양심은 대자 존재로서 자신과 대타 존재로서 자신 사이의 대립을 의식하며 다시 말하면 양심은 이때 일반적 의무와 이런 의무로부터 자기 내로 반성한 존재[392] 사이의 대립을 의식한다.

[해제] 1) 이제 헤겔은 양심이 현실 속에서 실제로 어떤 운동을 벌이는지를 고찰한다. 이런 현실 속에서 양심은 서로 대립하는 두 가지로 분화된다. 하나는 행동하는 양심이고 다른 하나는 일반적 의식(또는 평가하는 의식)이다.

양심의 경우 일반적 의무는 개별 자아가 확신하는 것이니, 양심 속에서는 양자가 합일하지만, 실제 행동에서는 양자는 분열된다. 구체적 현실에서 일어나는 실제 행동은 개별 자아가 지닌 특정한 목적을 실현하는 것이니 이를 긍정하면서 순수 의무를 떠나 행동으로 나가는 쪽이 행동하는 양심이다. 반면 여전히 순수 사유에 머무르면서 의무의 일반성

---

392 양심이 자기의 행위를 반성한 결과를 말한다. 그 결과 행위는 겉으로는 일반적 의무의 실현으로 보이지만, 실제로는 개별적 목적의 실현이라는 것이 밝혀진다.

을 강조하면서 현실적 행동을 비판하는 쪽이 곧 일반적 의식이다. 앞에서 도덕적 의식에서 순수 사유와 실제 행동이 대립했는데, 양심의 내적 확신에서는 양자가 통일됐으나 실제 행동에서 양심은 다시 두 대립하는 쪽으로 분열된다.

2) 양심의 이런 이중화는 자기의식 장에서 자기의식이 주인의 자기의식과 노예의 자기의식으로 이중화한 것과 대응한다. 원래 개념적으로 자기의식은 삶과 통일됐다. 이런 자기의식은 현실에서 분화하는데, 주인은 자기의식에 관한 주관적 확신에 머무르며, 노예의 의식은 자기의식을 버리고 육체적 삶으로 수축한다.

마찬가지로 양심도 도덕적 자기의식으로서 개념적으로는 의무와 현실이 통일됐으나 실제 현실에 부딪히면, 두 가지로 이원화한다. 그 하나는 순수한 의무에 머무르는 양심 즉 일반적 의식이며 다른 하나는 현실로 나가는 행동하는 양심이다. 전자가 주인에 해당한다고 보면 후자는 노예에 해당한다고 볼 수 있다.

3) 그 가운데 우선 행동하는 양심을 보자. 행동하는 양심으로 볼 때 일반적 의무는 현실에 적합하지 않다. 이런 행동하는 의식에서는 말과 행동이 구별된다. 말은 순수한 의무를 실현하는 것이지만, 행동은 개인적 욕망을 수행한다. 그의 의도(일반적 의무 욕망)와 남들에게 실제로 보이는 것(특정한 목적)은 여기서 대립한다.

양자의 모순은 행동하는 양심 속에서 합리화되는데, 양심인 한 그는 일반적 의무를 부정할 수는 없고 다만 하나의 예외를 설정한다. 현실에서 그는 항상 이런 예외적인 의무를 추구한다. 사실 이런 예외적 의무는 그 자신의 자연적 욕망에서 나오는 것인데도 그는 이를 어디까지나 일반적 의무를 수행하는 것으로 여긴다. 그러므로 헤겔은 이런 행동하는 양심은 겉과 속이 다른 존재라고 한다.

4) 이하에서 전개되는 행동하는 양심과 일반 의식 사이의 논쟁은 헤

젤이 야코비의 소설 『볼데마르』에서 힌트를 얻었다고 한다. 참고삼아 그 줄거리를 간단하게 소개하겠다.

　부유한 상인 호르니히는 세 딸이 있다. 그 가운데 막내가 헨리에타인데, 둘째 언니와 결혼하기로 한 비더탈의 동생이 볼데바르이다. 그는 형의 초대로 호르니히의 집에 방문했다가 헨리에타를 만나 사랑한다.

　호르니히와 더불어 그 집의 나머지 대부분 사람은 세속적이고 계산적인 방식으로 행동하지만, 볼데마르와 헨리에타만은 선을 위해 기꺼이 살아가려 한다. 그 가운데 헨리에타는 즉흥적으로 행동하는 스타일이지만, 볼데마르는 내성적인 인물이다.

　볼데마르는 헨리에타를 사랑하면서도 결혼하지 않으려 한다. 감각적 욕망으로 순수한 사랑을 더럽히지 않게 하기 위해서다. 그러나 헨리에타는 볼데마르의 판단을 인정하면서도 내심 불만을 갖는다. 헨리에타로서는 감각적 욕망을 사랑으로 극복하는 것이 어렵지 않다고 생각하기 때문이다. 여기서 헨리에타가 행동하는 양심이라면, 볼데마르는 일반적 의식이다.

　헨리에타의 제안으로 볼데마르는 육체적으로는 다른 사람과 결혼하고 헨리에타와는 우정을 지키면서 남매처럼 그러나 셋이 함께 살아가기로 약속한다. 볼데마르는 친척인 알비나와 약혼한다.

　호르니히의 상인적 감각으로 보면 볼데마르는 철들지 못한 인간이다. 그는 임종 직전 헨리에타에게 결코 볼데마르와 결혼하지 않겠다는 서약을 받으려 한다. 헨리에타는 아버지의 요구에 저항했지만, 끝내 굴복해 아버지가 요구한 대로 서약한다.

　볼데바르는 헨리에타의 서약을 전해 듣고 분노한다. 그는 헨리에타가 순수한 사랑을 배신했다고 판단한다. 헨리에타는 볼데마르의 형인 비더탈을 통해 볼데마르의 분노를 전해 듣자 볼데마르가 자신의 고매함만을 뽐내는 위선자라고 판단한다. 두 사람이 서로 오해하는 가운데 두 사람은 서로에 대해 불신하면서 냉담한 관계로 된다. 두 사람 사이에 헨리에타의 자매들과 비더탈의 노력을 통해 오해가 풀리게 된다. 먼저 헨리에타는 자신이 볼데마르를 위선자로 판단한 것에 대해 사과한다. 볼데마르는 헨리에타의 사과를 듣고 나서, 그 역시 자신의 오해에 대해 사과한다.

소설『볼데마르』에서 야코비가 제시한 화해는 뜬금없다. 헤겔은 야코비 식의 화해와는 다른 장식의 화해를 발견하려 한다. 그것이 곧 절대정신이다.

660) 〈SK 485:9~27〉〈FM 355:34~356:10〉

행동하는 양심에서 등장하는 대립이 내면적으로는 이상과 같이 표현된다면[393] 동시에 외면적으로는 현존의 지반에서 서로 같지 않은 상태를 의미한다. 즉 하나의 현존이 지닌 특수한 개별성이 다른 개별자에 대해 지니는 서로 같지 않은 상태[394]다. -[행동하는] 양심이 지닌 이런 특수성의 근거는 의식을 구성하는 두 개의 계기인 자아와 그 자체 존재 [Ansich]가 의식 속에서 **불균등한 가치**를 지닌다는 데 있다. 즉 그 특수성의 근거는 이 두 계기를 의식 속에서 지닌 규정을 따라서 볼 때 자기 자신에 관한 확신이 본질로 되며 그것에 대립하는 **그 자체 존재** 또는 **일반자**[의무]는 한낱 계기로 여겨진다는 데 있다.[395] 그러므로 현존의 지

393 바로 앞에 언급한 "일반적 의무와 이런 의무로부터 자기 내로 반성한 존재" 사이의 대립을 말한다.

394 하나의 행위는 사람이 그것을 보는 맥락에 따라 다른 것으로 여겨진다.

395 행위자가 보면 자기 행위는 의무의 실현이지만, 다른 사람이 볼 때는 개인적 욕망의 실현으로 여겨진다. 실제 행위자는 진심이더라도, 다른 사람은 행위자를 위선으로 여길 수 있다. 행위자에서는 내적 확신이 중요하며, 다른 사람에서는 의무가 중요하다.

반[396]과 일반적 의식은 그런 내적 규정과 대립한다. 왜냐하면, 이 일반적 의식에서는 오히려 일반성 즉 의무가 본질이며 그에 반해서 개별 자아는 일반적인 것에 대립하는 대자적인 것[für sich]이기에 다만 지양된 계기로만 여겨지기 때문이다. 그러므로 의무를 지키는 [일반적] 의식으로 볼 때는 첫 번째 행동하는 의식은 **악**으로 여겨진다. 왜냐하면, 이 첫 번째 의식[행동하는 양심]에서 **내면**[Insichsein][397]이 일반적인 것[의무]과 같지 않기 때문이다. 그런데도 이 첫 번째 의식은 자기의 활동을 곧 자기 자신과 같은 것 즉 의무며 양심적인 것으로 언표한다는 점에서 의무를 지키는 의식은 심지어 이 첫 번째 의식을 **위선**으로 여긴다.

[해제] 1) 앞에서 헤겔은 행동하는 양심의 내적 대립을 설명했다. 행위는 내적 확신에서는 순수한 의무에서 출발한 것이지만, 그 행위에 대한 반성에서는 개별적인 것에 지나지 않는다. 헤겔은 이제 행위가 사람에 따라 다르게 평가된다는 사실에 주목한다.

이런 현존하는 행위는 하나의 행위더라도, 다른 맥락에서 규정될 수 있다. 행동하는 양심에서 자기의 행위는 순수한 의무의 실현으로 된다. 그에게 자신의 내적 확신이 본질적인 것이기 때문이다. 반면 일반적 의식에서는 행동하는 양심의 행위가 다르게 평가된다. 그는 자신의 판단에 따라 그 행위를 평가하면서 그런 행위가 순수한 의무를 위배했다고 평가한다. 그에게는 행위자의 내적 확신이 아니라 순수 의무가 중요한 것이기 때문이다.

2) 그러므로 일반적 의식은 행동하는 양심에 대해 대립하면서 행동

---

396 실행된 행위를 말한다.

397 논리학 현존 장에서 나오는 '내재 존재'는 어떤 것이 지닌 일반적 규정을 말한다. 그러나 여기서 '내재 존재'는 자아의 주관적 확신 속에 있는 것을 의미하는 것으로 보인다.

하는 양심을 악으로 규정한다. 왜냐하면, 행위자가 주장하는 행위의 내적 본질은 일반적 의식 자신이 평가하는 행위의 내적 본질과 다른 것이기 때문이다. 일반적 의식에게 이런 행동하는 양심은 위선이다. 왜냐하면, 일반적 의식은 행위자가 자신과 마찬가지로 그 행위의 본질이 순수 의무가 아니라는 사실을 알면서도 그런 것이라고 주장한다고 오해하기 때문이다. 일반적 의식은 행위자가 자신의 행위가 진심으로 순수 의무의 실현이라고 생각할 수 있다는 것을 무시한다.

3) 여기서 다루어진 순수 양심과 행동하는 자아의 대립은 역사에서 여러 가지 형태로 나타난다. 가장 가깝게는 역사를 보는 지식인과 정치인의 대립이다. 지식인은 항상 행위의 목적이 순수한가를 먼저 고려한다. 반면 정치인은 실제로 행동하는 것을 강조한다. 전자는 대체로 행위에 나가지 않고 말로 자신의 양심을 토로하는 것에 그친다. 반면 후자는 실제 행동을 위해 현실을 고려하므로 그의 행위가 개인적 욕망에서 나온 것인지 양심을 실현하기 위한 것인지 모호해진다.

이에 대한 단적인 예가 나폴레옹에 대해 두 지식인이 서로 대립적으로 평가했다는 사실이다. 베토벤은 나폴레옹이 자유 헌법을 반포하는 등 프랑스 혁명의 이념을 실현하는 것을 보고 감동해 영웅 교향곡을 작성했다. 하지만 나폴레옹이 황제에 등극했다는 소식을 듣고 그 교향곡을 찢어 버린다. 반면 헤겔은 나폴레옹에 대해 마상의 세계정신이라고 평가하면서 그를 세계사적 영웅으로 여겼다. 베토벤과 헤겔은 나폴레옹의 행위가 지닌 두 가지 측면을 서로 다르게 파악한 것이다.

661) 〈SK 485:28~486:11〉〈FM 356:11~25〉

이상과 같이 두 의식 사이에 전개된 대립의 **운동**은 일단 내면의 측면에서[in sich] 악한 존재[행동하는 양심]와 이 악한 존재가 언표하는 것 사이의 같음을 형식적인 측면에서는 회복하는 운동으로 볼 수 있다.

이제 이 의식의 내면이 악이며, 이 점에서 이 의식의 현존이 그의 본질[악]과 같다는 사실이 전면에 드러나야 한다. 즉 **위선**의 정체가 **폭로**돼야만 할 것이다. -그런데 이처럼 위선에 들어 있는[vorhanden] 서로 같지 않은 상태가 서로 같은 상태로 복귀하는 일은 흔히 사람들이 말하곤 하듯이 아래와 같이 가면을 이용하는 것을 통해 해결되지 않는다. 즉 위선이 의무나 덕성을 지닌 체하면서 이 **가상**을 다른 사람의 의식에 대해서 못지않게 자기 자신의 의식에 대해서도 가면으로 이용한다는 것을 통해서는,[398] 즉 의무나 덕성에 대한 자신의 존중을 입증하려[beweise] 하는 것을 통해서는 위선의 상태가 서로 같은 상태로 복귀되지 않는다. 자기나 타인의 의식이 대립하는 것들[내면의 악과 그의 언어]을 인정하는 것[399] 속에 그 자체로[an sich] 같음과 합일이 들어 있다는 말인가? -그러나 동시에 위선은 심지어 언어로 행해지는 이런 인정으로부터 이미 벗어나서 자기 내로 반성한다.[400] 위선은 **그 자체적인 것**[의무]을 한낱 **타인에게 보여주는 것**[Sein für Anderes]으로 이용한다. 위선 그 자신이 그 자체로 존재하는 의무를 경멸함과 아울러 그 자체적 의무가 비본질적이라는 점을 만인에게 드러낸다는 사실이 위와 같은 이용 속에 이미 함축된다. 왜냐하면, 그 무엇이든 그것을 외적인 도구로 쓴다면 이는 그것이 그 자신 속에 고유한 무게를 지니지 않은 사물이라는 사실을 입증하는 것이기 때문이다.

662) <SK 486:12~486:36><FM 356:26~357:7>

---

398 내면은 의무인데 행위는 그에 못 미치기는 하지만, 자신도 최선을 다해 의무를 수행한 것이라고 주장하는 것을 말한다.

399 가면을 쓴다는 것 자체가 이미 인정한다는 것을 의미한다.

400 본래 악함에도 가면을 이용해 자신의 선함을 인정하게 하는 것은 선 자체를 수단으로 삼으니, 그 자체가 선을 경멸한다는 사실을 폭로한다는 뜻이다.

이밖에도 [내면과 언표의] 같음 상태를 회복하기 위해 악한 의식[행동하는 양심]이 일방적으로 자기 입장만을 고집한다고 해서 되는 것도 아니며 또는 일반적 의식이 이를 악으로 판단한다고 해서 되는 것도 아니다. —만약 전자[행동하는 양심]가 자기가 의무의 의식과 대립한다는 사실을 부인하고 다시 말하자면 후자[일반적 의식]가 이 악한 의식을 사악한 것으로 언표하거나 일반적인 의무와 절대적으로 같지 않은 것으로 언표할 때 오히려 자기[행동하는 양심]는 내적인 법칙과 양심에 따라 행동한다고 주장한다 할지라도 이것은 일방적으로 자기의 같음을 확신하는 것에 지나지 않으니, 여기에는 여전히 그[행동하는 양심]와 그의 타자[일반적 의식]가 서로 같지 않음이 남아 있게 마련이다. 왜냐하면, 바로 이 [일반적] 의식으로서는 [행동하는 양심의] 그러한 확신을 믿지도 않을 것이므로 이를 인정하지도 않을 것이기 때문이다. —또는 일방적인 고집은 **극단**에 이르면 자기를 해소하므로 악의 의식은 자신이 악이라는 사실을 시인할 수도 있을 것이다. 그런데 이렇게 된다면 악의 의식 자체는 **곧바로** 지양돼 버릴 것이고 그것은 이제 더는 위선일 수 없으며 더욱이 자기를 위선적인 존재로 폭로할 필요도 없게 될 것이다. 그러나 악의 의식이 일반적으로 인정된 의무를 반대하면서도 자기는 **자신의** 내면적 법칙과 양심에 따라서 행동한다고 주장한다면 이를 통해 악의 의식은 오히려 그 자신이 악한 존재임을 실토한다. 왜냐하면, 양심의 법칙은 **개별성**이나 **자의**에서 비롯된 법칙이라고 말할 수 없으니, 내면적인 것이나 고유의 법칙이 아니라 오히려 일반적으로 인정된 것이 양심의 법칙으로 될 것이기 때문이다. 만약 누군가가 자기는 타자와 반대되는 방향에서 자기의 법칙과 양심에 따라서 행동할 뿐이라고 이야기한다면 사실에서 그는 이들 타자를 부당하게 취급하고 있음을 밝히는 것이나 다름없다. 그러나 **실제로 존재하는** 양심이라면 그는 이처럼 일반적으로 인정된 것과 대립하는 어떤 인식이나 의지를 고집하지 않으며 오히려 일반적으로 인정된 것이 양심이 **현존하는** 지반을 이루는 것으로 된다. 그가 쓰는 언어 자체가 자기의 활동이 [일반적으로] **인정된** 의무를 수행하는 것이어야 한다는 사실을 언표한다.

[해제] 1) 661~662 구절에 걸쳐 행동하는 양심은 자기 확신을 본질로 삼아 일반적 의무를 수단으로 삼으니, 이는 위선이다. 이제 이런 위선은 폭로돼야 한다. 위선은 어떻게 폭로되는가? 헤겔은 이를 단계적으로 논증한다.

① 위선을 은폐하는 첫 번째 방식은 가면을 써서 의무를 존중하는 체하는 것이다. 그러나 헤겔은 이런 방식으로 같음의 상태가 회복될 수 있는 것은 아니라고 말한다. 왜냐하면, 가면을 쓴다는 것 자체가 이미 대립을 인정하는 것이기 때문이다.

② 헤겔은 이런 식의 위선은 오히려 자기를 폭로한다고 말한다. 이런 위선은 일반적 의무를 "타인에게 보여주는 것"으로 이용하니, 이는 그 스스로 일반적인 의무 자체를 수단화하면서 이를 경멸하며 이것이 사실은 무의미한 것, 비본질적이라는 사실을 드러내기 때문이다.

③ 은폐를 위해 악의 의식은 자기는 다른 사람들과 다른 자기만의 법칙과 양심에 따라서 행동한다고 주장할 수 있다. 헤겔은 이런 주장을 비판하며 의무는 일반적으로 인정된 것이며 개인적으로 의무라고 여기는 것이 아니라는 사실을 간과하니, 그렇게 주장하는 것 자체가 의무의 일반성을 무시하는 주장이라고 말한다.

2) 위의 경우는 모두 자기가 선하다는 것을 강변하는 것이라는 점에서 헤겔은 위선을 벗어나는 올바른 방식이 아니라 한다. 헤겔은 위선을 벗어나는 올바른 방식은 양심이 자기가 악이라는 사실을 고백하는 길

밖에 없고 이런 고백과 즉시 그는 위선을 벗어난다고 한다. 부정의 부정은 곧 긍정이기 때문이다. 헤겔은 위선에 시달리는 영웅이 기꺼이 영웅이라는 지위에서 내려오는 것이 오히려 영웅을 참된 영웅으로 만든다고 말하는 것으로 보인다.

663) 〈SK 487:1~12〉〈FM 357:8~16〉

일반적 의식이 자기의 판단만을 고집한다고 해서 이것이 곧 위선을 폭로하고 또 해소하지 않는다. -이때 일반적 의식으로서는 위선에 반대하면서 사악하다거나 비열하다는 등 외쳐대더라도 이 의식이 이런 판단을 내리는 데 증인으로 불러내는 것은 다만 자기의 법칙일 뿐이니 이것은 마치 **악한** 의식이 **그 자신의** 법칙을 증인으로 불러내는 것과 다른 바가 없다. 그 까닭은 전자[일반적 의식]의 법칙이 후자[행동하는 양심]의 법칙과 대립하는 한 이 전자의 법칙도 하나의 특수한 법칙에 불과할 것이기 때문이다. 따라서 전자[일반적 의식]의 법칙이라고 해서 이것이 후자[행동하는 양심]의 법칙보다 조금도 우선하는 것이 아니며, 오히려 후자를 정당화하는 결과를 가져올 뿐이다. 따라서 자기만 옳다는 질투[Eifer]는 오히려 그 자신이 행하려고 하던 것과는 반대의 결과를 행한다. -즉 이 질투로 가득한 의식이 참된 의무라고 부르는 것 즉 **일반적으로** 인정된다고 가정된 것은 도리어 **인정받지 못하는 것**으로 입증됨으로써 이 의식은 자기와 반대되는 의식에도 같은 독자적 존재[Für sich]의 권리를 부여한다.

664) 〈SK 487:13~488:4〉〈FM 357:17~37〉

그러나 동시에 [일반적 의식의] 이런 판단은 눈앞에 있는 대립을 해소하는 데로 이끌어갈 또 다른 측면을 지니기도 한다. -**일반적인 의무를 지향하는** 의식은 첫 번째 행동하는 의식과 비교해 볼 때 **실제로 행**

동하는 의식은 아니다. 오히려 첫 번째 행동하는 의식만이 실제로 존재한다. ─일반적인 의식은 첫 번째 행동하는 의식과는 반대로 행동에 서라면 당연히 등장하는 대립 즉 개별성과 일반성의 분쟁에 말려들지 [befangen] 않는다. 다시 말해서 일반적인 의식은 사상의 일반성 속에 머무른 채 다만 **평가하는**[auffassen] 태도를 보이면서 그가 취하는 행동이 있다면 그것은 겨우[erst] 판단하는 것에 지나지 않는다. ─그런데 일반적인 의식은 바로 앞에서 지적된 바와 같이 이런 판단이라는 행동을 통해서 첫 번째 행동하는 의식과 자기를 **비교해**[neben] 보지만, 이 첫 번째 행동하는 의식은 두 의식 간의 **이런 같음의 상태를 통해서** 다른 의식[일반적인 의식]이 자신과 다른 바 없다는 것을 간파[看破]하기에 이른다. 그 이유는 이렇다. 즉 이 의무의 의식[일반적 의식]이란 다만 **평가하는 데 그치는 수동적 태도**를 보인다. 의무의 의식은 의무를 수행하는 절대적 의지며 의무의 내용을 바로 자기 자신으로부터 결정하는 자인데 그렇게 되면 의무의 의식은 자기 자신과 모순에 빠지니 결국, 의무의 의식은 자신의 순수성에 머무르기 위해 **행동하지 않는다**. 이 의무의 의식은 위선적으로 판단을 **실제로 일어나는** 행위로 여기면서 그렇게 인식하고자 한다[wissen will]. 즉 이런 의무의 의식은 행동하는 대신에 다만 흠잡을 데 없는[vortrefflich] 신념[Gesinnung]을 말로 토로함으로써 자신이 정의롭다는 것[Rechtschaffenheit]을 입증할 뿐이다. 이렇게 의무가 단지 자신의 말에 머무를 뿐이라는 점에서 본다면 이 [의무의] 의식은 그가 비난하는 행동하는 의식과 그 모습에서 전혀 다른 바 없다. 이 두 의식에서 똑같이 현실의 측면은 말로부터 구별되나 즉 그 가운데 행동하는 의식에서는 행동이 **이기적인 목적**을 따른다는 점에 그 자신의 말과 다르며 의무의 의식에서는 행동이 전적으로 없다는 점에서 그의 말과 구별된다. 왜냐하면, 의무에 관해 말하는 것 자체는 이미 행동의 필수적이라는 것을 의미하고 있기에 **행위가 따르지 않는** 의무란 아무런 의의도 지닐 수 없기 때문이다.

[해제] 앞 구절에서는 행동하는 양심이 자기의 위선을 폭로하는 것에 관해 말했으니 663~664 구절에서는 소위 일반적 의식[의무의 의식]의 위선을 비판한다.

1) 이 일반적 의식은 행동하는 양심이 사악하다고 주장한다. 그러나 그가 판단하는 기준인 일반적 의무 역시 개별적인 것에 대립하는 하나의 개별적인 것이다. 마치 행동하는 양심이 자기 고유의 특수한 법칙을 따른다고 말한 것과 마찬가지로 일반적 의식도 행동하는 양심을 평가하면서 자기에 고유한 특수 법칙을 따른 것에 지나지 않는다. 그러므로 헤겔은 일반적 의식이 자기만이 옳다고 할 때 그런 질투는 "그 자체가 행하려 하던 것과 반대의 결과를 행할 뿐"이라고 한다. 즉 행동하는 양심이 고유한 법칙을 따르는 것을 정당화한다는 것이다.

일반적인 의식이 순수 양심으로서 평가적인 태도를 보인다는 것 역시 자주 볼 수 있는 현상이다. 순수 양심들의 술자리에 가면 그들은 항상 모든 정치인의 행위를 비난한다. 그들은 경중을 구별하지 않으며 모든 정치인은 타락했다고 평가한다. 이런 평가로 그들의 술자리는 밤을 새운다. 그런데 그들은 자신이 평가하는 기준조차 추상적인 일반성에 머무르고 구체적 법칙으로 되지 못한다는 사실은 간과한다.

2) 헤겔은 더 나가서 일반적 의식의 경우 행동하는 양심이 범하는 모순과 다른 바 없는 모순을 범한다고 한다. 일반적 의식은 행동하지 않고 다만 말로 자기의 양심을 언표할 뿐이다. 그러므로 일반적 의식은 행동하는 양심에서 등장하는 개별성과 일반성의 분쟁에 휘말리지는 않는다. 그는 "다만 흠잡을 데 없는 신조를 말로 토로함으로써 자신의 정의로움

을 입증할" 뿐이다.

그러나 그가 자신의 양심을 언표할 때 그 언표 속에는 이미 행동이 함축된다. 양심 자체가 이미 즉각적인 행동을 함축하는 개념이다. 그러므로 행동하는 양심이 자신의 말과 그의 행동이 다르듯이, 일반적 의식 역시 그의 말에 함축된 대로 행동에 나서지는 않으니, 말과 행동이 모순된다는 점에서는 양자가 같다.

3) 그런데도 헤겔은 일반적 의식은 행동하는 양심보다 뛰어난 점이 하나 있다고 한다. 그것은 일반적 의식은 자기 스스로 위선을 범함으로써 이런 순수 의무와 행동하는 자아, 일반적 의식과 행동하는 양심 사이의 대립을 해소하는 계기가 된다는 점이다. 왜냐하면, 행동하는 양심은 내적 확신에 들어 있으므로 자신의 위선을 자각하지 못하지만, 반면 일반적 의식은 자기의 분열을 자각하면서 이 분열을 극복할 계기로 되기 때문이다. 이런 자각으로부터 이제 새로운 정신이 출현한다. 헤겔은 이어서 이 새로운 정신 즉 절대정신의 출현을 다룬다.

665) <SK 488:5~489:21><FM 358:1~359:2>

그러나 또 다른 편에서 볼 때 판단도 역시 사상을 실현하기 위한 적극적인 행동을 여겨질 수 있으니 어떤 실증적[positiven] 내용을 지닌다. 평가하는[auffassenden] 의식에서 출현하는 모순뿐만 아니라 평가하는 의식과 첫 번째 행동하는 의식이 서로 같다는 사실은 이런 판단 내용의 측면을 통해서 본다면 더 완전하게 된다. ─행동하는 의식이 이와 같은 그의 특정한 활동을 의무의 수행으로 언표한다면 이에 대해 평가하는[beurteilen] 의식으로서도 행동하는 의식의 활동이 그렇다는[의무의 수행이라는] 것을 부인할 수 없을 것이다. 왜냐하면, 의무 그 자체는 내용이 없는 형식이기에 여하한 내용도 갖출 수 있기 때문이다. ─이를 또 달리 말하면 구체적인 행동은 그 자신의 표면에서 서로 다른 다면적인 측면을 지니니 특수한 측면에 못지않게 그 자신에서 일반적 측면도 지니고 있다. 여기서 일반적 측면은 의무로 여겨질 수 있는 측면이라고 한다면 특수한 측면은 개체로서 몫과 이해를 구성하는 측면을 말한다. 이때[nun] 평가하는 의식으로서도 역시 일반적인 의무의 측면에 머무르지 않으며 즉 행동하는 의식을 인식함에서 이러저러한 것이 그의 의무며 그의 현실이 있게 된 상황이고 처지라는 것을 인식하는 데 머무르지 않는다. 오히려 평가하는 의식이 지키는 것은 다른 측면이니 곧 이 행동의 내면으로 뛰어들어가[hineinspielen] 이 행동을 이 행동[의 겉모습]과는 서로 다른 것 즉 이 행동을 그 행동 자체와는 다른 **의도**나 이기적인 **동기**로부터 설명해 나간다. 즉 여하한 행동의 경우라도 이것이 의무에 합당한 것으로 고찰될 수도 있듯이 마찬가지로 어떤 행동도 그것이 지닌 **특수성**을 이렇게 다른 측면에서 고찰할 수 있다. 왜냐하면, 모든 행동은 행동인 한 어떤 개체의 실현이기 때문이다. ─그러므로 평가하는 의식은 행동을 행위의 현존하는 모습으로부터 끌어내 판정하면서[heraussetzen] 그 내면 또는 자기 나름의 특수성의 형식을 반성하기에 이른다[reflectieren]. ─예컨대 어떤 행동에 명성이 수반된다면 평가하는 의식은 그 행동의 내면에 공명**심**이 도사리고 있다고 본다. ─또 어떤 행동이 개인의 신분에 전적으로 일치함으로써 그 모습에서 그가 결코 자기 신분을 넘어서는 일이 없을 뿐만 아니라 자기의 신분을 그에게 바깥에서 가해지는 규정처럼 걸치는 것이 아니라 오히려 이와 같은 신분이 일반적으로 의미하는 규정을 자신의 힘으로 충족하는 가운데 그 자신이 더 높은 신분으로 격상할 수 있음을 드러낸다면 평가하는 의식은 그러한 행동을 내적으로 유발하는 동인은 명예욕에 있다고 판단한다 등등. 또한, 행동이란 언제나 행동하는 자가 자기 자신이 대상화되는 것을 응시하며 또는 자신의 현존 속에서 자기 자신을 스스로 느끼면서 쾌락[Genusse]에 도달한다. 이때 평가하는 의식은 이런 행동의 내적 동인[動因]은 행동자 자신의 행복욕에 있다고 판단한다. 그러나 사실 이때의 행동은 내심에 지닌 도덕적인 허영심에 원인을 둔 것 즉 자기의 도덕적 탁월함을 의식하는 데서 오는 만족[Genüsse]과 미래에 자기에게 주어질 행복을 바라보면서 사전에 이미 그러한 희망에 부풀어 있는 것에 원인을 둔 것일지도 모른다. ―그 어떤 행동도 이런 평가를 피할 수는 없을 것이다. 왜냐하면, 이른바 의무를 위한 의무, 이런 순수 목적이라고 하는 것은 현실에 존재하지 않기 때문이다. 순수 목적의 실현은 오직 개체가 활동하는 데서만 가능하므로 행동은 그 자체에서 특수성의 측면을 간직한다. ―시종에게 영웅은 없다.* 그러나 영웅이 영웅이 아니라서가 아니라 시종이 시종이기 때문이다. 시종은 영웅을 영웅으로 대하는 것이 아니라 식사를 하거나 술을 마시며 또는 옷을 입어야 하는 존재로서 일반적으로 말하자면 개별 욕구나 감각적 관념을 통해 그를 만난다. 그러므로 평가하는 의식에는 개인의 개별성을 행동의 일반성의 측면에 대립하게 하지 못하거나 시종 자신의 도덕성[Moralität]을 행동하는 의식에 대립하게 할 수 없는 행동이란 있을 수 없다.

*FM주 〈358:32~33〉 유명한 프랑스 격언을 시사한다. 이 격언은 이런 형태로 에이세Aissé 양의 편지에서 입증된다. 그녀는 코흐뉘엘 Cornuel 부인의 말을 인용한다. 참조: 아이세Charlotte Aïssé, 『아이세 양의 C부인에게 주는 편지』, 13. Brief, S. 114: "나는 꼬흐뉘엘 부인이 말하길 시종에게는 영웅이 없었고 그의 동시대인 가운데는 교부도 없었다고 말한 것을 당신에게 상기하게 하겠습니다."

[해제] 1) 앞에서도 일반적 의식이 행동하지 않는다는 점에서 비판했는데, 일반적 의식에 대한 헤겔의 비판이 이 구절에서도 이어진다. 이때 헤겔은 행위를 내용 측면에서 바라본다. 즉 모든 행위의 내용에는 일반적 측면과 개별적 측면이 동시에 있다는 것이다. 일반적 측면은 의무와 연결되며, 특수한 측면은 개체의 자아에서 나온다.

이런 관점에서 헤겔은 우선 일반적 의식이 일반적 의식이 행동하는 양심을 평가할 때, 행동하는 양심이 자기는 의무를 수행한 것이라고 말하면 그것을 받아들일 수밖에 없다고 한다. 왜냐하면, 모든 행위에는 어떤 일반적 측면이 있으니 그런 점에서 의무의 수행이라고 볼 수 있기 때문이다. 즉 일반적 의식은 행동하는 양심을 비판할 수 없다는 것이다.

2) 또한, 헤겔은 평가하는 일반적 의식이 행동하는 양심을 오인할 가능성을 제기한다. 모든 행위는 개별적 측면을 가지니, 그런 개별적 측면 때문에 그 행위는 특수한 목적을 수행한 것이라고 비판할 수 있기 때문이다. 이때 행위의 개별적 측면은 다면적이므로 행동하는 양심 자신이 처한 맥락과 다른 맥락에서 비판할 가능성이 충분하다. 그런 행위가 명성을 동반하면, 그것은 공명심에서 나오는 것이며, 자기 신분에 충실하다면 명예욕에서 그리고 행위하는 데서 쾌락을 느낀다면, 행복욕 또는 도덕적 탁월함에 대한 자기만족에서 나오는 것으로 판단한다. 이런 점을 헤겔은 "시종의 눈에는 영웅이 없다"라는 속담으로 설명한다. 그것은 영웅이 영웅이 아니라서가 아니라 시종이 시종이기 때문이다.

3) 그런데 이런 오인은 그 이상의 의미를 지닌다. 사실 평가하는 일반적 의식은 언표라는 행위를 수행하는데, 이런 언표조차도 하나의 행위로 볼 수 있다. 그러므로 거기에는 특수한 측면이 들어 있으므로 다른 사람이 보기에는 이런 언표조차 특정한 목적에서 나온 것이라고 볼 수 있을 것이다. 예를 들어 평가하는 의식이 어떤 사람을 비도덕적으로 평가한다면 그것은 평가하는 의식이 그 사람에 대해 지닌 어떤 시기나 질

투에서 나온 것으로 볼 수도 있을 것이다. 결국, 일반적 의식의 행동하는 양심에 대한 평가는 자기 자신에게 적용될 수 있다.

666) 〈SK 489:22~490:13〉〈FM 359:3~24〉

여기서 평가하는 의식은 그 스스로 **비천한** 의식으로 되고 만다. 왜냐하면, 이 평가하는 의식은 [행동하는 의식의] 행동을 [표면과 이면으로] 나누는 가운데서 행동을 그것의 본래 뜻과 같지 않게 [ihre Ungleichheit mit ihr selbst] 이해하며 또 그런 서로 같지 않은 이해를 지키기 때문이다. 이밖에도 또 말하자면 평가하는 의식은 위선일 수밖에 없다. 왜냐하면, 이 의식은 그와 같은 평가가 행동을 악으로 만드는 **또 다른** 수법이 아니라 오히려 행동에 관한 **올바른 의식**인 것처럼 속이며 이처럼 잘 알고 또한, 누구보다도 더 잘 아는 듯이 과시하는 태도가 사실은 실제로 존재하지 않고 텅 빈 것인데도 자기가 격하시킨 [행동하는 의식의] 행위보다 자기를 더 존중하면서 행동이 없는 말에 지나지 않는 평가 행위를 마치 탁월한 **현실**이나 되는 것으로 인식하고자 의욕 하기 때문이다. —그럼으로써 이 평가하는 의식은 자기가 평가하는 행동하는 의식과 자기 자신을 같은 존재로 만드니, 행동하는 의식은 이 평가하는 의식을 자기와 다름없는 존재로 인식하기에 이른다. 그러므로 이제 행동하는 의식은 평가하는 의식이 자기를 평가하는 의식 자신과 소원한, 다시 말해 평가하는 의식 자신과 같지 않은 존재로 파악한다는 것을 발견할 뿐만 아니라 나아가 행동하는 의식은 이 평가하는 의식 자신의 모습도 행동하는 의식 자신과 같다는 것을 발견한다. 이제 행동하는 의식은 이와 같은 다름없는 상태를 간파[看破]하고 또 이를 **언표**하는 가운데 평가하는 의식에 대해서 자기의 실상을 **고백**한다. 그뿐만 아니라 그에 못지않게 행동하는 의식은 타자[평가하는 의식] 측에서도 이미 사실상

[평가 행위를 통해] 행동하는 의식과 같은 존재가 됐으니 타자 역시 행동하는 의식 자신이 고백하는 **말**에 응답하기를 기대한다. 또한, 행동하는 의식은 평가하는 의식이 바로 이런 고백의 말을 통해 자기가 행동하는 의식 자신과 같다는 사실을 언표하고 이를 통해 서로의 현존이 인정되기를 기대하기에 이른다. 이렇듯 행동하는 의식이 자기를 고백하는 것은 결코 타자[평가하는 의식]와의 관계에서 자기를 비하하거나 굴욕을 감수하는 것이나 그 자신을 포기하는 것이 아니다. 왜냐하면, 행동하는 의식의 고백하는 언표는 일방적인 고백이어서 그것 때문에 평가하는 의식이 타자[행동하는 의식]에 대해 **자기의 같지 않음**을 확정하게 만드는 언표가 아니고 오히려 그런 고백의 언표는 오직 타자[평가하는 의식]가 행동하는 의식 자신과 **같다는 것**을 간파[看破]하는 언표기 때문이다. 행동하는 의식은 자기가 고백하는 가운데 자진해서 **서로 같다는** 사실을 언명하는데 행동하는 의식이 그렇게 언표하는 이유는 언어란 정신이 직접적인 자아 그대로 **현존**하는 것이기 때문이다. 이런 점에서 행동하는 의식은 타자[평가하는 의식]도 역시 이렇듯 정신이 현존할 수 있도록 그의 몫을 다해 줄 것을 기대한다.

[해제] 1) 위에서 일반적 의식의 자기모순을 설명한 다음 이제 헤겔은 행동하는 양심과 평가하는 일반적 의식의 화해에 이르는 계기를 설명해 나간다. 이 과정에서 첫 번째 일어나는 것은 행동하는 양심의 자기 고백이다.

행동하는 양심은 평가하는 일반적 의식이 자신과 다름없는 것을 인식한다. 왜냐하면, 앞에서 말했듯이 일반적 의식은 행동을 거부하므로 역시 말과 행동이 일치하지 않으며, 그의 평가 역시 자기가 설정한 특수한 목적에서 나오는 위선일 수 있으며 그러면서도 일반적 의식은 자신은 순수한 의무에서 행동한다고 속이기 때문이다. 즉 평가하는 일반적 의식은 "행동이 없는 말에 지나지 않는 평가 행위를 마치 탁월한 현실이나 되는 것으로 의욕 한다"라는 것이다.

2) 행동하는 양심은 평가하는 의식이 자신과 같다는 것을 발견하면서 그런데도 평가하는 의식이 자신은 우월한 존재로 여기고 있다는 것을 발견하고 그 앞에서 자기의 실상을 고백한다. 그의 실상은 곧 그 자신의 행동이 의무의 행동이 아닌 이기적 목적을 위한 행동이라는 고백이다. 이 고백은 즉 자기의 악에 대한 고백이다.

이런 고백은 일방적 고백은 아니며, 그는 자신이 고백을 통해 평가하는 의식 자신도 자기를 되돌아보기를 바란다. 즉 이런 고백은 일반적 의식 역시 행동하는 양심과 같다는 것을 고백하기를 기대하면서 이루어지는 것이다. 그러므로 행동하는 양심의 고백은 결코 자기비하나, 굴욕을 감수하는 것이 아니라 상호 화해에 대한 기대에서 나온다.

3) 행동하는 양심이 그런 고백을 말로 한 것은 말이야말로 가장 순수하게 자신의 내면을 표현할 수 있는 것으로 보았기 때문이다. 이런 점에서 그는 평가하는 일반적 의식과 마찬가지다. 일반적 의식 자신도 말이 가장 순수하다고 보고 있으니 그래서 행동하는 자아도 말로 자기를 고백했던 것이다. 행동하는 양심이 기대하는 것 역시 순수 양심의 순수한 말이다.

667) 〈SK 490:14~491:17〉〈FM 359:24~360:16〉

그러나 비록 악의 의식이 '**나는 그렇다**'라고 고백한다 할지라도 결코 여기에 [평가하는 의식의] 응답이 뒤따르면서 마찬가지로 고백하지 않는다. 실제로 [평가하는 의식이] 앞에서 했던 판단은 그러한 뜻은 아니었으며 오히려 그와는 정반대되는 것이었다! 그[평가하는 의식]는 서로의 공동성[Gemeinschaft]을 자기로부터 떼어내며 완고한 심정으로 자기만을 고집하고[für sich] 상대방과 연대하기[Kontinuität]를 거부한다. —이렇게 되면 국면이 전환된다. 자기를 고백한 자[행동하는 의식]는 자기가 거절당한 한 자기의 타자[평가하는 의식]가 부당하다는 것을 안다. 왜냐하면, 그의 타자[평가하는 의식]는 자기의 내면을 벗어나서 말이라는 현존의 형태로 [자신의 정체를] 드러내기를 거부하기 때문이다. 이 타자는 악한 의식 앞에서 자기의 영혼이 아름답다는 것을 과시하고 [행동하는 의식의] 참회하는 고백 앞에서는 목을 뻣뻣이 치켜들고 자신은 자기와 같음을 보유하는 인물[Charakters]임을 내세우며 침묵을 지키면서 조금도 흐트러짐이 없고 조금도 상대방에게 양보하지 않는다. 여기서 마침내 자기 자신을 확신하는 [행동하는] 정신은 최고의 격분에 도달한다. 그 이유는 우선 자기를 확신하는 정신은 타자 속에서 자기의 **자아를 단순하게 인식하는** 존재로 자신을 보기 때문이지만, 그에 그치지 않고 게다가 그의 타자[평가하는 의식]가 지닌 외적인 형태는 결코 부[富]가 그렇듯이 한낱 허망한 것[das Wesenlose] 즉 일개 사물과 같은 것이 아니며 오히려 자기에게 대항하는 [entgegengehalten] 자[평가하는 의식]의 본성은 사상 즉 인식 자체기 때문이다. 절대적으로 유동적인 순수 **인식**⁴⁰¹은 타자[행동하는 의식]와 소통하기를 거부한다. —그[평가하는 의식]가 함께 소통하기를 거부하는 자[행동하는 의식]는 자기 고백을 통해서 이미 **고립된 대자 존재**기를 단념함으로써 자신의 특수성을 지양한 존재니 오히려 이제 그[행동하는 의식]는 타자[평가하는 의식]와의 연속성을 지닌 일반자로 판정[setzen]된다. 그런데

---

401 평가하는 의식을 상대를 일반적 의무에 비춰 평가한다. 헤겔은 이런 평가 즉 순수 인식을 절대적으로 유동적이라 했다. '절대적 유동성'이란 순수 인식의 자기 부정성 즉 자기기만을 의미할 것이다.

이 타자[평가하는 의식]는 자신을 소통하게 하지 않으면서 고립된 존재[Fürsichsein]를 그 **자신에서**[an ihm selbst] 우선으로 보존한다. 또한, 여기서 그[평가하는 의식]는 행동하는 의식이 이미 포기한 의무를 보존하려 한다. 이 타자[평가하는 의식]는 정신이 황폐한 의식 다시 말하면 정신임이 부인되는 의식이라는 사실이 입증되기에 이르렀다. 왜냐하면, 여기서 자기 자신에 관해 절대적으로 확신하는 정신[행동하는 의식]이 온갖 행위와 현실을 지배하는 자[Meister]로 군림하는 가운데 오히려 이들 행위나 현실을 포기하거나 일어나지 않게 할 수 있다는 사실을 평가하는 의식은 인식하지 못하기 때문이다. 이와 동시에 타자[평가하는 의식]로서는 자신이 저지른 모순을 알지 못한다. 이 모순이란 즉 [행동하는 의식이] 자기 비하를 [Abwertung] 말로 고백하더라도 평가하는 의식은 이를 참된 포기로 여기지 않으면서도 반대로 평가하는 의식 자신은 자기의 정신에 관한 확신을 실제 행동으로 실현하는 것이 아니라 오히려 그의 내면에 머무르게 하고 자기 정신의 현존을 **말**로 평가하는 데서 찾는다는 모순이다.[402] 이렇게 볼 때 평가하는 의식이야말로 그의 타자[행동하는 의식]가 행위를 벗어나 정신이 언어로 현존하는 데로 귀환해 정신의 자기와 같음이 되돌아오게 하는 것을 가로막을 뿐만 아니라 바로 이와 같은 냉담함을 통해서 자신의 자기와 같지 않음이 여전히 눈앞에 나타나게 만드는 자다.

[해제] 1) 헤겔은 여기서 행동하는 양심이 일반적 의식에 대해 느끼는 분노를 설명한다. 그가 분노하는 이유는 평가하는 의식이 완고한 심

---

402 여기서 평가하는 의식이 범하는 모순은 타자에 대해서는 그 말을 인정하지 않으면서 자기는 다만 말로 하는 것에 지나지 않는 것이라도 인정하라는 모순이다.

정에 머무르면서 자기만을 고집할 뿐 자기를 고백하고 상대방과 연대하기를 거부하기 때문이다. 즉 이 일반적 의식은 "자기의 영혼이 아름답다는 것을 과시하고 참회하는 고백 앞에서 목을 뻣뻣이 치켜들고" 자신은 순수한 의무를 지킨다는 자만심 속에서 "침묵을 지키면서 조금도 흐트러짐이 없고 조금도 상대방에게 양보하지 않는다."

행동하는 양심은 이런 완고한 일반적 의식에 대해 최고의 격분을 느낀다. 그는 타자가 자신과 다른 바 없다는 것을 인식한다. 더구나 그가 대립하는 것은 부와 같이 그 자체로 허망한 사물이 아니라 바로 자기가 순수하다고 믿는 인식 즉 사상 자체기에 부정할 수 없는 것이다. 평가하는 의식은 자신이 순수한 의무를 수행한다고 자기 스스로 믿는데 그만큼 난공불락의 고집은 없을 것이다.

2) 평가하는 의식은 자신의 우월성을 고집함으로써 사실은 자신의 고립적 대자 존재를 고집하는데, 행동하는 양심은 이미 자기 대자 존재의 자기 확신을 포기했음에도 평가하는 의식은 이를 버리지 못한다. 그 결과 행동하는 양심과 평가하는 의식의 지위가 전도된다. 행동하는 양심은 자신이 악함을 고백함으로써 자기부정에 도달해 참된 일반성과 자기와 같음에 도달한다. 반면 일반적 의무를 고집하는 평가하는 의식은 오히려 자기 우월성에 빠짐으로써 자신의 개별성을 고집하고 자기와 다름에서 벗어나지 못하기 때문이다.

3) 행동하는 양심은 자기 고백을 통해서 오히려 개별 행위에서 벗어나 행위를 지배하는 자로 군림하며, 그는 행위에 대해 자유롭게 된다. 그는 행위를 할 수도 있고 포기할 수도 있다. 반면 평가하는 의식은 이제 정신이 황폐한 의식으로 된다. 그는 자신을 고집하면서 자기가 범하는 모순을 인식하지 못한다. 그는 행동하는 양심의 말은 참된 것으로 믿지 않으면서도 아무런 행위 없이 말로만 이루어지는 그 자신의 말은 참된 것으로 믿고 있다.

결론적으로 헤겔은 평가하는 의식이야말로 자기를 고백하는 것을 거부함으로써 일반적 의무와 행위의 참된 통일로 나가는 길을 가로막고 있다고 말한다.

668) ⟨SK 491:18~35⟩⟨FM 360:17~30⟩

자기 자신을 아름다운 영혼으로 확신하는 정신은 자기인식을 그 자체에서[an sich] 간직하면서 이를 외화[外化: Entäußerung]할 힘을 소유하지 못하는 한, 그가 밀쳐 낸[zurückgestoßenen] 의식[행동하는 의식]을 자신과 같은 존재로 여길 수 없으니 이 타자 속에서 자기와 이 타자의 통일성을 간파[看破]할 수도 없고 또한, 자신의 현존에 도달할 수도 없다. 따라서 같음의 상태가 출현한다면[403] 그것은 부정적인 상태로만 즉 활기 없는[geistloses] 존재[죽음]로만 가능할 뿐이다. 현실성이 없는 아름다운 영혼은 한편에 그 자신의 순수한 자아와 다른 한편에 자신을 외화[Entäußerung]하고 현실로 전환해야 하는 필연성 사이에 놓인 모순 속에 끼어 있다. 다시 말해 아름다운 영혼은 확고하게 유지되는 직접적인[Unmittelbarkeit] 대립 속에 있다. −그러나 이런 대립이 지닌 직접성이 순수한 추상의 단계까지 끌어올려진 대립을 매개하고 화해하게 하니 이 직접성은 순수 존재로 되기도 하면서 동시에 텅 빈 무로 되기도 한다.[404] −마침내 아름다운 영혼은 이런 화해 없는 **직접성** 속에 머무르는 모순을 의식하는 가운데서 정신적인 착란에 빠지면서 동경으로 가

---

403 여기서 같음이란 곧 행동을 통해서 자기를 실현하면서 자기와 같아지는 것이며 동시에 이런 행동을 통해 행동하는 의식과 같음에 이르는 것이다.

404 일반적 의식에서 의무와 행위의 대립이 직접적이므로 그 해소도 직접 일어난다. 그런 직접적 해소는 죽음을 통해 이루어진다. 죽음은 모순의 해소라는 점에서는 순수한 존재이고 그 자체로서는 순수한 무다.

득 찬 소멸의 충동으로 줄달음친다. 이를 통해 사실상 **자기의 고립된 존재**[Fürsichseins]를 완강하게 고집했던 아름다운 영혼이 포기되면서 다만 존재 속에서 일어나는 통일 즉 활기 없는 통일이 출현한다.

[해제] 1) 이 구절에서 헤겔은 마침내 행동하는 양심과 평가하는 일반적 의식 사이의 화해가 일어나는 결정적 계기를 서술한다.

평가하는 일반적 의식은 자기를 외화 하는 행동으로 나가지 못하면서도 오만했다. 그는 자기를 고백하면서 마찬가지로 고백하기를 기대하는 행동하는 양심을 물리친다.

2) 그러나 이런 오만도 잠시, 일반적 의식은 곧 죽음으로의 길을 밟아 나간다. 일반적 의식은 순수 의무를 지키면서도 그 역시 양심인 한에 행동의 필연성을 느낀다. 순수 의무와 행동은 순수한 추상적인 것들 사이의 '확고한 대립'을 이루고 있어서 그것의 통일은 어떤 직접적인 이행 속에서만 해결될 수 있다.

3) 일반적 의식은 현실 속에서 실현되지 않는 순수 의무가 실현되는 이상적인 사회를 무한히 동경하며, 끝내는 자기 자신이 존재하는 현실조차 거부하면서 죽음으로 나간다. 즉 그것이 곧 "동경으로 가득 찬 소멸에의 충동[sehnsuechtiger Schwindsucht]"이다. 죽음을 통해 그가 이른 일반성은 일반성이지만, "정신성이 없는 존재의 통일"에 그친다.

4) 그러나 헤겔에서 모순의 극단 속에서 새로운 전환이 이르듯이 극에 다른 소멸의 충동은 오히려 새로운 전환의 결정적 계기가 된다. 소멸의 충동 속에서 일반적 의식은 마침내 완고한 오만을 포기한다. 이런 소멸 충동은 곧 자신이 고집하는 순수성을 포기하면서 이미 자기를 고백한 행동하는 양심과 화해하기에 이른다.

5) 이처럼 평가하는 의식에서 죽음의 위험이 자기를 반성하게 하여 새로운 정신을 발전하는 것은 앞에서도 있었다. 노예는 주인을 통한 죽

음의 공포 앞에서 자기의식으로 전환한다. 계몽의 끝에 절대적 자유는 죽음의 위험에 부딪히면서 도덕적 의식으로 발전했다. 마찬가지로 아름다운 영혼 역시 죽음의 충동 앞에서 자기 내로 반성하면서 절대정신으로 발전한다.

669) 〈SK 491:36~492:21〉〈FM 360:31~361:10〉

행동하는 의식과 평가하는 의식 사이의 참된 화해 다시 말하면 **자기의식적인 동시에 현존하는** 화해의 필연성은 앞에서 서술된 것 속에 이미 포함된다. [평가하는 의식의] 완고한 심정이 깨어지고 일반성의 단계로까지 끌어올려지는 심정의 운동은 곧 자기를 고백하는 의식[행동하는 의식]이 보여준 것과 다름없는 운동이다. 정신의 상처는 이제 아문 자국조차 남기는 일이 없이 치유되고 행위는 소멸할 수 없는 것으로 머무르지 않고 정신을 통해서 자기 내로 귀환한다. 행위가 그 자체에서 지닌 개별성의 측면은 그 개별성이 의도에서 눈앞에 나타나든가 현존의 부정성이나 한계가 행위를 제약하면서 눈앞에 나타나든가 직접 소멸할 수밖에 없다. 이렇게 볼 때 자기를 실현해 나가는 **자아** 또는 행동의 형식을 취하는 자아는 다만 전체의 한 **계기**일 뿐이며 또한, 그에 못지않게 판단을 통해 규정되거나 개별적인 측면과 일반적인 측면의 구별을 고집하는 인식[평가하는 의식]도 역시 하나의 계기에 지나지 않는다. 앞에서 언급된 악한 의식은 자기를 소외[Entäußerung]하든 그 자신을 하나의 계기로 설정하면서, 이를 통해 타자와 자신이 같음을 간파[看破]하는 가운데 자기를 고백하지 않을 수 없도록 유도된다. 그런데 악한 의식이 특수한 고립적 존재[Fürsichseins]가 지닌, 그러기에 타자로부터 인정받지 못하는 그의 일면적 현존을 깨뜨려야 하는 것과 마찬가지로 이 타자[평가하는 의식]도 인정되지 않은 그의 일면적 판단을 깨뜨려야 한다. 그뿐만 아니라 전자[악한 의식]가 자신의 현실을 지배할 수 있는 정신의 위력을 의미하듯이 이제 이 후자[평가하는 의식]로서도 자기의 특정한 개념을 지배할 수 있는 위력을 의미한다.

670) ⟨SK 492:22~493:5⟩⟨FM 361:11~25⟩

그러나 이 후자[평가하는 의식]는 선악을 구분하는 사상을 거부함과 동시에 완고하게 그런 사상을 고집하는 대자 존재[Fürsichsein]도 거부한다. 그 이유는 이 후자는 첫 번째 의식[행동하는 의식] 속에서 사실상 자기 자신을 간파[看破]하기 때문이다. 첫 번째 [행동하는] 의식은 자기의 현실을 내던지고 **개별자로서 자신을** 지양하면서 이를 통해 자기를 사실상 일반자로 드러내기에 이른다. 다시 말해서 첫 번째 [행동하는] 의식은 그 자신의 외면적 현실에서 벗어나 본질로서 자기로 귀환하니 일반적 의식도 첫 번째 [행동하는] 의식이 지닌 그와 같은 본질 속에서 다름 아닌 자기 자신을 인식한다. ㅡ그러므로 이 일반적인 의식이 첫 번째 의식[행동하는 의식]을 용서한다는 것의 의미는 곧 일반적 의식이 그 자신을 즉 실현하지 못하는 자기의 본성[순수 의무]을 포기한다는 것이다. 일반적 의식은 여기서 실제로 행동하는 것을 의미했던 타자[행동하는 의식]를 자신과 즉 본성[순수 의무]을 실현하지 못하는 자신과 같게 여긴다. 행동이 사상[Gedanken] 속에서 평가되는 규정에 따라서 악으로 불렸던 의식은 이제 일반적 의식을 통해 오히려 선한 의식으로 인정된다. 오히려 일반적 의식은 구별된 특정한 사상과 독자적으로 존재하는[fürsichseiendes] 특정한 판단 작용을 포기한다. 이것은 마치 그의 타자[행동하는 의식]가 그 자신의 독자적인 행동을 포기하는 것과 마찬가지다. ㅡ화해라고 하는 말은 곧 정신이 **현존한다**는 것을 의미한다. 왜냐하면, 현존하는 정신은 자기 자신을 **일반적** 본질로 순수하게 인식하는 것[평가하는 의식]을 이것과 반대되는 것 속에서 즉 자신을 절대적으로 자체 내에 머무르는 **개체성**으로 순수하게 인식하는 것[행동하는 의식] 속에서 간파하기 때문이다. ─이것이 다름 아닌 상호 인정 즉 **절대정신**을 뜻한다.

[해제] 1) 행동하는 양심은 자신의 행위가 일반적 의무의 실현이라는 주장을 철회하고 행동의 일면성을 고백했다. 여기서 행동하는 양심은 특수한 자아로부터 일반적인 자아로 복귀한다.

행동하는 양심이 마찬가지로 고백하기를 기대했던 일반적 의식은 완강하게 자기를 고집했다. 그러나 소멸에의 충동을 계기로 평가하는 일반적 의식은 자신의 판단이 일면적이라는 것을 깨달으며 행동을 위한 구체성이 필요하다는 것을 자각한다. 그는 자신이 행동하는 의식과 다르지 않다는 것을 깨달으면서 행동하는 의식을 용서한다.

2) 이제 마침내 평가하는 일반적 의식과 행동하는 양심의 통일이 일어난다. 양자는 고립성을 버리고 전체의 계기가 된다. 한편으로 이런 통일은 양자가 자신의 고집을 버리는 데 있다. 행동하는 양심은 자신의 행위가 일면적이라는 것을 인정하며, 마찬가지로 일반적 의식은 자신이 제시하는 일반적 의무가 일면적임을 인정한다.

다른 한편, 양자는 이런 통일 속에서 긍정적인 역할을 담당한다. 행동하는 양심은 행위로부터 자유롭고 그의 행위를 지배할 수 있는 정신의 위력으로 된다. 그는 이제 자신의 행위에 대한 책임을 인정하면서 오히려 자기를 긍정하게 된다. 즉 행위는 "소멸할 수 없는 것에 머무르지 않고 정신을 통해 자기 내로 귀환한다." 마찬가지로 일반적 의식은 순수 의무에 관한 개념에서 자유롭고 그 개념을 지배할 수 있는 개념의 위력으로 된다. 그는 이제 추상적 개념을 구체화하면서 현실에 실현하는 행동으로 나선다.

일반적 의무와 개별 행동 사이에 벌어졌던 틈이 통일되면서, "정신의 상처는 이제 아문 자국조차 남기는 일이 없이 치유될" 것이다. 여기서 화해가 일어난다. 이는 곧 일반적 자아와 개별적 자아, 평가하는 의식과 행동하는 의식의 상호 인정의 관계다. 즉 "자기 자신을 일반적 본질로 순수하게 인식하는 것[평가하는 의식]을" "자신을 절대적으로 자체 내에 머무르는 개체성으로 순수하게 인식하는 것[행동하는 의식] 속에서 간파하는" 것이다. 이 화해를 통해 마침내 정신이 구체적으로 현존하게 된다.

3) 여기서 마침내 헤겔은 절대정신의 출현을 선포한다. 절대정신은 "정신이 현존하는 것"을 의미하는데, 도덕적 의식(의무)과 구체적 도덕(양심)을 거쳐 발전하던 일반적 자아로서 정신이 마침내 구체적으로 출현한다. 도덕적 의식에서는 잠재적으로, 구체적 도덕에서는 언어적 현존으로 출현한 정신이 이제 그 자체로 현실에서 출현하니, 이것이 곧 공동체다. 이 공동체는 단순한 공동의 목적을 의미하는 것이 아니라 개별 자아가 통일되면서 집단적 자아가 출현하는 것을 의미한다.

4) 공동체에서 일반적 자아는 합의를 통해 즉 개별 자아로부터 추상한 것도 아니다. 또한, 양자의 통일은 의무에서나 양심의 방식에서처럼 직접적인 방식으로 일어나지 않는다. 여기서 개별 자아와 일반 자아는 각기 전체이며 동시에 전체 즉 공동체의 한 계기다.

각자는 서로 자기를 지양한다. 그런 가운데 타자 속에서 자신을 발견한다. 즉 타자의 계기가 자신에게 필요하다는 것을 깨닫는다. 그런데 타자로의 이행은 곧 타자 속에 있는 자기 자신으로 이행이니, 각 계기는 타자를 매개로 해서 자기를 긍정한다. 각 계기는 이런 점에서는 독자적이다. 매개와 독자성, 타자로의 이행과 자기로의 복귀가 동시에 일어나는 것을 통해 각자는 그 자체가 통일된 전체면서 동시에 통일된 전체의 한 계기가 된다.

이와 같은 공동체의 모습은 교회의 출현을 알리는 다음 구절을 상기하게 한다. "마치 불의 혀처럼 갈라지는 것들이 그들에게 보여 각 사람 위에 하나씩 임하여 있더니"(사도행전, 2:3) 여기서 성령은 하나이면서 동시에 갈라져 여럿으로 되며, 각 사람은 서로 독립적이지만, 성령을 통해서 하나가 된다.

5) 공동체 즉 전체는 마치 유기체에서처럼 조직된다. 전체는 개별 조직으로 분화되면서도 전체 속으로 통일돼, 개별적인 것으로 구성되면서도 개별 자아를 넘어선 고유한 자아를 갖는 방식으로 결합이 일어난다. 유기체의 경우 그 구성 계기는 서로 다른 것 즉 서로 다름의 수준을 벗어나지 못한다. 그러나 절대정신의 경우 전제를 구성하는 것은 정신의 일반 개념에 따른 것이다. 그것은 개념의 자기 분화며 개념적인 통일을 이룬다. 즉 개별성, 특수성, 일반성의 통일이다.

이런 공동체, 집단 자아의 개념은 곧이어 기독교의 삼위일체의 개념으로 전개되며 헤겔에서는 최종적으로는 그가 꿈꾸었던 이상 국가의 모습으로 출현한다.

671) 〈SK 493:6~494:27〉〈FM 361:26362:29〉

절대정신의 현존이 등장하는 곳은 정신이 전개되는 정점이니, 여기서는 자기 자신에 관한 순수한 인식이 곧 자기 자신과 대립하는 것이거나 자기 자신과 교체하는 것[405]으로 나타난다. 절대정신은 의무를 인식하는 의식[wissende Pflicht][406]이기는 하지만, 자기의 **순수 인식**이 추상

---

405 절대정신에서는 자기와 자기의 타자가 같은 것인 동시에 대립하므로, 자기 인식이 곧 자기와 대립하는 것이 된다.

406 말 그대로 번역하면 '인식하는 의무'지만, 표현이 어색하다. 의무를 인식하는 의식을 말하는 것으로 보인다. 절대정신은 일반적 의식과 행동하는 의식이 서로 대립하면서도 통일된 것이다.

적인 **본질**에 지나지 않음을 깨달음으로써 출현하며 동시에 절대적으로 **개별** 자아로서 자기를 본질로 아는 인식407과는 절대적으로 **대립**한다. 여기서 전자[의무를 인식하는 의식]는 순수하게 연속적인 일반성을 지닌 것이니, 이는 그 자신을 본질로 인식하는 개별성을 본래[an sich] 허망한 것 다시 말하면 악한 것으로 인식한다. 반면 후자[개별 자아를 본질로 아는 인식]는 절대적으로 흩어진 것[Discretion]이지만, 자기를 순수한 하나[Eins] 속에서 절대적으로 인식한다. 이런 절대적 인식은 앞에서 말한 일반적인 것[순수한 의무]을 실제로 존재하지 않는 것이며 다만 **대타 존재**에 지나지 않는 것으로 인식한다. 마침내 이 두 측면[의무를 인식하는 의식, 개별 자아를 본질로 아는 인식]은 순수성에 이르니, 여기서 자아에서 나오지 않은[selbstlos] 어떤 현존도, 또한, [순수 의무의] 의식을 부정하는 어떤 것도 더는 그 자체에서[an ihr selbst] 존재하지 않는다. 오히려 **의무**를 인식하는 의식은 자기 자신에 관한 인식이라는 점에서 자기와 같음이라는 성격을 지니며 또 악[개별 자아를 본질로 아는 인식]도 그에 못지않게 자기의 목적을 **자신의 내면**[Insichsein]에서 갖고 자기의 실현을 그 자신의 말 속에 마련하는 것으로 된다. 그러나 이런 말의 내용은 자아가 존립하는 지반으로 되는 실체며 또한, 그 말은 정신의 내적인 확신을 단언하는 것[Versicherung]으로 된다.408 ─각자 자기 자신을 확신하는 두 정신은 그들 자신의 순수 자아 바깥의 다른 어떤 목적도 그리고 이와 같은 순수 자아 바깥의 다른 어떤 실재나 현존도 지니는 것이 없다. 그러나 이런 가운데서도 이 양자는 여전히 서로 다

407 행동하는 의식은 자기를 개별적 자아를 절대적인 본질로 안다.

408 의무의 의식이나 행동하는 의식이 전체의 계기이면서 동시에 각기 전체가 되니, 의무 의식도 자기를 실현하여 자기인식에 이르고, 행동하는 의식도. 순수 의무를 실현한다.

르지만[Verschiedenheit], 이런 서로 다름은 절대적인 서로 다름으로 된다. 왜냐하면, 그 서로 다름은 이와 같은 순수 개념의 지반에서 설정된 것[gesetzt][409]이기 때문이다. 이런 서로 다름은 다만 우리가 보기에만 절대적인 것은 아니고 대립하는 두 개념 자체에서 절대적이다. 왜냐하면, 이런 두 개념은 서로에 대해 **규정된** 것이지만, 동시에 본래[an sich] 일반적인 것[410]이어서 두 개념은 자아의 전체 영역을 충족하고 또한, 이런 자아는 그 자신에 속하는 규정과 다른 내용을 갖는 것도 아니다.[411] 그러므로 이런 자아에 속하는 규정성은 결코 그 자아의 범위를 넘어서는 일도 없고 그 자아보다 더 제한적이지도 않다. 왜냐하면, 그 가운데 한 가지 즉 절대적으로 일반적 의무도 순수한 자기인식이니 이런 점은 다른 또 하나의 요소 즉 절대적으로 흩어진 개별 자아와 마찬가지기 때문이다. 이 두 가지 규정은 모두 다만 이와 같은 순수한 자기인식[412]이다. 그러므로 두 규정성은 오직 인식하는 순수 개념이니 이런 개념이 지닌 규정성 자체는 직접적인 인식으로 되며 그와 같은 개념을 서로 **관계하게** 하고 대립하게 하는 것은 다름 아닌 자아다. 그럼으로써 이들 두 개

---

409 여기서 서로 다름은 제거되는 것이 아니라 보존되면서 동시에 통일되는 것이다. 그러므로 헤겔은 이를 개념의 '지반에서 설정된' 서로 다름이라 한다.

410 두 규정성, 개념은 서로 대립하지만, 동시에 각자 타자의 계기를 자기 속에 포함하는 전체므로 일반적인 것이다.

411 자아를 이루는 두 개념은 서로 대립하면서 통일되니, 배타적 통일체다. 따라서 두 개념은 자아를 충족하고, 거꾸로 자아는 두 개념 외 다른 규정을 갖지 않는다.

412 '순수한 자기인식'이란 곧 자기를 실현하여 대상화한다는 것을 전제로 한다. 의무의 의식도 행위로 나가 자기를 실현하며, 행동의 의식도 순수 의무를 실현하려 하니, 양자는 모두 순수한 자기인식이 된다.

념은 서로에 대해서 곧바로 대립한다. 이렇듯 온전히 **내면적인 것**이 자기 자신에 대립하면서 현존에 이른다.[413] 여기서 이런 두 개념은 **순수 인식**을 구성하기는 하나 이런 순수 인식은 양자의 대립 때문에 **의식**으로 판정[gesetzt]된다. 그러나 이런 순수 인식은 아직 **자기의식**에 도달한 것은 아니다. 순수 인식은 이상과 같은 대립이 전개하는 운동을 통해 자기를 실현한다. 왜냐하면, 이런 대립이란 사실 자아=자아라고 하는 **분산되지 않은[indiscret] 연속성** 및 서로 **같음**을 의미하기 때문이며[414] 또한, 이들 각 개념은 **독자적으로는[für sich]** 자기의 순수한 일반성이 부딪히는 모순을 통해서 그 자체에서 자기를 지양하고 동시에 이런 순수한 일반성은 타자와 같게 되는 것에 대해 저항하며 타자로부터 자기를 분리하기 때문이다. 각자의 **현존**을 통해 이원화된 인식은 이렇듯 두 규정이 서로 소외[Entäußerung]함으로써 자아가 이루는 통일로 복귀한다. 바로 이런 자아야말로 **실제로 존재하게 된 나[Ich]**이며 또한, 자신과 **절대적으로 반대되는 것** 속에서 일반적으로 자기를 인식하는 것이며 다시 말하자면 **자기의 내면에 머무르는[insichseiend]** 인식 속에서 일어나는 일반적인 자기인식[415]이다. 따라서 이런 내면에 머무르는 인식은

---

413 자아 속에 두 개념은 자아 자신의 분화며 이미 서로 통일을 이루고 있다. 이 속에서 양자는 상호 침투하므로, 각자는 타자에 대립하며 그런 한 타자를 부정한다. 각자는 자기에 대립하며 타자 속에서 자기를 실현한다.

414 여기서 헤겔은 순수 의무를 인식하는 양심과 행동하는 양심이 서로 대립하면서도(분산) 통일한다고(연속) 말한다. 양자가 대립하는 경우 의식으로 규정된다. 양자가 통일하는 경우 자기의식이다. 즉 각자는 독자적인 것(대립)이면서 동시에 전체의 한 계기(통일)다.

415 여기서 '일반적 자기인식'이란 앞에서 말한 '순수한 자기인식'과 같은 말이다. 즉 자기와 자기에 대립하는 타자가 같을 때 일어나는 인식이다.

순수하게 고립된 채 내적으로 머무르므로 오히려 완전한 일반적인 것으로 된다. 두 개의 **나**[Ich]는 화해하면서 상대방을 **긍정**[Ja]하는 가운데, 서로 대립하는 **현존**이기를 그친다. 이런 화해하는 긍정은 이원화된 두 개의 내[Ich]가 그런 가운데서도 서로 같은 상태로 지속하여 현존하며 또한, 이런 현존 속에서 두 개의 나[Ich]는 완전히 소외되면서 대립하는 가운데서도 오직 자기 자신을 확신한다. ─상호 화해하는 긍정을 통해 신은 자신이 곧 순수한 인식임을 깨우치는 두 개의 나[Ich]의 한복판에 모습을 나타낸다.

[해제] 이제 양심 절을 최종적으로 정리하면서 헤겔은 절대정신의 개념을 앞당겨 서술한다.

1) 절대정신을 이루는 두 계기 즉 일반적 의식과 행동하는 양심은 앞에서 말한 것처럼 서로 부정하는 대립 속에 있었다. 즉 일반적 의식에 행동하는 양심의 개별 자아는 허망한 것, 악한 것이며 반면 행동하는 양심에 순수 의무는 실제로 존재하지 못하는 것, 다만 타자에 대해 있는 존재에 지나지 않는다.

양자는 자기 고백과 죽음의 충동이라는 계기를 통해서 자기를 지양하고 타자 속에서 자기로 복귀하면서, 마침내 서로 용서하고 화해하는 통일에 이른다. 여기서 "자체성을 지니지 못한 어떤 현존도, [의무의] 의식을 부정하는 어떤 것도 더는 저마다 그 자체에서 존재하지 않는다."

이제 절대정신에 이르는데, 여기서 양자는 대립하는 가운데서도 통일하니, "자아에서 나오지 않은 어떤 현존도 또한, 의무의 의식을 부정하는 어떤 것도 더는 각기 그 자체에서 존재하지 않는다." 그러므로 이 절대정신은 양자의 통일을 통해 등장하는 "자기 자신에 대한 순수한 인식"이면서 동시에 각자가 자기를 보존하니 "자기 자신과의 대립이나 자기 자신 사이에 일어나는 교체"다.

2) 이 통일이 곧 절대정신이다. 절대정신은 그것을 이루는 두 요소 즉 순수 의무와 자아의 상호관계에 존재한다. 헤겔은 이제 이 관계를 여러 측면에서 서술한다. 이 관계는 개념의 운동을 전개하며, 배타적으로 통일을 이루며, 서로 대립하며 서로 침투한다.

① 두 요소는 개념의 자기 분화를 통해 출현하며 개념 속에 다시 통일된다. 헤겔은 이를 '절대적 서로 다름' 또는 "순수 개념의 지반 위에서 설정된" 서로 다름이라 한다.

② 두 요소는 배타적 통일을 이루고 있으므로 "두 개념은 자아의 전체 영역을 충족하면서" 또한, "자아는 그 자신에 속하는 규정과 다른 내용을 갖는 것도 아니다." 그러므로 각 규정은 "자아의 범위를 넘어서는 일도 없고 그 자아보다 제한적이지도 않다."

③ 각자는 타자에 대립하면서도 타자를 자기 속에 포함하니, 상호 침투적이다. 타자를 부정하면서 자기를 부정하며, 자기에 대립하면서 타자 속에서 자기를 실현하니, "내적인 것이 자기 자신에 대립하면서 현존에 이른다." 개념의 각 계기는 "순수한 일반성 속의 모순을 통해 그 자체에서 자기를 지양하고" 동시에 "타자와의 같음에 대해 저항하며 타자로부터 자기를 분리한다."

3) 여기서 통일과 대립이라는 두 측면은 단순히 공존하는 것이 아니다. 이 두 측면은 서로 소외됨으로써 "이원화된 인식은 자아가 이루는 통일로 복귀한다." 그러므로 "이런 대립이란 사실 자아=자아라고 하는 분산되지 않은[indiscret] 연속성 및 같음을 의미한다." 이런 자아는 "자신과 절대적으로 반대되는 것 속에서" 일어나는 통일이라는 점에서는 일반적인 자기인식"이며 대립이라는 점에서는 의식이다

이제 두 개의 나는 완전히 소외되고 대립하는 가운데 서로 같은 것으로 되고 마침내 서로 화해하게 된다. 그러므로 그는 이렇게 말한다. "상호 화해하는 긍정을 통해 신이""두 개의 자아 한복판에 그 모습을

나타낸다."

4) 이런 대립의 운동을 통한 통일은 일찍이 그리스 철학자 헤라클레이토스와 근대 철학자 스피노자가 했다는 말 즉 '하나가 곧 전체고 전체가 곧 하나다'(Ἕν καὶ Πᾶν : All-Einheit)라는 격언을 통해 표현된다. 헤겔은 이 말을 단순히 범신론을 의미하는 것으로 이해하지 않고 대립과 통일의 통일로서 이해했다. 또한, 이 말은 전체주의나 획일성과는 무관하다. 이런 획일성은 개별자의 차이를 제거한 통일일 뿐이지만, 위의 통일은 개별자의 차이를 인정하며 그 가운데 이루는 연대를 의미한다. 그것이 곧 '상호 화해하는 긍정'이다. 이는 "이원화된 두 개의 나가 그런 가운데서도 서로 같은 상태로 지속하여 현존하며"이며 "두 개의 나는 완전히 소외되고 대립하는 가운데서도 오직 자기 자신을 확신한다."

양심의 끝에 등장하는 '헨 카이 판'의 공동체를 이해하기 위해 비근한 예를 들자면 눈이 보이지 않는 사람과 다리로 걷지 못하는 사람의 공동체를 들 수 있을 것이다. 헤겔은 이런 공동체는 구체적으로는 기독교의 삼위일체를 통해 실현된다고 한다.

4) 공동체는 이미 이성 장의 끝에 형성됐다. 그러나 이때는 공동체는 사유의 목적으로만 출현했다. 절대정신에서 등장하는 공동체는 공동 자아며, 이것은 곧 의지의 통일체다. 정신 장에서는 목적의 공동체가 의지 공동체로 전환하는 과정이며 이 과정은 개별 자아가 자기를 부정하고 거꾸로 추상적 일반 자아가 자기를 구체화한다. 마침내 양심을 극복하면서 양자의 통일이 이루어진다.

절대정신은 종교를 통해 처음 출현했지만, 종교적 공동체는 아직 분산성에 머무르고 있다. 여기서 삼위(성부, 성자, 성령)는 표상의 방식을 통일을 이루며 그 결과 탄생과 죽음이라는 표상이 등장한다. 이런 표상의 방식이 발전하여 마침내 개념의 체계적 통일에 이르게 되면 절대정신은 절대지에 이르게 된다. 개념적 통일로서 절대정신이 곧 헤겔의 이상 국가다. 이상 국가는 개념의 체계인 일반성(의회), 개별성(군주), 특수성(관료)으로 이루어져 있다. 이 세 가지 계기는 각기 전체이며 동시에 전체를 이루는 계기다.

　5) 양심에서 절대정신으로 넘어가는 과정을 이해하기 쉽게 아래와 같은 도표를 만들어보았다.

	일반 의지와 개별 자아의 통일 방식	일반 의지와 개별 자아의 분열 방식	분열의 극복 단계
의무	사유에서 합일	-때나 경우에 따라 분열 -요청이나 전치가 발생	감각적 확신 단계
양심	행동에서 합일	-두 자아(평가하는 일반 의식과 행동하는 자아)로의 분열 -아름다운 영혼이 출현	지각 단계
절대 정신	진정한 합일	집단 자아의 삼위일체적 방식으로 결합	자기의식의 단계

C

(CC) 종교

라파엘로의 마돈나, 헤겔은 계시 종교를 통해 공동체의 의지가 실제로 출현한다고 본다. 그것이 곧 교회다. 교회는 일반자가 구체적으로 존재하는 것이다. 이런 교회를 매개하는 존재가 곧 그리스도 즉 무한성의 계기다.

VII 종교

[해제] 종교 장을 이해하기 위해 몇 가지 예비적으로 살펴보아야 할 것이 있을 것 같다.

1) 흔히 종교 장과 절대지 장을 합쳐 절대정신으로 묶는다. 『정신현상학』에서는 예술이 빠지고 다만 종교 장에서 종교의 한 계기인 예술종교로 나타나지만, 적어도 1817년 『논리학 3권』 개념론이 발간됐을 때는 절대정신은 종교, 예술, 철학으로 구분된다. 헤겔이 예술에 관심을 두고 예술 철학을 전개함에 따라 예술이 절대정신의 한 계기로 격상됐던 것으로 보인다.

2) 절대정신이 무엇인가는 헤겔 『정신현상학』 전체를 해석하는 데 결정적 계기가 된다. 흔히 절대정신은 신으로 해석되지만, 이런 신이 다시 자기를 넘어서 예술과 철학으로 전개된다는 것은 이해하기 힘들다.

필자는 절대정신을 외적 형태로는 공동체 또는 집단 자아며 내적 자기의식으로서는 각 개인이 지닌 공동체 정신이라는 개념으로 이해하려한다. 그러므로 여기서 공동체는 단순히 공동 목적 즉 헤겔의 개념으로는 실체, 사태 자체를 의미하지 않는다. 여기서 공동체는 공동체 자체가 집단적 자아를 갖추어 자기의 목적을 스스로 실행하는 힘을 지닌 존재를 의미한다. 이런 집단적 자아가 출현하기 위해 각 개인은 자기 속에서 공동체 정신을 갖추어야 한다.

절대정신을 이렇게 이해하는 근거는 우선 헤겔 자신이 그렇게 표현했다는 것에 있다. 헤겔은 정신 장 앞부분에서 직접 "절대정신은 곧 공동체[Gemeinwesen]다"라고 말한다. (445 참조) 또한, 이런 주장은 정신의 발전 과정 전체를 서술해 보면 쉽게 이해될 것이다.

정신의 발전 과정에서 인륜적 정신에서는 아직 개별적 자아가 출현하지 않고 실체 속에 매몰된다. 소외된 정신에서 일반적 의지가 개별적 자아에 내재한다. 도덕적 의식에서 순수 의지와 개별 자아가 대립한다. 양심에 이르러 개념적으로는 순수 의지는 개별 자아와 합일하지만, 이는 실제 행위에서는 다시 행동하는 양심과 평가하는 양심으로 분리된다. 이 고백과 용서를 통해 화해하면서 양자는 대립하면서도 동시에 전체로 통일하면서, 절대정신이 출현한다. 이런 절대정신 속에서 그 계기는 각자 전체이며 동시에 전체의 한 계기가 된다.

3) 이 절대정신은 처음 종교에서는 사랑이라는 내적 정신으로 그리고 사랑의 구현체인 신앙 공동체라는 현존으로 출현하며 이 신앙 공동체는 삼위일체라는 방식으로 구성된다. 절대지에 이르러서는 내적으로는 개념적 인식으로, 현존의 형태로는 국가라는 유기적 조직체로 출현한다. 이 국가는 개별성(군주), 특수성(관료), 일반성(의회)이라는 개념의 체계를 갖고 있다.

절대정신이 종교에서 철학으로 발전하는 과정을 헤겔은 정신이 그 자신인 정신을 인식하는 과정이라고 한다. 목적어로서 정신은 현존하는 정신이며 구체적으로는 공동체 즉 집단 자아를 가리킨다. 주어로서 정신은 한 개인이 아니라 집단 전체를 말한다. 이는 집단적 자기의식을 말하는 데 즉 그 시대 대중에게 일반화된 정신을 의미할 것이다. 앞에서 의식에서 정신의 끝까지 전개되는 과정에서 주어는 항상 개별적 자기의식 또는 자아였다. 그러나 이제 주어 자체가 집단적 자아로 바뀌었다. 그러므로 절대정신은 그 시대 공동체를 그 시대 집단, 대중이 인식하는 것 즉 대중에게 일반적으로 존재하는 자기인식을 말할 것이다. 즉 정신이 자신을 인식하는 것이다.

3) 집단이 인식의 주체므로 여기서는 집단 사이의 소통이 중요하고 그 소통을 위해서는 각자가 인식한 것을 표현하는 방식이 중요하다. 그러므로 절대정신의 자기인식은 이와 같이 표현의 방식에 따라 구분된다. 그것이 곧 종교, 예술, 철학이라는 방식이다.

여기서 흔히 생각하듯 인식이 일어나고 그다음 이를 표현하는 것이 아니다. 인식은 표현을 매개로 일어나며 표현은 인식을 매개로 이루어진다. 인식과 표현은 서로 대립하지만, 하나로 통일된다.

집단 내에서는 인식을 주도하는 사람이 있다. 그가 곧 종교인이나 예술가, 철학자. 그렇지만 그들의 인식이 널리 전파될 수 있는 것은 집단 내 대중 속에 이미 그런 인식이 공유됐기 때문이다. 집단 내 대중은 비록 명백하게 표현되지 않더라도 이미 막연하게나마 어떤 표현된 인식이 있으며 그런 인식을 토대로 하여 종교가나 예술가 철학자의 표현을 보고 공감한다.

4) 절대정신을 이루는 세 가지 즉 종교, 예술, 철학은 같은 정신을 대상으로 한 것이므로 내용은 같지만, 자기의 인식을 표현하는 방식에서 차이가 있다. 그 표현 방식은 종교가 표상적 방식이라면 예술은 이미지를 통한 방식이며 철학은 개념적 방식이다.

그러나 내용이 같으므로 절대정신은 다 같이 근원적이며, 한 시대에는 세 가지 표현 방식이 공존하면서 보완적이다. 즉 저마다의 절대정신은 그 자체가 전체 정신을 표현하며, 동시에 세 가지 절대정신은 전체 정신을 표현하는 세 가지 계기다.

각 시대에는 세 가지 표현 방식이 공존하지만, 그 가운데 지배적인 것이 있다. 어느 절대정신이 지배적이냐는 각 시대의 현존하는 절대정신의 발전 정도에 따른다. 즉 그 시대 절대정신의 규정이 곧 표현 방식을 결정한다. 시대가 발전하므로, 지배적인 표현 방식도 발전하지만, 이것은 시대의 발전에 따른 것이지, 표현 방식 자체의 내적 발전은 아니다.

[해제] 전체 흐름

672~675) 이전에 등장한 종교적 형태들

676~676) 양심에서 종교로 발전하는 것

678) 절대정신의 내적 발전

679) 형태와 계기의 변증법

680) 종교의 운동 과정

681) 절대정신의 병렬적 계열

682~683) 자연 종교와 예술 종교, 계시 종교

672) 〈SK 495:8~15〉〈FM 363:3~8〉

지금까지 정신의 형태는 일반적으로 **의식, 자기의식, 이성, 정신**으로 구분돼 전개됐으나 **절대적 본질**에 관한 의식 일반을 의미하는 **종교**는 이미 그런 형태 속에서도 존재했다. -그러나 이런 형태에서 종교는 다만 절대적 본질을 [대상으로] 의식하는 **의식의 입장**에서 나온 것일 뿐이다. 그러나 종교의 그러한 형식에서는 결코 **그 자체로 자기에게 나타난**[an und für sich] 절대적 본질이나 정신의 자기의식[416]이 출현했던 것은 아니다.

673) 〈SK 495:16~31〉〈FM 363:8~20〉

이미 **의식**은 **지성**의 단계에서 대상적 현존에 **내적인 것, 초감각적인 것**[법칙, 힘]을 의식했다. 그런데 이와 같은 초감각적인 것, 영원한 것

---

416 절대적 본질이 "그 자체로 자기에게 나타난다"라는 것은 집단적 자아가 출현한다는 말이며, '정신의 자기의식'이란 대중(정신)의 공동체 정신 즉 공동 의지, 집단 자아에 대한 인식을 말한다.

은 사람들이 그걸 그 밖에 또 무엇이라고 부르든 아직 **자아를 갖지 못한 것**[selbstlos]이다. 그와 같은 것은 다만 최초로 등장한 **일반적인 존재**에 그치기에 그 자신을 정신으로 인식하는 정신으로 되기에는 까마득히 먼 것이다. ─이어서 자기의식은 **불행한 의식**의 형태에서 자신을 완성하기에 이르렀으나, 이런 불행한 의식이라는 **자기의식**은 자기를 대상화하고자 다시금 고투하지만, 아직도 그런 대상화에 이르지 못해서 **고통을 느끼는** 정신일 뿐이다. **개별** 자기의식과 불변하는 **본질**의 통일은 개별 자기의식이 다가가기는 하지만, 개별 자기의식의 **피안**에 머무르고 만다. ─이런 고통에서 우리에게 출현했던 것은 **이성**의 직접 현존이다. 이성에 속하는 의식의 형태 속에는 종교적 형태는 없다. 왜냐하면, 그러한 이성에 속하는 자기의식은 직접적인 현재 속에서 **그 자신을** 인식하며 또 추구하는 것이기 때문이다.

674)〈SK 495:32~496:12〉〈FM 363:21~34〉

이에 반해 인륜의 세계에서 우리는 어떤 종교 즉 **지하 세계의 종교**를 보았다. 이 종교는 **운명**이 펼쳐지는 가공할 만하고 알려지지 않은 밤이 존재한다는 믿음을 지니며 또한, **죽은 혼령**[Geist]이 복수한다는 것도 믿는다. ─그 가운데 전자[운명의 밤]는 순수 부정성이 일반성의 형식을 띠고 전개되는 것이며 후자[죽은 혼령의 복수]는 순수 부정성이 개별성의 형식을 지니고 전개되는 것이다. 따라서 절대적 본질은 이 후자의 형식에서 나타날 때 **자아**의 형태를 갖고 더욱이 자아가 달리 될 수는 없는만큼 **현재** 속에 그 모습을 드러낸다[gegenwärtiges]. 여기서 등장하는 **개별** 자아는 개별적 환영[dieser einzlene Schatten]이니, 이런 환영은 운명을 뜻하는 일반적인 힘과는 분리된다. 이 **개별적** 환영은 사실 환영에 속한 것이며, **개별** 자아가 지양된 것 따라서 일반성을 지닌 자아[417]가 된다. 하지만 환영이라는 부정적인 의미를 지닌 것은 아직 긍정적인 의미를 지닌 것으로 전환되지 않았으므로 여기서 [개별] 자아가 지양된다 하더라도 그것은 아직 직접 이처럼 특수한 것, 본질이 없는 것[Wesenlosen]에 지나지 않는다. ─이에 반해서 운명은 자아를 지니지 못한 채 의식이 없는 밤으로 머무른다. 이런 밤은 자체 내 아무런 구별에 이르지 못할 뿐만 아니라 또한, 자기 자신에 관한 명석한 인식에 다다르지도 못한다.

[해제] 1) 정신이 마침내 구체적으로 출현하면서, 절대정신이 된다. 그 첫 번째 형태가 곧 종교다. 헤겔은 종교 장에 들어서면서 바로 종교 장의 종교 개념을 지금까지 의식의 발전 과정에서 등장한 다양한 종교적 형태와 비교해 설명한다. 지금까지 종교적 형태는 절대적 본질 즉 정신을 의식의 대상으로 삼는 것이었다.

반면 종교 장에서 절대적 본질이 자기를 인식하기에 이르러 자기 의식적인 종교가 출현한다. 즉 절대적 본질은 자기를 대상화하면서 "그 자체적이면서도 대자적으로" 된다. 그 결과 절대적 본질은 자기를 인식하게 되니, 즉 여기서 인식의 주체는 곧 대중으로서 정신 자신이며. 인식의 대상은 곧 절대적 본질로서 정신 자신이다. 이런 인식은 곧 정신의 자기의식이다.

2) 헤겔에서 종교는 자아의 즉 실천적 의지의 한 형태다. 그러므로 인식을 다루는 의식 장과 이성 장에서는 종교는 출현하지 않고, 의지를 다룬 자기의식과 정신 장에서 종교적 형태가 출현한다. 지성 장에서 출현한 초감각적 세계나, 이성 장에서 출현한 사태 자체는 종교적 형태가 아니라, 사물의 내적 본성을 의미한다.

---

417 복수하는 환영은 구체적 개성을 잃어버리고 일반성을 얻지만, 혈연을 대표하는 존재로 된 것이기에 헤겔은 특수성을 지닌다고 한다.

종교의 형태는 우선 자기의식에서 출현하는데, 그것이 곧 불행한 의식이다. 여기서 하늘나라는 개인의 내적 자유가 피안에서 실현된 것이고, 내적 자유는 모든 개인에게 같으므로 최초로 일반적 자아가 출현한 것이다. 그러나 이 자아는 피안에 실현된 것에 지나지 않는다. 그것은 자기를 현실화하기 위해 고투하지만, "그런 대상화에 이르지 못해서 고통을 느낄 뿐"이다.

3) 정신 장에 이르러서는 다양한 종교의 형태가 출현한다. 우선 인륜적 정신계에서 지하 세계의 종교가 출현한다. 이는 두 가지 대립하는 형태를 띤다. 하나는 복수를 펼치는 죽은 혼령이다. 그리고 다른 하나는 알 수 없는 운명의 힘이다.

죽은 혼령은 개별 자아가 가족의 연속성을 의미하는 일반적 자아를 대표한다. 그러면서도 아직 긍정적 존재로 현실화되지 않으므로 다만 부정적인 의미를 지닌 존재인 그림자 즉 혼령으로 출현한다. 헤겔은 죽은 혼령이 지닌 두 가지 측면을 이면의 관계로 파악한다. 즉 혼령은 한편으로 개별자의 혼령이며 다른 한편으로 가족을 대표하는 존재므로 일반화된 것이더라도 여전히 특수한 자아다.

4) 반면 인륜의 세계에 출현하는 운명은 비극의 세계에서 행위자의 행위를 통해 저지른 범법을 처벌하는 실체적 힘을 의미한다. 행위자는 자기가 속한 실체의 법칙을 실행하면서 자기도 모르는 사이에 그것에 대립하는 실체에 손상을 가한다. 그 결과 행위자가 손상당한 실체로부터 받는 처벌은 행위자로서는 알 수 없으면서도 가공할 만하게 작용하는 힘이다. 헤겔은 이를 "의식이 없는 밤"으로 규정한다.

675) 〈SK 496:13~24〉〈FM 364:1~9〉

그런데 지하 세계에 대한 믿음과 필연성[운명]이 지닌 파괴하는 힘[Nichts der Notwendigkeit]에 대한 믿음은 천국에 대한 **신앙**으로 발전한다. 왜냐하면, 일반적 본질을 지닌 분리된 자아[abgeschiedene Selbst][418]는 그 자신을 통합해서 분리된 자아가 내포하는 것을 이런 일반적 본질 속에서 분리해 내야[auseinanderschlagen] 하며 자기의 눈앞에 명백하게 나타나게 해야 하기 때문이다. 그런데 우리는 이런 신앙의 **나라**가 자기의 내용을 개념 없이 다만 사유의 지반에서 펼쳐나감으로써 마침내 그것의 피할 수 없는 운명인 계몽 시대의 종교[die Religion der Aufklärung][419] 속으로 몰락하는 것을 보았다. 그런데 이런 **계몽 시대의 종교** 속에서는 지성의 단계에서 등장했던 초감각적 피안이 또 부활한다. 반면 자기의식은 차안에 만족하며 초감각적인 피안을 자아로 인식하지도 않으며 또한, 위력을 지닌 것으로도 인식하지도 않는다. 왜냐하면, 이 초감각적인 것은 곧 인식할 수 있는 것도 아니고 또 두려워할 수도 없는 한낱 **텅 빈** 피안이기 때문이다.

676) 〈SK 496:25~33〉〈FM 364:10~16〉

마지막으로 도덕성[도덕적 세계관]에서 등장한 종교를 통해 절대적 본질이 긍정적 내용이라는 점이 다시 확립된다.[420] 그러나 절대적 본질의 긍정적 내용은 계몽이 행사하는 부정성[Negativität]과 결합한 것이다. 즉 그러한 긍정적 내용은 **존재**가 자아로 복귀해 오직 그[자아] 속

---

418 'abgeschiedene Selbst'는 일반적으로 '죽은 혼령'을 의미하는데, 여기서는 문맥상 분리된[abgeschieden] 개별 자아를 의미할 수밖에 없을 것으로 보인다. 개별 인격의 상호 작용의 결과가 소외된 방식으로 출현한 것이 신앙의 세계기 때문이다.

419 신앙과 계몽은 소외된 정신에 관한 순수 의식을 토대로 출현하면서도 서로 대립하는 것이다.

420 계몽의 절대적 자유가 벌이는 파괴의 광란을 지나 개별 자아는 일반적 본질을 받아들이면서 도덕적 의식 즉 의무의 의식으로 된다.

에서 갇힌 채로[eingeschlossen] 머무르는 것이며 여기서는 어떤 **구별된 내용**에 속한 부분은 제기되는 것과 동시에 곧장 부정되는 것이다.[421] 그러나 이렇듯 모순적인 운동이 빠져드는 운명적인 결과는 그 자신이 **본질적인 것**과 **현실적인 것**을 모두 지배하는 운명임을 의식하는 자아[422]일 뿐이다.

677) 〈SK 496:34~497:17〉〈FM 364:17~32〉

그리하여 정신은 자기를 인식하는 가운데 종교의 단계에 이르러 직접 정신에 고유한 순수한 **자기의식**으로 된다. 여기서 지금까지 고찰돼 온 정신의 형태들－즉 참된 정신[인륜적 정신]과 자기 소외된 정신 및 자기 자신을 확신하는 정신－은 모두 정신을 **의식**의 모습에서 표현한다. 이때 의식이란 곧 **세계**에 대립하면서 그 세계에서 자신을 인식하지 못하는 것을 말한다. 그러나 이 정신이 양심의 단계에 와서 대상적 세계 일반과 마찬가지로 자기의 관념[Vorstellung]과 자기의 특정한 개념마저도 자기에게 종속하게 하니 이 정신은 그 자신에[bei sich] 머무르는 자기의식으로 된다. 그 자신에 머무르는 자기의식 속에서[양심] 정신은 **대상**으로 표상[vorgestellt]되면서 주관적으로 보면[für sich] 모든 본질과 모든 현실을 자체 내에 포함하는 일반적 정신이라는 의미를 가지더라도, 자신과 무관한[frei] 현실이나 자립적으로 존재하는 자연이라는 형식으로 존재하는 것은 아니다. 이런 대상은 그의 의식 속에 있는 **대상**[Gegenstand seines Bewußtsein]인 한에서 **형태** 즉 존재의 형식을 지닌다.

그러나 종교의 단계에서 이런 의식은 본질상 자기의식으로 규정되

---

421 여기서 '존재'는 실체를 말한다. 자아로 복귀한 실체가 곧 순수 의무다. 순수 의무는 추상적 일반성이므로, 구체적 내용이 없어 현실에 실현되지 못하고 자아 내에 갇힌 채로 머무른다.

422 의무와 자아, 본질과 현실의 통일이 곧 양심이다.

기에 이런 존재가 지닌 형태는 전적으로 투명한 것일 수밖에 없다.[423] 정신이 내포하는 현실은 이미 이 정신 자체 내에 포용돼 그 속에서 지양된다. 현실이 지양되는 방식은 마치 우리가 흔히 **전적으로 실제로 존재하는 것**[alle Wirklichkeit]에 대해 그것은 **사유 된**[gedachte] 일반적 현실을 뜻한다고 말할 때[424]와 같다.

[해제] 앞에서 불행한 의식과 인륜적 정신의 지하 세계의 종교 형태를 설명한 것에 이어서 이 부분에서 헤겔은 소외된 정신의 세계에서 등장한 신앙과 자기 확신하는 도덕 정신에서 요청된 신 개념을 서술한다.

1) 인륜적 세계에서 자아와 실체가 합일하면서 자유로운 인격으로 되고 이 자유로운 인격의 상호 작용을 통해 소외된 세계가 출현한다. 소외의 세계에서 자아는 실제로는 이 소외된 실체에 대립하지만, 내적으로는 서로 합일하니, 이런 내적 순수 의식에서 출현하는 것이 곧 신앙이다. 이 신앙의 대상인 피안의 세계는 한편으로 일반적이지만, 다른 한편으로 감각적이다. 이런 피안에 있는 감각적 천국을 일컬어 "자아가 내포하는 것을 분리돼 내면서" "자기 눈앞에 명백하게 나타나게 한" 세계라고 한다.

2) 계몽의 시대 신앙은 순수 의식을 토대로 출현한다. 즉 여기서 절대적 본질은 현실에서 소외된 피안에 출현하며 자아는 순수 의식 속에서 이런 절대적 본질과 합치한다. 이런 순수 의식은 실제적 의식인 계몽적 자아의 비판 때문에 부정된다. 그 결과 절대적 본질은 사물의 내면에

---

423 양심에서 의무(대상)와 행동(표상)의 통일은 다만 개념에 머무르고 실제로는 분열한다. 종교 속에서 양자는 대립하면서 동시에 통일한다. 여기서 투명한 자기 의식적인 종교가 출현한다.

424 이성에서 사유의 범주는 곧 현실의 범주였다. 이성의 경우 양자는 사유 속에서만 통일됐다. 그러나 절대정신에 이르면 양자의 통일은 실제로 자각된다.

있는 텅 빈 본질로 된다. 그것이 유용한 존재다. 이런 계몽의 순수한 부정성이 유용한 존재를 부정하면서 절대적 자유의 세계가 펼쳐지지만, 이 세계는 파괴의 광란 속에서 몰락하며 이를 통해 개인적 자아가 일반적 본질을 받아들이는 도덕적 의식이 출현한다. 그래서 헤겔은 도덕적 의식은 "계몽이 행사하는 부정성과 결합했다"라고 말한다

3) 자기 확신하는 정신 가운데 의무에서 종교의 형태가 다시 출현한다. 이때는 도덕과 행복, 도덕과 감성, 덕성과 행복의 일치를 위해 요청된 것이다. 그러므로 종교는 긍정되지만, 이 긍정은 이성의 요청에 따른 것이다. 그러나 이런 요청은 현실에서는 끊임없는 전치로 나타난다. 도덕적 의식은 한 번은 도덕을 다른 한 번은 현실을 번갈아 가면서 중요하게 여겨진다. 이런 도덕적 의식은 전치 속에서 모순을 겪으면서 양심으로 발전한다.

의무와 자아가 합일에 이른 양심에 이르러 마침내 자기 의식적인 정신이 출현한다. 그러나 이런 통일은 양심의 개념 또는 확신 속에서만 이루어진 것이며 헤겔은 이를 '자기에 머무르는 자기의식'이라 한다. 양심의 통일은 다만 내적인 확신에 머무르므로 양심이 실제 행동할 때 양심을 이루는 두 계기는 다시 분열된다.

4) 순수 의무의 일반적 의식과 행동하는 양심의 개별 자아 사이의 상호 화해를 통해 집단 자아, 공동체적 정신이 출현한다. 여기서 정신과 자아는 통일되면서도 다른 한편 각자 자립적이면서 서로 대립한다. 대립과 통일의 통일이 곧 절대정신으로서 종교다. 헤겔은 상호 화해하는 두 계기의 관계를 투명한 관계로 규정한다. 즉 "정신이 내포하는 현실은 이미 이 정신 자체 내에 포용돼 그 속에서 지양된다는 것이다."

678) <SK 497:18~498:13> <FM 364:38~365:17>

그러므로 이와 같은 종교의 단계에서 정신에 속하는 본래적 의식이

지니는 규정은 [아직] 자유로운 **타자 존재**[freie Anderssein]라는 형식[425]을 띠지 않는다. 따라서 이 단계에서 **현존하는** 정신은 정신의 **자기의식**과도 구별되며 정신의 본래적인 실현[426]은 종교의 한계 밖에 있다. 정신의 자기의식은 양자[의식과 현실]에 공통된 **하나의** 정신이지만, 정신의 의식은 결코 이들 양자를 다 같이 포괄하고 있지 않음으로써 이제 종교는 다만 현존과 활동과 충동의 한 부분으로 나타나며 또 다른 부분은 현실 세계에서의 삶이다.[427] 이제 우리는 그 자신의 세계에 자리 잡은 정신과 그 자신을 정신으로 의식하는 정신 즉 종교 내에서의 정신이 같다는 것[428]을 인식할 정도로 종교가 완성에 다다르기 위해서는 이들 쌍방의 정신이 서로 같아져야만 한다. 즉 이를 위해서는 종교가 이 정신의 현실[Wirklichkeit]을 파악해야 할 뿐만 아니라 반대로 정신 그 자신에게 자기 의식적 정신으로 실현되고[wirklich], 다시 말하자면 **그가 의식하는 대상**으로 되어야 한다. ─이렇듯 정신은 종교의 단계에서는 그 자신을 자기 앞에 **표상**[Vorstellung][429]으로 나타내니 종교 단계에서 정신은 사

425 종교에서 대상으로서 정신은 인식하는 정신에 대하여 아직은 대상의 형식으로 즉 환상의 형태로 출현한다. 절대지에 이르러서야 비로소 이런 대상은 개념적으로 파악되면서 자유로운 타자 존재가 된다. 뒤에 설명되듯이 이 '자유로운 타자 존재'는 대상이면서도 동시에 자아와 합일을 이룬 것이라는 의미다.

426 절대지에 이르러 정신은 본래적으로 실현된다.

427 종교는 정신을 표현하는 것이지만, 정신의 독자적인 한 부분일 뿐이다. 절대지에 이르면, 절대정신 즉 국가는 현실적 삶을 통일하는 원리가 된다.

428 실제로 존재하는 정신의 발전과 정신에 관한 인식과 표현의 발전은 상응한다. 정신이 자아의 상호 작용으로 생성되면서 정신의 자기의식이 출현하고, 신의 표상도 인격화한다.

429 표상은 일반적으로 관념(특히 감각적 관념)이나 상징을 의미하지만, 여기서는 환상이라는 의미다. 즉 여기서 환상은 곧 신적 존재다.

실 하나의 의식의 수준에 머무른다. 따라서 정신이 종교의 틀에 갇힌 채 실현[Wirklich keit]될 때 그런 실현은 정신 자신에 관한 표상이라는 형 태나 옷[430]에 그친다. 이런 표상을 통해서는 종교의 완전한 권리가 실현 [Wirklichkeit]되지 못한다. 이 종교가 완전한 권리를 인정받기 위해서는 단지 옷에 그칠 것이 아니라 자립적이며 자유로운 현존이 돼야 한다. 거 꾸로 말하자면 표상에서 종교의 실현은 완전하지 못하므로 종교는 하 나의 **특정한** 형태일 뿐이기에 자기가 표현해야 하는 것 즉 자기 의식적 인 정신에 도달하지 못한다. 정신의 형태가 자기 의식적 정신을 표현하 는 것이려면 이 형태는 오직 자기 의식적 정신과 다른 어떤 것일 수 없 으니, 그때야 비로소 정신은 그 자신의 본성에 합치하는 방식[431]으로 현 상할 것이며 마침내 실제로 존재하게[wirklich] 될 것이다. 오직 그럼으 로써만 마치 정반대되는 요구인 듯이 보일 수도 있는 것 즉 그러한 의식 의 대상이 동시에 자유로운 현실의 형식을 지니는 것조차도 이루어질 것이다. 그러나 자기에게 **대상**으로 되는 정신 즉 절대정신만이 자기에 게 그러한 자유로운 현실인 동시에 그런 가운데서도 그에 못지않게 자 기 자신을 의식하는 상태를 유지할 수가 있다.

[해제] 1) 양심의 끝에 절대정신이 등장한다. 절대정신이란 공동체 또는 집단 자아다. 여기서 절대정신을 자각하는 정신의 운동이 전개된 다.

정신은 자아의 상호 작용의 산물이다. 여기서 자아가 자기를 자각하

---

430 절대정신이 신의 형태로 출현할 때, 헤겔은 신적 존재는 표상(환상)의 형태 인데, 이는 절대정신의 옷에 지나지 않는다고 한다. 절대정신은 절대지에 이르러 자유롭고 자립적인 현존으로 등장한다.

431 절대지의 개념 운동이 절대정신에 합치하는 방식이다.

면 할수록 정신과 개인적 자아의 합일이 이루어진다. 정신의 이와 같은 운동이 정신 장에서 서술됐던 것이다. 절대정신에서 운동은 대중이 절대정신을 자각하는 운동으로 된다. 그것이 곧 정신이 자기를 인식하는 것으로 된다.

헤겔은 "세계에 자리 잡은 정신"(정신의 운동)과 "이를 파악하는 정신"(절대정신의 운동)이 상응하는 것으로 규정한다. 즉 정신의 운동에서 자아가 발전하면, 그만큼 절대정신의 형태도 표상(종교)에서 개념(절대지)으로 발전한다.

2)『정신현상학』을 서술할 시기 헤겔은 절대정신을 표현하는 방식을 종교와 절대지 즉 철학으로 단순히 구분했다. (예술은 종교의 한 방식으로 즉 예술 종교 속에서 다루었다). 그 결과 종교와 철학은 단순히 대립한다. 전자는 표상 또는 환상의 방식[Vorstellung]이며 후자는 개념의 방식이다. 전자를 헤겔은 절대정신에 관한 정신의 의식이라 하고 후자를 절대정신에 관한 정신의 자기의식이라 한다.

3) 종교는 절대정신을 표상[환상]으로 파악한다. 그것이 곧 신적 존재다. 그것은 자아를 넘어 초월적으로 존재하는 대상으로 출현한다. 이런 표상[환상]을 헤겔은 "절대정신의 옷"이라고 한다. 반면 절대지에 이르면 자기의식과 대상이 분리되면서도 통일된다. 즉 "세계 속에 자리 잡은 정신과 정신으로서 의식하는 정신"이 합일한다. 이렇게 정신과 통일된 정신 즉 정신으로 자각된 정신을 헤겔은 '자유로운 타자 존재' 또는 '자유로운 현실'이라고 규정한다.

4) 종교와 절대지는 단순히 자각과 표현에서의 차이에 머무르지 않는다. 이런 자각과 표현에서의 차이를 통해 그것이 산출하는 산물도 구분된다. 어느 때나 절대정신은 공동체, 집단 자아므로 그것의 구체적 산물은 집단 조직의 형태를 지닌다. 그러나 집단 조직을 구성하는 방식이 달라진다.

전자의 경우 조직으로 유기적인 결합이 없고 소규모 공동체로 흩어진다. 이것이 곧 교회의 형태다. 반면 후자의 경우 공동체 전체에 걸친 포괄적 조직, 그리고 개념의 필연성에 따른 조직이 갖추어져 있다.

절대정신이 자각되는 정도에 따라서 절대정신의 구체적 형태가 달라지며, 이 구체적 형태와 현실적 삶과의 관계도 달라진다. 종교의 경우 교회의 형태는 현실적 삶과 분리되며, 절대지에 이르러 국가의 형태는 현실적 삶과 합일한다. 국가는 현실적 삶의 모든 영역에 개입하여 그것을 움직이는 영혼, 자아가 된다.

679) 〈SK 498:14~499:15〉〈FM 365:18~366:8〉

일단 한편에서 자기의식, 본래적 의미에서 의식 그리고 **종교**와 다른 편에서 세계에 출현한 정신 다시 말해 **현존**하기에 이른 정신은 서로 구별된다. 이때 정신의 이상과 같은 계기들이 서로 분리돼 저마다 고립적으로[für sich] 서술된다면 이 나중에 언급된 것[현존하는 정신]은 정신 전체에 해당한다. 그러나 그 계기를 이루는 것은 **의식, 자기의식, 이성** 그리고 **정신**이다. ―이것들은 아직도 정신으로 의식되지 못한 정신, 즉 직접적인 정신을 말한다. ―이들 계기를 **총괄하는** 총체성을 통해 세계 내에 현존하는 정신 일반이 출현한다. 정신 그 자체는 지금 바로 지칭된 형태들[의식, 자기의식 등]을 일반 규정 즉 소위 계기의 측면에서 포괄한다. 종교는 이런 계기들이 전체적으로 지나가는 것을 전제로 하며 그 계기들이 이루는 단순한 총체성이며 또한, 그런 계기들을 지배하는 절대적 자아다. ―더욱이 종교와 관계해서 계기들이 전개되는 경과[Verlauf]는 결코 시간 속에서 표상될 수 있는 것이 아니다. 오직 전체적인 정신만이 시간 속에 있으니 바로 이와 같은 전체로서 정신 그 자체가 전개하는 각 형태만이 시간적인 차례로[auseinanderfolge] 서술된다.

왜냐하면, 오직 전체만이 본래적인 의미에서의 현실성을 지닐 뿐만 아니라 오직 그것만이 다른 전체에 대해 순수하게 자유로운 것이라는 형식을 지니기 때문이다. 바로 이런 자유의 형식이 시간이라고 하는 것이다. 그러나 전체의 **계기**를 이루는 의식, 자기의식, 이성 그리고 정신은 한낱 계기에 지나지 않는 한에서는 서로 구별되는 현존을 갖지 않는다. -그런데 정신이 이렇듯 그 자신을 이루는 계기로부터 구별됐듯이 다시 세 번째로 각 계기로부터 그 개별화된 규정[432]이 구별돼야만 하겠다. 우리는 각 계기가 저마다 그 자체에서[an ihr selbst] 자기에 고유한 경과 속에서 서로 구별된 규정을 지니고 서로 다르게 형태화한다는 것을 보았다. 예를 들어 의식의 경우에 감각적 확신과 지각이 서로 구별됐던 것과 같다. 방금 언급한 이 두 규정[감각적 확신, 지각이라는 계기]은 시간 속에서 차례로 등장하면서 하나의 **특수한 전체**[형태]에 속한다. -왜냐하면, 정신은 그의 **일반성**으로부터 출발해 **규정**[433]을 거쳐 **개별성**으로 하강하기 때문이다. 따라서 규정 또는 매개 중심을 이루는 것은 곧 **의식** 또는 **자기의식** 등등이라면 **개별성**을 이루는 것은 바로 각 계기가 마련하게 될 형태다.[434] 이들 개별화된 형태는 정신을 그 개별적 양태 또는 그것의 **실현된 현실**로 서술하는 것이니 시간 속에서 서로 구별되며, 여기서는 시간상 후속되는 것이 선행하는 것을 자체 내에 보존

---

432 전체를 이루는 한 계기는 그 이전에 구체적 형태가 기억된 것이니, 그것이 구체적 형태로 있을 때의 모습과 전체의 한 계기로 있을 때의 모습이 달라진다.

433 여기서 규정은 특수성[Besonderheit]을 의미하는 것으로 보인다. 지각적 성질이 규정인데, 개념상으로는 특수성에 해당한다.

434 특수성은 논리적 계기다. 논리의 한 계기로서 특수성이 시간 속에서 개별적 형태로 환원될 수 있다. 이 개별적 형태는 구체적 형태를 가지므로 특수한 전체이니 "정신을 그 개별적 양태 또는 그것의 실현된 현실로 서술하는 것"이다.

하는 양식을 취한다.

[해제] 여기서 헤겔은 계기와 형태의 변증법을 서술한다. 헤겔은 이런 관계를 『법철학 강요』 서문이나 『정신현상학』 서문에서도 서술한 적이 있으며 이성 장에서도 헤겔은 이런 형태와 계기의 관계를 언급한 적이 있다. 형태와 계기의 관계는 『정신현상학』 서술의 기본 골격을 이룬다.

1) 그 기본 개념은 정신의 이전의 형태가 이후의 형태 속에 하나의 계기로 내재하는 방식이다. 이것이 곧 기억[erinnerung]인데, 하나의 형태가 다른 형태로 변화하는 과정은 시간적 과정이다. 시간상으로 볼 때 정신은 개별적인 것에서 일반적인 것으로 발전해 나간다. 각 형태는 이런 기억을 통해 이전의 형태를 하나의 계기로 포함한다. 각 형태 속에서 이런 계기들은 논리적 연관을 지닌다. 여기서는 전개과정은 추상적인 것에서 구체적인 것으로 나간다.

2) 정신의 전개과정을 좀 더 복잡하게 만드는 것은 같은 계기가 그것이 속한 형태에 따라서 다른 의미를 지닌다는 것이다. 이전의 형태가 이후의 형태를 구성하는 계기로 되므로, 어떤 계기가 하나의 형태에서 속할 때 지니는 의미와 다른 형태에 속할 때 지니는 의미가 달라진다. 예를 들자면 의식의 형태는 이성에서도 하나의 계기가 되며, 정신에서도 계기가 된다. 전자에서는 관찰하는 이성이 되며 정신에서는 인륜적 정신이 된다. 각 계기는 그 형태에 고유한 방식으로 출현한다.

3) 이전의 형태가 이후의 형태에서 내적 계기로 기억되니, 각 형태는 논리적으로 이전의 형태를 되풀이한다. 예를 들어 종교의 경우 그 형태는 역사적으로 볼 때 이집트의 상징 종교, 그리스의 예술 종교 근대의 계시 종교로 발전해 왔다. 각 역사적 종교 형태는 종교라는 전체 형태를 구성하는 계기가 된다.

그러므로 종교의 전체 형태 속에서 이전의 계기가 논리적으로 되풀이된다. 이때 상징 종교는 의식적 계기가 되고 예술 종교는 개별 자기 의식적 계기가 되며, 계시 종교는 일반적 자기의식의 계기가 된다. 이처럼 종교의 형태가 논리적 계기가 될 때는 형태의 시간적 발전과 전도된 방식으로 전개된다. 논리적 계기로 보면, 상징 종교는 종교의 추상적 개념에 해당하며 마지막 계시 종교야말로 종교의 실현된 구체적 개념에 해당한다.

680) 〈SK 499:16~500:14〉〈FM 366:9~34〉

그리하여 종교는 정신의 완성 형태여서, 정신의 개별 계기인 의식, 자기의식, 이성 및 정신이 **귀환하거나** 이미 **귀환한 근원**을 의미하는 것이라면. 이들 계기가 다 함께 결합해 전체 정신이 **현존하고 실현된다.** 이때 전체 정신은 오직 이와 같은 여러 계기를 구별하면서 동시에 이를 자기 **내로** 복귀하게 하는 운동[435]으로만 **존재한다. 종교는 대체로** 이상과 같이 일반적인 계기들의 운동을 통해 생성된다. 그러나 [지금까지는] 이들 속성 각자가 일반적으로 어떻게 규정되는가에 따라서 서술됐고 그뿐만 아니라 그 **자체의 모습과 동시에 자기에게 나타나는 모습**[an und für sich]에 따라서 서술됐으며 또한, 하나의 전체를 이루는 것으로서 자기 자신 속에서 거쳐온 경과에 따라 서술됐다. 이를 통해 종교의 생성 과정[Werden][436]만이 일반적으로 생겨나는 것만은 아니다. 또한, 이런 **개별적**인 측면이 겪는 완전한 경과는 종교 **자체**가 지닌 **규정성** 자체를 포함한다. 전체 정신 즉 종교의 정신은 다시금 자기의 직접성을 벗

---

435   정신의 운동은 의식의 운동으로 보면 자기의 근거로 복귀하는 운동이며, 개념의 운동으로 보면 개념이 자기를 구별하면서 구체화하는 운동이다.

436   시간적 생성 운동 즉 의식이 종교로까지 발전하는 과정을 말한다. 이를 통해 종교의 개념이 규정된다.

어나서 그 자신의 **본래적 모습**[an sich]으로 또는 직접 존재하는 본성을 **인식**하는 데 도달하는 운동437을 전개한다. 이 운동이 획득하려는 목표는 곧 전체 정신이 자기의 의식에 나타나는 **형태**가 전체 정신 자신의 본질과 전적으로 같으면서 이런 전체 정신이 자기가 어떻게 존재하는지를 스스로 직관하는 것이다. ─그러므로 생성 과정에서 [종교라는] 정신 자체는 **특정한** 종교 형태 속에서 출현하며, 그 형태가 이 운동이 전개하는 구별된 계기를 이룬다. 동시에 이에 따라서 특정한 종교는 마찬가지로 **특정한 현실적** 정신을 획득한다. 즉 정신이 자기를 인식하는 과정에 일반적으로 의식, 자기의식, 이성 그리고 정신이 귀속한다고 하면 의식과 자기의식 그리고 이성과 정신 안에 각자에게 특별하게 전개된 **특정한** [종교] 형식이 이런 자기를 인식하는 정신의 **특정한** 형태에 귀속한다.438 종교가 취하는 특정한 형태는 이상과 같은 정신의 각 계기가 취하는 형태 가운데서 실제로 존재하는 정신이 보기에 자기의 계기에 가장 알맞은 하나의 형태를 끄집어낸다. 그런데도 종교라고 하는 **하나의** 규정성이 실제로 존재하는 종교적 현존이 지닌 모든 측면에 침투하며 이 모든 측면에 종교가 지닌 공통된 모습을 각인한다.439

[해제] 1) 「서문」에서 이미 얘기했듯이 『정신현상학』의 서술은 내

---

437 종교의 개념 운동을 말한다. 종교의 개념이 구체화하면서 그 개념이 자각된다.

438 종교의 개념이 실현되는 과정에서 출현하는 논리적 계기는 시간상으로 각 시대의 종교 형태가 기억된 것이니, 이 계기를 통해 각 시대 종교 형태를 투영할 수 있다.

439 각 시대의 종교는 종교의 근본 규정을 내적으로 각인하면서 동시에 그것이 속한 시대 정신의 형태에 적합한 것으로 된다.

면화된 계기를 역사적으로 투영하여 시간상 발전하는 방식으로 서술하는 것이다. 여기 종교에서도 마찬가지다. 헤겔은 논리적으로 발견하는 종교의 계기를 다시 역사적 시간 위에 투영함으로써 그 시대 출현한 종교의 형태를 설명하려 한다.

종교의 개념은 의식의 생성 과정을 통해 발생한다. 이 종교의 개념은 내적으로 여러 계기로 구성된다. 헤겔은 이 종교의 계기들은 한편으로는 종교의 일반적 개념을 구현하는 것이라 본다. 동시에 이런 구체적 계기는 다시 역사적으로 투영될 수 있다. 그러면 일정한 시대의 종교적 형태가 되는데, 이 종교 형태는 곧 그 시대 정신에 부합하는 것으로 된다. 즉 특정한 종교 형태는 "실제로 존재하는 정신이 보기에 자기의 계기에 가장 알맞은 하나의 형태"가 된다.

2) 종교가 의식, 자기의식, 이성, 정신이라는 내적 계기를 갖는데, 그에 따라 의식적 종교, 자기 의식적 종교, 이성적 종교, 정신적 종교라는 형태가 역사적으로 출현한다. 의식적 종교가 이집트 시대 출현한 상징 종교라면, 자기 의식적 종교는 그리스의 예술 종교다. 이성적 종교는 근대의 내면 신앙이며, 마지막 정신적 종교는 헤겔이 말하는 종교다.

3) 그런데 헤겔이 절대정신에서 말하는 종교에서 중요한 것은 교회다. 즉 교회는 공동체 정신(그 직접적 형태로서 사랑)으로 구현된 집단적 자아, 공동체다. 가톨릭을 헤겔은 자기의식이 피안에 실현된 종교라 하며, 이로부터 법적인 자유 인격이 출현한다. 프로테스탄티즘은 일반적 자아가 개인적 자아의 내면에 출현한 것이다. 프로테스탄티즘이 교회의 역할을 무시한다면 가톨릭은 교회를 강조했다. 프로테스탄티즘은 내면 신앙을 강조하지만, 가톨릭은 도덕적 훈련을 강조한다.

절대 종교에서 헤겔은 교회를 강조하는데, 이점에서는 가톨릭과 닮았지만, 헤겔은 프로테스탄티즘의 내면 신앙을 받아들여, 교회 공동체와 개인의 자유를 이른바 전체 통일[All-Einheit]의 방식으로 결합하려

한다.

681) 〈SK 500:15~501:16〉〈FM 366:35~367:26〉

이상과 같은 방식을 보면 지금까지 등장했던 형태들은 원래 이들이 [형태의] 계열[Reihe]을 이룰 때 나타났던 방식과는 다른 방식으로 배열된다. 그런 차이에 관해서라면 앞에서[서문에서] 필요한 만큼 간단하게 언급했다. ─지금까지 우리가 고찰해 온 계열[Reihe]에 따라서 보면 점차 더 심층에 놓여 있던 계기가 드러나면서 각 계기는 그때마다 자기의 고유한 원리에 따라서 하나의 전체를 형성했다. 여기서 인식은 더욱 심원해졌다. 각 계기는 서로 유리된 상태에서는[für sich] 결코 존립할 수 없는 것이므로 [자기 인식하는] 정신이 이 각 계기의 실체였다. 그러나 이런 실체는 이제야 비로소 자신을 드러냈으나 이미 자기 자신을 확신[gewisse]하는 정신의 심층에 놓여 있다. 이 심층적인 실체는 고립화된[isolieren] 개별 계기에서는 자기 자신 속에 머무르면서[in sich selbst] 곧바로 전체로 되는 것을 허용하지 않고 오히려 이들 계기 모두를 자기 내로 끌어모아 [versammeln] 다 함께 장악하면서[zusammenhalten] 실제로 존재하는 정신에 속하는 전체적인 풍요를 향해 진군한다. 그 결과 이런 정신이 지니는 특수한 계기들은 어떤 것이든 전체에 관한 같은 규정성을 공통으로 수용한다. ─이처럼 자기 자신을 확신하는 정신과 이 정신의 운동이야말로 그들 계기를 참으로 실현하는 것이며 또한, **그 자체로 자기에게 나타난** 것[Anundfürsichsein]이니, 이것이야말로 개별 계기에 내재하는 것이다. ─따라서 지금까지 이어온 **단일한** 계열[Eine Reihe]은 그 진행 과정 가운데 언제나 매듭을 만나면 이런 계열에서 후퇴가 일어나지만, 동시에 그와 같은 매듭을 벗어나면서 다시 **단일한** 직선

[Eine Laenge] 위에서 계속돼 나갔다,[440] 반면 이제는 단일한 계열이 흡사 이런 매듭 즉 일반적인 계기에 부딪혀 깨어지는 듯이 많은 지선[支線]으로 흩어진다.[441] 이런 지선들은 **하나**의 묶음 속에서 총괄되고 동시에 서로 균형을 이루면서 결합하고 마침내 서로 같은 구별들은 각기 자기 안에서 특수한 지선으로 발전했으니 시간적으로는 서로 동시적이다 [zusammentreffen]. ㅡ여기서 머리에 떠오른[vorgestellte] 문제 즉 일반적 방향의 병렬[Beiordnung]이라는 문제가 어떻게 이해될 수 있는가를 보자. 이에 관한 전체적인 서술로부터 자명하게 밝혀지는 사실은 곧 언급할 필요도 없이 이런 구별된 것들은 한낱 부분으로가 아니라 본질상 단지 생성 중인 계기[442]로 파악돼야만 한다는 것이다. 실제로 존재하는 정신에서 이런 구별된 것들은 정신적인 실체의 한 속성[Attribute]이지만, 종교에서는 오히려 단지 하나의 주어에 속하는 술어[Prädikate][443]에 지

---

440 『정신현상학』의 전개과정에 대한 설명이다. 시간상으로 더 심층적 원리에 이르면, 이것을 개념으로 삼아서 구체적으로 실현하는 운동이 전개된다. 그 끝에 다시 시간상으로 더 심층적 원리로 발전한다. 시간적 생성과 개념의 실현이 결합한 이중적 전개 방식을 말한다. 이 과정은 전체적으로 근원으로 복귀하는 과정이다.

441 절대정신에 이르러 종교나 예술, 철학의 발전 과정은 이전과 달라진다. 왜냐하면, 각 절대정신은 그 시대 포괄적인 절대정신을 지반으로 하며 표현하는 것이기 때문이다. 그러므로 각 절대정신은 각기 독자적으로 발전하면서 시대적으로 상응한다. 예를 들어 자연 종교와 상징 예술, 예술 종교와 현상 예술, 계시 종교와 가상 예술이 상응한다.

442 절대정신의 각 계기는 독자적으로 전개되면서 하나의 지선을 이룬다. 이 지선 자체는 생성하는 운동을 전개한다.

443 헤겔은 여기서 '실체의 속성'과 '주어의 술어'를 구분한다. 실체의 속성은 각자 자립적인 성질로서 전체가 결합하여 실체를 이룬다는 것을 말한다면, 주어의

나지 않는다. ―이와 마찬가지로 **그 자체로 보거나 우리가 볼 때**, 정신 속에는 그것도 모든 개별 정신 속에는 무릇 온갖 형식이 다 깃들어 있다. 그러나 정신의 실제 모습에서 일반적으로 중요한 문제는 다만 어떤 규정성이 그 정신에서 의식되며 어떤 규정성 속에서 정신이 자신의 자아를 표현하는가 그리고 어떠한 형태 속에서 정신이 자신의 본질을 인식하는가 하는 문제일 뿐이다.[444]

[해제] 1) 여기서 헤겔은 절대정신의 개념이 인식되는 과정이 이전의 정신이 자각되는 과정과 구별된다고 말한다.

이전의 정신에서 개별 계기들은 일련의 계열을 이루었다. 그 계열은 한편으로 근거로 복귀하는 과정 즉 "심층적 실체가 드러내는 과정"이며 다른 한편 개념이 구체화하면서 "전체적인 풍요를 향해 진군하는" 과정이다. 『정신현상학』의 길은 두 가지 길이 서로 결합하지만, 그 표면은 근거로 복귀하는 과정이며 그 뒤에 개념이 구체화하는 과정이 있다.

2) 실제 『정신현상학』의 전개과정은 이 두 길이 중첩된다. 정신의 형태가 이행하는 일련의 과정은 우선 심층적인 근거로 나가는 직선적 계열을 이루지만, 정신이 일정한 형태에 이르면 이 정신은 자기의 추상적

술어는 주어가 표현되는 다양한 방식(양상)을 의미하는 것으로 보인다. 따라서 주어의 한 술어는 다른 술어와 마찬가지로 전체 계기를 포함한다. 예를 들어 신을 절대자라 하든, 무한자라 하든 의미는 동일하며 표현 방식만 다르다.

444 절대정신의 각 시대는 포괄적이다. 예를 들어 인륜적 정신의 시대는 종교, 예술, 철학을 동시에 지닌다. 그런 가운데서도 시대마다 정신을 가장 잘 표현할 수 있는 방식이 있다. 인륜적 정신의 시대는 예술이, 소외된 정신의 시대는 철학이 지배적이다. 마찬가지로 한 시대 예술적 표현도 그 이전과 이후의 양식을 모두 포괄하지만, 그 시대에 가장 적합한 예술이 지배적이다. 예를 들어 그리스 시대 예술에는 상징적 표현이나 가상적 표현도 있지만, 특히 현상적인 표현이 지배적이다.

개념을 구체적으로 실현하면서 일련의 논리적 계기를 전개한다. 마침내 개념이 실현되면서 자신을 자각하게 되면, 다시 정신의 형태는 더 심층적 형태로 발전해 나간다. 그 결과 새로운 정신적 형태가 출현한다. 예를 들어 형태적으로는 의식, 자기의식을 거쳐 이성이 등장하지만, 이성은 계기적으로는 관찰하는 이성, 자기를 산출하는 이성, 그 자체로 자기에게 나타난 개별성으로서 이성으로 전개된다.

3) 반면 절대정신에서 각 계기는 포괄적인 절대정신을 인식하는 계기므로 각 계기(예술, 종교, 철학)는 각기 자신의 시대를 표현하면서 독자적으로 발전하니, 이는 서로 병렬적이다. 그러므로 헤겔은 마치 단일한 계열이 "많은 지선으로 흩어져서" "서로 균형을 이루면서 결합한다"라고 말한다. 예를 들어 종교는 자연 종교, 예술 종교, 계시 종교로 발전하는데, 예술은 상징 예술, 현상 예술, 가상 예술로 발전하면서 동시대 예술과 종교는 상응한다. 자연 종교와 상징 예술은 그 방식이 같으며, 마찬가지로 예술 종교와 현상 예술도 그리고 계시 종교와 가상 예술도 그 방식에 같은 것이다.

각 시대는 절대정신의 모든 계기를 포함하지만, 그 가운데 지배적인 형태가 있다. 예를 들어 인륜적 정신의 시대는 상응하는 종교, 예술, 철학이 동시에 등장하지만, 그 가운데 가장 지배적 형태는 예술이어서 종교조차 예술 종교의 방식으로 존재한다.

절대정신의 각 계기는 그 이전의 형태와 그 이후의 형태를 포괄하지만, 그 가운데 지배적 형태는 그 시대 정신에 적합한 형태다. 예를 들어 인륜적 정신의 시대 예술은 이집트 시대 상징적 예술과 근대 가상적 예술도 포함하지만, 주로 그 시대 정신에 가장 적합한 예술 형태 즉 현상적 예술이 지배적이다.

4) 이런 차이 때문에 헤겔은 절대정신 이전의 정신적 형태들은 실체가 지닌 속성이지만, 절대정신에서 계기들은 하나의 주어에 속하는 개

별 술어라고 한다. 실체의 속성은 각자 자립적인 성질로서 전체가 결합하여 실체를 이룬다는 것을 말한다면, 주어의 한 술어는 다른 술어와 마찬가지로 각기 전체 계기를 포함한다. 예를 들어 신을 절대자라 하든, 무한자라 하든 의미는 같으며 표현 방식만 다르다.

682) 〈SK 501:17~502:18〉〈FM 367:27~368:18〉

결국, **실제로 존재하는** 정신과 그 자신을 정신으로 인식하는 정신 사이에 존재하는 구별 다시 말하자면 의식으로서 자기 자신과 자기의 식으로서 자기 자신 사이에 마련된 구별은 이제 그 자신을 자기의 참된 양태에 따라서 파악하는 정신[절대지] 속에서 지양된다. 이로써 정신의 의식과 정신의 자기의식은 서로가 대등한 위치에 놓이게 된다. 그러나 여기서 종교는 다만 실마리[unmittelbar] 상태에 있을 뿐이므로 이런 구별은 아직도 정신 속으로 복귀한 것은 아니다. 여기서는 단지 종교의 **개념**만 규정될 뿐이다. 이와 같은 개념 속에서 본질을 이루는 것은 곧 자기의식이며 이 자기의식은 그 자신이 곧 전면적 진리[alle Wahrheit]로 되며 이 진리 속에 자기를 전면적으로 실현하는 것[alle Wirklichkeit]으로 된다. 이런 자기의식은 의식이라는 점에서 본다면 자신을 대상으로 삼는 것이다. 자신을 **직접 인식하는** 정신의 최초 형태는 그 자신에게 **직접성**의 형식을 띠는 정신이므로 이 정신이 스스로 현상하면서 이루는 형태는 단순한 **존재**라는 규정성을 가질 뿐이다. 이런 단순한 존재라 하더라도 그 **내용**은 감각이나 다양한 원소[Stoffe]가 아니며 또한, 그밖에 단지 일면적인 데 지나지 않는 계기, 목적 또는 규정도 아니다. 오히려 그러한 존재는 정신을 그 내용으로 삼는 것이니 자신을 전면적인 진리며 전면적으로 실현된 것으로 인식한다. 이와 같은 방식을 놓고 볼 때 **내용**은 그 자신의 **형태**와 같지 않을 뿐만 아니라[445] 또한, 그런 정신의 본질은 정신에 관한 이런 의식과 합치하는 것도 아니다. 정신은 **자기를 확신하는** 그대로 자신에게 **진리**로 되며 의식의 수준에서 분열되는 정신의 양극이 정신의 형태 속에서는 서로 작용[für einander]하게 될 때 이를 통해 비로소 정신은 절대정신으로 실현된다. 이 형태는 정신이 그가 의식하는 대상으로 가정된 것이지만, 그 내용은 확신에 머무르는 정신을 통해 즉 그 자신의 실체를 통해 충족된다. [정신적 의식의] 대상은 이런 내용 때문에 온전한 의미에서 대상으로 전락할 여지 즉 자기의식에 대해 부정적인 것[446]이라는 형식으로 전락할 여지는 사라진다. 이 토대 또는 순수 의식이 돼[447] **이 속에서** [정신적] 의식이 차례차례 등장한다. 이와 같은 방식으로 자기의 순수한 자기의식을 아직 벗어나지 못한[eingeschlossen] 정신은 종교의 틀 속에서 본다면 **자연** 일반의 창조자로 실존하지 않는다. 그보다는 오히려 이런 운동 속에서 정신이 산출하는 것은 다만 영적인 것[Geister][448]의 형태다. 영적인 것의 형태를 총괄하는 것이 곧 정신이 현상하는 완전한 실현태를 이루게 된다. 이런 영

---

445 내용에 해당하는 것은 직접적 정신이며, 그것을 표현하는 형태는 단순한 존재다.

446 의식적 경험의 대상이 되는 자연 대상을 말한다.

447 종교의 대상은 단순한 자연 대상이 아니라 정신이다. 그러므로 최초의 종교 형태에서 자아는 정신을 대상으로 인식하지만, 내적으로는 즉 순수 의식에서는 이미 그 정신과 통일돼 있다. 이렇게 순수 의식(또는 순수한 자기의식)에서 자아와 통일된 결과 이 대상은 영적인 것으로 표상된다.

448 'Geister'는 여기서 영적인 것이란 의미인데 불완전한 실현태는 자연 정령[精靈]이며 그 완전한 실현태는 성령[聖靈]이다. 영적인 것은 실천적 의지(욕망과 자유의지)로서 정신과 구별된다. 영적인 것은 공동체적 정신이다.

적인 것이 출현하는 운동 자체는 정령의 개별 측면을 거쳐서 다시 말하면 정신의 불완전한 실현태를 거쳐서 마침내 정신의 완전한 실현태가 생성되는 것을 의미한다.

[해제] 1) 종교 장에서 정신의 전개에서 그 내용은 어디까지나 정신이다. 즉 공동체나 집단 의지다. 그러나 집단 의지가 정신에 어떤 방식으로 인식(표현)되는가에 따라서 절대정신이 발전한다. 헤겔은 인식에서 의식과 자기의식이라는 구분을 실천적 의지의 영역에서도 적용했듯이 이제 정신이 자기를 인식(표현)하는 방식에서도 적용한다. 그 결과 정신의 인식 및 표현 방식은 의식에서 자기의식으로 발전한다.

2) 정신의 정신에 관한 인식(표현)의 최초 형태가 곧 정신의 직접적 인식(표현) 방식이다. 이 시대 정신은 집단적 자아로 출현했지만, 여기서 집단적 자아는 자아의 상호 작용을 통해 형성되면서도 아직은 자아에 대해 전적으로 대립하는 대상적인 힘으로 다가온다.

이 시대 정신에 관한 인식은 자아가 이 정신을 대상으로 파악하는 방식이며 여기서 대상은 "단순한 존재라는 규정성"을 지닌다. 그러나 다른 한편 이 시대 자아의 상호 작용의 산물인 정신은 자아와 내적으로는 통일돼 있으므로 여기서 정신적 인식은 내적인 자기의식이므로 순수 의식 또는 순수한 자기의식이라 한다. 이런 순수 의식에서 대상은 단순한 영적인 것으로 파악된다. 영적인 것이란 가장 직접적인 자아, 대상적으로 존재하는 자아를 의미한다.

정신의 직접적인 인식(표현)인 정령은 그것의 내용이 여전히 직접적인 정신 즉 자기 확신 속에 있는 정신과 상응한다. 즉 자기의 순수한 의식을 벗어나지 못한 정신이다.

4) 첫 단계에서 정신의 직접적 인식(표현)의 형식은 그것이 내용으로 삼는 정신의 그 자체 본질과 괴리한다. 정신적 본질은 총체적이지만,

그것의 의식은 직접적이기 때문이다. 양자 사이의 모순을 통해 정신에 관한 정신의 인식(표현) 운동은 이런 괴리를 극복하는 방향으로 운동한다.

여기서 실제로 존재하는 정신이 발전함에 따라 정신적 인식과 표현도 발전한다. 즉 그런 정신적 인식은 대상을 개별적이고 불완전한 정령(자연 정령)에서 포괄적이고 완전한 정령 즉 성령으로 파악한다. 마침내 정신이라는 내용과 그것을 인식(표현)하는 형식이 일치하면서 절대정신의 종교적 형태는 지양되고 절대지의 형태 즉 자기 의식적으로 자기를 인식하는 정신이 출현한다.

683) ⟨SK 502:19~503:7⟩⟨FM 368:19~37⟩

영적인 것의 첫 번째 실현태는 종교에 관한 개념 그 자체, 또 달리 말하면 **직접적인 자연 종교**로 실현된 것이다. 정신은 이런 자연 종교 속에서 그 자신을 자연적 직접적인 형태를 지닌 대상으로 인식한다. 그러나 **두 번째** 단계에 이르면 그 실현태는 필연적으로 **자연성의 형태를 지양하고 자아**라는 형태로 자기를 인식하는 것으로 된다. 이런 형태가 곧 **예술 종교**이다. 왜냐하면, 여기서 종교의 형태를 **자아**라고 하는 형식으로까지 끌어올리는 것은 의식이 **출현한 것**인데, 이런 의식은 자기의 대상 속에서 그 자신의 행위 다시 말하면 자기를 직관하기 때문이다. 끝으로 **세 번째** 등장하는 실현태는 처음 두 개의 실현태가 지닌 일면성을 지양한다. 여기서 **자아**는 하나의 **직접적인** 대상이면서 또한, 못지않게 **직접적인 대상**이 곧 **자아**기도 하다.[449] 그러므로 첫 번째 경우[자연 종교]

449 예술 종교와 계시 종교는 자아와 대상이 합일한다는 점에서 비슷하다. 예술 종교는 개인의 외면적 모습의 표현이며 계시 종교는 내면적 정신의 표현이다. 예술 종교에서 대상은 개별적 자아의 표현이며 반면 계시 종교에서 대상은 자기 부정적인 자아, 무한한 자아를 표현한다. 이 무한한 자아는 신 즉 절대적인 자아로

에는 정신은 전적으로 의식의 형식으로 존재하고 두 번째 경우[예술 종교]에서는 그것이 자기의식의 형식을 띤다면 정신은 이 세 번째 경우에서는 위에서 제시된 두 가지 형식이 통일된 형식으로 나타난다. 즉 여기서 정신은 그 자체적이면서 동시에 **대자적인**[an und für sich] 형태를 갖는다. 그러므로 정신이 그 자체적이면서 동시에 대자적인[an und für sich] 방식으로 표상될 때 이것이 곧 **계시 종교**이다. 그런데 정신이 계시 종교 속에서 그 자신의 참된 **형태**에 이른다고 할지라도 그러한 **형태** 자체와 함께 또한, 그 **표상**[적 형식]은 아직 극복되지 않은 측면을 이루고 있으므로 정신으로서는 이런 측면에서 벗어나서 **개념**의 단계로 이행해야만 비로소 이런 정신에 깃들인 대상성의 형식을 말끔하게 해소할 수 있다. 왜냐하면, 이런 [종교] 정신 속에는 그 자신과는 반대되는 것[대상성]이 내포됐기 때문이다. 이렇게 함으로써 마침내 정신은 자기 자신의 개념을 포착한다. 이 개념은 우리 자신이 이제야 비로소 포착하기에 이르렀다. [정신의] 형태가 개념이므로 그 형태, 더 나가서는 그것이 현존하는 지반도 개념 자체다.

[해제] 1) 이 구절에서 헤겔은 앞으로 전개될 종교의 형태를 개괄적으로 소개한다. 그 형태는 자연 종교, 예술 종교, 계시 종교라는 형태다.

정신이 정신을 인식(표현)하는 직접적인 방식이 곧 자연 종교에서 나타난 자연 정령이다. 여기서 정신은 자연 대상을 통해 인식(표현)된다. 이 대상은 정신을 상징하는 것이다. 정신은 공동체, 집단 자아므로 그것을 상징하는 대상은 감각적 대상이더라도 정신을 인식(표현)하는 영적인 대상이어야 한다.

복귀한 자아다. 그러므로 예술 종교에서 자아가 곧 대상이지만, 계시 종교에서는 그뿐만 아니라 "대상이 곧 자아"여야 한다는 것이다.

두 번째 인식(표현)방식이 곧 예술 종교이다. 여기서 정신은 자아를 인식(표현)하더라도 이때 자아는 직접적인 개별적 자아므로 자아의 외면적인 모습 다시 말해 육체나 행위로서 자아다. 즉 대상은 자기의 육체적 모습과 비슷하며 정신은 "대상 속에서 자신의 행위를 직관"한다. 여기서도 외면적 모습은 실재하는 개인의 모습이더라도 이미 공동체인 정신의 모습이므로 가장 완전한 탁월한 모습 즉 영웅의 모습이다. 『미학 강의』에서 표현을 빌리자면 이상화된 현상이 그 인식(표현) 형식이다.

2) 마지막이 계시 종교이다. 여기서 대상은 이런 무한한 정신을 드러내는 것이어야 한다. 이런 대상은 개별적 자아가 자기부정을 통해 신적인 자아로 복귀하는 것을 통해 표현된다. 그것이 곧 예수의 탄생과 죽음이라는 표상이다. 『미학 강의』에서 표현을 빌리자면, 자기를 스스로 부정하는 가상이 계시 종교의 표현 형식으로 된다.

이런 표상을 통해 표현된 무한한 정신이 곧 신적인 주체이며 이것이 성령으로서 교회 공동체다. 추상적 본질로서 신적 존재는 교회 공동체를 통해 자기를 실현한다. 헤겔은 이런 인식(표현) 형식에 관해 "자아는 하나의 직접적인 대상이면서 또한, 못지않게 직접적인 대상이 곧 자아다"라고 말한다. 즉 그것은 그 자체적이며 동시에 대자적인 방식으로 정신이 표현된 것이다. 이런 점에서 헤겔은 이 계시 종교는 한편으로 '대상을 통해' 자기를 표현하는 자연 종교와 다른 한편으로 자기를 '비슷한 대상으로' 표현하는 직관적 예술 종교를 포함하며 양자를 극복하고 통일하는 것이라 한다.

3) 하지만, 이런 계시 종교에서도 여전히 종교라는 형식을 벗어나지 못한다. 여전히 정신은 자신을 대상적 표상을 통해 인식(표현)된다. 다만 대상의 자기 부정적 운동을 통해 무한한 정신이 인식(표현)됐을 뿐이다. 여기서 대상적 표상이 표현하는 표상적 방식과 그것이 표현하는 정신적 내용 즉 절대정신 사이에 대립이 극복되지 않았다.

이제 마지막으로 이런 표상적 방식까지 극복되면서 마침내 절대지가 출현한다. 이 절대지는 절대정신이 자신을 개념을 통해 인식(표현)하며 개념이 자기를 대상화하고 다시 자기 내로 복귀하는 운동으로 인식(표현)한다. 여기서 인식(표현)하는 내용도 절대정신이고 인식(표현)하는 방식도 개념이니 양자는 진정한 통일에 이를 수 있다.

A 자연 종교

[해제]

684) 종교의 이행 방식

a 빛의 신

685) 최초의 신으로서 빛의 개념

686) 빛과 어둠의 상호 유희

687~688) 정령의 신으로 이행

b 식물과 동물의 신

689) 식물 정령과 동물 정령

690) 장인 신으로 이행

c 장인 신

691~692) 건축물 숭배

693~697) 유기적 형식을 지닌 건축물, 인간 동물 복합 신, 검은 돌 숭배

698) 예술가 신으로 이행

684) 〈SK 503:11~505:12〉〈FM 369:3~370:21〉

정신을 인식하는 정신은 자기에 관한 의식이며 그 자신에게 대상적인 것이라는 형식으로 존재하지만, 대상적으로 **존재하는** 정신은 동시에 **대자 존재**다. 정신은 **자기에 대해**[für sich] 존재하며 이런 정신은 **자기의식**의 측면을 나타내니, 의식의 측면 즉 **대상**으로서 자기에 대해서 관계하는 측면에 대립한다. 이런 정신에 관한 의식 속에는 대립이 들어 있으니 이를 통해 정신의 형태가 지닌 **규정성**이 출현한다. 정신은 이제 이런 규정성을 통해 자기에게 나타나며 자기를 인식한다. 종교를 고찰하는 데서 우리는 주로 이와 같은 규정성에 관심을 지닌다. 왜냐하면,

아직 구체적 형태로 나타나지 않은 정신의 본질 즉 그 순수한 개념의 측면은 지금까지의 논술을 통해서 이미 밝혀졌기 때문이다. 그러나 동시에 이 후자[450] 내에 의식과 자기의식의 구별이 들어있다. 그러나 종교의 형태는 사상과 무관한 자연이라는 의미에서 정신이나 현존과는 무관한 사상이라는 의미에서 정신이 현존한다는 것을 함축하는 것은 아니다. 오히려 종교의 형태란 사유하는 가운데서 유지되는 현존이라는 뜻이며 또한, 자기에게 현존하는 사유 된 것이라는 뜻이다.[451]

　-이런 종교의 특정 형태는 정신이 그 자신을 어떻게 인식하는가에 달렸으며 이런 **규정성**에 따라서 종교는 서로 구별된다. 그러나 동시에 정신의 자기인식이 이상과 같은 **개별 규정성**에 따라서 서술한다고 해서 이 규정성이 실제로 존재하는 종교의 전체적 모습을 철저하게 밝혀 주지 않는다는 점에 관해 유의해야 한다. 따라서 앞으로 제시될 일련의 서로 다른 종교는 다른 종교인 것에 못지않게 하나의 유일한 종교가 지닌 서로 다른 측면이며 또한, 모든 **개별** 종교가 지닌 서로 다른 측면에 해당한다. 실제로 존재하는 하나의 종교를 다른 종교에 대해 돋보이게 하는 관념[Vostellung]은 이미 모든 종교에서도 출현한다. 그러나 동시에 이런 관념이 서로 다르다는 사실은 종교가 지닌 서로 다름을 뜻하는 것으로 여겨야 한다. 왜냐하면, 정신이 놓인 현 상태는 자기에 관한 의식이 자기에 관한 자기의식과 구별되는 데 있으니 이런 구별로부터

450　이 후자는 문맥상 "정신의 본질" "그 순수한 개념"을 말할 것으로 생각된다. 그러면 의식적 정신은 인륜적 정신을 말하고, 자기 의식적 정신은 근대 소외된 정신을 말하게 된다.

451　종교의 형태 즉 신의 모습은 구체적인 대상의 형태를 지니지만, 그 형태는 어디까지나 내적 정신 자체를 표현하는 상징에 지나지 않는다. 이런 상징에서 사유와 현존은 통일을 이룬다.

일어나는 운동이 목표로 하는 것은 이와 같은 종교의 주된 구별을 지양하는 것이며, 그 결과 의식의 대상으로 되는 형태에 자기의식의 형식[452]을 부여하는 데 있기 때문이다. 그러나 결코 의식[종교]이 내포하는 형태가 그 자체에서[an ihnen selbst] 자아라는 계기를 획득해 신이 **자기 의식적인 관념**으로 표현된다는 것을 통해 이런 [의식과 자기의식의] 구별이 지양될 수 있는 것이 아니다. 즉 자아가 **표상된다**고 해서 그런 자아가 **실제로 존재하는** 것은 아니다.[453] 이런 자아가 종교의 형태에 속하는 그 밖에 다른 더 세부적인 규정과 마찬가지로 참으로 이 종교의 형태에 귀속되기 위해서는 한편으로 이런 자아가 자기의식의 활동을 통해서 그런 종교의 형태 속에서 집어넣어져야 하며 다른 한편에서는 낮은 단계의 규정이 높은 단계의 규정을 통해서 지양되고 개념적으로 파악된다는 사실이 드러나야 한다. 왜냐하면, 표상된 대상이 표상된 것[Vorgestelltes]이기를 그치고 자기의 인식에 대해서 낯선 것이기를 그치기 위해서는 다만 자아가 이 표상된 대상을 산출했으므로 대상이 지닌 규정을 곧 **자아가 부여한 것**으로 직관하고 따라서 자아가 이 대상 속에서 자기를 직관할 수 있어야 하기[454] 때문이다. ―이런 자기의 자기인

---

452   의식적인 절대정신이 종교며, 자기 의식적 절대정신이 곧 절대지다.

453   여기서 헤겔은 자아의 표상과 자아의 존재를 구별했다. 역사적으로 자아가 발전하면서 정신적 실체가 자아의 상호 작용이 이룬 산물로 되는 가운데 신에 대한 표상에서도 인간의 모습이 출현한다. 아직 이런 단계에서 자아의 산물이 소외되므로 자아는 신의 모습 속에 표상될 뿐이다. 자아가 소외를 극복하기에 이르러 정신적 실체가 구체적으로 실현될 때 즉 절대지 상태에서 비로소 자아는 표상을 떠나 실제로 존재하게 된다.

454   자아가 정신의 소외를 극복하게 되면, 정신은 자기를 구체적으로 실현하며 정신은 실현된 대상 속에서 자기를 자각한다.

식 활동과 동시에 이제 낮은 단계의 규정은 사라진다. 왜냐하면, 여기서 활동은 곧 어떤 타자[자아에 낯선 것]를 희생하는 부정적인 활동을 뜻하는 것이기 때문이다. 그런데 비록 그 후에도 낮은 단계의 규정이 다시 출현할 수 있다 할지라도 이런 규정은 비본질적인 상태로 격하되고 된다. 이와 마찬가지겠지만, 이와는 반대로 낮은 단계의 규정이 여전히 지배적일 때 높은 단계의 규정이 출현하더라도 그것은 정체성[Selbst]을 상실한 상태에서 낮은 단계의 규정과 나란히 자리를 잡는다.⁴⁵⁵ 따라서 하나의 개별 종교 내에 있는 서로 다른 관념[Vorstellungen]이 저마다 이 종교 형식이 전개했던 운동 전체를 표현하더라도 각 종교의 특성을 규정하는 것은 의식과 자기의식의 통일이 어떤 특수성[besondere]을 지니는가에 있다. 다시 말하면 각 종교의 특성을 규정하는 것은 곧 자기의식이 의식의 대상에 관한 규정을 자체 내에서 포괄함으로써 이런 규정을 자신의 활동을 통해서 완전히 자기 것으로 삼는 가운데 이 규정[자기 의식적인 규정]을 그 밖에 다른 규정[의식의 규정]과 비교해 본질적인 규정으로 인식하는 것에 있다. ―종교적 정신이 지닌 어떤 규정을 신앙한다고 할 때 그 신앙의 진리는 **실제로 존재하는** 정신이 그 모습에서 과연 그 종교의 형태와 같아서 실제로 존재하는 정신이 종교의 그런 형태 속에서 자기를 직관할 수 있는가에서 드러난다. ―예컨대 동방 종교에서 신의 인간화가 나타난다고 하더라도 그것이 진리일 수 없다. 왜냐하면, 동방 종교가 간직하는 실제로 존재하는 정신이 화해의 계기를 지니지 못하기 때문이다. ―이렇게 신앙의 진리가 드러나는 데 규정

455 낮은 단계 규정이 높은 단계 형태에서 출현하는 것에 관해서 고등 종교에서도 기복 종교적인 특성이나 자연 종교적 형태가 출현하는 예를 들 수 있겠다. 양자가 나란히 존재할 때 관해서는 신의 인간화라는 관념이 기독교 밖에도 다른 종교에서 출현하지만, 부차적인 것에 머무르는 예를 들 수 있겠다.

의 총체성에서 다시 개별 규정으로 되돌아감으로써 나머지 전반적인 [Vollständigkeit] 규정이 이들 개별 규정 안에서나 더 나가서 이들 규정이 속하는 특수한 종교 안에서 어떤 형태로 내포되는가를 제시하는 것은 도움 되지 않는다. 높은 단계의 형식은 낮은 단계의 형식 아래로 떨어질 때는 그것이 자기 의식적인 정신에 대해 지닌 의미를 박탈당하며 다만 피상적으로만 또는 다만 관념[Vorstellung]상으로만 자기 의식적인 정신에 귀속된다. 그러므로 높은 단계의 규정은 그의 본래적인 의의에 비춰 고찰돼야 한다. 즉 그러한 규정은 그것이 어떤 특수한 종교의 원리로 되고 이런 종교가 지닌 실제로 존재하는 정신을 통해서 그 의미가 실증되는 곳에서 고찰돼야 한다.

[해제] 1) 종교의 본질은 앞에서 종교의 생성 과정을 통해 설명됐다고 하면서 헤겔은 여기서 종교의 차이와 이행에 관해 서술한다. 우선 종교는 아직 절대정신의 자기인식이 의식의 수준에 머무르는 있기에 종교적 표상은 어떤 구체적 대상 규정을 지니면서 특정 형태로 나타난다.

종교의 이런 형태는 순수한 사상에 그치는 것도 아니고 자연적 대상이 지닌 규정도 아니다. 헤겔은 종교의 형태는 절대정신 즉 공동체이자 집단 자아를 표상하는 상징이다. 이런 상징은 "사유 가운데서 유지되는 현존"이거나 "자기에게 현존하는 사유 된 것"이다.

2) 종교의 발전은 신적 표상 사운데 자아의 표상이 발전하는 것과 연관된다. 앞에서 말했듯이 자연 종교는 인간의 모습을 표현하는 예술 종교로, 그리고 무한한 정신을 표현하는 계기 종교로 발전한다. 이것은 종교적으로 절대정신에 관한 자기의식이 발전하는 것에 따른다.

그러나 헤겔은 이런 종교에서 자아에 관한 표상이 발전하는 것과 실제로 자아가 존재하는 것은 구별된다고 한다. 역사적으로 자아가 발전하면서 정신적 실체가 자아의 상호 작용이 이룬 산물로 되는 가운데 신에 대한 표상에서도 인간의 모습이 출현한다. 하지만, 아직 이런 단계에서 자아의 산물이 소외되므로 자아는 종교적으로 신의 모습 속에 표상될 뿐이다. 역사적으로 자아가 더 발전하여 소외를 극복하기에 이르러 정신적 실체가 구체적으로 실현될 때 즉 절대지 상태에서 비로소 자아는 표상을 떠나 실제로 존재하게 된다. 이런 단계에 이르면 정신의 자기인식은 종교적 표상을 벗어나 개념을 통한 인식 즉 절대지에 이른다.

3) 종교적 표상의 규정을 통해 종교는 서로 구별되며 이런 규정은 종교 속에서 절대정신의 자기인식이 발전함에 따라 발전한다. 즉 낮은 단계의 규정과 높은 단계의 규정이 구별된다. 예를 들어 자연 신은 아직 종교가 의식의 수준에 머무르는 낮은 단계의 규정이며 반면 신의 인간화는 종교적 자기의식이 출현하는 것을 의미하는 높은 단계의 규정이다.

헤겔은 실제 종교가 발전하는 두 가지 조건을 제시한다. 하나는 종교의 발전에 앞서 정신이 먼저 역사적으로 발전해야 한다는 것이다. 역사에서 자아가 발전하면서 실체적 정신이 자아에 대립하지 않고 자아의 상호 작용을 통해 출현하는 정신이 돼야만 한다. 다른 하나는 종교적 표상의 자각적 발전이다. 역사적으로 자아가 발전함에 따라 신의 표상이 자연적 대상에 머무르지 않고 인간적 자아가 그 모습을 나타낸다.

3) 종교의 형태는 절대정신을 인식하고 표현하는 것이므로 포괄적이다. 그러므로 하나의 종교 속에는 서로 다른 규정이 동시에 존재한다. 각 종교의 형태는 포괄적인 규정 가운데 하나의 지배적인 규정을 지니는데, 이 지배 규정은 그 시대 역사적으로 발전한 정신과 상응하며 그 역사적 정신을 상징하는 것으로서 의미를 지닌다. 나머지 규정은 부차적이거나 잔재에 지나지 않는다.

그러므로 높은 단계의 종교 형태에서는 낮은 단계의 규정은 사라지지 않고 부차적으로 존재할 수 있다. 또는 거꾸로 높은 단계의 규정은 이미 낮은 단계의 종교 형태에서 출현하지만, 이때는 본래 의미를 발휘하지 못한 채로 우연적 요소로 등장한다.

헤겔은 신앙의 진리는 "실제 정신이 과연 그 종교의 형태와 같은 상태에서 실제 정신이 그런 형태 속에서 자기를 직관하는가"에서 드러난다고 한다.

a 빛[Lichtwesen]

685) 〈SK 505:16~31〉〈FM 370:24~371:3〉

정신의 **본질**은 **자기의식**이며 다시 말하면 정신은 전적으로 진리며, 모든 현실이 바로 자기 자신임을 인식하는 자기 의식적 본질이다.[456] 처음에 이런 정신은 자기를 의식하는 운동에서 정신이 부여받는 구체적 실재와 비교해 본다면 다만 자기의 **개념**에 머무르는 수준에 지나지 않는다. 이런 개념은 의식이 전개하는 낮과 비교해 본다면 자신의 본질에 머무르는 밤에 지나지 않으며, 그의 계기가 자립적인 형태로 현존하는 것[457]과 비교해 본다면 자신의 탄생이 감추어진 창조의 비밀[das schöpferische Geheimnis seiner Geburt]이다. 이런 창조의 비밀은 자기 자신 내에 자기를 계시[Offenbaung]한다. 왜냐하면, 현존하는 것이 탄생하는 필연성이 그 개념에 들어 있기 때문이다. 그 이유는 바로 이 개념이

---

456 정신 즉 절대정신은 일반적 자아가 구체적으로 공동체로 출현했으니 자기 의식적 정신이다. 이런 정신을 정신 즉 대중이 인식해 표현하는 직접적 방식이 곧 종교다.

457 여기서 정신의 자립적 형태는 실제로 존재하는 정신을 말한다. 이 정신은 아직 자아에 대립하는 외적인 본질로 나타나는 것이지만, 이미 자아의 상호 작용을 통해 생성된 것이므로 자기를 계시할 가능성을 감추고 있다.

야말로 자기를 인식하는 정신이니 자기의 본질 속에 의식의 계기 즉 그 자신을 대상화해 표상하는 계기를 담고 있다는 데 있다. ―이렇듯 순수한 나[Ich][458]는 자기를 외화[外化] 하는 가운데 즉 자기를 **일반적인 대상**으로 만드는 가운데서도 자기 자신에 관한 확신을 간직한다. 달리 말하자면 이 대상은 순수 **자아**에 마주 서 있지만, 동시에 모든 사유와 모든 현실이 상호 침투된 것을 뜻한다.

[해제] 1) 절대정신은 구체화한 일반적 자아 즉 공동체다. 그러므로 절대정신은 자기를 대상화하여 자기의식을 지닌 본질이다. 대중은 이런 공동체를 처음에는 자기로 인식하지 못하고 표상을 통해 자기를 초월해 자기를 지배하는 낯선 힘으로 인식한다. 그것이 곧 신의 개념이다.

대중의 의식 즉 정신은 이 낯선 존재 즉 신을 자기로 인식하는 운동을 전개하는데, 이 운동에서 최초로 등장하는 신의 모습은 대중(정신)이 이해할 수 없는 존재다. 그 신은 대중(정신)이 의식의 단계에서 획득하는 감각적 규정성을 지닌 신 즉 자연 신이다. 헤겔은 이 자연 신의 모습을 "자립적인 형태로 현존하는" 정신 즉 대상적으로 존재하는 정신과 비교한다. 그것과 비교해 보면 이 자연 신의 모습은 "창조의 비밀"이라고 규정된다. 또한, 헤겔은 자연 신의 모습을 "의식이 전개하는 낮"을 비교하여 그 모습을 "자신의 본질에 머무르는 밤"이라 한다.

2) 그러나 공동체는 일반적 자아의 대상화니 대중은 그 속에서 자기를 인식할 가능성이 들어 있다. 즉 "그 본질 속에 의식의 계기를 즉 자신을 대상화해 표상하는 계기를 담고 있다." 이를 거꾸로 말하자면 신의 개념 속에 이미 계시의 가능성이 들어 있다.

---

458   여기서 '순수한 나'는 대상으로서 정신과 직접 합일 속에 있는 자아를 말한다. 그러나 그런 합일이 다만 내면적으로 이루어지고 표면에서는 정신을 자기에 대립하는 것으로 파악할 뿐이어서 순수한 나라고 말한다.

이처럼 신이 처음으로 자신을 계시할 때, 그것은 대상으로 출현하면서도 아직 신과 구별된 것이 아니다. 대상화됐다는 점에서는 인식의 가능성이 열리지만, 아직 구별되지 않았다는 점에서 이런 인식은 단순한 확신 속에 머무른다. 그런 내적 확신을 상징하는 것이 곧 빛이다.

686) 〈SK 505:32~506:23〉〈FM 371:4~24〉

절대정신이 자기를 인식하는 과정 가운데서 빚게 될 직접적인 최초의 분열 속에서 이 정신이 지니는 형태가 출현하는 데, 이 형태는 **직접적인 의식**이나 **감각적** 확신에 속하는 규정을 지닌다. 절대정신은 여기서 **존재**의 형식을 지닌 것이 곧 자기임을 눈치챈다. 왜냐하면, 이때의 존재란 결코 감각적인 우연성을 내용으로 하고 활기 없는 존재 즉 감각적 확신 단계에 속하는 존재가 아니고 오히려 정신을 자신의 내용으로 삼는 존재기 때문이다. 마찬가지로 이 존재는 직접적인 **자기의식**의 단계에서 출현했던 형식[459]을 자기 내에 포함하지만, 이 형식은 자기의 대상 때문에 위축되는 자기의식과는 대립하는 주인의 형식을 지닌 것이다. ─따라서 이처럼 정신의 개념을 그의 내용으로 삼는 **존재**[460]란 오직 정신이 자기 자신에 대해 **단순하게** 관계하면서 생겨나는 **형태**니 차라리 형태가 없는 형태라 할 수 있다. 결국, 이와 같은 형태는 자기 관계라

459 자기의식은 곧 자기와 대상의 합일이다. 자기의식은 주인과 노예로 분화되는데, 주인의 자기의식은 대상을 소비하는 향락 속에서 내적 확신에 머무른다. 절대정신은 자기를 구체화한 것이므로 자기를 자기로 인식한다. 다만 이 인식은 아직 직접적인 것이어서, 내적 확신에 머무른다.

460 대상으로서 정신은 아직 자아에 대립하는 본질이다. 그러나 이런 정신도 내적으로는 자아의 상호 작용의 산물이므로 여기서 자아는 대상 속에서 자기를 발견하니, 정신이 이런 정신을 직접 인식한 것이 빛이고 이 빛은 정신의 자기인식에서 최초 개념에 해당한다.

는 규정 때문에 만물을 포괄하면서 동시에 이를 충만케 하는 순수한 여명의 **빛**이며 아무 형태도 없는 실체적 토대 속에서 자기를 보존하는 것이다. 그런데 이런 빛의 타자도 또한, 이와 마찬가지로 단순한 부정적인 존재니 곧 **암흑**[461]이다. 빛이 자기 자신을 외화[外化] 하는 운동이 빛의 유출이다. 이 유출은 빛이 아무런 저항도 하지 않는 그의 타자[암흑] 속에서 이루어 내는 창조를 의미한다. 유출된 빛은 궁극적으로 단순한 것이므로 동시에 대자적인 것으로 되며 그 자신의 현존으로부터 자기 내면으로 복귀하는 것이니, 너울거리며 형태를 삼키는 불꽃[Gestaltung verzehrende Feuerströme]과 같은 것이다. 이 빛이 일단 구별되면 이 구별된 것은 현존의 토대로 되는 실체 속에서 계속 증식해 자연의 형식으로 그 형태를 드러낼 것이다. 그러나 빛 속에서 일어나는 사유는 본질상 단순하므로 그런 자연의 형식은 이리저리 흔들리다가 무엇인지 알 수 없이 꼬리에 꼬리를 물고 이어지고 마침내 윤곽을 잃고 잴 수 없는 것 [Maßlosen]에 이르니 그런 형식들은 화려하게 아름다움을 빛내다가 끝내 적막[Erhabenheit] 속으로 사라지고 만다.

[해제] 1) 앞에서 빛의 개념을 설명한 것에 이어서 이 구절에서 헤겔은 빛과 어둠의 상호 유희를 설명한다.

최초의 단계에서 집단적 자아로서 정신은 자아의 상호 작용의 산물이더라도 자아에 대해 대립하는 힘으로 출현한다. 이런 대상으로서 정신을 정신(대중)이 최초로 자각하면 이 대상으로서 정신은 대중에게 낯선 것이며 자아에 대립하는 것으로 나타난다. 동시에 대중의 정신은 내적으로는 이 정신이 곧 그 자신이라는 것을 이미 인식하고 있다. 인식이

---

461 내적 확신은 자기와 대상을 직접 일치하는 것이다. 내적 확신의 이면은 자기와 대상의 단적인 분리다. 이 분리가 곧 암흑으로 상징된다.

직접인 인식에 머무르므로 정신은 대상으로서 정신에 대해 다만 내적으로 확신할 뿐이다.

2) 대상으로서 정신이 내적으로 자기면서도 표면적으로는 낯선 것으로 인식되면 그것은 빛을 통해 상징된다. 이 빛은 대중 정신이 그 속에서 자기를 내적으로 확신하지만, 자기에게 낯선 대상으로 출현하므로, 이런 내적 확신은 대상으로서 정신이 자기를 직접 계시하는 것으로 표현된다. 헤겔은 이를 곧 "순수한 여명의 빛"이라고 한다. 그러나 이 대상은 정신이 직접 출현한 것이기에 이미 구별되지만, 아직 구별되지 않은 구별이므로, 그런 대상에는 아직 아무런 형태가 없으니, "형태가 없는 형태"이다.

그러나 다른 한편 직접적 정신은 낯선 존재이며 알 수 없는 두려움의 대상이므로, 이런 측면에서 암흑이다. 즉 그것은 "아무 형태도 없는 실체적 토대 속에서 자기를 보존하는 것"이다. 빛이 대상적 정신이 직접 구별되고 자각된 측면을 의미한다면 어둠은 정신이 자각되지 않은 낯선 측면을 말한다.

3) 내적 확신의 이면이 낯선 타자와의 대립이므로, 빛과 어둠은 곧 동전의 양면이다. 빛은 어둠 속에서 유출하며 어둠은 빛의 유출에 아무런 저항도 하지 않는다. 빛은 "저항도 하지 않은 암흑 속에서 이루어진 창조"이다. 그러나 이 빛은 다시 자신의 내면인 어둠 속으로 되돌아가니, 이런 빛과 어둠의 상호 운동을 헤겔은 "너울거리며 형태를 삼키는 불꽃"과 같은 것이라 한다.

빛을 통해 자연의 형식이 드러난다. 어둠 때문에 이 자연의 형식은 다시 사라진다. 이런 불꽃의 움직임은 "꼬리에 꼬리를 물고 이어지고" 한편으로 "화려하게 아름다움을 빛내다가 끝내 적막 속으로 사라지고 만다."

687) 〈SK 506:24~34〉〈FM 371:25~32〉

그러므로 이상과 같이 순수한 **존재**가 전개하는 내용이나 그러한 존재에 관한 지각은 실체에 아른거리는[Beiherspielen] 비본질적 현상에 지나지 않는다. 그런 현상은 다만 연기처럼 **피어올랐다가**[aufgeht] 자기 내로 **사그라지면서** 주체로 돼 자기의 구별을 자아의 힘을 통해 고정하지[befestigen] 못한다. 실체가 지닌 이런 규정은 부수적[Attribute]인 것이어서, 자립적인 의미를 지닐 정도에까지는 다다르지 못할 뿐만 아니라 오히려 하나[Einen]면서도 다만 수많은 이름으로 불리는 것을 지시하는 것에 그칠 뿐이다. 이런 하나[Einen]는 현존이 지니는 다양한 힘과 현실의 갖가지 형태를 마치 하나의 정체 모를[selbstlos] 장식으로 걸치고 있다. 이런 힘이나 형태는 고유한 의지는 없이 하나[Einen]의 위력을 전달하는 데 그치는 전령[Boten]과 같은 것일 뿐이며 그 하나의 위엄[Herrlichkeit]을 눈에 보여주며 그 하나[Einen]를 찬미하는 소리에 지나지 않는 것이다.

688) 〈SK 506:35~507:8〉〈FM 371:33~372:3〉

그러나 이처럼 어질어질한[taumelnde] [하나의] 삶은 **대자 존재**로 돼 소멸할 뿐인 자신의 형태에 존립을 부여하지 않을 수 없다. 따라서 이 직접적 존재 속에서 빛은 자기의 의식에 대립하므로 이런 **직접적 존재**는 그 자체 **부정적** 위력을 발휘해서 자기의 구별을 해소한다. 그러므로 빛은 참으로 하나의 **자아**로 되고 정신은 마침내 자기를 자아[Selbst][462]라는 형식으로 인식하는 단계로 이행한다. 순수한 빛은 그의 단순성을 흩어서 무한히 다양한 형식으로 나타나며 그 자신을 희생해 대자 존재

---

462 여기서 자아(또는 대자 존재)란 인간의 자아를 말하는 것이 아니라 자기를 보존하는 존재로서 생명체라는 의미다. 뒤에 나오는 자연 정령의 개념으로 이어진다.

에 바친다. 여기서 개별자는 자기의 실체를 그 자신이 존립할 수 있는 기반으로 삼는다.

[해제] 최초의 신의 계시인 빛은 다양한 형태로 아른거리면서 다시 자기의 구별을 자기 속으로 환수하니, 이 실체인 빛의 구별된 형태는 부수적인 것에 지나지 않는다. 그것은 "정체 모를 장식에 그치며" "하나의 위력을 전달하는 전령," "하나의 위엄을 눈에 보여주고 하나를 찬미하는 소리"에 지나지 않는다.

이제 실제 정신이 발전하면서 자기를 새로이 계시한다. 인식하는 정신은 이 정신 속에서 규정성을 발견하고 그러면서 정신적 자기인식은 확신을 넘어서 의식으로 발전한다.

그런데 이 새로운 규정성은 아른거리는 빛과 달리 일반성을 지니면서, 고정성을 지닌다. 이 규정성은 정신의 계시인 한, 다시 정신으로 복귀하니, "그 자체 부정적 위력을 지닌" 존재 즉 "자기의 구별을 해소하는" 자아를 지닌 것으로 된다. 이것이 곧 자연 정령으로서 신이다.

신이 자연 정령으로 출현했다는 것은 정신에 대한 대중의 자기인식이 발전했다는 것을 의미하는 데 이는 실제로 존재하는 정신의 발전을 토대로 일어난다. 빛이 확신을 표현하며 이는 대상으로서 정신이 자연 상태를 벗어나지 못한 것을 토대로 한다. 대상으로서 정신이 자아가 발전하여 상호 작용을 통해 혈연을 형성하는 부족 단계에 이르면, 자연 정령으로서 신이 출현한다.

b 식물과 동물의 신

689) 〈SK 507:12~508:2〉〈FM 372:6~25〉
자기를 의식하는 정신은 형태가 없는 본질에서 벗어나 자기 내면으로 귀환함으로써 드디어 그 자신의 직접적인 형태를 끌어올려 자아의 형태에 이르면서 이전에 등장했던 단순한 모습은 규정돼 다양한 대자 존재[정령]의 모습으로 된다. 이런 자기 의식적 정신이 정신적 차원에서 **지각**에 해당하는 종교이다. 이때 정령은 좀 더 약하거나 아니면 좀 더 억센 것 또는 좀 더 풍부하거나 좀 더 빈약한, 무수히 많은 여러 정령으로 분화돼 나간다. 이런 제신론[諸神論: Pantheismus][463]은 처음에는 개개의 정령[Geisteratome]이 저마다 **고요하게** 존속하는 모습을 취하다가 개개 정령의 상호 **적대적인** 운동으로 변모한다. 자아를 한낱 자체성을 지니지 못한 모습으로 표상[Vorstellung]하는 **꽃의 종교**가 순진무구한 것이라 한다면, 이 순진무구함은 **동물 종교**에서는 진지한 투쟁적인 삶으로, 죄책감으로 이행한다. 식물 종교에서 동물 종교로 이행하는 것은 곧 안정과 무기력에 머무르는 직관하는 개체성이 타자를 파괴하는 대자 존재로 이행하는 것을 뜻한다. ―그런데 **추상화가 불러일으키는** 지각된 사물로부터 **죽음**을 **빼앗음**으로써 이 지각된 사물을 정신적인 차원에서 지각이 도달하는 본질로까지 끌어올렸다고 하더라도 도움이 되는 것은 아니다.[464] 정령의 나라에 정기[精氣: Beseelung]가 부여되면 이런 정기에서 나타나는 규정성과 부정성은 식물적 정령의 순진무구함과 상호 무관심성을 극복하면서[übergreift] 이제 죽음이 출현

---

463 ʻPantheismusʼ은 흔히 범신론으로 번역되지만, 여기서는 하나의 신이 아니라 수많은 자연 신을 일컫는 표현이므로 제신론으로 번역한다.

464 지각은 추상화하면서 구체적 사물을 해체하고 지각을 통해 구별된 성질을 다시 추상적인 본질 즉 이데아를 통해 통일한다. 그러나 이런 식으로도 서로 대립하는 힘의 유희를 피하는 데 도움 되지는 못한다. 지각 장에서 전개된 과정은 정신의 정신에 관한 인식의 차원에서도 되풀이된다. 이 과정을 통해 식물 종교는 동물 종교로 이행한다.

한다. 정령은 식물 형태에서는 고요 가운데서 다양하게 흩어져 있었으나, 이제 이와 같은 활동성을 얻음으로써 적대적인 운동으로 변모하고 각 대자 존재가 품은 증오 때문에 서로 부딪히는 가운데 서로 파괴한다[aufreibt]. ─이처럼 흩어진 정신이 **실제로 존재하는** 자기의식[465]을 지닌다는 것은 곧 자기가 품은 증오로 인해서 죽음을 걸고 싸우는 민족정신[Völkergeister][466]을 의미한다. 이런 민족정신은 특정한 동물의 형태를 자기의 본질로 의식한다. 왜냐하면, 이 여러 민족정신은 다만 동물의 정령 즉 서로 배타적으로 행동하면서 일반성 없이 자기만을 의식하는데 그치는 동물의 삶과 다른 바가 없기 때문이다.

[해제] 1) 헤겔은 빛을 감각적 확신의 단계에 종교로 보고 정령을 지각적 단계의 종교로 본다. 이 단계에서 신은 한편으로 자연적 존재면서 동시에 자아를 지닌 존재로 되나 아직은 직접적 자아로서 생명체를 말하며, 구체적으로 자연 정령으로 나타난다.

빛의 단계에서 정신은 자연적인 집단(혈연 친족)을 형성하고 있었다. 정신은 아직 전혀 어떤 자아의 발전도 없었다. 혈연 집단 속에서 개인이 발전하면서, 개인적 자각이 출현하는데, 아직은 직접적 단계에 지나지 않는다. 그 결과 그 시대 정신에 대한 인식으로서 신에 관한 관념은 자연 정령이라는 형태로 표현된다.

---

465 정령은 자아가 발전하면서 나온 신의 표현이다. 실제로 존재하는 자기의식은 동물적 정령으로 규정성과 부정성을 지니고 적대적으로 대립한다는 것을 의미한다.

466 헤겔에서 민족은 도시 국가 시대 출현한다. 도시 국가도 페르시아처럼 전제적 지배 아래 있을 때 동물 정령으로 표현된다. 그리스와 같이 민주적 도시 국가가 출현하면 신의 모습은 인간의 모습을 지니게 된다. 이집트의 경우 이런 이행기에서 신의 모습에 동물과 인간의 모습이 뒤섞여 있다.

2) 이런 단계는 다시 두 단계로 나누어지는데 식물 정령과 동물 정령이다. 식물 정령은 활동성이 없어 서로 무관심하고 흩어진다. 그것은 "자아를 자체성을 지니지 못한 모습으로 표상한다." 동물 정령은 활동성을 지니면서 서로 배타적이면서 상호 적대적으로 운동한다. 동물 정령은 "각 대자 존재가 품은 증오 때문에" 타자를 부정한다.

식물 정령의 단계에서는 혈연 집단(부족)의 초창기로 아직 서로 무차별하다. 그러나 동물 정령의 단계에서 혈연 집단은 민족국가의 형태로 발전하면서, 이제 타자를 지배하고자 생사의 투쟁을 벌이며 여기서 승리하는 자는 지배자로 되고 패배하는 자는 노예가 된다. 이를 통해 거대한 제국이 세워진다. 예를 들어 페르시아 제국이 그렇다.

3) 헤겔은 이런 혈연 집단이 투쟁에 나서는 이유를 여기서는 "자기가 품은 증오" 때문이라고 한다. 앞에서 주인과 노예를 설명할 때는 생사의 투쟁이 매개됐는데, 여기서 증오는 심리적 차원이라기보다는 생사의 투쟁이라는 맥락에서 이해돼야 할 것으로 보인다.

690) ⟨SK 508:3~23⟩⟨FM 372:26~373:9⟩

그러나 대자 존재가 지닌 규정성은 전적으로 부정적인 힘을 발휘하므로 이와 같은 증오 가운데 파괴되며 정신은 개념의 운동에 따라 이제 또 다른 형태를 띠기에 이른다. **대자 존재가 지양되면서 대상의 형식**이 등장한다. 이런 대상의 형식은 자아를 통해서 산출된 것이라고 할 수 있거나 차라리 자아가 서로 파괴하면서 자기를 산출하여 사물로 된 것이라고 할 수 있다. 따라서 서로 분열하기만 하는 동물 정령들을 넘어 노동하는 정신이 출현한다. 왜냐하면, 노동하는 정신의 활동은 더는 부정적일 뿐만 아니고 오히려 안정적으로 긍정적인 것이기 때문이다. 그리하여 정신에 관한 의식은 이제 직접적인 **그 자체 존재**[Ansichsein]의 단계를 넘어가며 동시에 추상적인 **대자 존재**[정령]의 단계마저도 넘어가는 운동을 전개한다. 그 자체적인 것은 [대자적인 것과의] 대립을 통해서 하나의 규정성으로 격하되면서 더는 절대정신에 고유한 형식으로 되지 못한다. 오히려 그 자체적인 것은 하나의 현실로 여겨지니 정신에 관한 의식은 이를 그 자신에 대립하는 한낱 통속적인 현존에 지나지 않는 것으로 발견한다. 정신의 운동은 이런 현실을 지양하고 그에 못지않게 대자 존재[정령]를 지양할 뿐만 아니라 또한, 그 자신이 지닌 관념 [Vorstellung]을 [대상으로] 산출하니 즉 대자 존재를 어떤 대상의 형식으로 드러낸다. 그러나 이런 산출은 아직도 완전한 것은 아니며 다만 하나의 제한된 활동일 뿐이며 또한, 눈앞에 있는 물체[Vorhandenen]를 형상화하는 것[Formieren]이다.

[해제] 1) 정신은 이제 노동을 통해 자기를 대상으로 산출하는 자기의식의 단계로 이행한다. 동물의 종교는 앞에서 말했듯이 서로 생사의 투쟁을 벌이는 민족국가에서 출현한다. 이런 투쟁의 끝에 거대한 노예 제국이 출현한다. 예를 들어 페르시아 제국과 같은 것이다.

이 속에서 지배 계급과 피지배 계급이 분화되고, 지배 계급은 향락하며 피지배 계급은 노동한다. 이 노동을 통해 대상을 산출하며 여기서 자유의 의식이 싹트지만, 아직 노예적 상태므로, 그 자유의 의식은 내면에 머무를 뿐이다. 이런 내면적 자유 의식을 바탕으로 정신에 관한 새로운 인식이 발전하고 이를 통해 새로운 형태의 신적 형태가 출현한다. 그게 건축가의 신이다.

2) 동물 정령이 제국을 이룬 주인의 종교였다면 노예의 종교가 곧 건축물을 숭배하는 종교라고 한다. 예를 들어 지구라트나 맘몬, 스핑크스 등이다. 이 건축물은 신적 존재로서 숭배의 대상으로 된다. 후일 이 신전 속에 신상이 세워지면서 새로운 신이 출현하지만, 처음에는 이 건축물 자체가 숭배의 대상이다.

이 건축물은 노예 자신이 만든 것이다. 노예를 통해 만들어진 건축물이 숭배의 대상으로 된 것은 노예에서 자아의 자유 의식이 다만 내면적으로 출현했다는 것을 전제로 한다. 이 건축물은 노예의 내면적 자유를 표현하는 것이므로 단순한 구축물의 수준을 벗어나지 못한다. 그것은 인간이 쌓았다는 사실만 보여줄 뿐, 어떤 인간적 형식을 지니지 않는다. 그것은 그저 "눈앞에 있는 물체를 형상화하는 것"일 뿐이다.

3) 이런 건축물은 그 이전 자연 신이나 정령과는 구별된다. 이것은 인간의 산물이 하나의 영혼을 지닌 존재로 되니, 이는 신의 인간화가 일어나는 첫 번째 단계가 된다.

c 장인

691) 〈SK 508:27~509:10〉〈FM 373:12~14〉

그러므로 정신은 여기서 장인으로 등장한다. 이런 장인의 활동은 자기 자신을 대상으로 산출하면서도 여전히 자신이 하는 일을 포착하지 못하며, 다시 말해 그것을 자기가 산출했다는 사상[Gedanken seiner]을 포착하지 못한다. 그러므로 이 활동은 다만 본능적인 충동에 따른 노동이니 마치 벌이 그의 집을 짓는 일과도 같은 것이다.

692) 〈SK 508:2~10:2〉〈FM 373:15~26〉

장인의 최초 형식은 직접적인 것이므로 여기서 드러나는 지성은 추상적이며 아직 그 작품은 그 자체에서[an ihm selbst] 정신을 내용으로 삼는 것이 아니다. 피라미드나 오벨리스크와 같은 결정체[Krystall]는 이런 것들이 직선과 평면 그리고 동일 비율을 지닌 부분들로 이루어진 단순한 결합체고 여기에는 원이 지니는 나눌 수 없음은 등장하지 않으니, 여기서 장인의 노동은 엄밀하게 짜 맞추어지는[strengen] 형식을 취한다. 그런데 그 형식은 단순하기는 하지만, 적어도 지성의 현상[Verständigkeit]이므로 그 작품은 그 자체에서 의미를 지닌 것[467]은 아니며, 또한, 정신적인 자아[정령]도 아니다. 따라서 이런 작품은 한편으로는 정신을 자체 내에 그것도 생소하고도 이질적이며 죽은 정신으로 포함하는 것이니 작품에 담긴 이런 정신은 현실과 생동하는 상호 침투를 내버린 채 생명력이 없는 결정체 속에 죽은 상태로 들어 있는 정신이다. 다른 한편으로 이런 작품은 외면적으로 정신에 관계하니, 여기서 정신은 그 자체 외면적인 것이고, 정신으로 현존하지 않는다. 이런 정신은 여명의 빛과 같이 자신의 의미를 그 작품에 드리운다.

[해제] 1) 앞에서 말했듯이 페르시아 제국에서처럼 전반적인 노예의 시대, 건축물 신이 출현한다. 이것은 노예의 불행한 의식을 표현한다. 페르시아에서와 달리 이집트 고대 국가에 이르면, 노예에게 부분적으로 자유가 제공되면서 정신의 자기인식은 지성의 단계로 이행한다.

노예가 부분적으로만 자유로운 한, 정신의 자기인식은 형식에 그치고 그 내용에 관해서는 여전히 소원한 상태에 있으니, 노예의 산물이 지닌 내용 자체는 정신에 "낯선 이질적인 죽은 정신"이다. 그러나 적어도 형식에서는 노예는 대상 속에 자기의 자각을 표현하니, 그 결과가 건축물의 형식에 반영됐다.

2) 완전한 노예화의 시대 즉 페르시아 시대 건축물은 단순한 구축물에 불과했으나 이집트 시대에 이르면 노예는 건축물에 자신의 지성을 표현하기 시작한다. 지성적 형식은 아직 내용에 대해 추상적이며 외면적으로만 관계한다. 양자 사이에 생동하는 상호 침투 또는 나눌 수 없음과 같은 유기적 형식이 없다.

그런 지성의 표현이 건축물이 지닌 추상적 직접성 즉 직선이나 평면,

---

467 앞에서 언급한 빛을 말한다.

같은 비율, 엄밀하게 짜 맞추어지는 형식 등으로 나타난다. 그 결과 출현한 대표적인 작품이 이집트 사원 건축, 오벨리스크 등이다.

693) 〈SK 509:11~33〉〈FM 373:27~374:10〉

노동하는 정신이 출발점으로 삼는 것은 **그 자체 존재**[Ansichseins]와 **대자적인 것**의 분리다. 전자는 자기가 손수 가공해야만 할 재료로 되며 후자는 노동하는 자기의식의 **측면**을 의미한다. 그런데 노동하는 정신이 보기에 두 측면의 분리는 자기의 작품 속에 대상화돼[468] 나타난다. 노동하는 정신이 더욱 애쓰면서 이르러야 하는 것은 영혼과 육체의 이상과 같은 분리를 지양함으로써 영혼에 그 옷을 입혀 형태를 갖추게 하고 동시에 또한, 육체에 영혼을 불어넣는 것이다. 이 두 측면은 서로 좀 더 가까이 접근함으로써 관념으로 파악되는 정신[내용]과 이런 정신을 덮어씌우는 껍질[형식]이라고 하는 대립하는 규정성을 지닌다. 노동하는 정신이 자기 자신과 이루는 합일은 이상과 같이 개별적 내용과 일반적 형식이라는 대립을 내포한다. 또한, 작품이 지닌 두 측면이 서로 다가가면서 이를 통해 동시에 또 다른 결과가 발생한다. 즉 이 작품이 노동하는 자기의식의 편으로 더 다가가면서 이를 통해 노동하는 자기의식으로도 자신의 작품 속에서 그 자체로 자기에게 나타난[an und für sich][469] 자기 자신에 관한 인식에 도달한다는 것이다. 그러나 그 작품은 처음에는 다만 정신의 **활동** 가운데의 추상적인 측면만을 구성하므로, 이 활동

---

468 작품 즉 신상의 형식과 질료의 분리를 말한다. 전자는 대자 존재의 산물이며 후자는 그 자체 존재다. 전자가 영혼이라면 후자가 육체다.

469 작품에 그 자체로 자기에게 나타난 형식이 곧 유기적 형식이다. 이 형식은 정신의 자기인식이 이제 의식의 단계를 넘어서 자기의식의 단계 아직은 형식적인 자기의식의 단계에 다가갔다는 것을 의미한다.

은 자기의 내용을 자기 자신 내에서가 아니라 한낱 사물에 지나지 않는 자기의 작품에서 인식한다. 여기서 장인의 전체적인 정신은 아직 등장하지 않으며 그 본질은 여전히 내면에 은폐돼서 전체적인 정신은 다만 한편으로 활동하는 자기의식과 다른 한편으로 산출된 대상으로 분열된 상태에서만 눈앞에 나타나는 것에 지나지 않는다.

694) 〈SK 509:34~510:16〉〈FM 374:11~23〉

그리하여 정신이 거주하는 거처[Behausung]는 처음에는 겨우 지성의 추상적 형식에 올라선 데 지나지 않는 외적인 현실이지만, 이제 장인은 이 거처를 자기의 노동을 통해서 영혼으로 충만한 형식으로까지 끌어올린다. 이런 끌어올림을 위해 장인은 이제 식물의 생명을 이용한다. 식물의 생명은 앞에서 본 무력한 제신론[Pantheismus]에서 그랬던 것과 같이 신성한 것이 더는 아니다. 장인은 그 자신이 대자적으로 존재하는 본질임을 파악하고 있기에 이런 식물적 생명을 이용 대상으로 여기니 이제 이런 식물의 생명은 신성의 외적 측면을 가꾸기 위한 장식[470]으로 격하된다. 그러나 그렇다고 해서 식물의 생명이 자연 그대로 아무런 변형 없이[unverändert] 쓰이지 않고 오히려 노동하는 신이 자기의식의 형식을 지니면서 식물적 생명의 직접적 실존 자체에 깃들인 무상함을 제거하면서 식물적 생명이 지닌 유기적인 형식을 사상이 지닌 좀 더 엄격하고 좀 더 일반화된 형식에 다가가도록 한다. 그런데 유기적 형식은 내버려 두면 제멋대로 자라나지만, 사상의 형식 속에 구속될 때라면 거꾸로 직선적이고 평면적인 형태를 생기를 지닌 원형으로 끌어올린다. ─이와 같은 양자 사이의 혼합이 자유로운 건축의 뿌리가 된다.

695) 〈SK 510:17~511:5〉〈FM 374:24~375:5〉

---

470 건축물에 표현된 식물 문양을 말한다.

신의 거처는 정신이 출현하는 **일반적인 지반**이거나 비유기체적인 본질을 의미하는 것이었으나 이제[유기적 형태에서] **개별화된 모습으로** 형태화한다. 정신은 앞에서는 현존으로부터 유리되고 이 현존의 내면에 머무르거나 그 현존에 외적인 것[äußerlichen]이었으나, 이제 개별화된 형태는 이런 정신을 그 실현에 더 가까이 접근하게 하는 가운데 이를 통해 그 작품을 활동적인 자기의식과 같게 만든다. 여기서 노동하는 장인은 우선 **대자 존재 일반**의 형식 말하자면 **동물의 형태**를 취할 채비를 한다. 그러나 이 **노동하는 장인**은 더는 자신이 동물적 생명체 **속에서** 자기 자신을 직접적인 방식으로 의식하는 것[동물 정령]은 아니다. 그는 동물적 생명체와 달리 산출하는 힘을 지닌 존재로 규정되는 것을 보면 또한, **그가** 산출한 동물 속에서 자신을 인식한다는 것을 보면 이런 사실이 입증된다. 그러므로 이런 동물적 생명체는 다른 어떤 의미를 지닌 상형문자 즉 어떤 사상을 표현하는 상형문자로 된다. 따라서 노동하는 장인은 더는 유일하게 그리고 전적으로 이런 동물적 상형문자만을 쓰는 것은 아니며 이런 상형문자를 사상의 형태 다시 말해서 인간적인 형태[인간 동물 혼합 신상]와 혼합해 사용한다. 그러나 아직도 그런 작품에는 자아가 자아 그 자체로 실존하는 형태는 들어 있지 않다. ─즉 그 작품 자체에는 자기 속에 내적인 의미가 들어 있다는 사실을 스스로 언표하는 힘이 없으며, 즉 그 작품에는 그 내용으로 되는 의미 자체가 눈앞에 나타나는 지반인 언어가 없다. 따라서 이제 작품이 동물적인 것으로부터 완전히 순화되면서 그 자체에서 자기의식의 형태를 갖추게 된다 하더라도 여전히 소리 없는 [tonlose] 형태에 지나지 않을 뿐이니, 이런 형태가 소리를 갖기 위해서는 떠오르는 태양의 빛이 필요하다. 그

소리[Ton]가 빛을 통해서 산출되는 한에서[471] 그것은 여전히 한낱 울림 [Klang]에 지나지 않을 뿐, 결코 언어일 수는 없다. 이런 목소리는 단지 외적인 자아를 표현할 뿐, 결코 내적인 자아를 표현하지 않는다.

696) ⟨SK 511:6~13⟩⟨FM 375:6~11⟩

외적 자아를 표현하는 형태에 대립해 또 다른 형태가 등장한다. 이 형태는 곧 **내면적인 것**을 그 스스로 갖추고 있음을 지시한다. 여기서 자연은 그 자신의 본질 속으로 귀환하는 가운데 지금까지 생동적으로 움직이면서 자기를 개별화하고 이런 운동을 통해서 난잡한 다양한 형태는 비본질적인 용기로 즉 **내적인 것의 덮개**로 격하된다.[472] 그러나 이 내적인 것이 아직은 단순한 암흑이며 또한, 움직이지 않고 아무런 형식도 갖추지 않은 검은 돌로 된다.

697) ⟨SK 511:14~39⟩⟨FM 375:12~24⟩

두 가지[외적 자아와 내면적 자아] 표현 속에는 **내면**과 **현존**이라는- 정신의 두 계기인-두 측면이 다 같이 포함된다. 이런 두 가지 표현은 두 개의 계기를 즉 한편에서 내적인 것으로 자아와 다른 한편으로는 외적인 것으로서 자아를 대립하는 관계에서 포함한다. 따라서 이 두 가지 표현은 하나로 통일돼야만 한다. -인간의 모습으로 새겨진 조상 기둥[Bildsäule]의 영혼은 내적인 것을 벗어나지 못하며 아직 언어를 가지

---

471 소리 없는 신상이란 그리스 신전의 신상 기둥을 말한다. 빛을 통해 소리가 산출되면 사티로스 신과 같은 형태가 된다. 이 빛은 최초의 신으로서 빛이라기보다 인간이 자기를 인식하는 빛을 말한다.

472 여기서 외적 자아와 내면적 자아가 구분된다. 외적 자아는 아직 자기를 자각하지 못한 인간의 동물적 생명성을 의미한다면, 내면적 자아는 자기에 대한 자각이며, 인간의 정신성을 의미한다. 다만 예감에 그친 최초의 정신성은 다만 흑석과 같은 것을 통해 간접으로 암시된다.

못하며 그 현존은 아직 그 자체에서 내적인 것으로 되지 못한다. ―갖가지 모습을 지닌 현존의 내면에 해당하는 것은 아직도 소리를 지니지 못한 채 자기 자신 속에서 자기를 구별하는 것으로 되지 못하니 그런 내면은 모든 구별이 속하는 외면으로부터 여전히 분리된다. ―따라서 장인은 이제 이와 같은 두 가지 표현을 통일하기 위해 자연적인 형태와 자기 의식적인 형태를 혼합한다. 이런 이중적 의미를 지녀서 수수께끼와 같은 본질은 즉 의식적인 것과 무의식적인 것, 단순한 내면과 다양한 형태를 지닌 외면 또한, 불분명한 사상과 분명한 외면은 서로 싸우면서도 동시에 쌍을 이루니, 심원하고도 오묘한 지혜를 담은 언어를 내뿜는다.

[해제] 1) 앞에서 장인 신의 경우 대자적 형식과 그 자체적인 질료는 서로 분리됐고 그 사이에는 외면적 관계가 존재했다. 이때 대자적 형식은 직선과 같은 추상적인 형식으로만 출현했다.

실제 정신이 발전하여 노예의 내적 자각이 일어나고 이것이 부분적으로 실현되면서 자유를 허용받는 시민이 출현한다. 그들은 아직 집단적 힘을 발휘하지는 못하지만, 이제 삶의 중요한 축이 된다. 이를 통해 정신의 자기인식 즉 신의 표현도 발전한다.

이제 장인 신에서와같이 작품에서 분열된 두 극이 서로 다가간다. 형식적 "영혼은 옷을 입혀 형태를 갖추고" 질료인 "육체에는 영혼이 불어넣어진다." 영혼은 능동적으로 자유롭게 육체를 구성하면서, 영혼의 요소가 질료 전체를 "덮어씌우는 껍질"로 발전한다. 이 단계에서 새로운 신의 모습이 출현한다. 헤겔은 이런 신의 모습이 발전하는 과정을 세 단계로 나누어서 설명한다.

2) 첫 번째 단계에서 영혼은 대상을 능동적으로 구성하면서, 작품은 이제 영혼으로 충만한 형식으로까지 끌어올린다. 그 결과 건축물에서는 자유로운 정신을 표현하는 원과 같은 것이 출현하며 식물적 생명이 지

닌 유기적 형식이 이용된다. 그것이 곧 '자유로운 건축물이다.

두 번째 단계에서 자연 신 속에 인간의 모습이 적극적으로 개입하기 시작한다. 그러나 아직은 그 형태는 아직 불완전해 한편으로는 인간의 신체를 갖춘 동물의 얼굴을 한 신(예를 들어 하피스 신)이 등장하고 다른 한편에서는 신체가 동물적이면서도 인간의 얼굴을 지닌 신(예를 들어 사티로스)가 출현한다. 헤겔은 이때 신의 모습은 "어떤 사상을 표현하는 상형문자"라고 한다. 그만큼 인간의 내적 정신이 표현되기 시작했다는 것을 의미한다.

3) 이런 신은 "단순한 내면과 다양한 형태를 지닌 외면 또한, 불분명한 사상과 분명한 외면이 서로 싸우면서도 동시에 쌍을 이루니" 이것을 헤겔은 "심원하고도 오묘한 지혜를 담은 언어"라고 말한다. 이런 산물은 동물적인 것으로부터 점차 순화하는데, 그것은 곧 인간의 자기의식이 표현되기 시작했다는 것을 의미한다.

그런 인간 동물 혼합 신상은 단계적으로 발전한다. 이집트 혼합 신상의 경우는 전혀 소리가 없다. 인간의 자기의식이 출현하는 것은 먼저 언어를 통해 출현하므로 혼합 신상은 점차 소리를 내기 시작한다. 그리스 신상에서는 소리가 들리지만, 그것은 아직 단순한 울림에 그치고 분절된 언어는 아니다. 헤겔은 여기서 그리스 혼합 신상이 말하는 모습을 지니고 있음을 주목하는 것으로 보인다. 그런데 그리스 초기 혼합 신상은 다만 음향을 가질 뿐, 이런 음향은 아직 언어는 아니다. 이런 목소리는 "단지 외적 자아를 표현할 뿐, 결코 내적 자아를 표현하지 않는다." 내적 자아가 표현되고 언어가 등장하려면, 인간이 자기를 인식하는 "떠오르는 태양의 빛"이 필요하다.

4) 세 번째 단계에서 외적인 형식은 단순한 덮개로 격하되고 그 질료가 순수하게 출현한다. 이제 형식과 내용의 관계가 전도된다. 이전에는 형식이 영혼의 표현이었지만, 이제 내용 자체가 영혼의 표현으로 된다.

그것은 외적 자아(지각, 지성 등)를 표현하는 것이 아니라 내면적 자아 즉 자기의식을 표현하는 수단이다.

이런 내적 자아를 표현하는 신상으로 대표적인 것이 검은 돌과 같은 신이다. 이런 검은 돌에서 무규정적 돌의 내용이 출현하면서 적어도 인간에게 내면이 존재한다는 사실이 표현된다. 그러나 아직 그 질료로서 내용은 어떤 인식된 사상의 형태로 표현되지 않는다. 내용은 "단순한 암흑이며 움직이지 않고 아무런 형식도 갖추지 않은 것"이다. 여기서 내용이 자기를 바깥에 드러나지만, 아직 내면은 자기 구별이 없으니 언어를 발화하지 못하며 여전히 외면과 분리된다.

이 가운데 가장 발전된 것이 조상 기둥이다. 그러나 조상 기둥은 순수한 인간의 모습을 그대로 재현하니, 그 모습을 통해 인간의 내적 자아를 표현한다. 그러나 조상 기둥은 건축물의 일부며, 그 자신 소리를 내지 못하니, 여기서 아직 "영혼은 내면에 갇힌 상태를 벗어나지" 못한다. 그러므로 외적인 형식에 담긴 내용은 우연적인 것에 그치며, 외적 형식은 내용 자체에서 나온 고유한 형식은 되지 못한다.

5) 아직 내용이 자기의 구체적 모습을 드러내지 않았다는 점에서 이런 검은 돌이나 조상 기둥 역시 노예 의식이 불행한 의식에 머무르는 정신을 표현한 것에 지나지 않는다. 그러나 내면을 표현하려는 고투가 시작됐다. 정신이 발전하면서 내적 자유가 외면으로 출현하기 시작한다. 여기서 신상은 "자연적 형태와 자기 의식적 형태를 혼합한다." 두 모습은 "서로 싸우면서도 동시에 쌍을 이루니 심원하고도 오묘한 지혜를 담은 언어를 내뿜는다."

698) 〈SK 511:31~512:10〉〈FM 375:25~36〉

지금까지는 다만 자기의식에 대립하는 무의식적 작품만을 산출해 냈던 본능적인 방식의 노동이 이상과 같은 작품을 통해 종식되기에 이른다. 왜냐하면, 장인 활동의 핵심은 자기의식이므로 이런 활동에 반향을 일으켜 이제 내면이 그와 같은 작품을 통해 마찬가지로 자기 의식적으로 되면서 자기를 언표하기에 이르기 때문이다. 장인의 의식은 이런 활동을 통해서 상승해 마침내 여기서 자기 구별[Entzweiung]에 이르니 여기서 정신이 정신과 마주치게 된다. 그리하여 정신이 자기에게 형태를 부여하고 자기의식의 대상으로 되는 한 자기 의식적 정신 자체가 자기 자신과 통일을 이룬다. 지금까지 직접 나타난 자연의 형태가 지닌 무의식적 방식과 혼합되던 정신의 상태는 그런 통일을 통해서 순화된다. 여기서 형태와 말 그리고 행위에 나타나는 괴물 같은 모습[Ungeheurer]은 해소되면서 정신적인 형태로 된다. ―다시 말하자면 외적인 것은 자기 내로 귀환하며 ―거꾸로 내적인 것은 그 자신에서 벗어나서 그 자체에서 자기를 표출한다. 다시 말해서 사상은 자기를 잉태해 그 자신의 형태를 자기에 적합하게 보존하면서 투명하게 현존한다. 이때의 정신은 예술가를 뜻한다.

[해제] 마침내 정신이 발전해 자유로운 시민으로 이루어진 도시 국가가 출현하면서, 이런 실제 정신에 관한 대중의 인식도 발전하면서 새로운 신상이 출현한다.

이 신상은 완전한 인간의 모습을 한 신상이다. 여기서 외적 형식과 내적 질료는 통일을 이룬다. 내적 질료는 자기를 구별하면서 자기를 드러낸다. 그것은 동물과 혼합 상태라는 괴물의 모습을 벗어나 인간의 모습을 취한다. 외적 유기적 형식은 자기 내로 귀환해 "자신의 형태를 자기에 적합하게 보존하면서 투명하게 현존한다." 그것은 인간 가운데 가장 이상적인, 완전한 인간의 모습을 취한다. 이것이 그리스에서 나타난 영웅 신상이다. 영웅 신상은 미적 이상을 지니므로, 예술적 신상으로 된다. 이때 정신은 자기를 예술가로 파악한다.

　그러나 정신은 자유로운 개인의 결합체지만, 아직 직접적인 통일이 다. 개인은 자유를 자각하지 못하고 정신에 관습적으로 복종할 뿐이다. 그러므로 그리스 신상은 자연적 육체적 이상을 표현하지만, 아직 내면 적 정신성을 드러내지 않는다.

B 예술 종교

[해제]

699~700 예술 종교로의 이행

701~704 인륜적 정신의 시대 예술

a 추상적 예술작품

705-706 그리스 초기 신전 형식

707 옛 신과 새로운 신

708~709 시대 정신과 예술가

710~713 기도나 찬가, 신탁

714~719 예배(기도, 수행, 제사, 노동, 축제)

699) ⟨SK 512:15~21⟩⟨FM 376:3~7⟩

[신의] 형태란 정신이 자기의 의식에 대해 나타나는 것을 말하는데, 정신은 그 형태를 의식의 형식으로까지 끌어올리면서[473] 의식적인 형태를 산출해 왔다. 장인은 사상의 형식과 자연의 형식 같은, 서로 이질적인 형식을 **종합하는 일**을 이제 단념한다. 정신의 형태가 자기의식이 드러나는 형식을 획득하는 가운데 장인은 이제 정신적인 노동자[예술가]가 된다.

700) ⟨SK 512:22~513:2⟩⟨FM 376:8~20⟩

여기서 절대적 본질을 예술 종교라는 형식으로 의식하는 정신이 **실제로** 어떤 정신인지를 물어본다면 이는 곧 **인륜적** 정신 또 다른 말로 하면 **참된** 정신이라는 사실이 드러난다. 이런 정신은 단지 모든 개별자의 토대로 되는 일반적 실체일 뿐만 아니다. 또한, 이 일반적 실체는 실제

---

473 지금까지 고찰한 자연 종교의 형태는 정신의 자기인식이 의식의 단계에 머무를 때 즉 확신, 지각, 지성의 단계에 머무를 때 나타나는 것이었다.

적 의식에 대해서 의식이라는 형태[474]를 지닌다. 이런 사실이 뜻하는 바는 모든 개별자는 [민족에 따라] 개별화된[Individualisation] 실체를 그들 자신의 본질이자 또한, 그들 자신의 작품으로 의식한다는 것이다. 따라서 이런 실체는 그들 개인에게 빛[Lichtwesen][475]으로 될 수는 없다. 그런 빛 속에서라면 자기 의식적인 대자 존재는 다만 스스로 부정되거나 스스로 소멸하는 것으로서만 포함되니 실제로 존재하는 개별자를 지배하는 주인이 누구인지 직관적으로 발견될 것이기 때문이다. ―또한, 이런 실체는 결코 서로 증오하면서 서로 훼손하는 일을 멈추지 않는 민족도 아니고 모든 개별자를 일정한 카스트에 예속하게 하는 사회도 아니다. 그런 사회에서라면 그 모든 카스트가 합쳐지면 완성된 전체라고 하는 조직이 형성되는 것처럼 보이며 이런 전체 속에서 개인의 일반적인 자유는 없을 것이기 때문이다. 오히려 참된 정신은 자유로운 민족이라고 할 수가 있으니 여기서 습속이 모든 개별자의 실체로 되며 또한, 모든 개별자가 이 실체의 현실과 현존을 자기의 의지와 행위로 받아들일 뿐이다.

[해제] 1) 그리스 시대 인륜은 페르시아 제국에서처럼 전반적으로 노예화된 국가나 이집트에서처럼 부분적으로 노예화된 사회가 아니라 자유로운 시민으로 이루어진 국가이다. 국가는 "개별자의 토대로 되는 일반적 실체"이다. 그러나 시민의 결합은 아직 직접적인 것이기에 개별 민족국가가 출현한다.

2) 개별 자아의 상호 작용을 통해 일반적 본질 즉 민족국가가 출현

---

474 인륜적 실체는 의식의 대상이 아니라 그 자신 하나의 의식을 가진 존재로 출현한다. 그게 인간의 분신이라고 할 그리스 신이다.

475 앞에서 언급한 최초의 신인 빛을 말한다.

한다. 일반적 자아에 대한 개별 자아의 관계는 직접적인 의식(지각의 단계)에 그치는 것이니, 개별 자아는 국가를 "그 자신의 본질이자 그들 자신의 산물로 의식한다." 그러므로 개별 자아는 한편으로 국가에 복종하며 다른 한편으로 국가를 자기 삶의 수단으로 이용한다. 이런 이중성이 습속의 규정을 이룬다.

3) 여기서 정신에 관한 정신의 인식은 자기의식의 수준에 오른다. 그것은 혈연 시대의 신인 빛이라든가 전반적인 노예화의 시대 출현한 신인 정령, 부분적인 노예화 시대 출현한 혼합 신상과 같은 것으로 될 수는 없다. 이 시대 출현한 신의 모습은 곧 인간의 모습을 한 신상이다. 즉 신은 인간의 모습으로 출현한다.

그러나 이런 신상은 아직 인간의 무한한 자아 즉 정신을 표현하는 것이 아니며 다만 개별적 형식적 자아를 표현한다. 이런 개별적 자아는 인간의 외면적 모습으로 나타난다. 이 개별적 자아는 민족국가를 실체로 삼는 존재인 만큼 이상화된 모습으로 즉 영웅의 모습으로 출현한다.

4) 개인과 민족국가 사이의 관계가 직접적이므로, 인간과 신의 관계도 직접적이다. 즉 신은 마치 인간의 분신인 것처럼 실제 현실 속에서 인간과 더불어 살아간다. 인간이 신이 되기도 하고 신이 인간의 삶에 개입하기도 한다.

701) 〈SK 513:2~514:12〉〈FM 376:21~377:21〉

그러나 인륜적 정신에서 종교는 정신을 자기의 현실 위로 들어 올려 이 정신이 **진리로 삼는 것**[476]**에서 벗어나 자기 자신에 관한** 순수한 **인식**으로 되돌아가게 한다. 인륜의 단계에서 대중[Volk]은 다만 자기의 실체와 직접적인 통일 속에서 살아가므로 자기의식이라고 하는 순수한

---

476 인륜적 정신의 현실 즉 그 진리는 정신과 자아와의 직접적인 결합이다.

개별성[477]의 원리가 아직 거기에 등장하지 않아서 이런 종교가 완성에 이르기 위해서는 그 자신의 **바탕**[Bestehen]으로부터 **결별**해야 한다. 인륜적 실체가 **실현되기 위해서는** 한편으로는 인륜적 실체는 자기의식이 수행하는 절대적 운동[478]에 대립하면서 **불변적으로 자기를 유지할 수 있고** 달리 말하자면 자기의식이 여전히 안정된 습속을 벗어나지 않고 이런 습속에 대한 확고한 신뢰를 자기 안에 보존할 수 있어야 한다. ―그런데 이를 위해서 다른 한편으로는 자기의식[개별자]이 유기적으로 조직돼 각자에게 권리와 의무가 부여되면서 서로 다른 신분 집단에 귀속해 각자 특별한 활동을 수행하면서 동시에 서로 작용하면서 전체를 이룰 수 있어야 한다. ―따라서 개별자는 그의 현존에 대한 이런 제한에 만족해야 하며 자아가 자유롭다는 사상이 더는 제한 없이 인정돼서는 안 된다. 그러나 실체를 흔들림 없이 **직접** 신뢰하는 것이 **자기에 대한** 신뢰와 **자기 자신에 대한 확신**으로 복귀한다. 또한, 여러 권리나 의무가 존재하여 개인의 활동이 그런 특정한 권리나 의무에 제한됐던 상태로부터 인륜적인 것의 변증법적 운동[479]이 전개된다. 이 운동은 지각의 단계에서 사물과 그에 관한 규정 사이에 일어났던 것과 같은 변증법적 운동이다. ―인륜적인 것의 변증법적 운동은 오직 자기를 확신하는 정신이 단순함에 머무르고 있을 때만 그 자신의 고요함과 확고함을 발견할 수 있을 뿐이다. ―따라서 인륜성이 자유로운 자기의식으로 완성되면서 [Vollendung] 인륜적인 세계가 도달하는 운명은 개체성이 자기 내로 복

---

477 인륜적 정신에서 자아는 일반적 본질과 직접 합일해서 아직 자유롭게 선택하는 자아 즉 인격으로 발전하지 못했다.

478 개체가 자유로운 개별적 자아 즉 법적 인격으로서 전개하는 운동을 말한다.

479 인륜적 정신에서 보았던 대립하는 두 본질, 두 자아가 상호 몰락하는 운동을 말한다.

귀하는 것이다. 또한, 인륜적 정신은 절대적으로 가벼운 존재[absolute Leichtsinn]가 된다. 다시 말하자면 인륜적 정신은 지금까지 그를 존립하게 했던 확고한 구별과 또 유기적으로 조직됐던 신분 집단을 자체 내에서 해소함으로써 전적으로 자기를 확신하면서 자기 자신에 대해 무한한 기쁨을 맛보면서 동시에 자기 자신을 향락하는 존재에 이른다. 이처럼 자기 자신을 단순하게 확신하는 정신은 이중적인 의미를 지닌다. 즉 그것은 한편으로는 안정된 존립과 확고한 진리를 지니면서 동시에 다른 한편으로는 인륜적 본질을 절대적으로 동요하게 하며 이를 소멸하게 한다. 그런데 자기를 단순히 확신하는 정신이 이렇게 인륜성의 소멸로 전환되는 것은 결국, 인륜적 정신이 도달한 진리는 처음에는 겨우 실체적인 본질과 그것에 대한 신뢰일 뿐이기 때문이다. 이런 실체적 본질과 그것에 대한 신뢰 속에서는 자아는 자유로운 개별성으로 파악되지 않는다. 오히려 그런 실체적 본질과 그에 대한 신뢰는 자아가 내면으로 복귀하거나 개별 자아가 자유롭게 되면 사라지고 만다. 그러므로 신뢰가 깨어지고 민족의 바탕인 실체도 안으로부터 허물어지자 정신은 자기의식이라고 하는 반대 극단으로 들어선다. 이 자기의식은 과거에는 스스로 존립하지 못하는[bestandlosen] 양극단을 매개하는 중심이었으나 이제 그 자신을 본질로 포착하기에 이른다. 이런 자기의식이 곧 자기 내에서 자기를 확신하는 정신이다. 이 정신은 이제 자기의 세계를 상실했음을 비통하게 여기면서도 또한, 현실을 넘어 끌어올려진 그의 본질을 순수 자아[480]에서 산출하려 한다.

702) 〈SK 514:13~24〉〈FM 377:23~30〉

---

480 근대에 이르러 개별 인격의 대립으로 정신적 본질은 소외된다. 이 소외된 세계가 내적인 합일을 이룬 자아가 곧 순수 자아다.

그러한 전환기[Epoche]에 절대 예술이 출현한다. 이보다 앞선 시기에서 예술은 본능적인 노동이다. 왜냐하면, 본능적 노동은 현존 속에 침잠해 있다가 그런 현존을 들락날락하면서[aus ihm heraus und in es hinein] 노동하는 것[481]일 뿐, 자유로운 인륜성을 그의 실체로 삼지 않고 자유로운 정신적 활동을 노동하는 자아로 삼지 않기 때문이다. 반면 그 이후에서 정신은 기술[Kunst]의 단계를 초탈함으로써 자신을 좀 더 높은 단계로 표현하고자 한다. ─다시 말하면 그 이후 정신은 스스로 태어난[Selbstgeborene][482] **실체**일 뿐만 아니라 동시에 자신을 대상으로 드러내는 가운데 개별적인 자아를 지닌 존재가 된다. 이제 정신은 자기의 개념으로부터 자기를 분만할 뿐만 아니라 또한, 자아의 개념 자체를 그 형태로 삼는 것이므로[483] 개념과 이처럼 산출된 예술작품이 서로 마주 보면서 서로 같은 것으로 인식한다.

703) ⟨SK 514:25~36⟩⟨FM 377:31~39⟩

이처럼 인륜적인 실체는 현존에 머물던 상태에서 벗어나서 순수한

481 앞에서 언급했듯이 당시 장인은 대상을 형상화하지만, 이 형식은 내용에 대해 외면적으로 관계할 뿐이었다. 이런 장인의 노동은 아직 전제 군주 아래 노예화된 사람들의 노동이었다.

482 개별 자아의 상호 작용을 통해 태어난 정신적 본질을 말한다. 그러나 아직 직접적이어서 개인은 이 실체를 자기로 자각하지 못한다. 그러나 무의식적으로는 이미 그것이 자신의 산물임을 알고 있기에 정신적 본질은 개인에게 습속으로 받아들여진다. 개인이 습속으로 복종하기에 정신적 본질은 직접 자아를 지니게 된다.

483 인륜적 정신의 시대, 신은 인간의 모습을 하며 그러나 이상적인 인간의 모습을 한다. 다만 여기서는 인간의 내적 정신이 표현되지 않고 외적인 모습만이 표현된다. 이상화된 인간의 외적 모습을 헤겔은 정신이 "자기의 개념으로부터 자기를 분만한 것"이며 '자아의 개념을 형태로 하는 것'이라 한다.

자기의식 속으로 귀환한다. 이런 가운데서 자기의식은 개념이나 **행위**[Tätigkeit]의 측면을 담당하면서 이를 통해 정신은 그 자신을 대상으로 산출한다. 여기서는 행위는 순수한 형식[484]을 뜻한다. 왜냐하면, 개별자는 인륜적인 것에 복종하고 봉사하는 것을 통해 의식이 없는 온갖 현존과 고정된 규정을 제거하니 마치 실체 그 자체가 [개별자를 통해] 유동적인 본질로 되는 것처럼 보이기 때문이다. 이런 형식[485]은 실체가 자신의 진실을 폭로하고 자기를 주체로 삼았던 밤의 시간에 속한 것이다. 인륜적 정신은 순수한 자기 확신에 머무르는 밤을 지나 깨어나면* 자연과 그 자신의 직접적인 현존으로부터 자유로운 형태로 된다.

   * FM주 〈377:36~37〉 유다의 배반을 시사한다. 참조: 마태복음 26장 20~21절: "저물 때 예수께서 열두 제자와 함께 앉으셨더니 그들이 먹을 때 이르시되 내가 진실로 너희에게 이르노니 너희 가운데 한 사람이 나를 팔리라 하시니"

   704) 〈SK 515:1~13〉〈FM 378:1~9〉
   이 전환기에 정신은 지금까지 자신을 표현했던 물체에서 **빠져나와** 순수한 개념에 이른다. 이런 순수한 개념을 표현하는 **실존**은 곧 개인으로 된다. 이 개인은 정신이 자기의 고뇌를 담아두는 용기로 선택한 개인을 말한다. 정신이란 개인에게는 그를 지배하는 일반자며 또한, 그를 지배하는 위력을 의미하니, 개인은 이런 정신적 위력으로부터 강요된다. ─정신은 또한, 개인을 지배하는 격정[Pathos]을 말하니, 개인은 이런 격정에 자신을 맡기며 그의 자기의식은 그 앞에서 자유를 상실하고

---

484 자아의 행위는 실체를 실현하는 매개일 뿐이다. 그런 점에서 헤겔은 이 행위를 순수한 형식이라 한다.
485 앞에서 말한 의식 없는 현존과 고정된 규정을 말한다.

만다. 그러나 개인의 순수한 자아는 부정적인 힘을 지니니 일반자로서 정신이 갖는 실정적[positive] 위력에 대항해 자기를 강제한다. 이런 순수 행위는 자기의 지칠 줄 모르는 힘을 의식하는 가운데 형태 없는 본질[486]과 고투를 벌인다. 여기서 순수 행위는 이런 형태 없는 본질을 능가하면서 격정을 자신의 소재로 삼아 자기의 행위의 내용으로 삼으니, 양자 즉 형식과 내용의 통일[487]이 작품으로 되고 또한, 일반적인 정신도 개별화되면서 감각적으로 표상되기에[vorgestellt] 이른다.

[해제] 1) 701~704 구절에서 헤겔은 그리스 정신이 혈연적 정신에서 빠져나와서 다시 법적 상태에 이르는 전환기에 출현한다는 것을 설명한다.

혈연적 정신 속에서 아직 개별적 자아가 출현하지 못한다. 반면 법적 상태에 이르면 일반적 정신은 해소되고 개별적 자아가 자립적으로 출현하게 된다. 그리스 시대는 이런 전환기며, 여기서 개인적 자아는 출현했지만, 아직 자신의 바탕인 인륜적 실체와 직접 합일된다.

즉 개인은 인륜적 실체를 습속으로 받아들이며 습속에 대한 확고한 신뢰를 자기 안에 보존한다. 직접적인 인륜적 정신은 자기 내에 다양한 집단(가족과 민족국가)으로 분화되면서 이것들은 서로 대립하면서도 통일하고 있다. 각자에는 고유한 직접적 자아가 속하니, 처음에 고요한 균형을 이룬다. 여기서 일반적 실체가 개인을 지배하므로 그것은 개인의 "순수한 개념" 또는 내적인 격정으로 출현한다.

그러나 개별적 자아가 행동하는 가운데 인륜적인 것의 변증법적 운

---

486 자아에 대립하는 실체의 힘 즉 운명을 말한다.

487 영웅의 행위는 자아의 격정을 내용으로 하지만, 그 형식은 자아다. 즉 일반적 정신이 개인적인 것으로 표상된다. 예를 들어 아킬레우스의 분노는 그의 민족을 대표하는 행위다.

동이 전개된다. 자아의 행위는 자아 자신이 속한 집단과 대립하는 다른 집단의 실체를 손상하며 "일반자로서 정신이 갖는 실정적 위력에 대항해" "자기를 강제하는 부정적 힘이다." 그 결과 대립하는 인륜적 실체는 모두 무너지고 말고 오히려 자유로운 개별적 자아가 출현하게 된다. 이 자아가 "절대적으로 가벼운 존재" 곧 "자기 내에서 자기를 확신하는 정신" 즉 인격이다.

그러므로 그리스 시대 개별적 자아는 이중적 의미를 지닌다. 즉 한편으로는 아직 실체의 품을 떠나지 못하며 다른 한편으로는 실체를 부정한다. 직접적인 인륜적 정신은 "한편으로는 안정된 존립과 확고한 진리를 지니면서 개별적 자아를 복종하게 하며 다른 한편으로는 개별적 자아가 인륜적 본질을 절대적으로 동요하게 하며 이를 소멸하게 한다."

3) 이런 전환기에 새로운 예술의 형태가 출현한다. 혈연의 시대는 "실체가 자신을 주체로 삼으며" 고정된 규정이 지배하는 밤의 시간이다. 혈연적 정신의 시대, 본능적 노동만이 존재했다. 이 시대 노동은 앞에서 설명했던 것처럼 노예적 노동이므로, 형식상으로만 자유로우며 내용상으로는 억압 상태에 있었다. 그 결과 그런 노동의 산물에서 형식과 내용은 대립하며, 형식은 외적 추상적 형식에 머물렀다. 즉 "본래적 노동은 현존 속에 침잠해 있다가 그런 현존을 들락날락하면서 노동하는 것일 뿐"이며 이는 하나의 기술일 뿐이다.

이제 정신이 이런 밤의 시간을 지나 자아가 깨어나면서 자아는 자신이 속한 인륜적 실체의 힘을 직접 수행한다. 자아는 실체를 실현하는 순수한 형식이며 자아의 순수 행위(형식)가 격정적 행위(내용)를 통해 출현하니, 그 산물이 곧 예술이다. 이를 통해 "일반적 정신이 감각적 형태로 나타나기에" 이른다. 이제 정신은 "자기의 개념으로부터 자기를 분만할 뿐만 아니라 자아의 개념 자체를 그 형태로 삼으니" 여기서 예술은 정신 자신의 모습으로 나타난다.

그 결과 일반적 본질은 자기를 개인의 외면적(신체적) 모습으로 표한다. 그러나 이것은 일반적 본질의 표현이므로 이상화된 개인 즉 영웅의 모습이다. 즉 정신이 "자기의 고뇌를 담아둔 용기로 삼는 것은 개인의 현존이며" 그 현존은 "순수 개념을 표현한다." 예술작품의 형식(인간)은 내용(정신)과 합일하므로 그 형식은 생동적이며, 자유로운 모습을 지닌다.

5) 그러면서도 개인은 점차 실체를 벗어나 자기의 자립성을 자각하면서 "정신이 갖는 긍정적 위력에 대항해 자기를 강제할 것이다." 자아가 행동에 나서기 전에 자아와 실체, 그리고 실체의 분화된 집단은 고요한 균형을 이루고 있다. 각 자아가 행동에 나서면서 자아의 순수 행위는 "자기의 지칠 줄 모르는 힘을 의식하는 가운데" 그 결과 대립하는 인륜적 실체가 가하는 운명의 힘과 즉 "형태 없는 본질과 고투를 벌인다." 그 결과 실체는 몰락하고 자유로운 개인이 출현한다. 이것이 바로 인륜적 정신에서 나타난 "변증법적 운동"이었다.

이런 이행을 매개하는 것이 바로 예술적 형태로 표현된 종교다. 종교는 "정신을 자기의 현실 위로 들어 올려 이 정신이 진리로 삼는 것에서 벗어나 자기 자신에 관한 순수한 인식으로 되돌아가게 한다." 거꾸로 이런 변증법적 운동을 통해 고요한 실체를 보여주는 조각 예술은 실체의 대립과 몰락을 표현하는 비극 예술로, 마지막으로는 개별 자아가 등장했지만, 아직 사라진 실체로 복귀하려는 희극으로 발전한다.

a 추상적 예술작품

705) ⟨SK 515:16~23⟩⟨FM 378:12~16⟩
최초의 예술작품은 직접적인 것이므로 추상적이며 개별적인 작품이다. 최초의 예술작품을 작품이라는 쪽에서 본다면 그것은 직접적이며 대상적인 양식을 벗어나서 자기의식을 향해 운동해 나가지만, 또 다른 쪽[자기의식]에서 볼 때는 이런 자기의식이 독자적으로[für sich] 제의 [Kultus]를 통해 이루려는 것은 작품이 처음 그 자신의 정신에 대립해서 지니고 있던 구별된 측면[488]을 제거하면서 그 자체에서[an ihm selbst] 생동하는 예술작품을 산출하는 것이다.

706) ⟨SK 515:24~516:7⟩⟨FM 378:17~32⟩

작품이 생산되는 최초의 방식에서는 예술가의 정신은 자기를 형태화한 대상과 자기의 행위하는 의식을 서로 가장 멀리 떨어뜨려 놓는다. 이런 방식은 직접적인 방식에 그치므로 정신의 형태는 **사물** 일반[489]으로 **현존**한다. ―이런 방식은 그 자체에서 분해되면서, 개별성과 일반성[490]이 구별돼 나온다. 여기서 개별성은 그 자체에서 자아의 형태를 갖추고 ―반면 일반성은 형태와 관련해서 본다면 환경이나 주거와 같은 비유기체적인 본질을 표현한다. 이런 형태는 전체가 순수 개념으로 끌어올려지면서 그것에 고유한 다시 말해 순수하게 정신에 속하는 형식[491]을 획득하기에 이른다. 그러나 이런 형식은 지성의 단계에 머물러 있는 결정체[Kristall]가 아니다. 그런 지성적 결정체란 사자[死者]가 거주하거나 단지 외면적인 영혼이 어린 것이다. ―또한, 그런 형식은 자연의 형식과 사상의 형식이 혼합된 것[식물 문양]을 뜻하는 것도 아니다. 그런 혼합적 형식은 식물에서 발현되기 시작하는데 이런 혼합물에서 사상의

---

488 작품의 소재나 대상이 지닌 자립적 측면을 말한다.

489 최초의 예술작품인 단순한 구축물로서 건축을 말한다. 이것은 혈연 부족 시대의 신을 표현한다.

490 여기서 개별성과 일반성은 예술작품이 지닌 형식과 내용을 의미한다.

491 직선이나 평면 같은 추상적인 형식을 의미한다. 구체적으로는 피라미드와 같은 작품이다.

활동은 아직 다만 **모방**에 지나지 않는 것이다. 오히려 개념은 뿌리나 가지 또는 잎사귀의 형식에 아직도 부착된 것을 제거해 그러한 형식을 순화하게 해서 결정체에서 나타난 직선적인 것과 평면적인 것이 맞줄임할 수 없는 비례를 지닌 것으로 끌어올려진다. 그 결과 지성의 추상적인 형식 속에 유기적인 것이 지닌 영적 기운[Beseelung]이 유입됨과 동시에 이런 영적 기운의 본질이기도 한 맞줄임할 수 없음이 지성적인 것을 마주 보면서[für den Verstand] 보존된다.

707) 〈SK 516:8~517:6〉〈FM 378:33~379:22〉

이제 막 동물의 우리에서 끄집어낸 검은 돌[492]에 의식의 빛이 삼투하면서 정신이 여기에 내재한다. 인간적인 형태는 그 자신이 혼합되던 동물적 형태를 벗어던졌다. 동물은 신에게서는 다만 우연히 걸쳐 입은 의상에 지나지 않았다. 동물은 이제 그 자신의 참된 형태로부터 배제돼 그 자신만으로는[für sich] 아무것도 아니며 오히려 어떤 타자를 의미하는 것 즉 한낱 상징에 지나지 않는 것으로 격하되고 만다.[493] 마침내 신의 형태는 이를 통해 동물적 현존이 드러내는 궁핍한 자연적 조건을 그 자체에서[an ihr selbst] 벗어던진다. 그럼으로써 신의 형태는 그런 동물적 현존이 지닌 유기체적 생명체[494]의 내적 조직이 그 표피에서

---

492 카바[검은 돌] 신앙은 이슬람 종교 이전부터 있었다. 아브라함이 세웠다는 설도 있다. 선지자 무하마드가 메카 정복 이후 카바 신전에 우상을 제거하고 성소로 삼으면서 이슬람 신앙의 중심으로 됐다. 헤겔은 이를 동물 신상을 벗어나는 과정에서 신앙의 대상으로 된 것으로 해석한다. "동물의 우리에서 끄집어냈다"라는 표현이 그런 의미로 이해된다.

493 그리스 시대 동물적 형태는 신상의 장식으로 전락한다. 예를 들어 아테네 신상에 등장하는 올빼미와 같은 형태다.

494 동물 신상은 노예제 하의 민족국가(페르시아 등)를 바탕으로 출현한다. 헤

부터 썩어 문드러지고 있으며 다만 이런 표피에 속하는 것에 불과함을 암시한다. ―그러나 이런 신의 **본질**이란 한편에서 일반적으로 현존하는 자연과 다른 편에서 실제 세계에서[in seiner Wirklichkeit] 이런 현존에 대립하는 자기 의식적 정신의 통일[495]이다. 처음에는 신적 본질은 **개별적인** 형태를 취하니 신의 현존은 자연을 지반으로 한 것 중의 하나를 의미한다. 마찬가지로 그런 신적 본질이 출현하는 자기 의식적인 현실[Wirklichkeit]은 하나의 개별 민족정신을 의미한다. 그러나 이런 통일에 이르면 현존하는 것은 그 지반이 정신 속으로 복귀하며 자연은 사상을 통해서 정화되고, 자기 의식적인 생명과 합일된다. 따라서 이런 신의 형태에서 자연적 지반은 지양되면서 그런 신의 형태 속에 하나의 어두운 기억으로 간직된다. 자연적 지반에 머무를 때 무차별한[freien] 현존이 지닌 황폐한 본성이나 그런 현존이 벌이는 뒤엉킨 투쟁 또한, 거인 타이탄이 살았으나 아직 인륜적인 것을 이루지 못한 나라는 이제 정복되면서 현실의 변두리로 추방되고 다시 말하면 세계의 모호한 변방으로 추방당하고 만다. 이제 이 현실은 명징하게[klar] 되며 세계는 정신 속에서 자기를 발견하고 또한, 안정을 찾는다.[496] 옛 신은 본래 빛이 암흑과 함께 어울려 일단 그 자신을 특수화해 태어난 것이니 그런 신은 하늘, 땅, 바다, 해 그리고 지상에서 태풍과 같은 맹목적 불 등이다. 이제 이런 신

젤은 노예 국가의 해체를 비유적으로 동물 유기체의 해체로 표현한다.

495 신적 본질은 자연적 존재(동물 등)를 신격화하면서 그 형식을 통해 정신 속에서 자기의식의 발전을 표현한다.

496 신적 본질 가운데 옛 신으로서 타이탄과 새로운 신으로서 제우스 등이 구별된다. 전자 즉 옛 신은 아직 자연적 거인 신이며 이는 노예 국가 단계를 벗어나지 못한 정신을 표현하며 후자 즉 새로운 신은 개인의 연합체로서 도시 국가 즉 인륜적 정신을 표현한다.

은 마침내 새로운 형태의 신으로 대체되기에 이르렀다. 그 새로운 형태의 신은 그 자신에서 여전히 타이탄족을 상기하게 하는 어두운 여운을 지니면서도 더는 자연적 존재는 아니며 오히려 자기 의식적인 민족이 저마다 지니는 명료한 인륜적인 정신으로 된다.

[해제] 1) 여기서 헤겔은 그리스 예술 종교의 특징을 설명하기 위해 이전의 종교적 형식을 다시 한번 간단하게 서술한다.

예술의 최초 형식은 단순한 구축물로서 건축물이다. 여기서 인간의 정신은 물체 안으로 들어가지 못하고 멀리 떨어져 있다. 인간의 자아가 출현하면서 대상 속에 지성의 형식이 집어 넣어진다. 가운데 최초의 것은 추상적 형식이니, 직선이나 평면과 같은 것이다. 예를 들어 피라미드 같은 결정체다. 이어서 식물 문양의 단계를 거쳐서 맞줄임할 수 없는 비례의 형식을 취한다. 그것은 "유기적인 것이 지닌 영적 기운"이 유입됐다는 것을 의미하며, 여기서 지성적인 것과 유기적인 것이 공존한다.

이와 같은 유기적 형식이 출현하는 것은 주인과 노예의 관계가 전개되면서, 노예에게서 자기의식이 출현한 것을 전제로 한다. 그러나 노예에게서 이 자기의식은 아직 직접적인 것이며 무의식적인 것에 머무른다.

2) 국가 내에서 자기의식이 좀 더 확산하는 이집트 시대에 이르면, 새로운 형태의 예술이 출현한다. 이제 내면적인 자기의식이 바깥으로 나오지만, 아직은 구체적인 언어를 가지지 않으니, 그것이 곧 검은 돌이다. 또한, 신상은 동물적 형태와 인간적 형태가 복합해서 혼합 신상으로 된다.

이제 그리스 시대에 이르러 개인의 자기의식과 자유가 실제로 발생하자, 신상은 동물적 형태를 벗어던지고 비록 그런 형태가 남아 있더라도 "우연히 걸쳐 입은 의상"이나 "한낱 상징"으로 전락한다.

3) 마침내 순수한 인간적 형태의 신이 출현하는 과정에서 신들의 투쟁이 벌어진다. 옛 신은 거인 신과 같은 형태다. 거인 신은 아직도 정신이 의식의 단계에서 출현한 동물적 정령의 흔적을 지니고 있다는 것을 의미한다. 그것은 바다의 신이며 불의 신이다. 이런 어두운 기억이 말끔히 사라지면서 정신적 자기의식의 표현인 순수한 인간의 모습을 한 신상이 출현한다. 새로운 신은 법과 질서와 같은 인륜적 정신을 대변한다.

4) 처음 등장한 인간 신은 아직 자연적인 각 민족국가를 대변하는 특수한 인간의 모습을 갖는다. 즉 그것은 "자연을 지반으로 한 것 중의 하나"를 의미한다.

그러나 자기의식이 발전하면서 민족 간의 차이가 제거되고 민족의 연합(올림퍼스)과 같은 통일이 일어나면서 신 속에 새겨진 인간의 모습은 순화되며, 일반화된다. 이제 "자연은 사상을 통해 정화되고" "신의 자연적 지반은 지양되면서 그런 신의 형태 속에 하나의 어두운 기억으로 간직된다." 신상은 "명징하게 되며 세계는 정신 속에서 자기를 발견한다."

이와 같은 신상의 변하는 신이 지닌 의미의 변화와 상응한다. 예를 들어 아폴론 신은 처음에는 자연 신으로서 태양신이었으나 이제 지혜의 신으로 변모한다.

708) ⟨SK 517:7~518:4⟩ ⟨FM 379:23~380:11⟩

이 단순화한 형태[497]는 무한히 개별화되는 가운데 부단한 변동[Unruhe]을 겪는다. 그런 변동은 한편으로는 자연적 지반으로서의 개별화[498]에서 일어난 변동이다. 그런 자연적 지반은 단지 일반적 본질이라

---

497 인륜적 정신의 신을 말한다. 그것은 이상화된 인간의 모습을 하지만, 그 소재(자연적 지반)나 형태는 민족에 따라서 다양하다.

498 각 인륜적 민족이 살아가는 다양한 자연적 풍토를 말한다. 그 풍토에 따라

는 측면에서는 필연적이지만, 그것이 현존하는 방식이나 운동하는 모습에서는 우연히 관계하기 때문이다. 다른 한편으로 그런 변동은 민족으로서의 개별화[499]에서 일어나는 변동이었다. 왜냐하면, 민족은 특수한 활동 집단이나 자기의식이라는 개별 점으로 분산되면서 다양한 감각과 활동을 지닌 현존을 갖기 때문이다. 이제 신의 단순화한 형태[자기 의식적 형태]는 이런 부단한 변동을 그 자체에서 제거하는 가운데 이런 개별화된 형태 모두를 안정된 개체성 속으로 결합한다. 따라서 그런 단순화한 신의 형태에 대해 [개별화에서 나타난] **부단한 변동의** 계기가 대립한다. 다시 말하자면 신의 형태-즉 신적 본질-에 대해 **자기의식**이 대립한다. 이런 부단하게 변동하는 자기의식은 비록 이런 단순한 신의 **형태가 탄생하는 장소**이면서 독자적으로는 **순수한 행위**[500]인 것을 제외하고는 그 어떤 것도 더는 보유하지 않는다. 예술가는 전적으로 실체에 속하는 것을 자기 작품에 집어넣지 특정한 개체성인 자기를 그의 작품 속에 현실화하지 않는다. 그는 자기의 작품을 완성하고자 자기의 특수성에서 스스로 벗어나면서 자신의 신체를 벗어나서 추상적인 순수 활동으로 상승한다. ―예술가가 처음에 직접 생산할 때는 작품과 예술가의 자기 의식적인 활동은 분리되면서 아직 다시 통일을 이루지 못한다. 따라서 어떤 작품은 그것만으로는 실제로 영혼이 부여된 것[beseelte]일 수가 없으니 오직 예술가 자신이 **생성**되는 과정과 더불어서야만 비로

각 민족이 모시는 신이 달라진다.

499 민족 안의 집단과 신분의 차이를 말한다. 그에 따라서 같은 신이더라도 다양한 자세나 장식을 지닌다.

500 인륜적 정신의 신은 점차 개별성을 상실하고 이상화하면서 순수한 행위만 남는다.

소 **전체**[Ganzes][501]로 될 수 있다. 예술작품에서 일상적인 계기[Gemeine] 즉 예술작품이 의식 속에서 생산[erzeugt]되고 인간의 손으로 만들어진 다는 계기는 예술가에 대립하는 개념에 속하는 계기 즉 개념으로 실존 하는 개념[502]에 속하는 계기다. 그러므로 개념으로 실존하는 개념인 예 술가나 관찰자는 충분히 사심 없는 존재[503]여서 예술작품을 그 자체에 서[an ihm selbt] 영혼이 부여된 것으로 언표하고 자신이 그 작품의 제작 자나 관찰자라는 사실조차 잊어버려야 한다. 이에 반해서 정신의 개념 은 자기 자신을 의식하는 계기[504]가 불가결하다는 사실이 확립돼야 한 다. 그런데 이런 [자기의식의] 계기는 작품과는 대립한다. 왜냐하면, 예 술가는 이와 같은 최초의 이원화에서 나타나는 두 측면[자기의식과 작 품]에 **활동**과 **물적** 존재라고 하는 서로 대립하는 추상적인 규정을 부여 하지만, 이를 통해서는 이들 두 측면의 출발점이었던 통일된 상태로 복 귀하는 것이 아직 성취되지 않기 때문이다.

[해제] 1) 앞에서와 정신에 관한 의식의 형태로서 자연 신과 자기의 식의 형태로서 인간 신의 차이를 설명했다. 여기서는 인간 신에서 예술 가와 정신 사이의 관계를 설명한다.

우선 헤겔은 인간 신의 이상화된 모습을 설명한다. 자연 신과 달리 단순화한 형태를 지니고 있으나 인륜적 민족이 살아가는 자연적 풍토에 따라서 그리고 각 민족의 안에서 활동하는 다양한 집단에 따라서 무한

---

501 예술가가 자기 지양을 통해 순수하게 활동하는 것을 통해 작품은 정신의 산 물로 된다.

502 예술작품을 만드는 주체는 정신 자신이다. 이런 정신을 '개념으로서 실존하 는 개념'이라 한다.

503 예술가는 그런 정신이 자신 속에서 활동하도록 그 자신을 비워두어야 한다.

504 정신의 활동을 받아들이는 예술가의 개인적 자아를 말한다.

하게 다양한 개별성을 지니게 된다. 그러나 이런 개별성은 이상화된 인간의 모습이라는 근본적 본질을 해치지는 못한다. 헤겔은 부당히 변동하는 개별성은 그 자체에서 제거되는 가운데 이런 개별화된 형태 모두가 "안정된 개체성 속으로" 결합한다고 한다.

2) 처음에 예술가는 여전히 개인에 속하는 특수성을 지니고 있다. 그 때문에 예술작품은 아직 정신을 완전하게 표현하는 통일체로 되지 못한다. 그렇지만 예술가의 자기 끌어올림이 발전하면서 예술은 점차 예술가와 작품의 완전한 통일성을 향해 다가간다.

이와 같은 이상화된 신상을 제작하는 데서 예술가는 더는 개인으로서 활동하지 않는다. 그리스 시대 예술가는 인륜적 정신에 속하는 것을 표현하지, 자기의 개성에 속하는 것을 표현하는 것이 아니므로 그는 "자신의 특수성에서 벗어나며 자신의 신체를 벗어나서 추상적 순수 활동으로 상승"해야 한다.

3) 그러므로 정신을 표현하는 "영혼이 부여된" 예술작품은 예술가 개인에 대립하며, 비록 그 작품은 예술가의 몸과 손을 거쳐 나온 것이기는 하지만, 실제로 그 작품을 만들어 낸 것은 예술가 속에 있는 "개념으로 실존하는 개념"이다. 이것은 곧 예술작품을 생산하는 것은 정신 자신이라는 말로 된다.

709) ⟨SK 518:5~20⟩⟨FM 380:12~23⟩

그러므로 예술가는 그의 작품에서 그가 **자기와 결코 같지 않은** 본질을 산출한 것이라는 사실을 경험한다. 경탄해 마지않는 대중이 그 작품이야말로 그들 자신의 본질을 나타내는 정신으로 여기면서 이에 경의를 표명한다는 사실을 통해 예술가는 약간의 자부심[ein Bewußtsein]을 돌려받는다. 예술가가 이와 같은 방식으로 격려[Beseelung]를 받는다는 것은 사실이다. 왜냐하면, 그런 대중은 경탄을 표시하는 것으로 예술가의 자기의식에 대해서 응답하기 때문이다. 그러나 이렇게 얻는 격려란 오히려 그 작품이 예술가 자신과 같지는 않다는 사실을 예술가에게 실토해 주는 고백에 지나지 않는다. 작품이 예술가에게 기쁨을 주는 찬사[Freudigkeit][505]로 되돌아올 때 예술가는 작품을 형성하고 생산하는 데서 느끼는 고통을 또는 긴장된 그의 노동을 발견하지 못하니 말이다. 대중으로서는 작품을 평가할 수도 있으며 아니면 어떤 방식으로든 작품에 공물을 바쳐서 자기의 의식을 그 속에 집어넣을 수 있을 것이다. −만약 대중이 작품에 관한 인식을 통해 자기를 그 작품보다 우위에 있는 존재로 격상한다면 예술가는 그 자신의 **행위**가 대중이 이해하거나 말하는 것보다도 얼마나 더 훌륭한 것인가를 깨닫게 될 것이며 −대중이 **작품과 비교해서** 자신을 **깎아내리고** 그런 예술작품 속에서 대중을 압도하는 예술가의 **본질**을 인식한다면, 예술가는 그 자신이 그런 본질을 산출한 주인[Meister]이라는 것을 안다.

[해제] 예술작품은 그 시대 정신에 관해 정신의 자기인식을 표현한다. 예술가는 이미 대중 속에 만연한 이런 인식을 예민하게 포착해 이를 작품으로 표현한다. 대중은 예술가가 표현한 작품 속에서 정신에 관해 자기가 무의식적으로 인식한 것을 발견하고 "그들 자신의 본질을 나타내는 정신으로 여기면서" 경탄한다.

작품에 대한 대중의 경탄은 예술가에게 약간의 자부심을 느끼게 한다. 예술가는 그것을 통해 약간의 격려를 받기는 하지만, 그 자신의 노고가 실현되는 기쁨을 누리지는 못한다. 왜냐하면, 그것은 이제 정신 자신의 산물로 여겨지고 예술가 자신은 다만 그런 정신이 표현되는 수단,

---

505   이 찬사는 곧 정신에 관한 대중의 인식을 제대로 표현했다는 찬사이기에 그의 노력이라기보다 정신 자신의 산물로 받아들여진다.

통로에 지나지 않게 됐기 때문이다. 그러므로 대중의 찬사는 오히려 "그 작품이 예술가 자신과 같지는 않다는 사실을 예술가에게 실토해 주는 고백"으로 여겨진다.

대중이 예술작품 속에서 자신의 정신을 발견하지 않고 오히려 특수한 자기를 발견하려 하면 즉 "자기의 의식을 그 속에 집어넣고자 하면, 대중과 예술가의 관계는 앞에서와 정반대로 된다. 대중이 작품 속에서 특수한 자기를 발견하면서 그런 평가가 긍정적이라면 예술가는 자신이 그런 산물을 만든 장본인이라는 것을 자부한다. 반대로 그런 평가가 부정적이라면, 자신이 대중이 이해하는 것보다 더 탁월하다고 생각한다. 예를 들어 예술가는 대중의 혹평에 대해 너희들이 알면 무얼 알겠어 하는 식으로 응답한다.

710) 〈SK 518:21~519:11〉〈FM 380:24~381:4〉

이렇게 볼 때 예술작품은 현존하려면 또 다른 지반을 요구한다. 신은 창조가 숙성하는 밤의 한 가운데[Tiefe]에서 나와 그와 반대로 즉 자기의식이 **없는** 채 외면성과 규정에 머무르는 사물로 전락했으나 이제 신은 이런 사물로의 출현과 다른 또 하나의 출현을 요구한다. 이런 [예술작품의] 높은 단계의 지반이 곧 언어다. ―이런 언어적 현존에서 자기의식은 직접 실존한다. **개별** 자기의식은 언어를 통해서 현존하며 또한, 직접 **일반적으로** 전파된다. 언어에서는 대자 존재가 완전히 특수화하면서 동시에 유동성을 띠니[506] 여러 자아가 [언어를 통한] 일반적인 상호관계에서 통일을 이루게 된다. 언어란 영혼으로 현존하는 영혼[507]이

---

506 언어 기호는 507 구절에서 말했듯이 "소멸하면서 현존하는 것" 즉 가상적 기호다. 따라서 언어 기호는 특수적이면서도 자기 부정성을 지녀 유동성을 지닌다. 그 결과 정신을 직접 표현할 수 있으며 일반적으로 전달할 수 있다.

507 언어적 기호는 물질성을 상실하고 영혼을 직접 표현한다는 뜻이다.

다. 따라서 신은 언어를 형태화의 지반으로 삼으면서 그 자체에서[an ihr selbst] 영혼이 부여된[beseelte] 예술작품으로 된다. 신의 순수 활동은 사물로 현존하는 신에 대해서는 대립했지만, 이제[언어의 지반에서]는 예술작품이 신의 순수한 활동을 직접 자신의 현존 속에 간직한다. 또 다른 말로 하면 자기의식은 자신의 본질[Wesen]을 대상화하는 가운데서도 직접 자기 자신에 머무른다. 그러므로 자기의식은 자기의 본질[Wesen] 속에서 오직 자기 자신에 머무르니 곧 **순수하게 사유하거나** 기도[Andacht]할 수 있으며 그 **내면적인** 사유나 기도는 찬가[Hymne]로 **현존**한다. 그런데 내면적 사유나 기도는 찬가를 통해 개별 자기의식을 사로잡지만, 다른 사람들이 이를 들으면 개별성은 일반적인 것으로 현존한다. 이처럼 기도는 모든 사람의 마음에 불을 붙이니 정신[Geist]의 불길[Strom][508]로 된다. 이런 정신의 불길은 수많은 자기의식 속에서 모두에게 같은 **활동**으로서 의식되며 동시에 **단순한 존재**로 의식된다. 여기서 정신[Geist]은 만인에게 일반적인 자기의식으로 되니, 한편으로 그 자신의 순수한 내면성과 대타 존재를 통일하며 다른 한편으로 그 내면성과 개별자의 대자 존재를 통일한다.

[해제] 신이 "창조가 숙성하는 밤의 한 가운데서 나와서" 건축이나 신상이라는 규정성과 외면성을 지닌 물적인 형태로 나타나면서 그것이 표현하는 정신과 그것을 표현하는 재료의 물적 존재 사이의 대립이 일어난다. 이런 대립이 극복되면서 이제 신은 언어의 형태로 출현한다. 이것이 곧 신에 대한 찬가 곧 기도인데 헤겔은 이런 찬가가 신상보다 발전된 신의 형태로 본다.

---

508 'Geist'는 인륜적 정신을 의미한다. 이 구절은 성경에 나오는 '성령의 불길'에서 따온 것으로 보인다. 성령도 독일어로는 'Geist'로 표현된다.

언어는 하나의 현존이지만, 이미 자신의 현존을 벗어나는 가상적 기호다. 이처럼 그 현존이 순수하므로, 그것은 이제 정신이 직접 출현하는 현존으로 된다. 그것은 "영혼으로 현존하는 영혼"이 돼, 영혼에서 영혼으로 전달되니 즉 언어는 일반적으로 자신을 전파한다. 이 언어를 통해 여러 자아가 상호 관계한다.

신이 이처럼 언어를 현존의 지반으로 나타날 때, 즉 기도나 찬가 속에서 자기를 나타낼 때, 사물 신에서 물질적 재료에 가로막혀 있던 신의 순수 활동이 "직접 자신의 현존 속에" 출현한다. 여기서 신은 대상화하더라도 자기를 벗어나지 않고 그 자신의 내면성에 머무른다.

이런 언어는 기도나 찬가로 나타나면서 한 개인을 넘어서 만인에게 나타나는 것으로 된다. 기도나 찬가는 모든 사람의 마음에 직접 불을 붙이니, 이것이 '정신의 불길'이다. 이는 단순한 존재면서 수많은 사람을 하나로 만드는 존재다. 헤겔에 따르면 이는 "만인의 일반적 자기의식"이며, 여기서 정신의 그 자체 존재(내면성)와 현상(예술적 표현, 작품)이 통일되며 그 자체 존재(일반적 자기의식)와 개별자의 대자 존재가 통일된다.

711) 〈SK 519:12~34〉〈FM 381:5~21〉

이런 기도의 언어는 신의 언어 가운데 다른 언어와 구별된다. 이 다른 언어는 일반적인 자기의식의 언어가 아닌 언어를 말하는데 즉 예술가적[künstlerisch] 종교에서나 그보다 앞서 있었던 여러 종교에서도 등장하는 신의 **신탁**이다. 이 **신탁**은 필연적으로 출현하는 신의 언어 가운데 최초의 언어다. 왜냐하면, 신이라는 **개념** 속에는 신이 자연의 본질이면서 또한, 못지않게 정신의 본질이라고 하는 의미가 들어 있기에 신은 단지 자연적인 현존만을 갖는 것이 아니라 동시에 정신적인 현존[신탁]도 지니기 때문이다. 이와 같은 계기[정신적 현존]가 다만 신의 **개념**

속에만 들어 있고, 종교 속에서 아직 실현되지 않은 한, 여기서 등장하는 언어란 종교적 자기의식이 보기에는 자기에게 낯선 자기의식의 언어가 된다. 그러므로 신을 받드는 공동체[Gmeine]에는 이런 **낯선** 자기의식은 아직 그 개념이 요구하는 대로 **현존**하지 않는다. 자아[509]는 단순하기에 곧바로 **일반화한**[allgemeine] 대자 존재다. 그러나 앞에서 말한 낯선 자기의식[신탁]은 공동체에 속하는 자기의식에서 분리되므로 다만 **개별** 자기의식에 그친다. ─이처럼 사적이며[eignen] 개별적 언어[신탁]가 담는 내용은 절대정신 일반이 종교에서 획득하는 일반적 규정성[510]을 토대로 생겨난 것이다. ─따라서 여명기에 등장한 일반 정신은 아직도 자기의 현존을 특수화하지 않았기에 이런 정신이 언표하는 것은 본질에 관한 단순하고 일반적인 명제이다. 이때 이 명제의 실체적 내용은 단순한 진리를 담고 있다는 점에서 숭고한 것이긴 하면서도 동시에 바로 이와 같은 [특수화하지 못한] 일반성 때문에 좀 더 진보한 자기의식이 보기에는 하찮은 것으로 보인다.

　[해제] 헤겔은 여기서 찬가나 기도와 구분되는 신의 최초 언어로서 신탁을 설명한다. 찬가나 기도는 신과 자아의 합일을 표현하지만, 아직 명백한 언어로 표현되지 않는다. 찬가와 기도는 주어와 술어가 구별 없는 통일에서 나오는 언어다. 정신이 자유로운 개인의 결합체로 발전하면서, 정신은 명백한 언어를 통해 자기를 표현하니, 그것이 곧 신탁의 언어다.

　신은 정신적 존재므로 자신을 사물을 통해 표현하는 동시에 언어로

509　문맥상 공동체의 자아를 말한다.
510　절대정신은 공동체 즉 집단 자아다. 표상을 통해 인식된 절대정신이 곧 종교다.

도 표현한다. 이 언어적 표현은 신의 성격에 따라 신탁으로 표현된다. 최초 정신이 아직 혈연적인 부족에 머무를 때 아직 자기를 명백한 언어로 표현하지 못한다. 개인의 자유의지가 점차 발전하면서 정신의 표현으로서 언어가 출현하는데 자기의식이 출현했으나 아직 노예적 억압 상태에 머무를 때, 신의 형태는 자연 정령의 형태를 취하며 그때 출현하는 언어가 곧 신탁이다.

이 신탁은 언어지만, 정신을 직접 표현하는 언어로 되지 못하며, 개별 자아에 낯선 자로부터 들려오는 목소리 즉 "낯선 자기의식의 목소리"다. 이 낯선 자기의식은 일반적 자아지만, 개별 자기의식과 분리돼서 또 하나의 개별 자기의식에 지나지 않으므로 그 언어는 추상적인 언어다. 그러므로 공동체에 속하는 개별 자아는 이를 이해하지 못한다.

신탁은 절대정신의 표현이지만, 이 절대정신이 아직 추상적 일반성을 벗어나지 못하므로, 신탁에 담긴 내용은 해석되더라도 그것은 사소한 내용을 지닌 단순하고 일반적인 명제에 지나지 않는다. 그것은 예를 들자면 '태양을 보고 오줌을 누지 말라'와 같은 계율로 표현된다. 그 계율의 의미는 낡고 사소한 것이다.

712) 〈SK 519:35~521:7〉〈FM 381:22~382:19〉

문화가 더 발전하자 자아는 마침내 **대자 존재**로까지 끌어올려지면서 실체로부터 나오는 순수한 격정[Pathos]으로 되거나 여명의 빛이 지닌 대상성을 지배하는 주인으로 된다. 그러한 자아는 이와 같은 단순한 진리를 **그 자체로 존재하는 것**으로 인식하면서 이제 낯선 언어를 통해서 우연히 현존하는 형식을 취하는 것[신탁]으로 파악하지 않는다. 오히려 이 자아는 이런 단순한 진리를 확신하기에 불문율과 같은 신의 법칙으로 인식한다. 따라서 **이런 신의 법칙은 영원한 생명을 지닌 가운데 그 누구도 과연 이것이 언제부터 나타난 것인지 알 수 없는 것으로 된**

다. ―빛으로 계시됐던 일반적 진리는 여기서는 내면이나 지하 세계로 물러나고 이를 통해 우연히 현상하는 형식[신탁]도 벗어난다. 이런 것들[빛, 신탁]과 대립해 예술 종교에서는 신의 형태가 의식의 모습과 따라서 모름지기 개별성의 형식을 취하므로[511] 신은 인륜적인 민족의 정신으로 되며, 따라서 신의 고유한 언어는 신탁이라 하더라도 민족이 있게 된 특별한 중대사[Angelegenheit]를 인식하고 그런 중대사에 관해 유용한 것을 알려주는 신탁으로 된다. 그런데 일반적 진리는 **그 자체 존재**[신의 계율]로 인식되기에 **인식하는 사유**는 이런 진리를 자신의 것으로 주장하므로 사유가 보기에 그 언어도 낯선 언어가 아니라 자기의 언어가 된다. 고대의 현자는 무엇이 선하고 아름다운 것인가를 자기 자신의 사유를 통해서 추구했으며 이와는 달리 대수롭지도 않은 한낱 우연적인 내용에 관한 인식은 예컨대 그 자신이 이쪽과 저쪽에 있는 두 사람 중 그 누구와 사귀는 것이 자기에게 이로울 것인가 아니면 이 여행을 하는 것이 과연 자기가 아는 사람에게 좋은 결과를 가져올 것인가 하는 등에 관한 인식은 심령[Dämon]에 맡겼다.* 이와 꼭 마찬가지로 일반 사람들[allgemeine Bewußtsein]은 그처럼 한낱 우연적인 것에 관한 인식은 새나 나무로부터 또는 자기의식이 현기증을 느낄 만한 증기 뿜는 대지[화산]에서 끌어냈다. 왜냐하면, 이런 우연적인 것은 사려의 대상이 아닌 한낱 낯선 것이어서 그러한 것에 대해서는 인륜적인 의식으로서도 주사위를 던지듯이 아무 생각 없이 아무렇게나[fremd] 결정되게 방임했기 때문이다. 만약 개별자가 자기의 지성에 따라 결정하고 자기에게 유용한 것이 무엇인가를 충분히 숙고해 선택한다 하더라도 이런 자기 결

---

511 의식을 지닌 개인의 형태를 취한다는 뜻이다. 여기서 아직 내면은 표현되지 않고 외면만 표현되며, 다만 이상화된 영웅의 모습으로 표현된다.

정의 근저에는 자신의 특수적인 성격에서 나오는 규정성이 깔렸을 것이다. 이런 성격적 규정성은 그 자체 우연적인 것이어서 무엇이 개별자에 유용할 것인가에 관해 지성이 인식한 것이더라도 신탁이나 추첨 등을 통해 얻어내는 인식과 다른 바가 없다. 다만 여기서 차이가 있다면 그 차이는 이런 것일 것이다. 즉 이를 인식하고자 신탁이나 추첨에 묻는 사람은 인륜적인 심정에 속한 우연적인 것에 대해서는 자기가 무관심하다는 것을 표현하는 것으로 되지만, 이에 반해서 지성적인 인식에 의존하는 사람은 그 자체로 우연적인 규정성을 곧 자기가 생각하고 사유하는 본질적인 관심사로 취급한다는 것이다. 이런 두 가지 경우보다도 더 높은 단계의 의미가 있는 것이 있다면 이런 것일 것이다. 즉 숙고를 우연적인 활동을 결정하는 신탁이나 다른 바 없는 것으로 취급하면서 숙고한 행동 자체도 역시 특수적인 것이나 유용한 것에 대해 관계하는 것이니 어떤 우연적인 것일 수밖에 없다는 사실을 인식하는 것이다.

*FM주 〈381:36~382:4〉 헤겔은 여기서 아마도 플라톤의 후기 대화편 『테아이테토스』에 나오는 소크라테스 상을 따르는 것으로 보인다. 참조: 플라톤Platon, 『테아이테토스』, *Opera*, 1권, 186a. 헤겔이 4행에서 시사한 소크라테스 내심의 영혼에 관해서는 다음을 참조하라: Theaitetos, 151a.

[해제] 1) 신에 관한 언어적 표현은 정신의 인식이 이미 자기의식에 이른 것을 보여준다. 그러므로 신을 빛으로 파악하는 확신에 머무르는 인식이나 신을 자연의 정령으로 파악하는 의식의 수준을 넘어선다. 언어는 물질과 달리 정신의 본질을 있는 그대로 표현하는 것이기 때문이다.

이런 신의 언어적 표현도 단계적으로 발전하는데 최초로 등장한 것은 아직 명백한 언어의 형식을 가지지 않는 찬가나 기도다. 그다음에 나타나는 것은 이해할 수 없는 낯선 자기의식의 언어인 모호한 신탁이다. 그것은 일반명제의 형식이지만, 그 내용은 사소한 격언과 같은 것이다. 헤겔은 이런 최초의 신탁이 좀 더 발전하면, 계율과 같은 것으로 발전한다고 본다. 그것은 민족 전체를 규율하는 "그 자체적인 것"이며 동시에 영원한 "불문율"과 같은 것이다.

2) 이런 발전은 정신 속에서 자아가 어느 만큼 성숙하는가에 따른다. 이로부터 자아가 더 발전하여 신의 법칙이 좀 더 구체적 형식을 취하면서, 이제 민족의 진로를 결정하는 신탁으로 된다. 이런 발전된 신탁은 낯선 언어로 말해지는 것이 아니라, 민족 자신의 언어로 말해지며, 모호하지 않고 명백한 의미를 지닌 것으로 등장한다.

이런 신탁은 개인이 자신의 길흉화복을 인식하기 위해 의존하는 점복과는 구분된다. 그것은 우연적인 것을 결정하는 우연적 방식이니 헤겔은 이를 사실 무의미한 것으로 본다. 그러므로 고대의 현자는 선과 아름다움에 관해서는 사유를 통해 인식하려 했지만, 개인적 삶에 관해서는 점복에 맡겼으니, 이는 점복이 중요하기 때문이 아니라 무의미하기 때문이며 그런 개인적 삶 자체가 무의미한 것이라는 판단을 전제로 한다.

3) 헤겔은 이런 개인적 삶의 길흉화복을 지성을 통해 파악하려는 것조차 사실은 점복에 맡기는 것과 다른 바 없다고 한다. 왜냐하면, 이런 지성은 주관적 특수성을 통해 규정되기 때문이다. 이런 지성적 태도가 점복과 차이가 있다면 점복은 우연성을 우연성으로 알지만, 지성은 사실은 우연한 것인데도 이를 마치 진지한 것처럼 생각한다는 데 있다. 그러므로 헤겔은 지성적으로 자신의 삶을 숙고하면서 행동하려는 시도 역시 우연적인 것이라는 사실을 인식하는 것이 중요하다고 한다.

713) 〈SK 521:8~17〉〈FM 382:20~27〉

정신은 이와 같은 언어를 통해서 참된 자기 의식적인 현존을 획득한다. 여기서 언어는 생소하며 일반적이지 않고 우연적인 자기의식의 언어가 아니다. 이처럼 참된 자기의식이 현존하는 모습이 우리가 방금 보았던 예술작품이다. 이런 예술작품은 사물적인 조각과 대립한다. 이런 조각에서 그 현존은 정지한 것이라 한다면 참된 예술작품[언어예술]에서 그 현존은 스스로 사라지는[verschwindende] 것이다. 또한, 이 정지한 현존에서는 대상은 자유롭게 방치되면서 고유한 직접적인 자아[Selbst]가 없는 것이라면 이에 반해 참된 예술작품 속에서는 대상이 자아[Selbst]에 과도하게 함몰됨으로써 그 자신을 거의 형태화하지 못한다. 그 형태화는 마치 시간의 경우에서처럼 일단 현존하는 순간 더는 현존하지 않는 것이다.

[해제] 헤겔은 신탁의 언어와 찬가나 기도의 언어를 구분했는데, 마지막으로 언어적인 방식으로 신을 표현하는 것을 조각 작품과 같은 사물적 방식으로 신을 표현하는 것과 비교한다.

후자는 물질적으로 고정돼서 신을 표현하기는 하지만, 자신의 고유한 물질적 법칙이 방해하므로 그 표현은 한정적이며 부분적이다. 즉 "고유한 직접적인 자아가 없게" 된다. 그에 반해 언어적 표현에서 언어는 물질적인 것이지만, 이미 자기를 지양한 것이어서 순수하게 정신을 표현할 수 있다.

그러나 후자는 "자아에 과도하게 함몰된다." 왜냐하면, 그 형태화(언어적 기호)는 자기 부정적인 것이며 즉 "스스로 사라지는 것"이기 때문이다. 헤겔은 이를 마치 시간적 존재에 비유한다. 시간은 스스로 자기를 부정해 나가는 것이기 때문이다. 그에 반해 물질적 형태로 표현하는 것은 지속성을 갖는다. 전체적으로 보면 전자는 표현에 한계가 있으나 지속적이며 후자는 표현은 완전하나 지속성을 지니지 못한다.

714) ⟨SK 521:18~26⟩ ⟨FM 382:28~35⟩

두 가지 측면 즉 자기의식이 순수한 감각적 지반[언어]에서 **운동하**는 신의 형태와 물체적인 지반에서 **머무르는** 신의 형태는 서로 대립하는 가운데 각자의 서로 다른 규정을 포기하는 운동을 전개한다. 이를 통해서 두 측면의 본질을 이루는 개념인 통일성이 현존하기에 이른다. 이렇게 해서 곧 **예배**[Kultus]가 출현한다. 자아는 예배를 통해 신적인 본질이 피안에서 자기로 강림해 온다는 것을 의식한다. 신적 본질은 앞에서는 비현실적인 것[언어]이거나 한낱 대상적인 것[조상]에 지나지 않았으나 이와 같은 강림을 통해서 자기의식에 본래적인 방식으로 실현된다.

715) ⟨SK 521:27~522:10⟩ ⟨FM 382:36~383:13⟩

예배의 개념은 본래[an sich] 찬가가 울려 퍼지는 것 속에 이미 내포되며 또한, 그 속에서 눈앞에 나타난다. 찬가에서의 기도는 자아가 자기 자신을 통해서 그리고 이 자기 자신 속에서 직접적이고 순수하게 충족되는[Befriedigung] 것이다. 영혼은 정화되면서 이런 순수성 속에서 직접 본질로 되며 동시에 본질과 합일한다. 이런 영혼은 그의 추상성 때문에 자기의 대상과 구별되는 의식은 아니며 오히려 그 현존이 숙성하는 밤이며 그의 형태가 **빚어지는 장소**다. **추상적인 예배**는 자아를 끌어올림으로써 자아를 순수한 **신성한 터전**으로 되게 한다. 영혼은 이때 의식적으로 그와 같은 정화를 수행하지만, 다만 이 영혼은 아직도 자신의 심연으로까지 침잠해 그 자신이 악하다는 것을 깨우치는 자아[512]에 이르지 못한다. 오히려 자아는 어떤 **현존하는** 자아, 하나의 개별 영혼이니, 이런 영혼은 자기의 외면성을 물로 씻어내고 깨끗한 옷을 걸쳐 입

---

512 이런 자기 부정적인 자아는 계시 종교에 이르러서야 가능하다.

으며 영혼은 내면성에 도달하기 위해 노동과 형벌과 보상과 같은 상징적인[vorgestellt] 길을 즉 특수성을 제거하기 위한 교양 일반의 길을 거쳐 나가야 한다. 이를 통해 영혼은 마침내 축복이 넘치는 집과 공동체에 이를 것이다.

[해제] 1) 신에 관한 자기 의식적 인식의 단계는 한편으로 인간의 모습을 한 조각상으로 다른 한편으로는 언어적 신탁과 같은 방식으로 나타난다. 그러나 앞에서 설명했듯이 조각상은 고정성을 지니지만, 신의 본질을 부분적으로만 드러내며, 언어적 방식은 신의 모습을 그 자체로 드러내기는 하지만, 안정성을 지니지 못한다.

이 두 가지 방식이 서로 지양하며 결합하면서 새로운 신의 인식과 표현이 등장하니 그것이 곧 예배다. 예배는 기도에서처럼 신이 직접 자아에 강림한다. 즉 영혼은 이런 직접적 합일 상태(확신의 단계)에 있으므로 "이런 순수성 속에서 직접 본질로 되며 동시에 본질과 합일한다." 헤겔은 이런 기도의 상태를 "현존이 숙성하는 밤이며 그 형태가 빚어지는 장소"라고 한다. 그러나 기도에서 영혼 정화는 내적 확신일 뿐, 실제로 일어나는 것은 아니다.

2) 예배는 일정한 구체적 물질적 형식을 갖는다. 그 속에서 이런 합일은 지속성을 지니게 된다. 이런 예배 상태에 있는 자아는 비밀스러운 의식을 통해 자각적으로 정화를 거치기는 하지만, 불완전하여 여전히 "어떤 현존하는 자아, 하나의 영혼"이라고 한다. 예배의 방식에서 영혼은 자기를 끌어올리기는 하지만, 여전히 자기의 현존과 개별성을 유지한다(지각의 단계). 즉 개별 자아를 인정하는 가운데 자기의 개별성 자체가 "악이라는 사실을 깨우치는 자아"에 이르지 못한다. 이런 자아는 자기를 부정하면서 참된 일반적 자아로 자기를 끌어올리지 못한다. 그러므로 헤겔은 이런 예배를 추상적 예배라고 규정한다.

참된 일반적 자아로 올라가는 과정(수행을 통한 자기의식의 단계)은 나중에 계시 종교에 이르러서야 실현된다. 이에 이르기 위해서는 영혼은 "자기의 외면성을 물로 씻어내고, 깨끗한 옷을 걸쳐 입으며, 노동과 형벌과 보상과 같은 상징적인 길을 거쳐 나가야 한다." 이와 같은 교양을 거쳐 나갔을 때, 자아는 무한한 자아가 되며, 이를 통해 일반적 자아가 구체적으로 출현하니, 그것이 곧 "축복이 넘치는 집과 공동체" 다시 말해 교회 공동체다.

716) ⟨SK 522:11~21⟩⟨FM 383:18~21⟩

예배에서 그 수행[Vollbringen]은 아직은 다만 **비밀스러운 것**이며 다시 말하면 수행은 한낱 관념에서 일어나고 실제로 일어나지는 않는다. 이와 같은 예배는 **실제로 일어나는** 행동이 돼야 하며, 행동이 실제로 일어나지 않는다는 것은 자기모순을 뜻한다. 예배에서 **의식**의 단계에 **본래** 머물렀던 것은 이런 행동을 통해 **순수한** 자기의식의 단계로 끌어올려진다. [신적] 본질은 예배 속에서는 하나의 떠도는[frei] 대상이라고 하는 의의를 지니지만, 이제 [영혼 정화의] 수행이 실제 행동으로 일어나면서 이 대상적인 것은 자아로 귀환한다. ─이런 대상은 순수 의식 속에서는 현실의 피안에 자리 잡은 순수한 본질이라는 의미를 지니는 한, 이 본질은 이런 매개 과정[수행]을 통해 그 일반성으로부터 개별성의 단계로 하강해[513] 마침내 현실과 연결된다.

717) ⟨SK 522:22~523:3⟩⟨FM 383:22~35⟩

그런데 이 두 측면[일반적 본질과 개별적 자아]이 행동에 들어오는

---

513 예배는 비밀스러운 의식 속에서 일반적 본질과 직접 합일한다. 수행은 개별 자아가 자기를 끌어올리는 운동인데, 이 수행은 개별성의 한계 내에서만 일어난다.

방식을 규정해 보자. 그 규정을 자기의식 개인의 측면에서 본다면, 행동이 **실제로 존재하는** 의식에서 나오는 한에서 신적 본질은 자신을 **실제로 존재하는 자연**으로 드러낸다. 한편으로 신적 본질이 실제로 드러난 자연[과일과 고기]은 의식이 소유하는 재산이니 이것은 **그 자체로** [ansichseiend] 현존하는 것은 아니다. ─다른 한편으로 이런 자연은 의식의 **고유한** 대상 즉 직접 **실제로 존재하고** 개별적으로 존재하는 것[514]이므로 의식은 이런 자연을 비본질적인 것으로 여기면서 지양한다. 그러나 이와 동시에 [이런 규정을] **순수한** 의식의 측면에서 본다면 이런 외적인 자연은 이와 **반대되는** 의미를 지닌다. 다시 말하면 이 자연[제물]은 **그 자체로 존재하는** 본질이니 자아는 이 본질에 대립하는 자기의 비본질적인 측면을 희생한다.[515] 그것은 자아가 거꾸로 [앞에서 말한] 자연이라는 비본질적 측면을 자기를 위해 희생하는 것과 마찬가지다. 이렇게 볼 때 행동은 자기를 희생하는 정신적인 운동을 의미한다. 왜냐하면, 행동은 이중적 의미를 지니기 때문이다. 즉 한편으로 행동은 기도가 대상을 규정하는 것과 같이 **본질**의 추상성을 제거함으로써 본질을 실현한다. 다른 편에서 행동은 행동하는 자가 대상과 그 자신을 규정하듯이 **현실**을 지양함으로써 이를 일반적 본질로 끌어올린다.

[해제] 여기서 헤겔은 예배가 비밀스러운 의식 속에서 신과 자아의 합일에 이르려는 것일 뿐, 이때 일어나는 자아의 자기 지양은 실제로 일어나는 것은 아니라 한다. 그러므로 합일을 위해 실제로 일어나는 수행

---

514 자연이 인간을 위해 준 선물로서 과일이나 고기를 말한다. 어떤 제사 의식 속에도 음식을 함께 나누어 먹는 의식이 존재한다.

515 제사 의식은 또한, 자아를 희생하는 과정이니, 자신의 일부인 음식을 신에게 바친다.

이 있어야 한다. 이런 자기를 부정하는 행위를 통과해야만 비로소 신의 순수 본질과 실제로 일어나는 합일에 이를 것이기 때문이다. 이렇게 실제로 일어나는 수행이 곧 제사 의례[儀禮]다.

그런데 헤겔은 제의에서 수행이라는 행동은 이중적 측면에서 볼 수 있다고 한다. 제의를 신적 본질의 측면에서 보면, 신적 본질은 자기를 희생하여 자연을 인간에게 선물로 준다. 인간은 이 자연을 신의 선물로 먹고 즐긴다. 이런 신의 선물은 신적 본질이 자신의 추상성을 제거함으로써 구체적으로 실현하는 운동이다. 이를 통해 실제로 존재하는 자연은 "의식이 소유하는 재산"이니 이 자연은 "그 자체로[ansichseiend] 현존하는 것"과 다른 것이 된다.

다른 한편 이 제의를 자아의 측면에서 본다면, 개별적 자아가 자신이 가진 것을 포기하면서 이를 신적 본질에 바치는 것이다. 그렇게 함으로써 개별 자아는 자신의 비본질적 측면을 희생하여 순수한 자아로 자기를 끌어올린다. 이때 신에게 바치는 제물은 "그 자체로 존재하는 본질"로 되니 자아는 "이 본질에 대립하는 자기의 비본질적인 측면을 희생한다."

718) 〈SK 523:4~524:10〉〈FM 383:36~384:30〉

따라서 제의[Kultus]⁵¹⁶의 행동 자체는 소유물을 순수하게 **바치는**[Hingabe] 것으로부터 시작된다. 이때 겉으로 보기에 소유자는 자기의 소유물을 전혀 무용한 것으로 여기면서 이를 내던지거나 아니면 이를 연기로 불사른다. 이런 희생을 통해 소유자는 자기의 순수 의식이 받드는 절대적 본질 앞에서 재산에 대한 소유와 권리 그리고 향락을 포기함은 물론 자기의 인격성도 포기하고 더 나가서는 활동을 자아로 환

516 예배와 제의는 모두 독일어로는 'Kultus'다. 다만 기도로 이루어지는 경우 예배로 번역하고 활동, 제사 의례를 통해 이루어지는 경우 제의로 번역한다.

원[Rückkehr]하는 것517마저도 포기함으로써 오히려 그런 바치는 행위를 일반적인 것으로 즉 다름 아닌 자기 자신인 본질 속으로 되돌아가게 한다[reflektiert]. ―그러나 반대로 이와 같은 희생을 통해 자아가 포기되는 것 못지않게 **존재하는 본질**[신]도 몰락하고 만다. 말하자면 여기서 희생되는 동물은 신을 **상징**하는 것이며 먹어 삼키는 과실은 세레스 여신[Ceres: 농업의 여신]이자 또한, 박카스 신[Bacchus] **자신의 화신**이다. ―따라서 전자[동물 제물의 희생]를 통해서는 피가 도는 생명체로 등장한 천상의 법이 지닌 위력이 소멸한다. 그런데 후자[과실 제물의 희생]를 통해서는 죽어 있는[blutlos] 비밀스러운 간교한 힘을 소유한 지하의 법이 지닌 위력이 소멸한다.518 ―신적 실체를 희생한다는 것은 적어도 **활동**인 한에서는 자기 의식적인 측면에 속한다. 그러나 다만 이처럼 [제의] 활동이 실제로 가능할 수 있으려면 [신적] 본질이 이미 그 자신을 **그 자체에서**[an sich] 희생해야 한다. 본질이 자기를 희생하는 활동은 본질이 그 자신을 **현존**하게 하면서 **개별 동물**이나 **과실**로 자신을 육화하는 것을 전제한다. 행동하는 자아는 본질이 **자기 자신에서** 수행하는 희생 행위를 현존을 통해 그리고 그의 의식에서[für sein Bewußtsein] 표현한다. 즉 행동하는 자아는 본질의 **직접적인** 현실을 좀 더 높은 단계의 현실 즉 자**아 자신이 산출한 현실**로 대체한다. 왜냐하면, 개체성이 지양되고 양 측면의 분리가 지양된 결과 통일이 발생하는데, 이런 통일은 한낱 부정적인 운명에 그치는 것이 아니라 오히려 긍정적인 의의가 있는 것이기 때문이다. 추상적인 지하 세계에 머무르는 본질에 제물로

517 자신의 도덕성을 과시하거나 자부하는 일을 말한다.

518 이 구절은 인륜적 정신의 세계가 지하의 법을 원리로 하는 가족과 천상의 법을 원리로 하는 국가로 나누어져 있음을 상기하게 한다.

제공된 것은 오직 그런 지하의 본질에 전적으로 바쳐진 것일 뿐이니 이런 제물은 소유물과 대자 존재가 자아 그 자체와 구별된 일반적 본질 속으로 반성한다는 사실에 관한 징표가 된다. 그러나 동시에 여기서 제물은 다만 **사소한** 부분이다. 또 이와 다른 희생 행동은 다만 불필요한 것을 파괴하는 것이니 그 제물은 성찬을 위해 조리된다. 이런 성찬을 향락하는 것은 그 [희생] 행동 자체에서 그것이 지닌 부정적인 의미를 **빼앗는다**. 제물을 바치는 자는 **자기의 향락**을 위해서 첫 번째 경우[식물 제물] 그 대부분을 보존하며 두 번째 경우[동물 제물]에서는 필요하다고 여겨지는 부분을 보존해 둔다. 이와 같은 향락은 **본질**과 함께 **개별자도** 지양하는 부정적인 위력이지만, 동시에 긍정적인 현실을 뜻한다. 왜냐하면, 여기서 본질의 **대상적** 현존이 **자기 의식적인** 현존으로 전환하면서 동시에 자아도 본질과 자기가 통일된다는 것을 의식하기 때문이다.

[해제] 1) 헤겔에서 제의는 신에게 제물을 바치는 것을 의미한다. 이는 한편으로는 자아가 자기를 포기하는 것이다. 그것은 자신의 소유와 향락을 포기하며 심지어 자기의 인격성이나 자신의 활동을 자아로 환원하는 것(자신의 도덕적 자부심)까지 포기하는 것이다. 신에게 제물을 바침으로써 자아는 이제 개별 자아에서 일반적 자아로 전환한다. 그것을 통해 자아는 신과 합일한다.

2) 헤겔은 다른 한편으로 제의는 신적 존재가 자기의 대상성을 포기하는 것을 의미한다고 본다. 왜냐하면, 제물로 바쳐지는 것은 신 자신이기 때문이다. 신은 더는 천상에 머무르지 않고 지상으로 내려오면서 동물이나 식물과 같은 구체적인 사물로 육화한다. 음식 가운데 식물은 곧 지하[혈연]의 신을 의미하며 동물은 곧 천상[국가]의 신을 의미한다. 이런 신의 육화가 곧 신의 자기희생이다.

이렇게 제물로 바치는 것은 곧 신 자신을 신에게 바치는 것이니, 이렇게 신이 인간을 위해 자기를 희생하므로, 인간은 신에게 자기를 바칠 수 있다. 인간은 신이 육화한 제물을 신에게 다시 바쳐진다.

3) 이런 제물을 바쳐진 음식은 대부분 다시 자아가 향락한다. 이는 공동체 전체가 공동으로 즐기는 의례다. 자신의 것을 제물로 바치는 것이 부정적 의미를 지닌 것이라면 자아가 그것을 향락하는 것은 자아가 자신을 다시 회복하는 긍정적 의미를 지닌다. 이렇게 되돌아온 자아는 자신을 바치기 이전의 자아와 같은 자아는 아니다. 이전의 자아가 개별 자아라면, 되돌아온 자아는 신적 본질과 합일한 자아며, 따라서 개별 자아에 그치지 않고 다른 개별 자아와 통일을 이룬 일반적 자아가 된다. 이런 일반적 자아를 통해 공동체가 확립된다.

4) 신의 희생과 인간의 희생은 후일 기독교에서 예수 그리스도의 탄생과 죽음과 같은 의미를 지니는데, 헤겔은 이미 인륜적 민족 종교에서도 그 원형이 출현한다고 본다. 물론 그리스적 제의와 기독교의 제의는 차이가 있다. 그리스적 제의에서 신과 인간의 합일은 직접적이다. 여기서 공동 자아는 습속의 형태로 주어질 뿐이다. 그러나 기독교에서 신 자신의 자기희생은 무한한 자아의 출현을 의미한다. 이 무한한 자아는 자유로운 개인의 상호 작용을 통해 형성되는 공동체적 자아며 구체적으로는 교회 공동체다. 사실 세계의 어느 종교에서도 음식을 신에게 바치고 이를 함께 나누어 먹는 것은 빠질 수 없는 의식이다. 이런 과정을 통해 혈연적 공동체를 넘어서서 비록 직접 개인으로 이루어진 공동체가 확립된다는 것은 헤겔의 통찰이다.

719) 〈SK 524:11~525:6〉〈FM 384:31~385:15〉

예배는 이미 하나의 실제 행동이지만, 그 의의는 오히려 기도에 놓여 있을 뿐이다. 기도에 속하는 것은 대상적으로 출현하지 않는다. 그것은 **향락**의 결과[주인의 경우에서처럼]가 자기 자신으로부터 자신의 현존을 박탈하는 것과 같다. 그러므로 예배는 자기의 결함을 보완하기 위해 더 나가서 그의 기도를 **대상적으로 존립하게** 해야 한다. 이런 일은 예배가 노동으로 되면서 즉 신의 영광을 위해 신의 거처를 마련하고 또 이를 성대하게 꾸미는 노동, 공동으로 하든 아니면 혼자서 하든 각자가 할 수 있는 노동을 하면서 이루어진다. ─이런 노동을 통해 한편으로는 조상 기둥에 남아 있는 대상성이 지양된다. 왜냐하면, 노동하는 자는 자기의 선물과 노동을 봉헌을 통해 신에게 고개를 숙이면서 그의 자아가 신에게 속하는 것임[angehörig]을 직시하기 때문이다.[519] 다른 한편 이런 활동은 예술가가 수행하는 개별 노동이 아니며 오히려 예술가의 특수성은 [이런 노동의] 일반성 속에 해소되고 만다. 여기서 성취되는 것은 결코 신에게 영광을 돌리는 것만은 아니다. 또한, 신이 호의를 품고 베푸는 축복이 **관념** 속에서[in der Vorstellung] 노동하는 자에게 흘러들어오는 것[520]만도 아니다. 오히려 이런 봉헌[Weihung]은 그 자신의 소외[Entäußerung]나 타자[신의] 영광이라는 최초의 의미와는 반대되는 의의를 지니는 것으로 된다. 즉 신의 거처나 회당[會堂]은 모두 인간이 사용할 수 있는 것이며 또한, 그 속에 보관된 보물은 필요할 때는 인간의 소유물로 될 수 있다. 나아가서 그에게 바쳐진 장식품 앞에서 기뻐하는 신의 영광이란 곧 예술에 뛰어난 용기 있는 민족에게 돌아갈 영광이다. 이런 민족은 축젯날 신의 거처 못지않게 자신의 가옥이나 의상

---

519 초기 조상은 생동성이 없는 부동 자세를 취한다. 자기의식 또는 자아가 발전하면서 조상은 생동적으로 된다. 자아와 정신이 균형을 이루는 가운데 신적 조상은 고요한 단순성과 동시에 생동성을 지닌다. 만일 그리스 말기에서처럼 자아가 더 발전해서 완전한 개별적 존재로 되면, 신적 조상은 우아하거나 매력적인 것으로 전락한다.

520 예배의 기도에서 얻어지는 합일의 감정을 말한다.

도 장식하며 그의 찬장을 사랑스러운 그릇으로 채운다. 민족은 감사하는 신으로부터 그들의 선물에 대한 보답을 돌려받으며 또한, 신의 호의에 관한 증거를 얻는다. 그런 호의 속에서 한 민족은 자신의 노동을 통해 신과 유대를 맺으니, 이런 호의의 증거는 그저 기대할 뿐 나중에 가서야 현실로 되는 것이 아니다. 오히려 한 민족은 신에게 영광을 돌리며 동시에 신에게 선물을 바치는 가운데 바로 그들 자신의 부와 장식품을 향락한다.

[해제] 1) 여기서 헤겔은 예배의 결과를 설명한다. 예배가 단순히 기도에 그치지 않고 신에게 선물을 바치고 신의 거처를 만드는 노동을 봉헌한다는 제의로 발전하면서 새로운 의미를 지닌다.

아직 개별 자아가 발전하지 않았던 그리스 초기에 신은 인간의 모습을 했지만, 움직이지 않고 정형화된 모습이었다. 그것이 신전 기둥에 나타나는 조상의 모습이다. 그러나 자아가 발전하면서 인륜적 본질과 자아는 분리되면서도 균형을 이룬다. 이런 발전에 따라서 예배는 노동을 통한 봉헌으로 발전한다.

2) 그것은 한편으로 자기를 극복해 신에게 영광을 돌리는 부정적 의미를 지닐 뿐만 아니라 신 자신이 자신을 희생하는 것을 전제로 하며 그 제물을 향락하면서 신으로부터 자신을 돌려받는 긍정적 의미를 지닌다.

이런 이중적 관계는 예배에서 이중성으로 표현된다. 노동을 통한 봉헌은 한편으로는 자아가 신에게 노동을 통해 자기를 바치는 것이며 다른 한편으로 "감사하는 신으로부터 그들의 선물에 대한 보답을 돌려받는다." 이러한 신의 호의는 단순히 개인이나 민족이 기대하고 나중에 제공되는 어떤 것이 아니다. 그것은 그들 자신이 제물로 바친 "부와 장식품을 향락하는 것"이다.

3) 이런 제의와 노동을 통해 긍정적 자기 회복이 일어남으로써 신과

자아의 합일이 일어날 뿐만 아니라 공동체의 일반적 자아와 개별적 자아와의 통일도 일어나게 된다. 이제 제의와 노동은 개인적 행동이 아니라 한 민족 공동의 축제가 된다. 이를 통해 민족은 하나로 단결된다. 민족은 제의를 통한 신과의 유대를 통해 민족적 통일을 유지한다. 물론 이런 민족적 통일은 직접 일어나니, 개인은 한편으로 민족 공동체에 복종하고 다른 한편으로는 이를 수단으로 해서 자신의 삶을 유지한다. 이렇게 신과 자아, 공동체의 직접적인 합일이 그리스 조상에서 표현되니 그것이 곧 고요한 단순성과 생동성이다.

b 생동하는 예술작품

[해제]

720~724) 생동하는 예술 종교의 출현 과정

725) 영웅 신상의 등장

726) 추상적 신의 출현

720) 〈SK 525:10~36〉〈FM 385:18~386:3〉

예술 종교에서 나타나는 제의[Kultus]를 통해서 자기의 신에게 접근해 가는 민족을 인륜적 민족이라 한다. 그런 민족은 국가와 이 국가가 행하는 활동이 곧 자기 자신의 의지며 동시에 자기의 의지를 수행하는 것임을 인식한다. 이런 자기 의식적인 민족이 다가가는[gegenübertretend] 정신은 결코 빛은 아니다. 왜냐하면, 그런 빛은 자아가 없고 개별자의 자기 확신을 포함하지 못하며 오히려 단지 일반적인 본질이며 장엄한 힘에 그치고 그 속에서 개별자는 사라지고 말기 때문이다. 따라서 이처럼 단순한 무형의 본질을 섬기는 종교적 예배[Kultus]가 그 신자들에게 되돌려 줄 수 있는 것이란 다만 그들이 그 신에 종속하는 민족[Volk ihres Gottes]이라고 하는 사실뿐이다. 이런 종교에서 그 신자들은 예배 [Kultus]를 통해 그들이 존립하는 지반인 단순한 실체를 얻지만, 그들의 실제로 존재하는 자아를 얻지는 못하며 오히려 이런 실제로 존재하는 자아를 내던지게 한다. 왜냐하면, 그들이 섬기는 신은 텅 빈 심연[Tiefe] 일 뿐, 정신이 아니기 때문이다. 그러나 다른 한편 예술 종교에서 행해 지는 제의[Kultus]의 경우에는 앞에서와 같은 본질이 지니는 **추상적 단 순성** 즉 **심연**으로서 본질[Tiefe desselben]을 이미 벗어난다. 그런데 이 런 본질은 자아와 **직접 합일되므로 잠재적인**[an sich] 정신이어서 비록 아직은 의식된 것은 아니고 또 심연 속에서 아직 자기 자신을 인식하지 않지만, 이미 자기를 **인식하는 진리**[wissende Wahrheit][521]에 이른다. 여 기에서는 [정신적] 본질은 그 자체에서[an ihm] 자아를 지니므로 그러 한 본질은 의식에 대해서 친숙한 것으로 나타난다. 의식으로서도 제의 를 통해서 자기가 존립할 수 있는 일반적인 자격[Berechtigumg]을 획득 할 뿐만 아니라 또한, 본질 속에서 그 자신의 자기 의식적인 현존을 획 득한다. 거꾸로 말하자면 본질이 실현되는 민족은 실체만이 인정되고 자아는 유린당하면서 자아를 지니지 못한[selbstlos] 방식으로 존재하는 민족이 아니라 자신의 실체 속에서 자아가 인정되는 민족을 통해 자신 을 실현한다.

[해제] 1) 헤겔은 앞에서 예배가 단순한 기도를 넘어서서 제의로 나 간다는 것을 설명했다. 제의에서 자아는 한편으로 자기를 희생하며 신 에게 제물을 바치고 다른 한편으로 신의 자기희생을 통해 제물을 향락 하면서 신과 합일하며, 제물을 공동으로 향락하면서 일반적 자아로 돼

---

521 신적 본질이 자아와 직접 합일되므로, 잠재적으로 자기를 자기가 인식한다. 즉 정신의 자기의식이 잠재적으로 출현한다.

통일된 민족을 이룬다. 이런 제의를 통해 민족 종교가 출현한다.

2) 이런 민족 종교는 인륜적 민족이라는 정신을 토대로 한다. 이런 민족에서 일반적 자아와 개별 자아는 직접 통일된다. 이런 통일은 직접적이어서 개인은 자기 확신을 통해 또는 습속을 통해 합일하는 데 그칠 뿐이다. 이때 민족은 개별 자아의 합일을 통해서 형성되는 실체므로 고유한 자아를 지닌 실체 즉 일반적 자아로서 국가가 된다. 여기서 한편으로 개별 자아는 민족의 요구를 조건 없이 실행한다. 다른 한편 개별 자아는 자기의 요구를 실행하면서 국가를 이를 위한 도구로 삼는다. 민족과 자아의 직접적인 통일에서는 이런 두 가지 측면이 교대로 나타난다.

3) 헤겔은 이런 민족 종교에서 제의를 처음 출현한 그 자체 존재인 빛을 숭배하는 예배와 비교한다. 빛의 신은 일반적 본질이며 아직 자아가 없다. 여기서 자아는 일반적 본질을 숭배하고 그것에 종속할 뿐이며 그 앞에서 두려워하고 그것을 위해 "실제로 존재하는 자아를 내던지게 한다." 헤겔은 이런 신을 "텅 빈 심연"으로서 신이라 한다.

반면 민족 종교에서 신적 본질은 자아와 직접 합일해서 잠재적으로 이미 자각된 정신이므로 "자기를 인식하는 진리"이다. 이런 신은 자아에 친숙한 신이며, 제의를 통해 자아는 신과 합일에 이르고 이를 통해 민족의 한 성원으로 되므로, 그런 점에서 "제의를 통해 자기가 존립하는 자격을 획득할 수 있다."

721) 〈SK 526:1~26〉〈FM 386:4~23〉

자기의식은 [정신적] 본질 속에서 자기를 충족하면서 예술 종교에서 등장한 제의[Kultus]의 단계를 벗어난다. 이제 신은 자신의 거처인 자기의식으로 귀환한다. 그러한 **거처**는 그것만 따로 보면[für sich] 실체가 힘을 잃은 밤에 비길 수 있으며 또한, 여기서 실체는 순수하게 개체화한다. 하지만 이런 거처는 더는 예술가[522]에게 나타나는 긴장된 개체성은 아니다. 예술가의 긴장된 개체성[523]은 자기를 **대상화**하는 본질과 화해가 아직 이루어지지 않은 것이며 오히려 이 개체성은 개체성을 지배하는 격정[Pathos]이 그 자체에서 궁핍함이 없이[unbedürftig] 향락을 즐기는 밤이다. 개체성은 [마침내] 이와 같은 대상성을 지양하는 직관[524]으로부터 되돌아온다. ―이런 **격정**[Pathos]은 그것만 따로 본다면[für sich] 인류의 **여명기**[Aufgang]에 나타난 본질[빛]에 속하는 것이긴 하지만, 이제부터 이런 본질은 자기 내로 **가라앉으면서**[untergehen] 이런 가라앉음과 더불어 자기의식을 드러냄으로써 그 자신에서 현존하고 현실화한다.[525] ―본질은 여기서 그 자신을 실현하기 위한 운동을 두루 거쳐나갔다. 본질은 순수한 본질적 규정으로 나타났던 상태로부터 하강하면서 대상적인 자연력이나 그런 자연력을 발휘하는 것[Äußerungen]으로 되면서 타자에 대해 현존한다. 다시 말해서 본질은 자아에 대해 나타나면서 자아를 통해 해소되기[verzehrt]에 이른다. 움직이지 않는[stille] 본질을 지닌 채 자아를 지니지 못한 자연은 그 열매를 통해 새로운 단계에 이르니 여기에서 자연은 조리되고 소화되면서 자아를 지닌 생명

522　여기서 예술가는 예술 종교에서 신을 형상하는 작품을 만들고 숭배하는 자를 말한다.

523　예술가의 도취나 황홀 상태를 말한다. 여기서 개체성은 상실되고 정신적 본질이 예술가를 지배하게 된다.

524　앞에서 언급한 긴장된 개체성과 같은 의미다. 인륜적 민족 단계에 이르러 예술가는 자신의 개체성을 회복한다.

525　빛이 구체적 형태를 취하면서 건축물로 또 자연 정령으로 되는 과정을 말한다. 이 과정은 앞에서 설명했듯이 개별 자아가 출현하면서 추상적 본질이 실현되는 과정이다.

에게 그 자신을 제공한다. 자연은 먹을 수 있고 마실 수 있는 유용한 것으로 되면서 이를 통해서 마침내 그 자신을 최고로 완성한다. 왜냐하면, 자연은 이런 유용함 속에서 더 높은 차원에서 실존할 가능성을 지님과 동시에 현존하는 정신[526]과 교섭하기에 이르기 때문이다. -대지의 정령[Erdgeist]은 자신을 변신해, 한편으로는 정적인 힘을 지닌[stillkräftigen] 실체로 되는가 하면 다른 편으로는 정신적으로 들끓는 존재로 되면서 [527] 전자의 경우에는 양육이라는 여성적인 원리를 성취하며 후자의 경우에는 남성의 원리 즉 자기 의식적인 현존이 지닌 자기를 추동하는 힘을 성취한다.

[해제] 1) 헤겔은 지금까지 순수한 본질로서 빛, 그리고 그 본질이 대상화하여 출현한 자연 정령을 거쳐 예술 종교의 예배에 이르렀다. 예배는 기도를 거쳐 제의로 발전하는데, 여기서 인간은 제물을 통해 자기를 희생하면서 동시에 신의 희생인 제물을 향락하며 이를 통해 신과 나의 합일, 그리고 신을 매개로 한 나의 타자의 합일을 통해 민족 종교가 출현했다.

2) 예배에서는 아직 개별 자아의 자각이 출현하지 못하며 자아는 도취 속에 있었다. 헤겔은 이를 '긴장된 개체성'이라 하는데 신적 본질은 개인을 지배하는 힘 즉 격정으로 존재한다. 이는 곧 "격정이 지배하는 향락을 즐기는 밤"이다.

제의에서 신이 자기를 희생한 음식을 공동으로 향락하는 가운데, 민족 종교가 출현한다. 민족 종교에 이르면 개체성 즉 개별 자아가 출현하

---

526   여기서 '현존하는 정신'이란 곧 인륜적 정신을 의미한다.

527   '정적인 힘을 지닌 실체'는 곧 인간 안의 자연적 힘을 의미하며, '정신이 끓어오르는 존재'는 곧 인간의 모습을 의미한다. "정신이 끓어 오른다"라는 표현은 개인적 자아의 성장을 의미한다.

면서 자아가 자신의 힘을 완성하고 신적 본질은 "힘을 잃은 밤"으로 된다. 여기서 자아와 신적 본질과 직접 합일한다.

3) 이를 통해 인륜적 정신의 세계가 펼쳐진다. 인륜적 정신의 세계는 자아가 처음 출현했으나 아직은 확신이나 의식의 단계에 머무른다. 그 결과 신의 형태도 인간의 모습을 하기는 하지만, 아직은 직접적인 모습이다. 여기서 두 가지 모습이 나타나는데 처음에는 인간에 존재하는 직접적 자연의 힘(박카스 신)으로 나타나며 이어서 이런 더 정신적인 모습(영웅 신)을 가지게 된다. 헤겔은 아직 자연적 힘으로 나타날 때 여성적 원리며 "정적인 힘을 지닌 실체"로 규정한다. 인간의 모습에서 자연성이 정신적인 것으로 발전하면서 남성의 원리가 출현하니, 이는 자발적으로 결정하는 힘이며 헤겔은 이를 "정신적으로 들끓는 존재"로 규정한다. 이것이 곧 영웅 신의 의미다.

722) 〈SK 526:27~527:9〉〈FM 386:24~37〉

이런 제물을 향락함을 통해서 여명의[aufgehend] 빛이 과연 어떤 의미를 지닌 것인가 하는 비밀이 밝혀진다. 이런 향락이 여명의 빛이 지닌 신비를 의미한다. 왜냐하면, 여기서 말하는 신비롭다는 것의 의미는 결코 어떤 비밀이 숨겨져 있다거나 알려지지 않는다는 것이 아니라 오히려 자아가 절대적 본질과 하나라는 것을 인식하고 그러한 본질이 자기를 계시한다는 데 있기 때문이다. 여기서 자기에게 계시되는 것은 곧 자아일 뿐이며 달리 말하면 계시되는 것은 오직 자신에 관한 직접적 확신 속에 있다. 단순한 본질은 제의[Kultus]를 통해 확신 속에 정립됐다. 이때 본질은 다만 눈에 보이고 느껴지며 또 냄새도 맡을 수도 있고 맛도 볼 수 있는 것 즉 현존하는 것만을 신상으로 이용할 수 있는 사물[Ding]로 삼는 것만이 아니라 오히려 본질 자체가 욕망의 대상이 됨으로써 실제로 일어나는 향락을 통해서 자아와 하나로 되는 가운데 이런 자아에 자신의 비밀을 완전히 누설하기에 이른다. ─흔히 말하듯이 본질이 이성이나 심정[Herzen]에 계시된다고 하더라도 이런 본질은 사실상 여전히 비밀에 싸여 있는 것으로 볼 수 있다. 왜냐하면, 여기에는 아직도 직접적인 현존에 관한 참된[wirkliche] 확신, 다시 말하면 대상을 통한 확신 즉 향락하는 확신이 없었기 때문이다. 이와 같은 향락하는 확신이 종교에 등장할 때 그것은 단지 몽롱한[gedankenlose] 직접적인 확신만이 아니라 또한, 자아에 관한 순수하게 인식하는 확신[528]으로 된다.

723) 〈SK 527:10~23〉〈FM 387:1~11〉

이런 제의[Kultus]를 통해서 자기 의식적인 정신에 그 자체 내에서 계시되는 운동은 **단순한** 본질 자체가 벌이는 운동이다. 그 운동을 통해 한편으로는 그 본질이 밤 한가운데 은닉되던 상태를 벗어나서 의식 속으로 들어와 그런 의식을 조용히 기르는[stillernährende] 실체가 된다. 이에 못지않게 다른 한편으로 본질이 이 운동을 통해 어둠에 잠겨 있는 지하 세계에서 즉 자아 안에서 자기를 상실하면서 동시에 지상에서는[oben] 다만 은밀한 모성 동경[Muttersehnsucht]으로 머무른다.[529] ─그러나 순수한 충동[lautere Trieb][530]은 다양한 이름으로 불리는 여명의 빛

---

528 신의 선물을 향락함으로써 자아가 자유롭다는 것을 확신한다. 그러나 이런 확신은 아직 직접적인 것에 머무른다.

529 제물의 향락을 통해 자아의 자유에 대한 주관적 확신은 한편으로는 개별적 자아를 각성하게 하지만, 아직은 확신의 상태에 머물러서 '고삐 풀린 광란'으로 나타난다. 이런 확신은 전자의 측면에서 '의식을 조용히 기르는 실체'이며 후자의 측면에서 '모성 동경'이다. 여기서 모성 동경이란 자궁으로 복귀하려는 죽음의 충동을 말할 것이다. 헤겔은 그리스에서 박카스 신상을 이런 주관적 확신에서 출현한 종교로 본다.

530 본질이 자기를 계시하려는 본질의 내적 운동을 말한다. 이 운동은 빛에서 자

[Lichtwesen des Aufgangs]과 충동을 표현하는 소란스러운 삶으로 나타난다. 그런 가운데 순수한 충동은 그 자신의 추상적인 존재 상태로부터 멀어지면서 처음에는 열매라고 하는 대상적 현존의 모습으로 파악되고 다음에는 자기의식에 바쳐지면서 이 자기의식을 통해 본래적인 의미에서의 현실에 도달한다. −이제 이런 삶은 마침내 마치 열광의 도가니 속에 휩쓸려 들어가면서 한 무리의 여인과도 같이 이리저리 떼를 지어서 떠돌아다니니 이런 삶은 자기 의식적 형태로 출현한 것이지만, 아직은 자연의 고삐 풀린 광란의 모습을 지닌다.

724) 〈SK 527:24~34〉〈FM 387:12~19〉

그러나 이런 의식에 자기의 비밀을 누설하는 절대정신은 아직은 단순한 본질일 뿐 결코 그 자체에서 정신으로 존재[531]하지 않는다. 이 절대정신은 다만 **직접적인** 정신이고 자연의 정신일 뿐이다. 따라서 이런 직접적 절대정신에서 드러나는 자기 의식적 생명은 빵과 포도주의 비밀이지만, 이는 다만 세레스 여신과 박카스 신의 비밀일 뿐이며, 결코 그와 다른 신 즉 본래 천상에 거주하는 신의 비밀은 아니다. 왜냐하면, 그런 천상의 신이 지닌 개체성은 자기의식 자체를 자체 내에 자기의 본질적인 계기로 간직하는 것[532]이기 때문이다. 그러므로 정신은 **자기 의식적** 정신이라는 차원에서 자기를 자기의식에 희생한 것이 아니니 빵과 포도주의 신비는 아직 살과 피의 신비를 뜻하는 것이 아니다.

연 신으로 그리고 자기 의식적 인간 신으로 나타난다.

531 직접적 확신 속에서 절대정신은 여전히 광란하는 자연적 힘으로 파악되니, 이런 점에서 헤겔은 여기서 절대정신은 대상적 본질로 파악될 뿐, 아직 정신으로 파악되지 않는다고 한다.

532 신이 그리스도로 수육 하는 것을 의미한다.

[해제] 1) 정신적 본질 속에서 개별적 자아가 성장하면서, 종교의 모습도 바뀐다. 예술 종교에서 신은 마침내 인간의 외면적 모습으로 나타난다. 이 단계에서 종교는 예배로 발전하며 이는 기도를 거쳐 제물의 향락으로 나간다. 제물의 향락을 통해 마침내 절대적 본질이 자기의 비밀을 자아에 계시하니, 그 비밀이란 곧 절대적 본질이란 곧 자아라는 것이다. 제물의 향락을 통해 얻는 자기의식은 자신의 자유에 관한 주관적 확신에 지나지 않는다. 이런 주관적 확신은 "몽롱한 직접적 확신"이며, "자아에 관한 순수하게 인식하는 확신"이다.

2) 주관적 확신은 이중적 형태로 나타난다. 한편으로 이 확신 속에서 자아의 자기인식 즉 개별적 자기의식이 발전한다. 그런 점에서 이 확신은 "의식을 조용하게 기르는 실체"가 된다. 그러나 다른 한편으로 이 확신은 아직 확신이므로 자기가 통제하지 못하는 자연적 힘으로 나타나니 헤겔은 이것을 '모성 동경' 즉 죽음의 충동으로 규정한다. 이는 인간의 내면에 있는 자연적 충동 즉 고삐 풀린 광란의 힘으로 나타난다. 이것이 곧 빵과 포도주의 신인 셀레스 신이며 박카스 신이다. 헤겔은 그리스 시대 디오니소스 신앙을 이런 방식으로 파악한 것으로 보인다.

3) 헤겔은 여기서 세레스 여신과 박카스 신의 제의 행위에서 바쳐지는 곡식과 술이 기독교에서 신의 수육으로서 빵과 포도주와는 의미가 다르다고 설명한다. 세레스 신과 박카스 신은 욕망의 충족을 통해 자아가 자기 확신에 머무르는 단계에서 출현한 신이며, 반면 기독교 신은 자신을 그리스도로 계시하는 신이다. 이 천상의 신은 "자기의식 자체를 자체 내에 자기의 본질적 계기로 간직하는" 신이다. 전자의 경우 자신을 자연적 산물인 열매로 즉 빵과 포도주로 드러내지만, 후자의 경우는 신의 피와 살로 드러낸다.

725) 〈SK 528:1~27〉〈FM 387:20~388:2〉

신의 이런 멈출 줄 모르는[unbefestigte] 소동도 안정을 찾아 **대상**으로 돼야 하며 신의 깨어나지 않는 도취도 하나의 작품을 산출해야 한다. 조상 기둥이 이전에 논했던 예술가의 도취[533]에 대립한[gegenübertritt] 것과 같이 이런 작품[영웅 신상]은 완전한 작품이라는 점에서 이런 도취의 신[박카스 신]에 대립한다. 그런데 여기서 작품은 그 자체에서 활기가 없는[leblos] 자아가 아니고 오히려 **생동하는**[lebendig] 자아를 표현한다. ―이런 제의[Kultus]는 인간이 그 자신의 영광을 위해 스스로 마련하는 축제이긴 하지만, 그러나 그런 축제는 아직도 절대적 본질이라는 의미를 그와 같은 인간[534]에 두는 것은 아니다. 왜냐하면, 절대적 **본질**이 인간에게 처음으로 계시한[offenbar] 것은 사실이지만, 그러나 이 절대적 본질은 아직 정신은 아닐 뿐만 아니라 더욱이 **본질상** 인간의 형태를 취하는 정신을 뜻하지도 않기 때문이다. 그러나 이와 같은 제의[Kultus]는 신이 인간의 형태로 계시하는 근거를 마련하면서 동시에 이를 위한 계기를 차례로 펼쳐나간다. 그러므로 이전[기도]에 신과 인간의 통일이 몽롱한 공상의 상태에서 전개됐던 것과 같이 여기서는 절대적 본질이 살아 있는 **육체**라는 **추상적** 계기[535]로 구현된다. 이를 통해 이제 인간은 조상 기둥 대신 자기 자신을 [신상으로] 세운다. 이전의 조상 기둥이 완전히 자유로운 정지를 의미하는 것과 같이 이제 그런 인간의 모습은 완

---

533 예술 종교가 추상적 단계에 머무를 때 등장한 한편으로 조상 기둥과 같이 말이 없지만, 안정된 신상과 다른 한편으로 찬가와 같이 정신을 직접 언어로 표현하지만, 몽롱한 신앙이 대립했다.

534 박카스 신은 광란하는 여인의 모습으로 표현되기는 하지만, 여기서 핵심은 인간의 모습이 아니라 그 속에 있는 광란하는 자연이다.

535 여기서 신상은 인간의 내면이 아니라 외적인 모습과 행위만 표현하므로 추상적 계기라 한다.

전히 자유로운 **운동**을 위해 길러지고 다듬어진 형태다. 누구라도 적어도 횃불을 든 자로 묘사될 수 있더라도 그들 가운데 먼저 사지가 고루 발달하고 유연한 힘을 지녀서 다듬어진 운동을 하는 사람[Einer]이 선택될 것이다. ―이 사람이 곧 영혼이 살아 있는 생동하는 예술작품의 소재가 된다. 이런 예술작품은 우아함과 쌍벽을 이루는 힘을 갖고 있으며 과거 조상 기둥에서는 신에 대한 숭배의 표시였던 장식물이 이런 예술작품에서는 그에게 내재하는 힘에 대한 찬양을 뜻하며 또 냉담한[steinern] 신 대신 그런 힘의 본질을 가장 생생하게 표현하는 존재라는 영예를 그가 속한 민족 아래서 얻는다.

[해제] 1) 그리스 시대 개인의 자아가 출현하면서 처음에는 직접적 확신의 단계에 머무른다. 여기서 모성 동경의 신 즉 인간 내면의 광란하는 자연성을 표현하는 셀레스 신과 박카스 신이 출현한다.

그러나 절대정신의 발전에 따라서 독립적 개인이 지상에 출현하면서 그들의 결합을 통해 국가라는 공동체가 수립된다. 여기서 새로운 신이 출현한다. 이 단계에서 자기의식은 직접적 확신을 넘어 지각적 의식으로 발전한다.

2) 이 단계에서 신을 표현하는 것이 바로 그리스 조각상이다. 이 조각상은 인간의 모습을 하고 또 영웅과 같이 이상화된 모습이다. 영웅은 인간의 육체적 모습 가운데 가장 이상화된 "사지가 고루 발달하고 유연한 힘을 지녀서 다듬어진 운동을 표현할 수 있는 존재"다.

이런 영웅 신상은 자아의 도취를 표현하는 향락의 제의에 대립해 자아를 대상적으로 표현한다. 그 관계는 예술 종교가 처음 출현했을 때 등장했던 찬가에 대립하였던 조상 기둥의 관계와 같다. 찬가는 정신을 직접 표현하지만, 지속성이 없으나 조상 기둥은 직접적인지는 않지만, 지속성을 지닌다. 마찬가지로 도취의 신은 직접 정신을 표현하지만, 영웅 신상은 이제 지속성을 지니게 된다.

3) 그러나 이런 영웅 신상에서 표현된 자아는 아직 무한한 절대정신을 표현하는 것은 아니다. 영웅 신상은 절대정신이 의식의 단계에서 나타나는 인륜적 정신의 표현이다. 그 영웅 신상은 인간의 모습을 취하더라도 다만 외면적인 모습으로만 나타나며 인간의 내면성을 표현하지 못한다.

726) 〈SK 528:28~529:25〉〈FM 388:3~27〉

지금까지 출현한 두 가지 신의 표현[536] 속에는 자기의식과 정신적 본질의 통일이 눈앞에 나타나기는 하지만, 아직 여기에는 이들 양자 사이의 균형이 갖추어져 있지는 않다. 박카스의 도취에서는 자아는 자기를 벗어나며[außer sich] 반대로 아름다운 육체에서는 정신적 본질이 자기를 벗어난다[außer sich].[537] 전자에서 의식은 희미하며 말은 괴성으로 중얼거리는 것에 지나지 않으니 이런 것들은 후자가 지닌 명료한 현존 속에 가두어져야[aufgenommen] 하며 후자의 명석함은 활기 없는 것이니, 전자가 지닌 내면성 속으로 용해[aufgenommen]돼야 한다. 내면성이 곧 외면적인 것으로 되고 외면성이 곧 내면적인 것으로 되도록 하는 완전한 지반은 다시금 언어다. 그러나 이런 언어는 그 내용이 전적으로 우연적이며 개별적인 신탁은 아니며 또한, 한낱 개개의 신만을 찬미하는 감각적인 찬가도 아니며 더 나가서는 박카스의 광란이 토해내는 아무런 내용도 없는 중얼거림도 아니다. 오히려 이때의 언어는 명료하고도 일반적인 내용을 획득한다. 그런 언어가 **명료한** 내용을 얻는 것은 예술가

---

536 박카스 신상과 영웅 신상을 말한다.
537 박카스 도취에서는 자아는 정신적 본질 속에 빠져 있고 아름다운 육체 속에서는 정신적 본질은 구체적인 인간의 모습에서 잊힌다.

가 첫 번째 작품[박카스 숭배]에서 경험했던 것과 같은, 전적으로 실체에 함몰된 도취를 탈피하고 그 자신을 다듬어 일정한 형태를 취하기 때문이다. 이런 언어적 형태는 고유한 현존을 지니고 있으니 즉 그것은 전적으로 흥분[Regungen] 속에 있으면서도 자기 의식적인 영혼이 침투해 함께 살아가는 방식으로 현존한다.[538] ―이런 언어는 **일반적인** 내용을 획득하는데[539] 그 이유는 인간에게 안겨지는 영광을 뜻하는 이 축제에서는 조상 기둥이 지닌 일면성이 사라지고 말기 때문이다. 반면 조상 기둥은 단지 어떤 하나의 민족정신[Nationalgeist]을 즉 특정한 성격을 지닌 신성을 포함하기에 일면적이었다. 아름다운 전사는 분명하게 그가 속한 어떤 특수한 민족국가[Volkes]에 영예를 안겨주는 것이긴 하지만, 이 전사는 육신을 지닌 임의의 개별자를 뜻할 뿐이니 이 속에서는 그 개인이 속한 민족의 특수한 생활이나 소질, 그리고 어떤 욕구나 관습을 지탱해 나가는 정신이 지니는 세부적 규정이나 진지한 의미 및 내적인 성격은 사라져 버린다. 민족[Volkes]의 정신은 자체 내에 자연의 특수한 흔적이나 반향을 함유하고 있으나 이제 정신은 벌거벗은 육체로[540] 외화[外化]한 모습을 통해서 그런 흔적이나 반향을 떨쳐 버리기에 이른다. 따라서 그의 민족은 더는 이런 정신 속에서 자기의 특수성을 의식함이 없이 오히려 그러한 특수성을 벗어나서 인간으로서 현존하는 삶이 지니는 일

---

538 언어의 개념적 형태는 자기 의식적이지만, 이 언어가 시적인 형식을 갖추면서 정신적 본질을 표현하게 된다. 이 시적 형태를 헤겔은 '전적인 흥분'이라 한다.
539 언어는 그리스 민족 전체에 공통적인 것이다. 반면 조상 기둥은 개별 도시 국가를 표현한다. 후자는 개별 자아가 출현하여 구성한 그리스적 도시 국가(폴리스)라기보다는 오히려 자연적 민족 상태를 벗어나기 직전의 국가다.
540 그리스 영웅 신상이 처음에는 옷을 입고 있다가, 점차 누드화된다는 사실을 말한다.

반적인 의미를 깨우치기에 이른다.

[해제] 1) 헤겔은 마침내 그리스 시대 예술 종교에서 출현한 두 신이 합일에 이른다고 한다. 두 신이란 박카스 신과 영웅 신상이다. 박카스 숭배는 실체에 자아가 함몰된 상태며 반면 민족의 영웅 신상은 자아가 아직 특수한 상태로 머무르는 상태니, 전자는 자기 확신 속에 도취한 상태며, 의식은 희미하고 말은 괴성의 중얼거림이다. 반면 후자는 명료하게 현존하지는 하지만, 일반적 정신을 표현하지 못한다.

2) 양자가 결합한 형태가 곧 서사시에서 등장하는 신이다. 이 신은 내면성과 외면성이 결합하면서, 언어로 출현한다. 그 언어는 신탁에서 등장하는 모호한 언어나, 찬가에 나타나는 감각적 언어가 아니며 박카스 숭배에서 등장한 내용이 없는 중얼거림도 아니라 아주 명료한 형태를 취하면서도 일반적 내용을 서술한다.

여기서 언어는 명료한 형태를 얻으니, 그것은 자아가 도취를 벗어나서 구체적 형태를 지니기 때문이다. 즉 그 언어는 "내적인 흥분 속에서도 자기 의식적 영혼이 침투해 함께 살아가는" 언어다. 여기서 언어의 개념적 내용이 자아를 표현한다면 언어가 지닌 시적인 형식이 곧 일반 정신을 표현한다.

3) 또한, 이 언어는 일반적 내용을 지니니, 그 이전 조각 기둥에서 나타난 민족적 특수성은 사라지고, 일반적 신성만을 표현한다. 이제 신은 추상적인 인간의 의식을 대변한다. 예를 들어 지혜의 여신이나 아름다움의 여신이다. 헤겔은 초기 그리스 신상이 옷을 입고 있지만, 중기에 이르면 신상이 벌거벗은 형태를 취한다는 사실을 이런 이유로 이해한다. 즉 그 모습은 "인간으로서 현존하는 삶이 지니는 일반적 의미를" 표현한다.

c 정신적인 예술작품

[해제]

727) 올림퍼스의 출현

728) 추상적이며 상징적인 신

729~730) 서사시에서 신과 인간의 관계

731) 신들의 유희

732) 비극의 출현

733) 비극의 언어

734) 비극적 감정-공포와 연민

735~736) 비극의 대립

737~738) 인식과 무지

739) 비극의 신

740) 책임과 속죄

741) 희극으로의 이행

742~744) 실제로 존재하는 개인의 등장

745) 민중의 모습

746) 이성적 사유의 자기모순

747) 자기를 자각하는 개별 자아의 지배

727) ⟨SK 529:29~530:17⟩ ⟨FM 388:30~389:18⟩

민족정신[Volksgeister][541]은 자기의 본질을 어떤 특수한 동물의 형태로 의식해 왔다. 여러 민족정신이 **하나로**[Einen] 통일되면서 이제 저마다의 아름다움을 지녔던 민족정신도 **하나의** 판테온[ein Pantheon] 속으

---

541 인륜적 정신을 다룰 때(예를 들어 424 구절에서 보듯이)에서 민족[Volk]은 도시 국가를 의미했다. 그 때문에 혼동을 피하려 민족국가로 번역했다. 그와 달리 여기서는 문맥상 민족정신[Volksgeister]은 혈연 부족을 의미하는 것으로 보인다.

로 통일된다. 이런 판테온의 터전이며 또한, 그의 거처로 되는 것은 곧 언어다. 정신은 이제 자신을 순수하게 **일반적인 인류**[Menschlichkeit]로 여기지만, 이런 견해[Anschauung]는 민족정신이 있게 된 현실[Wirklichkeit]에 비춰 본다면 아직은 다음과 같은 형식을 취한다. 즉 **하나의 민족정신**[Volksgeist]은 본성상 하나의 민족[Nation]⁵⁴²을 공동으로 구성하는 다른 민족정신[Volksgeist]과 함께 공동의 기획[Unternehmung]을 펴나갈 수 있는 연대를 맺는 가운데 그러한 산물을 얻기 위해 공동의 민족을 형성하며 이를 통해 공동의 천상[Gesamthimmel: 올림퍼스]을 구성하기에 이른다. 그런데 정신이 일반적인 방식으로 현존하게 됐더라도 이런 일반성은 다만 이처럼 개체적 인륜[도시 국가]으로부터 처음으로 벗어난 실마리로서 일반성일 뿐이니 이것은 아직도 그 직접성을 극복하지 못하고 있으며 여러 민족체[Völkerschaften : 民族體]⁵⁴³로부터 하나의 국가[Staat]를 형성한 것도 아니다. 실제로 존재하는 민족정신을 통해 생겨난 인륜⁵⁴⁴은 한편으로는 각 개인이 자기의 민족 전체에 대해서 지니는 직접적인 신뢰에 근거하며 또 다른 편으로는 모든 개인이 신분상의 구별과 무관하게 정부의 결정이나 행동에 직접 참여한다는 데 근거한다. 그러나 개별자[개별 민족국가]의 연합체[Vereinigung]

---

542 헤겔은 이 문맥에서 '민족[Nation]'을 공동의 언어를 바탕으로 하는 공동체를 의미하는 것으로 사용한다. 이는 혈연적 관계인 부족이 민족정신[Volksgeister]이나 도시국가[Polis]에서 출현한 민족[Volk]과 구별돼야 한다. 그리스 민족[Nation]은 로마와 같은 아직 통일된 제국[Reich]은 아니었다.

543 민족체[Völkerschaften]는 부족 즉 민족정신[Volksgeister]의 연합체로서 종족을 의미한다. 예를 들자면 이오니아족이나 도리스족과 같은 것이다. 이런 종족의 연합으로 언어적 공동체[Nation]가 출현한다.

544 구체적으로 도시국가[Polis]를 말한다.

는 항구적으로 조직된 것이 아니고 다만 공동의 행동을 취하기 위해 이루어진 것에 지나지 않으므로 여기서 그런 한에서는 개별자 모두가 그리고 개별자 각자가 정부에 참여하는 자유는 잠정적으로 배제된다. 따라서 이와 같은 최초의 공동체[Gemeinschaftlichkeit]는 어떤 추상적인 사상이 지배하는 것[545]이라기보다는 오히려 개체[개별 민족]의 집합체[Versammlung]이다. 왜냐하면, 그런 추상적 사상이 지배한다면 개별자가 자기 의식적인 방식으로 전체의 의지와 행위에 참여하는 권리가 박탈당하게 될 것이기 때문이다.

[해제] 그리스 도시 국가는 처음 산재했으나 점차 하나의 연합체를 구성했다. 헤겔은 이런 연합체가 발전하면서 개별 민족[Volk]의 특수성은 완화되고 여러 민족체[Völkerschaften]로부터 그리스 민족[Nation]의 형성되기 시작했다고 한다. 민족[Nation]은 이런 언어를 매개로 하여 성립하는 민족체의 공동체다.

그리스에서는 아직 로마에서와 같은 제국적 통일은 없었고 다만 민족의 연합체만이 출현했다. 그것은 공동의 기획(예를 들어 반페르시아 전쟁)을 펼치기 위한 일시적인 것이다. 개별 민족국가 속에서 개인은 국가를 신뢰하고 국가의 모든 결정과 행동에 참여했던 것과 달리 일시적으로 형성된 이런 전체적 연합체에 개별 개인의 참여가 배제된다. 이것은 민족국가를 대표하는 자들의 연합이기 때문이다. 그렇다고 하더라도 제국에서처럼 비록 추상적 사상 즉 법이 지배하면서 황제가 자의적으로 법을 결정하는 것과는 구분된다.

이처럼 민족 연합체가 세워지면서 개별 민족국가를 대변하는 신들도 통일되기 시작했다. 한편으로 신들의 모임인 올림퍼스가 출현하고

---

545   로마 제국과 같은 법이 지배하는 체제를 말한다. 이 법은 황제가 전제적으로 결정하는 것이다.

다른 한편으로 신들의 성격도 변화한다. 앞에서도 말했듯이 신들은 구체적 개인인 영웅의 모습이라기보다는 추상적인 성질을 상징하는 존재로 변모한다. 그 이전 신상은 각 민족의 특성을 반영하는 옷을 입은 모습이었으나 이제 신상은 벌거벗은 모습으로 등장한다.

728) 〈SK 530:18~32〉〈FM 389:18~27〉

이처럼 여러 민족정신[Volksgeister]이 집합하는 가운데 여러 신의 형태로 이루어진 원환[Kreis]이 형성되니 이 원환은 이제 전체 자연과 전체 인륜의 세계를 포괄한다. 이런 원환에 모인 신의 형태들은 하나[Einen]가 행사하는 **주권**[Oberherrschaft]을 따른다기보다는 차라리 최고 **최고명령권**[Oberbefehl]을 따른다 보겠다. 신적 형태들은 독자적으로 본다면, **잠재적으로**[an sich] **자기 의식적** 본질이라고 할 일반적 실체다. 그러나 이런 자기 의식적 본질은 그런 일반적 본질이 얻기 위해 애쓰는 힘 또는 적어도 그 매개 중심을 이룬다.[546] 그러나 이런 매개 중심은 여기서 처음에는 다만 우연적인 방법으로 그 산물들을 결합하는 듯이 보인다. 자기 의식적 본질은 그러한 신적 힘들의 매개 중심을 형성한다. 또한, 여기서 신적인 본질이 자기의식으로 복귀하는데 이런 복귀는 신과 인간이라는 두 세계가 일단 외적이지만, 우호적인 관계의 형식 아래 있으면서 장차 [드러날] 본질적인 통일성을 감추고 있다는[verbirgt] 것을 의미한다.

[해제] 1) 개별 민족국가 또는 민족체의 연합체인 전체 민족이 출현하면서 신들 역시 하나의 연합체 즉 신들의 원환을 형성한다. 여기서 헤

---

546 여기서 신과 자기의식, 인간 세계라는 연관이 세워진다. 신은 인간의 자아를 통해 자기를 세계 전체로 펼쳐나간다. 이 세계는 영웅이 벌이는 우연한 사건들로 이루어지지만, 그 가운데 신이 자기를 펼치고 있다.

겔은 올림퍼스의 제신들과 최고신 제우스의 관계를 논한다. 제우스신은 유일신과 달리 주권을 지니지 않고 여러 명령권자 가운데 우선하는 명령권 자일 뿐이다. 이런 사실은 그리스 민족 공동체가 연합체에 그치듯 아직 신들이 완전한 통일을 이루지 못한다는 것을 의미한다.

이렇게 신들의 연합체가 생겨나는 것과 더불어 인륜적 세계에서 개인과 정신적 본질의 관계도 변화한다. 개인은 습속에 따라 정신적 본질(즉 도시국가)을 따르기도 하고, 정신적 본질을 자기의 생존을 위한 수단으로 삼기도 한다.

2) 인륜적 정신의 변화에 따라서 인륜적 정신을 표현하는 신의 모습도 변화한다. 신이 인간의 모습으로 나타나며 이때 그 모습은 다만 인간의 외면적 신체의 모습으로 나타난다. 그게 곧 영웅이다.

영웅들은 개별적인 관심을 통해 파란만장한 세계를 펼쳐나가지만, 그 밑바닥에는 절대정신을 대변하는 신이 감추어져 있다. 영웅은 마치 이성의 간지처럼 신의 조종을 받으면서 신의 뜻을 수행하면서도 마치 자기의 뜻대로 행동하는 것처럼 보인다. 헤겔은 그런 점에서 영웅을 매개 중심이라 한다.

3) 그리스에서 신과 영웅의 관계는 이중적이다. 그것은 마치 도시국가와 개인의 관계가 이중적인 것과 같다. 영웅은 신의 분신이면서 동시에 신과 대립한다. 영웅이 천상으로 불려가기도 하며, 신이 지상에 내려와 영웅들과 함께 싸우기도 한다. 영웅은 우연적이고 외면적인 사건을 펼쳐나가며 그것을 통해 신들이 자기를 펼쳐나간다. 이런 측면에서 이세계는 필연적이고 운명적이다. 이런 이중적 세계가 곧 서사시의 세계다.

729) 〈SK 530:33~531:19〉〈FM 389:28~390:8〉

그[신적 본질의] 내용에 속하는 것과 같은 일반성이 필연적으로 취하는 형식은 의식의 형식이며 그 내용은 그런 형식 속에서 등장한다. 그런데 이런 의식은 더는 제의에서 나타나는 실제로 존재하는 활동은 아니다. 이런 의식은 활동이지만, 이런 활동은 아직은 개념으로 끌어올려지지 못하고 이제 겨우 **표상**[Vorstellung]⁵⁴⁷으로 끌어올려진 활동이며 다시 말해 자기 의식적인 본질과 외적인 현존을 종합적으로 결합하는 것으로 끌어올려진 활동이다. 최초의 **언어**인 서사시 자체는 이런 표상을 실제로 현존하게 하는 언어다. 왜냐하면, **서사시**는 그런 일반적 내용을 **일반적 사상**으로 포함하지는 못하더라도 적어도 그것이 표현하는 세계의 **완전한**[Vollständigkeit] 모습으로⁵⁴⁸ 포함하기 때문이다. 서사시를 낭송하는 **시인**[Sänger]은 실제로 존재하는 개별 인간이면서도 이 세계의 주체가 돼서 이 세계를 산출하며 또 담지한다. 그의 격정[Pathos]은 인간을 마비 하게 하는 듯한 자연의 위력으로 작용하지 않으며 회상[Mnemosyne]하면서 즉 마음을 집중해[Besinnung] 내면에 침잠하면서 [gewordene Innerlichkeit] 예전에 직접 존재했던 것을 내면화하고 기억한다. 그런 회상의 기관은 자신이 기억한 내용 속에서 소멸하고 마는 것이어서⁵⁴⁹ 그에게서는 그 자신의 자아가 가치 있는 것이 아니라 다만 그의 뮤즈, 더 나가서는 그가 객관화해 노래한 것[Gesang]이 가치 있는 것으로 된다. 그러나 회상 속에 실제로 눈앞에 나타나는 것은 한쪽에 있는 일반성이라는 극 즉 신의 세계를 다른 쪽에 있는 개별자인 낭송하

---

547 서사시의 언어는 주로 감각적 관념 즉 표상이다. 아직 추상적 개념이 출현하지 않는다.

548 서사시는 정신을 개념적으로 파악하지 못하지만, 그 세계 전체 모습을 세부적으로 그려냄으로써 정신을 표현한다.

549 서사시의 화자는 서정시의 화자와 달리 서술 속에서 자기를 드러내지 않는다.

는 시인과 특수성이라는 매개 중심을 통해 결합하는 매개 과정[Schluß]일 뿐이다. 여기서 매개 중심이란 민족의 영웅이니 영웅은 비록 낭송하는 시인과 마찬가지의 개별 인간이긴 하지만, [구체적으로] **표상된** [vorgestellte] 인간이며 동시에 일반화된 인간이다. 그런 점에서 민족의 영웅은 마치 자유로운 **일반성**을 지닌 극단 즉 신들과 닮았다.

[해제] 1) 서사시의 세계 속에서 개별적 자아는 자기의 자유를 확장하기 시작한다. 그런데도 정신적 본질은 자기를 관철하니, 전자의 측면에서 세계는 우연적 사건으로 소란스럽지만, 후자의 측면에서 그런 가운데서도 내적 통일이 출현한다. 이것이 이루는 세계가 곧 서사시의 세계다.

2) 서사시에서 신들은 추상적 일반자로 머무르지 않고 현실 속으로 내려온다. 그만큼 정신 속에서 자아가 발전했다는 것을 의미한다. 이 과정에서 신은 인간 속에서 자기를 대변하며 인간은 신을 자신의 수호신으로 삼는다.

신과 인간은 마치 서로가 서로의 분신처럼 보이며 동시에 신과 인간은 대립하며 인간은 신에 복종한다. 인간과 신을 매개하는 중심은 곧 영웅이니, 그는 개별 인간이긴 하지만, 신을 대변하는 인간이며 즉 민족을 대표하는 일반화된 인간이다. 이런 영웅은 구체적 개인이라는 측면에서 개별적으로 산만하며 우연적인 사건을 불러일으키지만, 그런데도 그 속에 그 사건들의 통일적 의미가 감추어져 있다. 그 의미는 곧 신의 의지다.

3) 서사시에서 시인은 표상을 통해 세계를 파악하는데, 이 방식은 제의에서처럼 도취 상태를 표현하지 않지만, 그렇다고 아직 개념을 통해 신이 구현하는 세계를 파악하지 않는다. 서사시의 시인은 표상 또는 감각적 관념의 방식으로 세계 전체를 표현한다. 이 표상은 "자기 의식적인

본질[의식]과 외적인 현존[대상]을 종합적으로 결합하는 것"이니, 그 세계에서 일어나는 사건의 전체 모습을 서술한다.

4) 신은 그가 표출하는 대상 세계의 전개를 통해 자기를 드러낼 뿐, 이 세계 속에서 감추어져 있으니 서사시의 시인 역시 마찬가지다. 그는 서정시에서처럼 직접 자기를 표출하지 않는다. 서사시의 형식은 시인의 주관성을 표출하지만, 시인의 주관성은 한 개인적인 자아가 아니라 신적 자아 자신이다. 그러므로 서사시에서 가치 있는 것은 시인의 자아가 아니라, 그가 노래한 것 즉 그의 뮤즈인 세계의 사건 자체다.

그러므로 서사시에서 시인은 전체 세계로부터 거리를 취하여 이 세계를 굽어보는 주체로 되며 회상의 형식을 통해 세계를 내면화한다. 세계는 회상하는 주체를 통해 장악된 통일된 세계다.

730) ⟨SK 531:20~532:30⟩⟨FM 390:9~391:6⟩

이상과 같은 서사시를 통해 의식 앞에 나타나는 것은 제의를 수행하는 가운데 **잠재적으로**[an sich] 이루어진 것, 즉 신적인 것과 인간적인 것의 [합일] 관계다. 서사시의 내용을 이루는 것은 자기 의식적인 본질이 전개하는 **행동**이다. 이런 **행동**은 고요하게 머물러 있는 실체를 뒤흔들어 자극하니, 이런 행동을 통해 [실체의] 단순한 본질은 분할되고 자연적 및 인륜적인 힘의 종류에 따라 다양한 세계로 펼쳐진다. 그러한 [자기 의식적 본질의] 행동은 또한, 안정된 대지를 손상해 구덩이를 파고 이 구덩이에 피를 뿌려 생기를 불어넣으면서[beseelt] 이로부터 죽은 영혼들을 불러낸다.[550] 이런 죽은 영혼은 육신의 생명을 갈구하면서 이

---

550 페니키아의 왕자 카드모스는 제우스가 납치한 동생 에우로파를 구하고자 그리스로 온다. 카드모스는 보에티아 지방의 어느 우물에 사는 용을 베어 죽이고 그 이빨을 땅에 뿌리자 거기서 전사들이 출현한다. 이 전사들은 카드모스를 도와 테베를 건설한다.

를 자기의식의 활동을 통해서 획득한다. 여기서 일반적으로 노력이 쏟아 부어질 과업[Geschäft]이란 두 가지 측면을 지닌다. 그 가운데 한 가지 즉 **자아에 관련된**[selbstisch] 측면은 실제로 존재하는 민족 전체와 이런 전체의 정점에 자리 잡은 개체성[영웅]을 통해서 구현되며 또 다른 면에 속하는 **일반적** [본질의] 측면은 이 측면이 지닌 실체적인 위력을 통해서 구현된다. 그런데 이런 두 측면 간의 관계가 앞에서는 이미 일반자와 개별자의 **종합적** 결합을 뜻하는 것, 즉 [서사시에서 등장한] **표상 작용**[Vorstellen]으로 규정됐다. 따라서 [이 서사시의 세계를] 어떻게 평가하는가는 바로 [두 측면의 관계가 지닌] 규정성에 달렸다. ―이들 두 측면의 관계는 그저 혼합에 지나지 않으니, 이 때문에 활동의 통일은 일관성이 없는 채 분할되며 그 행동은 별 필요성도 없이 한쪽 측면으로부터 또 다른 측면으로 내던져진다. 일반자가 지닌 위력은 개체성의 형태를 띠니 행동의 원리를 그 자체에서[an ihr selbst] 지니는 까닭에 그러한 위력의 효과는 인간의 활동과 꼭 마찬가지로 자유로우면서도 동시에 전적으로 자기에서 유래하는 행동으로 나타난다. 그러므로 여기서 신과 인간의 활동은 똑같다. 따라서 일반자가 위력을 발휘하는 데서 나타나는 진지함이란 실로 불필요한 것이기에 우스꽝스럽게 느껴진다. 왜냐하면, 그와 같은 일반자의 위력이란 사실상 행동하는 개체성[영웅]에서 비롯된 힘을 나타낼 뿐이기 때문이다. ―그러나 행동하는 개별자가 수행하는 긴장된 노동도 이와 마찬가지로 불필요한 노고에 지나지 않는다. 왜냐하면, 사실 바로 앞에서 본 일반자의 위력이 여기서 모든 것을 이리저리 조종하기 때문이다. ―그야말로 하루살이와도 같은 가사

[可死]적 존재는 한낱 무에 비길 수 있는 존재긴 하지만, 동시에 위력을 지닌 자아여서 일반적인 본질을 제압하며 신들을 해치고 신들에게 현실을 부여하고 신들이 그의 행동에 관해 관심을 지니게 한다. 그런데 이와는 반대로 일반적 본질은 무기력하며 인간이 바치는 선물로 먹고살면서 또 인간을 통해서 비로소 무엇인가 자기가 할 일을 얻지만, 그런 일반적 본질은 다만 자연적인 본성을 지니며 모든 사건[Begebenheiten]의 소재로 되고, 인륜적 재료로 되며 활동을 산출하는 격정으로 된다. 그리하여 한편으로는 신들의 기본적인 본성은 개체성이 지니는 자유로운 자아를 통해 비로소 실현되고 또는 이를 통해 활력적으로 관계한다. 다른 한편으로는 이런 신들의 본성은 이런 결합에서 분리된 일반적 본질이며 그 일반 규정은 제한 없이 머무르며 그것의 통일성은 넘어설 수 없는 탄력성을 지닌 것이기에 그의 행위와 그의 형태가 지닌 일점[一點]으로서 성격[Punktualität]은[551] 소실되고 오직 자기 자신을 순수성 속에서 보존하며 모든 개체적 요소가 그 자신의 유동성 속에서 해소하는 것이기도 하다.

[해제] 1) 앞 구절에 이어서 이 구절에서도 헤겔은 서사시를 다룬다. 앞의 구절에서 서사시의 내용과 형식을 주로 언급했다면 이 구절에서는 서사시의 주인공인 신과 인간의 관계를 주로 설명한다.

서사시에서 신과 인간의 관계는 인륜적 정신에서 국가와 개인의 관계와 같다. 인륜적 정신에서 국가와 개인의 관계는 지각적 의식 또는 습속의 관계에 있다. 그러므로 개인은 국가에 복종하면서도 국가를 자기의 수단으로 삼으니 이런 전전반측하는 관계가 신과 영웅의 관계를 통

---

551 신들이 지닌 고정된 성격을 말한다. 신은 한편으로 개별적 의미를 지니지만, 다른 한편으로 여러 가지 의미를 지닌 전체다.

해 표현된다.

2) 서사시는 민족의 영웅이 벌였던 국가적 사건이 중심을 이룬다. 이 국가적 사건은 이중적이다. 한편으로 그 사건은 영웅의 개인적인 관심에서 일어난다. 그러나 다른 한편으로 이 우연적 사건들을 통해 국가적 목표가 실현된다.

사건은 한편으로 "민족 전체와 이런 전체의 정점에 자리 잡은 개체성[영웅]을 통해서 구현되며" 다른 한편으로 "실체적인 위력을 통해서 구현된다." 한편으로 영웅의 자의적인 행동은 "고요하게 머물러 있는 실체를 흔들며" 다른 한편으로 실체의 필연성을 대변하는 신도 인간만큼이나 자의적으로 행동한다. 즉 그들의 행동은 "자유로우면서도 전적으로 자기에서 유래하는 활동"이다.

3) 마치 이성의 간지와 같은 이 관계에서 영웅과 신도 이중적이다. 영웅이야 신들의 위력에 비하면 하루살이와 같은 존재지만, 영웅의 행위가 없다면 신들조차 자기의 뜻을 펼쳐나갈 수 없다. 그것은 신들도 영웅이 바치는 선물로 살아가는 존재지만, 영웅의 내면에 격정으로 존재하면서 인간을 지배하는 존재다.

거꾸로도 말할 수 있다. 한편으로 이 모든 사건은 일반자인 신의 위력을 표현하지만, 다른 한편으로 신은 개별자인 영웅의 욕구에서 벌어진 사건들을 수습하기 위해 분주하니, 이런 점에서 헤겔은 신들의 모습이 우스꽝스럽다고 한다.

다른 한편 영웅은 자기의 개인적 관심을 실현하기 위해 긴장된 노력을 전개하지만, 결국은 신의 조종을 통해 끌려다니는 존재일 뿐이다. 불필요한 노고에 목숨을 거는 영웅 역시 헤겔은 우스꽝스러운 존재라고 한다.

4) 여기서 양자는 "혼합될" 뿐이다. 신과 영웅은 서로 분신의 관계에 있다. 신들이 역사 속에 개입하니 신의 갈등 때문에 영웅이 투쟁하며,

영웅의 투쟁을 신들이 조정해 화해하기도 한다. 거꾸로 영웅은 신으로부터 태어나고 신으로 다시 격상되니, 신의 세계와 영웅의 세계는 이중적이다.

731) 〈SK 532:31~533:29〉〈FM 391:7~32〉

이렇게 해 신들은 자기와 반대되는 자아라는[selbstisch] 본성을 지닌 존재에 대해서는 모순된 관계로 전락하니 이와 꼭 마찬가지로 그 신들의 일반성도 역시 그들 자신에 관한 규정에서나 더 나가서는 다른 신과 관계에서 갈등을 빚기에 이른다. 이런 신들은 영원히 아름다운 개체로 머물면서 자신의 현존 속에 안주하고 일체의 무상함이나 여하한 타자적 힘으로부터도 벗어난다. ─그러나 동시에 이런 신들은 그 나름의 **규정된** 지반을 지닌, 말하자면 **특수한** 신이 돼서 다른 신들과 관계한다. 그러나 이런 다른 신에 대한 관계는 서로 대립하는 규정 때문에 다른 신과의 투쟁으로 발전하는 가운데 [신이라는] 자신의 영원한 본성을 망각하는 희극적[komische] 존재가 된다. ─그런데 신의 이런 규정성은 곧 신의 존립 기반 자체 내에 뿌리박힌 것이니 이런 규정성은 전적인 개체성으로서 자립성을 제한적으로 지닌다. 나아가서 바로 이와 같은 제한성 때문에 모든 신의 저마다 다른 성격도 첨예한 독특성을 상실해 이들 서로가 다의적인 성격 속에 어울리고야 만다. ─결국, 어떤 신이 행위하는 목적이나 그 행위 자체란 다른 신에 대립하지만, 그것은 다른 신이 지닌 제압할 수 없는 힘에 맞서는 것이므로 우연하며 허망한 노름에 지나지 않는다. 그런 노름은 덧없이 무산돼 버리는 가운데 외관상으로 진지하게 보이는 행동도 아무런 열매나 성과도 없이 다만 자기 자신에 관한 확신만을 얻는, 긴장감이 없는[gefahrloses] 유희로 그치고 만다. 그러나 이런 신들이 간직한 본래적인 신성에 비춰 본다면 그 행위는 부정성 또는 규정성을 지니므로 행위는 일관성이 없고 또한, 그 행위의 목적과 결과는 서로 모순된 것으로 나타나며 신들이 지닌 자립적인 안정성은 그처럼 규정된 것[행위]에 대해 우위를 점한다. 그러므로 그런 행위에 대립해 **부정적인 것이 발휘하는 순수한 힘**이 등장한다. 이 부정적인 위력은 곧 신들로서도 결코 어쩔 수 없는 신들의 궁극적인 위력이다. 신들은 가사[可死]적인 **개별 자아**에 대립하는 일반자며 동시에 긍정된 존재[Positive]이니, 이런 개별 자아로서는 도저히 신적인 위력을 감당할 수 없다. 그러나 그 때문에 일반적 자아는 그런 가사적 존재를 넘어서며 또한, 서사시의 내용 전체가 귀속되는 표상[Vorstellung] 세계 전체를 넘어서 있다.[552] 이런 **일반적 자아**는 이제 **개념적으로 파악되지 않는, 텅 빈 필연성**[553]일 뿐이다. —이 필연성은 하나의 사건[Geschehen]이며 이 필연성에 대립할 때 가사[可死]적 존재는 자기의 정체성을 상실해[selbstlos] 한탄할* 수밖에 없다. 왜냐하면, **특정한** 본성[Natur]은 이런 순수성 속에서 나타날 수 없기 때문이다.

*FM주 〈391:31〉 헤겔은 'trauernd'라는 말을 쓰는 대신에 슈바벤 사투리인 'traurend'를 쓴다. 참조: 피셔Hermann Fischer, 『슈바벤 사전』, 2권, S. 335.

[해제] 1) 앞에서 서사시에서 신과 인간의 모순 관계를 설명한 데 이

552　여기서 서사시의 세계로부터 비극의 세계로 이행이 일어난다.
553　서사시의 사건은 영웅이 수행하지만, 그 배후에는 사건 전체를 전개하는 통일적인 힘이 지배한다. 하지만, 이 통일적인 힘은 배후에 있기에 인간으로서는 알 수 없는 필연성이다. 또한, 흔히 제우스로 상징되는 이 통일적인 힘은 이미 개별적인 신 너머 있는 힘이다.

어서 여기서 헤겔은 서사시 시대 그리스 신들 사이의 대립과 투쟁을 설명한다.

민족국가들 사이의 대립과 연합이 일어나는 것에 따라서 신들의 성격도 변화한다. 처음에 민족국가를 상징하는 신은 민족국가와 마찬가지로 이중성을 지닌다. 한편으로 신은 일반적 존재며 자립적 존재고 이런 측면은 모든 신에 공통적이다. 그러나 신은 다른 한편으로는 그 민족의 특수성을 반영하는 특수성을 지닌다.

2) 민족국가 사이의 대립이 일어나면서, 신들 사이에서도 대립이 일어난다. 헤겔은 이런 신들의 특수성에서 나오는 서로의 대립은 신들이 지닌 영원한 본성을 망각한다는 점에서 희극적이라고 한다. 신의 행위는 일관성이 없고 그 행위의 목적과 결과는 서로 모순된다. 신들이 지닌 일반성 때문에 이런 신들의 대립에서 하나의 신은 제압할 수 없는 다른 신에 맞서는 것이므로 그 대립은 "우연하고 허망한 노름"이나 "긴장감이 없는 유희"에 그친다.

3) 이런 신들의 대립과 연합을 통해 신들의 성격 자체가 변화한다. 한편으로 신들은 본래 자립적이었으나, 이제 그런 자립성을 상실하고 하나의 신이 다른 신의 성격을 포함하면서 다의성을 지니며, 하나의 추상적 성격을 여러 신이 나누어 지니기도 한다. 예를 들어 아폴로는 빛의 신이며 동시에 질서의 신이다. 여성성은 아르테미스, 헤라, 아테네 등이 나누어 지니고 있다.

다른 한편으로 신들 사이에서 대결을 통해 점차 하나의 통일적인 힘이 출현한다. 하지만, 아직은 이 힘은 유일한 주권을 발휘하지 못하며 여러 신 가운데 상대적인 우위를 차지할 뿐이다. 신들은 올림퍼스에 모여 지배적인 신 제우스를 둘러싸고 있다.

4) 신들은 이런 대립을 통해 민족적 특수성을 벗어나 순수하게 된다. 신들의 대립은 신들의 자의에서 비롯된 대립을 벗어나 이제 개념적인

대립(예를 들어 가족과 국가와 같이)으로 발전하며, 비극의 세계가 전개된다.

이런 비극의 세계에서 신들의 힘은 정의로운 것, 당연한 것이 된다. 그의 힘은 자의적인 것이 아니며, 인간이 직접 합일하는 힘이 된다. 그러나 신들의 필연적 대립 때문에 인간은 자기에 대립하는 신에 불법을 저지르고 신으로부터 처벌받으니, 그와 같은 인간이 보기에 그를 처벌하는 신의 힘은 "개념적으로 파악되지 않는, 텅 빈 필연성"으로서 다가온다.

가사적 존재는 그런 신들의 순수한 위력 앞에서 "자신의 정체성을 상실"할 수밖에 없으니, "특정한 본성은 이러한 순수성 속에 나타날 수 있는 것은 아니기 때문이다."

732) ⟨SK 533:30~534:16⟩⟨FM 391:33~392:12⟩

그러나 이런 필연성은 **개념의 통일성**을 의미하니, 개별 계기들이 속한 서로 모순적인 실체성[554]은 이제 이런 개념의 통일성에 종속된다. 개별적 계기들의 비일관적이었고 우연적인 활동은 그런 개념의 통일 속에서 질서를 지니며 유희에 지나지 않았던 개별 계기들의 행동도 여기서 그 행동 자체에서 진지함과 진중함[Wert]을 지닌다. [서사시의] 표상 세계에 속하는 내용은 고삐 풀린 채 제멋대로[für sich] **그 중심에서** 자기의 유희를 펼쳤으나 이제는 어떤 영웅적인 개체성을 중심으로 집중한다. 이때 영웅은 힘과 아름다움을 지니면서도 자기의 생명이 난파당할 것을 예감하면서 곧 닥쳐올 죽음을 응시하면서[entgegensehend] 비탄에 빠진다. 왜냐하면, **자기 내[in sich]에서 확고하고 실제로 존재하던**

---

554 서사시에서 개별 영웅은 각기 자신이 속한 특수한 민족을 대표한다. 이 특수성은 우연적이며 서로 모순적이다. 그 결과 서사시의 잡다한 사건이 벌어진다.

개별 계기[555]는 궁지에 부딪혀[an die Extremität] 제거되고 아직 발견되지 않았으며 합일에 이르지도 않은 두 계기로 분열되기 때문이다.[556] 즉 그 가운데 한쪽의 개별자는 즉 **추상적이고** 실제로 존재하지 않는 개별자는 운명의 필연성을 뜻한다. 이 필연성은 중심의 삶[Leben der Mitte][557]에 참여하지 않는다. 다른 한쪽의 있는 **실제로 존재하는 개별자** 즉 노래하는 자 역시 중심의 삶에 참여하지 않는데, 그는 매개적 삶 밖에서 머물면서 다만 그의 표상[Vorstellung] 속에 침잠한다. 그럼으로써 이제 이 두 개의 극단은 내용에 접근해야 한다. 즉 그 가운데 한편을 이루는 [운명의] 필연성은 내용으로 채워져야만 하며 또 다른 한편에 있는 노래하는 자의 언어는 이 내용에 관여해야 한다.[558] 이전에는 제멋대로 전개되던 [서사시의] 내용은 이제 부정적인 것이 지니는 확신과 확고한 규정[559]을 그 자신에서[an ihm] 획득해야 할 것이다.

[해제] 1) 서사시에서 영웅은 개별적이고 우연적인 민족을 대변한다.

555　서사시의 영웅을 말한다.

556　헤겔은 서사시 이후 등장한 비극에서 자기충족적 영웅은 두 계기로 분열하면서 두 대립하는 개별자가 등장한다고 한다. 하나는 운명이고 다른 측면은 노래하는 자이다. 여기서 노래하는 자는 관객 앞에서 자신의 행위가 변호하는 비극의 주인공을 말한다.

557　여기서 '중심의 삶'이란 그 의미가 모호하지만, 아마도 운명과 개별자가 화해하고 통일된 삶을 말할 것으로 보인다. 서사시에는 그런 중심이 있었지만, 비극에서 실체는 두 개의 대립하는 본질로 분열되니, 양자를 통일하는 중심이 없다.

558　여기서 내용이란 개별자와 정신적 본질의 통일을 말할 것이니, 앞에서 말한 '중심의 삶'과 같은 의미가 된다.

559　'부정적인 것이 지닌 확고한 규정'이란 개념이 서로 대립하는 것으로 구별되는 것을 말한다.

서사시에서 영웅들은 "고삐 풀린 채로 제멋대로" 자의적인 유희를 전개한다. 그 때문에 서사시는 산만하게 전개된다. 전체적으로 또는 그 내면에서 신이 전개하는 필연성이 관철된다.

반면 비극에서 정신적 본질은 개념에 따라 분화돼서 서로 대립하지만, 이런 대립은 결코 우연한 자연적 대립이 아니라 정신적 본질의 개념이 지닌 것이다. 즉 대립하는 정신적 본질은 각기 "부정적인 것[개념]이 지니는 확신과 확고한 규정을 그 자신에서 획득"한다.

2) 이런 비극에서 "영웅적인 개체성"이 독자적으로 등장한다. 비극의 영웅은 자기가 속한 정신적 본질을 실행하니 "진지함과 진중함을" 지닌다. 영웅은 자기의 생명이 난파당할 것을 예감하면서도 곧 닥쳐올 죽음을 응시하면서" 행위를 한다. 비극적 영웅이 당하는 처벌 역시 대립하는 정신적 본질에서 나오는 것이니, 그런 처벌도 필연적인 것 즉 운명이다.

3) 예술작품으로서 비극은 두 계기로 이루어진다. 하나의 계기는 이처럼 정신적 본질이 전개하는 운명이며 다른 계기는 영웅적 개별자다. 헤겔은 이를 '노래하는 자'의 언어라고 한다. 양자는 개념적으로 대립하면서 양자 사이에는 화해하는 '중심의 삶'이 즉 구체적 내용이 없다. 이 내용이란 곧 개인적 삶의 토대가 되는 실체적 내용을 말할 것이다.

이제 양자는 서로 대립하는 가운데 몰락하면서 다시 중심의 삶이 회복된다. 개별자는 실체에서 해방돼서 자유롭게 결정하는 자가 되며, 운명은 이런 개별자들의 일반적인 토대가 된다. 그런 점에서 헤겔은 운명의 필연성은 "내용으로 채워져야 하며," 개별자는 이 "내용에 관여해야 한다"라고 말한다.

733) 〈SK 534:17~535:9〉〈FM 392:13~34〉

이런 높은 단계의 언어가 곧 비극이다. 비극은 흩어져 있던 두 세계 즉 본질의 세계와 행동의 세계를 좀 더 가까이 통합한다. 여기서 신적인 것 즉 **실체**는 **개념의 본성에 따라서** 여러 형태로 분화되니 이 때 형태의 **운동**도 마찬가지로 개념에 합치된다. 형식의 측면에서 본다 면 여기서[비극에서] 내용 속에 언어가 들어가며 이야기하기[erzählend] 를 중단하며[560] 마찬가지로 내용도 [서사시에서처럼] 한낱 표상된 내용 [vorgestellter]이기를 그친다. 영웅이 스스로 화자로 되며 더 나가서 [비 극 속의] 관념[Vorstellung]은 **자기 의식적인** 인간 즉 관객이면서 동시 에 청중이기도 한 감상자에게 그들의 권리와 목적, 그리고 그들의 규 정성이 지니는 위력과 의지를 **인식하고 말할** 줄 아는 인간이 누구인지 를 보여준다. 예술가야말로 바로 그런 자기 의식적 인간이다. 그 이유 는 예술가는 결코 현실적 삶 속의 일상적인 행위에 수반되는 언어와 같 이 자신의 결단이나 행동의 개시에 관한 **외면적인 표현**을 무의식적이 고 자연스럽고 순박하게 언표하지 않고 오히려 내면적인 본질을 표현 하며 자신의 행동이 정당함을 입증할 뿐만 아니라 그들 자신을 사로잡 는 격정에 대해서도 이것이 우연한 상황이나 개인의 특수성과는 무관 하며 일반적인 개체성을 표현하는 것으로 숙고하면서 주장하고 단호 하게 언표하기 때문이다. 극 가운데 **현존하는** 배우[Charaktere]는 결 국, 현실 속의 인간이다. 이런 **현실적** 인간이 영웅이라는 인격[페르소 나: Personen]을 연기하면서[anlegen] 이야기하는 자[배우]의 언어를 통 해서가 아니라 자기[인격]의 언어로 이런 인격을 표현한다. 조상 기둥 의 본질적 의의가 인간의 손을 통해서 만들어졌다는 데 있듯이 배우에

560 비극은 서사시처럼 사건을 표상하거나 이야기하지 않으며, 일부 사건을 행 위로 재연하지만, 그보다 주로 행위하는 자의 동기나 정당성을 언어로 주장한다. 이렇게 주장한다는 점에서 헤겔은 "내용 속에 언어가 들어간다"라고 말한다. 비 극은 따라서 시문학에 속한다.

게는 그가 쓰는 가면이 본질적인 의의를 지니는 것이다. ―가면은 예술 감상[Kunstbetrachtung]에서 무시돼야 하는 외적인 조건과는 다른 것이다. ―그러나 예술 감상에서 가면이 무시될 수 있다면 이것이 의미하는 것은 곧 예술이 아직도 참된 본래적인 자아를 자기 내에 내포하고 있지 않다는 것이다.

[해제] 헤겔은 이 구절에서 비극의 특성을 설명한다. 서사시의 중심은 바깥에서 관찰되는 사건이며, 이 사건은 단순히 산만하게 표상되고 그 안에만 통일이 감추어진 것이다. 비극은 서사시에서 산만하게 전개된 사건은 제거되고 실체의 개념에 따라 생겨나는 모순된 사건만 남긴다. 이 사건은 "개념의 본성에 따라서" 일어난 것이며 "개념에 합치돼" 전개된 사건이다. 이 주인공의 행위는 개인적 관심에서 나온 것이 아니며 실체적 목적에서 나온 것이다.

서사시의 경우 화자는 바깥에서 이를 굽어보면서 전달하는 방식 또는 회고적으로 이야기[erzählend]하지만, 비극의 경우 등장인물이 자신이 속한 실체의 원리를 자기 자신의 언어로 표현하며 이를 정당화한다. 여기서 사건을 표상하기보다는 오히려 "자신의 권리와 목적," "그 사명이 지닌 위력과 의지를" 주장한다.

헤겔은 이런 비극에서 가면은 필수적이라고 한다. 왜냐하면, 무대에서 주인공을 연기하는 배우는 실제 개인이지만, 그가 연기하는 것은 실체의 원리를 수행하는 일반적 자아 즉 인격이기 때문이다. 그의 언어는 배우로서 언어가 아니라 그가 연기하는 인격의 언어다. 비극에서 가면을 무시한다면, 주인공은 "참된 본래적인 자아를 자기 내에 포함하고 있지 않다는 것을" 보여 줄 뿐이라 한다. 즉 그의 행위는 실체적 행위가 아니라 개인적 행위로 전락하고 만다는 것이다.

734) 〈SK 535:10~536:6〉〈FM 392:35~393:33〉

개념으로부터 산출되는 이상과 같은 인물 형상들이 운동하는 **일반적인 지반**은 첫 번째[서사시에서] 등장한 표상하는[vorstellenden] 언어와 또한, 중심이 없이[selbstlosen] 지리멸렬한 그 내용에 관해 의식하는 데 있다. 민중[das gemeine Volk] 일반의 지혜는 **노인으로 구성된 합창** 속에서 출현한다. 민중이 그런 무기력한 노인에서 자신을 대변하는 이유는 민중에 대립하는 개체적 정부가 민중을 단지 이미 존재하거나 [positive] 수동적인 수단[Material]으로 삼기 때문이다. 민중은 부정적인 위력이 없으므로 신적 생명에 담긴 풍요로움과 다채롭고 충만한 내용을 한데 묶어 구속할 수 없을 뿐 아니라 오히려 그런 신적 생명을 이리저리 분산하게 함으로써 신적인 생명의 개별 계기를 저마다 독립된 신으로 여기는 가운데 어떤 때는 이런 신을 어떤 때는 저런 신을 노래로 찬미한다. 그런데 민중은 개념이 얼마나 진지하게 그와 같은 형태들을 짓밟으면서 제 길을 열어나가는지를 감지할 뿐 아니라 또한, 그들이 찬미해 마지않던 신들마저도 개념이 군림하는 지반에 들어섰을 때 얼마나 형편없는지를 보게 될 것이다. 그러나 이럴 때조차도 민중은 행동을 통해서 장악하는 부정적인 위력을 발휘하는 자는 아니며 오히려 생각으로만 부정적 위력을 가질 뿐이며 이를 실현할 자아가 없는 채로 즉 어떤 **이해할 수 없는 운명**에 관한 의식에 머무르면서 헛되이 평정[Beruhigung]을 이루기를 바라며 자기를 달래는 힘없는 말만을 내뱉을 뿐이다. 결국, 민중은 실체가 직접 팔을 들어 펼치는 더 높은 단계의 위력 앞에서 두려워하면서 또한, 그런 실체의 위력이 서로 투쟁하는 것을 두려워하며 또한, 필연의 힘 뒤에 있는 단순한 자아를 두려워한다. 왜냐하면, 그런 단순한 자아는 이들 위력 자체에 구속된 중생[衆生: Lebendigen]과 동시에 그러한 필연의 힘까지도 분쇄해 버리기 때문이다. ─그리고 민중은 자신과 같은 자로 파악하는 중생에 대해서 동정심을 품지만, 다만 그런 필연성의 운동에 대해 얼어붙는 듯한 **공포를** 느끼면서도 그만큼 무기력한 **연민**을 느낄 뿐이다.* 그리하여 마침내 민중은 한낱 필연성의 힘에 몸을 맡기고 텅 빈 휴식을 얻는다. 또한, 민중은 이런 필연성의 힘이 이루는 산물을 극적 인물에서 필연적으로 나오는 행동이나 절대적 본질이 자기 자신 내에서 수행하는 활동으로 파악하지 못한다.

*FM주 〈393:14~17〉 헤겔은 여기서 아리스토텔레스의 비극이론을 시사한다. 그 속에서 'Eleos'와 'Pobos'는 비극의 고유한 심리적 영향과 관련된 이름이다. 참조: 아리스토텔레스Aristoteles, 『시학』, *Opera*, 1452a 2~3; 1452a 38; 1452b 32~1453a 6; 1453b 1~17. 헤겔은 레싱의 번역에 따라서 'Eleos'를 '연민'으로 'Pobos'를 '공포'로 번역한다. 레싱은 이를 '연민'과 '경악'으로 번역하는 것은 반대한다. 레싱Gotthold Ephraim Lessing, 『함부르크 희곡론』, S. 169ff(74. Stück), 175f(75. Stück).

[해제] 1) 헤겔은 비극적 사건은 혈연적 공동체에서 국가적 공동체로 나가는 과정을 서술한다고 본다. 여기서 영웅은 국가를 건설하지만, 그 때문에 혈연적 공동체로부터 반격당한다. 그 결과 영웅은 희생당하며, 혈연적 공동체를 위한 제물로 되고, 그 희생의 결과 혈연 공동체는 새로운 국가공동체를 수용한다.

헤겔은 비극을 이루는 여러 장치도 이런 맥락에서 이해할 수 있다고 한다. 그리스 비극의 가장 중요한 특징이 합창단의 존재인데, 헤겔은 그리스 시대 비극의 합창단은 노인들로 구성되고 이들은 민중을 대변한다고 본다.

2) 이 민중은 아직 혈연 공동체의 기억을 지니고 그것이 계속되기

를 기대한다. 하지만 역사의 필연성에 따라 혈연 공동체는 무너질 수밖에 없고 새로운 국가가 등장할 수밖에 없다. 민중은 영웅을 통해 전개되는 국가공동체의 힘이 지난 시대의 "형태들을 짓밟고 제 길을 열어나가는 것을 감지하면서" 이를 무기력하게 지켜보면서 결국, 그런 힘에 굴복한다. 합창단은 "행동을 통해서 장악하는 부정적 위력을 발휘하는 자는 아니며 오히려 생각으로만 부정적 위력을 가질 뿐"이며 "어떤 불가해한 운명에 관한 의식에 머무르면서 헛되이 평정을 이루려 바라며 자기를 달래는 힘없는 말만을 내뱉을 뿐"이라고 한다.

3) 헤겔에 따르면 이런 수동적 민중의 태도가 합창단의 노래 속에 감추어져 있다고 한다. 이 합창단의 태도는 따라서 두 가지다. 하나는 공포이다. 그것은 자기가 이해할 수 없지만, 실체의 힘으로 전개되는 "실체의 높은 단계의 위력" 앞에서 느끼는 두려움이다. 이 힘은 그들 자신을 짓밟고 지나가는 압도적 힘이다. 다른 하나는 연민이니 그것은 실체의 힘으로 사라질 수밖에 없는 것 앞에서 느끼는 감정이다. 이 연민은 무기력한 연민이니, 그들로서는 이 사건을 이해할 수 없지만, 그래도 받아들일 수밖에 없기에 나타나는 감정이다. 그러므로 민중은 필연의 힘에 몸을 맡기고 텅 빈 휴식을 취한다.

4) 헤겔은 합창단을 통해 대변되는 민중의 태도와 시인의 태도를 바로 비교한다. 시인은 정신적 본질의 개념을 알고 그것을 자각적으로 전개하는 자며, 반면 민중은 압도적으로 전개되는 필연의 힘 앞에 두려움과 연민을 느낄 뿐이다. 그러나 시인의 말을 통해 민중은 마침내 정신적 본질이 전개하는 필연적 과정을 이해하고 받아들이게 된다.

비극에 관한 헤겔의 이해는 아리스토텔레스처럼 비극의 목적이 공포와 연민을 불러일으키는 데 있다고 보는 관점과 다르며 니체처럼 비극을 디오니소스와 로고스의 대립으로 이해하지도 않는다. 그의 이해는 역사적 이해인데, 후일 벤야민이 『독일 비애극[Trauer Spiel]의 원천』에서 서술하는 그리스 비극에 대한 역사적 해석과 비슷하다.

735) ⟨SK 536:7~20⟩⟨FM 393:23~33⟩

관객의[zuschauenden] 의식이 표상[Vorstellens]이라는 무차별적인 지반에 머무르고 있으므로 이런 관객에게 정신은 비록 산만한 다양성으로 나타나지는 않더라도 여전히 그 개념은 단순한 분열 속에 나타날 뿐이다. 따라서 정신의 실체도 분리돼 양극의 힘으로 나타난다. 그러므로 바탕으로 되는[elementarischen] 두 가지 **일반적 본질**은 동시에 자기 의식적인 **개체성**으로 대변된다. ─영웅들은 이런 두 힘 가운데 어느 한 편에 그 자신의 의식을 설정하고 그의 성격은 그 힘을 통해 규정되며 그 힘을 발휘하며 그 힘을 실현한다. ─다만 이미 지적된 바와 같이 이들 일반적인 개체[영웅]는 배우의 고유한 현존이 드러내는 직접적인 현실 속에 투영돼 여러 관객 앞에서 자기를 묘사한다. 반면 이들 관객은 합창단에서 자신의 반영을 보니 합창단은 관객이 자신을 표현하는 언어적 표상[Vorstellung]이다.

736) ⟨SK 536:21~537:5⟩⟨FM 393:34~394:12⟩

그런데 여기서 자기에게 대상으로 나타나는 정신의 내용과 운동은 이미 인륜적 실체가 지닌 본질의 실현을 다룰 때 고찰됐다. 이런 정신은 그에 해당하는 종교를 통해서 자기에 관한 의식에 도달하거나 자기의 의식을 좀 더 순수한 형식과 단순한 형태로 나타낸다. **내용의 면에서 본다면** 인륜적 실체는 그 개념을 통해서 **신**의 법과 **인간**의 법, 또는 지하의 법과 천상의 법이라는 두 개의 위력으로 분화됐다. ─그 가운데 전자는 **가족**을 의미하며 후자는 **국가권력**을 의미한다. ─또한, 이 두 개의 위력 가운데서 전자는 **여성 인물**로 대변됐으며 후자는 **남성 인물**로 대변됐다. 따라서 앞서 본 바 있는[서사시에서] 갖가지 착잡한 형태를 띠면서 자신의 규정조차도 동요했던 신들의 무리[Götterkreis]는 이제 [비극에서는] 신의 법 및 인간의 법이라고 하는 이 두 개의 위력으로 제한되면서 이 두 개의 위력은 규정상 본래적인 개체성561에 다가간다. 왜냐하면, 이전[서사시]에는 전체가 다양하고도 추상적인 여러 개의 위력으로 흩어져 각 위력이 실체화하면서 **주관성**은 [실체의] 각 위력을 단지 자신의 자아 속의 **계기**로 파악하는 가운데 **해소**되고 말며 개체성은 본질을 감싸는 피상적인 형식으로 되기 때문이다. 거꾸로 말하자면 **인물**[Charaktere]이 지닌 세부적 구별은 우연적이고 또한, 그 구별 자체가 자기에게 외면적인 인격에 속한다.

[해제] 1) 서사시에서 신들은 갖가지 착잡한 형태를 띠면서 자신의 규정조차 동요했고, 우연적이며 자의적으로 유희를 전개했으나 비극에 들어와서 정신적 본질이 지닌 개념의 필연성에 따라 분화되고 다시 통일된다. 정신적 본질의 대립과 통일은 이미 정신 장 앞에서 인륜적 정신을 다룰 때 설명됐다. 여기서 실체의 원리로서 신의 법과 인간의 법이 대립했으며 그것을 수행하는 자아로서 남성과 여성이 대립했다.

2) 서사시에서 인간은 단순히 신을 대변하는 자에 불과했다. 개인적 주관성은 해소되고 실체적 힘인 신이 개인을 움직이니, 개인은 "본질을 감싸는 피상적 형식"으로 된다. 그에게서 개인적 구별은 자신과 무관한 외면적인 측면에 속하는 것에 지나지 않는다.

반면 비극에서 실체와 자아의 통일로서 양자 사이에는 고유한 관계가 있다. 즉 인물은 고유한 본성에 따라 실체를 선택하며, 실체는 자기에게 고유한 자아를 통해 수행된다. 그만큼 개체성이 발전했다는 것을

---

561 서사시 단계에서 개인은 실체를 실현하는 외면적 우연성에 불과하지만, 비극에서 개인은 자기에게 고유한 실체화 합일한다. 즉 여성은 가족과 남성은 국가와 합일한다. 그런 점에서 실체는 자기에게 고유한 개체성을 지니게 된다.

의미하니, 우선 서사시에서와 달리 비극에서는 신은 배제되고 개인적 자아가 실체의 원리를 수행한다.

3) 그런데 비극의 경우 표상을 지반으로 하는 예술작품이므로 주인공은 남성과 여성이라는 자연적으로 규정되는 감각적 차이 때문에 서로 대립하는 것으로 나타난다. 즉 실체의 대립은 감각적 차이의 표상과 직접 합일된다. 이렇게 감각적 표상에서 고유한 실체의 대립이 나타나므로 비극의 주인공은 성격 또는 인물이라 한다.

737) ⟨SK 537:6~538:6⟩⟨FM 394:13~395:8⟩

여기서 동시에 본질은 그 **형식**에서, 다시 말하면 **인식**에 따라서 분할된다. 즉 **행동하는** 정신은 의식에 속하는 것이니[562] 대상에 대립한다. 의식은 대상에 작용을 가하고 따라서 대상은 인식하는 자에 대해 **부정적인 것**으로 규정된다. 행동하는 정신은 인식하면서도 동시에 무지하다는 대립 속에 있게 된다. 즉 행동하는 자는 자기의 성격[Charakters]에서 자기의 목적을 끌어냄으로써 이런 목적을 인륜적인 본질로 인식한다. 이처럼 그의 규정성은 그의 성격으로부터 나오기에 그는 다만 실체 가운데 **하나의** 위력만을 인식할 뿐, 실체의 다른 위력은 그에게 은폐된다. 따라서 눈앞에 펼쳐진 현실도 **본래적인 것**과 의식에 나타나는 것이 서로 다르다. 이 점과 관련해서 볼 때 결국, 천상의 법과 지하의 법은 저마다 인식되고 자신의 의식에 나타나는 위력이라는 의미를 지니는 동시에 자신을 은닉하면서 그 뒤에 잠복하는 위력이라는 의미를 지닌다. 양자 가운데 **하나의 위력**은 **밝혀진 측면**[Lichtseite]이며 동시에 신탁을 주재하는 신이니 이런 신은 본성에 속하는 계기에서 보면 만물을 비춰

---

562 인륜적 정신에서 자아는 실체 또는 정신적 본질과 지각적 방식으로(이중적으로) 결합한다.

주는 태양으로부터 발생한 것이고 모든 것을 알고 이를 계시하는 신이
다. ─즉 이 신은 **포에부스**[Phöbus][563] 신이자 또한, 그의 아버지인 **제우
스** 신에 해당한다. 그러나 이처럼 진실을 말하는 신의 명령이나 **존재하
는 것**에 관한 그의 갖가지 알림[신탁]이란 오히려 속임에 지나지 않는
다. 왜냐하면, 여기서 인식은 그 개념에서 곧바로 무지기 때문이다. 그
이유는 의식은 오히려 행동하는 것을 통해 자기 자신에서[an sich selbst]
자기에게 대립하는 것으로 되기 때문이다. 그러므로 스핑크스의 수수
께끼마저도 풀 수 있었던 사람 또는 아이와도 같이 믿을 수 있는 사람이
신이 그에게 계시한 것 때문에 파멸의 구렁텅이로 던져지고 말았다. 아
름다운 신의 말을 전하는 무녀들은 모호한 의미를 지닌 운명의 자매에
지나지 않으니, 그들이 약속한 것 때문에 오히려 그는 범죄에 빠지고 그
들이 확실한 것으로 알린 것이 지닌 이중적 의미 때문에 그들이 계시한
의미를 신뢰한 그는 속는다.*¹ 그리하여 마녀들을 신뢰한 후자[맥베스]
보다 더 순수하고 또한, 무녀나 아름다운 신을 신뢰하는 전자[오이디푸
스]보다도 더욱 사려 깊고 철저한 의식[햄릿]이 자기 아버지의 혼령이
자기를 살해했던 범행의 전말[顚末]을 계시했어도 복수를 망설이면서
그 이상의 증거를 마련하고자 한다.*² ─그 이유는 이 계시를 내려준 혼
령이 악마일 수 있다는 생각 때문일 것이다.[564]

---

563 아폴로 신의 다른 이름, 그 의미는 빛, 순수 등을 의미한다. 태양을 상징하
는 신이다.

564 맥베스나 햄릿은 근대 비극이다. 벤야민은 이를 비애극[Trauer Spiel]이라
하여 고대 비극[Tragödie]과 구분한다. 헤겔은 고대 비극을 논하는 가운데 근대 비
극의 예를 끌어들이는데, 양자를 같은 것으로 보았기 때문은 아닐 것이고 다만,
무지의 예를 설명하는 가운데 끌어들인 것으로 보인다.

*¹ FM주 〈394:32~34〉 헤겔은 여기서 셰익스피어의 맥베스를 거론한다. 세 마녀의 예언은 맥베스를 죽음으로 몰아넣는다. 그들은 자신을 운명의 자매로 알린다. 참조: 셰익스피어Shakespeare, 『맥베스』, *Theatralische Werke*, S. 177 (1. Aufzug, 3. Szene). 그들의 모호한 말이 맥베스에게 저주를 내렸다. 참조:같은 책. S. 299 (5. Aufzug, 7. Szene).

*² FM주 〈394:37~395:2〉 헤겔은 여기서 셰익스피어의 작품 햄릿, 1막 5장에서 아버지의 혼령을 통한 계시를 거론한다. 계시를 내리는 영혼은 악마일 수도 있지 않을까 하고 햄릿은 2막 2장에서 언급한다. 참조: 셰익스피어Shakespeare, 『햄릿』, *dramatische Werke*, T. 3, S. 227f.

738) 〈SK 538:7~20〉〈FM 395:3~13〉

그[햄릿]가 혼령을 불신하는 데는 그 나름의 근거가 있다. 그 근거란 인식을 획득하고자 하는 의식이 자기 자신의 확신과 대상적인 본질 사이의 대립에 부닥치기 때문이다. 인륜적 본질의 법[Recht]은 자기의 절대적 법칙에 대립하는 현실은 **본래**[an sich] 아무런 의의도 지니지 못한다고 보기에 결국, 자기가 획득한 인식은 일면적일 뿐이며 또한, 그의 법도 그에게 자연적으로 부여된 성격[Character]에서 나오는 법칙[Gesetz]에 지나지 않기에, 그는 실체의 한 가지 위력만을 파악하는 데 그친다는 사실을 경험하기에 이른다. 행동한다는 것 자체는 그가 **인식하는 법**을 **그와 반대되는 것**으로 전도하는 것이며 또한, 존재한다는 것은 성격에서 나오고 인식된 법을 그것과는 대립하지만, 동시에 실체의 본성 속에 이미 인식된 법과 결합한 법으로 전환한다. ㅡ이런 전환은 곧 그 인식된 법에 적대적인 또 다른 위력과 인물이 수행하는 복수[Erinnye]로의 전환을 의미한다.* 복수라는 **하계의 여신**은 **제우스신**과 함께 왕좌를 차지하고 있어서 계시된 법이나 인식의 신과 같은 정도의 위신을 누린다.

*FM주 〈395:11~13〉 헤겔은 여기서 그리고 이다음에서 (395:28~30
, 396:22~24) 아이스킬로스의 작품 『오레스트』를 거론한다. 참조: Die
Eumeniden. Vers 198ff, 752~807, 892ff.

[해제] 앞에서 비극의 영웅에서 개념의 대립이 성격의 자연적 차이
와 직접 합일하므로 비극의 영웅은 성격이라고 했다. 여기서 헤겔은 비
극적 영웅에서 인식적 측면과 무지의 측면이 뒤엉킨다는 사실을 서술한
다.

비극적 영웅은 자신의 자연적 성격에서 나오는 목적을 따르는데, 그
것은 정신적 본질에 속하는 하나의 위력 즉 그에게 인식되고 그가 정당
하다고 생각하는 것에 지나지 않는다. 그에게 실체의 다른 위력은 은폐
되거나 부당한 것으로 여겨진다.

이런 인식은 오히려 속임에 지나지 않는다. 왜냐하면, 이 두 가지 실
체는 서로 대립하지만, 하나로 통일돼서 전체를 이루기 때문이다. 그러
므로 그는 자신이 정당하다고 인식하는 원리를 수행하는 가운데 자신이
알지 못한 것, 부당하다고 생각한 것을 훼손한다. 그는 이런 결과를 미
리 알 수 없는데, 왜냐하면, 그의 행동 자체가 "그가 인식하는 법을 그와
반대되는 법으로 전도하는 것이다." 즉 "성격에서 나오고 인식된 법을
그것과는 대립하지만, 동시에 실체의 본성 속에 이미 그것과 결합한 법
으로 전환한다."

그는 그가 훼손한 정신적 본질의 힘으로부터 복수를 당하니, 여기서
그는 몰락하며, 이런 몰락 가운데 처음에 그가 알 수 없는 운명으로 여
겨진 것이 사실은 정신적 본질의 또 하나의 측면이라는 것을 비로소 깨
닫게 된다.

739) ⟨SK 538:21~539:12⟩⟨FM 395:14~34⟩

　합창에서 등장하는 신들의 세계는 행동하는 개체성으로 출현하면서 위에서 설명한 세 본질[565]로 제한된다. **하나의 본질**은 실체다. 이 실체는 한편으로는 아궁이의 위력이나 가족 간 자애의 정신이며 다른 한편으로는 국가와 정부의 일반적인 위력이다. 그런데 양자의 구별은 실체 그 자체에 속하는 것이므로 이것이 [비극에서] 표상[Vorstellung]으로 표현될 때 두 개의 서로 구별되는 [신의] 형태로 개체화되는 일이 없이 오히려 실제로는 저마다의 성격을 지닌 두 명의 인격[페르소나]으로 나타난다. 이런 [실체의] 구별과는 달리 인식과 무지 사이의 구별은 **실제로 존재하는 자기의식 중 그 어느 편에도 다 같이** 주어져 있다. ―인식과 무지의 구별은 다만 추상의 상태 속에서만 또는 일반성의 지반 속에서만 나타나므로 두 개의 개체적인 형태로 분할된다. 왜냐하면, 주인공[Heros]의 자아는 전체적 의식으로만 현존하니 인식과 무지가 본질상 **전적으로** 구별된다면 그런 구별은 형식에 속하는 것이기 때문이다. 주인공이 토대로 하는 실체는 특정되고 그에게 귀속하는 것은 내용 면에서 구별된 실체의 한 측면이니 그럴 수밖에 없다. 따라서 인식과 무지라고 하는 의식의 두 측면은 현실에서 분리된 채 각자가 고유한 개체성을 지니지 못하며 오히려 **표상**[Vorstellung] 속에서 저마다의 특수한 형태를 취한다. 즉 인식의 측면은 계시하는 신의 형태를 취하며 무지의 측면은 몸을 숨기는 복수의 여신의 형태를 취한다. 여기서 이들 두 신의 형태는 한편으로는 같은 정도로 경배 되며 다른 한편 **실체를 표현하는 신**

565　차례로 설명되는 대로 실체, 주인공(영웅) 그리고 운명이라는 세 본질을 말한다.

의 **형태**인 제우스신은 바로 이들 두 형태를 서로 **관계**하게 하는 필연성을 의미한다고 하겠다. 실체는 곧 [인식된 것과 무지한 것의] 관계로 이루어진다. 그러므로 인식은 고립적으로[für sich] 존재하지만, 그 인식의 진리는 오히려 단순한 것[통일성으로서 실체]에 존재한다. 구별을 통해 현실적 의식이 존재하지만, 이런 구별일 일어나는 근거는 구별이 제거된 내적 본질에 있다. **확신**[Gewißheit]을 자기에게 명백하게 **단언**하는 것[Versicherung]은 자신의 근거를 **망각했다**는 것에서 입증될 뿐이다.

[해제] 이하에서 헤겔은 비극을 이루는 세 본질을 차례로 서술한다. 우선 그는 비극의 실체적 측면을 제시한다.

그리스의 인륜적 정신은 두 대립하는 실체로 구성된다. 하나는 개체적 위력인 가족 공동체며 다른 하나는 일반적 위력인 국가이다. 비극에서 두 실체를 실행하는 자아는 더는 우연한 개인이 아니라 성격이다. 즉 자연적으로 부여된 "저마다의 성격을 지닌 두 명의 인격"이다. 이런 자연적 성격은 실체적 위력과 직접 합일한다. 남자는 국가를 실행하는 고유한 자아며, 여자는 가족 공동체를 보존하는 고유한 자아다. 남자와 여자는 자신의 자연성에서 나오는 성격에 따라 실체의 원리를 수행하며, 여기서 실체와 자아는 직접 통일돼 각 정신을 이룬다.

자아는 자신이 속한 원리는 명백하게 정당하다고 인식하며, 반면 자신이 대립하는 원리에 대해서는 그 존재나 그 정당성에 관해 무지하다. 실체를 수행하는 두 자아는 모두 저마다 인식과 무지라는 두 측면을 갖는다. 이 두 측면은 추상적으로는 고립적으로 존재하면서, "두 개의 개체적 형태로 분할된다." 여기서 개체성은 현실 속에서 존재하는 개체성이 아니라 오직 상징적으로만 분리된 개체성이다. 이런 두 측면을 저마다 상징하는 신이 등장한다. 인식의 측면을 상징하는 신이 빛과 계시의 신 아폴로이다. 반면 무지의 측면을 상징하는 신이 복수의 여신이다. 비극의 주인공인 영웅은 한 번은 아폴로 신의 총애를 받으며 다른 한 번은 복수 신의 추적을 받는다.

그리스적 인륜적 정신 전체는 두 대립하는 실체의 통일이며 이는 인물의 무지와 인식이라는 두 측면을 모두 포함하고 있으니 양자의 통일성을 상징하는 신이 곧 제우스 신이다. 인식의 측면은 무지의 측면과 분리되지만, 그것의 진리는 양자의 직접적인 통일성이니, 다시 말해 인식 자체가 곧 무지라는 것이다. 이처럼 인식이 고립된 것은 실체 자체가 대립하는 것의 결합으로 이루어져 있기 때문이다. 그러므로 인식이란 실체의 한쪽 측면에 한정된 것이니 자신의 참된 근거인 실체 전체를 망각했다는 것을 의미한다.

740) ⟨SK 539:13~540:15⟩ ⟨FM 395:35~396:24⟩

의식은 실체가 이상과 같은 대립을 지니고 있음을 자신의 행동을 통해서 폭로했다. 즉 의식은 계시된 인식을 따라 행동하면서 이런 인식이 속임수임을 경험하며 또한, 내용 면에서 본다면 의식은 실체가 지니는 한 가지 속성에 헌신하면서 그와 다른 또 하나의 속성을 침해하고 자신에 대립할 권리를 그 다른 속성에 부여했다. 이렇듯 인식하는 신[아폴론]을 추종하는 가운데 의식은 오히려 계시되지 않은 신을 움켜쥐었으니 계시된 인식을 신뢰했다는 데 대한 죗값을 보상하게 됐다. 그가 보상할 수밖에 없는 이유는 양의성[Zweideutigkeit]을 지닌다는 것이 바로 그런 인식 자신의 본성이기도 하므로 의식은 그러한 양의성을 **의식했어야 하며** 그것에 대한 **경계**도 게을리해서는[vorhanden] 안 됐기 때문이다. 무녀의 광란이나 마녀들의 비인간적인 형태, 나무에서 들려오는 소리나 새가 전달하는 소리 또는 꿈 등등은* 진리가 나타나는 방식은 아니다. 오히려 그런 방식은 그런 인식이 속임이나 경솔한 것 또한, 개별적이거나 우연적인 것이라는 사실을 경고하는 신호다. 이것을 또 달리 표현한다면 행동하는 의식을 통해 침해당한 반대편의 위력은 비록 그것이 가족의 법률이건 아니면 국가의 법률이건 공언된 법률이며 또한, 유효한 법률임은 틀림없다. 그런데도 행동하는 의식은 그가 개인적으로 인식한 것을 추종하면서 그처럼 이미 계시된 반대편 법률 앞에서 도피했다. 그러나 내용의 면에서 대립이든 의식의 면에서 대립이든 서로 대립하는 두 개의 위력이 뜻하는 진리란 결과적으로 양측이 같은 권리를 지닐 뿐만 아니라 또한, 행동이 대립을 조성한다면 이들 양자는 같은 정도로 불법을 당한다는 사실이다. 이런 활동을 통해 전개돼 나가는 운동은 위에서 제시된 두 개의 위력과 그 위력을 실행하는 자기 의식적인 인물[Charakter]이 다 함께 몰락하고 양자가 통일을 이룬다는 사실을 입증해 준다. 이런 대립물이 그 자신과 화해를 이루는 길은 오직 죽은 다음 **하계에서 망각의 강**[Lethe]을 건너거나 아니면 **상계에서 망각의 강**을 건너는 것이다. **망각**의 강을 건넌다는 것은 결코 책임[Schuld]에서 벗어나는 것[Freisprechung]일 수는 없다. 왜냐하면, 의식은 이미 행동했으므로 결코 이런 책임을 부인할 수는 없기 때문이다. 그러므로 이 벗어남은 곧 범법[Verbrechen]에서 벗어남이며 스스로 속죄함으로써 마음의 안정에 이른다. 그 어느 방면이든 실체의 위력과 또한, [그 담지자인] 개체성이 만들어내는 현실과 활동이 잊히고 소멸한다는 것을 의미하며 동시에 선악이라는 추상적인 사상이 지닌 위력조차도 잊히고 소멸한다는 것을 의미한다. 왜냐하면, 이 두 개의 위력 가운데서 그 어느쪽도 독자적으로는 본질로 될 수 없기 때문이다. 오히려 본질은 오직 전체가 자기 자신 속에 고요하게 머무르며, 운명 속에 움직이지 않는 통일이 깃든다는 것을 의미하고 따라서 가족과 정부가 동요함이 없고 활개 치는 법도 없다는 것[die Untätigkeit und Unlebendigkeit]이며 더 나가서는 아폴로 신과 복수의 신이라는 두 신이 서로 같은 정도로 경배 되면서 특별한 조짐을 보이지 않고 활성화되지 않는다는 것이며 결국, 생기를 얻어 요동치던 양자가 단순한 통일로서 제우스로 귀환한다는 것이기 때문이다.

   *FM주 〈396:3〉 나무와 새의 목소리 그리고 꿈 등에 관해서는 예를 들어 다음을 참조하라: 셰익스피어Shakespear, 『맥베스』, *Theatralische Werke*, 6권, S. 203 (2. Aufzug, 3. Szene), 231 (3. Aufzug, 3. Szene), 244 (3. Aufzug, 5. Szene).

   [해제] 이 구절에서 헤겔은 비극의 두 번째 본질인 주인공 즉 영웅의 의식 측면을 살펴본다. 헤겔은 앞에서 비극에서 인물은 인식의 측면과 무지의 측면을 동시에 지닌다고 한다. 그러나 주인공의 행동을 통해서 자신이 지닌 인식이 속임이며 또한, 자신이 무지했다는 것이 드러난다. 그가 아는 실체 원리를 따르는 가운데 그가 무지했던 반대 원리를 해치면서 그가 보복당하는 가운데 그는 자신의 범법을 자각하게 된다.
   그런데 무지에 의한 행위는 면죄되는 것이 아닐까? 헤겔은 그렇지 않다고 한다. 즉 무지 때문에 행위한 인물에게 책임이 있다는 것이다. 왜냐하면, 인물이 얻은 인식은 신탁이나 꿈에 해당하는 것인데 그런 것들은 이미 형식상 개별적이고 우연적인 인식에 지나지 않는다는 것은 이미 알려진 사실이며, 더구나 그가 해친 실체의 원리는 가족의 법이든 국가의 법이든 이미 관습과 법률로 공표된 것이니 이를 몰랐다고 할 수 없는 일이기 때문이다. 인식이란 항상 양의성을 지니므로 그는 자신의 인식이 지닌 그런 모호성을 경계해야 했는데도 그는 자신의 인식을 경솔하게도 신뢰했으니, 그의 경솔함에 대해 그 자신 책임을 지지 않으면

안 된다는 것이다.

비극의 인물은 망각을 통해 이런 책임에서 벗어난다고 할 수 없다. 그는 다만 속죄를 통해 그가 저지를 범죄에서 벗어난다. 이런 속죄를 통해 마침내 양자는 모두 몰락하면서, 서로 대립하는 두 정신은 균형 속에서 통일을 회복한다.

이런 균형 속의 통일에서 서로 대립하는 두 정신적 본질 즉 가족과 국가는 같은 권리를 지니고 어느 쪽도 독자적으로 본질로 될 수 없으며, 운명을 지키는 가운데 움직이지 않는 통일을 유지한다. 이제 아폴로 신과 복수의 여신은 같은 정도로 경배 되면서 단순한 통일로서 제우스로 귀환한다.

741) ⟨SK 540:16~541:4⟩ ⟨FM 396:25~397:5⟩

이와 같은 운명은 올림퍼스의 하늘[Himmel]을 비워 공동화하는 과정을 완성한다. ―올림퍼스의 신들은 개체성과 본질을 마구잡이로 [gedankenlosen] 혼합해 빚어졌으므로 ―이런 혼합 상태 때문에 신적 본질의 활동조차도 일관성이 없는 우연한 현상으로 나타날 뿐 아니라 또한, 그런 혼합은 그 신적 본질의 진가[眞價]에 어울리지 않는 것으로 보인다.* 왜냐하면, 신의 개체성은 이렇듯 다만 표면상으로만 신적 본질의 표면에 부착된 한에서는 비본질적인 개체성에 지나지 않을 것이기 때문이다. 이런 비본질적인 관념[Vorstellung]을 추방하는 일은 고대의 철학자가 요구했던 것이기는 하지만, 이미 비극을 통해서 시작됐다. 이때 비극이 쓴 수단은 실체의 구분은 개념을 따르게 하는 것이니 이에 따라 개체성은 본질적인 개체로 되며 그 개체가 지닌 규정은 절대적인 성격[566]을 지닌다. 그러므로 자기의식은 비극 속에서 [신이라는] 상징

─────────────

566 절대성은 정신적 본질과 합일한다는 의미다.

[Vorstellung]으로 형상화되는데 이런 자기의식은 단지 **유일한** 최고 위력만을 인식하고 인정하며 또한, 이런 위력에 해당하는 제우스[Zeus]를 단지 국가와 아궁이 모두를 지배하는 위력으로 인식하고 인정한다. 나아가서 이런 자기의식은 제우스[Zeus]를 그 자체로 인식되지는 않더라도[im Gegensatze des Wissens] 다만 **특수자**에 관한 인식이자 동시에 구체적 형태로 생성하는 중인 인식567을 낳는 아버지로만 인식하고 인정하며 ―그리고 이 제우스를 맹세와 복수의 신[Zeus]이자 **일반적인 본질**의 신[Zeus], 그리고 비밀 속에 거주하는 내면적인 신[Zeus]으로 인식하고 인정한다. 합창은 개념화되지 않은 채 표상[Vorstellung] 속에서 산만하게 떠도는 계기들을 차례로 변호[정당화]하지만, 이렇게 변호[정당화] 된 계기는 영웅의 격정[Pathos]으로 되지 못하며 오히려 영웅의 열정[Leidenschaft]으로568 전락한다. ―그런 열정은 우연적이며 비본질적인 계기일 뿐이다. 정체성이 없는[selbstlose] 합창이 이런 계기를 찬미하는 것은 사실이라 할지라도 이는 영웅의 성격[Charakter]을 형성할 수 없으며 또한, 이들 영웅은 이런 계기를 자기의 본질로 언표하거나 존중할 수도 없다.

*FM주 〈396:29~30〉 헤겔은 여기서 크세노파네스Xenophanes와 플라톤이 호머와 헤시오도스의 신통기를 비판한 것을 염두에 둔다. 크세노파네스에 관해서는 다음을 참조: 섹스투스 엠피리쿠스Sextus Empiricus, *Opera*, I. Ad versus physicos. S. 593 (Buch 9, Abscln. 193); Platon

---

567 제우스는 인식의 신인 아폴로와 복수의 신인 에리나이로 분화되며 다시 양자를 통일한다. 마치 기독교의 삼위일체 개념과 비슷하지만, 그 방식은 다르다.
568 격정은 개인을 지배하는 실체적 힘이다. 열정은 개인을 지배하는 자연적 힘이다.

에 관해서는 다음을 참조하라: 플라톤Platon, 『공화국II』, *Opera*, 2권, 377f.

[해제] 헤겔은 이제 비극의 세 번째 본질인 운명에 관해 서술한다. 서사시의 신들은 개별 민족의 신이다. 이는 "개체성과 본질의 혼합"이며 "일관성이 없는 우연성"을 지니며, 그 개체성은 "본질의 표면에 부착된 비본질적 개체성"이다. 이들은 올림퍼스에 모여 신들의 공동체를 형성하고 있었다.

서사시에서 등장한 올림포스의 신들은 비극에 이르러 그 역할이 사라진다. 비극에 이르면 신의 형태는 인식의 신인 아폴로와 무지의 신인 복수의 신 에리나이 그리고 양자를 통합하는 신 제우스로 축소된다. 이들은 이제 개념의 필연성에 따라 분화된 "본질적인 개체"로서 신이다.

하나를 추구하던 고대 철학자에 앞서서 이미 비극에서 신의 공동화가 시작됐다. 비극에서 두 대립하는 두 실체와 두 자아가 몰락하면서 동시에 인식과 무지가 통합되면서 통일된 정신에 대한 신으로서 제우스만이 남는다.

가족과 국가, 남자와 여자, 본질과 자아가 통일되면서 정신에 대한 인식은 의식의 단계를 넘어서 자기의식의 단계로 진입한다. 정신의 인식이 자기 확신의 단계에 있을 때 개별 민족 신들이 출현했다. 정신이 의식 단계에 이르면서 비극의 추상적 신인 아폴로와 복수의 여신이 출현했다. 정신이 마침내 자기의식에 도달하면서, 이런 정신적 자기의식을 처음으로 상징하는 신이 곧 제우스이다.

그러나 제우스는 아직은 직접적인 방식으로 출현한 자기의식을 의미할 뿐이다. 제우스는 빛의 신과 복수의 신과 더불어 존재하면서 이들을 지배하는 통일적 신이다. 제우스는 이들 빛의 신과 복수의 신의 내면에 거주하는 비밀스러운 힘이다.

제우스는 장차 등장하게 될 유일신의 초기 형태다. 이 유일신에 이르면 신은 인간 신을 통해 자기를 계시한다. 그러나 제우스는 아직 그런 자기의식의 완성에는 도달하지 못했다. 제우스는 다만 "특수자에 관한 인식이자 동시에 구체적 형태로 생성 중인 인식을 낳는 아버지"에 지나지 않는다.

742) <SK 541:5~27><FM 397:6~23>

그러나 신적인 본질 자체를 표현하는 인격[페르소나]이나 자신이 속한 실체를 대변하는 인물은 의식이 없는 단순한 필연성 속에서 몰락한다. 이와 같이 자기의식과 대립하는 단순한 필연성이 갖는 규정은 부정적 위력이라는 것이니 지상에 발을 디디고 서 있는 모든 형태는 그런 부정하는 위력 속에서 자기 자신을 인식하지 못하고 오히려 그런 부정하는 위력 속에서 몰락하고 만다.[569] 자아는 각 **인물**[Character]에 다만 할당된 채로 등장하지만, 운동의 매개 중심으로 되지 못한다. 그러나 자기에 관한 단순한 **확신**인 자기의식은 사실상 부정적인 위력이며[570] 제우스의 통일[571] 즉 **실체적인** 본질과 **추상적인** 필연성의 통일이다. 모든 것은 이런 정신적 통일 속으로 되돌아간다. 그러나 실제로 존재하는 자기의식은 아직도 실체나 운명으로부터도 구별된 까닭에 **한편으로 본다면**

569 필연적 운명은 실체를 이루는 대립적 힘들이 상호 파괴하는 힘이니, 기존의 모든 실체를 파괴할 뿐, 새로운 실체를 세우지 못한다.

570 실체가 상실되고 실체와 자아의 통일이 파괴되자, 무기력한 개별 자아를 "자기에 관한 단순한 확신인 자기의식"이라 한다. 이런 무기력한 자기의식은 부정적 위력인 운명의 필연성과 동전의 이면을 이룬다. 헤겔은 이 자기의식을 "실제로 존재하는 자기의식"이라고 말하기도 한다.

571 개별 신은 민족국가를 상징한다. 제우스는 민족국가의 연합을 상징한다. 그러기에 한편으로 실체적 본질이며 다른 한편으로 운명의 필연성이다.

합창단이나 관객 층은* 신적인 생명이 펼쳐나가는 운동을 어떤 **소원한 존재**로 여기면서 그 앞에서 공포로 가득차며 이 운동은 가까운 것으로 여겨질 때는 그들 속에서 오직 **연민**할 뿐 아무런 행동도 없다. 그러나 다른 한편에서 의식이 함께하면서 극 중 인물[Charakter]에 속하는 한, 이와 같은 합일572이란 단지 외적인 것 즉, **위선** 이상의 것일 수는 없다. 왜냐하면, 여기에는 참된 통일인 자아와 운명적 실체 사이의 통일573이 아직 눈앞에 나타나지 않기 때문이다. 관객 앞에 나타나는 영웅은 가면과 배우로, 다시 말해 인격[페르소나]과 실제 자아[배우]로 분열된다.574

　*FM주 〈397:17~18〉 참조: FM주 〈393:14~17〉

　743) 〈SK 541:28~32〉〈FM 397:24~27〉

　영웅의 자기의식은 가면을 뚫고 나와야 하며 자기를 어떻게 해서 합창단이 대변하는 신들과 함께 또한, 절대적인 위력까지도 지배하는 운명으로 인식한 것인지를 표현해야 하며 동시에 자신이 어떻게 해서 일반적인 의식에 해당하는 합창단과 더는 분리되지 않게 된 것인지를 표현해야 한다.

　744) 〈SK 541:33~542:16〉〈FM 397:28~398:6〉

　희극은 무엇보다도 실제로 존재하는 자기의식이 신들을 지배하는 운명으로 표현된다는 측면을 지니고 있다.575 토대로 전락한[elementarisch]

572　여기서 합일이란 운명에 대한 의식을 말한다.

573　참된 통일이란 자기를 자유롭게 결정하는 법적 인격을 말한다.

574　희극에서 배우 즉 자기의식은 가면 즉 실체적 자아를 뚫고 나왔지만, 아직 자립성을 획득하지 못한다.

575　비극의 세계에서 관객이 느끼는 공포와 연민은 희극의 시대에 이르러 기존의 인륜적 정신에 관한 냉소로 전환한다. 이런 냉소가 곧 희극이다. 여기서 개별

본질⁵⁷⁶은 **일반적인** 계기일 뿐 어떤 자아도 가지지 않으므로 자기를 실현할 수 있는[wirklich] 것도 아니다. 이런 본질도 개체성의 형식을 갖추고 있기는 하나 이 개체성⁵⁷⁷은 그런 본질에는 다만 상상 속에서만 마련될 뿐이므로 그런 본질에 그 자체에서 그리고 자기에게 나타난 대로[an und für sich selbst] 귀속된 것은 아니다. 실제로 존재하는 자아란 그와 같은 추상적 계기⁵⁷⁸를 자기의 실체나 내용으로 삼지 않는다. 따라서 실제로 존재하는 자아가 주체이며 그와 같이 다만 개별적 성질에 그치는 추상적 계기를 위에 올라선다. 추상적 계기는 여전히 [인격의] 가면을 쓰기는 하지만, 그것이 지닌 개별 성질이 그 나름으로 어떤 것[etwas]으로 되려 한다는 아이러니를 언표한다.⁵⁷⁹ 일반적인 본질 규정[Wesenheit]이 드러내는 허세[Aufspreitzen]는 자아를 통해 폭로된다. 자아는 자신이 현실에 구속된다는 것을 드러내며 어떤 권리를 지닌 존재[Rechtes]로 되고자 하는 가운데 결국, 가면을 벗어던진다. 자아는 여기서 실현된 존재라고 하는 의미에서 등장하면서 자아가 한때 인격[페르소나]을 담당

────────────

적 자아가 신들을 지배하는 힘이 된다.

576 인륜적 정신 즉 실체는 자기를 실현하는 자아를 상실하면서, 개별 자아의 단순한 결합에 그친다. 헤겔은 이런 결합체를 토대로 전락한 것으로 본다. 그게 그리스 민주주의다.

577 개별 국가의 모습을 갖는다는 뜻이다.

578 헤겔은 소크라테스의 정의나 덕성을 '추상적인 계기' 또는 '일반적 본질 규정'으로 파악한다. 그것은 비록 이성의 이름으로 출현하지만, 사실은 개별적인 것에 지니지 않는다.

579 이런 추상적인 덕목은 진정한 실체가 되지 못하는데도 마치 실체인 것처럼 위장한다. 아리스토파네스의 『구름』에서 보듯이 개별적 자아는 실체에 기초한 정의나 덕성을 자기 이익을 위한 수단으로 이용할 뿐이다.

하기 위해 쓰던 마스크를 희롱한다. 그러나 자아는 이런 외관을 벗어나서 곧 그 자신의 적나라한 일상적인 모습을 하고 출현한다. 이런 일상적 모습은 본래의 자아인 배우나 관객으로부터도 구별될 수 있는 것이 아니라는 점을 보여준다.

[해제] 1) 그리스 비극에서 실체는 자아와 직접 일치했다. 그러나 실체가 무너지고 그것을 대변하는 인격도 몰락한다. 이제 한편으로 무기력한 개별적 자아가 출현하며, 다른 한편으로 운명의 필연성이 출현한다.

개별적 자아는 아직 자립성을 획득한 법적 인격이 되지 못한 채 운명의 필연성 앞에서 무기력하니 운명 즉 "신적인 생명이 펴나가는 운동에 대해 가득한 공포함을 느끼거나 얼어붙은 듯한 연민으로 흔들린다."

다른 한편 운명의 필연성은 "지상에 발을 디디고 서 있는 모든 형태를 부정하는 위력"이다. 이는 신들의 신인 제우스로 상징된다. 그러므로 헤겔은 이를 곧 "제우스의 통일 즉 실체적 본질과 추상적 필연성의 통일"이라 한다.

2) 여기서 희극의 시대가 출현한다. 이 시대에 운명 앞에서 무기력한 자아는 합의를 바탕으로 민주주의라는 정신적 본질을 형성한다. 이 본질은 운명의 필연성이 구체적 대상으로 출현한 것이다. 여기서 개별적 자아가 "신들을 지배하는 운명이니" 이런 정신적 본질은 외면적으로는 실체지만, 아직 고유한 자아를 지니지 못한 것이다. 헤겔은 이 본질을 "바탕으로 전락한 본질"이라 하며, 이는 국가라는 "개체성의 형식을 지니지만, 이 개체성은 다만 상상 속에 마련된다"라고 한다.

3) 여기서 인륜적 정신으로 복귀하려는 운동이 출현한다. 헤겔은 소크라테스와 플라톤의 철학과 그것에 기초한 아테네 30인 독재 정치 체제가 그런 향수에서 나온 것으로 여긴다.

그들은 추상적 정의나 덕목에 기초하여 다시 인륜적 실체를 회복하려 한다. 그러나 헤겔은 이런 추상적 덕목은 마치 실체적인 것처럼 보이지만, 단순한 "개별적인 성질"에 지나지 않는다고 한다. 왜냐하면, 그것은 개별적인 목적으로 추상한 일반적인 것에 지나지 않기 때문이다. 이미 시대의 흐름은 다시 실체와 자아의 직접적 통일로 돌아갈 수 없으며 오히려 개별적 자아가 자립성을 획득하는 것이다.

4) 헤겔은 이 시대의 이중성을 충분히 이해하고 있으며 희극이 이런 이중성을 토대로 한다고 말한다. 희극은 표면으로는 복고적이지만, 이면에는 이미 시대적 흐름을 긍정하고 있다. 한편으로 희극은 그런 구체제로 복귀하려는 소피스트들의 운동을 위선을 여기면서 "일반적 본체가 드러내는 허세를 폭로하고" 이에 대해 냉소를 터뜨린다.

다른 한편으로 희극은 개별적 자아의 관점에서 이런 위선을 폭로하니, 이를 통해 새로이 등장하는 개별적 자아를 긍정한다. 헤겔은 희극에서 배우가 가면을 벗는 것을 자아의 긍정으로 해석한다. 가면을 벗어 던짐으로써 개별 자아는 이제 "그 자신의 적나라한 일상적인 모습"을 하고 출현하게 된다.

745) 〈SK 542:17~543:13〉〈FM 398:7~30〉

본질 규정[Wesenheit]은 지금까지 무릇 자신에 걸맞은 개체성 속에서 구체적 형상580을 지니고 있었으나, 이런 본질 규정이 일반적으로 해소된다. 이때 본질 규정의 내용이 더 예사롭지 않고[ernstere] 더 필연적인 의미를 지닐수록 이런 해소는 내용상 더 진지하며[ernsthafter] 따라서 더 악의적이고 더 신랄하다. 신적인 실체는 그 자체 내에 두 가지 의미 즉 자연이 준 본질 규정이라는 의미와 인륜이 준 본질 규정이라는 의미가 통합된다. 우선 자연이 준 본질 규정을 보자면 실제로 존

---

580 비극에서 등장하는 영웅을 말한다.

재하는 자기의식은 이미 이 자연적인 것을 자기를 위한 장신구나 주거 등으로 쓰는 가운데 또한, 그 자신이 그런 자연적인 것을 제물로 바쳐 잔치를 베푸는 가운데 그 자신이 자연적인 것을 지배할 운명이라는 사실을 보여준다. 즉 실제로 존재하는 자기의식 앞에 자연이 자체성[Selbstwesenheit]을 지닌다는 사정이 지닌 비밀이 드러난다. 빵과 포도주라는 신비에 부딪히면 실제로 존재하는 자기의식은 이런 빵과 포도주를 그것의 내적인 본질에 속하는 의미와 함께 먹어치움으로써 자기 것으로 만들고 만다. 자기의식은 희극을 통해서 자연적 본질이 지닌 아이러니[581]를 의식하기에 이른다. ─그다음으로 신적 실체가 지닌 의미 속에 인륜이 준 본질 규정이 포함된다는 점에서 본다면 이런 인륜이 준 본질 규정은 한편으로는 두 가지 측면에서 민중[Volk][582]이다. 즉 인륜적 본질 규정은 국가 또는 본래적인 의미의 데모스[Demos]의 측면에서 민중이며 또한, 가족의 개별 성원이라는 측면에서 민중이다. 또한, 다른 한편 이런 인륜이 준 본질 규정은 자기의식이 획득한 순수한 인식이며 또는 일반적인 본질에 관한 이성적인 사유다. ─그런데 **데모스** 즉 일반적으로 말해 대중[Masse]은 그 자신을 주권자며 통치자고 동시에 존경받는 지성이며 통찰을 지닌 자로 인식하면서도 동시에 자신이 있게 된 특수한 현실을 통해서 강요되거나 현혹된다. 따라서 이런 데모스는 자신에 관한 자기의 견해와 자기의 직접적인 현존이 또는 자기의 필연성과 우연성이, 더 나가서는 자기의 일반적 본질과 일상적인 모습이 서로 우스꽝스럽게 대조된다는 사실을 표현한다. 일반적 본질로부터 유리된

581 신적 존재는 일반적 본질이면서도 특수한 성질을 지닌다. 희극은 양자를 대조하면서, 신적 존재를 조롱한다.

582 'Volk'은 앞에서 주로 민족국가(폴리스)를 의미했다. 여기서는 문맥상 민중이라는 의미에 가깝다.

개별성의 원리가 본래적 형태의 현실 속에서 출현하면서 사실은 은밀하게 공동체[Gemeinwesens]를 해치면서도 공공연하게[offenbar] 자기가 공동체라고 참칭[僭稱]하면서 공동체를 지도하려 한다면[583] 이때 더욱 직접 폭로되는 것은 다음과 같은 사실이다. 즉 이론이라고 하는 일반적 요소와 실천에서 중요하게 여겨지는 것이 지니는 일반적 요소가 서로 대조적인 성격을 지닌다는 사실[584]이며 또한, 직접적인 개별 존재가 지닌 목적이 일반적인 질서로부터 전적으로 벗어나 있다는 사실이고 나아가서 이런 개별 존재가 일반적 질서를 조소한다는 사실이다.

[해제] 1) 헤겔은 여기서 희극의 내용을 다룬다. 희극에서 주인공은 이제 개인이다. 이 개인은 실체적 본질과 그것을 상징하는 신적 존재를 조롱한다. 이때 실체적 본질은 두 측면을 지닌다. 하나는 자연적 특수성에서 나오는 것이며 이는 신의 형태 속에 자연 신으로 표현되며 다른 하나는 인륜적 본질의 본래적 본성에서 나오는 것이다. 이것은 신 존재 자체에서 표현된다. 이때 헤겔은 "실체적 본질의 내용이 더 필연적이고 더 진지한 것일수록 이에 대한 조롱은 더 진지하며 더 악의적이고 더 신랄하다"라고 한다.

2) 우선 실체적 본질과 신적 형태가 자연적인 규정을 지닌다고 할 때, 개인은 이미 제의에서 제물을 향락하는 가운데 자신이 이런 특수성과 자연적 모습을 지배하는 힘이라는 사실을 보여준다. 희극은 실체적

---

583   소크라테스는 추상적 덕목을 바탕으로 실체적 통일을 회복하려 한다. 그러나 이 추상적 덕목은 진정한 공동체를 회복하지 못하며 사실은 개별적 목적을 추상한 것에 지나지 않으니, 공동체를 사칭하는 것이다.

584   희극은 이런 덕목이 속임수임을 폭로하면서 개별적 자아의 승리가 역사의 필연임을 드러낸다. 그것을 폭로하는 방식이 이론에서 변증법을 실천적으로 사용하는 것이다.

본질과 신적 형태가 지닌 특수성이 지닌 아이러니를 노골적으로 폭로한다.

3) 실체적 본질과 신적 형태가 다른 한편 인륜적인 규정을 지닌다고 할 때 이는 실체적 본질이 개별 자아와 직접적 합일을 이룬다는 뜻이다. 그러나 실체적 통일이 무너진 이후, 개별 자아를 토대로 민주주의가 등장한다. 소크라테스는 추상적 덕목에 토대를 두고 민주주의를 단순한 합의체가 아니라 과거의 실체적 통일로 복귀하게 하려 했다.

4) 희극은 그런 추상적 덕목을 비판하는데, 그것은 그 자체로 우스꽝스러운 존재라고 한다. 왜냐하면, 이런 덕목은 추상적인 한, 개별적 목적으로 환원되고 말기 때문이다. 희극은 그런 추상적 덕목을 소크라테스가 사용한 이론적 변증법을 실천적으로 적용함으로써 해체한다. 희극은 이런 해체를 통해 이미 등장하는 개인의 자립화하는 경향을 긍정한다.

746) 〈SK 543:14~544:5〉〈FM 398:31~399:14〉

이성적 **사유**는 신적 본질을 자신의 우연적인 형태로부터 해방하면서 합창단의 몰 개념적인 지혜에 대립한다. 왜냐하면, 그런 합창단의 지혜라는 것은 갖가지 도덕적 격언[Sittensprüche]을 내놓으면서 여러 법칙 즉 여러 규정된 의무 개념이나 권리 개념을 기정사실로 삼기 때문이다. 그러므로 이성적 사유는 이들 여러 법칙이나 여러 의무-권리 개념을 미와 선이라고 하는 단순한 이념 속으로 승화시킨다. ─이와 같은 이념의 추상화 운동을 통해 의식되는 것은 이런 준칙이나 법칙이 그 자체에 궤변[Dialektik]을 지닌다는 사실이며[585] 또한, 이전에 이런 준칙 및 법칙을 에워싸던 절대적 타당성이라는 광휘가 사라졌다는 사실이다.

---

585 아리스토파네스는 「구름」에서 소크라테스를 소피스트의 우두머리로 묘사한다.

이제 신에 속한 본질 규정[Wesenheiten]이 표상[Vorstellung]이라는 형식 때문에 얻었던 우연적인 규정이나 피상적인 개체성이 소멸하는 가운데 이런 신에 속한 본질 규정이 지닌 자연적인 측면[586]은 다만 적나라한 직접적인 현존으로 전락할 뿐이며, 이런 자연적 측면은 그것을 표현하는 표상이 의미하는 그대로 한낱 구름이나 사라져 가는 안개에 지나지 않는다. 이런 표상으로 표현된 본질 규정이 **사유 되면서 미**와 **선**이라고 하는 **단순한** 사상으로 되자 이런 단순한 사상은 그 어떠한 임의의 내용으로 충만해도 무방하다.[587] [희극에서] 궤변적[dialektischen] 인식이 지닌 힘은 행동을 위한 특정한 법칙이나 특정한 준칙의 원인을 청년의 쾌락이나 경솔함에 돌린다. 하지만 청년을 유혹한 것은 바로 이런 법칙이나 준칙이었다. 또한, 그런 궤변적 인식의 힘은 불안과 근심 속에서 그때그때의 사소한 생활상의 문제에만 골몰하다시피 하는 노인의 손에 속임을 위한 무기를 쥐여준다.* 그러므로 미와 선이라고 하는 순수한 사상이야말로 희극을 구경거리로 만드는 것이다. 왜냐하면, 세상 사람들의 속견[Meinung]은 내용의 측면에서 특정하며[Bestimmtheit] 동시에 의식에 머무른다는 점에서 절대적으로 한정되니[Bestimmtheit] [미와 선이라는] 단순한 사상을 통해 이런 속견에서 해방된다면 오히려 비어 있을 뿐만 아니라 또한, 이로써 다만 우연적인 개인이 지닌 사견[Meinung]이나 자의가 유희를 벌이는 데 이르기 때문이다.

---

586 그리스 신상이 지닌 특수한 형태를 말한다. 이는 각 민족의 자연적 특수성을 반영한다.

587 소크라테스와 플라톤은 이데아를 사물의 객관적 규정으로 제시했으나 이는 형식적일 뿐이고 어떤 속성도 그것의 내용이 될 수 있으니, 소피스트들이 말한 주관적 규정과 다를 바 없다.

*FM주 〈399:3~14〉 헤겔은 아리스토파네스Aristophanes의 작품 『구름』을 거론한다. 이 작품은 소피스트 문화를 반대하는데, 이 소피스트 문화의 대변자로서 소크라테스가 등장한다. 소크라테스는 그의 학교를 방문한 스트렙시아데스Strepsiades에게 구름을 창조한 신이 아니라 구름이 참된 신이라고 가르친다. (참조: 아리스토파네스 Vers 252ff , 268ff , 365, 424). 구름은 안개, 이슬, 그림자로 표시될 수 있다. (참조: Vers 330). 스트렙시아데스는 소크라테스로부터 채권자로부터 빌린 돈을 **빼앗는** 방법을 배우고자 한다. (참조: Vers 433ff). 스트렙시아데스의 아들 페이디피데스Pheidippides는 불리한 상태에서 승리할 수 있는 법을 배워야 한다. 이런 목적을 위해 수사술을 통한 담판이 유리한 쪽과 불리한 쪽의 대변자들 사이에서 일어나고 이런 담판에서 후자가 승리한다. (참조: Vers 889~1104)

[해제] 1) 헤겔은 희극의 출발점은 소크라테스로 대변되는 이성적 사유에 있다고 한다. 이 이성적 사유는 전 시대 비극에서 합창단의 지혜라는 것을 비판한다. 그런 합창단의 지혜는 특정한 여러 법칙을 절대적으로 정당한 것으로 주장한다. 이성적 사유는 진리나 선, 아름다움을 추상적으로 파악하면서, 지금까지 기정사실화된 법칙들로부터 절대적 타당성이라는 광휘를 제거한다. 즉 신적인 것이라는 이름 아래서 사실은 자연적인 우연성이 지배한다는 것을 폭로한다. 다시 말해 그런 법칙은 한 시대나 한 민족의 우연적 관습을 신적인 정당성으로 옹호하는 것일 뿐이다.

2) 그러나 이런 비판을 통해 도달한 소크라테스의 이성적 사유는 참된 인식에 이르는 것이 아니라 추상적 사상에 지나지 않으므로 그 사상은 임의의 내용으로 충만해도 무방하다. 그러므로 어떤 주관적 내용을 절대 타당한 것으로 여기는 궤변과 다른 바 없어진다.

그렇기에 희극에서 보면, 소피스트의 수사술이나 소크라테스의 대화법은 아무런 차이가 없다. 즉 이성적 사유 역시 그 밑바탕에는 자기의 이익이 감추어져 있다는 것이다. 희극은 이성적 사유가 도달한 결과 역시 "한낱 구름이나 사라져 가는 안개"에 지나지 않는다고 비판한다.

3) 이와 같은 헤겔의 주장은 아리스토파네스가 지은 「구름」이라는 희극의 내용을 고려한 것이 분명하다. 여기서 주인공인 노인 스트렙시아데스Strepsiades는 소크라테스로부터 대화술을 배워 이를 채권자에 대한 "속임의 무기"로 사용함으로써 자기가 진 빚을 떼어먹으려 한다. 스트렙시아스는 머리가 나빠 소크라테스의 변증법을 충분히 배우지 못해 자기 아들 페이디피데스Pheidippides가 대신 배우게 한다. 그러나 페이디피데스는 자기 아버지를 두들겨 패면서 그가 배운 대화술을 이용해 이를 정당화한다. 그런 점에서 헤겔은 청년은 대화술을 이용해 자기에게 쾌락으로 되는 법칙을 옹호하지만, 오히려 거꾸로 청년이 그런 쾌락을 추구한 것은 바로 대화술이라는 수단을 통해 자기의 법칙을 정당화할 수 있었기 때문이라 한다.

4) 희극이 폭로하는 것은 비극이 옹호했던 관습적 법칙이 아니다. 오히려 희극이 폭로한 것은 이성적 사유를 통해 제시되는 진리와 선과 아름다움에 관한 순수한 사상이다. 즉 "순수한 사상이야말로 희극을 구경거리로 만드는 것"이다. 왜냐하면, 이런 순수한 사상이 도달한 것은 참된 진리가 아니라 추상적 사상이며 그 속에는 사견과 자의가 유희를 벌이기 때문이다. 즉 순수한 사상 역시 관습적 법칙만큼이나 자의적이라는 것이다.

5) 아리스토파네스의 희극은 이처럼 관습적 법칙이나 이성적 사유가 지닌 위선과 속임을 폭로하는 것이었다. 즉 그 어느 것이나 자기 이익을 감추고 있다는 것인데, 그런 점에서 아리스토파네스는 과거의 인륜적 정신의 질서로 되돌아가려는 복고주의자로 평가된다. 하지만 헤겔은 아리스토파네스의 참된 의도는 그런 복고주의가 아니라 오히려 개인이 자

기를 현실에서 실현해 쾌락을 얻는 삶을 긍정하는 것이라고 한다.

희극에서 긍정된 개인은 마침내 자유로운 인격으로 발전한다. 이런 개인의 긍정은 그리스적 도시 국가가 무너져 가고 있다는 것을 의미하며 이제 개인의 자유로운 인격에 기초한 제국, 법 그리고 황제의 지배가 출현한다는 것을 의미한다.

747) 〈SK 544:5~33〉〈FM 399:15~35〉

앞[비극]에서 운명은 의식이 없는 채 전개됐고 텅 빈 휴식이나 망각에 이르면서[588] 자기의식과 유리됐으나 여기[희극]에서 운명은 마침내 자기의식과 통일되기에 이른다. **개별 자아**는 여기서 부정적인 힘을 발휘하면서 이를 통해 그리고 이런 힘 속에서 신들이나 신에 속한 계기 즉 신을 현존하게 하는 자연적 계기와 신의 규정이 포함하는 사상도 다 같이 소멸하기에 이른다. 개별 자아는 비어 있는 것으로서 신과 더불어 사라지지 않으며 오히려 이처럼 무상함 자체 속에서 자기를 보존하며 또 자기에 머무르면서 남아 있는 유일한 현실로 된다. 예술 종교는 희극에서 나타나는 개별 자아를 통해 완성된 가운데 이제 자기 내면으로 완전히 복귀한다. 자기 자신이라고 하는 확신을 지닌 개별 의식이 절대적 위력으로 나타남으로써 이제 이런 절대적 위력은 **표상**이라는 형식, 즉 **의식**으로부터 **유리되고** 이 의식에 대해서 소원한 것이라는 형식, 다시 말하자면 이전에 조상 기둥이나 생동하는 아름다운 육체 또한, 서사시의 내용 그리고 비극에서 서로 충돌하던 위력이나 [격정적] 인물과 같은 형식을 상실한다. ─또한, 신과 자아의 통일도 결코 예배나 비밀 제의[Mysterien]에서 같이 **의식이 없는** 통일이 아니다. 희극 속에 등장하

588　비극의 주인공이 겪는 결말을 말한다.

는 배우가 간직한 본래적인 자아는 바로 그 자신이 맡은 배역[Person]589과 합치하니 이것은 관객이 그의 앞에 표상으로 나타나는 것[vorgestellt] 속에 완전히 동화돼 자기 자신이 그렇게 행동한다고 아는 것과 마찬가지다. 이런 자기의식이 직관하는 사실은 그 자신에 대립하는 본질 규정[Wesenheit]의 형식을 띠는 것이 오히려 자기 안에서, 그리고 그의 사유와 현존과 행위 속에서 해소되고 자기를 양도한다는 사실이다. 이처럼 일반적인 본질이 개별 자아의 자기 자신에 관한 확신 속으로 귀환하는 것을 통해 자아에 전적으로 낯선 것은 이제는 공포감을 주지 않으며 하등의 본질을 지니지 않은 것으로 되며 또한, 의식은 행복을 느끼며 자신을 행복하게 만든다. 이런 상태란 실로 이 희극 속에서가 아니고서는 그 어디서도 더는 존재할 수 없을 것이다.

[해제] 희극에서 자기를 자각하는 개별 자아가 지배한다. 그 결과 과거 자아를 지배하던 정신적 본질의 위력은 사라진다. 그런 정신적 본질은 안으로는 가족과 국가로 분열했고 밖으로는 여러 민족국가로 분열했으나, 이제 희극에서는 모두 사라졌다.

정신적 본질은 과거 표상의 형식으로 즉 "의식으로부터 유리되고 이 의식에 대해서 소원한 것이라는 형식"으로 나타났다. 그것이 조상 기둥이나 생동적 예술작품, 서사시, 비극 등에서 나타난 표상들이다. 그러나 희극에서 그런 표상조차도 사라지고 만다.

희극에서 배우는 더는 가면을 통해 정신적 위력을 표현하지 않고 자기의 본래적 자아 즉 자기 이익을 실현하는 자아의 모습을 그대로 드러낸다. 배우는 가면을 벗고 자기 모습대로 나타난다. 관객 역시 무대의 인물을 정신적 위력을 지닌 존재로 파악하지 않고 현실 속에 살아가는

---

589 비극에서 인물은 실체를 상징하는 존재 즉 페르조나[Person]다. 희극에서 인물은 단순한 배역[Person]일 뿐이다.

자기 자신의 모습과 같은 것으로 파악한다. 또한, 관객은 신성한 세계 속으로 들어가는 것이 아니라 자기 자신의 삶을 보면서 그것과 자신을 동화한다.

이제 자아에 대립하는 본질은 사라지고 자아는 그런 정신적 위력에 대해 더는 공포감을 지니지 않는다. 오직 자아만이 실현되니, 자아는 그 자신의 삶 속에서 행복을 느끼게 된다.

C 계시 종교

[해제]

748~749) 예술 종교에서 계시 종교로 이행

750~754) 로마 시대 예술

755~757) 계시 종교의 개념

758~762) 그리스도의 의미

763~766) 성령과 교회의 출현

767~773) 삼위일체

774~777) 기독교적 표상의 의미: 창조와 악과 신의 분노

778~782) 성령에서 절대지로

783~785) 표상 작용과 개념적 인식

786~787) 표상에서 절대지로

748) ⟨SK 545:3~21⟩⟨FM 400:3~17⟩

정신은 예술 종교의 단계를 거치면서 **실체**의 형식을 벗어나서 **주체**의 형식으로 옮겨졌다. 왜냐하면, 예술 종교는 신의 형태를 **산출하는** 가운데 자기의 **활동**과 **자기의식**을 이 형태 속에 집어넣었기 때문이다. 이런 자기의식은 공포를 자아내는 실체[자연 종교]에서는 다만 사라졌던 것일 뿐이며 또한, 그런 실체에 대한 믿음[Vertrauen] 속에서는 자신을 아직 자신으로 파악하지 못했다. 신적 본질을 인간화하는 것은 조상 기둥으로부터 비롯된 것이기는 하지만, 이런 조상 기둥은 그 자체에서[an ihr] 다만 자아의 **외적** 형태만을 갖추고 있을 뿐, 그 **내면**이나 인간적 행위는 제외된다. 그런데 예배와 더불어 이들 실체와 주체 두 측면은 통일된다. 예술 종교의 결론[희극]에 이르러 이런 통일이 완성됐지만, 이

통일은 여기서 자아라고 하는 극단으로 이행하고 만다. 다시 말해서 이런 정신[희극]에서는 개별 의식이 자기를 전적으로 확신하므로 여기서는 신에 속했던 모든 본질 규정[Wesenheit]은 침몰했다. 이런 [희극] 정신이 담는 경솔함[Leichtsinn]을 명제로 언표하자면 [개별] **자아가 절대적 본질이라고** 표현할 수 있겠다. 과거에는 실체가 본질이었고 자아는 그것에 부수된 우연성에 불과했으나 그런 본질이었던 것이 이제 도리어 술어로 전락한다. [실체적] 정신에 관한 **의식**은 이런 [개별적] **자기의식** 속에서는 상실될 수밖에 없다. 왜냐하면, 본질의 형식을 취하는 어떤 것도 그런 자기의식에 대해 대립할 수 없기 때문이다.

749)〈SK 545:22~546:13〉〈FM 400:18~401:4〉

자명한 사실이지만, **자아가 절대적 본질이라는** 이 명제는 비종교적인 정신 즉 실제로 존재하는[wirklich] 정신에 속한다. 여기서 상기해야만 할 것은 그러한 명제로 표현되는 실제로 존재하는 정신의 형태는 어떠한 것인가 하는 점이다. 동시에 이런 형태는 그러한 명제가 [다시] 전도되는 운동을 포함한다. 그런 반전의 결과 자아는 술어로 전락하고 실체가 주어로 끌어올려진다. 이제 이 점을 더 자세히 살펴보면 여기서 [다시] 전도된 명제가 의미하는 것은 결코 **본래적인 의미에서** 또는 같은 말이지만, **우리가 보는 의미에서**[an sich oder für uns][590] 실체를 주어로 삼는다는 것이 아니다. 다른 말로 표현한다면 이를 통해 실체가 다시 복귀해 정신에 관한 의식이 실마리 상태로 즉 자연적인 종교로 환원되는 것은 아니다. 오히려 이런 전도된 명제가 의미하는 것은 어디까

---

590 'an sich oder für uns'는 'an sich und für sich'와 구분된다. 전자에서 'an sich'와 'für uns'는 동어반복적 의미를 지닌다. 후자는 그 자체 존재가 자기 앞에 현상하는 것을 의미한다.

지나 **자기의식을 위해** 그리고 이 **자기의식** 자체를 **통해서** 일어나는 전도다. 자기의식은 어디까지나 의식적으로 자기를 양도하는[aufgibt] 까닭에 자기의식은 자기를 포기하면서도[Entäußerung] 여전히 보존될 뿐만 아니라 동시에 실체의 주체로 남아 있을 것이다. 그러나 동시에 자기의식은 그 자신을 소외한다는[Entäußerung] 점에서 실체를 의식한다. 다시 말하면, 자기의식은 자기를 희생함[Aufopferung]으로써 실체를 주체로 되도록 **산출**하므로 이렇게 산출된 주체는 어디까지나 자기의식 자신의 고유한 자아로 남아 있을 뿐이다.[591] 이상과 같은 과정을 통해서 도달하는 사실은 이렇다. 즉 이들 두 명제 가운데 첫 번째에 해당하는 실체성을 표현하는 명제에서는 주체는 다만 사라졌을 뿐이며 ─다음 두 번째의 [자아를 표현하는] 명제에서는 실체가 한낱 술어에 지나지 않는다. 그러므로 두 명제 각기 실체와 자아라는 두 측면의 가치가 서로 반대의 방향에서 같지 않은 방식으로 결합한 채로[entgegengesetzten Ungleichheit des Wertes] 눈앞에 나타난다. ─실체와 자아라는 두 개의 본성이 합일하고 상호 침투가 일어날 때 여기서 이 두 가지는 서로 같은 가치를 지니면서 한편으로는 모두가 단지 **계기**에 지나지 않으면서 다른 한편으로는 모두 **본질적**이기도 하다. 그럼으로써 마침내 정신은 자기를 대상적인 실체로 **의식**하는 동시에 단순히 그 자신 속에 머물러 있는 **자기의식**으로 된다.

[해제] 1) 여기서 헤겔은 자연 종교와 예술 종교를 비교하고 이들과 구별되는 계시 종교의 특징을 서술한다. 자연 종교에서는 실체는 공포를 자아낼 뿐, 아직 자아는 등장하지 않는다. 예술 종교는 조각 기둥, 기

---

591   이 구절 앞부분은 실체의 주체화를 말하며 뒷부분은 주체의 자기 지양을 통한 실체화를 말한다.

도, 제물, 서사시, 비극으로 발전한다. 이런 발전 과정을 거쳐 자아가 발전하면서 마침내 희극에 이르러 주체가 실체를 지배하면서 자기를 자각하는 개별 자아가 등장한다. 희극에서 이런 개별 자아가 절대적인 존재가 된다.

2) 헤겔은 예술 종교가 계시 종교로 발전하면서 다시 한번 전도가 일어난다고 한다. 이제 실체는 자연 종교에서 같이 실마리 상태로 있는 실체가 아니라 자아가 자기를 희생하면서 복귀해 생성한 실체다. 여기서 자아는 희극에서 등장한 직접적인 자아와 구분된다. 계시 종교에서 자아는 자기를 부정하는 자아므로 무한한 자아 또는 개별 자아가 자기부정을 통해 즉 "자각적으로 자기를 양도하는 것"을 통해 도달하는 일반적 자아다. 자아는 "자기를 포기하면서도 여전히 보존된다." 이런 전도는 자기의식을 위해서 그리고 이 자기의식 자체를 통해서 일어나는" 전도다.

그러므로 자아는 그 자신을 소외하면서 자기가 곧 실체임을 자각한다. 거꾸로 실체는 이제 스스로 주체로 되면서 자기를 자아로 계시한다. 자아와 실체의 상호 운동을 통해 실체와 주체가 통일된다. 양자는 상호 침투하며, "한편으로는 모두가 계기에 지나지 않으면 다른 한편으로는 모두 본질적이기도 하다."

3) 헤겔은 계시 종교라는 개념으로 기독교에서 그리스도의 수육과 희생이라는 개념을 표현한다. 즉 이런 수육은 신이 자기의 아들이 돼 지상에 내려오는 것이며 동시에 지상의 인간이 자신을 희생해 신으로 되는 과정이다.

예술 종교에서 등장한 개별 자아는 인간의 모습을 한 신의 형태로 자기를 표현한다. 여기서 인간의 모습은 이상화된 인간의 모습이지만, 아직 육체적인 모습이며, 그 속에 영혼이 표현되지 않는다. 반면 계시 종교에 이르러 등장하는 자기의식은 개별 자기의식이 아니라 일반적 자

기의식이다. 이런 자기의식은 자기를 희생하는 인간의 모습 즉 그리스
도의 모습으로 나타난다. 이 신은 육체적으로 완성된 인간이 아니라 그
속에 내면적 영혼이 표현된 인간이다.

750) 〈SK 546:14~27〉〈FM 401:5~15〉

우리는 예전에 예술 종교가 속하는 인륜적 정신이 **법적 상태** 속으
로 몰락해 간다는 것을 살펴본 적이 있다. 이런 법적 상태란 **자아 자체
즉 추상적 인격이 곧 절대적 본질이라**고 하는 명제로 표현될 수 있다. [
반면] 인륜적 삶에서 자아는 그 자신이 속한 민족의 정신 속에서 침잠
해 있으며 민족은 **충만한** 내용을 지닌 일반 존재다. 그러나 **단순한 개
별 존재**가 이런 [민족의] 내용으로부터 고개를 든다. 이런 개별자는 자
신의 경솔함[592]을 순화해 인격으로 즉 법적으로 인정되는 추상적인 일
반 존재가 된다. 인륜적 정신의 **실재성**[Realität]은 상실되고 이제 개체
적 민족[Völkerindividuen]을 대변하는 제신[諸神: Geister]은 내용을 잃
고 **하나의** 판테온[Pantheon] 속으로 모인다. 그런 판테온은 무기력한 형
식이기에 여하한 내용이라도 받아들이는 표상[Vorstellung] 속의 판테온
은 아니며 오히려 추상적 일반성을 의미하는 판테온이며 순수한 사상
[Gedanke]으로 출현한 판테온[593]이다. 그러므로 이 순수한 사상은 민족
성원의 생명을 박탈하고 활기 없는 자아, 하나의 인격[황제]에 절대성
[Anundfürsichsein]을 부여한다.

751) 〈SK 546:28~547:3〉〈FM 401:16~23〉

그러나 이와 같은 자아는 텅 빈 것이니 어떤 내용도 자유로이 허용

---

592 비극에서 무지한 상태에서 자기와 대립하는 실체를 훼손하는 것을 의미한
다.

593 전자는 그리스 올림퍼스를 말하며 후자는 로마의 만신전을 말한다.

한다. 여기서 의식은 다만 **자기 내에서만**[in sich] 본질로 되며 그 의식의 고유한 **현존** 즉 법적으로 인정받은 인격은 내용이 충족되지 않은 추상적[형식적] 상태에 머물러 있다. 따라서 의식은 단지 자기 자신에 관한 사상만을 소유하며 또 달리 말하면 이 의식은 **현존하면서** 자신을 대상으로 인식하는 만큼이나[wie] **자기를 실현하지 못하는**[unwirkliche] 존재다.[594] 따라서 이 의식은 **스토아주의**에서 제시되는 **사유 속에서의 자립성**을 뜻할 뿐만 아니라 더욱이 이 자립성은 회의적인 의식의 운동을 두루 거쳐 나가는 가운데 오직 **불행한 자기의식**이라고 불렀던 형태 속에서 자기의 진리를 발견한다.[595]

752) 〈SK 547:4~19〉〈FM 401:24~35〉

그런데 이 불행한 자기의식은 추상적인 인격이 실제로 유효하다는 것이 무엇인지 그것도 순수한 사상 속에서 유효하다는 것이 과연 어떤 의미가 있는지를 알고 있다. 즉 불행한 자기의식은 인격이 그렇게 유효하다는 것이 오히려 자기를 완전하게 상실하는 것에 그친다는 것을 알고 있다. 불행한 자기의식 자체는 그런 상실에 관한 의식이며 그 속에서 자기를 인식하는 것을 포기한다는[Entäußerung] 것을 의미한다. ─우

---

594 자기의식 장에서는 노예의 자기의식으로부터 불행한 의식을 거쳐 법적 인격이 실현됐다. 정신 장과 여기 절대정신 장에서는 인륜적 정신이 비극을 통해 몰락한 이후 희극적 개인 그리고 법적 인격이 출현한다. 이렇게 엇갈린 설명을 어떻게 이해해야 하는가 고민이다.

595 자기의식 장에서 스토아주의, 회의주의 불행한 의식은 노예의 내적 자기의식이 발전한 것을 표현하는 것이었다. 이 자리에서 스토아주의, 회의주의, 불행한 의식은 법적 인격의 자유가 형식적일 뿐이라는 사실에서 나오는 것이다. 자기의식 장에서 불행한 의식은 노예가 꿈꾸는 것이지만, 인격에서 나오는 법적으로는 하나의 인격이지만, 실제로는 황제의 노예가 겪는 절대적 소외를 표현한다.

리는 이런[인격에서의] 불행의 의식이 자기 내에서 전적인 행복에 도달한 희극적 의식과는 반대되는 것이면서 동시에 그것을 완성하는 것임을 알 수 있다. 후자[희극적 자기의식]에서 모든 신적 본질은 뒤로 물러나며 **실체**는 완전히 **포기된**[Entäußerung] 대상으로 된다. 반대로 전자[인격에서의 불행한 의식]는 **자기 자신에 관한 확신**이 대자적으로뿐만 아니라 그 자체로도 실현돼야[an und für sich] 한다는 요구가 부딪히는 비극적 운명을 의미한다. 이런 불행한 의식이란 자기 **확신**을 추구하는 가운데 어떤 **본질 규정**[Wesenheit]도 의미를 상실한다는 것을 의식하면서 더 나가서 이와 같은 자기인식[인격성]마저도 상실될 수밖에 없다는 것을 의식한다. ─곧 실체의 상실이면서 동시에 자아의 상실을 의미하는 이런 불행한 의식이 느끼는 고통은 **신은 죽었다**[596]고 하는 쓰라린 말[das harte Wort]로* 표현된다.

*FM주 〈401:35〉 헤겔은 여기서 기독교 신학에서 결코 통상적인 것은 아닌 표현에 주목한다. 이 표현은 무엇보다도 루터가 이런 첨예한 표현으로 대변했던 것이다. 참조. 루터 D. Martin Luther, 『비판 총서』, 50권, S. 589: "그러므로 우리 기독교인은 그리스도 속에 있는 두 가지 본성이라는 특성을 모든 인격에서 같고 전적으로 고유한 것으로 여겨야 한다. 그리스도로서 신과 인간은 하나의 인격 속에 있다. 그러므로 인간으로서 어떤 사람에 관해 말해지는 것은 신에 관해서도 말해야 한다. 즉 그리스도는 죽었다. 그리스도는 신이다. 그러므로 신은 죽었다. 따로 존재하는 신이 아니라 인간과 합일된 신이 죽은 것이다. 왜냐하면, 따로 떨어진 신에 대해서라면 두 가지 모두가 잘못이기 때문이다. ..." 헤겔은

596 여기서 죽은 신은 기독교적 유일신이 아니라, 그리스의 인륜적 정신을 대변하는 신을 의미한다.

종교철학 강의에서 비슷한 맥락에서 루터의 교회 가요를 거론한다. 참조: 헤겔G. W. F. Hegel,『종교철학 강의』,『전서』, 2권. S. 249 u. 253.

여기서 고려된 것은 명백하게 17세기 교회 노래이다. 이 노래는 거친 표현 때문에 여러 번 항의를 받았다. 참조: 리스트Johann Rist,『찬송가』, S. 44. 제2연은 다음과 같다: 오, 참담하구나/ 신이 죽었니/ 십자가에서, 그는 죽었으나/ 이를 통해 우리는 하늘의 나라를 사랑으로부터 얻었도다.

[해제] 1) 이 구절에서 헤겔은 희극에서 출현한 자아가 어떻게 해서 다시 전도하면서, 계시적 신으로 발전하는지를 즉 그 매개하는 과정을 설명하려 한다. 이 매개 과정 곧 법적 상태다.

희극에서 개별 자아가 확립된다. 이 개별 자아는 서로 같으며 현실 속에서 자기를 실현한다. 그 결과 일반적으로 인정된 법적 인격으로 된다. 그러나 이런 법적 인격은 형식에서만 자유로운 인격일 뿐, 실질적 내용은 아직 자의에 맡겨져 있다. 그 결과 만인의 만인에 대한 투쟁이 벌어지고 그 끝에 폭력을 통해 지배자가 된 황제가 출현한다. 황제는 다른 인격과 마찬가지로 자의적인 방식으로 개별 인격이 받는 구체적 내용을 결정한다. 개별 인격은 형식에서는 자유롭지만, 실질적으로는 황제의 폭력에 지배당하는 존재다. 결국, "자기인식" 즉 인격성 자체도 상실되고 만다. 인격이 도달한 이 비극적 운명을 인격은 "신은 죽었다"라는 쓰라린 말로 표현한다.

2) 개별 민족정신 안에서 실체와 자아가 이처럼 황제와 법적 인격으로 전환하는데 이에 따라 외부적으로도 모든 개별 민족정신은 상호 투쟁 속에서 몰락하고 하나의 일반적인 실체(제우스)가 수립된다. 그러나 이런 실체는 아직 유일신의 단계에 이르지는 못한 상태다.

과거 인륜적 삶의 시대 즉 서사시 단계에서 민족적인 개별 신들이 모인 올림퍼스가 출현했다. 이것이 표상 속의 판테온이다. 여기서는 개별 신들이 각자 자립적이며 자유로운 전체였다. 그들의 통일은 다만 올림퍼스라는 감각적 표상 속에 머물렀다. 이제 헤겔은 새로운 판테온이 등장한다고 한다. 이 판테온은 추상적 일반성을 의미하며 순수한 사상의 지배를 말한다. 여기서 개별 신들은 자립성을 잃고 사랑이나 지혜 등 추상적 사상의 한 계기로 됐을 뿐이다. 그러나 아직 유일신이 출현한 것은 아니며 다만 추상적인 사상을 통한 통일에 이른 것일 뿐이다. 이게 바로 로마의 판테온이며 이는 곧 전체 민족국가를 통일한 제국을 상징하는 것이다.

3) 황제의 지배는 사실 개별 인격이 상호 투쟁한 결과다. 그러므로 이는 개별 인격 자신의 산물이다. 그러나 개별 인격에 황제는 절대적으로 낯선 지배자다. 인격은 추상적으로만 인정되며 그 내용은 황제의 자의를 통해 지배된다. 인격은 다만 형식에서만 자유로운 자기의식이다. "의식 내에서만 본질로 되며" 그 의식의 고유한 현존은 "내용이 충족되지 않은 추상적 상태에 머물러" 있다. 인격은 형식상 "자기를 대상으로 인식하지만," 내용상으로는 자기를 실현하지 못하는 존재"이다.

인격은 모든 것을 자의적으로 결정하지만, 사실은 황제의 자의에 지배당하며 자기를 상실하면서 마침내는 자기 결정권으로서 인격조차 상실하고 마는 불행한 의식이다. 헤겔은 이를 "상실에 관한 의식이며 그 속에서 자기인식을 포기하는 의식"이라 한다.

4) 그런 점에서 헤겔은 인격을 스토아주의나 불행한 의식과 비교한다. 스토아주의는 오직 사유 속에서만 자기의 자유를 발견하고 현실에서는 자기를 발견하지 못한다. 반면 인격에서는 사유 속의 자유는 현실 속에서 실현된다. 하지만 이런 현실 속에서 실현된 자유는 다만 형식적인 것에 지나지 않는다.

이런 인격은 내용상으로는 여전히 자기를 실현하지 못하고 낯선 현실에 지배당하니, "인격이 유효하다는 것이 오히려 자기를 완전하게 상실하는 것"을 의미한다.

이런 인격은 결국, 그 내용에 관해서 피안 속에서 자기를 실현할 수밖에 없다. 그런 점에서 오직 피안에서만 자기를 실현하는 불행한 의식과 닮았다. 다만 인격은 형식적인 측면에서는 자기를 실현한다는 점에서 전적으로 피안에 매달리는 불행한 의식보다는 발전된 것이다.

5) 이런 인격은 희극적 자아와도 비교된다. 희극적 자아는 자신을 현실 속에 실현하면서 행복을 느낀다면 법적 인격은 비록 형식적 자아이기는 하지만, 전적으로 소외된 불행한 의식이므로, 오히려 희극적 자아의 정반대라고 할 수 있다. 그러나 희극적 자아는 불가피하게 "비극적으로 파산하면서" 자기를 상실할 수밖에 없으니 인격은 희극적 자아의 발전이며 또한, 그 완성이다.

6) 전적으로 소외된 법적 인격이 다시 실체와 통일되기 위해서는 우선 실체 자체의 발전이 요구된다. 즉 로마 시대를 지나 중세를 거쳐 사회적 상호 작용이 발전한다. 헤겔은 근대 자본주의적 교환 과정이 경제뿐만 아니라 사회 전반에 (정치적 민주주의까지 포함해) 확산하면서 실체와 주체의 상호 작용이 발전한다고 한다. 실체는 주체의 상호 작용에 내재하면서도 초월하는 관계가 출현한다. 이를 통해 실체와 주체의 상호 통일을 위한 가능성이 마련된다.

753) 〈SK 547:20~548:31〉〈FM 401:36~402:33〉

인륜적인 세계와 이 세계의 종교가 모두 희극적 의식을 통해 침몰하면서 법적 상태에 이른다. [인격 단계서의] 불행한 의식은 **전면적인** 상실을 인식한다. 이 불행한 의식에는 직접적인 인격성이 지니는 자긍심[Selbstwert]과 더불어 매개된, 즉 **사유 된** 인격성[597]이 지니는 자긍심

---

597 직접적 인격성이란 주인의 욕망을 통한 자기 확신을 말하며 매개된 사유 된

도 다 같이 상실돼 버렸다. 마찬가지로 신들의 영원한 법칙에 대한 신뢰도 또한, 특수한 상황을 인식하고자 수행했던 신탁과 함께 침묵하고 만다. 신의 조상 기둥도 이제는 생명을 불러일으키는 영혼이 빠져나간 사체에 그치며 또한, 찬가도 이젠 아무도 믿지 않는 말에 지나지 않는다. 신의 식탁에는 정신적인 음식과 음료가 사라졌고 신을 기리는 경기[Spielen]나 축제서도 [자아] 자신이 본질과 통일을 이루고 있다는 데서 느껴지는 기쁨이 의식으로 되돌아오지 않는다. 또한, 음악의 신[Muse]이 만든 갖가지 작품에서도 신과 인간을 하나로 융합해 자기 자신에 관한 확신을 낳을 수 있었던 정신의 힘이 사라지고 말았다. 정신의 힘이 사라져 버린 예술작품, 그것이 우리가 보는[598] 예술작품의 모습이다. ─ 예술작품은 마치 나뭇가지에서 따낸 아름다운 열매와 같은 것이니, 친숙한 운명은 소녀가 과실을 내밀어 주듯이 그런 예술작품을 우리에게 넘겨준다. 이때 소녀가 건네주는 것은 이들 열매를 기른 실제로 존재하는 생명도 아니며 또한, 이들 열매를 매단 나무도 아니고 더 나가서는 열매의 실체를 이루는 대지나 원소[Elemente]도 아니고, 이런 열매의 특성을 마련해준 기후나 그 열매가 생성하는 과정을 지배하던 계절의 순환도 아니다. ─이제 운명이 예술의 작품을 통해 지금 우리에게 주는 것은 그런 작품의 세계 즉 그러한 작품이 꽃피고 자랄 수 있었던 인륜적 삶이 전개하는 봄과 여름이 아니라 다만 이런 현실을 내면에 감춘 내면화된 기억[Erinnerung]일 뿐이다. ─따라서 예술작품을 향락[Genüsse]하는 활동은 이젠 신에 대한 봉사가 아니다. 그런 봉사라면 그것은 우리의

인격성이란 법적으로 인정된 인격을 말하는 것으로 보인다.

598　여기서 우리는 문맥상 지금 우리가 아니라 로마 시대 그리스 예술작품을 복제하는 관객을 말한다.

의식을 충족할 수 있는 완전한 진리를 우리에게 생성해 줄 것이다. 오히려 그런 향락의 활동은 한낱 외면적인 것에 지나지 않는다. 이런 외면적 향락의 활동이란 그러한 과실로부터 이를테면 빗방울이나 먼지 따위를 닦아내는 것에 지나지 않는다. 또한, 그런 향락의 활동은 이를 통해 그런 작품의 내적인 지반 즉 이런 작품을 둘러싸고 있으면서 이를 산출하면서 정신적인 생기를 불어넣어 주는 인륜적인 현실을 헤아리는 것이 아니라 그 대신 작품의 바깥에 실존하는 것들 즉 언어나 역사적 사건 등과 같은 것이 토대로 하는 지반을, 그러나 이미 사멸한 지반을 광범위한 영역에 걸친[weitläufige] 골격 수준에서 살펴보는 것이다. 그런 것조차도 이들 작품 속에 스며들어서 그 속에서 살아가기 위해서가 아니라 다만 자기 내면에서 그러한 예술작품을 관념화[vorstellen]하고자 그렇게 하는 것일 뿐이다. 그러나 자기가 따낸 열매를 내놓은 소녀[599]는 그 열매 이상의 의미를 지닌다. 왜냐하면, 그런 열매란 그런 열매의 조건으로 되고 지반으로 되는 나무, 공기, 빛과 같은 것들 즉 그런 열매를 직접 제공하는 자연에서 증식된 자연에 지나지 않는 것이지만, 소녀는 이 모든 조건과 지반을 자기를 의식하는 눈빛과 열매를 내미는 몸짓 속에 좀 더 높은 단계의 방식으로 집약하기 때문이다. 이와 마찬가지로 [불행한] 운명을 자각하는 정신은 우리에게 그러한 예술작품을 제공해 주는 가운데 그런 민족의 인륜적인 삶과 현실 이상의 것으로 된다. 왜냐하면, 이 정신은 예술작품 속에 **외면화**된[veräußerten] 정신이 **내면화한 것**[Erinnerung]이기 때문이다. —또한, 이 정신이야말로 비극적 운명을 자각하는 정신이니, 이는 그 모든 개체적인 신과 실체의 속성을 **하나의**

---

599 작품을 산출하는 그리스 시대 예술가가 아니라 그 작품을 외면적으로 향락하는 로마 시대 관객을 의미한다.

판테온 속으로 끌어모아, 그 자신을 정신으로 의식하는 정신으로 된다.

[해제] 1) 헤겔은 이 구절에서 인격이 지배하는 로마 시대의 예술작품에 관해 서술한다. 인격이 지배하는 로마 제국 시대, 헤겔은 독자적 예술이 존재했다고 보지 않는다. 로마 시대는 그리스 예술작품을 보고 이를 복제하는 것만이 남았다.

그러나 이런 복제가 출현하더라도, 그리스적 예술작품으로서 신이 갖는 의미는 사라진다. 조상 기둥은 영혼이 빠져나간 사체며 신의 희생을 의미하는 제물의 향락도 사라졌고, 비극이 공연되던 축제도 폐지됐다. 그 결과 "신과 인간을 하나로 융합해 자기 자신에 관한 확신을 낳을 수 있었던" 정신의 힘도 사라진다.

이 시대는 그리스 시대 예술작품을 음미하면서, 그것의 빗방울이나 먼지를 닦아내고, 언어나 역사적 사건을 토대로 그 지반을 살펴보는 외면적 활동만 남았다. 그러한 외면적 활동은 살아 있는 정신을 표현하는 것이 아니라 그런 예술작품 속에 기억으로 감추어진 정신의 세계를 오직 관념을 통해 불러내는 것에 지나지 않는다. 헤겔은 이런 말을 통해 로마 시대 예술이란 상실된 실제로 존재하는 정신에 대한 향수에 그쳤다고 한다.

2) 그런데 헤겔은 이런 가운데서도 정신의 역사적 발전에 관한 관점을 포기하지 않는다. 헤겔은 자신의 정신을 예술작품을 통해 표현한 그리스 시대 예술가보다 오히려 살아 있는 과일을 따서 쟁반에 담아 내미는 소녀와 지난 시대 예술을 향락하는 로마 시대 사람들이 정신적 발전에서 더 높은 단계에 이르렀다고 한다.

왜냐하면, 열매로서 과일은 "자연에서 증식된 자연" 자연스러운 산물에 지나지 않았다면, 과일을 쟁반에 담아 내미는 소녀가 "자기를 의식하는 눈빛과 열매를 내미는 몸짓 속에" 자연적 과일을 "더 높은 단계의 방식으로 집약"하듯이 전 시대 예술작품을 복제하고 끌어모으는 로마 시대 정신은 전 시대의 정신을 자아의 자기의식을 통해 자기 내면에서 일반화해 하나의 사상의 판테온으로 끌어모으기 때문이다.

이 하나의 사상의 판테온 속에 유일신이라는 개념이 예감된다. 이렇게 유일신으로 발전하면서 신이 자기를 계시하는 계시 종교가 출현하니, 헤겔은 "그 자신을 정신으로 의식하는 정신" 즉 무한한 정신, 일반적 자기의식으로서 정신이 출현한다고 말한다.

754) 〈SK 548:32~549:22〉〈FM 402:34~403:17〉

이처럼 자신이 출현하기에 필요한 모든 조건이 눈앞에 존재하게 됨과 동시에 그와 같은 조건이 결집하면서 이 결집이 [그 자신을 정신으로 인식하는] 정신을 **생성**하며 정신의 **개념**을 이루며 정신이 **본래 그대로**[ansichseiende] 출현하게 한다. 예술이 펼쳐지는 권역[예술 종교의 영역]은 절대적 실체가 자기를 포기하는[Entäußerungen] 형식을 포괄한다. 절대적 실체는 개체성의 형식으로 존재하면서 하나의 사물로 또는 감각적 의식에 대해 **현존하는** 대상으로 존재한다. -또한, 절대적 실체는 순수한 언어를 통해 형태를 생성[das Werden der Gestalt]한다. 여기서 언어의 현존[Dasein]은 자아를 벗어나지 못하고 순수하게 소멸하는[verschwindend] 대상[600]이다. -더 나가서 절대적 실체는 박카스의 도취 속에서 [개별 자아가] 일반적 자기의식[실체]과 직접적인 **통일**을 이룬 것으로 존재하며 또한, 제의[Kultus] 활동에서는 [자아와 실체의] 매개된 통일로서 존재한다. -또한, 절대적 실체는 **자아를 표현하는**[selbstisch] 아름다운 **신체**[영웅 신상]로 존재한다. 마지막으로 절대적 실체는 그 현존을 **관념**[Vorstellung]으로 끌어올리면서[서사시] 이런 현

600　언어는 자기를 넘어 의미를 지시한다는 의미다. 507 구절에서 나오는 "소멸하면서 현존한다"라는 구절 참조

존은 하나의 세계로까지 확산하며 최종적으로 이런 세계는 집중되면서 마찬가지로 **순수하게 자기 자신을 확신하는** 일반성[601]으로 된다. —이런 절대적 실체의 형식 그리고 다른 한편에는 **인격의 세계와 법의 세계** 즉 그 지반에서는 어떤 내용이든 자유롭게 받아들이는 난폭하고 날것의 세계 또한, 이에 못지않게 **사유 속에서만 인격을 인정하는** 스토아주의와 간단없이 동요하는 회의주의 의식이 이런 소외된 실체의 형태들이 전개하는 흐름을 둘러싸고 있다. 이렇게 둘러싸는 형태들은 기다리면서 또한, 재촉하는 가운데 자기의식으로 생성돼 나가는 정신의 탄생지가 된다. 마침내 불행한 자기의식의 고통과 동경은 삼라만상을 침투하면서 이런 자기 의식적인 정신이 출현하기 위한 매개 중심으로 되고 공동의 산고[産苦]가 된다. —이 정신이 곧 단순한 순수 개념이니 이 정신은 그와 같은 모든 신의 형태들을 그 자신의 계기로 내포한다.

[해제] 1) 여기서 헤겔은 자기 의식적인 정신, 정신의 개념이 출현하기 위한 과정을 간략하게 그려낸다. 예술 종교의 형식에서 절대적 실체인 신은 자기를 희생해 자아가 향락하는 대상으로 되면서 자기 의식적 신이 출현한다.

이런 자기의식의 발전은 박카스의 도취, 제의, 영웅 신상, 서사시와 비극을 거쳐 마침내 희극에 이르러 자기 자신을 확신하기에 이른다. 그러나 이 신은 아직 인간의 이상화된 육체의 모습을 한 신, 즉 개별 자기의식의 신일 뿐이다. 자기의식의 발전과 더불어 개별적인 신의 모습도 점차 추상화하면서 마침내 서로 통일을 이루는 드디어 모든 신의 연합체를 의미하는 제우스 신 즉 "자기 자신을 확신하는 일반성"이 출현한다.

2) 자기 확신하는 희극적 개인과 자기 확신하는 일반자 즉 제우스 또

---

601 제우스 신을 의미한다.

는 필연적 운명이 통일을 이루면서 인격이 출현한다. 인격은 개별자면서 동시에 일반적인 존재 즉 법적 인격이다.

인격에서 자기의식은 자의적으로 모든 것을 결정하지만, 오히려 최종 승자인 황제의 자의에 전적으로 복종하니, "난폭하고 날것의" 이 세계에서 그는 이름만 자유로운 개인일 뿐 그는 노예나 마찬가지다. 그러므로 이런 인격에서 노예적 자기의식인 스토아주의가 출현하며, 이는 현실과의 갈등 속에서 마침내 피안에서 자기를 실현하는 불행한 의식에 이른다.

인격이 도달한 불행한 의식에서 인격은 전적으로 자기를 상실하지만, 그러나 이런 자기 상실의 고통과 동경은 오히려 새로운 무한한 자기의식 즉 자신을 정신으로 인식하는 자기의식이 출현하는 실마리가 된다. 헤겔은 이런 자기 상실의 고통과 동경이 "자기 의식적 정신이 출현하기 위한 매개 중심으로 되고 공동의 산고가 된다"라고 말한다.

755) 〈SK 549:23~550:10〉〈FM 403:17~35〉

이 단순한 순수 개념은 그 자체에서 두 개의 측면을 갖는다. 이 두 측면은 앞에서 서로 대립하는 명제라고 생각됐던[vorgestellt] 것이다. 그하나의 측면은 **실체**가 자신으로부터 자신을 포기하고[entäußert] 자기의식으로 되는 측면이다. 다른 측면은 거꾸로 **자기의식**이 그 자신으로부터 자신을 포기해 사물적인 존재나 일반적인 자아로 되는 측면이다. 이 두 측면은 이와 같은 방식으로 서로 다가가면서 이를 통해 참된 합일이 싹트게 된다. 실체가 자기를 포기해 자기의식으로 된다는 것은 곧 실체가 그의 반대물로 이행한다는 것이다. 이[실체의 포기]는 또한, 아직은 의식이 없는 채로 일어나지만,[602] 필연적인 이행을 표현하며 더 나가

---

602 이런 이행은 개념적 이행이 아니라 역사적 사건 즉 탄생과 죽음으로 나타난다.

서는 실체가 이미 **잠재적으로는**[an sich] 자기의식임을 표현한다. 또 반대로 자기의식이 자기를 포기한다는 것은 이 자기의식이 **잠재적으로는** [an sich] 이미 일반적인 본질이며—왜냐하면, 자아는 순수한 자기 관계하는 존재[Fürsichsein]라서 자신의 반대물 속에서도 여전히 자기에 머물러 있기 때문이다—더 나가서는 실체가 곧 자기의식이고 따라서 정신일 수밖에 없음을 **자기의식**이 이미 의식한다는[für es] 것을 뜻한다. 따라서 정신이 실체의 형식을 버리고 자기의식의 형태로 현존하는 것에 관해서—자연적인 생식에서 빌려온 관계를 이용해 본다면—이렇게 말할 수 있을 것이다. 즉 이런 정신은 **현실화**의 측면에서는 어머니를 가지며 **그 자체 존재**의 측면에서는[an sich] 아버지를 갖는다. 왜냐하면, 한편으로 **현실화**나 자기의식 그리고 다른 한편에 있는 실체로서 **그 자체적인 것**은 오직 그런 정신이 지닌 두 개의 계기며 이들 두 계기가 자기를 포기하고 저마다 자신의 타자로 되면서 양자를 통일하는 정신이 현존하기 때문이다.

　[해제] 1) 헤겔은 인륜적 실체에서 실체와 자아가 직접 합일했다. 이때 실체는 특수한 실체다. 비극을 거쳐 실체와 자아는 분열하며, 자기 확신하는 개체(희극적 개인)와 자기 확신하는 필연성(제우스)이 대립한다. 양자의 통일을 통해 법적 인격이 출현했다. 개별적 인격은 형식적 자아이며, 내용상 대립하면서 황제의 지배 아래 종속한다. 인격의 고통(노예화)과 동경(불행한 의식)을 통해 새로운 합일이 출현한다. 이 합일은 형식상 합일에 그치지 않고 내용상 이루어지는 합일이다.

　2) 이런 합일을 통해 새로운 형태의 신이 출현하니, 그것이 곧 기독교의 신 그리스도라고 한다. 그리스도의 출현으로부터 계시 종교가 시작된다. 즉 신이 자신의 본질을 인간에게 드러낸 것이며 이를 통해 인간

이 마침내 자신의 본질을 자각하게 된 것이다.

계시 종교는 한편으로는 실체가 자기의식으로 되는 것이고 다른 한편으로는 자기의식이 실체로 되는 것으로 규정된다. 실체는 이미 가능성에서는 자기의식이며 거꾸로 자기의식은 이미 가능성에서는 본질인데, 그 이행은 필연적이지만, 여기서는 표상을 통해 파악된다. 이런 표상이 곧 그리스도의 탄생과 죽음이다. 이렇게 자연의 탄생과 죽음이라는 표상으로 파악되면서, 우선 그 탄생을 위해서는 성모와 성부가 요구된다. 즉 그리스도가 탄생하려면 성부로부터 그 자체 존재나 실체라는 내용을 얻으며 성모로부터 그것이 잠재적인 것에 현실적인 것으로 이행하는 자기의식의 계기를 얻는다. 계시 종교는 이렇게 자기를 소외하고 다시 자기로 되돌아가는 과정을 통해 정신의 본질이 무엇인가를 계시하고 또 정신은 자기를 자각하게 된다.

3) 그리스도 그리고 계시 종교의 출현은 이미 그 토대에서 새로운 사회가 출현했음을 의미한다. 즉 사회적 상호 작용이 발전하면서 정신적 본질, 사태 자체가 개별 사태에 내재하면서 동시에 초월한다. 이런 내재적 초월의 관계를 헤겔은 소외라고 표현하거니와, 이런 소외 때문에 실체와 자아의 합일이 일어났음에도 이것이 개념적으로 파악되지 않고 종교적 표상을 통해 파악된다.

756) 〈SK 550:11~31〉〈FM 403:36~404:11〉

자기의식에서는 그의 대상이 곧 존재면서 동시에 자아기도 하며 더나가서는 자기의식은 모든 현존을 정신적인 본질로 파악한다. 그렇다면 자기의식이 일방적으로 단지 자기 자신을 **포기하는** 데만 이를 뿐이고 존재 일반 또는 실체가 **본래**[an sich] 자기 나름으로 자기로부터 자기 자신을 포기해 자기의식으로 되지 않는다면, 이런 방식으로는 자기의식에 참된 정신이 등장한 것은 아니다. 왜냐하면, 그때 모든 현존은 다만 **의식의 입장**을 통해서 본 정신적인 본질일 뿐[603] 그런 현존이 본래적인 의미에서 정신적인 본질은[604] 아니기 때문이다. 이상과 같은 방식[의식의 대상으로서 신]에서는 정신은 현존에 한낱 **상상을 통해 집어넣어진 것**일 뿐이다. 이런 상상은 **몽상**과도 같은 것이어서 자연이나 역사 대해서나, 세계나 선행했던 종교의 신화적인 표상[Vorstellung]에 대해서도 주관적인[inneren] 의미를 부여한다. 따라서 그런 주관적 의미는 그런 것들[자연이나 세계 등]이 의식에 직접 제공하는 의미[605]와 다른 의미로 되며 특히 종교와 관련해서 볼 때 이 종교는 사실 과거의 자기의식이 산출한 종교이니 그런 주관적 의미는 과거의 자기의식이 거기서 알았던 것과도 다른 의미가 된다. 그러기에 이런 주관적인 의미는 다만 정신에 덮어씌운 옷일 뿐이며 그 옷은 벌거벗은 모습을 가리지도 못하기에 그 어떤 신앙이나 존경을 불러일으키지 못하며 오히려 여기서 의식은 이를 통해 몽롱한 밤에 머물거나 자기 탐닉에 **빠진다**.

757) 〈SK 550:32~551:21〉〈FM 404:12~32〉

대상적인 존재에 부여하는 이런 의미가 한낱 공상에 그치지 않기 위해서는 이 의미는 [대상적 존재에] **그 자체적인 것**이어야 한다. 다시 말하면 이 의미는 **언젠가는 개념**을 통해 의식되며 또한, 그것은 대상 자체의 필연성에 따라서 출현해야 한다. 자기를 스스로 인식하는 **정신**은

---

603 자기의식이 일방적으로 자기를 포기해 존재가 된다면, 이 존재는 의식에 대립하는 대상이라는 의미만을 지닐 뿐이다.

604 정신의 본질은 공동체 즉 일반적 자아다. 자아와 대립하는 대상으로서 신적 존재는 의식의 대상일 뿐이다. 신적 존재가 자기의식으로 드러나야, 본래적 본질이 드러난다. 이것이 그리스도의 탄생이 지닌 의미다.

605 신상은 그 시대 정신을 표현하는 것이다. 그런 신상을 의식의 대상으로 볼 때는 우리는 주관적 의미를 그 대상에 부여한다. 양자는 서로 다를 수밖에 없다.

존재하는 대상에 관한 **직접적인** 의식 또는 의식의 인식을 거쳐 그리고 존재하는 대상이 필연적으로 전개하는 운동을 통해[606] 우리에게 발생한다. 이런 개념은 직접적인 개념인 한에서는 그것을 인식하는 의식에 대해서도 **직접성**의 형태를 띠고 있었다. 그러나 이 [직접적인] 개념은 **두 번째 단계에 이르면 그 자체에서**[an sich] 다시 말하면 개념의 필연성에 따라서 자기의식의 형태를 취한다. 이때 **직접적인 존재**, 즉 감각적인 의식에서는 텅 빈 존재로 등장하는 대상은 자기를 포기하는 가운데 의식에 대해 나[Ich]라는 형태로 나타난다. ─그러나 **직접적인 그 자체 존재** [An Sich], 다시 말하면 **존재하는 것으로서 필연적인 것** 자체[성부]는 **사유하는 그 자체 존재**[An sich]나 **필연적인 것을 알리는** 활동[Erkennen der Notwendigkeit: 성자]으로부터 구별된다. ─그러나 동시에 이런 구별은 개념의 [운동] 바깥에 자리 잡은 것이 아니다. 왜냐하면, 여기서 **직접적인 존재** 자체는 개념의 **단순하게 통일된 상태**기 때문이다. 다시 말하면 개념은 자기 자신을 포기하면서 **직관되는 필연적인 것**을 생성할 뿐만 아니라 동시에 이런 필연적인 것에서도 자기 자신에 머무르면서 이 필연적인 것을 알고 또 개념화하는 것이기 때문이다. ─이런 정신의 **직접적인 그 자체 존재**[An sich]가 자기의식의 형태를 취한다는 것은 실제로 존재하는 세계정신이 자기에 관한 인식에 도달했다는 것과 다른 것이 아니다. 이 단계에 와서 비로소 이런 인식은 스스로 의식되며 진리로 등장한다. 그런 자기인식이 어떻게 일어나는가에 관해서는 이미 위에서 제시했다.

606 신적 본질에 관한 직접적 인식은 신적 본질을 의식의 대상으로 보고 그것에 대해 인식하는 것인데, 이런 인식은 아무것도 알 수 없는 텅 빈 인식이다. 신적 본질이 자기를 대상화하고 자기 내로 복귀하는 필연적 운동을 통해 우리는 신적 본질을 개념적으로 인식할 수 있다. 이 과정이 곧 그리스도의 수육과 죽음이다.

[해제] 1) 신이 의식의 대상으로서 출현하면(의식의 자기 포기), 아직 신의 본래적 의미가 자각되지 않는다. 이때 의식은 신에 대해 다양한 의미를 부여하는데, 이것은 주관적인 의미다. 이런 의미는 신적 대상이 지닌 참된 그 본래적 의미와는 구별된다. 그런 주관적 의미는 "정신에 덮어씌운 옷"이며, "발가벗은 모습을 가리지도 못하고" "몽롱한 밤"에 그치고 "자기 탐닉"에 빠진다고 한다.

2) 계시 종교에서 신은 자기를 계시한다. 즉 성부는 자기를 그리스도로 육화하는 동시에 그리스도의 자기부정을 통해 다시 자기로 복귀한다. 신의 본질은 공동체 즉 집단 자아니, 그 본질은 그리스도라는 인간의 모습으로 계시된다(신의 자기 포기).

여기서 신적 본질에 관한 두 가지가 구분된다. 하나는 "그 자체로 존재하는 것" 즉 "존재하는 것으로서 필연적인" 존재며, 다른 하나는 "사유하는 그 자체 존재"며 자기부정을 통해 신적 본질로 복귀함으로써 "필연적인 것을 알리는" 존재다.

3) 신이 그리스도라는 인간의 모습으로 자기를 드러낸 것은 곧 신의 본질이 곧 인간 자신이라는 것을 즉 공동체며 집단 자아라는 것을 알려준다. 대중은 이를 통해 신의 본질을 자각하면서 동시에 자기 자신의 본질을 자각하니, 이것을 통해 정신은 자기에 관한 인식에 도달한다.

758) 〈SK 551:22~552:9〉〈FM 404:33~405:13〉

절대정신은 그 자체에서[an sich] 자기의식의 형태를 취하면서 이를 통해 자기를 의식한다[für sein Bewußtsein]. 이런 절대정신의 매개 과정을 통해 **전 세계에 퍼진 하나의 신앙**[der Glaube der Welt]이 출현한다. 그 신앙이란 곧 절대정신이 어떤 자기의식으로, 즉 하나의 실제 인간으로 **현존하고** 따라서 이렇게 출현한 인간이 절대정신에 관한 직접적인 확신을 위해 존재하며 나아가서는 신앙의 의식도 이와 같은 신성한 존재를 **보고 느끼고 듣는다**는 신앙이다.* 그러므로 이와 같은 사실[신성한 존재를 보고 느끼고 듣는다는 것]은 더는 공상으로 그치는 일이 아니라 오히려 **신앙의 의식**에서 보면 **실제로 존재하는 일**이다. [신앙하는] 의식은 **그 자신의 내면**에서 사상으로부터 출발해 자기 속에서 신에 관한 사상을 신의 현존과 결합하는 것이 아니다. 오히려 신앙의 의식은 직접 현재화된 신의 현존으로부터 출발함으로써 바로 이 현존 속에서 신을 인식한다.[607] ―신의 **직접적 현존**[Sein]이라는 계기가 [신] 개념의 내용을 눈앞에 드러내므로[vorhanden] 종교적 정신은 그것의 모든 본질 규정이 의식 속으로 복귀하는 가운데 단순하게 긍정된[positives] 자아로 됐다. 이것은 마치 불행한 의식 속에서는 실제로 존재하는 정신 자체가 자각된 **단순한** 부정성[einfache selbstbewußte Negativität][608]인 것과 마찬가지다. 정신이 현존하면서 이를 통해 출현하는 자아는 그 때문에 완전한 직접성의 형식을 지닌다. 즉 자아는 더는 사유에 머무르는 것이거나 표상된 것[vorgestellt] 또는 산출된 작품[Hervorgebrachtes]으로 설정되지 않는다. 그러한 것은 한편으로 자연 종교에서 다른 한편으로는 예술 종교에서 등장하는 직접적인 자아의 경우에만 해당한다. 오히려 여기서 신은 직접 자아로 존재하며 또한, 실제로 존재하는 개별 인간으로 감각적으로 직관된다. 오직 그럼으로써만 신은 자기의식일 수가 있다.

---

607 헤겔은 기독교적 신앙의 특징이 추상적 사유를 통해 신의 현존을 끌어낸 데 있는 것이 아니라 신 자신이 그리스도를 통해 계시함으로써 이로부터 신앙이 나온다는 데 있다고 한다.

608 '단순하게 긍정된 자아'란 신의 현존으로서 그리스도를 지시한다. '단순하게 자각된 부정성'이란 개인의 자유 즉 부정성이 피안에서 출현한다는 것을 의미한다.

*FM주 〈404:36~37〉 요한 1서 1~1: "태초부터 있는 생명의 말씀에 관해 우리가 들은 바요 눈으로 본 바요 자세히 보고 우리의 손으로 만진 바라"

[해제] 그리스도의 모습은 다른 종교적 신상과 비교된다. 그리스도는 자연 종교에서처럼 자아가 내적 사유에 머무르거나 예술 종교에서처럼 자아가 표상적으로 표현되거나 예술작품으로 만들어진 것과 구별된다. 이런 신상은 신의 현상하는 모습이며 동물이나 인간의 육체적인 모습을 하고 있을 뿐이다. 다만 그것은 이상적인 육체의 모습을 취한다.

반면 계시 종교에서 신적 본질은 하나의 자기 의식적 인간으로 출현한다. 헤겔은 이를 "직접적인 자아"라고 한다. 헤겔은 개념의 운동을 통해 출현한 그리스도의 모습을 불행한 의식과 비교한다. 불행한 의식에서 개인은 자신의 자유 즉 부정성을 피안에 설정한 "단순하게 자각된 부정성"이라면 계시 종교에서 이제 신은 자기를 현재 속에 인간으로 출현시킨다. 이 신의 현존이 곧 "단순하게 긍정된 자아"이다.

그리스도는 신의 현상이 아닌 신 그 자체다. 그리스도는 이상화된 인간이 아니라 실제로 존재하며 보고 듣고 만질 수 있는 감각적으로 직관되는 개별 인간(역사적 예수)이며, 동시에 이 인간은 자기를 부정하는 무한한 자아며, 육체적 인간이 아니라 정신을 드러내는 존재다. 즉 자기 의식적 인간이다.

신적 본질이 이처럼 자신의 본질을 계시하면서 대중은 신적 본질을 마침내 인식할 수 있었다. 대중은 신적 본질을 무한한 자아로 즉 일반적 자기의식으로 인식하기에 이른다. 이를 통해 전 세계에 퍼진 하나의 신앙이 출현하니, 이 신앙이란 곧 "절대정신이 어떤 자기의식으로서 즉 하나의 실제 인간으로서 현존한다"라는 신앙이다.

759) 〈SK 552:10~553:20〉〈FM 405:14~406:10〉

신적인 본질이 인간화된다는 것, 다시 말해서 신적인 본질이 본질상 또한, 직접 자기의식의 형태를 띤다는 것이 절대 종교의 단순한 내용을 이룬다. 절대 종교에서는 본질이 정신으로 인식될 뿐 아니라 더 나가서 이 종교란 정신이 자신에 관해 의식하는 것을 의미한다. 왜냐하면, 정신이란 그 자신을 양도한 대상 속에서 자기 자신을 인식하는 것이고 정신의 본질은 그 자신을 타자화하는 가운데 자기 자신과 같음을 유지하려는 운동이기 때문이다. 정신의 본질은 그 자신을 우연성으로 나타내는 가운데서도 그에 못지않게 **자기 내로** 반성하는 한에서 실체다. 다시 말하자면 이런 실체는 자기의 우연성을 비본질적인 것이며 또는 어떤 낯선 것 속에 자리 잡은 것이라 여기면서 이에 대해 무관심한 입장을 취하는 것이 아니라 오히려 그런 우연성 속에서도 오직 자기 내에 머무르는 것이다. 왜냐하면, 그런 실체는 곧 **주체**며 또한, **자아**기 때문이다. ―그러므로 이런 절대 종교 속에서 신적인 본질이 **계시**된다. 이런 본질의 계시는 분명하게 그 본질 자신이 무엇인가를 인식하는 데 있다. 그러나 그러한 인식은 이 신적 본질이 정신으로, 즉 본질상 **자기의식**일 수밖에 없는 본질로 인식되는 것을 의미한다. ―그러므로 대상이 **의식**에 대해서 한낱 **타자**에 지나지 않거나 **낯선 것**에 지나지 않는다면, 더 나가서 의식이 그의 대상을 곧 **자기 자신**으로 인식하지 못한다면 그의 대상 속에 깃들어 있는 어떤 것이 **의식**에 비밀로 남아 있을 수밖에 없다. 그러나 그런 비밀은 절대적 본질이 정신의 모습으로 의식의 대상으로 될 때는 중지되고 말 것이다. 왜냐하면, 대상은 의식에 대한 관계에서 **자아**로 존재하고 또한, 절대적 본질은 그런 대상 속에서 직접 자기를 인식하며 그 속에서 자기를 계시하기 때문이다. 절대적 본질 자체는 오직 자신에 관한 고유한 확신 속에서만 스스로 계시한다. 앞에서 말한 대상은 **자아**긴 하지만, 이런 자아는 결코 어떤 소원한 것이 아니라 오직 그 자신과 분리할 수 없는 통일을 이루는 것, 즉 직접 일반적인 본질에 해당하는 것이다. 자아는 순수한 개념이며 순수한 사유 다시 말하면 순수한 **대자 존재**니 그것은 곧[unmittelbar] **존재**하는 것이어서 **대타 존재**고 동시에 이런 개별적 **대타 존재**면서도 직접 자기 내로 복귀하는 가운데 오직 자기 자신에 머무르는 것이다. 이런 자아야말로 진정하고도 유일하게 계시적인 것이다. 선한 자, 의로운 자, 신성한 존재, 창조자란 모두 어떤 주어의 **술어**일 뿐이니 ―즉 이 술어들은 모두가 이 주어라고 하는 하나의 점을 지주[支柱]로 삼고 있고 그것의 일반 성질을 의미하는 계기다. 그러므로 이런 술어들은 오직 의식이 사유하는 단계로 복귀했을 때라만 비로소 존재할 수 있다. ―따라서 이들 **술어**가 인식된다고 해서 그 근원이며 본질을 이루는 것 즉 **주어** 그 자체가 눈앞에 나타나지 않으며 마찬가지로 일반자가 지닌 **규정**[술어]이 **곧 일반자** 자체[신]일 수는 없다. 그러나 **주어** 그 자체가 따라서 **이런 순수한 일반자**가 자기를 **자아**로 계시한다. 왜냐하면, 이런 계시된 자아는 자기 내로 반성한 내적인 존재[609]고 이런 내적인 존재는 직접 현존하면서 또한, 자아는 자기를 고유하게[eigene] 확신하며 이제 자아는 그런 내적 존재에 대해 현존하기 때문이다. 이런 일반적인 것 ―즉 **개념상** 자기를 계시하는 것―이야말로 정신이 도달한 참된 형태며 또한, 정신의 이와 같은 형태 즉 개념이야말로 그런 정신의 본질이자 실체다. 그러므로 정신은 여기서 자기의식으로 인식될 뿐만 아니라 또한, 자기의식에 대해서 직접 자기를

---

609 여기서 '내적 존재'는 신을 말하며 '현존'은 곧 그리스도의 탄생을 의미하고, '자기 내 반성'은 그리스도의 죽음을 의미한다. '자기 확신'은 곧 신과 그리스도의 같음을 의미한다.

계시한다. 왜냐하면, 정신은 자기의식 그 자체기 때문이다. 여기서 신적 본성은 인간적 본성과 같은 것으로 되니, 양자의 통일이 마침내 직관적인 형태로 나타난다.

[해제] 1) 그리스도는 신의 타자화다. 이 타자화는 곧 우연적인 것, 생소한 것으로 된다는 것이다. 그러나 이런 우연성은 자기를 부정하면서 자기 내로 복귀하며 다시 신적 본질로 되돌아간다. 여기서 신은 "자신을 타자화하는 가운데 자기 자신과 같음을 유지하며" 그런 "우연성 속에서도 오직 자기 내에 머무른다." 이 운동은 신이 자신을 드러내는 운동이다. "내적인 존재는 직접 현존하면서 또한, 자아는 자기를 고유하게[eigene] 확신하며 이제 자아는 그런 내적 존재에 대해 현존한다."

2) 이런 신적 존재는 이런 운동을 통해 자기를 계시한다. 신이 그저 낯선 존재로 즉 타자로 머무른다면, 인간은 그 신이 지닌 비밀을 인식할 수 없다. 그러나 그리스도를 통해서 마침내 신의 비밀을 인식한다. 이런 타자화와 자기 내 복귀가 곧 주체의 운동이니, 신의 본질은 주체며 자아라는 사실이 밝혀진다.

과거 신의 모습은 상징적이거나 외면적인 모습이기에 신 자신을 직접 그대로 드러내는 것은 아니다. 이제 신은 자신의 본질을 직접 그대로 그리스도의 모습을 통해 계시하니, 대중은 이를 통해 신의 본질을 눈으로 보고 손을 만질 수 있게 됐으며 이를 통해 신의 본질은 다름 아닌 자기 자신과 같은 존재라는 사실을 깨닫게 된다.

3) 신의 본질에 관한 인식은 신이 지닌 추상적 술어에 관한 인식에 그칠 수는 없다. 신적 본질을 "선한 자, 의로운 자, 신성한 존재, 창조자" 등으로 인식할 때 이런 본질은 신의 일반 성질 가운데 하나일 뿐, 그런 일반적 규정이 신 그 자체는 아니다.

기독교적 신앙의 특징은 이런 추상적 사유를 통해 신의 현존에 이르는 것이 아니라, 구체적 존재인 그리스도를 통해 믿음에 이르는 것이다. 신은 본질은 이런 추상적 술어가 아니라 집단적 자아 즉 주체기 때문이다.

760) <SK 553:21~554:6> <FM 406:11~27>

그러므로 [본질에 관한] 의식 또는 본질이 의식 자체에 나타나는 방식 즉 본질이 지닌 형태가 여기서 자기의식과 같아지기에 이르렀다. 본질의 형태 그 자체는 자기의식으로 된다. 그렇게 되는 동시에 본질의 형태는 **존재하는** 대상으로 된다. 이런 외적인 **존재**[Sein]가 마찬가지로 직접 **순수 사유** 즉 절대적 존재라는 의의를 지닌다. ―절대적 본질이 이제 실제로 존재하는 자기의식으로 현존하므로 절대적 본질은 마치 그의 영원한 단순성으로부터 **격하된** 듯이 보인다. 그러나 사실 절대적 본질은 여기서 처음으로 그에게 가능한 **최고 수준**의 본질에 도달했다. 왜냐하면, 본질의 개념이란 그것이 최초에 단순한 순수성을 획득하는 단계에서는 절대적으로 **추상적인 것**에 그치며 이런 추상적인 것은 한편으로는 **순수 사유**므로 순수하게 개별적인 자아기도 하지만, 동시에 그 자신이 지니는 단순성 때문에 **직접적인 것** 즉 한낱 [외면적으로] **존재**하는 것이기도[610] 하기 때문이다. ―감각적 의식이라고 불리는 것은 순수 본질과 같이 순수하게 추상적인 것이며 이런 감각적 의식이란 **직접적인 존재**에 대한 사유다. 그러므로 [신의 수육에서] 가장 저급한 것이 동시에 가장 최상의 것이며 반대로 계시를 통해 전적으로 **표면**으로 끌려 나온 것이야말로 오히려 바로 그런 점에서 가장 **심원한 것**이기도 하

---

610 헤겔에서 '그 자체 존재'는 개념상 추상적이고 가능적이지만, 경험에는 개별적이고 직접적이다. 변증법적 운동은 한편으로 추상이 구체화하며 가능성이 실현되고 다른 한편으로 개별적인 것이 일반화하고 직접적인 것이 매개된다.

다. 그리하여 이제는 최고의 본질이 외면적으로 존재하는 자기의식이 돼서 눈에 보이며 또한, 귀에 들린다는 등의 사실은 사실상 최고 본질의 개념이 완성된다는 것을 의미한다. 이렇게 완성되면서 본질은 본질이면서 동시에 직접 **현존하는 것**으로 된다.

[해제] 헤겔은 여기서 이런 자기의식으로 등장한 절대적 본질은 절대적 본질의 최고 완성단계를 의미한다고 한다.

절대적 본질은 개념적으로는 순수하게 추상적인 일반적 주체다. 이때 절대적 본질은 개별적이며 외면적으로 존재하는 것에 지나지 않는다. 그것은 감각적 의식이 대상으로 삼는 직접적인 존재와 같다.

최고의 본질이 눈에 보이는 자기의식으로 된다는 것은 영원한 본질이 격하된 것이 아니며 오히려 추상적인 것이 구체적으로 자기를 실현한 것이다. 여기서는 "전적으로 표면으로 끌려 나온 것이야말로 오히려 바로 그런 점에서 가장 심원한 것이니" "눈에 보이고 귀에 들린다는 사실을 통해 오히려 최고 본질의 개념이 완성에 이른다는 것을 의미한다."

761) 〈SK 554:7~36〉〈FM 406:28~407:13〉

직접적 현존은 직접적인 의식[의 대상]으로 그칠 뿐만 아니라 또한, 이런 직접적인 현존은 곧 종교적인 의식[의 대상]이기도 하다. 여기서 직접적 현존은 외면적으로 **존재하는** 자기의식이라는 의미를 지닐 뿐만 아니라 또한, 이와 나눌 수 없는, 순수하게 사유 된 또는 절대적인 **본질**이라는 의미도 함께 지닌다. 우리가 우리의 개념[절대지] 속에서 비로소 의식하는 것 즉 **존재**가 곧 **본질**이라는 사실은 종교적 의식도 이미 자각한다. 이런 본질과 존재의 **통일**, 즉 **사유**가 직접 **현존하는 것**으로 되는 통일은 종교적 의식에 핵심으로 되는 사상[Gedanke]이며 또는 종교적 의식을 **매개해 얻은** 인식이며 이에 못지않게 이런 종교적 의식이 지닌 **직접적인** 인식이기도 하다. 왜냐하면, 존재와 사유[본질]의 통일은 곧 자기의식이며 동시에 그것은 스스로 현존하는 것이기 때문이며 다시 말하자면 통일이 사유를 통해서[611] 이루어지는 한, 그런 통일은 동시에 자신의 본질을 형상화하는 형태를 취하기 때문이다. 그러므로 여기서 신은 자신의 있는 그대로의 모습을 **계시한다. 신은 본래의 모습으로 현존하며**, 즉 하나의 정신적 존재로 현존한다. 신은 오직 순수한 사변적인 인식에서만 존재하며 이런 사변적 인식 바깥의 그 어떤 것일 수도 없다. 왜냐하면, 신은 곧 정신이기 때문이다. 이런 사변적 인식이야말로 다름 아닌 계시 종교를 통해 얻은 인식이다. 사변적 인식은 신을 곧 **사유**로 또는 순수한 본질로 인식하며 또한, 이런 사유가 곧 존재며 현존이라는 것을 인식하고, 이런 현존이 곧 자기 자신을 부정하는 것이라고 그럼으로써 자아로 더구나 **개별** 자아면서 동시에 일반적인 자아라고 인식한다. 이상과 같은 것이 계시 종교가 인식하는 것이다. ―이보다 앞선 세계들이 간직하고 있던 희망과 기대는 오직 이런 계시를 향해 다가가는 것이었고 마침내 절대적 본질이 무엇인가를 그런 계시를 통해 직관하는 동시에 그러한 본질 속에서 자기 자신을 발견했다. 절대적 본질 속에서 자기를 발견하는 기쁨은 그런 자기의식[그리스도]이 얻은 것일 뿐만 아니라 온 세상이 함께하는 것으로 된다. 왜냐하면, 절대적 본질이 정신이기 때문이다. 따라서 앞에서 언급한 순수한 계기[추상적인 절대적 본질]가 전개하는 단순한 운동이 의미하는 것은 곧 [절대적] 본질이란 직접적인 자기의식으로 직관되는 것을 통해서만 비로소 정신으

---

611 여기서 '사유'가 여러 의미로 쓰인다. "사유와 존재의 통일"이라 할 때, 사유는 [정신적] 본질을 의미한다. "통일이 사유를 통해서 이루어진다"라고 할 때, 사유는 주어로서 나와 대상으로서 나의 같음, 즉 자기의식의 관계를 의미한다.

로 인식될 수 있다는 것이다.

[해제] 신이 그리스도를 통해 자기를 계시하면서 절대적 본질과 자아, 본질과 존재, 사유와 현존이 통일된다. 그리스도를 통해 드러난 신의 모습은 본질이 현존으로 실현된 것이며 순수 사유가 존재와 통일을 이룬 것이다. 양자의 관계는 자기의식 또는 사유의 관계며, 여기서 신은 스스로 현존하므로 자아며, 자기를 실현하고 다시 자기로 복귀하는 운동을 전개하므로 정신이다. 그리스도는 개별 자아면서 동시에 자기를 부정함을 통해 일반적 자아 또는 무한한 자아로 된다.

이런 매개 과정을 통해 신은 자기를 계시하며 이런 계시의 비밀은 그리스도가 "얻은 것일 뿐만 아니라 온 세상이 함께하는 것으로 된다." 이제 대중은 그리스도의 탄생과 죽음을 통해 신의 비밀을 이해하게 됐다. 즉 정신이 정신을 인식하게 된다.

이런 통일은 절대지에서 개념적으로 이루어지는 것이지만, 이미 계시 종교에서 표상의 형식을 통해 드러냈다. 여기서 표상의 형식을 통해 사변적 인식이 처음 획득된다. 거꾸로 이런 표상적 형식을 이해하려면 사변적 인식이 필요하다.

762) 〈SK 555:1~25〉〈FM 407:14~32〉

정신의 개념은 곧 자기 자신을 정신으로 파악하는 것이지만, 이 개념은 여기서 여전히 직접적인 개념에 지나지 않을 뿐, 아직 전개된 것은 아니다. 본질은 곧 정신이며 다시 말하면 본질은 현상했으며 또한, 계시됐다. 이런 최초로 계시된 것은 그 자체 **직접적인 것**이다. 그러나 이런 정신을 직접 드러낸 것은 그에 못지않게 순수한 매개거나 사유[612]

---

612 사유는 곧 '나는 나다'라는 식으로 파악하는 것을 말한다. 신과 그리스도의 관계는 주체와 자아의 관계므로 사유의 관계다.

이므로 이제 이런 직접적인 것[현상]은 오직 그러한 것[순수 매개]임을 그 자체에서[an ihr selbst] 드러내야 한다. ―이것을 좀 더 세부적으로 고찰해 보면 정신은 직접 자기의식으로 나타나는 가운데 **일반적인** 자기의식과는 대립하는 **특정한 개별** 자기의식에 그친다. 정신은 [개별 자기의식인 한] 타자를 배제하는 하나[Eins]며 더 나가서 **이 하나**[Eins]를 바라보는 의식에는 다만 **감각적 타자**[sinnlichen Anderen]라는 형식이기에 아직 [직접성이] 해소되지 않은 형식을 지닌 것으로 된다. 이런 [하나를 바라보는] 의식은 아직도 [자기의식으로서] 정신을 그 자신의 정신으로 인식하지 않으니,[613] 다시 말하면 정신은 여기서 **개별** 자아의 모습으로 나타날 뿐, 아직은 그와 마찬가지로 일반적 자아[614] 즉 모든 개별자를 망라하는 자아의 모습으로 나타나지는 못한다. 이것을 또 달리 말한다면 정신이 지니는 형태가 아직도 **개념**의 형식 즉 일반적 자아의 형식을 취하지 않는다. 그러므로 이런 자아는 직접적인 현실 속에 존재할 뿐, 그에 못지않게 자기를 지양한 것, 사유나 일반적인 자아로 되지 못하므로 전자[직접적인 자아]의 측면이 사라져 후자 즉 일반적 자아로[615] 되지 못한다. ―이런 일반적 자아가 취하는 맨 처음의 형식 즉 그 자체가 직접적일 수밖에 없는 형식은 이미 여기서부터 **사유** 자체의 형식이거나 **개념으로서 개념**의 형식을 취하는 것은 아니다. 오히려 이 맨 처음 등장한 일반성은 현실의 모습을 한 일반성이며 자아의 집합[Allheit

---

613 대중은 그리스도를 하나의 개별적 인간으로 알 뿐이다. 그리스도가 신 또는 일반적 자아가 출현한 모습이라는 것을 알지 못한다.

614 신은 일반적 자아 즉 집단 의지다. 신 자체는 추상적 일반 자아며, 그리스도는 그 구체적 실현인 개별 자아다.

615 그리스도의 죽음 즉 자기부정을 통해 성령 즉 교회가 세워진다. 이 교회는 신 즉 추상적 일반 자아의 구체적 실현이다.

der Selbste]이고 그 현존을 표상[Vorstellung]으로 끌어올리는 것[616]을 의미할 따름이다. 즉 이는 흔히 알 수 있는 일이지만, 명확한[bestimmt] 사례를 들어본다면 **감각적인 개별자**[이것: Dieses]가 지양되면 그것은 처음에는 지각된 사물에 지나지 않을 뿐, 아직도 지성이 파악하는 **일반성**[법칙]이 아닌 것과도 같다.

[해제] 그리스도를 통한 신의 계시는 표상을 통해 즉 "감각적 타자"로 계시된 것이다. 계시는 표상을 통해 이해되면서, 우연한 한 개인, 개별 자아에 그친다. 그는 그저 역사적으로 출현한 예수에 지나지 않는다. 그의 죽음 역시 표상을 통해서는 특정한 개인의 죽음으로 여겨질 뿐, 신의 자기 복귀로 이해되지 않는다. 또한, 그의 죽음 이후 세워진 교회는 "현실의 모습을 한 일반자," "개별 자아의 집합," "현존을 표상 속으로 끌어올린 것"에 지나지 않는다. 그러므로 교회는 성령으로 파악되지 않으며 즉 "개념으로서 개념으로" 또는 개별 자아가 지양된 일반적 자아로 파악되지 않는다.

예수의 탄생과 죽음 그리고 교회의 의미는 표상으로서가 아니라 사변적으로 인식해야 올바른 의미로 이해된다. 표상은 사변적 인식을 위한 매개에 지나지 않는다. 사변적으로 인식할 때 예수의 탄생은 추상적 신의 타자화며, 그의 죽음은 곧 신으로의 복귀이며 교회는 개념으로서 개념의 실현 즉 일반적 자아의 실현이다.

763) 〈SK 555:26~556:13〉〈FM 407:33~408:10〉
개별 인간[인간 예수]은 절대적 존재가 계시된 존재라 할지라도 개

---

616 '현실적 일반성', '자아의 집합,' '표상 속으로 교양된 현존'은 모두 교회를 의미한다. 이 교회는 아직 교인 집단으로 파악될 뿐 개념 즉 일반적 자아로 파악되지 않는다.

별자라는 측면에서는 그 자신에서[an ihm] **감각적 존재**가 전개하는 운동을 수행한다. 이 개별 인간은 신이 **직접** 현재화된 존재라는 측면에서는 그의 개별 현존은 과거에 있었던 존재[Gewesensein: 본질][617]로 이행한다. 그러므로 개별자의 의식[대중]은 그의 감각적 현재[인간 예수]를 바라보면서 더는 신을 보지 않으며 더는 신을 듣는 것도 아니다. 개별자의 의식은 다만 신을 예전에 **보았거나** 예전에 **들었을** 뿐이다. 개별 의식 자체는 신을 단지 **보았다**거나 **들었다**는 것을 통해서 비로소 정신적인 의식으로 된다.[618] 신은 이전에는 **감각적인 현재**라는 모습으로 이런 개별 의식 앞에 소생했듯이[aufstand] 이제는 **정신 속에서** 부활한다[aufgestanden]. ─왜냐하면, 개별 의식은 신을 감각적으로만 보거나 듣는 의식이라는 점에서는 그 자체가 한낱 직접적인 의식에 지나지 않기 때문이다. 이 직접적 의식에서는 그와 그의 대상이 같지 않은 측면이 지양된 것도 아니며 동시에 그런 서로 다름을 환수해 순수 사유로 된 것도 아니다. 오히려 그런 직접적 의식은 대상으로 존재하는 개별자를 알지만, 자기 자신이 정신이라는 사실[619]을 알지 못한다. 신의 직접적 현존[그리스도]이 절대적 본질로 인식됐다가 다시 사라지면서 이런 직접적인 현존은 그 때문에 부정성[자기 지양]의 계기를 얻기에 이른다. 정신은 여전히 실제로 존재하는 직접적인 자아로 머물러 있지만, 이제는 회

---

617 '과거에 있었던 존재'는 이중의 의미를 지닌다. 한편으로 그것은 예수가 죽었다는 것을 의미하며 다른 한편으로 그것은 그가 태어나기 이전의 존재 즉 신의 본질로 돌아갔다는 것을 의미한다. 독일어 'wesen'은 원래 'gewesen'에서 나왔다.

618 대중은 예수가 죄없이 죽는 것을 보고 비로소 그가 신의 아들이었으며 신의 본질은 곧 정신이라는 것을 이해한다.

619 대중은 그리스도를 통해 계시된 신의 본질을 정신으로 파악하면서 비로소 그 자신도 이런 정신이라는 것을 자각한다.

중[Gemeine]이라는 **일반적인 자기의식**으로 머무른다. 이런 일반적 자기의식은 그 자신의 실체[신] 속에 머무르고[ruhe] 있을 뿐만 아니라 또한, 이 실체는 그런 일반적 자아 속에서 일반적인 주체로 된다. 이 일반적 주체는 이제 고립된[für sich] 개별자가 아니라 회중[Gemeine]의 의식과 함께 있다. 또한, 회중에 나타나는 정신의 모습은 정신이 지닌 완전한 전체의 모습이다.

[해제] 헤겔은 이 구절에서 예수 죽음의 의미를 제시한다. 신은 자신을 그리스도로 계시했지만, 대중은 그리스도 속에서 역사적 예수라는 한 인간의 모습만을 볼 뿐이었다. 이런 감각적 표상이 지양되고 그의 본래적 모습이 신이라는 것이 드러나기 위해서는 감각적 현존이 사라져야만 했다. 그의 죽음을 통해서 신은 이제 보고 듣고 하는 대상이 아니라 "보았거나 들었거나 한" 존재로 이행하면서 비로소 그 본질이 드러난다. 이렇게 ""과거에 있었던 존재[Gewesen]"로 되면서 그는 "그가 태어나기 이전에 있었던 존재 즉 신적 존재였음이 드러난다." 그러므로 대중은 예수의 죽음을 통해 비로소 신의 본질[wesen]을 자각하게 된다.

그런데 그의 죽음으로써 드러난 신적 본질은 이제 그가 태어나기 이전의 신적 존재와는 구별된다. 후자는 단순한 추상적인 신이라면 전자는 "일반적인 자기의식" 즉 정신적인 존재로서 신인 성령이다. 이 성령은 구체적으로는 교회이지만, 이 역시 표상이므로 곡해돼 자아의 집합으로만 이해된다. 하지만 그 참된 의미는 곧 "그 자신의 실체 속에 머무르고 있을 뿐만 아니라" 또한, 실체는 이런 "일반적 자아 속에서 일반적 주체"가 된다. 교회는 이제 "고립된 개별자가 아니라, 회중의 의식과 함께 있으며" 다시 말하자면 현존하는 공동체적 자아, 주체로서 정신이다. "정신이 지닌 완전한 전체의 모습"이다.

764) ⟨SK 556:14~21⟩ ⟨FM 408:11~16⟩

그러나 **과거로 사라져 버린다**거나 거리가 **멀어진다**[Entfernung]는 것은 직접 존재하는 방식이 매개되거나 아니면 일반화되는 불완전한 형식일 따름이다, 즉 이런 방식은 단지 표면상으로만 사유의 지반으로 떠올랐을 뿐이고 여기서는 직접적인 존재 방식은 여전히 감각적인 방식으로 보존될 뿐, 사유의 본성 자체와 합치하지 않는다. 그것은 다만 **표상 작용**[Vorstellen]에까지 끌어올려질 뿐이다. 왜냐하면, 표상 작용이란 곧 한편에서 감각적인 직접성과 다른 편에서 이 감각적 직접성을 일반화한 것 즉 사유를 종합적으로 결합한 것이기 때문이다.

765) ⟨SK 556:22~557:2⟩⟨FM 408:17~29⟩

이런 표상 작용[Vorstellen]이라는 형식은 정신이 그 자신의 회중[Gemei ne] 속에서 어떻게 의식되는가 하는 규정성을 드러내 준다. 이런 형식은 정신에 관한 자기의식이 아직도 자기에 관한 개념으로서 개념에까지는 다다르지 못한 까닭에 여기서는 매개작용이 아직 완성된 것이 아니다. 따라서 그런 방식으로 존재와 사유를 결합할 때 눈앞에 나타나는 결함은 정신적 본질이 여전히 차안과 피안이라고 하는 서로 화해할 수 없는 분열에 고착된다는 것이다. 즉 그 **내용**은 참된 것이지만, 그것의 모든 계기는 표상 작용[Vorstellen]의 지반에 놓여 있음으로써 개념적으로 파악된 것이 아니라는 성격을 지닌다. 그런 내용은 각 계기가 완전한 자립적인 측면으로 나타나고 서로 **외면적으로**만 관계한다는 성격을 지닌다. 그러한 참된 내용이 참된 형식 안에서 의식되기 위해서는 그 의식이 더 높은 단계로 발전[Bildung]하는 것이 필요하다. 이런 발전을 통해 의식은 절대적 실체에 관한 자기의 직관을 개념의 단계로까지 끌어올릴 뿐만 아니라 또한, 그런 의식 자체에서도 자기가 의식하는 것이 자기의 자기의식과[620] 서로 합치해야 한다. 그런 일은 우리가 보기에도 일어날 뿐만 아니라 **그 자체에서도**[an sich] 일어나야 한다.

[해제] 헤겔은 지금까지 그리스도의 탄생과 그 죽음, 그리고 그 사후에 세워지는 교회를 설명한다. 이런 사건은 본래 개념의 계기지만, 여기서는 표상 작용의 지반 위에서 일어난다.

이와 같은 표상 속에서는 신과 자아, 피안과 차안의 통일은 아직 일어나지 않는다. 그것은 "서로 화해할 수 없는 분열에 고착된다." 여기서 각 계기는 개념의 자기 운동으로 파악되지 않으므로 저마다 "완전히 자립적인 것으로서" 즉 고립된 사건으로 나타나며 그것들은 그저 "서로 외면적으로만 관계한다." 그 결과 그리스도의 탄생과 죽음이라는 표상이 출현한다. 표상 작용은 아직 의식에 머무른다.

이 표상을 통해 등장한 사건이 지닌 참된 의미가 이해되기 위해서는 의식은 좀 더 높은 단계의 지반 즉 표상이 아닌 개념의 지반으로 올라서야 한다. 그렇게 되면 이 표상적 사건 전체는 정신의 운동으로 파악되며 여기서 정신은 자기를 대상화하며, 자기를 자아로 계시한다. 이를 통해 대중적 의식은 자기 앞의 대상을 자기 자신으로 파악하면서 자기의식이 된다.

헤겔은 이런 개념적 파악이 종교적 의식 "그 자체에서" 전개돼야 한다고 본다. 즉 최종적으로 검토하는 우리의 입장이 아니라, 종교적 의식 자체가 자기모순에 부딪히면서 새롭게 이행하는 전개과정이 필요하다는 것이다.

766) 〈SK 557:3~27〉〈FM 408:30~409:9〉

620　표상적 사유에서는 대중은 신을 대상으로 파악한다. 대중 '자기가 의식하는 것'으로 된다. 그러나 개념적 사유에서는 신은 주체의 전개이며 이를 통해 자신을 계시하니, 대중적 의식은 신을 자신으로 파악하는 자기의식을 얻는다.

이제 이상과 같은 내용이 회중의 의식 속에 어떻게 받아들여지는지를 고찰해야만 하겠다. −여기서는 절대정신이 **내용**을 이루는 까닭에 절대정신이 취하는 형태는 그 자신의 진리에 들어선 것이다. 그러나 절대정신의 진리는 다만 교회[Gemeinde]의 실체[621]거나 교회의 **본분**[Ansich]으로만 그치지 않고 즉 이런 내면성[실체나 목적]에서 벗어나긴 했으나 표상이라는 대상적 형식에서 출현하는 것에 그치지 않고 오히려 그 진리는 실제로 존재하는 자아로 되고 자기 내면으로 반성하면서 주체가 돼야 한다. 이런 진리를 획득하는 것이 정신이 그의 교회[Gemeinde] 속에서 수행하는 운동이다. 다시 말하면 이 진리야말로 정신의 생명이다. 따라서 이처럼 자기를 계시하는 정신이 **그 자체에서 동시에 대자적으로** 과연 어떠한 것인가를 드러내는 방법은 회중[Gemeine]에 내재하는 정신의 풍부한 생명이 되돌려져 그 첫 번째 가닥으로 환원되는 것은 아니다. 그런 최초의 가닥은 최초로 등장했던 불완전한 회중[Gemeine][622]이 지녔던 관념[Vorstellung]이나 심지어 실제로 존재했던 인간[예수]의 복음일 뿐이다. 이처럼 그 한 가닥으로 환원하려는 시도의 근저에는 개념을 추구하고자 하는 본능이 깔렸지만, 이런 환원은 근원이라는 것을 최초로 현상했던 **직접적인 현존**과 같은 것으로 여기면서 이 **근원을 개념의 단순성**과 혼동한다.[623] 정신적 삶을 빈곤하게 만드는 것을 통해 또한, 교회[Gemeinde]에 관한 표상이 제거되고 그런 교회 표상을 지향하는[gegen] 활동이 청산되면서 개념 대신에 오히려 단순한 외면적이고

---

621 교회의 실체는 곧 초월적 신에 대한 숭배 즉 신앙이다.

622 여기서 회중[Gemeine]은 초기 예수를 따르던 자들을 말하는 것으로 보인다.

623 교회가 현존하는 시초는 곧 그리스도의 역사적 삶이다. 교회의 근거는 신 즉 일반적 자아다. 교회는 그런 근거의 실현인데, 양자를 혼동하면서 예수의 삶을 기적과 신비로 보고 그의 역사적 흔적을 되찾으려는 운동이 등장한다.

개별적인 시도만이 발생한다. 그 결과 최초의[직접적인] 현상을 역사적으로 추적하거나 개별적인 상념으로 기억된 형태나 과거의 모습에 관한 회상만이 고개를 들 뿐이니 이는 멍청하기 짝이 없는 짓이다.

[해제] 1) 교회는 성령 즉 정신이 주체라는 방식으로 출현하는 것이다. 헤겔은 여기서 교회가 지니는 의미를 고찰한다. 신 예수를 거쳐 교회를 통해 자기를 실현한다. 즉 교회는 단순한 실체로서 신 자신이 "실제로 존재하는 자아로 되고, 자기 내면으로의 반성을 통해서 주체로 되는 것"이다. 즉 절대정신이 진리를 획득하는 것이다.

교회가 갖는 의미를 종교적으로는 성령이 출현하는 것이지만, 성령은 곧 교회를 의미한다. 즉 신의 본질이 곧 일반적 주체므로 교회가 세워진다는 것은 곧 공동체의 일반적 자아가 현실에 출현한다는 것을 의미한다.

2) 교회는 최초의 단순한 신에 관한 관념으로 돌아가는 것도 아니며, 신앙이나 복음을 전달하려는 것도 아니며 또한, 표상을 통해 나타난 것처럼 교인들의 단순한 집합 또는 물질적 교회도 아니다. 신의 자기실현으로서 교회 즉 일반적 주체서 대중은 자기의식을 획득하게 된다. 즉 정신(대중)이 이 공동체의 일반 자아가 곧 자기 자신의 본질임을 인식한다는 것을 의미한다.

3) 그러나 이런 '정신의 생명'이 상실되면서 교회는 그 본래의 의미를 잃고, 그 결과 최초의 예수의 삶을 추적하거나 과거에 관한 회상에 호소한다. 이런 방식은 "교회에 관한 표상이 제거되고 그 표상을 지향하는 활동이 청산되면서 등장하는 단순하고 외면적인 개별적 시도"에 지나지 않는다.

767) 〈SK 557:28~558:12〉〈FM 409:10~25〉

정신이 자신이 의식하는 내용으로 될 때, 이런 내용은 처음에는 순

수한 실체[성부]의 형식을 띠고 나타난다. 이런 내용은 정신이 순수 의식인 단계에서 파악하는 내용이다. 이런 사유[순수 의식]에서 얻은 지반은 운동을 통해 현존 또는 개별 존재[성자]로 하강한다. 이런 실체와 개별 존재, 양자 사이의 매개를 이루는 것은 양자의 종합적 결합 즉 [신의] 타자화에 관한 의식이며 또는 표상 작용[Vorstellen]에 속한다. ─세 번째 계기는 그러한 표상[Vorstellung] 즉 타자화한 존재로부터 귀환한 것 즉 자기의식 자체[624]를 지반으로 한다. ─이런 세 가지 계기가 다 함께 정신을 구성한다. 표상 작용 속에서는 이런 계기들이 분리되면서 각자 **특정한** 방식으로 존재한다. 그러나 이와 같은 규정성은 정신이 전개되는 계기 가운데 하나에 지나지 않은 것이다. 정신이 펼쳐나가는 더 세부적인 운동은 정신의 계기 가운데 각각을 지반으로 삼아 그 속에서 자기의 본성을 확산하게 하는 것이다. 이 순환을 이루는 각 계기는 그 자체 내에서 자기를 완성하는 가운데 한 계기의 순환이 자기 내로 반성한다는 것은 곧 또 다른 계기의 순환으로 이행하는 것을 뜻한다. **표상**[그리스도의 탄생과 죽음]은 순수 사유[성부]와 자기의식[그리스도] 그 자체를 매개하지만, 사실 정신이 지닌 규정성 가운데 단지 **한** 규정성에 지나지 않는다. 그러나 동시에 앞에서도 이미 밝혀졌듯이 그런 표상의 성격은 종합하는 결합[625]이어서 모든 지반으로 확산함으로써 이 모든 지반에 공통된 규정성으로 된다.

[해제] 헤겔은 이어서 삼위일체를 설명한다. 성부는 정신의 실체며 순수 사유를 표상한 것이고 성자는 이 실체가 타자화돼 개별 존재 즉 자

---

624 성령을 의미한다. 이 성령은 개별적 자아가 아닌 일반적 자아다. 구체적으로는 교회로 나타난다.

625 '종합하는 결합'은 비유를 말한다.

아가 된 것이다. 이 성자는 성부의 타자화를 표상한 것이며, 자기 죽음을 통해 본래 정신으로 귀환한다. 이렇게 귀환한 존재는 단순한 실체가 아니라 자기의식으로서 정신이며 그것이 곧 성령이다.

이 삼위의 각각은 자기 안에 다른 계기를 이미 포함하는 전체므로 저마다 안으로 고유한 순환을 하고 있다. 또한, 각 계기는 전체 정신의 운동을 이루는 하나의 계기로 된다. 그러므로 각 계기는 자기를 넘어 다른 계기로 이행한다. 삼위일체는 사실 개념의 운동이지만, 표상을 통해 제시된 것이다. 표상은 개념의 운동을 "종합하는 결합" 즉 비유로 표현한 것이지만, 마치 그것이 실제로 존재하는 것으로 보임으로써 이 운동은 탄생과 죽음이라는 역사적 사건으로 나타난다.

768) 〈SK 558:13~28〉〈FM 409:26~36〉

이제 내용 자체를 고찰해 본다면, 이 내용은 부분적으로는 이미 **불행한 의식과 신앙의 의식**에서 관념[Vorstellung]으로 출현한 적이 있다. ─다만 전자[불행한 의식]에서 그 내용은 **의식**에서 **산출**됐지만, **동경의 대상으로 된** 내용이라는 규정 속에 있으므로 정신은 이런 내용 속에서 결코 만족이나 안정을 찾을 수 없다. 왜냐하면, 여기서 정신이 **본래**[an sich] 또는 그것[불행한 의식]의 **실체**로서 그것의 내용으로 되는 것[626]은 아직 아니기 때문이다. ─그에 반해서 후자[신앙의 의식] 속에서 그 내용은 세계의 본질이기는 하지만, 이 내용은 실현할 자아를 지니지 못한 것[selbstlose]이며 또는 그 내용은 **관념**[Vorstellens]의 내용 즉 다만 **본질상 대상적인** 내용으로 고찰됐다. ─이런 관념은 곧 현실을 일반적으로

---

626 불행한 의식의 대상인 불변적 의식은 개별적 자기의식이 피안에 등장한 것이다. 이 자기의식은 법적 인격에서 실현되는 형식적 자유, 개별적 자아를 의미한다. 아직 여기서는 일반적 자아 즉 정신이 대상으로 된 것이 아니다. 이 일반적 자아란 각 개별적 자아에 고유한 정의가 실현되는 것 즉 실질적 자유를 의미한다.

회피하기에 **자기의식의 확신**이 없는 것이다.[627] 이런 자기 확신은 한편에서 텅 빈 인식에 그치며 또 다른 면으로는 순수 통찰에 머무르는 것으로서 신앙의 대상적 내용과는 분리된 것이기 때문이다. −이에 반해서 교회[Gemeinde]의 의식은 정신을 그 **실체**로 삼으며 동시에 그런 정신은 교회가 자신의 정신이라고 **확신**한다.

[해제] 여기서 헤겔은 지금까지 등장한 종교의 계기들을 절대정신의 종교와 비교한다. 그 계기는 두 가지인데 곧 불행한 의식과 신앙의 의식이다.

불행한 의식의 내용은 주관적인 것이다. 즉 개인적인 자유가 피안에 설정된다. 따라서 그 내용은 동경의 대상으로 되며 아직 실현되지 못한다. 또한, 불행한 의식의 내용은 개별적 자유이며, 아직 형식적인 것에 지나지 않기에, 그것이 실현되더라도 실질적인 자유 즉 일반적 정신이 출현하지 못한다.

반면 신앙의 의식은 일반적 정신 즉 실질적 자유를 내용으로 하지만, 그것은 실제로 존재하는 대상 넘어서 그 피안에 존재하며 순수 의식을 통한 직접적 확신 즉 신앙만이 존재한다. 그러므로 일반적 정신은 아직 자기를 실현하는 자아를 가지지 못한 것이다. 개별적 자아는 신앙에 대립하는 교양에 속하는 것일 뿐이다.

이제 일반적 자아 즉 정신이 구체적으로 실현되니 그것이 곧 교회 공동체다. 이 교회는 정신적 본질 즉 일반적 자아가 구체적으로 나타난 것이므로 이를 통해 계시가 완성된다. 대중은 교회를 통해 정신적 본질

627 신앙에서는 일반적 자아가 정신으로서 출현했지만, 개별적 대상의 피안에 출현한 것이며 자아는 이를 자신의 순수 의식 속에서 받아들인다. 신앙은 본질을 현실에 실현할 자아를 지니지 못하며, 자기에 대해 확신하는 자아는 신앙에 대립하는 순수 통찰에 속한다.

을 자기 자신임을 자각한다. 여기서 정신은 자기인식에 도달한다.

769) 〈SK 558:29~559:15〉〈FM 409:37~410:17〉〉

이처럼 정신은 첫 번째로 **순수 사유**의 **지반**에서는 실체라는 관념으로 파악[vorgestellt]됐다. 따라서 이런 실체로서 정신은 단순한, 자기와 같음을 지닌, 영원한 **본질**이다. 그러나 이런 본질은 결코 추상적 **의미**에서 본질이 아니라 오히려 절대정신이라는 의미에서 본질이다. 이런 절대정신은 본질이라는 말이 흔히 의미하는 것 즉 어떤 내적인 것이 아니라 오히려 실제로 존재하는 것이다. 따라서 단순하고 영원한 본질이 여전히 단순하거나 영원한 본질이라는 관념[Vorstellung]이나 표현에 머무를 때 이는 단지 빈말에 지나지 않는 [절대] 정신일 것이다. 그러나 단순한 본질은 다만 추상적인 존재므로 사실상 자기 자신에서[an sich selbst] 부정적인 것일 수밖에 없다. 더욱이 그런 부정성은 사유의 부정성[628]이거나 아니면 본질 속에[im Wesen] **그 자체로 존재하는**[an sich] **부정성**을 뜻한다. 다시 말하면 단순한 **본질**은 이처럼 절대적으로 자기를 **구별**하는 것이며 순수하게 자기를 타자화하는 것이다. 이 단순한 **본질**은 **그 자체로** 보거나 아니면 우리가 보기에[an sich oder für uns] 그런 본질로 존재한다. 그러나 순수성이 추상성 또는 부정성을 의미하는 것인 한에서 단순한 본질은 **대자적**[für sich selbst]으로 또는 **자아**나 **개념**으로 된다. ―그러므로 단순한 본질은 자기를 **대상화**한다. 표상[Vorstell ung]은 지금 막 언표된 개념의 **필연성**을 어떤 **역사적 사건**[Geschehen]으로 파악하며 또 그런 것으로 언표한다. 그런 표상에 따르자면 영원한 본질은 스스로 하나의 타자를 **낳는다**[erzeugen]고 말해진다. 그러나 본질은 이렇게 타자화하는 가운데 또한, 못지않게 직접 자기 내로 복귀한다. 왜

628 앞에서 헤겔은 신적 본질이 나는 나라는 자기 관계므로 사유라고 했다.

냐하면, 본질의 구별이란 사실 구별 그 자체[an sich]이며 다시 말해서 구별이란 다만 직접 자기 자신으로부터 자기를 구별하는 것이므로 자기 내로 복귀해 통일되는 것이기 때문이다.

770) 〈SK 559:16~29〉〈FM 410:18~28〉

따라서 세 가지 계기가 구별된다. 즉 우선 **본질**의 계기가 있고 다음에는 **대자 존재**[Fürsichsein]의 계기가 있다. 이 대자 존재의 계기는 **본질**이 타자화한 것인 동시에 본질에 대립하는 것이다. 끝으로 **대자화하는**[Fürsichsein][629] 계기 즉 **타자** 속에서 **자기 자신을 인식하는** 계기가 있다. 본질은 그가 대자화한 존재 속에서 자기 자신을 직관하며 자기를 포기하는[Entäußerun]g 속에서도 오직 자기에 머무른다. **본질**은 이런 대자 존재를 자기로부터 배제하지만, 오히려 이런 배제된 대자 존재를 통해 **자기 자신을 인식**한다. 그러므로 이런 대자 존재는 곧 말씀[Wort: 로고스]*과 같은 것이다. 왜냐하면, 말씀은 일단 언표되면 언표하는 자로부터 포기되면서 배설되고 버려지지만, 이에 못지않게 직접 [타인을 통해] 받아들여 이해되는[vernommen] 것이기 때문이다. 말씀은 이렇게 자기 자신이 이해될 때만 현존한다. 따라서 모든 구별은 만들어지더라도 만들어지자마자 바로 해소되고 또한, 그러한 구별이 해소되기가 바쁘게 곧 다시 만들어진다. 참다운 것, 참된 것[Wirklich]이란 다만 이처럼 자체 내에서 순환하는 운동이다.

*FM주 〈410:23〉 요한복음 1장 1절: "태초에 말씀이 계시니라 이 말

---

629 이 구절에서 '대자'가 두 번 나오는 데, 원문에는 똑같이 'Fürsichsein'로 표현된다. 의미가 다르므로 번역을 달리해, 앞엣것은 '대자 존재'로, 뒤엣것은 '대자화'로 번역했다.

씀이 하나님과 함께 계셨으니 이 말씀은 곧 하나님이시니라"

[해제] 이어서 헤겔은 삼위일체의 각 계기가 어떻게 운동하면서 다른 계기로 이행하는지를 보여준다. 우선 성부는 실체를 의미하는데 그것은 관념에 머무르는 것이 아니라 그 자체로 존재하는 것이다.

그러나 이런 단순한 실체는 단순하므로 그 자체에서 부정성을 지니면서 자기를 타자화한다. 이런 타자화한 것이 대자 존재 곧 그리스도다. 표상적 사유는 개념의 운동을 역사적 사건으로 파악하므로 아들을 낳는다는 표상이 등장한다. 이 아들 즉 대자 존재는 개념의 자기 구별이므로 스스로 자기를 부정해 다시 본래의 자신으로 복귀한다. 이런 자기 내 복귀는 곧 대자화(자기의식화)하는 것이다. 이런 개념의 자기 복귀는 다시 표상을 통해 파악되면서 아들의 죽음으로 파악된다.

정신의 세 가지 계기는 위에서 설명한 것처럼 절대적 본질과 그것의 대자화 그리고 그런 타자화된 것으로부터의 자기 복귀이다. 정신의 운동에서 구별은 만들어지자마자 곧 다시 해소되니, 자체 내에서 자기를 부정화면서 순환한다. 헤겔은 정신의 이런 개념 운동을 복음에서 나오는 로고스라는 용어로 설명하려 한다. 로고스 즉 말씀은 내뱉어져 자기로부터 구별되지만, 다시 타인이 받아들여 이해되면서 다시 자신으로 복귀하기 때문이다.

771) 〈SK 559:30~560:28〉〈FM 410:29~411:18〉

[절대적] 본질이 자체 내에서 전개하는 이런 운동이야말로 절대적 존재가 정신이라는 것을 말해준다. 절대적 본질이 이렇게 정신으로 파악되지 않는다면 한낱 추상적인 텅 빈 존재에 지나지 않으며 마찬가지로 정신이 이런 운동으로 파악되지 않는다면 단지 빈말에 지나지 않는다. 정신의 **계기**들은 그 순수성에서 파악된다면 부단히 운동하는

[ruhelos] 개념일 뿐이어서 그 자체에서 자기의 대립물로 이행하면서도 전체적으로 보면 고요하게 머무를 뿐이다. 그러나 회중[Gemeine]의 **표상 작용**[Vorstellen]은 결코 개념을 통한 사유가 아니며 그 내용은 단지 아무런 필연성도 없이 출현하는 것일 뿐이며 더 나가서는 개념의 형식을 대신해서 아버지와 아들이라는 자연적인 관계를 순수 의식의 영역으로 끌어들인다. 이런 순수 의식은 단지 **표상**할 뿐이므로 그런 표상 작용에서도 본질이 계시되는 것은 사실이다. 하지만 이런 표상은 관념의 종합[synthetischen Vorstellung]을 통한 것이기에 여기서 본질의 계기들은 한편으로 분리돼서 등장하면서 그 고유한 개념을 통한 상호 연관이 드러나지 않는다. 다른 한편에서 이런 표상은 그의 순수한 대상으로부터 한발 물러나 이 대상에 다만 외부적으로만 관계할 뿐이다. 따라서 표상 작용에서는 이런 순수한 대상이 어떤 낯선 것으로부터 계시되며 정신에 관한 이런 사상[Gedanken] 속에서는 절대적 본질은 자기 자신의 본성 다시 말해 순수한 자기의식이라는 본성을 인식할 수가 없다. 이제 표상 작용의 형식과 그리고 자연적인 것으로부터 취해진 관계[아버지와 아들의 관계] 형식을 벗어나야 한다. 또한, 정신이 수행하는 이런 운동의 계기들을 스스로 이행하는 계기로 여기기보다도 차라리 저마다 유리된 움직이지 않는 실체나 주체로 여기는 것 역시 벗어나야 한다. 그런 한에서 이런 벗어남은 앞에서 또 이 책의 다른 쪽에서 언급됐듯이 630 개념으로부터 강제되는 것[Drängen]으로 여겨져야만 하겠다. 그러나 이런 벗어남은 다만 본능에 따른 것일 뿐이므로 자기를 오인하면서 그

---

630 유감스럽게 어느 구절인지 확인하기 어렵다. 다만 80 구절에서 "의식은 제약된 범위에서나마 얻을 수 있었던 만족을 손상하는 폭력을 다름 아닌 자기 자신으로부터 당한다"라는 표현이 나온다.

런 표상이라는 형식을 버리는 것과 동시에 그 내용마저도 버린다. 달리 말하자면 이런 내용은 단지 하나의 역사적인 사실에 관한 관념이나 전통으로부터 유래한 유산 정도로 격하되고 만다.[631] 이런 관념이나 유산이라는 생각에서는 신앙이 발생하는 것과 연관된 단지 외면적인 사실만이 보존될 뿐이어서 그런 생각은 인식이 없는, 죽어 있는 사실에 그칠 뿐이며 여기서는 신앙 속에 깃들어 있는 **내면적 요소**는 소멸하고 말 것이다. 왜냐하면, 자신을 개념으로 인식하는 개념은 그러한 방식에서는 사라질 수 있기 때문이다.

[해제] 정신의 개념 운동은 계시 종교에서 표상을 통해 설명되면서 아버지와 아들, 탄생과 죽음이라는 표상이 출현한다. 이런 표상은 개념의 계기들이 전개하는 필연성을 표상의 방식으로 표현한다. 거꾸로 보자면 그런 표상 속에는 개념이 자기를 구별하고 다시 복귀하는 관계가 표현되더라도 각 계기는 고립적으로 존재하며 서로 외면적으로만 관계한다.

그러므로 헤겔은 정신은 이런 표상 작용의 지반을 떠나야 한다고 말한다. 이를 떠난다는 것은 곧 자연적 관계라는 표상을 버리고, 각각을 "유리된 움직이지 않는 실체나 주체로 여기는 것"도 버린다는 것이다.

여기서 헤겔은 삼위일체의 표상을 버리면서 이를 개념의 운동으로 파악하지 않고 단지 역사적으로 일어난 사건으로 파악하는 입장을 비판

---

631 헤겔 당시 등장했던 계몽주의자들의 역사적 예수에 관한 연구를 말한다. 독일에서 헤르만 사무엘 라이마루스Herman Samuel Reimarus(1694~1768)와 그를 이어 레싱이 라이마루스의 연구를 전파했다. 이런 연구는 헤겔 제자인 D. 스트라우스의 『예수의 생애』(1835)로 대변된다. 헤겔은 이들은 성서의 사실을 역사적으로 비판하면서 신앙 자체를 비판했으나, 이런 비판은 성서의 사실이 정신의 운동을 표현한다는 것을 무시한 것이라고 본다.

한다. 이는 당시 일어난 역사적 예수에 관한 논의를 비판하는 것으로 보이는데 이는 "표상이라는 형식을 버리는 것과 동시에 그 내용마저 버리는 것이며" 그렇게 얻은 역사적 사실이란 "죽어 있는 사실에 그칠 뿐이며" "신앙 속에 깃들어 있는 내면적 요소는 소멸하고 말 것이라" 한다.

그러므로 표상 작용을 버린다는 것은 결코 바깥에서 던져지는 것이 아니며 오늘날 우리의 관점에서 바라보는 것도 아니다. 그것은 절대정신의 자기 자신에서 일어나는 운동이어야 한다. 즉 그와 같은 종교적 표상 자체가 자기를 넘어서는 운동이어야 한다는 것이다. 그런 점에서 헤겔은 이를 "개념으로부터 강제되는 것"이라고 말한다.

772) ⟨SK 560:29~561:13⟩ ⟨FM 411:18~34⟩

절대정신은 **순수 본질**로 표상되기는 하지만, 결코 **추상적인** 순수한 본질이 아니다. 오히려 순수 본질은 정신 속에서는 한낱 계기에 지나지 않는다는 바로 그런 사실 때문에 오히려 정신이 전개되는 단순한 **지반**으로 격하된다. 그런데 정신을 이런 단순한 지반에서 서술하는 것은 그 형식상 본질로서 **본질**이 갖는 것과 같은 결함을 본래[an sich] 지닌다. [일반적으로] 본질[Wesen]이라는 것은 단지 추상적인 데 지나지 않는 것이어서, 그와 같은 자기의 단순성을 부정하면서 타자 존재[ein Anderes]가 된다. 이와 마찬가지로 **정신**도 역시 다만 본질[Wesen]이라는 지반에 머무를 때 형식상 **단순한 통일**이어서 바로 그렇기에 본질상 타자화[ein Anderswerden] 한다. ─달리 말하자면 영원한 본질[성부]이 자기의 대자 존재[성자]에 대해 갖는 관계는 순수한 사유를 통한 직접적이고 단순한 관계다. 순수 사유가 타자 속에서 자기 자신을 **단순하게** 직관한다고 할 때 이 가운데서 **타자 존재**는 말 그대로 타자 존재로[als solches] 설정된 것이 아니다. 이런 타자 존재는 구별된 것을 뜻하는 것이지만, 순수 사유에서 보면 이것은 결코 **구별된 것일 수 없는 것**이다. 따라서 여기서는 **사랑**을 통한 인정의 관계가 존재하지만, 이런 가운데 본질과 타자 사이에는 양자의 본성에 비춰 볼 때 아무런 **대립**도 존재하지 않는다. −순수 사유의 지반에서 언표된 정신은 본질상 단지 사유 속에만 존재하지 않고 오히려 **실제로 존재하는** 정신으로 돼야 한다. 왜냐하면, 이 정신의 개념은 본래 **타자화하는 것** 즉 단지 사유 속의 순수한 개념을 지양하는 것이기 때문이다.

773) 〈SK 561:14~21〉〈FM 411:34~39〉

순수 사유가 전개되는 지반은 추상적인 지반이므로 오히려 그 스스로 자기의 단순성에 배치되는 타자[das Andre]가 출현하면서 본래 **표상 작용**[Vorstellen]이 일어나는 지반으로 이행한다. −이런 표상 작용의 지반에서는 순수 개념의 계기들은 **실체적**[subs tantielles] 현존을 지니면서 서로 대립할 뿐만 아니라 그에 못지않게 모두가 **주체**기도 하다. 그러므로 이들 계기는 모두 어떤 제삼자 앞에 서 있으면서[für ein Drittes] 자기들끼리 무차별하게 존재하는 것이 아니라 오히려 저마다 자기 내로 반성하면서 서로 고립되고 서로 대립하는[entgegen] 것으로 된다.

[해제] 헤겔은 순수한 본질과 그 타자 즉 성부와 성자의 관계를 설명한다.

순수 본질은 추상적이어서 자기 내에 머물러 있지 못하며, 자기를 타자화하지 않을 수 없다. 그런 점에서 순수 본질은 곧 정신이다. 순수 본질과 자신의 타자 사이의 관계는 "구별이지만, 구별될 수 없는 것"이니, "타자 속에서 자기를 단순하게 직관하는 것"이며, 여기에는 "사랑이라는 인정의 관계"가 존재한다. 헤겔은 이렇게 자기를 타자화하면서 추상적 정신은 실제로 존재하는 정신으로 된다고 한다.

그러나 순수 본질이 타자화하면서, 표상 작용의 지반으로 이행하는데, 여기서 순수 본질과 타자의 관계는 아버지와 아들의 관계로 표상하면서, 개념의 순수 계기가 이제 "실체적 현존을 지니면서 서로 대립할 뿐만 아니라 그에 못지않게 모두가 주체가 된다." 그 결과 삼위일체라는 표상이 등장한다.

이 삼위일체라는 표상의 관계를 이렇게 표현한다. 즉 "모두 제삼자 앞에 나란히 서 있으면서 상호 무차별하게 존재하는 것이 아니라 저마다 자기 내로 반성하면서 서로 고립되고 서로 대립하는 것으로 된다."

774) 〈SK 561:22~562:2〉〈FM 412:1~14〉

따라서 단지 영원하거나 추상적인 정신은 스스로 타자로 되며, 달리 말하자면 현존으로 그것도 바로 **직접적인 현존**으로 이행한다. 그러므로 영원한 정신은 하나의 **세계를 창조***하기에 이르지만, 여기서 창조라는 것은 **개념** 그 자체의 절대적인 운동을 표상하는 말에 지나지 않는다. 또는 이 창조라는 표상이 뜻하는 것은 절대적인 것으로 언표된 단순한 것 또는 순수 사유가 오히려 자기 자신을 부정하는 것이므로 자기에 대립하는 **타자**가 된다는 뜻이다. 그런 이행이 일어나는 이유는 이런 절대적 단순한 존재나 순수 사유가 추상적인 것이기 때문이며 —또는 같은 말을 다른 형식으로 다시 말하자면, 그 이유는 **본질**로 설정된 것[gesetzt] 은 단순한 **직접적 존재**거나 [외적으로] **존재하는 것**[Sein]에 지나지 않는데 바로 그러한 점에서 자아가 결핍된 것 즉 내면성이 없는 한낱 **수동적**이거나 **대타 존재**에 지나지 않기 때문이다.[632] —이와 같은 **대타 존재**

---

632 헤겔에서 단순한 개념[그 자체 존재]은 추상적이지만, 그 속에 모든 계기가 가능성에서 내포된다. 이 개별 계기가 출현하면서 서로 분산된 개별적 존재[대타 존재]가 나타난다. 이 과정이 곧 창조의 과정이다.

가 동시에 **하나의 세계**다. 정신을 이런 **대타 존재**라는 규정에서 본다면 앞에서 언급했던 계기들 즉 순수 사유 안에 포함된[eingeschlossen] 계기들은 저마다 고요하게 존립한다. 그러므로 동시에 그런 계기들의 단순한 일반성은 해소되고 저마다 특수한 존재로 분리된다.

　*FM주 〈412:2~3〉 창세기 1장 1절: "태초에 하나님이 천지를 창조하시니라"

775) 〈SK 562:3~30〉〈FM 412:15~35〉

그러나 세계란 결코 정신이 그처럼 완전히 분리되고 다만 서로 외면적인 질서 속에 던져진 것만은 아니다. 오히려 정신은 본질상 단순한 자아므로, 세계에는 [자연에] 못지않게 단순한 자아[인간]도 눈앞에 나타난다. 이렇게 세계에 **현존하는** 정신이란 의식을 지닌 개별 자아며 [개별 자아로서] 자신으로부터 타자나 세계로서 자신을 구분한다. ─이런 개별 자아는 처음에 직접 존재하기에 아직 **자각된**[für sich] 정신은 아니다. 그러므로 이런 개별 자아는 정신**으로 존재하지** 않는다. 그러므로 개별 자아는 **순진무구하다**고는 할 수 있어도 **선하다**고까지 불릴 수는 없다. 이 자아가 사실상 자아며 또한, 정신일 수 있으려면 이 자아도 일단 자기 자신의 타자가 돼야 한다. 이는 마치 영원의 본질이 자기를 **타자화**하는 가운데 자기 자신과 같게 하는 운동으로 자신을 드러내는 것과 같다. 이런 개별 자아로서 정신은 이제 겨우 직접 현존하는 것으로 규정되거나 다양한 의식으로 분산되는 것으로 규정되지만, 정신이 이처럼 자기의 타자[633]가 된다는 사실은 다름 아니라 인식이 **자기 내로** 복귀할 것이라는 사실을 의미한다. 직접적인 현존은 사상[Gedanken]으

633　개별적 자아[인간]의 출현을 의미한다.

로 전환하며 또는 한낱 감각적인 의식은 사상에 관한 의식[634]으로 전환한다. 이런 사상은 다만 직접적 현존만을 바탕에 둔 **제약된** 사상인 까닭에 결코 순수한 인식일 수가 없다. 오히려 이런 사상은 그 자체에서 [an ihm] 자기의 타자에 부딪히므로 **선악**이라는 서로 대립하는 사상이 출현할 수밖에 없다. 그러므로 인간에게 어떤 필연적인 것이 아닌 **사건** [nicht Notwendiges]이 일어났다는 생각이 떠오른다[vorgestellt]. ―이 사건은 즉 인간이 선악을 인식하게 하는 나무 열매를 따 먹음으로써* 자기와 같음의 형식을 상실하면서 순진무구한 의식의 상태로부터 또 노동하지 않고도 자신에게 베풀어 주는 자연으로부터 그리고 뭇 동물이 함께 뛰노는 정원 즉 낙원으로부터 추방된다는 사건이다.

  *FM주 〈412:31~35〉 창세기 3장 5절: "너희가 그것을 먹는 날에는 너희 눈이 밝아져 하나님과 같이 돼 선악을 알 줄 하나님이 아심이니라"

  776) 〈SK 562:31~564:11〉〈FM 412:36~413:36〉
  현존하는 의식이 자기 내로 복귀하는[Insichgehen] 것은 바로 자기를 자기 자신과 **같지 않게 하는** 것으로 규정된다. 그러므로 **악**은 그처럼 자기 내로 복귀하는 과정 가운데 있는 의식이 취하는 첫 번째 현존으로 나타난다. **선**의 사상과 **악**의 사상은 곧바로 대립하고 이들 사이의 대립이 아직 해소된 것이 아니므로 자기 내로 복귀하는 의식이란 본질상 악한 것일 뿐이다. 그러나 동시에 이런 대립 때문에 이런 악한 의식에 대

---

634 개별적 자아는 처음 자연과 직접적 합일하는 감각적 의식을 지닌다. 그러나 추상적 사유인 의식이 출현하면서 자연과 대립한다. 이렇게 추상적 사유가 출현하는 것은 표상적 사유에서는 인간의 타락이며 낙원에서의 추방으로 표상된다.

립하는 **선한** 의식과 선악 사이의 상호관계[635]도 눈앞에 나타난다. -여기서 직접적인 현존이 **사상**으로 전환하고 **내면적 존재**[das Insichsein]는 부분적으로는 사유 그 자체로 남으며 부분적으로는 본질 자신의 **타자화**라는 계기로 된다. 이 자기 내 존재가 좀 더 상세하게 규정된다면 그런 한에서 악의 생성이라는 문제는 [일상적] 현존의 세계가 아니라 이를 벗어나서 훨씬 이전으로 돌아가서 사유의 원초적 영역으로 자리를 옮겨 설명될 수 있다. 이런 사유의 원초적 영역에서 본다면 악의 생성에 관해 이렇게 말할 수 있다. 즉 빛의 첫 번째 아들[Lichtsohn]은 빛이 자기 내로 복귀한[Insichgehen] 존재므로 이미 타락한 존재며,* 따라서 그런 아들을 대신해 곧바로 빛의 다른 아들[636]이 태어났다. **타락**이든가 **아들**이라든가 하는 그런 이야기 형식은 표상[Vorstellung]에 속할 뿐, 개념에 속하지 않지 않는다. 더욱이 그런 형식은 [삼위일체와] 마찬가지로 개념의 계기가 거꾸로 표상으로 전락한 것이거나 사상의 형식 속으로 표상의 형식을 끌고 들어온 것이다. -영원한 본질 속에서 **타자화**가 일어난다는 단순한 사상에 덧붙여서 타자적 형태가 다양하다는 문제가 등장하므로 **자기 내 복귀**[Insichgehen]의 문제를 이 후자 즉 형태의 다양성과 관련해 제기하더라도 무방하다. 이처럼 타자화의 사상에 다양성의 문제를 덧붙이는 것이 적절하다[gut] 해야 하는 이유는 다름 아니라 마땅히 그러해야만 하듯이 **타자 존재**라는 계기는 타자성과 동시에

635 인간이 직접 자연과 합일 상태에 있을 때는 순진무구한 상태다. 자연에 대립하는 의식의 상태에서 악이 출현하면서 동시에 직접적 상태는 선의 상태로 규정된다. 그러므로 선과 악은 동시적으로 출현한다.

636 첫 번째 아들이 야콥 뵈메가 언급한 루시퍼다. 두 번째 아들이 그리스도다. 헤겔은 전자는 악에 굴복하는 것을 말하며, 후자는 악이 자기부정을 통해 해소되는 것을 말한다고 본다.

서로 다름을 표현하기 때문이다. 물론 이때 서로 다름은 일반적인 여럿임[Vielheit überhaupt]이 아니라 오히려 특정한 서로 다름[bestimmte Verschiedenheit]을 표현한다.[637] 결국, 그 가운데 한쪽 부분 즉 신의 아들[그리스도]은 자기 자신을 본질로 바로 인식하는 자며 그러나 다른 부분[루시퍼]은 오직 이런 본질이 소외된 대자 존재여서 오직 본질을 희생하는 가운데서만 살아가는 존재다. 그렇다면 이 후자의 부분에서는 다시 소외된 대자 존재를 [본질로] 환수하는 문제 즉 악이 자기 내로 복귀하는[Insichgehen] 문제가 제기된다. 타자 존재가 이상의 두 부분으로 분화되는 이상, 정신의 계기는 좀 더 명확하게 규정될 수 있을 것이다. 그 수를 세어본다면 정신은 사위일체로 표현될 수 있다. 게다가 창조된 여럿[Menge]은 그 자체가 다시 두 부분으로 즉 선한 상태에 머물러 있는 것과 악에 물들어 버린 것으로 나누어진다고 보면 심지어 정신은 오위일체로까지 표현될 수 있다. ―그러나 이런 계기가 몇 개인지를 **헤아린다**는 것은 전혀 불필요한 것으로 여겨질 수 있다. 그 이유는 한편으로는 구별된 것은 그 자체 다만 **하나**이며 즉 구별된 것에 관한 사상은 **하나의** 사상이며 마찬가지로 이 사상은 **이와 같이** 구별된 것 즉 첫 번째의 구별된 것에 대립하는 두 번째 구별된 것[638]이기 때문이다. 다른 한편에

---

637 여럿임 일반이란 하나가 여럿임을 말한다. 예를 들어 여러 물방울과 같은 것이다. 여기서 차이는 우연적, 무차별적인 것이다. 특정한 서로 다름은 서로 차이를 지닌 것들이 동시에 대립하는 것을 말한다. 예를 들어 빛에는 밝음과 어둠이 특정한 차이를 가진다. 루시퍼와 그리스도는 신의 아들이지만, 서로 다른 대립하는 규정성을 지닌다. 전자는 악을, 후자는 악의 자기 내 복귀를 의미한다.

638 정신(신적 본질)이 분화되면서 세계(대상)와 사상(의식)이라는 대립이 출현한다. 여기서 세계와 사상은 구별된 것인데, 의식과 대상으로 서로 마주 본다. 대상은 의식을 통해 규정되며 의식은 대상의 자기 내 반성이다. 양자의 통일이

서 보자면 그 이유는 사상은 하나[Eins] 속에서 여럿을 파악하는 가운데 그 자신의 일반적 본질에서 벗어나면서 셋이나 넷, 그 이상으로 구별된 것으로 나누어질 수밖에 없기 때문이다. −수의 원리로 되는 것 즉 추상적인 단위[Eins]가 절대적으로 규정된 것이라는 사실과 비교해 본다면 여기서 말하는 일반적 본질은 수적으로 보면 모호한 것으로 나타난다. 따라서 여기서는 오직 구별된 것이 몇 개인지를 말할 수는 없으며 그저 **어느 정도의 수가 된다고**[Zahlen überhaupt]만 말할 수 있을 뿐 구별이 **몇 개인지**를 말한다는 것은 전혀 불필요한 일이다. 이것은 그 밖의 경우에도 크기나 양을 단순한 구별하는 것이 개념적으로 파악되지 않아서 아무런 의미도 지니지 못하는 것과 마찬가지다.

*FM주 〈413.7~9〉 헤겔은 여기서 아마도 루시퍼의 타락에 관한 뵈메J. Böhm의 서술을 거론하는 것으로 보인다. 예를 들어 다음을 참조하라: 뵈메Jacob Böhme,『오로라 또는 여명의 황혼』, Kap. 12, Abschn. 100, S. 149: "이 전능하고 고귀한 아름다운 왕은 그의 참된 이름을 타락하는 가운데 상실했다. 그 후 그는 루시퍼Lucifer로 불리었다. 즉 신의 광명으로부터 추방된 자라는 뜻이다. 그의 이름은 처음에는 아예 없었다. 그후 그는 밝은 빛 속에 거주하는 신의 심장에서 창조된 제후 또는 왕이며 천사의 13 왕 가운데 가장 아름다운 왕이다. 178 (Kap. 14, Absclm. 36): 그런데 신은 그를 빛의 왕으로 삼았다. 그는 신에 불복종하고 전체 신을 넘어서려 하므로 신은 그를 왕좌에서 추방하고 루시퍼가 창조된 것과 같은 신성으로부터 우리 시대의 한 가운데서 다른 왕을 창조했으며 ... 그를 루시퍼의 왕좌에 앉게 했으며 루시퍼가 타락 이전에 가졌던 권능과 힘을 그에게 주었다. 그 같은 왕의 이름이 곧 예수 그리스도다. 그는 신과 인간의 아들이다. ..."

이미 내재하므로 양자는 변증법적 운동을 통해 마침내 정신적 통일로 복귀한다.

로젠크란츠가 언급한 데서 나오듯이 헤겔의 비판은 뵈메를 향한 것일 뿐만 아니고 셸링에 대한 것이다. 참조: 로젠크란츠Rosenkranz, 『헤겔의 생애』, S. 188.

셸링은 유한적 사물이 절대자로부터 타락하는 것에 관한 학설에서 플라톤에 따른다. 참조: 셸링F. W. J. Schelling, 『철학과 종교』, S. 35,

777) ⟨SK 564:12~32⟩⟨FM 413:37~414:15⟩

선과 **악**은 특정하게 구별된 사상이며 그 구별은 이미 제시된 것과 같다. 양자 사이의 대립은 아직도 해소되지 않았을 뿐만 아니라 선악은 저마다 독자적이고 자립적으로 된 사상이 지닌 본질로 생각되면서[vorstellt] 인간은 본질이 없는 자아며 또한, 선악의 사상이 그 속에서 현존하고 서로 투쟁을 일삼는 양자를 종합하는 지반으로 된다. 일반적위력들[선, 악의 사상]은 그것[위력임]에 못지않게 자아에 속하는 것이며 또는 자아야말로 그러한 위력을 실현한다. 이와 같은 계기에서 볼때 불가피한 사실은 곧 악이 정신의 자연적인 현존이 자기 내로 복귀한 것[Insichgehen]이듯이 거꾸로 보자면 선은 정신이 실현된 것이며 또한, 자기의식이 현존한 것이다. ―따라서 순수하게 사유 된 정신 속에서는 일반적으로 신적인 본질이 타자화한 것으로 다만 암시됐던 것이 여기 표상 작용[Vorstellen]에서는 이런 타자화의 생생한 모습[Realisierung]에 더 가까이 다가간다. 이런 생생한 모습이란 곧 신적인 본질이 자기의 추상성과 비 실제성을 포기하는 가운데서 자기를 격하하는 것을 의미한다. ―표상 작용[Vorstellen]은 이와 다른 측면 즉 악을 다만 신적인 본질과 소원한 어떤 것이 생기[生起]하는 것[Geschehen]으로 받아들일 뿐이다. 그런 표상 작용 자체에서 악을 **신의 분노***로 파악한다는 것이야말로 표상 작용이 자기 자신과 고투를 벌이는 가운데 수행해온 가장 숭고

하면서도 또한, 힘겨운 노력이다.[639] 그러나 이런 노력은 개념이 없는 탓으로 아무런 열매도 거두지 못하는 헛일에 그치고 만다.

*FM주 〈414:13〉 헤겔은 여기서 뵈메의 핵심 개념을 시사한다. 예를 들어 다음을 참조하라:뵈메Jacob Böhme,『오로라 또는 여명의 황혼』, Kap. 9, Abschn. 75, S. 98: "즉 루시퍼에서 볼 수 있듯이 지옥의 불의 원천이자 기원인 신의 분노가 함께 한다." 258 (Kap. 19, AbSchn, 117): "그러나 이제 어둠이 빛에서 분리되고 가장 외적인 탄생 속에 머무르고 있다. 그 가운데서 신의 분노는 가장 젊은 날에까지 미치니, 그런 다음 신의 분노는 불이 붙으며 어둠은 영원한 오욕의 집으로 된다. 그 속에서 루시퍼는 모든 신을 상실한 인간과 함께 영원히 거주하니, 이런 인간은 어둠 속에서 분노의 밭에 씨 뿌려졌다." 또한, 참조하라: 로마서 1장 18절: "하나님의 진노가 불의로 진리를 막는 사람들의 모든 경건하지 않음과 불의에 대해 하늘로부터 나타나나니"

[해제] 1) 헤겔은 앞에서 삼위일체를 개념의 운동으로 재해석했다. 그는 더 나가서 구약에 나오는 세계 창조와 아담의 원죄조차 이런 개념의 운동이라는 틀을 통해 재해석한다.

헤겔에 따르면 정신은 자신을 타자화하는 개념적 운동을 전개한다. 즉 영원한 본질은 직접적 현존으로 된다. 이것을 표상을 통해 말하자면 곧 세계의 창조이다. 이런 타자화는 신적 본질이 추상적인 것인 한에서 필연적이다. 왜냐하면, 추상적인 본질은 "단순한 직접적 존재거나 존재하는 것"에 지나지 않으므로 그 자체가 자기를 유지하지 못하는 "자아

---

639 신의 분노란 인간의 잘못에 대한 신의 처벌을 의미한다. 인간이 받는 고통을 처벌로 해석하는 것은 고통의 원인이 자신의 책임이라는 자각이 들어 있다. 그런 점에서 헤겔은 숭고하다고 본다.

가 결핍된 것,""내면성이 없는 한낱 수동적이거나 타자에 대해 있는 존재"이기 때문이다.

2) 이렇게 창조된 세계는 한편으로는 본질에서 벗어나 서로 분리되고 서로 외면적 질서 속에 던져진 것만은 아니다. 다른 한편 그것은 정신의 타자화므로, 정신적 본성인 통일성도 그것에 들어 있다. 그 때문에 개별적 존재자들의 내적 연관이 발전한다. 세계는 이런 운동을 통해 이중화한다. 한편으로 외적 질서를 지닌 세계가 있고 다른 한편으로는 정신적 본성을 지닌 존재가 출현한다. 양자는 서로 대립하면서 서로 매개하는 변증법적인 운동을 전개한다.

3) 신의 타자화를 통해 출현한 개별 자아 즉 인간은 처음에는 단순한 자연이니, 감각적 의식 속에서 아직 선악을 모르며, 순진무구하게 존재한다. 그러나 이 개별 자아는 의식을 가지고 자연과 대립하면서 자연으로부터 떨어져 나오니, 즉 자기가 자기 자신의 타자로 된다. 여기서 감각적 의식은 사상 즉 추상적 의식으로 발전한다. 이런 자기 복귀로부터 "그 자체에서 타자 존재에 부딪히므로" 자신을 악으로 규정하는 표상이 등장한다. 그것이 아담의 타락과 추방이라는 신화다. 헤겔은 이런 타락과 원죄를 정신이 자기로 복귀하는 운동의 출발점으로 파악한다.

4) 의식의 출현은 개념의 필연적 운동 가운데 자기의 타자화에 해당한다. 그러나 이런 의식을 악으로 규정하는 것은 이미 자기 내로 복귀하는 운동이 시작됐음을 말해준다. 즉 "악은 자기 내로 복귀하는 과정 가운데 있는 의식이 취하는 첫 번째 현존이다." 그렇지만, 표상에서는 이악이 과거의 사건으로 즉 복귀가 일어나기 전에 일어났으며 그것도 필연적이지 않은 사건 즉 외적 유혹을 통해 일어난 사건으로 된다.

5) 이런 타락과 복귀는 신의 아들을 통해 일어나는데 첫 번째 신 즉 빛의 아들 루시퍼는 악에 굴복하고 만다. 이에 대립해 빛의 다른 아들이 태어나는 데 그는 곧 자연적 현존을 넘어서 정신으로 복귀하는 존재 즉

그리스도다.

자기 내로 복귀하는 과정에서 단순한 자연과 인간이 구분되며 인간은 다시 루시퍼와 그리스도로 구분된다. 앞엣것들은 본질의 타자화된 소외된 존재일 뿐, 본질이 사라진 세계에 살아갈 뿐이다. 뒤엣것들은 타자화된 세계로부터 자기 내로 복귀가 이루어지는 과정이다. 마침내 신의 계시인 그리스도가 세상에 출현하면서 다시 죽음으로써 정신적 본질로 복귀하는 운동이 완성된다.

6) 이 전체 개념의 운동은 복잡하다. 창조된 자연과 인간, 루시퍼와 그리스도, 그리스도의 탄생과 죽음을 거쳐 전개된다. 여기서 순수 본질적 정신(성부)은 자기 내로 복귀한 정신(성령)으로 실현된다.

이 전체는 삼위일체로 파악되며, 이는 사위일체 또는 오위일체로까지 확산할 수 있다. 헤겔은 이 수를 세는 것은 무의미하다고 본다. 구별된 것은 본래 하나이며, 그것의 구분은 사상에서 생겨난 구분에 그치기 때문이다. 그것은 본질 속에서는 하나이지만, 현상적으로는 다양하게 구분된다.

7) 개념의 자기 내로 복귀하는 운동을 표상을 통해서 본다면 선의 사상과 악의 사상이 저마다 자립적 사상으로 된다. 인간은 선악이 투쟁하는 지반으로 된다.

이전 시대의 종교는 자연을 신의 상징이나 현상으로 이해하면서 자연적 현존은 신적 본질이 타자화한 것으로 암시될 뿐이다. 그러나 정신에 관한 표상 작용(계시 종교)에 이르러 자연적 현존은 악이라는 생생한 모습으로 파악된다. 악이 악으로 규정된다는 것은 이미 악을 극복하기 시작한다는 것을 의미한다.

표상 작용에서는 악이 단순히 "신적 본질과 소원한 것이 생기는 것으로 여겨지는 것"을 넘어서서 "신의 분노"로 파악되면서 악을 자신의 책임으로 돌리게 된다. 이를 통해 자기부정을 통해 악을 지양하고 본래 정신으로 복귀하려는 운동이 더욱 강하게 자각된다.

그러므로 헤겔은 이런 신의 분노라는 관념이 비록 표상에 지나지 않지만, "표상 작용이 자기 자신과 고투를 벌이는 가운데 수행해온 가장 숭고하면서도 또한, 힘겨운 노력"이라고 말한다. 그러나 이런 관념조차 표상 속에 있으므로 정신의 개념적 운동을 끌어내지 못한다는 점에서 한계가 있다. 악을 극복하려는 표상 작용은 마침내 그리스도의 무상의 죽음이라는 표상을 낳는다.

778) 〈SK 564:33~565:11〉〈FM 414:16~26〉

신적 본질이 겪는 이런 소외는 이중적인 방식으로 규정된다. 즉 단순한 사상[640]과 자아가 두 개의 계기를 이루는데 이 양자의 절대적 통일이 정신 그 자체이다. 정신의 소외라는 것은 바로 이들 두 계기가 서로 분리되면서 그 가운데 한쪽의 계기가 다른 한쪽에 대해서 서로 같지 않은 가치를 지닌다는 데 근거한다. 양자 관계에서 양자는 서로 같지 않지만, 그 관계는 이중적이다. 여기서 양자 관계는 앞에서 제시된 계기를 공통의 계기로 삼는 두 가지 결합 방식을 발생한다. 그 한쪽의 결합 방식에서는 신적인 **본질**이 본질적인 것으로 여겨지는 데 반해서 자연적인 현존과 자아는 다 같이 비본질적인 것 따라서 지양돼야만 하는 것으로 여겨진다. 이와 또 다른 한쪽의 결합에서는 **대자 존재**가 본질적인 것으로 여겨지고 반대로 단순한 신적인 존재는 비본질적인 것으로 받아들여진다. 현존이 두 결합 방식을 이루는 두 계기에 공통으로 존재하더라도 이런 **현존**은 양자를 매개하는 중심은 아직 없다.

779) 〈SK 565:12~566:7〉〈FM 414:27~415:10〉

양자는 표상 속에서는 서로가 분리된 채로 자립적인 본질을 지닌 것

---

640 사유 속에서 파악되는 정신의 본질을 말한다.

으로 파악되기에 양자 사이의 투쟁을 통해 양자의 대립이 해소되지 않는다. 그러나 이들 양자가 지니는 **자립성** 속에는 각 본질이 본래 그 자신의 개념을 통해서 **그 자체에서**[an ihm selbst] 자신을 해소하지 않을 수 없는 근거가 주어져 있다. 그러므로 이들 양자가 위에서 본 바와 같이 사상과 자립적인 현존이 혼합된 상태⁶⁴¹를 벗어나서 오직 사상이라는 점에서만 서로 대립할 때 비로소 이런 투쟁은 종식한다. 왜냐하면, 이럴 때는[즉 사상으로서는] 즉 본질상 다만 규정된 개념으로서는 이 양자는 대립하는 관계에 있지만, 이와 반대로 각자가 자립적인 본질일 때는 이들은 대립 밖에 자신의 본체를 지니는 까닭이다. 양자의 운동은 자기 자신의 자유롭고 고유한 운동이다. 양자의 운동이 **그 자체에서**[an sich] 일어나는 운동인 것은 그 운동이 그 자체에서 관찰되기 때문이다. 이와 마찬가지로 양자 어느 편에서나 그러한 운동은 타자에 대해 대립하는 각자에 본래적인 것[Ansichseinde]을 규정하는 것을 시작하게 한다. 그런 본래적인 것은 표상 작용에서는 자발적인[freiwillig] 활동으로 파악된다. 그러나 양자가 자기를 포기하는 것은 필연적인데, 그 필연성이란 본래 존재하는 것이 오직 대립 속에서만 그렇게 규정된 것이므로 참으로 존립할 수 있는 것이 아니라는 원리에 들어 있다. ─그러므로 대자 존재를 본질로 삼지 않고 단순한 존재[신적 존재]를 본질로 삼는 존재⁶⁴²는 자기 자신을 소외해 죽음을 향하는 가운데 이를 통해 절대적 본질과 화해하는 존재다. 왜냐하면, 이렇듯 죽음을 향한다고 하는 운동 속에서 이런 존재는 그 자신이 **정신**임을 드러내는 까닭이다. [반면] 추상

641 이런 혼합 상태가 곧 표상의 상태다. 반면, 사상의 상태는 추상적 사유를 의미한다.

642 인간의 아들이 대자 존재로 머무르지 않고 자기를 신적 본질의 타자화로 규정하면서 신의 아들이 된다. 그의 죽음을 통해 그는 신적 본질로 되돌아간다.

적인 본질은 자신을 포기하면서 자연적인 현존과 자아로서 현실을 지닌다. 이처럼 추상적 본질이 타자화된 존재, 다시 말하면 감각적인 **현재**는 두 번째의 타자화를 통해서[643] 자기 자신으로 되돌아가면서 지양된 존재로, 또는 **일반적인 존재**로 정립된다[gesetzt]. 이때 비로소 절대적 본질은 [그 감각적 현재가] 지양된 존재 속에서 자기 자신으로 생성되기에 이른다. 이처럼 직접 현존하는 현실[대자 존재]은 지양되고 일반화되는 가운데 더는 본질에 대해 소원하거나 외면적 존재로 머물러 있는 것을 중단한다. 따라서 이런 죽음이란 외면적 존재가 정신으로 부활하는 것을 의미한다.

[해제] 여기서 헤겔은 앞에서 언급한 세계 창조와 타락, 루시퍼와 신의 아들이라는 과정을 개념적으로 설명한다. 표상적으로 보면 신과 인간의 두 가지 결합 방식이 존재한다. 하나는 신의 인간화며 다른 하나는 인간의 신격화다. 전자는 인간의 탄생을 의미하며 후자는 예수의 죽음을 의미한다. 각 표상은 자립적이어서 각자의 운동은 자발적이다. 양자를 매개하는 중심은 아직 없다. 이런 표상에서 각 표상은 "대립 밖에 자신의 본체를 지닌다." 각 표상은 "자발적인 활동으로 파악된다."

그러나 이런 표상을 개념을 통해서 또는 사상을 통해서 파악해 본다면 개념의 계기들은 서로 대립하는 관계에 있으므로(상호 침투를 통해서), 각자에게는 "그 자체에서 자신을 해소하지 않을 수 없는 근거가 있다." 즉 "본래 존재하는 것이 타자와의 대립 속에서만 그렇게 규정된 것"이다. 그러므로 각자가 자기를 포기하는 것을 필연적이다.

추상적 본질은 자기를 소외해 자연적 현존, 대자 존재로 된다. 본질은 추상적이기에 자기를 소외하지 않을 수 없기 때문이다. 현존하는 대

---

643 첫 번째 타자화는 본질의 대상화며 두 번째 타자화는 대상화된 본질의 자기부정이다.

자 존재는 이미 부정성을 지닌 존재므로 자기를 부정하면서 절대적 본질과 화해한다. 이를 통해 대자 존재는 정신적 본질로 복귀한다. 직접적 현존과 추상적 본질이 서로 자기를 부정하면서 서로 통일을 이루면서 마침내 대자 존재는 정신적 본질로 부활하며 거꾸로 일반적 본질인 정신이 구체화한다. 그것이 곧 성령이며 교회다.

780) 〈SK 566:8~568:28〉〈FM 415:11~417:5〉

직접 눈앞에 존재하는 자기 의식적 본질이 지양될 때 자기 의식적 본질은 다만 일반적인 자기의식으로 존재한다. 따라서 이처럼 지양된 개별 자아 즉 절대적 본질로 된 자아의 개념은 직접 교회[Gemeinde]가 수립됨을 표현한다. 이런 교회는 지금까지는 다만 표상 작용[Vorstellen] 속에 머물러 있을 뿐이었으나 이제는 자기 내로, 다시 말하면 자아로 복귀한다. 여기서 마침내 정신은 그 자신을 규정하는 두 번째 지반 즉 표상 작용이라는 지반을 벗어나 자기의식 그 자체를 의미하는 **세 번째 지반**[개념]으로 이행한다.[644] −표상 작용이 어떤 식으로 전개되는지를 살펴보자. 우리가 그런 표상 작용을 통해 표현된 것을 보자면, 우선 신적인 본질이 인간의 본성을 취한다는[인격 신] 사실을 들 수 있다. 또한, 이미 그 속에 신적 본질과 인간의 본성은 **그 자체에서** 분리된 것이 아니라는 사실도 **언표**됐다. −마찬가지로 신적 본질은 **처음** 자기 자신을 포기하며 이렇게 출현한 현존은 자기 내로 복귀하는 가운데 악으로 규정된다는 사실 속에 비록 언표되지는 않다고 할지라도 적어도 **함축된** 사실이 있으니, 곧 악한 현존이 본래[an sich] 신적인 본질에 대해서 어떤 낯선 것[Fremdes]이 아니라는 사실이다.[645] 절대적 본질에 대한

---

644 첫 번째 지반은 앞에서 순수 사유의 지반으로 규정됐다.

645 악이 악으로 규정된다는 것 속에 이미 악의 해소가 들어 있다. 그러나 이 해

타자가 참으로 성립한다면, 즉 절대적 본질로부터 **떨어져 나온다는 것**[Abfallen]이 성립한다고 한다면 절대적 본질이란 한낱 텅 빈 명칭만으로 그칠 것이다. −이런 점에서 본다면[646] **내면적 존재**[Insichsein]라는 계기는 본질상 오히려 정신을 이끌어가는 **자아**[Selbsts des Geistes] 계기다. −**내면적 존재**[Insichsein] 그리고 그것과 더불어 우선 **현실**조차도 본질 그 자체에 속한다고 하는 사실은 우리가 보기에는 [정신의] 개념에 속하는 것이지만, 이 사실이 이처럼 **개념**에 속하는 것이므로 오히려 표상하는 의식에서는 이해할 수 없는[unbegreiflich] **사건**[Geschehen]으로 보일 수밖에 없다. 즉 이런 의식에서는 그와 같은 **본래적 존재**는 의식에 대해 **무차별한 존재**의 형식을 취한다. 그러나 절대적 본질과 대자적 자아라는 두 계기는 서로 회피하는 듯이 보이지만, 사실은 분리된 것이 아니라고 하는 사상은 이런 표상 작용에서도 **역시** 이미 드러난다. −왜냐하면, 표상 작용이 지닌 내용만큼은 진실하기 때문이다. −물론 그런 내용은 뒤에 가서 드러날 뿐이다. −그러나 이런 표상 작용에서는 이런 내용은 신적 본질이 육화한다는 사실 즉 신적 본질이 자기를 포기한다는 방식으로 나타날 뿐이다. 수육이라는 표상*1은 이처럼 아직도 **직접적인** 것이므로 정신적인 것이 아니며 다시 말하면 그러한 신적 본질이 취하는 인간적 형상을 처음에는 겨우 하나의 특수한 형태로 인식할 뿐 아직 일반적으로 인식하지 않는다. 그러므로 이런 인간적 형상은 표상하는 의식에서는 본질의 형태[647]가 전개하는 운동 즉 그 자신의 직접적인 현존을 다시금 희생시킴으로써 그 자신의 본질로 복귀하는 운동을 소는 아직 사상적인 차원에 머무르며 실제로 일어난 해소는 아니다.

646   타자가 절대적 본질에 낯선 존재가 아니라는 점에서 본다는 말이다.

647   예수 그리스도는 인간의 아들로서는 특수한 형태이며 동시에 그리스도로서는 본질의 형태다. 예수의 죽음을 통해 예수가 그리스도임이 드러난다.

통해서만 정신적으로 인식된다. 본질이 이처럼 **자기 내로 반성**할 때 [추상적] 본질은 비로소 정신으로 된다. ―그러므로 이런 표상 속에서 표현되는 것은 곧 신적 본질과 그것의 **타자화** 사이에서 일어나는 일반적인 화해며 명확하게 얘기한다면 그런 타자화에 관한 **사상적 파악인 악**과 신적 본질 사이에서 일어나는 **화해**다. ―이런 화해는 그 **개념**에 따르자면 앞에서 거론된 표상 속에 이미 표현된 것이다. 왜냐하면, **악**이란 것도 **본래는**[an sich] **선과 같은 것**이며 더 나가서 신적 본질은 자연의 전체 영역과 **같은 것**이며 이런 자연은 신적인 본질에서 분리해 놓고 본다면 한낱 **무**에 지나지 않기 때문이다.*2 ―이런 표상적 표현은 자기를 정신적이지 않은 방식으로 표현하기에 필연적으로 오해를 불러일으키는 표현으로 여겨질 수 있다. ―악이 선한 것과 **같다고** 한다면[648] 악은 여기서 더는 악일 수가 없을 뿐만 아니라 또한, 선도 더는 선이 아니고 오히려 이 양자가 다 같이 지양되는 것이므로 이때 악은 다만 대자 존재가 자기 내에 머물러 존재하는 것을 의미하며 선은 단순한 본질이 아직 자아를 지니지 못한 것을 의미한다. 이렇듯 양자가 서로 자기의 개념에 따라서 언표될 때 동시에 서로의 통일도 밝혀진다. 왜냐하면, 대자 존재가 자기 내에 머물러 존재한다는 것은 단순한 인식[649]에 지나지 않으며 또 이에 못지않게 단순한 본질이 자아가 없다는 것은 동시에 대자 존재[Fürsichsein]가 순수하게 자기 내에 머무르면서 존재한다는 것을 의미할 뿐이기 때문이다.[650] ―그러므로 이제 이런 양자의 개념에 비춰 볼 때 선이 선이 아니고 악은 악이 아닌 한 선과 악은 **서로 같은 것**이라고 말

---

648 악이 선과 동시에 서로 출현한다는 의미다.

649 고립적인 대자 존재는 직접적 인식에 나타난 자아의 모습이다.

650 단순한 존재가 고립적이라면 대자 존재 역시 고립적으로 된다.

해야 한다. 이와 마찬가지로 양자가 **같은 것이 아니고** 오히려 서로 오로지 **다른 것**이라는 점을 강조해야만 할 것이다. 왜냐하면, 단순한 대자존재[Fürsichsein]든가 또는 [본질에 관한] 순수한 인식이든가 마찬가지 방식으로 순수한 부정성 다시 말해 그 자체에서 자기를 절대적으로 구별하는 존재를 의미하기 때문이다. ―이처럼 서로 대립하는 두 개의 명제가 있음으로써 비로소 완전한 전체가 이루어진다. 최초의 명제만을 주장하거나 단언할 때는 그것에 대립해 다른 명제도 완고하고 완강하게 고집될 수밖에 없다. 따라서 그들 양자가 만약에 같은 정도의 정당성을 지닌다고 한다면 이들은 또한, 같은 정도의 부당성을 지니게 될 것이다. 그들이 같이 부당한 근거는 **같은 것과 같지 않은 것, 같음과 같지 않음** 등의 추상적인 형식을 마치 어떤 진실하거나 확고부동한 것 더 나가서는 참된 것으로 취급해 그러한 형식에 안주한다는 데 있다. 전자의 형식이나 후자의 형식이 진리일 수는 없으며 오히려 그 진리는 그 운동에 있다. 즉 단순히 같은 것은 한낱 추상에 지나지 않고 그 자체에서 절대적인 구별이며 또한, 절대적 구별이란 곧 그 자체에서[본래] 자기를 구별하는 것이니 자기 자신으로부터 구별되면서 동시에 **자기와 같은 것**으로 된다는 사실이 진리다. 이런 사실은 신적 본질과 자연 일반이, 그 가운데서도 특히 인간적인 자연이 서로 같을 때도 마찬가지다. 즉 전자[신적 본질]는 그것이 [단순한] 본질이 아닌 한 자연이며 후자[즉 자연]는 그 본성상 신적 본질이다. 그러나 정신 속에서는 이들 두 개의 추상적인 측면이 다 같이 그 참된 모습에서 존재하며 즉 **자기를 지양하는 것**으로 설정된다. ―이때 설정[Setzen]된다고 하는 것은 결코 판단을 통해서 즉 활기 없는 '이다'라는 말, 다시 말해 판단의 **계사[~이다]**로 표현될 수 있는 것은 아니다. ―이와 마찬가지로 자연이라는 것은 그의 본질 **밖에서는 무에** 지나지 않지만, 이런 무 자체도 역시 **있는 것이다.** 말하자면 무란 절대적 추상이므로 순수한 사유 또는 내면적 존재에 해당한다. 이 무는 정신적인 통일에 대립하는 계기라는 점에서 본다면 **악을** 의미한다. 신과 자연, 선과 악 등의 대립적 개념 속에서 생겨나는 난점은 오직 '**~이다**'라는 계사에 집착하는 데서 비롯된 것이다. 다시 말하면 이런 난점은 계기라는 것은 **있기도** 하며 또한, **있지 않을** 수도 있다는 것을—즉 그런 계기는 다만 운동하는 것이며 이런 운동이 정신을 의미한다는 것을—사유하지 못하고 망각하는 데서 비롯되는 것이다. 이와 같은 정신적 통일에서는 구별은 다만 계기로 또는 지양된 것으로만 존재하므로 이런 통일은 표상하는 의식에서 보면 화해 속에서 형성되는 것이다. 이런 정신적 통일은 자기의식의 일반성을 의미하는 것이어서 이런 의식은 더는 표상 작용에 그칠 수는 없게 됐다. 여기서 마침내 운동은 자기의식 속으로 복귀한다.

*¹ FM주 〈415:33〉 참조: 요한복음 1장 14절: "말씀이 육신이 돼 우리 가운데 거하시매"

*² FM주 〈416:1~5〉 헤겔은 여기서 아마도 셸링과 브루노Giordano Bruno의 설명을 거론하는 것으로 보인다. 1) 신과 자연은 셸링에서 서로 분리되지 않는다. 예를 들어 다음을 참조하라: 셸링F. W. J. Schelling, 『브루노와 사물의 신학적이고 자연적인 원리, 하나의 대화』, S. 179: "그러므로 최고 권력은 또는 참된 정신은 자기 바깥에 자연이 존재하지 않는 것이며 마찬가지로 참된 자연은 자기 바깥에 신이 존재하는 것이 아니다." "절대자로부터 타락한 유한한 사물은 아무것도 아니다."

2) 셸링F. W. J. Schelling, 『철학과 종교』, S. 40: "그러나 영원한 타락과 그 결과인 감각적 우주와 무관하게 절대자와 이념 그 자체는 그 어

느 것이나 단순한 우연이다. 왜냐하면, 절대자의 근거는 그 자체로 전자에도 후자에도 있지 않고 오히려 단지 이념 그 자체 속에 그 이념의 자체성[selbstheit]의 측면에서 고찰되기 때문이다. 부차적으로 근거는 원상[Urbild]에 대해서와 마찬가지로 절대자에 대해서 존재한다. 왜냐하면, 근거는 양자에서 아무것도 변화하게 하지 않기 때문이다. 그것은 타락된 것이 직접 그것을 통해 무로 이끌어지고 절대자나 원상에 비춰 볼 때 참된 무며 다만 자기 자신에 대해 존재하기 때문이다." 또한, FM주 〈413:7~9〉를 참조하라.

3) 그것과 비교해 볼 때 선과 악의 동일화는 셸링에서 다만 암시된다. 참조: 셸링F. W. J. Schelling, 『철학과 종교』, S. 37 & 41. 헤겔은 일찍이 이점과 연관해 셸링의 저서 『브루노』에서 설명된 브루노를 거론할 수 있었다. 헤겔은 불Buhle과 야코비의 설명을 통해 그것을 알 수 있었다. 참조: 불Johann Gottlieb Buhl, 『학문 부흥의 시대 이래 최근 철학의 역사』, 2권, S.727: "이념의 그림자 아래 어떤 참된 갈등도 없다. 이념은 아름다운 것과 추한 것, 세련된 것과 세련되지 못한 것, 완전한 것과 불완전한 것, 선과 악이 같은 개념을 통해 인식된다. 불완전한 것, 악한 것, 추한 것은 심지어 그것들이 인식되는 수단인 특별한 고유한 이념에 의존하지 않는다." 793: "브루노의 고찰을 따르는 자에게 헤라클레이토스가 주장했던 것 즉 자연 속에서 대립하는 것의 전적인 일치라는 주장은 더는 도발적이지 않다." 또한, 다음을 참조하라: 야코비Friedrich Heinrich Jacobi, 『스피노자의 학설에 관해』, 『전집』, 4권, 2부, S. 44

[해제] 1) 헤겔은 여기서 마침내 정신에 관한 종교의 표상적 표현이 개념적 표현 즉 절대지로 발전하는 것을 설명한다. 그 계기는 곧 교회가 정신의 표상으로 여겨졌다는 데 있다. 그리스도의 죽음으로 태어난 것이 성령 즉 교회다. 이 표상으로 출현한 성령이 개념적으로 정신으로 이

해되면서 "지양된 개별 자아," "일반적 자기의식" 또는 "절대적 본질로 된 자아"로 규정된다. 이런 정신의 개념을 통해 신의 수육과 죽음, 타락과 악이라는 표상은 개념의 자기 발전 과정이라는 사실이 분명하게 드러난다.

2) 절대적 본질과 대자적 자아라는 두 계기는 표상에서는 서로 자립적이며 그 관계는 우연적이며 외면적이다. 개념적으로 본다면 두 계기는 분리된 것이 아니다. 그런데 이런 더 분리되지 않음은 이미 표상 작용에서도 나타났다. 하지만 그 표상은 비정신적인 방식으로 즉 탄생과 죽음, 타락과 악이라는 방식으로 표현되고 그 통일은 성령으로 표상됐다. 그 결과 이런 표상들은 필연적으로 오해를 불러일으키게 됐다.

이런 계기들이 개념적으로 파악되면서, 신적 본질이나 자아는 전체 정신의 계기에 지나지 않으며, 각자는 자체 내에 자기를 부정하는 계기를 지니며 이를 통해 자신의 타자로 이행한다. 이로써 추상적인 신적 본질과 대자적 자아가 통일하면서 마침내 정신이 출현한 것이다.

3) 삼위일체에서 나타나는 통일은 마찬가지로 세계의 창조와 타락 그리고 구원의 과정에서도 드러난다. 여기서 매개로 되는 것은 곧 악과 타락의 개념이다.

악이란 대자 존재가 자립화해 자기 내에 머무르는 것을 의미하며, 선은 추상적인 신적 본질에서 자아가 아직 출현하지 않은 상태를 의미한다. 여기서 선 즉 추상적 본질은 자기를 타자화하지 않을 수 없으니 필연적으로 악으로 된다. 거꾸로 악 즉 고립적 대자 존재는 그 자체가 부정적인 존재니 자기를 부정하면서 다시 단순한 본질로 되돌아갈 수밖에 없다. 그러므로 악은 필연적으로 선으로 된다.

그러므로 선악을 구별하는 명제나 선악이 같다는 명제는 모두 일면적이며 양자를 통일적으로 파악할 때 비로소 참된 개념적 파악에 이른다. 이런 다름의 명제나 같음의 명제가 일면적 주장에 머무른다면 이는 진리일 수가 없으며 진리는 오직 양자가 서로 운동하는 것에 있다. 즉 "단순한 동일자는 한낱 추상에 지나지 않으며, 절대적 구별이며 또한, 절대적 구별이란 곧 그 자체에서 자기를 구별하는 것이니" "자기와 같음을 지닌 것"이다.

4) 양자의 다름과 같음의 통일은 사변적 명제를 통해서만 표현될 수 있다. 단순한 계사 즉 '이다', '아니다'로 표현되는 일상적 명제에서는 그 가운데 어느 일면만이 표현될 뿐이니, 이는 개념의 운동을 파악할 수 없다. 반면 사변적 명제에서는 무는 곧 존재며 존재는 곧 무다. 양자는 서로 침투하며 각자 타자로 이행하면서 발생과 소멸이라는 생성하는 운동이 출현한다. 이 운동을 표현하는 것이 곧 사변적 명제이다.

종교적 사유는 마침내 성령에 이르렀다. 그것은 정신적 본질과 자아의 통일로서 일반적 자기의식이다. 여기서 출현한 양자의 통일은 표상이나 일상적 명제를 통해 표현될 수 없으며 오직 개념으로 또한, 사변적 명제를 통해서만 파악될 수 있다. 마침내 성령이라는 개념을 매개로 해서 종교의 표상적 사유는 그 자체에서[an ihm Selbst]] 지양되며, 마침내 개념을 지반으로 하는 사유 즉 절대지로 이행한다. 성령[Geist]은 한편으로 표상이며 다른 한편으로 정신[Geist]의 개념이기 때문이다.

781) ⟨SK 568:29~569:6⟩⟨FM 417:6~16⟩

그러므로 정신[Geist][651]은 이제 제삼의 지반인 **일반적 자기의식**으로 설정[gesetzt]되기에 이르렀다. 정신[Geist]은 자기의식으로 이루어진 **교회**[Gemeinde]이다. 교회가 출현하는 운동은 즉 자기의식이 자신의 표상으로부터 자기를 구별하는 운동은 **잠재적**[an sich]으로는 이미 생성된 것을 **산출하는** 운동으로 된다. 신인[神人: 신의 아들]이나 인신[人神:

---

651 여기서부터 헤겔의 정신[Geist]은 동시에 성령[Geist]으로 이해될 수 있다. 번역상 이를 표현하기 위해 옆에 독일어를 첨부했다.

인간인 신]은 죽음을 통해 **잠재적으로**[an sich] 일반적 자기의식[성령]
으로 된다. 즉 그는 이런 **자기의식에 대해** 존재하는[자각된] 일반적 자
기의식으로 돼야 한다. 또 달리 말하면 [개별] 자기의식은 표상 속에서
대립하는 측면 가운데 한 측면 즉 자연적인 현존과 개별적인 대자 존재
를 그 본질로 삼는 악의 측면을 형성한다. 이런 가운데 이 측면은 자립
적인 것으로 파악될 뿐 아직도 계기로 파악되지 않는 악의 측면에 **그치
니**, 이제 이런 자립성 때문에 자신을 정신[Geist]으로 끌어올려야 하며
나아가서는 정신[Geist]의 운동을 그 자신에서[an ihr] 드러내야 한다.

782) ⟨SK 569:7~30⟩⟨FM 417:17~35⟩

이 악의 측면은 **정신이 자연화**[타자화]**한 것**이다. 자아는 이런 자
연화한 상태를 벗어나 자기 자신으로 물러나[in sich zu gehen] 다시 말
하자면 **악**으로 규정돼야 한다. 이 측면은 이미 **본래**[an sich] 악인 까닭
에 자기 내로 물러난다는 것이 의미하는 바는 곧 자연적인 현존은 악
한 것이라는 사실을 **자기에게 입증하는**[überzeugen] 것이다. 지금 **현존
하는** 대로 이 세계를 악마화하는 일[Bösewerden]이나 세계가 악이라는
[Bösesein] 사실은 표상 작용에 속한다. 그것은 마치 절대적 본질의 화
해가 지금 **현존한다**는 사실이 표상 작용에 속하는 것과 마찬가지다. 표
상된 것은 **자기의식** 자체 속에서는 그 형식상 단지 지양된 계기로 여
겨지며―왜냐하면, **자아**는 부정적인 것이기 때문이다―곧 **인식**으로 된
다. 이런 인식은 의식이 자기 자신 내에서 전개하는 순수 활동을 의미
한다. ―자아의 **부정성**이라는 계기는 또한, 내용에서도 마찬가지로 드
러나야만 한다. 본질은 **본래**[an sich] 자기와 이미 화해를 이루는 가운
데 정신적으로 통일된 것이니 여기서 [죽음이라는] 표상에 속한 부분은
이미 **지양된 것**이거나 하나의 **계기**일 뿐이다. 이런 사실은 표상에 속하

는 부분이 이전에 지녔던 것과는 **반대되는** 의미[652]를 지닌다는 것을 표현한다[darstellen]. 그럼으로써 표상의 각 부분이 지닌 의미는 자기와는 다른 의미에 이르러 완성되고 내용도 이를 통해 비로소 정신적인 내용으로 된다. 하나의 규정성은 또한, 못지않게 그에 반대되는 규정성으로 되는 가운데 타자화 속에서 통일을 이루는 것 즉 정신적인 것이 완성된다. 이것은 마치 앞에서 우리가 보거나 **그 자체에서** 보거나 [für uns oder an sich] 서로 반대되는 의미를 지녔던 것이 통일됐을 뿐 아니라 심지어 **같은 것과 같지 않은 것, 같음과 같지 않음** 그리고 양자가 지닌 추상적 형식마저도 지양됐던 때와 같은 것이다.

[해제] 여기서 헤겔은 자기의식이 "표상으로부터 자기를 구별해" 개념적인 사유로 어떻게 변화하는지를 살펴본다. 그 계기는 그리스도의 죽음 이후 성령이 출현한다는 사실이다. 성령[Geist]이 곧 정신[Geist]이므로, 표상과 개념이 이 표현에서 중첩된다. 내적 성령의 외적 모습이 교회다. 교회라는 공동체므로 자아의 집합으로서 교회 표상은 개념적으로는 "일반적 자기의식"이다. 그러나 성령과 교회가 표상적으로 파악되면서 혼란을 일으키니, 그 본래 개념적 의미가 자각돼야 한다.

정신의 타자화로서 자아 즉 인간의 "자연화한 상태"는 대상과 같이 타자태다. 이 타자태인 자아가 자기 내로 물러나면서[in sich gehen] 자연적인 것은 정신적 본질로부터 분리된 악으로 규정된다. 이런 악이라는 규정은 아직 표상 작용에 속한다. 그러나 그것이 악으로 규정되는 동시에 자아는 자기 자신을 부정하니, 자기 내로 복귀하면서 일반적 자아가 된다. 이 부정이 곧 그리스도의 죽음이다.

죽음이라는 표상을 통해 표상은 형식이나 내용에서 개념적 인식으로 변화한다. 내용에서 보면 이미 말했듯이 그리스도의 죽음으로 성령

---

652 부활을 의미한다.

이 탄생한다. 성령은 정신이 된다. 형식에서 보면 그리스도의 죽음은 동시에 표상 작용의 죽음이다. 왜냐하면, 이 죽음은 더는 표상 작용을 통해서는 이해되지 않는 것이기 때문이다. 그리스도의 죽음은 표상 작용을 모순으로 몰아넣는다. 그러므로 표상 작용의 단절을 통해서 그리스도의 죽음을 개념을 통해 이해하려는 개념적 사유가 출현한다.

개념적 사유는 어떤 사태를 내적인 필연성에 따라서 인식하는 활동 즉 "의식이 자기 나체 내에서 전개하는 순수한 활동"을 의미한다. 표상 작용에서 각 내용은 자립적이고 고립적이다. 그러나 개념 속에서는 하나의 계기는 이미 자기에 대립하는 계기를 포함한다. 즉 "하나의 규정은 또한, 못지않게 그에 반대되는 규정으로 되는 가운데" 그 자신이 지양되고 타자로 이행한다. 개념의 계기는 자신의 타자화 속에서도 자신에 머무르면서 자기와 통일을 이룬다.

이와 같은 개념적 사유가 출현하면서 내용상 그리스도의 죽음 이후 출현한 교회는 하나의 역사적 사실로 표상되지 않으며, 개념적으로 인식된다. 그 구체적 내용은 아래에서 설명된다.

783) 〈SK 569:31~570:16〉〈FM 417:36~418:15〉

그리하여 표상하는 의식 속에서 자연적인 자기의식[653]의 **내면화** [Innerlichwerden]는 **악을 현존하게 하는 것**이었다면 자기의식의 지반에서 이런 **내면화**가 의미하는 것은 곧 악이 현존 속에 **본래**[an sich] 깃들인 것이라는 사실을 인식하는 것이다.[654] 이런 인식을 통해 현존은 악

---

653 '자연적 자기의식'은 인간의 자연적 현존을 말하며, 내면화는 의식, 자각을 의미한다.

654 '자연적 자기의식의 내면화'는 자연적 현존이 추상적인 의식으로 내면화하는 것을 의미한다. 이를 통해 악이 출현한다. '자기의식의 지반에서 내면화'는 자연적 현존 내에 악이 들어있다는 것을 인식하는 것이다. 이런 인식으로 악에 관

으로 되지만[Bösewerden], 이런 인식은 어디까지나 악에 관한 사상을 형성하는 것을 의미하며 그 때문에 화해를 향한 최초의 계기로 인정된다.655 왜냐하면, 이런 인식은 악으로 규정되는 직접적인 자연을 벗어나서 **자기 내로 복귀하는** 것인 한,656 자연적 직접성을 포기하는 것을 의미하며 죄의 사멸을 뜻하는 것이기 때문이다.* 이런 악의 인식에서 의식을 통해 포기되는 것은 자연적인 현존 그 자체가 아니라 오히려 악으로 인식되는 한에서의 자연적 현존이다. [인식을 통한] 자기 내로의 복귀[Insichgehen]는 직접적인 운동인 동시에 그에 못지않게 매개된 운동이다.657 —즉 이 운동은 자기 자신을 이미 전제하고 있거나 자기가 자기의 고유한 근거가 된다. 자기 내 복귀하는 운동이 일어나는 근거는 자연[적 현존]이 이미 잠재적으로[an sich] 자기 내로 복귀하는 것이기 때문이다. 즉 인간은 악 때문에 자기 내로 복귀하지 않을 수 없으나, 악은 그 자체로 자기 내로 복귀하는 것이다. —최초의 운동658은 그 자체가 단지 직접적인 운동 또는 그런 운동의 **단순한 개념**에 지나지 않는 것을 의미한다. 왜냐하면, 최초의 운동은 자기의 근거가 되는 것과 같은 상태에 머무르

한 사상이 형성된다.

655 악의 현존으로부터 악의 사상으로 이행은 화해의 첫발을 디딘다. 왜냐하면, 현존은 자립적이지만, 사상은 이미 대립하는 사상으로 이행하는 것이기 때문이다.

656 의식은 이미 자기의식이니, 자기가 악임을 인식한다는 것은 동시에 이 악을 부정해서 자기 내로 복귀할 가능성을 열어준 것을 의미한다.

657 악의 사상을 형성하는 것은 사상으로 이행한 것이라는 측면에서 직접적 운동이며, 이 인식은 자기에 관한 본래적 개념을 전제로 한다는 측면에서는 매개된 운동이다.

658 자연적 현존의 출현을 말한다.

기 때문이다. 따라서 운동이라고 하는 것, 즉 타자화된다는 것은 지금부터는[erst noch] 이런 타자화에 더 특유한 형식으로 등장해야 할 것이다.

*FM주 〈418:6〉 로마서 6장 11절: "이처럼 너희도 너희 자신을 죄에 대해는 죽은 자요 그리스도 예수 안에서 하나님께 대해는 살아 있는 자로 여길지어다"

784) 〈SK 570:17~571:5〉〈FM 418:16~34〉

그러므로 이런 직접성 외에도 표상을 **매개하는 것**이 필수적으로 요구된다.[659] 자연이 정신의 참되지 못한 현존이라는 사실을 인식하는 것은 잠재적인 것[An sich]이고 일반적인 자아가 자기 내에서 생성돼야 정신이 자기 자신과 화해를 이룬다. 그런데 **잠재적인 것**은 개념적으로 사유하지 않는 자기의식에서는 **존재하는 것**의 형식 따라서 **그 자신에게 다만 표상으로 나타나는** 형식을 취한다. 따라서 이런 개념적으로 사유하지 않는 자기의식에서 파악한다는 것[Begreifen]은 개념을 포착하는 것[Ergreifen dieses Begriffes]이 되지 못한다. 그런 개념이 포착된다면 그 개념을 통해서 자연적인 것을 지양하는 것은 일반적인 것 즉 자기 자신과 화해하는 것으로 인식될 것이다. 그러나 여기서[표상에서] 파악하는 것은 오히려 **표상**을 포착하는 것[Ergreifen]으로 나타난다. 즉 신적인 본질은 자신을 스스로 포기하면서 하나의 **사건**[Geschehen]이 일어나고 다시 말하자면 신의 인간화라는 사건이 일어나고 또한, 신적 본질이 다시 죽음에 이르면서 이런 탄생과 죽음을 통해 신적 본질이 자기의 현존과 화해한다. ─특히 이전에 표상에서 정신적 부활이라고 불렸던 것 다시 말하면 자기의 개별 자기의식이 일반적인 자기의식으로 즉 교

659 문맥에 비춰 볼 때 여기서 '직접성'이란 악에 대한 표상적 인식을 의미한다. '표상을 매개하는 것'이란 개념적 파악을 말한다.

회[Gemeinde]로 생성하는[Werden] 것도 이런 표상을 포착하는 방식으로 표현되고 있다. ─신적인 인간의 **죽음**은 **죽음**이라는 측면에서는 **추상적인** 부정성이며 또한, 오직 그 끝에 **자연**의 일반 원소로 되는 운동이 낳은 직접적인 결과일 뿐이다. 이런 죽음은 정신적인 자기의식 속에서 본다면 이상과 같은 자연적 의미를 상실하고 바로 위에서 제시된 것과 같은 개념으로 된다. 이런 개념에서는 죽음은 그 의미를 변용해, 죽음이란 것이 직접 의미했던 것 즉 이 **특정한 개별자**가 부재한다는 의미를 벗어나서 **일반적인** 정신으로 된다는 의미를 지닌다. 이런 일반적 정신이란 곧 회중[Gemeine] 속에서 살아가면서 그 속에서 매일 죽으면서 부활하는 정신이다.

785) 〈SK 571:6~572:16〉〈FM 418:35~419:30〉

절대정신은 **하나의 개별자**로, 또는 차라리 하나의 **특수자**로 현존하는 측면에서는 정신이 자연화하는 것을 상징한다. 이런 자연화는 **표상**의 지반에 속한다. 그러므로 여기서 이런 표상의 지반에 속한 것이 자기의식 자체 내라는 지반으로 옮겨 해석된다면, 이는 곧 자기를 **타자화**하는 가운데서도 자기를 보존하는 인식을 의미한다. 따라서 자기의식[dies]은 마치 사람들이 어떤 **특수한** 인간이 **실제로 죽어버렸다고 표상되는**[vorstellt] 것처럼 실제로 **죽는 것**은 아니며 오히려 그 특수한 현존이 사멸해서 일반적 정신에 이르며 다시 말해서 본질이 자기 자신과 화해한다는 인식[Wissen]에 이른다는 것이다. 그러므로 선행했던 **표상 작용의 지반**은 일단 여기서 지양되며 또 이를 달리 말하자면 표상 작용은 자아[자기의식] 속으로, 그 자신의 개념 속으로 복귀한다. 전자[표상 작용] 속에 다만 존재하는 것에 지나지 않는 것이 이제 주체로 됐다. ─이와 같은 것을 통해 **최초의 지반**, 즉 **순수 사유**와 이 지반에 머무르는 영원한 정신은 더는 표상하는 의식의 피안에 있거나 심지어 자아의 피안에 있지 않게 된다. 오히려 전체[영원한 정신]가 자기 내로 복귀한다는 것은 이처럼 모든 계기를 자기 속에 포함한다는 것을 의미한다. ―신과 인간 사이의 중재자가 죽는다는 것이 자아를 통해서 포착되면 이것은 곧 중재자의 **대상성**, 다시 말하면 그의 **특수한 대자 존재**가 지양된다는 것을 의미한다. 이럼으로써 이런 **특수한** 대자 존재는 일반적인 자기의식으로 생성됐다[geworden]. ―이제 또 다른 측면에서 본다면 이와 같은 죽음을 통해서 **일반적 본질**은 자기의식으로 됐으며 즉 단지 사유 속에 존재하는 순수한, 실제로 존재하지 않는 정신이 이제 **실제로 존재하는** 정신으로 됐다. ―결국, 중재자의 죽음이란 다만 그의 **자연적인 측면**에서의 죽음, 또 달리 말하면 그의 특수적인 대자 존재의 죽음으로만 그치지 않으니, 본질로부터 유리돼 이미 죽어 있는 껍데기만 사멸하는 것이 아니라 또한, 신적 본질이라고 하는 **추상적 존재**마저도 사멸한다. 왜냐하면, 이 중재자란 그의 죽음이 여전히 화해를 완성하지 못하는 한에서는 일면적인 것에 그치므로 사유 속에 있는 단순한 **본질**을 현실에 대립하는 본질로 인식할 뿐이며 일면적인 것에 머무르는 자아라는 극단은 아직도 [신적] 본질과 같은 가치를 지닌 것은 아니지만, 이제 개별 자아가 [죽음을 통해] 정신에 이른다면 이제 자아는 신적 본질과 같은 가치를 지니기 때문이다. 따라서 이와 같은 표상[하는 사유]에서의 죽음은 동시에 **추상적 본질**일 뿐 아직 자아로 확립되지 않은 **신적 본질의 죽음**까지도 내포한다. 이런 죽음은 **신 자체가 죽었다**고 하는 불행한 의식[660]

---

660   여기서 나오는 불행한 의식은 자기의식 장에 나오는 불행한 의식을 의미하지 않고 인격이 부딪힌 자기 상실을 의미한다. 753구절을 참조하라. 이때 신의 상실이란 곧 인륜적 정신의 상실을 의미한다.

이 지녔던 가장 고통스러운 감정과 같은 것이다. 불행한 의식의 쓰라린 [hart] 표현은 오직 자기에게 단순하게 일어나는 가장 내면적인 인식의 표현이며 의식이 자아 = 자아라는 밤의 심연으로 즉 그 바깥에서는 더는 그 어떤 것도 구별하거나 파악할 수도 없는 심연으로 복귀하는 것을 의미한다. 따라서 신이 죽었다는 감정이란 사실상 **실체**가 상실되고 실체가 의식에 대립해 등장하는 일이 사라졌다는 것을 의미한다. 그러나 동시에 이런 감정은 실체가 순수한 **주관성**이 됐으며 또는 자기 자신에 관한 순수한 확신을 얻었다는 것을 의미한다.[661] 이런 자기 확신은 실체가 대상이나 직접적인 것 또는 순수한 본질로 있었을 때는 없었던 것이다. 그러므로 [중재자의 죽음에 관한] 이런 인식은 곧 **정신이 영적 기운을 얻는 것**[Begeistung]을 의미한다. 이를 통해 실체는 주체로 되며 자신의 추상성과 비 생명성은 소멸하며 그에 따라 실체가 단순하면서도 일반적인 자기의식으로 **현실화**됐다.

[해제] 1) 앞에서 헤겔은 표상적 사유가 형식상으로 지양된 것뿐만 아니라 내용상으로 지양된다고 했는데, 782~785까지 그런 표상적 사유에서 개념적 인식으로 전환하는 것을 설명한다. 헤겔은 여기서 표상 작용이 포착하는 것[Ergreifen]과 개념적으로 파악하는 것[Begreifen]을 구분한다. 표상적 포착에서 사건은 의식의 대상으로서 나타나고 이 사건들은 서로 내적 연관을 지니지 못한다. 반면 개념적 파악에서는 사건은 개념의 필연적 운동으로 등장한다. 그것은 "자기를 타자화하는 가운데서도 자기를 보존하는" 운동을 말한다. 여기서 헤겔은 종교적 구원의 드라마인 악의 발생과 악의 극복이라는 사건을 이 두 가지 방식에 따라서

---

661 법적 인격은 실체를 상실하면서, 정신은 자기 소외에 이르게 된다. 소외된 정신은 순수 의식 즉 신앙에서 직접 출현한다.

비교해서 설명한다. 이때 악은 인간이 겪는 고통, 상실의 삶을 의미한다.

2) 먼저 악의 의미에서 전환이 일어난다. '자연적 자기의식의 내면화'에서 즉 표상 작용에서 자연적 현존이 개별적 자기의식으로 내면화하면서 악이 출현한다. 이 악은 표상 작용 자신으로서는 외부에서 그에게 닥쳐온 우연한 사건이다.

반면 '자기의식의 지반에서' 내면화는 이런 악의 출현을 개념적으로 파악한다. 여기서 이미 자연적 현존에 악이 내재하며, 내재하던 악이 필연적으로 출현하는 것을 통해 악이 사상으로 파악된다. 개념적으로 본다면 악은 잠재적으로 이미 자기 내로 복귀한다. 왜냐하면, "인간은 악 때문에 자기 내로 복귀하지 않을 수 없기" 때문이다. 그러나 이 악이 악으로 규정돼야 비로소 악은 실제로 자기 내로 복귀할 수 있다.

여기서 악이 악으로 규정되는 인식은 이중적 의미를 지닌다. 한편으로 이는 자연적 현존이 극복되고 사상의 지반으로 옮겨왔다는 것을 의미하는데, 이런 점에서는 직접적 운동이다. 다른 한편에서 보면 악이 악으로 규정되는 것은 그에 앞서 본래적 자기 즉 진정한 선을 전제로 하는 것이니 이 운동은 "자기 자신을 이미 전제하고 있거나 자기가 자기의 고유한 근거가 된다." 이런 점에서는 악을 악으로 규정하는 것은 본래적 자기를 매개로 하는 운동이다.

악의 자연적 현존이 지양되는 것을 통해 악은 직접 저항성을 상실한다. 악이 본래적 선인 자기에 비추어 악이 악으로 규정되면서, 악이 자기에 대한 모순으로 규정되면서 악을 극복할 가능성이 열리게 된다. 악이 악으로 규정되는 것은 악이 극복되는 최초의 계기가 된다.

3) 이런 인식은 악을 극복하는 최초의 계기이며 단순한 개념에 지나지 않는다. 이 악이 실제로 극복되기 위해서는 실천적 운동이 일어나야 한다. 이제 실천적으로 악의 "자연적 직접성이 포기되면서" "죄의 사

멸"이 일어나게 된다.

자연적 직접성의 포기는 곧 현존하는 것의 죽음이라는 사건으로 일어난다. 이 죽음은 비 개념적 사유에서 즉 표상으로 보면, 외적이고 우연히 일어나는 사건이다. 그러나 개념적 사유에서 보면, 이것은 악의 자기부정이며, 악은 본래 부정적인 것인 한, 본래 자기가 회복되는 것을 의미한다.

이 죽음은 표상을 통해 본다면 개별적 자아가 자연으로 해체된다는 의미를 지닌 것 즉 "추상적 죽음"이다. 이런 죽음은 개념적 사유의 지반에서 본다면 개별 자아가 일반적 정신으로 되는 것이며 이를 통해 정신적 본질과 개별 자아가 화해하는 것이다. 즉 "자연이 정신의 참되지 못한 현존이라는 사실을 인식하고 나아가서 일반적 자아가 자기 내에서 생성된다는 것"이다.

4) 개별적 자아의 자기 지양으로 일반적 자아가 된다는 것은 정신적 본질의 측면에서 본다면 추상적 정신적 본질의 상실을 의미한다. 헤겔은 이와 같은 추상적 정신적 본질의 상실을 인륜적 실체가 사라지고 법적 인격이 고통을 토로하는 신의 죽음과 비교한다.

인륜적 세계의 정신적 실체가 소멸하면서 개별적으로 자유로운 자아인 인격이 등장한다. 헤겔은 이 자아를 "자기 자신에 관한 순수한 확신에 머무르는" "자아=자아라는 밤의 심연"으로 규정하는데, 이 인격은 형식적인 자유에 지나지 않는다. 그 결과 황제의 폭력이 자아의 실질적 내용을 결정한다. 그런 자기 상실의 고통 속에서 개별 인격은 신은 죽었다는 말로 쓰라린 심정을 표현한다. 이때 신은 곧 자아가 직접 합일했던 민족적 실체의 소멸을 의미한다. 인격은 소외를 겪으면서 피안에서 실체가 실현되기를 기대하니 이것이 곧 불행한 의식이다.

그러나 그리스도의 죽음은 마찬가지로 신의 죽음이지만, 여기서 신의 죽음은 오히려 추상적 신이 구체적으로 자기를 실현한다는 것을 의미한다. 즉 추상적 신은 자기를 실현하여 구체적으로 현존하는 일반적 자아가 된다는 것이다. 이것은 곧 "정신의 자기 자신과 화해를 이룬다는 것"을 의미한다. 헤겔은 이것이 부활한다는 표상의 개념적 의미라고 한다. 이런 부활을 통해 일반적 정신이 구체적으로 출현하니, 이것이 곧 "회중 속에서 살아가면서 그 속에서 매일 죽으면서 부활하는 정신"이다. 여기서 신의 죽음을 통해 추상적 정신은 "영적 기운을 얻으며" 이를 통해 "실체는 주체로 되며 자신의 추상성과 비 생명성은 소멸한다."

5) 이런 정신의 부활을 통해 마침내 교회가 출현한다. 헤겔에게서 교회는 한편으로 표상이며 다른 한편으로 개념이다. 교회는 표상에서 개념으로 이행하는 매개 개념으로 된다. 교회를 표상으로 본다면 신도의 집합(성령)이지만, 개념적으로 본다면 일반적 자아다. 그것도 개별 자아의 집합에 그치는 것이 아니라 단일화된 일반적 자아 즉 공동체다.

이미 신이라는 존재가 이런 일반적 자아를 의미하지만, 아직 잠재적인 것에 지나지 않는다. 신이 자신을 교회로 실현하면서 일반적 자아가 처음으로 실제로 존재하게 된다. 이제 정신적 본질은 스스로 자기를 실현하는 자아를 가지면서, "단지 사유 속에 존재하는 순수한, 실제로 존재하지 않는 정신이 이제 실제로 존재하는 정신으로" 된다.

또한, 그리스도의 죽음은 결국 표상 작용의 죽음으로 발전한다. 이런 그리스도의 탄생은 아직 표상적 사유를 벗어나지 못했다. 그리스도의 죽음을 통해 표상 작용은 한계에 이르게 된다. 즉 표상 작용으로는 이 죽음을 이해할 수 없었다. 그리스도의 죽음을 이해하려면 신적 본질의 의미가 개념적으로 파악돼야 하니, 이를 통해 사유는 표상의 지반을 떠나 개념의 지반으로 넘어간다.

786) 〈SK 572:17~573:2〉〈FM 419:31~420:8〉

이렇게 함으로써 정신은 마침내 **자기 자신**을 인식하는 정신으로 된다. 정신은 자기에게 대상으로 되는 것이 그 **자신**이라는 점을 인식하며 또는 정신에 관한 관념[Vorstellung]은 참된 절대적 **내용**을 얻었다. 이를 통해 정신은 앞에서도 우리가 보았듯이 오직 정신 그 자체를 표현한다. 정신은 자기의식의 **내용**으로만 그치는 것이 아니며 또한, **자기의식에 대한** 대상으로만 여겨지지도 않고 그에 못지않게 **실제로 존재하는** 정신이기도 하다. 즉 정신이 이렇게 되기까지 정신은 그의 본성에 속하는 세 가지 요소[Elemente]를 거쳐 나가야 한다. 다시 말하면 오직 자기 자신을 거쳐 나가는 이와 같은 운동만이 정신을 실현한다. ─결국, 정신은 스스로 운동하는 것으로만 존재할 뿐이다. 정신이란 운동의 주체면서 또한, 마찬가지로 **운동하는 것**[Bewegen] 자체며 또는 정신은 실체를 관통하는 주체다. ─정신의 개념은 종교의 단계로 들어왔을 때 우리에게 이미 생성됐다. 그때 자기 자신을 확신하는 정신[양심]은 악을 용서하면서 그런 가운데 동시에 자신의 단순성과 견고한 부동성을 제거하는 운동을 전개했다. 또 달리 말하자면 그때 절대적으로 **대립하는 것들**이 **서로 같은 것**으로 인식하는 가운데 이와 같은 인식은 그들 극단 사이에서 서로 긍정하는 대답[Ja]으로 발현되는 운동이 등장했다. ─마찬가지로 절대적 본질이 계시되는 종교적 의식은 그와 같은 정신의 개념을 **직관**한다. 종교적 의식은 이제 자기가 **직관한 것**과 **자아** 사이의 **구별**을 지양하면서 그런 가운데 종교적 의식은 주체면서 동시에 실체기도 하며 오직 이런 운동이므로 또한, 이런 운동인 한에서 정신으로 된다.

　[해제] 1) 이제 종교에서 절대지로 이행하는 마지막 단계에 이르러 헤겔은 종교가 발전하는 과정을 전체적으로 서술한다. 종교의 발전은 양심의 고투 끝에 등장한다. 행동하는 양심(악)과 평가하는 일반적 의식(양심)이 서로 대립하면서도 서로 긍정하는 가운데, 일반 자아가 출현한

다.

2) 이어서 전개되는 절대정신의 운동을 간단하게 말하자면 다음과 같이 정리할 수 있을 것이다.

① 정신은 이런 일반 자아가 출현하면서 이것이 정신을 실현하는 고유한 자아다. 여기서 정신은 대상적으로 실현되며 "자기에게 대상이 된다." 이를 통해 정신은 자신을 계시한다.

② 정신의 계시는 대중이 자기 시대의 절대정신을 인식하는 방식이 된다. 헤겔은 대중의 절대정신에 관한 대중의 인식을 정신의 자기인식으로 설명한다. 즉 정신은 "자기에게 대상으로 되는 것이 그 자신이라는 것을 인식하는 것"이다.

③ 절대정신이 일단 표상적인 방식으로 인식되면서 종교가 등장한다. 즉 절대정신은 종교적 표상(신상)을 통해 인식하며, 대중은 이런 표상을 통해 절대정신을 직관한다.

④ 정신의 인식과 정신의 표현은 서로 매개한다. 그 표현을 통해 인식이 이루어지며, 인식이 표현을 규정한다. "정신에 관한 관념 [Vorstellung]은 참된 절대적 내용을 얻는" 것을 통해 정신은 "오직 정신 그 자체를 표현한다."

3) 종교 장에서 전개한 종교적 표상의 발전을 간단하게 정리하자면 다음과 같다. 처음 등장한 자연 종교는 절대정신을 인간에게 낯선 자연의 모습으로 표현한다. 그리스 시대 이르면 절대정신은 인간의 육체적 모습으로 나타난다. 여기서 신은 마침내 자기와 닮은 것의 모습을 취한다. 이것이 예술 종교다.

마지막으로 계시 종교에 이르면 신은 인간의 정신적 모습으로 표현된다. 여기서 정신적 모습이란 곧 인간이 자신을 스스로 부정하는 것을 말하며, 이것이 곧 무한한 자아다. 인간의 자기부정을 매개하여 신이 구체적으로 대상화하니 이것이 곧 교회다.

4) 이 교회는 의식 경험의 길에서는 양심 장 끝에 출현했으나, 종교적 개념의 발전에서는 계시 종교의 끝에 다시 출현한다. 즉 새로 출현한 형태는 과거의 형태를 개념의 계기로 되풀이한다.

이런 교회에 이르러, 종교적 의식은 절대정신("자신이 직관한 것")과 자아가 일체를 이루며 이 절대정신은 개념의 운동이라는 것이 드러난다. 즉 "정신이란 운동의 주체면서 또한, 마찬가지로 운동하는 것[Bewegen] 자체며 또는 정신은 실체를 관통하는 주체다." 이를 통해 절대정신을 표현하는 표상의 방식이 극복되고 절대정신을 표현하는 개념의 방식이 출현한다.

⟨787⟩ ⟨SK 573:3~574:28⟩ ⟨FM 420:9~421:18⟩

그러나 이와 같은 교회[Gemeinde]는 자신에 관한 자기의식의 측면에서 아직도 완성된 것은 아니다. 교회의 내용은 일반적으로 교회에 관해 표상 작용의 형식을 띠고 나타난다. 교회는 **정신적인 것이 실제로 존재하게 된 것**이지만, 다시 말하면 교회는 자신에 관해 표상 작용으로부터 이미 복귀했지만, 여전히 그런 표상 작용에 속하는 분열을 그 자체에서 지니고 있다. 이것은 마치 순수 사유의 지반 자체가 그런 분열을 수반하는 것과 마찬가지다. 교회는 그 자신이 무엇인가 하는 데 관해 의식하지 못한다.[662] 교회는 정신적인 자기의식이기는 하지만, 그 자신을 바로 그와 같은 [자기의식의] 대상으로 삼는 것도 아니며 또 달리 말하면 그 자신을 해명해서 자기 자신에 관한 의식으로 되기에 이른 것은 아니다. 오히려 교회는 의식에 속하는 것인 한 그것은 이제까지 고찰돼온 바와 같은 표상을 여전히 지니고 있다. ─여기서 우리가 아

662 교회는 내용에서는 이미 실제로 존재하는 공동 자아지만, 아직 형식상으로는 표상이어서 마치 하나의 대상인 것처럼 즉 외적인 성령이 내려온 것으로만 여겨진다.

는 것은 자기의식이 그것의 최종적인 전환점에 이르러, 마침내 자기에게 **내면화**[innerlich]되면서[663] 자기가 **내면적 존재**[Insichsein]임을 인식한다는 사실이다. 또한, 우리가 아는 것은 곧 자기의식이 자신의 자연적인 현존을 포기[entäußern]하면서 순수 부정성을 획득한다[664]는 사실이다. 그러나 이런 포기는 긍정적 의미를 지닌다. 즉 이런 [자기] 부정성 또는 **인식**의 순수한 **내면화**[Innerlichwerden]는 그에 못지않게 신적 본질이 **자기와 같음**을 회복한다는 것을 뜻하며 −또는 실체가 여기서 오직 절대적인 자기의식에 도달한다는 것을 뜻한다. 그러나 이 **절대적 자기의식**은 경건한 의식[andächtig]에 대해 [표상으로 나타나는] **타자**다. 경건한 의식[665]은 이런 측면 즉 인식이 순수하게 내면화되면 그런 인식은 **그 자체로**[an sich] 절대적으로 단순한 존재 또는 실체가 된다는 측면을 파악하면서도 이것이 어떤 것의 **개념**에 따른 것이 아니라 그 어떤 것을 표상할 뿐인 것으로 파악한다. 경건한 의식은 이런 인식의 내면화 속에서 실체에 이르는 측면을 **낯선 곳**으로부터 내려오는[fremden] 보상[Genugtuung][666]으로 파악한다. 달리 말하자면 심원한 순수 자아[667]가 **추상적 본질**을 그 자신의 추상성 밖으로 끌어내고 순수한 기도의 위력[668]으로 자아의 단계로까지 끌어올리는 강제력이라는 사실을 경건한 의

---

663 그리스도의 죽음을 의미한다.

664 그리스도의 죽음으로 개별적 자아는 자기를 지양하여 일반적 자아가 된다.

665 경건한 의식은 개념상으로는 곧이어 설명되듯이 실현된 일반적 자아가 표상으로 나타나는 것을 말한다. 이때 의식은 의식에서 자기의식으로 이행하는 도중에 나타나는 내면화된 의식 즉 순수 의식이며 순수 의식의 표상이 성령이다.

666 성령은 신의 선물이라는 뜻이다.

667 '심원한 순수 자아'는 신적 본질과 합일에 들어 있는 자아의 측면을 말한다.

668 독일어 '기도[Andacht]'는 어원적으로 어떤 것에 대해 집중적으로 사유하

식 자신은 의식하지 못한다. −이런 점에서 자아의 활동은 경건한 의식에 대립하는 부정적 의미가 있다. 왜냐하면, 소외된 실체는 이 소외라는 측면에서 본다면[von ihrer Seite] 경건한 의식에 대해 **그 자체적인 것**[an sich]으로 나타나니 경건한 의식으로서는 이런 그 자체적인 것을 포착하거나 개념적으로 파악하지도 못할 뿐만 아니라 더 나가서 이 그 자체적인 것을 **자신의** 활동 자체 내에서 발견하지 못하기 때문이다. −본질과 자아의 통일이 **잠재적으로**[an sich] 성취되므로 [표상하는] 의식은 또한, 그 자신의 화해에 관한 표상을 획득하지만, 이를 **표상**의 차원에서 간직할 뿐이다. 따라서 이런 표상하는 의식이 만족을 얻는다고 하지만, 이 만족은 표상하는 의식이 자기의 순수한 부정성에 그 자신과 본질의 통일이라고 하는 긍정적 의의를 **외면적인 방식으로** 부가함으로써 얻은 것에[669] 지나지 않는다. 이렇게 볼 때 표상하는 의식이 얻는 만족은 피안이라고 하는 대립을 피하지 못한다. 따라서 이 [경건한] 의식 자체가 성취한 화해는 어떤 저 멀리에 있는 것으로 즉 머나먼 **미래** 속에 자리 잡은 것으로 의식된다. 이는 마치 다른 **자아**가 성취한 화해[670]가 **아득한 과거** 속에 자리 잡은 것으로 나타나는 것과 같다. **개별자**로서 신인[神人]이 하나의 **본래** 존재하는[ansichseiend] 아버지와 그리고 단지 하나의 **실제로 존재하는** 어머니를 지니듯이 일반적인 신인[神人]에 해당하는 교회[Gemeinde]도 역시 그 자신의 **고유한 활동**과 **인식**을 자기의 아버지로 삼고 **영원한 사랑**을 어머니로 삼는다. 그러나 교회는 이런 <u>사랑을 느끼는</u> 데 그칠 뿐, 결코 이를 실제로 존재하는 직접적인 **대상**으로는 것을 말한다.

669 경건한 의식에서 교회를 통해 출현한 자아와 본질의 합일은 자기 부정성을 통해 그 스스로 이루어낸 것이 아니라 성령이 자기에게 내려온 것으로 여겨진다.
670 원죄와 타락 이전 아담이 살던 세계를 말한다.

로 의식 속에서 직관하지 않는다. 따라서 교회가 도달한 화해는 그의 심정[Herzen] 속에 깃들어 있을 뿐, 여전히 교회의 의식과 분열됨으로써 [671] 그 교회의 실현은 여전히 난파된다. 교회의 의식 속에서 **본래적인 것**[Ansich] 또는 **순수한 매개**의 측면으로 등장하는 것 즉 화해는 다만 피안에 자리 잡은 것이며, 이에 반해서 교회의 의식에서 **지금 있는 것**으로 등장하는 것, 즉 **직접적인 현존**의 측면으로 등장하는 것 즉 세계는 아직도 자신의 변용이 이루어지기를 기다려야만 한다. 이런 세계는 **잠재적으로**[an sich] 이미 [정신적] 본질과 화해를 이루고 있다. 이런 본질에 관해 이미 널리 알려진 사실은 이 **본질**이 대상을 더는 자기로부터 소외된 것으로 인식하지 않으며 오히려 그의 사랑 속에서[672] 그 자신과 같은 것으로 인식한다는 것이다. 그러나 자기의식[인간]에서는 이런 본질의 직접적 현재가 여전히 정신의 형태를 띠고 있지는 못하다. 교회에 내재하는 정신은 자기에 관한 직접적인 의식에서 그 정신에 관한 종교적인 의식과 분리된다.[673] 이런 종교적 의식은 양자가 **본래**[an sich] 분리된 것은 아닐 거라고 언표하지만, **본래**[Ansich] 그렇다는 말은 아직 실현되지 않았으며 아직 절대적으로 자기에 대해 대상으로 된 것[Fürsichsein]

---

671 경건한 의식 속의 표상이 지시하는 구체적 대상은 교회다. 이 구체적 대상 형태는 아직은 개별적이고 분산적인 형태로 현존하는 일반적 자아다. 이런 한계 때문에 교회의 완전한 실현으로서 천국의 나라는 피안으로 미루어진다.

672 여기서 사랑은 신의 사랑을 의미한다. 신의 본질은 곧 사랑이다.

673 교회에 내재하는 정신은 자기 운동하는 개념이다. 정신의 직접적 의식은 직관적으로 자기를 이렇게 개념으로 파악하지만, 종교적 의식은 교회를 표상을 통해 표현한다.

이 아니라는 말이다.

[해제] 1) 마침내 종교의 발전 끝에 신의 현존으로서 자아(그리스도)가 자기부정('내면화')을 통해 정신으로 복귀하면서('내면 존재') 이를 통해 신적인 본질이 구체적 대상으로 출현한다. ("신적 본질이 자기와 같음을 회복하는 것") 그것이 바로 교회다.

교회는 내용상으로는 '정신적인 자기의식', '절대적 자기의식'이다. 즉 그것은 공동체가 고유한 자아를 지니게 된 것이다. 여기서 본질과 자아의 통일 즉 개념이 실현된다.

2) 그러나 형식상으로는 교회는 여전히 대상의 형식으로 나타나니, 그것이 곧 성령이 내려온 것으로서 교회다. 교회는 "타자로부터 내려오는 보상"이며 교회 속에서 대중의 의식은 아직 자기의식이 아니라 '경건한 의식'으로 여겨진다. 이런 경건한 의식은 아직 "심원한 순수 자아가 추상적 본질을 추상성 밖으로 끌어내며" "자아의 단계로까지 끌어올린다"라는 사실을 자각하지 못한다. 즉 "경건한 의식은 그 자체적인 것을 자신의 활동 자체에서 발견하지 못한다."

교회에서 내용상으로는 이미 개념이 운동하는 단계로 넘어 들어갔으나 형식상으로는 아직 표상의 단계를 벗어나지 못한다. 즉 내용상으로는 "표상 작용으로부터 복귀"했지만, 형식상으로는 "표상 작용에 속하는 분열을 지닌다."

3) 경건한 의식에서 내적으로 성령이 출현하면서 이 성령은 외면적으로는 교회라는 형태로 등장한다. 현실의 교회는 다만 내면적 성령을 통해 통일된 조직이다. 즉 "교회가 도달한 화해는 그의 심정 속에 깃들어 있을 뿐이다." 그 통일은 본래적인 것이며, "본래 그렇다는 말은 아직 절대적으로 자기에 대해 대상으로 된 것이 아니라는 말이다."

그러므로 성령의 실현으로서 교회는 "여전히 난파된다." 개별 교회는 고립 분산성을 지니며 유기적 조직을 갖추지 못한다. 불행한 의식이나 신앙에서 그러했듯이 성령의 구체적 실현은 현실 속에서 일어나지 않고 피안에서 일어나게 된다. 즉 성령의 구체적 실현은 "어떤 저 멀리 있는 것으로 즉 머나먼 미래 속에 자리 잡은 것으로 의식된다.""직접적 현존의 측면으로 등장하는 것 즉 세계는 아직도 자신의 변용이 이루어지기를 기다려야만 한다."

4) 교회는 비록 성령의 제한된 실현이지만, 이런 제한된 실현 속에서나마 이미 새로운 발전의 싹이 들어 있다. 교회의 발전과 더불어 신의 본질은 신과 인간, 그리고 개별적 인간 사이의 사랑이라는 진리가 드러나게 된다. 이 사랑의 정신은 복음을 통해 이미 주어졌지만, 교회에서 비로소 실천되기 시작한다. 그러므로 헤겔은 그리스도를 낳은 성부와 성모가 있듯이 교회에서 아버지와 어머니가 있으니, "일반적 신인인 교회도 그 자신의 활동과 인식을 아버지로 삼고 영원한 사랑을 어머니로 삼는다" 여기서 아버지가 절대정신의 발전을 말한다면, 어머니는 곧 성령의 정신인 사랑의 정신을 말할 것이다.

5) 교회에서 개념적 내용과 표상하는 형식 사이의 모순을 극복하면서 내용에 적합한 개념적 인식이 등장한다. 이를 통해 종교는 절대지로 이행한다.

교회를 통해 정신의 본질이 사랑임이 드러난다. 그러나 종교적 사랑은 지극히 작은 이웃 사이에 나타나며 아무런 구체적 내용이 없는 맹목적 형태로 나타나는 것일 뿐이었다. 이제 절대지로 이행하면서 정신의 본질인 사랑은 구체적 내용을 지니면서 사회 전체로 확산하고 유기적인 조직을 가지게 되면서 국가로 발전한다.

C

(DD) 절대지

헤겔이 가르쳤던 베를린 대학 본관 계단, 마르크스의 「포이어바흐 테제」의 다음 구절이 새겨져 있다: "철학은 세계를 서로 다르게 해석해 왔으나, 중요한 것은 세계를 변혁하는 것이다." 마르크스에 앞서 헤겔은 『정신현상학』 「서문」에서 이미 이렇게 말했다: "마침내 정신은 이런 술지게미 앞에서 돌아서면서 그 자신이 곤경에 빠져들었음을 고백하고 또 이를 탓하면서 철학으로부터 이 시대 정신의 본성이 무엇인지에 관한 단순한 지식[Wissen]을 요구하는 것이 아니라 오히려 철학을 통해 다시 실체적이고 견고한 존재를 회복하기를 요구한다."

VIII 절대지

[해제]

788) 계시 종교의 한계

789~793) 의식 운동의 세 가지 계기

794~795) 양심에서 종교로 이행

798~799) 종교에서 절대지로

800~804) 의식의 운동과 개념의 운동

805) 형태와 계기

806~807) 『정신현상학』과 학문의 순환

808) 『정신현상학』의 필요성

788) 〈SK 575:8~576:7〉〈FM 422:3~28〉

계시 종교의 정신은 의식이라는 자신의 수준 자체를 아직도 극복하지 못했다. 같은 말이지만, 이 정신의 참된 자기의식[674]이 그런 의식의 대상으로 되지 않았다. 계시 종교에서는 무릇 정신 그 자체뿐만 아니라 이 정신 속에서 서로 구별되는 계기들도 다만 표상 작용에 속하며 즉 대상성의 형식에 속한다. 표상 작용의 **내용**을 이루는 것은 이미 절대정

---

674 실현된 정신을 의미한다. 절대정신이 일반적 자아인데, 계시 종교에서 이 것은 표상의 형식 즉 성령(교회)으로 출현한다. 그것이 구체적으로 출현하면 절대지(국가)다.

신인 까닭에 이제 남은 일은 다만 [표상이라는] 텅 빈 형식을 지양하는 것뿐이다. 달리 말하자면 이런 표상의 형식은 **의식 자체**의 수준에 속하므로 그 진리는 그러한 의식의 형태 내에서 발생할 수밖에 없었다. ―이런 의식의 대상[이라는 형식]을 극복하는 것은 일면적 관점에서 그저 대상이 자아로 복귀하는 것으로 제시돼서는 안 될 것이다. 더 명확하게 얘기하자면 그런 극복은 곧 대상이 자아 앞에서 사라지는 것과 동시에 그 자체로[675] 서술돼야 한다. 또한, 그에 못지않게 그 극복은 자기의식이 자기를 소외하는 것을 통해 물체[Dingheit]가 정립되며 동시에 [자기의식의] 이런 소외가 부정적인 의미만이 아닌 긍정적 의미를 지녀야 하고 그것도 다만 우리에 대해서나 그 자체적으로만[für uns oder an sich] 긍정적인 것이 아니라 오히려 **자기의식 자체에 대해서** 긍정적인 의미를 지니게 돼야 한다. 자기의식에 이르면 마침내 대상이 부정된다는 것 또는 대상이 스스로 자기 자신을 지양한다는 것은 긍정적인 의미를 지닌다. 다시 말하면 이런 자기의식은 대상이 부정적인 것임을 **인식**한다. 이런 인식은 자기의식이 한편으로는 자기 자신을 소외하는 것을 통해 가능하다. ―왜냐하면, 이런 자기의식은 소외를 통해서 그 **자신**을 대상으로 확립[setzt]할 뿐만 아니라 더 나가서는 그런 **대자 존재**에서 나타나는 나눌 수 없는 통일 속에서 대상을 자기 자신으로 판정[setzt]하기 때문이다. 다른 한편에서 여기[자기 의식적 관계]에는 또 다른 계기가 있으니 이는 곧 자기의식이 이런 소외와 대상성을 지양해 자기 내로 환수해 그 **자신**을 타자화하면서도 여전히 자기에 머무르게 하는 계기다. ―이상의

---

675 개념의 관계는 자아와 대상이 각자 부정되면서도 보존되는 것이다. 또한, 자기를 타자화하면서도 자기에 머무르는 것이다. 타자를 부정하면서 그 타자로 이행하는 것이다. 여기서 각 계기는 전체이며 동시에 전체의 한 계기다.

것은 곧 **의식이 전개하는** 운동이며 이런 자기 관계가 곧 이런 의식이 지닌 전체 계기다. ─이런 의식은 마찬가지로 대상에 대해 대상이 지닌 전체 규정에 따라서 관계하며 또한, 그 대상을 그것이 지닌 각 규정에 따라 파악해야 한다. 대상이 지닌 규정 전체가 곧 **대상**을 **본래** 정신적 본질로 만드는 것이다. 대상이 의식에 대해서 참다운 정신적 본질로 되게 하는 방법은 곧 의식이 대상이 지닌 개별 규정을 다름 아닌 자아에 속하는 규정으로 파악하는 것이며, 다시 말하면 개별 규정에 대해서 방금 지칭된 것과 같이 정신적으로 관계하는 것이다.

[해제] 계시 종교의 한계는 절대정신이 의식에 대해 대상으로 즉 표상으로 나타난다는 것이다.

계시 종교의 마지막 표상인 교회에서 일반적 자아가 구체적으로 출현하면서, 이미 내용상으로는 개념에 도달했다. 그러나 형식에서는 여전히 표상이라는 형식에 머무른다. 양자 사이에는 균열이 존재한다. 이제 마지막으로 표상이라는 형식이 극복되면서 개념적 인식이 등장하면서 정신이 표현되는 방식은 그 내용인 개념에 적합하게 된다. 종교적 표상이 의식의 단계에 머무르는 것이라면 내용과 형식의 통일을 통해서 도달한 개념적 인식은 자기의식의 단계다.

의식이 자기의식에 이르기 위해서는 자아와 대상은 각자 부정되면서도 동시에 보존돼야 한다. 우선 대상이 자기 자신으로 파악돼야 한다. 대상은 단순히 부정되는 것이 아니라 여전히 대상으로서 존립한다. 그것은 자아도 마찬가지다. 자아는 자기를 소외하여 대상으로 된다. 그러면서도 대상 속에서 자신에 머무른다.

이런 자기의식의 단계에서 그것을 구성하는 두 계기 즉 자아와 대상은 각자 전체이며 동시에 전체를 이루는 하나의 계기가 된다. 지금까지 자기의식은 여러 번 출현했다. 자기의식은 인식과 의지에서 그리고 각기 개별과 일반을 거쳐 이제 최종적으로 절대정신 즉 정신의 자기인식 (표현)에서 자기의식이 출현했으니, 이로써 절대지가 등장한다.

이어서 헤겔은 의식에서 절대지에 이르는 과정을 그리고 그 개별 계기 전체를 다시 한번 정리한다.

789) 〈SK 576:8~33〉〈FM 422:29~423:16〉

그러므로 대상은 한편으로 **직접적인** 존재 또는 사물 일반이며 이것은 곧 직접적인[감각적] 의식에 상응한다. 또한, 대상은 부분적으로는 의식 자신[seiner][676]이 타자화한 것, [이에 대해] 의식이 맺는 관계 또는 **대타 존재**와 **대자 존재** 그리고 규정성[Bestimmtheit]인데 이는 **지각**에 상응한다. ―대상은 부분적으로는 **본질**이며 또는 일반적인 존재로 존재하며 이는 지성에 상응한다. 대상을 전체적으로 본다면 이것은 추리에 해당하는 것 즉 일반자가 규정[Bestimmung][677]을 거치면서 개별성을 향해 움직이는 운동[678]이며 동시에 역으로 개별성에서 시작해 개별성이 지양된 것 즉 규정을 거쳐서 일반자로 진행하는 운동이기도 하다. ―따라서 이와 같은 세 가지 규정에 따라서 의식은 대상이 곧 자기 자신임을 인식하기에 이른다. 그러나 이상의 것은 지금 우리가 거론하는 대상에 관한 순수한 개념적 파악이라는 의미에서의 인식이 아니다. 오히려 그런 개념 파악은 다만 생성 과정을 통해서 제시돼야 하며 즉 의식 자체에 속하는 다양한 측면에 따라 구별되는 계기들을 통해서 제시돼야 한

---

676 여기서 지시대명사 'seiner'가 받는 말이 무엇인지 모호하다. 문맥상 의식 자신[seiner selbst]을 받는 것으로 보았다.

677 여기서 규정 역시 특수성을 의미하는 것으로 보인다. 지각적 성질을 규정이라 하는데, 이는 개념에서는 특수성에 해당한다.

678 지성 장에서 이는 설명의 관계로 서술됐다. 154구절 참조

다. 다시 말하자면 의식의 형태화라는 형식 속에 있는 본래적인 의미에서 개념에 속하는 계기들이나 순수한 인식에 속하는 계기들이 제시돼야 한다. 그런 점 때문에 대상은 의식 자체 내에서는 우리가 바로 앞에서 언급한 것과 같은 정신에 속한 본질적 규정으로 나타나지 않으며 여기서 의식이 대상에 대한 맺는 관계는 대상을 이처럼 전체 자체에서 고찰한 것이 아니며 또는 그 순수한 개념의 형식으로 고찰한 것도 아니다. 오히려 그 관계는 일면에서는 의식의 형태 일반이며, 일면에서는 **우리**가 요약한 몇 가지 의식 형태다. 그러나 그런 몇 가지 형태들 속에서는 대상이 지닌 계기들의 총체와 의식이 취하는 관계 계기들의 총체는 그 어느 것이거나 다만 그 계기로 해소된 상태에서만 제시될 수도 있을 것이다.[679]

790) ⟨SK 576:34~577:17⟩⟨FM 423:17~32⟩

그러므로 의식이 대상을 파악하는 측면을 의식의 형태를 통해 나타나는 대로 살펴보기 위해서는 앞에서 이미 출현했던 의식의 형태들을 상기하면 충분할 것이다. −대상에 관해서, 이 대상이 직접적이면서 동시에 의식에 대해 **무차별한 사물**인 한에서 우리가 이미 보았듯이 관찰하는 이성은 이런 무차별한 사물 속에서 자기 자신을 **탐구하고 또 발견하고**자 했다. 또한, 이때 관찰하는 이성은 대상을 오직 직접적인 대상으로 의식하고 있으며 즉 그 자신의 활동을 대상에 외면적인 활동으로 의식한다. −또한, 우리는 그러한 관찰하는 이성의 정점에서 이성 자신의 규정이 무한 판단으로 즉 '**나[Ich]는 곧 사물이다**'라는 판단[680]을 통

679 『정신현상학』에서는 의식의 자립적 형태가 역사적으로 전개된다. 『논리학』에서 의식의 형태는 개념의 계기로서 전개된다. 이하에서 헤겔은 지금까지 의식의 발전 과정을 논리적 계기에서 서술한다.

680 골상학이 주장하는 '정신은 뼈다'라는 주장을 말한다.

해서 언표되고 있음을 보았다. ─여기서 사물은 곧 감각적인 직접적 사물을 말한다. 그렇지 않고 만약 여기서 내[Ich]가 **영혼**으로 불린다고 한다면 이 나[Ich]는 사실 사물이라는 관념을 통해 떠올려진다고 할지라도 이 사물이란 눈에 보이지도 않고 감각적으로 느껴질 수도 없는 등의 사물로서 받아들여질 것이니 이런 사물이란 사실상 직접적인 존재 또는 흔히 사람들이 사물이라고 얘기하는 것이 아니다. ─그러므로 그와 같은 무한 판단을 그것이 직접 발화하는 대로 살펴본다면 그런 판단은 멍청한[geistlos] 판단이나 심지어 미친 것 자체라고 할 수 있다. 그러나 이 무한 판단을 **개념**에 따라서 본다면 이것은 가장 풍부한 정신성을 지닌 것[geistreich]이며 이 판단에 내재하는 것은 아직 그 자신에서 [an ihm] **눈앞에 나타난 것**은 아니지만, 이 **내재하는 것**이야말로 지금부터 고찰돼야만 할 두 가지 다른 계기[교양, 도덕적 세계관]들이 언표해 주는 것이다.

791) 〈SK 577:18~36〉〈FM 423:33~424:9〉

'**사물은 나[Ich]다**'라는 무한 판단 속에는 사실상 사물이 지양된다. 즉 사물은 본래[an sich] 무니, 오직 이것은 관계를 통해서만 즉 내[Ich]가 사물에 대해 지니는 **관계를 통해서만** 의미를 지닌다. ─[사물이 지양되는] 이런 계기는 순수 통찰과 계몽의 경우에 의식 앞에 떠올랐다. 즉 여기서는 사물은 바로 **유용한 것**이며 오직 그것이 유용하다는 측면에서만 고찰될 수 있다. ─교양의 자기의식은 자기를 소외하는 정신의 세계를 두루 거쳐 나가면서 그 자신을 소외해 사물을 자기 자신으로서 산출했으며 오직 이를 통해 사물 속에서 여전히 자기 자신을 보존하며 더 나가서는 이 사물 자체의 비 자립성을 인식한다. 즉 **교양**의 자기의식은 사물이 **본질상** 한낱 **대타 존재**에 지나지 않는다는 것을 인식하기에 이른다. 오직 여기서 대상의 본성을 이루는 **관계**가 완전하게 표현된다. 따라서 교양의 자기의식에서는 사물은 **대자적으로 존재하는 것**으로 여겨질 뿐 아니라 또한, 이런 자기의식은 감각적 확신을 절대적 진리로 언표한다. 그러나 동시에 이 **대자 존재** 자체는 다만 소멸할 뿐인 계기로 즉 그 자신의 반대물로, 즉 타자를 위해 희생되는 대타 존재로 이행하는 계기로 언표된다.[681]

792) 〈SK 578:1~17〉〈FM 424:10~22〉

그러나 여기서도 아직 사물에 관한 인식이 완성된 것이 아니다. 사물은 존재의 직접성에 따라 또 규정성에 따라서 파악되는 데 그칠 것이 아니라 동시에 **본질**이나 **내적인 것**으로, 더 나가서는 자아로도 파악돼야 한다. 사물을 이런 자아로 파악하는 것은 **도덕적 자기의식**에서 눈앞에 나타난다. 도덕적 자기의식은 그 자신이 인식한 것을 곧 절**대적 본성**이라고 인식하거나 **존재하는 것**은 바로 순수한 의지며 또한, 순수한 인식[682]이라고 파악한다. 이런 순수한 의지와 순수한 인식밖에는 아무것도 **없으며** 이밖에 다른 의지나 인식에는 오직 비본질적인 존재가 속할 뿐이니, 즉 **본래 존재하는 것**은 아니며 한낱 이런 본래적 존재의 텅 빈 껍질에 지나지 않는 것이 속할 뿐이다. 이 도덕적 자기의식은 도덕적 세계관[Weltvorstellung]의 단계에서는 현존을 자아와는 무관한 것으로 내버리면서도 다시금 그런 **현존**을 자기 안으로 끌어들인다. 도덕적 자기의식은 최종적으로 양심에 이르러서는 어떤 때는 자아를 어떤 때는 현존을, 한 번은 세웠다가 한 번은 내버렸다가 하는 일을 교대로 되풀이하는

---

681 절대적 자유가 전적인 파괴와 무차별한 죽음으로 끝나는 것을 말한다.

682 도덕적 자기의식은 자기가 인식한 것이 의무이며 이를 수행하는 순수 의지가 존재한다고 본다. 이런 순수 의지는 욕망과 대립한다.

짓을 더는 계속하지 않으며 이 **현존**하는 것 자체가 자기 자신의 순수한 양심에 속하는 것이라는 사실을 인식한다. 양심이 행동하는 가운데 밖으로 내놓는 대상적인 지반은 오직 자아가 자기 자신에 관해서 지니는 순수한 인식 외의 그 어떤 것일 수 없다.

793) 〈SK 578:18~579:11〉〈FM 424:23~425:9〉

위에서 보아 온 것이 바로 정신이 그의 본래적인 의식과 더불어 화해를 이루는 데 결합하는 세 가지 계기[683]였다. 이들 계기가 서로 고립된 상태에 있을 때는[für sich] 개별적인 것에 지나지 않지만, 이와는 달리 그들 계기가 정신적인 통일을 이룬다면 그것은 정신과 그 본래적 의식을 서로 화해하게 하는 힘으로 된다. 이들 계기 가운데 마지막에 해당하는 것[도덕적 자기의식, 양심]은 필연적으로 통일 자체를 의미하며 이미 밝혀진 대로 이것이 사실상 그 밖에 모든 계기를 자기 내로 결합한다. 정신은 자기의 현존 속에서 자기 자신을 확신하는 것이므로 이런 정신이 **현존하는** 지반으로 삼는 것이란 다만 이와 같은 자기에 관한 인식 밖의 어떤 것도 아니다. 정신이 수행하는 것이란 오직 정신이 의무에 대한 확신을 바탕으로 해서 수행하는 것일 뿐이라고 언표하는 것 즉 정신의 이런 언어는 그 자체로 자신의 행동을 **유효하게**[Gelten] 한다. ─이런 행동이 곧 [도덕적 자기의식] 개념에 들어 있는 단순성을 **잠재적으로**[an sich] 분리하게 하는 최초의 것이며 동시에 그런 분리로부터 복귀하게 하는 것이다. 서로의 인정이 일어나는 지반은 행동 자체에서 불가피한 **구별**이나 **분열**에 대립해 의무를 **단순하게 인식하는 것**으로 설정되고 이런 방식으로 서로 인정하는 지반[의무]은 행동에 대립하는 강철같이 완고한 현실을 형성하는 가운데 최초의 운동은 또 다른 두 번째 운

---

683 지금까지 서술한 의식, 이성, 정신의 계기를 말한다.

동으로 전환된다.[684] 그러나 우리는 용서의 단계에 와서는 이런 완고한 힘이 어떻게 자기를 버리고 자기를 포기하는지[entäußert]를 보았다. 그러므로 여기서 한편으로 자기의식이 보기에 현실은 **직접 현존하는 것**으로서 순수한 인식이라는 의미만을 지니며 –또한, 다른 편으로 **규정된** 현존이나 관계로서 자기에 대립하는 것은 부분적으로 순수한 개별 자아에 관한 인식이며[685] 부분적으로는 일반적인 지식인 한에서의 **지식**[686]에 관한 **인식**을 뜻한다. 여기서 동시에 확립되는 사실은 **세 번째** 계기[687]를 이루는 **일반성**이나 **본질**이 이상과 같이 서로 대립하는 양자 어느 편에서도 다만 지식으로 여겨진다는 사실이다. 그리하여 이 세 번째 계기는 아직도 남아 있는 텅 빈 대립을 마침내 지양해 버림으로써 이제 이 양자는 다 같이 나는 = 나라고 하는 인식에 도달한다. 즉 이런 **개별** 자아는 직접 순수한 인식이며 동시에 일반적인 인식이기도 하다는 것이다.

794) 〈SK 579:12~29〉〈FM 425:10~22〉

따라서 의식과 자기의식의 화해[688]는 이중적인 측면에서 조성됐다고

---

684 여기서 최초의 운동은 행동을 위해 의무를 제한하는 것(행동하는 양심)이고 두 번째 운동은 의무의 수행을 위해 행동을 제한하는(평가하는 일반적 의식) 것이다.

685 행동하는 양심은 자아가 자기 확신하는 것이 본질이다.

686 평가하는 양심은 일반적인 지식 즉 의무에 따르는 것이 본질이다.

687 첫 번째 계기가 관찰하는 이성이며 두 번째 계기가 교양이라면, 세 번째 '일반성이나 본질'은 앞의 두 계기를 통일한 도덕적 세계관을 말할 것이다. 이 도덕적 세계관에서는 일반적 의무와 자아가 대립한다. 그러나 양자의 대립은 자아의 자기 내에서의 인식(순수 인식과 순수 의욕, 의무와 자기 확신)에서 벌어지는 대립이다.

688 여기서 '의식'은 의무에 관한 의식을 말하며 '자기의식'은 행동하는 양심의 자기 확신을 말한다.

볼 수 있다. 즉 이런 화해는 한편으로는 종교적인 정신에서 또 다른 편으로는 의식 자체에서[689] 이루어진다. 두 측면이 구별되는 요점은 전자가 **그 자체 존재**의 형식 속에서 이루어진 화해인 데 반해서 후자는 **대자 존재**의 형식 속에서 이루어진 화해라는 것이다.[690] 이미 고찰됐듯이 의식과 자기의식은 일단 서로 분리된다. 의식은 의식의 형태들이 우리 앞에 출현하는 순서에 따라서 부분적으로는 그런 형태들을 이루는 개별 계기에 도달했으며 부분적으로는 마침내 개별 계기들이 합일하는 상태에까지 다다랐다. 이와 같은 과정은 종교가 그의 대상에 대해 실제로 존재하는 자기의식의 형태[인격 신]를 부여하기까지 계속됐다. 이들 두 측면[의식과 자기의식]의 합일이 이런 종교에서조차 아직 명시되지 않았다. 그런 합일이 이루어져야 정신의 형태들이 지금까지 거쳐 온 계열을 완결할 것이다. 왜냐하면, 정신은 이런 형태들의 계열 속에서 그 자신을 인식하기에 이르기 때문이다. 이런 자기인식은 정신을 단지 **그 자체 존재**로 또는 그 절대적 **내용**에 따라 인식하는 것도 아니며, 더 나가서 정신이 존재하는 모습을 **대자적으로** 내용 없는[inhaltslos] 형식에 따라서 또는 자기의식의 측면에 따라서 인식하는 것도 아니고 오히려 정신을 **그 자체적인 동시에 대자적으로**[an und für sich] 인식하는 것이다.[691]

---

689 여기서 '종교적 정신'은 절대정신 즉 신을 말한다. 의식은 신에 대한 표상적 인식을 말한다.

690 종교적 정신에서 신은 자연 신에서 인격 신의 형태로 발전한다. 이것이 '그 자체 존재의 형식 속에 이루어진 화해'다. 종교적 표상은 신을 대상에서 자기 자신으로 인식한다. 이것은 '대자 존재의 형식에서 이루어진 화해'다.

691 정신을 내용의 측면에서 인식하는 것이 절대정신의 실제로 일어나는 발전을 의미하며, 정신을 형식에 따라 인식하는 것은 절대정신을 표상하는 방식의 발

[해제] 1) 위에서 제시된 789~794)에 이르기까지 헤겔은 절대지에 이르는 의식의 운동을 다시 한번 되풀이해서 서술한다. 지금까지 의식의 운동에 관한 서술은 역사적으로 생성 과정에서 서술하는 것이며 여기서 의식은 구체적 형태로 등장했다. 반면 여기서 간략하게 소개하는 의식의 운동은 개념적 파악이며 여기서 각 의식은 개념을 이루는 계기로 제시된다. 의식은 형태로서는 대상과 의식이라는 두 계기가 결합한 전체를 고찰하는 것이지만, 개념의 계기로서 의식은 "대상이 지닌 계기들 전체와 의식이 취하는 관계의 계기들 전체가 그 어느 것이든 다만 계기들로 해소된" 상태에서 제시된다.

2) 이런 관점에서 헤겔은 절대지가 등장하기 위한 계기로서 세 가지 계기를 제시한다. 즉 의식과 이성, 정신의 계기다.

우선 의식은 직접 존재하는 대상과 관계하여 감각, 지각, 지성으로 발전한다. 지성에 이르러 일반 법칙이 출현하며, 여기서 일반자와 개별자 사이의 결합을 통해 생명체가 출현한다. 생명체는 일반자가 개별자의 관계를 통해 자기를 유지하면서 의식과 대상의 통일인 자기의식으로 발전한다.

이성의 경우(헤겔은 관찰하는 이성만 다루는데) 세계 속에서 자기 즉 자기의 일반적 본성을 발견하려 했다. 이때 세계는 직접 존재하는 것이며, 이성은 그 대상에 대해 외면적으로 관계했다. 관찰하는 이성은 이런 과정에서 최종적으로(골상학에서) "나는 사물이다"라는 명제 즉 정신은 뼈라는 무한 명제에 도달한다.

나와 사물이라는 대립하는 것이 같은 것으로 표현된 이 무한 판단은 한편으로는 명청한 판단이며 미친 것 자체지만, 다른 한편으로 본다면 의식의 운동이 갈구하는 것이 표현된다. 이런 무한 판단은 나와 대상의 일치라는 이성의 요구가 비록 지금으로서는 그 자체에서 출현한 것은 전을 말한다.

아니지만, 의식의 운동이 지향해야 할 목적으로 제시된 것이다.

3) 정신에 들어서서(헤겔은 교양과 도덕적 의식만을 다루는데) 우선 교양의 단계에서 순수 통찰과 계몽을 거쳐 나가면서 신앙을 비판하여 사물의 이면에 존재하는 절대적 본질을 지양한다. 그 결과 사물은 유용한 존재가 됐다. 유용한 존재는 한편으로 감각적 존재로서 절대적 목적이 되며 다른 한편으로는 그 자체 무적인 것으로서 타자를 위한 수단이 된다. 그 결과 모든 타자를 자신의 수단으로 삼으려 하는 절대적 자유가 출현하며 이는 공포 정치 속에서 몰락한다.

4) 이어서 도덕적 자기의식 즉 도덕적 세계관에서 도덕적 자아는 자기가 확신하는 것이 곧 순수한 의무라고 여기니, 여기서 절대적인 것은 다름 아닌 자기 확신하는 자아다. 이미 보았듯이 도덕적 자기의식은 다시 두 단계로 구분된다. 의무의 의식에서는 의무를 실현하는 순수 의지와 개별적 실제 의지 즉 욕망이 대립하는 가운데, "자아" 즉 순수 의지는 "현존" 즉 욕망을 "자아와 무관한 것으로 내버리면서도 다시금 그런 현존을 자기 안으로 끌어들인다." 헤겔은 이를 전치라고 이름 붙였다.

마침내 도덕적 의식은 양심에 이르면, 순수 인식이면서 동시에 순수 의지가 출현한다. 즉 양심은 자신이 인식한 의무를 즉각적으로 실천하는 의지다. 여기서 자아와 현존, 순수한 의무의식과 실천적 행동은 통일된다.

그러나 이런 통일은 여전히 내적 사유에 지나지 않는 것이며 실제로 행동에 나서는 순간 "개념에 들어 있는 단순성"은 다시 분열한다. 행동하는 양심과 순수한 의무의 의식은 서로 대립한다. 행동하는 양심은 행동을 통해 자신이 의무를 위배했음을 스스로 고백한다. 반면, 의무의 의식은 행동하는 양심에 대립하면서 "의무를 단순하게 인식하는 것"을 "강철같이 완고하고" 고집한다. 하지만 결국, 죽음에의 동경에 빠지면서 자기를 벗어난다. 그리하여 순수한 의무의식 역시 자기를 고백하는 가운데 양자는 화해를 이룬다. 이를 통해 개별 자아는 일반적 자아에 이르며, 정신적 본질은 자기를 실현한다. 일반적 자아는 구체적으로 현존한다. 이런 현존하는 일반적 자아가 곧 절대정신이다.

5) 절대정신의 최초 형식은 곧 종교이다. 정신이 현상하는 전체 계기는 크게 그 자체 존재의 형식(종교 또는 신의 형태)과 대자 존재의 형식(표상하는 인식)으로 나눌 수 있으니 종교에서 마침내 대상으로서 신과 의식으로서 인식이 화해를 이루게 된다. 종교는 내용상으로는 정신적 본질의 구체적 실현이다. 그러나 그 내용은 형식으로는 표상이라는 방식으로 표현된다.

처음 종교는 정령의 형태로 이어서 육체적 인간의 모습으로 출현하며 마지막으로는 정신적 인간인 그리스도의 모습으로 출현한다. 마침내 이 그리스도의 자기부정을 통해 정신은 자기를 구체적으로 실현하니, 그게 곧 성령으로 표상되며 이는 외면적으로는 교회로 나타난다.

교회에 이르러 절대정신은 내용으로는 자신의 개념에 도달하지만, 그 형식은 여전히 표상이라는 의식적 방식을 취한다. 형식과 내용의 모순이 극복되면서 절대정신의 내용에 적합한 개념의 방식으로 절대정신이 출현한다. 그것이 곧 절대지며, 절대지에 이르러 절대정신은 그 자체적인 동시에 대자적으로 인식된다. 이런 절대지가 외면적으로 등장할 때 국가다.

795) 〈SK 579:30~580:31〉〈FM 425:23~426:14〉

그런데 이런 합일은 **잠재적으로는**[an sich] 이미 종교에서도 즉 표상으로부터 자기의식으로 복귀하는 과정 가운데서 일어났다. 그러나 종교에서의 합일은 합일의 본래 형식에 따라 성취된 것은 아니다. 왜냐하면, 종교라는 측면은 자기의식의 운동과는 대립하는 **그 자체 존재**[An sich]의 측면이기 때문이다. 따라서 [참된] 합일은 이와는 다른 측면 즉 그 자체 존재의 측면과는 대립하는 측면 즉 자기 내로 반성하는 측면[692]에 귀속한다. 이런 자기 내 반성의 측면은 곧 자기 자신과 함께 또한, 자기와 반대되는 것도 내포하며 게다가 이런 양자를 **그 자체로** 즉 일반적인 방식에서만 아니라 또한, 그에 못지않게 **대자적으로** 즉 전개되고 또 구별된 것으로 내포한다. 자기 의식적 정신의 내용 다시 말해 자기의식의 이면[그 자체적 측면]은 이 측면이 오직 이면인 한에서는 완성된 형태로 눈앞에 나타났으며 제시됐다. 여기에 아직 이루어지지 않은 합일은 개념에서 일어나는 단순한 통일[Einheit]이다. 이런 개념이 자기의식이라는 측면 자체에 이미 출현한 것은 사실이지만, 지금까지 서술된 가운데 나타난 것을 보면 그 개념은 다른 나머지의 계기들과 마찬가지로 **의식이 지니는 특수한 형태**라는 형식을 지닌다. ─이런 **개념**은 자기 자신을 확신하는 정신[양심]이 취하는 형태에서는 [단지] 그 개념에 머무르는 것 즉 아름다운 영혼이라고 불렸던 부분이다. 이 **아름다운 영혼**이란 곧 정신이 그의 순수하고 투명한 통일 속에서 얻은 자기인식을 말하며. ─또한, 이 아름다운 영혼이라는 자기의식은 **순수한 내면적 존재**[Insichsein]에 관한 순수 지[reine Wissen]를 정신으로 인식하는 자기의식이며, 신적인 것을 직관하는 것에 그치는 것이 아니라 오히려 신적인 것이 자기를 직관하는 것이다.[693] ─이런 [아름다운 영혼의] 개념은 자기를 고집하면서 자기의 실현하는 것과는 대립하므로 일면적인 형태로

---

692 절대정신을 표현하는 방식이 종교적 표상에서 절대지라는 개념의 형식으로 반성하는 것을 말한다.

693 "신적인 것을 직관하는 것"은 교양의 정신을 다룰 때 나온 신앙(순수 의식)에 속한다. 반면, 양심은 자아가 곧 신이다. 자기가 확신하는 것이 순수 의무이며, 동시에 곧바로 실현되는 순수 의욕이다. 그러므로 양심은 곧 "신적인 것이 자기를 직관하는 것"이라 한다.

그칠 뿐이다. 하지만 우리가 이미 보았듯이 이런 일면적 형태가 덧없는 안개 속으로 사라진다는 사실이 오히려 자기를 소외해[Entäußerung] 긍정적으로 되는 것을 의미하며 앞으로 나가는 운동을 의미한다. 이처럼 [정신의] 개념이 자기를 실현하는 것을 통해서 마침내 자기의식이 대상화되지 못한 채 자기 자신에 머무르는 것, 다시 말하자면 자기충족을 거부하는 개념 **규정성**[아름다운 영혼]이 지양된다. 정신의 개념에 관한 자기의식[694]은 일반성의 형식[695]을 획득함으로써 이제 자기의식에 남아 있는 것은 참된 개념, 즉 실현을 성취한 개념이며 다시 말하자면 자신의 진리를 포착한 개념, 그 자신에서 소외된 것과 통일을 이룬 개념이며—곧 순수 지를 대상으로 하는 인식이다. 이런 인식[Wissen]은 결코 의무를 의미하는 추상적 **본질**로서 순수 지에 관한 인식이 아니며 오히려 본질로서 순수 지에 관한 인식이다. 이때 본질로서 순수 지는 **개별적**[dieses] 인식 다시 말해 **개별적인** 순수한 자기의식[696]이며 동시에 참된 **대상**을 의미하는 것으로 된다. 왜냐하면, 이런 인식의 대상은 곧 대자적으로 존재하는 자아여야 하기 때문이다.

[해제] 1) 종교 정신을 넘어서 절대지에 이르러 마침내 자아와 본질의 참된 합일이라는 내용이 개념의 형식을 통해서 출현한다. 이런 합일의 개념은 이미 아름다운 영혼에서부터 시작됐다.

아름다운 영혼은 실체적인 것을 직접 인식하며 바로 실현하려 한다. 여기서 순수 지와 자아가 일치한다. 이런 의무에 관한 순수 지는 "순수하게 자기 내에 머무르는 존재" 즉 자아의 자기 확신에 들어 있다. 그러

---

694 절대지를 말한다.

695 개념의 형식을 말한다.

696 자아의 자기 확신을 말한다.

므로 아름다운 영혼은 신앙에서처럼 신적인 것을 직관하는 것에 그치지 않고 이제 양심 자신이 곧 신적인 존재다. 즉 양심은 적어도 내면에서는 순수 의무를 즉각적으로 실현하는 것이다. 그러므로 양심은 "신적인 존재가 자기를 직관하는 것"이다.

2) 그러나 아름다운 영혼은 다만 내적으로만 출현한 것이며, 기껏해야 언어로만 출현한 것이다. 아름다운 영혼은 현실적 행동에 나서면 오히려 동경에 빠지고 자기 자신을 부정하기에 이른다. 그러나 이를 통해 자기를 소외하면서 마침내 자기를 고백하는 행동하는 양심과 화해하면서 절대정신에 이른다.

이 절대정신이 우선 종교의 형식을 취할 때, 이는 정신이 실현된 구체적 현존[교회 공동체] 속에서 자기 자신을 인식하는 자기의식이다. 그러나 개별적이고 우연적인 교회는 절대정신의 자기의식이 아직 개별적인 표상에 머무르는 '개별적 자기의식'이다. 종교의 형식에서는 내용상으로는 즉 그 자체 존재의 측면에서는 합일이 이루어진 것이지만, 아직 이 내용이 표상의 형식으로 출현하므로 개념의 단순한 통일이 이루어지지 않았다.

3) 종교적 형식을 벗어나 절대지에 이른다면, 이런 정신의 자기인식이 취하는 자기 내로의 반성을 통해서 절대정신의 내용과 형식은 다시 일치한다. 여기서 내용 자체가 개념이며 그것을 인식하는 형식도 개념이다. 개념이 개념을 인식하는 것 또는 정신이 정신을 인식하는 것이니, 모든 대립과 분열이 사라진다. 이것이 "참된 개념, 즉 실현을 성취한 개념, 다시 말하자면 자신의 진리를 포착한 개념"이다.

이런 절대지는 곧 "자기 자신과 함께 또한, 자기와 반대되는 것도 내포하며" 각자가 총체이면서 동시에 전체의 한 계기가 되니, 이 절대지는 곧 "본질로서 순수 지에 관한 인식"이다. 이때 "본질로서 순수 지는 개별적[dieses] 인식 다시 말해 개별적인 순수한 자기의식이며 동시에 참된 대상을 의미하는 것으로 된다."

796) 〈SK 580:32~582:14〉〈FM 426:15~427:17〉

[정신의] 개념은 한편으로 자기 자신을 확신하는 정신[양심]이 **수행하는 행동** 속에서 또 다른 한편으로는 **종교** 속에서 자기의 내용을 충족한다. [정신의] 개념은 후자를 통해서 절대적 **내용**을 자기의 **내용**으로 획득하지만, 그 내용은 **표상**이나 아니면 의식에 대한 타자 존재라는 형식을 취한다. 이에 반해서 전자와 같은 형태[양심]에서는 자아 자체가 그 형식이다. 왜냐하면, 이런 형태는 자기 자신을 확신하는 정신의 한 부분인 **행동하는** 정신을 포함하기 때문이다. 그러므로 이 자아가 절대 정신의 삶[Leben]을 이끌어나가는 것이다.[697] 우리가 아는 것처럼 이런 형태는 행동하는 정신이라는 단순한 개념이니, 이 개념은 자신의 영원한 **본질**에 머무르기를 포기하며 **현존**[da ist]하면서 행동하는 것을 의미한다. 이런 [행동하는 정신이라는] 단순한 개념은 순수한 개념에서 자기를 [대상으로] 이중화[Entzweiung: 분열]하거나 그 **순수성** 속에서 [현실로] 등장한다[Hervortreten]. 왜냐하면, 순수한 개념은 절대적으로 추상적인 것이거나 절대적으로 부정적인 것이기 때문이다. 단순한 개념은 동시에 자기를 실현하거나 존재하게 하는 지반을 그 개념 속에 순수한 인식에서 지니고 있다.[698] 왜냐하면, 단순한 직접적인 개념은 **존재**거

---

697 정신의 발전 과정에서는 자아의 자기 확신 중심인 양심이 지양돼 종교가 됐고, 그 자체 존재를 표상하는 종교가 지양돼 절대지가 된다. 이 구절에서 헤겔은 절대지의 정신을 양심과 직결하고 있다. 왜냐하면, 양심과 절대지는 행동하는 자아를 공동으로 지니고 있기 때문이다. 다만 양심은 개별적 자아가 행동하지만, 절대지에서는 일반적 자아(국가)가 행동한다.

698 양심은 의무의 인식이며 동시에 행동하는 자아다. 양심이 행동한 결과 출

절대지 813

나 **현존**이면서 동시에 **본질**이며 이 가운데 전자[현존]는 부정적인 사유에 속하며 후자[본질]는 긍정적 사유에 속하기 때문이다. [행동하는 정신을 통해 실현된] 현존은 결국, 현존하는 것에 못지않게 −이는 현존인 동시에 의무다−현존을 벗어나 자기 내로 반성하는 것이니 또는 **악**으로 규정되는 것이다.[699] 이처럼 자기 내로 복귀하는 것은 **개념**과 **대립**하게 되면서 이를 통해 더불어 **행동으로 나가지 못하고 현실화되지 못하는** 본질에 관한 순수 인식[reinen Wissens des Wesens]이 등장한다. 그러나 이런 대립 속에서 순수 인식이 등장한다는 것은 [순수 인식이] 그런 대립에 참여하는 것을 의미한다. 따라서 이런 본질에 관한 순수 인식은 **그 자체에서**[an sich] 자기의 단순성을 포기하게[entäußert] 된다.[700] 왜냐하면, 순수 본질이란 곧 자기를 **이원화**[Entzweien]하는 것 즉 부정성이기 때문이다. 이런 자기 이원화는 **대자 존재**인 한에서는 악을 뜻하며 이 이원화가 **그 자체 존재**인 한에서는 선에 머물러 있는 것을 뜻한다. −처음에 **그 자체 존재**로 발생한 것은 **의식에 대해서** [대상으로] 존재한다. 그 자체 존재는 위에서 제시된 것처럼 이중화한다. 즉 그 자체 존재는 한편으로는 **의식에 대해서** 존재하면서 다른 한편으로 자기의 **대자 존재**거나 그 자신의 활동이기도 하다.[701] 이미 **그 자체로** 설정된 것과 같은

현하는 산물은 한편으로는 본질의 실현이며 다른 한편으로는 자아의 산물인 개별적인 현존이다.

699 양심은 자기 확신 속에서 행동하는 가운데 순수 의무가 아니라 주관적 목적을 추구하게 된다. 이 주관적 목적이 곧 악이다.

700 양심의 순수 인식은 순수 본질 즉 의무에 머무를 수 없다. 왜냐하면, 순수 본질은 그 자체로 부정적인 것이기 때문이다. 그러므로 순수 인식은 단순성을 포기한다고 말한다.

701 양심은 행동하는 양심과 순수 의무에 관한 의식으로 분화한다. 여기서 '의

것이 이제 그것에 관한 의식의 인식과 의식된 활동으로 자기를 이중화한다. 각자[인식과 활동]는 각자가 다른 쪽에 대립해 지닌 독자적인 규정성을 내버리게 된다. 이런 내버림은 각자 개념의 일면성을 포기하는 것과 같은 것이지만, 이런 포기는 **본래** 출발점을 이루었던 것이다. 이제부터 이런 포기는 다만 **각자**가 수행하는 것이다. 이는 각자가 단념하는 개념이 각자 자신의 개념인 것[702]과 마찬가지다. ―그런데 출발점에서 있었던 **그 자체 존재**는 부정적인 것이지만, 참된 의미에서 그에 못지않게 **매개된 존재**[703]기도 하다. 그 자체 존재는 이제 참된 자신의 모습을 **확정한다. 부정적인 것**은 한쪽이 다른 쪽에 대립해 갖는 **규정성**이며 그 자체에서[an sich] 자기 자신을 지양하는 것이다. 대립하는 두 부분 가운데 한쪽에서는 **자기** 즉 **개별성** 속에서 머무르는 존재[In-sich-in-seiner-Einzelheit-Seins]가 일반적 본질과 같지 않게 되며 다른 쪽[일반적 본질]에서는 그의 추상적 일반성이 그의 [개별] 자아와 같지 않게 된다. 전자는 그의 대자 존재를 근절하고 포기하는[entäußert] 가운데 자기를 고백하며 반면 후자는 자신의 추상적 일반성이 지닌 경직성을 거부하고 이와 더불어 생동적이지 못한 자아와 고정된 일반성을 근절한다. 이럼으로써 전자는 본질에 해당하는 일반성의 계기를 통해서 자기를 보완하

식'이란 그 가운데 순수 의무에 관한 의식을 말한다. 반면 '대자 존재'나 '활동'은 행동하는 자아를 말한다.

702 양심의 두 계기 즉 행동하는 양심과 순수 의무에 관한 인식은 각자 자기를 포기한다.

703 출발점에 있던 것은 자기를 분화하고, 다시 분화된 각자가 자기를 포기하면서 통일을 회복한다. 이 회복된 통일이 절대정신인데, 헤겔은 이를 매개적인 것이라 한다.

며 후자는 일반적 자아를 통해서 자기를 보완한다. -정신은 정신[704]으로 되면서 비로소 **현존**하는 것이므로 자기의 현존을 사상으로 끌어올려서 이를 통해 절대적 **대립**하는 상태로까지 끌어올린다. 정신은 바로 이런 대립을 통해서 그리고 이 대립 **속에서** 이런 대립에서 벗어나 귀환한다. 따라서 정신은 행동이라는 운동을 통해 자기의식과 합일하는 순수한 일반적 지식으로 등장하며 -또한, 정신은 인식의 단순한 통일성에 이른 자기의식으로 등장한다.

[해제] 1) 앞에서 헤겔은 절대지와 아름다운 영혼을 대비했다. 아름다운 영혼은 절대지가 내적으로 출현한 것이지만, 실제 행동에 나서면서 대립을 벗어나지 못한다. 이런 대립을 극복하면서 절대정신이 출현한다. 헤겔은 이 구절에서 아름다운 영혼이 자기를 분열해 지양하는 과정을 다시금 서술한다. 이는 이미 양심 절에서 서술했던 것인데, 여기서 개념적으로 간략하게 다시 서술된다.

2) 양심은 내적 자기 확신을 벗어나 행동하면, 분열한다. 순수한 자기 확신에서는 자신이 인식한 것이 본질이며 동시에 직접 현존하는 것이지만, 행동에 나서면 순수한 일반적 본질 즉 의무를 버리든가 아니면 순수한 의무를 고집하면서 행동하지 못한다. 순수 의무에 머무르는 편에서 보면 실제로 일어난 행동은 악으로 규정되며, 반면 행동하는 양심에서 보면 순수 의무에 머무르는 것은 생동성이 없는 선일 뿐이다. 여기서 의무를 인식하는 순수 의식과 자아를 통해 활동하는 자기 확신적 자기의식이 대립한다.

3) 그러나 이런 대립 속에서 서로 부정하는 가운데 양자는 자신의 독자적 규정성을 포기하면서 마침내 고백과 화해가 이루어진다. 행동하는

---

704 절대정신을 의미한다. 양심에서 대립하는 의무와 자아는 절대정신에서는 각자 자립적이면서 동시에 전체의 한 계기가 된다.

양심은 "그의 대자 존재를 근절하고 포기하는 가운데 자기를 고백하며" 순수 의식은 "자기의 추상적 일반성이 지닌 경직성을 거부하고 이와 더불어 생동적이지 못한 자아와 고정된 일반성을 근절한다."

각자는 자기의 개념이 지닌 일면성을 포기하며, 이런 포기는 외적 강제가 아닌 자발적으로 일어난 그 자신의 단념이다. 이런 자기 지양을 통해 행동하는 양심은 "본질에 해당하는 일반성의 계기를 통해 자기를 보완하며" 순수 의식은 행동에 나서는 "일반적 자아를 통해서 자기를 보완한다." 즉 여기서 각 계기는 자기를 포기하고 새로운 종합 개념이 만들어지는 것이 아니라, 각자가 자립적이면서도 동시에 전체의 한 계기가 되는 방식으로 결합한다. 이런 점에서 헤겔은 서로 보완적이라 한다.

4) 양심은 자기를 분열해 대립에 이르지만, 이런 대립을 통해서 다시 자기를 회복한다. 최초의 그 자체 존재는 자아와 본질로 분열하며 자아는 개별성을 버리고 본질을 수용하며 본질은 고정된 일반성을 포기해 운동성을 지닌 자아를 받아들인다. 이를 통해 마침내 최초의 그 자체 존재는 일반적인 자아가 된다. 이런 일반적 자아는 곧 자기 자신에 관한 순수한 지식이며, 단순한 통일성을 갖는 자기의식이다. 이것이 곧 절대지의 내용을 이루는 절대정신 즉 정신적 본질과 자아의 통일, 일반적 자아의 구체적 출현을 의미한다.

797) ⟨SK 582:15~582:27⟩ ⟨FM 427:18~22⟩

종교에서는 표상의 형식으로 나타난 **타자**[Form des Vorstellens eines Anderen] 즉 **내용**이었던 것과 같은 것이 여기[절대지]에서는 **자아** 자신의 **활동**으로 된다. 개념이 자아의 활동을 구속하면서 그 **내용**은 곧 **자아의** 고유한 **활동**으로 된다.[705] 왜냐하면, 우리가 아는 대로 이런 개념이

---

705 개념은 자기를 대상화하며 다시 복귀하는 운동을 전개한다. 그러므로 실체는 곧 주체다.

야말로 자아의 자기 내에서의 활동을 통해 모든 본질 규정과 현존이 나온다는 사실에 관한 인식이며, **이 주체**가 곧 **실체**라는 사실 또한, 실체는 곧 주체의 활동이라는 사실에 관한 인식이기 때문이다. -우리가 덧붙일 부분이 있다면 그 부분은 모든 개별 계기를 **끌어모으는** 일이다. 왜냐하면, 개별 계기는 그 자신의 원리 속에서 전체 정신의 삶을 표현하기 때문이다.[706] 또한, 다른 부분은 개념을 개념의 형식 속에서 확립하는 것이다. 그러한 개념의 내용은 그런 개념의 계기 속에서 제시될 수도 있겠으나 또한, 이미 제시됐던 것과 같은 **의식의 형태**라는 형식을 취할 수도 있다.

[해제] 양심이 지양돼 종교가 되고, 종교가 지양돼 절대지가 된다. 앞에서 헤겔은 행동하는 정신의 측면에서 절대지와 양심의 비슷함을 살펴보았다. 양심이 행동하는 자아라면, 절대지 역시 행동하는 자아다. 양자는 순수 의무, 정신적 본질을 실현한다는 점에서는 공통적이다. 다만 전자는 개별적 자아에 머무르지만, 후자는 일반적 자아에 이른다.

이 구절에서 헤겔은 다시 종교와 절대지의 관계를 설명한다. 종교는 표상 작용이며, 여기에 이미 개념의 운동이 들어 있지만, 이는 표상을 통해 제시되므로 우연적인 사건으로 보인다. 그것이 곧 예수의 탄생과 죽음이라는 사건이다.

그러나 사실 이 종교적 사건은 개념이 자기를 필연적으로 전개하는 운동이다. 절대지는 절대정신의 운동을 개념을 통해 파악한다. 즉 "개념을 개념의 형식 속에서 확립하게" 된다.

여기서 표상에서 출현한 세 가지 계기 즉 성부, 성자, 성령은 전체를 이루는 개념의 계기다. 즉 이 세 가지 계기는 일반성과 특수성, 개별성을 말하며 이제 정신의 일반적 본질(일반성)은 자기 자신에 내재하는 자

---

706 개념의 계기들은 전체의 한 계기면서 동시에 그 자신이 전체다.

아(특수성)를 통해 자기를 필연적으로 실현한다(개별성). 이제 개념의 계기는 각자 자립적이면서 동시에 타자로 내적 필연성에 따라서 이행한다. 이런 이행은 이미 각자 속에 타자의 계기가 포함돼 있기 때문이니, 개념의 계기들은 각자 전체이면서 동시에 전체의 한 계기가 된다. 그러므로 "개별 계기는 그 자신의 원리 속에서 전체 정신의 삶을 표현한다."

여기서 지금까지 서로 대립했던 개념(일반성)과 자아(특수성)가 서로 통일된다. 즉 "개념이 자아의 활동을 구속하면서 그 내용은 자아의 고유한 활동으로 된다.""자아의 자기 내에서의 활동을 통해 모든 본질과 현존이 나온다." 그 결과 "실체는 주체가 되고""실체는 곧 주체의 활동이다." 절대정신의 개념인 일반적 자아(일반성)는 마침내 구체적으로 실현되면서 실제로 실현된 일반적 자아(개별성) 곧 국가가 된다.

798) ⟨SK 582:28~583:8⟩ ⟨FM 427:28~428:3⟩

정신의 최종적인 형태는 이상과 같이 완전하고도 또한, 참된 내용에 대해서 자아라고 하는 형식을 부여하는 정신이며 이를 통해 그 자신의 개념을 실현하면서 동시에 실현된 것 속에서도 오직 자기의 개념 속에 머물러 있는 정신이다. 바로 이런 정신의 형태가 절대지에 해당한다. 이런 절대지는 자신을 정신의 형태로 인식하는 정신이며 다시 말하면 정신을 **개념적으로 파악하는 인식**이다. 진리는 이제 **본래**[an sich] **확신**과 완전하게 같은 것일 뿐만 아니라 또한, 진리는 자기 자신에 관한 확신이라는 **형태**를 갖는 것이다. 즉 진리는 스스로 현존하는 가운데 또는 정신에 대해 나타나는 방식에서도 자기 자신에 관한 인식이라는 **형식**을 갖는 것이다. 종교의 경우에는 이런 진리의 **내용**은 여전히 그 자신의 확신과 서로 같지 않다.[707] 그러나 내용이 곧 자아라고 하는 형태를 획득하면

707 종교에서 이 진리는 표상의 형식으로 즉 성령이라는 그 자체 존재의 형식으로 나타난다.

서[절대지에서] 비로소 진리는 확신과 같은 것으로 된다. 그러므로 본질 자체에 해당하는 것이 현존의 지반으로 또는 의식에 대한 **대상**이라는 **형식**으로 된다. 이것이 곧 **개념**이다. 정신을 이런 개념이라는 지반에서 의식에 **현상하게 하는 것**, 또는 같은 말이지만, 그런 개념의 지반에서 의식이 산출하는 것이 곧 **학문**[Wissen]이다.

[해제] 1) 이 구절에서 헤겔은 절대지에서 내용과 형식 즉 대상과 자아의 합일이라는 측면을 서술한다. 종교의 경우 절대정신은 표상 또는 대상의 형식으로 파악된다. 그러므로 그 내용은 그 형식과 일치하지 않고 여기에는 내용은 그 자체적인 것의 형식으로 제시되며 자아의 자기확신이 없다.

2) 절대지는 절대정신이라는 내용이 개념의 형식으로 출현하며 또는 "내용은 자아라는 형식을 획득한다." 여기서 내용과 형식, 진리와 확신 즉 절대정신과 자아의 대립이 지양되고, 절대정신은 자기의식에 이른다. 그럼으로써 정신은 자신의 개념을 실현하며 정신은 "실현된 것 속에서 개념의 형식에 머무르게" 된다. 이는 "자신을 정신의 형태로 인식하는 정신"이며, "정신을 곧 개념적으로 파악하는 인식"이다. 정신은 "현존하는 가운데 자기 자신에 관해 인식"한다.

3) 이와 같은 절대지는 구체적으로 국가를 의미한다. 헤겔에서 국가는 세 가지 계기로 이루어진다. 일반성으로서 의회와 개별성으로서 군주 그리고 특수성으로서 관료다. 이 세 가지 계기는 각기 전체이며 동시에 전체의 한 계기다. 이 세 가지 계기는 마치 삼위일체처럼 관계하니, 서로 대립하면서도 동시에 서로로 이행하는 것이다.

4) 이런 절대지는 의식의 측면에서 본다면, 학문으로 규정된다. "정신을 이런 개념이라는 지반에서 의식에 현상하게 하는 것이 곧 학문이다." 『정신현상학』은 학문에 들어가는 예비학이며 『정신현상학』의 끝

에 절대지에 도달해 비로소 학문으로 들어가는 문이 열린다. 학문의 출발점은 『논리학』의 시원인 존재니, 의식의 운동으로 보면 절대지가 대상의 운동으로 보면 존재다. 사실 양자는 같은 것을 서로 다른 관점에서 본 것에 지나지 않는다. 왜냐하면, 이 절대지와 존재의 단계에서 의식과 대상은 합일을 이루어 구별되지 않기 때문이다.

799) 〈SK 583:9~24〉〈FM 428:4~15〉

이상과 같이 학문[Wissen]의 본성과 계기 그리고 운동을 통해서 밝혀진 것은 곧 학문은 자기의식에서 나타나는 순수한 **자기 관계**[Fürsichsein]라는 사실이다. 이런 학문은 또한, **나**[Ich]인데, 이 나는 바로 다름 아닌 이 개별적인 나이고 그러면서 또한, 직접 **매개된** 나, 다시 말하면 [개별성]이 지양된 일반적 나[Ich]기도 하다.[708] ─그런데 이런 학문은 자기로부터 **구별되는** 하나의 내용을 지닌다, 왜냐하면, 이 학문은 곧 순수한 부정성이며 동시에 자기를 이원화하는 것이기 때문이다. 그러므로 학문은 의식이지만, 그 내용은 또한, 내가 나로부터 구별한 나[Ich] 자신이다. 왜냐하면, 그 내용은 자기 자신을 지양하는 운동이며 또는 이와 같은 순수한 부정성이 도달하는 것은 곧 나[Ich]기 때문이다. 나[Ich]는 자신으로부터 구별된 것 즉 내용 속에서도 자기 내로 반성하는 것이다. 내용을 **개념적으로 파악하게 하는** 것은 오직 내[Ich]가 자신의 타자 존재 속에서도 여전히 자기 자신에 머무른다는 사실이다. 이 내용을 좀 더 명확히 밝혀 본다면 내용이란 바로 지금 언표된 운동 그 자

---

708 학문은 대상(개념)의 운동이다. 그 방식은 개념의 운동(타자화와 자기 내 복귀)이다. 대상 운동의 이면은 의식의 운동이 매개한다. 헤겔은 여기서 대상의 운동(추상적 대상─〉구체적 대상)을 그 이면에 있는 나의 운동으로 즉 개별적 나(의식)이 일반적 나(자기의식)로 되는 운동으로 치환하여 설명한다.

체일 뿐이다. 왜냐하면, 이런 내용은 정신이 자기 자신을 그것도 정신으로서 **자각적으로**[für sich] 두루 거쳐 나가는 정신이기 때문이다. 이를 통해 정신은 그 자신의 대상조차도 개념의 형태를 갖는 것으로 된다.

800) 〈SK 583:25~36〉〈FM 428:16~25〉

개념의 이와 같은 **현존**에 관해서 언급하자면 오직 정신이 지금까지 보아온 바와 같이 자기에 관한 자각에 도달하기 이전에는 **학문**[Wissen]은 시대[Zeit]와 현실 속에서 출현하지 않는다. 정신이 실존하려면 먼저 자기가 어떤 존재인가를 알아야 하며 자기의 불완전한 형태를 극복해 자기의 의식이 보기에 그 자신의 본질에 합당한 형태를 부여받아, 이런 방식으로 자신의 **자기의식**을 자기의 **의식**과 같게 하기 위한 노고를 완수해야 한다.[709] -따라서 이처럼 그 자체로 자기에게 나타난[an und für sich] 정신을 그 자신이 지닌 계기로 구별된 상태에서 본다면, 그런 정신은 **자기에 대해 존재하는**[fürsichseiendes] 지식[Wissen] 즉 **개념적 파악**[Begreifen] 일반일 뿐[710] 그 자체로서는 **실체**에까지 도달하지 못했거나 본래적인 의미에서 절대지[absolutes Wissen]는 아니다.

801) 〈SK 584:1~585:6〉〈FM 428:26~429:19〉

인식하는 실체[주관]는 현실에서는 실체라는 형식이나 실체가 취하는 개념적 형태[Begriffgestalt]보다도 더 일찍이 존재한다.[711] 왜냐하면, 이런 인식하는 실체란 아직도 전개되지 않은 **그 자체 존재**, 다시 말하면

---

709   의식의 운동 즉 『정신현상학』의 과정을 말한다.

710   즉 형식적 학문인 『논리학』을 말한다. 이 형식적 학문이 실체를 파악하게 되면, 내용을 채우면서 절대지가 된다.

711   처음 등장한 주관은 감각적 의식이다. 감각적 의식에 등장하는 대상은 감각적 성질(직접적 현존)이며 그것의 실체나 개념은 아직 등장하지 않는다. 그런 점에서 실체보다 주관이 먼저다.

근거에 해당하는 것 또는 운동이 없는 단순한 존재에 머물러 있는 개념이며 또한, 이런 그 자체 존재에서 정신은 **내면**에 머무르며 자아는 정신에 내재하면서 아직 자신의 **현존**에 아직 도달하지 못하기 때문이다. 이처럼 **현존하는 것**은 다만 아직도 전개되지 않은 단순하고도 직접적인 것에 지나지 않으니, 이것은 **표상**하는 의식이 일반적으로 대상으로 하는 것에 지나지 않는다. 여기서 인식[Erkennen]은 정신적인[geistige] 의식이므로 **그 자체로 존재하는** 것이 이런 정신적 의식에 대해 출현하는 것은 오직 그 자체 존재가 **자아에 대해 나타나는 존재**로 되거나 아니면 **자아**를 지닌 존재[Sein des Selbsts]⁷¹² 즉 개념일 때일 뿐이다. ―이런 이유로 인식은 처음에는 한낱 빈약한 대상만을 지닐 뿐이다. 이에 비한다면 실체나 이 실체에 관한 의식이 더 풍부하다. 이런 인식 속에서 실체로 드러난[Offenbarkeit] 것은 사실 [자기를] 은폐하는[Verborgenheit] 것이다.⁷¹³ 왜냐하면, 이런 실체는 여전히 **자아를 지니지 못한**[selbstlose] 존재인 까닭이다. 이때 자기에게 드러난 것은 자기 자신에 관한 확신에 지나지 않는다. 따라서 자기의식에 처음에 속하는 것은 실체 가운데 다만 **추상적 계기**일 뿐이다. 그러나 추상적 계기라 할지라도 이는 순수하게 운동하는 것이므로 자기 자신을 더욱더 전진시킨다. 이런 가운데 자기의식은 그 자신을 풍부하게 하며 마침내 의식이 실체의 전체를 탈취하고 실체의 본체가 지닌 전체 구조를 자신 안으로 흡수해 버린다. 대상적인 것에 대한 의식의 부정적 태도가 그에 못지않게 긍정적인 태도, 즉 정립하는 활동[Setzen]을 의미하는 것이므로 ―자기의식이 실체를 다시

712 'Sein des Selbsts'에서 2격은 목적격으로 해석했다. 왜냐하면, 개념은 단순한 실체와 달리 자기를 실현하는 자아를 지닌 존재 즉 주체기 때문이다.

713 처음에 인식은 주관적인 인식이니, 오히려 대상을 은폐하는 것이다. 대상에 대한 처음 주관적 인식은 모순에 부딪힘으로써 객관적 인식으로 발전한다.

의식의 대상[für das Bewußtsein]으로 회복했던 것은 실체를 자기 자신으로부터 산출하는 것을 통한 것이다. 자신을 개념으로 인식하는 **개념**에서는 **계기가 충족한 전체**보다 앞서 등장하며, 이런 계기의 운동이 비로소 전체를 생성시킨다. 이와는 달리 의식에서는 전체가, 비록 아직 개념적으로 파악된 것은 아니더라도 계기보다도 앞서 존재한다.[714] **―시간**이란 **개념이 현존하는 것**이며 내용이 없는 직관[715]으로서 의식에 떠오른[vorstellt] 것이다. 그 때문에 ―정신이 필연적으로 시간 속에서 그 모습을 드러내는 것은 사실이지만, 이런 사실은 정신이 아직 자기의 순수한 개념을 **파악하지** 않는 한에서만, 다시 말하면 시간을 근절하지 않는 한에서만 일어나는 것이다. 시간이란 이처럼 단지 **외면적인 것**으로 직관될 뿐이며 **자아가 파악하지**[ergreift] 못한 순수한 자아며 더 나가서 직관된[angeschaute] 개념에 지나지 않는다. 개념은 자기 자신을 파악함에 따라서 시간의 형식을 지양하면서 직관을 개념으로 파악하기에[begreift] 개념이란 직관이 개념으로 파악된[begriffenes] 것이며 직관을 개념으로 파악하는[begreifendes] 것[716]이다. 따라서 시간이란 현상은 정신이 자체 내에서 완성되지 못했기에 겪는 운명이며 또한, 필연이다. ―여기서 정

714 개념의 운동은 계기들을 구성해서 전체에 도달하는 과정이며(마르크스의 서술 과정) 의식의 운동은 단순한 전체를 분석해 추상적 계기에 도달하는 과정(마르크스의 연구 과정)이다.

715 시간은 직관의 형식이다. 여기서 개념의 운동이 외면적으로 스크린에 투사돼서 다만 직접 이행하는 것으로 나타난다. 그러므로 현존하는 개념 또는 직관된 개념이라 한다.

716 시간적 이행은 그 이면을 들여다보면 본래 개념의 운동이다. 이 개념의 운동이 파악될 때, 시간은 지양된다. 여기서 계기들은 논리적으로 전개된다. 헤겔은 이를 직관이 개념으로 파악된다거나 직관을 개념으로 파악한다고 한다.

신의 필연성이란 곧 자기의식이 의식에서 차지하는 자신의 몫을 풍부하게 하며 **직접 존재하는 그 자체 존재**를-이것은 다만 실체가 의식 속에 머무를 때 취하는 형식이지만-운동하게 한다. 또한, 이를 반대로 말하자면 그 자체로 존재하는 것이 **내면적인 것**으로 여겨지는 한에서 이런 정신의 필연성이란 곧 처음에 **내면성을 띠는 것**에 지나지 않는 것을 실현하고 또 이를 계시하는 것이며 다시 말하면 그 자체로 존재하는 것을 자기 확신에 되돌려 준다.[717]

[해제] 1) 앞에서 헤겔은 절대지 개념을 제시했다. 절대지는 자기를 자신으로부터 전개하는 체계 즉 학문이다. 799~801 구절들에서 헤겔은 『정신현상학』 속에서 전개된 의식의 운동과 학문에서 전개되는 개념의 운동을 비교한다. 이 개념의 운동은 이미 「서문」에서 일반적으로 제시했으며, 앞으로 『논리학』 등에서도 전개될 내용이다.

우선 학문의 운동을 보면, 학문의 출발점은 마침내 도달한 절대지 즉 대상과 나의 통일이며 개별적 나이면 동시에 일반적 나다. 이것이 곧 아무런 구별이 없는 순수 존재다. 학문은 순수 존재가 자기를 이원화하는 순수한 부정성이며 다시 자기 내로 복귀하는 운동을 전개한다. 추상적 순수 존재는 자기를 구체화하며 최종적으로 자기 자신을 실현한다. 이 최종 결과는 가장 풍부한 내용을 지닌 유기적인 전체 즉 국가다.

2) 이에 반해서 의식의 운동은 대상과 대립하는 의식에서 즉 자기의 불완전한 형태에서 대상과 자신이 통일된 자기의식을 즉 "자신의 본질에 합당한 형태를 부여받는" 과정이다. 이 과정에서 의식은 처음에는 주관적 의식에 그친다. 이런 의식이 마침내 객관화돼서 "실체에까지 도달하면" 비로소 참된 의식, 자기의식에 이른다. 이때 의식은 "실체의 전체

---

717 의식의 운동은 자기에 대립하는 대상을 자기로 파악하면서 자기의식으로 발전하는 것이다. 이를 통해 추상적인 대상은 자기를 계시하면서 구체화한다.

를 탈취하고 실체의 본체가 지닌 전체 구조를 자신 안으로 흡수해 버린다."

3) 개념의 운동과 의식의 운동은 상호 매개된다. 개념이 자기를 실현할 수 있는 것은 의식이 자기 내로 반성하기에 가능하다. 처음 가장 순수한 직접적 존재는 개별적 나(감각적 의식)의 대상이었다. 의식이 자기 내로 반성하여 일반적 나(절대지)에 도달하면서 유기적 전체가 실현될 수 있었다.

마찬가지로 의식의 자기 내 반성은 개념의 구체화 또는 자기실현을 통해 가능하다. 그 자체 존재가 의식에 출현하면서 기존의 의식은 모순에 부딪히고, 이를 통해 의식은 자기 내로 반성해 자기의식으로 된다.

개념의 운동과 의식의 운동은 서로 매개하지만, 양자는 방향이 다르다. 그러므로 개념에서는 논리적 계기가 유기적 전체에 앞서 등장한다. 반면, 의식에서는 단순한 형태로서 전체가 추상적 계기보다 앞서 존재한다고 한다.

의식 운동이 끝나 절대지에 이르면서 "자기에 관한 자각에 도달하면서" 순수한 존재가 출현하고 이로써 학문의 운동이 시작된다. 거꾸로 의식의 대상은 "단순한 존재에 머물러 있는 개념"이므로, 실체가 출현하기 전에 즉 "실체가 취하는 개념적 형태보다 더 일찍" 의식의 운동이 시작된다.

4) 헤겔은 이제 개념의 운동과 의식의 운동을 비교하면서 이를 개념과 시간의 관계로 설명한다. 개념 운동은 사유의 논리적 발전 과정이다. 시간 운동은 시간 속에서 외면적으로 일어나는 이행 과정이다.

개념 운동이 지닌 외면적 모습만을 보면, 그것은 어떤 것이 직접 다른 것으로 이행하는 것으로 보인다. 반면 시간의 흐름을 가능하게 하는 것은 개념이 타자화를 통해 자기 내로 복귀하는 운동이다. 그러므로 헤겔은 시간은 현존하는 개념, 직관된 개념이라 하며, 개념 운동이란 직관이 개념으로 파악된 것 또는 직관을 개념으로 파악한 것이라 한다.

의식의 운동은 하나의 의식 형태가 다른 의식 형태로 이행하는 것이며, 이는 시간적 흐름 속에서 등장한다. 이런 의식의 시간적 운동의 배후에 개념이 자기를 실현하는 운동이 존재한다. 거꾸로 개념의 운동은 개념이 자기를 실현하는 운동이며 이는 사유 속에서 논리적으로 전개된다. 이 개념 운동의 배후에는 역사적으로 전개되는 의식의 운동이 존재한다.

5) 앞에서 헤겔이 말했듯이 논리적 계기는 의식의 형태가 사유에 내면화[erinnern]된 것이다. 그러므로 개념 운동은 의식 시간적 운동이 사유에 기억된 것이며 거꾸로 시간적 운동은 개념 운동이 시간에 투영된 것이다.

시간의 운동이 우연한 이행으로 나타나는 것은 그 배후에 개념의 운동을 파악하지 못했기 때문이다. 즉 "시간이란 현상은 정신이 자체 내에서 완성되지 못했기에 겪는 운명이다." 정신이 자각되면 우연성과 시간은 사라진다. 개념의 필연적인 운동이란 "처음에 내면성을 띠는 것에 지나지 않는 것을 실현하고 또 이를 계시하는 것이다."

802) 〈SK 585:8~586:2〉〈FM 429:20~430:4〉

이런 이유로 여기서 얘기되지 않을 수 없는 것은, **경험**을 통해 얻어지지 않는다면 어떤 것이라도 **인식될** 수 없다는 것이다.* 이를 또 달리 표현한다면 **진리**가 눈앞에 있는 것으로 **감지되지**[gefühlte] 않는다면, 영원한 것이 **내면에 계시되지** 않는다면, 나아가 성스러운 것이 **믿음의 대상으로 되지** 않는다면, 또는 이에 관해 그 밖에 어떤 표현이 쓰이든 마찬가지지만, 어떤 것이라도 인식될 수 없다. 왜냐하면, 경험이란 것은 오직 그 내용—이런 내용은 물론 정신이다—이 **그 자체로 존재**하며 실체고 따라서 **의식의 대상**으로 된다고 하는 것을 의미하기 때문이다. 그러나 실체는 정신이므로 이 실체는 자기를 **생성**해서 정신의 **본래적** 본질로 돼야 한다. 정신은 이처럼 그 자신이 자기 내로 반성해 가는 가운데 생성하는 것이라는 점에서 **본래** 참다운 의미에서 **정신**일 수가 있다. 정신은 본래[an sich] 인식하는 운동이다. ─다시 말해 앞에서 말한 **그 자체 존재**가 **대자 존재**로 전환하는 것이며, **실체**가 **주체**로 전환하는 것이고, **의식의 대상**이 **자기의식**의 대상으로 즉 지양된 대상 또는 **개념**으로 전환하는 것이다.[718] 이런 인식하는 운동은 자기 내로 복귀하는 순환 즉 그 출발점이 전제되고 또한, 그런 출발점을 다만 운동의 끝에서만 도달하는 순환이다.[719] ─그러므로 정신은 필연적으로 이처럼 자체 내에서 자기를 구별하는 것인 한에서 정신 전체는 그 자신의 단순한 자기의식에 대립해서 직관된다. 정신 전체는 구별된 것인 한 한편에는 순수 개념 즉 **시간**[720] 속에서 구별되며 다른 한편에는 그 내용 또는 **그 자체 존재**에서 구별된다.[721] 실체는 주체므로 자기가 **본래 정신이라고 하는 사실**을 자기 자신에서[an ihrer selbst] 드러내야 할 필연성을 자신에서[an ihr] 갖는다. 이런 필연성은 **최초의 내적인** 필연성에 그친다. 하지만 이처럼 대상적 표현이 완성된다면 비로소 이와 동시에 실체는 자기 내로 반성하

718　의식의 운동에서 처음에 대상은 의식에 대립한다. 그러나 의식의 자기 내 반성을 통해 대상이 구체화하면서, 의식과 대상은 통일에 이른다. 의식은 자기의식(정신)이 되고, 대상 즉 실체는 주체(개념)가 된다.

719　의식의 대상은 의식 운동의 근거, 출발점이며, 의식 운동은 이 근거로 복귀한다. 그러므로 이 근거는 의식 운동의 결과가 선취된 것이다.

720　순수 개념은 직접적인 개념 즉 시간을 말한다. 시간 속에서의 구별은 의식 형태의 구별을 말한다.

721　내용에서의 구별은 곧 그 자체 존재, 대상의 구별을 말한다. 여기서 구별이 논리적 계기의 구별이다.

며 다시 말하면 실체는 자아로 된다. -따라서 정신은 **본래**, 다시 말하면 세계정신으로서 그 자신을 완성하기 전에는 자기를 **자기 의식적** 정신으로 완성할 수는 없다. 이런 이유로 해서 종교의 내용은 사실 학문[Wissen]보다도 시간상 더 앞서서 **정신**이란 과연 무엇**인가** 하는 점을 언표하지만, 그러나 정신이 지니는 그 자신에 관한 참다운 인식은 오직 학문[Wissen]일 수밖에 없다.

*FM주 〈429:20~23〉 헤겔은 일단 칸트의 정식을 시사한다. 참조: 칸트I. Kant, 『순수이성 비판』, B판, S. 283 & 185 : "그러나 우리의 모든 인식은 가능한 경험 전체에 놓여 있다. ..."또한, FM주 〈36:13~16〉 & 〈48:12~17〉 참조.

[해제] 여기서 헤겔은 『정신현상학』에서 의식의 운동을 개념적으로 설명한다. 이 운동은 서론에서 의식 경험의 길이라고 했던 것이다. 그 특징을 간단하게 서술하자면 다음과 같다.

① 이 길은 경험을 통해서 나가는 길이다. 이 경험은 곧 다양한 형태로 제공된다. 그것은 감지되기도 하고, 계시되기도 하며, 믿음 속에 제시되기도 한다.

② 주관의 측면에서 본다면, 이 과정은 감각적 의식이 절대지로 나가는 반성 과정이다. 이런 반성은 기존의 의식이 지닌 모순을 경험함을 통해서 일어난다. 이 과정에서 의식은 자기에 대립하는 대상에 관한 의식의 단계를 넘어서서 대상을 자기 자신으로 자각하는 자기의식의 단계로 나간다. 이런 자기의식이 도달하는 최종적 단계가 곧 개념적 인식 즉 절대지다. 이런 의식의 발전 과정은 "순수 개념 즉 시간 속에서" 일어난다.

③ 대상의 측면에서 본다면 이 과정은 내재하던 그 자체 존재가 실

현돼 정신으로 되는 과정이며, 여기서 의식의 대상으로서 실체는 자기를 실현하는 존재로서 주체가 된다. 여기서 정신이란 자기 자신을 실현하는 자아를 지닌 존재를 의미한다. 이런 대상에서의 구별이 곧 "내용과 그 자체 존재에서의" 구별을 말한다.

④ 절대지에 앞서서 종교에서 내용상 이미 자기를 자각하는 정신 즉 절대정신이 출현했으나 아직 표상의 형식에 머무른다. 절대지에 이르러 개념 즉 정신을 통한 정신의 자각이 이루어진다. 이게 정신을 완성하는 것이다.

⑥ 이 과정은 전체적으로 순환하는 과정이다. 즉 내면적으로 전제된 개념이 실현되면서 의식은 자기의식으로 발전한다. 의식의 발전 끝에 도달하는 것이 의식 운동의 전제된 개념 즉 근거니, 개념의 실현 과정은 곧 자기 자신의 근거에 이르는 복귀 과정이다.

803) ⟨SK 586:3~587:29⟩ ⟨FM 430:5~431:12⟩

정신이 자기를 인식하는 형식[절대지]이 솟구치게 하는 운동은 정신이 **실제 역사**를 통해 수행하는 노동이다. 종교적인 회중[Gemeine]은 처음에는 절대정신이 실체로 출현한 것이므로 소박한 의식에 지나지 않는다. 이런 소박한 의식은 그것이 지닌 내적인 정신이 심오하면 할수록 그만큼 그 현존은 더 야만적이고 거친 것이며[722] 또한, 이 의식에 내재하는 둔중한 자아도 한층 더 험난한 노동을 거쳐야 비로소 자기의 본질 다시 말하자면 의식이 소유하지만, 의식에는 낯선 내용과 합일한다. 의식은 마침내 외면적인 방식으로 즉 자기에게 낯선 방식으로 자기에게 낯선 본질을 지양하고자[723] 하는 희망을 포기한다. 의식이 이처럼 자

---

722 종교의 최초 형태를 말한다.
723 낯선 본질을 지양하는 외면적 방식은 낯선 본질에 조건 없이 복종하는 것을 말한다.

기에게 낯선 방식을 포기하는 것이 곧 주관[자기의식]으로 복귀하는 것을 의미하는 까닭에 그런 다음에야 비로소 의식은 자기 자신으로 즉 자신에 고유한 세계와 그 자신의 현재 모습에 주의를 기울인다. 이런 가운데 의식은 이 세계를 자기의 소유물로 발견할 뿐만 아니라 더 나가서는 **예지의 세계**[Intellectualwelt]로부터 첫 번째 발걸음을 내디디면서 내려오거나 아니면 오히려 실제로 존재하는 자아를 통해 그러한 세계의 추상적인 요소에 정신을 불어넣는다. 의식은 이제 한편으로는 관찰을 통해서 현존하는 것이 곧 사상임을 발견하는 가운데 이 현존하는 것을 개념적으로 파악한다. 다른 한편 그와 반대로 의식은 자기의 사유가 다름 아닌 현존을 가능하게 하는 것임을 발견한다. 의식은 사유와 **존재**의 직접적 **통일** 다시 말하자면 자아와 추상적인 본질의 직접적인 **통일**을 추상적으로나마 언표했으며 최초의 빛을 **더 순수하게** 즉 연장성[Ausdehnung]과 존재의 통일로[724] 언표했다.*¹ ─왜냐하면, 연장성은 빛이 그런 것 이상으로 순수 사유와 더 가까운 단순성을 지니기 때문이다. ─의식은 이를 통해 출발점에 있었던 **실체**를 사상을 통해 다시금 불러내기에 이르렀다. 의식이 이처럼 운동하는 것과 동시에 정신은 추상적 통일, 또는 **자아가 없는** 실체성으로부터 뒤로 물러나 실체성에 대립해 개체성[725]을 주장한다. 그러나 마침내 정신이 교양을 통해 이런 개체성을 소외[entäußert] 함으로써 이 교양을 현존하게 하며 또한, 온갖 현존 속에서 교양을 관철하면서 ─정신은 유용성의 사상에 도달했고 다

---

724 헤겔 자연철학에서 공간은 최초의 물질이며 분산성을 지닌다. 물질의 서로 연관하는 것이 발전하면서 처음 등장한 것이 빛이다. 빛은 최초의 연장성이다. 즉 빛은 "무한한 연장성 속에 출현하는 빛의 나눌 수 없음 즉 물질적인 분산성이 자기와 같음에 머무르는 것"이다. (헤겔, 『철학 전서』, GW 20, S. 278)

725 인륜적 정신세계가 실체성의 세계라면 법적 인격이 개체성의 세계다.

시 절대적 자유 속에서 현존을 곧 자기의 의지[726]로 포착하기에 이르렀다. 정신은 이런 과정을 거치고 난 다음에야 비로소 그의 가장 깊은 내면에 자리 잡은 사상을 밖으로 꺼내 놓으면서 마침내 본질을 나[Ich] = 나[727]로서 언표하기에 이른다. 그러나 이처럼 나[Ich]는 나라고 하는 사상은 다만 자기 내로의 반성하는 운동을 의미할 뿐이다. 왜냐하면, 이런 나[Ich]의 자기와 같음은 절대적 구별을 절대적으로 부정하는 것이면서 동시에 나의 자기와 같음은 이런 순수한 구별에도 대립하는 것이기 때문이다. 그런데 이런 구별이란 순수한 구별이면서도 동시에 자기를 인식하는 나[Ich]에 대해서는 대상적인 것으로 되는 구별이기도 한 까닭에 이것은 **시간**으로 불릴 수도 있다. 따라서 앞에서 본질이 곧 사유와 연장[Ausdehnung]의 통일로 제시됐듯이 여기서는 본질이 사유와 시간의 통일[728]로 파악될 수도 있겠다. 그러나 자발적으로 일어나는 이런 구별[der sich selbst überlassene Unterschied] 즉 쉼 없이 멈춤 없이 흘러가는 시간은 자기 자신 내로 함몰할 수밖에 없다. 그러므로 사유와 연장성의 통일은 대상화돼 안정된 **연장성**[gegenständliche Ruhe der Ausdehnung]이지만, 후자 즉 사유와 시간의 통일은 자기 자신과 순수하게 같음을 의미하며[729] 즉 나[Ich]를 의미한다. ─또 달리 말한다면 나[Ich]는 다만 자아

---

726 계몽의 순수한 부정적 의지를 말한다.

727 본질을 나로 파악하는 것은 자기를 확신하는 도덕적 세계관에서부터 시작된다.

728 '사유와 연장의 통일'은 분산된 자연 속에 있는 최초의 통일성 즉 빛을 의미할 것이다. '사유와 시간의 통일'은 끊임없이 이행하는 구별 속에 통일성이 들어 있는 것을 말한다. 여기서 '사유와 시간의 통일'은 절대지를 말한다. 절대지는 구별과 통일의 통일이다.

729 시간이 자기를 지양하면서 순수한 사유의 논리적 전개가 출현한다. "시간이

[Selbst]에 그치는 것만은 아니며 오히려 그것은 바로 **자아와 나 자신이 같다는 것**[730]을 의미한다. 그러나 이런 같음은 자기 자신과 완전하고도 직접 통일하는 것을 의미하므로 이제 **이런 주체**는 또한, **실체**기도 하다. 그런데 이 실체라는 것을 다만 따로 떼어놓고 본다면 이것은 직관된 것이지만, 아무런 내용도 담지 못할 것이다. 또는 그런 직관된 내용은 규정성을 지닌 것이더라도 다만 우연적인 것일 뿐, 아무런 필연성도 없는 것에 불과할 것이다. [고립된]실체는 절대자로 여겨진다면 이는 **절대적 통일**로서 사유 되고 또 직관되기 때문일 뿐이다. 고립된 실체의 모든 내용이 지닌 서로 다름은 그 실체 밖에 놓여 있을 것이며 실체에 외적인 반성에 속할 것이다. 왜냐하면, [고립된] 실체란 주체가 아니며 또한, 자기를 넘어서 자기 내로 스스로 반성하는 것도 아닐 뿐만 아니라 나아가서는 정신이라는 개념으로 파악되는 것도 아닐 것이기 때문이다. 그런데도 여기[고립된 실체]서 여전히 내용에 관해서 언급된다고 한다면 한편으로는 이 내용은 다만 자신을 절대자라고 하는 텅 빈 심연 속에 내던져지기 위해 존재할 뿐이며 또 다른 한편으로는 그 내용은 다만 감각적인 지각을 통해서 외면적으로 긁어모은 것에 불과할 것이다. 여기서 인식은 마치 사물에 또한, 인식 자체에 의한 구별에 더 나가서 다양한 사물의 구별에 다가선 것처럼 보이지만, 그러나 이때 누구도 이 구별이 어떻게 어디에서 생기는지를 이해할 수 없게 될 것이다.

현존하는 개념이다"라는 주장이나 사유가 시간의 자기 지양 즉 '시간의 자기 내로의 함몰'이라고 하는 주장은 헤겔에서 사유(개념)와 시간의 관계를 이해하는데 아주 중요한 단서를 제공한다.

730 헤겔은 '나는 나다'라는 명제에서 주어를 나로, 술어를 자아로 표현한다. 전자는 단순한 실체로서 나며, 후자는 대상으로 실현된 나 즉 진정한 주체다.

*¹ FM주 〈430:18~22〉 헤겔은 여기서 스피노자의 철학을 염두에 두고 있다. 신은 실체며 사유와 연장이라는 두 가지 무한 속성의 통일로 파악된다. 참조: 스피노자Baruch de Spinoza, 『윤리학』, Pars II, Propositio I, II &. VII, 78f, 82.

*² FM주 〈431:7~10, 31~33〉 헤겔은 여기서 아마도 셸링의 동일성 철학을 염두에 두고 있을 것이다. 참조: FM주 〈17:9~14〉 &〈17:19~29〉.

[해제] 1) 앞에서 헤겔은 『정신현상학』에서 의식 운동을 전체적으로 개괄했다. 이 구절에 마침내 절대정신에 관한 종교적 표상에서 개념적 인식으로 이행하면서 등장하는 절대지에 관해 설명한다.

절대정신이 처음 직접 출현하는 소박한 의식에서 그 내용은 심오하지만, 그 형식은 소박하므로 오히려 그런 표상은 "야만적이고 거친 것이며" 절대지에 이르기 위해서는 힘난한 노동을 거쳐 나가야 한다. 종교적 표상은 외적인 방식으로 절대정신을 표현하는데 절대지에서는 그런 방식이 지양된다. 이제 "주관으로 복귀해" 즉 절대정신을 자기 자신으로 즉 "자신에 고유한 세계"로 파악한다.

절대지에 이르면 낯선 절대정신은 곧 개념적으로 인식된다. 즉 개념적 인식은 "이 세계를 자기의 소유물로 발견한다." 의식에 대립하는 낯선 절대정신 즉 "현존하는 것은 개념적으로 파악되며" 이를 통해 절대정신은 "예지의 세계에서 내려오며" 또한, "자아를 통해 추상적 요소[즉 절대정신]에 정신이 불어넣어진다."

2) 절대지에서 마침내 "나는 나다"라는 단순한 자기와 같음이 회복된다. 그런데 이런 단순한 자기와 같음은 자기를 구별하는 것 속에서 다시 자기 내로 되돌아온 같음이니, 여기서 구별된 대상은 자기 자신을 부정하는 "절대적 구별"이며 "절대적 구별"은 곧 자기를 순수하게 부정하

면서 절대적으로 자기와 같음으로 복귀한다. 헤겔은 내가 대상으로서 나로 구별하는 운동이 '사유와 연장의 통일'을 의미한다면, 구별된 나를 부정하여 나로 다시 복귀하는 운동은 '사유와 시간의 통일'이라 한다.

의식의 운동은 시간 속에서 일어난다. 이 시간은 곧 개념이 현존하는 시간이다. 그러나 절대지에서 사유의 운동은 나를 대상화하는 동시에 나로 복귀하는 운동이니, 한편으로는 나와 나 사이에서 "자발적으로 일어나는 구별"은 끊임없이 지양되면서 "쉼 없이 멈춤 없이 흘러간다." 헤겔은 이렇게 자기를 지양하는 시간은 사유와 합일한 시간이라 한다. 이 시간성 자체 속에서 오히려 시간은 오히려 "자기 자신 내로 함몰한다고" 하며 이것이 바로 논리적 전개로서 시간이다.

3) 마침내 도달한 개념적 체계는 나와 나 자신의 통일성이 완전하게 회복된 것이니, 여기서 모든 것은 더는 대립하지 않으므로 "자신과 완전하고도 직접 통일하는 것을 의미하며" 주체이며 또한, 실체다.

헤겔은 이런 실체를 따로 떼어내서 고립적으로 살펴보면, 무규정적인 실체가 된다고 한다. 이런 실체는 직관이나 사유의 대상으로서 절대자이며, 여기서 내용은 실체에 외적인 반성을 통해 주어지는 우연적인 것이다. 그러므로 내용은 "절대자라고 하는 텅 빈 심연 속에 내던져지기 위해 존재할 뿐이며" "감각적인 지각을 통해 외면적으로 긁어모은 것에 불과하다." 헤겔은 이런 실체는 "자기를 넘어 자기 내로 스스로 반성하는 실체"가 아니며 "정신이라는 개념으로 파악되는 실체"가 아니라 한다.

804) 〈SK 587:30~588:24〉〈FM 431:13~35〉

그러나 이제 정신이 우리 앞에 나타난 것을 보면 자기의식은 그의 순수한 내면으로 물러나는[Zurückziehen] 것이 아니며 또한, 실체 속으로 단순하게 가라앉아서 그 자신이 지니는 모든 구별이 무화[無化] 되는 것도 아니다. 자기의식은 곧 자아가 수행하는 하나의 운동이니 이런 운동은 곧 자아가 자기 자신을 자기 자신으로부터 소외함으로써 그 자신을 자신의 실체 속에 가라앉히며 또 이에 못지않게 주체가 돼 실체에서 벗어나서 자기 내로 되돌아가는 **운동**이며 또한, 이 실체를 대상과 내용으로 삼으면서 동시에 자아가 만들어낸 구별 즉 대상적인 것과 내용을 지양하는 **운동**이다. 직접적인 것으로부터 일어나는 그와 같은 최초의 반성이란 곧 주체가 그 자신의 실체로부터 자기를 구별하는 것을 의미하며, 다시 말하면 개념이 자기를 이원화하는 가운데 순수한 내[Ich]가 자기 내로 복귀하고 생성하는 것을 의미한다. 이처럼 자기를 구별하는 활동이 동시에 나[Ich]는 나임을 뜻하는 순수한 활동이므로, [정신의] 개념이란 **현존**을 필연적으로 출현하게 한다. 이 현존은 실체를 자기의 본질로 삼으면서도 대자적으로[für sich] 존재하는 것이다. 그러나 대자적으로 존립하는 현존이란 곧 개념이 규정된 것을 의미하며 이런 현존은 **그 자체에서** 운동하면서 단순한 실체 속으로 몰락하니 이 실체는 이를 통해 부정성이자 또한, 주체가 된다. —이렇게 볼 때 나[Ich]는 결코 실체성이나 대상성의 형식에 대립하면서 **자기의식의 형식**을 고집하고 마치 자신의 소외에 대해 불안에 떠는 것처럼 보이지 않는다. 오히려 정신의 힘은 그처럼 자기가 소외된 가운데서도 자기 자신에 머무르는 것이며 **그 자체로 자기에게 나타난** 존재로서 **대자 존재**를 그 자체로 존재하는 것과 마찬가지로 하나의 계기로 삼는 것이다. —또한, 제삼자가 있어서 그것이 모든 구별을 단지 절대자의 심연으로 내던지면서 그 심연 속에서는 모든 존재가 서로 같다고 언표하지 않는다. 오히려 학문[Wissen]은 표면적으로는 움직이지 않는 것처럼 보이는 가운데서 구별된 것들이 어떻게 그 자체에서 운동하면서 그 자신의 통일로 되돌아가는가를 단지 고찰한다.

　[해제] 1) 앞에서 절대지의 개념 체계에 관해 말했다. 헤겔은 이를 "나는 나다"라는 같음으로 표현한다. 이것은 단순한 같음이 아니라 절대적 구별을 포함하는 같음이다. 그것은 이중적으로 파악할 수 있다.

　이 운동은 한편으로 보면 의식의 운동이다. 이 의식의 운동은 "자아가 자기 자신을 자기 자신으로부터 소외함으로써 그 자신을 자신의 실체 속에 가라앉히며 또 이에 못지않게 주체가 돼 실체에서 벗어나서 자기 내로 되돌아가는 운동"이다. 또는 이 운동은 대상의 개념이 전개하는 운동으로 볼 수 있다. 여기서 "개념이 자기를 이원화하는 가운데 순수한 나가 자기 내로 복귀하는" 운동이다. 두 가지 운동은 앞에서도 여러 차례 언급했듯이 서로 대립하는 운동이면서도 서로 매개하고 상호 이면을 이루고 있다.

　2) 정신현상학에서 의식의 운동은 마침내 절대지에 이르러 끝난다. 이 절대지와 합일한 대상이 곧 순수 존재이며, 여기서부터 개념의 논리적 운동이 전개된다. 여기서 실체(개념)가 규정되면서 현존이 출현한다. 그러나 이 현존은 다시 본래 실체(개념)으로 되돌아가니, 이 개념의 운동은 순수한 사유가 전개하는 논리적 운동이어서 그 속에서 시간은 출현했다가 곧 자기 속으로 함몰하고 만다.

　개념이 전개하는 이 논리적 체계는 모든 것이 구별이 필연적 관계에 있는 순수한 필연성의 체계다. 즉 "현존을 필연적으로 출현하게 한다." 이 현존은 독자적으로 존재하면서도 개념이 규정한 것이다. 이런 운동 과정을 통해 개념의 체계가 형성된다. 이런 개념 체계가 곧 학문이다.

　3) 그러므로 이런 독자적 현존이 출현하는 것을 통해 학문은 자신이 소외되는 것에 대해 불안에 떨지 않는다. 그것을 두려워하는 사람들은 모든 구별을 절대자의 심연 속으로 내던지지만, 헤겔은 이를 거부한다. 오히려 그는 구별된 현존을 출현하게 하는 용기를 지닐 것을 요구한다.

805) ⟨SK 588:25~589:30⟩⟨FM 431:36~432:30⟩

정신의 형태화는 의식이 구별을 극복하지 못할 때 따라오는 것인 한 정신은 마침내 학문[Wissen]에 이르러 자기를 형태화하는 운동을 끝내게 된다. 정신은 자기의 현존을 위한 순수한 지반이라고 할 개념을 획득하기에 이르렀다. 내용은 그것이 **자유롭게**[Freiheit] **존재한다**는 측면에서 본다면 자아가 자기를 소외한 것이며 동시에 자기 자신을 인식하는 것에서 나타난 **직접적인** 통일성을 의미한다. 이와 같은 소외된 존재를 그 내용의 측면에서 고찰한다면 이 소외된 존재가 전개하는 순수 운동이 내용을 **필연적인 것**으로 만드는 것이다. 서로 다른 내용은 그 내용이 **규정된 것**이라는 점에서 관계할 뿐 결코 그 자체로 있는 것이 아니므로 이 내용은 멈춤이 없이 자기 자신을 지양하는 것이며 또는 **부정성**을 지닌 것이다. 이런 내용은 필연적이기도 하고 서로 다르기도 하며, [의식으로부터] 자유로운 존재인 동시에 자아다. 이런 자아라는 **형식** 속에서 현존은 직접 사상으로 되고 내용은 곧 **개념**으로 된다. 이처럼 정신은 개념을 획득하는 가운데 정신은 자신의 현존과 운동을 정신적 생명의 에테르 속에서 전개하니 그렇게 해서 **학문**[Wissen]이 나온다. 정신의 운동이 전개하는 계기들은 이런 운동 속에서 더는 **의식**에 나타나는 어떤 특정한 **형태**로 나타나지 않으며 오히려 의식이 지녔던 구별은 자아 안으로 복귀함으로써 이들 계기는 **특정한 개념**으로 나타나고 또한, 이런 개념이 자기 자신 내에 근거를 둔 채로 전개하는 유기적 운동으로 나타날 뿐이다. 만약 정신의 현상학에서 그 속의 모든 계기마다 인식과 그 진리 사이에 구별이 출현하고 운동을 통해 이런 구별이 스스로 지양된다면 이와 반대로 학문[Wissen]은 이런 구별이나 그 구별의 지양을 내포하지 않으며 오히려 각 계기가 곧 개념의 형식을 지니므로 각 계기가 진리와 인식하는 자아라는 [의식에서 나타나는] 대상적 형식을 직접 통일한다. 그러므로 이런 학문[Wissen]에서 각 계기는 의식이나 관념 [Vorstell ung]에서 벗어나서 자기의식의 영역으로 또는 이와 반대로 자기의식이 관념이나 의식으로 이리저리 넘나드는 운동으로서 출현하지 않는다. 오히려 각 계기는 의식 속에서 드러나는 현상적 형태로부터 자유로이 해방된 순수한 형태 즉 순수 개념을 취한다. 그러므로 이런 순수 개념과 이 개념이 전진해 나가는 운동은 그런 개념이 지닌 **순수한 규정성**에 좌우될 뿐이다. 또 이를 거꾸로 말하자면 현상하는 정신 일반의 어떤 한 형태는 학문[Wissen]에 속하는 추상적인 어떤 계기에 부합된다. 현존하는 정신이 학문[Wissen]과 비교해서 더 풍부할 수는 없는 것과 같이 내용 면에서 현상하는 정신은 학문[Wissen]보다 더 빈약하다 할 수는 없다.[731] 이와 같은 학문[Wissenschaft]에 속하는 순수한 개념을 의식에 속하는 형태가 지닌 형식 속에서 인식한다는 것은 그 개념을 실재성 [Realität] 속에서 파악하는 측면을 이룬다. 학문[Wissenschaft]의 본질인 개념은 **사유**가 그 자신을 **단순히** 매개하는 것으로 확립되는 것이지만, 이런 개념을 실재성[Realität[을 따라서 본다는 것은 사유의 매개에 들어 있는 계기들을 분리해 그것을 그 내적인 대립에 따라 서술하는 것이다.

[해제] 1) 헤겔은 여기서 학문에 속하는 개념 운동과 정신의 현상학에 속하는 의식 운동을 비교한다. 양자의 비교는 앞에서 여러 번 출현했으나 이 구절이 가장 구체적으로 그 관계를 설명한다.

의식은 정신을 구체적 형태 속에서 파악한다. 여기서 의식은 대상과 대립하면서 서론에서 설명한 '의식 경험의 길'을 통해 자기의 현상적 형

---

731 의식의 형태와 논리의 계기는 상응하므로 어떤 것이 다른 것보다 더 풍부하거나 빈약하지 않다.

태를 극복해 나가면서 동시에 대상의 내적 본질을 드러낸다. 마침내 의식과 대상은 정신의 자기의식에 이르러 통일된다.

학문에 이르면 의식의 운동이 끝나고 개념의 지반에서 전개되는 운동이 시작된다. 이런 개념의 운동에서 각 계기는 "관계에 놓여 있을 뿐"이며, 결코 "그 자체로 존재하지 않으며" "멈춤이 없이 자기를 지양해" 타자와 필연적으로 관계하니, 순수한 자기 매개의 운동이다.

여기서 개념은 그 자체로 자기를 전개하는 자아를 지닌 자유로운 존재다. 그것은 순수한 개념의 지반 즉 "생명이라는 에테르" 속에서 전개되니, 그런 필연적으로 전개된 전체 체계가 곧 학문이다.

2) 여기서 흥미로운 점은 헤겔이 의식의 운동과 개념의 운동을 서로 연관시킨다는 것이다.

① 먼저 형태와 계기는 서로 부합한다. "현상하는 정신 일반의 어떤 한 가지 형태는 학문에 속하는 추상적인 어떤 계기에 부합한다." 앞에서 헤겔은 의식의 형태가 내면화되면서 개념의 계기가 된다고 했다. 거꾸로 개념의 계기가 시간상에 투영되면 의식의 형태가 출현한다.

② 내용상으로 형태는 자체 내에 잠재적으로 모든 계기를 포함하니, 개별 계기와 비교해 더 풍부하다. 그러나 구체적으로 출현한 형태는 그 하나의 계기가 지배하니, 그 형식이 단순하다. 하지만 학문에서는 개별 계기들이 다른 계기들과 유기적인 관계에서 출현하므로 풍부한 형식을 갖는다. 그러나 전체적으로 보면 의식의 형태나 개념의 계기는 상응하니 어느 것이 다른 것보다 더 풍부하거나 빈약하다 할 수는 없다.

③ 의식의 운동은 역사적으로 출현한다. 학문은 역사의 마지막에 출현하는데, 정신의 현상학은 학문의 계기를 단순히 계기로 파악하지 않고 과거의 역사 속에서 나타난 구체적 형태 속에서 파악한다. 이것은 형태가 내면화돼 계기로 되는 과정의 반대 과정이다. 즉 계기가 다시 형태 속에서 파악되니 헤겔은 이를 "개념을 실재성에 따라서 본다"라는 것이

다. 이렇게 형태화해서 본다면 개념의 계기들 사이에서 존재하는 필연성은 보이지 않고 형태들 사이에 서로 대립하며 다만 우연히 일어나는 이행 즉 내적 대립만이 나타난다.

806) 〈SK 589:31~590:4〉〈FM 432:31~37〉

학문[Wissen]은 개념의 순수한 형식을 버리고[entäußern] 개념이 의식으로 이행하는 필연성을 그 자체 내에 내포한다.[732] 왜냐하면, 자기 자신을 인식하는 정신은 그 자신이 자기의 개념을 파악한다는 것 바로 그때문에 자기 자신과 직접 같은 상태를 의미하는데, 이런 직접 같음의 상태는 동시에 그 자신과 구별된 상태로 있는 **직접적인 것에 관한 확신**으로 또는 **감각적** 의식에 해당하기 때문이다.[733] ―이것은 우리가 지금까지 다루어온 것[정신현상학]의 출발점을 이루는 것이다. 정신이 자아의 형식에서 벗어나는 것[Entlassen][734]은 정신이 자기를 인식하는 데 필요한 최고의 자유며 이런 자기인식을 최고로 보장한다.

807) 〈SK 590:5~18〉〈FM 433:1~11〉

그러나 이와 같은 자기 소외[Entäußerung][735]는 아직 불완전하다고

732 학문에서 개념의 순수한 형식을 버리는 것은 추상적 개념이 구체화하는 것을 말한다. 학문은 형식적 학문인 논리학에서 내용적 학문인 실재 철학으로 실재 철학 가운데서는 자연철학에서 정신철학으로 발전한다.

733 학문에서 단순한 개념(자연)은 의식 운동에서 감각적 의식에 상응한다. 이 구절은 『정신현상학』과 학문의 평행 관계를 암시하다.

734 정신이 "자아의 형식을 벗어나는 것"은 정신이 주관성을 벗어나 객관성에 이르는 것을 말한다. 주관적 자아는 대상에 대립하지만, 객관적 자아는 대상과 합일한다. 이런 합일을 통해 정신의 자기 인식이 출현한다.

735 여기서 자기 소외는 학문이 순수 개념을 버리는 것entäußern과 정신이 자아의 형식에서 벗어나는 것[Entlassen]을 모두 의미할 수 있지만, 문맥상 정신의 자기

할 수밖에 없다. 즉 이런 소외는 자기 자신에 관한 확신이 대상에 **관계**한다는 것을 표현한다. 대상은 그런 관계에 놓여 있다는 점에서 자기의 완전한 자유를 획득한 것은 아니다. 인식[Wissen]은 단지 자기만을 아는[kennen] 것이 아니라 자기 자신을 부정하는 것, 말하자면 자기의 한계에 관해서도 알아야 한다. 자기의 한계를 인식[wissen]한다는 것은 곧 자기를 희생시킬 줄도 안다는 것으로 된다. 이런 희생은 곧 자기를 소외하는 것[Entäußerung]을 나타내는 것이다. 이런 소외 속에 있는 정신이 다시 정신으로 생성[Werden]하는 과정은 **자유롭게 일어나는 우연적인 생기**[生起]라는 형식으로 표현된다. 이때 정신은 그의 순수한 **자아**를 자아 밖에 있는 **시간**으로 직관하고 그 자신의 존재를 공간으로 직관한다.[736] 이런 정신의 생성 가운데 후자의 것 즉 **자연**은 정신이 생동하는 가운데 있는 직접적인 생성에 해당한다. 자연 즉 정신이 소외된[entäußerte] 것은 현존하는 가운데서도 영원히 자신의 **존립**[Bestehen]을 포기하는[Entäußerung] 것 외의 그 어떤 것도 아니며 바로 이런 운동이 **주체**를 산출하는 운동으로 된다.

[해제] 1) 헤겔은 마지막으로 학문과 『정신현상학』과 사이에 순환적 관계를 설명한다. 『정신현상학』에서 의식의 운동은 역사적 운동이다. 그 끝에 마침내 학문이 출현한다.

학문적 인식의 대상이 되는 것은 순수 존재 즉 개념이다. 학문은 이 소외를 의미하는 것으로 보인다.

736 공간은 다른 것에 대해 고립해서 분산적으로 된 것을 말한다. 그 배후에 내적 통일성이 존재한다. 시간은 우연히 이행하는 것을 의미한다. 그 배후에 필연성이 놓여 있다. 생성하는 것은 현존한다는 점에서 공간 속에 있고 이행한다는 점에서 시간 속에 있다. 이런 공간과 시간 속에 현존이 존재한다는 것은 표면적으로는 우연적 생기지만, 이미 그 속에 부정성을 지닌 자아가 있음을 암시한다.

순수 존재로부터 시작하여 다시 정신에 이르는 운동을 전개한다. 이 개념은 가장 추상적인 것이며, 정신은 가장 구체적인 것이니 이 학문의 운동은 추상적인 것이 구체적으로 실현되는 과정이다.

이 과정에서 가장 추상적인 개념이 처음으로 실현되면, 가장 직접 존재하는 것 즉 자연적 현존이 된다. (헤겔은 이것을 개념의 자기 소외라 한다) 최종적으로 도달하는 정신은 이는 추상적 개념이 가장 구체적으로 실현돼서 개념과 합일하는 현존에 이른 것이다. 학문은 이처럼 개념을 구체적으로 인식하는 것이니, 헤겔은 학문은 단순한 추상적 개념에 만족하지 않고 "자기의 한계에 관해서도 인지해야 한다"라고 말한다.

2) 학문은 개념적 존재가 자기를 구체화하는 과정인데, 이 과정은 의식의 매개를 통해 일어난다. 자연적 현존에 대응하는 것이 곧 직접적 감각적 의식이다. 이 의식은 단순한 자기 확신 속에 있으니 주관적 자아다. 주관적 자아는 대상과 대립한다. 개념이 정신으로 실현되면 이것에 대응하여 개념적 인식이 출현한다. 감각적 의식에서 개념적 인식에 이르는데 이 개념적 인식은 곧 객관적 인식이다. 이 과정을 헤겔은 정신이 "자아의 형식을 벗어나는 과정"이라 한다.

이런 직접적 자기 확신을 벗어나서 자유롭게 되는 것이 대상을 있는 그대로 인식하는 즉 진리에 이르는 것 다시 말해 정신이 자기를 인식하는 것을 보장하는 것이다. 이 길이 곧 "소외 속에 있는 정신이 다시 정신으로 생성[Werden]하는 과정" 즉 『정신현상학』의 길이다.

3) 정신의 현상 운동에서 주관적 자아는 대상과 대립한다. 헤겔은 이 의식의 운동은 이중적 방식에서 출현한다고 한다. 그 이행의 과정에서 어떤 대상은 다른 대상에 대해 대립하며 고립적으로 존재한다. 이런 점에서 분산성의 형식인 공간 속에 나타난다. 이런 대상은 곧 다른 대상으로 이행하게 된다. 이런 이행은 시간 속에서 출현한다. 이런 운동에서 현존은 분산되고 이행은 "우연적 생기라는 형식으로" 등장한다. 즉 의

식은 이때 "순수한 자아를 자기 밖에 있는 시간으로 직관하고 그 자신의 존재를 공간으로 직관할" 뿐이다.

그러나 실제 이 운동의 배후에는 순수한 자아가 감춰져 있다. 이 순수한 자아는 의식 경험을 통해 드러난다. 공간적 현존의 시간적 이행을 매개하는 것은 어떤 의식 형태가 대상과 관계하여 부딪히는 모순이다. 모순을 통해 의식이 자기 내로 반성하며 모순을 포함하는 더 포괄적이고 더 근원적인 의식 즉 자기의식이 된다. 이렇게 해서 "소외된 것은 현존하는 가운데서도 영원히 자신의 존립을 포기하는 것 외에 그 어떤 것도 아니다." 새로운 자기의식은 공간 속에 내재하는 통일성을 드러내니, 이를 통해 추상적 대상은 구체적 대상으로 의식에 대립하는 대상은 자아와 합일하는 대상으로 발전한다. 즉 이 운동은 "주체를 산출하는 운동"으로 된다.

808) <SK 590:19~591:31> <FM 433:12~434:9>

그런데 정신이 생성되는 또 다른 측면 즉 **역사**란 곧 **인식하는** 가운데 자기를 **매개하는** 생성 운동이다. ―즉 이것은 정신이 시간을 따라[an die Zeit] 자기를 소외[Entäußerung]한 것을 뜻한다. 그러나 정신의 이런 소외[Entäußerung][737]는 동시에 자기를 소외[Entäußerung]하는 것 자체다. 부정적인 것은 곧 자기 자신을 부정한다. 이런 생성의 과정은 갖가지 정신이 지루한 운동을 벌이면서 잇달아 출현하는 것으로 서술된다. 이 과정은 회랑에 진열된 여러 그림에 비유할 수도 있다. 여기서 모든 그림은 하나하나마다 정신의 풍요를 전체적으로 담고 있어서 자아

---

737 의식은 대상과 관계하여 부딪히는 모순을 통해 자기 내로 반성하며 새로운 의식이 된다. 이 새로운 의식을 통해 이전의 대상을 넘어서 새로운 대상이 출현한다. 이 대상의 운동은 곧 정신의 개념이 자기를 대상화하고(즉 소외하고) 이로부터 다시 자기 내로 복귀하는(자기를 소외하는) 개념의 운동이다.

는 이런 실체가 지닌 풍요로운 내용을 뚫고 들어가서 이를 소화해야 하므로, [이를 극복하려면] 정신은 그처럼 지루하게 운동할 수밖에 없다. 정신의 완성이란 정신 자신의 **본질**, 즉 정신의 실체를 완전히 인식하는 데 있으므로 이를 인식한다는 것은 곧 정신이 **자기 내로 복귀함**을 뜻한다. 정신은 이렇게 자기 내로 복귀하는 가운데 그 자신의 현존을 내버리며 그 자신의 형태를 기억에 넘겨준다.[738] 정신이 자기 내면으로 복귀하면서 그의 자기의식은 어두운 밤에 빠져든다. 그러나 그의 현존은 소멸하더라도 그 현존은 자기의식의 밤 가운데 여전히 보존된다. 이처럼 현존이 지양된다는 것은—즉 이전에 현존하는 것이 인식을 거쳐서 새로 탄생한다는 것은—새로운 현존, 즉 하나의 새로운 세계, 하나의 새로운 정신의 형태[가 출현한다는 것]를 의미한다. 정신은 여기[새로운 세계, 새로운 형태]에도 앞에서와 마찬가지로 얽매임이 없이 처음부터 자기의 직접적 존재로부터 출발해야 한다. 마치 선행했던 모든 것이 이 새로운 정신에서는 상실돼 버렸을 뿐 아니라 또한, 이전의 여러 정신이 겪었던 경험으로부터 아무것도 배운 바가 없다는 듯이 정신은 그런 직접적 존재로부터 다시 자기를 육성해 성장해야 한다.[739] 그러나 새로운 형태에서 **기억된 것**[ErInnerung]은 이전의 정신이 보존돼 내면화된 것이며 즉 사실상 실체의 좀 더 높은 단계의 형식에서 존재하는 것이다. 그러므로 정신의 형성[Bildung]이 오직 자기로부터 출발하는 듯한 외관을 띠면서 다시 처음부터 시작한다 할지라도 사실 이 정신은 좀 더 높은 단계의 단계에서 일어나는 것이다. 정신의 나라는 이와 같은 방식으로

738 의식의 형태는 내면화(기억)되면서 개념의 계기가 된다.

739 의식의 새로운 형태 속에 과거의 형태가 기억된다. 여기서 의식은 새로운 형태의 차원에서 과거의 형태를 다시 되풀이하니, 마치 개체의 발생은 계통의 발생을 되풀이하는 것과 같다.

현존하는 가운데 자신을 형성해 나가면서 연속적 계열을 이룬다. 이런 계열 속에서는 하나의 정신이 또 다른 하나의 정신을 대신해서 나타나는 가운데 그에 선행했던 정신의 세계가 존재했던 나라[Reich der Welt]를 물려받는다. 이런 계열이 목표로 하는 것은 심원한 정신을 계시하는 것이며[740] [이렇게 계시된] 심원한 것이 곧 **절대적 개념**이다. 따라서 여기서 계시한다는 것은 곧 자신의 내면의 깊이를 지양하는 것, 다시 말하면 [공간적] **확장**이며 동시에 자기 내에 머무르는 나[Ich]를 부정하는 것이니 즉 정신을 소외[Entäußerung]하는 것이며 또는 실체로 되는 것을 뜻한다.[741] ─이와 함께 정신의 **시간화**가 발생한다. 즉 이렇게 소외한 것[Entäußerung]은 오직 그 자체에서[an ihr selbst] 자기를 소외하므로[entäuß ert] 이런 소외된 것은 자신을 공간적으로 확장하는 가운데서 또한, 못지않게 그 자신이 지닌 깊은 내면에 즉 자아 속에 머무른다. 정신의 **목표**인 절대지 또는 자신을 정신으로 인식하는 정신이 자신의 길로 삼는 것은 곧 본래 존재하는 정신을 내면화하고, 정신으로 이루어진 나라를 완전하게 체계화[Organisation]하는 일이다. 우연성의 형식으로 나타나는 자유로운 현존의 측면에서 정신을 보존하는 것이 역사다. 이와는 달리 정신을 개념적으로 파악하는 체계[Organisation]의 측면에서 정신을 보존하는 것이 **현상하는 인식에 관한 학문**이다. 이들 양자를 결합해 역사를 개념적으로 파악한다면 이것은 절대정신이 내면화하는 형극의 길[골고다]을*¹ 형성한다. 다시 말하면 이런 결합이야말로 절대정

---

740 의식의 발전으로 새로운 대상이 출현하는데, 이 새로운 대상은 이전의 대상보다 한편으로 더 포괄적이면서 동시에 더 근본적인 개념이 드러난 것이니, 이 운동은 곧 근원으로 복귀하는 운동이다.

741 의식의 운동을 거꾸로 개념의 운동에서 보면 이는 개념이 추상적인 개념을 떠나 자기를 실현하는 것 즉 개념의 소외와 자기 내 복귀의 과정이다.

신의 가시면류관[Thron]이 실현되는 현실이자 진리며 또한, 확실성이다. 절대정신은 그와 같은 가시면류관이 없다면 생명을 잃은 고독한 자로 그치고 말 것이다. 오직,

　　－순전한 정신의 나라, 그 나라의 술잔에서
　　무한성의 거품이 넘쳐흘러 지고한 존재를 적시는도다.*²

　　*¹ FM주 〈434:5〉 마태복음 27장 33절: "골고다 즉 해골의 곳이라는 곳에 이르러"
　　*² FM주 〈434:8~9〉 헤겔은 실러의 시 「우애」를 약간 변형한다.
　　"위대한 세계의 창조주는 적막했기에
　　결함을 느껴 영혼을 창조했으니,
　　영혼은 그의 축복을 비추는 축복받은 거울이도다.
　　지고한 존재는 그토록 빛나는 것을 일찍이 발견한 적이 없도다.
　　순전한 영혼의 나라, 그 나라의 술잔에서
　　무한성의 거품이 넘쳐흘러 지고한 존재를 적시는도다."
　　참조: 쉴러Johann Christoph Friedrich Schiller, 전집, 1권, S. 111.

[해제] 1) 헤겔은 『정신현상학』을 끝내는 마지막 구절에서 학문의 지반인 개념에 이르기까지 정신의 운동 과정을 개념적으로 서술한다.

이 과정에서 출현하는 의식 형태의 운동을 매개로 해서 대상도 발전한다. 의식은 대상과 관계하여 부딪히는 모순을 통해 자기 내로 반성하며 새로운 의식이 된다. 이 새로운 의식을 통해 이전의 대상을 넘어서 새로운 대상이 출현한다. 이 대상의 운동은 곧 정신의 개념이 자기를 대상화하고(즉 소외하고) 이로부터 다시 자기 내로 복귀하는(자기를 소외하는) 개념의 운동이다.

2) 앞에서 말했듯이 이 과정에서 이전의 의식 형태는 극복되면서 이후의 의식 형태에서 내면에 들어 있는 한 계기로 된다. 즉 그 "현존은 소멸하더라도" "자기의식의 밤 가운데 여전히 보존된다." 이전의 의식 형태를 대신해서 나타난 새로운 의식 형태는 "그에 선행했던 정신의 세계가 존재했던 나라[Reich der Welt]를 물려받는다."

3) 새로이 출현한 의식 형태 속에 이미 과거의 형태가 기억되므로, 새로운 형태의 의식은 과거의 의식 형태가 다시 되풀이된다. 그것은 마치 개체 발생이 계통 발생을 되풀이하는 것과 같다. 그러나 과거의 형태가 새로운 의식 형태에서 다시 출현하더라도 그것은 이미 새로운 의식의 형태에서 전개되는 것이므로 과거의 형태 그대로 되풀이하지 않는다. 그것은 과거의 형태는 새로운 형태 속에 규정된다.

4) 새로이 출현한 의식 형태는 이전의 의식 형태보다 더 풍부하며 더 체계적이다. 동시에 이 새로운 형태는 더 근원적이고 심층적인 것이다. 그러므로 의식 형태가 발전하는 운동은 곧 근원으로 되돌아가는 운동이다. 그것은 "자기 내에 머무르는 나를 부정하는 것"이며 "실체로 되는 것"을 뜻한다. 이 실체는 곧 심층적 근거 즉 "그 자신이 지닌 깊은 내면에 즉 자아 속에 머무르는" 근거다.

이를 반대편에서 개념의 운동으로 보면 이 새로운 형태는 추상적인 개념이 더 구체적으로 실현돼서 자기와 합일하기에 이른 것이다. 다만 최초에 있는 것에서 구별이 없는 통일 속에 있던 것이 여기서는 밖으로 드러나면서 구별되고 서로 연관을 맺을 뿐이다. 즉 잠재적인 "심원한 정신이" 자기를 "계시한다." 이렇게 계시한다는 것은 잠재적인 것 즉 "자신의 내면의 깊이를 지양하는 것"이며 이를 외화[外化] 해 공간적으로 현존하게 하며 "공간적으로 확장한다."

5) 헤겔은 이런 정신의 운동 과정은 역사 속에서 지루하게 일어나지만, 이를 통해서 "실체가 지닌 풍요로운 내용을 뚫고 들어가서 이를 소

화하기" 위해서는 이런 지루한 운동을 마다할 수 없다고 한다.

정신의 운동이 지루한 역사적 경험을 통해 마침내 도달하는 절대지 즉 학문 속에서 이제 모든 인식의 계기는 체계화된다. 의식의 시간적 운동에서는 자립적인 것이 우연히 이행하는 것처럼 보였으나 개념의 지반에서 전개되는 학문의 체계는 필연적으로 전개된다. "우연성의 형식으로 자유로운 현존의 측면에서 정신을 보존하는 것"이 『정신현상학』이다. 반면 "체계의 측면에서 정신을 보존하는 것"이 학문이다. 마지막으로 헤겔은 실러의 「우애」라는 시를 변형해 인용하면서 이 절대지의 경지를 서술한다.

"순전한 정신의 나라, 그 나라의 술잔에서
무한성의 거품이 넘쳐흘러 지고한 존재를 적시는도다"

여기서 "순전한 정신의 나라"란 절대지의 세계라면, 그 술잔에서 흘러내리는 "무한성의 거품"이란 곧 필연적으로 전개되는 개념의 체계를 말할 것이다.

6) 앞에서 종교적 표상의 대상이었던 성령은 외면적으로는 교회를 의미한다고 했다. 절대정신을 개념적으로 인식한 절대지에 이르면 절대정신의 개념이 실현된다. 절대정신이란 정신이 고유한 일반적 자아로 출현한 것이며 그것이 표상적으로 출현하면 교회지만, 개념적으로 체계화되면서 국가가 된다. 이 국가가 곧 절대지의 대상이 된다.

그런 점에서 절대지를 이해하기 위해 헤겔의 이상 국가가 지닌 기본 구조를 이해할 필요가 있다. 교회는 삼위일체 속에 규정된다. 즉 삼위는 각자가 전체며 동시에 전체의 한계기다. 헤겔에서 국가 역시 이런 삼위일체라는 방식으로 규정된다. 국가에서 이는 삼권분립이라는 방식으로 출현한다. 여기서 성부에 해당하는 것이 의회다. 성자에 해당하는 것이 군주며, 성령에 해당하는 것은 관료다. 의회와 군주, 관료는 개념적으로는 일반성, 개별성, 특수성에 해당한다. 헤겔에서 의회나 군주, 관료는 각자 국가 전체며 동시에 국가의 한 계기로 서로 대립하면서 통일을 이루고 있다.

7) 절대지의 대상인 국가는 개념적 체계를 가지고 개념적으로 전개된다. 이 개념적 전개는 자기를 구별하면서 그 속에서 자기에 머무르니, 구별 속에서도 통일되면서 순수한 무규정적 존재가 된다. 이것을 논리적 범주로 표현하면 순수 존재가 된다. 이 순수 존재가 논리학의 출발점을 이룬다.

『논리학』에서 순수 존재가 발전하면 자연과 인간을 거쳐 사회로 발전하며 사회의 마지막에서 국가가 출현하니, 『정신현상학』과 논리학은 서로 꼬리를 물고 전개되는 순환을 이루고 있다.

부록-1 정신현상학을 이해하기 위한 예비지식

1 『정신현상학』의 발간

1)

호프마이스터J. Hoffmeister 판의 「편찬자 서문」 마지막 절(3절)에서 호프마이스터는 헤겔의 『정신현상학』이 실제로 어떤 작업과정을 통해 형성됐는지 설명한다. 호프마이스터의 설명은 그 스스로 고백하지만, 해링T. Häring의 연구(1933.4 〈헤겔 회의〉 3차 심포지엄에 발표)에 기초한 것이다.

그런데 펠릭스마이너 판의 편자인 본스피엔W. Bonspien 교수 역시 펠릭스마이너 판 부록에 『정신현상학』 형성사를 덧붙였다. 두 형성사는 내용으로 보아 크게 다르지 않다. 본스피엔 교수의 연구는 해링의 연구를 추가로 보완한 정도에 그쳤다고 보겠다. 이 두 사람은 헤겔과 그 친구들의 편지를 읽는 것은 기본이고 신문에 실린 광고지, 대학에서 '강의예고(강의 계획서)'까지 철저하게 조사했다.

그러면 해링과 호프마이스터 그리고 본스피엔 교수가 파헤친 『정신현상학』 형성사를 보기로 하자.

2)

여러 증거로 보아 헤겔이 원래 쓰고자 했던 책은 '철학(또는 학문)의 체계 전체'였다. 이런 구상은 이미 1802년부터 시작된다. 1805~6년경에 이르면, 그는 철학 체계를 사변 철학(논리학 또는 형이상학)과 실재 철학(자연철학 및 정신철학)으로 구성했는데, 구상단계를 넘어 실제 작성에 들어가기 전에 그 가운데 실재 철학 부분은 빼고 사변 철학

부분만 작성하고자 했던 것 같다. 그런 가운데 그는 이미 오래전부터 (1801~1802부터) 사변 철학에 들어가는 입문이 필요하다고 생각해 왔고, 이 부분은 처음에는 '의식 경험의 학'이라고 지칭됐다. 그래서 1805년부터 쓰기 시작한 책은 이런 입문과 사변 철학으로서 본론으로 이루어질 예정이었다.

헤겔은 1806년 2월에 이미 상당한 부분(대체로 후일 『정신현상학』의 전반부 즉 '이성' 장 'A' 절까지에 해당하는 부분이라고 한다. 그런데 이 원고에는 '제1부, 의식 경험의 학'이라고 씌어있다)을 출판사에 넘겼다.

1806년 여름학기 강의예고에는 '선행하는 정신현상학을 포함한 사변 철학이나 논리학 강의'는 교재에 따르겠다고 했으니(여기에 처음으로 '정신현상학'이란 명칭이 나온다), 입때까지만 해도 사변 철학까지 작성하겠다고 생각하고 있었다고 볼 수 있다. 이때 그는 사변 철학에 선행하는 부분을 '정신현상학'이라 불렀고, 실제 학생들에게 이 '정신현상학' 부분을 강의했다고 한다. 이 강의록은 그의 제자들(로젠크란츠 등)이 보관하고 있었는데 나중에 출판된 『정신현상학』과 내용이 일치한다.

그런데 언제부턴가(해링이나 본스피엔 모두 1806년 8월부터 9월 초 사이로 추정한다) 그는 본론인 사변 철학을 빼고, 그 입문에 해당하는 것만을 발간하기로 했다.

3)
헤겔이 사변 철학까지 쓰려는 계획을 포기하고 『정신현상학』만을 쓰고 만 이유가 무엇이었을까? 해링이나 본스피엔 모두 출판사의 재촉이나 헤겔의 재정 궁핍과 같은 외적 원인이 지배적 이유였다고 본다.

어떻든 중간에 구상이 변화된 것 때문에 일부 학자들은 『정신현상학』이 이중으로 구성된다고 주장하기도 한다. 피셔K. Fischer나 하들러 H. Hadler가 그런 사람들이다. 피셔는 '이성' 장의 'B' 절 즉 '이성적 자기의식의 자기실현' 절부터, 하들러는 '정신' 장부터 그 이전과는 사뭇 다른 방식으로 전개된다고 한다. 피셔는 1806년 2월 출판사에 먼저 건넨 부분과 그 후 10월에 건넨 부분으로 나누는 것 같다. 그는 아마 작성의 시간적 차이를 중요하게 여긴 듯하다. 하들러는 '이성' 장까지와 '정신' 장 이후가 전개 방식에서 차이가 있으므로 그렇게 본 게 아닐까 한다. 전자는 역사적 언급보다는 논리적 구성이 강조되고, 후자는 거의 역사적으로 전개된다는 점이 눈에 띄는 차이다.

반면 호프마이스터는 처음부터 전체가 이미 초고의 상태에서 작성됐다고 한다. 실제 1806년 로젠크란츠가 들었던 '정신현상학' 강의는(아직 사변 철학까지 발간하겠다고 생각하고 있었을 때인데) 나중에 발간된 『정신현상학』과 대동소이한 것으로 판정됐다.

그 후 알려진 바에 의하면 헤겔은 『정신현상학』의 후반에 해당하는 부분을 1806년 10월 14일 예나 전투의 전날 밤(13일 밤)에 완성해서 출판사에 보냈다고 한다.

나중에 간스E. Gans가 헤겔의 장례식 추도사에서 '전날 밤'을 '여명'으로 고쳤다고 한다, 더구나 헤겔에 관한 몇몇 통속 전기에서는 극적 감동을 주기 위해 간스의 말에 기초해서 아예 나폴레옹 군대의 포성을 들으며 작성했다고 한다. 발간은 1807년 3월 말에서 4월 1일 사이에 이루어졌다. 출판사는 밤베르크에 있었는데, 헤겔이 그즈음 밤베르크에서 신문사 편집 일을 하고 있었다.

4)

형성사와 관련해서 또 하나 문제가 명칭의 문제이다. 1806년 2월의 초고에는 분명 '의식 경험의 학'이란 이름이 붙어 있다. 그런데 1806년 '여름학기 강의예고'에는 사변 철학에 선행하는 '정신현상학'이라 지칭된다. 이렇게 명칭이 변화한 것이 어떤 의미가 있을까?

용어만 통해 본다면, '정신현상학'이나 '의식 경험의 학'이나 같은 의미다. 우선 의식이라는 말이나 정신이라는 말은 좁은 의미로 쓴다면 상당히 차이가 있다. 의식은 대상에 관한 인식이라는 의미며 주로 감각, 지각, 지성을 포괄하며, 정신이란 행위를 이끌어가는 심적인 측면 즉 실천적 의지를 의미하기 때문이다.

그러나 넓은 의미에서 본다면, 헤겔에서 의식은 실천적 의지와 표현조차 포함한다. 왜냐하면, 헤겔은 의지나 표현도 대상과 의식의 관계를 통해 재해석하기 때문이다. 또한, 헤겔에서 정신 또한 실천적 의지뿐만 아니라 정신의 표현 그리고 이론적 인식까지 포함하는 광범위한 의미가 있다. 따라서 헤겔에서 의식과 정신은 넓은 의미에서 같은 의미를 지닌다.

또한, 경험이란 헤겔에서 수동적으로 얻어지는 것이 아니라 칸트에게서처럼 개념이 구성하는 선험적인 것이다. 개념을 통한 구성은 현실에서 자기모순에 부딪히면서 새로운 개념으로 반성하니, 이것이 곧 의식 경험이다. 이런 의식 경험은 자기모순을 매개로 해서 현상적인 지식에서 근원적인 진리로 나간다. 이 과정은 상승의 길이며, 진리인 근원으로 복귀하는 길이다. 그런데 이 과정을 거꾸로 보면, 가능한 진리가 자기를 구체적인 현상으로 실현하는 과정이기도 하다. 이 과정은 하강의 길이고 곧 진리가 현상하는 또는 생성하는 길이다.

　헤겔은 이 두 가지 길 즉 진리가 생성하는 길이 곧 진리로 복귀하는 길이라는 점을 곳곳에서 강조하니, '정신의 현상'이란 곧 '의식의 경험'과 같은 의미가 된다. 다음과 같은 구절을 참조하라.

　"앞서 등장한 의식의 모든 형식은 자기의 근거를 이루는 이 실제로 존재하는 실체 속으로 복귀하는 까닭에 그 모든 형식은 실제로 존재하는 실체가 생성하는 과정에서 생겨난 개별 계기에 지나지 않는다."[742]

　여기서 '복귀'와 '생성'은 정반대이면서도 두 길이 같은 길이라고 주장된다. 이 두 가지 길은 서로 동전의 양면처럼 얽혀 있지만, 때에 따라 전면에 나오는 것은 다르다. 하강의 길은 실제로는 『논리학』과 같은 학문이 서술되는 방식이지, 『정신현상학』에서는 다만 배경으로만 나올 뿐이다. 반면 실제 『정신현상학』의 길은 의식 경험의 길 즉 상승의 길을 따른다. 물론 그 배경에는 하강의 길이 깔렸다는 점은 분명하다.

　최종적으로 헤겔이 '정신현상학'이라는 이름을 택했다는 것은 그가 『정신현상학』에서 상승의 길보다는 하강의 길을 우선시했고 그 때문에 제목만 보면 『정신현상학』의 서술 방식은 실제와 달리 『논리학』과 다른 바가 없어진다.

　그러나 「서론」에서 헤겔이 직접 밝힌 바에 따라 보건대 『정신현상학』의 서술 방식은 의식 경험의 길 즉 상승의 길이다. 이런 서술 방법을 고려해 볼 때 차라리 '의식 경험의 학'이라는 제목이 더 적절하고, 그렇게 했다면 헤겔에 관한 많은 오해가 불식되지 않았을까 생각한다.

742　『정신현상학』, SK S. 263, FM S.193, 348 구절

5)

이 문제는 『정신현상학』에서 독특하게도 두 개의 머리말이 있는 사정과도 연관된다. 하나는 「서문Vorrede」이고, 이는 헤겔이 『정신현상학』의 원고를 다 넘긴 다음 1807년 1월 4일 완성했다고 알려져 있다. 그리고 또 하나는 「서론Einleitung」인데, 이 부분은 1806년 2월에 넘긴 초고에 이미 실렸다고 한다. 그러니까 「서론」이 먼저 작성됐다. 하지만 책의 차례에는 「서문」이 먼저 나온다.

그런데 자세히 살펴보면, 호프마이스터 판에서는 「서문」은 '철학의 체계 제1부 『정신현상학』'라는 표지 다음에 실렸지만, 「서론」은 '제1부, 의식 경험의 학'이라는 간지 다음에 실렸다. 여기서 1부라는 말이 계속 나오는 것은 아마 앞으로 발간될 사변 철학을 헤겔이 여전히 의식한다는 의미겠다. 그런데 「서론」 앞의 간지에는 '정신현상학의 학문'이라는 제목이 병기됐다. 이것은 출판사에서 헤겔이 미리 건네준 원고를 이미 인쇄한 상태에서 나중에 헤겔이 제목을 변경하자 이를 기존에 인쇄된 종이에 추가로 인쇄했기 때문이다.

간지의 제목보다 중요한 것은 왜 두 개의 머리말이 들어 있는지다. 짐작이지만, 내용을 통해 유추해 볼 때 헤겔은 『정신현상학』이라는 책 자체의 머리말은 「서론」에 맡기고 철학의 체계 전체에 관한 머리말은 「서문」에 맡긴 게 아닌가 한다.

그러니까 「서론」에서는 『정신현상학』의 구체적인 전개 방식이 등장한다. 그것은 의식 경험의 길이고, 그러니 그 앞에 '의식 경험의 학'이라는 이름이 붙었을 것이다. 반면 「서문」에서는 전체 학문이 전개되는 근본적인 방식이 제기된다. 여기서 헤겔은 학문은 체계여야 하며, 『

정신현상학』은 그런 학문을 전개하는 의식 즉 절대지에 이르는 과정을 서술한다고 말한다. 아마도 원래 계획했던 논리학 즉 순수 학문 부분이 제외되면서『정신현상학』과 학문 사이의 관계를 밝힐 필요가 생겼을 것이다.

헤겔의 책 대부분은 특히『논리학』은「서문」에 나오는 모습대로 서술된다. 그 모습은 가능성으로서 개념이 자기를 실현하는 방식 즉 정신[개념]이 현상하는 방식으로 서술된다. 반면「서론」에 나오는 '의식 경험의 길'은 오직『정신현상학』에 한정돼 나타난다. 그래서「서문」이나『논리학』을 읽는 사람은 헤겔이 만사를 '신의 눈'으로 세상을 보는 웅대한 체계론자로 기억할 것이다. 반면『정신현상학』과「서론」읽으면, 헤겔은 진리에 도달하고자 방황하고 모색했던 탐구자로 기억할 것이다.

6)

헤겔의『정신현상학』을 이해하는데, 1807년 10월 28일 〈예나 독서신문〉에 게재된 헤겔 자신의 '광고문'처럼 간명하면서도 풍부한 내용을 지닌 글은 없다고 생각된다. 그래서 여기에 그 내용을 간추려 보자.

① 이 책은 '생성하는 지[知]'를 서술한다.

② 지식의 기초에 관한 심리학적 설명이나 추상적 해명을 대신해 등장했다.

③ 학문을 위한 예비이다. 이를 통해『정신현상학』은 철학의 첫 번째 학문이다.

④ 정신의 형태들은 순수 지[知]와 절대정신으로 가는 길에서 길목[Stationen]이다.

⑤ 주요 부문은 의식, 자기의식, 관찰하며 행동하는 이성, 인륜적 정신, 교양적 정신, 도덕적 정신, 종교적 정신이다. 이는 혼란스럽게 나타나는 정신의 다양한 현상들을 그 이행의 필연성에 따라 서술한다.

⑥ 최종적 진리를 우선 종교 속에서 다음에는 전체를 포괄하는 결과인 학문을 통해서 발견한다.

헤겔의 광고문에서 이미 약간의 설명을 덧붙인 '예비학'이란 개념 밖에도 '생성하는 지'라든가, '심리적이고 추상적 해명', '순수 지 또는 절대정신' 등의 개념들, 특히 의식, 자기의식, 이성, 정신, 종교라고 5단계로 구분한 것은 결정적으로 중요한 개념들이다. 그렇지만 그러한 모든 것들을 나중에 설명하기로 하자.

어떻든 이처럼 간명하고 통렬하게 『정신현상학』의 내용을 밝힌 글도 드물다 하겠다. 더구나 헤겔 자신이 썼으니, 오죽할까?

7)

호프마이스터는 『정신현상학』이 처음 출판된 직후에는 별다른 논평이 없었다고 한다. 마치 열렬한 환영을 기대했는데, 아무도 나오지 않았더라 하는 식으로, 그의 말에는 씁쓸함이 담겨 있다. 하기야 그때 프로이센 전역을 나폴레옹이 점령했으니 뭐 시끌벅적한 환영은 아예 기대도 하지 않았을지 모른다.

여기서 잠깐 헤겔이 취직한 얘기를 조금 하고 넘어가자. 셸링이 예나대학 교수였는데, 헤겔은 그 밑에서 사강사[Privatdozent]를 하고 있었다. 그런데 셸링이 1803년 그만 그의 친구 빌헬름 슐레겔의 부인과 눈이 맞아서 교수직도 때려치우고 뷔르츠부르크를 거쳐 멀리 남쪽 뮌헨까지 사랑의 도피행각을 벌였다. 그 바람에 헤겔에게 1805년 그 자리가 돌아갔다. 그래서 그가 교수로서 처음 취직됐다. 그런데 나폴레옹이 독일을 점령하자, 학생이 모두 고향으로 가버렸고 예나대학은 문을 닫고 말았다. 헤겔은 허망하게 자리를 다시 잃었다. 그는 재정적으로도 궁핍해서 잠시 학문을 떠나 언론에 발을 디딘다. 헤겔은 1807년 밤베르크로 가서 〈밤베르크 신문〉을 편집한다.

하여튼 나라 사정이 이러니, 논평이 안 나온 것도 이해된다. 호프마이스터는 「편찬자 서문」 끝에 2년 후, 1809년 2월이 돼서야 나온 빈디시만Windishmann의 논평과 1810년 바하만Bachmann의 서평을 소개한다.

전자는 이렇다.

"우리가 과연 헤겔을 제대로 이해했는지 어떤지는 다만 헤겔 자신의 판단에 맡길 수밖에 없으나, 다만 우리가 자기 자신을 이해한 것만은 틀림없을 뿐만 아니라 바로 이 점이야말로 저자가 이 책을 펴내면서 품고 있었던 가장 깊은 의도기도 할 것이다."(호프마이스터 판, S. 34)

솔직히 이게 무슨 뜻인지는 모르겠다. 자기들은 헤겔을 이해하지 못했지만, 헤겔 덕분에 자기 자신은 이해하게 됐다는 얘기다. 자기의 무식함을 이해하게 됐다는 말일까? 헤겔 철학에는 시대와 더불어 살아가는 자기들에 관한 이해가 들어 있다는 뜻이 아닐까? 하여튼 그게 헤겔의 깊은 의도라 한다.

후자의 서평은 벌써 헤겔에 관한 열렬한 신도 층이 발생했다는 것을 바로 보여준다. 바하만은 여기서 헤겔의 철학과 셸링의 철학을 비교한다. 그는 우선 '자연의 신성'과 '사물의 생명'에 관해서 헤겔은 셸링으로부터 배웠다고 한다. 여기서 '신성'과 '생명'은 모두 운동개념을 포함한다. 밑으로부터 전개되는 내적 필연성, 이게 셸링 철학의 핵심이고, 헤겔이 이로부터 배웠다.

이어서 바하만은 셸링은 감격에 찬 논쟁적인 강의를 했으나 학문적 엄밀성이 없다고 한다. 반면 헤겔은 '철학에 엄밀한 학적인 형식'을 부여했다고 한다. 일반적으로 셸링이 직관적이고 예술적이라면, 헤겔은 개념적이고 논리적이라는 주장과 통하는 말이다. 이어서 바하만은 이렇게 말한다.

"그러나 이를 위해서는 우선 모든 사변적인 것이 관련되는 최고의 유일자를 흔들림 없이 응시하는 (정신의) 엄청난 깊이와 이어서 개별자를 해명하고 분석하기 위한 유례없는 예리함, 마지막으로 다만 본질적인 것을 지향하므로 외면적인 자극을 경멸하고 비록 조야하고 딱딱하게 보일 위험을 무릅쓰면서 오직 진리에만 구속되고자 하는 서술 방식이 필요하다."(호프마이스터 판, S. 41)

이렇게 말하면서, 바하만은 바로 이 모든 속성을 헤겔이 지닌다고 하면서, 셸링을 플라톤에 비춰 보면서 헤겔은 아리스토텔레스에 비춰 본다. 바하만의 헤겔에 관한 평가 가운데, 특히 '오직 진리에만 구속되고자 한다'라는 말이 가슴에 강하게 와 닿는다.

그의 서평 마지막은 이렇게 끝난다.

"왜냐하면, 철학이 지혜에 대한 사랑이기를 중지하고 참된 지혜가

돼야 하기 때문이다. 그래서 그것에 이바지하거나, 어떻게.... (그렇게) 되는가를 보여주려는 것이 이 저서의 위대한 목적이다."(호프마이스터 판, S.41)

철학이 '지혜에 대한 사랑'이 아니라 '참된 지혜 자체'라는 그의 주장은 사실 헤겔이 『정신현상학』「서론」에서 철학을 '참된 지혜[das wirkliches Wissen]'라고 규정한 것과 같은 맥락에 있다. 'wirklich'라는 말은 흔히 '현실적'으로 번역되지만, 그렇게 새긴다면 'wirkliches Wissen'은 실용적 지혜에 가까운 말이 돼서 헤겔이 부여한 의미를 제대로 이해할 수 없다. 'wirklich'라는 말을 '참된', '실제로 존재하는'이라는 말로 번역할 수도 있는데, 그러면 'wirkliches Wissen'은 참된 지혜라는 의미로 이해된다. 지혜가 진실해야 한다는 것은 인식이 대상에 내재하는 고유한 본성 즉 객관적 본성을 파악해야 한다는 것을 의미한다. 이것이 헤겔이 하고자 하는 말로 될 것이다.

2 판본에 관해

1)

헤겔은 이미 초판『정신현상학』을 교정보면서 수정판을 내고자 했던 것으로 보인다. 본스피엔 교수의 연구에 따르자면, 헤겔은 1807년 1월 16일 니트함머에게 보낸 편지에서 교열을 보는 가운데 "배의 여기저기에서 균형추를 덜어내고 가볍게 만들 수 있기를" 자주 소망했다고 표현했다.

이런 소망이 충족되기까지는 오랜 시간이 걸렸다. 초판본은 750부 정도를 찍었는데 그게 1829년에 이르러서야 겨우 다 팔리게 됐기 때문이다. 그해 헤겔은 출판사의 연락을 받고 재판본을 위해 협상했으나 협상은 여의치 않았고 헤겔은 1829년 가을부터는 베를린에 소재하는 출판사를 찾았던 것으로 보인다. 마침내 1829년 10월 1일 베를린에 소재하는 둔커Duncker 출판사와 계약을 맺을 수 있었다. 그 계약서에 따르자면 출판사는 초판보다 많은 1250부를 발간하기로 했다. 출판사의 입장에서 그만큼 상업적 가능성이 보인다는 말일 것이다.

헤겔은 그해 가을부터 수정본을 위해 개정 작업에 들어갔지만, 마침 그동안 하던 다른 작업과 겹쳐졌다. 이때 그는 한편으로는 논리학 재판본과 신 존재 증명이라는 책을 발간하기 위해 작업했다. 그는 1831년 11월 7일 발간된『논리학』「존재론」재판본에서『정신현상학』에 관한 그의 수정 작업을 암시했다. 그것에 따르면 그는 초판본의 제목 가운데 '학문 체계의 제1부'라는 말을 빼려 했던 것으로 보인다. 그것은『정신현상학』을 학문과 무관한 독립적 작품으로 만들려는 의도로 보인다. 그는 이때 다음 해 부활절에는 이 재판본이 출간될 것이라고 예고했으나 결국 그해 그의 죽음으로 그의 작업은 중지되고 말았다.

그가 『정신현상학』 수정본을 위해 남긴 노트는 그의 수정 작업이 초판본의 37쪽까지에 그쳤다는 것을 알 수 있다. 그의 사후 '불멸자의 친우 연맹Verein von Freunden des Verewigten'이 출간한 헤겔 『전서Werke』에서 『정신현상학』을 편집한 슐체는 이 노트를 참조하여 수정본을 발간했다. 실재 수정 내용은 아주 사소한 부분이어서, 균형추를 덜어내고 싶다던 그의 소망과는 동떨어진다.

2)

헤겔 사후 헤겔 좌파[743]는 대학 강단에서 제거됐고 헤겔 우파가 강단을 독차지했다. 그들은 헤겔 철학을 프로이센 제국을 지지하는 철학적 지반으로 만들었다.

헤겔 우파는 로젠크란츠를 중심으로 〈불멸자의 친우 연맹〉을 조직하고 1832년에서 1844년까지 헤겔의 전집을 발간했다. 그 가운데 『정신현상학』은 슐체J. Schulze를 통해 편집됐다. 그의 편집은 헤겔이 죽기 직전 『정신현상학』 수정판을 발간하기 위해 작성해 두었던 자료를 토대로 한다는 점에서 초판본과 차이를 지니고 있으며 이후 『정신현상학』의 여러 판본의 기초가 됐다.

---

743 헤겔 사후에 강단에 선 헤겔 제자들을 헤겔 우파라 부른다. 그 대표자들로 로젠크란츠K. Rosenkranz를 들 수 있는데, 이들은 이성적 신앙이라는 헤겔의 입장을 옹호하면서, 프로이센 개혁주의자로서 헤겔의 입장을 계승했다. 이들의 기관지가 〈과학적 비판 연보Jahrbücher für Wissenschaftliche Kritik〉(1827 창간)다. 반면 이들보다 젊은 세대로서 프로이센 비판에 앞장선 혁명세대가 헤겔 좌파다. 그 대표자는 포이어바하Feuerbach다. 포이어바하는 주저 『그리스도교의 본질』(1841)에서 헤겔의 소외 개념을 빌어 신은 인간의 본질이 소외된 것이라고 주장했다.

그러나 19세기 후반 신칸트주의가 등장하고 20세기 초 독일 철학이 현상학과 생의 철학 등으로 전환하면서 헤겔의 철학은 빛을 잃어버렸다. 그러다가 딜타이W. Diltey가 1906년『헤겔 청년 시대』를 발표하면서 연구 분위기가 근본적으로 전환했다. 이 책에서 딜타이는 헤겔의 청년기 논문들을 연구해 헤겔 철학의 진보 개혁적 내용을 강조했다. 딜타이는 헤겔 철학 속에서 무한히 생동하는 정신이 역사 속에서 자기를 실현하는 과정을 발견했다. 그는 자신의 '생의 철학'을 헤겔 철학 속에서 다시 발견했다.

그 이후 독일에서 '헤겔로 돌아가자'라는 헤겔 부흥 운동이 일어났다. 젊은 세대 연구자들 즉 놀H. Nohl, 크로너R. Kroner, 글로크너H. Glockner, 라슨G. Lasson, 호프마이스터, 해링T.H. Häring 그리고 크로체B. Croce 등이 딜타이로부터 영향을 받고 헤겔을 연구했다. 이들은 헤겔 우파가 조직했던 〈불멸자의 친우 연맹〉을 부활하면서, 1931년에는 '헤겔 서거 100년제'를 개최하는 등, 헤겔 철학의 부흥을 이끌어 갔다.

이들은 헤겔의 청년 시대 사유를 다시 밝히는 것에 주력했다. 그 작업은 놀이『헤겔의 청년기 신학 논문집』(1907년)을 편찬하면서 정점에 이르렀다. 그리고 이들은 그동안 간행되지 못했던 헤겔의 강의록이나 저서 초안들을 발간했다.『역사철학 강의』,『미학 강의』또는『철학 전서Enzyklopädie der philosophischen Wissenschaften』도 이때 비로소 발간됐다. 1937년에 호프마이스터가『정신현상학』을 다시 편찬했던 것도 이런 헤겔 부흥 운동의 일환이었던 것으로 생각된다.

이 호프마이스터 판에는 약간의 이야기가 있다. 사실 라슨이 1907년 '『정신현상학』 출간 백 년'을 기념하고자『정신현상학』을 새로이 편찬했다. 호프마이스터는 라슨 판본을 기초로 해서, 1937년 헤겔 당시 발간된 초판본(1807년)과 엄밀하게 대조해, 라슨 판을 다시 수정해 라슨 4판으로 이 책을 발간했다. 이때 호프마이스터가 「편찬자 서문」을 덧붙이지만, 이어지는 1949년의 라슨 5판에서는 별 이유 없이 이 「편찬자 서문」이 빠진다. 그러다가 1952년 호프마이스터 판본이 펠릭스마이너 헤겔 전집의 일부로 발간되면서, 호프마이스터 「편찬자 서문」도 부활했다. 이 판본은 따지고 보면 라슨의 6판이지만, 이제 거두절미하고 호프마이스터 판본으로 불리게 됐다.

3)
    헤겔 전집은 지금까지 여러 군데서 발간됐다. 〈불멸자의 친우 연맹〉이 발간한 전집은 제쳐두자면, 우선 펠릭스마이너Felix Meiner(Hamburg) 『전집』인데, 그 본래의 이름은 '『철학 총서 개정 전집Die kritische Gesamtausgabe der Philosophischen Bibliothek』'이다. 헤겔 청년기 논문에 관한 연구 성과를 담아서, 1950년대에 이 『전집』[744]이 발간됐다. 여기서 『정신현상학』도 포함됐는데 이 판본은 앞에서 언급된 호프마이스터 판을 다시 발간한 것이다.

    또 하나는 주어캄프Suhrkamp(Frankfurt am Mein) 『전집』이다. 이 『전집』은 1970년대 등장했는데, 청년기 논문들뿐만 아니라, 강의록까지 포함해 아마 『전집』다운 최초의 『전집』[745]으로 발간됐다. 이 『전집』, 가운데 『정신현상학』은 몰덴하우제E. Moldenhause 와 미셸K. M. Michel

744   이 『전집』은 헤겔 청년기 논문들이 전체 중 6권을 차지하고, 나머지는 『논리학』과 『정신현상학』 뿐이다. 총 11권이다.

745   이 『전집』에 『논리학』과 『정신현상학』 밖에, 청년기 논문들, 그리고 『법철학 강요』, 『철학 전서』, 『역사철학 강의』, 『미학 강의』, 『종교철학 강의』, 『철학사 강의』가 포함된다. 총 20권이다.

이 공동으로 편집했으나, 근본적으로 펠릭스마이너 판과 차이가 없다.

그런데 1980년대 들어와서 새로운『전집』이 등장했다. 보쿰에 있는 〈헤겔 서고〉의 학자들이 중심이 돼서 기존의 펠릭스마이너『전집』을 대대적으로 개정했다. 이런 개정판은 〈국제 헤겔연맹〉의 등장과 밀접하게 연관된다. 잠깐 그 역사를 보자.

앞에서 딜타이의 제자들이 중심이 돼 등장했던 헤겔 부흥 운동은 사회주의 진영에서 많은 비판을 받았다. 특히 제자들은 1931년 '헤겔 서거 백년제'를 개최했는데, 마침 이 시기가 독일에서 나치즘이 등장하던 시기라서 사회주의 진영에서는 헤겔 부흥 운동을 나치즘과 연관 지어 보았다. 그 이후 헤겔 연구의 주도권은 사회주의 진영으로 넘어가서 헤겔은 주로 변증법의 선구자로 연구됐다. 이런 사회주의 진영에서 헤겔 연구자들은 이미 1953년부터 동독의 뉘른베르크(헤겔이 여기서 김나지움 교장을 잠시 했다)에서 〈국제 헤겔협회International Hegel Gesellschaft〉를 조직했고, 또『헤겔 연보Hegel Jahrbuch』라는 잡지를 발간했다.

4)

그러다가 1950년대 들어와서 딜타이의 제자인 해석학자 가다머G. Gadammer가 헤겔에 관해 관심을 기울이면서, 그가 교수로 있었던 하이델베르크대학에서 그의 제자들을 중심으로 헤겔을 새롭게 연구하려는 운동이 일어나게 됐다. 이들 중 대표자들만 들어보자면, 헨리히D. Henrich, 푀겔러O. Pöggeler, 호르스트만R-P. Horstmann, 베커W. Becker 등이 있다. 이들은 헤겔을 생동하는 정신의 자기실현 과정으로 해석한 딜타이의 전통을 충실하게 따르려고 했다. 이들은 〈국제 헤겔협회〉에 대항해 1962년 〈국제 헤겔연맹〉을 조직했는데, 이 단체는 1930년대 등장한 〈불멸자의 친우 연맹〉의 후신이라 할 수 있겠다. 이 〈국제 헤겔 연맹〉 파는 매년 〈헤겔 회의Hegel Congress〉를 조직했다. 또한, 앞에서 말한 『헤겔 연보』에 대항해 『헤겔 연구Hegel Studien』라는 잡지를 발간한다.

이 〈국제 헤겔연맹〉 파가 건설한 것이 바로 보쿰에 있는 〈헤겔 서고〉다. 이 서고의 주요활동은 헤겔의 『전집』을 완전히 개정하는 것이었다. 헤겔 당시에 헤겔이 직접 발간한 저서들은 많지 않다. 『정신현상학』(1807년), 『논리학』(1812)』, 『법철학 강요』(1821)가 전부다. 헤겔이 남긴 청년기 습작 논문들이나, 강의록들은 20세기 초에 들어와서야 비로소 발간됐다. 그러다 보니 보존상태가 엉망이고, 학생들의 노트에 따라 차이가 있어서 무엇이 진짜 헤겔의 말인지 명확하게 가려내기 어려웠다. 그래서 〈국제 헤겔연맹〉에서 객관적인 차원에서 정리를 좀 해 보자 해서, 어쩌면 무모한 이 작업에 뛰어들었던 게 아닐까 한다. 이렇게 해서 탄생한 『전집』이 1980년대 편찬된 펠릭스마이너 헤겔 전집이다.

이 전집은 대체로 헤겔의 원본을 되살리려는 경향이 강한데 『정신 현상학』도 그 때문인지 헤겔이 발간했던 1807년 판을 다시 되살려놓았다. 다만 1832년 슐체가 헤겔의 수정 노트를 토대로 수정한 부분은 주에서 밝혀 놓았다.

3 『정신현상학』의 구조, 방법, 개념과 목적

1) 구조와 개념의 이해

정신현상학을 이해하는 지름길은 그 전체의 구조를 이해하고 그 방법이나 기본 개념을 이해하는 데 있다고 보인다. 그것을 통해『정신현상학』이라는 책의 전체 목적이 밝혀질 것이다.

지금까지 많은 연구는 이런 기본 바탕을 무시한 채 세부적인 연구에 몰두했다. 그러나 그 기본 바탕이 잘못되면 그런 세부적 연구는 사상누각에 지나지 않을 것이니,『정신현상학』을 이해하는 데서 가장 긴급한 것은 기본 바탕을 세워두는 것이다.

2) 의식 경험과 모순

『정신현상학』이 전개되는 방법은 헤겔이 「서론」에서 '의식 경험의 길'이라는 개념을 통해 밝혔다. 이 개념은 칸트의 선험철학에서 출발한다. 그것은 곧 대상이란 의식의 범주가 규정하는 것이라는 관점이다.

이런 관점에 서면 의식의 경험은 대상 너머에 있는 물 자체에 부딪히게 된다. 이는 곧 의식의 범주로 규정되지 않는 딜레마나 모순이 출현한다는 것을 의미한다. 칸트 철학은 이런 물 자체에 부딪힘으로써 그 너머 영역은 인식 불가능한 영역으로 규정했다. 이 물 자체의 난제를 해결하는 것이 시대의 과제였다. 직관으로 돌아간 셸링과 달리 헤겔은 칸트 선험 원리를 지키면서도 이 물 자체의 난제를 해결하고자 했다. 헤겔은 여기서 의식 경험의 개념을 제시한다.

헤겔에 따르면 의식 경험의 길에서 딜레마나 모순을 통해 드러나는 물 자체는 사실 그 의식이 이미 전제한 특정한 범주를 통해 대상을 규정하는 것 때문이다. 그런 특정한 범주를 벗어나게 되면 더는 딜레마나 모순이 출현하지 않게 된다고 주장한다. 그는 이런 딜레마나 모순에 부딪히면 의식은 자기 내로 반성하여 기존의 의식 형태와 다른 새로운 의식 형태가 출현하며 이를 통해 의식이 자기 내로 반성하는 것이 곧 헤겔이 말하는 의식 경험의 길이다.

3) 의식의 운동과 대상의 운동

의식의 자기 내 반성은 그 의식에 대해 존재하는 대상을 넘어 물 자체 즉 딜레마가 출현하는 것을 매개로 한다. 의식이 딜레마를 매개로 더 일반적 의식으로 발전하면서 기존의 물 자체는 의식이 파악하는 현상 영역 안으로 들어오고, 이에 따라 의식이 규정할 수 있는 대상의 영역도 확장된다. 하지만, 이 새로운 의식 경험 역시 일정한 범주를 전제로 구성된 것이니, 다시 물 자체에 부딪히게 된다. 이렇게 매번 새롭게 등장하는 물 자체는 이전에 출현했던 물 자체보다 더 근본적인 물 자체가 될 것이다.

이와 같은 '의식 경험'의 개념에 따르면, 의식은 개별적 형태에서 일반적 형태로 발전한다. 즉 좁은 영역에만 적용되는 의식의 범주는 이로부터 발생하는 물 자체까지 포괄하는 더 넓은 영역에 적용되는 일반적 의식 범주로 발전한다. 개별적 의식에 대해 일반적 의식은 근거가 되는 것이므로 의식 경험의 운동은 자기 내에 있는 근거로 복귀하는 운동이라 할 수 있다.

여기서 의식의 반성과 대상의 출현이 서로 매개한다. 의식이 자기 내로 발전하는 과정은 거꾸로 보면 대상의 본질이 드러나는 과정 즉 물 자체가 출현하는 과정을 매개로 한다. 거꾸로 대상의 본질이 드러나는 과정은 의식의 자기 내 반성을 매개로 한다. 의식이 더 일반적 의식이 되면서 더 근본적인 대상의 본질이 출현하게 된다.

양자는 서로 매개하면서도 서로 반대 방향이다. 의식의 발전 과정은 더 포괄적인 의식으로 즉 자기 내로 복귀하는 운동이다. 반면 대상이 출현하는 과정은 더 본질적인 대상이 의식 앞에 생성하는 운동이다.

4) 연구 과정과 서술 과정

의식이 존재하는 한, 끝없이 그 의식을 넘어서 규정될 수 없는 물 자체가 출현할 것이니 이 과정은 개방적이고 열린 과정이라 할 수 있다. 그러나 일정한 시대에서는 더는 당시의 의식으로 규정되지 않는 대상은 없으니, 그런 한에서 이 과정은 닫힌다. 열림과 닫힘은 서로 교체된다. 열린 운동 끝에서 보면 닫힌 것이며, 닫혔다 하더라도 새로운 물 자체가 출현하면, 다시 열리게 된다.

이 운동을 일단 일정한 시대에서 본다면, 대상은 더는 그것에 대립하는 것이 없으므로 순수한 존재로 규정된다. 이 순수 존재는 지금까지 의식의 길을 통해 도달하는 가장 일반적 대상이다. 이제 이 과정을 거꾸로 뒤집어 보면 이 순수 존재는 사실 가장 개별적인 최초의 의식에 이미 가능성으로 내재하던 것이며, 그것은 의식의 발전 과정에서 더 구체적으로 실현되다가 마침내 최종적인 일반 의식에서 자기를 완전히 드러낸 것이라고 할 수 있다. 그러므로 앞에서 의식 경험을 매개하는 것으로 설정된 대상의 운동은 이런 순수 존재가 실현되는 운동이며 그런 점에서 이 운동을 헤겔은 개념 운동이라 한다.

의식의 경험에서 의식은 개별적 의식에서 일반적 의식으로 발전한다. 반면 대상의 실현은 추상에서 구체로 나가니, 양자는 서로 전도된 모습을 취하고 있다. 전자가 상향적이며 끊임없이 자기를 넘어서는 개방적 과정이라면 후자는 하향적이며 이미 존재하는 본질이 실현되는 것이니 폐쇄적이다.

　의식 운동이나 개념 운동은 서로 매개하는 것이니, 의식 운동의 이면에 개념 운동이 있으며, 개념 운동의 이면에 의식 운동이 있다. 헤겔의 경우 대부분 학문은 개념 운동의 길을 택하고 있다. 학문의 경우(논리학이든 자연철학이나 정신철학이든) 개념 운동이 전면에 나오며 그 이면에 의식 경험이 전개된다. 반면 『정신현상학』의 경우는 의식 경험의 길이 전면에 나오며 그것을 매개하는 것이 대상의 개념 운동이다.

　마르크스는 헤겔이 말한 의식 운동과 개념 운동을 연구 과정과 서술 과정으로 설명했다. 연구 과정은 경험적으로 얻어지는 개별 사실들에서 출발하여 가장 일반적이고 근거가 되는 원리로 나간다. 서술 과정은 연구 과정을 통해 발견된 원리로부터 시작한다. 여기서 추상적 원리를 구체화하면서 현실의 대상을 설명하게 된다. 마르크스의 경우에서도 연구 과정과 서술 과정이 서로 매개한다. 마르크스의 자본론을 보면, 장마다 먼저 개념적으로 서술한 다음 이를 다시 역사적인 발전을 덧붙이는데, 이는 연구 과정과 서술 과정이 매개됨을 보여준다.

　5) 형태와 계기
　의식이 전개되는 과정에서 이전의 의식 형태는 이후의 의식 형태에 내면화[기억: Erinnerung]되니, 이후의 형태가 전개될 때는 이전의 형태가 다시 반복된다. 다만 과거의 것이 똑같이 반복되는 것이 아니라 새로운 의식 형태를 지반으로 해서 반복된다. 그러므로 헤겔은 이를 개념의 계기가 된다고 한다. 의식 형태의 이행은 개념의 계기가 전개되는 과정에서 반영된다. 전자는 시간 속에서 일어나며, 이것이 곧 의식 경험의 길이다. 후자는 논리적 과정이며 이것은 앞에서 말한 대상의 개념 운동과 같은 것이다. 시간 속에서 이행과 사유 속에서 이행은 서로 다른 차원에 놓여 있음에도 서로 평행한다. 양자의 과정은 마치 계통의 발생 과정을 개체가 반복하는 것과 같다. 헤겔은 이를 형태와 계기의 관계라고 한다.

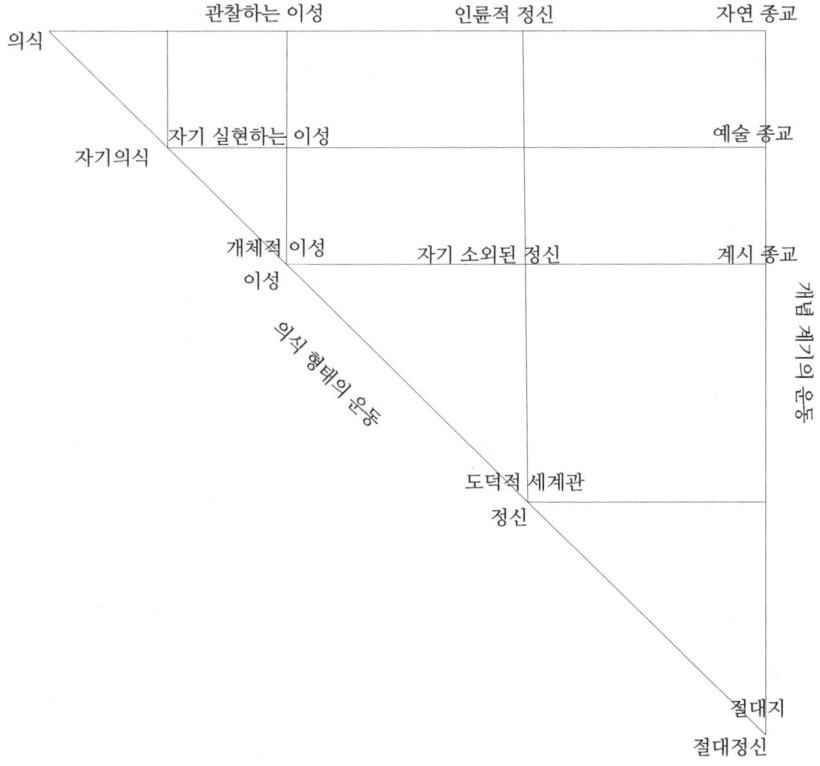

정신현상학의 전개과정은 한편으로 의식 경험에 따라 새로운 형태로 이행하면서 이 새로운 형태에서는 과거의 형태가 기억된 대로 즉 개념의 계기에 따라서 다시 반복하니,『정신현상학』의 구조가 매우 복잡하게 보이는 것도 이 때문이다. 예를 들어 이성 장을 보면, 이성 장은 의식의 형태에서 의식, 자기의식을 거쳐서 도달한다. 그런데 이성 형태 자신은 관찰하는 이성, 자기 실현하는 이성, 그 자체로 자기에게 나타난 개체성이라는 계기로 전개되는데, 이 각 계기는 이전에 의식 형태가 내면화된 것이다. 즉 관찰하는 이성은 의식에, 자기 실현하는 이성은 자기의식에, 개체성은 본래적 이성에 해당한다. 이런 원리에 따라『정신현상학』의 전개과정을 도해하면 위와 같다.

6) 정신 개념

　　『정신현상학』에서는 정신을 다룬다. 이 정신은 세 가지를 포함한다. 즉 인식과 실천적 의지 그리고 표현이다. 그 어느 영역에서나 전개되는 방법은 앞에서 말한 의식 경험의 길이다. 그때마다 모순이나 딜레마가 출현해서 새로운 형태로 이행하게 된다.

　　헤겔은『정신현상학』에서 이 세 가지 영역을 개별성과 일반성이라는 두 단계로 구분해서 다룬다. 그러므로 전체적으로 보면『정신현상학』은 다음과 같이 구성된다. 이 구성은 대체로 헤겔이 칸트의 범주표에서 끌어낸 4개 범주(12개 판단형식)에 대응한다.

정신현상학	내용	판단형식
의식	개별적 인식	질 범주

자기의식	개별적 의지(자아)	양(본질) 범주
이성	일반적 인식	실체 범주
정신	일반적 의지(자아)	개념 범주
절대정신	정신의 표현	이념

(실제로 헤겔의 『정신현상학』을 읽다 보면, 의식 장에서 '성질'이, 자기의식 장에서 '본질'이, 이성 장에서 '실체'가, 그리고 정신 장에서 '개념'이 등장한다는 것을 발견할 수 있다)

7) 의식과 자기의식

헤겔은 인식을 다루거나 실천적 의지 또는 표현을 다룰 때 마찬가지로 같은 개념 틀을 사용한다. 그것은 곧 의식과 자기의식이라는 개념 틀이며, 또는 그 자체 존재와 대자 존재라는 개념 틀이다.

의식과 자기의식의 틀은 본래 인식을 설명하는 데서 나왔다. 아직 대상이 미분화된 상태는 확신이다. 의식은 대상과 대립하면 의식이 된다. 대상 속에서 자기를 발견하면 자기의식이다. 자기의식에서는 대상과 자아가 각자 자립하면서도 서로 통일된다.

이런 의식과 자기의식의 틀은 실천적 의지를 규정하는 데서도 사용된다. 실천적 의지가 순수한 욕망 상태에서 있다면 이것은 확신이라 하며, 자유로운 선택 또는 자의적 결정 상태에 있다면 이것은 의식이 된다. 마지막으로 칸트의 순수 의지처럼 합리적 자유의지는 자기의식이 된다. (헤겔은 자기의식 장에서 실천적 의지를 다루는데, 그 결과 언뜻 모순적으로 보이는 '의식적인 자기의식'이라는 개념도 출현한다. 그러나 뒤의 자기의식은 실천적 의지를 말하며, 앞의 의식은 의지 가운데 의식의 단계를 말하니, 이것이 바로 선택으로서 자유의지다)

표현의 경우도 마찬가지다. 종교는 표현에서 의식의 단계다. 왜냐하면, 절대정신이 자기에 대립하는 신을 통해 표현되기 때문이다. 예술은 표현에서 의식의 단계다. 반면 절대지는 표현의 영역에서 자기의식이 된다. 절대지는 개념의 자기 전개를 통해 절대정신을 표현하기 때문이다.

8) 그 자체 존재와 대자 존재

헤겔 철학 전반에서 가장 많이 사용되는 개념 틀이 곧 '그 자체 존재', '대자 존재', '그 자체로 자기에게 나타난 존재'라는 개념들일 것이다. 특히 이 개념들은 각자 이중적인 의미로 사용되면서 혼란을 더욱 부채질한다.

이 개념 틀은 명제의 주어와 술어 사이의 관계에서 나온다. 헤겔은 그 관계를 이중적으로 보는데, 하나는 주어가 술어에 외연적으로 귀속되는 것이며 다른 하나는 내포적으로 술어가 주어의 의미 속에 포함되는 것을 말한다.

이런 이중성에서 보면, 문장의 주어가 지시하는 것은 술어를 가능성에서 내포한다는 점에서 추상적인 것이고 아직 술어에 속하는 하나의 외연에 지나지 않으므로 개별적이다. 이런 가능성을 지닌 추상적이고 개별적인 것이 곧 '그 자체 존재'다. 술어는 내포적 의미에서 보면 주어의 본질 즉 추상적 가능성이 실현된 것을 의미하므로 구체적인 것이지만, 동시에 외면적으로 보면 모든 개별자 외면적으로 포괄한다는 점에서는 일반적이다. 이것이 구체적인 일반자 즉 '그 자체로 자기에게 나타난 존재'다.

주어에서 술어로 이행하는 과정 가운데 있는 것이 '대자 존재'다. 이 대자 존재는 주어의 한 속성이 개별적으로 실현된 것이다. 여기서 자기가 자기로 실현되면서 자기 관계하는 대자 존재가 됐다. 그러나 이런 한 속성의 개별적 실현은 그 이면에 그것에 대립하는 타자가 존재한다. 주어가 분화되면서 한편으로 대자 존재가 출현하면서 동시에 다른 한편으로 이 타자가 출현한다. 이 타자는 대자 존재에 대립하는 것이므로 '대타 존재'다. 이 대타 존재와 대자 존재는 동시에 출현하면서 서로 대립하는 것이다.

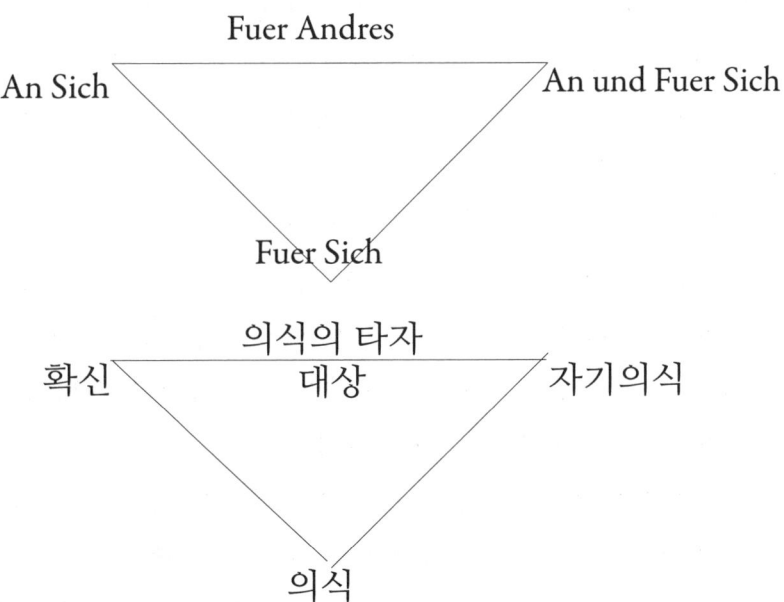

의식과 자기의식의 틀은 의식 경험의 길을 규정할 때 주로 사용된다. 반면 그 자체 존재와 대자 존재의 틀은 개념 운동을 규정할 때 주로 사용된다. 그러나 양자는 사실 서로의 이면이 된다.

아래의 도해에서 보듯이 의식의 운동과 개념의 운동은 서로 전도된다. 양자는 의식의 대상과 대자 존재에서 서로 만난다. 의식은 의식과 대상과 모순을 매개해서 자기의식으로 발전한다. 반면 그 자체 존재는 대자 존재와 타자 존재를 매개로 해서 그 자체로 자기에게 나타난 존재로 나간다. 전자는 의식의 운동을, 후자는 개념의 운동을 표현한다.

9) 절대정신

위에서 『정신현상학』의 골격과 방법, 그리고 개념을 설명했다. 그러면 이 『정신현상학』이 도달하려는 결과 또는 목표는 무엇인가?

이 책은 자주 칸트의 『순수이성 비판』에 비교된다. 칸트는 이 이성 비판을 형이상학을 위한 예비학으로 규정했는데, 헤겔의 『정신현상학』은 그의 학문에 이르는 예비학이라고 규정한다. 즉 정신현상학은 학문에 이르는 사다리다.

그러나 순수이성 비판이 인식의 한계를 비판하려는 데 제한됐다 한다면, 『정신현상학』은 그보다 광범위한 내용을 품고 있다. 『정신현상학』은 인식뿐만 아니라 실천적 의지(욕망, 심정, 믿음, 자유의지), 그리고 표현까지도 포함한다. 그러므로 이 책은 칸트처럼 이성 비판으로 규정되기보다 포괄적인 정신의 도야로 규정된다.

『정신현상학』에서 정신의 도야를 통해 도달하는 최종적인 결과는 곧 절대정신, 그 가운데서도 절대지다. 이 절대지는 절대정신을 표상을 통해 파악하는 종교와 달리 개념의 체계를 통해 파악하는 것이다. 이 개념의 체계는 곧 학문으로 규정되는데, 여기서 학문의 형식이 개념의 체계라면, 그 구체적 내용은 무엇일까? 그것이 곧 절대정신인데, 그 절대정신의 의미를 이해하는 것이 중요하다.

흔히 절대정신은 신을 의미한다고 보는데, 신은 절대정신을 종교적 표상을 통해 파악한 것에 지나지 않는다. 즉 신은 절대정신을 파악하는 하나의 형식을 의미하며 이런 점에서 종교는 개념의 체계를 통해 파악하는 절대지와 구분되지만, 내용상으로는 종교나 절대지는 모두 절대정신을 내용으로 한다.

헤겔에서 절대정신이란 곧 공동체다. 이 공동체는 단순히 공동의 목적(이성, 법)을 의미하지 않는다. 이 공동체는 그와 동시에 개별 의지의 통일체 즉 집단의지 또는 공동 자아를 말하며, 이는 국가라는 형태로 드러난다. 다음 구절을 참조하라.

"절대정신은 곧 **공동체**[Gemeinwesen]다. 이 공동체는 우리가 이성이 실천적으로 실현된 형태['이성적 자기의식의 자기를 통한 실현' 절]로 들어섰던 당시에는 **우리에게** 절대적인 본질[746]로 나타났으나, 여기서는 자신의 진리에 도달하면서 **자기 자신에 대해**[für sich selbst] 의식된 인륜적 본질 즉 우리가 **대상으로 삼는** 본질로서 등장한다."(446 구절)

10) 헨 카이 판

헤겔은 절대정신 즉 국가를 절대지 즉 개념의 체계를 통해 구성하려 했다. 그의 국가는 구체적으로 말하자면, 의회(일반성)와 왕(개별성) 그리고 관료(특수성)이 서로 견제하는 것과 서로 보완하는 것을 통해 전

---

746 성실한 의식에서 등장한 추상적 본질을 말한다.

개되는 체계다. 그가 국가를 이런 식으로 구성하려 했던 진정한 의도는 개인의 자유와 공동체의 통일을 동시에 추구하려는 이상에 있다.

이것은 곧 '하나이자 전체[hen kai pan: All-Einheit]'라는 사상을 구체적으로 실현한 것이다. 이 원리는 그리스 헤라클레이토스의 단편에서 나온다고 하는데, 헤겔은 청년기부터 시인 횔덜린과 자연철학자 셸링과 더불어 가슴에 품고 있었다고 하는 원리다. 이 원리를 헤겔은 각자는 전체이면서 동시에 전체의 한 계기라는 의미로 재해석한다. 필자는 이를 간단히 공동체적 정신이라고 부르려 한다.

헤겔은 이런 이상 국가가 실현되기 위해서는 사람들이 그런 국가를 구현하는 근본적 정신을 받아들여야 한다고 보았다. 그 정신이 곧 절대지며 이는 '하나이면서 동시에 전체라는 정신' 즉 공동체적 정신이다. 헤겔은 이런 정신이 단순히 원리로 또는 이념이나 선으로 제시되는 것으로 모든 사람이 이 원리를 따르는 것은 아니라고 본다.

헤겔은 개인이 이 원리를 온몸으로 체득하기 위해서는 지나간 역사에서 등장한 다양한 정신을 지나간 역사에서 되살려 몸소 추체험하며 왜 그런 정신이 등장했는지, 그런 정신의 한계가 무엇인지를 절절하게 자각할 필요가 있다고 본다. 이런 역사적 추체험을 통해서만 비로소 공동체 정신을 온몸에 진정으로 체득할 수 있다는 것이다.

그러므로 헤겔이 정신현상학에서 최종적으로 제시한 절대지가 무엇인지를 안다고 해서 문제가 해결되는 것은 아니다. 오히려 더 중요한 것은 그런 정신에 도달하기까지 거쳐 가야 하는 도정 즉 정신이 전 인격적으로 자기를 도야하는 도정이며 이를 위한 역사 속에서의 정신의 추체험이다. 이렇게 본다면 헤겔의 『정신현상학』은 웅대한 역사철학적 과제를 수행하는 임무를 지닌다고 하겠다.

11) 탄생과 이행의 시대

헤겔이 전인격적인 도야를 통해 도달하려는 국가는 한편으로는 개인의 자유를 바탕으로 하므로 민주주의적 요소를 지닌다. 다른 한편으로는 이 국가는 체계화된 관계를 통해 공동체성을 강조한다. 이 점은 흔히 헤겔의 국가가 지닌 복지국가로서의 특징으로 자주 언급된다.

이런 국가는 흔히 프로이센 개혁국가를 위한 모델을 제시한 것으로 여겨지지만, 오히려 그 시대 지식인들이 꿈꾸었던 이상적 국가의 이념으로 보는 것이 더 올바른 해석일 것이다. 문제는 헤겔이 왜 이처럼 국가에서 민주성과 공동체성을 통합하려 시도했는가에 있을 것이다. 그것은 헤겔이 살았던 시대 독일의 상황을 보면 충분히 이해할 것이다.

헤겔 시대 이웃하는 영국이나 프랑스에서는 이미 민족적 통일 국가와 근대적 민주주의 체제 그리고 활발한 자본주의적 발전이 일어나고 있었다. 그러나 독일은 여전히 중세 봉건적 시대를 벗어나지 못했다. 17세기 초 30년 전쟁이 끝난 뒤 독일은 소 국가로 분열됐으며, 각 국가는 봉건적 지배 아래 있었고 자본주의적 발전은 오히려 후퇴하고 말았다.

그런 상황에서 프랑스 혁명의 기운을 전해 받고, 나폴레옹의 지배 아래 프로이센을 중심으로 일부 개혁이 이루어지면서 독일에서도 혁명적 지식인이 출현했다. 헤겔 역시 이 시대 청년기를 보냈으며, 그런 혁명적 지식인의 이상을 공유했다. 그러나 다른 한편 청년들은 프랑스 혁명 가운데 전개된 공포 정치에서 충격받았으며, 새로이 발전하는 자본주의의 불평등을 목격했으니, 혁명적 지식인들은 한편으로 근대적 체제를 실현하면서도 다른 한편으로 공포와 불평등이 없는 이상을 실현하려 했다.

그런 이상의 가능성 보여준 최초의 인물이 곧 칸트였다. 칸트는 로베스피에르가 사사한 루소의 일반 의지 개념이 지닌 한계를 깨닫고 이를 극복하기 위해 순수 의지 즉 도덕적 자유의지 개념을 제시했으니, 칸트의 세례를 받은 청년 지식인들은 이런 도덕적 자유의지를 통한다면 자신의 이상을 실현할 수 있다는 희망에 들뜨게 됐다. 그러나 칸트의 순수 의지 개념은 나름대로 문제를 지녔으니, 이 문제를 극복하기 위해 낭만주의자는 이를 양심 개념으로 발전시켰으며, 헤겔은 그것조차 넘어선 '하나이자 전체'라는 절대지의 개념을 제시하기에 이른 것이다.

갈F. J. Gall, 『인간 두개골 및 동물 두개골의 구조에 관한 이미 완성된 서론에 관한 서술, 새로운 독일에 관한 알림』, C. M. Wieland 편, 3권, Weimar, 1798

갈F. J. Gall, 『의사 갈의 변호서』, Walther 편, München, 1804

갈F. J. Gall, 『두뇌 구조와 가능성에 관한 강의, 인간과 동물의 두개골의 구조로부터 발견한 여러 가지 정신적 심정적 성질의 소질』, H. G. C. v. Selpert 편, Berlin, 1805

괴레스I. Görres, 『신앙과 인식』, München, 1805

괴테Johann Wolfgang von Goethe, 『파우스트』, Leipzig, 1790

괴테Johann Wolfgang von Goethe, 『빌헬름마이스터의 수업 시대』, Berlin, 1795

그렌Friedrich Albrecht Carl Gren, 『자연론 개요』, Halle, 1801

뉴턴Isaac Newton, 『자연철학의 수학적 원리』, Amsterdam, 1714

달랑베르Jean-Baptiste Le Rond d'Alembert, 『1778년 과학과 문예에 관한 왕립 아카데미에 대한 새로운 기억』, Berlin, 1780

달랑베르Jean-Baptiste Le Rond d'Alembert, 『1780년 과학과 문예에 관한 왕립 아카데미에 대한 새로운 기억』, Berlin, 1782

데카르트René Descartes, 『제일철학의 성찰』, Amsterdam, 1663

데카르트René Descartes, 『철학의 원리』, Amsterdam, 1656

돌바하Baron d'Holbach, 『기독교의 베일을 벗기다, 또는 기독교 종교의 원리와 효과에 대한 고찰』, London, 1767

돌바하Baron d'Holbach, 『사회체계 또는 도덕과 정치학의 자연적 원리』, London, 1773

돌바하Baron d'Holbach, 『자연의 체계 또는 물리적 세계와 윤리적 세

계의 법칙』, Frankfurt und Leipzig, 1791

디드로Denis Diderot, 『라모의 조카』, Goethe 역, Leipzig, 1805

돌턴John Dalton, 『혼합된 가스체의 성질에 관한 새로운 이론에 관한 상세한 해명』, 〈물리학 연보〉, L.W. Gilbert 편, 13권, Halle, 1803

디오게네스Diogenes Laertius, 『유명한 철학자의 생애와 학설과 단편』, Leipzig, 1759

라메트리Julien Jean Offroy de La Mettrie, 『철학 전집』, Frederic II 편, Paris, 1796

라메트리Julien Jean Offroy de La Mettrie, 『행복에 관한 담론』, 『전집』, 2권, 『인간 기계론』, 『전집』, 3권, 『예술과 기쁨』, 『전집』, 3권, .『영혼의 흔적』, 『전집』, 1권

라바터J. C. Lavater, 『관상학에 관해』, Leipzig, 1772

라바터J. C. Lavater, 『관상학 단편』, Leipzig, 1775~1778

라이우스Johannes Raius, 『네발 동물과 뱀 목 동물에 대한 체계적인 개요』, London 1693

라인홀트Gottfried Reinhold Treviranus, 『자연 연구자와 의사를 위한 생물학 또는 살아 있는 자연에 관한 철학』, Göttingen, 1803

라인홀트Gottfried Reinhold Treviranus, 『철학의 가장 일반적으로 타당한 최초의 근본 명제의 가능성과 속성을 설정할 필요성에 관해』, Jena, 1790

라인홀트Gottfried Reinhold Treviranus 편, 『19세기 초 철학의 상태에 관한 가벼운 개요에 관한 시론』, Hamburg, 1801

라인홀트Karl Leonard Rheinhold, 『인간의 관념 능력에 관한 새로운 이론의 탐구』, Prag & Jena, 1789

레싱G. E. Lessing, 『함부르크 희곡론』, Hamburg, 1767~1769

레싱G. E. Lessing, 『정신과 힘의 증명에 관해』, Leipzig, 1791

레싱G. E. Lessing, 『공리에 관해. 괴체 목사에 대한 반박『, Leipzig, 1791

레싱G. E. Lessing, 『현자 나단, 극시, 5막극』, Berlin, 1779

로비네J. B. Robinet, 『자연에 관해』, Amsterdam, 1763.

로슈라우브D. Andreas Roeschlaub, 『병인학에 관한 연구 또는 의학 이론 서문』, T.2, frankfurt am Mein, 1798

로젠크란츠K. Rosenkranz, 『헤겔의 생애』, Berlin , 1844

루소J. J. Rousseau, 『전집』, 13권, Zweibrücken, 1782

루소J. J. Rousseau, 『정치적 권리의 원리』, Amsterdam, 1762

루터Martin Luther, 『비판 총서』, Weimar, 1914.

르 세이지G.-L. Le Sage, 『역학적 화학에 관한 시론』, 1758년 루앙 아카데미 발표문

리스트 Johann Rist, 『찬송가』, Lüneburg, 1658.

리히텐베르크Georg Christoph Lichtenberg, 『관상학에 관해』, Goettingen, 1778

리히텐베르크Georg Christoph Lichtenberg, 『전기 물질의 본성과 운동을 연구하기 위한 새로운 방법에 관해서』, 유고집, L. C. Lichtenberg und Friedrich Kries 편, Göttingen, 1896

린네Carolus a Linné, 『자연의 체계』, Lyden, 1735

린네Carolus a Linné, 『식물 체계』, Göttingm, 1784

몽테스키외Baron de Montesquieu, 『법의 정신』, Genf, 1748

바그너J. J. Wagner, 『관념 철학의 체계』, Leipzig, 1804

바그너J. J. Wagner, 『사물의 본성에 관해』,Leipzig, 1803

바르딜리C. G. Bardili, 『지금까지 논리학이 지닌 오류를 제거한 최초의 논리학의 개요』, Stuttgart, 1800

베비에와 바리에 양MM Saint Albin Berville et F. Barrière, 『늙은 코들

리에』, Paris, 1825

바일Pierre Bayle, 『역사적 비판적 사전』, Rotterdam, 1720

본네트Karl Bonnet, 『영혼의 힘에 관한 분석적 시도』, M. Christian Gottfried Schütz 역, Bremen und Leipzig, 1770

볼테르Voltaire, 『전집』, la Société littéraire typographique, 1784~1789

볼프Christian Wolff, 『자연 신학』, Frankfurt und Leipzig, 1737

뵈메Jacob Böhme, 『오로라 또는 여명의 황혼』, Hamburg, 1715

브루노니스Joannis Brunonis, 『의학 이론의 근본 원리』, M.A.Wekard 역, Frankfurt am Mein, 1796

불Johann Gottlieb Buhl, 『학문 부흥의 시대 이래 최근 철학의 역사』, 1권, Göttingen, 1800

블루멘바하Johann Friedrich Blumenbach, 『자연사 교과서』, Göttingen, 1791

브라운Johann Brown, 『의학의 근본 명제』, Weikard 역, Frankfurt am Main, 1795

블뢰드Karl August Bloede, 『두뇌 구조에 관한 갈의 학설』, Dresden, 1805

비쇼프C. H. E. Bischoff, 『갈의 두뇌론과 두개골론에 관한 해명』, Berlin, 1805

빈테를Jakob Joseph Winterl, 『비유기체적 자연의 네 가지 구성성분에 관한 서술-저자에 의한 서론과 자료의 첫 번째 부분의 개정』, Dr. Johann Schuster 역, Jena, 1804

섹스투스 엠피리쿠스Sextus Empiricus, *Opera*, Johann Albert Fabrius 편, Leipzig, 1718

셰익스피어Shakespeare, 『맥베스』, *Theatralische Werke*, Wieland 역, 6 권, Zürich, 1765

셰익스피어Shakespeare, 『햄릿』, *dramatische Werke*, August Wilhelm Schlegel 역, T. 3, Berlin, 1798

셸링F. W. J. Schelling, 『전집』, K. F. A. Schelling 편, 1부, Stuttgart und Ausburg, 1856~1861

셸링F. W. J. F. W. J. Schelling, 『세계영혼에 관해, 일반적 유기체를 설명하기 위한 고차 물리학의 가설』, Hamburg, 1798, 『전집』, 2권

셸링F. W. J. Schelling, 『철학 체계로부터 나온 상세한 설명』, Tübingen, 1802, 『전집』, 1권

셸링F. W. J. Schelling, 『자연철학을 체계화하기 위한 최초의 시도』Jena und Leipzig, 1799 , 『전집』, 3권

셸링F. W. J. Schelling, 『철학의 체계에 관한 더 상세한 서술 별부』, 『전집』, 4권

셸링F. W. J. Schelling, 『철학의 체계에 관한 더 상세한 서술』, 『전집』, 4권

셸링F. W. J. Schelling, 『물리학의 역동적 과정 또는 범주의 일반적 연역』, 〈사변 물리학 잡지〉, Schelling 편, 1권, H. 2, Jena und Leipzig, 1800, 『전집』, 4권

셸링F. W. J. Schelling: 『의학의 입장을 자연철학의 근본 원칙에 따라 표시』, 〈학문으로서 의식 연보〉, A. F. Marcus und F. W. J. Schelling 편. Tübingen 1805. 『전집』, 7권

셸링F. W. J. Schelling, 『네 가지 고귀한 금속』, 〈사변 물리학 신 잡지〉, F. W. J. Schelling 편, Tübingen, 1802, 『전집』, 4권

셸링F. W. J. Schelling, 『나의 철학 체계에 관한 서술』, 〈사변적 물리학 잡지〉, 2권, H. 2, Jena und Leipzig, 1801, 『전집』, 4권

셸링F. W. J. Schelling, 『아카데미 연구의 방법에 관한 강의』, Tübingen, 1803, 『전집』, 5권

셸링F. W. J. Schelling, 『자연철학의 이념, 학문의 연구를 위한 서문』, Landshut, 1803

셸링F. W. J. Schelling, 『철학과 종교』, Tübingen, 1804

셸링F. W. J. Schelling, 『물리학의 역동적 과정이나 범주를 끌어내는 일반적 연역』, 〈사변 물리학 잡지〉, Schelling 편, Jena und Leipzig, 1800

셸링F. W. J. Schelling, 『브루노와 사물의 신학적이고 자연적인 원리, 하나의 대화』, Berlin, 1802

셸링F. W. J. Schelling, 『비판 단편』, 〈학문으로서 의학 연보〉, A. F. Marcus und F. W. J. F. W. J. Schelling 편, Tübingen, 1807

셸링F. W. J. Schelling, 『자연철학으로 들어가는 말을 위한 경구』, 〈학문으로서 의학 연보〉, A. F. Marcus und F. W. Schelling 편, Tübingen, 1805

셸링F. W. J. Schelling, 『자연철학의 체계에 관한 최초의 기도』, Jena und Leipzig, 1799

셸링F. W. J. Schelling, 『선험적 관념론의 체계』, Tübingen, 1800

소포클레스Sophokles, 『소포클레스 일곱 비극』, Frankfurt, 1544

쉴러J. C. F. Schiller, 『전집』, 국민 판, Julius Petersen, Gerhard Fricke, Benno von Wiese und Norbert Oellers 편, Weimar 1943

쉴러J. C. F. Schiller, 『우아함과 품위에 관해』, Leipzig, 1793, 『전집』,T. 1. Weimar, 1962.

쉴러J. C. F. Schiller, 『1782 선집』, Stuttgart, 1782

슐라이어마허F. Schleiermacher, 「두 번째 담화, 종교의 본질에 관해」, 『종교에 관해, 종교를 경멸하는 자 가운데 학식이 있는 자에게 주는 담화』, Berlin, 1799

슐레겔Friedrich Schlegel, 『비판 전집』 Ernst Behler 편, München, Paderborn, 1967

슐레겔Friedrich Schlegel, 『이념』, 『아테네움』, 3권, Berlin, 1800, 『비판 전집』, 2권 1부

슐레겔Friedrich Schlegel, 『문학에 관한 대화』, 『아테네움』, 3권, Berlin, 1800, 『비판 전집』, 2권 1부

슐레겔Friedrich Schlegel, 『단편』, 『아테네움』, 1권, Berlin, 1798, 전집』, 『비판 전집』, 2권 1부

슐체Gottlob Emst Schulze, 『이론 철학 비판』, 1권, Hamburg, 1801

스테펜스H. Steffens, 『내가 체험한 것, 기억을 통해 기록하다』, 4권, Bleslau, 1841

스테펜스H. Steffens, 『철학적 자연과학의 근본 원리』, Berlin, 1806

스테펜스H. Steffens, 『지구의 내적인 자연사를 위한 시론』, Freyberg, 1801

스피노자Baruch de Spinoza, 『윤리학』, *Opera quae supersunt omnia*, Heinrich Eberhard Gottlob Paulus 편, 2권, Jena, 1802/03

시예Emmanuel Sieyes, 『정치적 저서』, 1권. (출판사 미상), 1796

아리스토텔레스Aristoteles, *Opera*, Academia Regia Borussia 편, Berlin, 1831

아리스토텔레스Aristoteles, 『시학』, 『토픽』, 『동물사』, 『범주론』, 『형이상학』, 『자연학』

아이세Charlotte Aïssé, 『아이세 양의 C부인에게 주는 편지』, Paris 1787

아이스킬로스Aischylos, 『테베를 공격한 일곱명』

야코비F. H. Jacobi, 『전집』, Leipzig, 1812~1825

야코비F. H. Jacobi, 『야코비가 피히테에게 보내는 편지』, Hamburg, 1799, 『전집』, 3권

야코비F. H. Jacobi, 『스피노자의 학설에 관해』, Bleslau, 1789, 『전집』

4권 1부

야코비F. H. Jacobi, 『신앙 또는 관념론과 실재론에 관한 대비드 흄, 하나의 대화』, Bleslau, 1787, 『전집』, 2권

야코비F. H. Jacobi, 『아름다운 영혼의 고백, 볼데마르』, Königsberg, 1794

에셴마이어Carl August von Eschenmayer, 『비철학으로 이행하는 철학』, Erlangen, 1803

에셴마이어C. A. von Eschenmayer, 『자연철학으로 이행하는 가운데 있는 철학』, Erlangen, 1801

에셴마이어C. A. von Eschenmayer, 『은자와 이방인, 성스러운 것과 역사에 관한 담화』, Erlangen, 1805

엘베티우스Claude Adrien Helvétiu, 『영혼에 관해』, Paris, 1758, Johann Christoph Gottsched 독역, Siegert, Leipzig u. Lignitz, 1759

엘베티우스Claude Adrien Helvétiu, 『인간과 지적 기능, 교육에 관한 유고집』, London, 1772, Christian August Wichmann 독역, Meyer, Breslau 1774~1785

카스티용Frederick Salvemini de Castillon, 『왕립 과학 아카데미와 문학 아카데미가 제기한 특별한 문제에 대한 논문; "국민을 속이는 것이, 새로운 오류로 이끄는 것이든, 아니면 현재 오류에 머무르게 하는 것이든, 국민에게 유익한가?"라는 질문에 대한 논문』

카이슬러A. B. Kayβler, 『최근 철학에 관한 비판적 역사 시론』, Halle, 1804.

칸트I. Kant, 『전집』, 프로이센 왕립 아카데미 편, Berlin Leipzig, 1910~1923

칸트I. Kant, 『판단력 비판』, Berlin, 1790, 『전집』, 5권

칸트I. Kant, 『순수이성 비판』, Riga, 1787, 『전집』, 3권

칸트I. Kant, 『도덕 형이상학의 토대』, Riga, 1785, 『전집』, 4권

칸트I. Kant, 『실천이성 비판』, Riga, 1788, 『전집』, 5권

칸트I. Kant, 『단순한 이성의 한계 내에서의 종교』, Königsberg, 1793, 『전집』, 6권

칸트I. Kant, 『사랑 때문에 속일 수 있다고 추정된 권리에 관해』, 베를린 통신, 1797년 9월, 『전집』, 8권

캐스트너Abraham Gotthelf Kästner, 『응용 수학의 원초적 근거, 수학의 원초적 근거 2부』, Göttingen, 1765f.

코레루스Jean Colerus, 『스피노자의 생애』, Den Haag. 1706. *Opera*. 2권

쾨펜Friedrich Köppen, 『셸링의 학설 또는 절대적 무에 관한 철학 전체』, Hamburg, 1803

크루그W. T. Krug, 『최신 관념론에 관한 편지』, Leipzig, 1801

킬 마이어Dr. Carl Friedrich Kielmeyer, 『일련의 서로 다른 조직에서 유기체적 힘 서로의 관계, 비례 법칙과 그 결과, 1793. 2. 11 Carl von Wirtemberg 군주의 생일날 그의 아카데미 강당에서의 대화』, Stuttgart, 1793

킬리안Konrad Joseph Kilian, 『의학의 전체 체계를 위한 시론』, jena, 1802

테텐 Johann Nicolas Teten, 『인간의 본성과 그 본성의 발전에 관한 철학적 탐구』, 1권, Leipzig, 1777

트록슬러Ignaz Paul Vital Troxler, 『의학 이론의 개요』, Wien, 1805

티더만Dietrich Tiedermann, 『사변 철학의 정신』, Marburg, 1793

파울Jean Paul, 『미학을 위한 예비적 연구, 시대의 당파에 관한 몇몇 라이프치히 강의와 함께』, Hamburg, 1804

프랭클린Benjamin Franklin, 『전기에 관한 편지』, J. C. Wilcke 독역,

Leipzig, 1758

프로크로스Proclus, Procli diadochi(플로클루스의 플라톤 티마이오스 편 해석), Godofredi Friedlein 편, Leipzig, 1873

플라톤Platon, *Opera*, Basel, 1578

플라톤Platon, 『파에돈』,*Opera*, 1권(57a – 118a)

플라톤Platon, 『티마이오스』, *Opera*, 3권(17a – 92c)

플라톤Platon, 『크리톤』, *Opera*, 1권(43a – 54e)

플라톤Platon, 『테아이테토스』, *Opera*, 1권(142a – 210d)

플라톤Platon, 『공화국』, *Opera*, 2권(257a – 311c)

플라톤Platon, 『소피스트』, *Opera*, 1권(216a – 268b)

플라트너Ernst Platner, 『철학적 경구 외 철학사에 관한 몇몇 안내』, Leipzig, 1793

플로티누스Plotinus, 『플라톤주의자들』, Marsilii Ficini 주해, Basel, 1580.

피셔Hermann Fischer, 『슈바벤 사전』, Tübingen 1908

피히테J. G. Fichte, 『전서Sämmtliche Werke』, I. H. Fichte 편, Berlin, 1845~1846

피히테J. G. Fichte, 『전체 학문론의 토대』,Leipzig 1794, 『전서』, 1권

피히테J. G. Fichte, 『학문의 원리에 따른 자연권의 기초』, Jena und Leipzig, 1796. 『전서』, 4권

피히테J. G. Fichte, 『학문론 두 번째 입문』, 독일 학자 협회의 철학 잡지, J. G. Fichte und Friedrich Immanuel Niethammer 편, Jena und Leipzig, 1797, 『전서』, 1권

피히테J. G. Fichte, 『최근 철학의 본래적 본질에 관한, 대중을 위한 명명백백한 보고, 독자가 이해할 수밖에 없도록 하려는 하나의 시도』, Berlin, 1801, 『전서』, 2권

피히테J. G. Fichte, 『성스러운 삶을 위한 가르침 또는 종교론, 1806년 Berlin 강의』, Berlin, 1806, 『전서』, 5권

피히테J. G. Fichte, 『신의 세계 통치에 관한 우리의 믿음의 근거에 관해』, 독일 학자 협회 철학 잡지, J. G. Fichte und Friedrich Immanuel Niethammer 편, Jena & Leipzig, 1798, 『전서』, 1권

피히테J. G. Fichte, 『모든 계시에 대한 비판 시도』, Könnigsberg, 1793, 『전서』, 5권,

피히테J. G. Fichte, 『도덕론의 체계』, Jena und Leipzig, 1798, 『전집』, 3권

할러A. V. Haller, 『스위스 시집 6』, Göttingen, 1751,

헤겔G. W. F. Hegel, 『전서Sämmtliche Werke』, 불멸자의 친우 연맹판, Berlin, 1832

헤겔G. W. F. Hegel, 『전집Gesammelte Werke』, Rheinisch Westfälischen Akademie der Wissenschaft 편, Hamburg, 1968ff

헤겔G. W. F. Hegel, 『역사철학 강의』, 『전서』, 11권

헤겔G. W. F. Hegel, 『종교철학 강의』, 『전서』, 2권

헤겔G. W. F. Hegel, 『철학사 강의』, 『전서』, 14~15권

헤겔G. W. F. Hegel, 『예나 시대 비판적 논문』, 『전집』, 4권

헤겔G. W. F. Hegel, 『예나 시대 체계 시도 I』, 『전집』, 6권

헤겔G. W. F. Hegel, 『예나 시대 체계 시도 II』, 『전집』, 7권

헤겔G. W. F. Hegel, 『예나 시대 체계 시도 III』, 『전집』, 8권

헤로도투스Herodotus, 『역사』, Henricus Stephanus 판, Clio, 1570

헤르더J. G. Herder, 『신, 스피노자의 체계에 관한 몇 가지 대화, 샤프트베리의 자연 찬가』, Gotha, 1800, 『전집』, Bernhard Suphan 편, 16귈, Berlin, 1887

호프마이스터J. Hoffmeister, 『헤겔과의 편지』, Hamburg, 1952

호프만P. Hoffmann, 『병인학의 구성을 위한 이념』, 사변 물리학 잡지, F. W. J. Schelling 편, 2권, Jena und Leipzig, 1801

정오표

쪽	오	정
1권 17쪽 주 2	표제 '서문'에 덧붙인 '학문에 관해서'라는 표현은 1907년 라슨 판에 처음 나온다	서문의 상세한 구분은 1832년 술체의 재판에서 등장한다.
1판 397쪽 주 203	라슨이 1907년 백년제 판에 추가한 것이다	술체가 1832년 재판에서 추가한 것이다.
1권 494쪽 주 261	라슨 자신이 한 것으로 말하고 있다. 라슨은	술체가 덧붙인 것으로 말하고 있다. 술체는
2권 404쪽 주 325	합법적인 것과 도덕적인 것의 대립	추상적 의무와 구체적 의무의 대립

저자 소개

이병창

서울대학교 철학과 수학, 서울대학교 철학박사, 동아대학교 철학과 교수, 2011년
2월 명예퇴직, 현대 사상사 연구소 소장
헤겔철학과 정신분석학 및 마르크스주의를 연구하면서 문화철학 및 영화철학을
연구한다

박사학위 논문
헤겔의 정신현상학에서 정신 개념에 대한 연구, 서울대, 2000

주요저서
『영혼의 길을 모순에게 묻다(헤겔 정신현상학 서문 주해)』, 먼빛으로, 2010
『반가워요 베리만 감독님』, 먼빛으로, 2011
『불행한 의식을 넘어(헤겔 정신현상학 자기의식 장 주해)』, 먼빛으로, 2012
『지젝 라캉 영화』, 먼빛으로, 2013
『청년이 묻고 철학자가 답하다』, 말, 2015
『우리가 몰랐던 마르크스』, 먼빛으로, 2018
『정신의 오디세이-자유의지의 역사』, 먼빛으로, 2021
『헤겔의 정신현상학-EBS오늘의 클래식』, EBS BOOKS, 2022
『지적 대화를 위한 교양인의 현대철학』, 팬덤북스, 2024
『헤겔 미학 산책-정신의 표현 기호로서 예술』, 먼빛으로, 2025

번역
프리드리히 슐레겔, 『그리스 문학 연구』, 먼빛으로, 2014
프리드리히 슐레겔, 『미학 철학 종교 단편』, 먼빛으로, 2020
마르크스 엥겔스, 『독일 이데올로기』, 먼빛으로, 2018

정신현상학 2권-번역과 주해

1판 1쇄 인쇄 2025년 11월 8일

1판 1쇄 발행 2025년 11월 15일

지은이 이병창

펴낸 곳 먼빛으로

주소 서울시 서대문구 서소문로45 SK리쳄블 1305호

전화 070-8742-5830

팩스 070-7614-3814

이메일 fromafar@gmail.com

출판등록 617-91-76607

ISBN 979-11-967323-6-3(93120)